Inventaire – Sommaire Des Archives Départementales Antérieures À 1790: Charente : Archives Civiles – Primary Source Edition

Anonymous

COLLECTION

DES

INVENTAIRES SOMMAIRES

DES

ARCHIVES DÉPARTEMENTALES ANTÉRIEURES A 1790

PUBLIÉE SOUS LA DIRECTION

DU MINISTÈRE DE L'INSTRUCTION PUBLIQUE

———

PREMIÈRE PARTIE

ARCHIVES CIVILES

INVENTAIRE SOMMAIRE

DES

ARCHIVES DÉPARTEMENTALES

ANTÉRIEURES A 1790

RÉDIGÉ PAR MM. P. DE FLEURY ET J. DE LA MARTINIÈRE, ARCHIVISTES

—

CHARENTE

———

ARCHIVES CIVILES. — SÉRIE E (ART. 1736-3040)

—

ANGOULÊME

IMPRIMERIE L. COQUEMARD ET Cie

RUE FONTAINE-DU-LIZIER, 42

—

1906

AVANT-PROPOS

Le présent volume forme le tome IV de l'inventaire sommaire des archives départementales de la Charente. Il a été rédigé jusqu'à l'article 1810 de la feuille 13 par M. de Fleury et représente le dépouillement de 33.000 minutes environ des notaires Caillaud (1751-1774), Maquelilen (1532-1533), Étienne Maquelilan (1538-1563), Debrandes (1580-1607), Arnaud Debrandes (1616-1631), Jean Debrandes (1661-1672), François Aigre (1698-1731), Pierre Audouin (1674-1725), Amelin (1641-1658), Hélie Augier (1645-1662), D. Bareau (1620), Jean Bernard (1737-1783), résidant tous à Angoulême.

Les notaires royaux de la résidence d'Angoulême avaient le droit d'instrumenter dans toute la province C'est dire à combien de localités et d'individus ont rapport les actes dont on trouvera ci-après l'analyse. Elle permettra d'établir, en tout ou en partie, la filiation de la plupart des familles notables de l'Angoumois, d'apercevoir quelles étaient les préoccupations matérielles de toutes les classes de la société, et parfois, même, les péripéties de leur vie morale, de suivre les progrès et de constater les crises de l'agriculture, du commerce et de l'industrie, de donner plusieurs renseignements curieux sur les artistes angoumoisins.

Ce sont, accumulées, des parcelles d'histoire.

Quel guide fournir au chercheur pour lui permettre de grouper les parcelles qui l'intéressent ? Une table alphabétique des noms de personnes, de lieux et de matières sera publiée, mais seulement une fois terminé l'inventaire de toutes les études d'Angoulême.

D'ici là, déterminer, autant que possible, en quelques mots, le caractère de chaque étude, tracer la physionomie de sa clientèle habituelle, rendra peut-être quelque service aux travailleurs.

Étienne Maquelilan est l'auteur d'un *Traicté de l'Entrée de nostre bon, treschrestien et tressouverain roi Charles IX, le lundi 13 d'aoust 1565 dans sa bonne ville d'Angoulême*, et d'un *Traicté contenant l'entrée et réception de hault et puissant messire Philippes de Vovyre de Ruffec, chevalier de l'ordre du Roy, conseiller au conseil privé de Sa Maiesté, son gouverneur et lieutenant-général au pays et duché d'Angoulmoys... Faictes lesdictes réceptions et entrée en la ville d'Angoulesme, capitale dudict duché et pays d'Angoulmoys* (1573). Ce dernier opuscule lui donne les titres de *procureur ès cours ordinaire et présidialle d'Angoulmoys, notaire royal audict pays*, et *le plus ancien pair du corps et collège de ladicte ville*. Sa qualité de pair explique pourquoi on retrouve, dans ses minutes (1538-1563), plusieurs renseignements sur la vie municipale : imposition de 2.400 livres en 1540 ; délibération du 7 juillet 1542 ; procès de prééminence ; ban et arrière ban de 1542 ; imposition de 1.600 livres en 1543. Il faut y signaler aussi des actes intéressant les familles de la haute bourgeoisie : de Villoutreys, Benoist, Loumellet, etc.

La clientèle des Debrandes (1616-1672) se recrutait parmi les artisans de la ville et en particulier les chapeliers, très nombreux, mais tous unis par des liens de parenté. Ils dressent aussi de nombreux procès-verbaux des délibérations des communautés d'habitants voisines et passent quelques actes pour les conseillers à l'élection où Jean Debrandes remplit, pendant un temps, le rôle de greffier.

François Aigre (1698-1731) permet de suivre pas à pas la reconstitution du domaine de Torsac par Jean-Charles de La Place, chevalier, ancien commandant d'un escadron au régiment de Royal-Piémont, à la suite de son mariage avec Marie Janssen, fille d'un bourgeois d'origine hollandaise, dont la grosse fortune lui servit pour satisfaire ses créanciers et racheter quantité de rentes seigneuriales et de domaines qu'il avait dû aliéner.

Pierre Audouin (1674-1725) était, croyons-nous, protestant ; du moins, passa-t-il de nombreux actes pour les familles appartenant à la « religion prétendue réformée », et quelques-uns pour ses communautés d'Angoulême et de Montausier. Audouin avait aussi la clientèle de riches marchands hollandais, les Vantongeren, les Vangangelt, les Janssen.

Abraham Janssen et Henri Gaultier semblent bien avoir compté parmi les plus gros commerçants en papier d'Angoulême. Les « charges » que, chaque année, ils font fabriquer en Angoumois, ou venir du Limousin, de 1674 à 1684, se chiffrent par milliers.

Enfin Audouin permet d'expliquer en partie l'ascension extrêmement rapide dans l'échelle sociale de deux familles qui comptaient, à la fin du XVIIIᵉ siècle, parmi les plus considérables de la province. L'aïeul de Noël Arnauld, chevalier, seigneur de Bouex, Méré, Vouzan, La Bergerie et autres lieux, conseiller du roi en ses conseils, maître ordinaire des requêtes de son hôtel, était marchand de soie. Marguerite Cladier, veuve de Clément Chérade, vendait le fonds de boutique de son mari, aussi marchand de soie, moyennant 1.500 livres : leur fils Étienne achetait 80.000 livres la charge de lieutenant-général ; 70.000 livres celle de secrétaire des finances ; 150.000 le comté de Montbron, etc., etc. On le voit, le commerce des draps de soie était lucratif, par lui-même, mais aussi, semble-t-il, parce que l'argent liquide en provenant pouvait être avantageusement employé, alors qu'une partie de la noblesse se ruinait et vivait d'emprunts, à accumuler les créances, à en capitaliser les intérêts, pour se faire ensuite rembourser en rentes seigneuriales et en fonds de terre.

Jean Bernard (1734-1783) demeurait près du Palais. Il instrumentait beaucoup pour les petites gens du faubourg St-Jacques-de-l'Houmeau et St-Martial, des paroisses de Champniers, Puymoyen et Brie. Les nombreux actes passés pour de simples laboureurs à bras et à bœufs, pour des gens de métier, tonneliers, tisserands, sergers, cordonniers, cartiers, prouvent une activité commerciale, un sens des affaires plus généralisé qu'on ne se l'imagine d'habitude ; ils seront très utiles à qui voudra connaître la vie privée du peuple à Angoulême et aux environs dans la seconde moitié du XVIIIᵉ siècle.

Les savetiers et les cordonniers s'adressent toujours à Bernard pour passer leurs lettres de maîtrise ; leur corporation lui fait enregistrer divers actes, et, en particulier, tous les ans, le lundi de la Pentecôte, le procès-verbal d'élection de ses syndics et jurés ; les parents lui demandent de rédiger le contrat d'apprentissage de leurs enfants ; il est le client de nombreux soi-disant architectes qui ne sont en réalité que des entrepreneurs, et détaille pour eux quelques devis de réfection ou de réparation d'églises, entre autres de la chapelle d'Aubezine ; il dresse des procès-verbaux d'états des biens dont les revenus sont saisis judiciairement, à la requête de M. de Bussac, commissaire aux saisies réelles, et des fermiers judiciaires ; il relate de nombreuses assemblées de la communauté des habitants de la paroisse de Brie ; celles par lesquelles les communautés de Lhoumeau, de Pranzac, de Fléac, de L'Isle d'Espagnac, de St-Michel supplient l'intendant de Limoges de faire faire l'arpentement de toutes les terres de leurs paroisses, afin de préparer une assiette plus équitable de l'impôt (23 mai 1746 ; 13-22 décembre 1747).

Parmi les familles de la noblesse qui s'adressaient habituellement à Bernard, je citerai les La Rochefoucauld-Maumont qui devinrent les La Rochefoucauld-Bayers, les Montalembert de Vaux, les Birot de Ruelle ; parmi les familles de la bourgeoisie, les Resnier, les Sauvo, les Decoux, les Augeraud : deux Augeraud furent marchands cartiers.

Je mentionnerai enfin : la querelle entre le chapitre cathédral et Mgr Du Verdier au sujet de la nomination d'un doyen (17, 31 mai, 18, 22 juin 1743) ; la promenade des bœufs gras à travers les rues d'Angoulême, le jeudi gras (18-21 février 1751) ; les reconnaissances fournies pour le fief du Tillet, dans la paroisse S¹-Antonin, pour les seigneuries de Maumont, de Fissac, de Ruelle, de Mornac, du Maine-Gagnaud ; les pièces relatives aux communaux de Soyaux ; l'inventaire après décès du peintre François Lemaître qui « n'a laissé aucun draps de lit que celluy qui luy sert de suaire » (16 mars 1776) ; l'établissement par la fabrique de S¹-Paul d'un tarif de location de chaises dans l'église, de sonneries et d'ouvertures de fosses, afin de procurer des ressources à la fabrique (1776-1777) ; la protestation des communautés d'habitants de plusieurs paroisses d'Angoulême contre la suppression des cimetières des paroisses et l'établissement d'un cimetière hors de ville (1777).

J. de La Martinière

Abstract

INVENTAIRE SOMMAIRE

DES

ARCHIVES DÉPARTEMENTALES ANTÉRIEURES A 1790

SÉRIE E. (Suite).

(Féodalité, Communes, Bourgeoisie et Familles. — Titres féodaux, Titres de familles, Notaires et Tabellions,
Communes et Municipalités, Corporations d'arts et métiers, Confréries et Sociétés laïques)

NOTAIRES ET TABELLIONS. (Suite)

E. 1736. (Liasse.) — 72 pièces, papier.

1751. — Caillaud, notaire royal à Angoulême. —
Actes reçus par ce notaire du 1er mars au 30 avril.
— Cession par voie de licitation, par Léonard Yrvoix,
maître boucher, et Marie Yrvoix, sa femme, demeurant
à Angoulême, d'une part; à Jean Courteau, aussi maître
boucher, d'autre part, d'un banc ou étal à boucher, sis
sous la halle du Palet de la ville d'Angoulême, confrontant par devant à l'allée des bouchers, à main droite en
allant du canton et de la pierre de ladite halle aux murs et
remparts de la ville, ladite licitation faite moyennant
la somme de 1,650 livres (1er mars). — Procuration
donnée par Pierre Vantongeren, chevalier, seigneur de
Siecq et Cougoussac, conseiller président trésorier de
France au bureau des finances de la généralité de Limoges, demeurant à Angoulême, paroisse St-Jean, à
Clément Mesnard, solliciteur en la juridiction dudit
Angoulême et marchand, demeurant en ladite ville,
paroisse St-André, à l'effet de pour ledit constituant se
transporter en la ville de Saintes, pour jurer et affirmer
en l'âme dudit constituant, comme celui-ci l'a fait en
présence des notaires soussignés, devant les juges et con-

suls dudit Saintes, qu'il est créancier de Mathieu Colli-
naud, négociant de la ville de Pons, pour la somme de
12,019 livres 17 sous 6 deniers, pour le montant de
quatre lettres de change qu'il a fournies audit constituant
sur Pierre Vanrobais, banquier à Paris (2 mars). —
Quittance de décharge donnée par Madeleine Orson, fille
majeure, à Moïse Dumas, écuyer, conseiller secrétaire
du Roi, maison couronne de France, lieutenant particulier criminel, assesseur civil et premier conseiller en
la sénéchaussée d'Angoumois, d'une somme de 200 livres
léguée à ladite Orson par demoiselle Madeleine Chabot,
sa marraine, dont ledit sieur Dumas était exécuteur
testamentaire (3 mars). — Vente, moyennant 160 livres,
par Catherine Seguin, veuve de Jean Braud, meunier,
demeurant au village du Pontouvre, paroisse St-Jacques
de Lhoumeau, faubourg d'Angoulême, à Christophe Tournier, marchand, demeurant au faubourg de La Bussate,
paroisse St-Martial de la même ville, de la huitième
partie de la moitié appartenant à la venderesse dans le
moulin à blé de La Louère, paroisse St-Martial d'Angoulême, ainsi que dans les bâtiments, hérauds, jardin et
prés dépendant dudit moulin, ledit huitième faisant
moitié d'un quart dans une moitié que ladite Seguin et
son mari avaient achetée de Pierre Braud, aussi meunier,
leur beau-père et père, le tout relevant de la seigneurie

de La Tour-Garnier (6 mars). — Marché entre Emmanuel Sazerac, négociant de la ville d'Angoulême, et Étienne Sallée, fermier du moulin à papier de Nersac, y demeurant, par lequel est stipulé que ledit Sallée vend audit Sazerac tous les papiers de toute sorte dont celui-ci lui fera la commande verbale pour être fabriqués dans ledit moulin de Nersac, et ce pendant le reste de la durée du bail dudit moulin, avec interdiction audit Sallée d'en vendre directement ou indirectement à d'autres personnes, sous peine de 60 livres d'amende par chaque charge ainsi vendue (7 mars). — Sommation par Mathieu Beynaud, marchand, demeurant à Villebeau, paroisse de Javerlhac, en Périgord, à Émery Hastelet, écuyer, seigneur de Joumelières, étant chez monsieur de Roffignac, en son château de Belleville, dans le bourg de Feuillade, aussi en Périgord, en présence dudit sieur de Roffignac et des seigneurs marquis et chevalier de Montalembert, d'avoir, suivant sa promesse antérieure, à accepter, en payement d'une partie du prix des domaines de Lombardière, de Clos-Vèssier et des Jurasses, qu'il avait vendus audit Beynaud, une créance qu'avait ce dernier contre le marquis de Montalembert (8 mars). — Dépôt en l'étude de Caillaud, notaire à Angoulême, par Charles Souchet, marchand de ladite ville, d'une transaction intervenue, à Verteillac, le 20 juin 1726, et portant cession par monsieur maître Jean Debez, écuyer, seigneur de Beauchamp, conseiller en l'élection de Périgueux, et Jeanne Guiton, sa femme, d'une part, à Jean-François Guiton, chevalier, seigneur de Fleurac, officier de marine, demeurant ordinairement au port de Rochefort, d'autre part, de droits constitués à ladite dame de Beauchamp par son contrat de mariage avec ledit sieur, son mari, reçu par Debresme, notaire royal à Angoulême, le 26 avril 1704 (10 mars). — Résiliement entre les abbesse et religieuses de St-Ausone d'Angoulême, réunies capitulairement, et Pierre Lainé, chevalier, seigneur du Pont-d'Herpe et autres lieux, d'un bail qui lui avait été consenti, le 26 février 1750, par ladite abbesse, Marie d'Estanchaud, grand-prieure, Catherine Florenceau, sous-prieure, et Madeleine Chérade, dépositaire, sans que les formalités requises eussent été observées et sans l'approbation de la communauté tout entière (14 mars). — Vente, moyennant 5,866 livres 8 sous 4 deniers, par dame Anne-Thérèse Veillard, veuve de Louis de Galard de Bearn, chevalier, seigneur du Pouyaud, tant de son chef que comme tutrice de ses deux filles mineures, et encore par Louis-Pierre de Galard de Bearn, Jean de Galard de Bearn, chevalier du Pouyaud, et demoiselles Pélagie et Jeanne de Galard de Bearn, enfants majeurs desdits seigneurs

et dame du Pouyaud, demeurant en leur dit château du Pouyaud, paroisse de Dignac, d'une part; à monsieur maître Jean Bourdage, de La Courade, conseiller honoraire au présidial d'Angoumois, seigneur de Coulgens, Sigogne, Villars et autres lieux, demeurant à Angoulême, d'autre part, savoir est de plusieurs articles de rentes seigneuriales et secondes dépendant de l'hérédité dudit seigneur du Pouyaud, qui se sont trouvées consister principalement en celle de 1,900 livres de principal, suivant actes des 18 juillet 1677 et 22 mars 1683, entre François d'Hauteclaire, écuyer, seigneur de Fissac, Pierre David, écuyer, sieur de Boismorand, conseiller du Roi, ancien et premier lieutenant, en la maréchaussée d'Angoumois, François Bourdage, bourgeois, messire Joseph de Raymond, écuyer, sieur du Breuil, conjointement avec dame Jeanne de L'Espinay, sa femme, aïeule dudit seigneur du Pouyaud, et ledit sieur de Boismorand (15 mars). — Réquisition de Pierre Jeheu, procureur au présidial d'Angoumois, héritier sous bénéfice d'inventaire de feu Toussaint Jeheu, prêtre, curé de Saint-Sornin, demeurant à Angoulême, d'une part; à monsieur Rullier du Puy, théologal de la cathédrale d'Angoulême, d'autre part, aux fins d'obtenir de lui copie de l'inventaire et état de l'église et des ornements dudit Saint-Sornin, dressé par lui au mois de novembre précédent (24 mars). — Vente par Pierre Charron, prêtre, curé de la paroisse de Mortier en Angoumois, diocèse de Saintes, y demeurant, à Vincent Huet, marchand tapissier de la ville d'Angoulême, d'une maison sise en ladite ville, rue de Genève, paroisse St-André, échue au vendeur dans le partage fait entre lui et demoiselles Marie-Anne et Anne-Thérèse Charron, ses sœurs, relevant ladite maison de monsieur Mioulle, avocat, à cause de son fief de Foulpougne (26 mars). — Autorisation donnée par Nicolas Deroullède, notaire royal à Angoulême, comme curateur aux causes et à conseil de demoiselles Thérèse et Anne Mesturas, filles mineures émancipées par justice, demeurant ordinairement en la ville de Confolens, filles et héritières de défunts Bernard Mesturas, vivant sieur de Beauregard, et demoiselle Anne Thoumie, sa femme, conjointement avec demoiselle autre Anne Mesturas, leur sœur, femme de François de La Hoche, directeur des aides au département de Confolens, aux fins de recouvrer une somme d'argent dépendant de l'hérédité de défunt Jacques Mesturas, procureur au présidial d'Angoumois, leur aïeul, dont ledit sieur de Beauregard, leur père, avait hérité (5 avril). — Vente par Suzanne Doussechet, veuve de Jean Mayet, maître maréchal, et autres, à Jean Sallée, huissier audiencier aux forêts d'Angoumois, d'une maison sise à Angoulême, paroisse de Beaulieu, confrontant par devant à la rue qui va de la place de la Hart à l'Hôtel-Dieu-Notre-Dame-des-Anges, par un côté aux bâtiments, jardin et clos de l'abbaye de St-Ausone, et par derrière aux remparts de la ville (9 avril). — Acte portant réquisition, sommation et protestation par Vincent Audair, architecte et entrepreneur de la ville d'Angoulême, y demeurant, rue des Cordonniers, paroisse Notre-Dame de Beaulieu, à Louis Saulnier, écuyer, seigneur de Pierrelevée, Saint-Mary, Boisbretheau, Rouillac et autres lieux, chevalier de St-Louis, capitaine de dragons au régiment d'Orléans, au sujet de la continuation des travaux de réparation que ledit Audair avait entrepris de faire, pour le compte dudit sieur de Pierrelevée, au château de Saint-Mary (13 avril et jours suivants). — Accord sur procès entre Jacques d'Abzac, chevalier, seigneur marquis de Pressac, d'une part; François Laquintinie, bourgeois, et Guillaume Monceyrou, sergent royal, à cause de Catherine Laquintinie, sa femme, demeurant en la paroisse de Cherval, d'autre part (27 avril). — Acte de notoriété par Pierre Cosson, écuyer, seigneur de Guimps, lieutenant particulier en la sénéchaussée d'Angoumois, Léonard Dutillet d'Aubrie, écuyer, procureur en la maîtrise des eaux et forêts d'Angoumois, et Jean Chaigneau de La Gravière, procureur du Roi en la maréchaussée d'Angoulême, en faveur d'Étienne et Marie-Angélique Turrault de La Cossonnière, enfants et seuls héritiers de défunts Frédéric Turrault de La Cossonnière et Madeleine Grignon, sa femme (30 avril 1751).

E. 1737. (Liasse.) — 71 pièces, papier.

1751. — Caillaud, notaire royal à Angoulême. — Actes reçus par ce notaire, du 1er mai au 29 juin. — Donation entre vifs à Pierre-Placide de la Place, chevalier, seigneur de la Tour-Garnier, y demeurant, paroisse St-Martial d'Angoulême, par dame Françoise de la Place, religieuse de la communauté des dames de l'Union-Chrétienne d'Angoulême, sa sœur, de la part revenant à celle-ci dans la succession du sieur chevalier de la Place, leur frère commun, présumé mort, en raison de sa longue absence (8 mai). — Marché pour la plantation de plusieurs pièces de vigne, d'une contenance totale de sept journaux, entre Michel Favret du Pommeau, directeur des aides de la province d'Angoumois, seigneur de Rochecoral et de La Breuillerie, et des ouvriers, ledit marché fait et accepté aux conditions suivantes : les preneurs recevront 45 livres par journal

planté, cultiveront ladite vigne pendant cinq ans et partageront avec le bailleur la récolte de la cinquième année, après lequel temps la culture et les fruits incomberont et profiteront au bailleur seul (9 mai). — Cession d'une créance par Philippe Bareau, sieur de Boislevé, avocat en la cour, juge sénéchal de la juridiction de Vaux et pair du corps de ville d'Angoulême (14 mai). — Procuration donnée par Jean-Pierre, écuyer, seigneur de Lamarie, lieutenant au régiment de Poitou, Jean-François et Joseph de Lambertie, écuyers, frères, demeurant au bourg et paroisse de Saint-Sornin, fils mineurs et héritiers de feu Léon de Lambertie, chevalier, seigneur de Lamarie, et de défunte demoiselle N... Rempnoulx de Marafy, sa femme, procédant sous l'autorité de Clément Mesnard, leur curateur à conseil, d'une part; à maître Coüeffé Du Boullay, procureur au Parlement de Paris, d'autre part, aux fins de pour et au nom desdits constituants, reprendre l'instance en laquelle ledit Du Boullay a occupé pour ledit sieur de Lambertie, leur père, contre les héritiers d'Izaac Chazaud, sieur des Granges, et poursuivre ladite instance jusqu'à sentence définitive (15 mai). — Vente, moyennant 4,000 livres, par Léonard Dufresse, sieur de Chassaigne et du Maine-Roux, et demoiselle Marie Vallier, sa femme, demeurant à Angoulême, d'une part; à maîtres Pierre Jeheu, Jean Delessat, Philippe Boussiron et Pierre Souchet, syndics de la communauté des procureurs de la sénéchaussée et siège présidial d'Angoumois, faisant tant pour eux que pour les autres procureurs faisant partie de ladite communauté et en vertu de l'ordre à eux donné par celle-ci, d'autre part, savoir est de l'office de conseiller du Roi, greffier garde-minutes et expéditionnaire des lettres de chancellerie au présidial d'Angoumois, avec tous les droits qui y sont attachés et ainsi que ledit Dufresse l'avait acquis par acte du 2 mars 1749, reçu Tournier et Filhon, notaires royaux, de Jacques Arnault, qui en avait été pourvu par lettres de Sa Majesté (21 mai). — Procuration donnée par François Clergeon, maître chirurgien juré de la ville d'Angoulême, étant sur le point de partir pour l'Ile-Royale, en compagnie de monsieur le comte de Raymond de Villognon, d'une part; à maître Clément Mesnard, son beau-frère, solliciteur en la juridiction consulaire d'Angoulême, d'autre part, aux fins de pour ledit constituant, affirmer son privilège et maîtrise de chirurgien juré, et en employer le produit au paiement de ses dettes (23 mai). — Contrat de mariage entre François Meslier, praticien, fils de feu Jean Meslier, sergent royal, et de Catherine Jolly, demeurant au bourg de La Couronne, d'une part; et Madeleine Orillat, de la ville de Barbezieux, d'autre part (27 mai). — Vente, moyennant 2,200 livres, par Jean Boullet, sieur des Barrauds, demeurant au lieu de Chez-Fouquet, paroisse de Lussat, en Périgord, à Jean Delessat, procureur au présidial d'Angoumois, d'une maison sise à Angoulême, confrontant par un bout à la rue qui descend à la place qui est devant le couvent des Ursulines, par devant à la rue qui descend de ladite place au canton St-Paul, à main gauche, et par derrière à la rue de la Cloche-Verte (3 juin). — Quittance subrogative par Roger Bareau, avocat en la cour, à Pierre Chauvin, marchand cirier, ancien consul en la juridiction consulaire d'Angoulême, de la somme de 100 livres pour l'extinction d'une rente seconde de 5 livres due annuellement audit Bareau comme représentant Philippe Bareau, sieur de Boislevé, juge sénéchal de la juridiction de Vaux, son père (6 juin). — Reconnaissance de 3 livres de rente au profit de l'église St-Cybard d'Angoulême, par Félix Callendreau, chirurgien, comme étant aux droits de Catherine Gauvry, sa femme, et encore comme curateur de Guy, Joseph, Félix et Marie Gauvry, ses beaux-frères et belle-sœur, enfants mineurs et héritiers de défunts Guy Gauvry de la Chevalerie, conseiller du Roi, garde-marteau des eaux et forêts d'Angoumois, et Catherine-Élisabeth Naulin, sa femme (8 juin). — Vente, sous la réserve de la faculté de rachat et moyennant 4,700 livres de principal, plus 500 livres de lods et ventes, par haut et puissant seigneur Charles-Annibal de Rohan-Chabot, comte de Jarnac, marquis de Soubran, seigneur de Clion, Marouhate, Brossac, co-seigneur de châtellenies de Montagrier et Chapdeuil, et haute et puissante dame Henriette-Charlotte Chabot, sa femme, demeurant ensemble à Paris, rue de Bourbon, d'une part; à Pierre Souchet, procureur au présidial d'Angoumois, et à Marie Mesnard, sa femme, d'autre part, savoir est de neuf articles de rentes nobles, directes, seigneuriales et foncières, emportant directité et tous autres droits féodaux, assis sur les paroisses de Dignac et de Villars, châtellenie de La Vallette, comme ils sont expliqués par le contrat de l'acquisition sous la faculté de rachat, que lesdits comte et comtesse de Jarnac en avaient faite de Louis de Galard de Bearn, chevalier, seigneur du Pouyaud, et de dame Anne-Thérèse Veillard, sa femme, le 2 juillet 1746, devant Caillaud, notaire royal (8 juin). — Constitution de 35 livres de rente volante, par dame Julie de Vassoigne, veuve de François, marquis de St-Hermine, chef d'escadre des armées navales, demeurant à Angoulême, d'une part; au profit de demoiselle Marie de Galard de Bearn, fille mineure de monsieur de Galard de Bearn de Mirande, demeurant actuellement au couvent des dames de l'Union-Chré-

tienne d'Angoulême, d'autre part (9 juin). — Contrat d'association commerciale entre maître Pierre Pesrier, procureur au présidial d'Angoumois, agissant en qualité de tuteur des sieurs et demoiselle Jean-Théodore, Marie-Thérèse, Pierre-Auguste, Jacques-Alexandre et Joseph-Frédéric Henry, tous les cinq enfants mineurs de défunts Jacques Henry, vivant inspecteur général de la manufacture royale des papiers d'Angoumois, et de Marie-Angélique Lesueur, sa femme, par sentence du lieutenant général d'Angoumois, du 9 de ce mois, d'une part; et sieur Jean-Armand Dervaud, négociant, demeurant avec lesdits mineurs au faubourg et paroisse de St-Jacques de Lhoumeau de la ville d'Angoulême, d'autre part; « Entre lesquelles partyes ledit sieur Pesrier, audit nom, a esté, suivant et relativement à l'avis et procuration des parents et amis desdits mineurs Henry, porté par l'acte du 21 may dernier, passé devant Marchand et son confrère, notaires au Chastelet de Paris, dont une grosse en forme a esté déposée au greffe de la sénéchaussée et siège présidial d'Angoumois et jointe à la minute de ladite sentence qui homologue ledit avis, convenu et arresté que ledit sieur Dervaud aura intérest d'un sixième avec lesdits mineurs Henry, en la manufacture royale desdits papiers d'Angoumois, auquel ledit sieur Pesrier ondit nom, en fait à !cet effet cession, pour par ledit sieur Dervaud participer aux profits et entrer dans les pertes de ladite société, à conter du 1er avril dernier et à l'avenir pendant le cours de douze années, à la charge par ledit sieur Dervaud de continuer de donner à l'avenir, comme il l'a fait par le passé, tous ses soins pour la conduitte et à la direction de ladite manufacture, lesquels soins et son industrie tiendront lieu de mise de sa part en ladite société; que le fond actuel de ladite société sera et demeurera fixé au montant des effets mentionnés ez estats qui en ont esté dressés par ledit sieur Dervaud, clos et de lui signés et certifiez véritables, le 31 mars dernier, et contrôlés à Paris par Blandela ledit jour 21 may dernier, en ceux compris de (sic) ce que la compagnie des précédents intéressés en ladite manufacture doit à la succession dudit feu sieur Henry, représentée par lesdits mineurs, ses enfants, pour son contingeant dans les différentes répartitions d'intérests et de fonds d'avances quy ont été faites entre ses associez et dont n'a pas esté fait raison aux dits mineurs Henry, ce qui diminuera d'autant ce que ladite manufacture doit aux dits précédants intéressez, suivant lesdits estats, lesquels états sont demeurés joints à la minute dudit acte d'avis des parents et procuration, suivant la mention qu'ils en on faitte par icelluy; que lors de la dissolution de ladite société, le partage des effets qui la composeront excédants le montant des fonds actuels, se fera par égales portions, en six parts dont une pour chacun desdits mineurs ou leurs représentants, et une pour ledit sieur Dervaud. Et en considération de la présente association, ledit sieur Dervaud s'est dézisté et déziste par ces présentes, à conter du 1er avril dernier du cours, des appointements qui luy avoient été cy devant accordez » (12 juin). — Procuration par Jacques·d'Abzac, chevalier, seigneur de Pressac, à maître Cinget, procureur au Parlement de Paris, à l'effet de terminer amiablement un procès pendant entre lui et les sieurs Labaudye et Lagrange, ci-devant fermiers de la terre de Pressac, en s'en rapportant à l'arbitrage de maîtres Coquerand et Piet-Duplessis (15 juin). — Mariage de Simon Huet, fils de Vincent Huet, tapissier, et de Charlotte Leclerc, sa femme, d'une part, avec Anne Clavaud, fille de Laurent Clavaud, marchand, et de Marguerite Leclerc, sa femme, d'autre part, demeurant les parties en la ville d'Angoulême, paroisse St-André, le contrat passé en présence de nombreux témoins qui ont signé (18 juin). — Bail à moitié des fruits, par Gabriel Bignon, maître écrivain, demeurant à Angoulême, agissant pour les enfants mineurs de lui et de défunte Jeanne Constantin, sa femme, de la métairie du Rozier (24 juin). — Bail à ferme par Jean Dutillet, sieur des Vergnes, lieutenant de l'ancienne maréchaussée et capitaine de la milice bourgeoise d'Angoulême, à Pierre Duvergier, laboureur, d'une borderie située au village de Toutifault (27 juin). — Réception de Jacques Leclère dans la corporation des maîtres arquebusiers de la ville d'Angoulême (27 juin 1751).

E. 1738. (Liasse.) — 80 pièces, papier.

1751. — Caillaud, notaire royal à Angoulême. — Actes reçus par ce notaire, du 1er juillet au 31 août. — Testament de Clément Tiffon, ci-devant procureur au présidial d'Angoumois (1er juillet). — Reconnaissance censuelle rendue par Charles de Crugy, huissier audiencier de la ville d'Angoulême, comme tuteur des enfants mineurs de lui et de défunte Louise Marivaud, sa femme, pour la prise du Maine-Gibaud, autrement appelée l'Ouche-d'Argence, paroisse de Mornac (10 juillet). — Testament de Jean André, sieur de La Boissière, marchand en détail, demeurant à Angoulême, rue de Genève (11 juillet). — Défaut pris par Jean Merlet, sieur des Fougères, notaire royal au bourg de Saint-Cybardeaux, contre monsieur de Viaud de La Charbonnière, demeurant à Angoulême, en une petite maison sise au fond d'un cul-de-sac, paroisse St-Martial (13 juillet). — Vente, moyennant 1,800 livres, par Blaise Bourrut, sieur de L'Estang, maître perruquier, et Marie Croizet, sa femme, demeurant à Angoulême, paroisse St-Jean, à Pierre Bourrut, sieur de Connetable, notaire royal et procureur au duché de La Vallette, y demeurant, paroisse St-Romain, d'une maison sise en lesdites ville et paroisse, confrontant, par devant, à la halle dudit lieu, et précédemment acquise par le vendeur, de Jean Bourrut, son frère (19 juillet). — Contrat de mariage entre Pierre Thévenin, fils de Louis Thévenin, marchand, et de Jeanne Brunot, sa femme, demeurant en la ville de La Rochefoucauld, paroisse St-Cybard, d'une part ; et Marguerite Leclère, fille de Bernard Leclère, marchand et maître armurier, et de Marie Perraud, sa femme, demeurant à Angoulême, paroisse St-André, d'autre part (25 juillet). — Résiliation du précédent contrat de mariage, sur le refus de ladite Marguerite Leclère de passer outre (12 septembre). — Procuration par Jean Maulde, sieur de Mouignac, et Pierre Maulde, sieur des Touches, frères, seigneurs de L'Oizellerie, mineurs émancipés par justice, procédant sous l'autorité de François Rivaud, procureur au présidial, leur curateur, d'une part ; à autre Pierre Maulde, sieur de Valence, leur oncle, d'autre part, aux fins de pour eux se transporter à Paris et les représenter devant tous juges, notaires, greffiers et autres, jusqu'à la conclusion définitive du procès qu'ils soutiennent actuellement, devant la cour de Parlement, avec les abbé et religieux de l'abbaye de La Couronne, contre les héritiers de demoiselle Catherine Du Thiers de Fenouillac (29 juillet). — Vente, moyennant 4,300 livres, par Madeleine Ory, veuve de maître Antoine Péchillon, procureur au présidial d'Angoumois, et ses enfants, à Jean Serpaud, praticien de la ville d'Angoulême, de l'office de procureur devenu vacant par la mort dudit Péchillon (30 juillet). — Transaction amiable entre Jean-Pierre Dubois, marchand de la ville d'Angoulême, et dame Françoise Mesnard, veuve non commune en biens de Gabriel de La Croix, écuyer, sieur du Linlaud, demeurant au lieu de Chez-Rouyères, paroisse de Grassac (1er août). — Constitution de 50 livres de rente par Madeleine Basset, veuve de Pierre Sartre, sieur des Moulins, et Pierre Sartre, sieur des Moulins, son fils, demeurant au lieu de Fissac, paroisse de Ruelle, d'une part ; au profit de Jean-Louis Rambaud, écuyer, seigneur de Maillou, comme tuteur de la fille mineure de défunt Henri Rambaud, sieur de Bourg-Charente, son frère, d'autre part (2 août). — Cession d'une créance par François de Chevreuse, écuyer, seigneur de La Coux (auj. Lascaud), paroisse de Vitrac, à Pierre Bernard, serviteur du seigneur Couvidou de Fleurac, demeurant au logis du Grand-Maine, paroisse de Fléac (2 août). — Vente, moyennant 3,600 livres, par Sébastien Tourette, sieur de Flamenat, et Catherine Audouin, sa femme, demeurant à Angoulême, à Catherine Payen, veuve d'Antoine Julhard, sieur des Plaines, d'une maison sise en ladite ville d'Angoulême, rue de Genève, paroisse St-André, et relevant du seigneur de La Rochefoucauld (7 août). — Ferme par Robert Cazeau, prêtre, chanoine de la cathédrale d'Angoulême, à Gabriel Bignon, maître écrivain, et à Catherine Tardat, sa femme, de la maison canoniale attribuée audit bailleur, sise en la paroisse de Notre-Dame de La Paine, confrontant par un côté à celle de monsieur Baudet, lieutenant aux eaux et forêts, et par l'autre à celle du sieur Forest, maître ès-arts (8 août). — Inventaire des meubles, papiers, effets et marchandises dépendant de la succession de défunt Jean André, sieur de La Boissière, marchand, fait à la requête de maître André André, sieur de La Tasche, colonel de la milice bourgeoise d'Angoulême, de Pierre Brun, procureur au présidial, et de Jacques de Jambes, écuyer, sieur de La Foix, Le Breuil et autres lieux, à cause de Marie André, sa femme. A noter au présent inventaire, l'arrentement du moulin à papier de Ruelle, consenti par les frères André au chevalier de Montalembert, suivant acte du 24 juin 1750, reçu par même notaire que les présentes (9 août et jours suivants). — Vente, moyennant 18,000 livres, par Marguerite-Mélanie Nadaud, dame de Neuillac, Chenaumoine et Saint-Pardoux, femme de messire Alexandre de Paris, chevalier, seigneur du Courret, La Rochette, L'Épineuil et autres lieux, d'une part; à Jean et Grégoire Mouillot, frères, meuniers au moulin de Chaniers en Saintonge, d'autre part, savoir est de tous les biens appartenant à la venderesse comme fille unique et héritière de feu Philippe Nadaud, qui avait acquis lesdits biens de Jacques-François de Bremond, chevalier, seigneur de Saint-Fort, par acte du 10 juillet 1739, reçu Senné (?), notaire royal (25 août). — Inventaire des meubles dépendant de la communauté d'entre Pierre-Placide de la Place, chevalier, seigneur de La Tour-Garnier, ancien capitaine au régiment de Bourbonnais, et Marie-Madeleine de Montalembert, sa femme, suivant leur contrat de mariage en date du 5 février précédent, reçu par Charles, notaire royal. A remarquer audit inventaire : Une fontaine de cuivre sur laquelle sont gravées les armes dudit seigneur de La Tour-Garnier, estimée 30 livres; — un tableau représentant les *Quatre-Saisons*, et vingt-quatre autres tableaux anciens, non estimés; — un autre tableau, sur la cheminée,

peint en miniature, non estimé; — une écritoire avec sa boîte et son sablier d'argent, dans un étui en bois de palissandre, avec un porte-mouchettes d'argent haché et les mouchettes d'acier, le tout estimé 100 livres; — un tableau dans un cadre doré, représentant *Jésus-Christ au jardin des olives,* et deux autres tableaux représentant des bouquets peints en miniature, le tout estimé 20 livres; — dans la chapelle, les ornements servant au culte, deux burettes avec leurs soucoupes, le tout d'argent, gravés aux armes du seigneur de la Place; neuf tableaux grands et moyens, et dix autres petits, peints sur cuivre rouge; — au milieu de jardin, un cadran solaire horizontal, de cuivre rouge, aussi aux armes du seigneur de la Place et gravé par Bion, à à Paris (26 août). — Concession d'un droit de banc et sépulture dans l'église St-Jacques de Lhoumeau, par Jean-Louis Thinon, prêtre, curé de ladite église et prieur de St-Jacques de La Terne, en faveur de Jean-Louis Galliot, conseiller du Roi, contrôleur des saisies réelles d'Angoumois et fabricien de ladite église de Lhoumeau (29 août 1751).

E. 1739. (Liasse.) — 53 pièces, papier.

1751. — Caillaud, notaire royal à Angoulême. — Actes reçus par ce notaire, du 1ᵉʳ septembre au 29 octobre. — Bail à ferme, moyennant 150 livres par an, par dame Jeanne de Pérusse des Cars, abbesse de St-Ausone, de la borderie dépendant du fief de Guissalle (8 septembre). — Quittance par François Morand, marchand de la ville de Confolens, en qualité de curateur des enfants mineurs de Jean Morand, son frère, à Jean Buzard, marchand du bourg de Vindelle, de la somme de 81 livres pour retour de troc et pour vente de veaux, suivant jugement de la juridiction consulaire d'Angoulême (9 septembre). — Testament de sieur André Périer, étudiant, âgé de dix-sept ans, fils de Pierre Périer, procureur au présidial d'Angoumois, et de défunte demoiselle Anne Aymard, par lequel il lègue à son dit père et à dame Marie Monteilh, seconde femme de celui-ci, tout ce dont il peut disposer (9 septembre). — Accord portant règlement et compte entre Théodore de Garoste, sieur du Roulle, ancien capitaine au régiment de Bourbon, demeurant actuellement à Angoulême, et Louis Delavergne, sieur de La Baronnie, juge magistrat au présidial d'Angoumois, tant de son chef que pour Marie Rougier, sa femme (11 septembre). — Règlement entre Pierre-Placide de la Place, chevalier, seigneur de La Tour-Garnier, ancien capitaine au régiment de

Bourbonnais, chevalier de Saint-Louis, d'une part; Jean Robert, sieur de Ferrachat, et dame Marie-Louise-Henriette de la Place, d'autre part, au sujet de la succession de Pierre de la Place, chevalier, leur frère, volontaire au régiment du Roi-Cavalerie, tombé malade en la ville de Prague en 1743, et duquel on n'a pas eu de nouvelles depuis cette époque, laquelle succession serait à partager entre ledit seigneur de La Tour-Garnier, la dame de Ferrachat, la dame de Glennest, la dame de la Place, religieuse, et la demoiselle de la Place, non mariée, et aussi au sujet de la succession de défunte demoiselle Marguerite-Louise-Henriette de la Place, tante paternelle (14 septembre). — Contrat de mariage entre Jean Serpaud, procureur en la sénéchaussée d'Angoumois, fils d'André Serpaud, sieur de Combeloup, et de défunte Marguerite Siraud, sa femme, demeurant au faubourg Sᵗ-Jacques de Lhoumeau, d'une part; et demoiselle Anne Tigrand, fille de feu maître Henri Tigrand, notaire royal, et de Mathurine Roux, sa veuve, d'autre part (16 septembre). — Contrat de mariage de Jean Vanderquand, sieur des Moulins, fils de défunt Pierre Vanderquand, procureur d'office de la juridiction de Courcoury, près la ville de Saintes, et de Madeleine-Françoise Delamotte, d'une part; et Marie Delacour, fille de défunts Léonard Delacour, sieur des Loges, et demoiselle Marguerite Prévérauld, demeurant au village de La Pijardière, paroisse d'Anais, d'autre part (17 septembre). — Procuration donnée par Marguerite Ledoux, veuve de Jean Thinon, en son vivant pair et procureur syndic de la ville et communauté d'Angoulême, maître François Thinon, avocat en la cour, Marie-Élisabeth Thinon, veuve de Clément Blanchet, receveur de la maîtrise particulière des eaux et forêts d'Angoumois, Jacques Amiaud, sieur de Sauvignon, à cause de Marie Thinon, sa femme, Pierre Monteilh, procureur au présidial d'Angoumois et en l'élection d'Angoulême, à cause de Marguerite Thinon, sa femme, tous héritiers du feu sieur Thinon, leur père, d'une part; à Philippe Thinon, aussi procureur au présidial, leur frère, d'autre part, à l'effet de régler diverses affaires concernant ladite succession (19 septembre). — Profession et contrat d'ingression en l'abbaye royale de Sᵗ-Ausone, pour demoiselle Julie-Céleste-Perrine Le Pennec de Boisjollan, fille de défunts Jacques Le Pennec, chevalier, seigneur de Boisjollan, Escoublac, Lesnerac et autres places, et dame Jeanne de Lambilly, ladite demoiselle mineure émancipée par justice, procédant sous l'autorité de Jean-François Méance, premier huissier à la chambre des comptes de Bretagne, son curateur, demeurant à Nantes, paroisse de Sᵗᵉ-Croix, et

encore ledit Méance, procureur général de Jacques-Allain-Bertrand Le Pennec, chevalier, seigneur de Boisjollan, châtelain d'Escoublac, Lesnerat et Trevecat, vicomte de Brouttay, enseigne des vaisseaux du Roi au département de Brest; en considération de laquelle ingression ladite demoiselle s'est constitué une rente de 1,600 livres, dont 600 livres pour sa pension et 100 livres pour ses besoins particuliers (22 septembre). — Vente, moyennant 10,000 livres, par messire Noël Bertrand de la Laurencie de Charras, seigneur marquis de Neuvicq, lieutenant des maréchaux de France en la province d'Angoumois, et dame Marie Paulte, sa femme, demeurant en leur château de Charras, paroisse dudit lieu, d'une part; à messire Marc-René, marquis de Montalembert, chevalier, seigneur de Maumont, mestre de camp de cavalerie, gouverneur de Villeneuve du Vigan, chevalier de Sᵗ-Louis, demeurant ordinairement à Paris, en son hôtel sis rue Neuve des Bons-Enfants, paroisse de Sᵗ-Eustache, étant de présent audit château de Charras, d'autre part, savoir est de toutes les eaux et pêcheries appartenant aux vendeurs sur la rivière de Touvre, en la paroisse de Ruelle, comme ladite dame marquise de Neuvic les avait recueillies de la succession de feu Jean Paulte, chevalier, seigneur des Riffauds, maître particulier des eaux et forêts d'Angoumois, son père, et que ledit seigneur des Riffauds avait acquis du Roi par contrat du 7 décembre 1703, avec toutes les petites rentes portées audit contrat, auquel acte de vente lesdites parties ont apposé leurs signatures (30 septembre). — Procès-verbal de l'état d'une maison, fait à la requête de Jean David de Boismorand, procureur en la sénéchaussée et présidial d'Angoumois, comme ayant charge des dames tiercelettes de la ville d'Angoulême (11 octobre). — Reconnaissance de rente donnée par des particuliers à dame Marie-Julie de la Touche, veuve de François Guitton, en son vivant sieur de La Malinie, ancien conseiller du Roi et son procureur en l'élection d'Angoulême (14 octobre). — Contrat de mariage entre Jean Audry, marchand orfèvre, lieutenant de la milice bourgeoise de la ville d'Angoulême, fils de Jean-Baptiste Audry, aussi marchand orfèvre, et de défunte demoiselle Madeleine Filhon, sa femme, demeurant à Angoulême, d'une part; et demoiselle Jeanne Boiteau, fille de défunt Jean Boiteau, vivant marchand de draps, et de demoiselle Catherine Chesnaud, sa femme, d'autre part (29 octobre 1751). — A la suite, la quittance de la dot, par le sieur Audry, en date du 13 avril 1752.

E. 1740. (Liasse.) — 61 pièces, papier.

1751. — Caillaud, notaire royal à Angoulême. — Actes reçus par ce notaire, du 2 novembre au 30 décembre. — Déclaration donnée à Louis Saulnier de Pierrelevée, écuyer, seigneur dudit lieu et de Saint-Mary, en son château de Saint-Mary, par Vincent Audair, architecte et entrepreneur, de l'intention dans laquelle est celui-ci de reprendre les travaux qu'il a entrepris de faire audit château de Saint-Mary et qui ont été interrompus, faute par ledit seigneur d'avoir fourni les matériaux nécessaires (2 novembre). — Résiliation de bail entre François-Louis Saulnier de Pierrelevée, écuyer, chanoine régulier de St-Augustin, chambrier de l'abbaye de Cellefrouin, y demeurant ordinairement, et de présent en son château de Saint-Mary, d'une part, et les fermiers du temporel de la chambrerie de l'abbaye de Cellefrouin, d'autre part (8 novembre). — Procuration par dame Jeanne Forgerit, femme de Jacques de la Sudrie, écuyer, sieur de Gamory, conseiller secrétaire et trésorier du Roi au bureau des finances de la généralité de Limoges, audit sieur de la Sudrie, son mari, à l'effet de recevoir le prix de la vente du bien de La Boulerie, ayant appartenu à ladite dame (14 novembre). Suit la quittance donnée par ledit de la Sudrie à François Thoumassin, marchand, et à Barthélemy Delagarde, aussi marchand, de la somme de 690 livres qu'ils lui devaient par délégation du seigneur chevalier de Garrost et de la dame Martin de Bourgon, sa femme, suivant acte du 15 novembre 1750 reçu Caillaud, ladite quittance datée du 20 janvier 1752. — Contrat de mariage entre Jean Boiteau, fils de défunt autre Jean Boiteau, marchand de draps, et de Catherine Chesnaud, d'une part; et Catherine Marginière, fille de défunt Léonard Marginière, notaire royal, et de Catherine Gauvry (18 novembre). — Bail à ferme par messire Marc-René de Montalembert, chevalier, seigneur de Maumont, à des particuliers, du droit de pêche et de chasse sur la rivière de Touvre, qu'il avait acquis des sieur et dame de Neuvic, ledit bail consenti moyennant 300 livres par an, six livres de truite et deux cents écrevisses par semaine, et encore sous la réserve expresse des eaux comprises entre le pont de Ruelle et la fuie de Fissac (19 novembre). — Bail à ferme, pour neuf années et moyennant 100 livres l'une, par Jean de St-Hermine, écuyer, chapelain de la chapelle St-Bénigne du Fa, paroisse de Sireuil, demeurant au lieu noble de La Barrière, paroisse de Mosnac, à Jean Caillaud, pro-

cureur au présidial d'Angoumois, de toutes les rentes seigneuriales appartenant au bailleur sur les moulins assis sur la Charente, à l'écluse du Corbeau, paroisse de Saint-Simeux (25 novembre). — Présentation à l'évêque de Poitiers par dame Madeleine Husson, veuve d'Armand de St-Martin, chevalier, conseiller en la grand-chambre du Parlement de Paris, marquise de Clairvaux, baronne de Thuré, demeurant ordinairement à Paris, paroisse de St-Étienne-du-Mont, de présent à Angoulême, de la personne de messire Jean-Élie de Nesmond, prêtre du diocèse d'Angoulême, abbé de l'abbaye séculière et collégiale de St-Arthémy de Blanzac, curé de St-Cybard de Porcheresse et chapelain de la chapelle de Notre-Dame de Billy en l'église paroissiale de St-Jean-l'Évangéliste de Châteauneuf de Châtelleraud, pour la cure paroissiale de St-Pierre dudit Thuré, vacante par le décès de messire Pierre Boinard et dont ladite dame a le patronage laïque avec droit de nomination (27 novembre). — Cession de droits par dame Marie Bernier de Sabouzac, religieuse hospitalière à l'hôtel des pauvres de La Rochefoucauld, à Jean Couturier, sieur du Châtelard, greffier en chef des insinuations ecclésiastiques du diocèse d'Angoulême (27 novembre). — Testament de Sébastien de la Vergne, étudiant en théologie, fils de feu Gabriel de la Vergne, ancien greffier de la maréchaussée d'Angoumois, et de Marie-Madeleine Germond, sa femme (1er décembre). — Bail à loyer par Louis Leclerc, prêtre, curé de Tourriers et aumônier de l'aumônerie de St-Pierre d'Angoulême, d'une maison sise en ladite ville, rue St-Pierre, la première de ladite aumônerie à main droite en montant de la principale porte d'entrée de l'église St-Pierre à la halle du Minage (4 décembre). — Cession de rentes par demoiselle Marie Nesmond, veuve de Philippe André, sieur de Puypéroux, à Jean Martin, notaire, procureur et contrôleur de la ville de Verteuil (5 décembre). — Contrat de mariage entre Jean-Armand Dervaud, marchand, fils de défunts Gabriel Dervaud, aussi marchand, et demoiselle Marguerite Decroux, du village de Bourpeuil, paroisse de St-Georges du Vigeant, en Poitou, demeurant depuis plusieurs années au faubourg St-Jacques de Lhoumeau d'Angoulême, d'une part; et demoiselle Marie-Thérèse Henry, fille mineure de défunts Jacques Henry, inspecteur général de la manufacture royale des papiers d'Angoumois, et demoiselle Marie-Angélique Lesueur, demeurant en la paroisse St-Jacques de Lhoumeau, d'autre part (6 décembre); auquel contrat est joint le consentement des parents de ladite Henry, savoir de : demoiselle Catherine Guyot, veuve de Nicolas Lesueur, maître fondeur, demeurant à Paris, cloître et paroisse

St-Germain-l'Auxerrois, tante maternelle ; — sieur Antoine-Nicolas Lesueur, privilégié doreur, demeurant à Paris, même cloître ; — Nicolas-François Le Comte, peintre du Roi, demeurant même cloître, oncle de la mineure, à cause de Catherine Lesueur, sa femme ; — Louis Dupuy, maître maçon, demeurant rue Guérin-Boineau, paroisse St-Nicolas-des-Champs, cousin germain à cause de Marie-Anne Boubaron, sa femme ; — Oger-Joseph Le Blanc, maître fondeur du Roi, demeurant susdit cloître St-Germain, oncle à cause de Thérèse Lesueur, sa femme ; — Augustin-Alexandre Bégou, procureur au Châtelet de Paris, Henri-Michel Larcher, bourgeois, et Joachin Feraudel, aussi bourgeois, amis de la proparlée (20 novembre 1751). — Transaction entre maître Philippe Autier, seigneur du Chalard, conseiller du Roi, juge magistrat honoraire en la sénéchaussée d'Angoumois, comme fondé de procuration de monseigneur François-Joseph Robuste, évêque de Nitrie, conseiller du Roi en tous ses conseils, prieur commendataire de St-Vincent-de-La-Faye près Ruffec, demeurant à Paris, rue Taranne, d'une part ; Jean-Baptiste Légier des Forges, sergent royal, détenu aux prisons royales d'Angoulême, d'autre part (11 décembre). — Dépôt en l'étude de Caillaud par Pierre Lambert, écuyer, sieur des Andreaux, de la minute d'un acte sous signature privée, intervenu le 13 décembre 1698 entre François Lambert, écuyer, sieur de Fontfroide, et Achille Terrasson, écuyer, sieur de Verneuil, à cause de dame Hippolyte Lambert, sa femme, contenant promesse de garantie d'une rente envers la demoiselle de Marsillac (18 décembre). — Procuration par dame Marie de Guez, veuve de François de Bardonnin, chevalier, seigneur comte de Sansac, et demoiselle Henriette de Guez, fille majeure, sa sœur, d'une part ; à demoiselle N... de Chaumeront, dame de La Soudière, veuve de messire N... Regnauld, chevalier, seigneur de La Soudière et autres places, demeurant en son château de La Soudière, paroisse de Saint-Mary, d'autre part (20 décembre). — Bail à ferme, pour neuf années et moyennant 1,753 livres l'une, par François Normand, écuyer, chevalier de Garat, et Radegonde de Martin de Bourgon, sa femme, veuve en premières noces de Henri Rambaud, écuyer, seigneur de Bourg-Charente ; à Guillaume Coursier, directeur de la messagerie d'Angoulême à Paris, demeurant au faubourg St-Jacques de Lhoumeau, faisant pour et au nom des fermiers des carrosses et messageries royales d'Orléans, Bordeaux et route, d'une maison sise audit faubourg St-Jacques de Lhoumeau (23 décembre 1751).

E. 1741. (Liasse.) — 98 pièces, papier.

1752. — Caillaud, notaire royal à Angoulême. — Actes reçus par ce notaire, du 1er janvier au 29 février. — Donation entre vifs par Michel Fromentin, sieur des Bouchauds, et Marie Bareau, sa femme, à Joseph Lériget, sieur de Perville, et à Marie Lériget, sa femme, d'une maison sise à Angoulême, paroisse de Notre-Dame de Beaulieu, dans l'enclos des Cordeliers, et acquise par les donateurs de François-Mathieu Bourée, écuyer, prêtre, chanoine de la cathédrale d'Angoulême, suivant acte du 27 août 1739, reçu Tigrand et Marchadier (4 janvier). — Transport par Clément Aymard, ci-devant marchand, à André André, sieur de La Tasche, avocat au parlement de Bordeaux, colonel de la milice bourgeoise d'Angoulême, de tous les droits pouvant appartenir au vendeur dans la succession de Jean Jousseaume, écuyer, prêtre, curé de Puymoyen, décédé il y a environ cinquante ans (5 janvier). — Procuration donnée par Jean-François Gourdin, écuyer, sieur de La Fuye, chanoine de la cathédrale d'Angoulême, comme héritier de défunt François Gourdin, écuyer, brigadier des armées du Roi, son frère, décédé le 12 octobre dernier, et de Jeanne Gourdin du Châtellard, hospitalière de l'hôpital de Confolens, sa sœur, décédée le 21 octobre aussi dernier, d'une part ; à Louis Leclerc, prêtre, curé de Tourriers, d'autre part, à l'effet de régler lesdites successions (5 janvier). — Partage entre Jean Couturier, sieur du Châtellard, greffier en chef des insinuations ecclésiastiques du diocèse d'Angoulême, et Françoise Martin, sa femme, d'une part ; Jean Robuste, écuyer, sieur de Laubarière, et Jeanne Martin, sa femme, d'autre part, des biens de la succession de Marie Martin, fille majeure, leur sœur et belle-sœur (9 janvier). — Contrat d'ingression dans la communauté des dames de l'Union-Chrétienne d'Angoulême, pour demoiselle Anne Normand, fille de défunt François Normand, chevalier, seigneur de Garat, et de dame Anne-Guionne de Saint-Germain, sa femme ; en faveur de laquelle ingression, Jean Normand, chevalier, seigneur de La Tranchade et de Garat, et Jeanne Pasquet de Lartige, frère et belle-sœur de ladite demoiselle, lui ont constitué une aumône dotale de 3,000 livres à déduire de ses droits légitimaires tels qu'ils sont réglés par le contrat de mariage desdits sieur et dame de La Tranchade, passé devant Caillaud, notaire royal, le 6 janvier 1742 (12 janvier). — Acte en forme de statuts et règlement, ce requérant les teinturiers de la ville d'Angoulême (12 janvier). — Contrat de mariage entre Jean Thinon, fils de

Jean-François Thinon, sieur des Hors, avocat en la cour, et de demoiselle Louise Deschamps, sa femme, demeurant à Angoulême, paroisse St-Martial, d'une part ; et Françoise Collain, fille de feu Jean Collain, sieur de l'Assurance, entrepreneur des travaux du Roi, et de Françoise Arnaud, sa femme, demeurant au faubourg St-Jacques de Lhoumeau, d'autre part (13 janvier). — Démission de la cure de Ste-Marie du Châtellard-la-Rivière, par Louis Desbrandes, prêtre, curé dudit lieu et de Saint-Amant-de-Bonnieure, y demeurant (14 janvier). — Constitution de 30 livres de rente par Louis Delavergne, sieur de La Baronnie, juge magistrat en la sénéchaussée d'Angoumois, et Marie Rougier, sa femme, au profit des enfants mineurs de défunt Gabriel Mesnard, sieur de La Mongerie, et de Françoise Delavergne, sa femme (22 janvier). — Vente, moyennant 3,224 livres, par Simon Mathé, notaire royal, et Marguerite Vergnaud, sa femme, à Jean Gallebois, premier huissier en l'élection d'Angoulême, et à Marguerite-Mélanie Vidaud, sa femme, d'une maison sise à Angoulême, paroisse St-André (27 janvier). — Cession de plusieurs rentes par François Normand, écuyer, chevalier de Garat, ancien capitaine aide-major au régiment de Chartres, fils et héritier en partie d'autre François Normand, écuyer, seigneur de Garat, La Tranchade et autres lieux, d'une part ; à Moïse Dumas, écuyer, conseiller secrétaire du Roi, maison couronne de France, d'autre part (1er février). — Présentation de la personne de Jean-Baptiste Turcat, prêtre du diocèse d'Angoulême, vicaire de Montbron, à la cure ou vicariat perpétuel de St-Étienne de Nontron, au diocèse de Limoges, vacante par la démission de Jacques Clédat de la Baurie (3 février). — Contrat de mariage entre Jacques-Thibaud de Lapeyre, sieur de Belair, fils de défunt Jean de Lapeyre et de Marie Bonnin, demeurant au bourg de Saint-Germain, d'une part ; et Renée Houllier, fille de défunt messire P... Houllier, écuyer, seigneur de Plassac, et de dame Jeanne Vigier, veuve de François Guitton, sieur de La Brande, y demeurant, susdite paroisse, d'autre part (9 février). — Testament de Charles Delaroche, sieur de La Garde, soldat au régiment royal-infanterie, compagnie de monsieur le chevalier de Plas, actuellement à la suite dudit régiment et sur le point de le rejoindre à sa garnison de Nancy (18 février). — Inventaire des meubles, titres et papiers dépendant de la succession de demoiselle Marguerite Gallocher, ce requérant Maurice Puinège, marchand, ancien consul et consul en charge de la juridiction consulaire d'Angoulême, Jules-Abraham-François Robin, imprimeur ordinaire du Roi, ancien consul en ladite juridiction, et demoiselle Anne Puinège, sa femme, et

encore demoiselle Marie-Marguerite Puinège, fille majeure. A remarquer audit inventaire : le contrat de mariage de Jean Pélard, imprimeur, avec ladite Gallocher, en date du 4 mai 1709, reçu Serpaud, notaire royal à Angoulême ; — le contrat de mariage du sieur Puinège avec ladite Gallocher, en date du 19 août 1714, reçu Mancié, notaire royal ; — le contrat de mariage de Jean-François Vinsac avec Mariette Pélard, en date du 22 juin 1730, reçu par Filhon, notaire royal ; — le contrat de mariage de François Février avec Jacquette Pélard, en date du 24 août 1738, reçu par Filhon ; — une donation faite par Maurice Puinège et Marguerite Gallocher, sa femme, à ladite Jacquette Pélard, le 9 mai 1738 ; — le contrat de mariage d'Abraham-François Robin avec Anne Puinège, en date du 14 août 1740 (23 et 24 février). — Dépôt par mademoiselle Louise de Chevreuse, fille majeure et légataire universelle de feue dame Anne de Magnac, femme de Louis Coudart de Thurin, chevalier, seigneur de Rochecoral, d'un acte passé le 10 novembre 1751 entre ladite demoiselle et François-André de Coudart de Thurin, au sujet du testament de ladite de Magnac (24 février 1752).

E. 1742. (Liasse.) — 92 pièces, papier.

1752. — Caillaud, notaire royal à Angoulême. — Actes reçus par ce notaire, du 2 mars au 30 avril. — Contrat de mariage entre Michel Marchadier, avocat en la cour, fils de Jean Marchadier, notaire royal à Angoulême, et de demoiselle Marguerite Dubois, sa femme, demeurant à Angoulême, paroisse St-Martial, d'une part ; et demoiselle Marie Dussouchet, fille de Charles Dussouchet, marchand, et de Catherine Dussouchet, sa femme, demeurant à Angoulême, paroisse de Notre-Dame de Beaulieu, d'autre part (2 mars). — Transaction entre Pierre Desvergnes, marchand, demeurant au village des Gris, paroisse de Jaux en Limousin, et demoiselle Luce de la Garde, femme séparée de biens de Léonard Dereix, sieur du Temple, demeurant au village de La Tuilerie, paroisse de Garat, et encore Jean, Félix et Clément Cazeau, frères, bourgeois, tous héritiers de feu messire Alexandre de la Garde, chevalier, seigneur de Nanteuil, leur frère et oncle, au sujet de la succession de ce dernier (6 mars). — Cession d'une rente par Jean-François Birot, écuyer, sieur de Ruelle, Brouzède, Mornac et Le Maine-Gagnaud, à Antoine Gibaud, prêtre de la ville d'Angoulême (8 mars). — Règlement de compte entre demoiselle Marguerite Bourdier, veuve de Jean Nesmond, sieur de Boisrond, avocat en la cour, demeurant au Petit-Moulin, paroisse de Saint-Saturnin, et François Nesmond, sieur dudit Boisrond, son fils aîné (11 mars). — Bail à ferme, par dame Jeanne de Pérusse des Cars, abbesse de St-Ausone d'Angoulême, d'une île en pré appelée l'île des Thibaudières, sise sur la Charente, en la paroisse de Marsat, et confrontant à l'île de Chaussebrit, appartenant aussi à l'abbaye (14 mars). — Contrat de mariage entre Pierre Mioulle, sieur de La Touche, fils de feu Jean-Baptiste Mioulle, avocat au parlement, pair et receveur des octrois du corps de ville d'Angoulême, et de Jeanne Ducluzeau, sa veuve, d'une part; et Suzanne Rivaud, fille de François Rivaud, substitut du procureur du Roi en la sénéchaussée d'Angoumois et pair du corps de ville d'Angoulême, et de Marie-Madeleine Arnauld, sa femme, d'autre part (4 avril). — Licitation entre Jean Chaigneau, prêtre, curé de St-Cybard d'Angoulême, Jacques Chaigneau, sieur de La Tour-St-Jean, l'un des pairs du corps de ville, et Jean Chaigneau, avocat, conseiller du Roi et son procureur en la maréchaussée générale de Limousin, en résidence à Angoulême (5 avril). — Constitution de 50 livres de rente par dame Barbe d'Abzac, veuve de Jean-Marius Faucher de Versac, chevalier, seigneur de Versac et de Clauzuron, et François de Faucher de Versac, son fils aîné, demeurant ensemble au château de Clauzuron, paroisse de Champagne en Périgord, d'une part; au profit de demoiselle Jeanne Faucher de Versac, fille majeure, leur belle-sœur et tante, demeurant chez les dames de l'Union-Chrétienne d'Angoulême, d'autre part (5 avril). — Dépôt en l'étude de Caillaud, par Jean Jaulin, notaire royal, procureur d'office de Chadurie et régisseur de la terre d'Aignes, y demeurant, de la minute d'une procuration à lui donnée par haute et puissante dame Marguerite de Viaud, veuve de haut et puissant Philippe-Auguste de Mastin, seigneur de Courseau, demeurant à Paris, au couvent des Petites-Cordelières, ladite procuration en date du 8 mars 1752 (8 avril). — Contrat de mariage entre Jean-Louis Rivaud, avocat en la cour, pair du corps de ville d'Angoulême, fils de François Rivaud, substitut du procureur du Roi, et de Marie-Madeleine Arnaud, sa femme, d'une part; et Marie-Philippe-Andrée Mioulle, fille de Jean-Baptiste Mioulle, avocat, et de Jeanne Ducluzeau, sa femme, d'autre part (8 avril). — Transaction en forme de compte et de reconnaissance, entre Pierre Vantongeren, chevalier, seigneur de Siecq et Cougoussac, conseiller du Roi, président au bureau des finances de la généralité de Limoges, demeurant à Angoulême, d'une part; et François-Auguste de Morel, écuyer, sieur de La Chebaudie (*altâs* La Chabaudie), paroisse de Palluaud en Angoumois, d'autre part

(11 avril). — Vente, moyennant 440 livres, par Jean Brissonneau, farinier, demeurant au bourg des Touches, paroisse de Pérignac, à Jean Josias, fermier de la seigneurie de Cougoussac, du moulin à vent de Siecq, paroisse dudit lieu, précédemment acquis par le vendeur de Pierre Vantongeren, chevalier, seigneur de Siecq et de Cougoussac, trésorier de France au bureau des finances de Limoges (13 avril). — Requête au Roi par Gabriel Charpentier, concierge du château d'Angoulême, y demeurant, paroisse St-Antonin, aux fins qu'il plaise à Sa Majesté, ayant égard à ses longs services, qui datent de plus de trente ans, d'accorder ses lettres de survivance en ladite charge de concierge dudit château, à Jean-François Tabarie, ci-devant bourgeois de Paris, fils et petit-fils de conseiller du Roi, maire de Saint-Quentin, maître des eaux et forêts aux maîtrises de Marle, La Fère et Saint-Quentin (18 avril). — Résignation par Jean-Baptiste Turcat, curé de St-Étienne de Nontron, diocèse de Limoges, et chanoine de Blanzac, de sadite chanoinie de Blanzac, en faveur de maître Antoine Turcat, clerc tonsuré du diocèse d'Angoulême, son frère (20 avril). — Testament de Léonard La Roche, sieur de Girac, demeurant à Angoulême, rue de Genève, paroisse St-André, en faveur de Marie-Anne Valleteau, sa femme, et de Pierre La Roche de Girac, son fils, à la charge de payer par celui-ci à chacune de ses six sœurs la somme de 5,000 livres pour toute légitime (21 avril). — Quittance par Jean Deval, seigneur de Touvre, demeurant à Angoulême, paroisse St-André, comme cessionnaire de Pierre Bouhier, avocat en parlement, d'une part; à Jean-Baptiste Marchais, sieur de La Chapelle, comme ayant acquis le fief de La Chapelle de messire Élie-François Marron, écuyer, seigneur de Gorces, d'autre part, de la somme de 3,400 livres pour l'amortissement d'une rente de 170 livres consentie par ledit seigneur de Gorces au profit de Guillaume Bouhier, procureur d'office de Sansac et Cellefrouin (25 avril). — Procès-verbal, à la requête de Jean-Armand Dervaud, négociant, demeurant en la maison dépendant de l'hérédité de feu Jacques Henry, vivant inspecteur général de la manufacture royale des papiers d'Angoumois, tant de son chef que comme étant aux droits de Marie-Thérèse Henry, sa femme, et comme tuteur et curateur des autres enfants mineurs dudit Henry, frères de ladite Marie-Thérèse (26 avril). — Licitation entre dame Emerie de Volluire, veuve de Louis d'Anché, chevalier, seigneur de Basset, Magné, Touchabran et autres lieux, demeurant à Saint-Jean-d'Angély, René-Auguste Dexmier, chevalier, seigneur de Grosbost, faisant pour dame Gabrielle de Volluire, sa femme, et Alexis Mauron des Brousses, pour François Mauron,

sieur des Bois, et Marie-Madeleine Gobert de Maillé, d'une et d'autre parts, au sujet des biens dépendant de la succession de demoiselle Madeleine Green de St-Marsaud et léguée par elle à ladite dame de Volluire d'Anché, à charge de retours aux autres héritiers (29 avril 1752).

E. 1743. (Liasse.) — 92 pièces, papier; 1 sceau.

1752. —Caillaud, notaire royal à Angoulême. — Actes reçus par ce notaire, du 1er mai au 30 juin. — Titre clérical de 120 livres de pension viagère en faveur de Léonard Delorière, clerc minoré du diocèse d'Angoulême (1er mai). — Ferme, par Jean Mallagoux, marchand de la paroisse St-Martial, d'une maison sise sur la rue qui va de la ville d'Angoulême au champ de foire, et récemment acquise par le bailleur, de feu Jacques de Jambes, écuyer, sieur de La Foix, et de Marie André Latache, sa femme (3 mai). — Pouvoir donné à Jean Pinguet, maître de danse de la ville d'Angoulême, pour consentir une vente (6 mai). — Titre clérical de 80 livres de pension viagère consenti en faveur de maître Alexandre-Moïse de Couvidou, écuyer, par Louis-Alexandre de Couvidou, chevalier, seigneur de Fleurac, et Marie Texier, sa femme, demeurant au logis du Grand-Maine, paroisse de Fléac, ses père et mère (8 mai). — Constitution de 200 livres de rente par Jean Serpaud, procureur en la sénéchaussée d'Angoumois, au profit de Jean-Louis Rambaud, écuyer, sieur de Maillou, Saint-Saturnin, Torsac et autres lieux, en qualité de tuteur de Thérèse Rambaud, sa nièce mineure, fille de défunt Henri Rambaud, vivant écuyer, seigneur de Bourg-Charente (9 mai). — Vente, par Pierre Ancelin, charpentier, et Louise Valladon, sa femme, à Jean-Amable-Paul de Maslon, chevalier, seigneur de Croische, chevalier des ordres du Mont-Carmel et de St-Lazare, conseiller du Roi, commissaire provincial des guerres au département des villes et garnisons de la généralité de Limoges, demeurant à Angoulême, d'une pièce de terre, autrefois en jardin, sur le chemin qui va de la porte St-Pierre de la ville d'Angoulême au moulin de Bufflechaude (14 mai). — Transaction en forme de règlement de compte, entre dame Agnès Courraudin de Laudonie, veuve de Jean Prévérauld, vivant écuyer, seigneur des Deffends, président en l'élection d'Angoulême, ladite dame agissant par Louis Prévérauld, écuyer, chanoine de la cathédrale d'Angoulême, d'une part; Louis Thomas, écuyer, seigneur de Bardines, à cause de Marie-Françoise Prévérauld, d'autre part; demoiselle Marie Prévérauld, demeurant au lieu du Chesneau, paroisse de Fontenille,

et demoiselle Marie-Madeleine Prévérauld, sœurs des précédentes, encore d'autre part, au sujet des dettes grevant la succession dudit feu seigneur des Deffends, leur mari et père (17 mai). — Procès-verbal et rapport d'experts pour Pierre Thénevot, sieur de la Rente, notaire royal, contre Jacques Martin, dit La Ramée (19, 20 et 24 mai). — Obligation de 305 livres consentie par Jérôme Sardin, sieur de Saint-Michel, seigneur de Beauregard et de Chez-Grolleau, conseiller du Roi en l'élection de Confolens, et dame Françoise de la Salmonie, sa femme, d'une part; au profit de Jérôme Valleteau, écuyer, sieur de Boisderay et Mouillac, d'autre part (26 mai). — Mariage de Guillaume Janet, fils d'autre Guillaume Janet, sergent royal au bourg de Torsac, et de défunte Jeanne Decescaud, sa femme, d'une part; avec Marie-Michelle Pittre, fille de Clément Pittre, notaire royal, et de défunte Catherine Debussac, sa femme, demeurant à Angoulême, d'autre part (29 mai). — Reconnaissances rendues aux dames de l'abbaye de Saint-Ausone d'Angoulême pour des terres sises dans la paroisse de Courbillac (1er-5 juin). — Vente, moyennant 4,700 livres, par Marie Bourdier, veuve de Jean de Nesmond, vivant sieur de Boisrond, avocat en la cour, François de Nesmond, demeurant au Petit-Moulin, paroisse de Saint-Saturnin, et messire Jean-Élie de Nesmond, prêtre, abbé de St-Arthémy de Blanzac, y demeurant, d'une part; à Pierre Mioulle et à dame Suzanne Rivaud, sa femme, demeurant à Angoulême, d'autre part, de tous les fonds et domaines transportés précédemment à ladite Bourdier par ledit François de Nesmond, son fils, suivant acte du 31 mars 1751, devant Meslier, notaire royal (4 juin). — Quittance par François Dexmier, écuyer, sieur des Coudrais, demeurant à Angoulême, comme curateur du fils mineur de feu Jean Gautier, vivant avocat en la cour, d'une part; à Pierre Mongin, sieur de La Buzinie, ancien capitaine au régiment royal-infanterie, d'autre part, d'une somme de 925 livres 4 sous due par ledit Mongin audit mineur (10 juin). — Bail à ferme, pour trois années et moyennant 540 livres l'une, par Jean-Maurice de Lautraille, prêtre, curé de la paroisse de Balzac et Villognon, à Antoine Calluaud, procureur en la sénéchaussée d'Angoumois, et à Guillaume Hennequin, marchand de la ville d'Angoulême, de tous les fruits décimaux qui se recueilleront dans le grand quartier de la paroisse de Balzac (17 juin). — Bail à ferme, moyennant 4,350 livres, de la terre et seigneurie de La Rochechandry, paroisse de Mouthiers, ledit bail consenti : par Madeleine Husson, veuve en premières noces de messire Étienne Chérade, chevalier, seigneur comte de Montbron, et en secondes noces de messire Armand de Saint-Martin, chevalier, conseiller en la grand-chambre du Parlement de Paris, Alexandre de Paris, chevalier, seigneur du Courret, Jacques Chapiteau, écuyer, seigneur de Guissalle, et Jean Deval, seigneur de Touvre, avocat en la cour, tous les trois tuteurs onéraires des enfants mineurs de défunt Étienne-Adrien Chérade, chevalier, seigneur comte de Montbron, lieutenant-général en la Sénéchaussée d'Angoumois; par messire Étienne-Adrien Chérade, seigneur comte de Montbron, baron de Mantresse, La Rochechandry et autres places, fils aîné et principal héritier dudit défunt comte de Montbron; — par Étienne Duchazeau, chevalier, seigneur de La Besnerie, tant pour lui que pour dame Louise Chérade, sa femme, et Jean de la Rye, chevalier, seigneur de La Coste, à cause de Madeleine Chérade, sa femme, d'une part; à George Jubert, sieur de La Salle, bourgeois, et à Françoise Besse, sa femme, demeurant en la paroisse de Fouquebrune, d'autre part (17 juin). — Procès-verbal des moulins à papier de Nersac, appartenant à la fille mineure de feu Henri Rambaud, vivant écuyer, seigneur de Bourg-Charente, ce requérant Jean-Armand Dervaud, négociant, demeurant à St-Jacques de Lhoumeau (21 juin). — Inventaire des meubles, titres, papiers et autres choses dépendant de la succession de défunt Louis Florenceau, seigneur de Boisbedeuil, ancien lieutenant particulier au présidial d'Angoumois, ce requérant demoiselle Eugénie-Madeleine-Henriette et Marguerite Florenceau de Boisbedeuil, ses filles majeures, Moïse Dumas, écuyer, conseiller secrétaire du Roi maison couronne de France, lieutenant particulier au présidial, et Jean Dumas, avocat en la cour, le premier comme mandataire de Clément Florenceau de Boisbedeuil, avocat au Parlement de Paris, fermier directeur général des fermes de l'Empereur dans son grand-duché de Toscane, et le second comme curateur à conseil d'autre Clément Florenceau de Boisbedeuil, mineur émancipé par justice. — A remarquer audit inventaire : sept pièces de tapisserie fil double, représentant une histoire et garnissant les murs de la salle, estimés ensemble 170 livres; — plus, dans la même salle, trois tableaux, dont deux dans des cadres ovales et l'autre dans un cadre carré, représentant les ancêtres de la famille; — plus, dans la bibliothèque, un corps de bibliothèque en bois noirci, dans lequel se sont trouvés deux-cent-dix volumes reliés en veau et cent-un volumes reliés en parchemin, dont quelques-uns in-folio, quelques-autres in-4°, le reste en petit format, estimés ensemble 100 livres; — plus trois pièces de tapisserie verdure, estimées 80 livres; — plus la grosse, en parchemin, du contrat de mariage du défunt sieur de Boisbedeuil avec dame Marie Boucher, en date du 27 décembre

1713, reçu Lefebvre, notaire au châtelet de Paris (22 juin). — Inventaire des meubles, effets, titres et papiers dépendant de la succession de feu messire Philippe Vigier, écuyer, sieur de La Pille et renfermés dans sa maison sise à Angoulême, paroisse St-Paul, où il est décédé le 28 du présent mois, ledit inventaire fait à la requête de dame Anne Dussieux, sa veuve, restée chargée d'une fille en très bas âge, et comprenant en trois parties, les meubles appartenant en propre à chacun des époux et ceux dépendant de la communauté (30 juin et 13 juillet 1752).

E. 1744. (Liasse.) — 63 pièces, papier.

1752. — Caillaud, notaire royal à Angoulême. — Actes reçus par ce notaire, du 1er juillet au 31 août. — Mariage entre Antoine Labonne, laboureur à bras, demeurant au Maine-Léonard, paroisse de Dignac, et Françoise Rouhier (1er juillet). — Bail à ferme, pour neuf années, à raison de 590 livres l'une, par François Debresme, archiprêtre de Garat, y demeurant, d'une part; à André-Benoît Debresme, avocat en la cour, et à Élisabeth-Thérèse Fauconnier, sa femme, de tous les blés, légumes, chanvres, lins et autres fruits appartenant à l'archiprêtré dans l'étendue de la paroisse de Garat, le quartier de Sainte-Catherine excepté (5 juillet). — Vente, moyennant 2,600 livres de capital et 25 livres de pot-de-vin, par Bertrand Siraud, ancien consul en la juridiction consulaire d'Angoulême, et Catherine Siraud, fille majeure, sa sœur, à François Jourdain, marchand charron, et à Marie Fontenaud, sa femme, demeurant lesdites parties au faubourg St-Jacques de Lhoumeau, d'une maison sise audit faubourg, en la grande rue, à main gauche en allant dudit faubourg au Pontouvre, et d'un jardin séparé de ladite maison, confrontant par le devant à la petite rue en cul-de-sac qui conduit de ladite grande rue au pré acquis récemment par l'hôpital général, du sieur Galliot, théologal (8 juillet). — Vente, par Jacques Vivien, procureur en l'élection et au présidial d'Angoulême, à Jean Serpaud, praticien, fils de Jean Serpaud, ancien procureur au siège d'Angoulême, de son dit office de procureur, la vente consentie et acceptée moyennant 4,300 livres et aux charges et conditions suivantes : 1° que le sieur Vivien demeurera associé à l'acquéreur pendant deux années, et partagera avec lui les profits de l'office, y compris le remboursement qui pourrait être ordonné contre le duc de La Rochefoucauld, à raison de la réunion par lui obtenue; — 2° que ledit Vivien, vendeur, se réserve tous les émoluments à lui dus dans les affaires où il a occupé, tant pour lui que pour ses confrères ; — 3° que le même se réserve aussi, sa vie durant, les gages de 30 livres par an que messieurs du chapitre St-Pierre d'Angoulême avaient coutume de lui payer annuellement, tant qu'il leur plaira de les payer ; — 4° que l'acquéreur sera tenu de prêter son ministère *gratis*, au vendeur et à ses enfants, dans toutes les affaires qu'ils pourront avoir, sans limitation de temps ; — 5° que le même sera tenu de prêter son ministère *gratis* audit vendeur, dans les affaires que pourront avoir dans la suite Marie-Anne Valleteau, veuve de Léonard La Roche, sieur de Girac, les enfants de celle-ci, Benoît Valleteau, écuyer, prêtre, curé de St-Adjutory, frère de ladite dame, et Hélie-François Coullaud, marchand, beau-père dudit vendeur, et ce pendant la vie de celui-ci seulement ; — 6° que ledit acquéreur sera tenu de payer, en outre du prix de son acquisition, la portion de dettes incombant au vendeur et à ses prédécesseurs, envers la communauté des procureurs, au sujet de leurs offices, et qui concernent la communauté (11 juillet). — Reconnaissance censuelle rendue par Jean Audier, maître tailleur de pierres, à messire Louis-Claude de St-Simon, chevalier, seigneur comte de St-Simon, seigneur de Villexavier, Chartuzac, Lugerat, Rouffignac, Les Doussets et autres places, veuf de Jeanne Souchet, en son vivant fille et héritière, sous bénéfice d'inventaire, de Jean Souchet, écuyer, seigneur des Doussets, lieutenant criminel d'Angoumois (13 juillet). — Vente, moyennant 800 livres, par Baptiste Audry, orfèvre, ancien consul en la juridiction d'Angoulême, à Jacques Jolly, aussi orfèvre, d'une maison sise à Angoulême, paroisse St-André, confrontant par devant à la rue appelée de Notre-Dame, à main droite en allant du canton des Six-Voies au canton St-André (17 juillet). — Procès-verbal, à la requête d'Antoine de Salignac, écuyer, seigneur de Salmaze, demeurant au bourg de Trois-Palis, contre des particuliers, à l'occasion des dégâts commis par ceux-ci dans la garenne du Mesnadeau, paroisse de Mouthiers, appartenant audit sieur (19 juillet). — Bail à moitié des fruits, des moulins du pont de Ruelle, par Paul, chevalier de Montalembert, demeurant à Angoulême, mandataire de son frère Marc-René, marquis de Montalembert, chevalier, seigneur de Maumont, Saint-Germain, Juignac, partie de la baronnie de Saint-Amant-de-Montmoreau, Saint-Laurent-de-Belzagot, Forgeneuve et autres lieux, lieutenant général de Saintonge et Angoumois, gouverneur de Villeneuve d'Avignon, cornette des chevau-légers de la garde du Roi et associé libre de l'Académie royale des sciences de Paris (1er août). — Contrat de mariage entre Pierre Marchais, sieur de La Berge, fils de Jean-Baptiste Marchais, seigneur de

La Chapelle, ancien juge en la juridiction consulaire d'Angoulême, et de défunte demoiselle Rose Jussé, sa femme, demeurant au faubourg et paroisse de St-Jacques de Lhoumeau, d'une part ; et demoiselle Anne Devars, fille de défunt Pierre Devars, chevalier, seigneur de Barrières, et de dame Marie Leviste, sa femme, demeurant au logis de Barrières, paroisse de Mainfonds, châtellenie de Blanzac, d'autre part, en présence de Jean de la Porte, écuyer, seigneur de Champaignon (?), oncle par alliance de l'épouse, de Léonard Monnereau, seigneur du Maine-Lafont, son cousin germain, de Marie-Anne Devars, veuve de monsieur Marron de Gorse, écuyer, tante paternelle, et de plusieurs autres parents et amis qui ont signé (10 août). — Cession d'une rente par Louis-Alexandre de Couvidou, chevalier, seigneur de Fleurac, et dame Marie Texier, sa femme, demeurant en leur logis du Grand-Maine, paroisse de Fléac, à Pierre Dubois, seigneur de La Vergne, l'un des anciens conseillers du corps de ville d'Angoulême, y demeurant, paroisse St-Martial (15 août). — Transaction entre Jean Cousseau, prêtre, curé d'Yvrac, demeurant au Poupineau, susdite paroisse, et Pierre Gounin, sieur de La Coste, y demeurant, paroisse de Saint-Adjutory, au sujet des dîmes inféodées de la métairie du Poupineau (21 août). — Contrat de mariage entre Pierre Puynesge, caissier au bureau des décimes du diocèse de Limoges, fils majeur de défunt Jean-Baptiste Puynesge, marchand balancier de la ville de Limoges, et de Marguerite Mathieu, sa femme, demeurant en ladite ville, faubourg de la Boucherie, paroisse St-Maurice, d'une part ; et Marie-Marguerite Puynesge, fille de Maurice Puynesge, marchand, ancien consul et actuellement consul en charge en la juridiction de la ville d'Angoulême, et de défunte Marguerite Gallocher, demeurant à Angoulême, paroisse de St-Cybard, d'autre part (27 août). — Résignation par Jean-François Gourdin, écuyer, sieur de La Fuie, clerc tonsuré du diocèse d'Angoulême et chanoine de l'église cathédrale St-Pierre de ladite ville, attaqué de paralysie, mais sain d'esprit, savoir est de sa prébende canoniale comprenant la maison qu'il habite près l'évêché, la rue entre deux, avec le gros qui en dépend, et ce au profit de Louis Leclerc, prêtre du même diocèse, curé de St-Hilaire de Tourriers, aumônier de la cathédrale, et non d'autre (28 août). — Procès-verbal du bien du Resneau, paroisse de Champmillon, ce requérant Pierre Marchais de la Berge et Anne Devars, sa femme (31 août et 1er septembre 1752).

E. 1745. (Liasse.) — 37 pièces, papier.

1752. — Caillaud, notaire royal à Angoulême. — Actes reçus par ce notaire, du 5 septembre au 30 octobre. — Transport de droits héréditaires par Nicolas Dubois, prêtre, prieur-curé de St-Étienne de Montignac-Charente, tant pour lui que pour Étienne Dubois, son père, et Marguerite Dubois, sa tante, et encore pour Jacques Dubois de Chément, officier du Roi, son oncle, demeurant à Versailles, d'une part; à Jean Lériget, sieur de Combe-l'Abbé, juge assesseur de la ville de Montbron, d'autre part (8 septembre). — Reconnaissance rendue à l'abbaye de St-Ausone d'Angoulême par Léonard David, procureur au présidial d'Angoumois, acquéreur et étant aux droits de Pierre-Aignan de Challut, écuyer, sieur du Grangé et autres lieux, et de la dame Aultier du Chaslard, sa femme, qui était aux droits de Philippe Aultier, seigneur du Chaslard, juge magistrat en la cour, lui-même héritier de Jean Aultier, avocat au parlement, son père, d'une et d'autre part, pour une maison sise à Angoulême, dans la grande rue du Minage, avec cour à la suite et un puits au milieu de ladite cour, ladite maison à main gauche en allant de la halle du Minage à la porte St-Pierre (7 septembre). — Contrat de mariage entre Jean-Baptiste Marchais, sieur de La Chapelle, fils majeur de Jean-Baptiste Marchais, aussi sieur de La Chapelle, et de défunte Rose Jussé, sa femme, d'une part; et Marie-Anne Durand, fille de Jean Durand, ancien conseiller du Roi et son procureur en l'élection de Saint-Jean-d'Angély, et de défunte dame Marie de Pontoise, sa femme, demeurant audit Saint-Jean, d'autre part; en faveur duquel mariage Pierre Durand, docteur en théologie, prêtre, prieur-curé de Saint-Simon-sur-Charente, a institué ladite proparlée, sa nièce, son héritière universelle, comme aussi ledit sieur de La Berge, père du proparlé, a institué celui-ci son héritier universel conjointement avec Pierre Marchais, son frère puîné, attribuant audit proparlé le lieu de La Chapelle, paroisse de Champmillon, évalué à 50,000 livres (22 septembre). — Transaction entre Pierre Chapiteau, écuyer, sieur de Guissalle, et des particuliers qui avaient pêché dans des eaux appartenant audit seigneur et contre lesquels il avait fait commencer une information (23 septembre). — Transport, moyennant 1,073 livres 3 sous 4 deniers, par messire Jean de La Rochefoucauld, chevalier, seigneur de Maumont, Magnac, Barro, Le Vivier, Chaumont, Chatarmat et autres places, chevalier du Mont-Carmel et de St-Lazare de Jérusalem, demeurant en son château de Maumont, paroisse de Magnac-sur-Touvre, d'une part; à messire Pierre Vantongeren, chevalier, seigneur de Siecq et de Cougoussac, président trésorier au bureau des finances de Limoges, demeurant à Angoulême, d'autre part, savoir est d'un article de rente noble, directe et foncière, emportant tous droits de lods et ventes et de prélation, assignée sur la prise des Raymonds, paroisse de Magnac (27 septembre). — Quittance par Marie-Anne Valleteau, veuve de Léonard Laroche, sieur de Girac, héritière en partie de feu Pierre Valleteau, écuyer, sieur de La Groix, capitaine au régiment de Rouergue, son frère, d'une part; à Jérome Valleteau, écuyer, seigneur de Mouillac et Boisdran, son autre frère, d'autre part, de la somme de 416 livres pour sa portion du propre fictif dudit feu sieur de La Groix, du chef de défunte Françoise Martin, sa mère (1er octobre). — Procès-verbal de la cure et de l'église paroissiale de St-Benoît d'Ansac, diocèse de Poitiers, membre dépendant de l'abbaye de Nanteuil-en-Vallée, au même diocèse, ce requérant Pierre Fonréaux, prêtre, pourvu de ladite cure en remplacement d'Ignace Babaud, dernier titulaire dudit lieu, décédé, auquel procès-verbal il est constaté que le principal tableau de l'autel, peint sur toile et représentant une *descente de croix,* est pourri et percé en plusieurs endroits (24 octobre 1752).

E. 1746. (Liasse.) — 68 pièces, papier.

1752. — Caillaud, notaire royal à Angoulême. — Actes reçus par ce notaire, du 1er novembre au 31 décembre. — Contrat de profession religieuse et d'ingression dans l'abbaye de St-Ausone d'Angoulême, pour demoiselle Marguerite Vigier, fille de défunt François Vigier, écuyer, sieur de La Pille, et de dame Jeanne Pigornet, en présence de ladite dame Pigornet et de Madeleine et Marie Vigier, ses autres filles (2 novembre). — Licitation par Claude Planche, sieur de La Borie, docteur en médecine, demeurant à Angoulême, d'une maison et de divers héritages assis dans les paroisses de Magnac et de Garat, qu'il avait acquis, conjointement avec dame Louise de Montardy, sa femme, d'Antoine Civadier, prêtre, curé de St-Paul dudit Angoulême (4 novembre). — Vente, moyennant 12,000 livres de principal et 240 livres de pot-de-vin, par Louis Rambaud, sieur de Mareuil, conseiller du Roi, lieutenant particulier au siège royal de Cognac, et dame Marie-Mauricette Bouillon, sa femme, d'une part; à Louis-Nicolas Tournier, négociant, et à dame Léonarde Piveteau, sa femme, demeurant à Angoulême, faubourg de La Bussatte, d'autre part, savoir est du bien fonds appelé Toutifaut, paroisse de Soyaux, avec la borderie de Beaumont, près la croix dudit lieu, lesdits lieux relevant, pour la majeure partie, du chapitre St-Pierre d'Angoulême et de monsieur de La Rochefoucauld de Maumont, à cause de sa seigneurie de Magnac (17 novembre). — Cession par Jean Rabotteau, billardier, demeurant à Angoulême, près la croix du Parc, paroisse St-Antonin, à messire Paul, chevalier de Montalembert, de la fin du bail de la maison qu'il occupe (21 novembre). — Inventaire des meubles, papiers, titres et enseignements dépendant de la succession de Pierre Vantongeren, écuyer, conseiller du Roi, président ancien en la sénéchaussée et siège présidial d'Angoumois, ledit inventaire fait à la requête de Madeleine Le Musnier, sa veuve, et comprenant tant les meubles qui sont renfermés dans la maison d'Angoulême que ceux qui se trouvent dans les bâtiments de Chez-Martin, paroisse de La Couronne. A remarquer audit inventaire : une obligation de 60,000 livres consentie, au profit dudit Vantongeren, par Louis Robert Bourée, receveur des tailles, et Marie Babaud, sa femme, Jacques-Pierre Salomon, chevalier, seigneur de Bourg-Charente, et Thérèse Bourée, sa femme, Pierre de la Rapidie, chevalier, seigneur de Tisseuil, et Rose Bourée, sa femme, en date du 28 novembre 1743 ; — le contrat de mariage desdits Vantongeren et Le Musnier, en date du 28 avril 1747, reçu Caillaud ; — un violon, son archet et douze livres de musique, le tout estimé 50 livres ; — un petit cachet d'argent et dix-sept boutons à pierres montées sur argent, pour veste, le tout estimé 6 livres ; — un petit portrait en pastel et miniature, garni d'un petit cercle d'or, estimé 4 livres ; — un couteau de chasse, la poignée façon de chagrin, garni d'argent, avec le ceinturon, le tout prisé 10 livres ; — une épée à garde et poignée d'argent, le ceinturon de cuir, estimée 60 livres ; — deux flambeaux et leurs girandoles, un bougeoir, une grande cuiller, deux grandes fourchettes, six cuillers et six fourchettes ordinaires, neuf cuillers à café, une petite percée et une petite pincette, le tout d'argent, pesant 13 marcs, à 48 livres le marc ; — un parapluie en toile cirée, à baleines, estimé 2 livres ; — deux vieux tableaux peints sur toile, représentant des paysages, avec leurs cadres, estimés 2 livres ; — une écritoire de poche, en forme d'étui, son cornet, plume, porte-crayon, compas et pied d'argent, le reste en chagrin avec les garnitures d'argent, estimé 18 livres ; — une lettre missive du 22 novembre « dernier » écrite audit défunt par M. de Ruelle, garde du corps, et datée de Versailles, et lui mandant d'envoyer à celui-ci la somme de 48 livres pour ce qui lui en a coûté afin de faire

réparer la tabatière d'or que ledit Vantongeren lui avait confiée lors de son départ pour Paris (23 novembre et jours suivants). — Vente, moyennant 6,300 livres, par Jacques Sardin, sieur de Laumière, fondé de procuration de Pierre Sardin, sieur de Beauregard, et de dame Françoise Rempnoulx, sa femme, demeurant au bourg de Mouton en Poitou, d'une part ; à André Renard Cambois, sieur de Cheneuzac, avocat en la cour, d'autre part, d'une maison sise à Angoulême, paroisse St-Paul, ouvrant sur la rue qui conduit de la halle du Palet à l'église St-Paul, à main gauche, et par derrière à la place qui joint les prisons royales (26 novembre). — Vente, moyennant 2,000 livres, par Louis Garnier, écuyer, chevalier, seigneur de Ferfan, et Madeleine Birot, sa femme, demeurant au logis noble des Bournis, paroisse de Garat, d'une part ; à Jean Deval, seigneur de Touvre, et à dame Jeanne-Catherine Brumauld, sa femme, demeurant à Angoulême, d'autre part, savoir est de deux maisons sises en ladite ville, joignant l'une à l'autre et confrontant par devant à la place de la petite halle (27 novembre). — Renonciation par Alexandre Coustin, écuyer, sieur du Mas-Nadaud, y demeurant, paroisse de Pageas en Limousin, et dame Louise de Ravard, sa femme, aux successions de défunts Philippe de Ravard, écuyer, sieur de Mezieux, père de la dite Louise, Jean de Ravard, écuyer, seigneur de Saint-Amant, et François de Ravard, écuyer, sieur de La Coste, ses oncles, pour être lesdites successions plus onéreuses que profitables (3 décembre). — Contrat de mariage entre Jacques-Guy Corliet, sieur de Coursac, fils de feu Jean-Louis Corliet, sieur de Coursac, et de Françoise Gauvry, à présent femme de Jean Pinot, sieur de Moirat, demeurant au Maine-Jolly, paroisse de Vindelle, d'une part ; et Jeanne Chaigneau de La Gravière, fille de Jean Chaigneau, sieur de La Gravière, avocat en la cour, et de demoiselle Marie Nesmond, sa femme, demeurant à Angoulême, paroisse de Beaulieu, d'autre part (12 décembre 1752).

E. 1747 (Liasse). — 71 pièces, papier.

1752. — Caillaud, notaire royal à Angoulême. — Actes reçus par ce notaire, du 5 Janvier au 27 Février. — Délibération des habitants de la paroisse Saint-Jacques de Lhoumeau, à l'effet de lever la taxe imposée sur une maison ayant appartenu à défunt Claude Voyer, notaire royal et marchand de sel, récemment décédé (7 janvier). — Testament de Jean Serpaud, procureur en la sénéchaussée, siège présidial et élection d'Angoulême, demeurant en cette ville, rue Froide, paroisse St-André (7 janvier). — Contrat de mariage entre Gabriel de la Croix, écuyer, sieur du Repaire, fils majeur et légitime de défunts messire Pierre de la Croix, aussi écuyer, sieur du Repaire, et dame Catherine de Faucher, sa femme, demeurant au bourg de Vindelle, d'une part; et demoiselle Marie-Anne de la Confrette, fille majeure et légitime de défunts Jean de la Confrette, sieur de Villamont, conseiller du Roi, receveur des consignations d'Angoumois, et dame Catherine Mousnier, sa femme, demeurant à Angoulême, paroisse St-André, d'autre part (11 janvier). — Démission de maîtrise d'orfèvre, par Jean Biscuit, maire et marchand orfèvre de la ville d'Angoulême, en faveur de Nicolas Buchey, compagnon orfèvre, son gendre (29 janvier). — Délibération des parents des enfants mineurs de défunt Gabriel Rondeau, vivant lieutenant de police de la ville de Châteauneuf, et de dame Jeanne Navarre, sa femme, contre l'opposition formée sans droit ni qualité et par simple pique, par le sieur Dutillet de Mézières et la dame Rondeau, sa femme, à la vente qui avait été faite à messire Pierre Arnaud de Ronsenac, écuyer, avocat au parlement, de l'office de procureur ayant appartenu audit Rondeau, décédé (1er février). — Contrat de mariage entre messire Ambroise-Félix Thouminy, écuyer, sieur de La Haulle, originaire de la ville de Valognes, en Basse-Normandie, fils de défunt Julien Thouminy, aussi écuyer, sieur de Coupigny, et de dame Marie Oursin, sa femme, demeurant à Angoulême, paroisse St-Antonin, d'une part; et demoiselle Thérèze Lauzie, fille de feu Guillaume Lauzie, bourgeois, et de demoiselle Catherine Benoît, sa veuve, demeurant aussi à Angoulême, paroisse St-Paul, d'autre part (1er février). — Reconnaissance rendue à François-Philippe d'Hauteclaire, chevalier, seigneur de Gourville, à cause de son château dudit lieu, comme héritier de François Héraud, en son vivant seigneur baron dudit Gourville, conseiller au parlement de Metz, son oncle, d'une part; par Jérôme Guillemeteau, visiteur et réformateur des poids et mesures d'Angoumois, d'autre part, à cause du bienfonds de Fontfleury, autrement dit La Métairie (6 février). — Vente, moyennant 1,200 livres, par Jean Mesnard, écuyer, seigneur de Laumont, demeurant à Angoulême, à Jean Thinon, avocat en la cour, d'une maison sise en ladite ville, sur la grande rue qui conduit de la place de la petite halle à la porte de ville St-Martial, et confrontant par derrière à une petite ruelle qui va de l'église St-Martial à la rue Neuve, sur la main droite (6 février). — Bail à ferme, moyennant 72 livres par an et pour cinq années consécutives, par Nicolas Jaubert, écuyer, sieur des Vallons, faisant pour Jean Jaubert, clerc tonsuré, chapelain de la chapelle Notre-Dame

In spamo, érigée en l'église St-Paul d'Angoulême, d'une part; à Damien Maunais, premier huissier audiencier à la maîtrise des eaux et forêts d'Angoumois, d'autre part, savoir est des revenus de ladite chapelle, y compris un appartement dans une maison qui en dépend, sise près l'église et le cimetière St-Paul (10 février). — Vente, moyennant 11,000 livres, par Jean Chabot, écuyer, secrétaire du Roi, maison couronne de France, élu en l'élection de Cognac, d'une part; à François Maulde, avocat au présidial d'Angoumois, de l'office de conseiller du Roi, élu en l'élection de Cognac, dont ledit Chabot est actuellement pourvu (12 février). — Procès-verbal de l'élection des fabriqueurs de l'église paroissiale St-Jean d'Angoulême, faite en la sacristie de ladite église, le dimanche 18 février, à la requête de François Gilbert, archiprêtre dudit St-Jean (18 février). — Testament d'Anne Vallier, veuve Pierre Duclos, vivant avocat en la cour, demeurant à La Verrerie, paroisse de Ronsenac (22 février). — Contrat de mariage entre Jean Bourdin, conseiller du Roi, élu en l'élection d'Angoumois, fils de défunts Louis Bourdin, ancien juge en la juridiction consulaire d'Angoulême, et demoiselle Anne Yrvoix, sa femme, demeurant à Angoulême, paroisse St-André, d'une part; et demoiselle Jeanne Trémeau, fille de Nicolas Trémeau, négociant, aussi ancien juge en ladite juridiction consulaire, et de Jeanne Benoît, sa femme, demeurant en la paroisse de Notre-Dame de La Paine, d'autre part (24 février). — Testament de dame Madeleine Arnaud, femme de Charles-César Dexmier, chevalier, seigneur de Chenon, Domezac et autres places, lieutenant général d'épée de la province d'Angoumois, en faveur de son mari et de ses serviteurs (23 février 1753).

E. 1748. (Liasse). — 75 pièces, papier.

1753. — Caillaud, notaire royal à Angoulême. — Actes reçus par ce notaire, du 3 mars au 30 avril. — Quittance par Élie-François Moizan, chirurgien, comme tuteur des enfants mineurs de défunts Jean Moizan, notaire royal, son père, et Jeanne Guillemeteau, dernière femme de celui-ci, demeurant au village des Moizan, paroisse de Sireuil (3 mars). — Constitution de 300 livres de rente volante, par Pierre-François Raymond, chevalier, seigneur de Saint-Germain, Sainte-Colombe, Le Châtelard-St-Front, La Motte-Leroux et autres lieux, comme fondé de procuration de Catherine-Jeanne de Jousserand, sa femme, demeurant au lieu noble de

Sainte-Colombe, d'une part ; au profit de demoiselle Louise de Chevreuse, fille majeure, demeurant à Angoulême, paroisse de Beaulieu, d'autre part (8 mars). — Reconnaissance censuelle rendue par Catherine Benoit, veuve de Guillaume Lauzie, négociant, à François Vigier, écuyer, clerc tonsuré, chapelain de la chapelle St-Nicolas desservie en l'église Notre-Dame de Beaulieu, pour une maison sise à Angoulême, paroisse St-André, près la place du Mûrier (11 mars). — Donation par Joseph de Beauchamps, écuyer, seigneur de Souvigné, capitaine au régiment d'Artois, chevalier de St-Louis, demeurant à Saintes, d'une part ; à messire Émery Hastelet, chevalier, seigneur de Joumelières, demeurant au château de Bellevue, paroisse de Beaussac, en Périgord, d'autre part, d'une somme de 6,000 livres, à charge de 500 livres de pension viagère (20 mars). — Requête par Jean Mouton, chanoine régulier de Ste-Geneviève, prieur de l'abbaye de La Couronne, aux fins d'obtenir la cure de St-Étienne d'Escuras, qui est à la nomination de messire André de Saluces, abbé commendataire de St-Amant-de-Boixe, et dont la provision appartient à l'évêque d'Angoulême (23 mars). — Vente, moyennant 1,200 livres, par Jean Aubin, prêtre curé de Torsac, à Denis Aubin, marchand, et à Marie Guyonnet, sa femme, d'une maison sise au faubourg St-Cybard, près les anciens ponts, confrontant par devant à la rue qui va du faubourg dudit St-Cybard aux dits anciens ponts, à main gauche, et par côté au fleuve de Charente (23 mars). — Constitution de 50 livres de rente par Jean-Baptiste Rullier, sieur de Rullière, ancien lieutenant-colonel au régiment de Gondrin, chevalier de St-Louis, demeurant au Bergeron (auj. Les Bergerons), paroisse de Roullet, d'une part ; au profit de François Rivaud, substitut du procureur du Roi en la sénéchaussée et siège présidial d'Angoumois, d'autre part (25 mars). — Testament de Jean Gilbert des Héris, bachelier en théologie, prêtre, prieur de Fontblanche et syndic du clergé d'Angoulême, en faveur de François Gilbert, conseiller du Roi, élu en l'élection d'Angoulême, son neveu (26 mars). — Procès-verbal de récolement et de vente des meubles dépendant de la succession de Pierre Vantongeren, en son vivant président en la sénéchaussée d'Angoumois, à la requête de Madeleine Le Musnier, sa veuve, et du sieur Gautier, tuteur des enfants mineurs dudit Vantongeren (2 avril et jours suivants). — Aveu et dénombrement rendu au Roy par Jacques Valleteau, sieur de Chabrefy, receveur ancien des tailles de l'élection d'Angoulême, comme héritier de défunt Jean Valleteau, vivant écuyer, sieur de Chabrefy, conseiller en ladite élection, son père, pour raison d'un droit d'agrier sur quarante journaux de domaine, partie en bois taillis, partie en chaume, sis au terrier de Débat (3 avril). — Reconnaissance censuelle rendue à Gabriel Martin Duchemin, chantre de la cathédrale d'Angoulême, demeurant à Paris, rue Culture-Ste-Catherine, par François Vallier, procureur en la sénéchaussée d'Angoumois, pour raison d'une pièce de pré, autrefois en maison et jardin, sise à Rochine, paroisse St-Jacques de Lhoumeau, confrontant au pré du seigneur comte de Boexe et de la dame de Longinière, sa femme, et au chemin qui va du faubourg Lhoumeau au pont du Gond, à main gauche (12 avril). — Vente, moyennant 1,100 livres, par Robert Toyon, prêtre, curé de l'Isle-d'Espagnac, Philippe Toyon, maître serger, et Madeleine Poinson, sa femme, à Antoine Civadier, prêtre, curé de St-Paul d'Angoulême, d'une maison sise en cette ville, rue Criminelle, à gauche en allant du canton St-Paul à celui des Six-Voies, et tenue à rente de la cure dudit St-Paul (12 avril). — Pouvoir par Pierre de Morel, écuyer, seigneur de La Guérinière, Saint-Simon et autres places, demeurant audit logis de La Guérinière, paroisse de Chantillac, à deux particuliers de lui bien connus, à l'effet de pour lui et en son nom recevoir tous les arrérages à lui dus par les tenanciers de son fief de Saint-Simon (16 avril). — Baux à ferme consentis par François Vallier, procureur au présidial d'Angoumois, agissant comme syndic et trésorier des pauvres de l'Hôtel-Dieu d'Angoulême (17 avril). — Vente, moyennant 6,600 livres, par Gabriel de la Croix, chevalier, seigneur du Repaire, et Marie-Anne de la Confrette de Villamont, sa femme, demeurant à Angoulême, d'une part ; à Jean Brun, négociant, et à Thérèse Tremeau, sa femme, demeurant aussi à Angoulême, d'autre part, savoir est d'une maison sise en ladite ville, rue du Soleil, à main droite en allant de la halle du Palet au canton des Six-Voies, et relevant de monsieur Pasquet de Saint-Mesmy, à cause de sa seigneurie de Vouillac (23 avril). — Bail à ferme, pour sept années, à raison de 18 livres l'une, par Élie Pasquet, chevalier, seigneur de Saint-Mesmy, Balzac, Vouillac et autres lieux, demeurant en son château de Balzac, paroisse dudit lieu, d'une part ; à Louis et Guillaume Petitbois, frères, poissonniers, de la paroisse de Saint-Yrieix, d'autre part, savoir est d'une partie du droit de pêche appartenant audit seigneur, en tant que seigneur de Balzac, sur la rivière de Charente, entre la Font-de-La-Pallue et les essacs de La Pouyade (26 avril 1753).

E. 1749. (Liasse.) — 92 pièces, papier.

1753. — Caillaud, notaire royal à Angoulême. — Actes reçus par ce notaire, du 1er mai au 30 juin. — Reconnaissance censuelle rendue à l'abbaye de St-Ausone d'Angoulême par des particuliers, pour une maison sise dans ladite ville, rue « de Jean Fadat » (Champ-Fada), à l'extrémité de la paroisse St-Jean, à main droite en allant de l'église St-Pierre à la place de Beaulieu (1er mai). — Vente, moyennant 300 livres, par François Debresme, archiprêtre de Garat, fils et héritier de défunt André Debresme, en son vivant avocat à la cour, d'une part ; à Antoine Calluaud, procureur en la sénéchaussée et siège présidial d'Angoumois, d'une maison avec dépendance, sise au village des Reigners, paroisse de Balzac, et appartenant au vendeur du chef de son père qui l'avait acquise de messire André de Guez, seigneur de Balzac, par contrat du 17 février 1727, reçu par Roullet, notaire royal (4 mai). — Transaction entre André André, sieur de La Tâche, avocat au parlement, colonel de la milice bourgeoise d'Angoulême, demeurant en ladite ville, tant de son chef que comme cessionnaire de Marie André, veuve de Jacques de Jambes, vivant écuyer, sieur de La Foys et autres lieux, d'une part ; et Élisabeth Marin, veuve et commune en biens de défunt Jean André, vivant sieur de La Boissière, demeurant à Angoulême, d'autre part, au sujet du testament dudit sieur de La Boissière, en date du 11 juillet 1751, lequel dit sieur était décédé laissant pour seuls héritiers ledit André André et ladite dame de Jambes, ses frère et sœur (8 mai). — Bail à ferme, pour sept années, à raison de 780 livres l'une, par monseigneur François Du Verdier, évêque d'Angoulême, conseiller du Roi en ses conseils, à Pierre Deroullède, procureur fiscal de la baronnie de Blanzac, demeurant audit Blanzac, de toutes les dîmes, rentes et agriers de la paroisse de Pérignac (11 mai). — Marché entre Vincent Audair, architecte et entrepreneur de bâtiments, demeurant à Angoulême, et des maçons, pour la construction d'une maison qu'il s'est chargé de bâtir en ladite ville (12 mai). — Bail à ferme par haute et puissante Jeanne de Pérusse des Cars, abbesse de l'abbaye royale de St-Ausone d'Angoulême, de la première herbe de l'île de La Coste, située dans la rivière de Charente, entre le village de Guissalle et le bourg de Nersac, avec faculté pour le preneur, de se servir du bateau appartenant à l'abbesse (13 mai). — Contrat de mariage entre Pierre Chauvin le jeune, marchand cirier, fils majeur de défunts Pierre Chauvin, notaire royal, et Esther Bourreuil, sa femme, demeurant au faubourg et paroisse St-Jacques de Lhoumeau de la ville d'Angoulême, d'une part ; et Marie-Anne Serpaud, fille de défunt Jean Serpaud, marchand, et de Madeleine-Thérèse Chaigneau, sa veuve, d'autre part (17 mai). — Constitution d'un titre clérical de 120 livres de pension annuelle et viagère, par Jean Marchadier, notaire royal, et Marguerite Dubois, sa femme, demeurant à Angoulême, paroisse St-Martin, au profit de François Marchadier, clerc minoré du diocèse d'Angoulême, leur fils, actuellement au séminaire (20 mai). — Prise de possession de la cure de Notre-Dame de Trois-Palis, par Pierre Rullier, prêtre du diocèse d'Angoulême, pourvu de ladite cure par suite du décès de Jean Seguin, dernier titulaire et paisible possesseur (28 mai). — Bail à ferme pour neuf années et à raison de 925 livres l'une, par monseigneur Du Verdier, évêque d'Angoulême, à André André, sieur de La Tâche, avocat au parlement, colonel de la milice bourgeoise d'Angoulême, de tous les revenus appartenant audit seigneur dans la paroisse de Dirac, y compris les droits de prélation et de lods et ventes des biens nobles et des biens roturiers y annexés (30 mai). — Testament de Pierre Aurillac, sieur de La Grange, âgé de dix-sept ans, demeurant à Angoulême, rue de Genève, paroisse Saint-André, et étant sur le point de partir pour La Rochelle, dans le dessein d'y apprendre la profession de pelletier, fourreur manchonnier (3 juin). — Cession de droits par Pierre Vantongeren, chevalier, seigneur de Cougoussac et Siecq, président trésorier de France au bureau des finances de la généralité de Limoges, à Jean-Armand Dervaud, inspecteur général de la manufacture royale des papiers d'Angoumois (3 juin). — Procès-verbal de visite du moulin à papier de Tudebœuf, à la requête de Jean-Armand Dervaud qui avait affermé ledit moulin de la demoiselle Anne Villain, fille majeure, suivant bail du 28 décembre précédent, reçu par Roy, notaire royal (7 juin). — Bail à ferme, moyennant 2,350 livres par an, par Jean Mioulle, avocat au parlement, comme fondé de procuration de messire Léon Eynaud, écuyer, seigneur de Santonne, La Mothe-Charente, Bellejoie et autres lieux, conseiller secrétaire du Roi, maison couronne de France, d'une part ; à Guillaume Burbaud, d'autre part, de la terre, fief et seigneurie de La Mothe-Charente, paroisses de Nersac et Trois-Palis seulement, avec la traite conventionnelle des bateaux, sans autre réserve que celle du corps de logis qui a son aspect sur la Charente, de la terrasse qui est au-dessous et où était le parterre, et des vignes tant anciennes que nouvelles (11 juin). — Constitution de 70 livres de rente par François de Chevreuse, écuyer, seigneur de Lascoux, tant de son chef que pour dame Marie-Rose de La Rochefoucauld, sa femme, demeurant au lieu de Lascoux, paroisse de Vitrac, en Angoumois, et Jean Bertrand, écuyer, seigneur de Laurière et de Sézac, demeurant en son logis noble de Laurière, paroisse de Vitrac, d'une part ; au profit de demoiselles Françoise et Marie Aultier, sœurs, dames agrégées à la communauté de l'Union-Chrétienne d'Angoulême (12 juin). — Démission par Charles-René de Mondion de Montmiral, chevalier, conseiller du Roi en sa cour du parlement, demeurant ordinairement à Paris, quai d'Anjou, île et paroisse St-Louis, de la charge de conseiller au parlement dont ledit seigneur est pourvu, pour en être disposé par Sa Majesté et monsieur le chancelier, en faveur de qui bon leur semblera (22 juin). — Contrat de mariage entre Sébastien Dalençon, sieur des Fontenelles, praticien, fils de défunts Sébastien Dalençon, sieur du Peyrat, et Philippe Lassée, demeurant à Chilloc, paroisse de Nanteuil-en-Vallée, d'une part ; et Jeanne Marin, fille de défunts François Marin, marchand, et Marie Bareuil, sa femme, d'autre part (25 juin 1753).

E. 1750. (Liasse.) — 82 pièces, papier.

1753. — Caillaud, notaire royal à Angoulême. — Actes reçus par ce notaire, du 1er juillet au 31 août. — Bail à ferme, pour trois années et à raison de 105 livres l'une, par les dames religieuses de l'Union-Chrétienne d'Angoulême, représentées par dames Jeanne Poirier de Longeville, première assistante, Jeanne Martin de Bourgon, seconde assistante, Marie Ballue, maîtresse des novices, et Jeanne-Hippolyte Dulignon, dépositaire, composant le conseil de la communauté, d'une part ; à dame Anne Dussieux, veuve de Philippe Vigier, vivant écuyer, sieur de La Pille, d'autre part, d'une maison sise à Angoulême, paroisse St-Antonin, confrontant par le devant à la rue du Parc, d'un côté à celle des PP. jésuites occupée par madame de St-Hermine, de l'autre côté et par derrière à celle de messieurs de Puygombert, occupée par monsieur de St-Mesmy (3 juillet). — Bail à ferme pour neuf années et à raison de 650 livres et une barrique de vin rouge ou blanc, chacune des dites années, par Jacques-Joseph Bareau de Girac, doyen de la cathédrale d'Angoulême et vicaire général de monseigneur l'évêque, d'une part ; à Jean-François Couturier, licencié en droit, greffier des insinuations ecclésiastiques du diocèse d'Angoulême, d'autre part, de tous les fruits décimaux, ventes et honneurs appartenant au bailleur dans la paroisse de Fléac (9 juillet). —

Inventaire des meubles dépendant de la succession de Jean-François Gourdin, écuyer, sieur de La Fuye, ancien chanoine et aumônier de la cathédrale d'Angoulême, décédé en sa maison, rue St-Pierre, paroisse St-Jean, en présence des héritiers naturels du défunt et des exécuteurs testamentaires (9 juillet et jours suivants). — Constitution de 300 livres de rente volante, au capital de 6,000 livres, par haut et puissant seigneur Jean-Jacques de Lesmerie, chevalier, comte d'Échoisy, seigneur de Luxé, Juillé, Fontenille, Curzay, Le Bois-Chapelaud, Vandée, Champroux et autres lieux, lieutenant pour le Roi en la province d'Angoumois, demeurant en son château d'Échoisy, paroisse de Cellettes, d'une part ; au profit de haut et puissant Charles-César Desmier, chevalier, seigneur de Chenon, Domezac, Couture, Château-Gaillard, Le Maine-Léonard et autres places, lieutenant général d'épée de la province d'Angoumois, demeurant en son château de Domezac, paroisse de Saint-Gourson, d'autre part (13 juillet). — Quittance par demoiselle Henriette de Guez de Balzac, dame de Puydeneuville, fille majeure, demeurant de présent à Angoulême, d'une part ; à Charles-François de Bardonnin, comte de Sansac, baron d'Allemans, Pardagnan, Pineuil et Pressac, seigneur de Sonneville, La Tour et Montvieil, demeurant en son château d'Allemans, paroisse dudit lieu, en Agenais, d'autre part, de la somme de 8,500 livres restant et faisant le payement final de celle de 18,500 livres que ledit seigneur avait due à ladite dame de Puydeneuville, en vertu du règlement intervenu entre eux et dame Marie de Guez de Balzac, veuve de haut et puissant François de Bardonnin, comte de Sansac, le 6 septembre 1751, devant Doche, notaire royal (27 juillet). — Ratification par Étienne de Vars, écuyer, à présent majeur de vingt-cinq ans, demeurant au logis des Barrières, paroisse de Mainfonds en Angoumois, du contrat de mariage intervenu devant Caillaud, notaire royal, le 10 août 1752, entre demoiselle Anne de Vars, sa sœur, et Pierre Marchais, sieur de La Berge, demeurant au Resnaud, paroisse de Champmillon (28 juillet). — Règlement et partage entre Jeanne Pigornet, veuve de François Vigier, vivant écuyer, sieur de La Pille, avocat en parlement, dame Anne Dussieux, veuve de Philippe Vigier, aussi écuyer, sieur de La Pille, comme tutrice de Marie-Jeanne Vigier, sa fille mineure, et demoiselles Madeleine et Marie Vigier, filles majeures, tant en leurs noms que comme cessionnaires de dame Marguerite Vigier, religieuse de l'abbaye de St-Ausone (29 juillet). — Contrat de mariage entre Philippe Piet, sieur de L'Aubrune, fils de feu Pierre Piet, vivant sieur de Saint-Seurin, et de demoiselle Jeanne Callaud, demeurant à

Châteauneuf, d'une part; et demoiselle Catherine Tabuteau, fille de Jean Tabuteau, notaire royal, et de défunte Jeanne Delhuille, demeurant au lieu d'Ortre, paroisse d'Angeac-Charente, d'autre part (3 août). — Quittance de décharge donnée par François Vivier, tisserand, demeurant au bourg de Vars, père et héritier de feu Jean Vivier, en son vivant travailleur au timbre de la formule des papiers, en la ville de Poitiers, d'une part; à Jacques Stainville, directeur des aides de la ville de Poitiers, d'autre part, de la somme de 148 livres provenant de la vente des meubles délaissés par ledit Jean Vivier (4 août). — Procès-verbal de la visite du lieu de La Pille, à la requête d'Anne Dussieux, veuve de Philippe Vigier, écuyer, sieur de La Pille, en qualité de tutrice de Marie-Jeanne Vigier, sa fille mineure (7 août). — Constitution de rente par Jean de James, chevalier, seigneur de Longeville et de Saint-Vincent, capitaine de cavalerie, ancien garde du corps du Roi, chevalier de St-Louis, et dame Marie-Élisabeth de Volluire, sa femme, demeurant en leur logis noble de Saint-Vincent en Angoumois, d'une part; au profit de Charles-César Desmier, chevalier, seigneur de Chenon et de Domezac, d'autre part (12 août). — Vente, par Jean Mazaud, maître perruquier, et Marie Benoît, sa femme, à André André, sieur de La Tâche, avocat en parlement, colonel de la milice bourgeoise de la ville d'Angoulême et consul en charge à la juridiction de ladite ville, d'un banc ou étal sis sous la halle du Palet, dans l'allée de la mercerie et boulangerie, vis-à-vis la porte du grenier du Roi, confrontant par le devant à ladite halle, à main gauche en allant de la rue de Genève à la porte du Palet (14 août). — Inventaire des meubles et papiers dépendant de la succession de défunte dame Marie-Françoise de St-Hermine, veuve de François-Antoine de Maroix, vivant écuyer, seigneur de Mortaigne, en présence de dame Julie de Vassoigne, veuve d'Hélie, marquis de St-Hermine, chef d'escadre des vaisseaux du Roi, demeurant à Angoulême, assistée de Jacques Turcat, procureur au présidial d'Angoumois, agissant pour Clément de St-Hermine, chevalier, seigneur de Mérignac, Coulonge, Agonnay et autres lieux, aussi héritier de ladite dame de Mortaigne. A remarquer audit inventaire : un reliquaire, cinq petits tableaux et deux figures d'ivoire en relief, sur leurs pieds, l'une représentant la Ste Vierge avec son fils Jésus, et l'autre sainte Geneviève, le tout estimé 10 livres; — une pente de tapisserie à bocage, estimée 6 livres; — l'expédition d'une donation faite par Marie Binaud, gouvernante de ladite défunte, aux dits seigneur et dame de Mortaigne, en date du 18 décembre 1724, reçue Mancié, notaire royal (17 et 18 août). — Testaments de

Jean Bourdage, seigneur de Coulgens, Sigogne et Villars, ancien magistrat au présidial d'Angoumois, datés des 20 août, 13 septembre et 5 octobre 1753. — Vente des meubles de la succession de madame de St-Hermine de Mortaigne (20 et 21 août). — Procuration donnée devant les notaires au Châtelet de Paris, par Jean-Noël Arnaud, écuyer, seigneur du Chesne, demeurant à Paris, rue Neuve-St-Augustin, paroisse St-Roch, dame Anne-Françoise-Catherine Arnaud, veuve de Jean-Noël Arnaud de Viville, chevalier, ancien capitaine au régiment du Roi-infanterie, demeurant à Paris, rue St-Antoine, paroisse St-Paul, et Michel-François Dupuis, bourgeois de Paris, curateur aux actions immobilières de Noël-Nicolas Arnaud de Méré, écuyer, mineur émancipé, lesdits sieurs et demoiselle Arnaud habiles à se porter héritiers, conjointement avec Léonard Arnaud de Vouzan, écuyer, leur frère, de défunte Madeleine Arnaud, leur tante paternelle, décédée femme de Charles-César Desmier, chevalier, seigneur de Chenon, d'une part; à Clément Tiffon, avocat au parlement, d'autre part, aux fins de pour eux et en leur nom, procéder, si besoin est, à l'inventaire, description et prisée de la succession de ladite dame de Chenon, consentir l'exécution du testament de ladite dame et régler toutes affaires relatives à ladite succession (9 juillet 1753). — Pouvoir donné par Charles-Henri de La Laurencie, chevalier, seigneur comte de Villeneuve-la-Comtesse, La Croix-la-Comtesse, Les Vallées, La Fraignée, La Thibaudière et autres lieux, chevalier de St-Louis, lieutenant des maréchaux de France en Poitou, et dame Marie de La Laurencie, sa femme, demeurant en leur château de Villeneuve-la-Comtesse, d'une part; à Bertrand de La Laurencie, chevalier, marquis de Charras, lieutenant des maréchaux de France en Angoumois, leur père et beau-père, d'autre part, aux fins de pour eux consentir l'entérinement du testament de ladite dame Madeleine Arnaud, femme de Charles-César Desmier de Chenon, en faveur dudit seigneur de Chenon (25 juillet 1753). — Acte d'entérinement dudit testament (30 août 1753).

E. 1751. (Liasse.) — 61 pièces, papier.

1753. — Caillaud, notaire royal à Angoulême. — Actes reçus par ce notaire, du 2 septembre au 30 octobre. — Vente, moyennant 600 livres, par Roger Bareau l'aîné, avocat, et Marie-Anne Bouillon, sa femme, à Marguerite Neuville, veuve de Pierre Mancier, huissier, d'une maison sise à Angoulême, cul-de-sac Fanfrelin, paroisse St-Martial, confrontant à celle du sieur Viaud de La Charbonnière et relevant du seigneur d'Argence, à cause de son fief de Monette (4 septembre). — Inventaire des meubles dépendant de la succession de défunt François Rousselot, marchand boulanger, demeurant à Angoulême, paroisse St-André, ce requérant demoiselle Cécile Boutin, sa veuve. A remarquer : un cabinet en noyer, fait à l'antique, avec un chapiteau au-dessus, fermant à quatre volets, vieux et usé, estimé 6 livres ; — un demi cabinet, en noyer, peinturé, fait à l'antique, fermant à deux volets, avec un tiroir au milieu, estimé 10 livres (4 et 5 septembre). — Procuration donnée par Louis Leclerc, prêtre, curé de St-Hilaire de Tourriers, à l'effet de résigner en son nom sa cure dudit lieu, en faveur de François Hériard, prêtre, gradué de l'université de Poitiers et curé de la paroisse de St-Cybard de Suaux (10 septembre). — Vente, moyennant 36,500 livres, par messire Anne-Salomon de Bardon, seigneur comte de Segonzac, La Barde et autres places, demeurant en son château de La Barde, paroisse de Vaux en Angoumois, fondé de pouvoir de Pierre-Philippe Roussel de La Tour, chevalier, conseiller au parlement de Paris, et encore ledit de Segonzac agissant comme procureur substitué dudit Roussel de La Tour, fondé lui-même de deux procurations, de Nicolas Du Port, chevalier, conseiller du Roi, maître ordinaire en sa chambre des comptes, et de dame Jeanne-Françoise de Marcès, sa femme, de Louis-Claude Roussel de Maurevert, chevalier, conseiller au parlement de Paris, de Claude-Hilaire Roussel de Crennes, écuyer, avocat au parlement, de Pierre Le Riche, écuyer, seigneur de Vandy, et de Jeanne-Charlotte Ycard, sa femme, d'une part ; à Moïse Dumas, écuyer, conseiller du Roi, assesseur civil et criminel en la sénéchaussée d'Angoumois, demeurant à Angoulême, paroisse St-Antonin, d'autre part, savoir est des fiefs et seigneuries de Salvert, Chebrac, La Prade et Puymartin, situés en la paroisse de Chebrac et paroisses circonvoisines, consistant en maisons, granges, écuries, cours, jardins, fuies, terres, prés, bois, vignes, garennes, rentes seigneuriales, essac ou anguillard sur la rivière de Charente, comme lesdits seigneur et dame vendeurs en ont joui en qualité d'héritiers de dame Marie Guy, à son décès femme en secondes noces de monsieur de Glange de Corgnol (10 septembre). — Constitution de 60 livres de rente volante, par Moïse Dumas, écuyer, assesseur au présidial d'Angoumois, au profit de demoiselle Marie de Joussé, dite sœur Rosalie, agrégée de la communauté des filles de la Sagesse de Saint-Laurent en Poitou (12 septembre). — Bail à loyer, pour trois années et à raison de 70 livres l'une, par François Gilbert, prêtre, archiprêtre de l'église St-Jean

d'Angoulême, à Marie Mauclair, fille majeure, d'une maison sise en ladite paroisse St-Jean, sur la rue qui conduit du canton de Navarre au couvent des Cordeliers, à main gauche (13 septembre). — Entérinement du testament de dame Marie-Françoise de St-Hermine, en son vivant veuve de François de Maroix, écuyer, sieur de Mortaigne, par René-Louis de St-Hermine, licencié en droit de la faculté de Paris, prêtre du diocèse d'Angoulême, conseiller du Roi, premier aumônier de la Reine, abbé de Montbenoît au diocèse de Besançon, frère de ladite demoiselle (14 septembre). — Procès-verbal de visite des bâtiments des fiefs de Salvert, Chebrac, La Prade et Puymartin, acquis par Moïse Dumas, écuyer, assesseur au présidial d'Angoumois, de messieurs Roussel de La Tour, Du Port, Roussel de Cannes, Roussel de Maurevert et Le Riche de Vandy, héritiers de la demoiselle Guy, veuve de monsieur de Glange de Corgnol, par acte du 10 septembre précédent, analysé ci-dessus (12 octobre). — Contrat de mariage entre Maurice Puinesge, marchand, ancien consul en la juridiction consulaire d'Angoulême, d'une part ; et Isabelle Marin, veuve de Jean-André Latâche, sieur de La Boissière, aussi marchand, d'une et d'autre part, entre lesquelles parties a été convenu : 1° qu'il n'y aura aucune communauté de biens entre elles ; — 2° que chaque partie fera son commerce à sa guise ; — 3° que l'une des parties ne sera point responsable des dettes de l'autre ; — 4° que ladite future épouse sera chargée du payement, du logement et de l'entretien des domestiques, et que ledit futur époux lui payera une pension annuelle de 300 livres pour sa nourriture, son logement et son entretien (14 octobre). — Procès-verbal de récolement fait à la requête de François Gautier, receveur du marquisat de Ruffec, curateur des enfants mineurs de défunt monsieur Vantongeren, président au présidial d'Angoumois (26 octobre). — Quittance par Jean David, sieur de Boismorand, procureur au présidial d'Angoumois, et Madeleine Villedary, sa femme, à Marie Chesneau, fille majeure (27 octobre). — Inventaire des meubles, titres, papiers et enseignements dépendant de la succession de défunt Jean Serpaud, procureur au présidial d'Angoumois, ce requérant Jeanne Roche, sa veuve, comme tutrice de Marguerite, Rose, François et Jean-Louis Serpaud, ses enfants mineurs émancipés par justice, demeurant à Angoulême, rue Froide, paroisse St-André (29 octobre et jours suivants).

E. 1752. (Liasse.) — 66 pièces, papier.

1753. — Caillaud, notaire royal à Angoulême. — Actes reçus par ce notaire, du 1er novembre au 31 décembre. — Renonciation, par Alexandre Coustain, écuyer, sieur du Mas-Nadaud, y demeurant, paroisse de Pageas en Limousin, comme étant aux droits de dame Louise de Ravard, sa femme, à la succession de feu Gaspard de Ravard, écuyer, oncle de ladite dame, pour être ladite succession plus onéreuse que profitable (3 novembre). — Contrat de mariage entre Clément Tiffon, avocat au parlement, fils de défunts Clément Tiffon, procureur au présidial d'Angoumois, et Marguerite Paynet, sa femme, d'une part ; et Françoise Benoît, fille de François Benoît, ancien juge consul, et de défunte Radegonde Julliot, sa femme, d'autre part (3 novembre). — Vente, moyennant 9,000 livres, par Jeanne Roche, veuve de Jean Serpaud, en son vivant procureur au présidial d'Angoumois, à Jean Serpaud, son fils aîné, de l'office de procureur précédemment exploité par ledit Serpaud, son père (4 novembre). — Constitution de 100 livres de rente volante, par Jean Serpaud, procureur en la juridiction de Saint Saturnin et récipiendaire des offices de procureur au présidial et en l'élection d'Angoulême, d'une part ; au profit de la fille mineure de feu Henri Rambaud, vivant écuyer, seigneur de Bourg-Charente, d'autre part, ladite mineure agissant sous l'autorité de Louis Rambaud, écuyer, seigneur de Mailhou, Saint-Saturnin, Torsac et autres lieux, son oncle et son curateur (5 novembre). — Constitution de 50 livres de rente volante, par Philippe de la Grézille, prêtre, curé de Mornac, au profit d'Antoine Civadier, aussi prêtre, curé de St-Paul d'Angoulême (13 novembre). — Reconnaissance de rente rendue aux dame et demoiselle Guillaume de Marçay, par Catherine Benoît, veuve de Guillaume Lauzie, comme tutrice de ses enfants mineurs, pour raison d'une maison sise à Angoulême, paroisse St-André, sur la rue qui conduit de la principale porte de l'église dudit St-André à la place du Mûrier, à main droite (14 novembre). — Bail à loyer par Jean Deval, seigneur de Touvre, avocat en la cour, à Pierre Valleteau, maître serrurier, d'une maison sise à Angoulême, place de la Petite-Halle, paroisse Saint-Paul, pour en jouir par le preneur comme en a précédemment joui le nommé Lenchère, marchand-cartier, (14 novembre). — Quittance par Honoré de la Grézille, sieur du Rocher, écuyer, garde du corps du Roi, capitaine de cavalerie, chevalier de St-Louis, et Madeleine de Chamborant de Puygelier, sa femme, demeurant au logis de Puygelier, paroisse de Saint-Ciers, à Philippe de la Grézille, prêtre, curé de Mornac, leur frère et beau-frère, de la somme de 3,000 livres que celui-ci leur avait promise par leur contrat de mariage passé le 3 juin 1753, devant Juzaud, notaire royal à La Rochefoucauld (15 novembre). — Reconnaissance de rente donnée par Catherine Guinier, du village de Chalonne, paroisse St-Jacques de Lhoumeau, à Auguste Prévôt de Sansac de Touchimbert, chevalier, seigneur de Londigny et de Chalonne (18 novembre). — Testament de Marie Dejarnac, femme de François Vallier, procureur au présidial d'Angoumois, demeurant en la paroisse de St-André (20 novembre). — Procès-verbal, à la requête de Pierre Dubois, seigneur de La Vergne, conseiller en la maison commune d'Angoulême, à l'encontre de monsieur Dexmier, écuyer, sieur des Coudrais, au sujet d'une haie que celui-ci avait fait couper et enlever en partie, sur le domaine du requérant (20 novembre). — Sommation par Louis Péchillon, procureur au présidial d'Angoumois, fondé de procuration spéciale de Louis de Bompard, prêtre, docteur en théologie, chanoine sacristain de l'église de Rodez, vicaire général dudit diocèse et abbé de La Couronne, demeurant au palais épiscopal dudit Rodez, d'une part ; à Jean Gilbert des Héris, prêtre, bachelier en théologie, prieur de Notre-Dame de Fontblanché et syndic du bureau ecclésiastique du diocèse d'Angoulême, d'autre part, d'avoir à lui délivrer un extrait en bonne forme du rôle des impositions mises sur tous les bénéfices du diocèse d'Angoulême, en ce qui concerne les dîmes et autres impositions mises sur l'abbaye de La Couronne, ledit extrait portant distinction des différentes impositions de la quote-part de chaque article, relativement aux anciens rôles de 1516 ; à quoi ledit Gilbert des Héris a répondu qu'il n'avait point et n'avait jamais eu ledit rôle en garde, mais qu'il se trouvait au trésor de l'évêché et entre les mains de monsieur Dumas, receveur desdites impositions (23 novembre). — Reconnaissance rendue par des particuliers à Louis Rambaud, sieur de Mareuil, conseiller du Roi, lieutenant particulier au siège de Cognac, et à dame Mauricette Bouillon, sa femme, (2 décembre). — Ratification par François-Achard Joumard Tizon, marquis d'Argence, Dirac, Les Courrières et autres lieux, et dame Françoise de la Cropte de St-Abre, sa femme, demeurant en leur hôtel de La Monette, en la ville d'Angoulême, d'un contrat de cession de rentes seigneuriales consenti par Henri-Annet de la Cropte de St-Abre, comte de Rochefort, vicomte de Rochemeaux, baron d'Aix, seigneur de La Bergerie, Brie, La Ternerie et autres places, à François Barbier l'aîné, bourgeois, demeurant à Cornac, paroisse de Saint-Gaudens (11 décembre). — Marché entre André-

François Benoît, sieur des Essarts, marchand de draps de soie, changeur pour le Roi, pair du corps de ville et ancien juge en la juridiction consulaire d'Angoulême, faisant pour Alexandre Cazeau de Roumillac, son gendre, d'une part; Louis Ferraud, maître menuisier, et Hugues Delorière, maître charpentier, demeurant tous les deux à Angoulême, d'autre part, aux termes duquel lesdits Ferraud et Delorière ont promis de passer à l'île de La Grenade, côte de Saint-Domingue, pour y travailler chacun de son état, pour le compte dudit Cazeau, lequel, de son côté, leur a promis de prendre à sa charge les frais du voyage et de leur payer 500 livres de France par an, indépendamment du logement, de la nourriture et du blanchissage, et ce en santé comme en maladie (15 décembre). — Bail à ferme, pour neuf années et à raison de 1.900 livres l'une, par dame Marie de Guez, veuve de haut et puissant François de Bardonnin, chevalier, seigneur de Boisbuchet, comte de Sansac. Cellefrouin, Beaulieu, Ventouze et autres places, à Jean Prévôt, sieur du Marais, et à Marie-Monique Charraud, sa femme, demeurant au bourg de Saint-Germain-sur-Vienne, de la terre et seigneurie de Boisbuchet, consistant en maisons, bâtiments de service, cour renfermée, grange séparée, jardins, prés, vignes, préclôtures, bois, vignes, rentes, moulins, étangs, et six métairies (15 décembre). — Constitution de rente par Laurent Denis, prêtre, curé de Douzac, au profit de Catherine Baron, femme de Christophe Sirier, maître-chirurgien (15 décembre). — Vente, moyennant 2,000 livres, par Pierre Duquerroy, docteur en médecine et médecin ordinaire du Roi, pour la ville d'Angoulême, à François Mesnard, aussi docteur en médecine, demeurant au faubourg St-Jacques de Lhoumeau, dudit office de conseiller médecin ordinaire du Roi dont ledit Duquerroy est pourvu, pour en jouir par ledit Mesnard avec tous les droits, prérogatives, prééminences, privilèges et libertés qui y sont attachés, mais après le décès dudit Duquerroy seulement, à moins qu'il ne plaise à celui-ci d'y faire recevoir ledit Mesnard, de son vivant (24 décembre). — Inventaire des meubles, titres et papiers dépendant de la succession de feu Jean Bourdage, seigneur de Coulgens, Villars et autres lieux, conseiller au présidial d'Angoumois, ce requérant dame Marie Mesnard, sa veuve. A remarquer audit inventaire : quatre tableaux moyens, cinq petits et un christ monté sur velours, le tout dans des cadres dorés, estimés 30 livres; — une tapisserie verdure, contenant treize aunes, en six pends, estimés 140 livres; — deux pends de tapisserie verdure, tirant six aunes, estimés 80 livres; — sept grandes tapisseries verdure, tirant quatorze aunes et demie, estimées 220 livres; — six pieds de bois doré pour mettre salières,

et six petits couteaux de table, les manches en corne; — un grand miroir dans un cadre d'ébène, en sculpture, la glace mesurant trente-quatre pouces sur vingt-cinq, coulée en plusieurs endroits, estimé 75 livres; — deux doubles bras de cuivre doré, posés aux deux côtés de la cheminée, estimés 8 livres; — sept pends de tapisserie verdure et à petits personnages, tirant dix-neuf aunes sur deux et demie de large, garnis de toile sur les bords, estimés 340 livres; — six pends de tapisserie verdure de Felletin, tirant douze aunes sur deux aunes et demie, estimés 200 livres; — un bois de lit à deux colonnes, garni de satin blanc, estimé 361 livres; — un tableau peint sur toile représentant l'*Entrée de Notre-Seigneur à Jérusalem*, estimé 3 livres (28 décembre et jours suivants). — Transaction et partage entre Louis-Clément de St-Hermine, écuyer, seigneur de Mérignac, Coulonge, Agonnay et autres lieux, demeurant en la ville de Saintes, paroisse Ste-Colombe, d'une part ; et René-Louis de St-Hermine, licencié en droit de la Faculté de Paris, prêtre, conseiller du Roi en ses conseils, aumônier de la Reine, abbé de Montbenoît, diocèse de Besançon, d'autre part, au sujet de la succession de dame Marie-Françoise de St-Hermine, veuve de François de Maroix, vivant écuyer, seigneur de Mortagne, leur sœur, décédée à Saintes, le 22 juillet dernier (30 décembre 1753).

E. 1753. (Liasse.) — 86 pièces, papier.

1754. — Caillaud, notaire royal à Angoulême. — Actes reçus par ce notaire, du 2 janvier au 28 février. — Entérinement du testament de Jean Bourdage, seigneur de Sigogne, Coulgens, Villars et autres lieux (13 janvier). — Concession de terrain par Marc Gourdin, grand archidiacre de l'église d'Angoulême et l'un des vicaires généraux du diocèse, le siège épiscopal vacant, à François Ledoux, prêtre, curé de Saint-Saturnin, afin de procurer un peu d'élargissement au presbytère dudit lieu (19 janvier). — Reconnaissance donnée par des particuliers à Antoine de Salignac, écuyer, seigneur de Salmaze, et à dame Anne Seguin, sa femme, demeurant au logis du Mesnadeau, paroisse de Mouthiers, pour des héritages assis au bourg dudit lieu (19 janvier). — Procès-verbal à la requête de Jean-Armand Dervaud, négociant, inspecteur général de la manufacture royale des papiers d'Angoumois, contre Jean Pastureau, maître de gabare de la ville de Jarnac, qui lui avait livré plusieurs charges de peille, moisies et noircies faute de soin (26 janvier). — Quittance par demoiselle Louise de Chevreuse, fille majeure, demeurant à

Angoulême, légataire universelle de défunte dame Anne de Magnac, veuve de Louis Coudart de Thurin, chevalier, seigneur de Rochecoral, d'une part; à Michel Favret du Pommeau, seigneur de La Breuillerie et de Rochecoral, directeur des aides de l'élection d'Angoulême, d'autre part, de la somme de 19,000 livres due à ladite demoiselle par ledit sieur du Pommeau, comme acquéreur desdites terres de La Breuillerie et de Rochecoral à lui vendues par François-André de Coudart de Thurin, chevalier, seigneur d'Antugnac, héritier bénéficiaire dudit seigneur de Rochecoral, son frère (31 janvier). — Constitution de 600 livres de rente volante par Simon Piveteau Fleury, marchand de draps de soie, ancien consul en la juridiction consulaire de la ville d'Angoulême, et Marie Collin, sa femme, d'une part; au profit de demoiselle Louise de Chevreuse, fille majeure, demeurant à Angoulême (6 février 1751).

E. 1754. (Liasse.) — 59 pièces, papier.

1754. — Caillaud, notaire royal à Angoulême. — Actes reçus par ce notaire, du 1ᵉʳ mars au 30 avril. — Donation. sous charge d'une pension viagère de 200 livres, par Jeanne Vautrin, fille majeure, fille de chambre de madame la marquise d'Argence, à François-Achard Joumard Tizon d'Argence, chevalier, seigneur marquis d'Argence, de la somme de 1,500 livres en principal (6 mars). — Acte pour messire Jacques de Flesselles, chevalier, conseiller au Parlement, commissaire en la seconde chambre des requêtes du palais, de présent à Angoulême, logé au canton des Six-Voies, portant que ledit seigneur présente irrévocablement au Roi la personne de Pierre Guillot, prêtre du diocèse de Paris, incorporé au diocèse de Tours, bachelier en Sorbonne et chanoine de la métropole de Tours, pour tenir, au lieu et place dudit seigneur, l'indult qui lui appartient à cause de sa charge et office de conseiller au parlement (6 mars). — Réitération de grades à monseigneur l'évêque et au chapitre cathédral d'Angoulême, pour Jean-Baptiste Marchais, prêtre dudit diocèse, actuellement vicaire desservant l'église de Ruelle (16 mars). — Ratification par Étienne de Vars, écuyer, sieur des Barrières, y demeurant, paroisse de Mainfonds en Angoumois, de la vente consentie par Pierre Marchais, sieur de La Berge, son beau-frère, à Jean Frion l'aîné, marchand de la ville de Saint-Jean-d'Angély, d'une pièce de pré indivise entre eux, sise près ladite ville de Saint-Jean (28 mars). — Arrentement d'héritages par dame Lucrèce Birot, veuve de François Arnaud, vivant écuyer, sei-

gneur de Champniers, Le Breuil, Puyrobert, Argence, Villeneuve, Viville et autres lieux, et François Arnaud, écuyer, son fils (2 avril). — Reconnaissance par Pierre Lainé, chevalier, seigneur du Pont-d'Herpes et des châtellenies de Chevallon, Mons, Souterrain, Luchat, Sigogne et autres lieux, demeurant en son logis du Pont-d'Herpes, paroisse de Courbillac, comme légal administrateur de Françoise-Madeleine Lainé, fille de lui et de défunte dame Françoise de Lestang de Rulle, sa femme, héritière en partie de feu François de Lestang, chevalier, seigneur de Rulle et Sigogne, son père, qui était seul héritier de François de Lestang, chevalier, seigneur de Sigogne, son frère consanguin, d'une part; au profit des dames religieuses Ursulines de la ville de Saint-Jean-d'Angély, d'autre part, de la somme de 135 livres de rente volante et courante, constituée au profit desdites dames par ledit seigneur de Sigogne, suivant contrat du 1ᵉʳ octobre 1702, reçu par Métadier, notaire royal (3 avril). — Quittance finale par Pierre Desbordes, écuyer, seigneur de Jansac, capitaine au régiment de Rouergue, demeurant ordinairement en son logis de Verdille, paroisse dudit lieu, en Poitou, d'une part; à François Desbordes, écuyer, seigneur de Jansac, Teillé, Cers et autres lieux, et à dame Anne-Marie de Montalembert, sa femme, demeurant ordinairement en leur château de Cers, paroisse dudit lieu en Angoumois, d'autre part, de la somme de 10,000 livres constituée en dot audit Pierre de Jansac par ses dits père et mère, suivant son contrat de mariage avec demoiselle Anne-Marie Salmon, en date du 24 février 1753, reçu par Merveilleux, notaire royal à Martafond en Poitou (6 avril). — Cession par demoiselle Marie Hérier, fille majeure, novice au couvent du tiers-ordre de St-François de la ville d'Angoulême, à Louis Hérier, sieur de Fontclaire, son cousin germain, demeurant à Aubeterre, de la part revenant à ladite demoiselle dans la succession de défunt Étienne Delavergne, écuyer, chevalier d'honneur au bureau des finances d'Alençon, son grand-oncle (9 avril). — Ratification par Marie-Bénigne Chiton, dame de Villars, de la vente consentie par Louis-Auguste Pascault, chevalier, seigneur de Villars, son mari, à Charles Bordier, avocat au parlement, suivant acte du 1ᵉʳ août 1754, reçu Potet, notaire royal à Verteuil, de la terre et seigneurie dudit Villars, paroisse de Poursac, ladite vente faite moyennant 24,000 livres, sur laquelle l'acquéreur sera tenu de rembourser la somme de 6,000 livres à Jean-Charles Pascault, marquis de Pauléon, frère du vendeur (30 avril 1754).

E. 1755. (Liasse.) — 78 pièces, papier.

1754. — Caillaud, notaire royal à Angoulême. — Actes reçus par ce notaire, du 2 mai au 30 juin. — Constitution de 120 livres de pension viagère par François Gandaubert, sieur du Maine-Forêt, paroisse de Saint-Estèphe, au profit de Jean Jussé, clerc tonsuré de ladite paroisse, son beau-frère (1er mai). — Dénombrement rendu à Alexandre, duc de La Rochefoucauld et de La Rocheguyon, pair de France, prince de Marcillac, marquis de Liancourt, de Barbezieux et d'Haluin, comte de Durtal, baron de Verteuil, grand-maître de la garde-robe du Roi, par Louis Thomas, écuyer, seigneur de Bardines, Les Planes, les Deffends et autres lieux, pour raison de quatre articles de domaines et rentes seigneuriales relevant dudit château et duché-pairie de La Rochefoucauld, à hommage lige, sans aucun devoir ni achaptement (2 mai). — Reconnaissance rendue à Gabriel de la Croix, écuyer, sieur du Repaire, et à dame Marie-Anne Delaconfrette de Villamont, sa femme, par des particuliers, pour une pièce de pré sise au dessous de La Charente, en la paroisse de Fléac (6 mai). — Quittance, par Christophe Vinet, entrepreneur de travaux publics, demeurant à Angoulême, d'une part, à Jean Maulde, sieur de Mougnac, tant pour lui que pour Pierre Maulde, sieur des Touches, son frère, tous les deux mineurs émancipés, d'autre part, de la somme de seize livres convenue entre les parties pour le rétablissement de la croix dite de L'Oizellerie, paroisse de La Couronne, sise en un carrefour, derrière le logis dudit lieu, vis-à-vis du chemin qui conduit de La Croizade à Chabrefy, laquelle croix lesdits Maulde avaient voulu faire rétablir « non seulement parce que c'est un monument consacré à la religion, mais encore parce que cette croix sert de terme et d'enseignement pour borner leurs terres, confronter les domaines et les censives dépendant de ladite seigneurie de L'Oizellerie et les distinguer des héritages voisins, relativement aux anciens titres, hommages, aveux et dénombrements rendus dans tous les temps au seigneur abbé de La Couronne, et reconnaissances qui ont été données par le sieur de La Croisade auxdits sieurs Maulde, qui font mention de cette croix et en prouvent l'ancienneté » (8 mai). — Procuration générale donnée par demoiselle Marie-Jeanne de Galard de Bearn, fille majeure, demeurant ordinairement au château du Pouyaud, paroisse de Dignac, et actuellement sur le point de partir pour la ville de Paris, d'une part ; à dame Anne-Thérèse de Veillard, veuve non commune en biens de feu Louis de Galard, chevalier, seigneur du Pouyaud, sa mère, d'autre part, à l'effet d'administrer ses biens tant divisément que conjointement avec ses frères et sœurs (10 mai). — Procès-verbal pour Pierre Dubois, seigneur de La Vergne, échevin de la maison de ville d'Angoulême, contre François Dexmier, écuyer, sieur des Coudrais, qui avait fait passer et repasser ses bœufs et ses charrettes sur une pièce de terre appelée Les Bouchauds, sise sur le « chemin des Anglais » et appartenant audit sieur de La Vergne (10 mai). — Contrat de mariage entre Charles-François Grand de Luxolière, chevalier, seigneur de Namchap, La Forêt et autres lieux, fils de feu Claude Grand de Luxolière, chevalier, seigneur de Namchap, et de défunte dame Hélène de la Porte, sa femme, demeurant au faubourg de La Tour-Blanche en Angoumois, d'une part ; et Marie-Anne Dubois de Bellegarde, fille de Pierre Dubois, seigneur de La Vergne et de Bellegarde, ancien échevin de l'Hôtel de Ville d'Angoulême, et de dame Marie-Françoise Salomon, sa femme, d'autre part ; en faveur duquel mariage les sieur et dame de La Vergne constituent en dot à ladite demoiselle, leur fille, en avancement d'hoirie et en attendant leur succession, la somme de 13,000 livres, en obligations, dont une de 3,000 livres en principal, sur Jacques-Pierre Salomon, écuyer, seigneur de Bourg-Charente, et Thérèse Bourée, sa femme, leurs frère, beau-frère et belle-sœur (21 mai). — Ratification par dame Thérèse Cosson de Fontguyon, femme de Henri Gandillaud, chevalier, seigneur du Chambon, Fontguyon et autres lieux, à présent majeure de vingt-cinq ans, d'une constitution de rente que ledit seigneur et elle avaient faite antérieurement à sa majorité, au profit des dames de la communauté de l'Union-Chrétienne d'Angoulême (27 mai). — Constitution de 150 livres de rente, au capital de 3,000 livres, consentie par les administrateurs de l'hôpital général d'Angoulême au profit de dame Jeanne Le Comte, veuve de N... Maillard, écuyer, sieur de La Couture, conseiller du Roi, président trésorier de France au bureau de la généralité de Limoges (4 juin). — Marché de papiers entre Pierre Vantongeren, chevalier, seigneur de Cougoussac, conseiller président trésorier de France en la généralité de Limoges, et Paul Thomas, sieur de La Croisade, fabricant de papier, au moulin de Martin, paroisse de La Couronne (9 juin). — Transport par Marie de Guez, veuve de François de Bardonnin, chevalier, seigneur comte de Sansac, Cellefrouin, Beaulieu, Ventouse et autres lieux, et demoiselle Henriette de Guez, demoiselle de Puydeneuville, sa sœur, demeurant à Angoulême, d'une part ; à François Rizat, sieur de La Terrière, notaire royal au bourg de Saint-Claud, d'autre part, de tous les arrérages échus depuis l'année 1750, date de la mort dudit seigneur de Sansac (11 juin). — Transaction sur procès entre Marguerite Pigornet, veuve de Bernard de Villoutreys, écuyer, chevalier de St-Louis, major au régiment de Gondrin, d'une part; et Claude-Jean Peluchon, avocat au parlement, ancien procureur du Roi au siège royal de Cognac, comme héritier de feu Louis Peluchon, prêtre, curé de Ladiville, son frère, d'autre part (11 juin). — Ferme par Jean Robin, écuyer, sieur du Plessac et de L'Ardillier, de tous les agriers lui appartenant dans la paroisse d'Aignes (13 juin). — Bail à loyer, moyennant 90 livres par an, par Louis Leclère, prêtre, chanoine et aumônier de la cathédrale d'Angoulême, d'une maison dépendant de son aumônerie, sise en cette ville, rue St-Pierre, paroisse St-Jean, ouvrant sur la rue qui va de la halle du Minage à la principale entrée de la cathédrale, et confrontant, par derrière, à la cour du Doyenné (19 juin). — Contrat de mariage entre Guillaume-René Benoît, avocat en la cour, fils de François Benoît, ancien juge consul en la juridiction consulaire, et pair de la maison de ville d'Angoulême, et de défunte Radegonde Julliot, demeurant à Angoulême, paroisse St-André, d'une part; et demoiselle Thérèse-Julie Resnier, fille de feu Nicolas Resnier, vivant greffier en chef de la sénéchaussée d'Angoumois, et de Marguerite Thevet, sa femme, demeurant à Angoulême, paroisse St-Antonin, d'autre part (27 juin). — Transaction au sujet d'une donation, entre Pierre Sarlandie, écuyer, maître particulier des eaux et forêts d'Angoumois, comme tuteur de Pierre Sarlandie, écuyer, son fils mineur, d'une part; et Jean Hervé, bourgeois, demeurant au logis de Fontguyon, paroisse de Saint-Amant-de-Nouère, d'autre part (27 juin 1754).

E. 1756. (Liasse.) — 86 pièces, papier.

1754. — Caillaud, notaire royal à Angoulême. — Actes reçus par ce notaire, du 1er juillet au 31 août. — Reconnaissance rendue par des particuliers à dame Anne-Marie Delaconfrette, femme de Gabriel de la Croix, écuyer, sieur du Repaire, et héritière en partie de Catherine Moussier, veuve de monsieur Delaconfrette de Villamont, receveur des consignations d'Angoumois, sa mère (1er juillet). — Inventaire des meubles et papiers dépendant de la succession de défunt Jean Roullet, vivant notaire royal, demeurant au Pontouvre, paroisse St-Jacques de Lhoumeau, ce requérant Marie Moizan, sa veuve (2 juillet). — Procès-verbal de visite et de récolement des moulins à blé de Villement, paroisse

de Ruelle (2 juillet). — Bail à vie, moyennant la somme de 600 livres une fois payée pour toute la durée de la jouissance, par Jean Prévérauld, sieur de Villeserve, échevin du corps de ville d'Angoulême, et autre Jean Prévérauld, sieur de La Boissière, d'une part; à demoiselles Marie et Jeanne Yrvoix, sœurs, filles majeures, d'autre part, d'une maison sise en la ville d'Angoulême, paroisse St-Jean, et ayant son entrée sur une petite ruelle qui conduit de l'église des Cordeliers à la porte St-Pierre (7 juillet). — Reconnaissance donnée au Roi par François Prévérauld, sieur de Beaumont, chevalier de Saint-Louis, pensionnaire de Sa Majesté, demeurant au lieu de Beaumont, paroisse St-Martial d'Angoulême, pour une prise de terre sise audit lieu de Beaumont et tenue du Roi, à cause de son château d'Angoulême (10 juillet). — Cession par André, sieur de La Tasche, avocat au parlement, colonel de la milice bourgeoise d'Angoulême, ancien juge consulaire en la juridiction de ladite ville, et demoiselle Marie Corlieu, sa femme, à maître Jean-François Decescaud, sieur de Vignerias, aussi avocat en parlement et juge sénéchal de la baronnie de Marthon, de la somme de 2,000 livres sur ce qui leur était encore dû sur le prix d'une maison sise à Angoulême, paroisse St-André (13 juillet). — Procès-verbal d'une pièce de terre, fait à la requête de Pierre Godin, prêtre, curé de Champniers (17 juillet). — Bail à ferme par Jean-Baptiste Hériard, sieur de Préfontaine, avocat en parlement, vice-sénéchal de la principauté de Marcillac, comme étant aux droits de Jeanne-Thérèse Ravard, sa femme, fille et héritière de feu Jacques Ravard, sieur des Murailles, de diverses pièces de terre sises dans les paroisses de Lhoumeau, de l'Isle et de Champniers (17 juillet). — Dénombrement fourni au Roi à cause de ses duché d'Angoumois et château d'Angoulême, par Nicolas Trémeau, négociant et ancien juge en la juridiction dudit Angoulême, pour raison de huit articles de rentes seigneuriales, directes et foncières, et d'une pièce de bois taillis, sise au lieu de Giget et environs, annexe de la paroisse de Vœuil, ainsi que pour une pièce de pré sise en la paroisse de La Couronne (20 juillet). — Reconnaissance censuelle rendue à Claude Jolliot, abbé commendataire de l'abbaye de Notre-Dame de Bournet, par Catherine Payen, veuve de maître Antoine Juilhard, sieur des Plaines, ancien élu en l'élection d'Angoulême, pour une maison sise en cette ville, rue de Genève, paroisse St-André, récemment acquise de Léonard-Sébastien Tourette, sieur de Flamenat, et de Catherine Audoin, sa femme (23 juillet). — Présentation de la personne de Jean Deval, clerc tonsuré du diocèse d'Angoulême, à la chapellenie de Notre-Dame du Cimetière de Thuray, diocèse de Poitiers, par Madeleine Husson, veuve d'Armand de Saint-Martin, chevalier, marquise de Clairvaux, baronne de Thuray, ladite chapellenie vacante par le décès de messire Antoine-Jérôme Frémond de la Marvallière, prêtre, curé de Coussay (30 juillet). — Obligation consentie par Charles Guiot, sieur des Varennes, marchand, et Françoise Vallet sa femme, tous les deux associés en communauté et commerce, demeurant à Angoulême, d'une part; au profit de messire Étienne Rouillac, écuyer, seigneur de Trachaussade, et de sieur Jean Parent, faisant tant pour lui que pour Martial Bourdeaux, son associé en négoce, demeurant en la ville de Limoges, d'autre part (30 juin). — Résolution prise en l'assemblée des plus proches parents de Catherine Mounié, veuve de Jean Jallet, marchand tripier de la ville d'Angoulême, réunis d'office par ordonnance du procureur du Roi, lesquels, ayant connaissance de la mauvaise conduite de ladite Mounié, consentent qu'elle soit privée de l'administration de ses biens et renfermée à l'hôpital général d'Angoulême pour le reste de ses jours, moyennant une pension viagère dont le chiffre sera fixé ultérieurement (2 août). — Vente, moyennant 3,000 livres, par Marie Duchesne, veuve de François Filhon, maître orfèvre, demeurant à Angoulême, rue de Genève, à Jean Filhon, aussi maître orfèvre, son fils aîné, d'une part; d'une maison sise en ladite ville et en ladite rue de Genève, à main droite en allant du canton de la halle du Palet à l'église St-Paul, relevant de la seigneurie de Bellejoie (7 août). — Profession religieuse de demoiselle Marie-Marguerite Boussiron, en qualité de professe de l'abbaye de St-Ausone d'Angoulême (9 août). — Partage sur licitation entre Clément Florenceau, sieur de Boisbedeuil, avocat au parlement de Paris, ancien fermier général, directeur des fermes générales des revenus de l'Empereur dans son grand-duché de Toscane, demeurant actuellement à Florence et représenté, pour la passation des présentes, par Moïse Dumas, écuyer, sieur de Chebrac et Salvert, lieutenant particulier en la sénéchaussée d'Angoumois, d'une part; et Clément Florencean, sieur des Essarts, conjointement avec demoiselles Madeleine-Eugénie et Marguerite Florenceau, de Boisbedeuil et de Thurin, sœurs, filles majeures, demeurant au logis de Boisbedeuil, paroisse de Nersac, d'autre part)10 août). — Bail à ferme pour neuf années, à raison de 2,000 livres l'une, par Pierre Vantongeren, chevalier, seigneur de Cougoussac et Siecq, président trésorier de France au bureau des finances de la généralité de Limoges, à Pierre Gautier et Michel Barret, marchands, de sa terre et seigneurie de Cougoussac et Siecq, avec tous les fruits et revenus y attachés (15 août). —

Dénombrement rendu au Roi par les tenanciers du fief du Plessis, paroisse de Vœuil (21 août). — Révocation de procuration par Jacques Salomon, écuyer, sieur de Saint-Ciers, conseiller secrétaire du Roi, maison couronne de France et de ses finances (25 août 1754).

E. 1757. (Liasse.) — 62 pièces, papier.

1754. — Caillaud, notaire royal à Angoulême. — Actes reçus par ce notaire, du 1er septembre au 30 octobre. — Constitution de 600 livres de rente par Philippe Constantin, sieur de Beauregard, notaire royal, et Élisabeth Boissier, sa femme, Jacques Constantin, avocat, postulant de l'office de lieutenant général de police de la ville et banlieue d'Angoulême, et Marie-Anne Brun, sa femme, d'une part; au profit de dame Marie de Guez, veuve de haut et puissant seigneur François de Bardonnin, chevalier, seigneur comte de Sansac, Cellefrouin, Beaulieu, Ventouse et autres places, et de demoiselle Henriette de Guez, dame de Puydeneuville, fille majeure, sa sœur, demeurant à Angoulême, d'autre part (1er septembre). — Sommation par François Benoît, ancien juge consul et pair en la maison de ville d'Angoulême, agissant comme fabricien et receveur de l'église St-André de la même ville, à messire Charles Prévérauld, prêtre, curé de ladite église, d'avoir à indiquer au prône une assemblée de paroisse pour procéder à l'élection de nouveaux fabriciens, attendu que depuis huit ans, le requérant n'a pu rendre ses comptes, étant le seul membre de la fabrique subsistant. A quoi ledit curé répond que ladite sommation est hors de saison, attendu que plusieurs paroissiens sont déjà partis pour la campagne, et qu'il y a lieu d'attendre les fêtes de Noël pour faire ladite annonce qui doit être répétée pendant trois dimanches successifs, après lesquels seulement on pourra procéder à l'élection dont il s'agit, qui devra comprendre deux fabriqueurs d'honneur et deux fabriqueurs comptables. Sur quoi ledit Benoît proteste de se pourvoir en justice pour obtenir la convocation de ladite assemblée paroissiale (2 septembre). — Bail à ferme, pour deux années et à raison de 375 livres l'une, par Paul, chevalier de Montalembert, pour et au nom de Marc-René, marquis de Montalembert, chevalier, seigneur de Maumont, Saint-Germain, baron de Montmoreau en partie, mestre de camp de cavalerie, lieutenant général des provinces de Saintonge et d'Angoumois, cornette de chevau-légers de la garde du Roi, associé libre de l'académie des sciences, demeurant à Paris, rue des Bons-Enfants, d'une part; à des pêcheurs associés de la paroisse de

Ruelle, d'autre part, du droit de pêcher dans la majeure partie des eaux de La Touvre appartenant audit seigneur, à prendre vis-à-vis de la fuie du Maine-Gaignaud, jusqu'au ruisseau de La Vallade (3 septembre). — Concession, moyennant 3 livres de rente annuelle, par Jean-Louis, comte de Raymond, chevalier, seigneur d'Oyé, La Cour et autres lieux, maréchal des camps et armées du Roi, gouverneur des ville et château d'Angoulême, d'une part; à André Bernard Debresme, avocat en la cour, d'autre part, du droit de construire un petit appartement devant servir d'écurie, sur un terrain dépendant dudit château d'Angoulême et y joignant, de la longueur de vingt-un pieds allant du midi au septentrion, et de la largeur de quinze pieds, de l'orient à l'occident, ledit terrain à prendre hors dudit château, dans un angle rentrant, presque vis-à-vis la croix de la Petite-Halle, laissant la maison et le jardin de monsieur Mesnard, président en l'élection, à gauche, et les murs du château à droite, un chemin allant de la porte du château à la rue du Sauvage entre deux, suivant toujours les murs et fossés dudit château; lequel terrain, en remontant vers les ponts et principales portes dudit château, est à une distance de vingt toises de la première tour servant de cachot, lequel bâtiment s'arrêtera à la hauteur de six carreaux ou posées de pierre au-dessous du cordon du mur dudit château, avec permission audit Debresme de faire transférer les fumiers de ladite écurie dans ledit fossé, pour les y laisser tout au plus deux mois (19 septembre). — Constitution de 150 livres de rente par demoiselle Anne-Henriette de La Place, fille majeure, demeurant en son château de Torsac, au profit de dame Marguerite Pigornet, veuve de Bernard de Villoutreys, écuyer, ancien major au régiment de Lagernezay, chevalier de St-Louis, demeurant à Angoulême (5 octobre). — Cession d'une rente par Pierre Thénevot de la Rente, notaire royal, demeurant au lieu de Chez-Jauffy, paroisse de Ruelle, à François Meslier, procureur au présidial d'Angoumois (5 octobre). — Déclaration rendue au Roi par les tenanciers du plantier de La Croix-du-Poirier, paroisse de Champniers, sis sur le chemin qui conduit du village d'Argence au port de Coursac, à main gauche (6 octobre). — Assemblée tenue et délibération prise à la porte de l'église d'Hiersac par les habitants de cette paroisse, pour protester contre la prétention soutenue par le chapitre cathédral d'Angoulême d'obliger tous ses tenanciers d'aller porter la dîme de vendange au domicile des chanoines, alors que « l'usage constant et général a toujours été, dans les grands plantiers, chez les personnes de considération et chez les gens riches, d'aller chercher le droit de dixme

au lieu où estoient les vandangeurs à proportion des écheances »; à l'appui de laquelle protestation lesdits habitants font encore valoir que « dans la paroisse d'Hiersac, messieurs du chapitre d'Angoulême sont simples décimateurs, sans estre seigneurs ny pour la rente ny pour le droit d'agrier, et qu'en ce cas, suivant le droit commun et général, les décimateurs n'ont jamais été en droit de marquer ny d'indiquer aucun pas, ny de forcer les propriétaires particuliers de porter le droit de dixme au-delà du lieu où arrive l'écheance (6 octobre). » — Contrat de mariage entre sieur Hilaire Mitault, directeur des messageries d'Angoulême, fils mineur de défunt sieur Louis Mitault-Painault, pair de la ville de Châtellerault, et de dame Alix Brunet, d'une part; et demoiselle Julie-Élisabeth Rivet Coursier, fille mineure de défunt Guillaume Rivet Coursier, directeur desdites messageries d'Angoulême, et de demoiselle Madeleine Nourry, demeurant à Angoulême, paroisse et faubourg St-Jacques de Lhoumeau, d'autre part (17 octobre). — Ratification du contrat de mariage ci-dessus par les susdits Hilaire Mitault et Julie-Élisabeth Rivet, sa femme (20 octobre). — Bail à ferme pour cinq années et à raison de 400 livres l'une, par Jean de la Charlonnye du Maine-Gaignaud, écuyer, seigneur de Bourlion, y demeurant, paroisse St-Jacques de Lhoumeau, à Jean Seguin, cabaretier, et à Jeanne Pastureau, sa femme, du moulin à blé dudit Bourlion, avec l'île appelée l'île du Bois et celle appelée l'île de Marc (aujourd'hui Marquais), séparées l'une de l'autre par un petit bras de rivière, le petit essac ou anguillard le plus proche dudit moulin, et le bois de l'Écluse qui prend depuis le pont dudit Bourlion, en montant, jusqu'au bout de La Trache (23 octobre 1754).

E. 1758. (Liasse.) — 76 pièces, papier.

1754. — Caillaud, notaire royal à Angoulême. — Actes reçus par ce notaire, du 1er novembre au 31 décembre. — Vente, moyennant 2,800 livres, par Charles Prévérauld, prêtre, bachelier en théologie, curé de St-André d'Angoulême, et Jean Prévérauld, sieur de La Boissière, y demeurant, paroisse de Mouthiers, son frère, tous les deux héritiers de défunt David Prévérauld, sieur de Villeserve, leur père, qui l'était lui-même de défunt Jean Prévérauld, sieur de Fontclaireau, conseiller du Roi, juge prévôt royal de la ville et châtellenie d'Angoulême, d'une part; à sieur Rémy Gilbert, maître apothicaire ancien juge en la juridiction consulaire d'Angoulême, d'autre part, d'une maison sise en ladite ville, paroisse

Notre-Dame de la Paine, et confrontant par le devant à la rue qui conduit des églises St-Pierre et Notre-Dame à celle des Jésuites, à main droite, et par un côté à une autre rue allant de l'Évêché au Parc, ladite maison acquise par les vendeurs de Pierre Mesnard, sieur de La Sauzaye, et de Marie Tizon, sa femme, faisant pour et au nom de Jean Tizon, écuyer, sieur des Rieux, procureur du Roi au siège du présidial de Marennes, par acte du 18 août 1646, reçu Micheau, notaire à Angoulême (5 novembre). — Constitution d'une pension viagère et annuelle de 130 livres, par Charles de la Ramière, chevalier, seigneur de Peucharnaud et autres places, demeurant en son château dudit Peucharnaud, paroisse de St-Étienne-le-Drou, en Périgord (aujourd'huy Puycharnaud, paroisse de St-Estèphe), au profit de demoiselle Marguerite Vouzelle, veuve de Martial Versavaud, en son vivant régisseur et fermier en partie des biens dudit seigneur de Peucharnaud (8 novembre). — Contrat de mariage entre Jacques Nadaud, marchand poêlier, fils majeur de Mathieu Nadaud, commissaire au bureau des décimes du diocèse de Limoges, et de Jeanne Delagorce, natif de la paroisse de St-Michel-des-Lions de la ville de Limoges et demeurant de présent à Angoulême, paroisse St-Antonin, d'une part; et Jeanne Guimard, fille de Jacques Guimard, marchand, et de Marie Roche, sa femme, de la paroisse St-André d'Angoulême, d'autre part (17 novembre). — Reconnaissance collective donnée au sieur Benoît de la Boissière, seigneur de Pierrelevée, y demeurant, paroisse de Trois-Palis, pour la prise du Maine-des-Liots, paroisse de Linars (17 novembre). — Dépôt en l'étude de Caillaud, par André Cambois, sieur de Cheneuzac, d'une reconnaissance donnée aux religieux de l'abbaye de La Couronne par Philippe de Robuste, conseiller du Roi, lieutenant criminel en l'élection d'Angoulême, le 18 février 1651, devant Baudet, notaire royal (19 novembre). — Présentation à l'évêque d'Angoulême, par Pierre Vantongeren, chevalier, seigneur de Cougoussac et Siecq, président trésorier de France en la généralité de Limoges, de la personne de Pierre Dexmier, étudiant, clerc tonsuré du diocèse d'Angoulême, fils de Jean Dexmier de Feuillade, avocat au présidial d'Angoumois, pour la chapellenie de Cougoussac, paroisse de Siecq, diocèse de Saintes, vacante par le décès de Gaspard Marquantin, prêtre, docteur en Sorbonne, dernier possesseur (19 novembre). — Bail à loyer par Guillaume Ledoux, ancien procureur au présidial d'Angoumois, d'une maison sise à Angoulême, en face du château, confrontant par le devant à la grande rue qui conduit de l'église St-Antonin à la croix de la Petite-Halle, et par le derrière au jardin du presbytère

de St-Paul (21 novembre). — Procès-verbal à la requête de Roch Joubert, docteur en médecine, demeurant à Angoulême, contre un particulier de la paroisse Saint-Michel, qui avait labouré un chemin au préjudice dudit Joubert (23 novembre). — Élection des fabriciens de la paroisse St-André d'Angoulême, par messieurs Prévérauld, curé de la paroisse, Benoît l'aîné, ancien juge consul, Gervais, lieutenant criminel, Valletèau de Chabrefy, receveur des tailles, Joubert, ancien maire, Tiflon, avocat, Clergeon, procureur, Jeudy, marchand, Piveteau-Fleury, marchand et ancien juge consul, André La Tasche, colonel de la milice bourgeoise, Turault, sieur de La Cossonnière, pair du corps de ville, Mesnard, solliciteur à la bourse consulaire, Robert l'aîné et Robert le jeune, marchands, Clavaud père, marchand, Sazerac, marchand, Dumoulin, Lacour, Augeraud et Desprez, aussi marchands, tous notables de ladite paroisse, lesquels ont élu, à la pluralité des voix, pour fabriciens d'honneur, messieurs Jean Gervais, écuyer, lieutenant général criminel d'Angoumois, et Jacques Valletèau de Chabrefy, receveur des tailles, et pour fabriciens onéraires, messieurs François Clergeon, procureur au présidial, et Simon Piveteau-Fleury, marchand et ancien consul (24 novembre). — Bail à ferme par François Fouchier de Bellefond, avocat en la cour et juge sénéchal du comté de Sansac et Cellefrouin, demeurant au logis du Maine-Salomon, paroisse dudit Cellefrouin, comme étant aux droits de demoiselle Anne Joubert, sa femme, de deux pièces de chenevière situées sur la rivière d'Anguienne, l'une sur la paroisse St-Ausone, à main droite sur le chemin qui va du pont de Véchillot aux chaumes de Vouillac, l'autre sur la paroisse de Saint-Martin, sur le même chemin, à main gauche (1er décembre). — Vente, moyennant 259 livres, par Jean Mallat, praticien de la ville d'Angoulême, faisant pour Pierre Augereau, garde de monseigneur le duc de La Rochefoucauld, demeurant au château de La Terne, paroisse de Fouqueure, pour Pierre Guérin, marchand, à cause de Marie Augereau, sa femme, et pour Madeleine Augereau, fille majeure, demeurant en la paroisse de Bonneville, d'une part; à François Pinassaud, boulanger, et à Louise Mallat, sa femme, demeurant à Angoulême, d'autre part, de la moitié d'un banc ou étal situé sous la halle du Pallet, dans l'allée de la mercerie (4 décembre). — Reconnaissance de rente donnée par Jacques Riffaud, demeurant au lieu du Maignaud, paroisse de Ruelle, à Antoine Le Roy, écuyer, sieur de Saint-Georges, demeurant en son logis du Breuil, paroisse de Bonneuil, comme légal administrateur des personnes et biens des enfants de lui et de défunte dame Jeanne-Angélique de la Charlonnie, sa femme, pour une pièce de vigne sise à La Grande-Vallée, paroisse de Ruelle (9 décembre). — Bail à ferme, moyennant 39 livres par an, par demoiselle Marguerite Massias, fille majeure, demeurant à Angoulême, à Pierre Grellier, boulanger, de deux bancs ou étaux, sis sous la halle du Pallet, dans l'allée de la mercerie (10 décembre). — Vente, moyennant 40 livres, par Charles Respingez, sieur du Pontil, ancien avocat au conseil du Roi, fils et héritier de défunt Jean Respingez, aussi sieur du Pontil, à Jean Vignaud, tisserand de la ville d'Angoulême, d'un banc ou étal situé sous la halle de la ville de Châteauneuf, dans l'allée de la mercerie (12 décembre 1754).

E. 1759. (Liasse.) — 68 pièces, papier.

1755. — Caillaud, notaire royal à Angoulême. — Actes reçus par ce notaire, du 4 janvier au 27 février. — Vente, moyennant 9.500 livres de principal et 100 livres de pot-de-vin, par Julie Jolly, veuve de Pierre Tillard, sieur des Loges, demeurant au village des Cartelèches, paroisse de Moulidars, à Jean-Armand Dervaud, inspecteur général de la manufacture royale des papiers d'Angoumois, et à Marie-Thérèse Henry, sa femme, tant pour eux que pour les sieurs Henry, leurs frères et beaux-frères, savoir est du moulin à papier du Got, autrement dit de Collas, sur la rivière de Boëme, paroisse de La Couronne, consistant en trois roues, une cuve, prés, jardins, terres labourables, droit de pêche, et tout ce qui en dépend (4 janvier). — Vente, moyennant 8.000 livres de principal et 500 livres de pot-de-vin, par Honoré Thenault, bourgeois, ancien juge en la juridiction consulaire d'Angoulême, à Remy Gilbert, ancien juge en la même juridiction et pair du corps de ville, du moulin à papier de Poullet, sis en la paroisse et juridiction de La Couronne, consistant en trois roues avec la faculté d'en établir une quatrième, et tenu à rente de l'abbaye de La Couronne au devoir d'une rame de papier « au Grand-Esphère », pour ledit moulin, et de deux rames de petit papier fin, pour le cours d'eau (5 janvier). — Testament de Marie Moizan, veuve de Jean Roullet, notaire royal, demeurant présentement chez le sieur François Moizan, son frère, au village des Moizans, paroisse de Sireuil (7 janvier). — Règlement de compte entre André André, sieur de La Tasche, avocat en parlement, colonel de la milice bourgeoise d'Angoulême, et Julie Jolly, veuve de Pierre Tillard, sieur des Loges, avec clause de délégation d'une somme sur Jean Dervaud, inspecteur général de la manufacture royale des papiers d'Angoumois (9 janvier). — Cession par messire

François Prévérauld, sieur de Beaumont, chevalier de St-Louis, ancien capitaine au régiment de Bourbon-infanterie, pensionnaire du Roi, demeurant en sa maison de La Croix-de-Beaumont, paroisse St-Martial d'Angoulême, à Pierre Demay, maître chirurgien, pensionnaire du Roi, et à Anne David, sa femme, d'une somme de 1,400 livres qu'il leur devait, et d'une rente de 30 livres à lui due par messire René de Chevreuse, écuyer, sieur de Guidiers, et demoiselles Marie-Angélique-Suzanne, Anne-Marie-Charlotte et Jeanne de Chevreuse, ses sœurs, suivant contrat du 20 mai 1710, reçu Després, notaire royal (12 janvier). — Main-levée donnée par les syndics de la communauté des maîtres cordonniers, de la saisie qu'ils avaient fait mettre sur les marchandises et outils des nommés Roch Cheminaud et Jean Charbonnier, qui, quoique non admis au métier de cordonnier, s'étaient permis de travailler dudit métier, dans l'étendue des ville, faubourgs et banlieue d'Angoulême, s'autorisant, pour cela, d'un prétendu privilège qui leur aurait été accordé par l'abbé de St-Cybard (13 janvier). — Vente, moyennant 6,556 livres, par demoiselle Anne Villain, fille majeure, demeurant au lieu noble de Luchet, paroisse de Criteuil, à Jean-Armand Dervaud, inspecteur général de la manufacture des papiers d'Angoumois, du moulin à papier vulgairement appelé de Tudebœuf, sis sur la rivière de Boëme, paroisse de La Couronne, avec les terres, prés, bois, vignes et bâtiments qui en dépendent, ledit moulin relevant de l'abbaye de La Couronne, et le surplus de la seigneurie de Rocheraud, dépendant du seigneur de Roullet (13 janvier). — Quittance par Marie Desport, fille majeure, à Jean Desport, bourgeois, demeurant au village d'Argence, paroisse de Champniers, d'une somme à elle léguée par Pierre Desport, en son vivant prêtre, curé de Saint-Gourson (17 janvier). — Inventaire des meubles dépendant de la succession de demoiselle Marie Chesneau, fille majeure, ce requérant Élie-François Joubert, écuyer, seigneur de Montermeu, avocat au présidial d'Angoumois, et partage desdits meubles entre les héritiers de la défunte (21 janvier et 20 février). — Cession par dame Marie de Grenier, veuve de messire Toussaint Fresquet de Tillac, demeurant ordinairement en la paroisse de Tourne-entre-deux-Mers, généralité de Bordeaux, et de présent en la ville de Blanzac en Angoumois, dans la maison de messire Jean-Baptiste Fresquet de Tillac, son fils aîné, receveur des aides au département de Blanzac, d'une part ; à Claude Verdavoine, fermier des aides et droits y joints, pour les généralités de Poitiers, La Rochelle et élection d'Angoulême, demeurant à Paris, hôtel de Lussan, rue Croix-des-Petits-Champs, paroisse

S¹-Eustache, d'autre part, de la somme de 1,996 livres due à ladite dame de Grenier par dame Henriette de Minvielle, veuve de Pierre de Grenier de Florac, et les demoiselles ses filles, comme héritières dudit feu sieur de Florac, moyennant quoi ledit Verdavoine se désiste des poursuites et contrainte par corps qu'il prétendait exercer contre ledit Fresquet de Tillac, son débiteur (25 janvier). — Vente, moyennant 300 livres payées comptant, par Louis-Alexandre de Couvidou, chevalier, seigneur de Fleurac, et dame Marie Texier, sa femme, demeurant au Grand-Maine, paroisse de Fléac, d'une part; à Louis Thomas, chevalier, seigneur de Bardines, Les Planes, Les Deffens et autres lieux, demeurant à Angoulême, d'autre part, d'une pièce de pré de la contenance d'un journal et demi ou environ, sise dans la prairie de Thouairet, paroisse de Fléac, et relevant de la seigneurie de Bardines (8 février). — Transaction entre Annet-Achard Joumard Tizon, chevalier, seigneur comte d'Argence, d'une part; et François-Achard Joumard Tizon, chevalier, seigneur marquis d'Argence, son fils, d'autre part, par laquelle ledit seigneur comte d'Argence, père, étant âgé de plus de soixante-dix ans et voulant se délivrer de tous les embarras de ce monde, abandonne audit marquis d'Argence, son fils, la totalité de ses biens dont il l'avait déjà institué héritier universel par le contrat de mariage de celui-ci avec la dame de S¹-Abre (Françoise de La Cropte de S¹-Abre), reçu, le 17 février 1744, par Doyen et son confrère, notaires au Châtelet de Paris, se réservant seulement, pour lui et la dame d'Argence, sa femme, l'hôtel noble de La Monette et une rente de 4,000 livres, réductible à 3,000 livres, à la mort de l'un d'eux (13 février). — Testament de messire Pierre Berny, écuyer, sieur de La Saulaie, demeurant au « Masnieux » (aujourd'hui Le Ménieux), paroisse d'Édon en Angoumois, par lequel il lègue tous ses biens à Joseph Berny, écuyer, sieur de Rochebrun, son fils aîné, à la charge par celui-ci de payer à Jean de Berny, écuyer, sieur de La Saulaie, son frère puîné, et à Marie de Berny, sa sœur, la somme de 8,000 livres chacun, pour tout droit, part et portion légitimaire dans les successions dudit sieur de La Saulaie, leur père, et de défunte dame Marie Juglard, leur mère (21 février). — Testament de dame Marguerite Musseau, veuve de François Dubois, sieur de La Cour, en son vivant ancien capitaine de cavalerie au régiment de Chabrillan, chevalier de S¹-Louis et pensionnaire du Roi, demeurant ladite dame en la ville d'Angoulême, rue des Trois-Notre-Dame, paroisse S¹-André, par lequel, disposant de ses biens temporels, elle lègue à Jacques-François Dubois et à sa sœur, neveu et nièce de son mari, et à chacun d'eux,

la somme de 6,000 livres; — à Charles de Champeville, son arrière-neveu et filleul, la somme de 1,000 livres une fois payée; — à Marie et Anne de Champeville, ses arrière-nièces, sœurs de son filleul, ses habits et hardes; — à Anne Taschiér, sa gouvernante, la somme de 300 livres, et ordonne que ses autres biens seront partagés entre ses héritiers naturels qui sont les sieurs Aumaître, les sieurs et demoiselle Sartre, les sieurs Gignac et les sieurs Piorry de Charroux (27 février 1755).

E. 1760. (Liasse.) — 95 pièces, papier

1755. — Caillaud, notaire royal à Angoulême. — Actes reçus par ce notaire, du 2 mars au 29 avril. — Reconnaissance donnée à François-Philippe d'Hauteclaire, seigneur baron de Gourville, à cause de son château dudit lieu, comme héritier de défunt François Héraud, vivant aussi seigneur baron de Gourville, conseiller au parlement de Metz, son oncle, par Jérôme Guillemeteau, ancien visiteur et réformateur général des poids et mesures de la province d'Angoumois, chevalier, huissier ordinaire du Roi en son Châtelet de Paris, demeurant à Angoulême, paroisse S¹-André, pour deux pièces de terre contenant ensemble trois journaux et demi, et un emplacement en mazure, le tout sis à Gourville et environs (5 mars). — Constitution de 188 livres 11 sous 6 deniers de rente volante, par Jean-Charles de Montalembert, chevalier, seigneur du Groc, Fouquebrune, Houme et autres lieux, tant pour lui que pour Suzanne Hynault, sa femme, demeurant en leur château du Groc, paroisse de Fouquebrune, au profit de dame Marie-Madeleine de Montalembert, sa sœur, dame agrégée à la communauté des dames de l'Union-Chrétienne d'Angoulême (5 mars). — Arrentement par Louis Leclerc, prêtre, chanoine et aumônier de la cathédrale d'Angoulême, faisant pour dame Anne Gourdin, veuve de Jean Babaud, écuyer, sieur des Bouteries, à des particuliers du bourg et paroisse de Tourriers, de quinze journaux ou environ de bois taillis, appelés Le Grand-Essat, sis en la paroisse de Villejoubert et relevant de la seigneurie de Montignac-Charente (15 mars). — Quittance par Moïse Dumas, écuyer, seigneur de Chebrac, conseiller du Roi, lieutenant particulier criminel et assesseur civil en la sénéchaussée d'Angoumois, tant pour lui que pour Jérôme Valleteau, écuyer, sieur de Boisdrant, absent, et François Tremeau, officier de la maison du Roi, d'une part; à messire Pierre Bonniot, écuyer, seigneur de Fleurac, Vaux et Salignac, d'autre part, de deux sommes de 3,544 livres 8 sous 11 deniers auxquels ledit Bonniot avait été condamné envers lesdits Dumas et Valleteau joints ensemble, et envers ledit Trémeau, par sentence de la sénéchaussée d'Angoumois du 17 du présent mois (20 mars). — Procès-verbal du moulin à papier de Poullet, ses appartenances et dépendances, sis en la paroisse de La Couronne (24 mars). — Réitérations de grades, à l'évêque et au chapitre cathédral d'Angoulême, pour messire François Gilbert, prêtre, archiprêtre de l'église St-Jean dudit Angoulême et gradué de l'Université de Poitiers (26 mars). — Procuration donnée par messire Charles-César Desmier, chevalier, seigneur de Chenon, Domezac et autres lieux, lieutenant général d'épée de la province d'Angoumois, demeurant en son château de Domezac, paroisse de Saint-Gourson audit Angoumois, d'une part; à François Brun, greffier de la subdélégation d'Angoulême, demeurant en ladite ville, d'autre part, à l'effet de pour ledit constituant, se transporter en la ville de Périgueux, pour y soutenir l'instance intentée par lui devant le siège présidial dudit Périgueux, contre Pierre Chasseret, écuyer, sieur de Roger, la dame de Garrebœuf de Roger, sa femme ou leurs enfants, héritiers ou représentants, pour le payement des sommes, tant en principal qu'intérêts, qu'ils doivent audit constituant (26 mars). — Reconnaissance censuelle donnée par des particuliers à haut et puissant Louis-Gabriel, marquis de Saint-Simon, chevalier, seigneur de Villexavier, Thugerat, Chartuzac, Rouffignac, Deviat, Lussay, Bessac, Nosnac, Les Doussets et autres lieux, seul fils et unique héritier de défunts haut et puissant Louis Claude de Saint-Simon, et de dame Jeanne Souchet des Doussets, sa femme, pour une pièce de vigne sise au lieu de L'Étang, paroisse St-Jacques de Lhoumeau (28 mars). — Vente, moyennant 159 livres de rente, par Catherine Payen, veuve de monsieur maître Antoine Juillard, sieur des Plaines, élu en l'élection d'Angoulême, à Joseph Bourboulon, marchand poëlier, d'une maison sise en ladite ville, rue de Genève, paroisse Saint-André, appartenant à la venderesse pour l'avoir acquise de Sébastien Tourette, sieur de Flamenat, et de Catherine Audoin, sa femme (5 avril). — Procès-verbal de l'église et de la maison archipresbytérale de Jauldes, à la requête de messire Étienne Albert, archiprêtre dudit lieu, par provision de l'évêque d'Angoulême en date du 27 novembre dernier, en remplacement de messire Jean de la Brosse, décédé le 25 du même mois (7, 8 et 9 avril). — — Reconnaissance censuelle donnée par des particuliers à Antoine Civadier, prêtre, curé de la paroisse St-Paul d'Angoulême, pour raison de la borderie appelée de Gâtebourse, paroisse St-Martial de la même ville (10 avril). — Démission pure et simple et pour cause de

maladie, entre les mains de monseigneur de Broglie, évêque d'Angoulême, par messire Jacques Martin de Bourgon, chanoine trésorier de la cathédrale d'Angoulême, demeurant en ladite ville, paroisse St-Jean, de sa dite chanoinie, pour en être disposé en faveur de qui il plaira audit évêque (15 avril). — Cession d'une rente par Jérôme Valleteau, sieur de Chabrefy, à Jean Valleteau, sieur des Roches, conseiller du Roi, juge magistrat en la sénéchaussée d'Angoumois (17 avril). — Bail à moitié par Marc-René, marquis de Montalembert, chevalier, seigneur de Maumont, Saint-Germain, Juignac, Saint-Amant-de-Montmoreau en partie, Saint-Laurent-de-Belzagot, Forgeneuve, La Vigerie, et autres lieux, lieutenant général de Saintonge et Angoumois, associé libre de l'académie des sciences de Paris, d'une part; à Pierre Lamigeon, farinier, d'autre part, des moulins à blé du bout des ponts de Ruelle, sur la Touvre, appartenant audit seigneur marquis pour les avoir acquis, par contrat du 19 novembre 1751, reçu Caillaud, de Guillaume Condat et sa femme (18 avril). — Contrat de mariage entre François Dauvin, marchand bijoutier en détail, fils de défunt Alexis Dauvin, aussi marchand en détail, et de Renée Chotard, demeurant ordinairement en la ville de Jonzac, d'une part; et Rose Lhomme, fille de François Lhomme, cabaretier, et de Jeanne Mallat, d'autre part (19 avril). — Bail à loyer, pour sept années consécutives et moyennant 150 livres l'une, par Anne Dussieux, veuve de Philippe Vigier, écuyer, seigneur de La Pille, d'une maison sise à Angoulême, en face de la porte de l'église paroissiale St-Martial, et actuellement occupée par monsieur Arnauld de Champniers (23 avril). — Cession et transport par Claude Trémeau, conseiller du Roi en la sénéchaussée d'Angoumois, à messire Jean-François-Charles de La Rochefoucauld, chevalier, seigneur de Maumont, Le Vivier et autres lieux, demeurant en son dit château de Maumont, paroisse de Magnac-sur-Touvre, de la somme de 1,100 livres restant de plus grande somme, à prendre sur la succession de messire Jean de Ravard, chevalier, seigneur de Saint-Amant, et sur celle de dame Marie-Anne de La Rochefoucauld, sa femme, suivant leur promesse solidaire en date du 15 décembre 1723 et le jugement rendu de leur consentement, le 24 mai 1726, avec les intérêts courus depuis le 2 mai 1742 (26 avril 1755).

E. 1761. (Liasse.) — 139 pièces, papier.

1755. — Caillaud, notaire royal à Angoulême. — Actes reçus par ce notaire, du 1er mai au 30 juin. — Bail à ferme par demoiselle Catherine de Chastel de la Berthe, fille majeure, à Jean Raymond, meunier au Pontouvre, d'un journal de pré dans la prairie du logis des Montagnes, paroisse de Champniers, sur le chemin du Pontouvre à Agris, à main droite (3 mai). — Procès-verbal du moulin à papier de Collas, autrement dit du Got, paroisse de La Couronne, ce requérant Jean-Armand Dervaud, inspecteur général de la manufacture royale des papiers d'Angoumois, tant de son chef que comme étant aux droits de Thérèse Henry, sa femme, et faisant pour les sieurs Henry, frères de celle-ci (7 mai). — Contrat de mariage entre Antoine Marchais, marchand, fils de Louis Marchais, aussi marchand, et de défunte demoiselle Jeanne Besson, sa femme, d'une part; et demoiselle Marguerite Riberiou, fille de défunts Martial Riberiou, aussi marchand, et Marie Chastenet, mineure émancipée par justice et procédant sous l'autorité de Jean Chastenet, contrôleur des actes des notaires au bureau de Montmoreau, d'autre part (13 mai). — Vente par Henri Berthoumé, marchand, Marguerite Voyer, sa femme, et Anne Roullet, veuve non commune en biens de Jacques Voyer, en son vivant praticien, comme tutrice de Jean Voyer, son fils, héritier, avec ladite Marguerite Voyer, de défunt Claude Voyer, notaire royal de la réserve d'Angoulême, leur père, d'une part; à Jean Mallat, praticien de la ville d'Angoulême, d'autre part, savoir est de l'office de notaire royal de la réserve d'Angoulême dont ledit défunt Claude Voyer était pourvu à son décès et depuis 1723, ladite vente consentie et acceptée moyennant la somme de 1,000 livres payable dans un an (17 mai). — Quittance de remboursement d'une rente de 200 livres, au capital de 4,000 livres, donnée par Michel Favret du Pommeau, seigneur de Rochecoral et de la Breuillie (*aliàs* Breuillerie), directeur des aides de l'élection d'Angoulême, à Jacques de Stinville, directeur des aides de la généralité de Poitiers, et à dame Marie Guillet des Buttes, sa femme (17 mai). — Reconnaissances censuelles rendues au seigneur de Rochecoral par les tenanciers des prises de La Paine, de La Sicardie, des Genevriers, des Cotteaux, des Avenaux, du Franc-Gariment, des Regirauds, des Allains, de l'île de La Meure, de La Combe-du-Cousset, de Puyripault, du Moulin, de Prépétier, de Chez-Robin, des Ouchettes, du port de la Meure, de Barboutte, de la Forêt-de-Maubec, de La Poulle, de La Vesinerie, de La Charlotterie, de L'Étang, de La Verte, des Groix, du Petit-Bois, de La Croix-de-Pépin, le tout paroisse de Trois-Palis (20 mai). — Testament de Marie-Anne Delaconfrette de Villamont, épouse de Gabriel de la Croix, écuyer, sieur du Repaire, demeurant à Angoulême,

paroisse St-André (21 mai). — Vente, moyennant 1,600 livres, par François de Chevreuse, écuyer, seigneur de La Coux, faisant tant pour lui que pour dame Marie-Rose-Charlotte de La Rochefoucauld, sa femme, absente, demeurant au logis de La Coux, paroisse de Vitrac, en Angoumois, d'une part; à François Foucher, sieur de Bellefond, avocat au présidial d'Angoumois, juge sénéchal de Sansac et Cellefrouin, demeurant au logis du Maine-Salomon, paroisse dudit Cellefrouin, d'autre part, d'une maison appartenant à ladite dame de La Rochefoucauld, de son chef, et sise à Angoulême, dans le cul-de-sac servant de passage tant pour ladite maison que pour celle de la maître-école, paroisse St-Jean, confrontant par le devant au midi et audit cul-de-sac, par un côté à un bâtiment dépendant de ladite maître-école, et des autres côtés à des maisons particulières (23 mai). — Procès-verbal de ladite maison fait à la requête de l'acquéreur (26 mai). — Vente, moyennant 4,000 livres de principal et 144 livres de pot-de-vin, par Marie Bareuil, veuve de François Marin, marchand aubergiste, Marie Marin, fille majeure, Maurice Puinège, ancien juge en la juridiction consulaire d'Angoulême, à cause de demoiselle Élisabeth Marin, sa femme, François Marin, marchand, Sébastien Dalençon, sieur des Fontenelles, à cause de Jeanne Marin, sa femme, demeurant au lieu de Chez-Chillot, paroisse de Nanteuil-en-Vallée, d'une part; à Jean Dumergue, marchand sellier, et à Marguerite Moinaud, sa femme, d'autre part, d'une maison sise à Angoulême, rue de la Souche, paroisse St-André, confrontant par le devant à ladite rue, à main droite en allant de la porte du Pallet à la place à Mouchard, et par derrière au rempart de la ville (7 juin). — Constitution de 50 livres de rente par Pierre Mongin, seigneur de La Buzinie, chevalier de St-Louis, ancien capitaine du bataillon d'Angoumois, et dame Marie Bourdin, sa femme, au profit de messire Jean Chancel, prêtre, prévôt de l'église de La Rochebeaucourt, licencié en droit (9 juillet). — Quittance par Marie Sallat, ci-devant servante domestique du sieur Jean-Armand Dervaud, inspecteur général de la manufacture royale des papiers d'Angoumois, et précédemment au service de feu Jacques Henry, beau-père dudit Dervaud et aussi inspecteur général de la manufacture, d'une part; audit Dervaud, d'autre part, de la somme de 358 livres 6 sous 8 deniers, tant pour ses gages pendant le temps qu'elle a servi ledit sieur Henry, ses enfants et ledit sieur Dervaud, que pour le legs que lui a fait ledit sieur Henry, par son testament (14 juin). — Inventaire des meubles, titres et papiers dépendant de la communauté d'entre dame Philippe Gignac, veuve de Jean (*alias* Antoine)

Geoffroy, vivant sieur de La Thibaudière, et ledit Geoffroy (16 juin et jours suivants). — Règlement de compte entre la demoiselle Philippe Gignac, veuve Geoffroy, d'une part; Richard Demay, maître chirurgien, et Marguerite Geoffroy, sa femme, d'autre part (22 juin). — Procès-verbal de récolement des moulins banaux de St-Cybard, paroisse de Saint-Yrieix, fait à la requête des fermiers (23 juin). — Contrat de mariage en échange, entre Jean Coussot, laboureur, et Catherine Couprie, et autre Jean Couprie le jeune et Marie Coussot, tous de la paroisse de Champniers (30 juin 1755).

E. 1762. (Liasse). — 76 pièces, papier; 1 sceau.

1755. — Caillaud, notaire royal à Angoulême. — Actes reçus par ce notaire, du 1er juillet au 31 août. — Contrat de mariage entre Charles Filhon, avocat au Parlement, demeurant à Angoulême, paroisse St-André, fils de défunt Isaac Filhon, sieur des Phelippeaux, et de demoiselle Marie Peufret, sa femme, d'une part; et demoiselle Madeleine Delavergne, fille majeure de défunts Gabriel Delavergne, en son vivant greffier en chef de la maréchaussée d'Angoumois, et demoiselle Marie-Madeleine Gesmond, sa femme, demeurant aussi à Angoulême, paroisse de Notre-Dame-de-Beaulieu, d'autre part (9 juillet). — Aveu et dénombrement rendu au Roi pour le fief et seigneurie de La Tour-Garnier, par Pierre-Placide de la Place, chevalier seigneur de La Tour-Garnier, ancien capitaine au régiment de Bourbonnais, chevalier de St-Louis, lequel déclare tenir ledit fief et seigneurie à titre succesif et par représentation de messire Élie de la Place, chevalier, seigneur dudit lieu de La Tour-Garnier, son bisaïeul, qui le tenait lui-même de ses auteurs, relevant du Roi, à cause de son duché d'Angoulême, au devoir d'une paire de gants blancs à nuance de seigneur et de vassal, lequel fief est situé dans les paroisse de St-Martial d'Angoulême, de Soyaux et de Puymoyen, sénéchaussée d'Angoumois et élection d'Angoulême, et comprend premièrement l'hôtel et maison noble de La Tour-Garnier, avec trois cours, savoir: celle de la principale entrée venant d'Angoulême, qui est en partie fermée de murs, d'écluses et de fossés et dans laquelle sont les moulins à blé et à draps, avec les logements des meuniers et fouliniers, avec les éparoirs et étendoirs; la seconde desdites cours, qui est séparée de le première par un pont à garde-fous, ci-devant à bascule, à présent tout en pierre, de quinze pieds de large sur trente de long, laquelle cour renferme le logement du maître, avec écurie, grenier à foin, bou-

langerie, le tout entouré de murs; enfin la troisième cour, à la suite de la deuxième, qui renferme les granges et étables, le chai, le bûcher, la fuie du colombier « à pied », et est en partie close par la rivière des moulins. Dans le jardin est la chapelle sous laquelle est une fontaine qui se dégorge dans un « gardoir » ou pièce d'eau de vingt-quatre pieds de large sur soixante-six brasses de long et formant équerre (9 juillet). — Contrat de mariage entre Noël Thomas, maître apothicaire, fils de François Thomas, marchand tailleur, et de Jeanne Dupuy, sa femme, d'une part; et Marguerite Marin, fille de François Marin, aussi marchand, et de défunte Marguerite Boilevin, d'autre part, demeurant toutes les parties en la ville d'Angoulême, paroisse de St-André (22 juillet). — Cession par Léonard Gignac, notaire et procureur de la baronnie de Marthon, demeurant au village de La Chambaudie, près Chazelles, à demoiselle Philippe Gignac, veuve d'Antoine Geoffroy, sieur de La Thibaudière, demeurant au village de Marteau, paroisse de Saint-Saturnin, d'une créance de 200 livres due au vendeur par François Jourdain, notaire et procureur à Montbron, conjointement avec Élie Jourdain, prêtre, curé de La Rochette, Marie Jourdain, femme de Pierre Rousseau, et autres héritiers de Marie Béchade, femme dudit François Jourdain, elle-même fille et héritière de Laurent Béchade, sieur du Plantier (25 juillet). — Partage entre messire Gabriel Braud, prêtre, chanoine semi-prébendé de la cathédrale d'Angoulême, Françoise Braud, fille majeure, Thérèse Braud, religieuse hospitalière de l'Hôtel-Dieu d'Angoulême, Pierre et Françoise Braud, mineurs émancipés par justice, et Jacques Braud, sergent au régiment de Rouergue, aussi mineur émancipé, des biens dépendant de la succession de défunte Marie Braud, mère et aïeule des parties (27 juillet). — Procuration de Jacques Braud, sergent au régiment de Rouergue, à Pierre Périer, procureur au présidial d'Angoumois, pour consentir ledit partage, sur laquelle procuration est apposé le sceau de cire rouge du comte d'Agimont, avec la légende : SIGIL. COMIT. REGALIS AGIMONTEN., avec l'apostille suivante : « Nous Gerard Contamine, conseiller du Roy, prévost, juge royal civil et criminel des villes de Charlemont, les deux Givet, comté d'Agimont et dépendances où le papier timbré n'est en usage, le control et petit scel supprimés par abonnement, certifions que M. Baufin, qui a reçu et signé l'acte ci-desous, est notaire royal en cette prévosté, et qu'à tous actes qu'il reçoit et signe en cette qualité, foi doit être adjoutée tant en qu'hors jugement. En foi de quoi nous avons signé les présentes..... et y fait apposer le scel ordinaire de notre juridiction. Fait à Givet, ce 14 juillet 1754. Signé : G. Contamine. ». — Vente moyennant 1,000 livres, par Pierre Mioulle, sieur de La Touche, et Suzanne Rivaud, sa femme, demeurant à Angoulême, paroisse St-André, à Pierre Geoffroy, marchand de la ville de Ruffec, d'une pièce de pré, de la contenance de deux journaux et demi ou environ, située sur la petite rivière d'Aizie, paroisse de Taizé ou de Bioussac, telle qu'elle a été dévolue au vendeur par partage fait avec Jean Rivaud, sieur de la La Dousserie, et Jean Marchadier, sieur des Vallées, par acte du 24 avril 1715, reçu Coutan, notaire royal (28 juillet). — Délaissement moyennant 100 livres de rente annuelle, par Jean-Joseph Dutillet de Villars, écuyer, l'un des valets de chambre ordinaires du Roi, commissaire subdélégué de l'intendant de la généralité de Limoges, et dame Catherine Tourette de Flamenat, sa femme, demeurant à Angoulême, d'une part ; à haut et puissant Marc-René, marquis de Montalembert, chevalier, seigneur de Maumont, Saint-Germain et autres lieux, mestre de camp de cavalerie, lieutenant général de Saintonge et Angoumois, membre libre de l'académie des sciences de Paris, d'autre part, d'une pièce de pré en forme d'équerre, de la contenance de deux journaux un tiers, sise en la paroisse de Saint-Yrieix-lès-Angoulême, près et au-dessous du nouveau pont qui se construit actuellement au faubourg Saint-Cybard, sur La Charente, ledit pré relevant de la seigneurie de Fregeneuil (9 août). — Hommage rendu à illustre dame Jeanne de Pérusse des Cars, abbesse de St-Ausone d'Angoulême, par Jean Maulde de Mougnac, sieur de l'Oisellerie, majeur, tant pour lui que pour Pierre Maulde des Touches, aussi sieur de l'Oisellerie, son frère, pour raison des rentes seigneuriales que lesdits Maulde tiennent de l'abbaye de St-Ausone, dans la paroisse de La Couronne, au devoir d'une paire de gants blancs, à nuance d'abbesse et de vassal, en conformité aux hommages rendus antérieurement à ladite abbaye et spécialement à ceux des 9 juin 1579 et 20 avril 1663, reçus par dames Barbe de St-Gelais et Charlotte de Grammont, alors abbesses de ladite abbaye (12 août). — Quittance par Louis Garnier, chevalier, seigneur de Ferfan, et Madeleine Birot des Bournis, sa femme, demeurant au logis des Bournis, paroisse de Garat, d'une part ; à François Des Bordes, écuyer, seigneur de Jansac, Sers, Teillé et autres lieux, demeurant en sa maison noble de Sers, paroisse dudit lieu, d'autre part (15 août). — Dénombrement fourni à l'abbesse de St-Ausone d'Angoulême par Jean Maulde de Mougnac, seigneur de l'Oisellerie, et Pierre Maulde des Touches, aussi seigneur de l'Oisellerie, son frère, en conséquence de l'aveu rendu par

eux à ladite abbesse, le 12 du même mois (21 août). — Réquisition adressée à monseigneur Joseph-Amédée de Broglie, évêque d'Angoulême, par Louis-Robert Lavialle, clerc tonsuré du diocèse d'Angoulême, bachelier en droit, tenant en ses mains l'indult à lui octroyé par messire François Brisson, chevalier, seigneur de Montallin, Verdun et autres lieux, conseiller du Roi en sa cour de parlement de Paris, aux fins d'être par ledit évêque mis en possession de la trésorerie de la cathédrale d'Angoulême et du canonicat y joint, vacants de fait et de droit par la démission de messire Jacques Martin, écuyer, seigneur de Bourgon, dernier possesseur, et dont le requérant, au refus de l'évêque d'Angoulême, a été pourvu par messire Nicolas-Bonaventure Thierry, prêtre, docteur en Sorbonne, chanoine de Notre-Dame de Paris, chancelier de ladite église et de l'université de Paris, commissaire exécuteur des privilèges et prérogatives des indults, suppliant ledit requérant ledit seigneur évêque de se transporter en la cathédrale d'Angoulême pour le recevoir en ladite charge de trésorier et lui donner les draps, comme l'usage de ladite église oblige les évêques d'Angoulême à le faire en faveur de ceux qui sont pourvus de dignités, personnats ou canonicats (21 août). — Prise de possession de la trésorerie de la cathédrale d'Angoulême par ledit Lavialle, au refus et protestation du chapitre qui déclare que ladite place est remplie (21 août). — Bail à ferme, pour six années et moyennant 1,500 livres et douze livres de bonnes truffes, l'une, par haute et puissante dame Gabrielle-Élisabeth des Escotais, veuve de haut et puissant Marc-René-Alexis, marquis de Valory, seigneur châtelain d'Estilly, Isoré, Signy, Fromantiers, La Gourbillonnière, Le Cluzeau et autres lieux, demeurant ordinairement à Paris et de présent en son château d'Estilly, près Chinon, en Touraine, paroisses de Saint-Louand et Beaumont, par tiers, faisant comme ayant la garde noble de Louis-Marc-Antoine de Valory, son fils unique, d'une part ; à François Robert, marchand de la ville d'Angoulême, d'autre part, savoir est de la maison, terre et seigneurie du Cluzeau, paroisses de Vindelle et autres, avec toutes ses dépendances, y compris la seigneurie de Bellejoie avec ses appartenances, sans y rien réserver (23 août). — Convocation des habitants de Saint-Yrieix, près Angoulême, pour statuer sur la demande de Pierre Desleures dit Desfosses, tendant à être payé de la somme de 80 livres pour deux années de la location d'un bâtiment lui appartenant, sis au faubourg St-Cybard, paroisse dudit Saint-Yrieix, et servant actuellement de chapelle, la paroisse n'ayant pas d'église pouvant servir au culte (24 août 1755).

E. 1763. (Liasse.) — 47 pièces, papier.

1755. — Caillaud, notaire royal à Angoulême. — Actes reçus par ce notaire, du 7 septembre au 30 octobre. — Déclaration de non-communauté entre Vincent Huet, marchand tapissier, et Charlotte Leclerc, sa femme, d'une part; et Marie Leclerc, leur nièce, d'autre part, par laquelle celle-ci reconnaît que c'est par amitié et tendresse que son oncle et sa tante l'ont gardée chez eux depuis son enfance, ayant pourvu à sa nourriture ainsi qu'à son entretien et à son éducation, sans qu'il ait jamais existé entre eux de communauté d'aucune sorte (7 septembre). — Bail à ferme, pour neuf années et moyennant 1,400 livres l'une, par Jeanne de Pérusse des Cars, abbesse de St-Ausone d'Angoulême, à Charles Nivard, sieur de Lhoumeau, notaire et procureur de la châtellenie de Tusson, et à Marie Vacher, sa femme, de tous les revenus appartenant à ladite abbaye dans la terre et seigneurie de Bessé, à la charge par le preneur de payer annellement au curé de Bessé, à l'acquit de ladite abbaye, la somme de 300 livres à titre de portion congrue (8 septembre). — Vente, moyennant 168 livres, par Jean-Antoine Ducluzeau, procureur en la sénéchaussée d'Angoumois, capitaine de la milice bourgeoise et l'un des pairs du corps de ville d'Angoulême, d'une part; à Noël Thomas, maître apothicaire de la même ville, d'autre part, savoir est du grade de capitaine de la compagnie de milice bourgeoise de la paroisse de St-Martial, appartenant au vendeur pour en avoir été pourvu par commission de monseigneur le duc d'Usèz, premier pair de France, en date du 15 avril 1731, que ledit Ducluzeau a présentement remise audit Thomas, pour servir de procuration *ad resignandum* (14 septembre). — Ferme pour un an et à raison 60 livres, par Etienne Penot, maître orfèvre de la ville d'Angoulême, à Louis Toully, marchand orfèvre, demeurant actuellement en la même ville, du droit et privilège de maître orfèvre appartenant au bailleur et que ses infirmités ne lui permettent pas d'exploiter (21 septembre). — Contrat de mariage entre Blaise Noël de Beaupré, fils de Pierre Noël, marchand aubergiste, et de Jeanne Marin, sa femme, d'une part; et Marie Naulin, fille de Jean-Pierre Naulin, sieur de La Cour, et de Marie-Mathurine Robert, sa femme, d'autre part (21 septembre). — Arrentement, moyennant 4 livres 10 sous par an, par Louis Leclerc, prêtre, chanoine et aumônier de la cathédrale d'Angoulême, comme fondé de procuration de dame Anne Gourdin, veuve de Jean Babaud, écuyer, sieur des Bouteries, à François Gillet, laboureur, de quatre journaux de terre sis au plantier de Rouillediné, paroisse de Tourriers, et relevant de la chambrerie de l'abbaye de St-Cybard (22 septembre). — Constitution de 200 livres de rente par Pierre de Bonnevin, écuyer, chevalier, seigneur de Sousmoulins, Jussas et autres lieux, et dame Jeanne de Villoutreys, sa femme, dame Jeanne Pigornet, veuve de Bernard de Villoutreys, écuyer, ancien major au régiment de Lagernezay, leur belle-mère et mère, stipulant pour eux, d'une part; au profit de messire Pierre Birot, écuyer seigneur de Brouzède, prêtre et chanoine de la cathédrale d'Angoulême, d'autre part (29 septembre). — Inventaire des meubles, titres et papiers dépendant de la succession de défunt François Prévérauld, sieur de Beaumont, ancien capitaine au régiment de Bourbon-infanterie, chevalier de St-Louis, pensionnaire du Roi, décédé en sa maison de Beaumont, paroisse St-Martial d'Angoulême (7, 8 et 11 octobre). — Vente, pour la somme de 3,200 livres, par Étienne-Jules Turrault, sieur de La Cossonnière, et Anne Aymard, sa femme, à Marc Debresme, sieur des Gagniers, et à Marie-Angélique Turrault de La Cossonnière, sa femme, de l'état et office de garde-concierge-buvetier du palais et auditoire royal d'Angoulême (18 octobre). — Constitution de 50 livres de rente par Marc Debresme, sieur des Gagniers, et demoiselle Marie-Angélique Turrault de La Cossonnière, sa femme, et encore par André-Benoit Debresme, avocat en la cour, et demoiselle Élisabeth-Thérèse Fauconnier, sa femme, d'une part; au profit de Pierre Chancel, aussi avocat en la cour, d'autre part (18 octobre). — Quittance par Nicolas Chastenet, maître maréchal de la ville d'Angoulême, comme administrateur de Marie Chastenet, fille unique et mineure de lui et défunte Antoinette François, sa femme, à messire Jean-René, chevalier de Clabat, demeurant au lieu de Lorimont, paroisse de Gensac, de la somme de 250 livres faisant moitié de celle de 500 livres léguée à ladite François par défunt messire René-Joseph de Clabat, écuyer, sieur du Chilloux, suivant son testament olographe (24 octobre). — Quittance par dame Marie de la Charlonnie de Reillac, agrégée à la communauté des dames de l'Union Chrétienne de la ville d'Angoulême, à Joseph Sardin de la Soutière, seigneur dudit lieu, y demeurant, paroisse de Grenordlo, de la somme de 600 livres restant à payer sur le prix principal de la vente que ladite dame lui a faite du fief et seigneurie de Reillac et ses dépendances, suivant que le tout est plus amplement mentionné au contrat de vente en date du 15 mars 1752, reçu Gaudon, notaire royal (30 octobre 1755).

E. 1764. (Liasse.) — 56 pièces, papier.

1755. — Caillaud, notaire royal à Angoulême. — Actes reçus par ce notaire, du 2 novembre au 31 décembre. — Constitution de 150 livres de rente volante par François Bourdage de la Meullière, ancien lieutenant de la maréchaussée d'Angoumois, et Anne Delavergne, sa femme, François Bourdage de Courpesteau, sieur de Coulgens, et Marie-Anne-Jacquette Bonnetier, sa femme, d'une part; au profit de dame Marie de Guez, veuve de François de Bardonnin, vivant chevalier, comte de Sansac, Cellefrouin et autres lieux, et de demoiselle Henriette de Guez, dame de Puydeneuville, fille majeure, sa sœur (5 novembre). — Quittance par François Normand de Garat, chevalier, seigneur de La Bouillerie, et Radegonde Martin de Bourgon, sa femme, veuve en premières noces de Henri Rambaud, écuyer, seigneur de Bourg-Charente, demeurant lesdits sieur et dame en la ville d'Angoulême, d'une part; à monsieur maître François Bourdage de Courpesteau, seigneur de Coulgens, Sigogne, Villars et autres lieux, conseiller du Roi, juge magistrat en la sénéchaussée d'Angoumois, agissant comme légataire universel de feu Jean Bourdage, seigneur de Coulgens et autres lieux, son oncle, d'autre part, de la somme de 3,000 livres restant à payer sur le don qui avait été fait par ledit feu Jean Bourdage à ladite dame Radegonde Martin de Garat, sa nièce, suivant le contrat de mariage de celle-ci avec ledit feu Rambaud, passé devant Filhon, notaire royal, le 10 mars 1742 (6 novembre). — Acte de profession religieuse et d'ingression dans l'abbaye de St-Ausone d'Angoulême, de demoiselle Marie Mongin, fille de vivant Pierre Mongin, seigneur de La Buzinie, capitaine d'infanterie, chevalier de St-Louis, et dame Marie Bourdin, sa femme, en présence desdits père et mère et de toute la communauté (8 novembre). — Bail à loyer pour cinq années, à raison de 60 livres l'une, par André André, sieur de la Tâche, avocat au Parlement, colonel de la milice bourgeoise d'Angoulême, et demoiselle Marie Corlieu, sa femme, à Guillaume Guimard, marchand, et à Marie Garnier, sa femme, d'une maison sise à Angoulême, près la halle du Pallet, ayant son entrée sur la rue qui conduit de la pierre de ladite halle à la maison de ville, à main gauche (15 novembre). — Résignation de la cure de St-Jacques de Lhoumeau en faveur de François Gilbert, bachelier en théologie, archiprêtre de St-Jean d'Angoulême, par Jean-Louis Thinon, prêtre, aussi bachelier en théologie, curé dudit St-Jacques et prieur commendataire du prieuré simple de St-Jacques de La Terne, paroisse de St-Aignan de Luxé, membre dépendant de l'abbaye de St-Amant-de-Boixe (17 novembre). — Constitution de 50 livres de rente volante, par Pierre Chaigneau, docteur en médecine, et Jacquette-Hippolite Chaigneau, sa fille, autres Pierre et Jean Chaigneau, autres enfants dudit Pierre Chaigneau, premier nommé, d'une part; au profit de dame Marguerite Gautier, femme de Jean-François Du Haumont, écuyer, seigneur de La Garde-St-Barthélemy, d'autre part (23 novembre). — Acte de notoriété pour Clément Floranceau de Boisbedeuil, avocat au Parlement, demeurant à Paris, paroisse de St-Jean-en-Grève, François-Clément Floranceau, sieur des Essarts, demeurant au bourg de Juillac, demoiselles Madeleine-Eugénie Floranceau de Boisbedeuil et Marguerite Floranceau de Tarin, filles majeures, tous héritiers pour un septième, de demoiselle Marie Boucher, leur mère, à son décès, femme de Louis Floranceau de Boisbedeuil, ancien lieutenant particulier d'Angoumois; ledit acte dressé pour rectifier des erreurs contenues dans divers actes passés principalement à Paris, et aussi pour rétablir le vrai nom de François-Clément Floranceau, ainsi appelé dans son acte baptistaire inscrit sur les registres de la paroisse de Nersac en Angoumois, à la date du 25 mars 1729, et non Clément Floranceau, comme il a été dénommé à tort dans divers autres actes (28 novembre). — Constitution de 150 livres de rente volante par François Normand, écuyer, chevalier de Garat, seigneur de La Bouillerie, et Françoise-Radegonde Martin de Bourgon, sa femme, précédemment veuve de messire Henri Rambaud, écuyer, seigneur de Bourg-Charente, demeurant à Angoulême, d'une part; au profit de Jean-Louis Rambaud, écuyer, seigneur de Mailhou, Torsac, Saint-Saturnin et autres lieux, demeurant en sondit château de Mailhou, paroisse de Saint-Saturnin, acceptant pour la demoiselle Rambaud, sa nièce, fille mineure de feu Henri Rambaud, vivant seigneur de Bourg-Charente, frère aîné dudit seigneur de Mailhou (30 novembre). — Bail à ferme par Pierre-Placide de la Place, chevalier, seigneur de La Tour-Garnier, à François Pinchon, foulinier, et à Marguerite Boullet, sa femme, des moulins à drap dépendant dudit lieu de La Tour-Garnier (1er décembre). — Vente, moyennant 2,750 livres, par demoiselle Françoise Robuste, fille majeure, demeurant à Angoulême, à Augustin Guyonnet, sieur du Peyrat, et à demoiselle Marie Arnaud, sa femme, demeurant au faubourg et paroisse de St-Jacques de Lhoumeau de la ville d'Angoulême, des moulins à blé et à huile appartenant à la venderesse, sur la rivière de Touvre, et relevant de l'évêché d'Angoulême,

ainsi que d'une rente sur le moulin à drap dudit lieu
(2 décembre). — Procès-verbal de l'incendie d'un tas de
charbon étant dans la forge de Ruelle, sur l'emplacement
ordinaire, pour la fabrication des canons commandés par
le Roi, ledit procès-verbal fait à la requête de Paul de
Montalembert, chevalier, faisant pour le marquis de
Montalembert, son frère, propriétaire de la forge de
Ruelle, demeurant actuellement à Paris ; auquel procès-
verbal sont entendus le sieur Brocard, commis principal
de ladite forge, et le nommé Février dit Bélair, commis
préposé à la recette des charbons, lesquels déclarent que
le matin, vers deux heures après minuit, deux poissonniers étaient venus les avertir que le feu était audit tas
de charbon, ce que apprenant, ils auraient de nuit fait
sonner la cloche de la fonderie pour appeler au secours
tous les ouvriers ; mais qu'ayant reconnu l'insuffisance
de leurs moyens, ils auraient fait sonner le tocsin, tant à
l'église paroissiale dudit Ruelle qu'aux églises circonvoisines pour en rassembler les habitants, lesquels, au
moment dudit procès-verbal, travaillaient encore à étein-
dre le feu. Les déposants déclarent en outre que cet
incendie leur paraît avoir été allumé par des personnes
mal intentionnées à l'égard du marquis de Montalembert.
Il avait été employé, pour faire ledit charbon, sept mille
cordes de bois, dont il pouvait y en avoir trois mille de
consommé ou perdu (6 décembre). — Vente, moyennant
1,196 livres, par Élisabeth Bourrut, veuve de Jean Boucheron, sieur de Fonteniou, et Antoinette-Julie Bourrut,
femme de Jean Blanc, sieur de La Forêt, lesdits Bourrut
héritiers de feu François Prévérauld, sieur de Beaumont,
ancien capitaine au régiment de Bourbon-infanterie,
d'une part ; à François Thoumassin, marchand, et à
Marie Mounier, sa femme, d'autre part, d'une maison
sise à Angoulême, rue des Cordonniers, à main gauche
en allant de la porte du Pallet au Minage où ladite maison fait le premier coin de ladite rue, et confrontant
d'un côté au rempart, d'autre à la maison du sieur
Lacroix, bonnetier, et par derrière à celle du sieur Barbot de la Trésorière (10 décembre). — Reconnaissance
censuelle rendue à la cure de St-Paul d'Angoulême, pour
une maison sise en ladite ville, rue du Chat, à gauche
en allant de la rue de Genève au rempart (17 décembre).
— Résignation de la cure de St-Cybard de Plassac par
Jean-Louis Bareau, prêtre, curé dudit lieu depuis vingt
ans passés, mais en faveur de Jean Thinon, curé de
St-Nicolas de Villognon, et non d'autre (18 décembre).—
Constitution d'un titre clérical de 120 livres de pension
viagère au profit de lui-même, par Pierre-Louis de
St-Hermine, clerc tonsuré du diocèse d'Angoulême, chapelain de la chapelle de St-Benigne du Fa, paroisse de

Sireuil, fils d'Élie de St-Hermine, écuyer, seigneur de
La Barrière, et de Madeleine Fé, demeurant audit lieu
de La Barrière, paroisse de Mosnac (19 décembre). —
Inventaire des meubles, effets et papiers dépendant de la
communauté et succession de défunt François Mesnard
des Barres et Marguerite-Rose Galliot, sa veuve, ce
requérant Étienne Faunié, sieur du Plessis, avocat en la
cour, et demoiselle Marie Mesnard, sa femme, fille et
gendre des susnommés (29 décembre 1755 et jours suivants).

E. 1765. (Liasse.) — 77 pièces, papier.

1756. — Caillaud, notaire royal à Angoulême. —
Actes reçus par ce notaire, du 1er janvier au 29 février.
— Quittance par Marie Arnaud, veuve de Pierre Navarre,
vivant sieur de Boisderet, y demeurant, paroisse de Moulidars, d'une part ; à Louis Sazerac, négociant, et à
Marie Clavaud, sa femme, demeurant à Angoulême,
paroisse St-André, d'autre part, d'une somme de 3,000
livres déléguée à ladite Arnaud sur le prix de vente
d'une maison (5 janvier). — Bail à ferme par Élie-François Joubert, écuyer, avocat en la cour, trésorier des
pauvres de l'hôpital général de la ville d'Angoulême,
et Jean Seguineau, syndic dudit hôpital, à Martin Martin, aubergiste, d'une et d'autre part, d'un pré acquis
par les administrateurs dudit hôpital, des héritiers du
sieur Galliot, chanoine théologal de la cathédrale d'Angoulême (12 janvier). — Procuration générale donnée
devant les notaires au châtelet de Paris, par Marc-René,
marquis de Montalembert, chevalier de St-Louis, lieutenant général de Saintonge et Angoumois, demeurant à
Paris, rue Neuve-des-Bons-Enfants, à Paul, chevalier de
Montalembert, son frère, et subrogation de ladite procuration par ledit chevalier de Montalembert à Thomas
Jousselin de Viennois, demeurant à Angoulême (27
décembre 1755 et 14 janvier 1756). — Procès-verbal, ce
requérant Jean Gervais, écuyer, seigneur de Puymerle,
lieutenant général criminel de la sénéchaussée d'Angoumois, François Clergeon, procureur au même siège, et
Simon Piveteau Fleury, négociant, fabriciens de l'église
St-André d'Angoulême, des dégradations commises tant
au rétable qu'au tabernacle du grand autel de ladite
église, par les sieurs Arnaud, Robert, Roy et Boiteau,
habitants de la paroisse et confrères de la confrérie du
Saint-Sacrement, érigée en ladite église, en faisant placer
un banc audessous de la chapelle St-Antoine, ce qui a
entraîné la suppression d'une partie des décorations du
grand autel (16 janvier). — Vente, moyennant 25 livres,
par demoiselles Marie et Madeleine Perdreau, filles

majeures, demeurant ensemble au faubourg St-Jacques
de Lhoumeau de ladite ville d'Angoulême, à Jean
Armand Dervaud, inspecteur général de la manufacture
royale des papiers d'Angoumois, et à demoiselle Marie-
Thérèse Henry, sa femme, tant pour eux que pour les sieurs
Henry, leurs beau-frères et frères, de tous les arbres
existant actuellement dans une petite île ou îlot appartenant auxdites demoiselles Perdreau, dans la rivière
de Charente, et vente par les mêmes aux mêmes, et
moyennant pareille somme de 25 livres, du sol de
ladite île ou îlot (18 janvier). — Contrat de mariage
entre Philippe Petit, maître chirurgien, fils de Jean
Petit, marchand potier d'étain, et de Jeanne Fromentin, d'une part; et Marguerite Leclerc, fille de Bernard Leclerc, maître armurier, et de Marie Penaud,
d'autre part, demeurant les parties en la ville d'Angoulême, en faveur duquel mariage Christophe Fromentin, prêtre, curé de la paroisse d'Erraville en
Angoumois, a fait don audit proparlé d'une maison
sise en la ville de Châteauneuf, près le presbytère, que
le donateur avait acquise suivant acte du 14 mars
1750, reçu Ferrand, notaire royal, des sieur et dame
Fé de Barqueville (20 janvier). — Quittance par François
de Viaud, écuyer, seigneur de La Charbonnière, y
demeurant, paroisse de Chazelles, faisant tant pour lui
que pour dame Marguerite Du Lau, sa femme, d'une
part; à Antoine de Raymond, écuyer, seigneur de La
Coste, demeurant au bourg de Sainte-Croix en Périgord, d'autre part, de la somme de 597 livres 15 sous
4 deniers revenant à ladite Du Lau, pour sa moitié, sur
celle de 1,195 livres 10 sous 8 deniers provenant de la
vente consentie à Pierre de Raymond, chevalier, seigneur de Pressac, père dudit sieur de La Coste, par
Jean de Chazelles, écuyer, Léonard Du Lau, aussi écuyer,
et plusieurs autres, des biens fonds et domaines mentionnés à un contrat du 29 mai 1752, reçu Deladoire,
notaire royal (21 janvier). — Quittance par dame Marie
de Pindray, agrégée de la communauté des dames de
l'Union-Chrétienne d'Angoulême, à François Maillard,
chevalier, seigneur de La Combe, Lenchère en partie et
de la seigneurie de Beaussac, demeurant audit lieu de
La Combe, paroisse dudit Beaussac en Périgord, de la
somme de 1,600 livres en principal et le prix de la
vente faite audit sieur de Lenchère par ladite dame de Pindray, du domaine de Lascaud et ses dépendances, suivant
acte du 25 août 1750, reçu Caillaud et son confrère (30
janvier). — Sommation par Jean-Baptiste-Thomas Jousselin de Viennois, demeurant à Angoulême, comme procureur substitué du marquis de Montalembert, à monsieur de Lamartinière, commis à la forge de Ruelle, et

notification à celui-ci du pouvoir et ordre donné audit
Jousselin, d'avoir à arrêter tous les états de dépense concernant les forges, régler tous les mémoires, en donner
des arrêtés et reconnaissances, faire les marchés, ventes
et achats relatifs à la fourniture desdites forges; à quoi
ledit sieur de Lamartinière répond qu'étant chargé par
le ministre de la manutention des fonds destinés à l'achè-
vement de l'entreprise de monsieur le marquis de Montalembert, pour la fourniture de canons à faire à la
marine, au même titre que monsieur Morin est chargé
de leur exécution, ils n'ont, l'un et l'autre, à rendre
compte de leur conduite qu'à ceux par qui ils ont été
préposés (23 janvier). — Sommation respectueuse par
Jean Lacour, maître ès arts, demeurant à Angoulême,
paroisse St-Antonin, à Jean Lacour, son père, marchand
(3 février). — Quittance par dame Anne Dussieux, veuve
de Philippe Vigier, écuyer, sieur de La Pille, demeurant
à Angoulême, à Henri Combret, marchand du faubourg
Lhoumeau (7 février). — Contrat de mariage entre Martial Dutillet, écuyer, sieur de Juillac, garde du corps
du Roi, de la première compagnie, fils de maître
Mathieu Du Tillet, sieur de Beauvais, juge sénéchal des
châtellenies de Voulgezac et de Torsac, et de demoiselle
Geneviève Desbordes, sa femme, d'une part; et demoiselle Marguerite Florenceau de Thurin, fille de défunts
monsieur maître Louis Florenceau de Boisbedeuil, ancien
lieutenant particulier au présidial d'Angoumois, et dame
Marie Boucher, sa femme, d'autre part (9 février). —
Testament de demoiselle Marie Boisson de Rochemont,
fille majeure, demeurant ordinairement au lieu de La
Borde, paroisse de Gondeville, et de présent dans une
chambre de maison occupée par le sieur Sirier, maître
chirurgien de la ville d'Angoulême, par lequel, après
avoir déclaré qu'elle s'en rapporte, pour ses funérailles
ainsi que les messes, prières et aumônes à célébrer et
faire pour son âme, à la bonne volonté et discrétion de
Philippe Laîné de Bellebarde, prêtre, curé de Mainxe,
son cousin germain, elle dispose de ses meubles et
acquêts en faveur de demoiselles Madeleine et Marie-
Rosalie Boisson de Rochemont, ses sœurs (15 février).
— Vente, moyennant 54,000 livres, par Marguerite
Thevet, veuve de Nicolas Resnier, vivant greffier en chef
de la sénéchaussée et siège présidial d'Angoumois,
faisant tant pour elle que pour André Resnier, son
fils mineur, pour autre André Resnier, greffier en chef
de ladite sénéchaussée, pour René Benoît, avocat en la
cour, à cause de Thérèse-Julie Resnier, sa femme, et
encore pour Guillaume Resnier de Goué, capitaine
d'infanterie au régiment de Vermandois, et pour Marie
Resnier, fille majeure, d'une part; à messire Pierre

Regnaud, chevalier de la Soudière, chevalier de St-Louis, brigadier des gardes du corps du Roi, et à dame Anne-Françoise-Catherine-Marie Arnaud, sa femme, demeurant à Angoulême, d'autre part, du fief et seigneurie de Goué, consistant en logis, cour, bâtiments, tant pour les maîtres que pour les métayers, jardins, parc, réservoirs, prés, vignes, terres labourables et non labourables, rentes seigneuriales, agriers, complants, mouvances directes, moulins, écluses, pêcheries, droits de chasse, fuie, chapelle domestique, droits honorifiques et de chapelle, ensemble les treuil, pressoirs, cuves, chaudière à eau-de-vie, le bateau et les ornements de la chapelle, et tout ce qui est porté au bail passé le 24 mars 1751, devant Bire, notaire royal (16 février). — Convention entre Pierre Grattereau, marchand, ancien consul en la juridiction consulaire d'Angoulême, demeurant au faubourg St-Jacques de Lhoumeau de ladite ville, d'une part; et Jean Gaillard, maître fabricant de papier, et Rose Blé, sa femme, demeurant à Angoulême, paroisse St-André, d'autre part, entre lesquels a été arrêté ce qui suit, savoir que lesdits Gaillard et Rose Blé, sa femme, iront faire leur demeure dans les bâtiments du moulin à papier de La Rochechandry, paroisse de Mouthiers, appartenant au seigneur comte de Montbron et aux sieurs et demoiselles de Montbron, ses frères et sœurs, et dont ledit Grattereau est fermier, et que lesdits Gaillard et Blé travailleront et feront travailler à la fabrication des diverses sortes de papiers spécifiées dans ledit marché; en faveur duquel marché et pour faciliter l'exploitation dudit moulin, ledit Grattereau a présentement avancé auxdits Gaillard et sa femme, la somme de 2,500 livres pour former le cabal dudit moulin, laquelle somme devra être employée en achat de chevaux, flautres, meubles meublants, peilles, colles, blé, vin et autres choses nécessaires audit cas (19 février). — Règlement en forme de partage entre demoiselle Anne Vallier, veuve de Pierre Duchapt, vivant avocat en la cour, demeurant ordinairement à La Verrerie, paroisse de Ronsenac, d'une part; demoiselle Louise de La Garde, veuve de Jean Dufresse, vivant sieur de La Seguinie, tant en son nom que comme tutrice de ses enfants mineurs, et Jean Pineau, receveur des domaines du Roi, subdélégué du bureau des finances, à cause de Marie Dufresse, sa femme, encore d'autre part (23 février), — Obligation de 6,000 livres consentie par Jean-Jacques Salomon, écuyer, demeurant au logis de Saint-Ciers, paroisse dudit lieu, tant pour lui que pour dame Madeleine de la Cour, sa femme, absente, et encore au nom et comme fondé de procuration générale et spéciale de messire Jacques Salomon du Chastenet, écuyer,

conseiller secrétaire du Roi, maison, couronne de France et de ses finances, près le parlement de Bordeaux, et dame Marie Rome, ses père et mère, demeurant en la ville de Rochefort, d'une part; au profit de monsieur maître Moïse Dumas, écuyer, seigneur de Chebrac, conseiller du Roi assesseur civil et lieutenant criminel au présidial d'Angoumois, d'autre part (24 février). — Partage entre Jacques Mesnard, bourgeois de la ville d'Angoulême, et François Mesnard, docteur en médecine, conseiller médecin du Roi pour la province d'Angoumois, demeurant lesdites parties au faubourg St-Jacques de Lhoumeau, des biens meubles et immeubles dépendant de la succession de François Mesnard, sieur des Barres, leur père commun (25 février). — Vente, moyennant 6,000 livres payables dans un an, après la passation des présentes, par maître Jean Chauvineau, procureur en la sénéchaussée et siège présidial d'Angoumois et élection d'Angoulême, à François Brun, praticien, et à Christine Saint-Amand, sa femme, demeurant à Angoulême, desdits état et office de procureur en ladite sénéchaussée d'Angoumois et élection d'Angoulême dont ledit Chauvineau est actuellement pourvu et paisible possesseur, avec tous les droits dans les greffes qu'il peut prétendre, et tous les dossiers et pièces qui peuvent être présentement entre les mains de messieurs les conseillers, rapporteurs et avocats (27 février). — Prise de possession de la cure de St-Jacques de Lhoumeau par François Gilbert, archiprêtre et curé de St-Jean d'Angoulême, bachelier en théologie, sur la résignation de ladite cure faite à son profit par Jean-Louis Thinon, prêtre, aussi bachelier en théologie, chanoine de la cathédrale d'Angoulême, curé de ladite paroisse de St-Jacques de Lhoumeau et prieur commendataire du prieuré simple de St-Jacques de La Terne, paroisse de St-Aignan de Luxé (28 février 1756).

E. 1766. (Liasse.) — 43 pièces, papier.

1756. — Caillaud, notaire royal à Angoulême. — Actes reçus par ce notaire, du 1er mars au 29 avril. — Transaction sur partage, entre Pierre Demay, maître chirurgien juré, pensionnaire du Roi, et demoiselle Anne David, sa femme, d'une part; Philippe Robert, meunier, et Marie David, sa femme, d'autre part (4 mars). — Inventaire des meubles dépendant de la succession de Marguerite Boissonnet, veuve de François Mesnard, sieur de Saint-Martin, décédée le 7 décembre précédent, dans la maison de Pierre Boilevin, maître ès arts, sise en la ville d'Angoulême, rue du Soleil, paroisse St-André, ledit inventaire fait à la requête du sieur Marginière,

prêtre, curé de Marthon, neveu de la défunte (5 mars).
— Constitution d'un titre clérical par Guillaume Létourneau, prêtre, curé de la paroisse de Vieux-Cérier, au profit de François Létourneau, son neveu, fils de Martin Létourneau, tailleur d'habits, et de défunte Suzanne Sure, sa femme, clerc minoré et élève au séminaire d'Angoulême (6 mars). — Constitution de 10 livres de rente par Pierre Dechilloux, avocat en la cour, juge sénéchal de Charmant, au profit de demoiselle Anne Courraud, fille majeure (7 mars). — Vente, moyennant 500 livres, par François Navarre, sieur de Brandonnière, avocat au Parlement et juge sénéchal de Sᵗ-Privat en Périgord, d'une petite maison sise à Angoulême, près la maison de ville, paroisse Sᵗ-André, sur la rue qui conduit de la halle de ladite ville au Minage, à main droite, et par un côté confrontant à une petite rue qui va du Minage à la halle du Pallet (14 mars). — Bail à ferme par Louis Rullier du Puy, prêtre, prieur de l'abbaye de Notre-Dame de Bournet et de Sᵗ-Chartier de Javarzay, à Charles Robert, cavalier de la maréchaussée de Poitou, de tous les revenus du prieuré de Javarzay (15 mars). — Testaments : de Marguerite Musseau, veuve de François Dubois, sieur de La Cour, ancien capitaine de cavalerie au régiment de Chabrillan, pensionnaire du Roi, demeurant à Angoulême, paroisse Sᵗ-André (18 mars) ; — de Marie Duchesne, veuve de Guy-François Filhon, marchand orfèvre, demeurant à Angoulême, rue de Genève (18 mars). — Bail à ferme par Pierre Perrier, procureur en la sénéchaussée d'Angoumois, des biens immeubles appartenant aux enfants mineurs de défunts Laurent Fougeron, procureur audit siège, et Marie Vivien, sa femme (25 avril 1756).

E. 1767. (Liasse.) — 73 pièces, papier.

1756. — Caillaud, notaire royal à Angoulême. — Actes reçus par ce notaire, du 1ᵉʳ mai au 30 juin. — Bail à loyer, pour trois années à compter du 17 mars précédent, et moyennant 26 livres l'une, par maître Guy de Villemandy, ancien procureur en la sénéchaussée et siège présidial d'Angoumois, demeurant à Angoulême, à Léonard Sire, garçon cordonnier, d'une chambre haute dans la maison habitée par le bailleur, rue des Trois-Notre-Dame, avec une écurie dépendant de ladite maison (3 may). — Cession d'une créance par Simon Mathé, notaire royal de la ville d'Angoulême, à Antoine Civadier, prêtre, curé de Sᵗ-Paul de ladite ville (4 mai). — Testament d'Andrée Bibaud, veuve d'Antoine Civadier, vivant procureur en la sénéchaussée d'Angoumois,

demeurant à Angoulême. paroisse Sᵗ-Paul (8 mai). — Résignation de la cure et archiprêtré de Sᵗ-Jean d'Angoulême, par François Gilbert, prêtre, archiprêtre de ladite église, mais en faveur de messire Jean-François Gilbert, prêtre du diocèse d'Angoulême, gradué en théologie, licencié en droit civil et canonique, chanoine semi-prébendé de la cathédrale, et non d'autre (8 mai). — Procès-verbal de l'état du logis et seigneurie de Goué, paroisse de Mansle, ce requérant messire Pierre Regnauld, chevalier de La Soudière, seigneur dudit Goué, pour l'avoir acquis, conjointement avec la dame Arnaud, sa femme, par acte de 16 février précédent, reçu Caillaud, de demoiselle Marguerite Thevet, veuve de Nicolas Resnier, greffier en chef de la maréchaussée d'Angoumois, et de ses enfants (10 mai). — Vente, moyennant 1,600 livres, par Élisabeth Duverdier, veuve de Pierre-Joseph Delâge, notaire royal et apostolique en Angoumois, à la résidense d'Angoulême, tant de son chef que comme tutrice de Michel Delâge, son fils, d'une part ; à Jean Mallat, praticien, d'autre part, demeurant les parties en la ville d'Angoulême, paroisse Sᵗ-André, savoir est dudit office de notaire royal et apostolique en Angoumois dont ledit défunt Delâge avait été pourvu par lettres royaux en date du 25 février 1723 et auquel il avait été reçu le 8 mars de la même année (20 mai). — Constitution de rente par dame Marguerite-Mélanie Nadaud, dame de Neuillac, Chenaumoine, Saint-Pardoulx et autres lieux, veuve d'Alexandre de Paris, vivant chevalier, seigneur du Courret, La Rochette, L'Épineuil et autres lieux, demeurant au logis de Neuillac, paroisse d'Asnières, d'une part ; au profit de monsieur maître André Arnaud, écuyer, seigneur de Ronsenac, juge magistrat en la sénéchaussée d'Angoumois, d'autre part (25 mai). — Quittance par Moïse Dumas, écuyer, seigneur de Chebrac, lieutenant particulier criminel au présidial d'Angoumois, à Charles de Beaumont, écuyer, seigneur des Chilliers (?),La Bristière et autres lieux, lieutenant des vaisseaux du Roi au port de Rochefort, et à dame Anne Gentil, sa femme, demeurant audit lieu de La Bristière, paroisse des Chilliers (ou Chillais), de la somme de 5,000 livres, d'une part, pour le remboursement d'une obligation de 2,000 livres autrefois consentie par dame Catherine de Beaumont de Gibaud, de son chef et comme fondée de procuration de Louis de Rochon, chevalier, seigneur de Puycherry, et pour l'amortissement d'une rente de 150 livres due par les mêmes sieur et dame de Puycherry (31 mai). — Bail à ferme, pour sept années et à raison de 210 livres l'une, par François Vallier, procureur en la sénéchaussée d'Angoumois, syndic et trésorier des pauvres de l'Hôtel-

Dieu-Notre-Dame-des-Anges de la ville d'Angoulême, à Cybard Lescallier, marchand, et à Rose Jeudy, sa femme, d'un jeu de paume, avec maison, jardin et écurie, appartenant auxdits pauvres et situé en la ville d'Angoulême, joignant d'un côté audit Hôtel-Dieu, d'autre côté et par derrière au jardin des PP. Cordeliers, et par devant à la rue qui va au couvent des PP. Minimes, à main droite (4 juin). — Inventaire des meubles et papiers dépendant de la succession de feu Jean Moreau, huissier au consulat de la ville d'Angoulême, ce requérant Charles Decrugy, huissier audiencier au présidial d'Angoumois, et Rose Moreau, sa femme (18 juin). — Cession d'une rente par Jean-Elie de Nesmond, prêtre, abbé de l'église séculière et collégiale de Blanzac, y demeurant, à Simon Joubert, avocat en la cour, demeurant à Angoulême (18 juin). — Vente, moyennant 2,500 livres en espèces, un habit complet en drap d'Elbœuf, prêt à mettre, et un castor de Paris, le tout estimé 120 livres, plus une couverte « cathelanne », de la valeur de 30 livres, par Philippe Naulin, bourgeois de la ville d'Angoulême, et Marguerite Hériard, sa femme, à Charles Decrugy, huissier, et à Rose Morean, sa femme, d'une maison audit Naulin appartenant, sise à Angoulême, paroisse St-André, confrontant par devant à la rue du Petit-Maure, à main gauche en allant de la halle du Palet sur les remparts, et par derrière à la rue desdits remparts (19 juin). — Transaction sur procès criminel, entre Honoré-André Latache, demandeur, et Jacques Courteau, marchand boucher, intimé (19 juin). — Marché entre Pierre-Charles de Ruffray, propriétaire de la forge de Rancogne, y demeurant, paroisse dudit lieu, d'une part ; et Jean Bloin, faisant tant pour lui que pour André et autre Jean Bloin, ses père et frère aîné, demeurant ensemble au village de Grosbot, paroisse de Saint-Genis, d'autre part, aux termes duquel ceux-ci s'engagent à conduire pour ledit seigneur de Ruffray, trente canons massifs, de sa dite forge de Rancogne à sa forerie du Gond, paroisse de St-Jacques de Lhoumeau, ledit transport devant s'effectuer sur des charriots appartenant audit de Ruffray, par les chevaux des entrepreneurs, et ce moyennant 1,800 livres, sur lesquelles ledit de Ruffray a présentement avancé 900 livres (23 juin). — Quittance par Martial Du Tillet de Beauvais, au nom et comme fondé de procuration de messire Jean-René de Choigny, écuyer, chevalier, seigneur de Chouppes, Borc, Le Porteau, Torsac et autres lieux, chevalier de St-Louis, et de dame Anne-Henriette de la Place, sa femme, fille et héritière de feu messire Jacques-Charles de la Place, seigneur de Torsac et donataire de messire Charles-Alexandre-Gabriel de la Place, exempt des Gardes du corps du Roi, cousin

germain de ladite dame, d'une part ; à Jean Faunié, sieur du Plessis, d'autre part, de la somme de 1,112 livres 8 sols représentant partie des arrérages des prises du village de La Chapuze et du Maine-de-Lif, en principal et intérêts (25 juin). — Acte en forme de compte entre demoiselle Philippe Gignac, veuve d'Antoine Geoffroy, vivant sieur de La Thibaudière, comme tutrice de ses enfants mineurs, demeurant au village de Marteau, paroisse de Saint-Saturnin, d'une part ; et André Raboteau, laboureur à bras, d'autre part (27 juin). — Dépôt du testament du sieur Cazier, curé de Saint-Constant, ledit testament en date du 20 juin 1750 et en forme olographe (12 juin 1756).

E. 1768. (Liasse.) — 82 pièces, papier.

1756. — Caillaud, notaire royal à Angoulême. — Actes reçus par ce notaire du 2 juillet au 31 août. — Inventaire des meubles, effets et papiers dépendant de la succession de demoiselle Andrée Bibaud, veuve de monsieur Civadier (2 et 3 juillet). — Transaction et partage entre Jean Thevet, sieur de Lessert, avocat en la cour, fondé de procuration de dame Jacquette Pigornet, veuve d'André Thevet, vivant sieur de La Combedieu, sa mère, d'une part ; et Jean Hériard, sieur de La Ronde, tant en son chef que comme mandataire de Jean-François Hériard, sieur de Préfontaine, juge sénéchal de la baronnie de Montignac-Charente, comme légal administrateur de Rose Hériard, sa fille mineure, et faisant encore pour Joseph Hériard, sieur de La Mirande, capitaine aide-major au régiment de Normandie, pour Bernard Hériard, sieur du Breuil, et Marguerite Hériard, frère et sœur dudit de La Mirande, d'autre part, au sujet de la succession de demoiselle Rose Jolly, fille majeure (9 juillet). — Ratification par Marguerite Hériard, femme de Philippe Naulin, bourgeois, de la vente consentie par ledit Naulin à Charles Decrugy, huissier audiencier au présidial d'Angoumois, et à Rose Moreau, sa femme, demeurant à Angoulême, paroisse St-André, d'une maison avec écurie, sise en ladite paroisse et appartenant audit Naulin de son chef (11 juillet). — Reconnaissance rendue à Jean David, sieur de Boismorand, procureur au présidial d'Angoumois, représentant le défunt sieur de Boismorand, son père, acquéreur de domaine du Roi, d'une part ; par Marie Roullet, fille majeure, et Anne Roullet, veuve de Jacques Voyer, praticien, demeurant au Pontouvre, d'autre part, pour deux journaux de terre sis près le village de Chez-Rentier, paroisse St-Martial d'Angoulême (12 juillet). — Titre nouvel donné par dame Anne-Thérèse de Veillard, veuve de Louis de Galard de Béarn, chevalier, seigneur du Pouyaud, et non commune en biens avec lui, par Louis-Pierre de Galard de Béarn, chevalier, seigneur du Pouyaud, par Jean de Galard de Béarn, chevalier du Pouyaud, et par demoiselles Pélagie et Marie-Marguerite de Galard de Béarn, tous majeurs, les derniers représentés par ladite dame de Galard, leur mère, celle-ci faisant aussi pour demoiselle Catherine-Antoinette de Galard, sa fille mineure, demeurant tous au château du Pouyaud, paroisse de Dirac, d'une part; à Antoine de Crès, chevalier, seigneur d'Angle, Blanzay et autres lieux, gendarme de la garde du Roi, chevalier de St-Louis, demeurant en son château de Vervant, paroisse dudit lieu, d'autre part, pour raison de deux rentes constituées au profit de ce dernier par ledit feu de Galard et la dame de Veillard, sa femme, suivant contrats des 20 janvier et 23 août 1720, reçus Desescures, Marchand et Sellier, notaires (22 juillet). — Reconnaissance rendue à Jean Normand, chevalier, seigneur de La Tranchade, Sainte-Catherine et Garat, par André Cirbiot, maître chirurgien, demeurant au bourg de Dirac, pour une maison sise audit bourg (23 juillet). — Vente, moyennant 50 livres, par sieur Philippe Thouard, cuisinier de monsieur de Chenon, demeurant au château de Domezac, paroisse de Saint-Gourson en Angoumois, à Nicolas Lhoumeau, bourgeois, demeurant au village d'Argence, paroisse de Champniers, d'un journal et demi de vieille vigne, en partie détruite, sis au plantier des Moussettes, paroisse dudit Champniers, et relevant de monsieur le président Arnauld, seigneur dudit lieu, au devoir d'un dixième des fruits (24 juillet). — Cession par sieur Emmanuel Sazerac, conseiller du Roi, receveur de la maîtrise particulière des eaux et forêts d'Angoumois et juge en charge en la juridiction consulaire d'Angoulême, à Jean Brun fils, bourgeois, négociant et ancien consul en ladite juridiction, savoir est du bail judiciaire du moulin à papier de Bresmon, autrement dit de Montbron, appartenant à la fille mineure de feu Henri Rambaud, vivant écuyer, seigneur de Bourg-Charente, et prorogation dudit bail en faveur dudit Brun, par Jean-Louis Rambaud, écuyer, seigneur de Mailhou, Saint-Saturnin, Torsac et autres lieux, tuteur de ladite demoiselle Rambaud de Bourg-Charente, sa nièce (28 juillet). — Constitution de 90 livres de rente par Charles-Jean Respingez, sieur du Pontil, ancien avocat aux conseils du Roi, demeurant à Angoulême, faubourg de La Bussatte, au profit de Jacques Goubert, ancien officier de la marine, chevalier de St-Louis, demeurant à Paris, rue St-Jean-de-Beauvais, paroisse St-Etienne-du-Mont, François de Lessat, avocat au pré-sidial d'Angoumois, stipulant et acceptant pour lui (31 juillet). — Prise de possession de la cure et archiprêtré de St-Jean d'Angoulême, par Jean-François Gilbert, chanoine semi-prébendé, sur la résignation faite en sa faveur par François Gilbert, prêtre, curé de St-Jacques de Lhoumeau, dernier possesseur dudit archiprêtré (2 août). — Constitution de 50 livres de rente par Marie-Julie de Vassoigne, veuve de François de St-Hermine, chevalier, seigneur de St-Hermine, ancien capitaine de vaisseau, chevalier de St-Louis, demeurant à Angoulême, au profit de dame Marie-Thérèse Du Lau, supérieure des dames hospitalières de l'Hôtel-Dieu de ladite ville (11 août). — Bail à ferme, pour neuf années et à raison de 460 livres l'une, par Jacques-Pierre Salomon, chevalier, seigneur de Bourg-Charente et autres lieux, conseiller du Roi, président trésorier de France au bureau des finances de la généralité de Limoges, demeurant en son château de Bourg-Charente, paroisse dudit lieu, d'une part; à Michel Favret du Pommeau, directeur des aides de l'élection d'Angoulême, stipulant et acceptant au nom de monsieur Pierre Henriet, adjudicataire des fermes générales du Roi, d'autre part, savoir est d'une maison sise à Angoulême, place du Mûrier, paroisse de La Paine, ci-devant occupée par feu monsieur de Roffignac, et depuis par sa veuve (12 août). — Acte capitulaire et délibération de la majeure partie des habitants d'Hiersac, réunis pour se prononcer sur la commodité ou l'incommodité qui pourrait résulter de l'établissement d'un banc dans l'église dudit lieu, par monsieur Junien Maulde, sieur de La Clavière; sur quoi lesdits habitants déclarent qu'il n'y a jamais eu de banc dans l'église d'Hiersac et qu'il ne peut y en avoir, concluant à la résiliation pure et simple du marché passé avec ledit sieur de La Clavière pour la concession dudit banc (22 août). — Vente, moyennant 450 livres, par Louis-Guillaume Rullier, notaire royal pour la réserve de la ville de Châteauneuf, fils, héritier et biens tenant de feu Jean Rullier, aussi notaire royal pour la réserve du bourg et paroisse de Ladiville, d'une part; à Jean Mallet, praticien, demeurant au village de Villars-Marange, paroisse de Mérignac en Angoumois, d'autre part, savoir est dudit office de notaire royal pour le bourg et paroisse de Ladiville, avec toutes les minutes des actes reçus tant par ledit Rullier père que par Jean Nouveau, son prédécesseur (23 août). — Bail à ferme, pour trois années, à raison de 460 livres l'une, par Marc-René, marquis de Montalembert, chevalier, seigneur de Maumont et autres lieux, lieutenant général de Saintonge et Angoumois, associé libre de l'académie des sciences, demeurant en son hôtel, rue des Bons-Enfants, à Paris, d'une part; à

Jacques David, poissonnier, demeurant au village du Pontouvre, d'autre part, savoir est du droit de pêcher dans toutes les eaux qui appartiennent audit seigneur marquis de Montalembert, dans la rivière de Touvre, tout ainsi que ledit seigneur les a acquises du marquis de Neuvic et de la dame Paute, sa femme (24 août). — Bail à ferme, pour sept années, à raison de 60 livres et deux paires de poulets pour chacune desdites années, par dame Anne de Pérusse des Cars, abbesse de St-Ausone d'Angoulême, à François Marchesson, voiturier, de la grande herbe à récolter dans deux îles contiguës, situées dans la rivière de Charente, paroisse de Marsat, appelées l'une l'île du Pible (peuplier), l'autre l'île de La Thibaudière, et confinant à l'île de Chaussebrit (25 août). — Bail à ferme par sieur Denis Aubin, marchand, demeurant à La Grange-à-l'Abbé, paroisse de Saint-Yrieix hors les murs d'Angoulême, d'une maison sise au faubourg St-Cybard de ladite ville, au-dessus des ponts, et faisant face à l'abbaye dudit St-Cybard, la rivière de Charente entre deux (31 août 1756).

E. 1769. (Liasse.) — 67 pièces, papier.

1756. — Caillaud, notaire royal à Angoulême. — Actes reçus par ce notaire, du 1er septembre au 31 octobre. — Reconnaissance de rente donnée par Guillaume Annequin, et Catherine de Lamartinière, sa femme, demeurant à Angoulême, paroisse Notre-Dame-de-la-Paine, faisant tant pour eux que pour messire Marc-Antoine de Lamartinière, prêtre, leur frère et beau-frère, précédemment curé de Vitrac, à présent curé de Courserat, tous héritiers de défunts Philippe de Lamartinière, marchand, et de Marie Jouannet, leurs père et mère, d'une part ; à Pierre Mounié, maître ès arts, et à Marguerite Bournaud, sa femme (1er septembre). — Procès-verbal de visite du moulin à papier de Poullet, sis sur la rivière de Charrau, paroisse et juridiction de La Couronne, ce requérant Jean-Arnaud Gilbert, maître apothicaire, l'un des pairs de la maison commune d'Angoulême, faisant pour Rémi Gilbert, pair dudit corps de ville et ancien juge en la juridiction consulaire de ladite ville (3 septembre). — Confirmation par Jean Seguin, prêtre, curé de St-Pierre-ès-Liens de Linars, et les fabriciens de ladite église, en faveur de Renard Cambois, sieur de Chenezac, du droit de banc et sépulture dans ladite église, concédé suivant contrat du 16 mars 1615, reçu Gibaud, notaire royal, par Etienne Maquelilan, lors curé de Linars, à Jean Loizeau, sieur du Colombier, lequel droit aurait été transporté, par acte du 21 juillet 1644, à Philippe Robuste, sieur de Cheneuzac, et à ses successeurs, et par eux cédé audit Cambois ; lesdits banc et sépulture sis en la chapelle de St-Georges de ladite église (7 septembre). — Acte en forme de règlement, portant cession par Jacques Bernard, chevalier, seigneur de Luchet, de son chef et en qualité de fils aîné et principal héritier de dame Marie Villain, faisant encore pour damé Anne Villain, sa tante, demeurant au lieu noble du Luchet, paroisse de Criteuil, et agissant conjointement avec Jean Chemineau, ci-devant procureur en la sénéchaussée d'Angoumois, mandataire de François-Benoît De Vismer, bourgeois de Paris, lui-même fondé de procuration des demoiselles Anne-Charlotte et Judith-Éléonore Villain, d'une part ; à dame Marie-Marguerite Thenault, femme de messire Jean-Charles Terrasson, chevalier, seigneur de Verneuil, qui l'autorise à l'effet des présentes, demeurant à Angoulême, d'autre part, savoir est de la somme de 618 livres 8 sous, d'une part, pour les portions revenant audit seigneur de Luchet et auxdites demoiselles Villain, dans les successions de demoiselles Anne et Judith Villain, quant à la somme de 762 livres 8 sols de capital, restante de plus grande somme due auxdites défuntes demoiselles Villain par messire Achille Terrasson, écuyer, seigneur de Verneuil, et la dame Lambert, sa femme, en vertu d'un jugement rendu contre eux en la sénéchaussée d'Angoumois, le 14 mars 1704, déclaré exécutoire François de Giboust, seigneur de Chastellux, et la dame Terrasson, sa femme, et contre ledit seigneur de Verneuil, par autre jugement de la même cour, du 30 juin 1724 (12 septembre). — Sommation et protestation par Pierre Delafont, procureur au présidial d'Angoumois, faisant au nom de Paul, chevalier de Montalembert, agissant lui-même au nom de Marc-René de Montalembert, chevalier, seigneur de Maumont et autres lieux, d'une part ; à l'encontre du sieur Mittaud, directeur du bureau des messageries de la ville d'Angoulême établi au faubourg Lhoumeau de ladite ville, d'autre part, à l'occasion de l'envoi d'un sac de papiers et d'un louis d'or de 24 livres, le tout affranchi de port, que ledit Delafont avait fait à maître Thibaud, procureur au bureau des finances de l'intendance de Bordeaux, pour un procès pendant devant l'intendant de ladite généralité, entre ledit marquis de Montalembert et le sieur Pottier de La Borderie, lequel sac n'était pas parvenu à sa destination, pourquoi ledit Delafont requiert ledit Mittaud de lui représenter son registre et ses feuilles de charge et décharge, ce que celui déclare ne pouvoir faire, attendu que le registre en cours au moment de l'expédition étant fini, il l'a envoyé au bureau de Paris ; laquelle réponse ledit Delafont, au nom dudit marquis de

Montalembert, prend pour refus et proteste de se pourvoir comme de droit (12 septembre). — Arrentement par Pierre Sarlandie, écuyer, conseiller du Roi, maître particulier des eaux et forêts d'Angoumois, comme légal administrateur de Pierre Sarlandie, écuyer, son fils, héritier de défunte dame Marie Bobot, sa mère, à Nicolas Ruettard, menuisier, d'une maison sise à Angoulême, rue Froide, paroisse St-André (17 septembre). — Vente, moyennant 3,500 livres, par Pierre Corrion, négociant, et Marie Gaborit, sa femme, demeurant au faubourg St-Jacques de Lhoumeau, à Marc Dupain, maître boulanger, d'une maison sise à Angoulême, paroisse St-André, confrontant par devant à la rue qui conduit de la halle du Pallet à la rue des Trois-Notre-Dame, et par derrière à la maison du sieur de Villemandy, ancien procureur, et de la dame Saoul, sa femme (19 septembre). — Inventaire des meubles, effets, titres et papiers dépendant des successions de défunts Philippe Aultier, sieur du Chalard, conseiller du Roi, juge magistrat honoraire en la sénéchaussée d'Angoumois, et dame Marguerite-Esther Allenet, sa femme, ce requérant Joachin de Rocquard, chevalier, seigneur des Dauges, Pressac et autres lieux, comme légal administrateur des enfants mineurs de lui et de défunte dame Anne Aultier, sa femme, et Pierre-Aignan de Chalup, chevalier, seigneur du Granger, Le Bast et autres lieux, tant pour lui que pour dame Jeanne Aultier, sa femme, demeurant au logis noble du Granger, paroisse de « Mainsignac » en Périgord. A remarquer audit inventaire : deux tableaux, l'un moyen, représentant sainte Marguerite, l'autre petit, représentant saint Philippe, estimés 6 livres ; — sept pents de tapisserie à histoires, tirant treize aunes, usés, pourris et percés en plusieurs endroits, estimés 190 livres ; — une écuelle à bouillon avec son couvercle, deux cuillers à ragout, six cuillers et six fourchettes, une autre cuiller, deux petites cuillers à poivre et à sel, et un bougeoir, le tout en argent, pesant huit marcs et deux onces, à 48 livres le marc, montant à 396 livres ; — une épée à poignée et garde d'argent, estimée 50 livres ; — une sentence du présidial d'Angoumois, du 31 août 1697, adjugeant à Jean Aultier, avocat au Parlement, père du seigneur du Chalard, pour la somme de 3,510 livres, le lieu et métairie du Chalard, paroisse de Grassac, saisi à la poursuite de Louis Dusqué (?), sieur de La Salle, sur la tête de dame Susanne Barbarin, veuve de Jérôme de St-Laurent, seigneur dudit lieu du Chalard ; — la grosse en parchemin du contrat de mariage dudit sieur Aultier du Chalard avec la dame Allenet, en date du 27 octobre 1711, reçu Petit, notaire royal ; — une expédition en forme du contrat de mariage de Joachin de Rocquard,

chevalier, seigneur de Pressac, les Dauges et autres lieux, avec Anne Aultier, en date du 9 mai 1746, reçu Petit, notaire royal ; — le contrat de mariage des seigneur et dame de Chalup, en date du 14 mars 1749, reçu Filhon, notaire royal (25 septembre et jours suivants). — Arrentement par Antoine Dumas, sieur de Boisredon, capitaine des chasses de la baronnie de Champagne-Mouton et sous-commissaire du haras de l'élection, demeurant au bourg dudit Champagne-Mouton, tant pour lui que pour dame Anne-Gabrielle de Garoste, sa femme, d'une part ; à Louis Régeon, boulanger et marchand de bois, demeurant audit bourg, d'autre part, d'une maison sise au même lieu et d'une pièce de terre sur le chemin qui va dudit bourg à Biarge (25 septembre). — Bail à loyer, pour sept années et à raison de 55 livres l'une, par Jean Segnineau, procureur au présidial d'Angoumois et agissant en qualité de syndic des pauvres de l'hôpital général d'Angoulême, ceux-ci donataires de feu Jean-Baptiste Godard, en son vivant procureur audit siège, d'une part ; à François Sallée, huissier audiencier à la police de la ville d'Angoulême, d'autre part, savoir est d'une maison sise en ladite ville, rue des Cordonniers, paroisse Notre-Dame de Beaulieu, et dépendant de l'hérédité dudit Godard (26 septembre). — Donation pure et simple, entre vifs, à charge d'une pension alimentaire, par demoiselle Marie Lacaton, fille majeure, à Christophe Joubert, écuyer, conseiller du Roi et son procureur en l'élection d'Angoulême, de la tierce partie d'une maison appartenant à la donatrice et située en ladite ville, faubourg St-Pierre, paroisse St-Ausone, ouvrant sur la grande rue qui va de la porte St-Pierre à la garenne du Roi (27 septembre). — Vente par Charles-Jean Respingez du Pontil, avocat au Parlement, ancien avocat aux conseils du Roi et ancien contrôleur général des trésoriers des troupes de Sa Majesté, comme héritier de feu Jean Respingez du Pontil, son père, d'une part ; à Mathieu du Tillet de Beauvais, juge sénéchal de la châtellenie de Voulgézac et de Torsac, d'autre part, demeurant les parties en la ville d'Angoulême, de tous les biens appartenant au vendeur dans la paroisse de Torsac ; ladite vente faite à la charge par l'acquéreur de payer annuellement à César Dexmier, seigneur de Chenon la somme de 85 livres de rente seconde (27 septembre). — Constitution de 50 livres de rente par René de Vassoigne, chevalier, seigneur de La Bréchenie, et dame Marie-Julie de Galard de Bearn, sa femme, conjointement avec dame Marie-Julie de Vassoigne, veuve de Hélie-François de St-Hermine, vivant chevalier, seigneur de St-Hermine, chef d'escadre des armées navales, autre dame Marie-Julie de Vassoigne, veuve de François de St-Hermine, seigneur dudit St-Hermine, capitaine des vaisseaux du Roi, demeurant lesdites dames en la ville d'Angoulême, et Hélie-François de Vassoigne, capitaine au régiment de la Sarre-infanterie, demeurant ordinairement à la suite dudit régiment, d'une part; au profit de maître François Vallier, procureur en la sénéchaussée d'Angoumois, d'autre part (1er octobre). — Constitution de 350 livres de rente par Arnaud Souc de Plancher, écuyer, seigneur de La Garrelie, La Rousselière et autres lieux, demeurant au château de La Rousselière, paroisse de Beaussac en Périgord, faisant tant pour lui que pour dame Madeleine Chérade de La Garrelie, sa femme mineure, d'une part; au profit de dame Marie de Guez, veuve de messire François de Bardonnin, chevalier, seigneur comte de Sansac, Cellefrouin, Beaulieu, Ventouse et autres places, et de demoiselle Henriette de Guez, dame de Puydeneuville, fille majeure, sœur de ladite dame de Sansac, demeurant à Angoulême, d'autre part (5 octobre). — Transport par dame Marguerite Chérade, femme non commune en biens de messire Jean-Hélie Des Ruaux, chevalier, seigneur comte de Roufflac, brigadier des armées du Roi, de lui suffisamment autorisée pour l'administration de ses biens, par le contrat de mariage en date du 18 octobre 1750, reçu Deroullède, notaire royal, demeurant à Angoulême, paroisse St-André, d'une part; à Moïse Dumas, écuyer, conseiller du Roi, assesseur civil et lieutenant particulier criminel en la sénéchaussée et siège présidial d'Angoumois, demeurant aussi à Angoulême, d'autre part, d'une créance de 5,600 livres en principal, sur Arnaud Souc de Plancher, écuyer, seigneur de La Garrelie, La Rousselière, La Rochette et autres lieux (9 octobre). — Vente, moyennant 110 livres, par Léonard Chastel, écuyer, sieur de La Berthe, capitaine d'infanterie au régiment de Conti, ordinairement à la suite dudit régiment, de présent en son logis des Montagnes, paroisse de Champniers, près Angoulême, et demoiselle Catherine de Chastel de La Berthe, sa sœur, demeurant pareillement au logis des Montagnes, faisant tant pour eux que pour Louis Chastel, écuyer, garde du corps du Roi, capitaine de cavalerie, leur frère commun, d'une part; à Girard Seguin, meunier, demeurant au village de Chalonne, paroisse de St-Jacques de Lhoumeau, d'autre part, d'une grange sise audit village, sur le grand chemin d'Angoulême à Montignac (18 octobre). — Dépôt entre les mains de Caillaud, notaire à Angoulême, de l'original d'une procuration spéciale donnée par messire Jacques Pecquet, prêtre du diocèse de Paris, licencié en la faculté de théologie, abbé commendataire de l'abbaye royale de Nanteuil-en-Vallée, prieur seigneur curé primitif de la ville franchise de Souvigny, demeurant au

bourg de Précy-sur-Oise, châtellenie de Creil, bailliage de Beaumont, d'une part; à Dom Pindray, prieur, religieux de ladite abbaye de Nanteuil, et prieur curé de St-Hilaire de Voulême, d'autre part (28 octobre 1756).

E. 1770. (Liasse.) — 61 pièces, papier

1756. — Caillaud, notaire royal à Angoulême. — Actes reçus par ce notaire, du 1er novembre au 30 décembre. — Bail à moitié des fruits et pour quatre années, par Jean Maulde, sieur de Mouignac, fondé de procuration de Pierre Maulde, sieur des Touches, son frère mineur émancipé par justice, de la métairie de La Tillade, paroisse de La Couronne, dépendant de la seigneurie de L'Oisellerie (1er novembre). — Cession par messire Marc Barbot de La Trésorière, écuyer, seigneur de Peudry et autres lieux, ancien conseiller du Roi, juge-prévôt royal de la ville et châtellenie d'Angoulême, à Roch Benoît du Châtelard, de toutes les sommes dues audit sieur de La Trésorière par ledit Benoît, comme héritier de demoiselle Barbe Chenevière, sa tante (3 novembre). — Cautionnement de Michel-Philibert Thorel, pour un emploi dans les aides, au département de La Rochefoucauld, direction d'Angoulême, généralité de Limoges, par Charles-Pierre Ruffray, seigneur de Lhoumeau-sous-Angoulême, demeurant à la forge de Rancogne, envers Pierre Henriet, bourgeois de Paris, adjudicataire général, pour six années, des fermes unies comprenant le privilège de la vente du tabac, les grandes et petites gabelles, les domaines et gabelles de Franche-Comté et des Trois-Évêchés, les cinq grosses fermes, les aides des parchemins et papiers timbrés dans les pays où ces aides ont cours, les droits sur les huiles et savons et autres droits y joints (6 novembre). — Procès-verbal d'arpentement, ce requérant Martin Landreau, tisserand, demeurant au lieu de La Loire, paroisse Saint-Martial d'Angoulême, d'une pièce de vigne sise au lieu appelé Les Grandes-Chaumes de Crage, paroisse de Puymoyen, franchise d'Angoulême (13 novembre). — Procuration par Jacques Gontier, maître à danser, demeurant au faubourg St-Jacques de Lhoumeau, à Pierre Brun l'aîné, procureur au présidial d'Angoumois (16 novembre). — Vente par Jacques David, maître-chirurgien, et Catherine de Soumagne, sa femme, demeurant au Reclaud, paroisse de Sers, à Jean Guillebaud, cloutier, demeurant au village du Coussadeau, même paroisse, de tous les bâtiments et biens fonds appartenant au vendeur, de son propre chef, au village de Chez-Bibaud et environs, dans ladite paroisse de Sers (19 novembre). — Cession d'une rente par dame Marguerite-Mélanie Nadaud, dame des seigneuries de Neuillac, Cheneaumoine et Saint-Pardoux, veuve d'Alexandre de Paris, vivant chevalier, seigneur du Courret, La Rochette, L'Épineuil et autres lieux, demeurant au logis noble de Neuillac, paroisse d'Asnières, d'une part ; à Gabriel-Antoine David, prêtre, curé dudit Asnières, d'autre part (29 novembre). — Vente par Jean Delabatud, soldat invalide, natif de Salles, châtellenie de La Vallette, de présent en garnison au château d'Angoulême, et Marie Vergnaud, sa femme, à Marie Binaud, fille majeure, d'une maison sise à Angoulême, près le canton St-Paul, et précédemment acquise par les vendeurs de François Thoumassin, marchand, et de Marie Mounié, sa femme (1er décembre). — Cession et délégation par Georges Ardant, seigneur de Majambost, demeurant à Limoges, faubourg de la Boucherie, paroisse St-Maurice, sous-fermier du droit de marque et contrôle sur tous les objets et ouvrages d'or, d'argent et de vermeil qui se fabriquent par les orfèvres dans l'étendue de la généralité de Limoges, en vertu du bail de sous-ferme à lui consenti par monsieur Éloy Brichard, fermier desdits droits de marque dans tout le royaume, d'une part ; et Jean Filhon, marchand orfèvre de la ville d'Angoulême, d'autre part, du pouvoir d'exercer lesdits droits dans les villes de La Rochefoucauld et de Ruffec, en percevoir les émoluments, en tenir registre, dresser tous procès-verbaux et exercer toutes poursuites devant l'élection d'Angoulême, à l'encontre des contrevenants (1er décembre). — Reconnaissance donnée à l'abbaye de St-Ausone d'Angoulême par Noël-Bertrand de la Laurencie, chevalier, seigneur de Charras, marquis de Neuvic et autres places, lieutenant des maréchaux de France dans la province d'Angoumois, tant de son chef que comme exerçant les droits de Marie Paulte, sa femme, fille et héritière de défunt Jean Paulte, en son vivant écuyer, seigneur des Riffaux, maître particulier des eaux et forêts d'Angoumois (4 décembre). — Transaction portant règlement entre Joachin de Rocquard, chevalier, seigneur de Pressac, Les Dauges et autres lieux, faisant tant de son chef que comme légal administrateur des enfants mineurs de lui et de défunte dame Anne Aultier, sa femme, demeurant au lieu noble des Dauges, paroisse de Chassenon, d'une part ; et Pierre-Aignan de Chalup, chevalier, seigneur du Bort et du Granger, chevalier de St-Louis, faisant aussi tant en son nom que pour dame Jeanne Aultier, sa femme, demeurant au logis noble du Granger, paroisse de Messignac, d'autre part, au sujet du partage de la succession de défunte dame Marguerite Allenet, décédée, veuve de défunt sieur Aultier du Chalard, vivant conseiller du Roi en la sénéchaussée d'Angoumois, par laquelle transaction il appert que ledit sieur Aultier du Chalard, aujourd'hui décédé, aurait, par contract du 27 octobre 1711, contracté mariage avec dame Marguerite Allenet à laquelle il fut constitué en dot une somme de 23,000 livres ; que de ce mariage sont issues lesdites demoiselles Anne et Jeanne Aultier, mariées, la première, audit Joachin de Rocquard, par contrat du 9 mai 1740, portant constitution à son profit de 18,000 livres de dot en avancement d'hoirie, et ladite demoiselle Jeanne avec ledit seigneur de Chalup, par contrat du 14 mars 1749, portant pareillement une constitution dotale de 18,000 livres ; que ladite dame de Rocquard serait décédée le 18 mars 1754 laissant cinq enfants, et que ledit sieur du Chalard serait décédé au mois de mars de la présente année, ayant testé, le 19 décembre 1755, en faveur de Philippe de Rocquard, fils de Joachin, son petit-fils ; que ladite dame Allenet, veuve dudit sieur Aultier du Chalard, serait elle-même décédée au mois d'août dernier, ayant testé, le 10 décembre 1755, en faveur dudit Philippe de Rocquard, son petit-fils, et demoiselle Marguerite-Esther de Rocquard, sa petite-fille ; après le décès de laquelle dame Allenet il aurait été fait inventaire des meubles et effets dépendant de sa communauté ; lesquels testaments ayant été contrôlés, ledit sieur de Rocquard, en qualité de légal administrateur de ses enfants mineurs, était sur le point d'actionner les sieur et dame de Chalup pour les voir venir à partage, lorsqu'est intervenue la présente transaction (16 décembre). — Procès-verbal à la requête de Michel Favret du Pommeau, directeur des aides de l'élection d'Angoulême, de la maison qu'il avait affermée, pour le compte de Pierre Henriet, adjudicataire général des fermes du Roi, de Jacques Salomon, chevalier, seigneur de Bourg-Charente, Crésié et autres lieux, conseiller président trésorier de France au bureau des finances de la généralité de Limoges (30 décembre 1756).

E. 1771. (Liasse.) — 46 pièces, papier.

1757. — Caillaud, notaire royal à Angoulême. — Actes reçus par ce notaire, du 4 janvier au 28 février. — Contrat de mariage entre François Joubert, marchand, fils de Jean Joubert, aussi marchand, et de demoiselle Marie Touret, demeurant à Angoulême, paroisse Saint-André, d'une part ; et demoiselle Marie Deleschelle, fille de François Deleschelle, notaire royal à Marcillac, et de demoiselle Jeanne Lhoumeau, sa femme, demeurant au bourg dudit Marcillac, d'autre part (4 janvier). — Location, pour un an et moyennant 92 livres, par Jacques Nadaud, marchand poêlier de la ville d'Angoulême, à Pierre de Savigny, demeurant de présent en ladite ville, d'un ameublement consistant en un lit garni, presque neuf, d'une valeur de 300 livres, un grand miroir avec son cadre et chapiteau dorés, la glace ayant 28 pouces sur 23, estimée 80 livres, quatre tentures de tapisserie de Bergame, estimées 60 livres, deux linceuls de brin de chanvre, quatre fauteuils de paille, pouvant valoir ensem- 12 livres, et une petite table de peuplier, avec son tapis d'Aubusson, évaluée à 5 livres (5 janvier). — Vente, moyennant 24,000 livres, par Louis Garnier, écuyer, seigneur de Ferfan, dame Madeleine Birot des Bournis, sa femme, et demoiselle Anne Birot des Bournis, leur belle-sœur et sœur, demeurant au logis noble des Bournis, paroisse de Garat, d'une part; à Jean-Noël Arnauld, chevalier, seigneur de Chesnes, Bouex, Mayré, enclave de Garat et autres lieux, et à dame Thérèse-Victoire Pulleu, sa femme, demeurant en leur château de Bouex, paroisse dudit lieu, d'autre part, savoir est du lieu et fief des Bournis, consistant en maison, granges et autres bâtiments, cours, jardins, métairies, borderies, prés, bois, vignes, terres, pressoirs, chaudières à eau-de-vie, instruments aratoires, cens et rentes, à la charge par l'acquéreur de payer à monsieur Limousin d'Hauteville, conseiller au présidial d'Angoumois, la somme de 1,000 livres à la décharge des dame et demoiselle Birot, en qualité d'héritières de feu Jean Birot, écuyer, leur père (20 janvier). — Reconnaissance des meubles que Jean Maygrier, prêtre, curé de St-Maurice de Mainzac, a acquis de la succession de feu sieur Rezé, curé dudit Mainzac, sous le nom de François Beausoleil, prêtre, curé de Feuillade (25 janvier). — Abonnement pour une année, moyennant 50 livres, par Michel Favret du Pommeau, seigneur de La Breuillerie et de Rochecoral, directeur des aides de l'élection d'Angoulême, faisant pour Pierre Henriet, bourgeois de Paris, adjudicataire, pour six ans, des fermes unies du royaume, d'une part; à demoiselle Thérèse Marchais, veuve Renaudos, et à Françoise Dubutel, veuve Babin, d'autre part, de la faculté de vendre vin en détail à la buvette du Palais royal d'Angoulême, jusqu'à concurrence de dix barriques par an et non davantage (26 janvier). — Bail à loyer, par Clément Pitre, notaire royal, demeurant à Angoulême, à Marc Poitevin, marchand vitrier, et à demoiselle Jeanne Touzeau, sa femme, d'une chambre basse avec cabinet, dans une maison appartenant au bailleur, près la rue du Chat, et dans laquelle il fait sa demeure (30 janvier). — Testament de Jacques Trotier Desaunier, de la compagnie de Jésus, demeurant actuellement au collège des

P. P. Jésuites d'Angoulême, fils de messire Pierre Trotier Desaunier, écuyer, conseiller secrétaire du Roi, maison, couronne de France, demeurant en la ville de Bordeaux, rue Ste-Catherine, paroisse St-Maixent, et de défunte dame Marguerite Chéron, sa femme, par lequel ledit testateur, disposant des biens à lui échus par le décès de ladite dame Chéron, sa mère, lègue à demoiselles Joseph (sic) et Madeleine Trotier Desaunier, ses sœurs, et à chacune d'elles, la somme de 1,500 livres en toute propriété et pour tout ce qu'elles ont à prétendre de lui, attribuant le surplus de sesdits biens à messire Pierre Trotier Desaunier, écuyer, son frère, actuellement absent aux îles du Canada, pour en jouir par les donataires après la mort de leur père et non auparavant, et sous la réserve au profit dudit testateur, d'une pension annuelle de 150 livres qui lui sera payée, sa vie durant, par ledit Pierre Trotier, son frère, dans les endroits où il se trouvera (29 janvier). — Consentement donné par messire François de Viaud, chevalier, seigneur de La Charbonnière, y demeurant, paroisse de Chazelles, fondé de procuration de dame Gabrielle de Viaud, veuve de Philippe-Auguste de Mastin, vivant chevalier, seigneur d'Aignes et autres lieux, à ce que monsieur de Cosson, receveur des tailles de l'élection d'Angoulême, paye à Pierre-Philippe de Mergé, écuyer, seigneur de Rochepine, tant en son nom que comme tuteur de Jean-Charles, Pierre et autre Jean-Charles de Mergé, ses frères mineurs, seuls héritiers de la dame Madeleine de Montalembert et de Jean-Élie de Mergé, leurs père et mère, les arrérages échus d'une rente de 90 livres, créée en août 1720 et employée en l'état du Roi de 1754, sous le nom dudit Jean-Élie de Mergé, laquelle rente avait été saisie entre les mains dudit Cosson, à la requête de ladite dame de Mastin, créancière desdits de Mergé (30 janvier). — Démission par Pierre Maulde, sieur de Valence, entre les mains des maire et échevins de la ville d'Angoulême, de la charge de pair et conseiller de la maison de ladite ville, qu'il avait exercée pendant de longues années et dont il se trouve actuellement dans l'impossibilité de remplir les devoirs, en raison de la goutte dont il est atteint (6 février). — Présentation au Roi et à messieurs les chancelier et garde des sceaux de France, par Marie-Madeleine Arnaud, veuve de François Rivaud, conseiller du Roi et substitut de son procureur en la sénéchaussée d'Angoumois, Jean-Louis Rivaud, avocat à la cour, Pierre Mioulle, sieur du Petit-Moulin, comme exerçant les droits de Suzanne Rivaud, sa femme, et Jeanne Rivaud, fille majeure, savoir est de la personne de Pierre Rivaud, leur fils, frère et beau-frère, pour remplir ledit office de conseiller du Roi et substitut de son procureur en la sénéchaussée d'Angoumois, de la création de 1586, vacant par la mort dudit François Rivaud, son père, avec faculté de postuler dans toutes les affaires de la sénéchaussée (7 février). — Acte de protestation pour les sieurs Simon Piveteau Fleury et Pierre Brisson de Villars, gardes jurés du corps des marchands drapiers et merciers de la ville d'Angoulême, et encore pour le sieur Benoît des Essarts, aussi marchand et ancien garde juré dudit corps, lesquels s'étant transportés au bureau de contrôle dudit corps, situé sur la place du Mûrier, paroisse St-André, pour y visiter les marchandises apportées par les sieurs Joseph et Emmanuel de St-Paul, marchand de la ville de Bordeaux et juifs de nation, y auraient rencontré le sieur Périer, procureur au présidial, qu'ils auraient prié de se retirer, ce qu'il aurait refusé de faire (10 février). — Réitération de grades à monseigneur l'évêque et au chapitre cathédral d'Angoulême pour : Antoine Civadier, prêtre, curé de la paroisse de St-Paul dudit Angoulême (20 février) ; — Jean-François Gilbert, prêtre, archiprêtre de St-Jean d'Angoulême (20 février 1757).

E. 1772. (Liasses). — 73 pièces, papier.

1757. — Caillaud, notaire royal à Angoulême. — Actes reçus par ce notaire, du 3 mars au 30 avril. — Inventaire des meubles et papiers dépendant de la succession de dame Marguerite Musseau, veuve de François Dubois, sieur de La Cour, capitaine de cavalerie au régiment de Chabrillan, ce requérant Jean Mioulle, seigneur de Foulpougne, assesseur en la maréchaussée d'Angoumois, exécuteur testamentaire de ladite Musseau (3 mars). — Cession, moyennant 533 livres 6 sous, par Antoine Piorry, demeurant en la paroisse St-Sulpice de Charroux en Poitou, et Louis Piorry, demeurant au bourg de Loiret en Saintonge, à Charles de Champville de Boisjoly, écuyer, garde du Roi, demeurant à Angoulême, de tous les droits héréditaires appartenant aux vendeurs dans la succession de Marguerite Musseau, veuve de François Dubois, sieur de La Cour (3 mars). — Arrentement par demoiselle Marie Mousnier, veuve de Barthélemy Delagarde, marchand, et Louise Delagarde, veuve de Jean Dufresse, sieur de La Seguinie, mère et fille, demeurant à Angoulême, d'une part ; à Jérôme Leblond, marchand, et à Marie Peutier, sa femme, d'autre part, d'une maison sise à Angoulême, rue de Genève, paroisse St-André (4 mars). — Constitution par Pierre Rullier, marchand épinglier, et Madeleine-Rose Lacroix, sa femme, au profit de Jean Rullier, clerc minoré du diocèse d'An-

goulême, leur fils, d'un titre clérical de 120 livres de pension viagère assignée sur tous les biens des constituants et spécialement sur une maison sise au faubourg St-Cybard d'Angoulême, paroisse de St-Yrieix, confrontant par devant au bas de la chaussée des nouveaux ponts, à main droite en allant desdits ponts au logis de Bardines (5 mars). — Cession de droits héréditaires par Michel Sartre, marchand, Pierre-Jean Sartre, cavalier de la maréchaussée de Limousin à la résidence d'Angoulême, François Forêt, maître ès arts, et Marie Sartre, sa femme, d'une part ; à Charles de Champeville, écuyer, sieur de Boisjoly, garde du Roi, d'autre part (7 mars). — Transaction entre Louis Thomas, chevalier, seigneur de Bardines, Les Planes, Les Deffends, Le Petit-Chalonne et autres lieux, et des particuliers, au sujet de dégradations commises par ceux-ci dans le fief du Petit-Chalonne que ledit seigneur de Bardines avait acquis de messieurs Romanet de la Briderie, Favard et autres, par contrat du 3 octobre 1756, reçu Jeheu, notaire royal (23 mars). — Reconnaissances données à Charles-Pierre de Ruffray, seigneur de Lhoumeau, trésorier des vivres de la marine au port de Rochefort : pour des moulins au Pontouvre et des îlots dans la Touvre (7 mars) ; — pour des essacs et anguillards dans la même rivière, avec droit de bateau (7 mars) ; — pour un essac sis dans la même rivière, près l'île de Foulpougne (8 mars) ; — par les RR. PP. carmes de Lhoumeau, pour une grande maison, autrefois appelée de Fontaines, avec ses dépendances et l'église qui est au côté gauche, avec un grand jardin par derrière et un enclos par côté, le tout sis au faubourg Lhoumeau, entre la grande rue qui va de la porte du Pallet à l'église paroissiale St-Jacques dudit Lhoumeau et le chemin qui va dudit faubourg à la fontaine de Chandes (4 avril). — Bail à ferme, moyennant 500 livres, par François Bonniton, chanoine de la cathédrale d'Angoulême, à Louis Lhomme, sieur du Boucheron, notaire royal, demeurant au village du Picard, paroisse de Garat, du gros appartenant au bailleur dans les paroisses de L'Isle-d'Épagnac et circonvoisines (1er avril). — Inventaire des meubles, marchandises, effets, titres et papiers dépendant de la succession de François Mallet, marchand au village de Villars-Marange, paroisse de Mérignac (10 avril). — Procuration générale donnée par Alexandre Cazeau, sieur de Roumillac, habitant de l'île de Grenade en Amérique, et sur le point d'y retourner, à François Benoît, sieur des Essarts, bourgeois, négociant, changeur pour le Roi et ancien juge en la juridiction consulaire d'Angoulême, à l'effet de représenter ledit constituant dans toutes ses affaires et durant tout le temps de son absence (15 avril). — Reconnaissance rendue par

Marguerite Légier, veuve de Guillaume Neuville, procureur au présidial d'Angoumois, demeurant à Angoulême, rue des Trois-Fours, pour une maison sise en ladite rue, paroisse St-André, à main droite en allant de la place à Mouchard à l'église St-André, et tenue du Roi, à cause de son château d'Angoulême, au devoir de 8 deniers par an (17 avril). — Vente, moyennant 3,600 livres payées comptant, par messire François de Faucher, chevalier, seigneur de Versac, de Clauzuraud et du Luc, en qualité de donataire universel de dame Barbe d'Abzac, sa mère, par son contrat de mariage avec demoiselle Marguerite-Henriette de Bonnaud (?), en date du 7 septembre 1752, reçu De Luze, notaire à Coutras, demeurant ledit de Versac en son château de Clauzuraud, paroisse de Champagne en Périgord, d'une part; à Antoine-Augustin Civadier, greffier en chef de la police d'Angoulême, et à Marguerite Fauconnier, sa femme, d'autre part, savoir est de deux maisons, l'une grande et l'autre petite, sises en la paroisse St-Martial dudit Angoulême, la première confrontant par devant à la rue du Sauvage, à main gauche, et par un bout à la grande rue qui va de la place de la petite halle à la porte St-Martial, la seconde sise en face de la première, la rue entre deux, et confrontant par le devant à ladite rue du Sauvage, à main droite, et par un bout à une petite rue qui conduit de ladite rue du Sauvage aux fossés du château, lesdites deux maisons acquises par la dame d'Abzac du sieur de la Borie, docteur en médecine, suivant acte du 29 novembre 1743, reçu Deroullède, notaire royal (18 avril). — Donation entre vifs, pour cause d'aliments et moyennant réserve de la jouissance viagère, par demoiselle Antoinette Lalande, fille majeure, à François Meslier, procureur en la sénéchaussée d'Angoumois, et à Madeleine Orillat, sa femme, d'une maison sise à Angoulême, rue du Soleil, paroisse St-André, à main gauche en allant de la principale porte de l'église dudit St-André à la rue Froide (18 avril). — Bail à ferme, moyennant 400 livres par an, par dom Nicolas Péchillon, religieux de l'abbaye de Saint-Cybard et prieur du prieuré simple et régulier de Saint-Mary, diocèse d'Angoulême, à Pierre Albert, notaire et procureur fiscal de la châtellenie dudit Saint-Mary, de tous les fruits et revenus du prieuré dudit lieu, avec la moitié des droits de lods et ventes (21 avril). — Procès-verbal d'une maison sise au faubourg St-Jacques de Lhoumeau et appartenant à la fille mineure de feu Henri Rambaud, en son vivant écuyer, seigneur de Bourg-Charente (23 avril). — Contrat de mariage entre Jean Bouillaud, journalier, demeurant en la paroisse de Dirac, et Françoise Rasteau, de la paroisse de Vœuil (24 avril). — Bail à loyer, par Charles Decrugy,

huissier audiencier au présidial d'Angoumois, et Rose Moreau, sa femme, d'une maison sise à Angoulême, rue du Petit-Maure, et précédemment acquise par les bailleurs du sieur Naulin et de la demoiselle Hériard, sa femme (26 avril). — Quittance par François Chabot, écuyer, seigneur de Peuchebrun, demeurant au bourg de Chef-Boutonne, paroisse de Javrezay, d'une part; à dame Anne Dussieux, veuve non commune en biens de Philippe Vigier, vivant écuyer, seigneur de La Pille, tutrice naturelle de la fille dudit Vigier et d'elle, demeurant à Angoulême, d'autre part, de la somme de 3,000 livres portée par une obligation consentie audit Chabot par ladite Dussieux et ledit feu sieur de La Pille, le 17 mars 1752, ladite somme prise sur le prix de la vente faite par ladite dame à François Bareau de Girac, écuyer, doyen du chapitre cathédral d'Angoulême, d'une maison lui appartenant de son chef (27 avril). — Testament de demoiselle Anne Tabuteau, fille de François Tabuteau, marchand, et de défunte demoiselle Catherine Rullier, demeurant actuellement au monastère du tiers-ordre de St-François de la ville d'Angoulême, et précédemment chez ses père et mère, en la ville de Châteauneuf (30 avril). — Démission par maître Louis Prévérauld, clerc tonsuré du diocèse d'Angoulême, de son bénéfice de chanoine de la cathédrale (21 avril 1757).

E. 1773. (Liasse.) — 67 pièces, papier.

1757. — Caillaud, notaire royal à Angoulême. — Actes reçus par ce notaire, du 2 mai au 30 juin. — Procès-verbal du moulin à papier dit de Montbron, sis en la paroisse St-Martin, hors les murs d'Angoulême, et appartenant à la fille mineure de feu Henri Rambaud, écuyer, seigneur de Bourg-Charente, ce requérant Jean-Louis Rambaud, écuyer, seigneur de Maillou, tuteur de ladite mineure (2 mai). — Cession par Jean-Louis Rambaud, écuyer, seigneur de Maillou et autres lieux, en qualité de tuteur et de curateur de la fille mineure de feu Henri Rambaud, aussi écuyer, seigneur de Bourg-Charente, d'une part; à Paul Guy, bourgeois, demeurant à Boisclair, paroisse de Brie-Charente, comme fondé de procuration générale de Jean-Joseph Guy de Boisclair, son frère, avocat consistorial au parlement de Dauphiné, demeurant à Grenoble, d'autre part, de la somme de 2,455 livres restant de celle de 2,500 livres due à ladite Rambaud, mineure, en qualité d'héritière dudit seigneur de Bourg-Charente, son père, qui l'était de feu Henri Rambaud, aussi écuyer, seigneur de Bourg-Charente, aïeul de ladite mineure, par les héritiers de Joseph Sartre, bourgeois du lieu de Villard-Dame (†) en Dauphiné (3 mars). — Contrat de mariage entre Jean Thevet, fils majeur et légitime de défunts autre Jean Thevet, avocat en la cour, ancien lieutenant de la maréchaussée d'Angoumois, et dame Julie Geoffroy, sa femme, demeurant à Angoulême, paroisse S¹-Paul, d'une part; et demoiselle Jacquette Pigornet, fille majeure et légitime de défunts Philippe Pigornet, conseiller du Roi, lieutenant en l'élection d'Angoulême, et dame Anne Guillemeteau, sa femme, demeurant aussi à Angoulême, paroisse de Beaulieu, d'autre part (4 mars). — Inventaire des meubles dépendant de la succession de feu Jacques Benoît, sieur de Belle-Isle, et déposés dans la maison de Pierre de Morel, écuyer, et de dame Catherine Benoît, sa femme, gendre et fille du défunt, ce requérant Marie-Anne Gay, sa veuve, ladite maison sise à Angoulême, rue de la Buche, paroisse S¹-Antonin (6 et 16 mai). — Contrat de mariage entre Clément Fé, écuyer, fils de Louis Fé, aussi écuyer, seigneur du Tillet, de Mullons et autres lieux, ancien conseiller du Roi, président civil et criminel de l'élection de Cognac, et de défunte Marie Rambaud, sa femme, demeurant au village des Regniers, paroisse d'Angeac-Champagne, d'une part; et Marie-Angélique Dubois, fille de Pierre Dubois, écuyer, sieur de La Vergne, et de dame Marie-Françoise Salomon, sa femme, demeurant à Angoulême, paroisse S¹-Martial, d'autre part (11 mai). — Cession par Étienne Barbarin, sieur de Flayat, seul héritier et biens tenant de feu Jean Barbarin, sieur de La Perrière, son père, demeurant en la ville de Brigueuil-l'Aîné en Poitou, à Siméon Du Tillet, conseiller du Roi et son premier avocat au présidial d'Angoumois, de 106 livres 4 sous de rente annuelle créée sur les tailles de l'élection d'Angoulême, par édit du Roi du mois d'août 1720 (15 mai). — Contrat de mariage entre Moïse-François Maignen, majeur de trente ans, avocat au parlement de Bordeaux, fils de Guillaume Maignen, avocat au parlement de Paris, et de Marie-Anne Thibaud, demeurant au bourg de Voulgézac, d'une part; et demoiselle Élisabeth-Françoise Héraud, aussi majeure, fille de défunts Jean Héraud, procureur en la sénéchaussée d'Angoumois, et Marie-Geneviève Prévôt, sa femme, demeurant à Angoulême, d'autre part (21 mai). — Constitution de 500 livres de rente par Henri Gandillaud, chevalier, seigneur du Chambon, Suris, Fontguyon, La Vallade, Douzac, Échallat et autres lieux, et dame Thérèse de Cosson, sa femme, demeurant à Angoulême, paroisse de La Paine, d'une part; au profit de Jean de Chastel, écuyer, sieur de Pramlas, ci-devant lieutenant-colonel du régiment d'infanterie de Poitou, chevalier de S¹-Louis, pensionnaire du Roi, demeurant actuel-

lement à Montluçon en Bourbonnais, absent, demoiselle Catherine de Chastel de la Berthe, sa nièce, demeurant en son logis des Montagnes, paroisse de Champniers, stipulant et acceptant pour lui, d'autre part (22 mai). — Transport par Roch Benoît, sieur du Châtelard, et Marie Chesnaud, sa femme, demeurant en la ville de Verteuil, ledit sieur du Châtelard en qualité de seul héritier de demoiselle Barbe Chenevière, sa grand-tante, d'une part; à demoiselle Jeanne Dulac, fille de défunt Pierre Dulac, en son vivant commissaire des poudres et salpêtres de la province d'Angoumois, et de Françoise Estève, sa femme, demeurant à Angoulême, d'autre part, de 51 livres 14 sous de rente constituée, dues par les héritiers de François Vigier, écuyer, sieur de La Pille, avocat au présidial d'Angoumois (23 mai). — Reconnaissance rendue par Pierre Chauvin le jeune, marchand cirier, et Marie-Anne Serpaud, sa femme, celle-ci agissant pour ses sœurs et pour Jacques Serpaud, prêtre, curé de Juillaguet, son frère, d'une part; à messire Jean-René de Chouppes, chevalier, seigneur de Chouppes, Le Porteau, Borcq, Torsac et autres lieux, major du régiment de Beauvilliers-cavalerie, et à dame Henriette de la Place de Torsac, sa femme, en qualité d'héritière et donataire de feu Alexandre-Charles-Gabriel de la Place, chevalier, seigneur de Torsac, exempt des gardes du Roi, son cousin, qui l'était lui-même de feu Jean-Charles de la Place, chevalier, seigneur de Torsac, son oncle, demeurant lesdits seigneur et dame de Chouppes en leur château de Torsac, d'autre part (3 juin). — Reconnaissance donnée à Jean-François Gilbert, bachelier en théologie, licencié en droit civil et canonique, archiprêtre de S¹-Jean d'Angoulême, par Jacques Martin, écuyer, sieur de Bourgon, docteur en théologie, chanoine de la cathédrale de la même ville, pour une maison sise en ladite paroisse de S¹-Jean, sur la rue qui va de la porte S¹-Pierre à la rue du Champ-Fadat (4 juin). — Transaction entre André Arnaud, écuyer, seigneur de Ronsenac et Malberchis, conseiller du Roi en la sénéchaussée et siège présidial d'Angoumois, d'une part; et Pierre Perrier de Grézignac, écuyer, conseiller du Roi, maison, couronne de France, tant de son chef que comme tuteur de Jean-Baptiste Perrier, écuyer, seigneur de Gurat, autrement Puyrateau, d'autre part, au sujet de l'hommage que chacun d'eux prétendait être en droit de recevoir du sieur Saulnier de Mondevis, comme étant aux droits de Madeleine de Vassoigne, sa femme, pour raison du fief et moulin du Roc, relevant de la seigneurie de Gurat (4 juin). — Procès-verbal à la requête de Jacques Joubert, sieur des Fosses, avocat en la cour, de l'état de deux maisons acquises par lui et situées, l'une rue des Trois-Fours, paroisse St-André, l'autre grande rue du Minage, paroisse St-Jean (13 juin). — Reconnaissance de rentes donnée par Jean Binche, garde-étalon et Marguerite Charraud, sa femme, demeurant à L'Ardillier, paroisse St-Martial d'Angoulême, à Jean Robin, écuyer, seigneur de L'Ardillier et du Plessac, à Marc Robin, aussi écuyer, seigneur du Maine-Guillien, et à demoiselles Françoise et Anne Robin du Plessac, frères et sœurs, tous héritiers de défunts François Robin, vivant écuyer, sieur du Plessac, et demoiselle Marie Jonquet, sa femme, leurs père et mère (17 juin). — Acte par deux particuliers, syndics en charge de la paroisse de St-Yrieix, faubourg St-Cybard hors les murs d'Angoulême, aux fins d'obtenir que, par une délibération des habitants de ladite paroisse prise en conformité à l'ordonnance de l'intendant de la généralité de Limoges, une somme annuelle soit imposée sur tous les habitants de ladite paroisse, pour payer la location du bâtiment qui sert actuellement de chapelle, à défaut d'église (19 juin). — Procès-verbal, à la requête de Pierre Zain, sieur des Brandes, demeurant au château de Bouex, faisant pour Jean-Noël Arnaud, chevalier, seigneur de Chesné, Bouex, Méré, enclave de Gurat, et autres lieux, et dame Victoire Peulleu, sa femme, des logis, biens fonds et dépendances du Bourrier, paroisse de Garat, acquis par lesdits seigneur et dame de Chesné, de Louis Garnier, chevalier, seigneur de Ferfan, de dame Madeleine Birot des Bournis, sa femme, et de demoiselle Anne Birot des Bournis, leur belle-sœur et sœur (20 et 21 juin). — Main-levée pure et simple donnée par Armand Renon, marchand du bourg de Garat, de la saisie mise sur les biens de Jean Bouillaud, tuilier, demeurant au village de Bragette, paroisse dudit Garat, à l'exception de celle mise entre les mains d'autre Jean Bouillaud, aussi tuilier, oncle et tuteur du premier (27 juin 1757).

E. 1774. (Liasse.) — 73 pièces, papier.

1757. — Caillaud, notaire royal à Angoulême. — Actes reçus par ce notaire, du 1er juillet au 31 août. — Procuration par Jacques Fabre, intendant des affaires du marquis des Cars, demeurant au château de Pranzac, à Pierre Fabre, son frère, marchand droguiste de la ville de Pézenas en Languedoc, de présent à Angoulême, chez la veuve Guignollet, aubergiste, paroisse St-André, à l'effet de, pour et au nom dudit constituant, répudier toute institution d'héritier qui aurait pu être faite en son nom par défunts Jean Fabre, bourgeois, et Catherine Pastre, ses père et mère (1er juillet). — Quittance d'arrérages de rentes donnée par dame Marie de Guez, veuve

de François de Bardonnin, chevalier, seigneur de Sansac, Cellefrouin et autres lieux, et demoiselle Henriette de Guez, dame de Puydeneuville, sa sœur, à François Rizat, sieur de La Terrière, notaire royal au bourg de Saint-Claud (2 juillet). — Bail à ferme par Charles-Jean Respingez du Pontil, avocat au parlement, ancien avocat du Roi en ses conseils et ancien contrôleur général des trésoriers des troupes de la maison du Roy, demeurant à Angoulême, faubourg de La Bussatte, d'une part; à Christophe Laboureur, maître boulanger, d'autre part, de la maison et borderie de Nige-Chat, située près la chapelle de Notre-Dame-d'Aubezine, paroisse St-Martial (10 juillet). — Constitution de 100 livres de rente par Pierre Berny, écuyer, sieur de La Saulais, et Joseph Berny, écuyer, sieur de Rochebrun, garde du corps du Roi, son fils aîné, demeurant au Ménieux, paroisse d'Édon en Angoumois, d'une part; au profit de Jean de Chastel, écuyer, sieur de Pramlas, ancien colonel du régiment de Poitou-infanterie, d'autre part (10 juillet). — Quittance par Jean Robuste, écuyer, sieur de Laubarière, demeurant au village de Fontenelles, paroisse de Champniers, à Jean Caillaud, menuisier, demeurant au Pontouvre, paroisse St-Jacques de Lhoumeau (27 juillet). — Testament de dame Marguerite-Mélanie Nadaud, dame de Neuillac et autres lieux, veuve d'Alexandre de Paris, chevalier, seigneur du Courret, La Rochelle et autres lieux, demeurant au logis de Neuillac, paroisse d'Asnières, par lequel elle lègue à autre Marguerite-Mélanie Nadaud, sa nièce bretonne et filleule, fille de Charles Nadaud, écuyer, seigneur de Nouère, et de la dame Guyot, sa femme, tous ses meubles, argent, argenterie, denrées, effets, bestiaux, ainsi que les immeubles propres dont la coutume et le droit lui permettent de disposer, à la charge par ladite demoiselle légataire de servir annuellement et viagèrement une pension de 300 livres à messire Antoine-Gabriel David, prêtre, curé d'Asnières, qu'elle institue son exécuteur testamentaire et auquel elle s'en rapporte pour ses funérailles ainsi que pour les messes, prières et aumônes à faire et célébrer pour le repos de son âme (26 juillet). — Testament de Jean Brun de Bellefont, fils d'Etienne Brun, marchand, et de défunte demoiselle Marthe Sazerac, sa femme (28 juillet). — Inventaire des meubles, titres et papiers existant dans le logis de La Chapelle, paroisse de Champmillon, ce requérant Jean-Baptiste Marchais, seigneur dudit lieu de La Chapelle, à l'effet de dissoudre la communauté d'entre lui et dame Rose Jussé, sa femme, décédée le 29 août 1748, laissant de son mariage avec ledit sieur de La Chapelle, six enfants dont deux garçons et quatre filles (1er et 4 septembre 1752 et 3 août

1757). — Ratification par demoiselle Catherine Rambaud, femme de Pierre Marchais, sieur de La Berge, négociant, demeurant au Raynaud, paroisse de Champmillon, de la vente consentie par ledit sieur de La Berge, conjointement avec Jean-Baptiste Marchais, sieur de La Chapelle, son père, et autre Jean-Baptiste Marchais, sieur de La Chapelle, son frère aîné, à Jean-Armand Dervaud, inspecteur général de la manufacture royale des papiers d'Angoumois, et à demoiselle Marie-Thérèse Henry, sa femme, d'une maison avec ses dépendances, le tout sis au faubourg St-Jacques de Lhoumeau (10 août). — Acte de vente de ladite maison, avec les chais, écuries, bâtiments, cours, prés, galeries et jardin en dépendant, le tout assis au faubourg Lhoumeau, près La Charente, sur le chemin qui conduit du cimetière de Lhoumeau à la fontaine du Dizier (sic), tout ainsi que le sieur Marchais et dame Rose Jussé, sa femme, l'avaient acquis de monsieur Jacques Salomon, par contrat du 24 juillet 1732, reçu par Bréard, notaire royal à Rochefort (9 août). — Titre nouvel de reconnaissance de rente donné par des particuliers à maître Pierre-Dominique Vachier de Rouessac, seigneur de Laumont en Saint-Genis et dudit Saint-Genis en partie, conseiller du Roi, juge magistrat en la sénéchaussée d'Angoumois (14 août). — Procuration donnée par haut et puissant messire Louis-Tanneguy de St-Ouen, chevalier, seigneur et patron honoraire de la paroisse de Fresné-sur-Mer, ancien capitaine au régiment de Vastan, chevalier de St-Louis, fils de haut et puissant Tanneguy de St-Ouen, aussi chevalier, seigneur et patron dudit Fresné, colonel de la côte, et de noble dame Marie-Madeleine Hüe, ledit seigneur premier nommé agissant comme héritier pour une moitié, conjointement avec ses frères, en la succession aux meubles, acquêts et propres de noble dame Marie-Louise de Feydic de Charmant, femme de messire Annet-Salomon de Bardon, comte de Segonzac, dame de La Barde, Salles, Vaux et Gurat en Angoumois, suivant testament de celle-ci en date du 10 août 1739, d'une part ; à Marc-Antoine de St-Ouen, chevalier, ancien capitaine au régiment de Luxembourg, chevalier de St-Louis, son frère, d'autre part, aux fins de, pour et au nom dudit constituant, recueillir telle part et portion qui lui reviendra dans la succession précitée, ladite procuration en date du 21 avril 1757, devant Pierre Le Lièvre, notaire royal à Tracy, élection de Bayeux. — Substitution de procureur donnée par ledit Marc-Antoine de St-Ouen, tant pour lui que pour François-Hercules de St-Ouen, chevalier, directeur en chef du génie à Honfleur, et pour Louis-Hercules Vauquetin, chevalier, seigneur patron d'Hermenville, capitaine au régiment royal-dragons, ainsi que pour dame Anne-Madeleine Vauquetin d'Hermenville, sa sœur, veuve de messire Philippe-Auguste de Clary, chevalier, seigneur patron de St-Etienne, d'une part ; à Pierre Sarlandie, écuyer, conseiller du Roi, maître particulier des eaux et forêts d'Angoumois, d'autre part, aux fins de représenter les constituants dans le règlement de ladite succession (15 août). — Cession et transport à Barthélemy Jayet, sieur de Beaupré, et demoiselle Jeanne Yvert, sa femme, demeurant à Angoulême, par Pierre Doussain, marchand de la même ville, et Marguerite Paponnet, sa femme, moyennant 2,200 livres par an et 300 livres de pot-de-vin, de la moitié du bail de la seigneurie de Maumont, consenti à ces derniers par le seigneur de La Rochefoucauld de Maumont (16 août). — Constitution de 313 livres 6 sous de pension viagère, par Robert de Guillaume, écuyer, seigneur du Maine-Giraud et de La Sommatrie, et dame Marie Dumas, sa femme, demeurant en leur logis de La Groue, paroisse de Marsat, d'une part ; au profit de Martial Dutillet de Mézières, ancien conseiller du Roi, juge prévôt royal de la châtellenie d'Angoulême, et de dame Catherine Rondeau, sa femme, d'autre part (16 août). — Quittance par Jeanne Ducluzeau, veuve de Jean-Baptiste Mioulle, seigneur de Foulpougne, avocat en la sénéchaussée d'Angoumois, à monseigneur le duc de La Rochefoucauld, représenté par monsieur de Fercoq, son intendant, demeurant au château de Verteuil, de la somme de 1,623 livres 16 sous déléguée au profit de ladite dame sur ledit seigneur duc comme subrogé à l'acquéreur des domaines sur lesquels ladite somme était assignée (17 août). — Constitution par demoiselle Louise de La Rochefoucauld de Maumont, demeurant à Angoulême, au profit d'Antoine Civadier, prêtre, curé de St-Paul de ladite ville, d'une rente de 20 livres assignée par ladite demoiselle sur son fief et seigneurie du Vivier (19 août). — Procuration pour agir en justice, donnée par Pierre Varin, prêtre, curé d'Aubeville, y demeurant, à Jean Yrvoix l'aîné, procureur en la sénéchaussée d'Angoumois (4 juillet 1757).

E. 1775. (Liasse.) — 68 pièces, papier.

1757. — Caillaud, notaire royal à Angoulême. — Actes reçus par ce notaire, du 1er septembre au 28 octobre. — Vente, moyennant 2,600 livres, par Françoise Braud, fille majeure, Thérèse Braud, hospitalière de l'Hôtel-Dieu-Notre-Dame-des-Anges de la ville d'Angoulême, Pierre Perrier, procureur en la sénéchaussée d'Angoumois, comme procureur de Jacques Braud, sergent au régiment de Rouergue, d'une maison sise à Angoulême, rue des Trois-Notre-Dame, paroisse St-André, et relevant de monsieur de La Rochefoucauld de Maumont (2 septembre). — Bail à ferme, pour neuf années, à raison de 180 livres l'une, par Pierre Sarlandie, écuyer, maître particulier des eaux et forêts d'Angoumois, agissant comme mandataire de Marc-Antoine de St-Ouen, chevalier, ancien capitaine au régiment de Luxembourg, demeurant en son château de Fresné, élection de Bayeux en Normandie, à François Thibaud, laboureur, demeurant au lieu noble du Roc, paroisse de Fouquebrune, de la métairie dudit lieu du Roc et de la garenne en dépendant, avec la faculté de couper ladite garenne une fois seulement pendant la durée dudit bail (7 septembre). — Arrentement par Louis Thomas, chevalier, seigneur de Bardines, et François Bonniton, prêtre, chanoine de la cathédrale d'Angoulême, de 2 journaux de terre sis aux chaumes de Chez-Grellet, confrontant à la vigne des héritiers du sieur de Brouville (8 septembre). — Vente, moyennant 1,080 livres, par sieur Laurent Dupuy, marchand, et Charlotte Dumergue, sa femme, à Marguerite Vivien, fille majeure, demeurant à Angoulême, rue de la Cloche-Verte, d'une maison sise à Angoulême, au canton St-François, paroisse St-Cybard, ayant son entrée sur la rue qui conduit dudit canton à la halle de la poissonnerie du Minage, et tenue à rente du chapitre St-Pierre (10 septembre). — Reconnaissance de 5 livres de rente annuelle dues à la cure, fabrique et sacristie de Soyaux par demoiselle Catherine de Guillaume, fille et héritière de Louise de Guillaume, veuve de Charles de Guillaume, seigneur de Marçay et de Frégeneuil, pour raison d'un droit de chapelle dans l'église dudit Soyaux (13 septembre). — Cession par dame Marie Bernier de Sabauzac, assistante supérieure de l'hôpital de La Rochefoucauld, comme héritière de Marguerite Bernier, sa sœur, hospitalière dudit hôpital, d'une part ; à Gilles Clergeon, procureur au présidial d'Angoumois, d'autre part, d'une rente de 20 livres, constituée au principal de 400 livres (16 septembre). — Cesison par Jacques Guyon, marchand, demeurant au bourg de Mansle, tant de son chef que comme exerçant les droits de Marie Veyron, sa femme, absente, à Pierre de Rouffignac, sieur de La Motte, demeurant au bourg de Maine-de-Boixe, de la somme de 799 livres 16 sous 6 deniers sur celle de 917 livres 2 sous 6 deniers due au vendeur par maître Jean Marchais, avocat en la cour, procureur général ducal de La Rochefoucauld, comme héritier de feu Jonas Marchais, son oncle. Ont signé à la minute Guyon, et Derouffignac (20 septembre). — Sommation par Louis-Auguste Pascaud de Pauléon, chevalier, seigneur de

Villars, Landrodière et autres places, demeurant à Angoulême, paroisse St-Jean, d'une part ; à maître Jean Fruchet, receveur des droits réservés, demeurant aussi à Angoulême, grande rue du Minage, paroisse St-Jean, d'avoir à cesser son opposition au surhaussement que ledit sieur de Villars veut faire faire d'une écurie lui appartenant et dont un mur est mitoyen avec la maison dudit Fruchet. A signé : de Villars-Poléon (12 octobre). — Contrat de mariage entre Claude Benoît, sieur des Essarts, fils de sire André Benoît, aussi sieur des Essarts, marchand drapier et changeur pour le Roi en la ville d'Angoulême, et de défunte Jeanne Fauconnier, sa femme, d'une part ; et demoiselle Marguerite Trémeau, fille majeure de François Trémeau, officier dans la grande venerie, et de défunte demoiselle Marie-Anne Benoît, sa femme, d'autre part, demeurant les parties à Angoulême, paroisses St-André et St-Cybard ; en faveur duquel mariage ledit sieur Benoît, père, a constitué en dot audit sieur, son fils, la somme de 21,000 livres, dont celle de 5,000 livres pour les droits à lui échus de la succession de sa mère, et celle de 16,000 livres en avancement d'hoirie sur la succession dudit sieur, son père ; et en la même faveur ladite demoiselle Trémeau s'est constitué en dot tous les droits à elle échus du chef de ladite Benoît, sa mère, lesquels se sont trouvés monter à la somme de 13,688 livres, à laquelle ledit sieur Trémeau père a ajouté, aussi en dot, celle de 16,312 livres, faisant au total celle de 30,000 livres pour la constitution dotale de ladite Trémeau. Les parties adoptent la communauté réduite aux meubles et aux acquêts faits pendant la durée du mariage, et y ajoutent chacun une somme de 2,000 livres et tout ce qui leur obviendra par succession, donation ou autrement, même l'action en remploi qui sera censée nature de propres à eux, aux leurs et à ceux de leur estoc et ligne (13 octobre). — Quittance par François de Coudert de Thury, chevalier, seigneur d'Antugnac, héritier sous bénéfice d'inventaire de Louis de Coudert, chevalier, seigneur de Rochecoral et de La Breuillerie, son frère, demeurant à La Boulinerie, paroisse de Jonzac en Saintonge, d'une part ; à Michel Favret du Pommeau, seigneur de Rochecoral et de La Breuillerie, directeur des aides de la province d'Angoumois, et à Marguerite Pigornet, sa femme, d'autre part, de la somme de 19,000 livres en principal restant à payer sur le prix de la vente que ledit sieur d'Antugnac et défunte Renée de Magnac, sa femme, avaient consenti auxdits sieur et dame du Pommeau, des fiefs et seigneuries de Rochecoral et de La Breuillerie, par contrat du 3 août 1749 reçu Caillaud et Bourguet (14 octobre). — Procès-verbal, à la requête de Louis-

Auguste Pascaud de Pauléon, chevalier, seigneur de Villars, demeuraut à Angoulême, près la halle du Minage, paroisse S¹-Jean, de la réparation d'un mur mitoyen entre sa maison et celle de Jean Fruchet, receveur des droits réservés de la ville d'Angoulême (22 octobre). — Inventaire des meubles et objets mobiliers dépendant de la succession de défunt Jean Chaignaud, sieur d'Hauteclaire, docteur en médecine, demeurant, en son vivant, près la maison de ville d'Angoulême, paroisse S¹-André, ce requérant demoiselle Marie-Anne Benoît, sa veuve (24 octobre). — Procès-verbal fait à la requête de Jean Brun fils, négociant, bourgeois de la ville d'Angoulême, lequel, ayant traité avec monsieur l'intendant de la marine au port de Rochefort pour la fourniture de pain à faire aux prisonniers anglais détenus au château d'Angoulême, aurait fait un marché verbal avec les sieurs Labonne l'aîné, Labonne le jeune et Dussouchet, maîtres boulangers de la ville d'Angoulême, qui seraient engagés à lui livrer ledit pain de deux qualités, savoir, le premier en sa fleur, à 15 deniers la livre, et le second, blanc, à 18 deniers de la livre, l'un et l'autre de pur froment, bien boulangé et bien cuit, ce qu'ils auraient fidèlement exécuté pendant quelques mois, mais ensuite se seraient relâchés, laissant dans le pain en sa fleur une partie du son et en soutirant la fleur, pétrissant la pâte avec une certaine quantité d'eau froide pour lui donner du poids ; sur lequel exposé, les sieurs Guillaume Durand et François Pinasseau, maîtres boulangers de la ville d'Angoulême, experts nommés sur ledit cas, rendent compte qu'ayant examiné un pain entier et trois chanteaux produits par ledit Brun, ils ont constaté d'un commun accord que tout ledit pain est en sa fleur, bien boulangé et bien cuit, et que la différence de couleur tient à ce que la farine de l'un a été passée au blutoir, alors que l'autre a été passée au tamis, dont ils requièrent procès-verbal (26 octobre 1757).

E. 1776. (Liasse.) — 62 pièces, papier.

1757. — Caillaud, notaire royal à Angoulême. — Actes reçus par ce notaire, du 2 novembre au 31 décembre. — Procuration donnée par sieurs Pierre Vantongeren, Emmanuel Sazerac, Jean Texier-Rochefort, Pierre Texier-Pontbreton, Jean Jeudy, demoiselle Élisabeth Marin, veuve en premières noces de Jean-André Latache, et à présent femme de Maurice Puynesge, imprimeur, Jean-Armand Dervaud et Jean Pigoizard, composant la communauté des marchands de papiers de la ville et élection d'Angoulême, à Pierre Vantongeren, l'un d'eux,

à l'effet de pour et au nom des constituants, recevoir des mains des receveurs des tailles de l'élection d'Angoulême, les arrérages échus et à échoir de la partie de 45 livres de gages par an, au denier 20, créées par édit de février 1745, à laquelle ils sont employés dans l'état du Roi de ladite élection pour trois offices d'inspecteurs et contrôleurs des maîtres et gardes des marchands de papiers réunis à leur communauté, suivant la quittance de finance du garde du trésor des revenus casuels du 7 août 1749 (3 novembre). — Accord entre Madeleine Arnaud, veuve de François Rivaud, substitut du procureur du Roi en la sénéchaussée d'Angoumois, Jean-Louis Rivaud, avocat au Parlement, tant pour lui que pour Pierre Rivaud, aussi substitut, Suzanne Rivaud et Pierre Mioulle de la Touche, son mari, et Jeanne Rivaud, tous enfants et gendre dudit François Rivaud, décédé, d'une part ; Antoine Piorry, bas-officier de l'hôtel royal des Invalides de Paris, tant pour lui que pour Marie Pinotteau, sa femme, d'autre part, au sujet d'une créance appartenant à ces derniers sur la succession dudit Arnaud (4 novembre). — Contrat de mariage entre Jean Clavaud, marchand, majeur de trent-un ans, fils de défunt autre Jean Clavaud, aussi marchand, et de Charlotte Audouin, sa femme, demeurant à Angoulême, paroisse S¹-Jean, d'une part ; et demoiselle Madeleine Du Pont, fille de défunt Antoine Du Pont, marchand aubergiste, et de Marie Normand, sa veuve, demeurant en la même ville, paroisse S¹-Martial, d'autre part (4 novembre). — Contrat de mariage entre Jean Maulde de Mougnac, seigneur en partie de l'Oisellerie, fils majeur et légitime de défunts François Maulde, conseiller du Roi, juge magistrat en la sénéchaussée d'Angoumois, et Anne Birot, sa femme, demeurant à Angoulême, paroisse S¹-Cybard, d'une part ; et Marguerite Maulde, aussi fille majeure et légitime de défunts Jean Maulde, sieur des Blancheteaux, et Marie-Rose Vallier, demeurant au logis de La Clavière, paroisse d'Anais, d'autre part. En faveur duquel mariage les proparlés se sont constitué en dot, savoir ledit sieur Maulde tant les biens à lui échus par les décès de ses père et mère que ceux provenant de défunte dame Thérèse Gervais, son aïeule, qui lui sont communs avec le sieur Maulde des Touches, son frère, et encore ceux dépendant de la succession de Pierre Maulde de Marsac, prêtre, leur oncle, qui sont communs auxdits sieurs de Mougnac et des Touches avec monsieur Maulde de Valence et la dame Lucrèce Maulde, femme de monsieur Vachier de Rouessac, leurs oncle et tante ; et ladite demoiselle proparlée, tous les biens à elle échues tant des successions de ses père et mère que de celle d'Antoine Maulde de Lâge, son frère, s'élevant à la somme de 11,500 livres, non compris quatre couverts d'argent estimés 120 livres (9 novembre). — Inventaire des meubles, titres et papiers dépendant de la succession de Jean-Amable-Paul de Mallon, chevalier, seigneur de Croiche, commissaire provincial des guerres de la généralité de Limoges, chevalier de St-Lazare de Jérusalem et de Notre-Dame du Montcarmel, décédé en sa maison sise à Angoulême, faubourg St-Pierre, paroisse St-Martin hors les murs; auquel inventaire ont assisté François-Antoine Lullier, écuyer, seigneur de Chamarante, demeurant à Angoulême, fondé de procuration de dame Gabrielle Le Court, veuve dudit de Mallon, et dame Marie-Denise de Mallon, sa sœur, veuve de Pierre-Christophe d'Oreville, comme créancière de la succession de Charles-Gabriel de Mallon, chevalier, son neveu, ancien chevau-léger de la garde du Roi. A remarquer audit inventaire : sept morceaux de tapisserie à personnages, représentant l'histoire d'Alexandre, de seize aunes de long sur deux et demie de large, très vieilles et usées, estimées· 160 livres; — un tableau ovale, sans cadre, représentant la mère dudit feu seigneur de Mallon; — deux autres tableaux représentant des membres de la famille; — six tentes de tapisserie, verdure d'Aubusson, aux armes dudit seigneur, mi-neuves, tirant treize aunes de long sur deux aunes et demie de haut; — deux petits tableaux représentant le seigneur de Mallon et son fils; — une commode en marqueterie, à quatre tiroirs, garnie de quatre serrures, neuf plaques et six boucles de cuivre doré, avec un marbre pardessus, estimée 100 livres; — une pendule « d'or moullu », estimée 100 livres; — un lit garni, les bonnes-grâces, ainsi que les pentes d'en haut et d'en bas en tapisserie de « point d'ouvrage », estimé 40 livres; — l'argenterie consistant en trois grandes cuillers à potage et à ragout, une à olive, deux cuillers et douze fourchettes, quatre flambeaux, trois gobelets de vermeil, deux porte-huiliers, un sucrier, un bassin à barbe, une écuelle à bouillon avec son couvercle, un saladier, six petites cuillers à café, une mouchette et son porte-mouchette, quatre-vingts jetons, un plat à soupe, quatre salières et un autre gobelet avec son couvercle, le tout marqué aux armes dudit seigneur de Mallon, pesant 53 marcs à 48 livres l'un, montant ensemble à 2,562 livres; — un tableau au pastel, représentant le Roi, et cinq estampes représentant la famille royale; — les provisions de commissaire provincial des guerres pour la généralité de Limoges, accordées par le Roi audit Jean-Amable de Mallon, en date du 24 février 1718, et pièces annexes; — un compte entre ledit feu seigneur de Mallon, le sieur d'Aureville à cause de Marie-Denise de Mallon, sa femme, et monsieur Huby, comme mari de Catherine-Françoise de Mallon, ses beaux-frères et sœurs, en date du 29 janvier 1726 ; — les lettres patentes accordées par Charles IX, roi de France, le 25 octobre 1567, signées de Laubespine, exemptant le seigneur de Mallon de la contribution au ban et arrière-ban, en raison de ses bons services; — l'acte de réception de Claude de Mallon en qualité de conseiller au parlement de Bretagne, en date du 30 avril 1568 ; — les lettres de réception au grade de chevalier de justice dans l'ordre royal, militaire et hospitalier de Notre-Dame de Montcarmel et de St-Lazare de Jérusalem, accordées audit feu seigneur de Mallon, le 7 février 1720 (17 novembre et jours suivants). — Transaction entre Louis Loubaud, prêtre, curé de La Madeleine, et un particulier (23 novembre). — Reconnaissance de rente donnée par Pierre Mongin, sieur de La Buzinie, ancien capitaine d'infanterie, chevalier de St-Louis, et dame Marie Bourdier, sa femme, à Jean Chaigneau, sieur d'Hauteclaire, docteur en médecine, comme fils et héritier de Pierre Chaigneau, aussi docteur en médecine (26 novembre). — Procès-verbal de visite d'immeubles et rapport d'experts pour Jean Périssat, dit Chemeraud, marchand de sel au faubourg St-Jacques de Lhoumeau (7 et 9 décembre). — Contrat de mariage entre François Tronchère, maître chirurgien, fils de sieur Étienne Tronchère, sieur de Beaumont, et de demoiselle Anne Audouin, sa femme, demeurant au bourg et paroisse de Magnac-sur-Touvre, d'une part ; et Rose Merceron, majeure, veuve de Pierre Besson, aussi maître chirurgien, fille de feu Pierre Merceron, marchand, et de demoiselle Anne Rezé, de la paroisse St-André d'Angoulême, d'autre part (18 novembre). — Quittance par Michelle Chanut, veuve de Pierre Lapouge, maréchal, demeurant ci-devant au Château-L'évêque en Périgord, à dame Marie-Marguerite Evezard, veuve de Joseph Dufaux, chevalier, seigneur de La Verrière, et à dame Louise Dufaux, veuve du seigneur comte de Roffignac, demeurant à Angoulême, de tous les arrérages de la pension de 10 livres qui était due aux dites dames par Élie Fromont, aussi maréchal, demeurant en la ville de Marthon (12 décembre).— Bail à ferme, par François Bonniton, prêtre, chanoine de la cathédrale d'Angoulême, à Jean Collin, marchand, et à Marguerite Gautier, sa femme, de tous les fruits et revenus, en dimes et agriers, appartenant au bailleur en sa qualité de chanoine, dans la paroisse de l'Isle-d'Espagnac, ainsi que des rentes seigneuriales à lui dues pour des prises situées dans les paroisses de Chazelles, de Sers et de Dirac (12 décembre). — Cautionnement par François Rullier du Puy, conseiller du Roi, élu en l'élection d'Angoulême, en faveur de Philippe-Michel Favret du Pommeau, auprès de Pierre Henriet, bourgeois de Paris, y demeurant en l'hôtel des fermes du Roi, rue de Grenelle, paroisse Sᵗ-Eustache (30 décembre 1757).

E. 1777. (Liasse.) — 60 pièces, papier.

1758. — Caillaud, notaire royal à Angoulême. — Actes reçus par ce notaire, du 1ᵉʳ janvier au 28 février. — Contrat de mariage entre Pierre Bélamy, journalier, du village de Beaumont, paroisse Sᵗ-Martial d'Angoulême, d'une part; et Marguerite Boiteau, fille de Michel Boiteau, du village des Pierrières, même paroisse (1ᵉʳ janvier). — Quittance par des particuliers à François Martin, écuyer, seigneur de Bourgon, comme légal administrateur de Jacques, François-Louis et Joseph Martin, ses enfants, donataires de feu Jacques Martin de Bourgon, chanoine et trésorier de l'église Sᵗ-Pierre d'Angoulême (6 janvier). — Reconnaissance par des particuliers à André Renard Cambois de Cheneuzac, pour raison d'une maison sise au lieu de L'Isle-Fort, paroisse Sᵗ-Martin sous les murs d'Angoulême (8 janvier). — Bail à ferme, moyennant 10 livres par an, payables le jour de la fête de Sᵗ-Martial, par Denis Boiteau, marchand de la ville d'Angoulême, fermier des droits de minage et entrées dans ladite ville, suivant le bail à lui consenti par Louis Boutet, inspecteur général des deniers du Roi en la généralité de Limoges, faisant pour Pierre-Éléonor Poujaud de Nanclas, directeur et procureur spécial de Pierre Henriet, adjudicataire général des fermes unies de France, demeurant près la fontaine de Chandes, paroisse Sᵗ-Martial, d'une part; à Louis Fort et à ses enfants, laboureurs, demeurant à Bellefont, près la chapelle Notre-Dame d'Aubesine, susdite paroisse Sᵗ-Martial, d'autre part, savoir est du droit de péage et entrées du faubourg de La Bussate (12 janvier). — Vente par Jean Prévérauld, sieur de La Bussière, y demeurant, paroisse de Mouthiers, à Jean Sicot, prêtre, curé de Soyaux, d'une métairie appelée La Rivière, sise en la paroisse dudit Mouthiers et relevant de la seigneurie de La Rochechandry (13 janvier). — Vente des meubles dépendant de la succession de Jean-Amable-Paul de Mallon, chevalier, seigneur de Croiches et autres lieux, commissaire provincial des guerres de la généralité de Limoges, chevalier des ordres royaux et hospitaliers de Sᵗ-Lazare de Jérusalem et de Notre-Dame du Montcarmel, ladite vente faite à la requête de François-Antoine de Luillier, écuyer, sieur de Chamarante, comme fondé de procuration de Gabrielle Lecourt, veuve dudit de Mallon, et en présence de Marie-Denise de Mallon, veuve de Pierre-Christophe d'Aureville, chevalier, seigneur de La Pillette, sœur du défunt, tant en son nom que comme fondée de procuration de Charles-Gabriel de Mallon, ancien chevau-léger de la garde ordinaire du Roi, fils du même (13 janvier et jours suivants). — Aveu et dénombrement rendu à Louis Le Musnier, chevalier, seigneur de Raix, Rouffignac, Triac et autres lieux, en son hôtel sis à Angoulême, rue de la Buche, paroisse Sᵗ-Antonin, d'une part; par Jean-Baptiste Marchais, demeurant au faubourg Sᵗ-Jacques de Lhoumeau, d'autre part, pour raison du fief de La Chapelle, paroisses de Champmillon et de Saint-Saturnin, que le sieur Élie-François Marron, écuyer, sieur de Gorces, ancien capitaine d'infanterie au régiment de Labadie, par représentation de Nicolas Marron, écuyer, sieur de La Chapelle, son père, qui représentait lui-même Henri Marron, écuyer, sieur de Logeas, aussi son père (14 janvier). — Accord entre Jean-Baptiste Marchais, prêtre, curé d'Yvrac, et Jean-François Lériget, sieur de La Combe-l'Abbé, juge assesseur de la châtellenie de Montbron, au sujet de la jouissance d'un jardin sis audit Yvrac (23 janvier). — Quittance de remboursement donnée à François Meslier, procureur au présidial d'Angoumois, par François Martin, chevalier, seigneur de Bourgon, comme légal administrateur des personnes et biens de Jacques, François-Louis et Joseph Martin, ses enfants, donataires universels de feu Jacques Martin de Bourgon, écuyer, prêtre, chanoine trésorier de la cathédrale d'Angoulême (26 janvier). — Contrat de mariage entre sieur Guillaume Texier, marchand de draps, fils de Pierre Texier, avocat en la cour, et de Marthe Ribaud, d'une part; et Marie Demay, fille de Pierre Demay, chirurgien juré du Roi, et de Anne David, d'autre part (29 janvier). — Manquent les minutes de février. — Transaction entre Thomas Dumontet, juge sénéchal de La Vallette, et Pierre Vignaud, procureur fiscal ducal dudit siège, demeurant les deux parties en la ville de La Vallette, province d'Angoumois, d'une et d'autre part, au sujet d'un emplacement dépendant d'une maison appartenant audit Vignaud et sur lequel ledit Dumontet avait déposé des décombres et des fumiers qui privaient le premier de la jouissance de son terrain (6 mars). — Procès-verbal de visite et de récolement du lieu et dépendances de La Vallade, paroisse de Magnac-sur-Touvre, ce requérant dame Marie-Joseph-Geneviève de Chaumont, veuve de Jean Gaultier, vivant avocat au présidial d'Angoumois, demeurant ladite dame au logis de La Garde-Sᵗ-Barthélemy, paroisse de Beaussac en Périgord (6 mars). — Reconnaissance de rente donnée par Jeanne Pigornet, veuve non commune en biens de François Vigier, en son vivant écuyer, sieur de La Pille, avocat au présidial d'Angoumois, comme tutrice naturelle de ses enfants mineurs (8 mars). — Requisition par Antoine Civadier, prêtre du diocèse d'Angoulême, curé de St-Paul de ladite ville, gradué de l'université de Poitiers, à messieurs du chapitre cathédral St-Pierre d'Angoulême, aux fins d'être pourvu de la semi-prébende laissée vacante par messire N... Du Plessis de la Marlière, écuyer, prêtre, décédé du mois de janvier précédent (11 mars). — Vente, par Nicolas Deroullède, notaire royal à Angoulême et greffier de la maréchaussée, à Jean-Baptiste Marchais, négociant, seigneur de La Chapelle, demeurant au faubourg Lhoumeau, d'une maison sise à Angoulême, paroisse St-André, ouvrant sur la grande rue qui conduit du canton des Six-Voies aux remparts de la ville, à main droite, ladite maison acquise par le vendeur de monsieur de Boisbaudran (11 mars). — Acte des créanciers de François Chauvignon, maître d'école à Angoulême, donnant pouvoir à Jean-Hélie Des Ruaux, chevalier, seigneur comte de Roufflac, comme le plus ancien desdits créanciers, pour toucher seul, à l'avenir, les fermages saisis et à saisir sur ledit Chauvignon, et en faire la répartition (12 mars). — Cession par Joseph de Jambes, écuyer, seigneur de La Foix, Le Breuil et autres lieux, et dame Marguerite Barbot, sa femme, demeurant en leur logis de La Foix, paroisse de Mouthiers, d'une part; à Jean Faure, commis au greffe du présidial d'Angoulême, demeurant en ladite ville, paroisse St-André, d'autre part, d'une rente de 80 livres due auxdits seigneur et dame, du chef de ladite dame, pour une maison sise à Angoulême, paroisse St-André, près la maison commune, et tenue desdits seigneur et dame de Jambes par Pierre Gaudichaud, huissier audiencier au présidial (14 mars). — Bail à ferme, par François Héraud, garde du corps du Roi, demeurant à Angoulême, mineur émancipé par justice, à Jean Courteau, marchand boucher, et à Françoise Hays, sa femme, d'une île en pré, appelée l'île d'Héraud, sise dans la Charente, en face de la ville d'Angoulême, en amont, et joignant à la chaussée des moulins de St-Cybard (20 mars). — Contrat d'ingression dans la communauté des dames de l'Union-Chrétienne d'Angoulême, pour demoiselle Jeanne Montaxier, fille de Louis Montaxier, bourgeois, demeurant au bourg de Sigogne, et de Louise Delaborde, sa femme (20 mars). — Quittance de décharge donnée par Pierre Ancelin, charpentier, à Antoine de Luillier, écuyer, sieur de Chamarante, d'une somme due par la succession de feu Jean-Amable-Paul de Mallon, en son vivant commissaire provincial des guerres de la généralité de Limoges (24 mars). — Transaction amiable

entre Pierre Thuret dit Belair, soldat invalide de la compagnie de monsieur Des Forges, en garnison au château d'Angoulême, paroisse St-André, d'une part; et Jean Reboul, maître chirurgien, comme étant aux droits de Jeanne Renault, sa femme, suivant procuration de celle-ci, reçue par le notaire royal pourvu par sa Majesté et le duc de Bouillon, duc d'Albret, à Moustey, sénéchaussée de Tartas, diocèse de Bazas, généralité de Bordeaux, ladite Renault demeurant en la paroisse d'Ichoux, sénéchaussée dudit Tartas (25 mars). — Vente, moyennant 3,200, livres par Jean Dexmier, sieur du Breuil, et demoiselle Jeanne Rullier, sa femme, à Jean-François Couturier, sieur du Châtelard, licencié en droit, greffier des insinuations ecclésiastiques du diocèse d'Angoulême, et à demoiselle Marie Deroullède, sa femme, et encore à sieur Nicolas Buchey, marchand orfèvre, d'une maison sise à Angoulême, paroisse St-André, sur la rue qui conduit en ligne droite du canton des Six-Voies aux remparts de la ville, à main droite (27 mars 1758).

E. 1778. (Liasse.) — 89 pièces, papier.

1758. — Caillaud, notaire royal à Angoulême. — Actes reçus par ce notaire, du 1er avril au 31 mai. — Reconnaissance d'une pièce de vigne sise en la paroisse de Ruelle, donnée par François Rivaud, laboureur, et Marie Rivaud, sa femme, à messire André Green de St-Marsault, écuyer, seigneur dudit lieu, capitaine de cavalerie au corps des volontaires du Hainault, comme héritier de défunts Jean Green, écuyer, sieur de St-Marsault, et dame Élisabeth de Boyenval, ses père et mère (2 avril). — Transaction mobilière entre Jean-Léon de Livenne, écuyer, seigneur des Rivières, Montchaude, Le Breuil-Bastard et autres lieux, veuf et donataire de dame Marie Texier, auparavant veuve de François de Livenne, écuyer, sieur de La Chapelle, et étant aux droits de dame Marie de Livenne, épouse de Charles-Antoine de Barbezières, chevalier, seigneur de la Talonnière, fille dudit sieur de La Chapelle et de dite dame Texier, d'une part ; et Pierre Lainé, chevalier, seigneur du Pont-d'Herpe, Souterrain, Martinet, Luchat, Sigogne et autres lieux, comme étant aux droits de Marie Maignan, sa femme, fille et héritière de Jean Maignan, sieur des Marais, et de demoiselle Anne Nadaud, sa femme, d'autre part (3 avril). — Constitution de 250 livres de rente par François Joubert, écuyer, avocat en la cour, et Élisabeth Joubert, fille majeure, sa sœur, au profit de Jeanne Lecomte, veuve de Guillaume Maillard, écuyer, conseiller du Roi, président trésorier de France au bureau des finances de la généralité de Limoges (5 avril). — Reconnaissance donnée à Achard Joumard Tizon d'Argence, chevalier, par Jean Seguineau, procureur au présidial d'Angoumois, syndic des pauvres de l'hôpital général d'Angoulême, pour deux pièces de terre situées dans les clôtures dudit hôpital, paroisse St-Jacques de Lhoumeau (7 avril). — Cession mobilière par François Lauzie, marchand d'Angoulême, à Ambroise-Félix Thoumin, chevalier de la Haulle, major des ville et château d'Angoulême, son beau-frère (7 avril). — Procès-verbal d'élection des fabriqueurs de la paroisse de Notre-Dame-de-la-Paine de la ville d'Angoulême (9 avril). — Contrat d'apprentissage de Anne Buzard chez Anne Maigret, couturière en linge et blanchisseuse (13 avril). — Reconnaissance donnée à Jean David de Boismorand, procureur au présidial d'Angoumois, pour deux pièces de terre labourable sises sur le penchant de La Boissière, paroisse St-Martial d'Angoulême, près du village de Beauregard (16 avril). — Transaction mobilière entre demoiselle Jeanne Du Querroy, veuve en premières noces de Philippe Maulde, sieur de La Clavière, et à présent femme de François Poutignac, sieur du Roc, absent, et de lui fondée de procuration. demeurant au Roc, paroisse de la Rochette, d'une part ; Antoine et Louis Mesnard, frères, mineurs émancipés, d'autre part (26 avril). — Procès-verbal, ce requérant Jean-Baptiste Marchais, sieur de La Chapelle, négociant, demeurant au faubourg Lhoumeau, d'une maison et d'une écurie par lui acquises de Nicolas Deroullède, notaire royal, et sises à Angoulême, paroisse St-André (29 avril). — Bail à ferme par les dames grande-prieure, dépositaire et religieuses de l'abbaye de St-Ausone d'Angoulême, le siège abbatial vacant, d'une part ; à Jacques David, marchand de la paroisse de Fouquebrune, d'autre part, des agriers appartenant à l'abbaye, dans le village de Ledrou, dite paroisse (29 avril). — Acte de société entre Radegonde Pinochaud, veuve de Jacques Berger, vivant officier du Roi pour l'exécution des sentences criminelles de la ville d'Angoulême et province d'Angoumois, faisant tant pour elle que pour Marie Berger, sa fille mineure, d'une part ; et Jean Brunet, aussi officier du Roi, nouvellement pourvu dudit état et office, d'autre part, aux termes duquel les parties se sont associées pour toujours, en tous les profits, revenus et émoluments qui proviendront des œuvres de main de l'état dudit Brunet, en cette ville, province et autres lieux où il sera appelé (3 mai). — Contrat de mariage entre François Dubois, sieur de La Brune, marchand, demeurant au bourg de Xambes, fils de François Dubois, sieur de La Bernarde, et de Jeanne Hériard, sa

femme, demeurant au village de La Bernarde, paroisse de Saint-Amant-de-Boixe, d'une part ; et Françoise Birot, fille majeure de défunts Pierre Birot, sieur de Servolle, et Élisabeth Birot, demeurant au bourg de Coulonges, d'autre part (4 mai). — Extinction par Claude Rival de la Tuilerie, écuyer, prêtre du diocèse de Lyon, demeurant en la ville de Montbrison, en faveur de Jean-Louis Thirion, bachelier en théologie, prêtre du diocèse d'Angoulême et chanoine de la cathédrale, d'une pension viagère de 50 livres que celui-ci s'était réservée lors de la cession qu'il avait faite audit Rival, du prieuré simple de La Terne (5 mai). — Vente, moyennant la somme de 2,364 livres, par Henri Berthoumé, marchand, demeurant au faubourg St-Jacques de Lhoumeau de la ville d'Angoulême, à François Poussard le plus jeune, maître de gabare, demeurant audit faubourg, d'une gabare avec tous ses accessoires, actuellement située et amarrée au port dudit Lhoumeau (10 mai). — Quittance finale par Louis Garnier, chevalier, seigneur de Ferfan, et Madeleine Birot, sa femme, demeurant à Angoulême, à Jean Vergeaud, serger, demeurant au bourg de Garat, (11 mai). — Ratification par Madeleine Birot, femme de Louis Garnier, seigneur de Ferfan, de la vente faite par celui-ci à Jean-Noël Arnaud, chevalier, seigneur de Chesne, Bouex, Méré et autres lieux, de la maison, terre et borderie de La Caquetière (12 mai). — Protestation des charpentiers de la ville d'Angoulême contre les agissements de Jean Descordes et Jean Buzard, se prétendant syndics des menuisiers de cette ville, lesquels se seraient rendus, le 25 mars dernier, chez le sieur Roche, charpentier, et auraient saisi et enlevé, non seulement un demi-cabinet et un dessus de buffet que le dit Roche faisait pour son propre usage, mais encore les outils de celui-ci, ce qu'ils avaient fait sans droit, attendu qu'à la vérité, il avait été accordé des statuts aux menuisiers de la ville d'Angoulême, mais que ceux-ci n'ayant point pris la précaution de les faire confirmer par lettres patentes du Roi, et de les faire enregistrer au Parlement, lesdits statuts devaient être considérés comme non-avenus ; qu'au surplus il est permis à toute personne de faire des meubles pour elle-même, les statuts d'une communauté n'étant violés que lorsqu'un particulier travaille pour le public, ce qui n'est pas le cas dudit Roche, qui n'a jamais vendu un meuble de sa fabrication (15 mai). — Bail à ferme par André André, sieur de La Tasche, colonel de la milice bourgeoise d'Angoulême, d'un petit morceau de terre en chaume sis au lieu du Chérier, près la fontaine du Palet (16 mai). — Constitution de 120 livres de rente volante par Jean de James, chevalier, seigneur de Longeville et de Saint-Vincent, capitaine de cavalerie, brigadier des gardes du corps du Roi en la compagnie de Villeroy, chevalier de St-Louis, et dame Élisabeth de Volluyre, sa femme, demeurant au logis de Saint-Vincent, d'une part ; au profit de Jean-Philippe Thevet, prêtre, vicaire de la paroisse de Vitrac, d'autre part (17 mai). — Contrat de mariage entre Pierre-Paul Foucque, licencié en lois, fils de Jacques Foucque, sieur de Jarnesan, conseiller du Roi et son procureur au siège royal de Cognac, seigneur du fief de Lhomme, et de feue dame Madeleine Guillet, sa femme, d'une part ; et Marie Dufresse, fille de Léonard Dufresse, sieur de Chassaigne, et de Marie Vallier, sa femme, demeurant à Angoulême, paroisse St-Martial, d'autre part (24 mai). — Vente d'une pièce de terre par Philippe Bareau, sieur de Boislevé, juge des juridictions de Vaux et de Rouillac et l'un des pairs du corps de ville d'Angoulême, y demeurant, à Jean Mallet, notaire royal, demeurant au village de Villars-Marange, paroisse de Mérignac, d'autre part (31 mai 1758).

E. 1779. (Liasse.) — 44 pièces, papier.

1758. — Caillaud, notaire royal à Angoulême. — Actes reçus par ce notaire, du 1er au 30 juin. — Vente, moyennant 21,200 livres, par Jean Bareau, sieur d'Esclavaux, François Bareau, sieur de Boislevé, Marie-Anne Bareau, Pierre Bareau le jeune, majeur, Marguerite Bareau et André Bareau, garde du corps du Roi, d'une part ; à Jean Mallet, notaire royal, demeurant au village de Villars-Maronge, paroisse de Mérignac, d'autre part, de tous les bâtiments, biens fonds et domaines appelés du Ras, à eux appartenant du chef de Marguerite Jargillon, leur mère, à son décès femme de Philippe Bareau, sieur de Boislevé, juge de Vaux et de Rouillac (1er juin). — Cession par Jeanne Pigornet, veuve de François Vigier, vivant écuyer, sieur de La Pille, faisant au nom de Pierre Vigier, son fils mineur, demeurant à Angoulême, paroisse St-Paul, d'une part ; à Jean-Baptiste Brillet, receveur général de l'élection d'Angoulême, d'autre part, d'une rente de 300 livres léguée audit Pierre Vigier par Madeleine Vigier, fille majeure, sa tante (4 juin). — Constitution de 50 livres de rente par haut et puissant messire Joseph-Hector d'Auray, chevalier, seigneur comte de Brie, seigneur des terres et Châtellenies de Saint-Même, Le Grollet, La Borde, Le Mesny, Artigue et autres lieux, demeurant en son château du Grollet, paroisse de Saint-Même, faisant sous la caution de dame Marguerite-Mélanie Nadaud, dame de Neuillac, veuve d'Alexandre de Paris, chevalier

seigneur du Courret, La Rochette et autres lieux, demeurant en son logis de Neuillac, paroisse d'Asnières, d'une part ; au profit de monsieur maître André Arnault, écuyer seigneur de Ronsenac, Malberchis et autres lieux, conseiller en la sénéchaussée d'Angoumois, d'autre part (8 juin). — Permutation de bénéfices entre Jean-Baptiste de Curzay, prêtre, curé et paisible possesseur de la cure de Sainte-Colombe et de St-Pierre de Soliers, son annexe, demeurant au bourg de Sainte-Colombe, d'une part ; et Honoré-Élie Rondrailh, aussi prêtre, curé et paisible possesseur de la cure de St-Denis de Montmoreau et prieur du prieuré de St-Pierre d'Ambleville, diocèse de Saintes, demeurant en la ville dudit Montmoreau, d'autre part (10 juin), — Inventaire des meubles et papiers de la direction de la messagerie d'Angoulême, ce requérant dame Marie Moutade, veuve de Claude-Jacques Herbert, en son vivant fermier des carrosses et messageries de Bordeaux, Orléans et route, et messire Joseph-Philippe de Breget, capitaine de dragons au régiment de Caraman, chevalier, baron du Saint-Empire Romain, comme mari de Marguerite-Madeleine Herbert, fille dudit feu Jacques Herbert (13 et 18 juin). — Déclaration d'André-François Benoît, sieur des Essarts, changeur pour le Roi de la ville d'Angoulême, portant qu'il a cessé tout commerce et qu'il n'entend en faire d'aucune sorte, à l'avenir (14 juin). — Cession d'une rente par Pierre Rullier, sieur de Maine-Jolliet, bourgeois, et demoiselle Françoise-Martine Seguin, sa femme, mineure de vingt-cinq ans, et encore demoiselle Marguerite Chaigneau, veuve du sieur Seguin, du Mesnadeau, d'une part ; à Christophe Rullier, prêtre, chanoine théologal de la cathédrale d'Angoulême, d'autre part (24 juin). — Vente, moyennant 200 livres, par dom Élie Galliot, prêtre, prieur et pitancier de l'abbaye royale de Notre-Dame de Bournet, fondé de procuration de Christophe Galliot, pourvu de l'aumônerie de ladite abbaye, actuellement postulant pour sa profession et ayant la libre disposition de ses biens, d'une part ; à Henri Combret, bourgeois du faubourg et paroisse de St-Jacques de Lhoumeau de la ville d'Angoulême, d'autre part, de l'état et office de lieutenant de la milice bourgeoise de ladite ville pour la compagnie du faubourg dudit Lhoumeau, dont le dit Christophe avait été pourvu par le duc d'Usez, lieutenant général de Saintonge et d'Angoumois et gouverneur des ville et château d'Angoulême (28 juin). — Vente, pour la somme de 1,900 livres, par Nicolas Tournier, négociant, et Léonarde Piveteau, sa femme, à Philippe Fouquière, marchand de sel, d'une gabare actuellement dans le port de Cognac (30 juin 1758).

E. 1780. (Liasse.) — 102 pièces, papier.

1758. — Caillaud, notaire royal à Angoulême. — Actes reçus par ce notaire, du 1er juillet au 29 août. — Arrentement par Antoine Civadier, prêtre, curé de St-Paul d'Angoulême, de présent en la ville de Paris, François Meslier, procureur au présidial d'Angoumois, stipulant pour lui, d'une part; à Pierre Malloire, marchand horloger, et à Marie Bourdage, sa femme, demeurant à Angoulême, d'autre part, d'une maison sise en ladite ville, canton et paroisse St-Paul, confrontant par devant audit canton, à main droite en allant de l'église St-Paul à la rue de Genève, et à la halle du Palet, d'un côté à une autre rue qui conduit du même canton au rempart, à main gauche, la dite maison appartenant audit Civadier pour l'avoir acquise des sieurs et demoiselles Mauclair, frères et sœurs, ledit arrentement fait à perpétuité, moyennant 60 livres de rente annuelle (3 juillet). — Transport, moyennant 330 livres, par Louis Garnier, chevalier, seigneur de Ferfan, et Madeleine Birot, sa femme, demeurant à Angoulême, paroisse St-André, à Jean-Noël Arnaud, chevalier, seigneur de Chesnay, Bouex, Méré enclave de Garat, Les Bournis et autres lieux, demeurant en son château de Bouex, paroisse dudit lieu, absent, représenté par Pierre Zin, sieur des Brandes, régisseur de la terre, d'une et d'autre part, de deux rentes en nature et en argent (4 juillet). — Acte de profession religieuse dans l'abbaye de St-Ausone d'Angoulême, pour demoiselle Gabrielle de Gay, fille de messire Ignace de Gay, chevalier, seigneur de Nexon, Campagne, Jaugnac et autres lieux, et de défunte Jeanne de Lagrange, ledit seigneur de Nexon, représenté audit acte par dame Marie-Anne-Charlotte d'Appelvoisin, veuve de Jean-Joseph de Nesmond, chevalier, seigneur baron des Étangs et autres lieux (5 juillet). — Acte de profession religieuse dans la même abbaye, pour demoiselle Marie de Brie, fille de défunt Jean de Brie, vivant chevalier, seigneur de Soumagnac, Bramefort, Le Châteigner et autres lieux, et de dame Françoise de la Breuille, sa veuve, ladite dame représentée audit acte par messire Jean-Joseph de Trion, chanoine de la cathédrale d'Angoulême, suivant procuration annexée audit acte de profession (5 juillet). — Procès-verbal, à la requête de Jean-Louis Rambaud, écuyer, seigneur de Saint-Saturnin, comme tuteur de la fille mineure de feu Henri Rambaud, écuyer, seigneur de Bourg-Charente, sa nièce, des moulins à papier du bourg de Nersac, appartenant à ladite mineure et actuellement exploités par Armand Dervaud, négociant, demeurant au faubourg Lhoumeau, suivant bail judiciaire du 16 juin 1752 (6 juillet). — Contitution de 200 livres de rente par Nicolas-Noël Arnaud, chevalier, seigneur de Vouzan, La Bergerie, Le Châtelard et autres lieux, et dame Marie de la Laurencie, sa femme, d'une part; au profit de demoiselle Louise de Chevreuse, fille majeure, demeurant à Angoulême, d'autre part (10 juillet). — Procès-verbal du lieu de Beaumont, paroisse St-Martial d'Angoulême (11 juillet). — Cautionnement de Pierre Perrier, procureur au présidial d'Angoumois, en faveur de Michel Favret du Pommeau, directeur des aides et receveur général pour la province d'Angoumois, de la loterie ordonnée par le Roi au profit de l'école royale militaire, suivant arrêt du Conseil du 15 octobre 1757 (14 juillet). — Cession de rentes par Louis Garnier, chevalier, seigneur de Ferfan, et dame Madeleine Birot, sa femme, à Armand Renon, marchand, demeurant au bourg de Garat (23 juillet). — Transaction entre demoiselle Marie-Hippolite de Marin, fille majeure, tant de son chef que comme fondée de procuration générale et spéciale de demoiselles Henriette, Hippolite et Marie-Charlotte-Renée de Marin, ses sœurs majeures et maîtresses de leurs droits, et de Jacques Cavroix contrôleur des actes au bureau de Royan, comme curateur de Joseph de Marin, chevalier seigneur de Saint-Pallais, enseigne des vaisseaux du Roi, frère des dites demoiselles, tous héritiers de défunts Joseph de Marin, chevalier, seigneur de Saint-Pallais, et dame Élisabeth-Scholastique de Culant, leurs père et mère, demeurant au château de Saint-Pallais de Royan, d'une part; et François Piet, sieur de Jousseau, tant pour lui que pour Jean Piet, sieur de Saint-Surin, son frère, héritiers de Pierre Piet, leur père, demeurant à Saint-Surin, près Châteauneuf, d'autre part, au sujet de l'instance formée en 1746, par ledit Piet père contre ledit feu seigneur de Marin père, comme légal administrateur de ses enfants, et contre le seigneur comte de Culant d'Anqueville, leur oncle, et encore contre le seigneur Baudet, notaire royal, au sujet d'une obligation de 400 livres convertie au profit dudit sieur Piet père par Gabriel de Culant, chevalier, seigneur d'Anqueville, demoiselle Geneviève de Culant, femme d'Alexandre de Chevreuil, seigneur de Romefort, et demoiselle Françoise de Culant, ayeul et grandes tantes des seigneurs et demoiselles de Marin, suivant acte du 23 septembre 1701, reçu par Brugeron, notaire royal, contrôlé à Saint-Même (24 juillet). — Partage entre Jean Bouillaud l'aîné, tuilier, et autre Jean Bouillaud, aussi tuilier, son neveu, demeurant au village de La Tuilerie, paroisse de Garat, des biens dépendant de la succession de défunt

Jean Bouillaud, aussi tuilier, leur oncle et père (25 juillet). — Bail à ferme, par Jean-Charles de Vassoigne, prêtre, chanoine de la cathédrale d'Angoulême, à Jean Huet, marchand du bourg de Tourriers, des rentes lui appartenant pour raison de son canonicat, dans les paroisses de Nanclars, Puyréaux et Saint-Ciers (2 août). — Contrat de mariage entre Joseph de Trion, chevalier, seigneur de Trion, Les Salles et autres places, fils de feu Jean de Trion, chevalier seigneur des Salles, Des Tizons et autres lieux, et de dame Radegonde de la Ramière, demeurant au château des Salles, paroisse de Chassenon en Angoumois, ladite dame représentée par Charles de la Ramière, chevalier, seigneur de la Ramière, Puycharnaud, Lascoux, Beautizon et autres lieux, demeurant en son château de Puycharnaud, paroisse de Saint-Étienne-le-Droux, en Périgord, d'une part: et demoiselle Charlotte Hastellet de Joumelières, fille majeure de défunt Émery Hastellet, chevalier, seigneur de Puygombert, Joumelières et autres places, et de dame Charlotte Chapiteau, sa femme, d'autre part (4 août). — Vente par Antoine Dumas, sieur de Boisredon, capitaine des chasses du duc de La Rochefoucauld et son commissaire des haras de Poitou, faisant tant pour lui que pour dame Gabrielle de Garoste, sa femme, demeurant au bourg de Champagne-Mouton, d'une part; à François Loubersac, maréchal, demeurant au village de Gallard (auj. chez-Gallard), paroisse du Vieux-Ruffec, d'autre part, d'une pièce de terre en labour et en chaume, sise en ladite paroisse, sur le chemin de Champagne à Ruffec, et obvenue au vendeur de la succession de feu Antoine Dumas, licencié en lois, son père (7 août). — Acte en forme de compte, entre François Chauvineau, prêtre, curé de Notre-Dame-de-la-Paine, d'une part, et Jean-Gabriel Martin, grand chantre de la cathédrale d'Angoulême, demeurant à Paris, au sujet d'arrérages de rentes courus le 13 novembre 1746, époque à laquelle celui-ci avait pris possession de la grande chantrerie (19 août). — Reconnaissance de rentes données à Jean Maulde, sieur de L'Oisellerie, par Jacques d'Abzac, chevalier, seigneur marquis de Pressac, comme acquéreur et étant aux droits de feu Gabriel d'Abzac, chevalier, seigneur dudit Pressac, son père (21 août). — Contrat de mariage entre Marc Joubert, marchand, fils d'autre Marc Joubert, aussi marchand, et de Marie Tourette, sa femme, demeurant à Angoulême, d'une part; et Anne Piveteau, fille de Simon Piveteau Fleury, aussi marchand, et de Marie Collin, sa femme d'autre part (21 août). — Constitution de 75 livres de rente par Jean Binot, écuyer, sieur de Launoy, capitaine d'invalides de la garnison du château d'Angoulême, et dame Marie-

Anne Joubert, sa femme, au profit de la fille mineure de feu Henri Rambaud, écuyer, seigneur de Bourg-Charente, Jean-Louis Rambaud, écuyer, sieur de Maillou, son oncle et son tuteur, stipulant pour elle (24 août). — Constitution de 60 livres de rente par Pierre-François Raymond, chevalier, seigneur de Saint-Germain, Sainte-Colombe, Le Châtelard-St-Front, La Motte-Le-Roux et autres lieux, et Catherine-Jeanne de Jousserant, sa femme, demeurant en leur château du Châtelard, d'une part, au profit de François Rullier, sieur des Combes, avocat en la cour, d'autre part (25 août 1758).

E. 1781. (Liasse.) — 55 pièces, papier.

1758. — Caillaud, notaire royal à Angoulême. — Actes reçus par ce notaire, du 1ᵉʳ septembre au 31 octobre. — Cession d'une créance par des particuliers à Simon Vigier, écuyer, seigneur de Planson, demeurant audit lieu de Planson paroisse de Saint-Simeux (8 septembre). — Constitution de 80 livres de rente par François-Antoine de Luillier, écuyer, seigneur de Chamarante, et Jeanne Dumas, sa femme, demeurant à Angoulême, d'une part; au profit de la fille mineure de feu Henri Rambaud, vivant écuyer, seigneur de Bourg-Charente, agissant sous l'autorité de Jean-Louis Rambaud, écuyer, seigneur de Maillon, de Saint-Saturnin, Torsac et autres lieux, son oncle et son curateur (8 septembre). — Vente, moyennant 500 livres, par Pierre Brunet, laboureur, demeurant au bourg d'Orgedeuil, comme curateur aux biens délaissés par le sieur Chausse de Lunesse, lui-même tuteur du fils mineur de feu Jean Barbot, écuyer, sieur d'Hauteclaire, et par demoiselle Anne-Marie Barbot d'Hauteclaire, sa fille, d'une part; à demoiselle Marie Charpentier, veuve de Léonard Grand, demeurant en la ville de Montbron, d'autre part, d'une pièce de terre de la contenance de huit journaux ou environ, sise en la paroisse de St-Maurice dudit Montbron (9 septembre). — Vente, moyennant 800 livres, par Simon Piveteau Fleury, négociant, et Marie Collin, sa femme, demeurant en maison de leur manufacture royale, près la fontaine de Chande, paroisse St-Martial d'Angoulême, d'une part; à Jean Lacaille, domestique de madame la comtesse de Roüffiac, d'une maison sise à Angoulême et confrontant par le devant à la grande rue du faubourg St-Pierre, à main droite en allant de la porte St-Pierre à l'église St-Ausone (11 septembre). — Contrat de mariage entre Guillaume Roch Létourneau, fils de Jean Létourneau, maître tailleur d'habits, et de Françoise Jonquet, sa femme, demeurant à Angoulême, paroisse St-Paul, d'une

part; et Françoise Klotz, fille de défunt Jean Klotz,
cuisinier, et de Mauricette Bourdage, sa femme, demeurant à Angoulême, paroisse St-Jean, d'autre part
(12 septembre). — Testament de dame Marie de Guez,
veuve de François de Bardonnin, chevalier, seigneur comte
de Sansac, Cellefrouin, Ventouse et autres lieux, dame
des seigneuries de Boisbuchet et de Puydeneuville,
demeurant à Angoulême, paroisse St-André, par lequel
elle institue sa légataire universelle demoiselle Louise
Joumard Tizon d'Argence, fille du marquis d'Argence,
à charge de distributions à faire tant aux communautés
de la ville d'Angoulême qu'à ses serviteurs (2 octobre
1758).

E. 1782. (Liasse.) — 80 pièces, papier.

1758. — Caillaud, notaire royal à Angoulême. —
Actes reçus par ce notaire, du 3 novembre au 30 décembre. — Testament mutuel de Jérôme Le Blond, garçon
cartier, demeurant à Angoulême, rue de Genève, paroisse
St-André, et de Marie Pautier, sa femme (3 et 4 novembre). — Cession, moyennant 1,100 livres, par Jean
Mallat, notaire royal à Angoulême, à Jean Faure, commis au greffe du présidial d'Angoumois, et à Élisabeth
Cousseau, femme de celui-ci, ses oncle et tante, de la
moitié afférant audit Mallat dans une maison dépendant
de la succession de feu Jean Cousseau, prêtre, curé
d'Yvrac, sise à Angoulême, au canton des Six-Voies,
paroisse St-André, confrontant par devant à la rue qui
conduit de celle de Genève à la petite porte du Palais (sic),
à main droite, et d'un côté à la petite rue qui va de celle
de La Cloche-Verte au cimetière de St-André et à la place
du Mûrier, aussi à main droite (8 novembre). — Constitution de 60 livres de rente par Pierre-Placide de la Place,
chevalier, seigneur de La Tour-Garnier, ancien capitaine
au régiment de Bourbonnais, chevalier de Saint-Louis, et
demoiselle Marie-Madeleine de Montalembert, sa femme,
au profit de dame Marie de Guez, veuve de François de
Bardonnin, chevalier, seigneur comte de Sansac et
autres lieux (11 novembre). — Procuration par messire
Pierre Bonnevin, chevalier, seigneur de Jussas, Sousmoulins et autres lieux, conjointement avec dame Jeanne
de Villoutreys, sa femme, fille unique et seule héritière
de défunt Bérnard de Villoutreys, vivant écuyer, chevalier de St-Louis, major du régiment de Lagernezay,
demeurant précédemment en leur château de Sousmoulins, paroisse dudit lieu, en Saintonge, et de présent à
Angoulême, paroisse St-Paul, d'une part; à François
Constant, procureur au parlement de Paris, y demeu-

rant, rue des Anglais, paroisse Saint-Étienne-du-Mont,
d'autre part, à l'effet de pour eux et en leur nom, comparaître devant nosseigneurs des requêtes du palais et
monsieur Roland de Ricville, conseiller, et là affirmer,
comme ils l'ont fait devant les notaires soussignés, que
des sommes pour lesquelles ledit seigneur de Bonnevin
de Jussas, comme exerçant les droits de ladite dame de
Villoutreys, sa femme, a été colloqué par sentence desdits
seigneurs des requêtes du Palais du 1er août dernier, il
ne leur reste dû que celle de 3,000 livres de principal et
2,394 livres 17 sous 6 deniers pour les intérêts (11 novembre). — Bail à ferme, pour cinq années, à raison de
75 livres l'une, par Nicolas Jaubert, écuyer, sieur des
Vallons, faisant pour Jean Jaubert, clerc tonsuré, chapelain de la chapelle de Notre-Dame *In spamo* érigée
en l'église paroissiale de St-Paul d'Angoulême, demeurant au bourg de Marsat, près La Vallette, d'une part;
à Vincent Huet, marchand tapissier de la ville d'Angoulême, d'autre part, de tous les revenus de ladite chapelle
de Notre-Dame (12 novembre). — Ratification par Rose
Marchais, fille ainée de Jean-Baptiste Marchais, seigneur
de La Chapelle, de la vente faite par celui-ci, conjointement avec autre Jean-Baptiste Marchais, sieur de La
Chapelle, et Pierre Marchais, sieur de La Berge, à Jean-
Armand Dervaud, inspecteur général de la manufacture
royale des papiers d'Angoumois, et à Marie-Thérèse
Henry, sa femme, d'une maison sise à Angoulême, au
faubourg St-Jacques de Lhoumeau, près de la Charente
(19 novembre). — Procuration par Jean Chollet, notaire
royal et apostolique réservé pour la ville d'Angoulême,
à l'effet de résigner son dit office entre les mains du
chancelier de France, mais en faveur de Jean Landraud,
praticien de la même ville et non d'un autre (21 novembre). — Vente par ledit Chollet audit Landraud, son
gendre, pour la somme de 1,700 livres, de l'office de
notaire royal et apostolique susvisé (21 novembre). —
Quittance par des particuliers à Jacques-Pierre de Salomon, chevalier, seigneur de Bourg-Charente et autres
lieux, conseiller du Roi, président trésorier de France
au bureau des finances de la généralité de Limoges, et à
dame Thérèse Bouhier, sa femme (21 novembre). —
Cession d'une rente par Joseph Gauvry, sieur des
Combes, garde général de la maîtrise particulière des
eaux et forêts d'Angoumois, et Marie Thenevot, sa
femme, demeurant au lieu de Chez-Nanot, paroisse de
Pranzac, à Étienne Brun, négociant, ancien juge en
la juridiction consulaire d'Angoulême (25 novembre). —
Bail à ferme par Pierre Maulde, sieur de Valence,
demeurant à Angoulême, à Jean Terrière, cavalier de la
maréchaussée d'Angoumois, à la résidence de Ruffec,

des dîmes inféodées des paroisses de Condac et de Ruffec, telles qu'elles appartiennent au bailleur en partie avec les abbé et chanoines dudit Ruffec (28 novembre). — Constitution de 150 livres de rente par Jacques Valleteau , écuyer, conseiller du Roi, contrôleur des payeurs des gages des officiers des grandes et petites chancelleries, receveur ancien des tailles de l'élection d'Angoulême, d'une part ; au profit des dames religieuses de Stᵉ-Ursule d'Angoulême, d'autre part (2 décembre). — Vente par Étienne Portet, marchand, demeurant au village des Moizans, paroisse de Sireuil, à Pierre Ovy, procureur de la châtellenie de Mansle, de l'office de notaire royal pour le bourg de Claix, sénéchaussée d'Angoumois, tel qu'il était exploité précédemment par feu Jean Portet qui en avait été pourvu par lettres patentes du Roi du 20 avril 1717 (3 décembre). — Transaction en forme de règlement, entre demoiselle Thérèse Gilbert, veuve de Louis Estève, sieur du Planeau, héritière pour un quart de la succession de feu Jean Gilbert des Héris, en son vivant prieur du prieuré de Notre-Dame de Fontblanche, son frère, demeurant ladite dame à Aubeterre, d'une part ; Jacques Mioulle, prêtre, prieur du Petit-Champagne et curé de la paroisse Sᵗ-Martin d'Angoulême, François Lambert, procureur au présidial d'Angoumois, comme exerçant les droits de Thérèse Mioulle, sa femme, Jean Mioulle, prêtre, curé d'Aignes, son beau-frère, Pierre Guimberteau, procureur au présidial d'Angoumois, comme fondé de procuration de monsieur Abraham-François Moreau, sieur de Bois-Cuzeau, subdélégué de l'intendant de la généralité de Limoges, juge sénéchal de la baronnie de Montmoreau, et de demoiselle Marie Mioulle, sa femme, et demoiselle Rose Mioulle, fille majeure, d'autre part, tous héritiers pour un quart dudit Gilbert des Héris (5 décembre). — Vente, moyennant 3,750 livres de principal et 44 livres de pot-de-vin, par dame Marie Gilbert, femme de maître Antoine Sauvo, sieur du Bousquet, conseiller du Roi, juge magistrat en la sénéchaussée et siège présidial d'Angoumois, ladite dame fondée de procuration dudit sieur du Bousquet, son mari, présentement en sa maison de campagne de Panisson, paroisse Sᵗ-Maurice de Montbron en Périgord, d'une part ; à Pierre Souchet, procureur en la sénéchaussée, faisant pour autre Pierre Souchet, avocat, son fils, d'autre part, de l'office de conseiller du Roi en ladite sénéchaussée, dont ledit sieur du Bousquet est actuellement pourvu, avec tous les gages et émoluments qui en dépendent, ainsi que les provisions, tant dudit vendeur que de ses prédécesseurs, au nombre de trente-neuf pièces qui ont été cotées et paraphées par le notaire (16 décembre). — Testament de Paul Orillac,

originaire de la ville de Barbezieux, fils de défunt Jean Orillac, marchand, et de Marie Dupuy, sa femme, demeurant ordinairement à Angoulême et présentement soldat grenadier au régiment de Rouergue-infanterie, compagnie de monsieur de Moussac, actuellement en garnison en la ville de Cambrai (19 décembre). — Constitution par François Rullier, sieur du Puy, conseiller du Roi, élu en l'élection d'Angoulême, et dame Marie Pigornet, sa femme, demeurant en ladite ville, rue Froide, paroisse Sᵗ-André, d'une part ; au profit de Louis Rullier, clerc minoré, leur fils, d'autre part, d'un titre clérical assigné sur tous les biens présents et futurs des constituants et spécialement sur la maison qu'ils possèdent et qu'ils habitent, sise en la susdite rue Froide, à main gauche en allant de l'église Sᵗ-André à la halle du Minage, ladite constitution faite en présence de Pierre Pigornet, avocat au Parlement, pair du corps de ville d'Angoulême, et de messire Christophe Rullier, prêtre, chanoine et théologal de la cathédrale de la même ville, frère du bénéficiaire de ladite constitution (20 décembre). — Offre réelle à deniers découverts, par Pierre Marrot, caissier de la recette des tailles de l'élection d'Angoulême, au sieur Pressac, homme d'affaires de monsieur de Chenon de Domezac, demeurant au château dudit Domezac, paroisse de Saint-Gourson, de la somme de 6,000 livres, d'une part, et de celle de 120 livres, d'autre part, en payement du prix de cent barriques d'eau-de-vie logée, que ledit Pressac avait vendues audit Marrot, à raison de 103 livres le barrique et 120 livres de pot-de-vin (21 décembre). — Marché passé entre Jean-Baptiste Marchais, sieur de La Chapelle, négociant de la ville d'Angoulême, demeurant paroisse Sᵗ-André, et des vignerons, pour planter et cultiver un journal de vigne sis au lieu dit le bois de La Berge, paroisse Saint-Saturnin (26 décembre 1758).

E. 1783. (Liasse.) — 90 pièces, papier.

1759. — Caillaud, notaire royal à Angoulême. — Actes reçus par ce notaire, du 4 janvier au 27 février. — Inventaire des meubles et effets dépendant de la communauté d'entre François Dussouchet, marchand boucher à Angoulême, paroisse de Beaulieu, et Rose Courteau, sa femme, décédée (6 janvier). — Vente, moyennant 83 livres, par Pierre Pigot, bourgeois, demeurant à Villement, paroisse de Ruelle, et autre Pierre Pigot, son frère, aussi bourgeois, demeurant au bourg de Soyaux, d'une part ; à Jean Robin, écuyer, sieur du Plessac et de L'Ardillier, demeurant aussi au bourg de Soyaux, d'autre part, d'un journal de terre sis en ladite paroisse, près de la grange du chapitre St-Pierre d'Angoulême (16 janvier). — Approbation par Jean Jaubert, clerc tonsuré, chapelain de la chapelle de Notre-Dame *In spamo,* érigée en l'église St-Paul d'Angoulême, étant sur le point de partir pour la ville de Saint-Tron en Brabant, du bail des revenus de sa dite chapellenie, consenti par Nicolas Jaubert, écuyer, sieur des Vallons, son père et son tuteur naturel, à Vincent Huet, marchand tapissier de la ville d'Angoulême, à raison de 75 livres par an (18 janvier). — Procuration donnée par Joseph Berny, écuyer, sieur de Rochebrun, garde du corps du Roi, demeurant au Mesnieux, paroisse d'Édon en Angoumois, à Jacques Descordes, procureur au présidial dudit Angoumois, à l'effet de pour lui et en son nom recevoir de messire Antoine Juglard, écuyer, seigneur de La Grange du Tillet et autres lieux, les arrérages échus et à échoir d'une rente de 1,000 livres, et une somme de 2,000 livres en capital, le tout dû en vertu de l'acte de licitation passé entre les parties, le 2 août 1757, devant Bourguet et Mathé, notaires royaux (20 janvier). — Constitution de 150 livres de rente consentie par Louise Dufaux, veuve de Jean, comte de Roffignac, chevalier, seigneur de Belleville, Les Brosses, Pommier, La Chapelle et autres lieux, lieutenant des maréchaux de France au pays de Péririgord, tutrice de ses enfants mineurs, demeurant à Angoulême, d'une part; au profit de la demoiselle Rambaud, mineure, fille unique et héritière de défunt Henri Rambaud, écuyer, seigneur de Bourg-Charente, d'autre part (21 janvier). — Constitution de 80 livres de rente au profit de ladite demoiselle Rambaud de Bourg-Charente, par Marc Thenevot, sieur de La Sauzais, maître chirurgien, demeurant au bourg de Vars, et Marie Desport, sa femme (22 janvier). — Transaction entre dame Rose Galliot, veuve de François Mesnard des Barres, demeurant au faubourg St-Jacques de Lhoumeau, et Jean Armand Dervaud, inspecteur général de la manufacture royale des papiers d'Angoumois, demeurant audit faubourg, au sujet des réparations à faire à la maison acquise récemment par ce dernier et dont un mur était contigu à celle de ladite Galliot (27 janvier). — Constitution de 50 livres de rente au profit de la demoiselle Rambaud de Bourg-Charente, mineure, par Jean-Baptiste Boucheron, sieur de Marsac, officier de marine aux colonies, et demoiselle Marie de la Charlonie de Villars, sa femme, demeurant de présent au logis de Villars-Marange, paroisse de Mérignac (27 janvier). — Constitution de 60 livres de rente au profit de la même, par Jean-Emmanuel-Toussaint Desbordes, sieur du Renclos, négociant, et Marie Geneviève Nouveau, sa femme, demeurant en la ville de Châteauneuf (30 janvier). —

Contrat de mariage entre Thomas Deschamps, voiturier, et Catherine Buzard, tous les deux de la paroisse St-Martial d'Angoulême (5 février). — Cession de 50 livres de rente, faite par Marie Galliot, veuve de François Lavialle, commis à la recette des tailles de la ville d'Angoulême, d'une part; à Jean-Hélie Des Ruaux, chevalier, seigneur de Plassac, Moussac et autres lieux, d'autre part (6 février). — Contrat d'ingression dans la communauté des dames hospitalières de l'Hôtel-Dieu-Notre-Dame-des-Anges de la ville d'Angoulême, pour demoiselle Eulalie Guénon, fille majeure de feu Pierre Guénon de Brives, écuyer, ancien avocat du Roi au présidial de Saintes, et de demoiselle Élizabeth Lucas de Beaulieu, sa femme, en présence de dame Marie-Thérèze Du Laud, supérieure, faisant pour les autres dames de la communauté (7 février). — Cession et transport par Léonard de Chastel, écuyer, capitaine au régiment de Conti-infanterie, demeurant au lieu des Montagnes, paroisse de Champniers, fondé de procuration spéciale de demoiselle Catherine de Chastel de La Berthe, fille majeure, d'une part; à Louis de Chastel, chevalier, seigneur de La Berthe, garde du corps du Roi et capitaine de cavalerie dans la compagnie de monsieur le prince de Beauvau, demeurant audit lieu des Montagnes, leur frère, d'autre part, savoir est des parts et portions afférant aux vendeurs dans les lieux et domaines des Montagnes et de Chalonne, en vertu du testament de demoiselle Marie Gillebert, leur tante (8 février). — Transport par François Normand, écuyer, sieur de Garat, et dame Thérèse-Radegonde Martin de Bourgon, sa femme, héritière de Jacques Martin, écuyer, sieur de Bourgon, trésorier de la cathédrale d'Angoulême, lui-même cessionnaire de François de Viaud, écuyer, sieur de La Charbonnière, et de dame Marguerite Du Laud, sa femme, qui était elle-même héritière de dame Marie Du Laud, veuve de René Pichard, chevalier, seigneur des Forges, d'une part; à la fille de feu Henri Rambaud, vivant écuyer, seigneur de Bourg-Charente, Jean-Louis Rambaud, écuyer, seigneur de Maillou, son oncle et son tuteur, acceptant pour elle, d'autre part, de 50 livres de rente constituée au profit de ladite défunte dame Du Laud par les enfants et héritiers de Jean de La Rochefoucauld, chevalier, seigneur de Maumont, et de dame Marguerite de Scescaud, sa femme, par acte du 16 juillet 1737 reçu Rouhier, notaire royal (12 février). — Procès-verbal, à la requête de Jean-Hélie Des Ruaux, chevalier, seigneur de Roufflac, comme créancier de Jean de Villoutreys, écuyer, sieur de Bellevue, et de Pierre de Villoutreys, écuyer, sieur de Rochefort, de l'état d'une petite maison sise à Angoulême, rue de la

Cloche-Verte, paroisse St-André, à main gauche en allant de la place de la Petite-Halle à celle du Mûrier (13 février). — Reconnaissance d'une rente annuelle et viagère de 99 livres 9 sous, par Radegonde Benoît, fille majeure, fille et héritière de feu François Benoît, négociant, ancien juge en la juridiction consulaire d'Angoulême, celui-ci représentant défunts Claude Benoît, aussi négociant, et Marguerite Thoumie, ses père et mère, d'une part; au profit de R. P. Alexis Benoît, religieux cordelier et gardien du couvent de Saintes, son oncle, d'autre part (15 février). — Contrat d'ingression dans la communauté des dames de l'Union-Chrétienne de la ville d'Angoulême, pour demoiselle Anne Desbordes, fille légitime de François Desbordes, écuyer, seigneur de Jansac, Sers et Teillé, et de dame Marie de Montalembert, sa femme, demeurant au château de Sers, paroisse dudit lieu (16 février). — Inventaire des meubles, effets, titres et papiers dépendant de la communauté d'entre Bernard Leclerc, maître armurier, demeurant à Angoulême, rue de Genève, paroisse St-André, et défunte Marie Perraud, sa femme, décédée le 15 septembre 1757 (19, 20 et 21 février). — Constitution de 75 livres de rente par François Vachier, avocat en la cour, fondé de procuration de François Guilhaumeau, écuyer, seigneur de Flaville, demeurant au logis dudit Flaville, paroisse de Bonneuil, et de messire Jacques Guilhaumeau, prêtre, curé dudit Bonneuil, y demeurant, d'une part; au profit de la fille mineure de feu Henri Rambaud, vivant écuyer, seigneur de Bourg-Charente, ladite demoiselle agissant sous la tutelle de Jean-Louis Rambaud, écuyer, seigneur de Maillou, son oncle (21 février). — Contrat de mariage de Jacques Leclerc, maître armurier, fils majeur de Bernard Leclerc, aussi maître armurier, et de défunte Marie Perraud, sa femme, demeurant à Angoulême, paroisse St-André, d'une part; et de demoiselle Jeanne Rousseau, fille de feu Léonard Rousseau, maître boulanger, et de défunte Marie Gindreau, sa femme, d'autre part (22 février). — Constitution de 50 livres de rente par François Desbordes, écuyer, seigneur de Jansac, et dame Anne-Marie de Montalembert de Sers, sa femme, demeurant en leur château de Sers, paroisse dudit lieu, d'une part; au profit de dame Marie Mesnard, veuve de Jean Bourdage, seigneur de La Courade, Coulgens, Sigogne et autres lieux, d'autre part (23 février). — Bail à ferme, pour cinq années et à raison de 150 livres l'une, par demoiselle Marie-Anne Galliot, veuve de Jean-François Lavialle, commis à la recette des tailles de l'élection d'Angoulême, tant de son chef que comme tutrice naturelle de ses enfants mineurs, à Pierre Desbordes, écuyer, seigneur de Jansac, Verdille, Breuil-au-Loup et autres

places, ancien capitaine d'infanterie, demeurant en son logis de Verdille, paroisse dudit lieu, en Poitou, d'un appartement dans une maison sise à Angoulême, rue du Chat, paroisse St-Paul, et ayant sa sortie sur la place des prisons royales (26 février 1759).

E. 1784. (Liasse.) — 109 pièces, papier.

1759. — Caillaud, notaire royal à Angoulême. — Actes reçus par ce notaire, du 1er mars au 30 avril. — Dépôt entre les mains du notaire, par dame Marie-Françoise de Durfort de Civrac, abbesse de St-Ausone d'Angoulême, d'un billet de 600 livres souscrit au profit de madame de Rothelin, aussi abbesse dudit monastère, le 2 septembre 1746, par les sieur et dame de Ravard du Masnadeau (3 mars). — Testament de Jean Bouillaud, recouvreur, demeurant rue des Juifs, paroisse St-Jacques de Lhoumeau (6 mars). — Constitution de 30 livres au profit de la fille mineure de feu Henri Rambaud, écuyer, seigneur de Bourg-Charente, par Hélie-François Fé, écuyer, sieur de Veillard, demeurant au logis de Barqueville, paroisse de Châteauneuf, et par Marie Guillot, sa femme (10 mars). — Constitution de 150 livres de rente au profit de la même, par dame Marguerite d'Assier, veuve de Philippe Dupin, écuyer, seigneur de Montbron, demeurant au château dudit Montbron, paroisse de Luchapt en Poitou (10 mars). — Déclaration donnée à monsieur Chaigneau, clerc tonsuré, prieur de St-André d'Angoulême, pour raison d'une maison sise en ladite ville et ouvrant sur la rue qui conduit de la principale porte de ladite église St-André à la rue Froide, à main droite (11 mars). — Élection des fabriqueurs de la paroisse de St-Jacques de Lhoumeau, sur la requête de François Gilbert, curé de la paroisse, et par tous les habitants assemblés (11 mars). — Testament de Pierre Vantongeren, chevalier, seigneur de Cougoussac et Siecq, président trésorier de France au bureau des finances de la généralité de Limoges, demeurant à Angoulême, paroisse St-Jean, par lequel il institue son héritier universel Joseph-Léon Vantongeren, son petit-fils aîné, à la charge pour celui-ci de payer : 1° à Alexandre Vantongeren, son frère, la somme de 70,000 livres, en argent, effets, fonds ou rentes, lorsqu'il sera pourvu par mariage ou qu'il aura atteint sa majorité, en lui servant jusque là, pour tenir lieu d'intérêt, la somme annuelle de 2,000 livres; — 2° à Marie-Madeleine Vantongeren, sa sœur, la somme de 50,000 livres, lorsqu'elle sera pourvue par mariage ou qu'elle sera majeure et non émancipée par lettres du prince, en lui servant jusque là, à titre d'intérêt, la somme annuelle de 1,500 livres (14 mars). — Vente, moyennant 240 livres payées comptant, par François Chardon, sieur de Belair, demeurant au bourg de Saint-Médard en Poitou, à Pierre Desbordes, chevalier, seigneur de Jansac, de deux petites pièces de pré sises dans la prairie de Verdille et contenant l'une quatre-vingt-huit et l'autre cinquante-six carreaux (15 mars). — Constitution de 90 livres de rente par Pierre Regnauld, chevalier, seigneur de Goué, chevalier de St-Louis, et dame Marie Arnaud, sa femme, demeurant à Angoulême, au profit de François Joumard Tison d'Argence, chevalier, seigneur de Dirac et autres lieux, demeurant au château de Dirac, paroisse dudit lieu (23 mars). — Compte rendu par François Dexmier, écuyer, sieur des Coudrais, et dame Marie-Anne-Joseph-Geneviève Chaumont, veuve de Jean Gautier, avocat en la cour, de la tutelle du fils mineur dudit Gautier et d'elle (30 mars). — Démission pour cause de maladie, par Louis Prévérauld des Défens, chanoine de la cathédrale d'Angoulême, de son dit canonicat, pour en être disposé par messieurs du chapitre en faveur de qui bon leur semblera (1er avril). — Bail à ferme par Nicolas Deroullède, notaire royal à Angoulême, faisant pour Jean-François Couturier, licencié en lois, son gendre, fermier de la seigneurie de Brisnat, de l'agrier des vins des plantiers appelés Le Grand-Champtignon et Le Champ-des-Fougères, paroisse d'Asnières (5 avril). — Rétrocession par Siméon Dutillet, conseiller du roi et son premier avocat en la sénéchaussée d'Angoumois, à François Dauphin, chevalier, seigneur de Goursac, et à dame Thérèse Thomas, sa femme, demeurant en leur château de Goursac, paroisse de Chasseneuil, de certaines rentes seigneuriales que lesdits sieur et dame lui avaient vendues sous la réserve de la faculté de rachat pendant neuf ans (12 avril). — Vente, moyennant 2,400 livres, par Siméon Dutillet, avocat du Roi au présidial d'Angoumois, et dame Marguerite Mallat de Létanche, sa femme, à François Le Roy, marchand, demeurant au faubourg St-Jacques de Lhoumeau, d'une grande maison sise en la ville de Confolens, faisant face, d'un côté à la halle, et de l'autre au minage de ladite ville, plus d'une petite maison de décharge, attenant à la précédente, lesdites deux maisons relevant du seigneur de Confolens (20 avril). — Reconnaissance de rentes donnée par Noël Limouzin, sieur d'Auteville (alias Hauteville), juge magistrat en la sénéchaussée d'Angoumois, et Françoise-Silvie Prévérauld, sa femme, d'une part; à Jean-Hélie Des Ruaux, chevalier, seigneur de Plassac, Moussac et autres lieux, demeurant à Angoulême, d'autre part, ce dernier comme cessionnaire de Marie Galliot, veuve, non com-

mune en biens de Jean-François Lavialle et tutrice de leurs enfants communs (22 avril). — Vente par Siméon Dutillet, premier avocat du Roi au présidial d'Angoumois, et Marguerite Mallat, sa femme, à Étienne Barbarin, sieur de Flayac, demeurant en la ville de Brigueuil-L'Aîné, d'une pièce de pré sise sur les bords de la Vienne, près la ville de Confolens, relevant de la seigneurie de Villevert et chargée d'une rente de 3 livres envers la fabrique de la paroisse St-Maxime dudit Confolens (26 avril). — Bail à ferme, pour sept années et à raison de 260 livres l'une, par Marguerite Delaquille, veuve de messire Henri Fé, écuyer, seigneur de Maumont, tant de son chef que comme tutrice naturelle des enfants mineurs dudit seigneur et d'elle, demeurant à Angoulême, d'une part; à messire Jean d'Assier, chevalier, seigneur de Pers, Charzac et autres lieux, fils légitime de défunts Jean d'Assier, aussi chevalier, seigneur Des Brosses, et dame Marguerite Regnauld, sa femme, demeurant aussi à Angoulême, d'autre part, savoir est de la majeure partie d'une maison sise en ladite ville, rue des Trois-Fours, paroisse St-André, comprenant le portail d'entrée et le droit de puisage (27 avril). — Dépôt en l'étude de notaire, à la requête de François Vallier, procureur au présidial d'Angoumois : 1° de l'acte de constitution d'une rente par Pierre-Gaston de Viaud, chevalier, seigneur d'Aigne, au profit de monsieur André Horson, de Moullède, capitaine au régiment de Beaune, en date du 19 janvier 1707; — 2° l'acte de cession de ladite rente audit sieur Vallier (28 avril 1759).

E. 1785. (Liasse.) — 88 pièces, papier.

1759. — Caillaud, notaire royal à Angoulême. — Actes reçus par ce notaire, du 1er mai au 29 juin. — Testament de Marie Bonneval, veuve en premières noces de Christophe Trouiller, sieur de La Grange, et en secondes de Mathieu Goumard, procureur d'office de Montboyer (1er mai). — Reconnaissance donnée par Marguerite Pigornet, veuve de Bernard de Villoutreys, écuyer, chevalier de St-Louis, ancien major au régiment de Lagernezay, faisant tant pour elle que pour Jeanne de Villoutreys, sa fille, celle-ci femme de Pierre de Bonnevin, chevalier, seigneur de Jussas, seule héritière de son père, d'une part; à Antoine Civadier, prêtre, curé de St-Paul d'Angoulême, pour une maison sise en ladite paroisse et ayant sa principale entrée sur la grande rue qui conduit du château à la place de la Petite-Halle, l'autre entrée ouvrant sur la rue qui va des prisons royales à la même place (2 mai). — Aveu et dénombrement rendu à l'abbaye de S¹-Cybard d'Angoulême par Jérôme Valleteau, écuyer, sieur de Mouillac et de Bois-dran, comme héritière de feu Pierre Valleteau, écuyer, sieur desdits lieux, qui l'était lui-même d'Élizée Valle-teau, aussi sieur de Mouillac, son père, pour raison du fief dudit Mouillac, tenu de ladite abbaye au devoir d'une livre de cire blanche ou 12 sous, à muance de vassal (3 mai). — Testament de Jean Valleteau, sieur des Roches, conseiller du Roi, juge magistrat en la séné-chaussée d'Angoumois (7 mai). — Transaction entre dame Marie de Guez, veuve de haut et puissant François de Bardonnin, chevalier, seigneur comte de Sansac, Cellefrouin, Ventouze, Boisbuchet et autres lieux, demeurant à Angoulême, d'une part; et Ignace Duclos, sieur des Vétizons, faisant au nom de Philippe Duclos, aussi sieur des Vétizons, son père, celui-ci demeurant en la ville d'Availles en Poitou, d'autre part, au sujet d'une rente en argent et en nature, due à la seigneurie de Boisbuchet et au sujet de laquelle des sentences con-tradictoires étaient intervenues (11 mai). — Contrat de mariage entre Jean Aubin, marchand, fils de Denis Aubin, aussi marchand, et de Marie Guyonnet, d'une part; et Anne Prévérauld, fille de feu Charles Prévérauld et de Barbe Benoît, d'autre part (11 mai). — Accord entre dame Marie-Françoise de Durfort de Civrac, abbesse de S¹-Ausone d'Angoulême, faisant pour tout le couvent de son monastère, et Raymond Abeil, prêtre, curé de S¹-Martin de Fronsac, au diocèse de Bordeaux, d'une et d'autre part, aux termes duquel ladite abbesse audit nom consent à ce que ledit Abeil et ses successeurs curés dudit Fronsac jouissent à perpétuité de la partie de dîmes prétendue annexée au prieuré de S¹ᵉ-Geneviève dudit lieu, lesdites dames de S¹-Ausone se réservant la jouissance de tous les bâtiments, domaines, cens, rentes, droits, devoirs, profits casuels de lods et ventes et autres émoluments annexés audit prieuré, rappelant à cette occasion que, « dans les temps reculés et avant les guerres civiles et de religion qui ont désolé cette pro-vince et celle de Guienne, les dames religieuses bénédic-tines établies à Fronsac y possédoient un couvent et des revenus proportionnez au nombre des religieuses qui y observoient la vie commune, de fait notoire et transmis par une tradition non interrompue »; mais qu'à la suite desdites guerres et de la ruine dudit prieuré, les abbesses dudit monastère de S¹-Ausone envoyèrent successive-ment audit Fronsac, jusqu'à l'année 1526, une religieuse avec des lettres d'obédience et le titre de prieure, pour en conserver la possession; que nonobstant cette pré-caution, le cardinal de Sourdis, archevêque de Bordeaux, ayant uni ledit prieuré de S¹ᵉ-Geneviève à la cure de

S¹-Martin, un arrêt du parlement de Bordeaux, en date du 19 février 1610, cassa ladite union et maintint l'abbaye dans la possession desdits droits, ce qui fut confirmé de nouveau par arrêt de la même cour du 16 mars 1756, rendu en faveur de l'abbaye (12 mai). — Contrat de mariage entre Martin Cauvillet, fils de sieur Antoine Cauvillet, musicien de la cathédrale d'Angoulême, et Anne Guitard (22 mai). — Cession de droits par Jean Roy, laboureur de la paroisse de Plassac, à Martial Du Tillet de Mezières, écuyer, premier conseiller du Roi en la sénéchaussée d'Angoumois, secrétaire interprète de la Reine, demeurant à Paris, rue de Bièvre, paroisse S¹-Étienne-du-Mont (23 mai). — Quittance par François Lambert, procureur en la sénéchaussée d'Angoumois, faisant pour Jacques-François Dubois, marchand de la ville de Nantes, et autres, à Charles de Champeville, sieur de Boisjoly, garde du corps du Roi, présentement absent, au service de Sa Majesté, de la somme de 1,200 livres qui avait été léguée auxdits Dubois par dame Marguerite Musseau, veuve de François Dubois, sieur de La Cour, ancien capitaine de cavalerie au régiment de Chabrillant, chevalier de S¹-Louis et pensionnaire du Roi (25 mai). — Cession de 25 livres de rente seconde, par dame Marie-Anne Galliot, veuve de Jean-François Lavialle, commis à la recette des tailles de l'élection d'Angoulême, et tutrice de ses enfants mineurs (26 mai). — Inventaire des meubles, effets et papiers dépendant de la succession de feu messire (sic) Élie-François Jou-bert, vivant avocat en la cour, ce requérant dame Marie Chaigneau, sa veuve, et Christophe Joubert, écuyer, con-seiller du Roi et son procureur en l'élection d'Angou-lême, son fils, suivant le contrat de mariage desdits Jou-bert et Chaigneau reçu le 21 février 1743, par Petit, notaire royal. A remarquer : deux petits flambeaux d'argent que les parties ont déclaré appartenir à M. Chai-gneau de La Gravière, avocat, qui les avait prêtés audit feu Joubert; — un melon de cuir à perruque; — un miroir à cadre et chapiteau dorés, deux tableaux dans des cadres ovales, représentant les père et mère de ladite dame Chaigneau, et un autre petit tableau à cadre doré, représentant les armes de la défunte dame de Rothelin, abbesse de S¹-Ausone d'Angoulême; — quatre pents de tapisserie verdure d'Aubusson, neuve, tirant treize aunes et demi-quart sur deux aunes et demie de hauteur, estimée 25 livres l'aune courante, soit 328 livres 2 sous 6 deniers; — deux petits tableaux représentant monseigneur le Dauphin et madame la Dauphine; — un vieux tableau sur toile, représentant un bocage; — une chaise à porteurs, couverte de cuir à clous dorés par dessus et garnie de moquette en dedans, estimée 20 livres;

— un paravent garni d'une grosse toile peinte à fleurs, estimé 10 livres ; — trois thèses imprimées sur satin, dont deux dans des cadres dorés, estimées 6 livres ; — quatre pents de tapisserie représentant une chasse ; — trois autres pents de tapisserie représentant également une chasse ; — soixante-quinze livres pesant d'étain fin, en plats, assiettes, écuelle à bouillon, sucrier, salière et soucoupes, à 20 sous la livre ; — vingt-trois livres pesant d'étain commun, en plats assiettes et salière, à 16 sous la livre ; — une veste, les devants à fleurs d'or et d'argent, les boutons et boutonnières d'or ; — une autre veste à fleurs d'argent et de soie, les boutons et boutonnières d'argent ; — un habit, veste et culotte, l'habit et veste en barracant *(sic)* gris et la culotte en drap, le tout à boutons et boutonnières d'or ; — un habit en barat gris et une veste en droguet, avec les devants en soie ; — un habit en drap gris de souris, à boutons et boutonnières d'or ; deux vestes, les devants de velours noir, la culotte de même ; — trois montres dont une à réveil ; — un bénitier en cuivre émaillé sur lequel est représentée la Vierge avec l'Enfant Jésus, estimé 40 sous ; — un petit tableau carré, en cuivre émaillé, représentant *la Flagellation*, estimé aussi 40 sous ; — la bibliothèque, comprenant des ouvrages in-folio, in-4°, in-8° et in-12, estimés ensemble 881 livres ; — le contrat de mariage desdits Joubert et Chaigneau, en date du 21 février 1743 ; — le contrat de mariage de Mathieu Joubert, père du *de cujus*, avec Marie Sautereau, en date du 26 septembre 1694, reçu Mesnard, notaire royal (26 mai et jours suivants). — État estimatif, mesurage et vente des marchandises composant le fonds de boutique de demoiselle Élizabeth Joubert, fille majeure, marchande de draps, demeurant à Angoulême, devant le canton de la halle du Pallet, paroisse St-André, ledit état montant à la somme de 4,565 livres 15 sous, moyennant laquelle ladite Joubert à cédé lesdites marchandises à Pierre David, marchand sellier, tant pour lui que pour Catherine Moys, sa femme, et Jan-Pierre David, leur fils (28 mai). — Procès-verbal, à la requête de Louis Rambaud, écuyer, sieur de Maillou, agissant comme tuteur de la fille mineure de feu Henri Rambaud, écuyer, sieur de Bourg-Charente, d'une maison sise à Angoulême, paroisse de St-Jacques-de-Lhoumeau, appartenant à ladite mineure et actuellement occupée par le directeur de la messagerie (8 juin). — Procuration donnée par Augustin Fontréaux, sieur de La Judie, docteur en médecine de la faculté de Montpellier, demeurant ordinairement en ladite ville de Montpellier, d'une part ; à Jean David de Boismorand, procureur en la sénéchaussée d'Angoumois, d'autre part, à l'effet de recouvrer des prix de fermes et des arrérages

de rente dus au constituant (14 juin). — Procuration donnée par dame Françoise de Durfort de Civrac, abbesse de St-Ausone d'Angoulême, à maître François de Cazes, notaire royal, procureur et ancien jurat de la ville de Libourne, à l'effet de recevoir toutes les déclarations des prises, mainements et tenues relevant du prieuré de Ste-Geneviève de Fronsac en Bordelais, membre dépendant de l'abbaye de St-Ausone, et de poursuivre les refusants par toutes voies de droit (15 juin). — Pouvoir donné par Paul, chevalier de Montalembert, faisant pour Marc-René, marquis de Montalembert, chevalier, seigneur de Maumont, Saint-Germain, Juignac, le fief de Champaigne, la baronnie de Saint-Amant-de-Montmoreau en partie, Le Poirrier, le fief du Barc en St-Laurent-de-Belzagot, autrement dit Le Repaire du Barc, La Vigerie, Forgeneuve et autres lieux, et de la rivière de Touvre en la paroisse de Ruelle, gouverneur du fort St-André de Villeneuve d'Avignon, chevalier de St-Louis, lieutenant général de Saintonge et Angoumois, brigadier des armées du Roi, envoyé extraordinaire vers les cours de Suède et armée de Poméranie et vers les cours des impératrices, reines d'Ongrie et de Russie et vers celle du roi de Pologne, son frère, d'une part ; à Jacques et autres Jacques David, poissonniers du faubourg du Pontouvre, et autres, pour régir et administrer la pêche dans la rivière de Touvre, pendant cinq ans, vendant le poisson pour le compte du dudit seigneur de Montalembert, et ce moyennant 6 livres par an à prendre par chacun des mandataires sur le produit de la vente dudit poisson (18 juin). — Constitution de 30 livres de rente par Jean Binot, écuyer, sieur de Launoy, capitaine d'invalides de la garnison du château d'Angoulême, et Marie-Anne Jaubert, sa femme, au profit de la fille mineure de feu Jean-Louis Rambaud, écuyer, seigneur de Maillou et autres lieux (20 juin). — Vente, par Guillaume Janet, archer, garde de la connétablie des maréchaux de France, demeurant à Angoulême, à Pierre Boucheron, notaire et procureur postulant en la baronnie de Chatelaillon, d'un office d'huissier ordinaire au siège de la police de La Rochelle (25 juin) 1759.

E. 1786. (Liasse.) — 86 pièces, papier ; 1 sceau.

1759. — Caillaud, notaire royal à Angoulême. — Actes reçus par ce notaire, du 1er juillet au 30 août. — Devis et marché entre Christophe Vinet, entrepreneur et architecte de la ville d'Angoulême, y demeurant, d'une part ; et Pierre Perrier, procureur au présidial de ladite ville, comme fondé de procuration spéciale de messire

Claude Jolliot, abbé de l'abbaye de Notre-Dame de Bour-net, d'autre part, pour les travaux de maçonnerie, char-penterie, menuiserie, serrurerie, vitrerie, couverture, crépissage, pavage, carrelage et blanchissage qui sont à faire aux bâtiments, maison conventuelle et église de ladite abbaye, s'élevant ensemble à la somme de 2,000 livres, sur laquelle ledit Vinet reconnaît avoir reçu par avance celle de 600 livres (1er juillet). — Acte de noto-riété dressé à la requête de la demoiselle Berthoumé, veuve de Pierre Grattereau, en son vivant bourgeois, négociant et ancien consul en la juridiction consulaire d'Angoulême, à l'effet d'établir le bilan de la fortune de celui-ci à son décès, l'état de ses affaires, le nombre de ses enfants (2 juillet). — Vente, moyennant 160 livres payées comptant, par Siméon Du Tillet, conseiller, pre-mier avocat du Roi au présidial d'Angoumois, demeu-rant à Angoulême, paroisse St-Paul, à Jacques Nadaud, négociant, demeurant en la même ville, paroisse St-Anto-nin, de l'un des neuf offices de lieutenant des bourgeois et habitants de la ville d'Angoulême, créés héréditaires par édit du mois de mars 1694, lequel office serait devenu vacant par la mort de Jean Du Tillet, père du vendeur (3 juillet). — Bail à loyer par Philippe Penot, orfèvre, demeurant au faubourg Lhoumeau, à André Laplanche, aubergiste, et à Catherine de Laquintinie, sa femme, d'une maison sise audit faubourg, confrontant par devant à la grande rue dudit faubourg, à main droite, en allant de la porte du Pallet à l'église dudit Lhoumeau, d'un côté aux bâtiments, clos et jardin des P. P. Carmes, d'autre côté à une autre maison appartenant au bailleur et à la corderie de la veuve Roullet, et par derrière au jardin des mêmes religieux et au chemin qui conduit de la fontaine de Chandes au faubourg Lhoumeau, ledit bail comprenant en outre une autre maison joignant au grand portail de la susdite grande rue (3 juillet). — Procès-verbal, à la requête de Jean-François d'Assier, chevalier, seigneur de Pers, Charzac et autres lieux, de la maison dans laquelle il demeure, sise rue des Trois-Fours, paroisse St-André d'Angoulême, et appartenant aux enfants mineurs de feu Henri Fé, écuyer, sieur de Maumont, et de Marthe de Laquille (5 juillet). — Tran-saction entre François-Philippe Pigornet, conseiller du Roi, lieutenant en l'élection d'Angoulême, d'une part; Blanleuil, notaire et procureur d'office de la juridiction de Vignolle, Saint-Paul et Les Goufflers, et autres, d'autre part, au sujet d'une rente (8 juillet). — Présen-tation à la cure de St-Martial de Valette, annexe de St-Étienne de Nontron, par Marie-Françoise de Durfort de Civrac, abbesse de St-Ausone d'Angoulême, en faveur de Jean Bouchaud, prêtre, vicaire de St-Cybard de

Roullet (11 juillet). — Vente par Pierre Sarlandie, écuyer, conseiller du Roi, maître particulier des eaux et forêts d'Angoumois, comme ayant pouvoir : 1o de Marc-Antoine de St-Ouen, chevalier, ancien capitaine au régi-ment de Luxembourg, chevalier de St-Louis, demeurant en son château de Fresnay, paroisse dudit lieu, élection de Bayeux, en Normandie, héritier institué et légataire conjoint et fondé de procuration de Louis-Tanneguy de St-Ouen, chevalier, seigneur et patron honoraire de la paroisse de Fresnay-sur-Mer, ancien capitaine au régi-ment de Vastan, son frère; — 2o de François-Hercules de St-Ouen, chevalier, directeur en chef du génie à Hon-fleur, chevalier de St-Louis; — 3o de Louis-Hercules Vauquelin, chevalier, seigneur patron et marquis d'Her-manville, chevalier de St-Louis, capitaine au régiment royal-dragons, demeurant en son château d'Hermanville, et de dame Madeleine Vauquelin de Goranville, sa sœur, veuve de Philippe-Auguste de Clary, chevalier, seigneur patron de Saint-Étienne et autres lieux, d'une part; à Jean-Charles de Montalembert, chevalier, seigneur du Groc, Fouquebrune, Houme et autres lieux, chevalier de St-Louis, major et commandant des ville et château d'Angoulême, d'autre part, savoir est de tous les bâti-ments, biens fonds, bois et autres domaines composant les lieux du Roc et de La Latterie, paroisses de Fouque-brune et de Chadurie, ladite vente faite moyennant 8,200 livres, tant pour les biens fonds que pour les bes-tiaux gros et menus, les instruments servant à l'exploita-tion et les semences (11 juillet). — Cautionnement de Pierre de Reix, sieur du Repaire, par Pierre de Reix, sieur des Fosses, adjudicataire du Roi pour la fourniture des canons, demeurant à Planchemesnier (12 juillet). — Constitution de 30 livres de rente par Catherine Ches-neau, veuve de Jean Boiteau, marchand, Jacques Vri-deau, procureur au présidial d'Angoumois, et Marie Boi-teau, sa femme, demeurant à Angoulême, au profit de Jean-François Decescaud, sieur de Vignerias, avocat au présidial d'Angoumois (14 juillet). — Procès-verbal de visite de la maison appartenant aux sieurs Dervaud et Henri, marchands, ledit Dervaud agissant comme étant aux droits de Marie-Thérèse Henry, sa femme, de Jean-Théodore, Pierre-Auguste, Jacques-Alexandre, Joseph-Frédéric Henry, ses beaux-frères, mineurs émancipés, ladite maison sise au faubourg Lhoumeau, sur le bord de La Charente, entre celles de Louis Marchais et des héritiers du sieur Héraud (16 juillet). — Transaction sur honoraires, entre Antoine Callueau, procureur au pré-sidial d'Angoumois, tant de son chef que faisant pour les enfants du sieur Arnaud, mineurs émancipés par justice, procédant sous l'autorité de Pierre Fauconnier, chanoine de la cathédrale d'Angoulême, d'une part; et Jean-Hélie de Raymond, écuyer, sieur de Sainte-Acquitière, tant de son chef que comme fondé de procuration de dame Marie Cadiot de Pontenier, sa femme, d'autre part (17 juillet). — Inventaire des meubles, titres et papiers dépendant de la succession de feu Antoine Sauvo, sieur Du Bousquet, en son vivant juge magistrat en la sénéchaussée d'Angoumois, ce requérant Jean-François Gilbert, archiprêtre de l'église St-Jean d'Angoulême, faisant pour Marie Gilbert, sa tante, veuve dudit sieur Du Bousquet, celle-ci agissant comme tutrice de Marie-Madeleine Sauvo, sa fille mineure, et encore pour Jeanne et autre Jeanne Sauvo, ses filles majeures (19 juillet, 10 et 11 août). — Acte d'ingression dans la communauté du tiers-ordre de St-François d'Angoulême, pour demoiselle Marie-Anne Videau, demeurant ordinairement au logis de Pommeray, paroisse d'Aubeville, agissant du consentement de messire André-Martial Videau, écuyer, sieur du Carrier, La Dourville et autres lieux (21 juillet). — Dépôt, en l'étude de Caillaud, notaire à Angoulême, par Pierre Zain, sieur Des Brandes, demeurant au château de Bouex, paroisse dudit lieu, d'une procuration spéciale à lui donnée par Jacques Jobert, bourgeois de Paris, curateur à la succession vacante de feu Noël Arnaud, seigneur de Bouex, ancien maître des requêtes de l'hôtel du Roi, à l'effet de toucher les revenus dépendant de ladite succession (21 juillet). — Contrat d'ingression dans l'abbaye de St-Ausone d'Angoulême, pour demoiselle Marie-Charlotte de La Rochefoucauld de Maumont, fille mineure de Jean de La Rochefoucauld, chevalier, seigneur de Maumont, Magnac, Le Vivier et autres lieux, et de dame Marguerite de Scescaud, en faveur de laquelle ingression ladite demoiselle s'est constitué en dot la somme de 3,000 livres à prélever sur tous les biens qu'elle a recueillis tant des successions de ses père et mère que de la demoiselle de La Rochefoucauld de Cursac, sa sœur (4 août). — Quittance par Jean-Louis Rambaud, écuyer, seigneur de Maillou, Saint-Saturnin, Tarsac et autres lieux, comme tuteur de la demoiselle Rambaud de Bourg-Charente, sa nièce mineure, à Pierre Vantongeren, chevalier, seigneur de Vaux, Siecq et Cougoussac, trésorier de France au bureau des finances de la généralité de Limoges, de la somme de 5,000 livres pour l'extinction de deux rentes précédemment constituées au profit dudit sieur Rambaud audit nom, par Jean de Montalembert, chevalier, seigneur de Vaux, et Jeanne de Montalembert, sa femme, qui avaient assigné lesdites rentes sur la terre de Vaux, depuis lors vendue par eux audit Vantongeren, suivant acte du 21 juin dernier, reçu par Gandon, notaire royal (24 août). — Cons-

titution de 644 livres 14 sous de rente, par dame Marie Hastelet, veuve de Pierre Chapiteau, vivant écuyer, sieur de Remondias, tant de son chef que comme tutrice de ses enfants mineurs, demeurant au logis de Remondias, paroisse de Mainzac, au profit de messire Émery Hastelet, chevalier, seigneur de Joumelières, son frère, demeurant en son logis de Joumelières, paroisse de Javerlhac en Périgord (24 août). — Contrat de mariage entre Martial Garnaud, fils de Jean Garnaud, journalier, et de défunte Catherine Ducloud, d'une part; et Françoise Chambaud, fille de Jean Chambaud, tonnelier, auquel contrat ont signé trente témoins (25 août). — Dépôt, en l'étude de Caillaud, notaire à Angoulême, par Jean-Balthazar Jouve, prêtre, bachelier en théologie, archidiacre de l'église d'Embrun, de deux procurations générales et spéciales à lui données, l'une par Jean-Baptiste de Montgrand, capitaine au régiment d'Aubigné-dragons, l'autre par André-César de Montgrand, prieur seigneur du prieuré simple de La Faye, membre dépendant de l'abbaye de La Couronne, diocèse de Périgueux, pour faire faire le procès-verbal de prisée et estimation des vases sacrés, linges et ornements dudit prieuré, ainsi que des réparations à faire tant à l'église qu'aux autres bâtiments dudit lieu (26 août). — Contrat de mariage entre François Sartre, fils de Jean Sartre, cavalier de la maréchaussée de Limousin, en résidence à Angoulême, et de Madeleine Filhon, d'une part; et Anne Thomas, fille de Claude Thomas, huissier audiencier à la police d'Angoulême, et d'Anne Viaud, d'autre part, les deux parties demeurant à Angoulême, paroisse St-André (30 août 1759).

E. 1787. (Liasse). — 65 pièces, papier.

1759. — Caillaud, notaire royal à Angoulême. — Actes reçus par ce notaire, du 1er septembre au 30 octobre. — Bail à ferme pour huit années, à raison de 365 livres l'une, par Pierre Fauconnier, chanoine de la cathédrale d'Angoulême, seigneur prieur du prieuré du Châtelard-la-Rivière, à Jean Devillemandy, marchand du bourg dudit Châtelard, de toutes les dîmes appartenant audit prieuré, dans la paroisse du Châtelard seulement, ainsi que de tous les bâtiments, préclôtures, grand pré, bois taillis de la petite et grande garenne et châtaigneraie dudit lieu (1er septembre). — Constitution de 25 livres de rente par François-Louis de Lubersac, chevalier, seigneur de Lerce et autres lieux, faisant tant pour lui que pour Françoise Lainé, sa femme, demeurant ensemble en leur logis de Lerce, paroisse de Pérignac, d'une part; au profit de la fille mineure de feu Henri Rambaud, vivant écuyer, seigneur de Bourg-Charente

(1er septembre). — Cession faite à ladite demoiselle Rambaud de Bourg-Charente par Antoine de Salignac, écuyer, seigneur du Mesnadeau, et dame Anne Seguin, sa femme, et Bernard Seguin, bourgeois, tant de son chef que comme exerçant les droits de Jeanne de Lavaud, sa femme, de deux rentes dues auxdits de Salignac et Seguin par François-Louis de Lubersac, chevalier, seigneur de Lerce, et dame Françoise Laîné, sa femme, pour avoir été constituées à prix d'argent par Étienne de Lubersac, écuyer, sieur de La Foucaudie, et Marie Chevallier, sa femme, au profit des religieuses de la Visitation de La Rochefoucauld, suivant acte du 15 août 1657, reçu par Desaunières, notaire royal de ladite ville, et cédées par lesdites dames religieuses à Jean de Lubersac, chevalier, seigneur de La Foucaudie, par acte du 10 novembre 1687 (2 septembre). — Transaction entre Louis de la Breuille, chevalier, seigneur de Chantrezac, d'une part ; Benoît Chaussade, prêtre, curé de La Plaud, Jean Bastier, sieur de La Vergne, marchand, tant pour lui que pour François Bastier, sieur du Temple, son frère, d'autre part, au sujet de la mouvance féodale du mas de La Tournière (12 septembre). — Vente, moyennant 2,189 livres, par Simon Piveteau Fleury, négociant, et dame Marie Collain, sa femme, comme étant aux droits de Guillaume Collain, prêtre, religieux cordelier, leur beau-frère et frère, demeurant en leur manufacture royale, près la fontaine de Chandes, paroisse St-Martial d'Angoulême, conjointement avec Jacques Sibilotte, boulanger, d'une part ; à François Pinasseau, aussi boulanger de la présente ville, d'autre part, d'une maison sise audit Angoulême, paroisse St-André, confrontant par devant à la rue par laquelle on va de la place de traverse du milieu de la halle du Pallet à la maison commune de la ville d'Angoulême, à main gauche, et mouvant de monsieur de La Rochefoucauld de Maumont (22 septembre). — Vente, moyennant 550 livres payées comptant, par Blaise Bourrut, maître perruquier, baigneur et étuviste de la ville d'Angoulême, y demeurant, rue des Cordonniers, paroisse de Beaulieu, à Élie Ribadeau, garçon perruquier, de la place de perruquier, baigneur et étuviste appartenant au vendeur (27 septembre). — Protestation de demoiselle Marie de la Croix, fille majeure, demeurant au couvent de l'Union-Chrétienne d'Angoulême, par laquelle elle déclare que pendant son absence de la maison du sieur de la Croix de Jovelle et de la dame de la Chambre, ses père et mère, dame Marie-Anne de la Croix, vicomtesse de Legé, le sieur Des Jehans de Jaubertie et dame Marie de la Croix, sa femme, demoiselle Françoise de la Croix du Chaslard, ses sœurs et beau-frère, s'étant totalement emparés de l'esprit desdits

sieur et dame de Jovelle, père et mère de la déclarante, qu'ils leur auraient persuadé de priver celle-ci du nécessaire et de la somme de 10,000 livres qui lui revenait, ainsi qu'aux dames de Jaubertie et du Chaslard, ses sœurs puînées, aux termes du contrat de mariage de la vicomtesse de Legé, en date du 24 août 1744, reçu par Ponteiron, notaire royal ; que depuis ledit mariage, les sieur et dame de Jovelle ont fait passer presque tous leurs effets actifs aux sieur et dame de Jaubertie, notamment une créance contre le sieur de Pommeyrol, de La Tour-Blanche ; que le sieur de Jovelle, père commun, étant mort le 20 mars 1757, la vicomtesse de Legé, les sieur et dame de Jaubertie et la demoiselle du Chaslard s'emparèrent alors de tous les biens, titres et papiers de la succession, sans partage ; que tous les biens qui ont paru ont été les fiefs de Jovelle et d'Hautefaye, et les métairies de Chapuzet et de Chez-Bourgogne, avec les bois qui en dépendent ; que de la masse des biens de la succession on a distrait : 1o le droit d'aînesse appartenant à ladite dame de Legé et consistant dans le château de Jovelle avec ses préclôtures fixées par les trois chemins publics de La Tour-Blanche à Chadeuil, de Chadeuil à Cherval, de La Tour-Blanche à Verteillac ; 2o la métairie de Chez-Bourgogne, comme étant un acquêt et revenant à ladite vicomtesse ; si bien que les biens à partager se sont trouvés réduits aux quatre cinquièmes du fief d'Hautefaye, à la métairie de Chapuzet et aux terres comprises entre le chemin de Verteillac et la bonde de l'étang (1er octobre). — Contrat de mariage entre Jean Brunet, officier du Roi pour l'exécution des sentences criminelles de la ville d'Angoulême, fils de feu Jean-Blaise Brunet, en son vivant aussi exécuteur desdites sentences en la ville de Civray en Poitou, et de Marie Joyeux, d'une part ; et Marie Berger, fille de feu Jacques Berger, en son vivant exécuteur des sentences criminelles de la ville d'Angoulême, et de Radegonde Pinochaud, d'autre part (15 octobre). — Contrat de mariage entre Jean de Jambes, écuyer, sieur du Breuil, fils de feu Jacques de Jambes, écuyer, sieur de La Foix, et de Marie André, demeurant à Plaimbost, paroisse de Fouquebrune, d'une part ; et Thérèse-Gabrielle Lhoumeau, fille de feu Michel Lhoumeau, vivant avocat au présidial d'Angoulême, et de demoiselle Marie-Marguerite de la Grézille, demeurant à Angoulême, paroisse St-Antonin, d'autre part (24 octobre 1759).

E. 1788. (Liasse.) — 62 pièces, papier.

1759. — Caillaud, notaire royal à Angoulême. — Actes reçus par ce notaire, du 2 novembre au 30 décembre. — Inventaire des meubles, effets et papiers dépendant de la succession de dame Marie de Guez, veuve de François de Bardonnin, chevalier, seigneur comte de Sansac, décédée le 1er octobre de la présente année, ce requérant Jean Dexmier, sieur de Feuillade, avocat à la cour et l'un des pairs du corps de ville d'Angoulême, exécuteur testamentaire de ladite de Guez. A signaler audit inventaire : une tenture de tapisserie verdure de Flandre, en six pièces, tirant six aunes et demie, trouée et usée en plusieurs endroits, estimée 840 livres; — cinq autres pends de tapisserie verdure, aussi de Flandre, tirant quatorze aunes de long sur deux aunes trois quarts de hauteur, usés et troués en divers endroits, estimés ensemble 220 livres; — une tenture de tapisserie de Flandre, en huit pends, représentant l'*Histoire de l'empereur Constantin*, très vieille et usée, estimée 400 livres; — une tenture de quatre pends de tapisserie d'Angleterre représentant les *Métamorphoses d'Ovide*, tirant dix-neuf aunes trois quarts sur trois aunes et demie de hauteur, troués en plusieurs endroits, estimés 450 livres; — un assortiment d'argenterie comprenant quatre douzaines d'assiettes, dix plats, vingt-quatre couverts, quatre cuillers à ragoût, deux grandes à potage, dix cuillers à café, un pot à bouillon, une écuelle à oreille, une cafetière, huit flambeaux, une mouchette et son porte-mouchette, six gobelets, un « buterfiol » et un bénitier, le tout d'argent, pesant ensemble 211 marcs quatre onces et demie, à 46 livres 18 sous le marc et montant à 9,922 livres 5 sous 6 deniers (3 novembre 1659 et jours suivants). — Sommation faite par Jean-David de Boismorand, procureur en la sénéchaussée d'Angoumois, comme mandataire des religieuses du tiers-ordre St-François de la ville d'Angoulême, à monsieur Prévérauld, curé de St-André de ladite ville, d'avoir à remettre auxdites dames religieuses la moitié qui leur revient dans le luminaire et les offrandes provenant du convoi et enterrement de dame Marie de Guez de Sansac, enterrée dans leur église; à quoi ledit curé répond que lesdites religieuses étant ses paroissiennes, le luminaire de leurs enterrements lui appartient de plein droit, et à plus forte raison celui de la dame de Sansac, celle-ci n'ayant aucun droit de sépulture dans la chapelle desdites religieuses, et l'office de l'enterrement s'étant fait dans l'église paroissiale de St-André (6 novembre). — Constitution de 120 livres de rente par Jean-Armand Dervaud, inspecteur général de la manufacture royale des papiers d'Angoumois, et Marie-Thérèse Henry, sa femme, au profit de Madeleine Norry, veuve de Guillaume Rivet Coursier, directeur général des messageries d'Angoulême (15 novembre). —

Bail à ferme, pour sept années et moyennant des rentes en nature, par dame Madeleine Chérade de Montbron, dépositaire de l'abbaye de St-Ausone d'Angoulême, de tous les revenus appartenant à son monastère dans la paroisse de Fouquebrune (16 novembre). — Vente, moyennant 8,000 livres de principal et 424 livres de pot-de-vin, par Barthélemy Jayet, sieur de Beaupré, et Jeanne Ivert, sa femme, demeurant à Angoulême, à André-Martial Vidaud du Carrier, écuyer, seigneur de La Dourville, tant de son chef que comme étant aux droits de Luce Jayet, sa femme, demeurant à La Dourville, paroisse d'Aubeville, d'une et d'autre part, savoir est du fief et métairie du Bois-Chadanne, paroisses d'Aubeville et de Péreuil, appartenant au vendeur de son chef par le partage fait entre lui et Jeanne-Charlotte Thibaud, veuve de Barthélemy Jayet, seigneur de La Dourville, l'un des commensaux du Roi (18 novembre). — Procuration par Pierre Bonnevin, chevalier, seigneur de Jussas, Sousmoulins et autres lieux, et Jeanne de Villoutreys, sa femme, fille et unique héritière de Bernard de Villoutreys, écuyer, chevalier de St-Louis, d'une part; à François Constant, procureur au Parlement de Paris, d'autre part, aux fins de poursuivre le recouvrement d'une créance (20 novembre). — Vente, moyennant 9,000 livres, par Émery Hastelet, chevalier, seigneur des Joumelières, y demeurant, fondé de procuration de dame Marie Hastelet, sa sœur, veuve non commune en biens de Pierre Chapiteau, vivant écuyer, sieur de Raymondias, d'une part; à Pierre de Couhé de Lusignan, chevalier, seigneur dudit nom, tant pour lui que pour dame Françoise de Lubersac de Saint-Germain, sa femme, d'autre part, savoir est de tous les bâtiments, biens fonds et héritages appartenant à ladite dame venderesse au lieu dit Beaulieu et consistant en maison de maître et autres bâtiments, cour, jardin, logements pour les métayers, granges, étables, terres, prés, bois, vignes (26 novembre). — Acte de notoriété pour établir que, du mariage de Pierre Chaigneau, sieur de Rabion, docteur en médecine, avec demoiselle Catherine David, sont issus Jean Chaigneau, aussi docteur en médecine, Jacquette Hippolite Chaigneau, non mariée, Marguerite Chaigneau, veuve de François Seguin, sieur du Mesnadeau, et que ledit Jean Chaigneau serait décédé le 18 octobre 1757, laissant de son mariage avec Marie Benoît, Jean, autre Jean, Antoinette et Renée Chaigneau, mineurs (27 novembre). — Constitution d'un titre clérical de 120 livres de pension par Pierre Thoumie, sieur de Charsay, et Marie-Philippe Mioulle, sa femme, au profit d'Étienne Thoumie, clerc tonsuré, leur fils (1er décembre). — Reconnaissance de 50 livres de rente par dame Louise Dufaux, veuve de haut et puissant Jean, comte de Roffignac, chevalier, seigneur de Belleville, Les Brosses, Pommier et autres lieux, aux Carmélites d'Angoulême (8 décembre). — Cession par François Georget, sieur du Breuil, et Pierre Georget, sieur de Saint-Trojan, demeurant ensemble à La Tâchonnerie, paroisse de La Faye en Angoumois, et Louis Georget, sieur de La Prée, tous frères et héritiers de défunts François Georget, sieur du Breuil, ancien capitaine d'infanterie, et dame Catherine de Mondion, d'une part; à Charles de Champeville, écuyer, sieur de Boisjoly, garde du corps du Roi, demeurant à Angoulême, d'autre part, de 58 livres 6 sous de rente sur les tailles de l'élection d'Angoulême, anciennement constituées au profit du sieur de Mondion, aïeul des parties (25 décembre). — Contrat d'ingression dans la communauté des dames hospitalières de l'Hôtel-Dieu d'Angoulême, pour Marie-Anne Vallier, fille de François Vallier, procureur au présidial d'Angoumois (29 décembre 1759).

E. 1789. (Liasse.) — 67 pièces, papier.

1760. — Caillaud, notaire royal à Angoulême. — Actes reçus par ce notaire, du 1er janvier au 29 février. — Vente par Jacques Fruchet, praticien, demeurant à Angoulême, paroisse St-Martial, fondé de procuration de Pierre Paponnet, maréchal, à Philippe Glaumont, sellier, d'une maison sise en ladite ville, sur la grande rue qui va de la porte de la cathédrale St-Pierre à la garenne du Roi, à main gauche, et relevant de l'abbaye de St-Ausone (1er janvier). — Cession d'une rente par Pierre-Jean Moizan, sieur de Lestang, demeurant à La Tourelle, paroisse de Sireuil, et Élizabeth Valleteau, sa femme, à Jean-Baptiste Lerillet, receveur général des aides de la direction d'Angoulême (3 janvier). — Augmentation de pension par Rémi Gilbert, conseiller du corps de ville d'Angoulême, ancien juge en la juridiction consulaire de ladite ville, et Françoise Tremeau, sa femme, en faveur de Marie Gilbert, leur fille, religieuse en l'abbaye de St-Ausone (9 janvier). — Mariage par échange entre deux familles de laboureurs (12 janvier). — Vente, moyennant 99 livres, par Antoine Artaud, notaire royal, demeurant au lieu de Chez-Gosay, paroisse de Sers, à Jean-Baptiste Fleurat, ancien huissier en la connétablie et maréchaussée de France, demeurant en la paroisse de Magnac-sur-Touvre, du titre et office de notaire royal appartenant au vendeur, à la résidence de Marillac-le-Franc, pour l'avoir acquis de Jean Ducoux, fils et héritier d'Antoine Ducoux, par acte du 4 juillet 1746

reçu Vignaud, notaire à La Valette (19 janvier). — Vente, moyennant 2,000 livres, par François Godinaud, boulanger à Angoulême, à Jacques Joubert, sieur des Fosses, avocat à la cour, d'une maison sise en ladite ville, paroisse St-Cybard, sur la rue allant de la place du Mûrier à l'église et au couvent des Cordeliers, à main droite (20 janvier). — Transaction sur partage entre Catherine Dussouchet, veuve de Charles Dussouchet, marchand, Antoine Dussouchet, aussi marchand, Michel Marchadier, avocat en la cour, à cause de Marie Dussouchet, sa femme, héritiers dudit Charles Dussouchet, leur père, et Rose Montarlot (25 janvier). — Acte de notoriété par Jean Delessat, Pierre Périer, André Delahaure et Pierre Guimbertaud, procureurs au présidial d'Angoumois, pour affirmer que monsieur maître Antoine Sauvo, sieur du Bousquet, conseiller du Roi, juge magistrat en la sénéchaussée d'Angoumois, demeurant à Angoulême, paroisse de Notre-Dame de Beaulieu, décédé le 16 juillet 1759 en sa maison du Panisson, paroisse de St-Maurice de Montbron en Angoumois, n'a laissé d'autres héritiers que trois filles non mariées qui sont Marie-Jeanne et Jeanne, majeures, et Marie-Madeleine, mineure, sous la tutelle de Marie Gilbert, sa mère (26 janvier). — Contrat entre François Tremeau, sieur du Pignon, avocat au Parlement, négociant à La Martinique, de présent à Angoulême, et Christophe Sirier, maître chirurgien de cette ville, pour l'apprentissage de Noël Virolle chez ce dernier (26 janvier). — Cession par Pierre Mioulle, sieur de La Touche, ancien lieutenant au régiment Royal-infanterie, l'un des pairs de l'hôtel de ville d'Angoulême, à Emmanuel Sazerac, négociant, conseiller du Roi, receveur des bois de la maîtrise d'Angoumois, d'une rente de 90 livres créée par acte du 7 juin 1752 reçu Deroullède, notaire à Blanzac (30 janvier). — Procès-verbal à la requête de dame Anne-Marie-Geneviève de Chaumont, veuve de Jean Gautier, sieur de La Vallade, avocat au présidial d'Angoumois, d'une maison sise à Angoulême, paroisse St-Martial, actuellement affermée au nommé Basque, instructeur de jeunesse (31 janvier). — Vente, moyennant 2,300 livres, par Henri Combret, demeurant à Angoulême, faubourg et paroisse St-Jacques de Lhoumeau, à Philippe Combret, son fils, d'une gabare sise dans le port dudit Lhoumeau, avec cent quinze aunes de toile neuve pour faire des voiles (5 février). — Bail à ferme par Pierre de Bonnevin, chevalier, seigneur de Jussas, Sousmoulins, Labinaud et autres lieux, tant de son chef que comme étant aux droits de Jeanne de Villoutreys, sa femme, de la maison et lieu noble de La Vergne, circonstances et dépendances, et d'une métairie sise près du bourg de

Charmant (12 février). — Ratification par Jacques Pierre, boulanger à Angoulême, de la vente consentie par Guy Vignaud, marchand du bourg de Beaulieu, à François Le Roy, chevalier, seigneur de La Baurie, capitaine de cavalerie, sous-brigadier et aide-major de la compagnie des gendarmes de la garde ordinaire du Roi, d'une pièce de terre sise en ladite paroisse de Beaulieu (13 février). — Aveu et dénombrement rendu par Michel Favret, sieur du Pommeau, directeur général des aides de la province d'Angoumois, à Charles-Annibal de Rohan-Chabot, chevalier, seigneur comte de Jarnac, marquis de Soubran, et à dame Charlotte Chabot, comtesse de Jarnac, sa femme, pour raison du fief de Rochecoral, sis dans l'enclave de la paroisse de Trois-Palis, acquis par ledit sieur du Pommeau de François André de Coudert du Thurin, chevalier, seigneur d'Antuniac, héritier de Louis de Coudert de Thurin, écuyer, sieur de Rochecoral, son frère, suivant acte du 23 août 1749 reçu Caillaud, ledit fief tenu à hommage lige et au devoir de 5 sous à muance de seigneur et de vassal (15 février). — Procuration par Marguerite Gautier, femme de Jean-François Du Haumont, écuyer, seigneur de La Garde-St-Barthélemi, y demeurant, paroisse de Beaussac en Périgord, audit sieur de La Garde, son mari, à l'effet de régir tous ses biens dont elle ne peut plus prendre soin, ayant perdu l'usage de la vue (18 février). — Reconnaissance donnée au Roi, à cause de ses duché d'Angoumois et château d'Angoulême : par Jean Lacour, marchand, pour deux barres ou étaux sis sous la halle du Pallet de la ville d'Angoulême ; — par Jean Cazeau, chanoine de la cathédrale d'Angoulême, pour deux bancs sis au même lieu ; — par André André, sieur de La Tasche, pour deux autres bancs sis sous la même halle ; — par Jean Joubert, marchand, pour un banc sis au même lieu (21-24 février). — Cession du bail d'une maison au faubourg de Lhoumeau, par André Laplanche, marchand aubergiste, et Catherine de Laquintinie, sa femme, à Jean-Timothée Jacques, sieur de Canteau, maître de la poste de Saint-Cybardeaux, demeurant présentement à Aigre, lequel se trouvait obligé de changer de résidence par suite de ce que, Sa Majesté ayant changé la route des postes pour la faire passer par la ville d'Angoulême, ledit sieur de Canteau aurait été chargé par monsieur de Monregard, intendant des postes, du service de la poste d'Angoulême (24 février). — Inventaire des titres et papiers de la terre et seigneurie de Vaux et du fief des Plaines, et décharge desdits titres donnée par dame Marguerite-Blanche Régnier, veuve de Pierre Vantongeren, vivant chevalier, seigneur des terres et seigneuries de Vaux, Plaizac, Siecq et Cougoussac, président

trésorier de France, à Jean de Montalembert, chevalier, seigneur de Vaux et Plaizac (28 février). — Principaux titres mentionnés audit état : Vente, par Jean de Montalembert, susnommé, et Jeanne de Montalembert, sa femme, audit Vantongeren, des terres et seigneuries de Vaux, Plaizac et dépendances, par acte du 21 juin 1759, reçu Gauron et Bourgnet, notaires royaux ; — Titre primordial de la haute, moyenne et basse justice de la terre de Vaux, accordé par Guillaume de Craon, seigneur de Marsillac et Jarnac-Charente, à Hugues de Vaux, seigneur dudit lieu, le 27 décembre 1378 ; — Aveu et dénombrement rendu au seigneur de Jarnac par le seigneur de Vaux, le 16 juin 1421, pour les péages et autres droits seigneuriaux ; — Autre aveu rendu pour les mêmes droits, le 16 juin 1497 ; — Autre aveu rendu pour le même objet, le 20 octobre 1519. — Arrêt du parlement de Paris, en date du 26 mai 1651, entre les seigneurs de Jarnac et de Vaux et les habitants dudit Vaux, qui règle la forme de l'hommage et garde et qui maintient les habitants de Vaux dans leur droit de pacage, conformément aux actes de 1649, et le seigneur de Vaux dans ses droits de banalité ; — Autre arrêt de la même cour, du 11 août 1651, qui défend au seigneur de Jarnac et à son juge de distraire ses justiciables de sa justice de Vaux, et qui défend aux habitants dudit Vaux de porter leurs grains moudre et leurs pâtes cuire ailleurs qu'aux moulin et four banaux, à peine de 100 livres d'amende contre chacun des contrevenants ; — Transaction passée, le 1ᵉʳ janvier 1666, entre Catherine de La Rochefoucauld, veuve de Louis Chabot, dame de Jarnac, et Pierre de Montalembert, chevalier, seigneur de Vaux, par lequel celui-ci cède à ladite dame la haute et moyenne justice et les droits qu'il avait à Jarnac, ne se réservant que la basse justice, moyennant quoi ladite dame de Jarnac le tient quitte de l'hommage et garde qu'il lui devait, étant stipulé entre les parties que si l'une d'elles veut rentrer dans ses droits, elle sera tenue d'en prévenir l'autre un mois à l'avance ; — Aveu rendu à l'abbé de Jarnac comme tuteur, par Pierre de Montalembert, fils d'autre Pierre, pour les péages de Jarnac, le 7 avril 1704 ; — Transaction passée le 13 septembre 1752, entre les comte et comtesse de Jarnac, d'une part, les seigneur et dame de Vaux, d'autre part, et portant rétrocession par ces derniers aux seigneur et dame de Jarnac, de la haute justice de la terre de Vaux ainsi que des droits de péage qu'ils avaient à Jarnac, moyennant quoi l'hommage et dix jours de garde sont éteints. — Enquête faite par noble Jean de Vaux, seigneur dudit lieu, à l'encontre de Renaud Chabot, seigneur comte de Jarnac, le 19 mai 1463 et jours suivants. — Rapport de deux chirurgiens jurés sur l'état physique de dame Anne-Françoise de Chantrezac, âgée de quarante-trois ans, ledit rapport en date du 29 février 1760, déposé en l'étude de Caillaud, notaire à Angoulême, le jour susdit, dont acte de dépôt daté dudit jour.

E. 1790. (Liasse.) — 108 pièces, papiers.

1760. — Caillaud, notaire royal à Angoulême. — Actes reçus par ce notaire, du 1er mars au 29 avril. — Constitution de 80 livres de rente par Jean Regnauld, chevalier, seigneur de Seez et de Servolle, et dame Catherine-Victoire de Pindray, sa femme, demeurant en leur logis noble de Seez, paroisse de Vars, ledit seigneur de Seez en qualité d'héritier de feu Jean Regnauld, aussi écuyer, seigneur de Seez et de Servolle, et de dame Marguerite de Lastre, ses père et mère, d'une part ; au profit de Pierre Pigornet, avocat en la cour, en qualité d'héritier de défunts François Pigornet, l'un des conseillers du corps de ville d'Angoulême, et Élizabeth Brothier, ses père et mère, d'autre part (1er mars). — Prise de possession de la cure de St-Jean de Vœuil et Notre-Dame de Giget, son annexe, au diocèse d'Angoulême, par Antoine Dupuy, prêtre dudit diocèse, pourvu en remplacement de Jean My, prêtre, dernier paisible possesseur (2 mars). — Procès-verbal à la requête de Pierre Naudon, commis aux droits des cartes et cuirs, fondé de procuration de Michel Favret du Pommeau, seigneur de La Breuillerie et Rochecoral, directeur des aides, fermes et cuirs de la province d'Angoumois, à l'encontre de Pierre Filhon, de la paroisse de Trois-Palis, des coupes et enlèvements faits par celui-ci dans le bois de La Coudraie, dépendant de ladite seigneurie de La Breuillerie et Rochecoral (3 mars). — Cession par François Martin, chevalier, seigneur de Bourgon, et Suzanne de Lubersac, sa femme, ledit sieur de Bourgon tant en son nom que comme légal administrateur de Jacques, Louis-François et Joseph Martin de Bourgon, ses enfants mineurs, légataires de feu Jacques Martin de Bourgon, écuyer, trésorier de l'église cathédrale d'Angoulême, d'une part ; à la demoiselle Rambaud de Bourg-Charente, fille mineure de feu Henri Rambaud, écuyer, sieur de Bourg-Charente, d'autre part, de la somme de 100 livres de rente annuelle due auxdits mineurs en qualité de légataires, par dame Anne Guionnet de St-Germain, veuve de François Normand, chevalier, seigneur de Garat, et Jean Normand, chevalier, seigneur de La Tranchade, son fils (7 mars). — Procuration donnée par Charles de Champeville, sieur de Boisjoly, garde du corps du Roi, sur le point de partir pour servir son quartier, à Anne Taschier, fille majeure, demeurant à Angoulême, pour le représenter partout où besoin sera jusqu'à révocation du présent pouvoir (9 mars). — Bail à loyer par Hélie des Ruaux, chevalier, seigneur comte de Roufflac, en qualité de créancier de Jean de Villoutreys, écuyer, sieur de Bellevue, et des sieur et demoiselle Barré de Chilloux, d'une maison sise à Angoulême, paroisse St-André, sur la rue qui conduit de la place de la Petite-Halle au canton des Six-Voies et à la place du Mûrier, à main gauche (10 mars). — Profession religieuse en l'abbaye de St-Ausone d'Angoulême, par demoiselle Henriette de Beaupoil de Saint-Aulaire, fille de Pierre de Beaupoil de Saint-Aulaire, écuyer, sieur de La Noue, et de dame Françoise-Mathieu de Jagonas, sa femme, demeurant en leur logis de La Noue, paroisse de Brie-sous-Archiac, en présence de Jean-Gustave-Adolphe de Nogaret, capitaine au régiment Royal-infanterie, demeurant ordinairement au bourg de Montravel en Périgord, fondé de procuration desdits sieur et dame de La Noue, et des religieuses dudit monastère qui ont signé (13 mars). — Vente des meubles dépendant de la succession de la dame Marie de Guez, veuve de François de Bardonnin, écuyer, seigneur comte de Sansac, à la poursuite de Jean Dexmier, sieur de Feuillade, avocat en la cour, l'un des pairs du corps de ville d'Angoulême, exécuteur testamentaire de ladite dame, et conformément à l'inventaire dressé à la requête du marquis d'Argence, légal administrateur de sa fille mineure, légataire des meubles, acquêts et partie des propres de ladite dame de Sansac (18 mars et jours suivants). — Procès-verbal de l'adjudication faite aux enchères publiques, et moyennant 425 livres, à François Martin, écuyer, sieur de Bourgon, d'une tapisserie d'Aubusson représentant l'*Histoire d'Assuérus, d'Esther et de Mardochée*, en treize pièces tirant vingt-sept aunes, laquelle tapisserie n'avait pas trouvé d'enchérisseur lors de la vente qui fut faite, en 1744, des meubles de la succession de feu Henri Rambaud, écuyer, seigneur de Bourg-Charente (1er avril). — Cession d'une créance de 2,000 livres par Louis Rambaud de Mareuil, conseiller du Roi, lieutenant particulier au siège royal de Cognac, à Jacques Descordes, procureur au présidial d'Angoumois (1er avril). — Reconnaissance censuelle donnée par des particuliers de la paroisse de Champniers à Louis de Chastel, écuyer, sieur de La Berthe, garde du corps du Roi, capitaine de cavalerie, demeurant au logis des Montagnes, paroisse dudit Champniers (18 avril). — Déclaration donnée à l'abbaye de St-Ausone d'Angoulême par des particuliers, pour la prise des Quatres (Castres), en la paroisse de Magnac-sur-Touvre (5 avril). — Procès-verbal des moulins à papier de Nersac, à la requête de Jean Teurtas, procureur, pour le compte de la fille mineure de feu Henri Rambaud, seigneur de Bourg-Charente (10 avril). — Vente, moyennant 700 livres et la réserve de la faculté de rachat, par Jean Regnauld, écuyer, sieur de Seez, y demeurant, paroisse de Vars, à Moïse Dumas, écuyer, sieur de Chebrac, lieutenant particulier criminel en la sénéchaussée d'Angoumois, d'une partie des eaux et droit de pêche lui appartenant, à cause de sadite seigneurie de Seez, dans la rivière de Charente, sur la paroisse de Vars, depuis l'île de Parjaud jusqu'à celle de Palot (12 avril). — Cession en forme de licitation, par Noël-Bertrand de La Laurencie, seigneur marquis de Neuvy, Charras, Le Breuil de Dignac et autres lieux, lieutenant des maréchaux de France en Angoumois, tant de son chef que comme fondé de procuration de Charles-Henri de La Laurencie, chevalier, seigneur de Villeneuve-la-Comtesse, lieutenant des maréchaux de France en Poitou, et de dame Marie-Anne de La Laurencie, sa femme, et encore par Jean-Noël Arnaud, chevalier, seigneur de Chesne, Bouex, Mairé, enclave de Garat, Les Bournis, et Noël-Nicolas Arnaud, chevalier, seigneur de Vouzan, La Bergerie, Le Châtelard et autres lieux, d'une part; à Pierre Regnauld, chevalier de La Soudière, seigneur de Goué, ancien brigadier aux gardes du corps du Roi, et à dame Françoise-Catherine-Marie Arnaud, sa femme, d'autre part, d'une maison sise à Angoulême, rue des Filles de la Foi, et provenant de la succession de Madeleine Arnaud, à son décès femme de Charles-César Dexmier, chevalier, seigneur de Chenon, leur tante (21 avril 1760).

E. 1791. (Liasse.) — 53 pièces, papier.

1760. — Caillaud, notaire royal à Angoulême. — Actes reçus par ce notaire, du 1er au 31 mai. — Procuration donnée par Claude Grand de Luxolière, chevalier, seigneur de Chazerat, tant de son chef que comme héritier de dame Louise Jonquet, sa mère, à son décès veuve de Joseph Grand de Luxolière, aussi chevalier, seigneur de Chazerat, demeurant au lieu noble de La Broussaudière, paroisse de Brion en Poitou, d'une part; à Claude Grand de Luxolière, chevalier, seigneur de Lascaux et de Tinteillac, son neveu, d'autre part, à l'effet de toucher des receveurs de l'élection d'Angoulême, les arrérages d'une rente constituée sur les tailles de la généralité de Limoges (1er mai). — Quittance donnée par Hélie Pasquet de St-Mesmy, chevalier, seigneur de Balzac, Vouillac et autres lieux (1er mai). — Acte en

forme de règlement, entre Marie Thevet, veuve de François Dussieux, sieur de La Moradie, André Dussieux, ci-devant conseiller secrétaire du Roi près le parlement de Bordeaux, et Anne Dussieux, veuve de Philippe Vigier, écuyer, sieur de La Pille (2 mai). — Sommation par Charles-Pierre Ruffray, trésorier de la marine au port de Rochefort, chargé par le Roi de la fourniture de quarante mille quintaux pesant en canons pour la marine, au sieur Fessard de Rozeville, écuyer, demeurant à Paris, cour des Jacobins, rue St-Honoré, et à Pierre Corrion, négociant en la ville d'Angoulême, ses associés pour ladite fourniture, d'avoir à signer le bordereau établi par ledit Ruffray des approvisionnements en bois, charbons, mines, fers et autres choses non employés pour ladite fourniture (6 mai). — Constitution de 500 livres par Adrien-Étienne Chérade, seigneur comte de Montbron, marquis de Clairvaux, baron de Thuré et autres lieux, au profit de Marie Mesnard, veuve de Jean Bourdage de La Courade (12 mai). — Bail à ferme, moyennant 600 livres, par François Gilbert, prêtre, bachelier en théologie, pair du corps de ville d'Angoulême et curé de St-Jacques de Lhoumeau, des dixmes de sadite paroisse de St-Jacques (12 mai). — Testament de demoiselle Louise de Chevreuse, fille majeure, demeurant à Angoulême, près le couvent des Minimes, paroisse de Notre-Dame de La Payne, par lequel elle laisse la jouissance de tous ses biens immeubles, acquêts et propres, à Gabriel de Chevreuse, son frère, et à demoiselles Jeanne et Éléonore de Chevreuse, ses sœurs, à la charge par eux de payer annuellement, sur ledit usufruit, à ses neveux et nièces, enfants dudit Gabriel, savoir, à autre Gabriel, fils aîné du précédent, la somme de 100 livres, à Alexandre de Chevreuse, fils puiné, pareille somme de 100 livres, et à demoiselles Anne et Jeanne de Chevreuse, sœurs de ceux-ci, la somme de 50 livres chacune, le tout de pension annuelle, à courir du jour du décès de la testatrice, laquelle ordonne en outre qu'au fur et à mesure que sesdits frère et sœurs viendront à décéder, les revenus de sesdits biens viendront en augmentation proportionnelle des pensions ci-dessus créées, et qu'après l'extinction dudit usufruit par la mort du dernier de sesdits frère et sœurs, la propriété du capital sera répartie entre ses neveux et nièces, dans la proportion de 6,000 livres à Gabriel, 4,800 livres à Alexandre, et 4,000 à chacune de ses nièces Anne et Jeanne, ne faisant aucune disposition quant à ses biens propres qui viendront en hérédité naturelle et par égales portions à ses frère et sœurs (14 mai). — Quittance de remboursement du capital d'une rente, donnée par Louis de Chastel, écuyer, sieur de La Berthe, capitaine de cavalerie, garde

SÉRIE E. — NOTAIRES ET TABELLIONS.**79**

du corps du Roi, agissant comme héritier et biens tenant de feu Louis Gillibert, lieutenant de cavalerie au régiment de La Rochefoucauld, son oncle (14 mai). — Vente, moyennant 400 livres de principal et 40 livres de pot-de-vin, par Jérôme Guillemeteau, huissier à cheval au châtelet de Paris, demeurant à Angoulême, au nom de Simon St-Gassie, bourgeois de Paris, fermier judiciaire du fief et seigneurie de Saint-Amant-de-Bonnieure, à Simon-Pierre Moreau, marchand, sous-fermier dudit fief et seigneurie, de dix-neuf journaux de bois taillis en dépendant (16 mai). — Bail à ferme pour neuf années et à raison de 12 livres par chacune, à des pêcheurs de Guissale, par dame Marie-Françoise de Durfort de Civrac, abbesse de l'abbaye de St-Ausone d'Angoulême, du droit de pêche appartenant à ladite abbaye dans les eaux de la Charente, à cause de son fief de Guissale, sous la réserve par ladite dame du droit de faire pêcher dans lesdites eaux pendant trois mois de chaque année, pour les besoins de son abbaye, si bon lui semble (17 mai). — Transaction entre Pierre Birot, prêtre, religieux profès de l'abbaye de Saint-Amant-de-Boixe et prieur de St-Georges de Vervant, d'une part; et Dominique Boilevin, aussi prêtre, curé de l'église paroissiale dudit Vervant, au sujet de novales de ladite paroisse (19 mai). — Vente, moyennant 3,500 livres, par Rose Ladoux, fille majeure, demeurant au bourg de Saint-Saturnin, à Philippe de la Grézille, prêtre, curé de Mornac, d'une maison sise à Angoulême, paroisse St-Jean, faisant face au château et confrontant à la grande rue qui va de la place du Mûrier à celle de la Petite-Halle, à main gauche (19 mai). — Procuration donnée par Pierre de Bonnevin, chevalier, seigneur de Jussas, et Jeanne de Villoutreys, sa femme, à Jacques Descordes, procureur au présidial d'Angoumois, à l'effet de percevoir leurs revenus (24 mai). — Contrat de mariage entre Étienne Souchet, avocat au présidial d'Angoumois, fils de Pierre Souchet, procureur audit siège, et de Marie Mesnard, sa femme, d'une part; et Élizabeth-André de La Tache, fille légitime d'André André, sieur de La Tache, aussi avocat au présidial, colonel de la milice bourgeoise d'Angoulême, et de Marie Corlieu, sa femme, d'autre part (26 mai). — Cession d'une rente par Élie de la Garde, sieur de Mirande, et demoiselle Suzanne Dayre, sa femme, à Pierre Roche, bourgeois d'Angoulême, et à demoiselle Marie-Anne Villedary, sa femme (31 mai 1760).

E. 1792. (Liasse.) — 48 pièces, papier.

1472-1760. — Caillaud, notaire royal à Angoulême. — Actes reçus par ce notaire, du 1er au 30 juin. —

Baillette faite sous le scel de la châtellenie de Marthon, par noble homme Étienne de Champberre, écuyer, et Marguerite de St-Laurent, sa femme, à Pierre Jarreton, de deux mainements appelés l'un La Motte-Salebœon, l'autre La Bonnetie, et sis en la paroisse de Chazelles (8 mars 1472). — Renouvellement de la précédente baillette en 1487 et 1760. — Vente par Simon Vigier, écuyer, sieur de Plançon, héritier sous bénéfice d'inventaire de Théodore de Garoste, vivant sieur du Roulle, chevalier de St-Louis et pensionnaire du Roi, son oncle, d'une part; à Daniel Barreau, sieur de Lâgerie, et à Charlotte Brissonnet, sa femme, demeurant audit lieu de Lâgerie, paroisse de La Rochette, d'autre part, de la métairie de La Vau, sise sur le territoire de la paroisse de Rivière et des paroisses circonvoisines (4 juin). — Contrat de mariage entre Pierre Rivaud, conseiller du Roi, substitut du procureur de sadite Majesté, pair de corps et hôtel de ville d'Angoulême, fils de feu François Rivaud, aussi conseiller du Roi et substitut de son procureur en la sénéchaussée d'Angoumois, et de Madeleine Arnaud, sa veuve, d'une part; et Marie de la Peyre de Bélair, fille de feu Thibaut de la Peyre de Belair et de défunte Marie de Lavaud, d'autre part (5 juin). — Obligation consentie par Louis Girard, sieur de La Chapelle, marchand, demeurant audit lieu de La Chapelle, paroisse de Torsac, au profit de Thomas Bourdier, marchand au bourg dudit Torsac (8 juin). — Inventaire des meubles et effets dépendant de la succession de feu Hélie-François Joubert, sieur du Maine, ancien capitaine d'infanterie, chevalier de St-Louis, pensionnaire du Roi, ce requérant Françoise Martin, sa veuve, et Christophe Joubert, écuyer, procureur du Roi en l'élection d'Angoulême. A signaler audit inventaire: un habit d'ordonnance, en drap blanc, avec boutons de cuivre (9 juin et jours suivants). — Quittance d'arrérages de rente par Pierre de Bonnevin, chevalier, seigneur de Jussas, et Jeanne de Villoutreys, sa femme, celle-ci héritière de Marguerite Pigornet, veuve de Bertrand de Villoutreys, écuyer, sa mère, d'une part; à Marie-Jeanne Pigornet, veuve de François Vigier, écuyer, seigneur de La Pille (12 juin). — Acte de protestation par Marguerite-Blanche Regnier, veuve de Pierre Vantongeren, chevalier, seigneur de Vaux, Plaizac, Siecq et Cougoussac, en son vivant trésorier de France au bureau des finances de la généralité de Limoges, et refus par celle-ci de payer les deux deniers par livre pour le droit de contrôle sur le décret volontaire de la somme de 3,600 livres à laquelle s'élève le mobilier transporté par le contrat de vente de la terre et seigneurie de Vaux et fief de Plaizac, consenti par les sieur et dame de Montalembert audit Ventongeren, moyennant 100,000 livres, le 21 juin 1759, devant Gaudon, notaire royal (21 juin). — Inventaire des meubles et effets dépendant de la succession de Louise de Chevreuse, fille majeure, ce requérant François Cazeau, prêtre, curé de Notre-Dame de Beaulieu, exécuteur testamentaire de ladite demoiselle. A signaler : une expédition du testament de Anne de Magnac, veuve de Louis de Coudert de Thurin, chevalier, seigneur de Rochecoral, en faveur de ladite demoiselle de Chevreuse, en date du 20 février 1719, reçu Caillaud, notaire royal (25 juin et jours suivants). — Contrat de mariage entre Pierre Arnaud de Ronsenac, chevalier, conseiller du Roi et son procureur en la sénéchaussée d'Angoumois, fils d'André Arnaud, aussi chevalier, seigneur de Ronsenac, conseiller du Roi, juge magistrat en ladite sénéchaussée, et de dame Anne Navarre, d'une part; et demoiselle Anne Sarlandie, fille de Pierre Sarlandie, écuyer, seigneur de Villesion, Nanclas et autres lieux, maître particulier des eaux et forêts d'Angoumois, et de dame Marie Gervais, sa femme, d'autre part (28 juin). — Ferme, moyennant 160 livres et un millier de javelles, chacun an, par madame de Durfort de Civrac, abbesse de Sᵗ-Ausone d'Angoulême, des agriers de blé, vin, droits de complant et autres dus à son abbaye par les tenanciers des paroisses de Magnac-sur-Touvre, Ruelle et Mornac (30 juin 1760).

E. 1793. (Liasse.) — 89 pièces, papier.

1760. — Caillaud, notaire royal à Angoulême. — Actes reçus par ce notaire, du 1ᵉʳ juillet au 31 août. — Cession par dame Jeanne Lecomte, veuve de Guillaume Maillard, en son vivant écuyer, président trésorier de France au bureau de la généralité de Limoges, à Christophe Joubert, écuyer, conseiller du Roi et son procureur en l'élection d'Angoulême, d'une créance dont ladite dame était titulaire sur les successions de feu Hélie-François Joubert, père dudit Christophe, et de défunte demoiselle Élisabeth Joubert, fille majeure (1ᵉʳ juillet). — Procès-verbal du moulin à papiers de Montbron, paroisse Sᵗ-Martin d'Angoulême (9 juillet). — Contrat de mariage entre Nicolas Trémeau, négociant, pair du corps et hôtel de ville d'Angoulême, fils d'autre Nicolas Trémeau, aussi négociant, ancien juge en la juridiction consulaire d'Angoulême, conseiller du corps de ville, et de dame Jeanne Benoît, sa femme, d'une part; et Jeanne de La Roche, fille de Léonard de La Roche, seigneur du Grand-Girac, et de dame Marie-Anne Valleteau, sa veuve, d'autre part (9 juillet). — Transaction entre Jacques Jussé, maître écrivain, et Marie-Catherine Roy, sa femme, d'une part; et François Flageolle, procureur en la juridiction de Champniers, à cause de Marie-Françoise Roy, sa femme, d'autre part, au sujet de la succession d'Élizabeth Chauvineau, femme de François Roy, marchand, leur mère (10 juillet). — Procuration par Guillaume de Chambaud, chevalier, seigneur de Jonchères (alias des Jonchères), chevalier de Sᵗ-Louis, lieutenant au régiment d'Archiac, demeurant ordinairement en la ville de Montmareau en Bourbonnais (Allier), de présent à Angoulême, tant de son chef que comme légal administrateur des enfants de lui et de défunte Christine de Bologne, sa femme, lesdits enfants âgés, l'aîné, nommé Martin, de vingt-trois ans, le second, aussi nommé Martin, de dix-sept ans, et le plus jeune, nommé Pierre, de quinze ans, d'une part; à François Cazeau, prêtre, curé de Notre-Dame de Beaulieu d'Angoulême, conseiller clerc au présidial, d'autre part, à l'effet de poursuivre une liquidation (11 juillet). — Vente, moyennant 300 livres, par André André, sieur de La Tâche, avocat au parlement, colonel de la milice bourgeoise d'Angoulême et ancien juge en la juridiction consulaire de ladite ville, à Christophe Jobit, boulanger, et à Françoise Laboureur, sa femme, d'un banc ou étal sis sous la halle du Pallet, dans l'allée de la mercerie (13 juillet). — Constitution de 100 livres de rente par François-Achard Joumard Tizon, chevalier, seigneur marquis d'Argence, Dirac, Les Courrières, La Monette et autres lieux, demeurant au château de Dirac, d'une part; au profit de Jean Rollet, ancien homme d'affaires de la comtesse de Sansac, d'autre part (14 juillet). — Transaction entre Jeanne-Charlotte Thibaud, veuve de Barthélemi Jayet, seigneur de Beaurie et La Dourville, l'un des commensaux de la maison du Roi, demeurant au logis de La Dourville, paroisse d'Aubeville, d'une part; et Jean Sicard, maître chirurgien, et Jeanne Magnen, sa femme, d'autre part, au sujet d'une somme de 700 livres de principal due à ladite dame Jayet par Antoine Ledoux, juge de la juridiction de Voulgézac, et Marie Thibaud, sa femme (15 juillet). — Inventaire des meubles et objets mobiliers dépendant de la succession de défunt Clément Pitre, notaire royal réservé en la ville d'Angoulême, ce requérant Marie-Madeleine Roy, femme d'André Pitre, huissier à l'amirauté de la ville de La Rochelle, et de Louise Barré, femme de Pierre Pitre, huissier au bureau des finances de la même ville, y demeurant l'une et l'autre (19 juillet). — Baillette par les abbesse, prieure et dépositaire de l'abbaye de Sᵗ-Ausone d'Angoulême, à à Pierre Lambert, écuyer, sieur des Andreaux, y demeurant, des agriers appartenant à ladite abbaye au lieu appelé Les Mongeries, paroisse de Saint-Estèphe (20 juillet). — Délibération des baile, procureur et fabriqueurs de la confrérie de Saint-Jacques érigée en la paroisse de St-André d'Angoulême, à l'occasion de dix contraintes décernées contre ladite confrérie par le fermier des droits de contrôle, insinuations et autres de la ville d'Angoulême, sous prétexte de droits qui lui seraient dûs pour raison d'une donation faite à la confrérie par l'un de ses membres (26 juillet). — Vente des meubles dépendant de la succession de feu Hélie-François Joubert, écuyer, sieur du Maine, chevalier de St-Louis, ancien capitaine d'infanterie (28 juillet et jours suivants). — Caution fournie par Jean Mesnard, écuyer, seigneur de Laumont, demeurant à Angoulême, en faveur d'Antoine Faure, pourvu de l'emploi de commis-receveur pour la marque établie sur les cuirs, pour la province de Guienne, direction d'Angoulême (6 août). — Ferme, moyennant 1,000 livres par an, par Françoise de Durfort de Civrac, abbesse de St-Ausone d'Angoulême, des dîmes appartenant à son monastère dans la paroisse de Brie (6 août). — Arrentement, moyennant 200 livres de rente annuelle, par Louis de Chastel, chevalier, seigneur de La Berthe, capitaine de cavalerie et garde du corps du Roi, demeurant en son logis des Montagnes, paroisse de Champniers, du bien fonds appartenant au vendeur, tant au village de Chalonnes, paroisse St-Jacques de Lhoumeau, qu'aux environs (10 août). — Compte rendu par demoiselle Philippe Gignac, veuve d'Antoine Geoffroy, sieur de La Thibaudière, demeurant en son logis de La Motte, paroisse de Vindelle, à Richard Demay, maître chirurgien, et à Marguerite Geoffroy, sa femme, à Jean Geoffroy de La Thibaudière et à demoiselles Françoise, Marie et Anne-Marie, gendre, fils et filles de ladite dame (18 août). — Renonciation par Simon Héraud, sieur du Condour, Moïse-François Maignen, avocat en la cour, à cause d'Élizabeth-Françoise Héraud, sa femme, Pierre Guimberteau, procureur au présidial à cause de Marguerite Héraud, sa femme, Pierre Duvergier de La Feuilliouse, sieur du Parc, à cause de Marie-Anne Héraud, sa femme, François Héraud, prêtre, aumônier des dames de la Visitation de La Rochefoucauld, Jean-Siméon Héraud, aussi prêtre, desservant la cure de Montmoreau, et Jean-François Héraud le jeune, aussi prêtre, théologal de l'église collégiale de Blanzac, tous frères et sœurs représentant défunte Marie-Geneviève Prévôt, leur mère, à son décès veuve de Jean Héraud, vivant procureur au présidial d'Angoumois, à la succession de François Prévôt, sieur de Boiscartraud, leur oncle, décédé aux Sables-d'Olonnes, il y a environ huit mois (19 août). — Bail à ferme par Catherine Benoît,

veuve du sieur Lauzie, négociant, à Claude Benoît des Essarts fils, aussi négociant et marchand de soie, d'une maison sise à Angoulême, paroisse St-André, ayant son aspect, partie sur la place du Mûrier et partie sur la rue qui conduit de la halle à ladite place, et actuellement occupée par la comtesse de Roffignac (22 août). — Donation entre vifs, par Jean Rullier, chevalier de St-Louis, ancien lieutenant-colonel du régiment actuellement de Vaubécourt-Infanterie, demeurant aux Bergerons, paroisse de Roullet, d'une part; à Louis Delavergne, sieur de La Baronnie, juge magistrat en la sénéchaussée d'Angoumois, demeurant à Angoulême, d'autre part, d'une « chaise roulante » demi-usée, avec tous les harnais et les chevaux (25 août). — Reconnaissance de rente donnée à Jean-Hélie Des Ruaux, chevalier, seigneur comte de Roufflac (31 août 1760).

E. 1794. (Liasse.) — 50 pièces, papier.

1760. — Caillaud, notaire à Angoulême. — Actes reçus par ce notaire, du 1er septembre au 31 octobre. — Location par Jean-François Gilbert, bachelier en théologie, licencié en droit civil et canon et archiprêtre de St-Jean d'Angoulême, à Pierre Texier, sieur de Pombreton, négociant, d'une cour avec deux chaix, le tout sis au faubourg et paroisse de Lhoumeau, sur le chemin qui descend de la porte du Pallet au cimetière dudit Lhoumeau, à main droite (1er septembre). — Délibération des habitants de la paroisse d'Hiersac portant déclaration d'appel d'une sentence rendue aux requêtes de l'hôtel, le 28 juin dernier, contre lesdits habitants, dans le procès pendant entre eux et Junien Maulde, sieur de La Clavière, au sujet de la perception de la dîme du vin de ladite paroisse, et pouvoir donné au sieur Péchillon, procureur au parlement de Paris, à l'effet de relever ledit appel et de le suivre jusqu'à arrêt définitif, en persistant, comme ils le font dans leur acte capitulaire contenant leur délibération, en date du 6 octobre 1754 reçu Caillaud, notaire, et autorisé par l'intendant, le 24 novembre suivant (Dimanche 14 septembre). — Acte de notoriété pour établir que Jean Bourdage, ancien conseiller du Roi, juge magistrat en la sénéchaussée et siège présidial d'Angoumois, seigneur de Coulgens et de La Courade, décédé à Angoulême, le 26 décembre 1753, a laissé pour seuls héritiers Jean-François Bourdage, sieur de La Meullière, son frère, demoiselle Mathurine Bourdage, sa sœur, et François Martin, écuyer, sieur de Bourgon, son neveu, représentant la dame Bourdage, sa mère, et que ledit sieur Bourdage de La Courade a délaissé pour bien propre, dans sa succession, une maison sise à Angoulême, rue du Minage, paroisse St-Jean, à main gauche en allant de la halle du Minage à la porte Saint-Pierre (19 septembre). — Quittance par François de Faucher, chevalier, seigneur de Versac et Clauzurou, demeurant en son château de Clauzurou, paroisse de Champagne en Périgord, d'une part ; à Gabriel-Izaac Saulière de Nanteuil, chevalier, seigneur dudit Nanteuil, de la somme de 3.604 livres 5 sous due audit de Versac par ledit de Nanteuil en vertu du contrat de mariage de celui-ci avec dame Marie Thomas, en date du 27 août dernier, reçu Bourguet et Grelon, notaires royaux à Angoulême (13 octobre). — Protestation par Jean-François Gilbert, archiprêtre de St-Jean d'Angoulême et chanoine semi-prébendé de la cathédrale de cette ville, comme ayant été pourvu en remplacement de Pierre de Chièvre, d'une part ; contre les agissements du chapitre cathédral qui, après avoir mis le dit Gilbert en possession de sa chanoinie, avait par deux fois, refusé d'inscrire son nom au tableau où sont dénommés les chanoines présents au chapitre, bien qu'il y eût assisté (17 octobre). — Bail à loyer par les dames Ursulines d'Angoulême, d'une maison sise à Angoulême, rue de Chande, à droite en allant de la place de la Petite-Halle à la porte de Chande, et confrontant par bout et par derrière au clos et à l'église desdites dames Ursulines (22 octobre). — Règlement de compte entre dame Françoise de la Place, agrégée de la communauté des dames de l'Union-Chrétienne d'Angoulême, y demeurant, d'une part ; et Pierre-Placide de la Place, chevalier, seigneur de La Tour-Garnier, son frère, d'autre part (29 octobre 1760).

E. 1795. (Liasse.) — 82 pièces, papier.

1760. — Caillaud, notaire royal à Angoulême. — Actes reçus par ce notaire, du 2 novembre au 31 décembre. — Acte entre Jacques Valleteau de Chabrefy, écuyer, conseiller du Roi, receveur ancien des tailles de l'élection d'Angoulême, et dame Marie Chaban, sa femme, d'une part ; et Jean Valleteau, sieur de Chabrefy, avocat en la cour, leur fils, d'autre part, aux termes duquel les sieur et dame de Chabrefy, père et mère, déclarent que, pour conserver dans leur famille ladite charge de receveur des tailles, ils sont dans l'intention de la céder audit sieur de Chabrefy, leur fils, et d'en passer procuration *ad resignandum*, afin que celui-ci puisse en obtenir les provisions en son nom et y être installé, mais sous la condition expresse que le fond et propriété de ladite

charge, avec les gages et émoluments en provenant, demeurera aux dits sieur et dame, leur vie durant (2 novembre). — Constitution de 50 livres de rente par Jean-Louis, comte de Raymond, chevalier, seigneur Oyé, La Cour, Font-L'abbé et autres lieux, maréchal des camps et armées du Roi, commandant la province d'Angoumois et demeurant au château royal d'Angoulême, au profit de Simon Dutillet, avocat du Roi en la sénéchaussée d'Angoumois, d'autre part (2 novembre). — Autre constitution de rente au profit du même par demoiselles Louise de La Rochefoucauld de Maumont, Catherine-Hippolite de La Rochefoucauld, et Louise-Anne de La Rochefoucauld de Chaumont, sœurs. les deux premières majeures, et ladite Louise-Anne mineure émancipée par justice, demeurant toutes les trois à Angoulême, paroisse St-Martial (4 novembre). — Donation entre vifs et moyennant 6 livres de rente viagère, par Marc-René Sanson, prêtre de la congrégation de la Mission, demeurant en la paroisse St-Martial d'Angoulême, à Richard Demay, fils aîné, maître chirurgien, demeurant en la même ville, d'une tabatière en argent vermeil, en forme de boîte, façon de nacre, de la valeur de 60 livres (5 novembre). — Inventaire des meubles et effets dépendant de la succession de Jean-Joseph de Trion, écuyer, prêtre, chanoine de la cathédrale d'Angoulême, ce requérant Joseph de Trion, écuyer, sieur de La Salle, demeurant en son logis de Chassenon, paroisse dudit lieu, et Jean Barbarin, écuyer, sieur de La Borderie, à cause de Louise de Trion, sa femme, demeurant en son logis de La Borderie, paroisse de Saint-Maurice-des-Lions, faisant tant pour lui que pour Joseph de Trion, écuyer. sieur de Chassenon, Antoine Dupin, écuyer, sieur de St-Étienne, à cause de Marie de Trion, sa femme, le sieur Vidaud des Gouttes, écuyer, capitaine de grenadiers royaux, comme mari de Louise de Trion, autre demoiselle Louise de Trion, fille majeure, et Joseph de Trion, écuyer, capitaine d'une compagnie franche, aux îles, tous héritiers et habiles à succéder audit de Trion, chanoine (15, 17 et 18 novembre). — Résignation de la cure de Saint-Paul près Marthon et de la chapelle de St-Nicolas des Doussinels, desservie en ladite église, par Léonard Du Puynesge (sic), prêtre du diocèse de Limoges, curé de ladite église depuis quarante-quatre ans, mais en faveur de Pierre Bourinet, prêtre du même diocèse, vicaire de la paroisse de Lageirat et Bas-Chalus, son annexe, et sous la réserve de 200 livres de pension viagère et annuelle à prélever sur les revenus de ladite cure (16 novembre). — Profession religieuse et entrée dans la communauté des dames hospitalières de l'Hôtel-Dieu d'Angoulême, par demoiselle Françoise Valleteau, fille de Jacques Valleteau, écuyer, receveur ancien des tailles de l'élection d'Angoulême, et de Marie Chaban, sa femme (17 novembre). — Quittance par Moïse Dumas, écuyer, sieur de Chebrac, assesseur civil et lieutenant particulier criminel en la sénéchaussée d'Angoumois, à Gabriel-Izaac Saulière, chevalier, seigneur de Nanteuil, et à Marie Thomas, sa femme (18 novembre). — Vente, par Denis Aubin, garde de la maîtrise particulière des eaux et forêts d'Angoumois, à Louis Thomas, seigneur de Bardines, d'une pièce de pré dans la prairie de Vesnat (20 novembre). — Constitution par Louis-Alexandre de Couvidou, chevalier, seigneur de Fleurac, et Marie Texier, sa femme, demeurant en leur logis du Grand-Maine, paroisse de Fléac, d'un titre clérical de 120 livres de pension viagère en faveur de Pierre de Couvidou, écuyer, clerc minoré du diocèse d'Angoulême, leur fils (22 novembre). — Procuration par François Vigier, écuyer, prêtre du diocèse d'Angoulême, prieur du prieuré simple de Sᵗᵉ-Madeleine de Touvre et de la chapelle de St-Nicolas desservie dans l'église paroissiale de Notre-Dame-de-Beaulieu d'Angoulême, à François Brun, procureur au présidial, à l'effet de faire rentrer les sommes dues au constituant (28 novembre). — Reconnaissance donnée aux dames Ursulines d'Angoulême par Gabrielle de Viaud d'Aignes, veuve douairière de Philippe-Auguste de Mastin, chevalier, seigneur du Goursaud de Maillé, demeurant au château d'Aignes, fille et héritière de Gustave-Pierre de Viaud, chevalier, seigneur d'Aignes, lui-même héritier de défunts Gustave de Viaud, chevalier, seigneur d'Aignes, et dame Marguerite de Certany, ses père et mère (2 décembre). — Reconnaissance de meubles donnée par Pierre de Morel, écuyer, et dame Catherine Benoit, sa femme, à dame Marie-Anne Guez, veuve de Jacques Benoit, sieur de Bellisle (3 décembre). — Constitution de 200 livres de rente par Jean Barbarin, chevalier, seigneur de Chambes et de Laplaud, et dame Françoise Barbarin, sa femme, demeurant en leur château de Chambes, paroisse de Laplaud en Angoumois, au profit de Pierre Sarlandie, écuyer, conseiller du Roi, maître particulier des eaux et forêts d'Angoumois (8 décembre). — Contrat de mariage entre Pierre Rezé, maître pâtissier, fils majeur de défunt Simon Rezé, en son vivant marchand imprimeur, et de Luce Jussé, demeurant à Angoulême, paroisse de Notre-Dame-de-Beaulieu, d'une part ; et Jeanne Moreau, fille de défunt Jean Moreau, huissier audiencier, et de Mathurine Courty, sa veuve, demeurant à Angoulême, paroisse St-André, d'autre part (16 décembre). — Reconnaissance censuelle donnée à dame Marie de la Touche, veuve de François Guitton, écuyer, sieur de La Malinie, demeurant à Angoulême (26 décembre 1760).

E. 1796. (Liasse.) — 71 pièces papier ; 1 plan.

1761. — Caillaud, notaire royal à Angoulême. — Actes reçus par ce notaire, du 2 janvier au 28 février. — Sursis de poursuites accordé à Robert Bourrée, ancien receveur des tailles de l'élection d'Angoulême, par ses créanciers, tant prêteurs que fournisseurs (2 janvier). — Procès-verbal de la chapelle, hôpital et aumônerie de Châteauneuf, réunie à l'Hôtel-Dieu d'Angoulême, ce requérant Jean Hospitel, sieur de Lomandie, bourgeois, demeurant ordinairement en la paroisse de Verrières, faisant comme mandataire de François Vallier, procureur en la sénéchaussée d'Angoumois, syndic et trésorier des pauvres dudit Hôtel-Dieu (2 et 3 janvier). — Procès-verbal, à la requête de Louis Marchais, négociant, demeurant au faubourg Sᵗ-Jacques de Lhoumeau, contre monsieur Lhuillier, propriétaire au village des Balans, paroisse de Mornac, à l'occasion de dix barriques d'eau-de-vie que ledit Marchais avait acquises dudit Lhuillier, après dégustation, sur le pied de 56 livres les vingt-sept veltes, et qui, une fois transportées dans le chai de l'acquéreur où elles auraient été dégustées de nouveau, ne se seraient pas trouvées de la même qualité que celles qui avaient été dégustées chez le vendeur (7 janvier). — Transaction entre les religieuses Ursulines d'Angoulême, d'une part ; François Dussouchet, prêtre, curé de Vindelle, les dites dames religieuses comme créancières de la succession de défunts Charles Dauphin, vivant écuyer, seigneur de La Faurie, et Françoise de Devezeau, sa femme, d'autre part, au sujet d'une rente de 20 livres constituée au profit des dites dames par ladite de Devezeau, après le décès du sieur de La Faurie, son mari et dont Pierre Dussouchet, avocat en la cour, à cause de Marie Dauphin, sa femme, fille et héritière du sieur de La Faurie, et ledit sieur Dussouchet, curé de Vindelle, conjointement avec ses frères et sœurs, comme héritiers de ladite demoiselle Dauphin, leur mère, étaient restés débiteurs (17 janvier). — Arrentement par Marc Barbot, écuyer, sieur de La Trésorière, Peudry, Courgeac et autres lieux, à Pierre Marchais, aubergiste, d'une écurie avec grenier à foin par dessus, le tout sur la rue qui conduit de la porte du Pallet à la place à Mouchard (19 janvier). — Inventaire des meubles, papiers et enseignements dépendant de la communauté d'entre Jean-Joseph Pineau, notaire royal à Angoulême, subdélégué du bureau des finances de la généralité de Limoges dans ladite ville, et défunte Marie Dufresse, sa femme, en conformité à leur contrat de mariage en date du 7 juillet 1755, reçu Sicard, notaire royal, auquel inventaire sont à remarquer : quatre flambeaux d'étain avec leurs girandoles, estimés 4 livres; — un couteau de chasse garni en argent, avec son ceinturon, un mauvais violon avec son archet, le tout à l'usage dudit Pinaud; un certain nombre de livres de droit et notamment : l'ancienne édition de la coutume d'Angoumois et l'ancienne édition de celle de Paris, en un volume in-4º; — la coutume de Poitou, en un petit volume in-8º; — les ordonnances des rois François Iᵉʳ, Henri II, François II, Charles IX, Henri III et Henri IV, en un volume; le contrat de mariage desdits Pinaud et Dufresse, en date du 7 juillet 1755, reçu Sicard, notaire royal (19 janvier et jours suivants). — Contrat de mariage entre François Machenaud, laboureur à bœufs, du village de Chez-Minaud, paroisse de Brie, et Catherine Gayou, fille de feu Pierre Gayou, cabaretier, et de Marie Machenaud (26 janvier). — Transaction entre Marie-Françoise de Durfort de Civrac, abbesse de Sᵗ-Ausone d'Angoulême, sœur Anne de Volvire, prieure, sœur Françoise Florenceau, sous-prieure, sœur Jeanne Duverdier, doyenne, tant pour elles que pour sœurs Jeanne Joubert, Marie-Thérèse Arnaud, Françoise de Prohinques, Élisabeth Laisné, Madeleine de Beaumont, Madeleine Chérade de Montbron, Marie Gibaud, Marie de Samazan de Tombebœuf, Marie Bourée, Jeanne Rondeau, Marie Gilbert, Madeleine-Françoise d'Hauteclaire de Gourville, Jeanne Florenceau, Marie Du Souchet, Anne-Françoise Du Plessis, Marguerite Vigier, Marguerite Boussiron, Thérèse Benoît des Essarts, Marguerite Mesnard, Marie Vigier de La Pille, Marie de Brie de Soumaignac, Gabrielle Nexon de Champagne, Marie de La Rochefoucauld et Henriette de Beaupoil de Saint-Aulaire, religieuses professes de ladite abbaye, d'une part; et Noël Limousin d'Auteville, écuyer, seigneur du Maine-Blanc, maire et capitaine des ville, faubourg et franchises d'Angoulême, échevin, juge magistrat en la sénéchaussée d'Angoumois, Claude Trémeau, écuyer, ancien maire, échevin, juge magistrat en ladite sénéchaussée, Léonard Du Tillet, écuyer, seigneur d'Auteville, ancien maire, procureur du Roi en la maîtrise particulière des eaux et forêts d'Angoumois, et Jean Mioulle, avocat au parlement, pair du corps de ville d'Angoulême et le représentant, d'autre part; au sujet de l'enclôture d'un terrain destiné à servir de cimetière à l'hôpital et Hôtel-Dieu de Notre-Dames-des-Anges (29 janvier). — Contrat de mariage entre François de Martinis, bourgeois, fils de défunts Jacques de Martinis, aussi bourgeois, et de Marie de Lesmarie, demeurant au bourg et paroisse de Nanteuil, juridiction de Bourzac en

Périgord, d'une part; et Anne de Chamborant, majeure, fille de feu Jean de Chamborant et de dame Marie Engaigne, native du lieu de Puygelier, paroisse de Mouton en Angoumois, et demeurant depuis un an dans la paroisse Sᵗ-Antonin d'Angoulême, d'autre part (30 janvier). — Acte de protestation pour Marie-Anne Benoît, veuve de Jean Chaignaud, docteur en médecine, contre Radegonde Benoît qui, au préjudice de ladite Chaignaud, avait fait saisir les biens d'un créancier de celle-ci (5 février). — Transaction entre Jean-Hélie Des Ruaux, chevalier, seigneur comte de Roufflac, demeurant à Angoulême, d'une part; et Hélie-Charles de Villoutreys l'aîné, écuyer, demeurant au logis de Puygrellier, paroisse Sᵗ-André de Blanzac, et encore Claude de Villoutreys, aussi écuyer, fils puîné, demeurant au bourg de Champagne de Blanzac, l'un et l'autre héritiers bénéficiaires de leur défunt père et aïeul, d'autre part, au sujet du fief de Bellevue acquis par ledit comte de Roufflac par acte du 30 juillet 1748, reçu Thevet, notaire royal, et du désistement qu'il en avait fait (15 février). — Vente, moyennant 8,000 livres de principal et 288 livres de pot-de-vin, par messire Paul de Maillard, chevalier, seigneur de La Faye, Blanzaguet et autres lieux, demeurant au château de La Faye, paroisse de Sᵗ-Sulpice de Mareuil en Périgord, tant de son chef que pour et au nom de dame Jeanne de Galard, sa femme, et pour dame Marthe Renault, sa belle-mère, veuve de Pierre de Galard de Béarn, chevalier, seigneur de Blanzaguet, demeurant aussi au château de La Faye, d'une part; à messire André Arnauld, écuyer, seigneur de Ronsenac, Malberchie et autres lieux, juge magistrat en la sénéchaussée d'Angoumois, demeurant à Angoulême, d'autre part, savoir est de la maison noble et seigneurie de La Salle, avec une métairie et une borderie sises au village de Regardex, paroisse de Garat, le droit de banc et sépulture dans l'église de Garat, et un moulin à eau avec tous ses appareaux, le tout relevant à foi et hommage, du château de La Vallette, du Repaire de Rougnac, de la seigneurie de Malberchis, du prieuré du Peyrat et des fiefs du Vivier et de Bernard (16 février). — Vente, par Jacques Lacroix, marchand, fabricant de papiers, et Madeleine Tiffon, sa femme, demeurant au moulin à papier de l'abbaye royale de La Couronne, à Nicolas Tremeau fils, négociant, l'un des pairs du corps de ville d'Angoulême, de tous les papiers que lesdits Lacroix et sa femme fabriqueront audit moulin (19 février). — Cession par François de Chevreux, écuyer, sieur de La Caux, y demeurant, paroisse de Vitrac en Angoumois, tant en son nom que comme légal administrateur des enfants de lui et de défunte dame Marie-Rose-Charlotte de La Rochefoucauld, sa femme, et encore pour messire Jean-Joseph de Maubué, écuyer, sieur de Boiscousseau, et pour Anne de Chevreux, femme de celui-ci, ses gendre et fille, d'une part; à Jean Mallat, notaire royal à Angoulême, d'autre part, de la somme de 3,100 livres sur celle de 8,000 livres représentant le prix de la vente faite par ledit sieur de Chevreux à Jacques Ganivet, procureur au présidial d'Angoumois, du bien fonds de Boisrenaud, paroisse de Fléac (22 février 1761).

E. 1797. (Liasse.) — 73 pièces, papier.

1761. — Caillaud, notaire royal à Angoulême. — Actes reçus par ce notaire, du 1er mars au 30 avril. — Vente des meubles dépendant de la succession de feu Jean-Joseph de Trion, prêtre, chanoine de la cathédrale d'Angoulême, à la poursuite de Joseph de Trion, écuyer, seigneur de Salles, demeurant en son logis de Chassenon, paroisse dudit lieu, d'autre Joseph de Trion, écuyer, seigneur de Chassenon, de Marie de Trion, femme du sieur Dupin de St-Étienne, de Louise de Trion, femme du sieur Vidaud des Gouttes, d'autre Louise de Trion, demoiselle de Salles, de dame Louise de Trion, femme du sieur Barbarin de La Motte de Verrat, tous héritiers du défunt (3, 4 et 5 mars). — Procès-verbal, à la requête de Philippe Ringuet, maître écrivain de la ville d'Angoulême, et de Madeleine Normand, sa femme, des bâtiments à eux arrentés par Marc Barbot, écuyer, sieur de La Trésorière, et Catherine Fouchier, sa femme (7 mars). — Vente par Jean Penot, sieur du Mas, notaire et procureur en la baronnie de Marthon, demeurant au bourg de Chazelles, à Jean Sallée, huissier audiencier en la maîtrise particulière des eaux et forêts d'Angoumois, du moulin à blé appelé le moulin du Got ou de Puymoyen, sis sur le Bandiat, paroisse de Chazelles, et relevant de la baronnie de Marthon (7 mars). — Dépôt, en l'étude de Caillaud, par Nicolas Tremeau, ancien juge en la juridiction consulaire et conseiller de l'hôtel de ville d'Angoulême, du testament olographe de François Tremeau du Pignon, son frère, daté à St-Pierre de La Martinique, du 20 septembre 1755, par lequel celui-ci institue son exécuteur testamentaire monsieur Le Comte, agent de la compagnie des Indes au bourg St-Pierre, lègue à son frère Nicolas Tremeau, et en cas de mort de celui-ci, à Claude Tremeau, conseiller du Roi à Angoulême, son neveu, tout ce qui se trouvera lui appartenir dans les îles, au jour de son décès, réservant à Nicolas Gilbert, son neveu, actuellement près de lui, l'habitation et les nègres qu'il a acquis du sieur Marchais dans l'île de

St-Vincent (4 mars). — Constitution de 150 livres de rente par Pierre de Bologne, écuyer, conseiller, secrétaire du Roi près le parlement de Metz, et Bénédictine Husson, sa femme, demeurant à Angoulême, paroisse St-Jean, au profit de Marie-Thérèse des Ages, veuve d'Étienne Érier, sieur de Fontclaire, demeurant au bourg de St-Martial d'Aubeterre (16 mars). — Constitution de 650 livres de rente par Noël-Bertrand de la Laurencie, chevalier, marquis de Charras et de Neuvic, lieutenant des maréchaux de France pour la province d'Angoumois et les baillages de St-Jean-d'Angély et Cognac, d'une part; au profit de messire Élie Pasquet de St-Mesmy, chevalier, seigneur de Balzac et autres lieux, d'autre part (19 mars). — Déclaration de Jean-Hélie Desruaux, chevalier, seigneur comte de Roufflac, veuf de Marie-Thérèse Nadaud, autre Jean-Hélie Desruaux, aussi chevalier, seigneur de Plassac, et demoiselle Anne Desruaux, fille majeure, ces deux derniers enfants desdits comte de Roufflac et Nadaud, demeurant à Angoulême, et encore Jean-Louis Rambaud, écuyer, seigneur de Maillou, à cause de Madeleine Desruaux, sa femme, autre fille desdits de Roufflac et Nadaud, pour reconnaître que les rentes constituées sur l'hôtel de ville de Paris, l'une de 44 livres et l'autre de 29 livres, provenant de messire Philippe Nadaud, trésorier du chapitre St-Pierre d'Angoulême, et d'Antoine Nadaud, écuyer, seigneur de Peussec, oncle de la dite défunte Marie-Thérèse Nadaud, appartiennent audit Jean-Hélie, comte de Roufflac. maréchal des camps et armées du Roi (20 mars). — Procuration par Pierre Barraud, chevalier, seigneur de Girac, Les Giraudières, Fayolle, Bourg-Charente et autres lieux, capitaine de cavalerie au régiment de la Reine, sur le point de partir pour son régiment, à François Barraud, écuyer, prêtre, doyen de la cathédrale d'Angoulême, à l'effet de le représenter dans diverses affaires (26 mars). — Constitution de 750 livres de rente par Alexandre de Galard de Béarn, chevalier, seigneur du Repaire de Rougnac, et Marie-Élisabeth Chesnel de Galard, sa femme, demeurant à Angoulême, paroisse St-Jean, au profit d'Élie Pasquet de St-Mesmy, chevalier, seigneur de Balzac et autres lieux (27 mars). — Prise de possession par Marc-René Sainson *(sic)*, prêtre de la congrégation de la Mission du séminaire d'Angoulême, faisant fonction de curé de la paroisse St-Martial de la même ville, fondé de procuration de François Boyard, prêtre du diocèse de Poitiers, chanoine hebdomadier de Saint-Hilaire-le-Grand de la même ville, d'une chanoinie vacante en l'église cathédrale d'Angoulême, par le décès de Joseph Martin, écuyer, sieur de La Vigerie (31 mars). — Vente par Roch Benoît, sieur du Châtelard, lieutenant de milice bourgeoise de la compagnie de la paroisse St-André d'Angoulême, dont le sieur Sazerac est actuellement capitaine, à Antoine Dussouchet, négociant, dudit office de lieutenant de milice bourgeoise, ladite vente faite moyennant la somme de 264 livres payées comptant (4 avril). — Élection d'un fabricien de la paroisse de Notre-Dame de Beaulieu d'Angoulême (5 avril). — Dépôt en l'étude de Caillaud, par Étienne-Jude Turrault de la Cossonnière, l'un des pairs du corps de ville d'Angoulême, et Anne Aymard, sa femme, du bail de leur métairie dite « des Espagnols », sise à Angoulême, paroisse St-Martial (27 avril 1761).

E. 1798. (Liasse.) — 72 pièces, papier.

1761. — Caillaud, notaire royal à Angoulême. — Actes reçus par ce notaire, du 1er mai au 28 juin. — Procuration par Jean-Baptiste de Curzay, écuyer, prêtre, curé de Lichères, à Pierre Rondrailh, procureur au présidial d'Angoumois, à l'effet de le représenter, tant devant ledit siège que devant celui de Cognac, pour contraindre, tant le sieur de Pocquaire de Fontaulière que le sieur Legros, marchand de Cognac, et autres, à lui payer ce qu'ils doivent audit constituant (6 mai). — Reconnaissance de rente donnée par Richard Demay, maître chirurgien de la ville d'Angoulême, tant pour lui que pour Marguerite Geoffroy, sa femme, fille et héritière en partie d'Antoine Geoffroy, sieur de La Thibaudière (9 mai). — Procuration par Marc Barbot, écuyer, sieur de La Trésorière, Peudry et autres lieux, et dame Catherine Fouchier, sa femme, à Catherine Barbot de La Trésorière, leur fille (10 mai). — Inventaire à la requête du sieur Nicolas de Vuailly, bourgeois de la ville d'Angoulême, y demeurant, paroisse de Notre-Dame de Beaulieu, des effets délaissés par Antoine de Vuailly, bourgeois et marchand de Paris, son frère aîné, décédé chez ledit Nicolas, le jour précédent (12 mai). — Déclaration par Nicolas Tremeau, bourgeois, ancien juge en la juridiction consulaire et conseiller du corps de ville d'Angoulême, Jeanne Benoît, sa femme, Nicolas et François Tremeau, frères, marchands de draps de soie, leurs enfants, demeurant tous en la maison de famille, place du Mûrier, paroisse de Notre-Dame de La Paine, à l'effet d'affirmer que ces derniers ne veulent faire aucune communauté avec leurs père et mère (15 mai). — Partage entre dame Marguerite Boiceau, veuve de Jacques Gendron, capitaine de dragons au régiment d'Orléans, chevalier de St-Louis, pensionnaire du Roi, demeurant à Angoulême, d'une part ; Jean Gendron, sieur de Beaupuy, demoiselle Anne Gendron, fille majeure, Jacques Gendron, maître chirurgien, Louise Gendron, femme d'Élie Chevalerie, contrôleur des droits rétablis, et Henriette Gendron, aussi fille majeure, d'autre part (20 mai). — Contrat de mariage entre Louis Bignon, fils de Gabriel Bignon, maître écrivain, et de Catherine Tardat, d'une part ; et Rose Rezé, fille de Pierre Rezé, marchand, et de défunte Françoise Barreau (27 mai). — Cession d'une rente par Marie-Anne de Vars, veuve de messire Élie Marron, écuyer, sieur de Gorces, demeurant au bourg de Champmillon, à Pierre Marchais, sieur de La Berge, demeurant au lieu du Renaud, paroisse dudit Champmillon (28 mai). — Testament de ladite dame de Vars en faveur des demoiselles Monnereau, ses nièces (28 mai). — Déclaration de censive rendue par René-Louis de Ste-Hermine, chevalier, seigneur de La Barrière, capitaine au régiment de Rouergue-infanterie, chevalier de St-Louis, héritier sous bénéfice d'inventaire de défunt Hélie de Ste-Hermine, son père, faisant tant pour lui que pour ses frères et sœurs, d'une part ; aux enfants mineurs de feu Henri Fé, chevalier, seigneur de Maumont, Maunac, Fontfroide, Frégeneuil et autres lieux, et de défunte Anne-Madeleine Rambaud, sa femme, d'autre part (30 mai). — Acte de notoriété portant que dame Marie-Thérèse Nadaud, épouse de Jean-Hélie Desruaux, chevalier, seigneur comte de Roufflac, actuellement vivant, décédée à Angoulême, paroisse St-Antonin, le 24 décembre 1749, n'a laissé d'autres enfants et héritiers que Hélie-Jean Desruaux de Roufflac, Jean-Hélie Desruaux, seigneur de Plassac, Anne Desruaux, fille majeure, et Madeleine Desruaux, femme de Jean-Louis Rambaud, écuyer, seigneur de Maillou (6 juin). — Procès-verbal de la seigneurie de Lugerat, paroisse de Montignac-Charente, à la requête de Jean Aigron, sergent de la mairie d'Angoulême, bailliste de ladite seigneurie (18 juin). — Contrat de mariage entre François Frugier, fils de François Frugier, sieur de La Pallud et de Parvaud, conseiller du Roi, élu en l'élection de Cognac, et de Marguerite Delaborde, d'une part ; et Marguerite-Rose Joubert, fille de Jacques Joubert, sieur des Fosses, seigneur de St-Georges, avocat en la cour, conseiller de l'hôtel-de-Ville d'Angoulême, et de Marie-Marguerite Dechilloux, d'autre part (14 mai). — Dépôt en l'étude de Caillaud, par Pierre Limousin, prêtre, prieur de Saint-Surin, du testament de Jeanne Piet, sa mère, à son décès veuve de Louis Limousin, sieur du Maine-Blanc (28 juin 1761).

E. 1799. (Liasse.) — 84 pièces, papier.

1761. — Caillaud, notaire royal à Angoulême. — Actes reçus par ce notaire, du 5 juillet au 31 août. — Reconnaissances données à l'abbaye de S¹-Ausone d'Angoulême : pour la prise de Bois-de-Vallée, paroisse de Balzac (5 juillet) ; — pour la prise du Champ-du-Moulin, même paroisse (5 juillet) ; — pour la prise du moulin de Chez-l'Abbé, anciennement des Bardonneaux, même paroisse (5 juillet) ; — pour la prise du Maine-Salmon, au village des Bardonneaux, même paroisse (12 juillet) ; — pour la prise des Grands-Champs-Helias, même paroisse (12 juillet) ; — pour la prise des Cheneveaux, même paroisse (12 juillet) ; — pour la prise du pré de Veyrat, même paroisse (12 juillet). — Retrocession par Pierre Roche, bourgeois, et Marie-Anne Villedary, sa femme, à Pierre Rivaud, substitut du procureur du Roi en la sénéchaussée d'Angoumois, et à Marie Delapeyre, sa femme, d'une rente que les vendeurs avaient acquise d'Élie Delagarde, sieur de Mirande (14 juillet). — Reconnaissance de créance par Jeanne Pigornet, veuve de François Vigier, écuyer, sieur de La Pille, avocat au Parlement, comme tutrice naturelle de Madeleine, Marie et Marie-Philippe Vigier, ses filles d'une part ; à demoiselle Anne Dubois de Bellegarde, fille majeure, d'autre part (15 juillet). — Procuration donnée par Marie Sartre, veuve de François Forêt, maître ès arts, demeurant à Angoulême, à Jean-François Vinsac, marchand libraire de la même ville, à l'effet de la représenter dans un procès en partage avec ses enfants (20 juillet). — Contrat de mariage en échange, entre François Dubois, imprimeur, fils de Philippe Dubois, marchand, défunt, et de vivante Élisabeth Yver, d'une part ; et Marie-Mauricette Forêt, fille de feu François Forêt, maître ès arts, et de Marie Sartre, sa femme, d'autre part ; et encore entre François Forêt, fils dudit François Forêt, maître ès-arts dessusdit et de ladite Sartre, d'une part ; et Catherine-Rose Dubois, fille des dessusdits Philippe Dubois, défunt, et Élisabeth Dubois, d'autre part, demeurant les parties en la ville d'Angoulême, paroisses S¹-Antonin et Notre-Dame de La Paine (22 juillet). — Sommation par Jean Bonnaud, perruquier, demeurant au faubourg Lhoumeau d'Angoulême, à Gilles Duhamel de La Lande, maître perruquier et lieutenant du premier chirurgien du roi des maîtres perruquiers de la ville d'Angoulême, d'avoir à le recevoir au serment professionnel, en conformité à l'édit de 1745, pour bénéficier des avantages spécifiés par ledit édit (28 juillet).

— Cession de droits par Pierre-Mathurin Navarre, sieur de Bois-de-Ré, y demeurant, paroisse de Moulidars, à Jacques Bonjour, marchand au village de Villars-Marange, paroisse d'Échallat (6 août). — Vente par Antoinette-Marie Pallier, fille majeure et héritière pure et simple de Thérèse Faure, sa mère, et sous bénéfice d'inventaire de défunt Jean-Gérard Pallier, sieur de Cesseaux, son père, des créances qu'elle pouvait avoir sur la succession de ce dernier (6 août). — Constitution de 150 livres de rente par Jean-Baptiste Hériard, sieur de Préfontaine, avocat en la cour, juge sénéchal de la baronnie de Montignac-Charente et de la principauté de Marcillac, demeurant au bourg d'Aussac, au profit d'Antoinette Pallier, fille majeure, sa cousine germaine, demeurant ordinairement au bourg de Fouqueure, et présent au couvent du tiers-ordre de S¹-François de la ville d'Angoulême (13 août). — Règlement entre Marie Bourbaud, veuve non commune en biens de Jean-Gérard Paillier, sieur du Cesseau, demeurant au village de Villard, paroisse de Poursac, en Angoumois, d'une part ; et Antoinette-Marie Paillier, fille majeure, héritière pure et simple de dame Thérèse Faure, sa mère, et héritière sous bénéfice d'inventaire dudit sieur Paillier, son père (15 août). — Contrat d'ingression dans la communauté du tiers-ordre de S¹-François de la ville d'Angoulême pour Marie-Antoinette Paillier dessusdite, fille de défunts Jean-Gérard Paillier, sieur du Cesseau, et Thérèse Faure, sa femme, en faveur de laquelle ingression et pour n'être pas à la charge de la communauté, ladite Paillier s'est constitué en dot la somme de 3,000 livres, plus une pension annuelle de 200 livres pour ses besoins particuliers, l'acte passé audit couvent, en présence de dames Suzanne Normand du Sauveur, supérieure, Marguerite Prévérauld de S¹⁰-Claire, sous-prieure, Marguerite de Paris de S¹⁰-Agathe, procureuse, Catherine Ducluzeau de Jésus, Jeanne Valleteau de S¹⁰-Ursule et Catherine Benassis de la Croix, discrètes, composant le conseil de la communauté (16 août). — Bail à ferme, pour neuf années et moyennant 1,600 livres l'une, par Jean-Jacques Salomon, écuyer, seigneur de Saint-Ciers, Le Chastenet et autres lieux, à Jean Planchet, marchand, de ladite seigneurie du Chastenet, circonstances et dépendances, sise en la paroisse de Saint-Amant-de-Bonnieure (17 août). — Contrat d'ingression dans la communauté du tiers-ordre de S¹-François d'Angoulême pour Julie Delouche des Vallées, fille de feu Jacques Delouche, sieur des Vallées, et de Françoise Faure, sa femme, en faveur de laquelle ingression ladite Faure a constitué en dot à ladite Delouche, sa fille, la somme de 3,000 livres et une pension viagère de 250 livres, pour subvenir à ses besoins particuliers (24 août). — Arrentement, moyennant 6 livres par an, par Jean-Louis, comte de Raymond, chevalier, seigneur d'Oyé et autres lieux, commandant pour le Roi en la province d'Angoumois et lieutenant au gouvernement des ville et château d'Angoulême, d'une part; à Jean Mesnard, écuyer, seigneur de Laumont, demeurant à Angoulême, d'autre part, d'un petit emplacement compris entre les deux tours servant de cachots audit château, à prendre dans les fossés, pour y bâtir une écurie de dix-huit pieds de face sur seize pieds de haut et douze pieds six pouces de profondeur, à prendre de arête des coins de devant jusqu'aux murs dudit château (31 août). — Entérinement par Marc Barbot, écuyer, sieur de La Trésorière, et Catherine Fouchier, sa femme, du testament de Pierre Fouchier, conseiller du Roi et son avocat en la sénéchaussée d'Angoumois, leur beau-frère et frère (31 août 1761).

E. 1800. (Liasse.) — 49 pièces, papier.

1761. — Caillaud, notaire royal à Angoulême. — Actes reçus par ce notaire, du 1er septembre au 31 octobre. — Constitution de 150 livres de rente par les abbesse et religieuses de St-Ausone d'Angoulême au profit de la communauté du tiers-ordre de St-François de la même ville (1er septembre). — Contrat de mariage entre François Ramberge, billardier, fils de feu Louis Ramberge, aussi billardier, et de Marie Trollet, demeurant à Angoulême, paroisse St-Antonin, d'une part; et Marie Tachenet, fille de feu Jean Tachenet, soldat invalide, d'autre part (11 septembre). — Vente, moyennant 5,000 livres, par Pierre-Claude Coulon, maître ès-arts, et Marie Jallet, sa femme, à Guillaume Létourneau, prêtre, curé de Vieux-Cérier, d'une maison sise à Angoulême, paroisse St-André, sur la rue qui conduit de l'église dudit St-André à la halle du Pallet (5 octobre). — Testament de Marie Mounier, femme de François Thoumassin, marchand en détail (11 octobre 1761).

E. 1801. (Liasse.) — 68 pièces papier.

1761. — Caillaud, notaire royal à Angoulême. — Actes reçus par ce notaire, du 1er novembre au 30 décembre. — Sommation respectueuse par Madeleine Pinasseau, fille majeure de vingt-cinq ans, à François Pinasseau, son père, d'avoir à consentir au mariage de celle-ci avec Pierre Sibillotte, maître cordonnier (3 novembre). — Déclaration donnée par dame Marie Benoît, veuve de

Jean Ducluzeau, procureur en la sénéchaussée d'Angoumois, et portant que ladite dame et ses enfants, héritiers dudit Ducluzeau, leur père, n'ont aucuns moyens pour empêcher Guillaume Jeheu, notaire royal à Angoulême, de toucher, sur les tailles de l'élection d'Angoulême, les arrérages d'une rente acquise par lui et ledit Ducluzeau de dame Philippe Dusseau, veuve de François de Crozan, écuyer, sieur de Rivières, héritière de feu François Dusseau, chevalier, seigneur de Vilhonneur, son oncle (8 novembre). — Contrat de mariage entre Louis Irvoix, mouleur de chandelle, fils d'autre Louis Irvoix, aussi mouleur de chandelle, et de Françoise Irvoix, sa femme, demeurant à Angoulême, paroisse St-Paul, d'une part; et Anne Montarlot l'ainée, fille de feu Thomas Montarlot, sergent royal, et de Dorothée Ribérolle, sa veuve, d'autre part (26 novembre). — Constitution d'un titre clérical de 120 livres de pension viagère, par Antoine Ravon, meunier, demeurant au village du Pontouvre, paroisse de Champniers, en faveur de Pierre Ravon, clerc minoré du diocèse d'Angoulême, son fils (28 novembre). — Vente, moyennant 6,500 livres par Pierre de Glenest, écuyer, sieur de La Morinie, à Bartholomie de la Place, sa femme, de lui séparée quant aux biens par sentence du présidial d'Angoumois du 31 juillet 1750, demeurant au bourg de Magnac-La-Valette, d'une et d'autre part, de diverses sommes appartenant en propre au vendeur (1er décembre). — Renonciation pure et simple par Charles-Jean Respingez du Pontil, avocat au Parlement, ancien avocat et conseil (sic) du Roi, demeurant au faubourg de La Bussate, paroisse d'Angoulême, à la succession en meubles et acquêts de Marie-Thérèse-Dorothée Respingez, fille de défunte Madeleine Tisserand, sa femme, et de lui, religieuse professe au couvent des Carmélites de la Sainte-Mère-de-Dieu, établi à Paris, rue Chapon, elle-même héritière présomptive, pour un quart, de ladite défunte dame Tisserand, sa mère (4 décembre). — Vente de diverses créances, par Pierre Nouel, négociant, et Jeanne Marin, sa femme, Louis Nouel, leur fils aîné, aussi négociant, et Anne Klotz, femme de ce dernier, demeurant ensemble, à Angoulême, rue du Minage, paroisse de Notre-Dame de Beaulieu, d'une part; à André-Renaud Cambois de Cheneuzac, avocat en la cour, demeurant aussi à Angoulême, paroisse St-Paul, d'autre part (8 décembre). — Contrat d'ingression dans la communauté des dames hospitalières de l'Hôtel-Dieu-Notre-Dame-des-Anges de la ville d'Angoulême, pour demoiselle Madeleine de la Cour de la Pigeardière, fille légitime de feu Louis de la Cour, sieur de la Pigeardière, et de Thérèse de la Cour, sa veuve, en présence de dames Marie

Calliot, supérieure de la communauté, Marie Rullier, plus ancienne de la maison, représentant Dame-Marie-Thérèse du Laud, assistante. et François Vallier, procureur au présidial d'Angoumois, syndic et trésorier des pauvres dudit Hôtel-Dieu ; en faveur de laquelle ingression la dame de la Cour a constitué à la dite demoiselle sa fille, une dot de 2,500 livres en capital, et une rente viagère de 40 livres, pour ses besoins personnels (13 décembre). — Reconnaissance donnée aux pauvres de l'hôpital général d'Angoulême, Jean Seguineau, procureur au présidial d'Angoumois, leur syndic, stipulant et acceptant pour eux, par Alexandre de Galard de Béarn, chevalier, seigneur comte de Galard, seigneur du Repaire de Rougnac et autres lieux, comme héritier de feu Hélie-François de St-Hermine, chevalier, seigneur de St-Hermine, du Fa et de Sireuil, capitaine des vaisseaux du Roi, chevalier de St-Louis, son oncle, d'une rente de 100 livres constituée en faveur dudit hôpital par ledit feu de St-Hermine et défunte dame Julie de Vassoignes, sa femme, suivant acte du 15 décembre 1728, reçu Jeheu, notaire royal (29 décembre). — Vente, moyennant 600 livres de capital et 20 livres de pot-de-vin, par Anne Thomas, veuve de Mathieu Salmon, huissier aux tailles, et Jeanne Thomas, femme de Pierre Damoy, cordonnier, sœurs, à Jean Caillaud dit Lescaut, meunier au village du Pontouvre, d'une maison en mauvais état, sise sur le chemin qui conduit dudit village au treuil de Roffy, à main droite, avec un morceau de jardin sis au même lieu et un endain de pré assis à la fontaine de Laubarière (30 décembre). — Testament de François Bloc, ancien domestique du comte d'Échoisy, de présent malade à l'Hôtel-Dieu d'Angoulême, par lequel il s'en rapporte pour ses funérailles, aux dames hospitalières dudit Hôtel-Dieu auquel il lègue, pour l'indemniser des dépenses extraordinaires et très considérables occasionnées par sa maladie, deux sommes de 60 livres chacune, à lui dues par deux particuliers, plus celle de 700 à 800 livres qui lui est encore due par le comte d'Échoisy, pour ses gages, pour le temps qu'il a passé au service dudit comte d'Échoisy, de la défunte comtesse, sa femme, et du marquis d'Échoisy, leur fils (30 décembre 1761).

E. 1882. (Liasse.) — 86 pièces, papier ; 1 sceau.

1762. — Caillaud, notaire royal à Angoulême. — Actes reçus par ce notaire, du 1er janvier au 28 février. — Renonciation par François Vallier, procureur au présidial d'Angoumois et syndic des pauvres de l'Hôtel-Dieu d'Angoulême, aux dons et legs qui pourraient avoir

été faits auxdits pauvres par demoiselle Lucrèce Angély, femme d'Antoine Forgery, sieur de Champlaquet, suivant son testament du 6 avril 1708, reçu Micheau, notaire royal (5 janvier). — Procès-verbal, ce requérant Nicolas-Pierre Maigrier, marchand épicier, demeurant à Angoulême, près la halle du Pallet, d'une balle de sucre qui lui avait été expédiée par les sieurs Paul Nairat et neveu, négociants de la ville de Bordeaux, et qui lui était parvenue mouillée (9 janvier). — Démission pure et simple de la cure de St-Jean de Negret, diocèse d'Angoulême, par Pierre-Joseph Bouchet, prêtre, curé dudit lieu (12 janvier). — Bail à ferme, pour neuf années et moyennant 135 livres l'une, par Nicolas Desforges, écuyer, seigneur du Châtelard, dame Louise de Guillaume, sa femme, et demoiselle Catherine de Guillaume, fille majeure, demeurant ensemble à Angoulême, de la métairie du Peux, dépendant de la seigneurie de Fregeneuil, paroisse de Soyaux (17 janvier). — Contrat de mariage entre Jean Legoff, domestique de madame de Nesmond, natif de la paroisse de Ploëzal, diocèse de Tréguier, et Marie Lambert, fille majeure, native du bourg de Gurat, demeurant les parties en la ville d'Angoulême (29 janvier). — Quittance par Pierre Maulde, sieur de Valence, demeurant à Angoulême, paroisse St-Jean, à François de Chevreux, écuyer, sieur de Lacaux, y demeurant, paroisse de Vitrac, de la somme de 137 livres 6 sous 8 deniers, pour droits de lods et ventes (31 janvier). — Inventaire des meubles et effets dépendant de la succession de feu messire Alexandre de Béarn, comte de Galard (sic), chevalier, seigneur du Repaire, Saint-Hermine, Le Fa, Sireuil et autres lieux, ce requérant dame Marie-Élisabeth Chesnel, sa veuve, lesdits meubles situés tant en l'hôtel dudit seigneur à Angoulême que dans les maisons de la forge de Rougnac, le Repaire de Rougnac, Château-Chesnel, Saint-Hermine, et dans les domaines en dépendant. A remarquer audit inventaire ; douze fauteuils en tapisserie au petit et au gros point, mi-neufs, estimés ensemble 360 livres ; — un tableau de moyenne grandeur, peint sur toile, représentant un paysage, estimé 3 livres ; treize autres tapisseries en toile peinte, représentant des paysages et des fontaines, estimées 66 livres ; — un assortiment d'argenterie comprenant neuf couverts, quatre grandes cuillers, quatre petites, pour sel, six autres petites à café, une à moutarde, deux salières avec leurs couvertures, six flambeaux, deux mouchettes avec leurs portemouchettes, un plat à soupe, deux plats à entrées, quatre plats à rôt, ovales, un gobelet avec sa couverture, une écuelle à bouillon avec sa couverture, le tout pesant 61 marcs 5 onces, valant, suivant le cours du change, 66 livres 18 sous le marc, soit pour le tout 2,860 livres 18 sous ; —

un assortiment de vaisselle d'étain comprenant trois grands plats, deux moyens et un petit, trois autres petits, trente-huit assiettes, une écuelle à bouillon avec sa couverture, deux « cartes » (quartes), une grande et une petite, cinq tiers, un porte-dîner avec sa couverture, une bouilloire avec sa garniture, deux flambeaux, trois gobelets, deux poi....., une soucoupe et seize cuillers, le tout pesant 108 livres, à 15 sous la livre, estimé ensemble 81 livres; — deux lits jumeaux, garnis, composés de leurs bois de noyer, à colonnes, foncés dessus et dessous, avec leur literie, estimés 320 livres; — cinq pends de tapisserie de Flandre, à bestiaux et verdure, mesurant douze aunes, estimés 180 livres; — deux tableaux, l'un de bonne grandeur, représentant Moïse exposé sur les eaux, et l'autre, plus petit, représentant la Ste-Vierge avec l'enfant Jésus, les cadres dorés et gâtés, estimés ensemble 36 livres; — un autre tableau de bonne grandeur, représentant les *Égyptiens (sic) adorant le veau d'or,* ledit tableau attaché au-dessus de la porte d'un placard et employé ici pour mémoire; — un autre grand tableau, dans un cadre en bois sculpté, représentant Louis XIV, fixé comme le précédent, aussi employé pour mémoire; — un gros calibre de mousquet ou petit canon en fonte de fer, très vieux et troué, de quatre pieds et demi de long ou environ, estimé 4 sous; — deux coffres remplis d'anciens papiers, mémoires, lettres, titres, le tout très ancien, concernant la famille dudit comte de Galard; — une petite couleuvrine de fonte verte, pesant environ cinquante livres, estimée 25 livres; — cinq pentes de tapisseries anciennes à personnages, tirant environ dix aunes , estimées 60 livres; — un fusil de maître, proprement fait, le canon bronzé et incrusté en or, avec sa poche de cuir, estimé 50 livres; — dans la bibliothèque, environ 200 volumes de divers formats, dont l'*Histoire ancienne,* de Rollin, la *Recherche de la vérité,* de Malebranche, les *Annales d'Aquitaine,* la *Nouvelle coutume d'Angoumois,* le tout estimé 150 livres; — au château de Saint-Hermine : une table à pièces rapportées et dessinées, très antique, estimée 2 livres; — huit estampes de l'*Histoire de don Quichotte,* avec leurs baguettes, employées ici pour mémoire; — un petit tableau peint sur toile, représentant le Christ avec la Madeleine à ses pieds, dans son cadre doré, écaillé, estimé 2 livres; — dix estampes de l'*Histoire de don Quichotte,* estimées, avec les huit employées ci-dessus, la somme de 10 livres; — au château de Chesnel, appartenant au seigneur d'Orvilliers, capitaine commandant des vaisseaux du Roi, les meubles appartenant à ladite dame de Galard, renfermés dans une chambre dudit château; — en l'hôtel de ladite dame, divers papiers

dont le testament de Marie de St-Hermine, veuve de François de Pindray, écuyer, sieur de Montesgon, du 10 décembre 1750, reçu par Bourbeau, notaire à Poitiers, et divers autres titres de famille (6 février 1762 et jours suivants).

E. 1803. (Liasse.) — 73 pièces, papier.

1762. — Caillaud, notaire royal à Angoulême. — Actes reçus par ce notaire, du 2 mars au 29 avril. — Constitution de 60 livres de rente par Jean Caillaud, procureur au présidial d'Angoumois, et Rose Neuville, sa femme, au profit de François Rullier, sieur des Combes, avocat au même siège (4 mars). — Avis de Jean-François Dassier, chevalier, seigneur de Pers, Charzat et autres lieux, Anne-Marguerite Dassier, veuve de Philippe Dupin, chevalier, seigneur de Montbron, paroisse de Luchapt en Poitou, et demoiselle Madeleine Dassier, fille majeure, tous les trois frère et sœurs germains de Paul Dassier, chevalier, seigneur de Saint-Simeux, ci-devant officier au régiment d'Aquitaine, François Benoit de Ste-Colombe, chevalier, seigneur marquis de L'Aubespin, Saint-Just, Les Fourneaux, baron du Vigean et autres places, brigadier des armées du Roi et enseigne de ses gardes, et Françoise-Marthe Poussard du Vigean, sa femme, tous les deux neveu et nièce dudit sieur de Saint-Simeux, François de La Loubière, chevalier, seigneur de Bernac, ci-devant garde du Roi, et Gabriel de la Croix, chevalier, seigneur du Repaire, cousins issus de germains dudit seigneur, tous lesquels, sur la connaissance qu'ils ont eue de la requête présentée au présidial d'Angoumois par dame Marguerite Regnauld, veuve en premières noces de Jean Dassier, chevalier, seigneur des Brosses, et en secondes noces de Pierre Barbarin, sieur de La Martinie, et ayant été témoins du dérangement survenu dans les facultés dudit sieur de Saint-Simeux, depuis son retour de la guerre de Piémont, et notamment de ses excès et violences envers sa dite mère, pendant les années 1754, 1755 et 1756 principalement, sont d'avis de demander unanimement, pour l'honneur de la famille et dans l'intérêt dudit sieur de Saint-Simeux lui-même, qu'il soit procédé à son interdiction et la nomination d'un curateur à ses personne et biens qui les mette à couvert de la séduction et des surprises auxquelles il est journellement exposé (10 mars). — Vente, moyennant 2,700 livres, par Jean de Martinis, bourgeois de la ville de Périgueux, et dame Anne de Chamborant, sa femme, demeurant au bourg et paroisse de Nanteuil, juridiction de Bourzac en Périgord, à Jean

Auriol, marchand au bourg de la Chapelle-de-Marillac, d'une pièce de pré sise au village de Puygelier, paroisse de Mouton (11 mars). — Vente, moyennant 6,000 livres, par Jean Delaconfrette, sieur de Villamont, conseiller du Roi, receveur des consignations du siège présidial, baillage, sénéchaussée et autres juridictions de la ville d'Angoulême, d'une part; à Guillaume Jeheu, notaire royal, faisant depuis plusieurs années, par commission, la recette desdites consignations, d'autre part, dudit état et office de receveur desdites consignations, dont ledit sieur de Villamont est actuellement pourvu (14 mars). — Récolement, à la requête de Mauricette Bion, veuve de Jean Sazerac, en son vivant bourgeois, négociant de la ville d'Angoulême, y demeurant, grande rue du Minage, paroisse de Beaulieu, des titres de créances relatés à l'inventaire dressé après la mort dudit Sazerac, arrivée le 2 mars 1747, par Caillaud, notaire royal (17 et 18 mars). — Réitération de grades faite au chapitre d'Angoulême pour Sébastien Lavergne, prêtre de ce diocèse, docteur en théologie de l'université de Poitiers, gradué nommé sur les bénéfices dépendant dudit chapitre cathédral d'Angoulême (20 mars). — Contrat de mariage entre Pierre Brun, praticien, fils de François Brun, procureur au présidial d'Angoumois, et de Christine St-Amand, sa femme, d'une part; et Geneviève Rousselot, fille de feu François Rousselot, maître boulanger, et de Cécile Boutin, sa femme, d'autre part (24 mars). — Ratification par Honoré de la Grézille, écuyer, sieur du Rocher, sous-brigadier des gardes du corps du Roi, demeurant ordinairement au logis de Puygelier, paroisse de Puyréau, d'un règlement intervenu entre Philippe de la Grézille, sieur de La Charrière, autre Philippe de la Grézille, prêtre, curé de Mornac, frère dudit sieur du Rocher, Marie de la Grézille, veuve de Michel Lhoumeau, avocat à la cour, Michel-François Fouchier, à cause d'Anne de la Grézille, sa femme, d'une part; Charles Prévérauld, sieur du Mas, veuf de Françoise de la Grézille, et Pierre Prévérauld, conseiller du Roi, juge magistrat en la sénéchaussée et siège présidial d'Angoumois, d'autre part (26 mars). — Testament de Jean-Baptiste Marchais, sieur de La Chapelle, père, veuf de Rose Jussé, demeurant à Angoulême, paroisse St-André, en faveur d'autre Jean-Baptiste Marchais, aussi sieur de La Chapelle, et de Pierre Marchais, sieur de La Berge, ses deux enfants mâles (29 mars). — Inventaire, règlement et partage des biens de défunte Mauricette Bion, veuve de Jean Sazerac, vivant bourgeois de la ville d'Angoulême, décédée le 28 mars précédent (2 et 4 avril). — Vente, moyennant 8,800 livres, par François Joumard Tizon, chevalier, marquis d'Argence, seigneur de Dirac, Les Courrières et autres lieux, et dame Françoise de la Cropte de St-Abre, marquise d'Argence, sa femme, demeurant en leur château de Dirac, paroisse dudit lieu, à Emmanuel Sazerac, conseiller du Roi, receveur de la maîtrise des eaux et forêts d'Angoumois, juge en charge en la juridiction consulaire de la ville d'Angoulême, de la coupe de cent et quelques journaux de bois futaie et bois de bûche, âgé de dix-huit à vingt ans, y compris les baliveaux de tout âge qui peuvent s'y trouver, à la réserve de seize des plus petits (10 avril). — Obligation de la somme de 18,000 livres consentie au profit des dames hospitalières de l'Hôtel-Dieu d'Angoulême, par Jean Thevet, sieur de Lessart, conseiller de l'hôtel-de-ville d'Angoulême, et autre Jean Thevet, fils du précédent, capitaine au régiment de Vaubécourt-infanterie (17 avril). — Testament de demoiselle Anne Méhée de Moulidars, fille majeure, demeurant à Angoulême, rue des Cordonniers, paroisse St-André, par lequel elle institue ses héritiers Cyprien-Gabriel Terrasson, chevalier, seigneur des Courades et autres lieux, l'un des deux cents chevau-légers de la garde du Roi, et Jean Terrasson, chevalier, seigneur du Maine-Michaud, Champpourry et autres lieux, frères, ses deux neveux, auxquels elle s'en rapporte tant pour le règlement de ses funérailles que pour les messes et prières à faire dire et faire, et les aumônes à distribuer en son nom (25 avril 1762).

E. 1804. (Liasse.) — 96 pièces, papiers; 1 sceau.

1762. — Caillaud, notaire royal à Angoulême. — Actes reçus par ce notaire, du 1er mai au 29 juin. — Compte d'intérêts entre Alexandre Chérade, écuyer, sieur de Bélair, ancien capitaine au régiment d'Aquitaine-infanterie, chevalier de St-Louis et pensionnaire du Roi, demeurant à Angoulême, d'une part; et dame Madeleine Chérade de La Pouyade, femme de Jean Mesnard, écuyer, seigneur de Laumont, d'autre part (1er mai). — Reconnaissance d'une rente par Pierre Dereix, procureur au présidial d'Angoumois, comme étant aux droits de demoiselle Jacquette de Tustal, à François Decescaud, sieur de Vignerias, avocat en la cour (1er mai). — Contrat de mariage entre Léonard de la Cour, sieur de La Pigeardière, fils de feu Louis de la Cour, sieur de La Pigeardière, et de Thérèse de la Cour, sa femme, demeurant audit lieu de La Pigeardière, paroisse d'Anais, d'une part; et Marie Dufresse, fille de feu Jean Dufresse, sieur de La Seguinie, et de Louise Delagarde, sa femme, demeurant à Angoulême, paroisse St-André, d'autre part (5 mai). — Constitution de 15 livres de rente par demoiselle Louise-Anne de La Rochefoucauld de Chaumont, fille se disant majeure, demeurant à Angoulême, paroisse St-Martial, au profit de Siméon Dutillet, conseiller du Roi et son premier avocat en la sénéchaussée d'Angoumois, demeurant à Angoulême, paroisse St-Paul (6 mai). — Contrat de Mariage entre Louis-François Péchillon de la Borderie, fils de feu Antoine Péchillon, procureur au présidial d'Angoumois, et de Madeleine Ovy, demeurant, en qualité de fermier, au domaine du Maine-Marteau, paroisse de Saint-Saturnin, d'une part ; et Marthe Marchais, fille de Jean-Baptiste Marchais, sieur de La Chapelle, et de défunte Rose Jussé, demeurant à Angoulême, paroisse St-André, d'autre part (8 mai). — Bail à ferme, moyennant 240 livres par an, par Jean-Hélie des Ruaux, chevalier, seigneur de Plassac, demeurant à Angoulême, paroisse Saint-André, comme ayant charge de haute et puissante dame Gabrielle des Escotais, veuve de haut et puissant Marc-René-Alexis, marquis de Valory, seigneur châtelain de Destilly, Signy et Izoré, Romentière et La Goubillonnière, Le Cluzeau et autres lieux, demeurant ordinairement à Paris, agissant ladite dame comme ayant la garde noble de Louis-Marc-Antoine de Valory, fils unique dudit seigneur et d'elle, d'une part ; à des particuliers de la paroisse de Vindelle, d'autre part, de la métairie basse de la seigneurie du Cluzeau, dite paroisse de Vindelle, avec tout ce qui la compose (9 mai). — Cession d'une créance par Pierre Tiffon, maître boulanger, à Jean-Armand Dervaud, inspecteur général de la manufacture royale des papiers d'Angoumois (14 mai). — Procuration donnée par Paul, chevalier de Montalembert, comme propriétaire de la forge de Ruelle et domaines en dépendant, à Jean Pinasseau, garde des eaux et forêts du marquis de Montalembert, à l'effet de régir et cultiver les fonds et domaines appartenant au constituant, comme faisant partie de ladite forge de Ruelle, pour les avoir acquis du sieur André Latasche, colonel de la milice bourgeoise d'Angoulême (17 mai). — Cession de portion de propres par Jean-Charles de Montalembert, chevalier, seigneur du Groc, Fouquebrune, Houme et autres lieux, chevalier de St-Louis, major des ville et château d'Angoulême, y demeurant, et Pierre-Placide de la Place, chevalier de La Tourgarnier, aussi chevalier de St-Louis, ancien capitaine au régiment de Bourbonnais-infanterie, et dame Marie-Madaleine de Montalembert, sa femme, demeurant en leur logis de La Tourgarnier, et encore autre Marie-Madeleine de Montalembert, agrégée de l'Union-Chrétienne d'Angoulême, et Jean Laurens, écuyer, sieur de Lézignac, demeurant en son logis du

Grand-Villard, paroisse de Pressac, représentant défunte Marie de Montalembert, sa mère, d'une part ; au profit de François Desbordes, chevalier, seigneur de Jansac, et de dame Marie de Montalembert, sa femme, demeurant en leur château de Cers, paroisse dudit lieu, d'autre part (25 mai). — Vente, moyennant 7,900 livres, par Pierre Vigier, écuyer, sieur de Planson, tant pour lui que pour dame Charlotte Devoix, sa femme, d'une part ; à Jean Thevet, sieur de La Combedieu, faisant tant pour lui que pour Jacquette Pigornet, sa femme, d'autre part, du lieu appelé Le Rosier, paroisse de Birac (3 juin). — Acte pour Nicolas Tremeau, bourgeois, ancien juge consulaire, conseiller du corps et maison de ville d'Angoulême, à l'effet de déclarer qu'il a en sa possession les effets délaissés en sa maison par défunt François Tremeau, sieur du Pignon, son frère, décédé chez lui le 8 mars 1760 ; qu'il est actuellement en instance pour obtenir l'entérinement du testament dudit sieur du Pignon qui l'institue son légataire universel ; que plusieurs de ces effets pouvant être utiles avant la conclusion du procès, tels que les lettres de change tirées des îles de la Martinique sur le Trésor royal par le R. P. de la Vallette, jésuite, supérieur général des missions étrangères, et sur le sieur Bey l'aîné, marchand de la ville de Marseille, il les a tout récemment envoyés à Paris, avec ordre de convertir les premières, conformément à l'arrêt du conseil du mois d'octobre dernier, et à l'égard des secondes, d'entrer dans le syndicat des créanciers des P. P. jésuites ordonné par le parlement de Paris suivant arrêt du 23 avril dernier (4 juin). — Inventaire des meubles et effets dépendant de la succession de messire Annet-Jean Guimard, chevalier, seigneur de Couziers, Puyfrançais et autres lieux, demeurant en l'île de Ré, paroisse St-Martin, ce requérant dame Marie-Françoise Penaud, sa veuve, laquelle a remontré que ledit sieur, son mari, serait décédé en la ville d'Angoulême, paroisse St-André, dans une maison qu'il tenait à loyer de la comtesse de Bourzac, le 23 février précédent, laissant un fils unique en bas âge. A signaler audit inventaire : six pentes de tapisserie verdure de Flandre, mi-usées et trouées, tirant environ quinze aunes, à 25 livres l'aune, estimée au total 375 livres ; — quatre pentes de tapisserie verdure d'Aubusson, tirant neuf aunes et quart, mi-usées, estimées 138 livres ; — quatre pentes de tapisserie verdure d'Aubusson, à petits personnages, tirant huit aunes et demie, estimées 127 livres 10 sous ; — un parasol de taffetas vert, garni en cuivre, presque neuf, estimé quinze livres ; — une expédition informe du contrat de mariage dudit Guimard avec ladite dame Penaud, en date du 26 décembre 1754, reçu Rigualin, notaire à Saint-Martin-de-Ré ; — un sac dans lequel sont les contrats des auteurs dudit feu seigneur de Guimard, avec des partages et autres contrats servant à prouver la noblesse de la famille; — un autre sac dans lequel sont, suivant l'étiquette, la quittance de finance de chevalier d'honneur, avec les provisions de monsieur des Courances et autres; — deux autres sacs dans lesquels sont le contrat de mariage de monsieur et de madame de Nadelin, avec plusieurs quittances; — plusieurs titres servant à prouver la noblesse dudit feu seigneur de Guimard; — l'enregistrement des armoiries du feu seigneur de Guimard, père du dernier décédé, en conséquence de l'ordonnance rendue le 29 août 1698, signée d'Hozier (26 juin 1762). Audit inventaire est annexée une procuration sur papier libre (en haut de laquelle est écrit : « Du papier timbré on ne se sert pas pendant la guerre »), donnée devant les bourgmestre, échevins et sénateurs de la ville de Wesel, duché de Clèves, par messire Louis-Harmant Guimard, chevalier, seigneur de Fontgibaud, lieutenant-colonel du régiment de Vaubécourt et lieutenant pour le Roi à Wesel, grand-oncle paternel de feu messire Hélie-Jean-Annet Guimard, chevalier, seigneur de Couziers, Puyfrançais et autres lieux, d'une part; à Jean-Hélie Des Ruaux, chevalier, seigneur de Plassac, demeurant à Angoulême, d'autre part, à l'effet de faire faire l'inventaire ci-dessus, ladite procuration donnée à Wesel, le 9 juillet 1762. — Bail à loyer par Benoît Boutin, marchand, à Bernard « d'Esnorus », maître à danser, et à demoiselle Françoise Lauzet, sa femme, d'une maison sise à Angoulême, près de celle qu'habite le bailleur (29 juin). — Constitution de 104 livres 5 sous 6 deniers de rente, par Jean-Armand Dervaud, inspecteur général de la manufacture royale des papiers d'Angoumois, et demoiselle Marie-Thérèse Henry, sa femme, au profit de Pierre-Auguste-Jacques-Alexandre et Joseph-Frédéric Henry, leurs frères et beaux-frères, tous mineurs, d'autre part (29 juin 1762).

E. 1805. (Liasse.) — 92 pièces, papier.

1762. — Caillaud, notaire royal à Angoulême. — Actes reçus par ce notaire, du 1er juillet au 31 août. — Dépôt pour Pierre Delafont, procureur au présidial d'Angoumois, agissant au nom du marquis de Montalembert, maréchal des camps et armées du Roi, d'une saisie mise sur des coffres et malles étant chez le seigneur de Lubersac, au logis de Lherce (1er juillet). — Approbation et ratification par dame Marie-Françoise Penaud, veuve de messire Annet-Jean de Guimard, écuyer, seigneur de Puyfrançais et autres lieux, de plusieurs actes passés pendant qu'elle était encore en minorité, sous l'autorité de son mari (1er juillet). — Procès-verbal, à la requête de Jean et Philippe Tardieu, père et fils, meuniers, demeurant au village du Pontouvre, de l'état du moulin dudit lieu (9 juillet). — Donation irrévocable entre vifs, par Jeanne Villain, fille majeure, demeurant à Angoulême, paroisse St-André, à sieur Charles Lemaître, l'aîné, peintre et doreur, et à Marie Villain, sa femme, beau-frère et sœur de la donatrice, demeurant aussi à Angoulême, paroisse de Beaulieu, de la somme de 225 livres, sans charge et sous l'obligation de remploi (12 juillet). — Transport d'une somme de 500 livres par Gabriel de Chevreuse, écuyer, seigneur de Tourteron, gendarme d'Orléans, tant de son chef comme légataire de demoiselle Louise de Chevreuse, sa tante, que comme mandataire d'autre Gabriel de Chevreuse, écuyer, seigneur de Tourteron, son père, d'une part; à Bernard Leclerc, maître armurier de la ville d'Angoulême, d'autre part (12 juillet). — Vente, moyennant une rente annuelle, par Jacques-Joseph Du Querroy, sieur de La Grange, et demoiselle Marie Brunelière, sa femme, demeurant à Angoulême, faubourg St-Jacques de Lhoumeau, à Simon Mathé, notaire royal et arpenteur de la maîtrise des eaux et forêts d'Angoumois, et à Marguerite Vergnaud, sa femme, demeurant à Angoulême, paroisse St-André, de tous les biens appartenant aux vendeurs, du chef dudit Du Querroy et situés au lieu de La Grange, paroisse St-Pierre de la ville de Saint-Junien (20 juillet). — Contrat de mariage entre Pierre Desaunière de Glaury, fils des défunts Jean Desaunière de Glaury et Catherine Dutignon, sa femme, demeurant à Angoulême, paroisse de Notre-Dame-de-La-Paine, d'une part; et demoiselle Jeanne-Radegonde Benoît, fille de défunts François Benoît et demoiselle Radegonde Julliot, sa femme, demeurant à Angoulême, paroisse St-André (23 juillet). — Reconnaissance d'une dette, par Jean Bouillaud, marchand, et Catherine Avry, sa femme, demeurant au village de Bragette, paroisse de Garat, à François de la Touche, sieur de Chaix, conseiller et procureur du Roi à la police de la ville d'Angoulême (24 juillet). — Revente par Pierre de Sarlandie fils, écuyer, représentant N..... Bobot, sa mère, défunte, et en cette qualité héritier de messire Bertrand Bobot, son grand-oncle, au jour de son décès, curé de Douzac, d'une part; à Louis Prévôt du Maine-du-Puy, comme étant aux droits de dame Anne Prévôt, sa femme, d'autre part, d'un journal de pré sis en la paroisse de Douzac (25 juillet). — Nomination de la personne de Louis-Armand de Guimard, chevalier, seigneur de Fontgibaud, lieutenant-colonel du régiment de Vaubécourt et lieutenant pour le Roi à

Wesel, duché de Clèves, en qualité de tuteur de Annet Guimard, fils mineur de feu Annet-Jean Guimard, chevalier, seigneur de Couziers, Puyfrançais, et autres lieux, et de Marie-Françoise Penaud, ledit sieur de Fontgibaud grand-oncle paternel du mineur (27 juillet). — Transaction sur contravention entre Michel Favret du Pommeau, directeur des aides de l'élection d'Angoulême, faisant pour le sieur Henriet, fermier général, d'une part ; François, autre François et Jean Chambrelan, huilier, père et enfants, demeurant ensemble en la ville de Verteuil, d'autre part (2 août). — Obligation de 552 livres consentie par Anne-Louise de Goret, veuve de Guillaume de Nesmond fils, chevalier, seigneur de La Pouignerie, demeurant au bourg et paroisse de Coulonges, d'une part ; au profit de Simon Dupont, marchand aubergiste de la ville d'Angoulême, d'autre part (3 août. — Donation entre vifs et irrévocable, à charge de 25 livres de pension viagère et annuelle, par Marguerite Birot, fille majeure, demeurant depuis quatre ans au logis de L'Oizellerie, paroisse de La Couronne, à Jean Maulde de Mougnac, seigneur de L'Oizellerie, son neveu, demeurant à Angoulême, de la portion revenant à la donatrice dans les successions de défuntes Élisabeth et Marie Birot, ses sœurs, ladite donation signée au pied par les parties (4 août). — Reconnaissance d'une rente, donnée à Marie Jamain, veuve de Mathieu Fin, sieur de Piégu, maître chirurgien, comme héritière de défunts François Thomas, vivant curé de Parzac, et de François Jamain, à son décès curé de Saint-Laurent-de-Céris, ses oncles, et à Jean de St-Martin, bourgeois, seul héritier de Rose de St-Martin, sa sœur, par Marc Besson, marchand aubergiste, et consorts (5 août). — Sommation respectueuse par Anne-Rose Guimard, fille majeure de feu Jean Guimard, vivant écuyer, seigneur de Jallais, et de Marie-Anne Joubert, à ladite dame Joubert, sa mère, de consentir à son mariage avec Jean-Baptiste Miouille, seigneur de Foulpougne, fils de feu Jean-Baptiste Miouille, aussi seigneur de Foulpougne, et de Marie-Jeanne Ducluzeau, avocat, qui est un parti sortable pour elle (5 août). — Contrat de mariage entre lesdits Miouille et Guimard (7 août). — Bail à loyer par Alexis Sureau, ancien procureur en la sénéchaussée d'Angoumois, faisant pour Joachine Boissard, veuve de Nicolas Geoffroy, directeur de la poste aux lettres de la ville de Clermont, à Jean Boissard, chandelier, d'une maison ouvrant sur la rue du Chat, paroisse St-Paul, à main droite en allant au rempart (8 août). — Inventaire des meubles, effets mobiliers, papiers et enseignements dépendant de la succession de feu François Gilbert, en son vivant conseiller du Roi, élu en l'élection d'Angou-

lême, ce requérant Renée-Élisabeth Pipaud, sa veuve assistée de Pierre Périer, procureur au présidial d'Angoumois, laquelle aurait déclaré que ledit Gilbert serait décédé au logis du Maine-Bernier, paroisse d'Aigne, le 15 ou le 16 du présent mois, la laissant chargée de six enfants de divers âges. A remarquer audit inventaire : une assiette et une écuelle à bouillon, avec sa couverture, en vermeil, quatre flambeaux, deux salières, un sucrier, une cuiller à soupe, une à ragout, un moutardier, un gobelet, une mouchette avec son porte-mouchette, un porte-huilier, douze cuillers et douze fourchettes, sept cuillers à café et une écuelle à bouillon sans sa couverture, le tout d'argent, pesant trente marcs six onces, à 48 livres le marc, montant à 1476 livres (19 août et jours suivants). — Résignation pure et simple de la cure de St-Martin d'Angoulême, par Jacques Miouille, licencié en droit canon et civil, prêtre, curé de ladite église et de celle de St-Éloi, son annexe, et prieur du prieuré simple de St-Pierre du Petit-Bournet, diocèse de Périgueux, d'une part ; au profit de messire Étienne Thoumie, aussi prêtre du diocèse d'Angoulême, licencié en droit canon et civil, son cousin au quatorzième degré, desservant actuellement ladite cure en qualité de vicaire, d'autre part (21 août). — Hommage rendu en l'hôtel de ville d'Angoulême, à Noël Limouzin d'Auteville, maire et capitaine de ladite ville, par le sieur O. Donovan, préfet, faisant fonction de principal du collége d'Angoulême, lequel, après avoir présenté un bouquet audit maire et lui avoir fait le compliment ordinaire, l'aurait conduit dans le sanctuaire de l'église dudit collége pour y entendre la messe pendant laquelle l'aumônier dudit collége, qui la célébrait, aurait quitté l'autel, au moment du *Lavabo*, et prenant un cierge posé sur un chandelier, serait allé le présenter audit maire, en signe de l'hommage qui lui est dû comme représentant le corps de ville, fondateur dudit collége (25 août). — Démission pure et simple, entre les mains de l'évêque de Saintes, par François Ivert, chanoine de la collégiale de St-Georges de Ré et curé de Mainfonds, au diocèse d'Angoulême, y demeurant de son canonicat dudit St-Georges, pour en être disposé par ledit évêque en faveur de qui bon lui semblera (26 août). — Quittance par Pierre Lambert, chevalier, seigneur des Andrauds, Fontfroide, Denat et autres lieux, demeurant à Angoulême, tant de son chef que comme ayant charge d'autre Pierre Lambert, chevalier, son père, et de François de Giboust, chevalier, seigneur de Chastellux, d'une part ; à George Jubert, sieur de la Salle, bourgeois, tant de son chef que comme étant aux droits de Françoise Besse, sa femme, en qualité d'héritier bénéficiaire de feu Gabriel Thibaud, vivant écuyer, sieur de Joubertières, exempt des gardes du Roi, son oncle, d'autre part (8 janvier 1765). — Transaction amiable entre Philippe Ringuet, maître écrivain, et demoiselle Madeleine Normand, sa femme, d'une part ; Jean Raymond, marchand coutelier, et Jeanne Lanchère, sa femme, d'autre part, demeurant les dites parties à Angoulême, au sujet d'une grande maison ayant précédemment appartenu à maître Fouchier, avocat du Roi au présidial d'Angoumois, et achetée par parties ou appartements, par lesdits Ringuet et Raymond (30 août 1762).

E. 1806. (Liasse.) — 46 pièces, papier.

1762. — Caillaud, notaire royal à Angoulême. — Actes reçus par ce notaire, du 1er septembre au 30 octobre. — Constitution de 50 livres de rente par François-Antoine de Lhuillier, écuyer, seigneur de Chamarande, et dame Jeanne Dumas, sa femme, demeurant à Angoulême, d'une part ; au profit de messire Antoine Gibaud, prêtre, chanoine de la cathédrale d'Angoulême, d'autre part (3 septembre). — Procès verbal de la maison et de l'établissement des ci-devant soi-disant jésuites d'Angoulême, à la requête de Michel Marchadier, avocat à la cour, et d'Abraham-François Robin, ancien juge de la juridiction consulaire de la ville d'Angoulême, l'un et l'autre pairs de la maison commune de la dite ville et agissant en cette qualité, en vertu de la délibération du 4 du présent mois (6 septembre et jours suivants). — Dépôt en l'étude de Caillaud, notaire à Angoulême, de la procuration donnée devant les bourgmestre, échevins et sénateurs de la ville de Wesel, au duché de Clèves, le 18 août 1762, par Lous-Armand de Guimard, chevalier de St-Louis, seigneur de Fontgibaud, commandant, pour le Roi, en ladite ville de Wesel, au seigneur Des Ruaux de Plassac, à l'effet de pour et au nom du constituant, accepter la tutelle de son petit neveu, fils de feu Annet-Jean de Guimard, chevalier, seigneur de Puyfrançais et de Couziers (6 septembre). — Contrat de mariage entre sieur François-Charles Glace, fils de François Glace, marchand, et de Marie Taupeau, sa femme, demeurant à Angoulême, paroisse de La Paine, d'une part ; et Marie de la Cour, fille aînée de feu Louis de la Cour, sieur de La Pigeardière, et de Thérèse de la Cour, sa veuve, demeurant au lieu de La Pigeardière, paroisse d'Anais, d'autre part (8 septembre). — Constitution de 100 livres de rente par François-Antoine de Lhuillier, écuyer, seigneur de Chamarande, et Jeanne Dumas, sa femme, demeurant à Angoulême, au profit de dame Gabrielle Le Court, veuve non commune en biens de Jean-Amable-Paul de Malon, chevalier, seigneur de

Croiche et autres lieux, chevalier des ordres royaux et hospitaliers de St-Lazare de Jérusalem et de Notre-Dame du Montcarmel, commissaire général des guerres de la généralité de Limoges, demeurant la dite dame de Malon à Paris, en la communauté des dames de Ste-Agnès, aux Plâtrières (28 septembre). — Procès-verbal d'une caisse de chapeaux expédiée sur commande à François Puymoyen, marchand chapelier au faubourg St-Jacques de Lhoumeau, par le sieur Chabert du Craux et compagnie, négociants de la ville de Lyon, lesquels chapeaux se seraient trouvés n'être pas de la qualité convenue entre les parties (28 septembre). — Inventaire des meubles, objets mobiliers, papiers et enseignements dépendant de la succession de Jean David de Boismorand, en son vivant procureur en la sénéchaussée d'Angoumois, ce requérant Madeleine Villedary, sa seconde femme, ledit sieur de Boismorand décédé de la veille, laissant de son premier mariage avec Marguerite Clergeon, deux filles âgées, l'une de vingt ans environ, et l'autre de quatorze ans. A remarquer audit inventaire : une expédition en forme du contrat de mariage dudit sieur de Boismorand avec ladite Marguerite Clergeon, en date du 3 juin 1741, reçu Delage, notaire royal ; — une expédition pareillement en forme, du contrat de mariage du même avec ladite Devilledary, en date du 12 septembre 1753, reçu Deroullède, notaire royal (2 octobre et jours suivants). — Transport par Pierre Bourdin, conseiller du Roi, juge magistrat en la sénéchaussée d'Angoumois, tant de son chef que comme exerçant les droits de dame Marie Tremeau, sa femme, d'une part ; aux religieuses du tiers-ordre de St-François de la ville d'Angoulême, représentées par dame Suzanne Normand du Sauveur, supérieure, Marguerite Prévérauld de Ste-Claire, vicaire, Marguerite de Paris de Ste-Agathe, procureuse, Catherine Ducluzeau de Jésus, Jeanne Valleteau de Ste-Ursule et Catherine Benassis de la Croix, discrètes, composant le conseil de la communauté, d'autre part, de la somme de 1,101 livres 18 sous en principal due aux vendeurs comme cessionnaires de Nicolas Tremeau, négociant de la ville d'Angoulême, leur beau-père et père, par dame Anne Guionnet de St-Germain, veuve de François Normand, écuyer, seigneur de Garat, comme tutrice des enfants mineurs dudit seigneur et d'elle (3 octobre). — Procuration donnée par Élisabeth Pipaud, veuve de François Gilbert, vivant conseiller du Roi, élu en l'élection d'Angoulême, à l'effet de résigner entre les mains de monseigneur le chancelier, en faveur de François Roussel, juge sénéchal de Jurignac, Maumont et St-Germain, ledit état et office d'élu en l'élection d'Angoulême, dont le dit Gilbert était pourvu lors de son décès (22 octobre). —

Dissolution de société entre Marguerite Roger et Françoise Descordes qui, par acte sous signature privée, du 10 septembre 1746, avaient contracté une association de commerce (25 octobre). — Prise de possession de la cure de St-Martin hors les murs d'Angoulême et St-Éloi, son annexe, par Étienne Thoumie, prêtre du diocèse d'Angoulême et vicaire de ladite paroisse, et ce en vertu de la résignation faite en sa faveur par Jacques Mioulle, dernier titulaire de ladite cure (30 octobre). — Procuration donnée par Noël Limousin, écuyer, sieur d'Hauteville, conseiller du Roi, maire et capitaine de la ville d'Angoulême, à Jacques Descordes, procureur au présidial, à l'effet de pour lui se transporter, le lundi suivant, à l'issue de la messe, en l'église St-Martial de ladite ville et le représenter en la délibération que les curé, fabriciens et paroissiens de ladite église sont appelés à prendre, en conséquence de l'ordonnance de l'intendant de la généralité (30 octobre 1762).

E. 1807. (Liasse.) — 58 pièces, papier.

1762. — Caillaud, notaire royal à Angoulême. — Actes reçus par ce notaire, du 2 novembre au 31 décembre. — Cautionnement de Junien Maulde, sieur de La Clavière, demeurant au bourg d'Hiersac, envers Jean-Jacques Prévôt, bourgeois de Paris, y demeurant, en l'hôtel des fermes du Roi, rue de Grenelle, paroisse St-Eustache, adjudicataire général des fermes vives, pour le privilège de la vente du tabac, les grandes et petites gabelles, domaines et gabelles de Franche-Comté et des Trois-Evêchés, entrées de Paris, aides, papiers et parchemins timbrés des provinces où les aides ont cours, marque d'or et d'argent, suifs de Paris, marque des fers, droits sur les huiles et savons, domaines de France, gabelles et domaines d'Alsace, domaines d'occident, contrôle des actes des notaires, petits scels, insinuations, centième denier, greffe, amortissement des francs-fiefs et droits y joints (2 novembre). — Constitution de 100 livres de rente par Bernard et Jacques Leclerc, père et fils, maîtres armuriers de la ville d'Angoulême, y demeurant ensemble, rue de Genève, paroisse St-André, au profit de Jean Thinon, fils aîné, avocat (2 novembre). — Procuration donnée par demoiselle Marie de la Croix, fille majeure, demeurant à Angoulême, faubourg St-Jacques de Lhoumeau, à Jean Moreau, huissier audiencer en la juridiction consulaire de la même ville, à l'effet de pour elle recevoir de messire Élie Joumard des Achards *(sic)*, chevalier, seigneur vicomte de Legé, La Conqueste et autres lieux, demeurant en son château, paroisse

de « La Gemarie » (L'Age-Marie) en Périgord, les arrérages échus ou à échoir de la pension viagère de 300 livres par an due à la constituante par ledit seigneur de Legé, en vertu de la cession qui en a été faite par dame Marie-Anne de la Croix, vicomtesse de Legé, sœur de celle-là, femme séparée de biens et d'habitation dudit seigneur de Legé, suivant acte du 29 septembre 1759, reçu Bertrand, notaire royal (3 novembre). — Contrat d'ingression dans la communauté du tiers-ordre de St-François de la ville d'Angoulême, pour demoiselle Marie de Guillemin, fille de messire Pierre de Guillemin, écuyer, sieur de Chaumont, et de défunte dame Marie de La Brousse (6 novembre). — Vente, moyennant 30,000 livres, par demoiselles Jeanne et Marie David de Boismorand, filles mineures procédant sous autorité de justice, demeurant à Angoulême, d'une part ; à François-Alexandre Hospitel de Lhomandie, praticien, demeurant à La Chambre, paroisse de Verrières, et depuis plusieurs années en la ville d'Angoulême, d'autre part, savoir est de l'office de procureur en la sénéchaussée et siège présidial d'Angoumois, dont le sieur Jean David de Boismorand, leur père, était mort pourvu (8 novembre). — Partage entre Jean Tardieu et Jeanne Caillaud, sa femme, Jean Caillaud, Philippe Robert, Marie David, François Goumard et Jeanne Mathieu, sa femme, tous meuniers, demeurant au Pontouvre, paroisse St-Jacques de Lhoumeau, d'une petite île sise près les moulins dudit village du Pontouvre (8 novembre). — Vente, moyennant la somme de 6,400 livres, par Pierre Bareau, écuyer, sieur de Girac, Les Giraudières, La Prévosterie, Bourg-Charente et Fayolle, capitaine de cavalerie au régiment de la Reine, chevalier de St-Louis, et dame Thérèse-Radegonde Rambaud, sa femme, demeurant à Angoulême, d'une part ; à Charles-Jean Respingès du Pontil, ancien avocat et conseiller du Roi, administrateur de la manufacture des papiers à l'imitation de Hollande, demeurant aussi à Angoulême, paroisse St-Martial, d'autre part, savoir est du moulin à papier appartenant aux vendeurs du chef de ladite dame, appelé le moulin de Montbron, autrement de Brémont, avec les terres, prés et vignes qui en dépendent, le tout situé dans les paroisses de St-Martin et de La Couronne (18 novembre). — Procès-verbal du terrain qui entoure les fourches patibulaires de la ville d'Angoulême, ce requérant Jean Brunet, officier pour l'exécution des sentences criminelles de la sénéchaussée d'Angoumois, demeurant à Angoulême, paroisse St-Martial, lequel dit et remontre que « quoi qu'il soit d'usage que dans toutes les villes du royaume où il y a des fourches patibulaires, il doit y avoir un terrain limité à vingt-deux toises en tout

sens pour former une rotondité desdites fourches patibulaires, et que le terrain doit être renfermé de fossés,
d'une manière que qui que ce soit n'y ait l'entrée n'y la
liberté, que le requérant ; cependant, par un mépris à
cette règle, les riverains propriétaires et jouissans des
domaines adjassans auxdites fourches patibulaires ne
laissent pas, depuis nombre d'années, à y commettre
plusieurs voies de fait, soit par anticipation, soit autrement » contre quoi ledit requérant proteste (19 novembre). — Bail à ferme, pour sept années et moyennant
800 livres l'une, par Jean-Louis, comte de Raymond,
maréchal des camps et armées du Roi, demeurant au
château d'Angoulême, à Jacques Babaud, cabaretier, et
à Marguerite Guillot, sa femme, de la cantine dudit
château, avec faculté d'y vendre en détail, par chaque
année, jusqu'à soixante-douze barriques de vin, sans
avoir à payer aucun droit d'aide ou d'entrée de porte,
et vingt-quatre autres barriques en payant la moitié des
susdits droits (15 décembre). — Procès-verbal, à la
requête de Marie-René, marquis de Montalembert, chevalier, seigneur de Maumont, Juignac et autres lieux,
lieutenant général des provinces de Saintonge et d'Angoumois, d'anticipation faite sur une pièce de pré lui
appartenant (9 décembre). — Contrat de mariage entre
Paul de Montalembert, chevalier, comte de Montalembert, seigneur de Maumont, Juignac, Saint-Germain,
partie de la baronnie de Saint-Amant, Saint-Laurent, La
Vigerie, Forgeneuve en Périgord, partie de la rivière de
Touvre et autres lieux, fils majeur de feu Jacob de Montalembert et de dame Marie Vigier, demeurant à
Angoulême, paroisse St-Antonin, d'une part; et demoiselle Jeanne Ainslie, fille de haut et puissant seigneur
Georges Ainslie, écuyer, seigneur de Piltovn en Écosse
et de Durfort en Médoc, et de dame Jeanne Anstruther,
sa femme, ledit seigneur Ainslie fils de défunts Alexandre Ainslie, écuyer, et de dame Jeanne Gray, sa femme,
en leur vivant demeurant à Édimbourg. et ladite dame
Anstruther, fille de défunts chevalier Philippe Anstruther et dame Élisabeth de Hamilton, sa femme, ladite
demoiselle Jeanne Ainslie bien et dûment autorisée du
seigneur de Piltovn, son père, demeurant ordinairement
à Bordeaux, paroisse de St-Remi, et de présent à
Angoulême, d'autre part; en faveur duquel mariage ledit
futur époux se marie dans les biens et droits qui lui
appartiennent, de toute nature et provenance, et ledit
seigneur Georges Ainslie constitue en dot à ladite
demoiselle future épouse, sa fille, la somme de 60,000
livres payée comptant, étant convenu que les futurs
époux seront communs en meubles et conquêts immeubles, suivant la coutume d'Angoumois. Ont signé audit

contrat : le comte de Montalembert, Jane Ainslie, le
marquis de Montalembert, Geo. Ainslie, Ainslie Sandi-
lands, Jeanne d'Anstruther, Montalembert de Cers,
Ainslie fils, Ketty Ainslie, Pénélope Ainslie, Geo. Ainslie,
Grâce Ainslie, Julie de Lubersac, Devezeau de Chasseneuil, d'Houville de Chasseneuil et autres (9 décembre).
— Vente par François Héraud, écuyer, garde du corps
du Roi, demeurant à Angoulême, paroisse St-Martial,
d'une pièce de pré sise en la paroisse d'Asnières
(20 décembre). — Vente, moyennant 4,000 livres, par
Charles Terrasson, écuyer, sieur de Verneuil, La Pétillerie et autres lieux, et dame Marie-Marguerite Thenault, sa femme, comme fille et unique héritière de feu
Honoré Thenault, bourgeois, son père, demeurant à
Angoulême, d'une part; à François Demay, procureur
au présidial d'Angoumois, d'autre part, d'une maison
avec écurie, le tout sis à Angoulême, rue des Cordonniers, paroisse St-André, à main gauche en allant du
rempart à la halle du Minage, et confrontant par un
côté à une maison appartenant auxdits seigneur et dame
de Verneuil, et par l'autre côté à celle de monsieur de
La Trésorière (22 décembre 1762).

E. 1808. (Liasse.) — 86 pièces, papier.

1763. — Caillaud, notaire royal à Angoulême. —
Actes reçus par ce notaire, du 1er janvier au 28 février.
— Reconnaissance de 1.000 livres de rente rendue à
François Meslier, procureur en la sénéchaussée d'Angou-
mois, par Paul de Montalembert, chevalier, seigneur de
Maumont, comme mandataire de Marc-René marquis de
Montalembert, son frère aîné, tous deux seuls héritiers de
feu Jacob, comte de Montalembert, leur père, (6 janvier).
— Bail à ferme, pour neuf années, à raison de 2.800 livres
l'une, par Louis Péchillon, procureur au présidial d'Angoumois, comme ayant charge de François Delpy de St-
Gérac, archidiacre et vicaire général de Périgueux, abbé
commendataire de St-Cybard d'Angoulême, d'une part;
à Denis Aubin, marchand, et à Marie Guionnet, sa femme,
d'autre part, de la terre et seigneurie de La Grange-
l'Abbé, paroisse de Saint-Yrieix, membre dépendant de
l'abbaye de St-Cybard (6 janvier). — Contrat de mariage
entre François Hospitel de Lhomandie, récipiendaire procureur en la sénéchaussée et siège présidial d'Angoumois, fils de François Hospitel de Lhomandie, bourgeois,
et de demoiselle Élisabeth Oudarfond, sa femme, demeurant ordinairement à La Chambre, paroisse de Verrières,
d'une part ; et demoiselle Anne Perissat, fille de Jean
Perissat, dit Chemeraud, marchand, et de Anne Vaslin,

d'autre part (6 janvier). — Reconnaissance de rente donnée par Jean Ganivet, procureur en la sénéchaussée d'Angoumois, et dame Françoise Chastenet, sa femme, comme acquéreurs du lieu de Boisrenaud, paroisse de Fléac, d'une part; à Pierre Maulde, sieur de Valence, comme héritier de Thérèse Gervais, veuve de François Maulde, sa mère, d'autre part (8 janvier). — Inventaire des meubles meublants et marchandises dépendant de la communauté d'entre Martin Vivier, marchand « quinquailleur » demeurant au canton St-François, paroisse St-Cybard d'Angoulême, et défunte Agathe Lhuilier, sa femme, (10-13 janvier). — Vente, moyennant 300 livres, par sieur Charles Itier, demeurant au village de Viville, paroisse de Champniers, tant pour lui que pour demoiselle Marie Clochard, sa femme, à Antoine-Augustin Civadier, greffier en chef de la police de la ville d'Angoulême, d'une petite maison en très mauvais état, sise dans une petite rue conduisant de celle du Sauvage aux murs du château d'Angoulême (13 janvier). — Marché entre Nicolas Tremeau, fils aîné, négociant et pair du corps de ville d'Angoulême, faisant tant pour lui que pour François Tremeau, son frère, aussi négociant et pair dudit corps de ville, d'une part ; Pierre-Pierre Penot et Pierre Bourdier, charpentiers de moulins à papier, d'autre part, pour l'exécution des réparations qui sont à faire au moulin du bourg de Nersac. (15 janvier). — Bail à ferme pour neuf années et moyennant 860 livres l'une, par François Delpy de St-Gérac, archidiacre et vicaire général de Périgueux, abbé commendataire de St-Cybard d'Angoulême, de tous les revenus et émoluments dépendant de la seigneurie de Champmillon, relevant de ladite abbaye (29 janvier). — Testament de François Thoumassin, marchand en détail, demeurant à Angoulême (2 février). — Testament de François Guillaud, ancien écuyer du duc de La Rochefoucauld, demeurant à Angoulême, rue de Genève, (2 février). — Contrat de mariage entre Jean Desbordes, sieur du Peyrat, avocat au Parlement, fils d'autre Jean Desbordes, aussi sieur du Peyrat, greffier en chef de la principauté de Chabanais, et de demoiselle Marie Dupont, sa femme, demeurant en la paroisse St-Sébastien de ladite ville de Chabanais, d'une part ; et demoiselle Jeanne Souchet, fille de défunt Pierre Souchet, vivant procureur au siège présidial d'Angoumois, et de demoiselle Marie Mesnard, à présent sa veuve, demeurant à Angoulême, paroisse St-André, d'autre part (4 février). — Vente, moyennant 2.947 livres et la charge de deux légats annuels, l'un de 12 et l'autre de 3 livres, par Jacques Debrande, soldat, et Jeanne Glaumont, sa femme, demeurant à Angoulême, paroisse St-André, d'une part ; à Jean Faunié, sieur du Plessis,

fermier des revenus de l'abbaye royale de La Couronne, d'autre part, d'une maison sise à Angoulême, paroisse de Notre-Dame-de-la-Paine, ouvrant sur la rue qui conduit de ladite église à la maison du collège St-Louis, à main droite (6 février). — Dénonciation par Étienne-Jude Turrault, sieur de La Cossonnière, veuf de demoiselle Anne Aymard, de la communauté ayant existé entre lui, d'une part, Pierre Turrault, sieur de La Cossonnière, son fils unique, et Marguerite Lavialle, femme de ce dernier, d'autre part (8 février). — Bail à ferme, pour neuf années et à raison de 1,150 livres l'une, par Marie-Françoise de Durfort de Civrac, abbesse de St-Ausone d'Angoulême, à Pierre Bourbeau, bourgeois, demeurant aux Hortes, paroisse de Bessé, de tous les fruits et revenus appartenant à son abbaye, dans la terre et seigneurie de Bessé et environs (10 février). — Acte de notoriété pour justifier du nombre des enfants de Pierre Gaillard, maître cordonnier, inspecteur et contrôleur de la communauté des maîtres cordonniers de la ville d'Angoulême, récemment décédé (10 février). — Procès-verbal, à la requête de Pierre Rivaud, substitut du procureur du Roi en la sénéchaussée d'Angoumois, contre des gens masqués et armés, qui, le 15 du présent mois, jour du carnaval, sur les six heures du soir, s'étant transportés en troupe au-devant de sa maison, y auraient frappé du mail à force de bras et lancé de grosses pierres contre la porte et les fenêtres, proférant toutes sortes d'injures et de grossièretés contre ledit Rivaud (18 février 1763).

E. 1809. (Liasse.) — 96 pièces, papier.

1763. — Caillaud, notaire royal à Angoulême. — Actes reçus par ce notaire, du 1er mars au 29 avril. — Quittance par Jean Forestier, femme de Jean-Benjamin Ranson, négociant, de lui séparée de biens, à Jean Ranson, négociant son beau-père, demeurant en la ville de Jarnac, de la somme de 4,230 livres à elle due par celui-ci, suivant son contrat de mariage avec ledit Ranson premier nommé, en date du 3 juin 1755, reçu Pallligneau, notaire royal (1er mars). — Vente par Madeleine Gélinard, veuve en premières noces de Jean Yrvoix, et en secondes de Boucheron, agissant conjointement avec Léonard Bargeas, marchand, et Marie Yrvoix, sa femme, à Louis et François Nalbert, laboureurs, d'une pièce de pré sise sur la rivière de La Motte-de-Vindelle, paroisse dudit Vindelle (2 mars). — Cession par Pierre Vigier, écuyer, sieur de Planson, et Charlotte de Voix, sa femme, demeurant au lieu du Mesnage, paroisse de Claix, d'une part ; à Louis-Armand Guimard, chevalier, seigneur de

Fontgibaud, lieutenant-colonel du régiment de Vaubécourt, lieutenant pour le Roi à Vezel, chevalier de St-Louis, absent, acceptant par Jean-Élie des Ruaux, chevalier, seigneur de Plassac, d'autre part, d'une créance de 1.000 livres sur Jean Thevet de la Combedieu et Jacquette Pigornet, sa femme (5 mars). — Transaction entre Jean de James, chevalier, seigneur de Longueville, capitaine de cavalerie, ancien brigadier des gardes du corps du Roi, chevalier de St-Louis, faisant tant pour lui que pour dame Élisabeth de Volluire, sa femme, demeurant au château de St-Vincent, paroisse dudit lieu, d'une part ; Guillaume Merceron, sergent royal, et Catherine de la Quintinie, sa femme, demeurant en la paroisse de Cherval, d'autre part, au sujet d'une obligation autrefois consentie par Philippe de Volluire, écuyer, sieur de St-Vincent, au profit de Pierre de Lespinasse, sieur de Sauvagnac, aïeul de ladite de la Quintinie (5 mars). — Procès-verbal de l'état du moulin à papier de Montbron, autrement dit de Bremond, ce requérant Charles-Jean Respingez du Pontil, ancien avocat du Roi, administrateur de la manufacture des papiers à l'imitation de ceux de Hollande, suivant une clause au contrat de la vente dudit moulin consentie à celui-ci par Pierre Barraud, chevalier, seigneur de Girac, et dame Thérèse Radegonde Rambaud, sa femme, en date du 18 novembre 1762, reçu Caillaud, notaire royal (18 et 21 mars). — Réitération de grades aux chanoines de la cathédrale d'Angoulême par François Gilbert, curé de Saint-Jacques de Lhoumeau, au nom de Jean-François Gilbert, son frère, licencié en droit civil et canon, chanoine semi-prébendé de ladite cathédrale, archiprêtre de Saint-Jean d'Angoulême ; dont la chanoinie était en litige (30 mars). — Transaction entre Jean Vallier, avocat en Parlement, faisant tant pour lui que pour damoiselle Marguerite du Tillet, sa mère, et pour ses frères et sœurs, demeurant à Angoulême, comme successeurs de Jean du Tillet juge de la Roche-Chandry, fils de Simon du Tillet, sieur de Villars, et de Julienne Thuet, elle-même héritière de Jean Jourdain et de Madeleine Caillot, son épouse, d'une part ; et Joachim de Rocard, écuyer, sieur des Dauges, en sa qualité de légat de ses enfants mineurs et de feue dame Aimé Hautier, son épouse, demeurant audit lieu des Dauges, paroisse de Chassenon, comme successeurs de Hautier du Chaslard, père de ladite Aimé, d'autre part ; par laquelle le sieur de Rocard, s'engage à verser entre les mains de Jean Vallier 586 livres, reste d'une obligation de 2.000 livres contractée par Charles Pommerol, sieur de Permasle, colonel de la milice bourgeoise d'Angoulême envers les époux Jourdain (14 avril). — Ferme, par dame Françoise de Cyvrac,

abbesse de Saint-Ausone d'Angoulême, pour neuf années et neuf récoltes, à Pierre Godin, curé de Champniers, du droit de dîme dans le quartier de Bourg en ladite paroisse, dont trois cent-cinquante pour l'abbesse qui laisse au curé les mille cinquante autres, moyennant quoi il la tiendra quitte des portions congrues de lui et ses vicaires, des novalles, entretiendra les ornements de l'église, se chargera des réparations locatives des maison, ferme, chaix, colombier de l'abbaye dans le quartier susdit (14 avril). — Cautionnement par Pierre Prévost, sieur du Las, juge sénéchal de la baronnie de Verteuil, demeurant au logis de Fontclairaud, paroisse du même nom, envers Jean Valtaud de Chabrefy, conseiller du Roi, receveur ancien des tailles en l'élection d'Angoulême, qui sieur Jean Coyteux de Lordager, demeurant à Ruffec, préposé par l'intendant au recouvrement des vingtièmes dans plusieurs paroisses, au lieu et place des collecteurs (16 avril). — A la requête de Marc-René, marquis de Montalembert, enseigne aux chevau-légers de la garde, lieutenant-général pour le Roi en Saintonge et Angoumois, de l'Académie royale des sciences de Paris et de l'Académie impériale de Pétersbourg, inventaire et description de 41 canons à lui appartenant, dans les ports de Saint-Cybard et de Lhoumeau, fauxbourgs d'Angoulême ; entre autres, à Saint-Cybard : le premier desquels, no 13, coullé à noyaux, no de la cullasse 28, une croix à la lumière,... trente-six livres de balle » ; ... à Lhoumeau : « le septième, no 55, coullé plain, no de la culasse 103... B. 2., une croix à la lumière, de vingt-quatre livres de balle. » (22 avril). — Acte de notoriété justificatif du nombre des héritiers de demoiselle Anne Méhée de Moullidars, décédée le 26 avril 1763, paroisse de Saint-André à Angoulême, et enterrée le lendemain dans l'église de ladite paroisse ; qui sont : Claude Méhée, chevalier, seigneur de Moullidars, Cyprien-Gabriel Méhée d'Anqueville, conseiller-clerc au Parlement et abbé de Fontainejean, ses frères ; et Cyprien-Gabriel Terrasson, chevalier, seigneur des Courades , Jean Terrasson, chevalier, seigneur du Maine-Micheau et dame Élisabeth Terrasson, épouse de François de Mallet, chevalier, seigneur de la Garde, ses neveux et nièces (23 avril). — Constitution de 53 livres 12 sols de rente, au principal de 1.072 livres, par dame Anne-Rose de la Chaise de Nadelain, hospitalière à l'Hôtel-Dieu de Notre-Dame-des-Anges à Angoulême, au nom de son frère, Jean de la Chaise de Nadelain, capitaine au régiment de Guienne-infanterie en garnison à Landau, en faveur de Louis-Armand Guimard, chevalier, seigneur de Fontgibaud, lieutenant-colonel de Vaubécourt, lieutenant pour le Roi à Wezel, représenté par Jean-

Élie Desruaux, chevalier, seigneur de Plassac (26 avril 1763).

E. 1810. (Liasse.) — 91 pièces, papier.

1763. — Caillaud, notaire royal à Angoulême. — Actes reçus par ce notaire, du 2 mai au 30 juin. — Transaction entre dame Marie André, veuve de Jacques de Jambes, écuyer, seigneur de la Foix, d'une part; et André André, sieur de la Tache, avocat, colonel de la milice bourgeoise d'Angoulême, d'autre part, au sujet des successions de Claude André et Marie Rupingé, leurs père et mère, et Jean André, sieur de la Boissière, leur frère (3 mai). — Renonciation par Madeleine Poitevin, épouse de Jacques Jolly, compagnon orfèvre, demeurant paroisse de Saint-André, à la succession de Marguerite Filhon, sa mère, mariée en premières noces à Jean Poitevin, orfèvre, et en secondes à Clément Aigre, vitrier (5 mai). — Constitution de 120 livres de pension annuelle en faveur de la communauté des Dames de l'Union-Chrétienne que représentent dame Gabrielle du Rousseau de Chabrot, supérieure, dame Marie Aultier de la Plane, première assistante, Marie-Anne-Thinon, seconde assistante, sœur Marie de Barbezières, maîtresse des novices, et Marie-Anne Birot de Ruelle, dépositaire ; par Jean Fruchet, curé de Bonneville, à durer la vie de Marie Fruchet, sa nièce, et en échange de la promesse qu'elle sera reçue Dame de chœur à l'Union-Chrétienne (6 mai). — Vérification des papiers du sieur Charles Toulouze, ci-devant agent et commis à l'exploitation des forges de Montizon, formant 15 liasses, dans le plus grand désordre, à la requête de maître François Metreau, procureur au présidial d'Angoulême, agissant au nom de Marc-René, marquis de Montalembert, comme propriétaire des forges susdites, et en vertu des ordonnances du même, comme lieutenant-général en Angoumois, en présence de Pierre Arnaud, chevalier, seigneur de Ronsenac, procureur du Roi, et de Simon Dupont, aubergiste, créancier dudit Toulouze et possesseur de ses papiers (9 mai). — Résignation de la cure de Saint-Jean Baptiste de Roufflac, par Jean-Baptiste des Cordes en faveur de Jean-François Menault, vicaire de la paroisse de Saint-Maurice de Fouquebrune (10 mai). — Quittance de demoiselle Thérèse de la Cour, veuve de Louis de la Cour, sieur de la Pigeardière, et de Léonard de la Cour, aussi sieur de la Pigeardière, et Marie Dufresse, ses fils et bru ; à demoiselle Marie Mounié, veuve du sieur Barthélemy de la Garde, marchand, et à demoiselle Louise de la Garde, veuve de Jean Dufresse, sieur de la Séguinière, aïeule et mère de ladite Marie Dufresse, de ce qui restait dû en vertu du contrat de mariage de cette dernière (15 mai 1762), à savoir : 4.000 livres, dont la moitié doit servir à désintéresser Thérèse de la Cour, épouse de Charles Glace, de ce qu'elle pourrait prétendre dans la succession éventuelle de demoiselle Thérèse de la Cour susdite, sa mère (20 mai). — Contrat de mariage entre Bernard Leclerc, maître armurier, fils de défunt Léonard, aussi maître armurier, et de Marguerite Foudreau, demeurant à Angoulême, paroisse de Saint-André, et demoiselle Marie Viaud, veuve du sieur Léonard Rousseau, maître boulanger, et fille de Arnaud, maître menuisier, et de Marie Morand, demeurant à Angoulême, paroisse de Saint-Cybard (22 mai). [1] — Quittance des frères Joseph Chardonneau, correcteur, Pierre Santamarin, Jean Benassis et Simon Duportail « tous prêtres, religieux vocaux, et composant actuellement la communauté entière » des Pères Minimes d'Angoulême, à Pierre de Cosson, chevalier, seigneur de Guimps, conseiller du Roi, grand maître, enquêteur général, réformateur des eaux et forêts de France au département du Poitou, demeurant en son hôtel à Paris, au nom des héritiers de Louis de Cosson, seigneur de Guimps, et de dame Fradin, ses pères et mère, de 350 livres, pour amortissement d'une rente de 17 livres 10 sols fondée par dame Marie Savary, veuve de Michel Boineau, sieur de Fontachard, par testament du 10 juillet 1680 ; ces 350 livres devant être employées au paiement des nouvelles bâtisses desdits Minimes « joignant leur jardin le long du rempart et proche la place Beaulieu » (24 mai). — Contrat de mariage entre Jean Yver, marchand horloger, fils de Pierre, aussi marchand, et de Suzanne Yver, tous demeurant à Saintes ; les parents représentés au contrat par Jean Yver, curé de Saint-Antonin d'Angoulême, leur frère et beau-frère, d'une part ; et Marie-Anne Glace, fille de François, marchand, et de Marie Taupeau, et veuve de Marc Yver, marchand horloger, demeurant à Angoulême, paroisse Notre-Dame-des-Paines, d'autre part : le futur époux reçoit promesse d'égalité avec leurs autres enfants dans la succession éventuelle de ses père et mère qui lui versent 600 livres comptant ; il est, de plus, possesseur de 1.150 livres « fruit de son travail et de ses épargnes », dont 500 en espèces et le reste en marchandises et en outillage ; ses parents promettent à Marie-Anne Glace 4.140 livres en espèces payables avant 6 mois ; en outre, demoiselle Marie Boitet, veuve de François Yver, marchand horloger à Angoulême, et y demeurant paroisse Notre-Dame-des-Paines, vend au futur époux, moyennant

[1] Cf. p. 67.

4.000 livres, tout son fonds d'horlogerie, et lui loue 120 livres par an une maison ayant son entrée dans la rue qui conduit du Palais au monastère des Dames de l'Union-Chrétienne, avec boutique sur la rue qui conduit du Palais à la place du Mûrier. (¹) — Quittance par Jean Lambert, chirurgien, demeurant au bourg de Baye, légataire de Jacques Lambert, chirurgien major de l'hôpital du Quesnoy, son oncle, lui-même aux droits de Pierre Mounié, maître ès arts, et de Marguerite Bournaud, son épouse, à Louis Armand Guimard, chevalier, seigneur de Fontgibaud, lieutenant-colonel du régiment de Veaubécourt, et lieutenant pour le Roi à Wezel, de 982 livres pour l'amortissement et les arrérages d'une rente de 42 livres constituée en faveur de Pierre Mounié, par Aimé Guimard, écuyer, seigneur de Puyfrançais et de Couziers, neveu de Louis Armand susdit (25 mai). — Quittance par Jacques Chabot, écuyer, seigneur de Pechebrun, au nom de son père François, écuyer, aussi seigneur de Pechebrun, tous deux demeurant au bourg de Chef-Boutonne, à Louis Armand Guimard, seigneur de Fontgibaud de 3.842 livres restés dûs à François Chabot, sur une reconnaissance de 6.000 livres signée en sa faveur, le 1ᵉʳ mars 1754, par messires Cosson de Guimps et Guimard de Couziers (16 mars). — Vente, moyennant 5.000 livres, par Charles de Montalembert, chevalier, seigneur du Groc, Fouquebrune, Houme et autres lieux, major des villes et château d'Angoulême. y demeurant, à Paul comte de Montalembert, seigneur de Maumont, Juignac, etc., aussi demeurant à Angoulême, du domaine de la Laitrie, paroisse de Chadurie, tenu en plein fief de la seigneurie de Groc (30 mai). — Constitution de 50 livres de rente contre 100 livres payées comptant par Pierre des Bordes, chevalier, seigneur de Jansac, Verdille, le Breuil-au-Loup et autres lieux, et dame Anne-Marie Salmon, son épouse, demeurant en leur logis noble de Verdille ; en faveur de André Arnaud, écuyer, seigneur de Ronsenac, Malberchie et autres lieux, conseiller du Roi, juge en la sénéchaussée et siège présidial d'Angoumois (1ᵉʳ juin). — Contrat d'apprentissage pour deux ans de François Dumoulin, fils d'André, marchand, chez Pierre Demas, maître chirurgien juré de la ville d'Angoulême, y demeurant, paroisse Saint-André, qui promet de « lui enseigner l'art de chirurgie et ne luy en rien cachier, et de le rendre en estat de servir le publicq », moyennant 300 livres et 13 livres à la communauté des maîtres chirurgiens pour l'enregistrement

du contrat (3 juin). — Procès-verbal constatant que trente-six paquets de mitraille envoyés à François Machenaud, marchand-aubergiste du faubourg de Lhoumeau à Angoulême, par Jacques Froigne, marchand-poêlier, de Corme-Royal en Saintonge, sont d'un poids notablement inférieur à celui indiqué sur la lettre de voiture de Pierre Phelipeau, maître de la gabarre qui les avait transportés (7 juin). — Bail à ferme par le comte Paul de Montalembert du fief et seigneurie de Forge-Neuve où il se réserve la faculté de rétablir une forge et des fourneaux (7 juin). — Reconnaissance à la seigneurie de Denat, dont dame Élisabeth Baraud, veuve de Gabriel Lambert, chevalier, seigneur des Andreaux, Fontfroide et autres lieux, était alors propriétaire, du droit d'agrier avec tous profits de fief, sur quatre mas de vignes, terres labourables et chaumes, paroisse de Champniers, par leurs nombreux possesseurs (12 juin). — Contrat d'ingression de Marie-Eustelle Billard, fille de Jean, directeur des postes de Saintes, y demeurant, paroisse de Sainte-Colombe, et de feue Madeleine Degrimon, dans la communauté des religieuses du tiers ordre de Saint-François d'Angoulême, représentée par sœur Suzanne Normand du Sauveur, supérieure, sœur Marguerite Preveraud de Sainte-Claire, sous-prieure, sœur Marguerite de Paris de Sainte-Agathe, procureuse, sœur Catherine Ducluzeau de Jésus, sœur Jeanne Valleteau de Sainte-Ursule et sœur Catherine Benassis de la Croix (18 juin). — Vente par demoiselle Anne de Montalembert, demeurant au logis noble de Villars, paroisse de Garat, fille majeure, à Isaac Chauvin, notaire royal et procureur à Cognac, du bien-fonds de la Chaudronne, paroisse de Saint-Martin, près Cognac, moyennant 5.000 livres (21 juin). — Cession par Pierre Audouin, bourgeois, demeurant paroisse Saint-Martin, près Angoulême, comme héritier en partie de Pierre Audouin, notaire royal, son père, et d'autre Pierre Audouin, bourgeois, son frère, et pour le tout de Guillemine Mamin, sa mère, au marquis Marc-René de Montalembert, des deux sixièmes à lui appartenant des créances de feu Jean-Baptiste-Louis Guitton, écuyer, seigneur du Tranchard, et Françoise Dexmier, son épouse, d'Hélie Guitton, seigneur de Fleurac, et Marie Thuet, son épouse, et de François Guiton. qui se montent, pour le tout, à 22.150 livres de principal (21 juin). — Inventaire des meubles et effets de la succession de Louis Perry, chevalier de Nieuil, demeurés en la chambre garnie qu'il louait à Angoulême, dans la maison située en face du clos des Cordeliers, paroisse Notre-Dame-de-Beaulieu, ce requérant François Perry, chevalier, seigneur de Nieuil et de Nitrac, son frère, demeurant en son château de Nieuil,

---

(¹) Ancien numéro 991. Cf. J. George : *Topographie historique d'Angoulême* dans les Mémoires de la Société archéologique et historique de la Charente, p. 133.

tant en son nom que pour Charles-Léonard Soullier, chevalier, seigneur de Lesniras, agissant lui-même comme tuteur de Louis-Suzanne, officier de cavalerie, Françoise-Charlotte et Anne du Soullier, ses enfants, et de feue Anne-Marie Perry, sœur des susdits. A signaler : un fusil à giboyer, à deux calibres, avec ses deux platines, estimés cent livres ; — un tambourin avec sa flûte baguette et boîte estimé douze livres ; — un jonc de mer avec sa pomme d'acier estimé dix livres ; — une épée à poignée et garde d'argent, avec son fourreau, faux fourreau et ceinturon estimée soixante livres ; — une « solbacanne de bois de peuplier, peinte en vert, en forme de calibre cannelé et un moule à balles d'assier », estimés ensemble trois livres ; — une petite montre à boîtier d'or, la chaîne d'acier, la clef montée en or, avec une cuvette de cristal aussi garnie en or, estimée cent-cinquante livres ; — un contrat, en parchemin, de constitution de rente viagère de deux mille sept-cents livres tournois par an, créé sur le trésor royal, au profit dudit feu chevalier de Nieuil, suivant l'édit de novembre 1758 ; ledit contrat daté du 12 mars 1761 (27 et 28 juin 1763).

E. 1811. (Liasse.) — 87 pièces, papier.

1763. — Caillaud, notaire royal à Angoulême. — Actes reçus par ce notaire, du 1er juillet au 31 août. — Vente par Pierre Maulde, sieur de Valence, demeurant à Angoulême, à Jean Terrière, cavalier de la maréchaussée d'Angoumois à la résidence de Ruffec, d'une moitié des droits de dîmes inféodées dans les paroisses dudit lieu et de Condac, dont l'autre appartient aux sieurs abbé et chanoines de Ruffec ; et aussi du droit de foire, chaque premier mai, au même lieu de Ruffec, (1er juillet). — Contrat d'apprentissage chez Christophe Sirier, maître chirurgien à Angoulême (6 juillet). — Vente de la charge de procureur au présidial d'Angoumois, par François Dubois, à Pierre-Clément Augeraud, praticien, moyennant soixante-douze livres de pot-de-vin et 5,000 livres, payables par annuités (8 juillet). — Acquisition d'une futaie, au lieu des Grands-Bois, paroisse de Magnac-sur-Touvre, relevant à rente seigneuriale de l'évêque d'Angoulême à cause de sa baronnie de la Paine, par dame Geneviève de Chaumont, veuve de Jean Gaultier, sieur de la Vallade, avocat (9 juillet). — Prise de possession de la chanoinie de la cathédrale d'Angoulême que détenait précédemment Joseph Martin, écuyer, sieur de la Vigerie, par François Boyard, prêtre, chanoine de Saint-Hilaire-le-Grand de Poitiers, où il est titulaire des chapelles de Saint-Laurent et de Saint-Hilaire (9 juillet).

— Inventaire des meubles et effets de la communauté de Jacques Gralhat, directeur de la poste d'Angoulême, y demeurant, au-devant la place du Mûrier, paroisse de Notre-Dame-de-la-Paine, avec feue Anne Catherine le Prince ; Madeleine-Anne Gralhat, leur fille, n'ayant pas d'enfants qui pussent lui succéder, depuis son mariage avec Jean-Baptiste Chaigneau, sieur de Fauchaudière, avocat, le 11 mai 1755. A signaler, parmi les papiers : un arrêté de comptes de deux cent soixante-deux livres, par le comte de Raymond, pour ports de lettres ; — un état de ce qui est dû audit Gralhat, par les bureaux de poste de Mareuil, de la Valette, de La Rochefoucauld, par les sieurs Blanchon, ancien distributeur des lettres à Angoulême et Bouyer qui l'a remplacé (10 et 14 juillet. — Cession par Charles-Joseph Salomon de Moulineuf, écuyer, demeurant paroisse du Breuil, sénéchaussée de Saint-Jean-d'Angély, à Pierre Barreau, chevalier, seigneur de Girac, les Giraudières, la Prévoterie, Fayolle, Bourg-Charente en partie, chevalier de Saint-Louis, et dame Thérèse-Radegonde Rambaud, son épouse, de tous ses droits à la succession de Pierre Salomon, écuyer, seigneur de Bourg et de dame Julie Masay, ses père et mère, qu'il garantit être au moins de vingt-huit mille livres ; moyennant même somme (12 juillet). — Vente, « aux loyaux cours », à Emmanuel Talon, seigneur du fief d'Orlut, mineur émancipé, que représente Emmanuel Sazerac, conseiller du roi, receveur particulier de la maîtrise des eaux et forêts d'Angoumois, par Jean-François de la Charlonnie, sieur de Villars, demeurant au logis de Villars-Marenge, paroisse de Mérignac, pour éviter le retrait féodal dont le menaçait ledit Talon, d'une pièce de terre qu'il avait achetée le premier juillet (21 juillet). — Testament de Jean Brunet, officier du roi pour l'exécution des sentences criminelles, à Angoulême, y demeurant, paroisse de Saint-Martial (28 juillet) ; et de Marie Berger, son épouse (30 juillet). — Constitution par Jean de Gallard de Béarn, chevalier, seigneur de Nadaillac, le Repaire de Rougnac et autres lieux, demeurant audit château du Repaire au profit de demoiselle Marie de Gallard de Béarn de Mirande, demeurant à Angoulême, de cent livres de pension annuelle et viagère (30 juillet). — Les divers propriétaires de la prise « du Chessier, vulgairement appelée l'ancien domaine de la cure », et de celles des Prépoint, des Debresme, de plusieurs maisons, paroisse Saint-Jacques de Lhoumeau, d'une borderie, près de la chapelle Notre-Dame-des-Bezines, reconnaissent que ces biens relèvent de la cure dudit Saint-Jacques au devoir de rentes seigneuriales diverses. A signaler dans les confrontations : « au canton du fauxbourg de Lhoumeau, au devant de la maison du sieur François Chaigneau, est une antienne croix servant de temps immémorial à y plasser et recevoir les corps morts des villages quy dépendent de ladite paroisse pour en faire la levée » (18 août 1761-11 août 1763). — Contrat de mariage entre Gabriel de Chevreuse, écuyer, demeurant à Angoulême, fils de Gabriel, écuyer, seigneur de Tourteron, et de Catherine Griffont, demeurant au lieu de Chavaigne, paroisse de Saintes, représenté par François Demay, procureur au présidial d'Angoumois, et Anne-Germaine-Marguerite Favret de Pommau, fille de Michel, seigneur de la Breuillerie et de Rochecorail, directeur des aides de l'élection d'Angoulême et de feue Marguerite Pigornet (11 août). — Quittance de cinquante livres donnée à Barthélemy Magaud, soldat invalide de la garnison du château royal d'Angoulême (17 août). — Procès-verbal constatant la rupture, par défaut d'emballage, d'une cheminée en marbre envoyée de Paris à Angoulême au marquis de Montalembert (20 août). — Cession à André Arnauld, écuyer, seigneur de Ronsenac, Malberchie et autres lieux, conseiller du roi, juge en la sénéchaussée d'Angoumois, par Jacques Videau, ancien procureur au présidial d'Angoumois, d'une obligation de mille livres contractée envers lui par François Laroche, pour l'acquisition de sa charge de procureur (25 août 1763).

E. 1812. (Liasse.) — 66 pièces, papier.

1763. — Caillaud, notaire royal à Angoulême. — Actes reçus par ce notaire, du 1ᵉʳ septembre au 30 octobre. — Donation par ses parents à Jean-Louis Collain, maître d'armes, sur le point de partir au Cap-Français, côte de Saint-Domingue, pour y exercer sa profession (1ᵉʳ septembre). — Contrat de mariage entre Jean-Joseph Robuste, écuyer, sieur de Leaubarière, demeurant à Fontenilles, paroisse de Champniers, fils de feu Jean, écuyer, aussi sieur de Leaubarière et de Jeanne Martin; et demoiselle Anne Mongin de Beauchamps, fille de feu Pierre Mongin, sieur de la Buzine, ancien capitaine au régiment royal-infanterie, chevalier de Saint-Louis, et de Marie Bourdin (7 septembre). — Vente à la demoiselle Bonvallet d'une maison sise à Angoulême, paroisse Saint-Paul (¹), relevant du chapitre cathédral au devoir de 50 sous, par Jean Radon, curé de Saint-Hipollyte-de-Moulidars, tant en son nom qu'en celui de Jean Radon, chanoine de Saint-Sauveur-d'Aubeterre, et de Jeanne Radon, sa nièce (9 septembre). Cession de diverses

(¹) Ancien n° 342 Cf. George, loc. cit.

créances par Louis Blanchard, sieur de Sainte-Catherine, adjudicataire du roi pour la fourniture des canons, demeurant à la forge de la Chapelle-Saint-Robert en Périgord, moyennant deux mille trois cents livres payées comptant (10 septembre). — Protestation et réquisitoire du baron du Coudray, brigadier des armées du roi, contre les huissiers et recors qui sont pénétrés par bris de clôture dans la borderie par lui affermée à la dame de Garrat, sise faubourg de Saint-Pierre, paroisse de Saint-Martin à Angoulême, ont fait transporter ses meubles et tapisseries sur le carreau, à la discrétion des passants, non sans détourner plusieurs pièces d'argenterie et bouteilles de vin étranger ; et ce, nonobstant l'appel fait par ledit du Coudray au jugement en vertu duquel ils agissaient, reconnaissant l'acquisition de la borderie faite par le sieur Guesnier de la Blotrie, maître apothicaire à Angoulême (12 septembre). — Sommation au sieur Guesnier de la Blotrie, par Jean Gallebois, huissier, agissant au nom du baron du Coudray, de le faire réintègrer dans sa borderie, attendu un arrêt du parlement du 7 septembre, interdisant l'expulsion ; celle-ci n'ayant d'ailleurs pas eu lieu, car plusieurs objets appartenant audit du Coudray ont été retenus, entre autres « une bague d'or à pierre très fine d'un prix considérable, des écrevisses et autres poissons qu'il avait fait mettre dans le réservoir au bout du jardin », etc. ; cette sommation faite devant la boutique du sieur Guesnier, près la place du Mûrier, après qu'il eut refusé de l'entendre, traitant le baron de gueux et disant qu'il le poursuivrait jusqu'aux portes de l'enfer plutôt que de le laisser entrer dans la borderie (17 septembre). — Procès-verbal dressé à la requête de Louis de la Vergne de la Baronnye, conseiller du roi, juge au présidial d'Angoumois, d'une maison sise proche l'église Notre-Dame-de-la-Paine, tenue par lui à loyer de Charles Prèveraud, curé de ladite paroisse (16 septembre). — Contrat d'apprentissage chez Pierre Bossée, maître cordonnier (18 septembre). — Bail viager, par Louis Thomas, chevalier, seigneur des Bardines, les Plannes, Chez-Grelet, les Deffends, le Petit-Chalonne et autres lieux, et dame Marie Prèveraud, sa femme, demeurant paroisse de Notre-Dame-de-Beaulieu, à Angoulême, à Marc René, marquis de Montalembert, du fief et domaine appelé le Petit-Chalonne, paroisse de Fléac, avec les divers droits y afférant, entre autres celui des essacs sur la Charente, moyennant 600 livres par an (21 septembre). — Bail à loyer d'une maison sise faubourg Saint-Cybard à Angoulême, par Pierre Demay, maître chirurgien, juré et pensionnaire du roi (22 septembre). — Noël Bertrand de la Lorencie, marquis de Neuvic, baron des Seurres, etc., demeurant à Angoulême, paroisse Saint-André ; Jean-Noël Arnauld, chevalier, seigneur de Chesne, Bouex, Meret, enclave de Garat, les Bournis et autres lieux, demeurant à Paris ; Jean-Bertrand de la Lorencie, marquis de Charras, capitaine au régiment du Roi, infanterie, demeurant.à Angoulême, paroisse Saint-André; Henri-Bertrand de la Lorancie, chevalier, seigneur de Villeneuve-la-Comtesse, y demeurant ; Adrien-Alexandre-Etienne Cherade, chevalier, comte de Montbron, baron de Marthon, etc., demeurant à Angoulême, paroisse de Notre-Dame-de-Beaulieu ; Louis de Raymond, chevalier, seigneur de Sainte-Colombe, officier au régiment Royal-dragon, demeurant à Angoulême, paroisse Saint-Jean ; Jacques Valteau, sieur de Chabrefy écuyer, conseiller du roi, ancien receveur des tailles de l'élection d'Angoulême, contrôleur des gages de la grande chancellerie de France, demeurant à Angoulême, paroisse Saint-André ; François-Philippe Pigornet, conseiller du roi, lieutenant en l'élection d'Angoulême, y demeurant, paroisse Saint-André ; Jean Dexmier de Feuillade, avocat en la sénéchaussée d'Angoulême, y demeurant, paroisse Saint-Cybard ; ayeul, oncles et cousins des deux enfants mineurs de défunts Nicolas Arnauld, chevalier, seigneur de Vouzan, la Bergerie, le Chastelard et autres lieux, et de dame Marie de la Lorancie, demeurant à Angoulême, paroisse Saint-André, nomment, pour leur servir de tuteur, leur oncle Jean-Noël Arnauld, seigneur de Chesne, et dressent un plan de tutelle qui fixe la pension du fils à 600 livres jusqu'à huit ans, à 1,500 livres ensuite ; celle de la fille à 600 livres, et décide la nomination d'un concierge pour l'entretien du château nouvellement reconstruit (25 septembre). — Enchères, dans la demeure de Pierre Rivaud, conseiller, substitut du procureur du roi, canton et paroisse de Saint-Paul, à Angoulême, à la requête de Louis Péchillon, procureur au présidial d'Angoumois et directeur des économats au diocèse d'Angoulême, fondé de procuration de monsieur Marchal de Saixy chargé par lettres patentes du roi du 2 février, de l'administration des bénéfices unis aux maisons des jésuites ; de la ferme générale du prieuré de Beaulieu ci-devant uni au collège des Jésuites de Tours, pour six ou neuf ans ; avec, entre autres conventions, la réserve pour le roi des droits de chasse, de la nomination des officiers et gardes ; l'obligation pour le fermier de tenir des registres pour les rentes et droits divers, des « cueilloirs ou cueillerets pour les censives », dont il devra donner copie à toute réquisition ; celle « d'acquitter, en diminution du prix du bail, les frais et dépenses de la nourriture des enfants trouvés, si aucuns sont exposés sur

les terres et domaines dudit bénéfice, au cas qu'il en soit tenu, dont il sera fait raison, en rapportant les pièces justificatives et les quittances » : Jean Roy, conseiller du roi, et son procureur en la prévôté royale de Bouteville, demeurant à Segonzac, ayant déjà conclu, le 15 novembre 1760, avec les jésuites de Tours, moyennant 2,550 et 1,000 livres de pot-de-vin payées comptant, un bail qui le rendait fermier du prieuré de Beaulieu en 1764, s'étonne de la mise à bail nouvelle pour laquelle il propose 2,550 livres ; Louis Pélichon, bourgeois, demeurant au village de Mazotte, paroisse de Segonzac, propose 100 livres de plus (1er octobre). — Bail à ferme par Philippe Ringuet, secrétaire de Charles-Gabriel de Malon, chevalier, ancien chevau-léger de la garde-du-roi, et commissaire provincial des guerres, demeurant à Paris, au nom dudit seigneur ; au baron du Coudray, brigadier des armées du roi, d'une borderie sise faubourg et paroisse Saint-Martin à Angoulême, pour sept ans, moyennant cent-vingt livres chacun an (4 octobre). — Nomination à la cure de Saint-Cybard d'Aubeville, de Léonard de Laurière, curé de Saint-Martial-de-Dirac, en remplacement de Guillaume Varin, demeurant ordinairement au village de Vaugeline, près de Ruelle, décédé ; par Pierre-Joseph Bareau, ancien doyen de l'église cathédrale de Saint-Pierre d'Angoulême, et vicaire général du diocèse (12 octobre). — Distribution de deniers entre les divers créanciers de défunts Laurent Faugeron, procureur au présidial d'Angoulême, et Marie Vivien, son épouse ; entre autres, Charles-Joseph du Cluzeau, greffier de la maîtrise des eaux et forêts d'Angoumois, et demoiselle Jeanne de Pindray, sa mère, veuve de Louis du Cluzeau, vivant aussi greffier de ladite maîtrise ; demoiselle Anne Carmaignac, veuve de Jean Mesnier, maître chirurgien, demeurant au logis de la Clavière, paroisse d'Anais ; Jean-Pierre Ville d'Ary, procureur au présidial d'Angoumois ; Marie Mousnier, son épouse, et Françoise et Madeleine Ville d'Ary, ses sœurs ; François et Marguerite Faugeron, enfants des débiteurs, demeurant, le fils, au château de Bouex, et la fille au logis de la Clavière susdit ; demoiselle Marie Benoist, veuve de Jean du Cluzeau, et Philippe, leur fils, procureur au présidial d'Angoumois (12 octobre). — Prise de possession de la cure de Saint-Martin-de-Soyaux, par Roch-Nicolas Péchillon, prêtre, nommé en remplacement de Louis Debrande, décédé, sur la présentation de Jean-Charles de Barbezière, chanoine de l'église cathédrale d'Angoulême (18 octobre). — Procès-verbal de marchandises, en exécution d'un jugement de la juridiction consulaire d'Angoulême (27 octobre). — Inventaire des meubles et effets de la communauté d'entre

Louis de Luillier, chevalier, seigneur de Baslans, décédé le 27 octobre, et dame Antoinette Dumas, son épouse, faite au logis des Baslans, paroisse de Mornac, et dans une maison, paroisse de Saint-Cybard, à Angoulême; à la requête de ladite Dumas et de ses enfants, majeurs, à savoir : Moïse de Luillier, écuyer, demeurant au logis des Baslans; Clément-Louis de Luillier, chanoine de l'église cathédrale de Saint-Pierre d'Angoulême; François-Louis, chevalier de Luillier, garde du corps du roi; demoiselle Marie-Anne de Luillier, novice à l'abbaye royale de Saint-Auzonne d'Angoulême ; réservés les droits de François-Antoine de Luillier, chevalier, seigneur de Chamarande, demeurant à Angoulême, frère et principal créancier dudit décédé. A signaler audit inventaire : une robe de chambre de damas, à fleurs bleu et aurore, doublée de soie, plus que mi-usée estimée vingt livres ; — quinze petits tableaux en estampe représentant différents princes, à petits cadres et à glaces dont trois sont fendues et deux manquent, estimés trois livres; — un miroir, son cadre à glace, les quatre coins à plaque de cuivre, la glace du milieu de 24 pouces sur 18, très rouillé en différents endroits, estimé douze livres; — cinq tableaux l'un d'assez bonne grandeur et un autre moyen, représentant Henri IV, la dame Montaigne, mère du défunt, et des membres de la famille, leurs cadres dorés, employés pour mémoire ; — au-devant du manteau d'une cheminée, un tableau sur toile, très usé et troué, représentant la fable de Diane, et quatre autres petits tableaux dont l'un représente Monsieur de Bernage, ancien intendant de Limoges, et les trois autres, des membres de la famille, leurs cadres en bois, employés pour mémoire ; — une montre à répétition, son boîtier en argent : très ancienne, estimée trente livres ; — dans le chaix, un grand tonneau qui contient cent barriques ; — vingt-deux barriques de vin de l'année, dont dix-huit de rose et quatre de blanc, estimé à raison de quarante-cinq livres le tonneau, soit deux cent quarante-sept livres ; — dans l'étable : deux vieux bœufs de tire estimés deux cent cinquante livres ; — parmi les titres : les contrats de mariage dudit feu Louis de Luillier avec dame Antoinette Dumas, du 24 juillet 1732 ; de Louis de Luillier, écuyer, avec demoiselle Élisabeth Montaigne, du 24 janvier 1688 ; d'Antoine de Luillier, écuyer, sieur de Belle-fosse, avec demoiselle Claude de Guibert, du 24 janvier 1630 ; de Jean de Luillier, écuyer, sieur de Bellefosse, avec demoiselle Marguerite Moré, du 18 octobre 1602; d'Antoine de Luillier, écuyer, seigneur des Vergers, avec demoiselle Françoise Dergnoust, du 26 août 1570 ; d'Antoine de Luillier, écuyer, seigneur de Beauregard , avec demoiselle Françoise Duboutut, du 20

septembre 1533; d'Antoine de Luillier, écuyer, seigneur de la Martinière, avec Radegonde de Saulx, du 15 juin 1510; de Jean de Luillier, écuyer, seigneur de Beauregard, avec demoiselle Jeanne de la Goupillière, du 10 juin 1581 ; d'Emmanuel de Luillier, écuyer, seigneur de Sainte-Christine, avec demoiselle Louise de Grenier, du 23 juin 1613; de René de Luillier, écuyer, sieur du Plessis de Belle-Fosse, avec demoiselle Marie Huet, du 11 novembre 1669; de haut et puissant seigneur messire Henri d'Armagnac, chevalier, seigneur de Testin, de Chally et baron de Persais, avec demoiselle Marguerite de Moré, veuve de Jean de Luillier, écuyer, sieur de Bellefosse, du 15 décembre 1629; une expédition en forme d'enquête justificative de l'ancienne noblesse de messieurs de Luillier et du droit de chapelle et de sépulture qu'ils ont dans l'église paroissiale de Marnay, en Poitou, faite à la requête d'Antoine de Luillier, écuyer, seigneur de la Guéritaulde et écuyer de l'écurie du roi, contre noble de Ramefort, écuyer, et autres, devant Gervais de la Voye, conseiller en cour laïc, châtelain de Monastié, lieutenant commissaire, en cette partie, du bailli de Touraine, et de Guillaume Germain, conseiller en cour laïc, pris comme adjoint, le 6 mai 1489; — un arrêt de la cour des aides de Paris, du 13 octobre 1731, obtenu par ledit seigneur des Baslans contre les syndics et habitants de la paroisse de Mornac et confirmatif de son ancienne noblesse ; — un arbre généalogique des preuves de la noblesse de la famille de Luillier pour entrer dans la maison royale de Saint-Cyr, avec un certificat de monsieur d'Hozier, juge général des armes et blazon de France, du 12 mars 1686; — une grosse en parchemin et en forme d'un arrêt obtenu par ledit seigneur des Baslans contre François-Xavier Gauvry, garde-marteau de la maîtrise des eaux et forêts d'Angoumois au sujet d'un droit de cours d'eau dans la fontaine de Mornac accordé audit seigneur, du 2 juin 1758; — contrat d'acquisition du fief de Lacquais, du 30 octobre 1732, par ledit sieur des Baslans, et de l'hommage qu'il en rendit au marquis de Cars, le 28 juillet 1750. — le contrat de droit de concession de ban et sépulture dans l'église paroissiale de Mornac accordé à Louis de Luillier, père du seigneur des Baslans, le 29 décembre 1703, autorisé par monseigneur Cyprien Gabriel, évêque d'Angoulême, le 11 janvier 1704 (28 octobre 1763 au 20 janvier 1764).

E. 1813. (Liasse.) — 48 pièces, papier.

1763. — Caillaud, notaire royal à Angoulême. — Actes reçus par ce notaire du 3 novembre au 30 décembre.

— Inventaire des meubles d'Étienne de Lavaud *alias* Delavaud, docteur en médecine et seigneur de Montizon, décédé le 31 octobre, et enterré le lendemain dans la chapelle de la famille à l'église paroissiale de Roussines ; ce requérant demoiselle Marie Arrondeau, sa veuve, du consentement de Jean-Joseph Étienne de Lavaud, sieur de Montizon, demeurant au lieu des Bedières, paroisse de Roussines, son fils majeur ; ledit inventaire fait tant au logis noble de Montizon, même paroisse de Roussines, que dans les forges, les moulins et les domaines en dépendant, et dans une maison faubourg de Rochechouart. A signaler audit inventaire : six bancheaux — sept pans d'une vieille tapisserie bellegame ; — des chenets en forme de gril, de fer battu, pesant trente-quatre livres, estimés sept livres ; — soixante-deux paquets d'osier estimés quatre livres dix sols ; — dix bourgnes de paille grandes et petites, tant bonnes que mauvaises, estimées cinquante sols ; — quatre-vingt-deux livres de chanvre du pays, à quatre sols la livre ; — vingt-quatre livres de brin de lin à huit sols la livre ; — douze livres de « reparonne » de lin à trois sols six deniers la livre ; — treize livres d'étoupes ou étoupons à deux sols la livre ; — vingt livres de « testes ou barbille de lin » à un sol la livre ; — une bardine en forme de seau foncé par les deux bouts, reliée de trois cercles de fer avec ses « chambrières » et la « brelière » manque, estimée quinze sols ; — cinq « guindes » avec leurs pieds, et un vieux « trouil » employés pour mémoire ; — quarante livres de laine à filer, estimée à vingt sols la livre ; — six fers à passer linges, tant bons que mauvais, estimés trois livres dix sols ; — un tableau en grosse peinture sur toile, de dix pieds de longueur, suspendu au devant du manteau de la cheminée, représentant Jésus-Christ dans le désert, avec son cadre de bois, estimé trois livres ; — quatre vieux mauvais « vrevoux » ou filets pour le poisson ; — dans la buanderie : deux ponnes de terre, de bonne grandeur, à faire lessive, estimées dix livres ; — un fût de boisseau, mesure de Chabanais ; — dans la cuisine : quatre « roquilles », une lampe à balancier ; — deux saladiers, deux soucoupes, un service de trente-cinq assiettes d'étain fin, pesant cinquante livres, à dix-huit sols la livre ; — deux flambeaux, avec leurs doubles bras de cuivre argenté, estimés neuf livres ; — un grand vieux vaisselier à deux volets par le bas, fermant à clef, deux autres volets à petits châssis au-dessus et un autre étage aussi par dessus, le tout attaché par des clous au soliveau du plancher de la chambre au-dessus ; — quatre nappes de mort, dont trois à raies de fil bleu de brin de chanvre, mi-neuves, estimées dix-sept livres ; — une nappe et dix serviettes de toile ouvrée à raies bleues, mi-neuves, estimées quinze livres ; — parmi les outils de jardinage : un petit « tranc », deux « vollands », une forge à faux et son marteau ; — dans le magasin à fer : deux mille quarante-trois livres d'acier en barre, estimé à seize livres dix sols le cent, poids de marc ; — trois mille six cent soixante dix livres de fer, poids de marc, en grilles, « guildrins, demi-plats, » barres de ferre d'appel, ferrures, un tourillon, une bombe, une « tuyere », une barre plante-vigne, estimés à seize livres dix sols le cent ; — quatre « rouables a laur mine », un crochet ou romaine de fer portant soixante-douze livres, estimés trois livres douze sols ; — cent chefs de brebis, estimés cent livres ; — un pradeau avec sa chaîne ; — une cuve à faire vin, contenant douze à treize barriques, et un pressoir garni, le tout destiné à perpétuelle demeure ; — trois barges de bois « marin » châtaigner avec leurs fonsailles, faisant trente quarts, à dix livres le quart ; — huit cents tuiles courbes estimées huit livres ; — deux grands chenets de fer battu à « chaufferettes » par le haut ; — quatorze meules de cercles, à trois livres dix sols ; — une « conchonne » de cuivre jaune estimée six livres ; — un petit feuillet ou scie et un ratis ; — dans la visite de la grande forge : deux soufflets de la « chaufferie » et de la « finerie » assez bons, tout garnis de leurs crochets ; — un grand « talaire » et une grande « cuillère à percer canot pour la fontaine », d'un peu plus de quatre pieds de longueur ; — un petit registre contenant les « fondages et marque des fers sur papier timbré, cotté et paraphé de monsieur Pigornet, lieutenant en l'élection d'Angoulême et juge délégué pour ladite marque » ; — le contrat de mariage de Joseph Arrondeau, marchand, et de demoiselle Catherine Guitton, du 13 janvier 1695 ; — l'hommage rendu par le sieur de Lavaud au seigneur de Roussines, pour le fief de Montizon, le 4 novembre 1734 ; — une grosse liasse de titres concernant le fief de Montizon ; — le contrat de mariage du sieur de Lavaud et de demoiselle Arrondeau, 9 juillet 1713 ; — le testament de demoiselle Madeleine de la Cour, veuf de François Sardin, sieur de Beauregard, tante maternelle dudit feu de Lavaud, du 31 mars 1749 ; — une liasse de pièces concernant la ferme que ledit Lavaud avait faite des forges et moulin de Montizon au marquis de Montalembert (3-22 novembre). — Contrat de mariage entre Mathieu Marvaud, sieur du Brandeau, fils de Pierre, sieur de Boixe, et d'Élisabeth Blanchard ; et Louise Calluaud, fille d'Antoine, procureur au présidial d'Angoumois et de Madeleine Dufresse ; du consentement, entre autres, de Louis Blanchard, sieur de Sainte-Catherine, oncle dudit Marvaud (25 novembre). — Transaction entre André Thevet, sieur de Marsac, capitaine au régiment d'Aunis, chevalier de Saint-Louis, demeurant à Angoulême, agissant tant pour lui que pour ses sœurs, comme héritiers de Jacques Thevet, sieur de Marsac, leur père ; et les frères Bailloux, laboureurs : ceux-ci s'obligent à rétablir « à vieux bord et vif fond », le ruisseau appelé la vieille Nouère « qui est de l'ancien canal » qu'ils avaient endigué et dont les eaux envahissaient le domaine de Chevanon appartenant aux Thevet, situé dans l'île formée par ce ruisseau et par celui de la nouvelle Nouère (29 novembre). — Reconnaissance par Jean Garnier, écuyer, seigneur de la Davinière, Mongoumard et autres lieux, tant pour lui que pour Suzanne Thomas, son épouse, aux dames abbesse et religieuses de l'abbaye royale de Saint-Ausone, de la prise du village des Maisonnettes, paroisse de Brie, tenue d'elle au devoir de cinq boisseaux de froment et six boisseaux d'avoine, mesure d'Angoulême (2 décembre). — Certificat d'apprentissage de sept années donné par Pierre Ducher, maître serger, pour Pierre Fleury « qui fait actuellement son tour » (2 décembre). — Reconnaissance de rente donnée à André André, sieur de la Tasche, avocat au Parlement, et Marie Corlieu, son épouse, comme héritiers d'Étienne Corlieu, père de ladite Marie, par Jean de Roquart, écuyer, sieur de Maine-Joie, Catherine de Roquart la jeune, Catherine de Roquart l'aînée, et Marie de Roquart, épouse de Joachim de Roquart, écuyer, sieur des Dauges, comme héritiers de François de Roquart, écuyer, sieur de Puymagaud et de Marie Lebret, leurs père et mère (3 décembre). — Contrat de mariage entre Jean-Baptiste Pesrier, écuyer, seigneur de Gurat, Puirasteau, le Soullier, les Goujaux, la Ville et autres lieux, fils de feu Élie-François Pesrier de Grézignac, écuyer, conseiller du Roi, juge au présidial d'Angoumois, et de Jeanne Arnauld ; mineur et agissant sous l'autorité de Pierre Pesrier de Grézignac, écuyer, conseiller-secrétaire du Roi et de ses finances, d'une part ; et Gabrielle Valleteau de Chabrefy, fille de Jacques, écuyer, conseiller-secrétaire du Roi et de ses finances, ci-devant receveur des tailles en l'élection d'Angoulême, et de dame Marie Chaban, son épouse (5 décembre). — Acte de notoriété justificatif des héritiers de Anne-Jean Guimard le jeune, sous-brigadier des gardes de la marine au port de Rochefort, noyé lors de la perte du vaisseau Le Juste, le 20 novembre 1759 ; Louis-Armand Guimard de Couziers, capitaine au régiment de Rouergue-Infanterie, décédé au village de Peterraguen, le 3 septembre 1759, des suites de blessures reçues le 1er août à la bataille de Minden ; demoiselle Guillemine Guimard, décédée le 16 février 1757 et enterrée le lendemain dans l'église de Notre-Dame-de-la-Paine, à Angoulême, frères et sœurs ; qui sont : Anne-Jean Guimard l'aîné, écuyer, seigneur de Couziers, lui même décédé le 23 février 1762 et enterré le lendemain dans l'église Saint-André, à Angoulême ; Anne-Rose Guimard, épouse de Jean-François Mioulle, sieur de Lisle, pair du corps de ville d'Angoulême ; Guillemine Guimard de Couziers, l'aînée, et Rose Guimard de Fontgibaud, leurs frère et sœurs (8 décembre). — Autre acte de notoriété constatant que Anne-Jean Guimard n'a eu qu'un fils : Élie-Anne-Jean, écuyer, actuellement sous la tutelle de Louis-Armand Guimard, chevalier, ancien lieutenant-colonel du régiment de Veaubécourt, lieutenant pour le Roi à Vezel, chevalier de Saint Louis et pensionnaire du Roi, son grand oncle (8 décembre). — Délaissement de fonds par regrets, conformément au jugement du présidial d'Angoumois, en suite de non paiements de rentes, par Pierre Bareaud et Anne Dumergue, sa femme, laboureurs, de la paroisse de Fléac, en faveur de Pierre Maulde, sieur de Valence (9-10 décembre). — Quittance d'amortissement de rente donnée par François Vigier de la Pille, prieur et curé de la paroisse de Brignac, faisant tant pour lui, que pour ses frères et sœurs héritiers d'autre François Vigier de la Pille, avocat en Parlement, leur père (11 décembre). — Contrat de mariage entre Joseph de Montardy, écuyer, seigneur de la Palurie, demeurant au logis de Montardy, paroisse de Goux, fils majeur de feu Joseph et de Marie Bareau, du consentement de Jean de Montardy, écuyer, garde du corps du Roi, son oncle ; et Catherine Dubois, de Mornac, fille de Pierre Dubois, écuyer, sieur de la Vergne, et de Marie-Françoise Salomon, demeurant paroisse Saint-Paul, à Angoulême (12 décembre). — Reconnaissance de cinq sols de rente annuelle dûs aux dames de Marsay, à cause de leur seigneurie de Fregeneuil, sur une maison et un jardin près de Font-Grave, paroisse de Saint-Martial, à Angoulême (26 décembre). — Acte conventionnel par lequel l'un des quatre collecteurs de la paroisse de Linars se charge de toutes les opérations de la levée de l'impôt, moyennant réserve pour lui seul des profits qu'elle peut offrir (28 décembre). — Reconnaissance de la grande prise de la Grelière, paroisse de Linars, d'une contenance de plus de cent trente-sept journaux, relevant des dames abbesse et religieuses de l'abbaye de Saint-Ausone, au devoir de vingt-quatre boisseaux froment, douze boisseaux avoine, quinze sols en argent, deux chapons et deux gelines, par neuf laboureurs et un tailleur d'habits (30 décembre 1763)

E. 1814. (Liasse.) — 90 pièces, papier.

1764. — Caillaud, notaire royal à Angoulême. — Actes reçus par ce notaire du 1er janvier au 29 février. — Contrat d'apprentissage, pour un an, de Simon Boiteau, chez Jean Raly, coutelier, demeurant paroisse de Notre-Dame de Beaulieu à Angoulême (3 janvier). — « Donation au roi », par Marguerite Fauconnier, veuve d'Antoine Civadier, greffier en chef de la police d'Angoulême, de Gabriel Lescallier, praticien, qui s'oblige, moyennant qu'il sera déchargé des frais de provision et d'installation, à remplir les fonctions de greffier, et aussi à s'en démettre à toute réquisition postérieure au mariage ou à la majorité de Jeanne Civadier, fille d'Antoine et de Marguerite Fauconnier susdits (8 janvier). — Inventaire des meubles de François Couprie, marchand aubergiste, ce requérant demoiselle Jeanne Lauzet, sa veuve, fait dans leur maison, rue Saint-Pierre, paroisse Saint-Jean à Angoulême. A signaler : une épée, sa monture d'argent et la poignée à fil, estimée 50 livres ; — un service « en cristeau, en émail » et une glace estimés cent livres ; — une tenture de tapisserie point de Hongrie, estimée 30 livres ; — une selle avec ses fontes, chaperons, housse et « estruyeux » d'assez bon service, estimée 12 livres ; — une lettre missive écrite de la Rochelle le 28 décembre 1762 par Monsieur de Chatellaillon audit feu Couprie, par laquelle il lui marque d'envoyer, par son ordre, un pâté de cinq perdrix garni de truffes au sieur du Courteil, à Paris ; — une liasse composée de deux états d'envois de dindes, chapons, gibier, truffes fait par ledit feu Couprie au sieur Escot, secrétaire de Monsieur Loret, président à Bordeaux, les années 1762-1763 (10-26 janvier). — Constitution de rente par divers laboureurs de la paroisse de Touvre au profit de Léonard de Chastel de la Barthe, écuyer, capitaine au régiment de Conti (16 janvier). — Contrat d'association entre un « foulinier » et un teinturier du village de Pontouvre, celui-ci affermant au premier la moitié d'une pile de moulin, une presse avec ses accessoires et autres instruments ; s'engageant aussi à travailler à son service, moyennant cent cinquante livres par an (18 janvier). — Procuration donnée par Anne-Joumard Tizon, chevalier, seigneur d'Argence, Dirac et autres lieux, demeurant à Angoulême, François-Joumard Tizon d'Argence, chevalier, sieur de la Monette, demeurant à la Rochefoucauld, Charles de Laramière, chevalier, seigneur de Puycharneau, demeurant au château de Puycharneau, comme tuteur de ses enfants et de feue Marie Joumard

Tizon d'Argence, Henri Joumard Tizon, chevalier d'Argence, seuls héritiers de François Joumard Tizon, chevalier, seigneur d'Argence, Dirac, les Courrières, la Monette et autres lieux, et de Marguerite de Forgues de Lavedan, leurs père et mère ; et aussi, de Henry Joumard Tizon d'Argence, prieur de Châteauneuf, leur frère ; pour intervenir dans la distribution de la saisie faite sur le sieur du Breuil de Chantrezac (26 janvier). — Vente, par les héritiers de François Baruteau, de sa lettre et place de maître barbier-perruquier-baigneur et étuviste en la ville d'Angoulême, à Jacques Labbé et Anne Garnier, son épouse, moyennant sept cent soixante quatorze livres (27 janvier). — Partage de la succession de Jean Faunié, sieur du Plessis, et de Marie Bourdin, son épouse, après renonciation des filles issues de ce mariage, entre leurs frères, à savoir : Etienne Faunié, sieur du Plessis, avocat, Jean Faunié, sieur du Mainedel, Pierre Faunié, sieur de Fonrivière (27 janvier). — Contrat d'apprentissage, pour trois ans, de Jean Doussain, chez Philippe Mouton, maître-perruquier à Angoulême (1er février). — Constitution de dix-huit livres de pension viagère, par Jean Guittard, dit la Chappelle, ancien cuisinier, alors sacristain de l'église paroissiale de Saint-André d'Angoulême, en faveur de Marguerite Nanglard, veuve de Pierre Fort, précédent sacristain de ladite église (2 février). — Procès-verbal des moulins à blé et à huile, de Chez-Nicolas, paroisse de Touvre, et prise de possession desdits moulins, ainsi qu'une rente de vingt livres en argent et deux paires de « canets » sur les moulins à drap en dépendant, par Anne-Françoise Robuste, demeurant à Angoulême, comme ayant été distraits, à son profit, de la saisie des biens d'Augustin Guionnet, sieur du Peyrat, et de Marie Arnauld, son épouse (16-17 février). — Cession d'une rente foncière annuelle de soixante livres assignée sur le Moulin-Neuf, paroisse de Lhoumeau-Pontouvre, à Robert, meunier au Pontouvre, par Louis de Chastel, chevalier, seigneur de la Barthe, capitaine de cavalerie et garde du corps du Roi, agissant en tant que fondé de procuration de Étienne Christophe Guesfier, écuyer, commandant à l'hôtel des Ambassadeurs extraordinaires, y demeurant, rue de l'Université, à Paris, possesseur de ladite rente comme héritier de Marie-Élisabeth de Vigarany, veuve d'Alexis de Saint-André, grand-maître des eaux et forêts au département d'Orléans (19 février 1764). — Quittance donnée par Jean Durandeau, dit Duret, compagnon papetier, fils de Jean, maître papetier, et de Jeanne Marie, demeurant au bourg de Moutiers (25 février 1764). — Nomination par l'assemblée générale des habitants de la paroisse Saint-Paul d'Angoulême de François Thinon, sieur de la Motte, et de Benoit Debresme, avocats, comme fabriciens, en remplacement de Félix Robin, ancien procureur au présidial, et de Félix Jeheu, notaire royal de la réserve d'Angoulême, nommés le 15 juin 1750 (26 février 1764).

E. 1815. (Liasse.) — pièces, papier.

1764. — Caillaud, notaire royal à Angoulême. — Actes reçus par ce notaire du 1er mars au 31 mai. — Contrat de profession, comme dame de chœur à l'abbaye royale de Saint-Ausone, de Anne-Marie de Luillier, fille de Louis, écuyer, seigneur des Baslans, et d'Antoinette Dumas, devant toute la communauté assemblée capitulairement dans le parloir de l'abbesse, dame Françoise de Durfort de Civrac ; avec constitution de soixante livres de pension annuelle, en faveur de ladite Anne-Marie, par sa mère et son frère Clément-Louis de Luillier, chanoine de l'église cathédrale d'Angoulême (1er mars). — Acte de notoriété justificatif du nombre des héritiers de André Navarre, lieutenant au régiment de Cambis, décédé à l'hôpital ambulant de Sabugal, en Portugal, le 26 septembre 1762, qui sont : Pierre Navarre, écuyer, président-trésorier de France au bureau des finances de la Rochelle, Jean, Jacques et Anne Navarre, ses frères et sœur (2 mars). — Certificat du décès dudit Pierre Navarre donné à Metz par le capitaine et le capitaine aide-major du régiment de Cambis, scellé en cire rouge du sceau du régiment (2 février). — Acte de notoriété justificatif du nombre des enfants de Jeanne Forgerit, veuve de Jacques de la Sudrie, écuyer, seigneur de Gamory, président-trésorier de France au bureau des finances de Limoges, décédée le 12 août 1762 et inhumée dans l'église de Chambon, qui sont : Clément de la Sudrie, écuyer, chevalier de Saint-Louis, président trésorier de France au bureau des finances de Limoges, Jean de la Sudrie du Chambon, écuyer, capitaine au régiment d'infanterie de Bourgogne, chevalier de Saint-Louis, Thérèse de la Sudrie. épouse de Martial de la Sudrie, écuyer, seigneur de Puyrichard, cette dernière ayant renoncé à la succession de ses parents par son contrat de mariage du 2 mars 1742 (28 mars). — Contrat d'apprentissage, pour quatre ans, de François Coquand, chez Guillaume Vignaud, charpentier à Angoulême (6 mars). — Vente à François-Pascal, chevalier, ancien contrôleur des hôpitaux militaires de l'Ile Minorque, par Mathieu du Tillet, sieur de Beauvais, et Geneviève des Bordes, son épouse et Joseph Vergnion, notaire royal et contrôleur des actes du bureau de Chalais, d'une maison

sise à Angoulême, leur appartenant comme héritiers d'Élisabeth et Marie du Souchet (10 mars). — Reconnaissance de la prise des Chaumes du bois de la Roche, paroisse de Champmillon, relevant de l'abbaye de Saint-Cybard (11 mars). — Inventaire, après décès, des meubles de François Guillaud, écuyer du duc de la Rochefoucauld, à la requête des sieurs Thomassin et Guillaud, ses neveux et arrière-neveux. A signaler audit inventaire : un habit de camelot sur soie grise galonné en argent et une veste de camelot brochée en argent estimés cinquante livres ; — soixante-trois chemises fines, très courtes, estimées cent vingt livres ; — une épée à poignée et garde d'argent avec son ceinturon estimée quarante-huit livres ; — un galon d'or, pesant trois onces, estimé à six livres l'once ; — un vieux mauvais parapluie de toile cirée et une râpe à tabac estimés vingt sols ; — l'explication du livre de la Genèse, en 6 vol, in-8° ; — les confessions de saint Augustin, in-8°, par le sieur Arnaud d'Andilly ; — un livre en quatre volumes intitulé explication du Cantique des Cantiques ; — la constitution Unigenitus, un volume, (12 mars). — Acte d'éventilation du domaine des Bretonnières qu'il vient d'acquérir, par Jean-Nicolas Labouret, receveur des fermes du Roi à Angoulême, (13 mars). — Notification au seigneur du Fa et Sireuil dans son château de Sireuil de Sainte-Hermine, autrement dit la Tour du Fa, par Nicolas Labouret, de son acquisition du domaine des Bretonnières, qui comprend le fief des Isle relevant à foi et hommage dudit seigneur ; et sommation d'opter entre le droit de retrait et le paiement des lods et ventes (14 mars). — Quittance donnée par Jeanne Seguin, veuve de Christophe Vinet, maître-entrepreneur et architecte d'Angoulême de ce qui lui restait dû sur les travaux faits à l'abbaye de Notre-Dame-du-Bournet, suivant marché du 1er juillet 1759 et procès-verbaux de réceptions desdits travaux du 12 juin 1761 (21 mars). — Quittance donnée par Claude Tremeau, conseiller du Roi, juge au présidial d'Angoumois de soixante et un mille cent quarante-deux livres, qu'en conséquence de l'arrêt du parlement du 20 janvier précédent, il reçoit de Guillaume Jeheu, notaire royal, faisant fonction de receveur des consignations du présidial d'Angoumois. chez qui Madeleine-Geneviève de Sainte-Hermine, épouse non commune en biens de Joseph, marquis d'Alegre, avait consigné cette somme ; et protestation qu'elle est inférieure à ce qui lui revenait, suivant le contrat d'acquisition de la seigneurie de Sireuil (21 mars). — Quittance donnée par Françoise et Jeanne Bourrée, héritières de Robert Bourrée, écuyer, receveur des tailles de l'élection d'Angoulême et de Marie Cazeau, leurs père et mère, d'arrérages de rentes seigneuriales relevant de la seigneurie de Villement, paroisse de Ruelle (23 mars). — Reconnaissance de deux prises dépendant du moulin à papier de Montbron, autrement dit de Bresmon, qui relèvent du fief de la Monette, par Charles Jean Respingez, sieur du Ponty, ancien avocat au conseil du Roi, administrateur de la manufacture des papiers à l'imitation de ceux de Hollande, acquéreur dudit moulin par contrat du 18 novembre 1762, à Annet Joumar Tizon d'Argence, chevalier, seigneur d'Argence, la Monette et autres lieux (26 mars). — Reconnaissance d'une rente constituée de six livres par Jean Rullier, sieur de Boisnois, bourgeois, à Angoulême, à François Delahoche, directeur des aides de l'élection de Confolens, Jean Éloy, bourgeois, sieur de Feux, contrôleur des domaines du Roi, et Thérèse Mesturas, son épouse, demeurant à Châtillon-sur-Sèvre, et Jacques-Marin Fouquet, sieur de la Boistière, contrôleur-receveur des droits réservés à Angoulême, et Anne Mestreau, son épouse (30 mars), — Notification de grades par Charles Gautier, prêtre, chanoine de l'église collégiale de Notre-Dame-de-la-Rochefoucauld, à l'évêque et au chapitre cathédral d'Angoulême ; — réitérations de grades aux mêmes, par François Thomas, prêtre du diocèse d'Angoulême, chanoine de l'église collégiale de la Guerche en Bretagne ; — par Charles Arnauld, écuyer, prêtre du diocèse d'Angoulême, vicaire-général du diocèse de Die (31 mars). — Transaction entre Antoine de Salignac, écuyer, seigneur de Salmaze et du Mainadeau, et Marie-Anne Séguin, son épouse ; et Philippe de Faligon, écuyer, sieur des Ganiers, l'un des deux cents chevaux légers de la garde du Roi, chevalier de Saint-Louis, au sujet d'une créance de sire de Faligon, père de Philippe (4 avril). — Testament de Renée-Élisabeth Pipaud, par lequel elle lègue la charge de conseiller à l'élection que possédait, en son vivant, François Gilbert, son époux, à Jean Gilbert de Beaupré, son fils, moyennant qu'il donnera quatre mille livres à chacun de ses frères et sœurs, savoir : Jean, prieur de Notre-Dame-de-Font-Blanche, Élie sieur de Boisjoly, Marcelin, sieur des Bernières, Marie, Rose (4 avril). — Réitération de grades à l'évêque et au chapitre d'Angoulême, par Sébastien de la Vergne, docteur en théologie, nommé à la cure de Saint-Florent-de-la-Rochefoucauld, et de présent vicaire de Balzac (5-7 avril) ; — par Péchillon, curé de Saint-Arthémy de Blanzac, chanoine de l'église collégiale dudit lieu et de l'église cathédrale d'Angoulême, prieur de Saint-Sulpice (7 avril). — Vente d'une maison à Angoulême, par Martial du Tillet de Mézières, écuyer, premier conseiller honoraire au présidial d'Angoumois, « secrétaire-

interprète des langues étrangères de la reine » (5 avril). — Bail à ferme, pour neuf ans, du prieuré de Gourville, avec réserve des novales, de la rente due par le seigneur de Gourville, de l'usage des antichambre, chambre, cabinet et cuisine du logis, moyennant deux mille huit cents livres chacun an, à Joseph Nicaud, bourgeois, et Pierre Birot sieur des Rocheroux, de la paroisse dudit Gourville, par François Delpy de Saint-Gérac, prêtre, docteur en Sorbonne, chanoine archidiacre de la cathédrale de Périgueux et vicaire-général de ce diocèse, abbé commendataire de Saint-Cybard d'Angoulême (8 avril). — Contrat passé par ledit abbé avec Jean Mesnadeau, couvreur, qui s'engage à entretenir la couverture des bâtiments de l'abbaye de Saint-Cybard, pour neuf ans, moyennant trente-six livres par an (8 avril). — Contrat d'ingression à l'abbaye royale de Saint-Ausone, de Françoise Lainé, fille de Louis François, écuyer, et de feue Marie de Lafont (11 avril). — Partage par licitation de la succession de Philippe Vigier, écuyer, seigneur de la Pille, entre ses enfants, et de Anne Dussieux, savoir : Marie Jeanne, mineure émancipée par lettres du prince, Marie-Philippe, Madeleine, Marie, ces deux dernières étant aux droits de dame Marguerite, religieuse à l'abbaye de Saint-Ausone, leur sœur ; François, écuyer, prieur et curé de la paroisse de Brignac en Limousin ; Jacques-Bernard, écuyer, demeurant à Amboise ; Pierre Vigier des Suires, écuyer, receveur des aides au département de Lusignan (12 avril). — Règlement de comptes entre Jean Godinaud et Pierre Dussouchet, maîtres-boulangers associés à Angoulême, et Jean Raimond, farinier, fermier de leur moulin de Foulpougne, paroisse de Lhoumeau, qu'il abandonne, ne pouvant y gagner sa vie (14 avril). — Cautionnement envers Jean Valade, bourgeois de Paris, chargé, par arrêt du 14 juillet 1760, de la régie des droits sur les cuirs imposés par l'édit du mois d'août précédent, de Charles Malafaire, commis aux exercices des droits sur les cuirs de la ville d'Angoulême, par Louis-Denis Joré, bourgeois de ladite ville (21 avril). — Sous-ferme des dîmes de blé, vin et autres fruits de la paroisse de Coulgeaux et de l'enclave de Saint-Angeau et Sigogne, appartenant au chapitre d'Angoulême, moyennant six cent cinquante livres (21 avril). — Ferme du moulin à blé de Foulpougne, par Godinaud et Dussouchet, boulangers, à Louis Maismain, farinier, qui se charge d'aller chercher les grains, avec voiture, partout où l'enverront lesdits boulangers, et de les moudre, moyennant qu'il se réservera la moitié de la mouture (22 avril). — Consentement donné par Jeanne Maignen, veuve de Pierre Gaillard, l'un des six inspecteurs et contrôleurs des maîtres cordonniers d'Angoulême, à Louis Guillard, garçon cordonnier, leur fils, qu'il touche le prix de la ferme par elle faite de la lettre d'inspecteur et contrôleur de son mari, à raison de vingt livres et une paire de mules pour femme (23 avril). — Contrat de mariage entre Jean Fonréaux, sieur de la Breuille, fils de feu François Fonréaux, sieur de Gorces, et de Jeanne-Thérèse Bibaud ; et Marie-Françoise Angélique de Ferrière, fille majeure de feu Claude de Ferrière, docteur en droit, avocat au Parlement, et d'Élisabeth de Crescent (26 avril). — Vente d'une maîtrise de barbier-baigneur-étuviste à Angoulême, moyennant huit cents livres (26 avril). — Vente du fief des Giraudières, paroisse de Champniers, mouvant de la baronnie de Montignac et de la seigneurie du Maine-Gaignaud, et d'une maison faubourg de Lhoumeau à Angoulême, moyennant trente-six mille deux cents livres, par Pierre Bareau de Girac, chevalier, seigneur de Bourg-Charente, Fayolle et autres lieux, et Thérèse-Radegonde Rambaud, son épouse, à Hélie Pasquet de Saint-Mesmy, chevalier, seigneur de Balzac, Vouillac, Puirenaud, Boismazet et autres places (30 avril 1764).

E. 1816. (Liasse.) — 102 pièces, papier.

1764. — Caillaud, notaire royal à Angoulême. — Actes reçus par ce notaire du 1er mai au 30 juin. — Abandon des poursuites intentées en la tournelle criminelle d'Angoumois, par Pierre de Villemandy, notaire en la châtellenie de Suaux, et Pierre Morisset, notaire en la comté de Montbron, pour avoir refusé de publier les bans chez eux enregistrés, contre François Bachelier, curé de Soyaux, moyennant qu'il leur paie cent cinquante livres, et déclare n'avoir jamais entendu attaquer leur probité (6 mai). — Vérification du bon état des deux geules d'essacs ou anguillards appelés des Bauches, avec leurs écluses ou chaussées, et de trois petits ilots ou bouzets, sur la Touvre, tenus du comte Paul de Montalembert, chevalier, seigneur de Maumont, etc., par Jean Béchade, poissonnier (7 mai). — Procès-verbal du moulin à blé des Dames, faubourg Saint-Pierre, paroisse Saint-Ausone, près Angoulême, à la requête d'Antoine Gautier, tuteur du fils mineur de Jean Collain, meunier, propriétaire dudit moulin (8 mai). — Vente du logis noble de Montgaudier, paroisses de Fléac et de Linars, moyennant six mille deux cents livres, par Christophe Rullier, chanoine théologal de l'église d'Angoulême, à Claude Benoist des Essarts, et Marguerite Trémeau, son épouse (18 mai). — Contrat de mariage

entre Jacques de Jambes, écuyer, fils de feu Jacques, écuyer, et de Marie André, demeurant au lieu de Fougère, paroisse de Fouquebrune, et Marguerite André, fille d'André André sieur de la Tache, avocat au parlement et colonel de la milice bourgeoise d'Angoulême, et de Marie Corlieu (20 mai). — Testament d'Arnauld de Champniers, président au présidial d'Angoumois, par lequel il nomme ses exécuteurs testamentaires Dumas, assesseur, et Arnauld, conseiller audit siège, à qui il lègue deux miroirs à deux glaces achetés à Paris, sa montre en or et sa canne à pomme d'or. Avec une enveloppe timbrée d'un cachet en cire rouge portant d'azur au croissant d'argent, surmonté d'une étoile d'or (1er avril 1759). — Inventaire des meubles et effets dudit Louis-François Arnauld, écuyer, seigneur de Champniers, le Breuil, Puyrobert, Argence, Viville, Ferrière, Puydenelle et autres lieux, décédé en son château du Breuil, paroisse de Champniers, le 21 mai, à la requête de ses exécuteurs testamentaires, en présence de Louis-Arnauld de Viville, chevalier, agissant pour lui et sa sœur Jeanne, comme neveux et héritiers naturels du défunt, avec protestation contre les enlèvements qui paraissent avoir été faits depuis qu'une attaque d'apoplexie le rendit incapable du soin de ses affaires. A signaler audit inventaire : quatre fauteuils à bras en bois de noyer, deux en sculpture et deux tournés, couverts de damas satiné gris perle à petites fleurs, demi-usés, estimés quarante-huit livres ; — douze chaises à l'antique couvertes de damas cramoisi, bordés d'un galon et cloux dorés, estimées soixante livres ; — une tapisserie de Flandre, à personnages, représentant l'histoire d'Alexandre, tirant seize aunes, en six pièces, très usée, estimée trois cent vingt livres ; — un paravent à quatre feuilles de bois de peuplier, garni de toile peinte, représentant les armes dudit feu, et un paysage avec des figures, estimé vingt-quatre livres ; — un grand miroir à huit glaces de soixante-dix pouces de hauteur et vingt-huit de largeur, estimé cent livres ; — une tapisserie haute lisse représentant Jupiter, contenant treize aunes en cinq pièces, sur la hauteur d'une aune et demie, estimée deux cent soixante livres ; — une poire à poudre, façon chagrin, un petit fusil à manche de nacre, trois petites lorgnettes ; — une redingote de frise d'Angleterre, écarlate, ses parements et cols de velours noir, estimée quinze livres ; — trois tableaux à cadre doré : l'un, représentant Louis XV ; un autre, la reine, et le troisième, Monsieur de Breteuil, ancien intendant de la province, estimés vingt-quatre livres ; — deux autres tableaux à cadre doré, ovales, représentant le défunt président Arnauld et madame Birot, son épouse ; — six laisses sur satin, dont trois à cadre dorées et les autres à baguettes dorées, estimées douze livres ; — un pet-en-l'air de satin cramoisi, doublé de taffetas citron, estimé trois livres ; — un habit d'écarlate à boutons fil d'or ; une veste dont les devants sont couleur rose à boutons et boutonnières d'or, et le derrière d'écarlate ; l'habit doublé de satin blanc et les devants de la veste d'une peluche ; une calotte de calinande rouge, estimés vingt-quatre livres ; — un fusil garni en argent avec quatre boucles aussi en argent et sa poche de cuir, estimé soixante livres ; — une vieille mauvaise berline à deux glaces et un châssis à verre par le devant, le dedans garni d'un velours ciselé violet à fleurs, l'impériale avec sa frange couleur d'or, le dessus garni de gros et petits clous dorés avec quatre vases de potin aussi dorés, les portières à coulisses tirantes de toile cirée, le siège rempli de plumes, couvert d'un menu velours avec une couverture du siège de postillon, d'une panne veloutée couleur citron, estimés ensemble cent cinquante livres ; — dans la bibliothèque, considérable : les œuvres de théâtre de M. de Boissi, en 9 in-8° ; l'histoire de Tome Jones, en 4 in-12 ; les mémoires de M. de Gourville, en 2 in-12, de l'édition de 1724 ; 4 almanachs des spectacles de Paris ; deux volumes de la coutume d'Angoumois, l'un de l'ancienne et l'àutre de la nouvelle édition ; les tableaux des philosophes, in-f°, enrichi de gravures de l'édition de 1715 ; le code de Pologne sous Henri III ; les mémoires de François de Paul de Clermont, en brochure in-12 ; les chansons choisies de M. de Coulange ; pensées diverses sur la comète de 1680, en 2 in-12 ; les œuvres diverses du sieur de Balzac, en 1 in-16 ; l'enterrement du dictionnaire, in-12 ; les œuvres de « Sirano » de Bergerac ; — parmi les papiers, dont une partie entre les mains du sieur Geoffroy, sergent royal à Champniers, fut réintégré dans le trésor du château : les lettres de provision de la charge de président au présidial dudit défunt ; — divers dossiers de procédure de la juridiction de Champniers ; — deux expéditions des contrats de mariage de François Arnauld avec Marie-Louise Birot, du 28 août 1700, et de Louis-François Arnauld de Champniers avec Marie-Élisabeth Guillot de Goulard, du 2 septembre 1739 ; — un dossier composé de titres des droits seigneuriaux, honorifiques, établissements de foires et marchés, four banal, justice haute, moyenne et basse dans l'étendue de la paroisse de Champniers, avec un contrat d'acquisition de ce qui relevait du domaine dans la même paroisse, des hommages, des transactions passées avec l'abbesse de Sᵗ-Ausone ; — un dossier concernant la gruerie de la paroisse de Champniers ; — deux fermes d'agrier de safran qui se recueille dans ladite paroisse, des 20 août

1742 et 17 décembre 1748 ; — le bail à ferme de la halle de ladite paroisse du 24 décembre 1701, reçu Flageolle, notaire ; — le contrat d'acquisition par François Arnauld à Marie Talleyrand de Grignaud, veuve de Grassian Jousset, écuyer, seigneur de Puydenelle, de la seigneurie de Puydenelle, des fiefs de Sigogne et Flageolle, moyennant vingt-six mille quatre cents livres, d u 8 avril 1736, reçu Decoux, notaire royal ; — le contrat de mariage de Daniel Birot, avocat au parlement, avec Rachel Roger, du 2 février 1677 ; — le contrat d'acquisition de la terre et seigneurie de Champniers, par François Arnauld à François Guy, chevalier, seigneur de Champniers, et Marie de Massacré, son épouse, du 21 avril 1717, reçu Decoux, notaire royal ; — le contrat d'acquisition des droits d'échange de la paroisse de Champniers, du 6 novembre 1700, reçu Le Plin, notaire au Châtelet ; — un dossier de titres, arrêts du conseil et autres pièces concernant l'ancienne noblesse du président Arnauld, au nombre de dix-huit pièces ; — un arrêt rendu à la table de marbre qui reçoit le sieur André, dit Dumaine, garde des bois et chasse de la terre de Champniers, du 11 juillet 1724 ; — quarante-sept registres concernant les cens et rentes dues aux seigneuries et fiefs de Champniers, Puyrobert, Puidenelle, Sigogne, Flageolle, Argence, Ferrière, Viville, la Tremblade ; — les hommages et dénombrements fournis par les seigneurs desdits fiefs, tant au roi qu'à l'évêque d'Angoulême (20 mai-9 juin). — Cession de ce qui leur revient, suivant arrêt du parlement, sur la succession de René de Ponthieu, chevalier, seigneur du Breuil de Chivre, moyennant mille livres, par Louis Toully, orfèvre à Angoulême, et Marie Toully, à très haut et très puissant seigneur messire Guillaume Alexandre de Galard de Béarn, chevalier, seigneur comte de Brassac, baron de La Rochebeaucourt, premier chambellan du roi de Pologne, demeurant ordinairement à Lunéville (25 mai). — Contrat d'ingression de Françoise-Marie Dumas, fille majeure de Moïse Dumas, écuyer, seigneur de Chebrat, conseiller du roi, assesseur civil et lieutenant particulier criminel au présidial d'Angoumois, et de Thérèse Rambaud, dans la communauté des Dames de l'Union-Chrétienne d'Angoulême (1ᵉʳ juin). — Ferme du prieuré de Sainte-Geneviève de Fronsac, pour neuf années, moyennant trois cents livres chacun an, par dame Françoise de Durfort de Civrac, abbesse de Saint-Ausone d'Angoulême, à Raymond Abeil, curé de Saint-Martin de Fronsac, et arrentement au même des maisons et bâtiments dudit prieuré par la communauté de ladite abbaye (4 juin). — Vente, moyennant dix-sept livres dix sols de rente, de la moitié d'un banc ou étau situé sous l'allée de la mercerie de la halle du Palet, qui va de la porte du Palet au canton de ladite halle (8 juin). — Bail à ferme de la forge à fonte et à fer de Champlaurier, paroisse de Saint-Claud, composée d'un fourneau, une chaufferie et affinerie et autres bâtiments, moyennant huit cents livres par an, pour six ans, par Louis de la Vergne, seigneur de la Baronnie, juge au présidial d'Angoumois, à Michel-Nicolas Rousset, directeur de la forge de Ruffec, y demeurant (9 juin). — Notification au doyen du chapitre cathédral d'Angoulême de la nomination et présentation comme chapelain de la chapelle de Notre-Dame des Spasmes à l'église paroissiale de Saint-Paul de cette ville, vacante en suite du décès de Jean Jaubert, clerc tonsuré, par François Desbordes, écuyer, seigneur de Jarnac, et Nicolas Jaubert, écuyer, seigneur des Vallons, de François Chasteigner de la Rochepozay, écuyer, clerc tonsuré, petit-fils dudit seigneur de Jarnac (11 juin). — Cession de ses remplois et gain de survie, par Anne Rivaud, veuve de François du Haumont, écuyer, seigneur de Cussac, à Jean-François du Haumont, chevalier, seigneur de la Garde (12 juin). — Inventaire des meubles et effets de la communauté d'entre feue Marie Mousnier et François Thomassin, marchand, à la requête de celui-ci, de Jean Vérie Civadier, marchand cirier, épicier et confiseur, associé à partie du commerce desdits époux par traité du 9 mars 1762, et autres. A signaler audit inventaire, dans la maison et magasin, paroisse Saint-André : trois vieux tableaux représentant Notre-Seigneur attaché à la colonne, Saint-Jean-Baptiste, et la Madeleine, à grosse peinture, estimés trois livres ; — une veste de soie brochée en or, très vieille et crassée, estimée trente livres ; — une vielle tarayolle, estimée trente sols ; — une mauvaise « coeffe » et un « baignollet » de taffetas noir, estimés trois livres ; — vingt-trois « coeffes » fines et treize pour nuit ; six mouchoirs de col, aussi fins, et six « jobelines », plus que my usés, estimés dix-huit livres ; — une petite croix et deux anneaux d'or valant neuf livres dix sols ; — un « arranteloir » de crin, estimé vingt sols ; — dix douzaines de basanes tant grandes que petites, estimées quatre livres quinze sols la douzaine ; — cinq peaux blanches, estimées trente-cinq sols ; — cinquante-cinq livres pesant de veau blanc et noir, estimés cent soixante-huit livres ; — huit baudriers lissés, estimés à neuf livres pièce ; — quatre « partz masles » de rebut à quinze livres pièce ; — vingt-deux rames papier lombard, à trois livres quinze sols la rame ; — cinq rames papier fleur de lis, à cinquante-deux sols la rame ; — vingt-deux rames papier second, à quarante-deux sols la rame ; — une rame papier Boncassé, à trois livres ; — douze cent soixante-dix livres de cire

jaune, à vingt-sols la livre ; — quatorze mains papier bleu, à sept sols la main ; — huit cent soixante-douze livres cire blanche, à trente-deux sols la livre ; — deux peaux de chien de mer, estimées six livres ; — vingt-huit livres pesant de baleine, estimée à trois livres dix sols ; — sept cents chevreaux blancs, estimés cinquante sols le cent ; — une série d'obligations envers des négociants de Poitiers, La Rochelle ; Lafite et compagnie, Fourgapie et compagnie, à Bordeaux ; — dans le magasin de peaux, rue des Boucheries, diverses peaux « en poil » ; — les marchés passés avec les bouchers de la ville pour vente de peaux ; — divers jugements de la juridiction consulaire ; — les contrats de mariage d'Anthoine avec Marie Aubin, du 5 février 1722, reçu Rouhier ; du même avec Louise-Élisabeth Dumergue, du 6 septembre 1734, reçu Caillaud ; du même avec Marie Mousnier, du 20 septembre 1738, reçu Delâge. — Vérification et continuation dudit inventaire après le décès d'Anthoine Thomassin, le 20 juin, et partage de ses biens et ceux de sa femme entre Louise de la Garde, veuve de Jean du Fresse, sieur de la Seguinie, leur mère et légataire universelle, et leurs très nombreux héritiers (12-30 juin). — Procès-verbal à la requête de François Guion, bourgeois et maître de forges, à Forgeneuve, paroisse de Javerlhac, représentant le marquis Marc-René de Montalembert, des canons provenant des forges de celui-ci, situés au lieu de Cherier, près de la Charente, dont ils ne peuvent plus être enlevés que par gabare, la route de Paris ayant été considérablement surhaussée depuis leur dépôt en cet endroit, et au port de Lhoumeau, faisant en tout 41 pièces de divers calibres (13 juin). — Reconnaissance par Pierre Turrault, sieur de la Cossonnière, d'un légat de cinq livres envers les Pères Jacobins d'Angoulême, à charge de dire six messes de *requiem* avec *libera* pour Pierre Aymard et Anne Mesnagut, ses bisaïeuls (15 juin). — Procuration donnée à sa femme par Jean-Baptiste Broix, maître en fait d'armes, sur le point de partir à Saint-Domingue (16 juin). — Ferme de la grande herbe des îles du Pible et des Libaudières, dépendant de la seigneurie de Guissalle, paroisse de Marsac, moyennant trois cents livres, par l'abbesse de Saint-Ausone d'Angoulême (17 juin). — Acte de notoriété justificatif du nombre des enfants de Jacques Valleteau de Chabrefy, écuyer, conseiller du roi, contrôleur alternatif des trésoriers payeurs des gages et droits de la compagnie des conseillers et secrétaires du roi, et ci-devant receveur ancien des tailles de l'élection d'Angoulême, décédé à Hiersac, le 9 avril précédent, enterré dans l'église dudit lieu, et de Marie Chaban, qui sont : Thomas, Nicolas, Jean, receveur ancien des tailles de l'élection d'Angoulême, Jacques, Marie, Françoise, dame hospitalière à l'Hôtel-Dieu d'Angoulême; Gabrielle, épouse de Jean-Baptiste Perier, écuyer, seigneur de Gurat, Louise (23 juin). — Contrat d'ingression de Gabrielle Lamy du Châtenet, fille de Jean-Baptiste Lamy, sieur du Châtenet, demeurant à Périgueux, et de feue Éléonore Valbouquet de la Verrerie, dans la communauté des dames de l'Union-Chrétienne d'Angoulême (28 juin). — Vente par les frères Guyonnet, héritiers de Antoine Guyonnet, meunier, et de dame Marie Després, leurs père et mère, à Antoine, Jean et Étienne Barreau, frères et neveu, moyennant quatre cents livres, des moulins à blé de Cursac, sur la Charente, paroisse de Vindelle, avec les anguillards en dépendant, chargés d'une rente annuelle de cent livres et cinquante anguilles évaluées deux sols pièces, envers l'hôpital général (29 juin 1764).

E. 1817. (Liasse.) — 115 pièces, papier.

1761. — Caillaud, notaire royal à Angoulême. — Actes reçus pas ce notaire du 2 juillet au 31 août. — Bail à loyer par Louis le Clerc, prêtre, chanoine et aumônier de l'église cathédrale d'Angoulême, d'une maison dépendant de ladite aumônerie, rue du Doyenné (3 juillet). — Prise de possession de la chapelle de Notre-Dame des Spasmes dans l'église de Saint-Paul d'Angoulême, dont l'autel est à droite du grand autel, par François Chasteigner de la Rochepozay, écuyer, clerc tonsuré, (4 juillet). — Transaction entre les héritiers de Pierre Audoin, notaire royal, et Joseph de Jarnac, écuyer, conseiller du roi, contrôleur ordinaire des guerres, demeurant à Cognac, condamné à garantir le paiement d'un legs de trois cent quatre-vingt-huit livres fait audit Audoin par Jean Chausse, chanoine de l'église cathédrale d'Angoulême, par acte du 5 septembre 1719 (5 juillet). — Quittance de douze livres pour nettoyage de latrines, à Angoulême (9 juillet). — Procès-verbal des fruits du fief des Baslans, paroisse de Mornac, appartenant à Moïze de Luillier, écuyer, seigneur des Baslans, François-Louis de Luillier, écuyer, garde du corps du roi, Clément-Louis de Luillier, écuyer, chanoine de Saint-Pierre d'Angoulême, frères; à la requête de François-Antoine de Luillier, écuyer, seigneur de Chamarande, leur oncle; par trois laboureurs établis commissaires pour ce (10 juillet). — Ferme d'une maison, paroisse Notre-Dame-de-Beaulieu, appartenant à l'Hôtel-Dieu d'Angoulême, consentie par François Vallier, procureur au présidial d'Angoumois, syndic et trésorier dudit Hôtel-Dieu, en

faveur de Pierre Chapiteaux, écuyer, seigneur de Guissalle, y demeurant, paroisse de Vindelle (25 juillet). — Acte justificatif du nombre des enfants de Clément Navarre, écuyer, sieur du Cluseau, président trésorier de France au bureau des finances de la généralité de la Rochelle, décédé le 4 septembre 1758 et enterré le lendemain dans l'église de Moulidars, et de dame Thérèse Bergerat, sa veuve, qui sont : Pierre, aussi trésorier de France audit bureau des finances ; André, Jean-Jacques et Jeanne-Anne, tous mineurs émancipés (27 juillet). — Constitution de quarante livres de rente, en faveur de Jeanne-Marie de Pindray, dame de l'Union chrétienne d'Angoulême, leur sœur et belle-sœur, par Jacques de Corlieu, écuyer, seigneur de Labaudie, et Marie de Pindray, sou épouse (28 juillet). — Certificat de bons services à un apprenti boulanger (30 juillet). — Contrat de mariage entre André Arnauld, sieur Dumas, fils de feu Jacques Arnauld, sieur Dumas, et Élisabeth Fauconnier; et Marie Resnier, fille de Nicolas Resnier, greffier en chef du présidial d'Angoumois, et de Marguerite Thevet (30 juillet). — Constitution de vingt-cinq livres de rentes en faveur de Pierre Gaudichaud, huissier, par Jacques Civadier, procureur au présidial, et Marie-Jeanne Chauvineau, son épouse, en règlement de compte de la gestion de l'étude de celui-ci (3 août). — Procès-verbal du fief et seigneurie de Mongaudier, paroisse de Fléac, à la requête de Claude Benoît, sieur des Essarts, seigneur du Gaudier (3 août). — Règlement de compte entre Louise de la Garde, veuve de Jean Dufresse, sieur de la Seguinie, et Élie Fleurand Thomassin, marchand tanneur à la Rochefoucauld, pour vente à lui faite de quatre-vingts peaux de bœufs en poil, à vingt livres chaque peau, et autres affaires (4 août). — Bail à ferme d'une maison, paroisse Saint-Ausone, consenti par Christophe Joubert, écuyer, conseiller du roi, son procureur en l'élection d'Angoulême (6 août). — Procès-verbal des vases sacrés, ornements, livres et linges destinés au service divin en l'abbaye de Saint-Cybard, à la requête de l'abbé, M. Delpy de Saint-Geyrac, avant d'en remettre la garde à Louis Cosson, prieur d'Oriolles et Passirac, sacriste. A signaler : deux calices, avec leurs patènes, d'argent, dont un en vermeil ; — un soleil, un ciboire, un encensoir, le tout d'argent ; — une chape de velours verte, très vieille ; — une ancienne croix de bois, couverte en feuilles d'argent et cuivre (9 août). — Ferme passée par l'abbesse de Saint-Ausone d'Angoulême, des droits de dîmes et d'agriers de l'abbaye sur les vignes des paroisses de Saint-Ausone, Saint-Martin, Saint-Michel, réservé le vin seulement, moyennant soixante livres, chacun an (11 août). — Reconnaissance de la prise de la Combe, en la ville d'Angoulême, formant une île, près la halle et la porte du Pallet, relevant de l'abbaye de Saint-Ausone d'Angoulême, au devoir annuel de dix sols, par ses divers tenanciers, entre lesquels on remarque : Claude Coullon, professeur d'humanités au collège d'Angoulême, et Marie Jallet, son épouse ; Jean Lacour, maître ès arts (18 août). — Contrat de mariage entre François Tremau, négociant et pair du corps de ville d'Angoulême, fils de Nicolas, ancien juge en la juridiction consulaire, et conseiller audit corps de ville, et de Jeanne Benoît ; et Marguerite-Jeanne la Roche, fille de feu Léonard la Roche, seigneur du Grand-Girac, et de Marie-Anne Valleteau (18 août). — Renonciation par Jeanne-Foi de Lastre, veuve de Pierre du Boullet, sieur de Logerie, à la succession de François, son fils aîné, décédé au mois de janvier 1762 (26 août). — Contrat de mariage entre Gabriel le Maitre, peintre à Angoulême, fils de Charles, aussi peintre, et de feue Marie Klotz ; et Dorothée de Vuailly, fille de Nicolas, bourgeois, et de Marie Gagneron (26 août). — Inventaire des meubles de la communauté d'entre Jean Collain, marchand bâtier à Angoulême, et Catherine Roux, sa femme (27 août). — Cession à Louis Champeville de Boisjolly, sieur du Peux, moyennant quatre mille livres payées comptant, par François Rullier, sieur du Puy, ancien élu en l'élection d'Angoulême, de même somme sur ce que lui doivent, pour l'acquisition de sa charge d'élu, Luce Texier, veuve de Louis Héraud, sieur de la Croix, bourgeois, et Philippe Héraud, élu en l'élection d'Angoulême, et Élisabeth Boissier, son épouse, ses fils et bru (31 août 1764).

E. 1818. (Liasse.) — 72 pièces, papiers.

1764. — Caillaud, notaire royal à Angoulême. — Actes reçus par ce notaire, du 1ᵉʳ septembre au 29 octobre. — Cession d'une rente foncière de quarante sols, moyennant quarante livres prélevées sur ses gages, à Maricette Vergnaud, par François-Antoine de Lhuillier, écuyer, seigneur de Chamarande, et Jeanne Dumas, son épouse, qu'elle sert depuis plus de quarante ans (6 septembre). — Vente de la maison occupée par la poste du Pont de Churet, paroisse d'Anais, par Léonard Fromantin, à François Faure, sieur de La Faye, maître de ladite poste, moyennant deux mille livres destinées à acquitter les dettes du vendeur envers Jacques-Philippe-Étienne Constantin, sieur de Villars, lieutenant général de police à Angoulême, François Bourdage, écuyer, seigneur de Sigogne, juge au présidial d'Angoumois, maire et capitaine d'Angoulême, etc. (8 septembre). —

Contrat d'apprentissage pour trois années, de Jean-Pierre Desmaizon, chez Bertrand Collain, bastier, à Angoulême (9 septembre). — Main-levée des saisies faites sur les fermiers de la terre de Nanteuil, par Marie Thomas de Bardie, veuve de Gabriel-Isaac de Saulieu, chevalier, seigneur de Nanteuil, à charge par son beau-père, François-Isaac de Saulieu, chevalier, aussi seigneur de Nanteuil, de payer les frais (10 septembre). — Présentation et nomination, à la cure de Saint-Paul d'Angoulême, vacante par l'entrée d'Antoine Civadier au chapitre cathédral de cette ville, par François Bareau de Girac, écuyer, doyen dudit chapitre, prieur de Montmoreau, et vicaire général du diocèse, en sa qualité de doyen, de Sébastien Lavergne, docteur en théologie, vicaire de Balzac (15 septembre). — Contrat de mariage entre Marc Gestreau, forgeron, et Mathurine Rippe, veuve de Charles Tapetont, garçon messager ; auquel est annexé le consentement de Jean Gestreau, forgeron, détenu aux galères du roi à Toulon, pour désertion, père du futur époux qu'il constitue en même temps son fondé de pouvoir général ; ce dernier acte passé dans l'étude de Coulomb, notaire à Toulon, en présence de Jacques Fabre, pertuisinier du bagne, « qui a déferré ledit Gestreau constituant avec son chapeau sur la tête et ensuite referré » (16 septembre et 28 août). — Acte de notoriété justificatif du nombre des héritiers de Louis Perry, chevalier, seigneur de Nieuil, officier de dragons, inhumé le 26 juin précédent dans l'église de Notre-Dame-de-Beaulieu, qui sont : François Perry, chevalier, seigneur de Nieuil, son frère ; Louis-François du Soullier, officier de cavalerie, Françoise-Charlotte et Anne du Soullier, enfants de Charles-Léonard du Soullier, chevalier, seigneur de Lescuras, lieutenant-colonel au régiment Royal-cavalerie, et de Anne-Marie Perry, sœur du défunt (17 septembre). — Procès-verbal et prise de possession du moulin à blé de La Liège, paroisse de Mosnac, par Simon Benoist, sieur de La Boissière, ancien garde du roi et officier d'invalides (18 septembre). — Transaction entre Jacques des Cordes, procureur au présidial d'Angoumois, au nom de Jean de La Grange, « licencié en loix » ; et Madeleine Mottet, fille majeure, demeurant à Poitiers, qui promet d'abandonner l'instance portée devant le lieutenant-général d'Angoumois, contre ledit de La Grange, moyennant que celui-ci prendra à sa charge, jusqu'à sept ans accomplis, le fils qu'elle vient d'avoir de lui, s'acquittera des dettes qu'il a contractées envers elle, ainsi que des provisions à elle adjugées en la sénéchaussée d'Angoumois, savoir : de quatre-vingts livres pour frais de couches, et de cent livres, pour subvenir aux premiers besoins de l'enfant

(24 septembre). — Bail à loyer d'une maison, faubourg de Lhoumeau, par les dames du Tiers-ordre de Saint-François, à Angoulême (25 septembre). — Prise de possession de la chapelle de Saint-Nicolas, en l'église de Notre-Dame de Beaulieu, à Angoulême, par Pierre Vigier, clerc tonsuré (28 septembre). — Procès-verbal du moulin du Pontouvre, à la requête de Jacques Ravon, fermier (30 septembre). — Sommation de vider la maison presbytérale de Saint-Paul, à Angoulême, par Sébastien de La Vergne, curé de cette paroisse, à Antoine Civadier, son prédécesseur, qui se refuse à le faire, avant plusieurs mois (2 octobre). — Contrat d'apprentissage, pour dix-huit mois, de Guillaume Brun, chez Nicolas Albert, maître serger à Angoulême, qui promet de lui apprendre à tirer l'étain, à faire la teinture, en bleu, rouge et marron, moyennant cent livres (6 octobre). — Acte justificatif du nombre des héritiers de Jean Valleteau des Roches, juge au présidial d'Angoumois, enterré le vingt-trois juillet précédent, dans l'église de Saint-Martial, à Angoulême, qui sont Gabrielle Valleteau, sa sœur, épouse de Jean-François Decescaud, sieur de Vignierias, avocat; et Thomas, Nicollas, Jean, Jacques, Marie, Gabrielle, et Louise Valleteau, ses neveux, tous enfants de feu Jacques Valleteau de Chabrefy, écuyer, receveur ancien des tailles en l'élection d'Angoulême, et de Marie Chaban (10 octobre). — Testament de Jean Brou, sieur de Chassignac, maître apothicaire, demeurant paroisse Saint-Jean, à Angoulême; par lequel il donne la jouissance de tous ses biens, au cas qu'elle lui survive, à Marie Bussat, son épouse (12 octobre). — Acte justificatif du nombre des enfants de défunts Jean-François Lavialle, commis à la recette des tailles en l'élection d'Angoulême, et de Marie-Anne Galliot, inhumée le 30 décembre 1762 dans l'église de Chazelles (11 octobre). — Serment, la main levée à Dieu, pour satisfaire à l'article 57 de la coutume d'Angoumois, par Mathieu du Tillet, sieur de Beauvais, juge-sénéchal de Voulgézac, qu'il n'a pas bourse déliée ensuite du contrat du 27 septembre 1756, par lequel Charles-Jean Respinger du Ponty, lui conférait la propriété de ses biens à La Faye, paroisse de Torsac, chargés d'une rente de quatre-vingt-tcinq livres par an, envers César Dexmier, chevalier, seigneur de Chenon, devenue perpétuelle à cause du long laps de quatre-vingt-cinq ans écoulés depuis sa fondation; et protestation que ce contrat n'étant, par suite, qu'un transport, l'arrêt du parlement du 6 août précédent est infirmé, qui accordait le bénéfice de retrait lignager à Claude Orsin, bourgeois, et Jean-Charles Orsin, son fils (15 octobre). — Bail à loyer d'une maison, paroisse Saint-André, à Angoulême, par divers, et, entre autres, François Bouhier, tourneur de faïence, et Rose Passerieux, sa femme, demeurant faubourg de Lhoumeau (18 octobre). — Transaction entre Nicolas Gaillard, dit Boucherie, foulinier, demeurant à Lhoumeau, et Marguerite Desages, qui promet d'abandonner toutes poursuites contre ledit Boucherie, moyennant qu'il compensera la diminution de valeur des animaux composant le fonds du cheptel à croit et décroît qu'elle lui a fourni, par acte du 25 février précédent, et qu'elle désire maintenant recouvrer (21 octobre). — Cession après enchères, par Philippe Robert le jeune, meunier, et Marie Ravon, sa femme, à Jean Godineau, boulanger à Angoulême, de leur part des biens-fonds sis aux Séguins, paroisses de Ruelle et voisines, qu'ils avaient acquis conjointement par contrat du 30 août précédent, reçu Bourguet, notaire à Angoulême, de Louis-Gille Cugnet, chanoine de l'église cathédrale Notre-Dame de Québec, comme fondé de procuration de dame Louise-Madeleine Dussautoy, sa mère, veuve de François Cugnet, premier conseiller du conseil supérieur de Québec, possesseur de ces biens, comme seule héritière de Anne-Henry Dussautoy, bourgeois, son frère (25 octobre). — Arrentement perpétuel d'une maison à Nersac, et biens en dépendant, au profit de Jean Rocher, tourneur en bois, et Marie Boumard, sa femme, demeurant au village du Peux, paroisse de Nersac (29 octobre 1764).

E. 1819. (Liasse.) — 64 pièces, papier.

1764. — Caillaud, notaire royal à Angoulême. — Actes reçus par ce notaire du 1er novembre au 31 décembre. — Quittance de cent livres donnée à Jean Dumergue, instructeur de jeunesse, Marie Mesgret, sa femme, Simon Dumergue, laboureur, et sa femme, frères et belles-sœurs, demeurant à La Touche, paroisse de Fléac, pour une année de la ferme par eux faite des domaines de M. Maulde de Vallence, sis en ce lieu (2 novembre). — Lettre de Devanelat, directeur des domaines du roi, sans suscription, datée de Limoges, 4 octobre 1764, annonçant que le ministre a donné des ordres pour faire faire l'avance de leurs ensemencements aux agriculteurs de l'Angoumois dont les récoltes avaient été complètement détruites par la grêle et l'ouragan du 27 juin précédent. A cette lettre sont jointes plusieurs promesses de remboursements échelonnés sur les deux années suivantes, dont les formules sont imprimées, faites au sieur des Essards, commissaire nommé pour répartir les avances, par divers, entre autres : Jean Thomas, sieur de Belleroche, notaire royal, fermier des demoiselles de

La Rochefoucauld de Maumont, demeurant à La Valette (1 et 2 novembre). — Vente des domaines du Pui-du-Maine, dans les paroisses de Vindelle, Fléac et Asnières, relevant partie de l'évêché, partie du chapitre cathédral d'Angoulême, moyennant quatorze mille quatre cents livres, par Jeanne de Pindray, veuve de Louis Ducluzeau, greffier en chef des eaux et forêts d'Angoumois, et leurs enfants, savoir : Charles-Joseph, aussi greffier en chef de la même juridiction, et Anne Boissier, son épouse, Jean-Antoine, procureur au présidial d'Angoumois, et Marie Lambert, son épouse, Catherine, Marie, autre Marie, autre Catherine; à Pierre Rivaud, substitut du procureur du roi en la sénéchaussée d'Angoulême, et Marie Lapeyre de Bellair, son épouse (4 novembre). — Ferme des dîmes de la paroisse de Vœuil-et-Giget, pour sept ans, moyennant cinq cents livres les cinq premières années, et cinq cent cinquante ensuite, ainsi que diverses redevances en nature, par Antoine Dupuy, curé de ladite paroisse, à Marie Moreau, veuve de Michel Poyselet, apprêteur d'étoffes, et ses enfants Jean et Jacques, demeurant au moulin à draps de Vœuil (14 novembre). — Hommage et dénombrement du fief et seigneurie de l'Épineuil et Puybugeart, paroisse de Saint-Yrieix, seigneurie de Saint-Cybard, rendu à Louis Péchillon, procureur au présidial d'Angoumois, représentant François Delpy de Saint-Gérac, vicaire général du diocèse de Périgueux et abbé de Saint-Cybard, dont elle relève au devoir d'une livre de cire à chaque muance de seigneur et de vassal, par Paul Leclerc de La Verrie, écuyer, seigneur de l'Épineuil, ayant acquis ladite seigneurie de Paul, Benoît et François de Paris, écuyers, (15 novembre). — Démission, entre les mains du chapitre cathédral, de la cure de Notre-Dame de Beaulieu, à Angoulême, par Léonard Rousseau de Magnac (16 novembre). — Inventaire des meubles et effets de la communauté d'entre Marie-Anne Valleteau, veuve de Léonard La Roche, seigneur de Girac, Nicolas Trémeau, négociant, et Jeanne Laroche, son épouse; François Trémeau, aussi négociant, et Marguerite-Jeanne Laroche, son épouse; Pierre et Marie La Roche, enfants et beaux-enfants desdits ; tant en la maison de la rue de Genève, paroisse Saint-André, à Angoulême, qu'au logis de Girac, paroisse Saint-Michel, et au moulin à papier des Brandes, près ledit logis. A signaler audit inventaire : un hôpital cuivre rouge, neuf, estimé 10 livres ; — une montre à boîtier d'or et son crochet de simili or, le tout neuf, et son cachet aussi d'or, estimée deux cent soixante-quatre livres ; — une montre à boîtier et chaîne d'argent avec un portrait émaillé au dos du double boîtier, estimée soixante livres ; — deux pistolets d'arçon, faits par Poitevin, armurier d'Angoulême, estimés avec leurs fourreaux vingt-quatre livres ; — sept pans de tapisserie verdure d'Aubusson, presque neufs, mesurant quatorze aunes, estimés trois cent trente-six livres ; — une « solette » pour moulin à papiers, estimée quinze livres ; — une vieille chaise de poste, avec ses harnais, estimée cent livres ; — trente-deux marcs six onces d'argenterie, à quarante-huit livres le marc, parmi laquelle : quatre flambeaux, une écuelle à bouillon, une mouchette et porte-mouchette; — une paire de balances de bois, son balancier « d'Olande » à cordes, avec ses poids, estimée trente-cinq livres ; — soixante-quatorze aunes de toile d'emballage, estimées vingt-deux livres ; — pour le papier, estimé le prix demandé par le fabricant et en plus le prix de la paille qui est de huit livres par charge; deux charges sept rames de papier « royal », estimées deux cent quatre-vingt-onze livres, treize sols, quatre deniers ; — huit rames de papier « teillère fines », estimées trente-neuf livres dix sols ; — huit rames « petit cartier compte fin », estimées trente-et-une livres ; — quarante-huit rames « cornet second », estimées cent quatre-vingt-dix-huit livres ; — vingt-cinq rames, faisant une charge et une rame, « escu fin », estimées cent neuf livres, sept sols, six deniers ; — quatre rames « escu second », estimées dix-sept livres dix sols ; — deux rames « grand compte fin », estimées dix-huit livres ; — une rame « couronne second », estimée soixante-quatre livres ; — deux rames « super royal fin », estimées trente livres ; — deux rames « cartier à la régie fin », estimées sept livres quinze sols ; — cinq rames « d'impression raisin bastard second », estimées trente livres dix-huit sols ; — cinq rames quatre mains « papier à musique super royal second », estimées quatre-vingt-dix livres dix sols ; — cinq rames « pomponne fine », estimées trente livres dix-huit sols ; — une balle « grand cornet à deux enseignes » ; — une balle « raisin bastard » ; — parmi les formes à papier estimées par Pierre Laroche, maître papetier : une paire « grand cornet à deux enseignes », estimée douze livres ; — une paire « impérial », estimée dix livres ; — une paire fleurs de lys, estimée huit livres ; — dix-huit queues de maillet ; — cinq vis « neufs », destinées pour presse, estimées soixante livres ; — des estimations de bois de travail faites par Jacques Gachignard, charpentier de moulins à papier, demeurant au village de Breuty, paroisse de La Couronne ; — dans les papiers de famille : le contrat de mariage dudit feu sieur de Girac, avec Marie-Anne Valleteau, reçu Jeheu, notaire, le 7 janvier 1734 ; — le contrat d'acquisition, par Léonard de La Roche, et Françoise

Touzeau, sa femme, du fief et domaine de Girac, moyennant dix-neuf mille livres, de Marie Thomas, veuve d'André de Guez, chevalier, seigneur de Balzac, le 18 janvier 1712, reçu de Bresme, notaire royal ; — les contrats de mariage de Philippe Dodin et Antoinette Touzeau, du 13 février 1693, reçu Péchillon, notaire royal ; d'Étienne Touzeau et Marie La Roche ; de Jacques La Roche, avec Marie Joly, du 30 juillet 1705, reçu de Bresme, notaire royal ; — l'acte de concession du droit de ban et sépulture dans l'église de Saint-Michel, concédé par François Debrande, curé, le 6 juin 1723, devant Meslier, notaire ; — l'aveu du fief de Girac, fourni par Marie de Forge, veuve de Paul Thomas, écuyer, seigneur de Girac, aux Jésuites, le 24 juillet 1670, reçu Cladier, notaire royal ; — la ratification, par Jeanne-Rose Touzeau, du délaissement fait par Jeanne Gelin, sa mère, à Léonard La Roche et sa femme, du moulin des Brandes, le 23 juin 1715, reçu de Bresme, notaire royal ; — le contrat de mariage de Léonard La Roche, avec Françoise Touzeau, du 8 juin 1694, reçu de Bresme, notaire royal ; — les contrats d'ingression au monastère de La Valette, de Jeanne et Marguerite La Roche, les 2 décembre 1725 et 21 octobre 1728, reçus Bernier, notaire royal ; — un reçu lacéré, donné par le feu sieur de Girac à Blaise et Jean Chabrol, frères, le 22 janvier 1750, d'une chaudière, son chapeau et ses poulies, prix fait à deux cent quatre-vingt-cinq livres douze sols ; — la ferme, par la dame Valleteau, au sieur Burgeas, des moulins des Brandes, moyennant cent soixante-douze livres par an, le 7 mai 1758 ; — parmi les livres journaux, celui relatif à l'exploitation du moulin à papier, mentionne comme fermiers successifs depuis le 7 juillet 1745 : Jean Demichel, Pierre Dumergue, Françoise Joubert, leur veuve, Hector Durandeau, leur gendre, créancier de sept cent quarante-trois livres, au moment de l'inventaire ; — parmi les négociants créanciers pour achat de papier : Brun, imprimeur à Bordeaux ; les frères La Bottière, libraires, même ville ; — « un cachet d'argent en forme d'étui, sur l'un des bouts est gravé un oiseau, sur un rocher, et autour, sont inscrits les mots : La Roche Touzeau ; et sur l'autre bout, il y a un chiffre », estimé six livres (16 novembre-5 décembre). — Remise de ce qui doit lui revenir en qualité de collecteur des impôts, dans la paroisse de Linars, pour l'année 1763 ; par François Baraud, maçon, à Jean Surraud, laboureur, et Jean Besson, son beau-père, aussi collecteurs, qui se sont seuls acquittés du recouvrement (18 novembre). — Contrat de mariage entre Simon Héraud, sieur du Condour, fils de feu Jean, procureur au présidial d'Angoumois, et de Marie-Germaine Prévost ; et Anne Geoffroy, fille de

feu Antoine, sieur de La Thibaudière, et de Philippe Gignac (18 novembre). — Contrat de mariage entre Jean Ducluzeau, officier du régiment d'Aulnis, fils de défunts Philippe, maître chirurgien, et de Marie Rossignol ; et Marie-Rose Penot, fille de Étienne, marchand horloger à Angoulême, et de feue Marie Devance (19 novembre). — Autre contrat de mariage entre Denis Tardat, instructeur de jeunesse, fils de Jean, serrurier, demeurant paroisse Saint-André, à Angoulême ; et Marguerite Longat, fille de Jean « secrétaire de Monsieur le Maire d'Angoulême » (24 novembre). — Convention entre Christophe Joubert, procureur du roi à Angoulême, et Antoine Rouhier, vigneron, à Champniers, qui s'engage, moyennant sept livres dix sols par an, à planter un journal en bon « vizan », et à le lui remettre, en bon état de production, après quatre ans (25 novembre). — Vente d'un banc sous la halle de Mansle, moyennant quatre-vingt-dix-huit livres, par René Collain, marchand, à Jean-Louis Joubert, marchand (1er décembre). — Contrat d'apprentissage, pour deux années, chez Jacques Pierre, maître boulanger, à Angoulême (2 décembre). — Ferme du prieuré de Saint-Mary, pour neuf années, moyennant quatre cents livres par an, par Roc-Nicolas Péchillon, prieur dudit prieuré, et curé de Soyaux, y demeurant, à Pierre Albert, notaire et procureur fiscal de la châtellenie de Saint-Mary (7 décembre). — Contrat de mariage entre Jean Faure de Rancuraud, seigneur de Barbezières, fils de défunts François, sieur de Rancuraud, et de Françoise Amiaud ; et Marie Gilbert, fille de feu François Gilbert, élu en l'élection d'Angoulême, et de Renée-Élisabeth Pipaud (9 décembre). — Protestation de Laurent Leblanc, lieutenant du premier chirurgien du roi, Christophe Sirier, Jean Sicard, François Tronchère, Christophe Mérilhon et Noël du Souchet, tous chirurgiens, à Angoulême, réunis dans la chambre commune de leur juridiction, couvent des Jacobins, contre leurs confrères comme n'ayant pas répondu à la convocation dudit Leblanc, et, en particulier, contre Demay fils, prévôt, et Dulac, greffier de la communauté, qui, détenant les clefs des registres, empêchent ainsi toute délibération (13 décembre). — Engagement pris par Navarre, maréchal, de ferrer et soigner une jument et une mule, moyennant douze livres et la fourniture des médicaments (17 décembre). — Cession d'une rente constituée de seize livres, moyennant trois cent trente-six livres, par Louise Sicot à Pierre Maulde, sieur des Touches, et Jean Maulde, sieur de Mouignac, frères, demeurant à Angoulême (28 décembre). — Vente d'une maison, à Civray, par Marie-Anne Engrand, épouse de Jean Lallemand, chamoiseur, à Raymond Dupas, cavalier de la maréchaussée du Poitou, de la résidence de Civray (29 décembre). — Bail, pour neuf ans, de la maison neuve à lui appartenant, sise rue de la Ruche, paroisse Saint-Antonin, consenti moyennant trois cent cinquante livres chacun an, pour leur servir de bureau général, par Jean-Joseph Dutillet de Villars, écuyer, valet de chambre ordinaire du roi, et gouverneur de ses pages, que représente François de Limaigne, bourgeois, en faveur des fermiers généraux du roi que représente Augustin Marianne, receveur général au bureau des tabacs d'Angoulême (30 décembre 1764).

E. 1820. (Liasse). — 66 pièces, papier.

1765. — Caillaud, notaire royal à Angoulême. — Actes reçus par ce notaire du 2 janvier au 28 février. — Procès-verbal de guérison d'un cancer dont était atteinte Marguerite Roullet, femme d'Antoine Fort, tonnelier, obtenue par les soins de Jean Maurice fils, chirurgien du faubourg Lhoumeau, à Angoulême (2 janvier). — Déclaration des procureurs en la sénéchaussée et siège présidial d'Angoumois, au nombre de cinquante-deux, tant en ce titre que comme propriétaires des greffes des présentations des défendeurs, des offices de greffiers, garde-minutes, et expéditionnaires des lettres de la chancellerie, certificateurs des criées et autres ; soumettant le règlement de l'indemnité à eux due à cause du ressort de la justice du duché-pairie de la Rochefoucauld distrait dudit siège présidial, à la décision de l'abbé Terray, conseiller en la grand'chambre du parlement ; et supplique au roi de vouloir bien accorder audit abbé tels pouvoirs qu'à M. Gilbert des Voisins, conseiller d'État, déjà autorisé par arrêt du conseil d'État à juger cette affaire sans retour, mais qui refuse d'en connaître à cause de ses grandes occupations (7 janvier). — Procès-verbal de l'installation de M. Jeheu comme principal du collège d'Angoulême, à la requête de François Vachier et Jean Mioulle, avocats, qui ont protesté contre la prétention du lieutenant-général, président du bureau d'administration du collège, de réclamer pour ce bureau, conformément au droit commun, auquel il n'a été fait exception qu'en faveur du corps de ville d'Angoulême, le droit de nomination du principal (11 janvier). — Vente d'une rente seigneuriale et foncière, moyennant six cent huit livres, par Jacques de la Loubière, écuyer, chevalier de Saint-Louis, pensionnaire du roi, demeurant à Angoulême ; François Audet de la Loubière, écuyer, demeurant au Fouilloux, paroisse de la Chapelle-Marcillac en Poitou, Jean Regnauld, chevalier, seigneur de la Richardye,

et Jeanne de la Loubière, son épouse ; Anne-Charlotte de la Loubière, demeurant à Angoulême, Philippe de Faligon, écuyer, sieur des Gaigniers, chevalier de Saint-Louis, porte-étendard des chevau-légers de la garde du roi, et Marie-Françoise de la Loubière, son épouse, demeurant à la Borde, paroisse de Gurat ; à François le Roy de Lanchère, chevalier, seigneur de la Borie, chevalier de Saint-Louis et pensionnaire du roi, demeurant à la Borie, paroisse de Dignac (15 janvier). — Inventaire des meubles et effets de Zacharie de Gaye, sieur de la Grave, contrôleur du vingtième et commissaire aux tailles, conformément à une clause de son contrat de mariage avec Marie-Anne-Albert des Granges (16 janvier). — Protestation de Louis Marchais, négociant, demeurant paroisse de Lhoumeau, à Angoulême, contre le sieur du Boisgrenot, commissaire de marine au port de Lhoumeau, qu'il prétend avoir contraint les maîtres de gabarre de refuser l'embarquement de cent tierçons « d'eau-de-vie, preuve de Cognac », vendus par ledit Marchais à Gour et Pally, négociants et associés, « commissionnaires d'étrangers » à Tonnay-Charente ; et de ne prendre en charge que des canons et du bois (16 janvier). — Procuration générale donnée par François Sauve, sieur du Sablon, sur le point de partir pour les îles d'Amérique, à Jean Sauve, diacre, demeurant à Montbron, son frère (17 janvier). — Testament de Marie-Françoise de Calvimont, veuve de Jacques-Henry de Durfort, seigneur comte de Civrac, où sont demeurés attachés par neuf cachets de cire, dont l'empreinte est fruste, des fragments du ruban noir qui servait à « l'entrelacer », par lequel ses enfants et héritiers Emeric-Joseph de Durfort, ambassadeur du roi de France auprès du roi des Deux-Siciles, et Marie de Durfort, épouse du seigneur de la Porte du Puiserrat, sont chargés de servir une pension annuelle de deux cents livres à leur sœur, Françoise, abbesse de Saint-Ausone d'Angoulême ; une pension de même valeur à Marie de Pressac, sa cousine, demeurée avec la testatrice depuis son bas âge, et de divers autres legs (2 janvier). — Contrat de mariage entre Jean de la Chaize, écuyer, seigneur de Madelin, Touvent et autres lieux, capitaine au régiment de Guyenne et chevalier de Saint-Louis, fils de Charles-Bernard, écuyer, sieur de Madelin, et de feue Jeanne de Guimard ; et Jeanne-Thérèse Dumas, fille de Moïse, écuyer, seigneur de Chebrat, Salvert et autres lieux, conseiller du roi, lieutenant particulier en la sénéchaussée et siège présidial d'Angoumois, et de Thérèse Rambaud (22 janvier). — Résignation du prieuré de Cogulat et cure de Saint-Maixent de Vitrac, par François Thevet, leur titulaire depuis plus de quarante ans, devenu infirme et hors d'état de les régir, en faveur de Jean-Philippe Thevet, son neveu, et depuis sept ans son vicaire (26 janvier). — Contrat d'apprentissage pour trois ans, de Limouzin, chez François Grelier, maître coutelier à Angoulême (26 janvier). — Quittance des arrérages de rente à elles dus pour sa seigneurie de la Chandellerie, par Françoise Ferrant, douairière de feu Élie de Raymond, chevalier, seigneur de la Chandellerie (31 janvier). — Cession après licitation, moyennant deux mille cinq cent cinquante livres, par Jean Caillaud, procureur au présidial d'Angoumois, à Simon-Pierre Caillaud, juge-assesseur d'Aubeterre, de sa part dans la succession d'Antoine Caillaud, ancien juge audit lieu, et de Suzanne Pascaud, son épouse, leurs père et mère; avec promesse qu'il participera à la succession de Philibert-Louis Caillaud de la Roquette, procureur du roi à Leogant, côtes de Saint-Domingue, leur frère, récemment décédé (3 février). — Transaction entre Charles-Roch de Bourville, officier servant dans l'Inde, alors à Angoulême, et les Pères Cordeliers de cette ville, au sujet d'un fossé mitoyen entre leurs propriétés (4 février). — Reconnaissance des grand et petit moulin de la Liège, domaines, îles et anguillards en dépendant, relevant du logis noble de la Pille, au devoir de quarante-quatre boisseaux de froment, sept chapons et demi et soixante-trois anguilles, avec l'obligation « de passer et repasser sur leurs bateaux le seigneur de la Pille, ses domestiques et montures, au port et pesage de la Liège; » par Simon Benoist, sieur de la Boissière, garde du corps du roi et officier d'invalides, demeurant à Angoulême, et autres; à Jeanne Vigier de la Pille et François Maulde, sieur des Blancheteaux, élu en l'élection de Cognac (16 février). — Cession, moyennant douze cents livres, d'une rente foncière de vingt-trois boisseaux de froment, due à la seigneurie de Planson, à cause du moulin du Corbaud, par Simon Vigier, écuyer, seigneur du Planson, et Catherine Rullier, son épouse (22 février). — Transaction entre Élisabeth Joubert et Christophe Joubert, écuyer, procureur du roi en l'élection d'Angoulême, fils de Élie-François, avocat, au sujet de la succession de Mathieu Joubert et Marie Sautereau, leurs parents et grands-parents (26 février). — Procès-verbal de dommages causés par le fermier dans sa borderie de Boisrond, paroisse de Saint-Saturnin, à la requête de François Benoist, sieur des Essarts, changeur pour le roi à Angoulême (27 février 1765).

'E. 1821. (Liasse.) — 99 pièces, papier.

1765. — Caillaud, notaire royal à Angoulême. — Actes reçus par ce notaire du 1er mars au 30 avril. — Sommation de recevoir six mille huit cent vingt-deux livres qui lui restent dues sur un billet consenti en sa faveur par Élie-François Joubert, écuyer, avocat au présidial d'Angoumois, et Élisabeth Joubert, frère et sœur; faite à Pierre Pasquet, capitaine des grenadiers royaux du bataillon d'Angoumois, demeurant à La Rochefoucauld, par Christophe Joubert, écuyer, procureur du roi en l'élection d'Angoulême, héritier desdits créanciers, ses père et tante, suivant le compte par lui présenté (5 mars). — Constitution d'une rente annuelle de cent cinquante livres consentie, moyennant trois mille livres payées comptant, par les Pères Cordeliers d'Angoulême, au profit des religieuses du Tiers-ordre de Saint-François, de la même ville (6 mars). — Acte de notoriété justificatif du véritable nom de Élie-Jean-Anne Guimard, écuyer, fils de Anne Guimard, écuyer, seigneur de Couziers, et de Marie-Françoise Penaud; qui est tel, et non Jean-Anne de Guimard, comme l'ont mentionné divers actes (6 mars). — Contrat de mariage entre Jean Mignot, notaire royal et procureur au siège de Montignac, fils de Pierre, marchand, et de Marie Bonniceau; et Marie Marchais, fille de Jean-Baptiste, seigneur de La Chapelle, et de Rose Jusset, demeurant à Angoulême (6 mars) — Transaction entre Jean Gibaud, laboureur, et Michel Favret du Pommeau, seigneur de Rochecorail et de La Breuillerie, directeur général des aides en l'élection d'Angoulême, agissant au nom de Jean-Jacques Prévôt, adjudicataire général des fermes unies de France, qui décharge ledit Gibaud des suites du délit dont il reconnaît être l'auteur, moyennant abandon en sa faveur, des deux barriques de vin, objet dudit délit (8 avril). — Cession, moyennant douze cents livres, de dix-neuf cent trente livres que lui doivent François-Antoine de Luillier, sieur de Chamarande, et Jeanne Dumas, son épouse; par Louise de Guillaume de La Salle, demeurant à Fontaine en Saintonge, comme héritière de Marguerite de Guillaume, sa tante, veuve de Louis de Mascuraud, écuyer, seigneur de Morel et de Villognon, à François de Luillier, écuyer, sieur de Chamarande, garde du corps du roi, fils desdits créanciers (10 mars). — Transaction entre François Benoist, sieur des Essards, et les Labbé, ses fermiers au domaine de Bois-Rond, paroisse de Saint-Saturnin, au sujet des déprédations que ceux-ci avaient commises dans ledit domaine (11 mars). — Contrat d'apprentissage, pour quatre années, de Jean Raymond, chez François Marquet, forgeron au faubourg de Lhoumeau (13 mars). — Sommation par Jean-Charles de Montalembert de Cers, chevalier, major de la ville et château d'Angoulême, et Michel Favret du Pommeau, seigneur de Rochecorail, ce dernier caissier, tous deux intéressés à la manufacture de papiers établie au moulin de Montbron, paroisse de Saint-Martin d'Angoulême, au nom de leurs co-associés, au sieur Dussouchet, par eux choisi pour fabricant de papiers audit moulin, de rendre un compte exact de sa manutention et de résilier le marché avec lui conclu le 31 décembre 1762, à cause de « ses défauts les plus essentiels » : un « intérêt sordide », qui lui fait retrancher aux ouvriers partie des émoluments convenus, et pratiquer, d'une façon très défectueuse, le délissage ; une « paresse outrée », qui lui fait retarder indéfiniment la fabrication des formes ; une « indocilité sans exemple » envers les conseils de M. du Ponty dont il devait accepter la direction ; la brutalité envers ses ouvriers et le manque de connaissances nécessaires pour les diriger ; l'ivrognerie habituelle ; toutes choses qui rendent impossible de le garder « dans un établissement où l'on s'est proposé un succès et une perfection dans l'art de la papeterie, que l'on n'a pas encore atteint en France » (15 mars). — Contrat d'ingression, dans la communauté des Dames de l'Union Chrétienne, à Angoulême, de Louise Guillaume du Maine-Giraud de Châteaubrun, fille de Robert, écuyer, et de Marie Dumas (16 mars). — Constitution de cinquante livres de rente, contre mille livres données comptant, consentie par les représentants de la compagnie fondatrice de la manufacture à papiers de Montbron, au profit de Catherine Guillaume de Marsay et de Louise-Élisabeth Guillaume de Marsay, sa sœur, épouse de Nicolas des Forges, écuyer, seigneur de Châtelard (18 mars). — Contrat de mariage entre Charles-Henry David de Lastour, officier au régiment de Boulonnais, fils de haut et puissant seigneur Charles David, seigneur comte de Lastour, marquis de Ladouze, premier baron du Limousin, et de Anne de Lastour, demeurant au château de Lastour, paroisse de Rillat-Lastour ; et Marie-Louise-Jeanne de Mons, fille de feu Pierre, commandant au quartier du Port-au-Prince, île de Saint-Domingue, et de Anne de Morisseau, demeurant au couvent des Tiercelettes d'Angoulême ; du consentement, pour l'époux, d'Emmanuel David de Vantaud, chevalier de Saint-Louis, son beau-frère ; et pour l'épouse, d'Abraham Vital de La Montaigne, écuyer, aussi son beau-frère ; par lequel chacun des époux fait entrer seulement mille livres dans la communauté, se réservant, en propre, le reste de ses biens (19 mars). A

ce contrat est jointe la lettre de M. de La Montaigne, écrite au moment où « il était à même de partir pour le Nouveau-Monde », disant au futur époux : « Je m'en rapporte très fort au goût de Mˡˡᵉ de Mons, et serai toujours charmé d'avoir un beau-frère de sa main ». — Contrat de mariage entre Christophe Mérilhon, maître en l'art de chirurgie, demeurant paroisse Saint-Cybard, à Angoulême, fils de feu Félix Mérilhon, aussi chirurgien, et de Geneviève Sirier ; et Marie de Bussac, fille de Pierre, procureur au présidial d'Angoumois, et de Marie Déroullède (20 mars). — Renouvellement, pour neuf années, du bail à ferme des revenus du prieuré de Saint-Chartier de Javarzay, moyennant deux cent vingt livres chacun an, par dom Charles-Annibal Boisson de Rochemont, prieur dudit prieuré, moine de Saint-Cybard d'Angoulême, y demeurant ; au profit de Charles Robert, commandant la brigade de maréchaussée de Chef-Boutonne, et demeurant à Javarzay (20 mars). — Procuration donnée à Pierre Perier, procureur au présidial d'Angoumois, par Jean Gilbert des Héris, prieur de Fontblanche, demeurant au séminaire de Saint-Sulpice, à Paris (26 mars). — Procès-verbal du domaine de Chamarande, paroisse de Champniers, ce requérant Jean Varache, marchand, fermier judiciaire dudit domaine, saisi sur François-Antoine de Luillier et Anne Dumas, son épouse (27-28 mars). — Quittance de ce qui lui restait dû pour une rente annuelle de trente livres, sur les tailles de l'élection de Riom, par Anne Thomas, veuve de Mathieu Sirmon, praticien, à Pierre Marot, receveur des tailles en l'élection d'Angoulême ; une fois déduites les avances qu'il a faites pour le recouvrement, et aussi pour l'achat d'un « mestier de bas » de trois cents livres, à l'usage du fils aîné de ladite veuve (29 mars). — Cession par licitation, moyennant sept cent trente-trois livres, de sa part d'héritage de Philippe Thinon, avocat au parlement, Marie et Françoise Thinon, ses frère et sœurs ; par Jean-Louis Thinon, chanoine de Saint-Pierre d'Angoulême, prieur de La Terne, à Jean Thinon, avocat au présidial d'Angoumois, et Jean Thinon jeune, l'un des pairs de la maison de ville d'Angoulême, ses neveux (30 mars). — Copie de la quittance de six cent quinze mille quatre cent soixante-dix livres, versés à l'effet de jouir de douze mille trois cent neuf livres de rente au denier cinquante, créée par édit du mois d'août mil sept cent vingt ; donnée par le garde du trésor royal, à Jean de la Confrette de Villamont, comme receveur des consignations d'Angoumois, le 23 juillet 1723 : ensemble, la déclaration de Guillaume Jeheu, notaire royal, exerçant par commission la recette des consignations du présidial d'Angoumois, que le capital susdit comprend deux mille livres, propriété de Jeanne Lévécot, veuve de Jacques Mesnier (30 mars.) — Réitérations de grades à l'évêque et au chapitre d'Angoulême, par Sébastien de La Vergne, prêtre, licencié en philosophie, docteur en théologie, curé de Saint-Paul d'Angoulême (22-23 mars); par Clément-Charles Arnauld, écuyer, prêtre, maître ès arts et licencié de théologie en l'Université de Paris, vicaire général de l'évêque de Die (23 mars-2 avril); de François Thomas, prêtre, maître ès arts et chanoine de La Guerche, diocèse de Rennes (22-23 mars); par Jean-François Gilbert, prêtre, curé de Saint-Jean d'Angoulême, maître ès arts, licencié en droit civil et canon (23 mars); de François Binet, prêtre, curé de Notre-Dame-Saint-Roch de Parzac (23 mars-2 avril); de Pierre Péchillon, prêtre, curé de Saint-Arthémy de Blanzac, chanoine de l'église collégiale dudit lieu, et de l'église cathédrale de Saint-Pierre d'Angoulême, prieur de Saint-Sulpice (22-23 mars); de Charles Gautier, prêtre, chanoine de l'église collégiale de Notre-Dame de La Rochefoucauld (23 mars-2 avril). — Cession de moitié d'une rente de cinq livres, par Pierre Maulde, sieur des Touches, héritier de feu François Maulde, sieur de l'Oizellerie, à Élie Triaud, laboureur, de la paroisse de Champniers, et sa femme (9 avril). — Renouvellement de la sommation faite le 5 mars à Pierre Pasquet, capitaine des grenadiers royaux, de recevoir paiement de ce que lui doit Christophe Joubert, écuyer, procureur du roi en l'élection d'Angoulême, suivant le compte arrêté par ce dernier; ensemble, la quittance de la somme proposée donnée par ledit Pierre Pasquet, avec réserve expresse de ses droits sur une somme plus considérable (10 avril). — Transaction mettant fin au procès intenté en la Tournelle criminelle d'Angoulême, par Charles Courreteau, charretier, contre les enfants de Pierre Rullier, marchand épinglier, pour les coups qu'il en a reçus; moyennant que ledit Rullier lui donnera treize livres, et paiera les frais de procédure et de chirurgien (11 avril). — Transaction entre Philippe Després fils, marchand potier d'étain; et Jean Guérin, marchand, et Marthe Després, sa femme, au sujet de la succession de Jeanne Jourdain, épouse de Philippe Després père, leurs parents et beaux-parents (12 avril). — Bail à ferme du bien-fonds de La Seguinie, paroisse de Juillac, et de divers meubles, pour sept années, moyennant cinq cent soixante-dix livres, chacun an, par Louise de La Garde, veuve de Jean Dufresse, sieur de La Seguinie, et Pierre Dufresse, sieur de Beauchamps, son fils, demeurant à Angoulême, à Charles Bernard, sieur du Pellegrain, demeurant au lieu du Pellegrain, paroisse d'Houme (21 avril). — Bail à ferme de leurs droits

d'agriers, rentes seigneuriales, menues dîmes et autres droits, dans la paroisse de Champniers, moyennant vingt-deux livres chacun an, par les religieux de Saint-Cybard, à Jacques Ganivet, procureur au présidial d'Angoumois, et Françoise Châtenet, sa femme (19 avril). — Ferme des grandes dîmes de la paroisse d'Aubeville, moyennant deux cent quarante livres, faite par les mêmes, à Léonard de Laurière, curé de ladite paroisse (19 avril). — Acte d'abjuration de la religion protestante par Marie-Antoinette Fouchier de Boisnoble, de la paroisse de Triac, diocèse de Saintes, signé par elle, François, évêque d'Angoulême, et Naud, secrétaire, du 8 septembre 1749; ensemble, l'acte de dépôt chez Caillaud, notaire, à la requête de Gabrielle Durousseau de Chabrot, supérieure des dames de l'Union Chrétienne d'Angoulême (20 avril). — Inventaire des meubles et effets de la succession de Jean-Baptiste Marchais, seigneur de La Chapelle, décédé le 8 du même mois et enterré le lendemain dans l'église de Saint-André, à Angoulême, sa paroisse; ce requérant Jean-Baptiste Marchais, sieur de La Chapelle, demeurant au village de Juac, paroisse de Saint-Simon; Pierre Marchais, sieur de La Berge, demeurant au lieu du Renaud, paroisse de Champmillon; Jean Mignot, notaire royal, et Marie Marchais, son épouse, demeurant à Saint-Amant-de-Boixe; Anne Marchais, demeurant à Angoulême, ses enfants. A signaler audit inventaire : une montre à répétition, ses boîtier et chaîne en argent, estimés soixante-seize livres; — un tableau de moyenne grandeur représentant l'Assomption de Notre-Dame, estimé douze livres; — le portrait de la demoiselle Jussé, épouse du défunt; — une paire de boucles d'argent pour souliers, leurs chapes d'acier; — une paire de petits boutons d'argent pour manches, estimées neuf livres; — une expédition de l'acte d'acquisition du fief et seigneurie de La Chapelle, du 2 juin 1737, reçu Caillaud, notaire (12 avril, 4 juillet). — Testament de Madeleine Chambaudye, veuve de François Masquet, sergent de maire (20 avril). — Procuration pour toucher les revenus du prieuré de Fronsac, donnée par madame de Durfort, abbesse de Saint-Ausone, à Raymond Abeill, docteur en théologie, prêtre et curé de la paroisse de Saint-Martin de Fronsac (24 avril). — Ferme des divers droits qui lui appartiennent dans les paroisses de Plaizac, Vaux, Mareuil et Macqueville, moyennant deux cent quarante livres, chacun an, par François Decescaud, prêtre, chambrier de l'abbaye de Saint-Cybard (25 avril). — Vente d'une maison, paroisse Saint-Martial, à Angoulême, mouvant de la seigneurie de Neuillac, moyennant dix-huit cents livres, par François Sautereau, maître chirurgien de son altesse sérénissime monseigneur le prince de Soubise, demeurant en son hôtel, à Paris, paroisse Saint-Jean-en-Grève, que représente Jean Vanderquand, employé dans les affaires du roi, à Angoulême; à Philippe Thinon, procureur au présidial d'Angoumois (26 avril). — Inventaire des meubles et effets de la communauté d'entre Gabriel Nivelle, « billardier », et sa première femme (28 avril). — Lettres de maîtrise de maréchal, accordées après exécution d'un chef-d'œuvre et interrogations par les syndics et les maîtres de la communauté des maréchaux d'Angoulême, au nombre de onze, à Antoine Lurat, fils de feu François, aussi maître maréchal; qui lui donnent le droit « de tenir boutique ouverte, assister au service divin, à leurs assemblées, y avoir droit de délibération; à charge de donner chacun an six sols à la fête de Saint-Éloi, de juin, et d'y donner le pain bénit; six autres sols à la fête de Saint-Éloi du premier décembre et aussi, pour une fois, quatre quarts d'écus parisis, pour être mis dans leur boiste aux fins d'employer, au cas de bezoin, aux services divins qu'ils ont accoutumé faire, aux affaires qui leur pourront survenir » (28 avril 1763).

E. 1822. (Liasse.) — 97 pièces, papier.

1765. — Caillaud, notaire royal à Angoulême. — Actes reçus par ce notaire, du 1er mai au 30 juin. — Acte de notoriété justificatif du véritable nom de Moïse Dumas, écuyer, seigneur de Chebrac, assesseur civil et lieutenant particulier criminel au présidial d'Angoumois, fils aîné de François Dumas, aussi lieutenant particulier criminel audit présidial, et de Marie Floranceau (4 mai). — Constitution d'une rente de vingt-cinq livres, au capital de cinq cents livres, par Françoise-Rip de Beaulieu, demeurant au logis de Beaulieu, paroisse de Germignac en Saintonge, au profit de Jean-Louis de Gennes, prêtre, ci-devant jésuite du collège d'Angoulême, alors à Poitiers (5 mai). — Testament de Charles Desbains « faiseur de bougran », demeurant paroisse Saint-Antonin, à Angoulême (7 mai). — Constitution d'une rente de cent cinquante livres, au principal de trois mille livres, consentie par les chanoines de l'église cathédrale d'Angoulême, au profit de Jean Thinon aîné, avocat en la cour, et Jean Thinon jeune, bourgeois, à Angoulême, frères (11 mai). — Procuration donnée par Philippe Briaud, prêtre, chapelain de l'hôtel de messieurs les gardes de la marine au port de Rochefort, à Jean Civadier, procureur au présidial d'Angoumois (25 avril). — Modification du bail à ferme du droit d'eaux et pêcheries dans la Touvre consenti par Joseph-Amédée de Broglie, conseiller du roi en ses conseils, évêque d'Angoulême, par contrat du 2 mai 1764, reçu Morand,

notaire à Vars, au profit de Jean Guyon et Vincent Pâturaud, pêcheurs, demeurant au Pontouvre, qui, au lieu de vingt-cinq livres de petites « truites » en nourrin », devront donner un cent de belles écrevisses, chacun an, outre les six cents déjà convenus (12 mai). — Cession des deux mille cinq cents livres, montant de son aumône dotale, par Françoise Pechillon, hospitalière de l'Hôtel-Dieu d'Angoulême, à Marie Dulaud, supérieure de la communauté, et François Vallier, procureur au présidial d'Angoumois, trésorier dudit Hôtel-Dieu (14 mai). — Bail à ferme des revenus du prieuré de Châteauneuf, moyennant douze cents livres, par Méry Paumier Desarches, prieur, que représente Jean-François Dassier, chevalier, seigneur de Pers, Tourteron et autres lieux, à François Piet, sieur de la Dessandrie (20 mai). — Transaction entre Marie-Marguerite de la Grezille, veuve de Michel Lhoumeau, avocat, Jean de Jambes, écuyer, seigneur du Breuil et autres lieux, exerçant les droits de Thérèse Lhoumeau, son épouse, et Léonard Nerfix, tailleur de pierres, leur débiteur (22 mai). — Rétrocession, moyennant quinze cents livres, d'une rente de soixante-quinze livres, par François de Couderc de Thury, chevalier, seigneur d'Autugnac, à Jean Maulde, sieur de Mougnac, et Pierre Maulde, sieur des Touches, fils de François, sieur de l'Oisellerie, et de Thérèse Gervais (24 mai). — Vente d'une moitié de moulin à drap à une roue avec sa portion d'aireaux et dépendances, sur le grand canal de la Touvre, relevant de la seigneurie de Foulpougne, moyennant sept cents livres, par Marc David, apprêteur d'étoffes, demeurant au Pontouvre, à Pierre Demay, maître chirurgien juré, pensionnaire du roi, et Anne David, son épouse (29 mai). — Procès-verbal des moulins à blés de Foulpougne (30 mai). — Démission de la chapelle de Notre-Dame de Cougoussac, paroisse de Siecq, par Pierre Dexmier, clerc tonsuré, entre les mains de Joseph-Léon Vantongeren, seigneur de Cougoussac et de Siecq, ou de Marguerite Regnier, comme petit-fils, et veuve de Pierre Vantongeren, chevalier, seigneur desdits lieux, président trésorier de France au bureau des finances de la généralité de Limoges, fondateur de la chapellenie de Cougoussac (30 mai). — Présentation à cette même chapelle, par ladite Marguerite Regnier, dudit Jean Dexmier, fils de Jean Dexmier de Feuillade, avocat à Angoulême, et de Anne Texandier (31 mai). — Contrat d'apprentissage pour trois ans, moyennant trois cents livres, de Jean Ferrant, chez Pierre Fougère, marchand cirier, confiseur et épicier, demeurant paroisse Saint-André, à Angoulême (2 juin). — Vente du bien-fonds de l'Épineuil, paroisse Saint-Yrieix, relevant de l'abbaye de Saint-Cybard, moyennant vingt-quatre mille

mille livres et douze cents livres de pot-de-vin ; du cheptel et mobilier en dépendant, moyennant trois mille quatre cents livres, par Paul Leclerc, écuyer, sieur de la Verrerie, gendarme de la garde ordinaire du roi, et Catherine Lhoumeau, son épouse, à François Benoît, sieur des Essards, changeur pour le roi (3 juin). — Cession de la métairie de la Genette, paroisse de Chabrat, moyennant cent quatre-vingt-onze livres de rente et la prise à charge de deux légats de cinquante livres chacun, consentis envers le collège ou préceptorial de Confolens et envers celui d'Availle, suivant actes capitulaires des consuls et habitants de Confolens, du 30 mai précédent, reçu de Colombe, notaire à Confolens, et des paroissiens de Saint-Martin d'Availle, du 27 mai précédent, reçu Bernard, notaire en la châtellenie dudit lieu ; par Armand de Guimard, chevalier, seigneur de Fontgibaud, comme tuteur de son neveu, fils de Jean-Annet de Guimard, écuyer, seigneur de Couzier, à Jean Rempnoulx, sieur Duvignaud, bourgeois, demeurant au Mas-du-Bost (3 juin). — Procès-verbal des meubles expulsés du nouveau logis de Goué, paroisse de Saint-Groux, ce requérant Jean-François Vinsat, marchand libraire à Angoulême, fermier judiciaire de la seigneurie de Goué, saisie sur Pierre Regnault, chevalier de la Soudière (4-12 juin). — Bail à droit de colon et moitié de la métairie de Chez-Marguy, paroisse de Garat, consenti par Pierre Birot, écuyer, sourd-et-muet de naissance, procédant sous l'autorité de Louis Péchillon, son curateur (13 juin). — Contrat de mariage entre Pierre Benoît, sieur des Essards, officier dans les grenadiers royaux, fils de André-François, changeur pour le roi, conseiller du corps de ville d'Angoulême, et de feue Jeanne Fauconnier ; et Marie-Madeleine-Benoît de la Boissière, fille de Simon, sieur de la Boissière, et de feue Jeanne Gillibert, demeurant à Angoulême (14 juin). — Testament de Jeanne-Rose Nesmond, demeurant paroisse Saint-Paul, à Angoulême (14 juin). — Convention entre deux meuniers pour faire valoir conjointement le moulin à blé de Foulpougne, paroisse de Lhoumeau (15 juin). — Transaction entre Marie de Livenne, veuve de Charles-Antoine de Barbezières, chevalier, seigneur de la Talonnière, tant pour elle que comme représentant Charles de Barbezières, chevalier, seigneur de la Talonnière, capitaine au régiment de Guyenne-Infanterie, et Jean-Charles-Désiré de Barbezières, chevalier, enseigne de vaisseau du roi, ses enfants majeurs, et comme tutrice de ses enfants mineurs ; Jean-Charles de Barbezières, chanoine de Saint-Pierre d'Angoulême ; Jean-César de Barbezières, chevalier, seigneur de la Bijonnerie, ancien capitaine de grenadiers, chevalier de Saint-Louis demeu-

rant à Saint-Maixent, au sujet de la succession de Charles de Barbezières, chevalier, seigneur de la Talonnière, Brettes en partie, et de Jeanne de Chasteigner, leurs père et mère ; qui adjuge tous les biens disponibles à ladite dame de Livenne et ses enfants majeurs, et fixe à quatorze mille livres la portion légitimaire des deux autres héritiers (17 juin). — Caution jusqu'à concurrence de mille livres donnée à Jean-Jacques Prévost, bourgeois de Paris, adjudicataire général des fermes unies, de l'administration de la régie et de l'emploi de receveur des droits d'entrée de la porte Saint-Pierre d'Angoulême, etc. ; par Pierre Dumoulin et sa femme demeurant à la métairie de Montjourdin, paroisse de Chassors (18 juin). — Transaction par acte sous seing privé, entre Étienne Delaveau, docteur en médecine, et demoiselle Arondeau, son épouse, demeurant au logis de Montizon, paroisse de Roussines, d'une part ; et Antoine Dauphin, écuyer, seigneur du Breuil et de la Peyre, et Suzanne Delaveau, son épouse, demeurant au village de la Peyre, paroisse de Sauvagnac, leurs gendre et fille, d'autre part ; au sujet de la dot de onze mille livres promise à celle-ci, par contrat du 30 juin 1738 (24 août 1759). — Transaction au sujet des créances de Simon Vigier, écuyer, seigneur de Planson, demeurant au logis de Planson, paroisse de Saint-Simeux, envers Pierre Lambert, ancien chanoine de l'église cathédrale d'Angoulême, son oncle (19 juin). — Délibération des habitants de la paroisse de Saint-Paul d'Angoulême qui chargent André Thinon et André Benoist de Bresme, leurs marguilliers, de requérir du sieur Civadier, précédent curé, le compte d'administration de la fabrique et la restitution de divers objets, entre autres deux burettes d'argent, quatre tableaux et six reliquaires à cadres dorés « ayant depuis très longtemps toujours servy à l'église et par cette raison son étant présumés lui appartenir » ; et aussi de faire démolir les constructions élevées par ledit curé au-dessus du fossé séparant l'église du cimetière (23 juin). — Acte de notoriété justificatif du nombre des enfants de Pierre Valleteau, écuyer, seigneur de Mouillac, décédé le 27 novembre 1751 et enterré, sous son banc, dans l'église de Saint-Saturnin ; qui sont : Jérome, écuyer, seigneur de Mouillac et de Boisdran, Pierre, écuyer, seigneur de Monboulard, Benoit, écuyer, prêtre, ancien curé de Saint-Michel d'Entraigues, Catherine épouse de Joseph de la Brousse, seigneur de Mirbeau, Marie-Anne, veuve de Léonard Laroche, seigneur de Girac (27 juin 1765).

E. 1823. (Liasse). — 85 pièces, papier.

1765. — Caillaud, notaire royal à Angoulême. — Actes reçus par ce notaire du 1er juillet au 31 août. — Procès-verbal de délibération de l'assemblée capitulaire des moines de Saint-Cybard, au nombre de cinq, qui affirment avoir rempli les conditions du testament de Charles de Livenne, ancien abbé de Saint-Cybard, du 25 mai 1540 ; ce requérant Jean-Noël Arnauld, chevalier, seigneur de Bouex, à qui ils donnent douze sols six deniers, au lieu du repas auquel les obligeait ledit testament (1er juillet). — Constitution de trois cent cinquante livres de rente, au principal de sept mille livres, consentie par Jean-Louis, comte de Raymond, chevalier, seigneur d'Oyer, la Cour, Font-l'Abbé et autres lieux, maréchal de camps, commandant de la province d'Angoumois, chevalier de Saint-Louis, résidant au château d'Angoulême ; au profit de Catherine de Gallard de Béarn Decrés, veuve de Antoine Decrés, écuyer, demeurant au château d'Angles, paroisse de Blanzay, en Poitou (4 juillet). — Contrat de mariage entre Pierre Guerry, fils de défunt Pierre et de Gabrielle Belot, né à Neuvy-le-Barrois-sur-Allier, diocèse de Nevers, demeurant depuis quelque temps au faubourg de Lhoumeau, à Angoulême ; et Agathe Merilhon fille de défunts Jean, notaire royal et Marie Vergereau, demeurant audit faubourg ; du consentement, pour le futur époux, de Bernard Sazerac, sieur des Roches, négociant tenant la manufacture de faïence audit faubourg, comme fondée de procuration de Gabrielle Belot (9 juillet). — Ferme de l'écorchoir situé près des prisons royales d'Angoulême, par Gilles Irvoix, boucher (13 juillet). — Renonciation à la succession de François Dumont, curé de Villars, par François Jamain, praticien, du consentement de Jacques Durand, sieur des Pendans, sénéchal des juridictions de Feuillade, Chazelle, la Tour-du-Luc et Pontroy, et procureur de la baronnie de Marthon, son tuteur (15 juillet). — Contrat d'apprentissage, pour trois ans, moyennant quatre-vingt livres, de Jean Bouyer, chez Pierre Laveaud, maître serrurier à Angoulême (15 juillet); — Cession d'une rente annuelle de douze livres à François Ducluzeau, marchand, à Angoulême, par François Guitton, écuyer, ancien officier au régiment de Flandres, demeurant à Barbezieux (15 juillet). — Vente d'une chénevière « de la contenance à ensemencer environ trois quarts de boisseau de chennevy » moyennant cent livres (16 juillet). — Acte de notoriété justificatif du nombre des enfants de Jean Normand, chevalier, seigneur de la Tranchade, Sainte-Catherine et Garat, décédé au château dudit Garat, le 22 octobre 1763 ; et de Jeanne Pasquet, décédée vers 1745, qui sont : Marguerite, Marie-Françoise, Louis, Guillaume, Jean-François, tous mineurs (23 juillet). — Ferme pour sept années du droit de demi-dîme des fruits du quartier de Villement, moyennant cent vingt livres, et de ceux du quartier de la Rivière Sauvage, moyennant soixante-dix livres qui ne seront pas dues les années où le seigneur de Ruelle jouira du quartier de Fissac, et, par suite, de celui de la Rivière Sauvage ; par Louis Bernard, curé de Ruelle, au profit de Vincent Rivaud fils, poissonnier, et sa femme, demeurant au faubourg de Lhoumeau, à Angoulême (25 juillet). — Vente de l'office de sergent royal à la résidence de Juillac-le-Coq, moyennant deux cents livres, par Pierre Lhoume fils, marchand cabaretier, à Antoine-Jacques Deprahec, praticien (26 juillet). — Transaction entre Jean-Baptiste Marchais, sieur de la Chapelle, négociant à Juac, paroisse de Saint-Simon, à qui ses mauvaises affaires, « causées par la dureté des temps », ont dû, pour la seconde fois, faire déposer son bilan au greffe de la juridiction consulaire d'Angoulême ; et ses créanciers, négociants de toute la région, entre autres « les sieurs veuve Jean Marthel et Lallemand », à Cognac, qui abandonnent la moitié de leurs créances se montant à soixante-sept mille livres (27 juillet). — Cession d'une créance de dix mille livres sur Jacques Salomon, seigneur de Moulineuf, par François Achard Joumard Tizon, chevalier, seigneur d'Argence, au profit de Pierre Bareau, chevalier, seigneur de Girac (29 juillet). — Bail à ferme pour six ans, moyennant quatre cents livres chacun an, d'une maison, à Angoulême, alors occupée par le marquis d'Aloigny, par Marie Mesnard, épouse de Philippe Thinon, procureur au présidial, Marie-Françoise et Jean-Mesnard, garde-marine, frère et sœurs, au profit de Michel Favret du Pommeau, directeur des aides en l'élection d'Angoulême (30 juillet). — Donation entre vifs de tous ses biens meubles et acquêts, et tous ses propres, moyennant douze cents livres de pension viagère, par Jean Boreau, sieur du Maine, bourgeois et ancien habitant de Confolens, au profit d'Étienne Boreau, sieur de la Janadie, son neveu à la mode de Bretagne, demeurant ordinairement à Confolens, et pour lors à l'auberge du sieur Besson, marchand du faubourg de Lhoumeau, à Angoulême « où pend pour enseigne, la fleur du liz » (31 juillet). — Vente de deux maisons, sises place du Mûrier, à Angoulême, dont l'une, très grande, dépend du domaine royal engagé au marquis d'Argence, relève dudit seigneur au devoir de deux deniers de rente annuelle, et est chargée d'un légat de vingt livres envers les Jacobins d'Angoulême, à cause du droit de chapelle et de sépulture dans la chapelle Sainte-Barbe, dans leur église, à droite, en entrant ; dont l'autre, louée au sieur Grailhat, directeur des postes, relève du même seigneur d'Argence, au devoir de deux sols six deniers de rente annuelle ; moyennant treize mille livres, par Jacques Pierre Salomon, chevalier, seigneur de Moulineuf, à Pierre Marchais, sieur de la Berge, négociant, et Catherine Rambaud, son épouse (3 août). — Cession de tous ses droits à la succession de Jean de Massougnes, écuyer, seigneur des Fontaines, son aïeul du côté maternel, moyennant trois mille livres, par Marie Griffon épouse de François-Clément de Boisbedeuil et des Essards, demeurant au logis de Juillac ; en faveur de Jean et autre Jean de Massougnes, écuyers, Marie-Anne et Marie-Jeanne de Massougnes, demeurant au logis des Fontaines, paroisse de Bonneville, et de Marie de Massougnes épouse de François de Chevreuse, écuyer, seigneur de Tourteron, demeurant au logis de Tourteron, paroisse de Paizay-Naudouin (3 août). — Acte justificatif du nombre des enfants de Clément Navarre, trésorier de France au bureau des finances de la Rochelle, décédé le 4 septembre 1758, et de Thérèze Bergerat, qui sont : Pierre, pourvu de l'office de son père, Jean-Jacques, et Jeanne-Anne (7 août). — Procès-verbal du fief de l'Épineuil, paroisse de Saint-Yrieix, à Angoulême, à la requête de François Benoist, sieur des Essards, son récent acquéreur (7 août). — Partage de la succession de Léonard Laroche, sieur de Girac, par moitié, entre Marie-Anne Valleteau, sa veuve, d'une part ; Pierre Laroche sieur de Girac, Nicolas Trémeau et Jeanne Laroche son épouse, François Tremeau de Rochebrune, Marie Laroche, ses enfants et gendres, d'autre part ; la masse de la communauté étant évaluée à quatre-vingt-dix mille livres (11 août). — Acte justificatif du nombre des enfants de Antoine Benodos, garde buvetier du palais royal d'Angoulême (12 août). — Procès-verbal de la seigneurie de la Grange-à-l'Abbé, paroisse de Saint-Yrieix sous Angoulême, ce requérant Denis Aubin, son fermier par acte du 6 janvier 1763, reçu Caillaud (13 août). — Quittance de trois mille livres pour l'amortissement d'une rente constituée au profit de François Maulde, sieur de l'Oizellerie, juge au présidial d'Angoumois, par Benoit-Jean de Lafont, écuyer, sieur Lantin, lieutenant-criminel de robe courte en la sénéchaussée d'Angoumois, prévôt de Cognac, et Marie Templereau, son épouse ; ladite quittance donnée à François Lainé, écuyer, sieur de La Couronne, par Pierre Maulde, sieur de Valence, Dominique Vachier de Boissac, juge au présidial d'Angoumois, et Lucrèce Maulde, son épouse, Jean

Maulde, sieur de Mougnac et Pierre Maulde sieur des Touches (14 août). — Délaissement de fonds en faveur de Philippe Ringuet, maître-écrivain, à Angoulême (16 août). — Protestation de Marie David de Boismorand, fille mineure de feu Jean, procureur au présidial d'Angoumois, pensionnaire au couvent des dames de l'Union-Chrétienne, à Angoulême, en instance devant le parlement au sujet de son mariage projeté avec le sieur Sazerac Desroches, fils puîné de Louis, négociant, contre Gilles Clergeon, procureur audit présidial, son oncle maternel, parce qu'il insinue qu'elle s'est laissé séduire par la famille dudit Sazerac (16 août). — Constitution de trente livres de rente, au capital de six cents livres, consentie par François d'Espaigne, et Jean Benassis, composant la communauté des religieux minimes de Châteauneuf, au profit des dames du Tiers-Ordre de Saint-François, à Angoulême (17 août). — Ferme de ses droits seigneuriaux sur Mérignac et le Pin, moyennant mille cinquante livres, chacun an, par Louis François Savary, abbé de Lancosme, docteur de Sorbonne, ancien trésorier de la sainte chapelle de Bourges, seigneur prieur de Bouteville, demeurant en son hôtel, à Paris, rue du Four, au profit de Jean Cantin, commis à la recette des tailles d'Angoulême (19 août). — Obligation de cent quatre-vingt onze livres consentie par Jean Brunet, officier du roi pour l'exécution des sentences criminelles à Angoulême, au profit de François Flageolle, notaire et procureur en la juridiction de Champniers, et marchand d'étoffes et merceries (24 août). — Constitution de cent vingt livres de pension viagère pour titre clérical, en faveur de Jean Joret, clerc minoré, par autre Jean Joret, maître serrurier, à Angoulême, son père (31 août). — Bail à ferme de la seigneurie de Teillé, paroisse de Sezay, moyennant quatre mille livres chacun an, consenti par François Desbordes, écuyer, seigneur de Jansac, Sers, Teillé et autres lieux, au profit de François Lacroix, marchand, et Marie Alleaux, sa femme, demeurant paroisse de Vansay en Poitou (31 août). — Fixation par François Rullier Descombes, avocat, juge de Saint-Cybard, des novalles dues au curé dans la paroisse de Bouex dont les dîmes appartiennent pour un tiers au seigneur dudit Bouex, et pour les deux autres tiers à l'abbaye de Saint-Cybard ; après piètement et consultation des plus anciens de la paroisse, durant six journées entières, par Jean-Noël Arnauld, chevalier, seigneur de Chesne, Bouex, etc., Louis Péchillon, procureur au présidial d'Angoulême, représentant François Delpy de Saint-Gerac, abbé de Saint-Cybard, et Jean Siméon Héraud, curé de Bouex, entre qui s'étaient élevées des contestations au sujet des dites novalles (31 août 1765).

E. 1824. (Liasse.) — 66 pièces, papier.

1765. — Caillaud, notaire royal à Angoulême. — Actes reçus par ce notaire, du 4 septembre au 31 octobre. — Quittance par Pierre-Placide de la Place, chevalier, seigneur de la Tour Garnier, ancien capitaine au régiment de Bourbonnais, chevalier de Saint-Louis, et Marie-Madeleine de Montalembert. son épouse, de quatre mille cinq cents livres, en lettres de change, revenant à Jean-Charles de Montalembert, leur neveu, sur l'héritage de sa mère et de dame de Bois-Berthelot, son aïeule, laquelle quittance donnée à Morin, garde-magasin de la marine au détail des colonies, au département de Rochefort, à qui lesdites lettres de change avaient été adressées de Cayenne par M. de la Vallière (6 septembre). — Constitution d'une rente de dix-huit livres dix sols au profit de l'église de Garat, au capital de trois cent soixante dix-huit livres, moyennant pareille somme payée comptant, par Pierre Duverger, sieur du Parc, et Marie-Anne Héraud, son épouse (7 septembre). — Procès-verbal constatant la substitution pour une autre de moindre poids et valeur, d'une des vingt-trois balles de laine du Médoc, achetées aux sieurs Pater frères, négociants de Castelnauld en Médoc, par Simon Piveteau-Fleury, négociant, demeurant paroisse Saint-Martial, à Angoulême (10 septembre). — Procès-verbal du banc de boucher appartenant à la cure de Saint-Paul dans la halle du Palet : il a trois pieds de largeur, neuf pieds de longueur ; deux portes, devant et derrière ; une croisée à quatre volets ; un grenier s'ouvrant par une trappe, en avant deux barres garnies de crochets pour pendre la viande (13 septembre). — Cession d'une maison sise à Vitrac, chargée d'une rente de cent-vingt livres envers Pierre Pasquet du Bousquet, capitaine des grenadiers du régiment d'Angoumois, par André Thevet, sieur de la Bourgage, ancien capitaine au régiment de Montboissier, chevalier de Saint-Louis, au nom de François Thevet, ancien prieur et curé de Vitrac, son frère, à Jean Philippe Thevet, sieur de la Croix, prieur et curé de ladite paroisse (13 septembre). — Constitution de quatre-vingt-cinq livres de rente par Jean-Baptiste Paranteau, sieur de la Meullière, notaire royal à Roullet, et Françoise de Lameux, son épouse, au profit des enfants mineurs de feu Noël-Nicolas Arnauld, chevalier, seigneur de Vouzan, et de Marie de la Lorancie (14 septembre). — Procuration pour poursuivre les créanciers du fief de la Chaudellerie, donnée par François-Daniel de Clerveau, chevalier, seigneur dudit lieu, Gabriel Jaudonnet, cheva-

lier, seigneur de la Guiefferie, et Marie-Rose de Clerveau, son épouse (16 septembre). — Vente des meubles de la succession de Jean-Baptiste Marchais, sieur de la Chapelle. A signaler : un tableau de moyenne grandeur représentant l'Assomption de la Sainte Vierge, adjugé trente-huit livres ; — une pendule à réveil, avec sa boîte de bois peint. adjugée cent livres (16-19 septembre). — Quittance de ce qui leur reste dû selon les engagements de François Mesnard, sieur des Barres, et Marguerite-Rose Galliot, leurs père et mère, donnée à Jacques Mesnard, bourgeois, et François Mesnard, docteur en médecine, par Marie Mesnard, épouse d'Étienne Faunié, sieur du Plessis, avocat général du duché-pairie de la Rochefoucauld, autre Marie Mesnard, épouse de Guillaume Lambert, négociant, et Rose Mesnard, religieuse à Saint-Ausone (23 septembre). — Procès-verbal du fonds des Ballans, ce requérant François Marquais, bailliste dudit (24 septembre). — Vente aux enchères des meubles de Martial Bouhier, maître de danse, et Gertrade Rasson, sa femme qui avaient furtivement quitté Angoulême (30 septembre). — Bail à ferme d'une « blanchirie », près la rivière de Buffechaude, sur la place de la paroisse Saint-Martin d'Angoulême, avec deux timbres de pierre, deux « pelins » de bois, et une fosse en pierres de taille, pour cinq ans, moyennant vingt-cinq livres chacun an, par Claude Marchat, marchand « blanchier », au profit de Jean Feuillet, aussi « blanchier » (15 octobre). — Acquisition d'une petite pièce de vigne et d'une rente de quarante-cinq sous par Jean Decoux, instructeur de jeunesse, et Jeanne Fruchet, sa femme, demeurant à Lhoumeau (16 octobre). — Constitution de société pour le commerce de la ferblanterie entre Jean Boyer et Marguerite Larose, sa femme ; Léger Boyer et Marie Houtin, sa femme, demeurant ensemble, paroisse Saint-André, à Angoulême (25 octobre). — Ferme des dîmes du quartier de la Croix-Beaumont et du droit de foire à la Saint-Martial, moyennant cinquante livres, deux paires de poulets et deux paires de canets, chacun an, par Paul Martin, curé de Notre-Dame de Beaulieu, à Angoulême, au profit de Pierre Demay, père, maître chirurgien (31 octobre 1765).

E. 1825. (Liasse.) — 65 pièces, papier.

1765. — Caillaud, notaire royal à Angoulême. — Actes reçus par ce notaire du 2 novembre au 31 décembre. — Hommage plain, à cause de la maison noble de Bessé et ses dépendances, au devoir d'une livre de cire à chaque muance de seigneur et de vassal, fait à l'abbesse de Saint-

Ausone, par François-Charles Niveau, sieur du Colombier, à genoux, sans chapeau, gants, épée, ni éperons pour lui et Charles Niveau, sieur de la Bigoterie, son frère puiné, comme héritiers de François-Charles Niveau, sieur du Colombier, leur père (5 novembre). — Vente de plusieurs pièces de terre moyennant cent soixante-dix livres, dont partie doit acquitter ses dettes et celles de Denis Laurent, maître architecte, son fils, par Marie Grellier, veuve de François Laurent, maître architecte, demeurant au lieu de l'Éperon, paroisse de Saint-Martial d'Angoulême, au profit de Jean Bernard, notaire de ladite ville (10 novembre). — Contrat d'apprentissage chez Christophe Sirier, maître chirurgien à Angoulême, de Jacques de la Maison Neuve, que lui présente Jacques Fruchet, praticien à Angoulême, fondé de procuration de François Dubois de la Brune, administrateur général du marquisat de Ruffec, agissant lui-même au nom du comte de Broglie, marquis dudit lieu (10 novembre). — Constitution de cent-cinquante livres de pension annuelle et viagère au profit de Marc-René de la Lorancie de Charras, clerc minoré au séminaire de Saint-Sulpice, à Paris, par haut et puissant seigneur messire Noël Bertrand de la Lorancie, chevalier, seigneur marquis de Neuvic et de Charras, baron des Seurs, seigneur de la châtellenie de Maumont en Macqueville, Herpes, le Verger, le Breuil de Dignac, les Riffauds et autres places, lieutenant des maréchaux de France, de la province d'Angoumois et des baillages de Saint-Jean d'Angély et de Cognac, demeurant en son hôtel, à Angoulême ; avec le cautionnement de Louis, chevalier de Raymond et de François Achard Tizon, chevalier d'Argence, maître de camp de dragons, et brigadier des armées du Roi (15 novembre). — Procès-verbal constatant que deux ballots de draperies achetés à la foire de Bordeaux par Thomas, négociant à Angoulême, ont été apportés avariés dans cette ville par Laboisse, roulier de Barbezieux (16 novembre). — Procès-verbal constatant que les onze pièces de fromage de gruyère envoyées en baril ou « bouqueau » par Lavallée, négociant à Châtellerault, à Louis Sazerac, négociant à Angoulême, sont vieux et défectueux (18 novembre). — Démission du prieuré de Saint-Michel de Marcillac, par dom Henri-Charles-Annibal Boisson de Rochemont, religieux de Saint-Cybard d'Angoulême, prieur d'Arnay-le-Duc, diocèse d'Autun, et de Saint-Chartier de Javarzay, diocèse de Poitiers, entre les mains de François Delpy de Saint-Geyrac, abbé dudit Saint-Cybard (19 novembre). — Nomination par ledit abbé de Pierre Jean Peynet, clerc tonsuré, à la place monacale laissée vacante dans son monastère par la mort de François Decescaud de Vignierias (19 novembre). — Nomination par le même de

Michel Benoist, comme chambrier, et d'Annibal Boisson, comme aumônier de Saint-Cybard, avec sceaux en cire rouge qu'il semble possible de lire ainsi : coupé d'argent aux cinq hermines placées trois et deux, et d'azur (20 novembre). — Hommage et dénombrement du fief de l'Épineuil, rendu à l'abbé de Saint-Cybard, par François Benoist, sieur des Essards (22 novembre). — Procuration donnée par Louis de Chastet, chevalier, sieur de la Barthe, garde du corps du Roi, dans la compagnie du prince de Beauvau, capitaine de cavalerie demeurant au logis des Montaignes, paroisse de Champniers (26 novembre). — Cession de leur part dans la succession des rentes sur les tailles ayant appartenu à Charlotte Tizon, veuve de Jean Griffon, écuyer, seigneur de la Chaignée : par François-Clément Floranceau, sieur de Boisbedeuil et des Essards, et Marie Griffon, son épouse, au profit de Gabriel de Chevreuse et de Catherine Griffon, son épouse (28 novembre). — Procuration donnée par François-Daniel de Clerveau, chevalier, seigneur de la Chaudellerie, la Brousse et autres lieux, à Broussard des Broue, notaire royal à Sainte-Colombe, pour recouvrer les rentes de la seigneurie de la Chaudellerie (29 novembre). — Prises de possession, à l'abbaye de Saint-Cybard d'Angoulême, de l'office d'aumônier par dom Annibal Boisson de Rochemont ; et de celui de chambrier par dom Michel Benoist (29 novembre). — Démission de la cure de Saint-Laurent de Belzagot et de Saint-Nicolas de Peudry, son annexe, donnée à l'évêque d'Angoulême, par Jean-François Héraud, chanoine de Notre-Dame de La Rochefoucauld (1er décembre). — Procuration donnée par Jean Civadier, procureur au siège présidial d'Angoumois, pour résigner sa charge au profit de Louis Héraud, praticien ; — et vente de ladite charge et droits y afférents, moyennant cinq mille six cents livres (12 décembre). — Contrat de mariage entre Antoine Pissier, maître chirurgien, reçu au conseil souverain du Cap Français, île de Saint-Domingue, fils d'Edme et de Marie Quendey ; et Rose Civadier, fille de Jean, procureur au présidial d'Angoumois, et de Jeanne Chauvineau (12 décembre). — Démission de sa place de principal au collège d'Angoulême, par Jean Michel Jeheu ; « ce qu'il fait d'autant plus volontiers..., sa santé ne lui permettant pas d'en continuer les fonctions..., qu'il vient d'aprendre par une lettre écritte par Monseigneur l'évêque à Hennecour, le vingt-neuf du mois dernier, qu'il se présente dans le diocèze d'Angoulême une sy grande quantité de sujets, qu'on conseille à des étrangers doués des plus grands tallans de ne pas se mettre au nombre des compétiteurs, attendu qu'on donnera la préférence aux concitoyens ; que d'ailleurs le déclarant estime que dans un collège ou il n'y a que cent trente écoliers, tous externes, il est inutile d'y avoir un principal, surtout lorsque le collège est pourvu de maîtres aussy capables d'instruire, et de conduire la jeunesse que le sont M^rs les régens actuels... (14 décembre). — Ferme pour neuf années, de ses rentes et droits dans les paroisses de Celles, Vaux, Mareuil et Macqueville, moyennant deux cent soixante-dix livres chacun an, par dom Michel Benoist, chambrier de l'abbaye de Saint-Cybard (26 décembre). — Quittance de quinze cents livres, donnée tant en son nom, que pour François de Bresme, archiprêtre de Garat, son frère, par André Benoist de Bresme, avocat, comme légataires de Marie-Anne Dumergue, à Guillaume Létourneau, curé du Vieux-Cérier (28 décembre). — Prise de possession d'une place monachale à l'abbaye de Saint-Cybard, par Dom Jacques Peynet, infirmier à l'abbaye de Saint-Cybard, et prieur de Chavenat, au nom de Pierre-Jean Peynet, clerc tonsuré, son frère (31 décembre). — Ferme de sa portion des dîmes de la paroisse de Triac, moyennant six cent soixante livres, chacun an, par dom Michel Benoist, chambrier de ladite abbaye (31 décembre 1765).

E. 1826. (Liasse.) — 86 pièces, papier.

1766. — Caillaud, notaire royal à Angoulême. — Actes reçus par ce notaire, du 3 janvier au 28 février 1766. — Cautionnement de Michel Favret du Pommeau, pour cinq mille livres, en tant que directeur de la régie du droit sur les cuirs ; et pour dix mille livres, en tant que directeur du droit sur les cartes, dans la direction d'Angoulême ; par Pierre Périer, procureur au présidial d'Angoumois (4 janvier). — Entente entre les collecteurs de la paroisse de l'Isle-d'Espagnac, dont l'un se charge de recueillir seul tous les impôts, moyennant qu'il profitera seul des droits de levée et qu'il recevra, en outre, de ses deux collègues trente-deux livres (5 janvier). — Bail à loyer, moyennant deux cent cinquante livres, chacun an, d'une maison, à Angoulême, dépendant de la maître-écolie, et faisant face à l'archidiaconé ; par François-Mathieu Bourée, chanoine de l'église cathédrale de cette ville, maître-école et prieur de Saint-Laurent de Belzagot, au profit de Hélie d'Escravayat, écuyer, seigneur de la Barrière (7 janvier). — Inventaire des meubles et effets de la succession de Jean Civadier, procureur au présidial d'Angoumois, décédé le onze de ce mois, à la requête de Marie-Jeanne Chauvineau, sa veuve, tant en son nom que pour Jean, Anne et Rose Civadier, ses enfants majeurs, et comme tutrice de Louis-Michel Civadier, son fils mineur (13 janvier). — Constitution de

cent livres de rente, au principal de deux mille livres, consentie par Jean-Simon Dutillet, seigneur de La Marguerie, juge au présidial d'Angoumois, et Marie Faure de Rancuraud, sa femme, au profit de Julie-Thérèse Dexmier, veuve de Philippe Thevet, sieur de Lugeat (15 janvier). — Résignation de la cure de « Saint-Sigismon, vulgairement Saint-Simon », au diocèse d'Angoulême, à charge d'une pension annuelle et viagère de trois cents livres, par Pierre Durand, curé de ladite paroisse, et prieur de Saint-Robert, diocèse de Limoges, dépendant de l'abbaye de la Chaise Dieu ; au profit d'autre Pierre Durand, curé de Saint-Nicolas de Bassac, au diocèse de Saintes (16 janvier). — Contrat de mariage entre Henry Fouchier, écuyer, sieur de Monthézard, ancien garde du corps du roi, capitaine de cavalerie, chevalier de Saint-Louis, fils de feu Philippe, avocat au parlement, sénéchal général du duché-pairie et sénéchaussée de La Rochefoucauld, et de dame Jeanne Barreiron, demeurant à La Rochefoucauld ; et Marie Valleteau de Chabrefy, fille de feu Jacques, écuyer, contrôleur alternatif des trésoriers-payeurs des secrétaires du roi, et de Marie Chaban, demeurant à Angoulême (17 janvier). — Acte conventionnel entre les trois collecteurs d'impôts de la paroisse de Linars et François Juttaud, laboureur de cette paroisse, qui s'engage à prélever lesdits impôts, moyennant dix-huit livres, et les profits attachés à la collecte (18 janvier). — Résignation de la cure de Saint-Mathieu de Boyaux et du prieuré de Saint-Mary, à la nomination de l'abbé de Nanteuil, qu'il tient en commande, par Roch Nicolas Péchillon, en faveur de Pierre Péchillon, chanoine de Blanzac, curé de Saint-André et Saint-Arthémy dudit lieu, prieur de Saint-Sulpice de Saint-Claud, son frère (18 janvier). — Quittance donnée par les héritiers du sieur Rullier, théologal, sur ce qui restait dû de la vente par lui faite du lieu du Gaudier au sieur Benoist des Essards (22 janvier). — Vente du droit qui lui appartient « de prendre les nombles et fillets de tous les cochons et porcs portés sous la haale et minage de la ville d'Angoulême, et qu'on y tue et vend » pour lors affermé à Pierre Dussouchet, maître boulanger ; moyennant huit cents livres, par Pierre-Joseph Bareau de Girac, chevalier, marquis de Bourg, seigneur de Fayolle, etc., à la communauté des maîtres bouchers de la ville d'Angoulême ; et remise à ladite communauté « de l'acte de concession concernant la propriété dudit droit, écrit en latin, sur parchemin, qu'avoit faite Jacques de Luzignan, comte d'Angoumois, au seigneur de Puydenelle, au mois de may, le lundy après la Saint-Philippes et Saint-Jacques, apostres, l'an du seigneur mil deux cens soixante-dix, ensemble les autres titres, jugements, pièces et procéddures concernant aussy ledit droit, et probatifs qu'il appartenoit audit seigneur de Girac, le tout au nombre de trente-trois » (22 janvier). — Marché de plantation de vigne consenti entre Jean Bernard, notaire à Angoulême, et trois laboureurs de la paroisse de Champniers, qui s'engagent à planter immédiatement un journal et demi de balzac noir et folle blanche, à en faire les façons durant cinq années, moyennant qu'ils pourront y cultiver du blé les deux premières, recevront quarante-deux livres par journal, et trois pleines « basses » de vin rosé (26 janvier). — Acte justificatif du nombre des héritiers de Antoine Nadaud, écuyer, seigneur de Nouhère, décédé audit logis, le 17 mai précédent, qui sont : Charles-Antoine Nadaud, écuyer, seigneur de Nouhère, et Élie Nadaud, écuyer, aussi seigneur de Nouhère (27 janvier). — Ferme des rentes seigneuriales et agriers auxquels il a droit dans la commune de Tourriers, moyennant trois cent cinquante livres, chacun an, par Dom Michel Benoist, prieur et chambrier de l'abbaye de Saint-Cybard (29 janvier). — Vente de deux pièces de pré, par Charles Daniel de Meuron, écuyer, officier des gardes suisses, et Marie Filhon, son épouse, à Élisabeth Benigne Filhon, leur sœur et belle-sœur (30 janvier). — Bail à loyer consenti par Jean-Joseph Dutillet de Villars, écuyer, valet de chambre du roi, et gouverneur de ses pages, au profit d'Augustin Marianne, receveur général au bureau du tabac, à Angoulême, d'une maison, rue de la Bûche, moyennant cent vingt livres par an (5 février). — Contrat d'association commerciale entre Louis Sazerac, négociant, sa femme et ses deux fils (8 février). — Constitution de cent vingt livres de pension, à titre clérical, par Moïse Dumas, écuyer, seigneur de Chabrac, lieutenant criminel du présidial d'Angoumois, maire d'Angoulême, au profit de François Dumas, clerc minoré, son fils (9 février). — Ferme du four banal et des dîmes de l'aumônerie de l'abbaye de Saint-Cybard, moyennant quatre cents livres, par dom Annibal Boisson de Rochemont, aumônier (10 février). — Acte de notoriété justificatif du nombre des enfants de Marguerite Pascaud, décédée le dix février mil sept cent soixante-cinq, et de Jean Yrvoix, son époux, décédé le vingt-cinq juillet suivant, qui sont : Joseph, sieur des Hameaux ; Jean, sieur de Beauchaix ; Anne et Marie-Rose (19 janvier). — Prise de possession d'une chanoinie, dans l'église cathédrale d'Angoulême, par Louis-Henri Maubué, écuyer, diacre du diocèse de Poitiers, l'ayant obtenue de François Boyard, en échange d'une chanoinie à Saint-Hilaire dudit Poitiers (22 février). — Contrat d'ingression dans la communauté des dames hospitalières de l'Hôtel-Dieu de Notre-Dame des Anges, à Angoulême, d'Anne Vachier, fille de François, avocat, et de Jeanne Lambert (22 février). — Vente d'une maison près la petite halle, paroisse Saint-Paul, à Angoulême, moyennant quinze cents livres, par Salomon Chapiteau, écuyer, seigneur de Raymondias, Catherine Chapiteau, sa sœur, tant pour eux que pour autre Salomon, et encore autre Salomon, Jean et Anne Chapiteau, leurs frères et sœurs, sous l'autorité d'Émery Astelet, chevalier, seigneur de Jommelières, leur oncle et curateur (24 février). — Contrat d'ingression dans la communauté des dames hospitalières à l'Hôtel-Dieu d'Angoulême, de Marie Brun, fille de Pierre, procureur au présidial, et de Catherine Guiot (27 février). — Transaction-entre Marie de Brunelière, veuve en secondes noces de Jacques-Joseph du Quéroy, et Junien Maulde de la Clavière, au sujet de la succession de Junien du Quéroy, sieur de La Grange, docteur en médecine, et de Jeanne Pigornet, leurs parents et grands-parents (27 février). — Acte justificatif du nombre des enfants d'Antoine Sauvo, sieur du Bousquet, juge au présidial d'Angoumois, qui sont : Marie-Jeanne, Jeanne, Marie-Madeleine Sauvo, ses filles (28 février 1766).

E. 1827. (Liasse.) — 109 pièces, papier.

1766. — Caillaud, notaire royal à Angoulême. — Actes reçus par ce notaire, du 1er mars au 30 avril. — Acte justificatif du nombre des enfants de Pierre Valleteau, écuyer, seigneur de Mouillac, décédé le vingt-sept novembre mil sept cent cinquante, qui sont : Jérôme, écuyer, sieur de Boisdran ; Pierre, écuyer, sieur de Montboullard, Benoit, écuyer, curé de Saint-Michel d'Entraigues ; Catherine, épouse de Joseph de la Brousse, seigneur de Mirebaud ; Marie Anne, épouse de Léonard Laroche, sieur de Girac (3 mars). — Acte de notoriété justificatif du nombre des enfants de François Pasquet, écuyer, sieur de Lartige, qui sont : Jeanne, épouse de Jean Normand, écuyer, seigneur de la Tranchade ; Marie-Anne, épouse de Louis-François de Guittard, chevalier, seigneur de Riberolle ; et Marie Françoise ; et aussi des enfants de ladite Jeanne, décédée le douze décembre mil sept cent cinquante-sept, et dudit sieur de la Tranchade décédé le vingt-deux octobre mil sept cent soixante-trois, qui sont : Louis, Guillaume, Jean, François, Marguerite et Marie-Françoise (8 mars). — Abandon de tous ses biens, moyennant une pension de cinq cents livres, par Geneviève Desbordes, veuve de Mathieu Dutillet, sieur de Beauvais, en faveur de ses enfants : Martial, Jean, Simon et Marguerite du Tillet (8 mars). —

Quittance de trente deux mille cent quatorze livres, dont quatorze mille de principal, adjugées par l'abbé Terraye conseiller au parlement de Paris, comme indemnité à la communauté des procureurs au présidial d'Angoumois, à raison de la distraction du ressort du duché-pairie de La Rochefoucauld, par jugement du quatorze janvier précédent ; donnée au sieur Cohu, intendant de la duchesse d'Anville, par Pierre Perier, receveur de ladite communauté, conformément à la délibération par elle prise le vingt-cinq janvier précédent (8 mars). — Rétrocession d'une créance de cinq mille livres sur Pierre de Bologne, écuyer, secrétaire du roi et Bénédictine Husson, son épouse; moyennant pareille somme de cinq mille livres ; faite par François de Beaucorps, chevalier, seigneur de la Bastière, au nom de Charles Dussouchet de Macqueville, écuyer, seigneur de Saint-Christophe, à Jean de Montalembert de Vaux, seigneur de Villars (13 mars). — Procuration donnée par Jean Dutillet, sieur de Beauvais, gendarme de la reine, à Simon Dutillet sieur de la Bergerie, son frère (14 mars). — Constitution de cent livres de rente consentie par François Louis Saulnier de Pierrelevée, chevalier, seigneur de Rouillac, etc., et par Anne de Rocquard de Pierrelevée, son épouse, demeurant au château de Gondeville, même paroisse ; au profit de Julie-Thérèse Dexmier, veuve de Philippe Thevet, sieur du Lugeat (16 mars). — Notification et réitération de grades à l'évêque, au chapitre cathédral, à l'abbé de Saint-Cybard d'Angoulême, par Pierre Godin, vicaire de Champniers ; Charles Gautier, chanoine de Notre-Dame de la Rochefoucauld ; François Thomas, chanoine de la Guerche, en Bretagne ; Pierre Péchillon, curé de Saint-Arthémy de Blanzac ; Jean-François Gilbert, archiprêtre de Saint-Jean d'Angoulême ; Sébastien Lavergne, curé de Saint-Paul de ladite ville ; François Binet, curé de Notre-Dame-Saint-Roch de Parzac (15-22 mars). — Bail, après enchères, dans l'hôtel du procureur du roi, pour trois ans, moyennant deux mille soixante livres, avec, entre autres, l'obligation de laisser, à la fin du bail, la fuye peuplée de quarante paires de pigeons, par Louis Péchillon, procureur au présidial d'Angoumois, au nom de Sébastien Marchal de Sansay, économe général des bénéfices vacants à la nomination du roi au profit de Clément Augereau, aussi procureur dudit présidial (25 mars). — Déclaration de déguerpissement par incapacité de paiement d'arrérages de rentes (29 mars). — Inventaire des meubles et effets de la communauté d'entre Armand Dulaud, sieur de Bel-Oiseau, et feue Marie Auguesne, veuve en premières noces de Jean de Chamborand, écuyer, seigneur de Puygelier ; ce requérant

François-André, sieur de Puypéroux, et Marie de Chamborand, son épouse. A signaler audit inventaire : le contrat de mariage de Jean de Chamborand seigneur de Puygelier, avec ladite dame Auguesne, reçu Sauton, notaire royal, le vingt et un février mil sept cent treize ; — Le contrat de mariage dudit sieur Dulaud avec ladite dame Auguesne, reçu de Mondion, notaire royal, le neuf mars mil sept cent vingt-quatre (1er avril). — Contrat de mariage entre Guy de Borie, chevalier seigneur du Repaire, fils de feu Louis et de Marie-Anne de la Roussye, demeurant à Branthôme, et Marie Françoise Pasquet de Lartige, fille de François, écuyer, seigneur de Lartige, le Treuil, la Marveillère et autres lieux, juge au présidial d'Angoumois, et d'Anne d'Aymars (11 avril). — Procès-verbal de deux tonneaux de faux d'Allemagne envoyés de Hambourg, au sieur Clavaud, négociant à Angoulême, et qui lui sont arrivées avariées (11 avril). — Inventaire des meubles de la communauté d'entre Marguerite Métadrie et feu Marc Dumoussaud « faureur de canon », demeurant près la forge de Ruelle (12 avril). — Étienne Maignen requérant procès-verbal d'un agneau tué dans son jardin, par un voisin, le notaire ne pouvant retrouver l'animal « présume qu'il a été ôté et enlevé par quelqu'un ou par quelques animaux » (15 avril). — Règlement et partage de la succession de Louis de la Cour, sieur de la Pigeardière, entre Thérèze de la Cour, sa veuve, et Léonard de la Cour, sieur de la Pigeardière, François-Charles Glace, négociant, et Marie de la Cour, son épouse, Madeleine de la Cour, dame hospitalière à l'Hôtel-Dieu d'Angoulême, ses enfants et gendre (19 avril). — Contrat de mariage entre Pierre Nadaud, chevalier, seigneur de Nouhère, fils de Charles-Antoine et de Françoise Guyot ; et Marie-Françoise Dubois fille de Pierre, écuyer, seigneur de la Vergne et de Marie-Françoise Salomon (20 avril). — Règlement d'une créance de quatre mille quatre cent soixante livres, au profit de Pierre de Bonnevin, chevalier, seigneur de Jussas, Soumoullin, Pommier et autres lieux, demeurant au logis de Soumoulin, tant en son nom que pour Bernard, son fils majeur, chevalier, capitaine au régiment de Rouergue infanterie, et comme tuteur de ses enfants mineurs ; par Anne Dussieux, veuve de Philippe Vigier, sieur de la Pile (1766). — Procès-verbal d'avis favorable unanime donné par les parents de Jean Gautier, avocat, consultés par Geneviève de Chaumont, sa mère, pour savoir s'il devait acquérir la charge de conseiller à la cour des monnaies de Paris, moyennant trente-trois mille huit cents livres (26 avril). — Acte justificatif des héritiers de Henri Fé, chevalier, seigneur de Boisragon, décédé sans enfants en mil sept cent quarante-deux, qui sont : pour les meubles, Jean-Louis Fé, chevalier, lieutenant particulier honoraire en la sénéchaussée d'Angoumois ; pour les immeubles, Jean-Henry Fé, chevalier, seigneur de Maumont, son frère (30 avril 1766).

E. 1828. (Liasse.) — 99 pièces, papier.

1766. — Caillaud, notaire royal à Angoulême. — Actes reçus par ce notaire du 1er mai au 30 juin. — Vente du bien-fonds de Rochepine, dans les paroisses de Saint-Germain, Chazelles et autres, relevant de la baronnie de Marthon, de la seigneurie de Vouzan et de l'abbaye de Grosbost, avec diverses rentes, moyennant quinze mille livres, par Nicolas Labouret, avocat en parlement, seigneur de Bretonnières, receveur des fermes du roi à Angoulême, et Marie-Anne Chausse de Lunesse, au profit de François de Luillier, chevalier, garde du corps du roi (14 mai). — Contrat d'apprentissage pour trois ans, chez Jérôme Desmaisons, maître tailleur d'habits, à Angoulême (15 mai). — Délégation et indication faite à Pierre Lardy, bourgeois, des hypothèques qui grèvent la terre de Girac, dont il s'est rendu acquéreur ; par les héritiers du sieur Laroche (20 mai). — Quittance de deux mille deux cent quatre-vingt-trois livres pour indemnité en raison de la distraction du ressort de la duché-pairie de La Rochefoucauld, enlevé au présidial d'Angoumois, donnée à la duchesse d'Anville par quatre huissiers audit présidial (20 mai). — Vente, moyennant trois mille livres, et une feuille de laurier, à raison d'hommage envers le seigneur de La Brechinie, à muance de vassal et de seigneur, des rentes seigneuriales des prises du Grandmaisne, autrefois Lambraudye, de Lhéraudye, du Limon, autrefois Lambertye, situées paroisses de Chazelles, au profit de Guillaume Jeheu, notaire royal à Angoulême, par Pierre de Vassoigne, chevalier, seigneur de La Brechinie, et Marie Prevost de Touchimbert de Londigny, son épouse (21 mai). — Procès-verbal de la gelée des vignes du logis du Cluzeau, ce requérant Denis Aubin, fermier dudit (3 juin). — Ferme pour trois années, moyennant cinquante-six livres chacun an, des dîmes du quartier de Chez-Grelet, paroisses de Saint-Ausone et de Saint-Michel-d'Entraigues, sauf, cependant, les petites dîmes, par l'abbesse de Saint-Ausone (10 juin). — Dépôt d'un acte du 14 novembre 1733 contenant cession par Jean Bardon, curé de Criteuil, de cinquante livres de rente constituée sur les tailles, en échange d'un prêt de quatre mille livres (10 juin). — Constitution de cent cinquante

livres de rente annuelle par les pères Jacobins d'Angoulême, au profit des religieuses du tiers-ordre de Saint-François de cette ville (11 juin). — Résignation de la cure de Saint-Séverin « *vulgo* Saint-Seurin » de Mosnac, au profit de Louis Rullier Dupuy, prêtre, chanoine de Saint-Cybard de Pranzac, chapelain des chapelles de Saint-Bertrand, à la cathédrale d'Angoulême, et de Saint-Antoine et Saint-Bernard, à Saint-Cybard de Rouillac; par François Piet, prêtre, curé de Saint-Symphorien de Mosnac, et chapelain de Notre-Dame-du-Portal, près Saint-Pierre de Châteauneuf (12 juin). — Sommation, au nom du sieur Dumontet, à Jacques Boissard, receveur des impositions à Angoulême, de recevoir quatre cent livres dont il est tenu pour les années mil sept cent cinquante-neuf à mil sept cent soixante-six (13 juin). — Permutation des cures de Saint-Maurice de Montbron et de Saint-Cybard d'Aubeville, entre Pierre Goyaud, curé de Saint-Vivien de Charras et dudit Montbron, et Léonard de Laurière, curé dudit Aubeville (21 juin). — Règlement et partage entre Pierre Rivaud, substitut du procureur du roi au présidial d'Angoumois, et Marie de Lapeyre de Bellair, son épouse; Jean-Baptiste de Lapeyre de Bellair, de la succession de Thibaud de Lapeyre de Bellair, leurs père et beau-père, se montant à vingt mille quatre-vingt-sept livres (21 juin). — Procès-verbal des novales de la paroisse de Soyaux, prélevées par Nicolas Tournier, négociant, fermier des grandes dîmes de cette paroisse, ce requérant Nicolas Péchillon, curé de ladite paroisse (23 juin). — Rétrocession, moyennant deux mille sept cent livres, par Jean-Léonard Dutillet d'Auberie, écuyer, procureur en la maîtrise des eaux et forêts d'Angoumois, et de Marguerite Dutillet, son épouse, au profit d'Anne d'Aymars, veuve de François Pasquet, sieur de Lartige, des rentes seigneuriales qu'elle avait vendues à Jean Dutillet, sieur de La Marguerie (26 juin). — Contrat d'ingression, dans le tiers-ordre de Saint-François d'Assise, de Thérèse de La Lorancie fille de feu Bertrand, chevalier, seigneur de Chadurie, etc., et de Marie-Anne-Thomas d'Auton (28 juin). — Résignation du prieuré de Saint-Robert, diocèse de Limoges, dépendant de l'abbaye de La Chaise-Dieu, par Pierre Durand, prêtre, curé de Saint-Simon, en faveur de Jean-Baptiste Marchais de La Chapelle, clerc tonsuré du diocèse d'Angoulême, son petit-neveu, avec réserve de cent cinquante livres de pension (28 juin 1766).

E. 1829. (Liasse.)— 108 pièces, papier.

1766. — Caillaud, notaire royal à Angoulême. — Actes reçus par ce notaire du 1er juillet au 31 août. — Reddition de comptes d'une société entre Madeleine Roy, et Jean Montbœuf et Marie Picard, sa femme, pour l'exploitation d'un office d'inspecteur et contrôleur de boulangers, à Angoulême (1er juillet). — Constitution, à titre clérical, de cent cinquante livres de pension, en faveur de Louis Dussieux, clerc tonsuré du diocèse d'Angoulême, alors au séminaire de Strasbourg, par André Dussieux, écuyer, sieur de la Moradie, et Marie-Louise de Borie du Repaire, ses père et mère (10 juillet). — Cession de vingt livres de rente, par Jacques, sieur de Cantaud, maître de la poste aux chevaux d'Angoulême (17 juillet). — Procurations données par Christophe Sirier, maître chirurgien à Angoulême, Gabrielle Durousseau de Chabrot, supérieure de l'Union chrétienne de cette ville, et Madeleine Desruaux, veuve de Jean-Louis Rambaud, écuyer, seigneur de Maillou, etc., pour certifier devant l'abbé Terray, conseiller au parlement de Paris, que les sommes pour lesquelles ils sont employés sur l'état des créanciers des ci-devant Jésuites, leur sont réellement dues (21-28 juillet). — Résignation de son canonicat dans l'église cathédrale d'Angoulême, en faveur de Jean de Mascuraud, clerc tonsuré, moyennant trois cent cinquante livres de pension viagère, par Joseph Sauvo, prêtre (23 juillet). — Constitution de quarante livres de rente, au profit de Marguerite Gautier, épouse de François du Haumont, écuyer, seigneur de la Garde Saint-Barthélemy, par François Hospitel de Lhomandie, procureur au présidial d'Angoumois (27 juillet). — Acte de notoriété justificatif du nombre des héritiers de François Gilbert, élu en l'élection d'Angoulême, décédé le quinze juillet mil sept cent soixante-deux, qui sont : Marie, épouse de Jean Faure de Rancuraud, seigneur de Barbezières, Jean, François-Jean, Jean-Élie, Françoise-Rose, et Jean-Élie-Marcelin (2 août). — Cession d'une créance de douze cent cinquante-six livres, en principal, que lui doivent Jacques Mesnard, sieur de Roffy, bourgeois, et François Mesnard, docteur en médecine, par Christophe Deschamps, avocat au parlement, au profit de François Rullier, sieur des Combes, aussi avocat au parlement, moyennant pareille somme, au comptant (6 août). — Vente d'une maison, paroisse de Saint-Paul à Angoulême, moyennant neuf cents livres, au profit de Philippe Dumontet, sieur du Banquet, juge de Sainte-Catherine et Garat, et procureur au pré-

sidial d'Angoumois, et de François Maulde, sieur de Blancheteau, élu à Cognac, par Joseph de Jambes, écuyer, seigneur de la Faye, et Marguerite Barbot, son épouse (15 août). — Révocation de la résignation de canonicat à l'église cathédrale d'Angoulême, par lui faite le vingt-trois juillet précédent, par Joseph Sauvo, prêtre (17 août). — Démission de la cure de Charras par Pierre Goyaud, prêtre, curé de Saint-Maurice de Montbron (19 août). — Bail à ferme des revenus du prieuré de Saint-Surin lès Châteauneuf-Charente, moyennant cinq cents livres chacun an, au profit de Pierre Masnais, négociant à Saint-Surin, par Pierre Limouzin, prieur dudit (24 août). — Transaction entre Denis Chemiaud, journalier et ci-devant portier de l'abbaye de Saint-Cybard d'Angoulême, et Augustin Mariane, receveur général du tabac d'Angoulême, qui consent à ce que l'amende due par ledit Mariane pour s'être trouvé en possession de quatre-vingt-dix-sept livres de faux tabac, soit rabattue à trois cents livres (26 août). — Procès-verbal de cueillette de mongettes, fèves et pois faite sur la seigneurie de la Grange-à-l'Abbé, paroisse de Saint-Yrieix, avant que la dîme ait été prélevée (27 août). — Cession des arrérages des rentes seigneuriales connues ou à découvrir dans le comté de Sansac antérieurement à mil sept cent cinquante-et-un, moyennant mille livres, au profit de François Rioux, juge assesseur de Mansle, par François Achard Joumard Tizon, chevalier, marquis d'Argence, etc., tant en son nom que pour Louise Achard Joumard Tizon d'Argence, épouse de messire Laiguille de Froger, chevalier de Saint-Louis, sa fille (27 août). — Constitution de cent cinquante livres de rente, au capital de trois mille livres, consentie au profit d'André Arnauld, écuyer, seigneur de Ronsenac, etc., par Mélanie Nadaud, dame de Neuillac, veuve d'Alexandre de Paris, chevalier, seigneur du Courret (30 août 1766).

E. 1830. (Liasse.) — 70 pièces, papiers.

1766. — Caillaud, notaire royal à Angoulême. — Actes reçus par ce notaire, du 4 septembre au 29 octobre. — Engagement de Pierre Demay, maître chirurgien, envers les frères Galopin, de laisser intact leur moulin à drap, sur la Touvre, en transformant le sien, qui avoisine, en moulin à blé (4 septembre). — Contrat de mariage entre Jacques Alexandre Henry, sieur de la Borderie, négociant, fils de feu Jacques, inspecteur général de la manufacture royale des papiers d'Angoumois, et de Angélique le Sueur ; et Françoise Deloume, fille de Nicolas Deloume de Lagroist, négociant, et de Andrée Courly (4 septembre). — Règlement et partage de la succession de Pierre Mangin, capitaine au Royal-infanterie, chevalier de Saint-Louis, du consentement de Marie Bourdin, sa veuve, qui en a la jouissance, entre Jean-Joseph Robuste, écuyer, sieur de Laubarière, comme tuteur de ses enfants, et de feue Anne Mangin ; Germain Barbot, écuyer, sieur d'Hauteclaire, et Marie Mangin, son épouse ; Pierre Dereix, sieur des Roches et Anne Mangin, son épouse ; Jean Irvoix, sieur des Hameaux et Marie Mangin son épouse (12 septembre). — Procuration donnée à François Girardin, leur oncle, par Jean Bouquet, sieur du Marchais, François Bouquet, sieur des Colombiers, et Louis Bouquet, sieur de Lellette, officier au bataillon de Limoges, demeurant à Villefagnan, pour obtenir la succession de Anne Girardin, leur mère (3 août). — Cession d'une créance de quatorze cents livres sur les frères Ménard, au profit de François Rullier, sieur des Combes, avocat, par Julie Mesnard, veuve de Pierre Duqueyroix, docteur en médecine, à Angoulême, du consentement d'Étienne Tiffon de Saint-Surin, avocat au parlement, et de Marguerite-Rose Delavergne de Bourville ; du sieur Delavergne de Bourville ; de Louis Duqueyroix, curé de Segonzac ; de Jean Roy, procureur du roi à la prévôté de Bouteville, ses enfants et gendres (20 septembre). — Dissolution de société en commandite pour le commerce des cuirs, entre François Forêt, maître ès arts, Pierre Chabot, maître cordonnier, et Françoise Faure, sa femme (24 septembre). — Résignation de la cure de Saint-Hilaire de Couture, en faveur d'Antoine Boitet, son frère, vicaire de Saint-Nicolas de Cellefrouin, et moyennant deux cent cinquante livres de pension, par Pierre Boitet, prêtre, curé depuis plus de dix-sept ans de ladite paroisse de Couture (25 septembre). — Procès-verbal, requérant Pierre Duvignaud, maître de danse, demeurant au faubourg de Lhoumeau, de biens par lui acquis par licitation (2 octobre) — Constitution de cent cinquante livres d'aumône dotale, en faveur de Jeanne Lagravelle, leur fille, à son entrée dans la communauté des Dames de la Sagesse, hospitalières au bourg de Saint-Laurent-sur-Sèvre, par Philippe Lagravelle, maître chirurgien, et Cécile Mallat (3 octobre). — Bail à ferme des rentes du prieuré de Châtelars, moyennant quatre cent trente livres, chacun an, et du moulin dudit lieu, moyennant cinquante livres, chacun an, au profit de Pierre de Villemandy, notaire et procureur au comté de Montbron, et de Jean de Villemandy, marchand audit Châtelars, par Pierre Fauconnier, chanoine de Saint-Pierre d'Angoulême et prieur dudit Châtelars (4 octobre). — Réception de Antoine Tilliard, François Labrousse, Pierre et Jean Buzard, dans la communauté des maîtres cordonniers

d'Angoulême, réunis au couvent des Pères Jacobins de cette ville, moyennant qu'ils se chargent de faire les courses ordinaires pour avertir les maîtres de lad. communauté, de faire porter le gros cierge à la procession de la Fête-Dieu, et de rapporter le drap mortuaire, chez l'un des syndics, après le décès des maîtres (15 octobre). — Conversion d'agriers dus sur trois journaux environ de mauvaise terre, en quinze sols de rente, avec réserve des dîmes au onze un, au profit de Françoise Péchillon, par Louis Péchillon, procureur au présidial d'Angoumois, et juge sénéchal de La Couronne, faisant pour Louis de Bompar, abbé commendataire de ladite abbaye ; avec procuration dudit abbé passée devant Court, notaire à Grasse, dont la signature est reconnue par Louis de Lombard de Gourdon, seigneur de Gourdon et de Courmes, lieutenant général en la sénéchaussée de Grasse, qui appose ses armes : trois arbres (?), sur champ d'argent (17 octobre 1766).

E. 1831. (Liasse.) — 83 pièces, papier.

1766. — Caillaud, notaire royal à Angoulême. — Actes reçus pas ce notaire du 2 novembre au 30 décembre. — Procès-verbal de « coups du petit bout d'un fusil » administrés par le sieur de Lambertye de Lage à Jean Delaforest, marchand, alors que celui-ci passait tranquillement sur la chaussée de l'étang dudit de Lage (3 novembre). — Inventaire des meubles et effets de la communauté d'entre Marie Lapeire de Bellair, décédée le vingt-et-un octobre précédent et Pierre Rivaud, substitut du procureur du roi au présidial d'Angoumois. A signaler audit inventaire fait tant au logis du Pui-du-Maine, paroisse de Vindelle, qu'en la maison d'Angoulême, paroisse St-Paul : un coffre-fort, moyenne grandeur, en bois de noyer, fermant à clef, estimé quatre livres ; — parmi les vêtements : douze bonnets et bergères, dont dix à mousseline et deux à dentelle ; une coiffe de dentelle à un pan ; une autre coiffe ou capot, aussi de dentelle à « rintotage » ; une coiffe à « nouet » de grosse « bosté » noire ; une autre de pareille espèce à mousseline ; trois mouchoirs de mousseline ; une mante de burat avec la têtière ; une robe de ras, le tablier et les assortiments en ruban ; une autre robe de « mignonette » noire, avec la jupe ; deux paires de manchettes de mousseline double, l'une bordée et l'autre festonnée ; deux autres paires de manchettes doubles, l'une de gaze, et l'autre de grosse « beauté » fort uzée ; un mantelet de gaze blanche à manche ; un mantelet de gaze blanche à manches ; un autre de taffetas noir, à manches, garni de « blonde » ; une douzaine de coiffes de nuit, dont six chanoinesses et six grandes ; deux paires de « mittaines », l'une de soie, et l'autre de fil ; deux paires de brassières de bazin ; un collier et des boucles de perles en cire blanche ; deux autres paires de boucles d'oreille, l'une à pierre rouge à chien, et l'autre à pierre de stras en rose ; un petit couteau de nacre de perle garni en argent ; une petite tabatière d'écaille à fleurs dorées ; un petit miroir de poche couvert de chagrin noir et garni de petits clous argent ; un gobelet d'argent servant à sa toilette sur lequel est un petit écusson qui renferme la première lettre du nom de baptême et de famille des père et mère du sieur Rivaud ; deux petites boîtes de bois peint ; deux paires de souliers, l'un de damas, et l'autre de castor blanc ; un manchon de plumes rouge, avec sa boîte ; un chapeau de carton couvert d'un mauvais taffetas noir ; — quatre flambeaux d'argent dont deux à fleurs et deux à coquilles, estimés vingt-quatre livres ; — parmi les papiers : le contrat d'acquisition de l'office du substitut du procureur du roi par François Rivaud, de la demoiselle Thenaud, veuve Lagrezille, le 9 juin 1718, reçu Jeheu ; — le contrat d'acquisition d'un droit de bateau de pêche sur les eaux du prieuré de Vindelle, moyennant trois cent trente-six livres, du dix octobre précédent, reçu Bouhier ; — un acte de concession de droit de ban, dans l'église de Vindelle, le 12 octobre précédent, même notaire ; et quantité d'actes de famille ; — parmi les papiers de l'étude : le livre de recette commençant le cinq décembre 1746 ; — le livre contenant décharges de pièces remises ; — des dossiers concernant les Benoist, les de Terrasson, les de Lambertie, les de Mondion, le comte de Broglie, marquis de Ruffec, les Préveraud, et plusieurs autres familles notables ; — un registre de procès mis à la distribution commençant le 17 janvier 1719 ; — un registre des procès produits chez les rapporteurs ; — deux registres des présentations (3 novembre, 29 décembre 1766). — Reconnaissance de deux rentes par eux dues aux dames du tiers-ordre de Saint-François, à Angoulême, par Pierre Lardy, bourgeois « amériquin » et Marie-Françoise Sellier sa femme, demeurant audit Angoulême (6 novembre). — Contrat de mariage entre Paul Boisson, chevalier, seigneur de Rochemont, colonel de dragons, fils de Clément, chevalier, seigneur de Rochemont, et de Marie Fé ; et Anne-Michel Petit du Petit-Val, veuve d'Élie Pasquet, chevalier, seigneur de Saint-Mesmy, Balzac, Vouillac et autres lieux (7 novembre). — Contrat de mariage entre Jacques Aumaître, chirurgien à Barro, fils de défunts Léonard, marchand, et Marie Paillé ; et Madeleine Glaumont, fille de Philippe, marchand sellier, et de Marguerite Paponnet, demeurant à Angoulême (12 novembre). — Nomination

de Pierre Placide de la Place, chevalier seigneur de la Tour-Garnier, son oncle, comme tuteur de Jean-Charles de Montalembert, âgé de neuf ans, alors à l'école militaire, fils de Pierre, chevalier, décédé à Louisbourg, Ile Royale, et de Charlotte Chassin de Thiory, décédée à à Cayenne ; par le conseil de famille composé dudit de la Place ; de Jean-Charles de Montalembert, chevalier, seigneur du Groc, Fouquebrune et Houme, chevalier de Saint-Louis, commandant la ville d'Angoulême, oncle dudit mineur ; de Jean de Montalembert de Vaux, chevalier, seigneur de Villars, Auchet, le Tillet, et autres lieux ; de Jean de Montalembert, chevalier ; de François Desbordes, chevalier, seigneur de Jansac, Tillet et Sers, ses cousins (23 novembre). — Transaction entre Louis Thomas, chevalier, seigneur de Bardines etc., et Pierre de Seury dit des Fosses, qui moyennant trente livres, ne sera pas poursuivi, pour le crime de chasse et port d'armes, en la maîtrise particulière d'Angoulême (23 novembre). — Constitution d'une rente viagère de six cents livres, au capital de six mille six cent soixante livres, au profit de Jean-Gustave-Adolphe de Nogaret, écuyer de main du roi, par Nicolas et François Tremeau, négociants (23 novembre). — Bail à ferme des bâtiments et domaines leur appartenant au faubourg de Lhoumeau, au profit de Pierre Nadal de Soubreville, entrepreneur de la manufacture de coton d'Angoulême, par Pierre Duvignaud, maître de danse, et sa femme (23 novembre). — Contrat de mariage entre Louis-Silvestre Préveraud, écuyer, lieutenant au bataillon de Limoges, fils de Pierre Préveraud, juge au présidial d'Angoumois, et de Marie Maulde ; et Marie Quantin, fille de Guillaume, sieur de Lessard et de Suzanne Lhoumeau (1er décembre). — Contrat d'ingression dans la communauté de Sainte-Ursule d'Angoulême, de Marie Marchadier, fille de feu Jean, notaire royal à Angoulême et de Marguerite Dubois (10 décembre). — Procès-verbal du domaine de Chamarande, acquis, après saisie sur Antoine de Luillier et Anne Dumas, son épouse, par Pierre Marot, receveur des tailles en l'élection d'Angoulême (11 décembre). — Procès-verbal constatant le refus de Charles Préveraud, curé de Saint-André d'Angoulême, de donner un certificat de publication de bans de mariage (15 décembre). — Procès-verbal du refus du sieur Leblanc, maître chirurgien à Angoulême, et lieutenant du premier chirurgien du roi, d'admettre le sieur Jean-Baptiste Soyoux, chirurgien, dans la communauté des maîtres chirurgiens d'Angoulême, sous prétexte d'une lettre injurieuse pour ce corps, écrite par ledit Soyoux (17 décembre). — Cession d'une créance de cinq cents livres, moyennant quatre cents livres, par François Lafarge de la Treille, sieur des Pouyades et Françoise de Monéraud, son épouse, à André Renard Cambois de Cheneuzac, avocat à Angoulême (17 décembre). — Transaction entre les collecteurs de la paroisse de l'Isle d'Espagnac, et Étienne Métayer, laboureur de cette paroisse, qui s'engage à prélever les impôts de l'année mil sept cent soixante-dix-sept, moyennant qu'il gardera les droits de levée montant environ à soixante livres, et recevra, en outre, trente livres (22 décembre). — Contrat d'ingression à l'abbaye de Saint-Ausone, l'une comme sœur converse, et l'autre comme affiliée destinée à le devenir, de Catherine et Jeanne Varache, filles de Jacques laboureur, qui reçoivent chacune de leurs oncles une aumône dotale de trois cents livres, et dix livres de pension viagère « pour aider à leurs besoins particuliers » (27 décembre). — Constitution de cinquante-deux livres de rente au profit de Marie de Galard de Béarn par Pierre de Vassoignes, chevalier, seigneur de la Bréchenie (29 décembre 1766).

E. 1832. (Liasse.) — 91 pièces, papier.

1767. — Caillaud, notaire royal à Angoulême. — Actes reçus par ce notaire du 1ᵉʳ janvier au 28 février. — Vente d'un essac ou anguillard, dans l'écluse de la Liège, sur la Charente, paroisse de Mosnac, relevant de la seigneurie de Tourteron, moyennant soixante-dix livres (7 janvier). — Prise de possession de l'office de sacriste à l'abbaye de Saint-Cybard, par Jean Cotheret, clerc tonsuré du diocèse de Saintes, demeurant à Cognac (8 janvier). — Vente des fiefs et seigneuries de Scée, Servolle et Fonceron, moyennant cinquante-cinq mille livres, à Jean-Baptiste Perrier, écuyer, seigneur de Gurat, Puyrateau, le Soulier, les Goujeaux, et autres lieux, par Jean Regnauld, chevalier, seigneur de Scée, Servolle, Fonceron et autres lieux, et Catherine Victoire de Pindray, sa femme (8 janvier). — Procès-verbal constatant les déchirures de l'habit d'Antoine Marsais, maître perruquier, qui, sortant sur les onze heures du soir, fut arrêté à la porte de son voisin où il allait pour allumer sa chandelle, par une escouade de patrouille de la compagnie de Beaulieu « sous le spécieux prétexte qu'il n'avait pas de chandelle ardente ; et, malgré son obéissance et ses représentations, excédé de secousses », et tout déchiré (14 janvier). — Cession d'une rente foncière de cent livres, au profit d'André Thevet de la Combe-Dieu, curé de Dignac, par Jean-Charles Orsin, sieur de la Faye, avocat, et Marie Radegonde Arrivé, sa femme (15 janvier). — Résignation du prieuré de Saint-Germain de Nercillac, en faveur de Sébastien de la Vergne, curé de Saint-Paul d'Angoulême, par Pierre-Joseph

Bareau, prêtre, doyen honoraire de la cathédrale d'Angoulême (17 janvier). — Prise de possession de la cure de Saint-Michel d'Entraigues, vacante par le décès de Benoît Valleteau, par Pierre Godin, prêtre, vicaire de Champniers (22 janvier). — Procès-verbal des vases sacrés et ornements de l'abbaye de Saint-Cybard, à la requête de Jean Cotheret, nouveau sacriste, sur les représentations de Denis Chemineau, portier de ladite abbaye, faisant fonctions de sacristain (23 janvier). — Contrat d'apprentissage de Nicolas Lhoumeau, fils de Nicolas, sieur de Vieillevigne, chez Christophe Sirier, maître chirurgien, à Angoulême (28 janvier). — Vente des rentes seigneuriales sur vingt-et-une prises dépendant du fief de la Chaudelerie, paroisse de Saint-Amant-de-Bonnieure, moyennant quatre mille livres, et l'hommage, au devoir d'un bouton de rose estimé un denier, au profit de Thérèse Bergerac, veuve de Clément Navarre, écuyer, trésorier de France, par François-Daniel Clairvaux, écuyer, seigneur de la Chaudelerie, et Luce Cuvillier, son épouse (28 janvier). — Reconnaissance d'une rente de quarante sous due pour un banc à boucher de la halle du Palet au marquis d'Argence, comme engagiste du domaine royal (6 février). — Contrat d'ingression dans la communauté du tiers-ordre de Saint-François, de Marie Limousin d'Hauteville, fille de Noël, écuyer, juge au présidial d'Angoumois, et de Françoise Préveraud (7 février). — Vente de la moitié du moulin de Foulpougne et de ses dépendances, paroisse de Lhoumeau, moyennant mille vingt-quatre livres, au profit de Jean Mesmain, farinier, par Philippe Robert le jeune, meunier (15 février). — Transaction entre Louis-Joseph Gignac, sieur de la Pelladie, et Pierre Bernard, sieur de la Lande, au sujet de la succession de Léonard Gignac et Louise de Bazille, leurs parents et aïeuls (21 février). — Élection des sieurs Trémeau frères, comme fabriciens de Notre-Dame de la Paine, à Angoulême (23 février). — Procès-verbal des objets mobiliers que remet Pierre Barry, marchand papetier, en cessant de faire valoir le moulin à papier de la Courade, paroisse de La Couronne ; ce requérant les sieurs Dervaud et frères Henry, négociants associés, demeurant au faubourg de Lhoumeau, propriétaires dudit moulin ; à signaler quarante « gaphes », estimées six livres ; — une « porée de flautres » et vingt-huit autres « flautres », dont cinq « quets » onze « flautres » assez bons, et cinq « quets » dix-sept « flautres » usés, estimées quatre-vingt-cinq livres ; — vingt-trois « frelets » à étendre le papier, et neuf flambeaux de bois, estimés trois livres dix sols ; — dans le délissoir : quarante-cinq balles soixante livres de « peille délité », estimée vingt-cinq livres la charge, montant à cinq cent soixante-sept livres dix sols ; — de la bonne « trasse » estimée onze livres la charge ; — cinq charges de « filoches » estimées huit livres la charge ; — deux mille cent quarante-huit livres de colle, à vingt livres le cent ; — cent treize livres d'huile de poisson, estimée avec les deux barils, onze sols la livre ; — vingt-trois poignées de « royal trasse », du poids de trente-cinq livres, évaluées cinq rames, montant à vingt livres ; — quatorze cents livres de « mavilatures » estimées quinze livres le cent (25 février). — Contrat de mariage entre Pierre Nadal, sieur de Soubreville, entrepreneur de la manufacture de coton, à Angoulême, fils de feu Pierre et d'Élisabeth Martin ; et Anne Trémeau, fille de feu Nicolas, bourgeois, et de Jeanne Renoist ; avec la procuration de ladite Élisabeth Martin, demeurant à Aulas, diocèse d'Alais (28 février 1767).

E. 1833. (Liasse.) — 80 pièces, papier.

1767. — Caillaud, notaire royal à Angoulême. — Actes reçus par ce notaire du 2 mars au 30 avril. — Bail à loyer pour trois années, moyennant trois cents livres chacun an, d'un appartement dans son hôtel, à Angoulême, paroisse Saint-Jean, par haut et puissant seigneur messire Guillaume Alexandre de Galard de Béarn, chevalier, seigneur comte de Brassac, baron de La Rochebeaucourt, premier gentilhomme de la chambre du feu roi de Pologne, demeurant à la cour de Lunéville ; au profit de haute et puissante dame Marie-Élisabeth Le Tellier, épouse de haut et puissant seigneur messire Étienne-Marie-Alexis Dagonaud, chevalier, comte de Bussy, seigneur de Bussy. Legrand, Magny, Surtille et autres lieux, ancien mousquetaire et ancien enseigne des cent suisses de la garde du roi, demeurant ordinairement hôtel des Indes, à Paris (7 mars). — Licitation des domaines de Coulonge et fief de Parfoucaud, ce requérant François Vallier, procureur au présidial d'Angoumois, leur adjudicataire par sentence du vingt-neuf août mil sept cent soixante-six, à la suite de la saisie faite sur Pierre de Nesmond, chevalier, seigneur de la Pognerie (14 mars). — Bail à ferme des rentes seigneuriales, de la moitié des droits seigneuriaux et des dîmes de la maison appelée l'hôpital de Blanzac, dans la paroisse de Porcheresse, dépendant de l'aumônerie de l'abbaye de Bournet, moyennant cent quatre-vingts livres et une paire de chapons chacun an, au profit de Pierre Déroullède, notaire contrôleur des actes au bureau de Blanzac, juge de la juridiction de l'abbaye de Bournet, par Christophe Galliot, clerc tonsuré, aumônier de ladite abbaye

(18 mars). — Contrat d'apprentissage de François Dumas, chez Clément Dulac, chirurgien à Angoulême (23 mars). — Hommage et dénombrement du fief et seigneurie du Lugeat, paroisse de Fléac, à l'abbesse de Saint-Ausone dont il relève au devoir d'une demi-livre de bougie blanche, à chaque mutation de vassal, seulement, par André Thevet, sieur de Marsac, capitaine au régiment d'Aunis, chevalier de Saint-Louis (23 mars). — Contrat de mariage entre Tiburce le Comte, marchand, fils de feu Michel et de Marie Séverin ; et Françoise Braud, fille de feu Jean, chirurgien major de l'Hôtel-Dieu d'Angoulême, et de Madeleine de Bussac (27 mars). — Ferme d'un droit de dîmes au village du Boisseau, paroisse de Dirac, moyennant dix livres, chacun an, par François de Bresme, archiprêtre de Garat (28 mars). — Acte conventionnel tenant lieu de contrat, pour le mariage de Balote, couvreur, avec Marguerite Doussain, du 15 septembre précédent, les parties ignorant « qu'à défaut d'un contrat de mariage antérieur à la célébration, l'on contractait suivant la loi qui faisait elle-même un contrat » (29 mars). — Notification et réitération de grades à l'évêque et au chapitre d'Angoulême, par François Dumas, diacre du diocèse de Poitiers ; Jean Beyraud, chanoine de l'église collégiale de La Rochefoucauld (7 mars-4 avril) — Inventaire des meubles de demoiselle Antoinette Lalande, décédée le 26 février précédent (6 avril). — Bail à loyer d'une maison sise devant l'Hôtel-Dieu, à Angoulême, moyennant cent vingt livres chacun an, au profit de Paul Roy, procureur d'office de la juridiction de Lignières, par l'abbesse de Saint-Ausone (13 avril). — Reconnaissance d'une rente foncière et perpétuelle d'une rame de papier beau, fin et marchand, due sur les moulins à papiers de Tudebœuf, paroisse de la Couronne, suivant contrat d'arrentement du 10 décembre mil six cent quarante-trois, reçu Préveraud, par Jean-Théodore Henry l'aîné, bourgeois, négociant, à Marc Barbot, écuyer, seigneur de la Trésorière (14 avril) — Prise de possession d'une place monachale dans l'abbaye de Saint-Cybard, par Jacques Rambaud de Tarsat, clerc tonsuré du diocèse d'Angoulême (15 avril). — Constitution de cent vingt livres de rente, au profit de François Préverauld, sieur de Mailloux, avocat, juge sénéchal de Mansle, et de Marie Thinon, son épouse ; par François Bourdage, écuyer, seigneur de Sigogne, juge au présidial d'Angoumois, et Marie-Anne de Bonnetie, son épouse (15 avril). — Contrat de mariage entre Alexandre-Louis Dumas, fils de Moïse, écuyer, seigneur de Chebrac, Salvert, la Prade, Puymartin et Pillac, lieutenant criminel au présidial d'Angoumois, maire et capitaine d'Angoulême, et de Thérèse Rambaud ; et Marie-

Adélaïde Robert, fille de Michel, écuyer, seigneur de Guignebourg, la Peraudière, Marlet, les Boucherauds, les Savenats, les Faures-de-Vauzay, les Roussières et la Jardonnière, et de Marie-Anne-Suzanne Dupont ; en faveur duquel mariage ledit Louis Dumas est institué héritier universel de ses parents, avec charge de payer à Clément Dumas, diacre, François Dumas de Pillac et Marguerite Dumas Desally, ses frères et sœur, à chacun vingt mille livres, et reçoit en dot les domaines de Chebrac, Laprade et Puymartin, estimés quarante mille cinq cents livres, une maison à Angoulême, estimée quatre mille livres, et trois mille livres de meubles ; et ladite Adélaïde Robert, unique héritière de ses parents, reçoit en dot douze mille livres, avec promesse de huit mille livres, une fois payées ; son douaire étant fixé à six cents livres de pension annuelle, deux cents pour l'hébergement, et cinq cents une fois payées, pour le deuil (27 avril 1767).

E. 1834. (Liasse.) — pièces, 115 papier.

1767. — Caillaud, notaire royal à Angoulême. — Actes reçus par ce notaire du 1er mai au 30 juin. — Partage par licitation de la succession de Michel Héraud, sieur de l'Isle, et de Louise Cazier, entre Louis, procureur au présidial d'Angoumois, Rose, religieuse bénédictine du Calvaire, à Poitiers, Michel, et Pierre Héraud, leurs enfants (1er mai). — Entérinement du testament de Jean de la Coufrette, sieur de Villamont, receveur des consignations en Angoumois, décédé le vingt-deux janvier précédent (6 mai). — Inventaire des meubles et effets de la communauté d'entre feu Jean Riffaud, marchand de sel, demeurant au faubourg de Lhoumeau, et Françoise Collain, sa veuve. A signaler audit inventaire : un tableau en papier représentant la Madeleine, deux autres petits l'un représentant saint Joseph et le fils Jésus en découpure ; — six pièces de bordage, bois de chêne, pour gabares, de trente-neuf pieds de longueur, estimées soixante-quatre livres sept sols ; — une « gabarrée » de sel revenant, les frais de transport, et les droits une fois payés, à quatre mille cent cinquante-quatre livres ; ladite « gabarrée » revendue, durant la confection de l'inventaire, avec un bénéfice de cent huit livres dix sols (9 mai-10 juin). — Goden Tass reconnaît avoir reçu de Goden Zambal, son cousin, comme lui de nation suisse, et pâtissier, ce qui lui était dû pour ses services tant à Angoulême, où ils sont installés depuis peu, qu'à Limoges d'où ils viennent, et où ledit Zambal désire seul retourner (10 mai). — Cession par licitation, de ses droits sur l'héritage de Pierre du Clap, sieur de la Verrerie, avocat au parlement, par Marie Énard, veuve d'Aimé Lamy, au profit de Pierre Dufresse de Beauchamp, bourgeois d'Angoulême (13 mai). — Bail à ferme des revenus de la paroisse de Nersac moyennant deux mille livres chacun an, par les religieux de l'abbaye de Saint-Cybard (15 mai) — Constitution de mille livres en augment d'aumône dotale, au profit de Marie de Montalembert, sa sœur, religieuse ursuline, à Angoulême, par Pierre de Montalembert, chevalier, seigneur d'Aucher, lieutenant des vaisseaux du roi à Rochefort, que représente Jean-Joseph Collot, prêtre de la mission, supérieur du séminaire, et curé de Saint-Martial d'Angoulême (22 mai). — Contrat d'ingression, dans la communauté des dames Ursulines d'Angoulême, de Marie-Louise Saunier de Puymartin, fille d'André, écuyer, et de Marie-Madeleine Broussard (23 mai). — Résignation de la cure de Saint-Saturnin de Nonaville, en faveur de Jean Barreau de la Pescherie, prêtre, chapelain des Boutalinières en Bas-Poitou, et vicaire de Fouquebrune, par Pierre Carroy, prêtre, curé de Saint-Caprais d'Agris (29 mai). — Cession de deux cents livres de rente moyennant cinq mille quatre cents livres au profit d'Henri Fouchier, écuyer, sieur de Montezard, ancien capitaine de cavalerie, demeurant à la Rochefoucauld, par Christophe Deschamps, avocat au présidial d'Angoumois (30 mai). — Déclaration de Paul Thomas, sieur de la Croizade, relieur, qu'il n'entend point autoriser Marguerite Rouet, sa femme, dans le commerce qu'il a entrepris (31 mai). — Acte justificatif du nombre des enfants de Mathieu Dutillet, décédé à Angoulême en juillet mil sept cent soixante-cinq, qui sont : Martial, sieur de Juillac, officier d'invalides, Jean, sieur de Beauvais, gendarme de la reine, Siméon, juge sénéchal de Torsac, et Marguerite (2 juin). — Cession de bail d'une maison, faubourg Lhoumeau, par Jean Mesnier, maître architecte et entrepreneur, demeurant audit faubourg (2 juin). — Ferme du privilège de maître perruquier-baigneur-étuviste, moyennant cinquante livres chacun an, au profit de Jean-Nicolas Collin, et Françoise Poussard, son épouse, par Simon Mathieu et Jeanne Laroche, son épouse (4 juin). — Contrat de mariage entre Dominique Lescallier, bourgeois, fils de défunts François, et de Jaquette Villedary ; et Anne Poitevin, fille de Jean, doyen de la communauté des notaires d'Angoulême, et de Rose Lescallier (7 juin). — Transaction entre Michel Favret du Pommeau, seigneur de la Breuillerie, directeur du droit domanial de la marque du fer, et Louis Blanchard de Puymartin, fils, maître de la forge du Pont-Roucheau, paroisse de Roussines, tant pour lui que pour Gabriel Rachap, sieur Duclaud, son commis, au sujet des fraudes commises par ces derniers qui avaient refusé de présenter le produit de plusieurs coulées, et injurié grossièrement les commis des aides qui le leur demandaient (9 juin). — Acte de notoriété justifiant que Gaston Maurice de Mastin est né le vingt-six septembre mil sept cent cinquante-neuf, de Pierre-Auguste-Anne-César, comte de Mastin, ancien capitaine de cavalerie, chevalier de Saint-Louis, chambellan et fauconnier du duc d'Orléans, seigneur d'Aignes, le Courseau et autres lieux, et de Marie-Madeleine Lefranc des Essarts (16 juin). — Transaction entre Anne d'Aymars, veuve de François Pasquet, écuyer, sieur de Lartige ; et Pierre Peyraud, maître chirurgien, et Jeanne Favraud, son épouse, Joachim Boudet-Cadet et Anne Lériget, veuve de Jean Félix, sieur des Houliers ; au sujet de la succession de Pierre Lériget, sieur de la Mesnardie, receveur général des finances du Dauphiné (21 juin). — Contrat de mariage entre Jean-Baptiste Soyoux, maître chirurgien, à Angoulême, fils de feu Jean, aussi maître chirurgien, à Astugue, diocèse de Tarbes, et de Geneviève Coldaraux ; et Madeleine-Hélène Sirier, fille de Christophe, maître chirurgien, à Angoulême, et de feue Angélique-Hélène de Tourneporte, sa première épouse ; en faveur duquel mariage, il est entendu, entre autres, que les époux demeureront chez le sieur Sirier qui s'associera de moitié avec son gendre dans les profits que leur procurera l'art de chirurgie (22 juin). — Transaction entre Léonard de Lacour, sieur de la Pijardière, et François Glace, négociant, et Marie de Lacour, son épouse, au sujet de la succession des parents desdits de Lacour (27 juin). — Signification à l'assemblée capitulaire de la paroisse de Ruelle, de la sentence rendue au présidial d'Angoumois, le vingt février mil six cent quatre-vingt-deux adjugeant la dîme du safran au curé de ladite paroisse, ce requérant Pierre Joubert, procureur audit présidial ; et protestation des habitants que la sentence n'a jamais eu aucun effet, et qu'ils entendent continuer à porter le safran dans les vaisseaux du décimateur aux pas convenus, et non à ceux que prétendrait leur indiquer le curé (28 juin 1767).

E. 1835. (Liasse.) — 94 pièces, papier.

1767. — Caillaud, notaire royal à Angoulême. — Actes reçus par ce notaire, du 1er juillet au 31 août. — Dépôt du testament de Jean de Chaban, écuyer, prêtre, chantre du chapitre de Saint-Sauveur d'Aubeterre, et prieur de Juignac, daté du 14 avril 1766 (5 juillet). — Résignation de sa chanoinie à Saint-Arthémy de Blanzac par Jean-Pierre Guimberteau, curé de Saint-Yrieix, en faveur de Jean Guimberteau, clerc tonsuré,

son frère (8 juillet). — Inventaire et vente des meubles et effets de Léonard de la Cour, sieur de la Pijardière, décédé le 9 courant, ce requérant Thérèse de la Cour, veuve de Louis de la Cour, aussi sieur de la Pijardière, sa mère, et Louise de la Garde, veuve de Jean Dufresse, sieur de la Séguinie, sa belle-mère. A signaler audit inventaire : un collier de perles blanches, et un autre collier de perles façonné sur un velours noir, estimé quarante sols ; — onze bergères ou coiffes de nuit, les fonds de siamoise, et les garnitures de mousseline rayée, estimées six livres douze sols ; — une poche de toile pour peigne et un petit porte-ouvrage d'indienne ; — une robe et une jupe de caroline, couleur mordorée, à fleurs, presque neuves, estimées trente-six livres ; — une robe et sa jupe en satin des Indes doublée d'une étoffe de soie, estimées trente-six livres ; — une robe et sa jupe de papeline mordorée en façon de Batavia, estimées vingt livres ; — une robe, un tablier, et la pièce de mignote jonquille estimées douze livres ; — une bague à diamants à rosette estimée quatre-vingts livres ; — une paire de boutons de manche à pierres montées en argent estimée vingt-quatre sols ; — un habit et veste de « Bergopron » bleu, à boutons de fil d'or, estimés vingt livres (9 juillet, 5 mai 1769). — Aveu et dénombrement du fief du Denat, paroisse de Champniers, fourni au roi par Pierre Lambert, écuyer, sieur de Font-Froide, des Andreaux, et de Denat (18 juillet). — Constitution de vingt livres de rente au profit de Marie Desages de Fontclaire, veuve d'Etienne Érier, sieur de Fontclaire, par Jean-Siméon Dutillet, seigneur de la Marguerie, juge au présidial d'Angoumois, et Marie Faure, son épouse (19 juillet — Acte de notoriété justifiant que le seul héritier de Louis Limouzin, capitaine de bourgeoisie d'Angoulême et de Jeanne Piet est Noël Limouzin, juge au présidial d'Angoumois, leur fils (22 juillet). - Règlement et partage de la succession de Marie Lapeyre de Bellair, entre Pierre Rivaud, substitut du procureur du roi, à Angoulême, son époux ; Antoine Delarret, sieur de Ladorie et Louise Lapeyre de Bellair, Jean Baptiste Lapeyre, sieur de Bellair, beau-frère, sœur et frère ; et Thérèse Lapeyre de Bellair, sa tante (20 juillet). — Cession de créances à Barthélemy Jouteau, maître d'école de la paroisse de Balzac, et sergent de la juridiction dudit lieu (25 juillet). — Reconnaissance d'une maison, paroisse de Lhoumeau, faisant partie de la prise des Carmes qui relève de Julien René de la Grève, écuyer, et de Marie-Anne de Chalvière, son épouse, au devoir annuel de cinq sols (31 juillet). — Arrêté de comptes entre la fabrique de Saint-Cybard de Dignac, et André Thévet, curé de cette paroisse, fourni par celui-ci devant l'assemblée capitulaire (2 août). — Contrat de mariage entre Jean-Louis Charles, fils d'Étienne, notaire royal, demeurant paroisse de Dignac, et de Marie Beraud ; et Anne Marchais, fille de Jean-Baptiste, seigneur de la Chapelle et de Rose Jussé (19 août). — Contrat de mariage entre Étienne Penot, marchand horloger, fils de défunts autre Étienne, aussi marchand horloger, et Marie Revaure ; et Marie Jayet de Bellisle, fille de Louis et de feue Marie Iver (25 août). — Vente des domaines leur appartenant dans la paroisse de Courlac, moyennant douze mille livres, par Marie Chaban veuve de Jacques Valleteau sieur de Chabrefy, autre Marie Chaban, et François Jérôme Chaban de Laborie, écuyer, au profit de Pierre Girard, marchand tanneur, demeurant paroisse d'Yviers (28 août). — Procès-verbal d'une délibération de la communauté des maîtres tailleurs d'Angoulême, qui déclarent, au nombre de vingt-sept, s'opposer formellement à l'appel que voudraient faire leurs syndics condamnés pour mauvais traitements exercés, au cours d'une visite, envers un garçon étranger soupçonné de travailler en fraude ; attendu que les règlements obligent lesdits syndics « à faire leurs visites avec bienséance et honnêteté convenables, et que s'ils se sont fait une affaire injuste c'est à eux à la soutenir. » (29 août 1767).

E. 1836. (Liasse.) — 91 pièces, papier.

1767. — Caillaud, notaire royal à Angoulême. — Actes reçus par ce notaire du 1er septembre au 30 octobre. — Vente d'une maison, canton de Saint-Paul, mouvant de la seigneurie de Neuillac, moyennant trois mille trois cents livres, par François Chauvineau, curé de Notre-Dame de la Paine, au profit de Pierre Loreau, avocat (12 septembre). — Testament de Jean Poitevin, doyen des notaires d'Angoulême, qui constitue ses héritiers universels François, Pierre et autre François ses fils aînés, à condition d'acquitter divers legs envers leurs frères et sœurs (19 septembre) — Ferme de la moitié des trois roues du moulin de Voeuil, dont deux à blé et une à huile, avec les bâtiments et leurs dépendances, moyennant cent cinquante livres chacun an (19 septembre). — Contrat d'apprentissage, pour une année, moyennant trois cent vingt livres, de Madeleine Landraud, demeurant à Brie-sous-Chalais, chez Nicole Mietton, matrone de la ville de Paris, demeurant depuis onze ans à Angoulême (21 septembre). — Inventaire des meubles et effets de Marie Thomas, veuve de Monsieur de Laullière de Nanteuil, décédée à Angoulême, le onze du même mois, ce requérant Marie-Louis Thomas, chevalier, seigneur de Bardines, son père (21 septembre). —

Vente du fief de Murailles relevant du fief de Belléjoie au devoir d'une paire de gants blancs appréciée douze deniers, et consistant en une rente de dix-huit boisseaux froment, 14 boisseaux avoine, 30 sols argent, et 2 gélines, moyennant quatre mille cinq cents livres, au profit de Pierre Vallier, licencié en droit à Angoulême, par Pierre Pasquet de Saint-Memy, chevalier, seigneur de Balzac, etc. (22 septembre). — Quittance de soixante livres, pour l'amortissement de deux rentes, donnée par Jean-Charles Resingez du Ponty, avocat ès conseils du roi, à François Chenaud, entrepreneur de travaux du roi et Nicolas Chenaud, son frère, demeurant paroisse de Saint-Martin, à Angoulême (28 septembre). — Cession du droit de retrait conventionnel, stipulé dans le contrat de rente du fief de Saint-Simon, le 22 février 1754, reçu Filhon, moyennant six cents livres, en faveur de François-Charles de Cosson, écuyer, archiprêtre de Barbezieux, par Julie de Morel, épouse de Henri Guillaume, chevalier, seigneur de Cormainville ; et exécution de ladite rétrocession par Pierre Nouël, négociant, moyennant sept mille six cent cinq livres (2 octobre). — Ferme du droit de dîme sur la vendange, dans le quartier de Fissac, paroisse de Ruelle, moyennant trois cents livres (3 octobre). — Procès-verbal du refus fait par divers habitants de la paroisse de Ruelle, de porter la dîme dans les vaisseaux du curé, aux pas habituels (7-8 octobre). — Contrat d'apprentissage, pour quatre ans, de Jean Trousset, chez Jean Raymond, coutelier à Angoulême (19 octobre). — Inventaire des meubles et effets de la communauté d'entre feu Jacques Rezé, marchand imprimeur, demeurant à Angoulême, près la place du Mûrier, paroisse de Notre-Dame de la Paine, décédé le 20 octobre, laissant pour héritiers Claude, Simon, autre Claude, Marguerite et Rose, ses enfants majeurs. A signaler audit inventaire : un trictrac couvert d'ébène, estimé quinze livres ; — dans l'imprimerie et parmi les livres de la boutique estimés par Abraham-François Robin, imprimeur, ancien libraire, et juge consul à Angoulême : un gros « parangon » très vieux, sans son italique, du poids de soixante huit livres, estimé à raison de neufs sols, monte à trente livres douze sols ; — un gros « romain » très vieux, avec son italique, du poids de cent quatre-vingt-huit livres, estimé quatre-vingt-quatorze livres ; — un Saint-Augustin, très vieux, du poids de cinquante-trois livres, estimé quatre-vingt-quatre livres trois sols ; — un « cicero » un peu moins vieux, avec son italique, du poids de cent soixante-neuf livres, estimé cent-dix-huit livres ; — un petit romain assez bon, sans son italique, du poids de soixante-neuf livres, estimé soixante-deux livres ; — les lettres de deux points « cadras », vignettes, gravures en cuivre et en bois, casse et encre d'imprimerie, la presse, estimés deux cent quarante livres ; — treize Eutrope à six sols pièce ; — dix-huit Érasme, de même valeur ; — quarante-huit Catéchismes historiques de trois sols pièce (20 octobre-11 novembre). — Vente, moyennant deux cents livres des papiers de l'étude de feu Jean Civadier, procureur au présidial d'Angoulême, par Louis Héraud, aussi procureur, déjà acquéreur de sa charge (24 octobre) — Vente du domaine des Barraux, paroisse de Dirac, moyennant cinq mille cinq cents livres, par les héritiers dudit Jean Civadier, au profit de Philippe Dumontet, sieur du Banquet, procureur au présidial d'Angoumois (24 octobre) ; — Inventaire des meubles et effets de Pierre Maulde, sieur de Valence, décédé à Angoulême, le 27 précédent, ce requérant Pierre-Dominique Vachier de Croissac, seigneur de Laumont et Saint-Genis, au nom de Lucrèce Maulde, sa femme, Jean Maulde de L'Oisellerie, Pierre Maulde sieur des Touches, beau-frère, sœur et neveu du défunt. A signaler audit inventaire : deux tableaux ovales, leurs cadres dorés, représentant les sieurs Maulde ; — deux autres tableaux, leurs cadres de bois, l'un carré et l'autre ovale, représentant la famille de Messieurs Maulde ; — une petite boîte en écaille rouge garnie de plaques d'argent, estimée dix livres ; — un dossier sur le bail à rente des moulins à blé de Fleurac qui est de quatre cents anguilles communes, vingt-quatre grosses, quatre livres argent et un plat de truites portables au logis de L'Oisellerie (29 octobre, 4 novembre 1767).

E. 1837. (Liasse.) — 84 pièces, papier.

1767. — Caillaud, notaire royal à Angoulême. — Actes reçus par ce notaire, du 1er novembre au 30 décembre. — Procuration donnée à François Guillien, curé de Saint-Front, par Jeanne-Catherine de Jousserant, épouse de Françoise de Raymond, chevalier, seigneur de Saint-Germain, comme chargée de pouvoirs de Jeanne-Henriette de Voulon, veuve de Charles de Jousserant, chevalier, seigneur de Lairé, sa mère (6 novembre). — Partage de la succession de Pierre Maulde, sieur de Valence, se montant à 38.106 livres, entre Pierre Dominique Vachier de Roissac, seigneur de Laumont et de Saint-Genis en partie, doyen des juges du présidial d'Angoumois, et Lucrèce Maulde, son épouse, beau-frère et sœur du défunt; Jean Maulde de L'Oisellerie et Pierre Maulde, sieur des Touches, ses neveux (12 novembre). — Quittance de 614 livres en acompte, sur 1.087 livres, montant d'une obligation consentie en faveur de Jean

Sazerac, négociant, son père, donnée par Catherine Sazerac, veuve de Jean, sieur de La Rente, greffier en chef de l'élection de Cognac, à Pierre Dubois, seigneur de la Vergne (18 novembre). — Cession de leur fonds de commerce à Angoulême, moyennant 115.419 livres, à Guillaume Clavaud, par Laurent Clavaud et Marguerite Leclerc, ses père et mère (21 novembre). — Bail à ferme de la moitié des dîmes de la paroisse de Grassac, consenti moyennant 450 livres, chacun an, à Pierre et Laurent Descombes, par l'abbesse de Saint-Ausone (23 novembre). — Procuration générale pour régir la manufacture et tous leurs autres biens, donnée pour la durée des voyages qu'il doit faire, par Pierre Nadal, sieur de Soubreville, entrepreneur de la manufacture de cotons à Angoulême, à Anne Trémeau, son épouse (24 novembre). — Sommation par Jean-Baptiste Soyoux, chirurgien, au sieur Leblanc, lieutenant du premier chirurgien du roi à Angoulême, de le recevoir dans la communauté des maîtres chirurgiens de cette ville; et refus dudit Leblanc, conformément aux décisions prises par la communauté, le 29 novembre précédent, parce que le sieur Soyoux « s'est continuellement répandu en termes injurieux contre les maîtres chirurgiens », et qu'il a exercé l'état de perruquier, prohibé par les statuts (2 décembre). — Testament de Moïse Dumas, écuyer, seigneur de Chebrac, Salvert, Puymartin et autres lieux, lieutenant criminel et assesseur civil au présidial d'Angoumois, maire et capitaine d'Angoulême, y demeurant, rue de la Buche, par lequel il partage la somme de 10.000 livres entre Jeanne, épouse de Monsieur de La Chaise, sa fille aînée, François, sieur de Puymartin, son second fils, Henri et Marguerite, ses autres enfants (5 décembre). — Caution, jusqu'à concurrence de 35.000 livres, envers les trésoriers généraux des colonies françaises, de Joseph Ruffray, trésorier des colonies au port de Rochefort, par Julien-René de La Grève et Marie-Anne de Chalvière, demeurant à la Forge de Rancogne (9 décembre). — Constitution d'une pension annuelle de 120 livres en faveur de Jeanne Jussaud, veuve de Louis-Alexandre Corbin, musicien, par leurs enfants (14 décembre). — Contrat de mariage entre Jean-Pierre Galliot, fils de Jean-Louis, contrôleur des saisies réelles en Angoumois, et de feue Catherine-Rose Pitteau ; et Marie Rullière, fille de défunts Jean, sieur de Boisnoir, et Marguerite Piet (20 décembre). — Contrat de mariage entre Jean Chaigne, fils de défunts Jean, bourgeois, et de Françoise Moreau, demeurant habituellement à Saint-Domingue ; et Marie-Catherine Mesnard, fille de feu Michel, écuyer, président en l'élection d'Angoulême, et de Marie Saulnier (24 décembre). — Retrait féodal exercé par Guillaume Jeheu, receveur des consignations de la province d'Angoumois, seigneur du Grand-Maine, sur une pièce de pré acquise dans cette seigneurie par Jean-Baptiste Marantin, écuyer, commissaire des guerres en Angoumois, de la société royale d'agriculture de la généralité de Limoges (27 décembre 1767).

E. 1838. (Liasse.) — 94 pièces, papier.

1768. — Caillaud, notaire royal à Angoulême. — Actes reçus par ce notaire, du 2 janvier au 29 février. — Bail à ferme des rentes et agriers de Montignac-le-Coq, consenti pour neuf années, moyennant onze cents livres, à Pierre Vigeant, négociant, et Henriette Tourtellot, son épouse, par les religieux de l'abbaye de Saint-Cybard (8 janvier). — Quittance de 1.200 livres pour l'amortissement d'une rente constituée, donnée à Thérèse Rambaud, veuve de Moïse Dumas, écuyer, par messire Bareau, doyen honoraire du chapitre cathédral d'Angoulême, comme procureur de Marie Jousset de Fougère, dite sœur Rosalie, sœur de la charité, gouvernante des pauvres de l'Hôtel-Dieu de Saint-Lô (12 janvier). — Inventaire des meubles et effets de la communauté entre Michel Laplace, distributeur des lettres de la poste d'Angoulême, et sa femme, morte trois ans auparavant (13 janvier). — Contrat de mariage du même avec Gabrielle Bazinet, fille de feu Gabriel, employé au tabac (14 janvier). — Obligation de 7.475 livres, consentie par Gabriel Mathias, écuyer, sieur de La Gueffrie, et Rose de Clairveaux, son épouse, en faveur d'Ignace Bonin, maître de poste à Ruffec, qui leur a avancé cette somme pour empêcher les vives poursuites de leurs créanciers (16 janvier). — Cession, moyennant 48 livres, de tous leurs droits sur la succession de Jeanne Duthé, épouse de Joseph Asselin, leur cousine, par François Benoist et Michel Benoist, frères, tous deux « officiers pour l'exécution des sentences criminelles »; le premier à Tulle, le second à Brive, au profit d'Auguste Asselin, « restaurateur du corps humain », demeurant à Niort (19 janvier). — Renonciation à la succession de leur tante, Louise Ruffray, par Jean-Louis-Marie Ruffray, bachelier ès lois, et Étienne Ruffray, sieur des Brousses, fils de Charles, trésorier des vivres de la marine (1er février). — Vente de l'office d'inspecteur-contrôleur des maîtres et gardes, dans le corps et communauté des maîtres boulangers d'Angoulême, moyennant trois cents livres, par les héritiers de François Porcheron, maître boulanger, à Pierre Videau, garçon boulanger (1er février). — Convention fixant les devoirs dus par Jean-Baptiste Fruchet et Marie-des-Anges Fruchet, sa sœur, fixant, à défaut de baillette, ce qu'ils devront à Louis-François-Marie de Pérusse,

comte Descars et de Saint-Bonnet, baron d'Aix et de la Renaudie, etc., ancien maître de camp de cavalerie et lieutenant-général en la province de Haut et Bas-Limousin, pour ce qu'ils tiennent dans son fief d'Hurtebise, paroisse de Dirac (3 février). — Acte de notoriété justificatif du nombre des enfants de Moïse Dumas, écuyer, seigneur de Chebrac, Salvert et autres lieux, assesseur civil et lieutenant criminel au présidial d'Angoumois, décédé le 11 décembre précédent et inhumé dans l'église de Saint-Antonin, sa paroisse, et de Thérèse Rambaud, qui sont : Alexandre-Louis, écuyer, seigneur de Chebrac et Salvert; Jeanne, épouse de Jean de La Chaise, écuyer, seigneur de Nadelin, ancien capitaine au régiment de Guyenne; Françoise, de la communauté des dames de l'Union-Chrétienne d'Angoulême; François, écuyer diacre; Louis, écuyer, sieur de Pillac; Marie-Marguerite (3 février). — Apprentissage pour cinq années, de Jean Fournier, chez Pierre Martin, tourneur en bois, demeurant paroisse Saint-André, à Angoulême (7 février). — Acte justificatif du nombre des héritiers de François Desruaux de Moussac, chevalier, seigneur de Villermont, ancien commandant du régiment de Rouergne, chevalier de Saint-Louis, enseveli dans l'église de Notre-Dame de Beaulieu trois ans auparavant, qui sont : Élie-Jean Desruaux, chevalier, comte de Roufflac, maréchal de camp, chevalier de Saint-Louis; Jean-Élie Desruaux, chevalier, seigneur de Plassac, ancien capitaine audit régiment de Rouergue; Anne Desruaux et Marie-Thérèse Desruaux, veuve de Jean-Louis Rambaud, écuyer, seigneur de Mailloux, Saint-Saturnin, Torsac et autres lieux, ses frères et sœurs (8 février). — Procuration pour achats et ventes, dans tout le royaume, jusqu'à concurrence de 50.000 livres, donnée par Anne Trémeau à Pierre Nadal, sieur de Soubreville, son époux et associé dans l'entreprise de la manufacture de cotons d'Angoulême (16 février). — Procès-verbal du refus fait par le sieur Préveraud, curé de Saint-André d'Angoulême, de répondre à Gabriel Lescallier, qui le sommait, au nom et comme syndic et receveur du corps municipal de ladite ville, de dire si c'était par ses ordres et « malgré le droit de messieurs du corps municipal de faire sonner pour leurs assemblées ou cérémonies publiques ou privées, la grosse cloche » de ladite église de Saint-André, droit « des plus authentiques, confirmé et soutenu par des titres respectables et une possession constante et suivie depuis un temps immémorial »; que le sacristain de cette église n'avait voulu, le 13 courant, obéir au premier échevin lui enjoignant de sonner (16 février). — Constitution de 25 livres de pension annuelle en faveur de Geneviève Rousseau de Magnac, novice à l'abbaye de Saint-Ausone, par Madeleine Dutillet, veuve de Gabriel-Étienne Rousseau de Magnac, écuyer, sa mère; et Jeanne-Élisabeth-Aimée Dutillet, sa cousine germaine (22 février). — Obligation de 5 000 livres, consentie en faveur de Léontine Bareau, veuve de François Renauld, chevalier, seigneur de La Soudière, par Marie-François de Chevreuse, écuyer, seigneur de Lacoux, et Jean-Marie, son fils, un des chevau-légers de la garde du roi (24 février). — Partage par licitation, des biens provenant de la communauté contractée entre feu Jacques Rezé, marchand imprimeur à Angoulême, et Marguerite Desbœufs, sa femme, par contrat de mariage du 24 mai 1724; entre Rose, Marguerite, Claude, marchand imprimeur à Angoulême, Siméon, maréchal des logis au régiment de la reine, dragons, leurs enfants, d'une part ; et ladite Desbœufs, d'autre part (28 février 1768).

E. 1839. (Liasse.) — 96 pièces, papier.

1768. — Caillaud, notaire royal à Angoulême. — Actes reçus par ce notaire, du 1ᵉʳ mars au 27 avril. — Ferme d'un banc à boucher dépendant de sa cure. moyennant soixante livres chacun an, par Sébastien Delavergne, curé de Saint-Paul (2 mars), — Protestation de Pierre Videau, pourvu de l'office d'inspecteur des maîtres boulangers d'Angoulême, contre lesdits maîtres, qui se sont assemblés chez les Cordeliers, sans lui en donner avis, et refusent de le reconnaître comme inspecteur (3 mars). — Élection de Pierre Rivaud, substitut du procureur du roi au présidial, comme marguillier de la paroisse de Saint-Paul, en remplacement d'André Benoist de Bresme (13 mars). — Approbation par Augustin Chrestien, bourgeois de Paris, agissant au nom de très haut et très puissant seigneur Charles de Broglie, comte de Broglie, chevalier des ordres du roi, lieutenant-général de ses armées, ci-devant ambassadeur de sa majesté auprès du roi et de la république de Pologne; de la régie et exploitation faites par M. Blanchet, au nom dudit comte, des bois vendus par la duchesse d'Anville (14 mars), — Ferme de toutes les eaux et pêcheries de la rivière de Charente qui dépendent de sa seigneurie, pour 7 ans, moyennant cinquante livres, chacun an, par Michel Favret du Pommeau, directeur des aides de l'élection d'Angoulême (18 mars). — Constitution de 100 livres de rente au profit de Marie Lambertine Laménière, veuve d'Élie Dupuy, maître chirurgien, leur tante, par Pierre Dupuy, sieur de Fondousse, bourgeois, et Marie Dupuys son épouse, demeurant au bourg de Vars (20 mars). — Procès-verbal constatant que sur cent pièces de fromages de Hollande envoyées par Priou,

négociant à Rochefort, à Marguerite Gautier, marchande au faubourg de Lhoumeau, 51 sont fendues et détériorées (21 mars), — Ferme à vie d'une maison près de la porte Saint-Martial, consentie moyennant 90 livres chacun an, de Marc Lavaud, marchand aubergiste, et sa femme, par Anne d'Aymars, veuve de François Pasquet, écuyer, seigneur de Lartige (24 mars). — Réitération de grades à l'évêque et au chapitre cathédral d'Angoulême, par François Dumas, diacre, et François Binet, curé de Notre-Dame de Saint-Roch de Parzac (26 mars). — Procuration générale donnée à Marguerite Blanlœuil, sa femme, par Guillaume Cougniet, entrepreneur des travaux du roi pour les forges à canon, « sur le point de partir pour ses travaux, soit pour la province du Dauphiné ou autres, suivant les ordres qui lui seront donnés » (29 mars). — Transaction mettant fin au procès engagé en la tournelle criminelle d'Angoulême par divers habitants de la paroisse de Saint-Saturnin, contre plusieurs paroissiens d'Hiersac, moyennant que ceux-ci donneront 1.036 livres de dommages et intérêts, et réservée la faculté de poursuite contre les deux enfants d'Antoine Aubineau (12 avril). — Bail à loyer d'une maison sise rue des Trois-Fours, consenti moyennant 450 livres par an, au profit de Marie-Gabrielle d'Abzac, veuve de Thomas, marquis d'Allogny, par François Fé, écuyer, seigneur de Fondenis, gendarme ordinaire de la garde du roi, au nom de ses neveux et nièces, à savoir : Jean-Gabriel-Marie de la Chaine, écuyer, seigneur des Courgeats, et Marie Fé de Maumont, son épouse ; François Fé, écuyer, seigneur de Maumont, et Marie Fé de Frégeneuil (22 avril). — Reconnaissance d'une rente foncière et perpétuelle de cinq livres qu'ils doivent aux prisonniers de la conciergerie d'Angoulême, comme étant aux droits de Bareau de Girac, écuyer, ancien doyen de la cathédrale d'Angoulême, par Martin et Noël Huchet, laboureur, et Jean Rousselle, tisserand (17 avril 1768).

E. 1840. (Liasse.) — 94 pièces; papier.

1768. — Caillaud, notaire royal à Angoulême. — Actes reçus par ce notaire, du 1ᵉʳ mai au 30 juin. — Cession de ses droits dans l'héritage de Jean-Louis Rambaud, écuyer, seigneur de Maillou, son père, en faveur de Madeleine Desruaux, sa mère, moyennant 200 livres de pension annuelle, par Jacques Rambaud, écuyer, seigneur de Torsac, sur le point de faire profession à l'abbaye de Saint-Cybard; et constitution, en faveur de celui-ci, d'une pension annuelle de 25 livres, par Jean-Élie Desruaux, chevalier, seigneur de Plassac,

Moussac, la Pougnerie et autres lieux, son oncle (3 mai). — Acte de notoriété justifiant que François-Clément Floranceau de Boisbedeuil, sieur des Essards, subdélégué de l'intendant de la généralité de Limoges au département de la Valette, et demeurant à Juillaguet, a été inhumé dans l'église de ce lieu, le 10 avril 1767 ; qu'il n'a point laissé d'enfants ; et que les registres paroissiaux le désignent à tort sous le seul nom de Boisbedeuil (6 mai). — Abandon de ses droits de banc et de sépulture dans l'église paroissiale de Saint-Estèphe, moyennant payement de deux rentes, chacune de dix sols, au curé et à la fabrique, en faveur de Jean Dexmier, sieur du Breuil, par François Rullier, sieur des Combes, bourgeois à Angoulême (7 mai). — Inventaire des meubles et effets de la succession de Charles-Jean Respinger du Ponty, décédé le 3 avril précédent, ce requérant Alexandre-Constantin-Joseph Respinger du Ponty, avocat en parlement ; Jérôme Coquebert de Toutty, écuyer, contrôleur général des troupes de la maison de l'ordinaire des guerres, et Madeleine-Françoise Respinger du Ponty, ses enfants et gendre. A signaler audit inventaire : le contrat de mariage de Jean Respinger du Ponty, père du défunt, avec Marie de Traspond, le 7 Janvier 1693 ; — le contrat de mariage de Charles de Traspond avec Marguerite Mousnier, du 26 septembre 1649 (10-11 mai). — Partage de la succession de François Trémeau de Pignon, revenu à Angoulême en 1759 après un long séjour à la Martinique, et décédé au mois de mars de l'année suivante, entre de nombreux héritiers (18 mai). — Bail à ferme des bâtiments de la manufacture royale d'étoffes en laine sis près de la fontaine de Chande à Angoulême, avec tous leurs « apparaux et ustensiles », à savoir : deux ourdissoirs, 2 cavetiers, 180 bobines, 1 grand mannequin, 1 moulin à ourdir, une lame pour serge d'Agen, avec son roux d'acier, 10 métiers à finesses avec leur garniture de navettes, 7 roues à faire les trames ; et chez les fileuses, 75 petits rouets ; la dite ferme consentie pour 9 années, moyennant mille livres, chacun an, à Simon Piveteau Fleury et Pierre, son fils, par Marie Collin, épouse séparée de biens dudit Simon (12 mai). — Bail à ferme des revenus de l'abbaye de Saint-Ausone dans les paroisses de Jarnac et Chadenat, consenti moyennant 120 livres, chacun an, à François-Noël Drouet, notaire royal, par l'abbesse de la dite abbaye (14 mai). — Acte de notoriété justifiant que Léonard de la Cour, sieur de la Pigeardière, inhumé dans l'église paroissiale d'Anais vers le mois d'avril 1734, n'a pour héritiers que Pierre de la Cour, son arrière-petit-fils, et Marie de la Cour, épouse de François-Charles Glace, négociant, sa petite-fille (19 mai). — Contrat de mariage entre Louis Sazerac,

consul de la juridiction d'Angoulême, fils de Louis, négociant, ancien consul, et de Marguerite Clavaud ; et Marie-Catherine Jeheu de Beaupré, fille de Guillaume, receveur des consignations de la province d'Angoumois, seigneur de Lambrudie et autres lieux, et de Michelle Couturier, en faveur duquel mariage le futur époux reçoit 10.000 livres de dot avec promesse de succéder à ses parents, et la future épouse, 3.000 livres, avec renonciation à la succession des siens (22 mai). — Cession de leur part dans la succession de François de Nesmond, bourgeois, décédé à Saint-Saturnin, le 5 Juin 1766 ; moyennant 450 l. à François Ledoux, par Jean Chaigneau de la Gravière, procureur du roi en la maréchaussée du Limousin à la résidence d'Angoulême, et Jeanne de Nesmond, son épouse ; Jeanne de Nesmond, épouse de François Gibois, sieur Ducluzeau, maître chirurgien ; Élie de Nesmond, écuyer, licencié en droit canon, abbé de Blanzac, frère, sœurs et beaux-frères dudit défunt (24 mai). — Procès-verbal de l'état d'une maison dont Jean Decoux, dit Sireuil, entrepreneur, refuse de continuer la construction, malgré les sommations de justice à lui faites, à la requête de Jean-François Hérault, garde du corps du roi (24 mai). — Procuration donnée par Fleurance Delage de Volude, veuve de Pierre Guiot, écuyer, sieur de Fraudière, pour faire exécuter en sa faveur le testament de Françoise-Andrée de Ravaud (27 mai). — Acte de notoriété justifiant que Jean-Baptiste Périer, écuyer, seigneur de Gurat, est le seul héritier d'Élie-François, et de Jeanne Arnaud, ses père et mère, et de Pierre Périer de Grézignac, écuyer, conseiller secrétaire du roi près la cour des aides de Bordeaux, décédé le 10 courant (29 mai). — « Sur l'exposé fait à sa Majesté des connaissances acquises par le sieur Piveteau Fleury fils, tant en Angleterre que dans les principales places de l'Europe, de tout ce qui peut contribuer à la meilleure fabrication des étoffes de laine », le roi « ayant agréé le projet qui lui a été présenté de substituer à l'ancienne manufacture du sieur Fleury père, bornée au genre d'étoffes déjà connues en France, une nouvelle manufacture avec le titre de manufacture royale de lainage anglais » et ayant accordé en faveur de cet établissement « auxdits sieurs Fleury, père et fils, par l'arrêt de son conseil, du 22 février précédent, divers privilèges et prérogatives », ceux-ci constituent entre eux société à moitié de profits et pertes, nommant pour arbitres, en cas de contestations, MM. de Boisbedeuil et Brun, juges consuls. A signaler dans l'inventaire des marchandises, apport de Fleury père, dans la société : 281 livres, laine de rivière, sans être triée, à 28 sols la livre ; — 320 livres, même laine triée, à 30 sols la livre ; — 78 livres de laine du Poitou, non triée, à 32 sols 6 deniers la livre ; — 307 livres, même laine, triée, à 34 sols la livre ; — bourgeons, peignons et fils à 17 sols la livre ; — dans la boutique des peigneurs : 4 livres de laine filée à « drapée » à 24 sols la livre ; — 63 aulnes « Mahon » à 3 livres 6 sols ; — chez les foulliniers et apprêteurs : 18 pièces de « graissées » tirant 558 aulnes, à 36 sols ; — « Mahon » en graisse, 44 aulnes à 4 livres ; — chez les fileuses : 150 livres étain à filer, à 48 sols ; — ces marchandises estimées par Guillaume Texier de la Valade et Simon Huet, marchand de draps, à Angoulême, et anciens consuls (1er juin). — Vente de l'office de sergent royal en la sénéchaussée d'Angoumois, moyennant 350 livres, à Antoine Massé, praticien, par Jean Roullet, demeurant au Pontouvre (1er juin). — Démission du prieuré de Saint-Surin lès Châteauneuf, entre les mains de l'Évêque d'Angoulême, par Pierre Limousin, prêtre, demeurant à Angoulême (4 juin). — Option pour une pension annuelle de 500 livres, payable par le chapitre cathédral d'Angoulême, curé primitif de Saint-Groux, moyennant abandon de tous les revenus de cette cure, conformément à l'édit du mois de mai précédent, par Christophe Sibilote, prêtre, curé dudit Saint-Groux (13 juin). — Vente de lettres de maîtrise de cordonnier, moyennant 250 livres, à Jean Crouzeau, garçon cordonnier, par la communauté des maîtres cordonniers d'Angoulême, pour la dédommager de l'achat qu'elle-même a dû faire, au roi, de ces lettres et d'autres pour en disposer à sa convenance (15 juin). — Échange de rentes et de pièces de terre dans la paroisse de Chazelles, entre Adrien-Alexandre-Étienne Chérade, chevalier, comte de Montbron, baron de Marthon, marquis de Clervaux, et Guillaume Jeheu, receveur des consignations de l'Angoumois, seigneur de l'Ambraudie (17 juin). — Reconnaissance du devoir de deux deniers due sur leur maison sise foubourg de Lhoumeau, comme faisant partie de la prise des Carmes, à Julien René de la Grève, écuyer, seigneur de Porzensat, Mantresse et autres lieux, et à Marie-Anne de Chalvière, son épouse, par Jean Grossevat, dit la Plaisance, maître tailleur à Angoulême (21 juin). — Contrat d'ingression à l'Union-Chrétienne d'Angoulême, de Marie Lériget, fille de feu Jean, sieur de la Serve, notaire et procureur de la comté de Montbron, et de Marie Bignot (23 juin 1768).

E. 1841. (Liasse.) — 116 pièces, papier.

1768. — Caillaud, notaire royal à Angoulême. — Actes reçus par ce notaire, du 1er juillet au 31 août. — Vente d'une maison, rue de Chande, à Angoulême,

moyennant 750 livres, une paire de bottes de veau ciré et une paire d'escarpins, à Marchadier, maître cordonnier, par Boisseau, archer-garde de la maréchaussée et connétablie de France, et sa femme, demeurant à Xambes (15 juillet). — Partage entre Pierre-François de Raymond, chevalier, seigneur de Saint-Germain, et Jeanne-Catherine de Jousserand, sa femme, et Louis-Élie de Raymond, chevalier; portant distribution de deniers en faveur de nombreux créanciers du seigneur de Saint-Germain, parmi lesquels on remarque Joseph Glockner, écuyer, premier peintre de feue Son Altesse Électorale de Cologne, demeurant à Paris, rue d'Anjou, comme étant aux droits d'Alexandrine d'Hautefoy, chanoinesse de Cologne (16 juillet). — Bail à ferme de la métairie de Chez-Pouillé, paroisse de Saint-Vincent, pour sept années, moyennant 200 livres chacun an, par Pierre Chasteigner de La Rochepozay, clerc tonsuré; François Chasteigner, chevalier, seigneur de La Rochepozay, lieutenant au régiment de Foy-infanterie; et autre François, chevalier de La Rochepozay, frères mineurs (21 juillet). — Vente de rentes seigneuriales avec obligation de les tenir en arrière-fiefs, des seigneuries de Goursac et de Lacadoue, au devoir d'une feuille de laurier et avec faculté de rachat, moyennant 6.901 livres, à André Arnauld, écuyer, seigneur de Ronsenac, juge au présidial d'Angoumois; par Marie-Thérèse Thomas de Bardines, veuve de François Dauphin, chevalier, seigneur de Goursac, Lacadoue et autres lieux, tant en son nom que pour ses enfants, savoir : François, écuyer, seigneur de Goursac et Lacadoue, l'un des 200 chevau-légers de la garde du roi; Pierre, chevalier de Goursac, aussi des chevau-légers; Alexandre, page de la grande écurie du roi; Siméon, écuyer, seigneur de Goursac; Jeanne; et par Martial Dauphin, chevalier, sieur de Lacadoue (28 juillet). — Compte-rendu par Christophe Joubert, écuyer, procureur du roi en l'élection d'Angoulême, à Élisabeth Joubert, de la succession de Élie-François Joubert Dumaine, ancien capitaine au régiment de Trainet, chevalier de Saint-Louis, leur oncle et frère ; succession se montant à 11.157 livres (3 août). — Ferme du revivre ou pacage d'un pré dont il jouit en qualité de fermier, par Léonard Cressat, cabaretier à Lhoumeau, au profit de plusieurs laboureurs du Gond, qui seront tenus de serrer le foin récolté et de payer 50 livres chaque année (7 août). — Contrat de mariage entre Jean Valleteau de Chabrefy, écuyer, receveur ancien des tailles en l'élection d'Angoulême, fils de feu Jacques, aussi receveur des tailles, et de Marie Chaban ; et Jeanne-Anne Navarre, fille de feu Clément, chevalier, président trésorier de France au bureau des finances de La Rochelle, et de Thérèse Bergerat ; au profit duquel mariage le futur époux se constitue 22.000 livres provenant de la succession de son père et reçoit de sa mère la somme de 8.000 livres avec promesse de celle de 10.000 livres, après décès (7 août). — Option de la pension de 500 livres à lui accordée par édit de mai, par Claude Pinot, curé de Saint-Martial de Mouton, paroisse dont le chapitre de Saint-Martial de Limoges est décimateur (9 août). — Transaction entre Philippe Héraud, élu en l'élection d'Angoulême, et divers riverains de la Bonnieure, qui s'engagent à ne se servir de l'eau de cette rivière que depuis la mi-mai à la Notre-Dame de septembre seulement, du samedi midi à dimanche même heure, afin de ne pas interrompre la marche des moulins dudit Héraud (11 août). — Vente, après enchères, de l'office de procureur au présidial d'Angoumois, de feu Pierre Rondrailh, moyennant 6.500 livres, à François Lurat, praticien, par Honoré-Élie Rondrailh, curé de Sainte-Colombe, et Marie Rondrailh, enfants dudit défunt (12 août). — Procès-verbal des réparations à faire aux bâtiments de la succession de Louis de Luillier, écuyer, seigneur des Baslans, à la requête du fermier judiciaire de cette succession (13-17 août). — Autorisation de bâtir une écurie, sur un terrain dépendant du château d'Angoulême, entre l'une des tours servant de cachot et l'un des bastions, moyennant 30 sols de rente, donnée à Jean-Joseph Pineau, subdélégué du bureau des finances de la généralité de Limoges, par Jean-Louis, comte de Raymond de Villognon, maréchal de camp, commandant de la ville et du château d'Angoulême, pour le « gratifier des différents services qu'il a rendus pour le gouvernement, soit par la levée de plans et autres occupations qui lui ont été par lui données » (31 août 1768).

E. 1842. (Liasse.) — 68 pièces, papier.

1768. — Caillaud, notaire royal à Angoulême. — Actes reçus par ce notaire du 2 septembre au 30 octobre. — Bail à ferme de leurs revenus dans la paroisse de Courbillac, moyennant 180 livres chacun an, à Jean Gestreau, marchand, par les religieuses de Saint-Ausone (8 septembre). — Bail à ferme des revenus du lieu de Beauregard, paroisse de Saint-Saturnin, consenti moyennant 330 livres, à Louis Péchillon, sieur de La Borderie, et Marthe Marchais, sa femme, par autre Louis Péchillon, comme procureur de l'abbé de Saint-Cybard (9 septembre). — Bail à ferme d'une pièce de terre, par Pierre-Placide de Laplace, chevalier, seigneur de La Tour-Garnier, ancien capitaine au régiment de Bourbonnais (11 septembre). — Procès-verbal du refus fait par Joubert, procureur au présidial d'Angoumois, de payer la

dîme de la vendange due au curé de Ruelle, au pas ordinaire, malgré l'arrêt du parlement obtenu par ledit curé (23 et 24 septembre). — Bail à ferme de leurs revenus, dans les paroisses de Magnac, de Ruelle, de Mornac et de Champniers, moyennant 200 livres et 1.000 javelles, chacun an, par les religieuses de Saint-Ausone (25 septembre). — Contrat de mariage entre Louis Desbrandes, maître ès arts, fils de Jean, aussi maître ès arts, et de Catherine Declide ; et Élisabeth Faure, fille de feu Jean, commis au greffe du présidial d'Angoumois, et d'Élisabeth Cousseau (25 septembre). — Testament de Jeanne de Pindray de Champagnac, agréée à la communauté de l'Union-Chrétienne d'Angoulême, par lequel elle lègue la somme de 1.000 livres à Joseph de Corlieu, fils aîné de Jacques, écuyer, seigneur de Labaudie (7 octobre). — Remise par ses créanciers à Charles Chicouanne, marchand à Angoulême, de la moitié de ses dettes, montant à 92.969 livres (8 octobre). — Inventaire des meubles et papiers de Jean Chaigneau, curé de Saint-Cybard d'Angoulême, décédé la nuit précédente, ce requérant Pierre Chaigneau, sieur de La Tour-Saint-Jean, bourgeois, tant pour lui que pour Guillaume Chaigneau, employé dans les fermes du roi, son frère, neveu dudit défunt (11 octobre-21 novembre). — Vente d'une rente seigneuriale au village des Balloteries, paroisse de Souffrignac, moyennant 800 livres, à Annibal-René, comte de Roffignac, chevalier, seigneur de Roffignac, La Chapelle-Saint-Robert, Les Brosses, Pommier et autres places, capitaine au régiment de Chartres-infanterie, par Pierre Boutinon, sieur du Buisson, bourgeois (14 octobre). — Bail à loyer de la maison canoniale dont il jouit, paroisse Saint-Jean, consenti moyennant 120 livres, chacun an, à Jean de Montalembert de Vaux, chevalier, seigneur de Villars, par Jean-Charles de Vassoigne, écuyer, chanoine de Saint-Pierre d'Angoulême, que représente Marie-Julie de Vassoigne, veuve de François de Sainte-Hermine, chevalier, seigneur de Sainte-Hermine, Sireuil et autres lieux, ancien capitaine de vaisseau (14 octobre). — Option de la pension de 500 livres à lui accordée par l'édit de mai, par Claude Pinot, comme vicaire perpétuel de la paroisse de Saint-Surin, dont le prieur dudit lieu est décimateur (18 octobre). — Inventaire des effets de Marie-Françoise de Calvimont, veuve de Jacques-Henri de Durfort, comte de Civrac, décédée le 13 août précédent, à l'abbaye de Saint-Ausone où elle demeurait depuis près de douze ans avec sa fille, abbesse de ce monastère, ce requérant Émeric-Joseph de Durfort de Civrac, ambassadeur du roi à Vienne, et Marie de Durfort, veuve du seigneur de Laporte de Puyferrat, enfants de ladite défunte (20 octobre 1768).

E. 1843. (Liasse.) — 77 pièces, papier.

1768. — Caillaud, notaire royal à Angoulême. — Actes reçus par ce notaire du 1er novembre au 31 décembre. — Inventaire des meubles et effets de Antoine Nadault, chevalier, seigneur de Nouhère, décédé le 24 septembre précédent, ce requérant Pierre Nadault, chevalier, seigneur de Nouhère, son fils; et appelés les autres héritiers dudit défunt savoir : dame Guyot de Lunesse, sa veuve, comme tutrice de ses trois enfants mineurs, dame Nadault, épouse du seigneur de Bardines, et dame Nadault, épouse du sieur Navarre. A signaler audit inventaire : les ornements de la chapelle du logis de Nouhère; — un tableau représentant le feu sieur Nadault, chanoine d'Angoulême (3-5 novembre). — Constitution de 120 livres de pension viagère, à titre clérical, en faveur de Laurent Le Clerc, étudiant en théologie au petit séminaire de Poitiers, par Bernard Le Clerc, marchand et notable du corps de ville d'Angoulême, son père (16 novembre). — Vente du bien-fonds de Puymerle, relevant en grande partie du prieuré de Grosbost, moyennant 5.500 livres, au profit de François Bourdage, écuyer, seigneur de Sigogne et autres lieux, juge au présidial, maire et capitaine d'Angoulême, par Jean Gervais, écuyer, seigneur de Puymerle, lieutenant-général criminel audit présidial (25 novembre). — Vente d'une gabare et son bateau, très vieux, sans autres « apparaux » que le grappin, moyennant 1.054 livres, à Thomas Collin, marchand de sel, et Jean-Nicolas Collin, perruquier, par Jean Collin, leur frère (26 novembre). — Inventaires des effets de Charles-Bernard de Lachaize, écuyer, seigneur de Nadelin, décédé à Angoulême, le 8 septembre, ce requérant Jean de Lachaize, écuyer, seigneur de Nadelin, son fils (1er décembre). — Dépôt du testament de Jean Chaignaud, curé de Saint-Cybard d'Angoulême, en date du 1er janvier 1752 (4 décembre). — Option de la pension de 500 livres que leur accorde l'édit de mai, par Jacques-Daniel Cruchier, curé de Saint-Amant-de-Bonnieure, paroisse dont le chapitre de Saint-Pierre d'Angoulême est décimateur; et par Jean-Baptiste Lacour, vicaire perpétuel de Saint-Pierre d'Aigre, paroisse dont le chapitre de Lanville est décimateur (5 décembre). — Inventaire des meubles et effets de la communauté d'entre Claude Trémeau, écuyer, juge au présidial d'Angoumois, et défunte Angélique Gonnet, sa femme. A signaler audit inventaire : une tenture de tapisserie de satin sur galette, en quatre pièces, 4 rideaux de soie et coton à carreaux rouges et blancs et deux autres de coton blanc, estimés 120 livres; — 6 fauteuils en cabriolet, garnis de velours, estimés 100 livres; — un diamant à 9 pierres en rosette, monté en or; un autre diamant en rosette, à 9 pierres ovales, aussi monté en or; — une robe de satin des Indes; une autre de mousseline des Indes, brodée; — 16 coiffes à nouet; 4 miramions; — le contrat de mariage de François Trémeau avec Marie Benoist, père et mère dudit Claude, le 8 janvier 1720; — le contrat de mariage dudit Claude avec Angélique Gonnet, du 22 octobre 1750; — une liasse de lettres missives écrites audit Claude par le sieur Lecomte, agent de la compagnie des Indes à la Martinique, concernant la succession d'Antoine Gonnet, négociant de cette île, son beau-père; — l'acte de nomination à la mairie, dudit Claude, du 27 mars 1757; — entre les mains du sieur Trémeau, fils dudit Claude, pensionnaire au collège Duplessis, à Paris, un couvert et une timbale d'argent estimés 40 livres (5-7 décembre). — Cession de la borderie des Espagnols, située entre les portes de Saint-Martial d'Angoulême, à Pierre Périer, procureur au présidial d'Angoumois, pour s'acquitter de partie de ses dettes envers lui, par Pierre Turrault, sieur de La Cossonnière (20 décembre). — Ferme du droit de cantine qui lui appartient dans le château d'Angoulême, avec pouvoir de vendre 72 barriques de vin sans aucun droit d'aides ni entrées, et 24 autres à moitié droits, pour 7 années, moyennant 800 livres chaque année, et 400 livres de pot-de-vin, une fois payées, par le comte de Raymond, lieutenant dudit château, à Puissant, marchand, et Catherine Rousselot, sa femme (21 décembre). — Procès-verbal de perte de deux chevaux, l'un à l'auberge où pend pour enseigne le Dauphin couronné, à Barbezieux, et l'autre à l'auberge où pend pour enseigne le Lion d'or, faubourg de Lhoumeau, à Angoulême; ce requérant Jacques Revers, roulier, qui s'était chargé de transporter 8.280 livres de coton, café, oranges et autres marchandises, de Bordeaux à Orléans (30 décembre 1768).

E. 1844. (Liasse.) — 93 pièces, papier.

1769. — Caillaud, notaire royal à Angoulême. — Actes reçus par ce notaire, du 1er janvier au 28 février. — Vente de la métairie de Chez-Goreau, paroisse de Ronsenac, moyennant 3.250 livres, aux frères Durand, par Antoine Boucheron, sieur de La Tour (3 janvier). — Bail à ferme des revenus qui lui appartiennent, dans les paroisses de Chavenat, Berneuil et autres dépendances de son prieuré, consenti pour neuf années, moyennant 950 livres chacun an, par Jacques Peynet, prêtre, prieur de Chavenat et infirmier de l'abbaye de Saint-Cybard, à Pierre Périer, procureur au présidial d'Angoulême (16 janvier). — Option de la pension de 500 livres que lui accorde l'édit de mai, par Pierre Péchillon, vicaire perpétuel de Saint-Arthémy de Blanzac et de Saint-André, son annexe, dont le chapitre de Blanzac est décimateur (17 janvier). — Contrat de mariage entre Jean-François-Louis-Pierre Duhamel, inspecteur général du droit sur les cartes, fils de Jean-François-Joseph, ancien notaire royal d'Argences, généralité de Caen, et de feue Jeanne Bodard; et Marguerite Couprie, fille de feu François et de Jeanne Lauzet (19 janvier). — Procès-verbal du château du Petit-Balzac et domaines en dépendant, ce requérant Charles, comte de Broglie, marquis de Ruffec, et Louise-Auguste de Montmorency, sa femme, récents acquéreurs dudit château, que représente Jean Blanchet, procureur du marquisat de Ruffec. A signaler dans une chambre, près du salon, le portrait de Louis XIV, au-dessus de la cheminée (20-25 janvier). — Contrat de louage d'un jardinier et sa femme pour le servir à sa maison de campagne, moyennant 100 livres de gages chacun an, par Pierre Rivaud, substitut du procureur du roi au présidial (24 janvier). — Inventaire des marchandises, meubles et effets de la communauté d'entre Nicolas Tournier, le jeune, décédé le 24 du présent mois, et Léonarde Piveteau, sa veuve. A signaler audit inventaire : 28 livres de poudre à poudrer, estimée à 6 sols le livre; — un baril de café de Saint-Domingue, à 20 sols la livre; — un baril de riz, à 26 livres le cent; — 5 boccards de verre simple contenant 6 livres de dragées, estimés 7 livres; — des clous de portail, estimés 40 sols la livre; — 5 balles de morues vertes contenant 77 couples, estimés à 3 livres 5 sols le couple; — 430 livres de morues sèches, grands poissons, estimées 24 livres le cent; — 37 balles de morues sèches, petits poissons, estimées 19 livres le quintal; — 30 barils de beurre, tant de Dublin que de Waterford, pesant 3.537 livres, estimés 58 livres le cent; — une balle de coton Jérusalem, filé, estimé 30 sols la livre; — 50 paniers de verres, moitié à un et moitié à deux feux, estimés 38 livres le panier; — une épée à poignée et garde d'argent, estimée 60 livres; — une montre à boîtier d'or, son double boîtier et sa chaîne en simili or, estimée 180 livres; — trois petits tableaux représentant le Dauphin et les deux princesses, leurs cadres dorés, estimés 9 livres; — le contrat de mariage dudit feu avec la demoiselle Piveteau, du 3 janvier 1737; — le contrat de mariage de Christophe Tournier, fils aîné, avec Marguerite Seguin, du 6 juin 1726; — le contrat d'acquisition faite par ledit défunt et sa femme, du domaine de Boismenu, le 26 octobre 1764;

— le titre d'anoblissement dudit fief de Boismenu, du 23 octobre 1609; — une liasse de pièces et mémoires concernant la ferme de la forge de Ruffec faite audit feu par le comte de Valentinois, le 24 mai 1758 (26 janvier-21 avril). — Contrat de mariage entre Joseph de La Brousse, écuyer, seigneur de Veaubrunet, ancien garde du corps du roi, gouverneur de la ville de La Rochefoucauld, fils de Joseph, écuyer, seigneur de Veaubrunet, ancien officier au régiment de Bretagne, et de feue Catherine Valleteau de Nouillac; et Marie Favret de Rochecorail, fille de Michel Favret du Pommeau, seigneur de Rochecorail et de La Breuillerie, directeur général des aides en l'élection d'Angoulême, et de feue Marguerite Pigornet (27 janvier). — Fixation à 700 livres de la portion congrue de Jean Martin, vicaire perpétuel de Saint-Pierre-ès-liens de Narsac, après entente avec les moines de Saint-Cybard, décimateurs (4 février). — Constitution de 88 livres de rente, au capital de 2.200 livres, en faveur de Michel Combret, curé de Touzac, par Antoine Gouguet, ancien capitaine de chasseurs à cheval, chevalier de Saint-Louis, et Marguerite Combret, son épouse (17 février). — Bail à ferme des dîmes de la paroisse de Champniers, consenti moyennant 1.700 livres et 40 pintes d'eau-de-vie, chacun an, par l'abbesse de Saint-Ausone, à François Geoffroy, procureur en la juridiction de Champniers (21 février). — Bail à ferme des revenus de son abbaye, dans la paroisse de Fléac, moyennant 500 livres, chacun an, par ladite abbesse (27 février 1769).

E. 1845. (Liasse). — 121 pièces, papier.

1769. — Caillaud, notaire royal à Angoulême. — Actes reçus par ce notaire, du 1er mars au 30 avril. — Bail à ferme des revenus de l'abbaye de Bournet, après enchères, moyennant 2,410 livres, par Louis Péchillon, procureur au présidial d'Angoumois, à Clément Augeraud, procureur au même siège, représentant Sébastien Marchal de Saincy, économe général des bénéfices vacants (1er mars). — Cession d'une rente constituée de 40 livres, au capital de 800 livres, à Jean-Baptiste Marantin, écuyer, seigneur des Denis, La Rivière et autres lieux, conseiller du roi, commissaire des guerres employé en Angoumois, de la société royale de l'agriculture, de la généralité de Limoges, licencié ès lois, subdélégué de l'intendant de ladite généralité, demeurant au logis de Péruset, paroisse de Rivières, par Jacques Thévenin, marchand (7 mars). — Compte concernant la succession de François Dussieux, sieur de La Moradie, entre Marie Thevet, sa veuve, et Anne Dussieux, veuve de Philippe Vigier, écuyer, seigneur de La Pille, sa fille (7 mars). — Dépôt d'actes par Nicolas Trémeau, officier de la louveterie (8 mars). — Bail à ferme des dîmes du quartier de Viville, paroisse de Champniers, consenti moyennant 1.450 livres, chacun an, par l'abbesse de St-Ausone, à plusieurs marchands dudit village de Viville (9 mars). — Bail à ferme des revenus de la seigneurie de Bessé, consenti moyennant 1.300 livres, chacun an, à Pierre Bourbaud, bourgeois, par ladite abbesse (11 mars). — Bail à ferme de la moitié des dîmes de la paroisse de Brie, consenti moyennant 1,200 livres, chacun an, à Jean Boissier, sieur des Combes, bourgeois, et à Robert Machenaud, sieur des Plantes, aussi bourgeois, par ladite abbesse (16 mars). — Transaction au sujet de la succession de Charles-Antoine Nadault, chevalier, seigneur de Nouhère, entre Françoise Guyot, sa veuve, tant pour elle que comme tutrice de Marc, Marie et autre Marie, ses enfants mineurs, et Pierre Nadault, écuyer, seigneur de Nouhère; Louis-François Thomas, chevalier, seigneur de Bardines, et Mélanie Nadault, son épouse; Mathurin Navarre, sieur de Boisderet, et Marie Nadault, son épouse; qui fixe la légitime de grâce des puînés à 1,500 livres (16 mars). — Bail à ferme des revenus du prieuré de Dignac, consenti moyennant 800 livres, à François et Émery Artaud, frères, marchands, par Jean Cotheret, sacriste de l'abbaye de St-Cybard, prieur de Dignac (21 mars). — Constitution de 48 livres de rente au capital de 1,200 livres, consentie par Pierre Duvignaud, maître de danse, et Marie-Rose Valentin, son épouse, au profit de Jean Duvignaud, maître cordonnier, leur frère et beau-frère (24 mars). — Inventaire des meubles et effets de Jeanne-Rose de Nesmond, décédée le 13 de ce mois, et partage de sa succession se montant à 2.143 livres, entre Ducluzeau, maître chirurgien, et la demoiselle de Nesmond, son épouse; Jean-Élie de Nesmond, écuyer, abbé de Blanzac; Marie de Nesmond, veuve de Philippe-André de Pipérac; Jean Chaigneau de la Gravière, avocat en parlement, procureur en la maréchaussée du Limousin, et Marie de Nesmond, son épouse (29 mars-10 avril). — Démission de la vicairie perpétuelle de Saint-Maur-Notre-Dame de Lanville, par Pierre de la Peyronnie, prêtre, chanoine régulier de Saint-Augustin (11 avril). — Contrat d'apprentissage, pour trois années, de Jérôme Vivier, chez M. Nadal de Soubreville, maître de la manufacture royale de coton, qui s'engage à lui apprendre à carder, filer, faire la siamoise, etc. (19 avril). — Vente des fief, seigneurie et domaines de Fissac, paroisse de Ruelle, moyennant 51.600 livres, à Claude Trémeau, écuyer,

juge au présidial d'Angoumois, par Emmanuel-Frédéric, marquis de Taune, chevalier, seigneur de Santenas, etc., et Marie-Henriette Dutheil, son épouse, demeurant au château du Chadieu, paroisse d'Authezat en Auvergne (21 avril). — Inventaire des meubles et effets de la succession de Jean Poitevin, notaire royal à Angoulême, ce requérant Marie-Rose Lescallier, sa veuve (21 avril 1769-18 février 1770). — Résignation de la cure de Sainte-Eulalie de Champniers, en faveur de Pierre Godin, curé de Saint-Michel d'Entraigues, son neveu, par autre Pierre Godin (24 avril 1769).

E. 1846. (Liasse.) — 121 pièces, papier.

1769. — Caillaud, notaire royal à Angoulême. — Actes reçus par ce notaire, du 1er mai au 27 juin. — Constitution de 120 livres de rente, au capital de 3.000 livres; au profit de Julie-Thérèse Dexmier, veuve de Philippe Thevet, seigneur de Lugeat, par Laurent Leblanc, maître chirurgien, et Antoinette Froumantin, son épouse (1er mai). — Quittance d'amortissement d'une rente de 100 livres, donnée à Jean-Jacques de Voizin, ancien chirurgien-major au régiment de la Couronne, par François Faure, chirurgien-major du régiment de Royal-vaisseaux (7 mai). — Inventaire des marchandises et meubles de Guillaume Clavaud, négociant, sur le point de contracter mariage avec Marie Pain. A signaler audit inventaire : 870 grands dails, aux deux clefs, à 107 livres le 100; — 510 moyens, à l'œil de perdrix, à 100 livres; — 346 « à la daille », à 90 livres (11 mai). — Contrat de mariage entre Jean-Baptiste-Guillaume de Brivazac, conseiller au parlement de Bordeaux, fils de Léonard-Guillaume, conseiller honoraire audit parlement, baron de Bizac, seigneur de Beaumont, Lasalle et autres lieux, et de Marie-Madeleine-Angélique de Baret; et Marguerite Delaporte de Puifferrat, fille de feu Pierre et de Marie de Durfort de Civrac; en faveur duquel mariage le futur époux reçoit 400.000 livres de dot, et la future épouse 50.000 livres (14 mai). — Bail à ferme du droit de péage, à la foire d'Angoulême, le lendemain de la fête de Saint-Ausone, consenti pour cinq années, moyennant 50 livres, chacun an, par l'abbesse de Saint-Ausone (16 mai). — Convention entre Simon Benoist, sieur de La Boissière, et Simon Piveteau-Fleury, au sujet d'un mur mitoyen entre leurs propriétés, dont s'est servi ledit Piveteau pour élever les bâtiments d'une teinturerie (22 mai). — Contrat de mariage entre Bernard Sazerac fils de Louis, négociant, et de Marguerite Clavaud; et Thérèse de Bresme, fille d'André Benoist de Bresme

avocat en parlement, et de Thérèse Fauconier (23 mai).
— Inventaire des meubles, effets et marchandises de la
communauté entre feu Jean Dubois, marchand blanchier,
et Marie Lafleur, son épouse (23 mai - 7 juin). —
Contrat de mariage entre Louis Delahaure, sieur de
Chenevière, fils de feu Nicolas, avocat en la cour, et de
Marie-Philippe Pigornet, demeurant paroisse de Juignac;
et Jeanne Rullier, fille de Jean, sieur de Boisnoir, et de
Marguerite Piet (28 mai). — Inventaire des meubles et
effets de Renée-Élisabeth Pipaud, veuve de François
Gilbert, élu en l'élection d'Angoulême, décédée le 30 mai,
suivi d'un partage des biens de sa succession se montant
pour les biens meubles à 5.073 livres, et pour les immeubles, à 38.858 livres, entre Jean Gilbert, prêtre, licencié
en théologie et prieur de Fontblanche; François-Jean
Gilbert de Beaupré; Élie Gilbert, sieur de Boisjolly; Jean
Faure de Ravereau de Moullinars, seigneur de Barbezières, et Marie Gilbert, son épouse; Jean-Elie-Marce-
lin et François-Rose Gilbert, ses enfants (30 mai -
11 novembre). — Ferme de la buvette du Palais
royal, consentie moyennant 120 livres, chacun an, à
Louis Laplanche, cuisinier, par Marc Debresme, sieur
des Gasniers (2 juin). — Vente de son office de procureur au présidial d'Angoumois, moyennant 10.000 livres
à Pierre Bouniceau, praticien, demeurant à Saint-
Amant-de-Boixe, par Jean-Antoine Vallier (4 juin). —
Dépôt du testament de Pierre-Joseph Bareau, écuyer,
seigneur de Girac, chanoine de la cathédrale d'Angoulême, et ancien prieur de Montmoreau, daté du 1er janvier 1768, par lequel il lègue la plus grande part de ses
biens à son petit-neveu, Pierre Bareau, fils de Mr de
Girac, ancien officier de cavalerie, réservant l'usufruit
jusqu'à la majorité dudit, à l'évêque de Saint-Brieux, son
filleul (10 juin). — Bail à ferme des fief et seigneurie de
Nouhère, consenti pour 6 ans, moyennant 1.200 livres,
chacun an, par Pierre Nadault, écuyer, seigneur dudit
lieu (13 juin). — Procuration de Louis-Élie de Raymond,
chevalier, seigneur de Saint-Germain, constituant Jean
Fouchier, avocat en parlement, gérant de sa terre de
Saint-Germain, et lui allouant un dixième du produit
des rentes et agriers, un cinquième du produit de la
vente des grains, vins et autres fruits, un quart des
profits de bestiaux (15 juin). — Contrat de mariage entre
Maximien de Crozan, chevalier, seigneur de Rivières et
du Châtelars, fils de défunts François et de Philippine
Dussaux; et Anne-Marguerite Normand de Garat, fille
de défunts Jean, chevalier, seigneur de Garat, La Tranchade et autres lieux, et Jeanne Pasquet de Lartige
(20 juin). — Protestation de Jean Thinon le jeune, bourgeois, contre les agissements des employés des aides au

sujet des droits d'octroi perçus à l'entrée d'Angoulême,
contenant tarif de ces droits (23 juin 1769).

E. 1847. (Liasse.) — 79 pièces, papier.

1769. — Caillaud, notaire royal à Angoulême. —
Actes reçus par ce notaire, du 2 juillet au 31 août.
— Contrat de mariage entre Jean-Antoine Vallier, sieur
Desbrandes, fils de défunts François et Marie Dejarnac;
et Louise-Jeanne Deval, fille de feu Jean, sieur de Touvre, et de Jeanne Bruneau (2 juillet). — Inventaire des
meubles et effets de la succession de Joseph Bareau,
chevalier, seigneur de Girac, chanoine de Saint-Pierre
d'Angoulême, décédé le 10 juin précédent; et vente aux
enchères desdits meubles. A signaler audit inventaire :
une tenture de tapisserie d'Aubusson, fil simple, verdure,
deux aunes de hauteur sur treize et demie de cours, estimée 200 livres; — une tenture de tapisserie, vieille
Flandre, de deux aunes et demie de hauteur sur douze de
cours, estimée 180 livres; — une pendule vendue 85
livres (3 juillet-26 août). — Acte de notoriété fourni par
de très nombreux habitants d'Angoulême qui certifient
la folie, depuis 5 ans, de Jean Bargeas, apothicaire,
emprisonné dans cette ville pour homicide (6 juillet). —
Vente de son office de juge au présidial d'Angoumois,
moyennant 5.000 livres, à François Frugier, avocat au
parlement, par Pierre Préverauld, sieur de La Boissière
(12 juillet). — Vente du fief du Grand-Maine, paroisses
de Fléac et de Vindelle, moyennant 10.600 livres, à
Suzanne-Julie de Lubersac, par Alexandre-Moïse de
Couvidoux de Fleurac, curé de Saint-Gervais, diocèse de
Poitiers; Jean-Alexandre de Couvidoux, écuyer, garde
du corps du roi; Charles-César de Lestang, écuyer, seigneur de Langle, aussi garde du corps du roi, et Anne-
Julie de Couvidoux; Pierre de Couvidoux de Fleurac,
curé d'Echillais en Saintonge; Charles de Couvidoux,
écuyer, seigneur de Saint-Palais; et Marie-Louise de
Couvidoux, héritiers de Marie Texier, leur mère, séparée
de biens de Louis-Alexandre de Couvidoux, son époux,
(13 juillet). — Contrat d'apprentissage, pour trois années,
de François Soulas, chez Germain Legrand, entrepreneur de bâtiments et architecte, à Angoulême (30 juillet).
— Vente d'un boisseau de froment de rente due sur la
prise de Villars-Dupont, près de Genouillac, moyennant
30 livres, à Martial Delimagne, sieur de Villars, par
Martial Dutillet, sieur de Juillac (3 août). — Vente des
offices de procureur au présidial et de procureur à l'élection d'Angoumois, moyennant 9.000 livres, à Pierre
Brun, praticien, par Jean Delessat (10 août). — Vente

d'une maison, canton du Palais, à Angoulême, moyennant 3.700 livres, à Guillaume Létourneau, curé du Vieux-Cérier (10 août). — Amortissement, par Alexandre-Louis Dumas, écuyer, seigneur de Chebrac et Salvert, d'une rente de 100 livres, assignée aux Minimes d'Angoulême sur la seigneurie de Chebrac et Salvert, sous l'obligation de 200 messes à dire chacun an, par le testament de Jean Guy de Salvert (24 août). — Acte de notoriété justificatif du nombre des héritiers de François Trémeau du Pignon, revenu à Angoulême après plusieurs années de séjour à la Martinique, et décédé dans cette ville, en mars 1760 (24 août 1769).

E. 1848. (Liasse.) — 63 pièces, papier.

1769. — Caillaud, notaire royal à Angoulême. — Actes reçus par ce notaire, du 2 septembre au 31 octobre. — Constitution de 1.000 livres de rente annuelle en augmentation de la dot d'Anne de Montalembert, sa sœur, religieuse ursuline à Angoulême, par Pierre de Montalembert, chevalier, seigneur de Villars, lieutenant de vaisseau à Rochefort (4 septembre). — Autorisation de clore par des barrières le passage entre sa maison et les murs du château d'Angoulême, accordée à Jean Valleteau de Chabrefy, écuyer, receveur ancien des tailles, par le comte de Raymond, commandant ledit château (8 septembre). — Vente d'une maison, près de l'église Saint-André, à Angoulême, moyennant 2.600 livres, par Marguerite Desbœufs, veuve de Jacques Rezé, marchand imprimeur (11 septembre). — Quittance de 164 livres fournie à Pierre-Hilaire Mitault, directeur de la messagerie d'Angoulême, par Magaud, dit Paillet, cabaretier du faubourg de Lhoumeau, pour soins donnés à un garçon charretier, victime d'un accident (20 septembre). — Partage par licitation de la succession de Jean Chevraud, écuyer, seigneur de La Vallade, et Marie Pommet, leurs parents, entre Jean, écuyer, sieur de La Vallade, demeurant au logis de Courrances, paroisse de Marsac; Élisabeth, demeurant au logis du Raby, paroisse de Bouteville; Françoise; et François, écuyer, employé aux aides, à Saintes, leurs enfants (27 septembre). — Vente du domaine de La Vallade, paroisse de Sireuil, moyennant 21.000 livres, à François de Lessat, avocat en la cour, et Françoise de Ferrière, son épouse, par Françoise Chevraud (29 septembre). — Protestation de François Benoist des Essards, changeur pour le roi à Angoulême et banquier ordinaire, contre les sieurs Delapouge et Nouël qui lui ont extorqué des valeurs en menaçant de le poursuivre pour usure, alors qu'il a toujours pris seulement le taux habituel de l'escompte (28 octobre). — Bail à loyer de la maison servant de presbytère à l'église paroissiale du Petit-Saint-Cybard, consenti moyennant 130 livres, chacun an, par Jean-François Gilbert, archiprêtre de Saint-Jean, curé du Petit-Saint-Cybard (24 octobre). — Procès-verbal constatant les dégâts causés par un coup de feu tiré, durant la nuit à travers sa porte, ce requérant Roullet, sergent royal au Pontouvre (20 octobre). — Bail à loyer d'une maison, près de l'église Saint-Martial, consenti moyennant 24 livres, par les religieuses de Sainte-Ursule d'Angoulême (18 octobre). — Dépôt par Gabriel Lemaître, fils aîné, peintre, exerçant les droits de Dorothée de Vuailly, sa femme, entre autres, d'un contrat de vente de maison et outils de teinturier à Amiens, consenti par Philippe de Vuailly, marchand teinturier, audit lieu, et ses frères et sœur, au profit de François de Vuailly, aussi marchand teinturier, leur cousin (10 octobre). — Contrat de mariage entre Jean-René de Lhoume, notaire royal, fils de défunts Jean, aussi notaire royal, et Marie-Anne Pelletier, demeurant à Courcôme; et Jeanne de Lhoume, fille d'Achille-Nicolas, négociant, et d'Andrée Courlit (6 octobre). — Bail à loyer d'une maison, paroisse de Saint-André, consenti moyennant 300 livres, chacun an, à Léonard de Chastel, écuyer, sieur de La Berthe, capitaine au régiment de Conty-infanterie, chevalier de Saint-Louis, et Catherine de Chastel de La Berthe, sa sœur, par Louis Forges, négociant, et Rose Marchais, son épouse (5 octobre 1769).

E. 1849. (Liasse.) — 61 pièces papier.

1769. — Caillaud, notaire royal à Angoulême. — Actes reçus par ce notaire, du 2 novembre au 31 décembre. — Sur la plainte de plusieurs marchands que l'escompte par eux pris est illicite, André-François Benoist des Essards, banquier à Angoulême, pour lui et pour Claude, son fils, protestent qu'ils « suivaient l'usage en recevant des commerçants auxquels ils fournissaient leur argent quelquefois les trois quarts, suivant les circonstances, et le plus souvent la moitié, avec d'autant plus de sécurité et de bonne foi, que les commerçants avec lesquels ils négociaient, leur offraient eux-mêmes ce bénéfice, relativement à l'usage pratiqué dans toutes les places du royaume »; et offrent à plusieurs marchands de leur « faire raison des erreurs qui pourraient s'être glissées dans les négociations. » (2 novembre). — Sur la demande de Simon Fournier, dissolution de communauté avec sa mère, et fixation, par un conseil de famille, des biens qui doivent lui revenir, du chef de son père (10 novembre). — Résignation de sa prébende à l'église collégiale de Saint-Arthémy de Blanzac, par Pierre Turcat, clerc tonsuré, en faveur de Guillaume Turcat, aussi clerc tonsuré, son neveu (17 novembre). — Contrat de société entre deux marchands de poissons d'Angoulême, au capital de 380 livres (21 novembre). — Bail à ferme de la moitié des dimes de Chazelles, consenti moyennant 600 livres, chacun an, par Louis Robert Lavialle, prêtre, trésorier du chapitre cathédral d'Angoulême (1er décembre). — Plusieurs mas de la paroisse de Plaizac chargés d'agriers au neuvième des fruits envers Michel Benoist, religieux de Saint-Cybard, comme chambrier de l'abbaye, demeurant incultes, ledit Benoist, après s'être préoccupé d'en exercer la réunion à la chambrerie, convient avec les propriétaires, pour éviter les contestations sur le défaut de culture de ces terres, et pour les encourager à en tirer tout le parti dont elles sont susceptibles, de transformer les agriers en rentes seigneuriales, à raison de 10 sols par journal (5 décembre). — Louage par Dumas, scieur de long à Angoulême, de Goutte, aussi scieur de long, pour cinq ans, avec promesse de le loger, nourrir et habiller, et de lui donner en gage 45 livres et la valeur de 8 livres de tabac : pour le dédommager de ces conditions, Goutte cède à Dumas, pour 8 ans, une rente annuelle de 13 livres (20 décembre). — Supplément du dénombrement du fief de la Prévôterie dont il jouit à titre d'engagement du roi, par Pierre-Joseph Bareau de Girac, chevalier, marquis de Bourg-Charente, seigneur de la Prévôterie, Fayolle et Jauldes (31 décembre 1769).

E. 1850. (Liasses.) — 90 pièces, papier.

1770. — Caillaud, notaire royal à Angoulême. — Actes reçus par ce notaire, du 1er janvier au 28 février. — Convention entre les quatre collecteurs et un laboureur de la paroisse de Torsac; ce dernier s'engage à lever les impositions moyennant qu'il touchera les droits de collecte estimés 120 livres et recevra en outre 24 livres (4 janvier). — Transaction au sujet d'un essac sur la Tardoire, entre Jacques Constantin, sieur de Villars, lieutenant-général de police d'Angoulême, et Mirgallet, laboureur (6 janvier). — Bail à droit d'agrier au dix un de tous les fruits, d'une pièce de vigne, paroisse d'Aussac, par Pierre Arnauld, écuyer, seigneur de Ronsenac, procureur du roi au présidial d'Angoumois (10 janvier). — Vente d'une maison, sise en face du château et du cimetière de la paroisse de Saint-Antonin d'Angoulême, moyennant

10.000 livres, à Cyprien-Gabriel Terrasson, chevalier, seigneur des Courades, et Clément-Charles Arnauld, prêtre, ancien vicaire général du diocèse de Die, par Jean-Joseph Dutillet de Villars, écuyer, gouverneur des pages de la chambre, et valet de chambre du roi, et Catherine Tourette, son épouse (11 janvier). — Testament de Marie Aultier de la Plasne, religieuse à l'Union-Chrétienne d'Angoulême, en faveur de Marguerite-Esther et de Marie de Rocquart, ses petites-nièces (14 janvier). — Bail des dimes de la cure de Lhoumeau, consenti moyennant 640 livres, chacun an, par François Gilbert, curé de ladite paroisse (14 janvier). — Vente d'une maison à Angoulême, confrontant, par devant, à un canton qui la sépare des prisons royales, par derrière, à la rue du Chat, moyennant 2.600 livres, à Jacques Gralhat, ancien directeur des postes, à Angoulême, par Jean-Baptiste Chaigneau, sieur de la Fonchaudière, son sucesseur, et Madeleine-Anne Gralhat, épouse dudit Chaigneau et fille dudit Jacques (20 janvier). — Contrat d'ingression au couvent des Ursulines d'Angoulême, de Françoise Chinon, fille de Jean, avocat à la cour, et de Philippe Collain, qui lui constituent une aumône dotale de 3.000 livres et une pension viagère de 30 livres (1er février). — Réduction à 10 sols seulement, des rentes seigneuriales à lui dues sur le domaine de La Boissière et la prise de Frégeneuil, consentie par le marquis d'Argence, en faveur d'André André, sieur de La Tasche, avocat au parlement, et de Marie Corlieu, son épouse (3 février). — Refus de quelques paroissiens de Notre-Dame de La Peyne, à Angoulême, étant en trop petit nombre, de prendre une décision sur la requête présentée par leur curé, François Chauvineau, tendant à ce que l'assemblée générale des paroissiens lui procurât un logement (11 février). — Cession par licitation de la moitié d'une maison sise rue de Genève, à Angoulême, relevant de la seigneurie du Maine-Gagneau, moyennant 1.800 livres, à François Bourdage, écuyer, seigneur de Sigogne, Coulgens, La Tour, La Marche et autres lieux, juge au présidial d'Angoumois, maire et capitaine d'Angoulême; par Antoine Paillier, machand, et Jeanne Thevet, son épouse (13 février). — Contrat de mariage entre Jacques Rezé, marchand, fils de Pierre, aussi marchand, et de Marie Robert ; et Marie-Rose Labonne, fille d'Antoine, boulanger (14 février). — Vente de la terre et seigneurie de La Mothe-Leroux et du fief de La Berlière, sis paroisse de Brulain en Poitou; moyennant 28.600 livres, à Pierre Delavault, bourgeois de Niort, par Louis-Élie de Raymond, chevalier, seigneur de Saint-Germain (16 février). — Donation entre vifs, sous réserve d'usufruit et à charge de cetains legs, de sa part dans la communauté avec son mari, par Marie-Rose Lescallier veuve de Jean Poitevin, notaire royal à Angoulême, en faveur de François Poitevin, de Beaupré, d'autre François et de Pierre Poitevin, ces deux derniers directeurs de la nouvelle fonderie de Leurs Majestés Impériales, à Vienne, en Autriche, ses enfants ; avec la procuration desdits directeurs, passée devant Heim, notaire impérial, dont la signature est légalisée par Joseph de Durfort, marquis de Civrac, ambassadeur de France en Autriche (20 février). — Procès-verbal du refus fait par Pierre Tournier, négociant à Angoulême, de recevoir des marchandises allemandes qui ne lui arrivent pas dans le temps convenu (26 février-5 mars). — Procès-verbal de dégustation de vin (27 février 1770).

E. 1851. (Liasse.) — 86 pièces, papier.

1770. — Caillaud, notaire royal à Angoulême. — Actes reçus par ce notaire, du 3 mars au 30 avril. — Transaction au sujet des réparations à faire à l'église de Notre-Dame de Beaulieu, adjugées le 22 janvier 1740, à Jean Collain, dit Biron, depuis lors décédé, entre les héritiers dudit Collain, et Jean Bourdin, élu à Angoulême, Jacques Joubert, sieur des Fosses, avocat en la cour, François Gerbaud, procureur au présidial, tous trois représentant les habitants de la paroisse de Beaulieu, et aussi les administateurs du collège de Tours, possesseurs des revenus du prieuré de Beaulieu (4 mars). — Procès-verbal d'une coupe de bois faite par M. de Montalembert de Villars, sur une pièce sise commune de Garat, appartenant à Pasquet Birot, écuyer, sieur des Bournis, sourd et muet de naissance, à la requête de Louis Péchillon, procureur au présidial, son curateur (12 mars). — Dépôt du testament de Pierre-Joseph Bareau de Girac, écuyer, ancien doyen du chapitre cathédral d'Angoulême, du 1er août 1769, suivi de divers codicilles dont le dernier est du 8 mars 1770 ; il lègue sa fortune par moitié à sa petite-nièce de Girac et son petit-neveu de la Soudière (16 mars). — Vente de l'office de colonel de la milice bourgeoise d'Angoulême, moyennant 500 livres, par André André, sieur de La Tasche, avocat au parlement, à Etienne Souchet, aussi avocat au parlement, son gendre (17 mars). — Supplique au roi par l'assemblée des habitants et les membres des confréries du Très-Saint-Sacrement et de Saint-Jacques de Compostelle, de la paroisse de Saint-André d'Angoulême, de conserver et confirmer, « en mettant le comble aux vœux unanimes de la province », l'existence de ces deux confréries fondées la première, par monseigneur de Péri-

card, le 28 juin 1651 ; la seconde, dans l'église des Frères Prêcheurs, le 27 février 1627 ; à cause des avantages nombreux qu'elles procurent, et leurs aumôniers étant devenus indispensables au service du culte dans la paroisse (19 mars). — Contrat d'ingression dans la communauté de l'Union chrétienne d'Angoulême, de Catherine Barbot de Peudry, fille de Marc Barbot de La Trésorière et de Catherine Fouchier (27 mars). — Inventaire des meubles et effets de la succession de Pierre-Joseph Bareau de Girac, ancien doyen du chapitre cathédral d'Angoulême, décédé le 14 mars précédent, suivi de partage. A signaler audit inventaire : une lampe économique d'argent avec son garde vue, estimée 8 livres ; — un volume in-4° intitulé : *Septem tubæ sacerdotales ;* — un grand fusil, de près de 10 pieds de hauteur, sans platine, le tuyau usé, estimé 30 sols (2 avril-20 novembre). — Constitution de 50 livres de rente, au capital de 1.000 livres, consentie par les Carmes de La Rochefoucauld, au profit des religieuses du tiers-ordre franciscain, à Angoulême (3 avril). — Procuration générale donnée à André Resnier, greffier en chef du présidial d'Angoumois, par André-Guillaume Thevet, écuyer, sieur de La Bourgade, chevalier de Saint-Louis, commandant le bataillon actuellement à Angoulême, sur le point d'entrer à l'hôtel royal des Invalides, à Paris (3 avril). — Réquisition à M. de Saluces, abbé de Saint-Amant-de-Boixe, comme prieur commendataire de Notre-Dame-des-Salles de la Vauguyon, des chanoines réguliers de Saint-Augustin, de nommer Jean-Baptiste Guithon, chanoine régulier de la congrégation de Chancelade, dit ordre de Saint-Augustin, prieur-curé de Bujaleuf et de Darnetz, au bénéfice régulier de Saint-Barthélemy en Périgord, diocèse de Limoges (14 avril 1770).

E. 1852. (Liasse.) — 102 pièces, papier.

1770. — Caillaud, notaire royal à Angoulême. — Actes reçus par ce notaire, du 1er mai au 30 juin. — Vente de l'office de conseiller au présidial d'Angoumois, moyennant 6.000 livres, à Léonard Dufresse, sieur de Chassaigne, et Marie Vallier, son épouse, pour et au nom de François, leur fils, par François Bourdage, écuyer, seigneur de Sigogne, La Tours et La Marche (4 mai). — Contrat d'ingression dans le tiers-ordre de Saint-François d'Angoulême, de Marie Feuillade, fille d'Antoine, sieur de Ferrière, bourgeois, et de feue Madeleine Duretelle (5 mai) ; — et de Marie Rullier, fille de feu Pierre, sieur des Fontaines, et Jeanne Guignard (6 mai). — Cession d'une créance de 260 livres qu'a contractée envers lui

François de Raymond, seigneur de Saint-Germain, par Simon-Jacob de Villemandy, sieur de La Ménière, docteur en médecine, demeurant à La Rochefoucauld, à Louis-Élie de Raymond, aussi seigneur de Saint-Germain (8 mai). — Contrat d'ingression à l'abbaye de Saint-Ausone de Jeanne-Henriette de Raymond, fille de feu Pierre-François, et de Jeanne-Catherine de Jousserant (10 mai) ; — et d'Anne Tomasson de Plamont, fille de Jean, chevalier, seigneur de Plamon t, et de Suzanne de Lusignan (23 mai). — Transaction au sujet d'une créance, entre Jean Palissière, bourgeois, et Marie Gunaud, sa femme ; et Madeleine Bataille, veuve de Pierre Barraud, mouleur de canons (26 mai.) — Dépôt par Jean Dumergue l'aîné, marchand sellier et carrossier, à Angoulême, d'une lettre de François Dumergue, son frère, envoyée de Fort-Dauphin le 2 février 1769, par laquelle il lui abandonne ses droits sur l'héritage de leurs parents, et lui fait prévoir une guerre civile à Saint-Domingue, en raison du service qu'on menace de leur faire faire, comme les troupes réglées (31 mai). — Contrat de mariage entre François Frugier, sieur de La Pallu, fils d'autre François, sieur de La Pallu et du Parvaud, élu à Cognac, et de feue Marguerite Laborde ; et Marie Joubert, fille de Jacques, sieur des Fosses, seigneur de Saint Georges, avocat en la cour, et de Marguerite de Chilloux (4 juin). — Sommation de Guillaume Turcat, procureur au présidial d'Angoumois, à Jean Gabory, négociant, de faire connaître à la suite de quelles conventions il a vendu les meules provenant de la carrière achetée conjointement par eux (11 juin). — Acte de notoriété justificatif du nombre des enfants de Claude André, sieur de La Tasche, marchand, et de Marie Respinger, décédés depuis plusieurs années, à Angoulême, paroisse Saint-André, qui sont : André André, sieur de La Tasche, avocat en la cour, et colonel de la milice bourgeoise d'Angoulême ; Jean André, sieur de La Boissière, marchand ; Marie André, veuve de Jacques de Jambes, écuyer, seigneur de la Foix (12 juin). — Inventaire des meubles et effets de la succession d'Augustin Mariane, ancien receveur général des tabacs, à Angoulême ; ce requérant Antoinette Tixeron, sa veuve ; et appelé Jean-Baptiste Mariane, receveur général des tabacs à Angoulême, et Antoinette Mariane, épouse de François Lériget, sieur de Château-Gaillard, leurs enfants (17-26 juin). — Bail à ferme du grand jardin du château d'Angoulême et des fossés qui l'avoisinent, moyennant 80 livres, chacun an, consenti à Louis Forges, négociant, par Marie-Joseph-Cosme Lecoq, écuyer, sieur de Belleville, au nom du comte de Raymond, gouverneur dudit château (18 juin). — Contrat de mariage entre Philippe Briand, sieur des Essards, fils de défunts sieur Philippe et Marie Hitier ; et Marie Limouzin, fille de Noël, écuyer, sieur d'Hauteville, conseiller au présidial d'Angoulême, et de Françoise-Sylvie Préverauld (22 juin). — Résignation du prieuré de Saint-Cybard de Chavenat, en faveur de Pierre-Jean Peynet, prêtre, religieux de l'abbaye de Saint-Cybard, par Jacques Peynet, prêtre, religieux infirmier de ladite abbaye (28 juin 1770). -

E. 1853. (Liasse.) — 83 pièces, papier.

1770 — Caillaud, notaire royal à Angoulême. — Actes reçus par ce notaire, du 1er juillet au 30 août. — Bail à ferme des revenus domaniaux du quartier de Chez-Grellet, paroisses de Saint-Ausone et Saint-Michel, sauf les petites dîmes, consenti moyennant 66 livres, chacun an, par l'abbesse de Saint-Ausone (5 juillet). — Contrat d'ingression aux Ursulines d'Angoulême de Anne Constantin, fille de Jacques, bourgeois, et de Marie Jolly (7 juillet). — Procès-verbal constatant la mauvaise qualité des blés adressée de Tonnay-Charente à Jacques-Alexandre Henry, sieur de La Borderie, négociant à Angoulême (13 juillet). — Contrat d'ingression dans le tiers-ordre de Saint-François, à Angoulême, de Jeanne Mallet, fille de Pierre, notaire royal en la juridiction de Montignac-Charente, et de Marie Paponnet (16 juillet). — Testament de Marguerite Trémeau, fille de feu Nicolas, qui lègue, entre autres, à l'église de Giget, sa robe de soie et une jupe de damas pour des ornements et robes à la Vierge (17 juillet). — Procès-verbal d'un pré, paroisse de Chazelle, pour constater « s'il est clos et deffensable » et peut « être gardé à revivre », ou s'il doit être livré au pacage (24 juillet). — Contrat de mariage entre Pierre-Antoine de Jousserant, chevalier, fils de Joseph, chevalier, seigneur de Beaumont, les Gilberts et autres lieux, et de Marie Thérèse de Pons, demeurant au logis des Gilberts, paroisse de Birac ; et Marie-Thérèse Thomas, fille de Louis, chevalier, seigneur de Bardines, et de Marie-Françoise Préverauld (27 juillet). — Réduction des rentes seigneuriales que lui doit Louise Lagarde, veuve de Jean Dufresse, sieur de La Seguinie, sur le domaine de La Prévalerie, paroisse de Dirac, par le marquis d'Argence (21 juillet). — Bail emphytéotique pour 29 années, d'un petit appartement, consenti moyennant 150 livres par an, à Jean Bernard, notaire royal à Angoulême, par les religieuses franciscaines de cette ville (5 août). — Constitution de 150 livres de rente, consentie au profit d'André Arnauld, écuyer, seigneur de Ronsenac, par Clément de la Sudrie, chevalier, seigneur de Gamory, président trésorier de France au bureau des finances de Limoges, ancien capitaine au régiment de Bourgogne-infanterie, chevalier de Saint-Louis, demeurant au logis de Gamory, paroisse de Chambon (18 août). — Bail à ferme du prieuré Saint-Denis de Montmoreau, consenti moyennant 2.500 livres, chacun an, à Pierre Duvergier, sieur du Parc, et Anne Héraud, son épouse; par Philippe Lambert, chevalier, seigneur des Andraux, lieutenant particulier au présidial d'Angoumois, comme procureur de monseigneur Bareau de Girac, conseiller du roi en son conseil, évêque de Rennes, abbé commendataire de Saint-Sever et de Saint-Evroul, et prieur commendataire dudit prieuré (18 août). — Vente d'une maison sise rue Froide, paroisse Saint-André, moyennant 1.925 livres, à Michel Villars, maître perruquier, par sire Claude Rézé, marchand imprimeur, Roze Marin, son épouse, et Rose Rézé (27 août 1770).

E. 1854. (Liasse.) — 103 pièces, papier; 1 pièce, parchemin.

1770. — Caillaud notaire royal à Angoulême. — Actes reçus par ce notaire, du 1er septembre au 31 octobre. — Obligation de 700 livres consentie en faveur de Dupont, marchand aubergiste à Angoulême, par Gabrielle d'Abzac, épouse séparée de biens de François de Lestrade, chevalier, seigneur de Conti, demeurant au logis du Portail, paroisse de Vouthon (9 septembre). — Inventaire des meubles et effets de Jeanne Roche, veuve de Jean Serpaud, procureur au présidial d'Angoumois, décédée le 21 août précédent, ce requérant Jean Serpaud, aussi procureur au présidial; Philippe-Jacques Serpaud, fermier du roi; Jacques Serpaud, avocat en la cour; François et Jean-Louis Serpaud; Jean Teurtas, aussi procureur au présidial, comme tuteur de ses enfants; François Hospitel, sieur de Lhomandye, procureur au présidial; Jean Faure, procureur au présidial, comme tuteur de sa fille; Marie-Anne Serpaud, ses enfants et gendres (12 septembre). — Sommation aux trésoriers des pauvres de l'Hôtel-Dieu et de l'hôpital général d'Angoulême, par Jacques Guérin, marchand, de recevoir chacun cinquante livres, qu'il est tenu livrer à chacun d'eux, par sentence rendue en la sénéchaussée entre lui et ses créanciers (20 septembre). — Dépôt de diverses pièces, par Dumoulin, marchand à Angoulême, parmi lesquelles un acte de notoriété justificatif du nombre des enfants de Louis de Lestoille, écuyer, seigneur de La Croix, et de Marie Salmon, sa femme, demeurant au logis de La Croix, paroisse de Nonac, qui sont : Jean,

Marie et Jeanne, du 19 août 1768 (23 septembre). — Vente d'un domaine et de rentes foncières, paroisse de Puymoyen, moyennant 12.500 livres, à Étienne Pasquier, bourgeois, et Catherine Des Vergnes, sa femme, par Alexandre-Constantin-Joseph Respinger Du Ponty, avocat au parlement, avocat du roi au bailliage de Sens, lieutenant particulier en la maîtrise des eaux et forêts de cette ville, tant pour lui que pour Jérôme Cocquebert de Toulys, écuyer, contrôleur général des trésoriers des troupes de la maison du roi et de l'ordinaire des guerres, et Madeleine-Françoise Respinger du Ponty, son épouse, ses beau-frère et sœur (27 septembre). — Procuration donnée à François Meslier, procureur au présidial d'Angoumois, par Jean Mioulle, avocat en parlement, assesseur de la maréchaussée de Limousin à Angoulême, comme fondé de pouvoirs de Marie-Marguerite Vautier, veuve de Jacques d'Abzac, chevalier, marquis de Pressac, en tant que chargée de l'administration des biens de Marie-Gabriel d'Abzac de Pressac, sa fille, seconde femme et veuve de Thomas d'Allogny, chevalier, marquis d'Allogny, interdite; pour faire dresser l'inventaire des biens de ladite dame d'Allogny (29 septembre). — Vente d'une petite maison, paroisse Saint-Martin, à Angoulême, moyennant 550 livres, par Jean Gilbert des Héris, prieur de Notre-Dame de Fontblanche (20 octobre). — Bail à ferme d'un moulin à blé d'une seule roue, paroisse de Saint-Claud, moyennant 96 livres, 10 paires de grands canets et 2 paires de grands poulets, chacun an, par Anne d'Aymard, veuve de François Pasquet, écuyer, seigneur de Lartige (3 octobre). — Bail à ferme des revive et pacage d'un pré, sous réserve d'y faire conduire des « flans » et terreaux, consenti moyennant 56 livres, chacun an, à François Bediou, prêtre, aumônier de la confrérie Saint-Jacques en l'église Saint-André d'Angoulême, par l'abbesse de Saint-Ausone (9 octobre). — Vente d'une maison, paroisse Saint-André, à Angoulême, moyennant 2.600 livres, par François Grelier, marchand coutelier, par André et Catherine de Bussac, fils et fille de Pierre, procureur au présidial d'Angoumois (13 octobre). — Constitution de 120 livres de pension viagère, au titre clérical, en faveur de Siméon Héraud, son frère, sorti, après 16 ans, de l'ordre des capucins; par autre Siméon Héraud, sieur du Coudours, bourgeois à Angoulême (18 octobre). — Bail des dîmes et agriers qui appartiennent à l'abbaye, sur les vignes des paroisses de Saint-Ausone et Saint-Martin d'Angoulême et de Saint-Michel-d'Entraigues, moyennant 100 livres, chacun an, par l'abbesse de Saint-Ausone (19 octobre). — Obligation de 1.034 livres, consentie en faveur de Bourboulon, marchand poêlier à Angoulême, par Gabriel

Mouthier et Antoine Viger, marchands forains auvergnats (22 octobre 1770).

E. 1855. (Liasse.) — 67 pièces, papiers.

1770. — Caillaud, notaire royal à Angoulême. — Actes reçus par ce notaire, du 4 novembre au 31 décembre. — Acte de notoriété justifiant que Jean-Louis Fougeron, surnommé Chamgofier, fils de défunts Pierre, sieur de Servolle, et de Marie-Thérèse Calliot, a fait toutes ses études à Angoulême, avant de partir pour Saint-Domingue, qu'il y « a vécu sans aucun reproche et au gré du public ; qu'on l'a toujours vu portant les cheveux longs et ordinairement en queue. » (4 novembre). — Donation entre vifs d'une maison sise paroisse Saint-Paul, à Angoulême, en faveur de Guillaume-Roch Létourneau, maître ès arts, son neveu, sous réserve qu'il rapportera 3.000 livres à sa succession, par Guillaume Létourneau, curé du Vieux-Cérier (6 novembre). — Constitution de 150 livres de pension viagère, à titre clérical, en faveur de Noël-François de la Lorancie, clerc au séminaire de Saint-Sulpice, à Paris, par Noël-Bertrand de la Lorancie, marquis de Neuvicq et de Charras, son père (9 novembre). — Présentation pour la chapelle de l'Assomption de la Vierge à l'église de Mouzon, diocèse de Reims, de Jean-Jacques Busquet, clerc tonsuré, étudiant en philosophie, son fils, par Jacques Busquet, écuyer, ancien garde du corps du roi, officier d'invalides, en garnison au château d'Angoulême (12 novembre). — Vente d'une maison, paroisse Saint-Martial, à Angoulême, moyennant 561 livres, par Joseph Supplis, instructeur de jeunesse, et Marie-Rose Prudhomme, sa femme, demeurant même paroisse (16 novembre). — Comparution devant Caillaud, notaire à Angoulême, commis pour procéder aux comptes ordonnés par arrêt du parlement de Paris, entre l'abbé et le chapitre de Saint-Arthémy de Blanzac, de François Deroullède, chanoine et syndic de ce chapitre, et protestation contre Élie de Nesmond, abbé, dont l'absence a retardé le règlement de comptes (20 novembre). — Protestation de Jean-Élie de Nesmond, abbé commendataire d'Ahun et abbé de Blanzac, que les comptes en question peuvent et doivent se faire en dehors de sa présence, « pour éviter les termes indécens, malplacés, déshonnêtes que pourrait répandre » ledit Deroullède contre lui, « comme il l'a déjà fait plusieurs fois » (24 novembre). — Constitution de 100 livres de rente au capital de 2.000 livres, consentie au profit de Nicolas des Forges, écuyer, sieur du Châtelard, de Louise de Guillaume, son épouse, et d'Anne-Catherine de Guillaume, sa belle-sœur ; par Jean-Marc de Chevreuse, écuyer, seigneur de Lascoux, Laurière et Sezac, l'un des chevau-légers de la garde, et Françoise Bertrand, son épouse (5 décembre). — Contrat d'apprentissage, pour huit années, moyennant 400 livres, de Pierre Tournier, fils de feu Nicolas, négociant, et de Léonarde Piveteau, chez Jean Audry, marchand orfèvre à Angoulême (15 décembre). — Bail à ferme de la seigneurie de La Grange-à-l'Abbé, paroisse de Saint-Yrieix, consenti moyennant 3.100 livres, à Denis Aubin, marchand, par Péchillon, procureur de l'abbé de Saint-Cybard (16 décembre). — Testament de Anne d'Aymars, veuve de François Pasquet, écuyer, seigneur de Lartige, qui avantage Jean-François de Guitard, chevalier, seigneur de Ribérolle, au détriment de ses autres petits-enfants (16 décembre). — Transaction sur une rente seigneuriale due dans la paroisse de Sers, indivise, suivant sentence du présidial, entre le chapitre cathédral d'Angoulême et le seigneur de Bouex, comme représentant le seigneur de Nanteuil ; entre Jean-Louis Thinon, chanoine-clavier du chapitre, et son procureur, et Jean-Noël Arnauld, chevalier, seigneur de Chesne, Bouex, Les Bournis et autres lieux (17 décembre). — Contrat de mariage entre Jean-Louis-Marie de Ruffray, seigneur de la baronnie de Mantresse, demeurant au logis de La Forge de Rancogne, fils de feu Charles-Pierre, seigneur de Lhoumeau, et de Marie-Anne de Chalvière, mariée en secondes noces à Julien-René de la Grève, écuyer, seigneur de Porsansal en Bretagne, demeurant au logis noble du Gond, paroisse de Lhoumeau ; et Françoise-Élisabeth de Livron, fille de Jean, chevalier, seigneur de Salmaze et des Gouttes, et de Marie-Anne Préveraud (26 décembre). — Contrat de mariage entre Pierre Guilhard, notaire sous le scel de Saint-Cybard, fils de Michel, ancien notaire sous ledit scel, et d'Anne Guérinaud ; et Anne Villeneuve, domestique de M. des Essards, fille de Jean, tisserand (28 décembre 1770).

E. 1856. (Liasse.) — 123 pièces, papier.

1771. — Caillaud, notaire royal à Angoulême. — Actes reçus par ce notaire, du 3 janvier au 24 février. — Contrat d'ingression de Catherine Foucaud, fille de Pierre, sergent royal, comme sœur converse à l'Hôtel-Dieu d'Angoulême (12 janvier). — Dépôt d'un acte du 5 mai 1770 justifiant qu'Étienne Jacques, sieur du Marchis, n'a laissé qu'un fils, François-Jacques, sieur des Plants (14 janvier). — Jean de Saint-Hermine, écuyer, clerc minoré, se constitue 120 livres de pension viagère, à titre clérical (18 janvier). — Acte justifiant que le seul héritier d'Élisabeth de la Place, veuve d'Achille Terrasson, écuyer, seigneur de Verneuil, inhumée dans l'église de Roullet, le 19 mars 1768, est Charles Terrasson, écuyer, seigneur de Verneuil et de La Petillerie, son fils (20 janvier). — Élection d'Élie Desruaux, chevalier, seigneur de Plassac, comme fabricien honoraire, et de Jacques Descordes, procureur au présidial, et Louis Sazerac, négociant, comme fabriciens comptables de la paroisse Saint-André d'Angoulême (20 janvier). — Contrat de mariage entre Jacques Robert, commis à la régie de la Forge de Ruffec, et Marie-Anne Serpaud, fille de Jean, marchand (23 janvier). — Bail à ferme des dîmes de la paroisse de Bouex, appartenant à l'abbé de Saint-Cybard, moyennant 1,050 livres (23 janvier). — Cession de diverses créances sur René, comte de Roffignac, chevalier, seigneur de Belleville, Les Brosses et autres lieux, capitaine au régiment de Chartres, se montant à 47.987 livres, à Louis-Gabriel Lallemant, veuve Martel et Cⁱᵉ, négociants à Cognac, par Louis Blanchard, seigneur de Sainte-Catherine, demeurant à la forge de La Chapelle-Saint-Robert, en Périgord (25 janvier). — Constitution de 120 livres de pension viagère à titre clérical en faveur de Marc Houmeau, clerc minoré, son frère, par Antoine Houmeau, marchand teinturier au faubourg Saint-Jacques-de-Lhoumeau (1ᵉʳ février). — Contrat d'exploitation d'une coupe de bois, paroisse de Dirac, par lequel les ouvriers s'engagent à faire six cents de bûches et fagots gratis et le reste moyennant 18 sols le cent (2 février). — Démission de l'office d'infirmier à l'abbaye de Sᵗ-Cybard, par Jacques Peynet, prieur de Chavenat (4 février). — Ferme du bien-fonds d'Arche, en la paroisse de Puymoyen consentie, moyennant 500 livres chacun an, par François Bouchet, sieur d'Arche (6 février). — Démission de la chapelle Notre-Dame de Pitié en l'église Saint-Paul d'Angoulême, par François Chasteigner, écuyer, clerc tonsuré (7 février) ; et présentation de Pierre Chasteigner de la Rochepozay, clerc tonsuré, demeurant au logis de Saint-Pierre, paroisse de Cherves (8 février). — Reconnaissance donnée par plusieurs habitants du lieu de Gâtebourse, paroisse de Saint-Martial d'Angoulême, à Pineau, commissaire subdélégué du bureau des finances de Limoges, d'une rente de 47 sols due au domaine royal, à cause de partie de l'ancienne garenne de La Boissière, « au lieu qui servait cy devant de champ de foire » (15 février). — Inventaire des meubles et effets de la succession d'Anne d'Aymars, veuve de François Pasquet, écuyer, seigneur de Lartige, juge au présidial d'Angoumois, décédée le 14 de ce mois, ce requérant Jean-François de Guittard, chevalier, seigneur de Ribérolle, son

petit-fils. A signaler audit inventaire : deux tableaux représentant M. de la Marveillière, son cadre doré et carré ; et le duc de Beauvillier ; — une bourse à jetons ornée de fleurs de lys en or, estimée 40 sols (16 février-3 juin 1772). — Engagement de la communauté des maîtres bouchers d'Angoulême de subvenir aux frais nécessaires pour la confirmation d'un jugement de l'élection qui interdit le droit de visite prétendu par le fermier des aides dans leurs maisons et étaux (17 février). — Constitution de 90 livres de rente, au profit de Rose Gilbert, par Guillaume-Roch Létourneau, « régent de la troisième » au collège d'Angoulême, et Françoise-Rose Klotz, sa femme (20 février). — Bail à loyer, moyennant 630 livres, d'une maison devant la place des prisons, paroisse Saint-Paul, consenti à Pierre Marot, receveur des tailles, par les carmélites d'Angoulême (20 février). — Autorisation d'utiliser un terrain dépendant du château d'Angoulême, moyennant un devoir annuel de 12 livres, donnée à Couturier, sieur du Châtelard, greffier en chef des insinuations ecclésiastiques du diocèse, et de la maréchaussée du Limousin, par le comte de Raymond, gouverneur dudit château (24 février 1771).

E. 1857. (Liasse.) — 92 pièces, papier.

1771. — Caillaud, notaire royal à Angoulême. — Actes reçus par ce notaire, du 3 mars au 30 avril. — Procès-verbal, au port de l'Houmeau, d'un galion nommé *la Grise*, sur la requête de Jean de Bussac, commissaire des saisies réelles (4 mars). — Révocation de son testament par Pierre Lambert, ancien chanoine de la cathédrale d'Angoulême (12 mars). — Résignation de la cure de Saint-André d'Angoulême, avec cette réserve de jouir de partie de la maison presbytérale, sa vie durant, par Charles Préveraud en faveur de Pierre Dexmier de Feuillade, chapelain de Cougoussac (15 mars). — Transaction entre Catherine Estève, veuve de Léonard Bagonet, dit Saint-Amand, fournier, Léonard Bagonet, leur fils majeur, et Louis Roullet, maître chirurgien, faisant au nom de Jean Roullet, son frère, détenu aux prisons de la ville ; qui fixe à 2.000 livres les dommages et intérêts dus par ce dernier pour l'homicide dudit Bagonet, dont il a obtenu lettres de rémission (21 mars). — Vente d'une maison, cul-de-sac des Trois-Fours, paroisse Saint-André, moyennant 3,000 livres, par Merceron, boucher, à Claude Trémeau, écuyer, seigneur de Fissac, juge au présidial (22 mars). — Vente de ses domaines dans les paroisses de Triac, Jarnac et Foussignac, moyennant 9,424 livres pour le tout, à six laboureurs du pays, par

André Desbordes, avocat au parlement (24 mars). — Vente d'un éteau à boucher à la halle du Palet, moyennant 1,600 livres, à Louise de la Garde, veuve de Jean Dufresse, sieur de La Seguinie, par Merceron, boucher (24 mars). — Dissolution de la communauté sur tous les meubles et acquêts, conclue entre Péronne Courre, veuve de Jean Garraud, journalier, tant pour elle que pour ses enfants mineurs, et ses fille et gendre (27 mars). — Acte de notoriété justificatif du nombre des enfants de Moïse Dumas, écuyer, seigneur de Chebrac, Laprade, Salvert et autres lieux, lieutenant criminel au présidial d'Angoumois, décédé le 11 décembre 1767, et de Thérèse Rambaud, qui sont : Alexandre-Louis, seigneur de Chebrac, lieutenant-criminel audit présidial ; Thérèse, épouse de Jean de la Chaise, écuyer, seigneur de Nadelin, ancien capitaine au régiment de Guyenne ; Marguerite ; Henry, écuyer, officier audit régiment (30 mars). — Cession d'une portion de leur jardin, moyennant une rente perpétuelle de 30 livres, par les Cordeliers d'Angoulême, à Michel Le Maître, peintre, et Marie de Léglise, son épouse (30 mars). — Sous-ferme des moulins banaux de Saint-Cybard, consistant en trois roues, pour 9 années, moyennant 450 livres, chacun an, à Caillaud, meunier, par Denis Aubin, fermier de la seigneurie de La Grange-à-l'Abbé (1ᵉʳ avril). — Prise de possession de l'office d'infirmier de l'abbaye de Saint-Cybard, par dom Pierre-Jean Peynet (4 avril). — Acte de notoriété justificatif du nombre des enfants de Salomon Chapiteau, seigneur de Vignaud et de Rémondias, inhumé le 3 mai 1754 dans l'église Saint-Martin d'Angoulême, qui sont : Salomon, autre Salomon, encore autre Salomon, Jean, Catherine, Anne (6 avril). — Contrat de mariage entre Victor Martin, né à Valence, en Albigeois, et depuis deux ans garçon papetier aux moulins de Montberon, et Françoise Forgeron, à qui sa mère constitue une dot de 50 livres (6 avril). — Sous-ferme du privilège de maître perruquier-baigneur-étuviste à Angoulême, moyennant 55 livres par an, à Fouquay, garçon perruquier, par Nicolas Collin, qui le tient lui-même en ferme de Simon Mathieu (11 avril). — Dépôt par Léon-Aubin Sardain de La Soutière, gendarme du roi, entre autres actes : de la cession d'une rente de 42 livres audit Léon-Aubin par Pierre-Joseph Sardain, sieur du Repaire ; Joseph Sardain, écuyer, seigneur de La Soutière, secrétaire du roi près le parlement de Metz ; Pierre Sardain, seigneur de Saint-Michel, Beauregard, Graine et autres lieux ; Marc et Pierre Sardain, frères, sieurs de Beauregard et de Villebette ; comme héritiers de Pierre, Jérôme, et autre Pierre Sardain, leurs pères, du 1ᵉʳ mars 1768 (12 avril). — Reconnaissance des meubles dont ses frères

et sœurs lui ont cédé l'usufruit, à cause de l'insuffisance de ses revenus pour en acquérir, par dom Jean-François Serpaud, religieux sacriste de l'abbaye de Notre-Dame de Bournet (13 avril). — Protestation de Pierre Lambert, ancien chanoine, contre son ancienne gouvernante qui veut forcer sa porte (16 avril). — Cession d'une rente foncière de 600 livres, avec ses arrérages, moyennant 18,000 livres, à Marc-Antoine du Breuil-Hellion, chevalier, seigneur de La Guéronnière, capitaine au régiment de Champagne et chevalier de Saint-Louis, demeurant à Poitiers ; par Henry-Achard Joumard Tison, chevalier d'Argence, demeurant à Angoulême (17 avril). — Contrats d'ingression de Marie Benasté, fille de Jean, notaire royal, et de feue Marie Regnauld dans la communauté des Ursulines d'Angoulême, avec une aumône dotale de 3,000 livres ; et de Marie-Geneviève Mouzon, fille d'Antoine, notaire royal, sénéchal d'Aunac, et de Jeanne Salmon Desfayolle, à l'Hôtel-Dieu d'Angoulême, avec une aumône dotale de 3,150 livres (20 avril). — Dépôt par François Déroullède, chanoine de Saint-Arthémy de Blanzac, d'un arrêté de comptes des revenus dudit chapitre de Blanzac, depuis 1752 jusqu'à 1763, qui fixe à 1,200 livres la part afférente à Jean-Élie de Nesmond, abbé ; du 17 janvier 1765 (22 avril). — Vente de la terre et seigneurie de Brettes, paroisse de Brettes, moyennant 43,000 livres, à Jacques de Pressac, chevalier, seigneur des Égaux, ancien capitaine au régiment de Condé-infanterie, chevalier de Saint-Louis, et Angélique Dath, sa femme ; par Charles de Barbezières, chevalier, seigneur de La Chapelle, capitaine au régiment de Guyenne, et Françoise Joseph de Nesmond, son épouse (24 avril). — Constitution de 500 livres de rente au capital de 10,000 livres, consentie à Sylvie-Élisabeth de Devezeau, veuve de Jacques Bareau, chevalier, seigneur de Girac, président au présidial d'Angoumois ; par Alexandre Dumas, écuyer, seigneur de Chebrac, et Marie-Adélaïde Robert, son épouse (30 avril 1771).

E. 1858. (Liasse.) — 90 pièces, papier.

1771. — Caillaud, notaire royal à Angoulême. — Actes reçus par ce notaire, du 1ᵉʳ mai au 30 juin. — Contrat d'ingression à l'abbaye de Saint-Ausone, de Marie-Jeanne Bouchereau, fille de Pierre, avocat au parlement et procureur du roi à l'élection de Barbezieux, et de Jeanne Garecher, qui lui constituent une pension annuelle de 200 livres (16 mai). — Bail à ferme, pour 9 ans, de ses revenus et de la grande chambre du prieuré de Nercillac, moyennant 1.000 livres, chacun an, à François Petitaud, laboureur, par Sébastien de Lavergne, curé de Saint-Paul d'Angoulême et prieur de Nercillac (16 mai). — Prêt de 2.500 livres, pour huit jours, sans intérêts, consenti par l'Hôtel-Dieu d'Angoulême, à Jean-Baptiste Hériard, sieur de Préfontaine, avocat et sénéchal de Montignac, que cautionne Marguerite Hériard, sa sœur (20 mai). — Acte justificatif du nombre des héritiers de Marie Vallier, décédée le 25 juillet 1770, qui sont les nombreux enfants d'Antoine Vallier, avocat; de François Vallier, procureur au présidial d'Angoumois; de Jean Mauldé, sieur des Blancheteaux, et de Rose Vallier (5 juin). — Constitution d'une rente de 100 livres, au profit de Françoise Rippe de Beaulieu, sa sœur, demeurant à Angoulême; par Charles-Éléonor Rippe, écuyer, seigneur de Beaulieu (24 mai). — Acte de notoriété justifiant que Léonard de la Cour, sieur de Lorgère, décédé en avril 1734, n'a eu qu'un fils Louis, sieur de La Pijardière, lequel a laissé de son mariage avec Thérèse de la Cour, sa cousine, Léonard, sieur de La Pijardière, Marie, épouse de François-Charles Glace, négociant, et Madeleine, dame hospitalière à l'Hôtel-Dieu d'Angoulême; et que Léonard, décédé en 1767, a eu de son mariage avec Marie Dufresse, un fils, Pierre (19 mai 1768). — Bail à ferme de « deux cinquièmes parties » d'une roue de moulin à blé, près Basseau; et d'une autre partie de moulin à Marteau, sur La Nouhère, pour sept années, moyennant 100 livres, chacun an, par Richard Demay, maître chirurgien (29 mai). — Contrat de mariage entre Joseph de Cerou, écuyer, lieutenant-criminel au présidial de Brives, fils de Jean-Joseph, docteur en médecine, ancien capitoul de Toulouse, et de Pétronille de Laval; et Louise Valleteau de Chabrefy, fille de feu Jacques, écuyer, receveur des tailles, et de Marie Chaban; en faveur duquel mariage le futur époux constitue tous ses biens; reçoit, par don entre vifs, la moitié de ceux de ses parents, qui s'en réservent la jouissance; reçoit aussi donation des biens que son oncle, Pierre de Cérou, seigneur de Rochefort, chevalier honoraire de Malte, possède dans la paroisse de Gignac; la future épouse se constitue 10.300 livres, reçoit en dot, de sa mère, 12.200 livres, et de François-Jérôme Chaban de Laborie, écuyer, seigneur de Prémont, son oncle, une donation de 30.000 livres; contractant entre eux communauté de tous meubles et acquêts, selon la loi du pays de droit écrit (1er juin). — Reconnaissance fournie au roi, par Louise de la Garde, veuve de Dufresse du Maine-Roux, d'une maison, paroisse Saint-André d'Angoulême, faisant face au canton de la Halle, et portant le numéro 414, qu'elle tient de lui, au devoir de 6 deniers (5 juin). — Sous-ferme du huitième des dîmes de la paroisse de Grassac, moyennant 125 livres par an, à Pierre Forget, marchand, par Pierre et Laurent Descubes, aussi marchands (10 juin). — Bail à ferme de deux roues de moulin, au logis de Nouhère, pour trois ans, moyennant 40 boisseaux de méture estimés 120 livres, et 30 livres en argent, par Pierre Nadault, chevalier, seigneur de Nouhère (16 juin). — Option de la portion congrue de 500 livres, suivant les dispositions de l'édit de mai 1768, par René Mallat Dupeyrat, vicaire perpétuel de Notre-Dame de Gourville, relevant de Saint-Cybard (25 juin). — Amortissement, moyennant 4.000 livres, de la rente de dix boisseaux froment, dix boisseaux avoine, 4 gélines et un chapon, partie de celle due sur la prise des Chollets de Roissac, en faveur de Gabrielle-Élisabeth des Escotais, veuve de Marc-René-Alexis, marquis de Valory, chevalier, seigneur de Tilly, et de Louis-Marc-Antoine, marquis de Valory, aussi chevalier, seigneur de Tilly, leur fils; par Pierre-Dominique Vachier, seigneur de Roissac et de Saint-Genis en partie; et vente de la maison noble du Cluzeau et des domaines en dépendant, moyennant 40.300 livres, par lesdits de Valory audit Vachier et à Pierre Rivaud, substitut du procureur du roi au présidial d'Angoumois (26 juin). — Concession d'un droit de banc et de sépulture dans l'église paroisssiale de Saint-Jacques de Lhoumeau, après adjudication, moyennant 300 livres d'entrée et une rente de 10 livres à la fabrique, à Théodore Henry, négociant, par Thinon et Lalande, fabriciens, contre le gré du curé (30 juin 1771).

E. 1859. (Liasse.) — 103 pièces, papier.

1771. — Caillaud, notaire royal à Angoulême. — Actes reçus par ce notaire, du 1er juillet au 31 août. — Contrat d'apprentissage, pour 3 ans, chez Philippe Bazard, maître cordonnier à Angoulême, moyennant 5 livres, à verser dans la boîte de la communauté (7 juillet). — Acte de notoriété justifiant que François Croizet, aubergiste à l'enseigne du Roi de Pologne, était cousin germain de Jean Croizet, aubergiste à l'enseigne de la Sirène, à Angoulême (20 juillet). — Acte de notoriété justifiant que Jean Guillebeau, demeurant paroisse de Sers, actuellement détenu aux prisons de Périgueux, s'est acquitté ponctuellement de nombreuses obligations et a toujours agi en honnête homme (6 août). — Prise de possession de la cure de Saint-André d'Angoulême, par Pierre Dexmier de Feuillade, chapelain de Cougoussac (12 août). — Inventaire des meubles et effets de Jean Croizet, marchand aubergiste à l'enseigne du Petit-Maure, proche la halle du Palet (13 août-10 septembre).

— Réduction de rentes seigneuriales dans la paroisse de Dirac, moyennant une indemnité de 5.600 livres, en faveur de Philippe Dumontet, sieur du Banquet, juge de l'abbaye de La Couronne, et de Françoise Souchet, son épouse, par le marquis d'Argence (20 août). — Donation de ses biens immeubles, moyennant une pension alimentaire de 150 livres, à ses neveu et nièce, par Fouchier, laboureur à Vindelle (21 août). — Inventaire des meubles et effets de la succession de Jacques Guimard, marchand tailleur d'habits à Angoulême. A signaler audit inventaire : du « baraquant » superfin, estimé 4 livres l'aune; — du camelot poil, estimé 7 livres; — de la calmande noire, estimée 4 livres; — du Fort-Mahon, estimé 3 livres; — du Louviers gris, estimé 19 livres; — de la peluche frisée grise, estimée 5 livres; — du « Bergopson » écarlate, estimé 5 livres; — « des espagnolettes » blanches, estimées 4 livres; — un drap gris de fer, estimé 14 livres; — du « Montaigne », estimé 9 livres; — une garniture boutons d'argent à mille points, estimée 22 livres (24 août-10 octobre). — Procuration donnée par Joseph Green de Saint-Marsault, grand vicaire de Meaux, aumônier de Madame Adélaïde de France, abbé commendataire de Bassac et d'Aubazine, à Philippe Lambert, chevalier, seigneur des Andreaux, lieutenant particulier au présidial d'Angoumois (24 août). — Bail à ferme des revenus du prieuré de Gourville, pour 9 ans, moyennant 3.800 livres, chacun an, à René Mallat Dupérat, vicaire perpétuel dudit Gourville, par l'abbé de Saint-Cybard (31 août 1771).

E. 1860. (Liasse.) — 70 pièces, papier.

1771. — Caillaud, notaire royal à Angoulême. — Actes reçus par ce notaire, du 1er septembre au 31 octobre. — Déclaration de Gabriel Gaillard, pauvre mendiant, qu'il entend ne faire aucune communauté tacite ni coutumière en vivant chez son fils aîné, couvreur (1er septembre). — Procuration donnée à Turcat, procureur, par Fleurat, bourgeois, demeurant paroisse de Magnac, afin de poursuivre la plainte pour assassinat qu'il a déposée contre Janton et sa femme; et déclaration de témoins entre autres : Nicolas Grivaud, sculpteur, demeurant faubourg Saint-Pierre, à Angoulême, et Antoine Catelland, mouleur, demeurant au pont de Ruelle (10 septembre). — Renonciation de Simon Piveteau-Fleury maître de la manufacture royale en laine d'Angoulême, et de Catherine Collain son épouse, à tous droits sur la succession de Guimard, leur aïeul (13 septembre). — Bail à loyer d'une maison, rue des Trois-Notre-Dame, moyennant 150 livres par an, à Gabriel

Filhon, marchand orfèvre et Marie Bergeas, sa femme par Jacques Jolly aussi orfèvre et Madeleine Poitevin sa femme (15 septembre). — Bail à droit de colonage de la métairie de Rochecorail, paroisse des Trois-Palis, à Mathieu, laboureur, et sa femme, par Michel Favret Du Pommeau. Entre autres conditions : le seigneur fournit deux bœufs de harnois, les seuls de la métairie; les preneurs seront tenus de faire tirer leurs bœufs à la gabare si on le leur demande, et devront partager avec le seigneur le sel ou l'argent qu'ils recevront pour ce service; ils donnent 4 chapons à la Toussaint, 8 poulets à la Saint-Jean, et 50 œufs dans le Carême (15 septembre). — Procès-verbal des vêtements d'Anne Franchineau, laissés en gage dans une auberge du Pontouvre qu'elle quitta sans s'acquitter de rien, après y être demeurée 21 jours en personne de qualité, avec son domestique (20 septembre). — Testament de François Desbordes, écuyer, seigneur de Jansac, Sers, Teillé et autres lieux, qui lègue en forme de rappel 3,000 livres à ses petits enfants Chasteigner de la Rochepozay en outre de la dot de leur mère (22 septembre). — Entente entre ses créanciers et Labanne, dit Lhomme, maître boulanger, qui ayant fait de mauvaises affaires, par suite, entre autres, de livraison de pain à des compagnons papetiers et garçons cordonniers, s'engage cependant à se libérer de ses dettes dans l'espace de 4 ans, moyennant remise des intérêts (28 septembre). — Testament de Jean-Louis, comte de Raymond de Vilognon, maréchal de camps, gouverneur de l'Angoumois, qui demande que son enterrement soit fait sans aucune fête, son corps porté par des pauvres; lègue son portrait à M. de Reville, son aide de camp, nomme pour exécuteur testamentaire Pierre-Philippe Lambert, chevalier, seigneur des Andraux (7 octobre). — Testament de Varillete, soldat au régiment Royal-Piémont-cavalerie, de présent à Angoulême, et sur le point de partir (12 octobre). — Déclaration fixant à 154.000 livres la valeur de son office, faite conformément à l'édit de février 1771, par Jean Valleteau de Chabrefy, écuyer, receveur ancien des tailles de l'élection d'Angoulême (14 octobre). — Autre déclaration fixant à 148.000 livres la valeur de son office par Pierre Marot, receveur alternatif des tailles en la même élection (14 octobre). — Partage de la succession de Rose Texier, veuve Serpaud, se montant à 41.924 livres, entre ses 9 héritiers (16 octobre). — Dissolution de communauté entre Aubin Veillon, journalier, Marie Damour, sa femme, leurs parents et beaux-parents (28 octobre, 1771).

E. 1861. (Liasse.) — 84 pièces, papier.

1771. — Caillaud, notaire royal à Angoulême. — Actes reçus par ce notaire du 2 novembre au 31 décembre. — Sous-ferme de la terre et châtellenie de Brisambourg, à Jeanne Simonnet, veuve de Julien Artaud, négociant, ancien fermier général de ladite châtellenie, par Servat, intéressé dans les affaires du roi, demeurant à Paris, moyennant 12.000 livres, chaque année, et 6 « cloyères » d'huîtres de Marennes de 200 chacune, avec les charges stipulées dans le bail à ferme consenti audit Servat devant Gobert, notaire au Châtelet, le 17 septembre 1768, par Jean-Louis de Gontault de Biron, duc de Biron, pair de France, abbé commendataire de Moissac et de Cadouin, seigneur de Brisambourg (11 novembre). — Constitution d'une rente de 150 livres, au principal de 3,000 livres, consentie à Pierre de La Confrette de Villamont, curé de Saint-Simeux, par Silvye-Léontine Bareau de Girac, veuve de François Regnauld, chevalier, seigneur de La Soudière (12 novembre). — Déclarations des valeurs de leurs offices par Guillaume Janet, archer-garde de la connétablie et maréchaussée de France, qui la fixe à 2.000 livres, — par François Benoist des Essarts, changeur pour le roi à Angoulême, qui la fixe à 3.000 livres (16 novembre), — par Pierre Doreaud, aussi archer-garde à Angoulême, qui la fixe à 1.500 livres, — par Jean Teurtas et Jean Seguineau, substituts du procureur du roi au présidial d'Angoumois, qui la fixent, pour chacun à 5.000 livres, — par Charles Veau, sergent royal à Rouillac, qui la fixe à 400 livres, — par Marc Debresme sieur des Cagniers, concierge buvetier du palais et auditoire royal, qui la fixe à 3.000 livres, — par François Dufresse, sieur de Chassaigne, greffier en chef de la police d'Angoulême, qui la fixe à 4,000 livres, — par Claude-Thomas, huissier audiencier, qui la fixe à 1.000 livres (18 novembre), — par Jean de Bussac, commissaire aux saisies réelles de la province d'Angoumois, qui l'affirme nulle depuis l'édit de février 1771 (19 novembre), — par Galliot, père et fils, pourvus en survivance de l'office de conseiller du roi, contrôleur des saisies réelles de la province d'Angoumois, qui la fixent très approximativement à 6.000 livres (22 novembre), — par Nanot, notaire royal à la résidence de Saint-Germain, qui la fixe à 700 livres (21 novembre), — par François de La Tousche, sieur de Chais, conseiller du roi et son procureur au siège de police d'Angoulême, qui la fixe à 13.000 livres, — par Jacques Lhomme Delalande, notaire royal à la résidence de Garat, qui la fixe à 6.000 livres,

(22 novembre). — Vente du domaine de Nougerette, paroisse de Salles, moyennant 12,000 livres, à Joyeux et Pahon, marchands de ladite paroisse et leurs femmes, par Marc-Antoine de Saint-Ouen, chevalier, ancien capitaine au régiment de Luxembourg, chevalier de Saint-Louis, demeurant au château de Fresnay, en Normandie; Louis-Tamigny de Saint-Ouen, chevalier, seigneur de Fresnay, ancien capitaine au régiment de Vastau, chevalier de Saint-Louis; François-Héreulte de Saint-Ouen, chevalier, directeur en chef du génie à Honfleur, chevalier de Saint-Louis; Louis, chevalier de Vauclein, marquis d'Hermanville, chevalier de Saint-Louis, capitaine au Royal-Dragon d'Hermanville; Anne-Madeleine Vauclein d'Hermanville, veuve de Philippe-Auguste de Clarcy, chevalier, seigneur de Saint-Étienne, comme héritiers de Louise de Fédix de Charmant, épouse de Annet-Salomon de Bardon, comte de Segonzac, dame de la Barde, Salles, Vaux et Gurat (21 novembre). — Sommation au sieur Mioulle, avocat, par Pierre Marot, receveur des tailles de l'élection d'Angoulême, de lui restituer un billet de 6,000 livres qu'il devait garder en dépôt pour le remettre au bout d'une année, au sieur Lapouge, principal membre d'une société de « marchands et négociants qui, dérangés par le luxe, les dissipations, les folles dépenses... n'ont trouvé d'autres ressources que de concerter entre eux les moyens les plus injustes et les plus inouïs d'extorquer de l'argent des banquiers d'Angoulême qui jusque là avaient soutenu leur crédit délabré », à condition qu'il ne serait exercé aucune tentative de chantage contre ledit Marot, et, dans le cas contraire, restituer à celui-ci. Refus du sieur Mioulle qui déclare ne pouvoir trancher la question de savoir s'il y a eu contravention aux conventions conclues (23 novembre). — Inventaires et vente aux enchères pour 12.630 livres, des meubles de la succession du comte de Raymond de Villognon, maréchal de camps, gouverneur de l'Angoumois, décédé le 12 octobre, tant au château d'Oyer, paroisse de Bioussac, qu'au château d'Angoulême (25 novembre-20 janvier). — Procurations données à Jacques Descordes, procureur au présidial d'Angoulême, pour payer les droits dûs à raison de leur office, par les procureurs, huissiers et autres à Angoulême (23-24 décembre). — Vente d'une pièce de terre, moyennant 40 livres, sous facultés de rachat après 9 ans (26 décembre). — Démission de son office de procureur du roi au siège de police d'Angoulême dont il n'a payé encore que le tiers du prix d'achat, par François de la Tousche, sieur de Chaix (27 décembre). — Sous-ferme du moulin à papier de la Palurie, sur la Nizonne, paroisse de Palluaud, pour 9 années, à charge de l'entretenir, de le faire fonctionner sans cesse pour

fabriquer toutes sortes de papiers selon des règles déter-
minées, et de les vendre exclusivement aux bailleurs, à
raison d'un prix fixe par charges, celles-ci formées d'un
nombre de rames déterminé suivant les sortes de papiers,
et moyennant une avance de 3.000 livres par les bailleurs ; à Paul Laroche, et Jeanne Perrot, sa femme, par
Jean et Guillaume Clavaud négociants en compagnie, demeurant paroisse Saint-André à Angoulême (28 décembre). — Nouvel accensement de la prise des Nonins,
paroisse d'Houme, au devoir d'un demi-boisseau de froment et d'un demi-boisseau d'avoine , après déguerpissement du sieur Orsin avocat, qui la tenait au devoir d'un
boisseau de froment et d'un boisseau d'avoine ; par
l'abbaye de Saint-Ausone (24 décembre 1771).

E. 1862. (Liasse.) — 19 pièces, papier.

1772. — Caillaud, notaire royal à Angoulême. — Actes
reçus par ce notaire du 2 janvier au 29 février. — Convention entre les collecteurs d'impôts de Champniers qui
laisse les profits et les charges à deux d'entre eux (2 janvier). — Vente de la moitié d'un droit de pêche sur la
Charente, conformément à la baillette accordée par Charles, comte d'Angoulême, le 14 janvier 1492, au devoir,
envers le roi, de 21 sols, moyennant 150 livres, à Jean
Joseph Pineau, notaire à Angoulême, par Buzin, poissonnier, et sa femme (7 janvier). — Contrat d'ingression à
l'Hôtel-Dieu d'Angoulême avec une aumône dotale de
2.500 livres, de Françoise Péchillon, fille de Louis, procureur au présidial, et de Françoise Péchillon (12 janvier)t
— Cautionnement de Jean Brun, commis aux aides du
département de Saintes, pour 2.000 livres, par Pierre
Brun, procureur au présidial d'Angoumois (25 janvier). —
Ratification de la vente du fief de Pers à la marquise de
Mérinville par François Dassier, chevalier, seigneur de
Charzat, suivant contrat du 13 mars 1769, reçu Boulard,
notaire au Châtelet, par Joachim-Jacques Dassier, chevalier, seigneur de Pers (27 janvier). — Acte de notoriété justificatif du nombre des héritiers de Marie Moussier, hospitalière à l'Hôtel-Dieu d'Angoulême, décédée le
30 octobre 1746, qui sont : Pierre la Confrettre de
Villamont, curé de Saint-Simeux, Marc Barbot de la
Trésorière, écuyer, seigneur de Peudry et Catherine
Fouchier, son épouse, Gabriel de La Croix, écuyer, seigneur du Repaire et Marie Anne de La Confrette de Villamont, son épouse, ses neveux et nièces (22 décembre
1771). — Bail à ferme de la métairie de la Pougnerie,
paroisse de Marsac, moyennant 250 livres et divers suf-
frages en nature (1er février). — Vente d'une maison,
paroisse de Saint-Cybard, à Angoulême, moyennant

9.740 livres, à François Frugier, juge au présidial, et
Rose Joubert, son épouse, par Louis Guillouet d'Orvilliers, chevalier, seigneur de Château-Chesnel, chef d'escadre, chevalier de Saint-Louis, demeurant à Rochefort,
et Marie-Anne-Thérèse de Chesnel, son épouse, comme
héritière de Marie-Élisabeth de Chesnel, sa sœur, veuve
d'Alexandre de Galard de Béarn, comte de Galard (12 février). — Quittance de 27 livres 8 sols, pour leur part
des droits de lever des impositions dans le quartier de
Fontenille, paroisse de Champniers, à un des collecteurs,
par ses deux confrères (15 février). — Vente des fief et
seigneurerie de Frégeneuil, ci-devant d'Ouronne, paroisse
de Soyaux, relevant en partie de l'évêque et du Chapitre
d'Angoulême, moyennant 60.000 livres, à Jean Valleteau de Chabrefy, écuyer, par Catherine Guillaume de
Marçay, dame de Frégeneuil (19 février). — Contrat
d'apprentissage, pour deux ans, de Louis Plantevigne
chez François Tronchère, maître chirurgien à Angoulême
(29 février 1772).

E. 1863. (Liasse.) — 79 pièces, papier ; 1 pièce, parchemin.

1772. — Caillaud, notaire royal à Angoulême. —
Actes reçus par ce notaire du 3 mars au 29 avril. —
Bail à ferme de la dîme des chanvres, lins, légumes, ails
et millets de la paroisse Saint-Ausone, moyennant
60 livres chaque année, par l'abbesse de Saint-Ausone
(5 mars). — Procuration pour le partage des biens situés
au quartier Morin, paroisse de Saint-Louis à Saint-
Domingue, jusqu'alors indivis entre elle et M. de Grandpré, son frère, par Catherine Laflèche de Grandpré,
demeurant à Angoulême, à Jacques de Conan, écuyer,
seigneur de Fontenille (7 mars). — Bail à ferme des
cens, rentes et agriers qui leur appartiennent dans la
paroisse de Moulidars, moyennant 180 livres chaque
année, à Raguenaud marchand que cautionne Pierre
Navarre, écuyer, trésorier de France au bureau des
finances de La Rochelle, par les religieux de Saint-
Cybard (15 mars). — Dépôt du testament d'Élie-Jean
Desruaux, chevalier, comte de Roufflac, maréchal de
camps, daté du 2 décembre 1765, par lequel il avantage
sa seconde fille, Thérèse Desruaux de Nieuil (23 mars).
— Consentement donné par Marc Barbot de La Trésorière, écuyer, seigneur de Peudry, Courgeac et Saint-
Laurent en partie, et Catherine Fouchier, son épouse,
« après mûre réflexion », au mariage de Jean Barbot,
écuyer, seigneur de Sillac, chevalier de Saint-Louis,
leur fils, avec Jeanne de Létoille, fille de défunt Louis,
écuyer, seigneur de La Croix, avocat et juge sénéchal de

Blanzac, et de X. Salmon, qu'il veut épouser « pour la tranquillité de sa conscience », à condition que la future épouse renonce à toute communauté et aux arrêts qui peuvent être intervenus en sa faveur (24 mars). — Contrat de mariage entre Jean-Jacques Navarre de Mareuil, écuyer, gendarme du roi, fils de feu Clément, chevalier, trésorier de France au bureau des finances de La Rochelle, et de Thérèse Bergerac; et Marie-Jeanne Vigier, fille de feu Philippe Vigier, écuyer, seigneur de La Pile, et de Anne Dussieux ; en faveur duquel mariage, le futur époux se constitue 40.200 livres, et la future épouse tous ses droits dans la seigneurie de La Pile et dans l'héritage de sa mère, moyennant des charges multiples (27 mars). — Constitution de 125 livres de rente au profit de Julien-René de La Grève, écuyer, et de Marie-Anne de Chalvière, son épouse, demeurant au logis de La Brousse, paroisse de Champdolent, par Jacques Lhomme, sieur des Peynaud, et Marguerite de Létang, son épouse (30 mars). — Notification de grades au chapitre cathédral d'Angoulême, par Jean-Pierre Guimberteau, curé de Saint-Yrieix (4 avril). — Procès-verbal d'un bâtiment au château d'Angoulême où anciennement étaient construits des moulins à blé qu'on faisait tourner à bras, ce requérant Joseph de Bourges, écuyer, chevalier de Saint-Louis, capitaine d'invalides audit château, au nom du marquis de Chauvron, commandant la province d'Angoumois (7 avril). — Procuration pour recueillir l'héritage de Jean, son fils aîné, décédé en décembre à Saint-Domingue où il était passé en février 1770 comme secrétaire du comte de Noliros, gouverneur des Iles-Sous-le-Vent ; par Jeanne Chauvineau, veuve de Jean Civadier, procureur au présidial d'Angoumois, à Louis-Michel, sieur des Barraux, son fils puîné, actuellement à Saint-Domingue (11 avril). — Notification de grades au chapitre cathédral d'Angoulême, par Louis-Antoine Péchillon, prieur de Marcillac et prébendé de Saint-Georges de Raix, demeurant à Angoulême (11 avril). — Brevet d'apprentissage pour trois ans, de Barbaud, journalier, chez Germain Legrand, entrepreneur de bâtiments (20 avril). — Vente de deux maisons, rue de Chandes, à Angoulême, moyennant 12.000 livres, par François de La Touche, sieur de Chaix, procureur du roi à la police d'Angoulême, et Marguerite Baruteau, son épouse ; à Bernard Sazerac, négociant, maître de la manufacture de faïences, et Marie-Charlotte Claveau, son épouse (21 avril). — Soumission de 34.000 livres pour la vente à faire de la terre et seigneurie d'Oyer, paroisse de Bioussac, par Olivier-Mathurin d'Hémery, chevalier, seigneur de l'Abrégement (27 avril). — Déclaration faite par Lafleur, maître maréchal, que son apprenti l'a quitté « en se moquant de lui », sans le dédommager, comme il était convenu (28 avril). — Constitution de 112 livres de rentes, au profit de Marie Arnauld de Vouzan, sa petite-fille, par Noël-Bertrand de La Lorancie, chevalier, marquis de Charras et de Neuvicq, lieutenant des maréchaux de France pour l'Angoumois et les baillages de Saint-Jean-d'Angély et de Cognac, et Marie Paulte, son épouse (28 avril). — Cheptel d'une vache brette à moitié croît et décroît, et moyennant une pinte de lait chaque vendredi (29 avril 1772).

E. 1864. (Liasse.) — 93 pièces, papier ; 1 pièce, parchemin.

1772. — Caillaud, notaire royal à Angoulême. — Actes reçus par ce notaire, du 1er mai au 30 juin. — Constitution de 160 livres de rente au profit de Marguerite Gautier épouse de Jean-François du Haumont, chevalier, seigneur de La Garde Saint-Barthélemy, demeurant paroisse Saint-Antonin, à Angoulême, par Louis Blanchard, seigneur de Sainte-Catherine (2 mai). — Procès-verbal de cinq tonneaux de faulx envoyés de Francfort aux frères Clavaud, négociants à Angoulême (3 mai). — Transaction pour satisfaire à l'amiable à la séparation ordonnée par justice, après procès-verbal de chirurgien, entre Louis Flamant, avocat au présidial de La Rochelle, et Suzanne Trouillier, son épouse, demeurant à Angoulême (9 mai). — Transaction entre les collecteurs de la paroisse de Saint-Saturnin, qui fixe à 55 livres le bénéfice du droit de « levre » (14 mai). — Nomination de Pierre Vallier, licencié ès loix, et de Gilles Clergeon, procureur au présidial, comme fabriciens-comptables de la paroisse Saint-André de cette ville (22 mai). — Cession par licitation, moyennant 4.000 livres, d'une maison sise à Angoulême, rue de la Bûche, par Marguerite-Louise de Robuste, épouse de Simon-Victoire-François Merer, sieur de Walop, et Louise-Julie de Robuste, épouse d'André-Marie Legris, sieur Duclos, demeurant à Morlaix ; Jean-Baptiste de Robuste, écuyer, et Jean-Louis-Joseph de Robuste, écuyer, seigneur de Fredilly, demeurant à Saint-Domingue ; Philippe Lecomte des Hors, capitaine au régiment de Limoges ; le sieur Lecomte et la dame de Robuste, son épouse, demeurant à Saint-Domingue ; à François Lecomte, curé de Tourriers ; tous les susdits, héritiers d'Étienne Jérôme de Robuste, seigneur de Chenuzac, leur oncle (23 mai). — Contrat de mariage entre Jean Grolhier, sieur Dureclaud, maître ès arts, demeurant faubourg Lhoumeau, à Angoulême ; et Rose Lefort, fille de Pierre, huissier à la maréchaussée (29 mai). — Consentement de mariage donné par Jean Brochet, journalier, et Jeanne, sa fille, à Jean Lamoureux, paveur; et par ledit Lamoureux et son père, à Jeanne Brochet (31 mai). — Constitution d'une rente de 300 livres consentie par les religieuses de Saint-Ausone à Jean-Élie Desruaux, chevalier, seigneur de Plassac (3 juin). — Transaction qui fixe à 120 livres la créance de Jean Naud, père, marchand, envers Louis de Bompard, docteur en théologie, ancien grand vicaire de Rodez, abbé commendataire de l'abbaye de La Couronne; par suite de son administration des biens de ladite abbaye (5 juin). — Délibération des habitants de la paroisse Saint-André d'Angoulême, qui décident de nommer des commissaires pour la vérification des comptes des derniers fabriciens; de supplier l'Intendant de retrancher divers articles au devis des réparations de l'église, « en considération de l'extrême misère de la majeure partie des habitants »; de faire condamner le curé primitif aux réparations du chœur et du sanctuaire; d'augmenter, en faveur de la fabrique, les droits perçus pour l'ouverture des fosses et la sonnerie de la grosse cloche; de passer bail du droit de placer des chaises dans l'église; d'employer les deniers de la fabrique à acquérir les deux pans de tapisserie, le dais et la niche qui ornaient autrefois l'église comme appartenant à la confrérie du Saint Sacrement, et avaient été vendus judiciairement (8 juin). — Ferme du privilège de perruquier, pour un an, moyennant 50 livres, par les héritiers de Louis Deschamps, maître perruquier, décédé à Cayenne (16 juin). — Transaction qui met fin aux poursuites intentées par Rossignol, cabaretier à Saint-Cybard, pour injures envers ses filles contre Durand, aubergiste (17 juin). — Arrentement d'une maison, cul-de-sac de Fanfrelin, à Angoulême, moyennant 30 livres par an, à Dupont, aubergiste, par Roger Bareau, avocat, et Marie Bouillon, son épouse (19 juin). — Vente d'une maîtrise de perruquier, moyennant 900 livres (20 juin). — Acte de notoriété justifiant la noblesse de Jean-Charles de Mergey, chevalier, capitaine des carabiniers du comte de Provence, époux de Anne Béritault de La Contrie, demeurant à Angers, fils d'Élie, chevalier, seigneur de Rochepine, et de Marie-Madeleine de Montalembert (22 juin). — Constitution de 57 livres de rente consentie par Jean de Salignac, écuyer, seigneur de Boisbelet, et Marguerite Juglard, son épouse, à Jean Robin, écuyer, seigneur du Plessac et de Lardiller (25 juin). — Délibération des habitants de la paroisse Saint-André d'Angoulême, qui décident, en raison des faibles ressources de la fabrique, s'élevant pour les légats et rentes seulement à 168 livres, et le casuel à 140 livres, de se libérer des créances de 2.006

livres contractées par les fabriciens en 1771, au moyen d'une imposition sur tous les habitants et propriétaires de la paroisse, laquelle viendra s'ajouter à celle de 6.270 livres destinée aux réparations de l'église (29 juin 1772).

E. 1865. (Liasse.) — 86 pièces, papier.

1772. — Caillaud, notaire royal à Angoulême. — Actes reçus par ce notaire du 1ᵉʳ juillet au 31 août. — Contrat de mariage entre Hay, laboureur, et Jacquette Valleteau, demeurant à Trois-Palis, qui contractent société pour un quart avec les parents de l'épouse, pour tous les acquêts meubles et immeubles (1ᵉʳ juillet). — Inventaire des meubles de la communauté de Pierre Duvignaud, maître de danse, demeurant au faubourg de Lhoumeau, et de Marie-Rose Valentin, sa femme, décédée le 18 mai lui laissant cinq enfants en très bas âge (2 juillet). — Transaction entre François Bourdage, écuyer, seigneur de Sigogne, juge au présidial, et Sébastien Videau, notaire royal au bourg d'Agris, d'une part, et Jean Rullier, curé de Coulgens, d'autre part, contre lequel ils abandonnent toute poursuite criminelle pour calomnies, en paroles, par écrit et par chansons, atteignant leur probité et leur honneur, moyennant 121 livres pour les frais du procès (3 juillet). — Autre transaction entre Bourdage et Videau, d'une part, et Pierre Aymard notaire royal, et Anne de Barbarin, son épouse, demeurant à Coulgens, d'autre part, contre lesquels ils abandonnent aussi les poursuites criminelles engagées pour les mêmes raisons, moyennant qu'ils surveilleront désormais leurs propos et leurs actions, et que le présent acte de transaction sera affiché, à leur frais, à la porte de huit paroisses de campagne, et dans tous les cantons de la ville d'Angoulême (4 juillet). — Procès-verbal des moulins banaux de Saint-Cybard, paroisse de Saint-Yrieix (3 juillet). — Cautionnement, pour 6.000 livres, de François Bonnet, contrôleur des actes de notaires au bureau de Cognac, par François de Tozon, seigneur de La Coste et Sauzet, lieutenant des maréchaux de France (6 juillet). — Avis de parents autorisant Françoise Poussard à jouir des biens de Nicolas Collain marchand, son mari, qui l'a abandonnée (10 juillet). — Sommation de Pierre Marchais de La Berge, écuyer, seigneur de La Chapelle, pourvu de l'office de maire et capitaine de la ville d'Angoulême créé par édit de novembre 1771, à M. Chaignaud de La Gravière, ancien maire, de lui remettre celle des trois clefs du coffre-fort de la ville qu'il détient (13 juillet). — Notification de grades au chapitre cathédral d'Angoulême, par François-Marc-René de la Laurencie de Charras, maître ès arts et licencié en théologie de l'université de Paris (17 juillet). — Concession de terrain dépendant du château d'Angoulême, moyennant 9 livres de rente annuelle, à Jean Magniant entrepreneur des ponts et chaussées à Angoulême, par Anne-François de Chauveron, chevalier, marquis de Chauveron, baron de Saint-Séverin, seigneur de Saint-Laurent, Saint-Maurice des Lions, La Margarie, Les Hommes, et autres places, chevalier de Saint-Louis, lieutenant des ville et château d'Angoulême, commandant les gens de guerre de la province (17 juillet). — Quittance entre autres, par Marc-René Lefort, sieur de Latour, maître de danse à Angoulême, de biens provenant de la succession de Ducluzeau, marchand (20-23 juillet). — Contrat d'ingression de Marie Rullier, fille de feu Pierre, sieur des Fontaines, dans le tiers ordre de Saint-François, à Angoulême, avec une aumône dotale de 3.500 livres (21 juillet). — Testament de Charles Préveraud, prêtre, ancien curé de Saint-André d'Angoulême, qui nomme Jean Préveraud, son neveu, son légataire universel (21 juillet). — Inventaire des meubles et papiers de Clément Arnauld, écuyer, chanoine théologal de la cathédrale d'Angoulême, décédé le 18 de ce mois, ce requérant André Arnauld, écuyer, seigneur de Ronsenac, juge au présidial, son père (25-27 juillet). — Bail à ferme des revenus de la seigneurie de Champmillon, moyennant 1.325 livres chaque année, à Mathias Billeaud marchand, demeurant paroisse de Sireuil, par Louis Péchillon comme procureur de l'abbé de Saint-Cybard (15 août). — Quittance de 170.750 livres donnée par Catherine de La Flèche de Grandpré à Jacques de Conan, chevalier, seigneur de Fontenille, ancien aide-major au régiment de Poitou, son mari, comme fondé de pouvoirs pour l'administration de ses affaires à Saint-Domingue (16 août). — Transaction entre l'abbesse et les religieuses de Saint-Ausone, et Pierre de La Bachellerie, prêtre, chanoine vétéran de Mouthiers, prieur commendataire de Saint-Sauveur de Nontron et directeur du séminaire des missions à Limoges, y demeurant ; qui détermine la part afférente à chacune des parties dans les revenus des paroisses de Nontron et de Saint-Martial de Valette, et, par suite, dans le paiement des portions congrues des deux curés et des trois vicaires de ces paroisses (17 août). — Bail à ferme de la cantine du château d'Angoulême, moyennant 860 livres chaque année, à Pierre de Gorces et Catherine Laporte sa femme, par le marquis de Chauveron, capitaine dudit château (24 août). — Inventaire des meubles de la succession de Pierre Fauconnier, chanoine de la cathédrale d'Angoulême, décédé le 17 de ce mois (24-27 août). — Procès-verbal relatant la remise solennelle d'un cierge allumé « attaché à l'écusson des armes de la ville et décorré d'une couronne de laurier » faite, durant la messe, par le recteur du collège d'Angoulême, entre les mains du maire, remise qui est le signe de l'hommage dû chaque année, à la même date, par le collège au corps de ville (25 août). — Obligation de 1.711 livres consentie par Alexis de Fayard, seigneur des Combes, de Ladosse et autres lieux, demeurant au château des Combes, paroisse de Beaussac, au profit de Marie Gervais, veuve de Pierre Sarlandye, écuyer, seigneur de Mitougnac, maître particulier des eaux et forêts d'Angoumois, et des héritiers de celui-ci (26 août). — Ferme des fruits décimaux de la paroisse de Saint-Martial, à Angoulême, moyennant 600 livres chaque année, à François Marchadier, marchand et maître cordonnier et sa femme, par Messieurs du séminaire d'Angoulême (27 août 1872).

E. 1866. (Liasse.) — 72 pièces, papier.

1772. — Caillaud, notaire royal à Angoulême. — Actes reçus par ce notaire du 2 septembre au 30 octobre. — Contrat de mariage entre Martial Dutillet, sieur de Juillac, ancien garde du corps, officier d'invalides au château d'Angoulême, veuf de Marguerite Fleuranceau de Boisbedeuil, fils de feu Mathieu, écuyer, seigneur de Beauvais, avocat en parlement, et de Geneviève Desbordes ; et Jeanne Rivaud de Bellair, fille de défunts François, procureur au présidial d'Angoumois, et Madeleine Arnauld (5 septembre). — Vente par Jean Bignon, maître écrivain à Angoulême, moyennant 250 livres, des biens que possède dans le pays Gabriel Bignon, son frère, ancien secrétaire du corps royal, demeurant à Strasbourg, et procuration dudit Gabriel scellée du sceau plaqué de la ville de Strasbourg (19 août-7 septembre). — Quittance de 150 livres dues à ses enfants pour la succession de François Ducluzeau, leur oncle, donnée par René Lefort, sieur de Latour, maître de danse à Angoulême, avec une lettre de son fils, Marc René, médecin aux Antilles (8 août-18 septembre). — Cession d'une créance de 3.000 livres à Alexandre Mallat, écuyer, sieur de L'Étanche, chevalier de Saint-Louis, capitaine de cavalerie, lieutenant de la maréchaussée du Limousin à la résidence d'Angoulême, par Jean Chevraud, écuyer demeurant paroisse de Marsac, François Chevraud, écuyer, demeurant à Lhoumeau, Élisabeth et Françoise Chevraud, frères et sœurs, comme héritiers d'Élisabeth de Lafond, leur aïeule (19 septembre). — Résiliement du bail à vie du fief du Petit-Chalonne, paroisse de Fléac, qu'il avait conclu le 21 septembre 1763, par le marquis de Montalembert, en faveur de Pierre-Antoine de Jousserant, chevalier, seigneur de Beaumont, et Marie Thomas de Bardines, sa femme ; de Louis Thomas, chevalier, seigneur de Bardines et Marie Préveraud, sa femme (4 octobre). — Procès-verbal relatant l'état de l'auberge où pend pour enseigne *Les Trois Rois*, faubourg Lhoumeau (5 octobre). — Protestation de Jean Gaborit, négociant au faubourg Lhoumeau, contre les employés à la marque des cuirs qui s'efforcent, par leurs manœuvres, de le mettre en faute (6 octobre). — Bail à loyer d'un appartement, rue de Genève, moyennant 220 livres chaque année, à Charles Dureau, peintre, par Jean Thomas, sieur de la Boissière, et Françoise Goullard, son épouse (13 octobre). — Inventaire des quelques meubles qu'à laissés, après avoir vendu furtivement les autres, Jean Brunet, exécuteur criminel, parti depuis plusieurs jours avec Baptiste Varenne son confrère ; ce requérant Marie Berger, sa femme (30 octobre 1772).

E. 1867. (Liasse.) — 77 pièces, papier; 1 pièce, parchemin.

1778. — Caillaud, notaire royal à Angoulême. — Actes reçus par ce notaire du 2 novembre au 31 décembre. — Déclaration de Charles Le Maître, peintre, demeurant paroisse de Notre-Dame de Beaulieu, à Angoulême, qu'il a pour ainsi dire contraint son fils Georges à entrer, comme frère lai, dans l'ordre des Mineurs, à l'âge de 16 ou 17 ans (12 novembre). — Constitution de 130 livres de rente consentie au profit de Jean-Élie Desruaux, chevalier, seigneur de Plassac, par Suzanne de Vassoigne, Jean-Charles de Vassoigne, écuyer, chanoine de l'église cathédrale d'Angoulême, Marie-Julie de Vassoigne, veuve de François de Sainte-Hermine, chevalier, seigneur de Sainte-Hermine, La Tour-du-Fa, capitaine des vaisseaux du roi, frère et sœurs, demeurant à Angoulême (13 novembre). — Déclaration de Pierre de La Confrette, sieur de Villamont, comme héritier de Jean, receveur des consignations de l'Angoumois, son père, que « dans les 615.470 livres de principal portées sur la quittance de finances portant rente au denier cinquante, au profit dudit feu Jean, sur les tailles de l'élection d'Angoulême,... datée du 23 juillet 1723;.... il y en a 1.100 en capital qui a produit 22 livres au denier cinquante et qui ne produit à présent que 11 livres au moyen des réductions faites au denier cent, qui appartient à Jean Plantevigne, sieur de Lastier, juge sénéchal de la principauté de Marcillac » (19 novembre). — Constitution de 120

livres de pension viagère, à titre clérical, en faveur de René Dussouchet, clerc-minoré au séminaire de Poitiers (19 novembre). — Cession d'une rente constituée de 100 livres, à Remy Gilbert, docteur en médecine et médecin du roi à Angoulême, par Adrien-Alexandre Chérade, chevalier, comte de Montbron, de présent à Angoulême, à l'auberge où pend pour enseigne *La Table Royale*, paroisse Saint-Paul (22 novembre). — Convention entre les cinq collecteurs de la paroisse de Fléac pour 1773, dont deux s'engagent à lever tous les impôts, moyennant qu'ils se partageront les profits de la collecte (17 décembre). — Vente d'une maison où était ci-devant installée une imprimerie, paroisse de Notre-Dame de la Paine, vis-à-vis l'église des Jacobins, moyennant 9.000 livres, à Bachelier, marchand de draps, et Marguerite Sicard, son épouse, par Claude Rezé, imprimeur, et Roze Rezé, sa sœur (19 décembre). — Contrat d'ingression dans la communauté de l'Hôtel-Dieu d'Angoulême, de Philippe-Agathe et de Marguerite Glergeon, filles de Gilles, procureur au présidial, syndic et administrateur de l'Hôpital général d'Angoulême, et de Catherine Boisseau, qui constituent à chacune d'elles une aumône dotale de 2.500 livres « au profit des dames et des pauvres dudit hôpital et par moitié entre eux, suivant l'usage » (27 décembre). — Transaction par laquelle, moyennant 1.000 livres et le paiement des frais qu'il a dû faire en justice, Jean-Baptiste Brillet, au nom de Jean-Baptiste Fouache, procureur de Michel Favret du Pommeau, directeur des droits réunis de la régie, s'engage à l'abandon des poursuites intentées contre Jean Gaborit, négociant au faubourg Lhoumeau, Pierre Dumergue, sellier à Angoulême, et autres, pour l'usage de fausses marques sur les cuirs (30 décembre 1772).

E. 1868. (Liasse.) — 73 pièces, papier.

1773. — Caillaud, notaire royal à Angoulême. — Actes reçus par ce notaire, du 1er janvier au 28 février. — Contrat d'ingression dans la communauté des Ursulines d'Angoulême, avec une aumône dotale de 3.000 livres, de Marie Marsillaud, fille de Christophe, lieutenant assesseur des juridictions de Piégut, et de feue Françoise de Grandsaigne (4 janvier). — Titre nouvel d'une rente foncière annuelle de 16 livres due au séminaire d'Angoulême à cause de la cure de St-Martial (5 janvier). — Inventaire des meubles et effets de la succession d'Anne Dubois de Bellegarde, décédée à Angoulême, le 4 de ce mois, ce requérant André de La Haure procureur au présidial, son exécuteur testamentaire

(11-13 janvier). — Procès-verbal de l'état des bâtiment et domaines que vient d'acquérir au Pontouvre Paul Bousigues, ancien capitaine de navire (15 janvier). — Inventaire des meubles et effets de la succession de Pierre Dubois, seigneur de La Vergne, décédé en son logis de La Vergne, paroisse de Fléac, le 7 de ce mois, ce requérant Marie-Françoise Salomon, sa veuve (16 janvier). — Constitution de 120 livres de pension viagère, à titre clérical, en faveur de Daniel-Michel Le Maître, clerc du diocèse d'Angoulême, par Michel Le Maître, peintre, et Marie de L'Église, ses parents (2 février). — Partage, après décision d'arbitres, de la succession de Pierre de Sarlandie, écuyer, seigneur de Mitougnas, maître particulier des eaux et forêts d'Angoumois, dont la sixième partie revient à Pierre de Sarlandie, écuyer, son fils d'un premier mariage avec Jeanne Bobot, et le reste est partagé entre ledit Pierre et Anne de Sarlandie, épouse de Pierre Arnauld, chevalier, seigneur de Ronsenac, procureur du roi au présidial, fille d'un second mariage dudit défunt avec Marie Gervais (20 janvier-3 février). — Inventaire des meubles et effets de la communauté entre feu François Desbordes de Gensac, chevalier, seigneur de Teillé, Sers et autres lieux, décédé au château de Sers, le 17 novembre, et Anne-Marie de Montalembert ; et partage de la succession dudit défunt entre Jean-Baptiste-François Desbordes, chevalier, seigneur de Teillé, maître de champ de cavalerie, major de la première compagnie des mousquetaires de la garde du roi, chevalier de Saint-Louis, et Pierre Desbordes de Gensac, chevalier, seigneur de Verdille, ancien capitaine d'infanterie, demeurant à Angoulême, ses fils (15 février-30 mars). — Vente du fief et seigneurie d'Oyer, paroisse de Bioussac, à la charge de servir une pension viagère de 260 livres à Suzanne Chesnaud, veuve de Philippe de Chevreuse, écuyer, et moyennant 44.200 livres, à Olivier-Mathurin d'Hémery, chevalier, seigneur de L'Abrégement, La Leigne, Cerné, Barro et autres lieux, colonel au corps royal de l'Artillerie, chevalier de Saint-Louis, demeurant au château de L'Abregement, paroisse de Bioussac, par François Renaud, écuyer, sieur dudit nom, Louis Renaud, chevalier, seigneur de Longeac, demeurant au logis de Villognon, François de Létang, écuyer, et Marguerite Renaud son épouse, demeurant paroisse du Grand-Madieu, Jean Journaud, laboureur, et Claude Moinis, sa femme, héritiers sous bénéfice d'inventaire du comte de Raymond, seigneur d'Oyer, maréchal de camps (26 février 1773).

E. 1869. (Liasse.) — 72 pièces, papier.

1772. — Caillaud, notaire royal à Angoulême. — Actes reçus par ce notaire du 4 mars au 30 avril. — Ferme de deux bancs, sous la halle du Palet, par Jean Lacour, régent de quatrième au collège royal St-Louis d'Angoulême (4 mars). — Bail à ferme du droit de dîme qui lui appartient dans la paroisse de Triac, pour neuf années, à raison de 900 livres l'une, par dom Michel Benoist, chambrier de l'abbaye de St-Cybard et prieur de Triac (7 mars). — Titre clérical de François Ledoux, clerc du diocèse d'Angoulême, actuellement au séminaire de St-Nicolas du Chardonnet, à Paris, fils de François, sieur du Luqué et de Marie Devillemandy (7 mars). — Testament de Nicolas Rossignol, entrepreneur des ponts et chaussées demeurant à Angoulême (15 mars). — Transaction entre Pierre Marchais de La Berge, écuyer, seigneur de La Chapelle, maire d'Angoulême, d'une part ; Jean Mignot, notaire royal, juge de Gourville, et Marie Marchais, son épouse, d'autre part, qui met fin au procès qu'ils avaient engagé au sujet de la succession de leur père et beau-père (19 mars). — Transaction par laquelle, moyennant 280 livres, Laurent Lécureuil, contrôleur ambulant des aides de l'élection d'Angoulême, comme procureur de l'adjudicataire général des domaines du roi, met fin à l'emprisonnement de Boulestin et Marguerite Desleas, sa femme, de la paroisse de Cherves, et aux poursuites intentées contre eux « pour injures, maltraittements, voyes de faict et rebellion » contre les employés des aides (25 mars). — Réitération de grades à l'évêque et au Chapitre d'Angoulême, par Antoine Péchillon, gradué de l'Université de Paris, prieur de St-Michel de Marcillac, et prébendier de St-Georges de Raix (27 mars). — Cession, moyennant 99 livres, par Marie Delambertie à Marie Adhumeaud, veuve de Jean Delambertie, bourgeois, demeurant à Chazelles, de ce qui lui revient dans les biens qu'elles avaient en indivis provenant de la succession de Léonard Delambertie, bourgeois, et de Jeanne Tourette, leurs parents (27 mars). — Vente de l'office de conseiller du roi, maître particulier des eaux et forêts d'Angoumois, moyennant 40.000 livres, à Claude Ogerdias, bourgeois de Paris, y demeurant, par Pierre Sarlandie, écuyer, Pierre Arnauld, chevalier, seigneur de Ronsenac, et Anne Sarlandie, son épouse (12 avril). — Quittance de 2.198 livres, sur une consignation, donnée par Charles de Montalembert, seigneur de Fouquebrune, Le Groc, Houme et autres lieux, chevalier de St-Louis, major de la ville et château d'Angou-

lême, et Suzanne Hesnault, son épouse (22 avril) —
Transaction entre les dames du tiers-ordre de St-François, à Angoulême, d'une part ; Pierre Laisné, chevalier,
seigneur du Pont-d'Herpes, et Marie Maignan, son
épouse, d'autre part, qui s'engagent à leur payer la rente
promise par le contrat d'ingression de Marie Maignan,
leur sœur et belle-sœur, dans ladite communauté de
St-François (23 avril). — Ferme des rentes seigneuriales,
agriers, et divers droits qu'il possède dans les paroisses
de Tourriers, Anais, Jauldes, Vars et autres, pour neuf
années, moyennant 500 livres chaque, à Pierre Bouniceau, notaire royal, demeurant à St-Amant-de-Boixe, par
dom Michel Benoist, prieur de St-Cybard (24 avril 1773).

E. 1870. (Liasse.) — 91 pièces, papier.

1773. — Caillaud, notaire royal à Angoulême. —
Actes reçus par ce notaire, du 1er mai au 30 juin. —
Constitution de 350 livres de rente, au principal de 7.000
livres, consentie par Jean Fé, écuyer, seigneur de La
Cour, président, lieutenant-général au siège royal de
Cognac, au profit de Jean Thinon avocat à Angoulême
(1er mai). — Ferme des droits de dîme que possède l'abbaye dans la paroisse de Nontron, pour sept années,
moyennant 500 livres chaque, à Jean de La Brunie, bourgeois, à St-Martial de Valette, par l'abbesse de St-Ausone
(6 mai). — Vente de domaines, paroisse de St-Amant-
de-Nouère, moyennant 4.500 livres, par Louis Delage,
papetier au moulin de Bourisson, paroisse de Vœuil, à
Jeanne Aubin, épouse séparée de Jacques Mathieu, sieur
de Préfontaine (22 mai). — Transport de plusieurs
créances par Marguerite Ravaud à Geneviève de Chaumont, veuve de Jean Gautier, avocat, demeurant à
Angoulême, et à Séraphin Gautier, son fils, sous-lieutenant au régiment de Jarnac, en garnison à Strasbourg
(23 mai). — Reconnaissance donnée par Placide de la
Place, chevalier, seigneur de La Tour-Garnier, ancien
capitaine au régiment de Bourbonnais, chevalier de Saint-
Louis, demeurant en son logis de La Tour-Garnier,
paroisse de St-Martial, à Madeleine de Montalembert de
Sers, son épouse, qu'il a reçu 13.225 livres à elle dues sur
ses droits légitimaires (3 juin). — Vente des domaines
qu'il possède dans la paroisse de St-Saturnin, par Louis
Péchillon de La Borderie, marchand, à Marthe Marchais,
son épouse séparée de bien, moyennant 10,000 livres
qu'elle doit employer d'abord à payer leurs dettes de communauté, se réservant le reste pour ses remplois (13 juin).
— Testament de Jeanne de Montalembert veuve de Jean
de Montalembert de Vaux, chevalier, seigneur de Villars,
pensionnaire chez les Ursulines d'Angoulême, par lequel

elle prélève divers legs sur 5.000 livres qu'elle s'est réservées et qui doivent revenir à son fils aîné après sa mort ;
entre autres 300 livres dues au fauconnier de son père
(17 juin). — Bail à ferme d'une maison, paroisse St-Antonin, pour neuf années, moyennant 120 livres chaque, par
l'Union chrétienne d'Angoulême, à Françoise Lainé, veuve
de Louis de Lubersac, et Julie de Lubersac, sa fille (22 juin).
— Bail à ferme de la première herbe de trois journaux de
pré sur la Charente, pour sept années, moyennant
35 livres et une paire de poulets par chaque année et
pour chaque journal, par Louis Dumas, écuyer, seigneur
de Chebrac (23 juin). — Transaction qui fixe à 2.100
livres au lieu de 1.050 livres et quelques dons en nature,
la portion congrue du curé de Champniers, lequel prétendait « qu'il n'était pas permis de présumer contre
l'évidence et au préjudice de touttes les loix, l'union des
revenus de la cure de Champniers à l'abbaye de Saint-
Auzonne », car « l'établissement et le payement des dépenses ont pour objet et pour motif la subsistance et
l'entretien des ministres chargés d'instruire et de desservir les habitants de la paroisse sur lequel elles sont per-
çues ; si dans des circonstances singulières, cette destination primitive spéciale a éprouvé quelques change-
mens, ce n'a été que pour des causes évidentes de
nécessité ou d'utilité qui doivent être constatées dans tous
les temps » ; ce à quoi les religieuses de St-Ausonne oppo-
saient que leur abbaye « était le seul monastère de filles
qu'il y eut dans la ville d'Angoulême ; leur monastère,
leur clôture, leur église, avaient été brûlées et détruittes ;
tous leurs tittres avaient été enlevés par les huguenots, et
leurs biens dissipés. Il était utile à la religion et à l'intérest public, duquel il appartient au seul souverain de
juger, de réparer tant de pertes. Le roi Charles IX avait
donné une maison, les habitans de cette ville avaient
accordé aux abbesse et religieuses de ce temps un terrain
dans l'intérieur de ladite ville.... Le roi avait prié et
chargé le seigneur évêque d'Angoulême de rechercher
et d'employer tous les moyens convenables de mettre à
fin l'œuvre pieuse de procurer au monastère réparé un
revenu au moins nécessaire ; cette intention avait été
exécuttée par l'union de cellui de Champniers et de Brie »
qui fut confirmée par lettres patentes données à Fontai-
nebleau le 16 mai 1623 (28 juin 1773).

E. 1871. (Liasse). — 76 pièces, papier.

1773. — Caillaud, notaire royal à Angoulême. —
Actes reçus par ce notaire du 1er juillet au 31 août. —
Compte de ce que doit Pierre Despost, comme ancien

commis à la recette des aides et droits réservés au bureau de la porte Saint-Pierre, à Jean-Baptiste Brillet, receveur général des aides à Angoulême, et cession de meubles par ledit Despost à son petit-fils actuellement commis à la dite recette, moyennant qu'il paie partie de sa dette s'élevant à 106 livres (3 juillet). — Vente d'une maison, paroisse Saint-Jean à Angoulême, chargée de 60 livres de rente annuelle envers la fabrique de ladite paroisse, moyennant 18.000 livres de principal et 12.000 livres de pot-de-vin, à Jean-Baptiste Perrier, chevalier, seigneur de Gurat, par Pierre Cosson, chevalier, seigneur de Guimps, conseiller du roi en ses conseils, grand maître des eaux et forêts au département de Poitou, Aunis, Saintonge, Angoumois, Haut et Bas-Limousin (6 juillet). — Bail à ferme des dîmes du quartier du bourg, à Champniers, pour 9 années, moyennant 2.500 livres chaque, à Pierre Godin, curé de Champniers, par l'Abbesse de Saint-Ausone (9 juillet). — Vente d'un bien-fonds, paroisse de Soyaux, moyennant 3.000 livres, par Simon Vigier, chevalier, seigneur de Planson (13 juillet). — Acte de notoriété justifiant que les héritiers de Thérèse Lhoumeau, épouse de Jean de Jambes, ecuyer, sieur du Breuil, décédée le 12 août 1772, sont René et François de Jambes, leurs enfants (20 juillet). — Obligation de 10.500 livres consenties à la veuve Martell, Lallemand et Cⁱᵉ par Pierre, marquis de Montalembert, chevalier, seigneur de Villars, chevalier de Saint Louis, lieutenant de vaisseau à Rochefort, et Marie Gayot, son épouse, comme acquéreurs de la terre de Saint-Amant-de-Bonnieure (23 juillet). — Contrat de mariage entre Charles Babin, maître chirurgien de la paroisse de Saint Saturnin, et Catherine Guyot, fille de feu Charles Guyot de Varennes, marchand ; en faveur duquel mariage le futur époux se constitue en dot 1.300 livres de mobilier et 800 livres en espèces ; et la future épouse, 600 livres en espèces, recevant en outre 200 livres de mobilier et 30 livres en espèces (27 juillet). — Acte de notoriété justifiant que Louis Yrvoix, fils de feu François, marchand chandelier et de Françoise Yrvoix, marié dès seize ou dix-sept ans, père de cinq enfants, a tenu depuis six ans une conduite inconsidérée et libertine, bien qu'appartenant à une excellente famille (14 août). — Bail à loyer d'une maison paroisse Notre-Dame de la Paine, à Angoulême, moyennant 600 livres chaque année, par Joseph Bareau, chevalier, seigneur de Girac, marquis de Bourg-Charente, colonel de cavalerie, demeurant au palais épiscopal de Rennes, à Élisabeth de Devezeau, veuve de Jacques Bareau, chevalier, seigneur de Girac, sa mère, (20 août). — Sous-ferme d'un appartement dans cette même maison, moyennant 350 livres

chaque année, par ladite Élisabeth de Devezeau à Charles Terrasson de Verneuil, chevalier de Saint-Louis, et Marguerite Thenault, son épouse (21 août). — Remise de la métairie du Maine-Blanc, paroisse de Bouex, à François Limouzin, écuyer, sieur d'Hauteville, garde du corps du roi, par Noël Limouzin d'Hauteville, écuyer, juge au présidial d'Angoumois, à charge de la nourrir et entretenir ainsi que son frère Pierre, ci-devant prieur de Saint-Surin (27 août 1773).

E. 1872. (Liasse.) — 84 pièces, papier.

1773. — Caillaud, notaire royal à Angoulême. — Actes reçus par ce notaire, du 1ᵉʳ septembre au 31 octobre. — Vente de plusieurs pièces de terre, moyennant 23.200 livres, par Jean Valleteau de Chabrefy, écuyer, seigneur de Frégeneuil, à Joseph de Nogerée, chevalier, seigneur de La Fillière, enseigne de vaisseau, et Charlotte Maussabré, sa femme, demeurant au logis de La Fillière, paroisse d'Hiersac (1ᵉʳ septembre). — Procès-verbal de dommages causés par les bestiaux dans sa seigneurie de Girac, ce requérant Léontine Bareau de Girac, veuve de François Regnault, chevalier, seigneur de La Soudière (7 septembre). — Bail à ferme du moulin banal du Faure, paroisse de Montmoreau, moyennant 120 livres chaque année, par Philippe Lambert, chevalier, seigneur des Andreaux, lieutenant particulier au présidial, au nom de monseigneur Joseph Bareau, évêque de Rennes et prieur de Montmoreau (8 septembre). — Vente de l'état et office d'avocat du roi au présidial d'Angoumois, moyennant 8.000 livres et 120 livres de pot-de-vin, par Siméon Du Tillet, à Charles Chancel, avocat en la cour (9 septembre). — Cession de leurs portions dans des rentes sur l'état du Roi, moyennant 4.000 livres, par Marie Chaban, veuve de Jacques Valleteau de Chabrefy, Nicolas Valleteau de la Fosse, écuyer, maître de la chambre des comptes de Paris, Jacques Valleteau de Laroque, écuyer, auditeur de ladite chambre ; à Jean Valleteau de Chabrefy, écuyer, seigneur de Frégeneuil, leur fils et frère (14 septembre). — Sommation de Jean Bouyer, « ferblanquier », à Léger Bouyer, aussi « ferblanquier », de lui rendre le compte des marchandises qu'il lui a fournies et qu'ils ont vendues tant dans lui boutique que dans les foires et marchés de campagne (16 septembre). — Acte de notoriété justifiant que Antoinette Bareau, veuve de François Lambert, chevalier, seigneur des Andreaux, décédée le 10 août 1750, a laissé pour unique héritier Pierre Lambert, chevalier, seigneur de Fontfroide, son neveu (17 septembre). — Vente d'une maison, paroisse de St-Pierre de Châteauneuf, moyennant 2.400 livres, par Philippe Petit, maître chirurgien, et Marguerite Leclerc, son épouse; à René de Sainte-Hermine, chevalier, seigneur de La Barrière, chevalier de St-Louis, premier capitaine des grenadiers au régiment de Rouergue, et Jacquette de Culant, son épouse, demeurant audit Châteauneuf (18 septembre). — Abandon des novales de sa paroisse, par Pierre Guimberteau, curé de St-Yrieix près Angoulême, au temporel de l'abbaye de St-Cybard, moyennant 300 livres chaque année en sa faveur, et 200 livres pour un vicaire (20 septembre). — Inventaire des meubles de la communauté d'entre Marie Gilbert et André Renard, sieur de Cheneusac avocat en la cour (20 septembre). — Bail à ferme des grandes dîmes de la paroisse d'Aubeville, pour neuf années, moyennant 260 livres chaque, à Léonard Delaurière, curé d'Aubeville, par les religieux de Saint-Cybard (25 septembre). — Cession d'une créance de 5.000 livres, sur François de Lhuillier, chevalier, seigneur de Rochépine, par Nicolas Labouret, avocat en Parlement, seigneur des Bretonnières, receveur des fermes du roi à Angoulême, à Pierre Chancel, avocat en Parlement (5 octobre). — Vente de la métairie de Peyroux, moyennant 2.493 livres, par Jacques Pradeau, sieur du Ménomet, à Étienne Duclaud de Maigné, archiprêtre d'Orgedeuil (7 octobre). — Cession d'une créance de 1.000 livres, moyennant pareille somme, par François de La Touche de Chaix, procureur du roi au siège de police d'Angoulême, et Marguerite Baruteau, sa femme, aux pauvres de l'Hôtel-Dieu de cette ville (10 octobre). — Prorogation du bail à ferme des revenus de la paroisse de Nersac, pour neuf années, moyennant 2.700 livres chaque, par les religieuses de St-Cybard, à François de Limagne, bourgeois et secrétaire de l'intendance à Angoulême (10 octobre). — Prorogation du bail à ferme du prieuré de St-Chartier de Javarzay, pour neuf années, moyennant 250 livres chaque, par dom Annibal Boisson de Rochemont, moine de St-Cybard et prieur, à Charles Robert, commandant la brigade de la maréchaussée établie à Chef-Boutonne (28 octobre 1773).

E. 1873. (Liasse.) — 69 pièces, papier.

1773. — Caillaud, notaire royal à Angoulême. — Actes reçus par ce notaire du 1er novembre au 31 décembre. — Inventaire des meubles de Philippe Glaumont, marchand sellier, demeurant près la porte du Palet (2 novembre). — Procuration donnée par Léontine Bareau de Girac, veuve de François Regnault, chevalier,

seigneur de La Soudière, à Pierre Mercier et Pierre Bonnet, marchands, pour régir sa seigneurie de Girac, avec faculté d'occuper le haut du logis, et moyennant qu'ils auront « deux sols pour livre » sur toute la recette (15 novembre). — Contrat de mariage entre Joseph Cellarier, employé aux aides dans la banlieue d'Angoulême, fils de Giraud, bourgeois du bourg de St-Sylvain, diocèse de Tulle; et Françoise Pasquet, veuve de Charles de Beaupoil, écuyer, seigneur de St-Aulaire, fille de François, écuyer, sieur de Lâge et de feue Marie de Rabaine (23 novembre). — Constitution de 60 livres de rente au capital de 1.200 livres, au profit de Marie Arnault de Vouzan, par René de la Laurencie de Charras, chanoine théologal et vicaire général du diocèse d'Angoulême (2 décembre). — Convention entre les collecteurs de la paroisse de Linars : l'un d'eux abandonnant sa portion de lèves, est dispensé de l'établissement du rôle et des visites ordinaires, mais, ne déboursant rien, s'oblige à « passer par la paroisse » toutes les fois que l'huissier y sera envoyé par le receveur des tailles (15 décembre). — Convention entre les quatre collecteurs de la paroisse de Fléac. Moyennant la réserve des droits de lèves évalués à 72 livres, afférents à ces impôts, l'un d'eux se charge de prélever les vingtièmes, un autre les tailles : ce dernier reçoit en outre trois livres de chacun de ses collègues qui les dispensent de « passer par la paroisse » et s'oblige à leur verser quotidiennement vingt sous au cas où ils seraient emprisonnés par le receveur des tailles (18 décembre). — Convention du même genre entre les collecteurs de la paroisse de Sireuil dont les droits de lèves sont évalués à cinquante livres (18 décembre). — Prise de possession de la cure de St-Cybard de Dignac, à la suite du décès d'André Thevet, dernier titulaire, par Louis Péchillon, procureur au présidial, au nom de Louis-Antoine Péchillon, son fils (20 décembre). — Dépôt d'un appel interjeté au parlement de Paris contre une sentence du présidial d'Angoulême, par François Deviaud, écuyer, sieur de La Cherbonnière, tant en son nom qu'en celui de Joseph et de Louise Deviaud, ses frère et sœur (24 décembre). — Vente de l'état et office de lieutenant-criminel en la sénéchaussée et siège présidial d'Angoumois, et de sa bibliothèque composée de 133 volumes in-f°, 176 in-4°, 954 tant in-8° qu'in-12, ou environ, moyennant 24.000 livres pour ledit office, 1.000 pour la bibliothèque, et 400 de pot-de-vin, à Louis Arnauld de Viville, chevalier, seigneur de Champniers, le Breuil, etc., par Jean Gervais du Châtenet, écuyer (26 décembre 1773).

E. 1874. (Liasse.) — 86 pièces, papiers.

1774. — Caillaud, notaire royal à Angoulême. — Actes reçus par ce notaire du 2 janvier au 28 février. — Constitution de 200 livres de rente au capital de 4.000 livres, au profit de Marie-Thérèse Desages, veuve d'Étienne Hérier, sieur de Fontclaire, par Guillaume Herier de Lavergne, négociant à Aubeterre (4 janvier). — Consentement donné au mariage de Philippe Saulnier, chevalier, seigneur de Pierre-Levée, capitaine au régiment d'Orléans-dragons, fils de François-Louis, chevalier, seigneur de Pierre-Levée, chevalier de St-Louis, ancien capitaine au même régiment, seigneur de Gonde-ville, etc., et de feue Anne de Roquard ; avec Marie-Françoise-Charlotte Maynard, fille de Hugues, chevalier, seigneur de Rizefraud, etc., demeurant à Digoin en Charolais, et de feue Marie-Jeanne Baudoin ; par les Laîné, les de Lubersac, les Mesnard, les de Plassac, parents du futur époux (4 janvier). — Acte de notoriété justifiant que Charles Champeville, seigneur de Boisjolly, chevalier de St-Louis, décédé le 9 octobre 1772, a laissé pour héritiers Marie, Rosalie, Charles, Sophie, Henri, Émilie, ses enfants, sous la tutelle de Marie-Madeleine de Vavray, leur mère (15 janvier). — Brevet de maîtrise accordé à Philippe Julien par la communauté des maîtres cordonniers d'Angoulême, réunie au couvent des Jacobins (15 janvier). — Procès-verbal du témoignage de Grangé, sellier, qui atteste avoir été emprisonné par le lieutenant de police pour cet unique motif qu'il n'avait point eu recours à ce magistrat mais au marquis de Chauvron, commandant militaire de la province, afin d'obvier aux menaces prononcées contre lui par des compagnons selliers et autres réunis chez la nommée Texier, cabaretière (15 janvier). — Testament de Charles Préveraud, ancien curé de St-André d'Angoulême, qui demande à être enterré dans cette église (22 janvier). — Cession de diverses créances, moyennant 2.400 livres, à Alexandre, Jean, Rémy Fretard, écuyers, seigneurs en partie de Gadeville, et Élisabeth, leur sœur ; par Alexandre Dumas, écuyer, seigneur de Chebrac, au nom de René, comte de Bussy-Lameth, ancien chef de brigade des carabiniers (26 janvier). — Adjudication au sieur Gautier, matelassier de la paroisse, à la suite d'enchères montées à 203 livres, de la fourniture et de la location des chaises à l'église St-André d'Angoulême ; cette dernière fixée à un liard les jours non fériés, deux liards les jours fériés, un sol les soirs de vêpres, sermon et bénédiction, six liards le soir de la

St-Jacques (30 janvier). — Résiliement du bail à ferme du four banal de l'aumônerie de St-Cybard (1er février). — Contrat de mariage entre François Laglaye, fils d'Henry, maître cordonnier, et Madeleine Coulon, fille de Claude, professeur d'humanités au collège d'Angoulême (1er février). — Contrat de mariage entre Pierre Magnian, fils de Jean, entrepreneur des travaux du roi, demeurant paroisse de St-Martial, à Angoulême, et Jeanne Serpaud, fille de feu André, sieur de Combeloup, et d'Anne Charles (3 février). — Contrat de mariage entre Michel Lemaître, peintre, veuf de Marie de Léglize, demeurant paroisse de St-Jean, à Angoulême, fils de Jean-Baptiste, aussi peintre ; et Suzanne Pannetier, fille de Jean, maître tailleur (5 février). — Contrat d'ingression à l'abbaye de St-Ausone, de Louise Texier, fille de Jean, maître chirurgien, qui s'oblige à lui payer une pension viagère de 16 livres (7 février). — Ferme des dîmes de l'aumônerie de St-Cybard, dans la paroisse de St-Yrieix, pour neuf années, moyennant 350 livres chaque, par dom Annibal Boisson de Rochemont (7 février). — Ferme du four banal de l'abbaye de St-Cybard, pour neuf années, moyennant 85 livres chaque, par le même, à Jean Phelipaux, laboureur (8 février). — Testament de Marie-Thérèse Desages, veuve d'Étienne Hérier, sieur de Fontclaire, demeurant chez les religieuses du tiers-ordre de St-François à Angoulême (12 février). — Cautionnement pour 600 livres de François Labbé, receveur des entrées au bureau de la porte St-Pierre d'Angoulême, par Jean Mallat, maître boucher (18 février). — Constitution de 120 livres de pension à titre clérical, par François-Jean Gilbert, sieur du Maine-Bernier, en faveur de Jean-Élie Gilbert, sieur de Bois-Joly, son frère, clerc minoré au séminaire de Laon à Paris, fils de défunts François, conseiller en l'élection d'Angoulême, et Élisabeth Pipaud (19 février 1774).

E. 1875. (Liasse.) — 43 pièces, papier.

1774. — Caillaud, notaire royal à Angoulême. — Actes reçus par ce notaire du 1er mars au 14 avril. — Bail à ferme du lieu de Saint-Pierre, paroisse de Cherves, pour 6 années, moyennant 900 livres chaque, par François Chasteignier de La Rochepozay, lieutenant au régiment de Foix-infanterie, autre François, sous aide-major au régiment de Bretagne, et Pierre, écuyer, sieur de Fontenay, ses frères (2 mars). — Constitution de 100 livres de rente au principal de 2,000 livres, consentie en faveur de Pierre de La Confrette de Villamont, curé de St-Simeux, par Jean de Terrasson, chevalier, seigneur de Monleau (8 mars). — Réduction de 4.000 à 2.600 livres d'une créance de François de Mallet, chevalier, seigneur de La Garde, et Élisabeth de Terrasson, son épouse, demeurant au château de La Garde, paroisse de Cornille, envers Gabriel de Terrasson, chevalier, seigneur du Maine-Michaud, chevau-léger de la garde du roi, chevalier de Saint-Louis (21 mars). — Brevet d'apprentissage donné à Pierre Buchez, par Nicolas Buchez, orfèvre, son père, conformément aux statuts de sa corporation et en conséquence d'une ordonnance des juges gardes de la monnaie de Limoges (23 mars). — Convention entre les deux collecteurs du quartier de Viville, paroisse de Champniers, dont l'un se charge, moyennant tous les droits de lèves, de recouvrer les tailles, et en outre de servir de clerc à son confrère que le receveur des tailles a contraint de recouvrir les vingtièmes, bien qu'il ne sache pas lire (2 avril). — Procuration donnée à Michel Robert, écuyer, seigneur de Guignebourg, demeurant au château de Scée, paroisse de Vars, par Marie-Suzanne Dupont, son épouse, Louis Dumas, écuyer, seigneur de Chebrac, lieutenant-criminel en Angoumois, et Marie-Adélaïde Robert, ses gendre et fille (12 avril 1774).

E. 1876. (Liasse.) — 1 pièce, papier.

1532-1533. — MAQUELILEN, notaire royal à Angoulême. — Obligation de 24 livres de Françoise Brilhac, veuve de Jean Itier le jeune, envers Catherine Briaude, et quittance de remboursement de partie de cette somme (29 janvier 1532, v. s. 31 mars 1533).

E. 1877. (Liasse.) — 27 pièces, papier, dont plusieurs rongées ou effacées par l'humidité.

1538-1539. — MAQUELILAN (Étienne), notaire royal à Angoulême. — Actes reçus par ce notaire du 16 octobre 1538 au 24 mars 1538 v. s. — Reconnaissance d'une rente de quatre boisseaux froment, mesure d'Angoulême, due « en chacune feste Notre-Dame d'Aougst », à Pierre Trigeau, notaire royal à Angoulême (16 octobre). — Contrat de mariage entre Bastien Bouthillier, licencié en loix, avocat de la sénéchaussée d'Angoumois, et Catherine Delage, fille de Denis, procureur en ladite sénéchaussée, et de feue Guillemine Boessot, en faveur duquel mariage ladite Catherine reçoit de son père 600 livres et divers meubles entre autres : « une touailhe de lin , deux toualhes de cherve.... demy cent d'estaing

ouvré en platz et escuelles » ; et de Catherine Boessot, cent livres (31 octobre). — Ferme d'une maison, sise dans la grande rue qui va de la porte St-Martial au château d'Angoulême, pour 8 années, moyennant 8 livres chaque, par Micheau, procureur (7 novembre). — Jacques Frappereau et Annette Merlet, sa femme, reconnaissent devoir à François Boutin, concierge et garde des prisons du châtelet d'Angoulême, 10 livres tournois, « à raison du geollage » de ladite Merlet (23 novembre). — Acquisition d'une pièce de terre, moyennant 100 sols tournois, par Caliueau, écuyer, seigneur de Beauregard (?) — Acquisition par Pierre Trigeau, notaire à Angoulême, moyennant 4 livres 3 sols 4 deniers, d'un boisseau froment de rente payable à la St-Michel (28 décembre). — Acquisition par Pierre Trigeau, praticien « en la court laye » d'Angoulême, moyennant 30 livres tournois, de 3 journaux de terre, paroisse de Champniers (20 janvier). —Engagement pris par Méry de Châteauneuf, Philippe Truauld (?), sa mère, Jehan Rivaut, Pierre Tardieu et leurs femmes, Bernarde de Châteauneuf et François Tardieu, son mari, d'une part, Martial Bouyer, procureur, Mathias Delage, Vincent de Villemandy, Pierre Delage, Pierre Turcand dit Tallot, et Pierre Gros, d'autre part, d'accepter comme arbitres de leur procès au présidial d'Angoulême et au parlement de Paris, François Rouault, Guillaume Nesmond et Pierre Boessot, licenciés en lois, avocats à la sénéchaussée d'Angoulême, et ce, sous peine au contrevenant de 10 écus d'or (13 février). — Rachat, moyennant 50 livres, d'une rente de 2 sols 6 deniers tournois due à Martial Bouyer, procureur, à cause de F. Bareau, sa femme, par sire Micheau Allenet, marchand à Angoulême (14 février). — Vente d'un cheval par Guillaume Maquelilan, procureur, moyennant 24 livres tournois (25 février). — Abandon par Jean Ruffier à Guillaume et Jean l'aîné, ses frères, de ses droits à la succession éventuelle de leur père Yvon, et à celle de leur mère, qu'il estime valoir 12.000 livres environ, moyennant 1.000 livres payables avant cinq ans, et, jusqu'au versement de cette somme, 50 livres chaque année (10 mars). — Sommation par Berthomé Mourier à Jean Éverlant (?) de recevoir « sur la table du concierge du châtelet d'Angoulême où il est détenu, 70 livres 16 sols 10 deniers tournois, à quoi est condamné en sa faveur, par arrêt de parlement, Michel Mourier, curé de Cherves, fils dudit Berthomé (22 mars). — Paiement de 8 livres à Boutin, concierge du châtelet d'Angoulême, pour frais de « geollage » de Jean Raboteau (24 mars 1538 v.s.)

E. 1878. (Liasse.) — 92 pièces, papier.

1539-1540. — E. Maquelilan, notaire royal à Angoulême. — Actes reçus par ce notaire du 5 avril 1539 au 17 avril 1539 v.s. — Engagement de François Arnaud, patron de la chapelle de Notre-Dame-de-Pitié, paroisse Saint-Paul d'Angoulême, de présenter à ce bénéfice d'une valeur de 60 livres Jean Micheau antérieurement présenté par Jean Catois à la cure de Daviat; et moyennant ce, abandon par Micheau d'une pension de 60 livres à lui due suivant un accord intervenu entre Catois d'une part, Nicole de Beaumont, grand vicaire de l'évêque de Saintes et Jean Chauvin d'autre part, au sujet des droits qu'ils prétendaient respectivement sur la cure de Deviat (30 avril). — Paiement de 8 livres tournois à Boutin concierge du châtelet d'Angoulême, pour un « geollage » de 18 mois (3 mai). — Contrat de mariage entre sire François Rabiou, marchand d'Angoulême, fils de feu Guillaume dit la Perouze, et Marguerite Mallat, fille de sire Élie, marchand d'Angoulême, et de feue Marie Moreau ; en faveur duquel mariage il est constitué en dot à la future épouse 360 livres tournois, 2 pippes de froment de rente et divers objets mobiliers, entre autres : une « pincte », une « quarthe », une « coppine » d'étain, deux grandes robes de drap noir dont l'une avec les manches doublées de satin et la queue de taffetas, deux « cothes » doublées l'une de « mourée » et l'autre de drap de Paris rouge, deux chapperons noirs et une paire de manchons de satin cramoisi (20 mai). — Acte passé devant la grande porte de l'église paroissiale de Beaulieu (3 juin). — Engagement pris par Jean Tizon, écuyer, seigneur temporel et curé de La Rochette, d'affermer à François de Sonneville et François Chollet prêtres, pour deux années, moyennant 200 livres chaque, les revenus de la cure de Saint-Pierre de Sonneville, bien qu'il vienne de la remettre par permutation à frère François Poitevin régulier de Saint-Augustin, son neveu ; et rupture, à ces conditions, des engagements antérieurs des dites parties (7 juin). — Acquisition d'une moitié de maison à Coulgens, moyennant 6 livres, par Bernard Vigier, licencié en lois, avocat à Angoulême (20 juin). — Transaction qui fait lever une saisie de terres pour défaut de paiement d'une rente à François Cailhon, écuyer, seigneur de Bellejoie (24 juin). — Retrait d'une rente de 6 boisseaux 1/2 de froment, 9 de seigle, 8 d'avoine, mesure de Montbron, 20 sols en argent, un chapon et deux poules due par les habitants du village de La Chaize, exercé, moyennant en échange 100 sols tournois de

rente par François Corlieu, écuyer, seigneur de Puy limousin, au nom et comme procureur de Robert, écuyer, seigneur de la Fenêtre et de la Chaize, son père, sur Jean de Chevreuse, écuyer, seigneur de Montizon, dit Borie, Martial de Chevreuse, Jean de Chevreuse dit le Prieur frères, et un François fils dudit Borie ; et autre retrait d'une rente de même valeur par le même Corlieu sur lesdits frères Chevreuse, moyennant 95 livres tournois montant de l'acquisition qu'ils en avaient faite de François de La Porte, seigneur de Champniers (25 juin). — Promesse par Pierre Garron, prisonnier au châtelet d'Angoulême, de payer 150 livres à Jean et Guillaume Gellinard, père et fils, receveurs pour le roi de Châteauneuf et Bouteville (5 juillet). — Arrentement d'un tiers de journal, moyennant 3 sols 4 deniers à Jean Roze, messager d'Angoulême, par Christophe Aubin, curé de Saint-Paul de Bouteville (30 juillet). — Amortissement par Jean Gellibert dit Lemoyne, d'une rente de deux pipes de froment consentie par Foulques Gellibert, juge de Bouteville et Châteauneuf, son cousin, en faveur de Guillaume Nesmond avocat à Angoulême (23 août). — Reconnaissance de dette par Jacques, Mathurin et Guillaume Gellibert envers Jean Gellibert qui a donné tant pour eux que pour lui 108 livres tournois à Foulques Gellibert afin de les défendre aux grands jours d'Angers dans le procès intenté contre eux pour excès et rebellion de justice (24 août). — Vente d'un pré d'un journal 3/4, moyennant 90 livres, par Raymond Leconte, procureur à Angoulême, à Jean Desmoulins, curé de Balzac (1er septembre). — Contrat d'apprentissage, pour un an, moyennant 35 livres tournois, de Jean Marchand, présenté par Pierre de La Quintinie, demeurant tous deux à Lézignac Durand, chez Jean Avril, greffier de la sénéchaussée d'Angoumois, pour y apprendre « l'estat de pratique » (2 septembre). — Abandon de leurs droits sur la succession de Jean Gouyn, leur cousin germain, moyennant 30 sols tournois, par Pierre, André et Louise Moriceau, enfants de Simon et de Catherine Du Chaffault, en faveur de Jean et Léger Polaceraulx (14 septembre). — Paiement de 140 livres tournois pour acquisition de bois, à la décharge de Guillemin Couraudin, écuyer, son cousin germain, par Pierre Couraudin, écuyer, à Boutin, concierge du châtelet d'Angoulême (20 septembre). — Vente de 100 milliers de « merain » avec sa « fonssaille », livrables sur le port de Chande, à Angoulême, moyennant 1.450 livres, par Micheau Desbordes, marchand de Cherves, à Jean Richard, marchand de Saint-Savinien (27 septembre). — Vente d'un « pignon de logis avec deux appentiz attenant » et de pièces de terre au village des Montagnes, paroisse de Champniers, moyennant

170 livres tournois, par Philippon Moreau, laboureur, à Guillaume Maquelilan marchand d'Angoulême (11 novembre). — « Louhage » d'une maison en partie meublée, sise paroisse Saint-Antonin à Angoulême, consenti pour un an, moyennant 100 sous tournois, à Guillaume Boudin sergent royal, par Jean Egreteau prêtre (12 novembre). — Accord qui met fin au procès intenté « en action d'injures » par Claude Mesturas, marchand de Saint-Claud, à Léonard de la Charlonnye, marchand de Chabanais, devant les élus d'Angoulême (16 novembre). — Vente de l'herbe « première et seconde » d'une pièce de pré, moyennant 17 livres 10 sols tournois, à Vincent Hastellet, maître de la forge de Planche-Meinier, par François Du Souchet, avocat à Angoulême (20 novembre). — Ferme de la moitié du revenu de Vilhonneur, pour 4 années, moyennant 50 livres chaque, à François Corlieu, écuyer, seigneur de Puylimousin, par Pierre de Jambes, curé de Vilhonneur (20 décembre). — Vente d'une grange « avec le son ou aire estant devant, » au même par le même (20 décembre). — Inventaire des meubles de l'aumônerie St-Michel qui mentionne entre autres : 10 lits, 8 chalits, un grand coffre fermant à clef au pied du lit où couc'le l'aumônier et qui sert à mettre le linge servant ordinairement aux pauvres, « une poielle d'arm tenant trois celleaux dean ou environ », « ung petit benestier d'estaing garnit d'ung esparsoir » ; ledit inventaire fait à la requête de Jean Égreteau prêtre, aumônier, qui remet ces biens à Jean Courivault dit Desvignes, à la condition, pendant trois ans, de « coucher, lever et entretenir les pauvres » qui se présenteront « comme un bon mesnagier et homme de biens est tenu ondit cas » (31 décembre). — Logement fourni dans son hôtel et maison noble de Forges, paroisse de Mouthiers, par Aymard Lecoq, avocat, à Héliot Charron, meunier des moulins de Forges, moyennant qu'il lui servira de garde, prendra à cheptel du bétail et des volailles, cultivera à moitié fruits la vigne et le jardin dont le safran sera cependant réservé tout entier pour le « bourdier » (7 janvier). — Ferme des agriers appartenant à la commanderie du Temple à Angoulême, pour 3 ans, moyennant 60 livres et 4 boisseaux de sel et l'obligation de tenir assise de justice au moins 8 fois chaque année, à Antoine Coucauld, marchand d'Angoulême, par Jean de Paris, fermier de la dite commanderie (19 janvier). — Accord concernant la succession de Louis de La Faye, écuyer, seigneur de Nanclars, et de Lezote de La Faye, qui assigne à Bertrand Vigier, écuyer, seigneur de Verdier, y demeurant paroisse de Saint-Astier en Périgord, le fief et hôtel noble de Nanclars et la quatrième partie du fief et hôtel noble de Villesion ; et à François de La Faye, écuyer, seigneur

de Lugerac, y demeurant, paroisse de Montignac, le reste de la succession, et détermine les droits de banc, de sépulture et de titre des familles des deux parties dans l'église de Nanclars. Dans cet acte est établie la généalogie de la famille de La Faye comme suit : Jean de La Faye, écuyer, et Jeanne de La Tour eurent pour enfants Aymond, Louis, Agnès, Marguerite, Louise et Lezote : Aymond épousa Jeanne Vigier dont naquirent François, seigneur de Lugerac, Jacques et cinq ou six filles ; Louis, seigneur de Nanclars épousa Marguerite de Jambes et mourut sans enfants ; Agnès eut pour fils Berthomé de Fontaines, écuyer, seigneur de Pressac ; Marguerite, Bertrand Vigier, écuyer, seigneur du Verdier ; Louise, Jean, écuyer, seigneur de La Vallade ; Lezote mourut sans enfants (1er février). — Contrat d'apprentissage de Piveteau chez Guillaume Berthoumé, dit Arignac, maître couturier à Angoulême qui promet, moyennant 16 livres tournois, de le nourrir et de lui « monstrer et enseigner », pendant deux ans, « le mestier de cousturier bien et comme ung bon père doibt instruire et enseigner son fils » (5 février). — Sentence d'arbitrage entre Pierre Dubur (?) et Guillon (?) de Morlières, procureur et juge de Maumont (7 février). — Dépôt pour vidimus du contrat de mariage de Pierre Rambaud, procureur en la sénéchaussée et aux Grands-Jours d'Angoulême, fils de Jacques et de Marguerite Seigneurete, avec Peronne Dutillet, fille de Grand-Jean, demeurant à la Normandie, paroisse de Villars, ledit contrat passé devant Audoin, notaire à Angoulême, le 7 février 1513. — Vente d'une maison dans la rue qui va de la halle du Palet au Châtellet, moyennant 145 livres tournois, à Pierre Trigeau, notaire à Angoulême, par Pierre Texier Du Perollet, maître couturier, et Jeanne Mallat, sa femme (4 mars). — Versement de 8 livres 4 sols à Boutin, concierge du châtelet d'Angoulême, pour le « geollage » de Guillaume Masurier, curé de S'-Même et d'Echassier, par ledit Masurier et Jean Fradin, sousdiacre (? 1539).

E. 1879. (Liasse.) — 74 pièces, papier.

1540-1541. — E. Maquelilan, notaire royal à Angoulême — Actes reçus par ce notaire du 2 avril 1540 au 14 février 1540 v. s. — Procuration donnée à Jean Monjon, bourgeois d'Angoulême, son oncle maternel, par Pierre Leconte, procureur (2 avril). — Bail à ferme de ses domaines, pour deux années, moyennant 10 livres tournois chaque, à François Ravaillac, procureur à Angoulême, par Pierre Leconte (2 avril). — Obligation de 20 livres tournois pour marchandises diverses en

faveur de Pierre Pequyn, marchand, par Pierre Cyva-
dier, marchand, demeurant à Vars (3 avril). — Vente
d'un « fourniou » de 13 pieds carrés, au village des Montagnes, paroisse de Champniers, à Guillaume Maquelilan, marchand, par Pierre Mathé, laboureur, moyennant qu'il aura le droit de « fournage » au four dudit
Maquelilan (7 avril). — Bail à moitié de ses terres,
paroisses de Garat et de Touvre, avec l'exploit en forêt
de Braconne, par Antoine Rougier, procureur à Angoulême (18 mai). — Vente de 15 boisseaux de froment de
rente foncière sur le moulin du Mas-Périer, paroisse de
Bardenac, moyennant 50 livres tournois, à Simon Mares-
cot, demeurant à Aubeterre, par François Arnauld,
écuyer, avocat du roi à Angoulême (28 mai). — Obligation de 7 livres tournois pour acquisition d'un millier
de fagots, envers Couculet, marchand d'Angoulême et
fermier de la coupe de la garenne du roi, près de cette
ville, par Pastoureau, fermier (30 mai). — Sous-ferme
des terrages et agriers de la commanderie du Temple,
dans la paroisse de l'Isle, pour une année, moyennant
60 livres, à Jean Blanchard, marchand d'Angoulême.
par Antoine Coucauld (5 juin). — Abandon des poursuites intentées contre Pierre Sauvage par Jean Félix (?),
pour excès commis contre Jeanne Boyrelle, sa femme
(12 juin). — Accord concernant la vente de divers
biens au village des Maumussons, paroisse de Mosnac,
par Jean et Héliot Maumusson à Hélie Martin, licencié
en lois, avocat à Angoulême (24 juin). — Convention
entre Martial Bouyer, procureur de Manteresse, Vincent
et Laurent de Villemandy frères, laboureurs, demeurant
au Châtelars, pour poursuivre en commun le remboursement d'une obligation de 22 livres (26 juin). — Obligation de 4 livres tournois, consentie par Godyneau,
laboureur, à Denis Delage, procureur à Angoulême, pour
la coupe de pré de la cure de Balzac, dont ledit Delage
est fermier (30 juin). — Constitution par Jean Regnault,
écuyer, seigneur de l'Age-Bertrand, de Pierre de La Vallade le jeune, comme son procureur, pour ratifier l'accord conclu entre Charlotte de Saint-Gelais, sa femme,
et Marguerite de Saint-Gelais, veuve de Jean Vigier,
écuyer, seigneur de Roufflac, au sujet de la succession d'Anne de Saint-Gelais, fille d'Antoine, leur nièce
(3 juillet). — Obligation de 70 livres pour achat de
« draps de laine », payable en partie le jour de la Saint-
Venant à la foire de Fontenay-le-Comte en faveur de
Guillaume Vaillant, marchand à Orléans, consentie à
nouveau par Philippe Chevrier, marchand d'Angoulême,
contraint de reconnaître sa signature devant le maire de
cette ville (4 juillet). — Engagement pris par Arnaut de
Fontaines, maître vitrier, demeurant à St-Jean d'Angély,

de « faire figurer le grand vitrail de la chappelle de
mons. le seneschal et gouverneur d'Angolmois au couvent des Cordelliers de ceste ville, sur l'aultel, selon les
figures et pourtraictz sur ce faictes par ledit de Fontaines », et de le mettre en place avant deux mois,
moyennant qu'il recevra 60 livres tournois, et que
François Boutin, concierge du châtelet d'Angoulême,
« fournira de voire » et autres choses nécessaires (25 juillet). — Obligation de 13 livres en faveur de Georges
Ruspide, écuyer, seigneur de La Bussière, demeurant
à Angoulême, par Bernard Bibaud, prêtre, demeurant
paroisse de Sers (31 juillet). — Vente de sa récolte de
vendange et de noix, en la paroisse de Touvre, moyennant
29 livres, par Jean Hélies, écuyer (1er août). — Abandon
de la moitié de la ferme des eaux du Roi sur la Charente,
pour trois années, moyennant 132 livres tournois et
partage du profit s'il y en a, par Anthoine Coucauld,
marchand d'Angoulême, à Léonard Robert, marchand
de St-Cybardeaux (1er août). — Choix d'arbitres pour
mettre fin au procès intenté devant les élus d'Angoumois, par Jean Guilhard le jeune, fermier du huitième de
la paroisse de Barro, contre Jean Ribaud (7 août). —
Vente d'une pièce de pré d'un journal, paroisse de Vindelle, moyennant 14 livres tournois, à Antoine Houlier,
praticien, demeurant à Angoulême (9 août). — Sur la
demande de Jacques de Lousmellet, bourgeois et marchand d'Angoulême, emprisonné au châtelet de cette
ville, pour n'avoir pu verser entre les mains du maire
François de Couillaud, écuyer, sieur d'Hurtebize, une
somme de 1.200 livres, comme il s'y était engagé le
14 mars précédent, en prenant pour trois ans la ferme
du barrage et apetissement; cette ferme est mise à nouveau aux enchères par le corps de ville réuni au son de
la cloche et adjugé pour trois ans à Pierrot Moreau,
Jean Barault, dit Cathelan, Hélie Mallat, François Pouzil,
marchands d'Angoulême, moyennant 1.000 livres, payables le lendemain, sans que « nul des assistans ayt voulu
enchérir... combien qu'ilz en ayent esté deuhement som-
més et advertiz leur remonstrant qu'il estoit expédiant
et necessaire de recouvrer denyers pour estre employez
au payement du taux auquel lad. ville avoyt estre cothi-
sée... montant a la somme de 2.400 livres pour la soulde
de 100 hommes de pied et austre cause » (9 août). —
Vente de 15 pippes de vin, moyennant soixante livres
tournois, à Jean Delespine, Antoine Coucault, Guillaume
Bardau et Bertrand Bardau, marchands d'Angoulême, par
Jacques de Losmellet, aussi marchand, avec faculté pour
celui-ci de rentrer en possession du vin s'il rembourse
les 60 livres avant trois jours (21 août). — Appel au
parlement de la sentence du sénéchal d'Angoumois en

faveur de Jean de La Borderie, par Denis Delage, procureur de Claude Goufier, chevalier de l'ordre, seigneur de Boisi, celui-ci agissant comme curateur de haut et puissant François de Vendôme, vidame de Chartres, prince de Chabanais et baron de Confolens, et 11 bourgeois de Confolens (21 août). — Procuration donnée par Jean Chevalier, prévôt des maréchaux à Châtellerault, substitut du procureur général du roi sur la punition des faux-monnayeurs, procureur d'Antoine Després, chevalier, seigneur de Montpezat, à Antoine Moreau, pour recevoir de François Debar, lieutenant particulier en Angoumois, le don fait par le Roi au seigneur de Montpezat de la seigneurie du Fa. — Sommation dudit Chevalier à Jean Hélies, écuyer, receveur du domaine du roi à Angoulême, de lui fournir 4.300 livres et de « l'enseigner des diligences qu'il avoit promis faire » contre les condamnés pour faux-monnayage (1er septembre) — Versement par Antoine Guimberteau, sergent royal d'Angoulême, de 75 livres à-compte sur les 150 livres, montant de l'amende prononcée contre lui par Jean de Balcier, juge-mage du Périgord, « juge commis et député par le Roi sur la correction et pugnition du crime de faulse monnoye » à Guillaume de Lacombe, procureur de Jean Chevalier, à qui cette amende était adjugée pour ses frais en cette cause (7 septembre). — Ferme du moulin des Guyneberts, paroisse de Mesnac, pour deux ans, moyennant 10 livres, à Jean Mesnard par Gabriel Guynebert (2 novembre). — Vente de 101 milliers de « merain » de bois « à fere pippes » garni de sa fonçaille, comprenant pour chaque millier 1.200 douelles et 600 pièces de fonçaille; plus 200 piles de fonçaille carrée à 140 pièces par pile; en outre 40 grosses de « palles », dont 30 communes et 10 de grosses « à vanter », livrables à divers termes sur le port d'Angoulême, moyennant 1.800 livres, à Jean Richard, marchand, demeurant à St-Savinien, et Bertrand Baudoin, marchand, demeurant au Port-d'Envaux sur Charente, par Micheau Desbordes, aussi marchand, de la paroisse de Cherves (5 novembre). — Vente de la moitié par indivis d'une maison, paroisse de Coulgens, moyennant 10 livres tournois, à Bernard Vigier, avocat d'Angoulême, par Jacques Benoist (13 novembre). — Procuration donnée par Robert et François de Lacombe, pour obtenir taxation des dépens auxquels a été condamné Arnaud Girauld, écuyer, seigneur de La Mothe, tant en son nom que comme tuteur de Pierre Giraud, envers eux, ainsi qu'envers Guillaume de Lacombe, feu Jacques de Lacombe, Yves et Jean de Pons (25 novembre). — Compte entre Antoine Coucauld, François Gousilh et Méry Chambroussac, engagés chacun pour un tiers dans la ferme du « glandage et paisson » de la forêt

de la Braconne, montant à plus de 456 livres (29 novembre). — Vente de 12 milliers de merain de « pippage », livrables au port de Cognac, avant quinze jours, moyennant 440 livres, à Jean Richard, marchand de St-Savinien, par Jean Mesturas, marchand d'Angoulême (1er décembre). — Rupture du contrat d'association formé entre François Boutin et Gautier Le Viel, marchand d'Angoulême, pour exploiter en commun, pendant trois ans, la ferme des revenus de la paroisse de Soyaux qui est, pour l'année 1540, de 70 pippe de blé moitié froment, moitié orge ou avoine, et de 2 pippes de froment, et pour chacune des années 1541 et 1542, de 450 livres tournois et un tonneau de froment, moyennant qu'elle sera payée intégralement au chapitre d'Angoulême la première année par Boutin et les deux autres par Le Viel (3 décembre). — Constitution de 15 livres de rente par Robert Suire, « gabarrier » à Lhoumeau, en faveur de Guillaume Joubert, clerc « affin qu'il soit admis et reçeu es ordres de prebstrize où il prétend et que, en l'advenir, il puisse vivre oud. estat... bien honorablement et sans mandicité » (11 décembre). — Engagement pris par Guillaume Joubert de renoncer à cette rente à partir du jour de sa première messe (11 décembre). — Vente de deux journaux de bois de châtaignier, paroisse de Charras, moyennant 17 livres tournois (11 décembre) — Engagement pris par Joyeux, maître maçon, de terminer la maison qu'il a commencée pour François Boutin, concierge du châtelet d'Angoulême, en face de l'église St-Paul, sans augmentation du prix convenu de 60 livres (19 décembre). — Vente d'une maison, paroisse St-André d'Angoulême, moyennant 80 écus d'or, à Martin Macé, apothicaire, par Boutin concierge du Châtelet (22 décembre). — Marché avec deux « piariez » qui devront creuser une cave dans le roc, paroisse St-Paul, de quatorze pieds environ au carré et de quatre pieds de profondeur, moyennant 14 livres et une chandelle quand le travail se fera matin ou soir (26 décembre). — Quittance de 60 sols tournois reste de 10 livres due à Jean Martin, dit Pigeau, aumônier de St-Augustin-lès-Angoulême, par Pierre Martin, écuyer (3 janvier). — Échange entre Pierre Martin écuyer et Jeanne Corlieu sa femme, et Hélie Martin avocat à Angoulême, du montant des frais auxquels était condamné ledit Hélie par le parlement de Paris, et de la plus grande partie d'une rente due par ledit Pierre sur un hôtel et verger sis à Fontenille, paroisse de Champniers (3 janvier) — Marché pour confection de menuiserie dans sa maison de la paroisse St-Paul, par Boutin concierge du Châtelet, avec Pierre et Marsaut Bouchemousse, maîtres menuisiers (4 janvier). — Vente de divers bâtiments et terres paroisses de Champniers et de Ruelle, moyennant 232 livres 10 sols tournois, qui devront être employés à décharger les vendeurs de leurs dettes, à Pierre Trigeau, notaire à Angoulême, par Pierre Moreau et Marie de la Forêt ; et bail perpétuel à métayage par ledit acquéreur auxdits vendeurs et à leurs hoirs mâles ou gendres (7 janvier 1540).

E. 1880. (Liasse.) — 56 pièces, papier.

1549. — E. Maquelilan, notaire royal à Angoulême. — Actes reçus par ce notaire du 17 mai 1541 au 18 mars 1541 v. s. — Reçu de lods et ventes dus pour l'acquisition d'une maison paroisse S\^t-André d'Angoulême donné à Pierre Trigeau, notaire royal, par Jean de Faugières, grand vicaire de l'abbaye de Bournet, procureur de Jean de Mauvoisin, abbé de S\^t-Cyran en Brenne et dudit Bournet (17 mai). — Mise en pension pour un an de Jean Guybert, clerc, fils d'autre Jean, bourgeois de Saintes, chez Pierre Trigeau, notaire, qui promet, moyennant 30 livres, de le nourrir, apprendre à lire et écrire « au mieulx de son pouvoir, et l'endoctriner comme s'il estoyt son propre fis » (9 juillet). — Vente de la première herbe d'un pré sis rivière d'Anguienne, pour trois années, moyennant 12 livres tournois, à Léonard Vigier, avocat à Angoulême, par Arnaud Nesmond, marchand de cette ville (11 juillet). — Reçu donné à Pierre Pascault, sieur de Lussault, maire d'Angoulême, par Jean de Vernay, sieur de La Rivière, procureur de Jean d'Harcourt, chevalier, seigneur châtelain d'Auvilliers, de Hamars et autres lieux, agissant comme tuteur de Charles d'Harcourt, écuyer, étudiant en l'Université de Paris, son neveu, fils de Jacques et d'Isabeau Bouchard d'Aubeterre ; ledit reçu de 500 livres, avec autorisation de donner à Guy Bouchard d'Aubeterre, abbé dudit lieu, 300 écus, ces deux sommes prélevées sur celle de 2.500 livres consignée entre les mains dudit Pascault, par Catherine de Clermont, aïeule maternelle de Charles d'Harcourt, pour le rachat des paroisses et seigneuries de Torsac et de Dignac, par elle vendues à Louis Yzard et Marguerite de Mareuil, sa femme (17 septembre). — Transaction au sujet de la succession de François, comte de La Rochefoucauld, décédé en 1516, et de Barbe du Bois, sa femme, modifiant l'accord conclu au château d'Amboise le 27 janvier 1517 v. s., entre Joachim de Chabannes, chevalier, baron de Rochefort en Auvergne et de Curton, tant pour lui que pour Claude de La Rochefoucauld, sa femme, d'une part ; Anne de Polignac, veuve de François II, comte de La Rochefoucauld, Hubert de la Rochefoucauld, baron de Marthon et

de Girac, d'autre part : ceux-ci assignent à ladite Claude chacun 200 livres de rente en droit de châtellenie, dont 100 rachetables dans trois ans, la première sur la châtellenie de La Rochefoucauld, le second sur la baronnie de Cellefrouin (9 octobre). — Rachat d'une rente de 4 pippes 18 boisseaux de froment, 4 pippes 20 boisseaux d'avoine, 14 boisseaux de seigle mesure de Chalais, 14 livres 8 deniers et 22 chapons de rente, moyennant 1.025 livres, sur Laurent Journaud, écuyer, seigneur de La Dourville, maître des eaux et forêts de l'Angoumois, par Jacques Faubert, aussi écuyer, et Gabrielle de Salignac, sa femme (10 octobre). — Engagement pris par Simon Chollet, conseiller du Roi, de procurer des lettres de sergent royal à Simon Trichaud, moyennant 12 écus (20 octobre). — Echange de terres entre Jean Gellinard, contrôleur du domaine à Angoulême, au nom de Guillaume, son fils, et Jean Avril et Marguerite Ruspide, sa femme (21 octobre). — Partage des frais d'acquisition du fief de Villement, sur François de Mortemer, écuyer, seigneur d'Auzillac, montant à 5.000 livres, entre Guillaume le Roy, écuyer, seigneur de Chatermat (?), époux de Catherine de Livenne, et Jean de Livenne, seigneur des Deffends, son beau-frère (25 octobre). — Marché pour la construction d'une maison, à Angoulême, moyennant 9 livres 10 sols tournois, avec trois maçons de L'Isle-d'Espagnac (6 décembre). — Constitution de procureurs par Louise de Volvire, veuve de Charles Tizon, écuyer, seigneur d'Argence, Antoine et Cybard Tizon, en particulier pour accepter les tutelle et curatelle des enfants dudit Charles (10 décembre). — Vente d'une pippe de froment de rente, moyennant 50 livres 2 sous, par un laboureur de Vars, à Jean Gentiz, Léonard Rybondayne, Jean des Forges, Jean Egreteau, André Fèvre, Benoît Ogier, Mathurin Pailler, tant pour eux que pour leurs confrères prieur, curé et chanoines de S\^t-André d'Angoulême (20 décembre). — Ferme des revenus de la cure de Villerecougnade, pour trois années, moyennant 155 livres chaque, compris le traitement du vicaire qui est de 20 livres, à Vincent Bouchaud, prêtre, demeurant à Mornac, et Philippe Sureau, laboureur de S\^t-Martial, que cautionne François Cailhon, écuyer, seigneur de Bellejoie, par Antoine Cailhon, curé de Bouteville, au nom de Pierre Soulet, curé dudit S\^t-Martial (22 décembre). — Contrat de mariage entre Guillaume Des Roches, écuyer, seigneur dudit lieu, en Périgord, et Jeanne Vigière *(sic)*, autrement Jeannette, fille de feu Jean Vigier, écuyer, seigneur de Roufflac, et de Marguerite de S\^t-Gellays, dame de Maumont, qui apporte 2.000 livres de dot (15 janvier). — Remise par E. Maquelilan à Benoît Ogier, chanoine de Saint-André, pour le porter secrètement au greffier de la cour du prévôt conservateur des privilèges, à Paris, d'un sac clos, scellé et « évangelizé », contenant l'enquête faite par Symon Chollet, conseiller en Angoumois, à la requête de Lucas Ribard, demandeur, contre Merlin de Saint-Gellays, au sujet de l'archidiaconné d'Aizenay (16 février). — Vente d'une pièce de vignes, au plantier de Roffy, contenant « la journée à six hommes », moyennant 26 livres 5 sous tournois, à Jean Moreau, marchand, par Guillaume Berthoumé, dit Arignac, marchand couturier, et Marguerite Maquelilan, sa femme (16 février). — Vente de trois charges de grand papier cartier fin, chaque rame pesant 10 livres, moyennant 24 livres et 20 moulines, à Bernard Enson, marchand d'Angoulême, par Étienne Depronsac, papetier du Pont-des-Tables, à La Couronne (12 mars). — Vente d'une demie pippe de froment de rente à Jean Des Ages, notaire royal, demeurant à Champniers, par Philippe de Lagarde, sergent royal (18 mars 1541 v. s.).

E. 1881. (Liasse.) — 68 pièces, papier.

1542-1543. — E. Maquelilan, notaire royal à Angoulême. — Actes reçus par ce notaire du 26 mars 1542 au 24 mars 1542 v. s. — Ferme des revenus des cures de Balzac et Vindelle, pour trois années, moyennant 200 livres chaque, sauf, en cas de « vimaire », à faire estimer les dégâts par quatre laboureurs, gens de bien desdites paroisses, à Berthoumé, dit Arignac, couturier d'Angoulême, par Charles de Tournemire, chanoine de St-Pierre d'Angoulême et curé desdites cures (13 avril). — Vente de diverses rentes, moyennant 810 livres, à Simon Moreau, par François Guy, seigneur du Breuil de Champniers et de Condeloup (26 avril). — Levée de la saisie faite par Berthoumé, marchand de Montbron, sur les 1.216 livres de consignation déposées entre les mains de Nicolas Raymond, écuyer, seigneur de Ribérolle, par Pierre, dit Guillemin, et Jean Domet frères, écuyers, à cause d'un procès avec Jean de la Porte, écuyer, seigneur de Champniers, moyennant que ledit Raymond versera 300 livres audit Berthoumé (2 mai). — Constitution de procureur par Guichard de Roufflgnac, écuyer, seigneur de Gourville, et Marguerite de Chassaigne, sa femme, pour retirer du greffe du parlement de Paris les pièces du procès par eux engagé contre Jean de Mareuil, écuyer, baron de Montmoreau (24 mai). — Échange et acquisition de divers biens et rentes avec et sur Pierre Couraudin, écuyer, seigneur de Ferrières, par François Corlieu, écuyer, seigneur de Puylimousin,

au nom de Robert Corlieu, écuyer, seigneur de La Fenêtre, son père (5 juin). — Abandon de ses droits sur la succession d'Anne Jaubert, par Louis Jaubert, écuyer, moyennant qu'il recevra cinquante livres de Pierre de Prinçay, écuyer, seigneur de St-Sernin-la-Marche (11 juin). — Procuration donnée par François Couraudin, maître de la forge de Châtelars, pour contester devant le sénéchal d'Angoumois qu'André Raffon soit le fils de Pierre et de Marguerite Couraudin (16 juin). — Reconnaissance d'une rente utile de 10 livres sur deux pièces de pré mouvant en seigneurie foncière de la seigneurie de Vibrac, rendue à François de Bordeaux, écuyer, seigneur de La Charrière (3 juillet). — Délibération du corps de ville d'Angoulême, en la maison commune; présents : « Ithier Julien, maire ; Laurent Journau, écuyer, Jean de Paris, écuyer, conseillers; Simon Moreau, écuyer, échevin ; François Rouault, Jean Normand, Pierre Pascault, Jean Aubin, Jean Montjon, Jean Hélies, Guillaume Ruspide, conseillers ; François Dussouchet, Sébastien Bouteiller, Mathurin Delacroix, André Lebloys, Hélie Mallat, Jean Barraud dit Castellan, Arnaud Darain, Blaise Barraud, Georges Ruspide, Antoine Coucaud, Jean Blanchard, Martial Bareau, Pierre Boution(?), Jean de la Tousche, Hélie Bardin, Jean de Voyon, Étienne Maquelilan, Louis Lebloys, Jacques Terrasson, pairs ». La démission de Raymond Vallete en faveur de Guillaume, son fils, est acceptée ; celui-ci prête le serment et donne pour sa réception une arbalète garnie, seulement, en raison des services rendus par son père et lui. Laurent Journaud rend compte des quatre écus reçus par lui de Pierre Pascault pour sa réception de conseiller, dont deux ont été envoyés à Paris pour les procès de la ville. « Et par ce qu'il a esté rapporté à lad. assemblée que ceulx de la ville de Coignac avoient esté inhibés de non empescher les habitans de ceste ville d'Angolesme et aultres de y monter et fere venir du sel, a esté ordonné que pour entendre si ceulx dud. lieu de Coignac veulent fere et donner empeschement pour le regard dud. sel, qu'on en fera venir pour y pourvoir s'il y a trouble, défense ou empeschements, et s'il y a resistance a esté dit que mond. sieur le maire en compaignie pour ce convenable yra ou envoiera aud. lieu de Coignac pour y fere les remonstrances requises et pourvoir comme il appartiendra ». On ne mettra pas à exécution conformément à une délibération antérieure et « comme préjudiciables en conséquence à la République » les lettres du Roi du 17 juin 1542 permettant de « cothiser sur les manans et habitans de la ville » 546 livres 13 sous 4 deniers. « Et au regard de l'Université prétendue par la ville d'Angoulesme manans et habitans d'icelle, a quoy y a opposicion de long temps formée par les habitans de la ville de Poictiers a esté dict que led. procès sera poursuyvy » (7 juillet). — Procuration donnée à Jean Chazay, marchand d'Angoulême, par Pascaud de Villoutray, marchand de St-Martin-le-Vieux, pour recevoir 160 livres qui lui sont dues, à Angoulême (30 juillet). — Amortissement de la moitié d'une rente de 10 sols moyennant 10 livres, consenti à Raymond Gentilz par Jean du Plessis, écuyer, seigneur de La « Meschenie » (26 août). — Engagement pris par François de la Planche, messager ordinaire d'Angoulême, de porter deux missives, dont l'une adressée à Mr Debor, à St-Sauveur-des-Heureux, par Giraut Texandier, curé de Pleuville, agissant au nom d'Anne de Barbezières, religieuse au couvent de Ligueux, en Périgord, et d'en rapporter la réponse dans les six semaines, moyennant soixante sols tournois (29 août). — Reconnaissance de fin de paiement des 600 livres montant de l'acquisition de la métairie de Mirande, paroisse de Rougnac, sur Pierre Babin, écuyer, autre Pierre son fils, et Louise Raymond, femme dudit Pierre le jeune, par Nicolas Raymond, écuyer, seigneur de Ribérolle (4 septembre). — Ferme, moyennant 40 livres 10 sols, de la tierce partie de deux maisons, paroisse St-André, acceptée par Pierre Doyn, marchand orfèvre (27 septembre). — Prêt de 60 livres 15 sols tournois à Antoine Coucauld par Bertrand Bareau, tous deux marchands d'Angoulême, avec promesse du remboursement de cette somme dans les huit jours (16 octobre). — Remise de 30 livres par Clément de Brillac, écuyer, seigneur dudit lieu, comme tuteur de Clément de Chabannes, écuyer, seigneur de La Mirande, à François Troubat, écuyer, seigneur de La Davinière, avec qui et François Perry, écuyer, seigneur de La Chaussée, entre autres, il avait été « ordonné pour fere ung archier » pour le service du ban et arrière-ban d'Angoumois (16 octobre). — Guillaume de Barbezières, écuyer, seigneur de Bourgon ; Philippe Angeaud, écuyer ; Antoine de Jambes, écuyer, seigneur de Vilhonneur ; Jacques Flamant, écuyer, seigneur de Mailloux ; demoiselle Marguerite de la Madeleine, veuve du seigneur de Ruelle ; Pierre Concauld, écuyer ; Jeanne de Cognac, dame de La Salle de Mosnac ; messire Achard, prêtre, seigneur de La Cour de Champmillon ; Louis Brohard, écuyer, seigneur de Sonneville ; Arnaud Raymond, écuyer, seigneur de Pompineau ayant été ordonnés pour faire un archer et un arbalêtrier au ban et arrière-banc d'Angoulême, Pierre Couauld s'engage à remplir l'office d'archer et d'arbalêtrier pendant les trois mois que doit durer le service, moyennant que plusieurs des susdits lui fourniront 58

livres (16 octobre). — Partage après procès de la seigneurie des Courrauds, paroisse de Salles et de maisons à Cognac provenant de la succession de Jean de la Faye, écuyer, et d'Anne de la Faye, entre François de Lambertie, écuyer, Jeanne de la Faye, sa femme, nièce desdits décédés, Jean Clichier et Laurence de Lyon, sa femme, autre Jean Chichier et Jeanne de Lyon, sa femme (17 octobre). — Procuration donnée à Catherine de Verneuil, sa femme, par Bonaventure Renouard, écuyer, seigneur de La Jauvigier, pour recevoir d'Alexandre Pontenier 78 livres restant dues de l'acquisition du grand plantier des Giraudières à Roffy (20 octobre). — Procuration donnée par Armand de Gontault, seigneur de Périgord, pour le représenter dans la cause en retrait conventionnel intentée par lui devant le sénéchal d'Angoumois contre Jean Balue et François Bouchard, seigneur d'Aubeterre, (22 octobre). — Procès-verbal de non-comparution de Jean de Rambures, agissant au nom d'André, son fils, en la sénéchaussée, malgré l'assignation par lui adressée à Jacques Glezin, curé de Condat (4 novembre). — Engagement pris par Jean Benoist, marchand d'Angoulême, de verser entre les mains de Jean Helyes, écuyer, receveur du domaine d'Angoulême, 230 livres pour la coupe de 10 journaux de bois dont partie à la petite garenne de Crage (15 novembre). — Procuration donnée par Jean Foucault, écuyer, comme principal héritier de Lazare Foucault, son cousin-germain, prieur curé de Saint-Martial, en Poitou, pour le représenter dans le procès intenté par Guichard de St-Georges soi-disant curé dudit St-Martial, contre Gratien et Jean Pendin, et Denis Challeroux, prêtre (19 novembre). — Reçu donné par Pierre Texier, chevaucheur d'écurie, de 1,546 livres dont il devra payer les gages de 25 individus tenant la poste de Villefagnan à Paris, pour trois mois à commencer du 1er novembre ce qui fait à chacun d'eux 61 livres 7 sols. Suivent les « ostes assizes » de Villefagnan à Paris : Mathurin de Villeneuve à Villefagnan ; Mathurin Coullaud à Sauzé ; Pierre de Launay, à Couhé ; Jean Rossignol, à Vivonne ; Nicolas Huguet, à Poitiers ; Richard James de La Tricherie, à La Tricherie ; Mathurin Esceron (?), à Châtellerault ; François Hargnault, à La Haye ; Huguet Vigier, à Ligueil ; Antoine Sechet, à Loches ; Jacques Martin, au Liège ; Pierre Bucheron, à Montrichard ; Jean Morguet, à Sambin ; Jean d'Avallon, à Blois ; Jean d'Astebichen (?), à St-Dié ; Gentien du Noyer, à St-Laurent ; Vincent de la Porte, à Cléry ; Philippe Levêque, à Orléans ; Louis Froment, à Artenay ; Roland Ardillay, à Toury ; Pierre Bouchet, à Angervilliers ; Pierre le Long, à Etampes ; Etienne de la Forge, à Châtres ; Merlin

Vafre à Sceaux. Autre reçu donné par le même de 50 livres tournois pour être remises à Noël « le Galleys», chantre de la chapelle du roi (25 novembre). — Sommation de Jean Gougault, marchand de Chizé, à Pierre Janvier, commis des élus du Poitou, de lui rembourser 14 écus, montant de l'acquisition faite par les élus de la « montre » de Niort d'un cheval lui appartenant (4 décembre). — Contrat de mariage entre Antoine Coucault, marchand d'Angoulême, et Marguerite de Lacombe, fille de Guillaume, aussi marchand d'Angoulême, et de Guillemete Sauveteau. En faveur duquel mariage la future épouse reçoit 400 livres moyennant qu'elle abandonne tous droits de succession sur ses parents : en cas de prédécès du futur époux, si elle renonce à la communauté elle recevra 100 livres d'« ocle » ; et si au contraire elle prédécédait, le futur époux gardera même somme de 100 livres sur la dot (24 décembre). — Contrat de mariage entre François de Lacombe, fils desdits Guillaume et Sauveteau, et Jeanne Preveraud, fille de Michel, licencié en lois, lieutenant du comté de La Rochefoucauld et de Gillete Benoist. En faveur duquel mariage la future épouse reçoit en dot et pour sa part dans la succession de ses parents 800 livres (27 décembre). — Vente de 20 livres de laine appelée « avallys » moyennant 35 livres (4 janvier). — Contrat de mariage entre Louis Duplessis, écuyer, seigneur de Richelieu, de Chaillou et de La Vernolière demeurant audit lieu de Richelieu, et Françoise de Rochechouart, fille de haut et puissant seigneur Antoine, chevalier baron de Fondoas, Montagut, seigneur de St-Amant et sénéchal de Toulouse, et de Catherine de Barbazan, demeurant alors au château de Verteuil avec haute et puissante dame Anne de Polignac, dame dudit lieu, comtesse de La Rochefoucauld, dame de Montignac et de Vouzan, princesse de Marcillac. En faveur duquel mariage, la future épouse reçoit en dot et pour sa part dans la succession de ses parents 12,000 livres dont 4,000 payées comptant ; et, si les 8,000 livres restant ne sont payées avant huit ans, la seigneurie de Cause, valant 400 livres de rente, sera remise audit de Richelieu qui, au cas contraire, devra employer 10,000 livres à acheter une seigneurie de 500 livres de revenu ; et, s'il ne le fait, les terres et seigneurie de Chillou, et châtellenie de La Faye, en Anjou, de même revenu, seront réputées patrimoine de son épouse. Fait au château de Verteuil, en présence de Frédéric de Foix, chevalier, captal de Buch, d'Hubert de la Rochefoucauld, chevalier, seigneur baron de Marthon, de Guillaume de Barbezières, écuyer, seigneur de Bourgon (15 janvier). — Reconnaissance par Pierre de Morel, écuyer, viguier de Salles, tant pour lui que pour Marguerite de Brie, sa mère, à Jean de la Roche, chevalier seigneur de La Rochebeaucourt, gouverneur d'Angoumois, d'une obligation de 100 livres contractée envers celui-ci par Joachim de Morel, écuyer, viguier de Salles, père dudit Pierre (10 mars). — Contrat de mariage entre Pierre Doulcin, marchand chaussetier d'Angoulême, et Catherine Cardyn, fille de feu Mathurin, aussi marchand d'Angoulême. La future épouse apporte en dot et pour sa part dans la succession de ses parents, 100 livres, plus entre autres meubles une pinte de terre d'Espagne (11 mars). — Obligation de 160 livres consentie par Jean Coste, praticien, envers Orson, marchand d'Angoulême, pour les dépens des procès soutenus entre eux à cause de l'acquisition de 10 livres de lard (15 mars). — Attestation donnée par Guillaume Bourde et Philippe Labbé, vicaires de Balzac, Colas Brueil, marchand fermier de la seigneurie dudit Balzac et plusieurs autres habitants de ce lieu que Jean Desmoulins, prêtre, curé de Balzac, est mort dans sa chapellenie le 28 décembre précédent (22 mars). — Association par Girard Nourry, marchand d'Angoulême, d'Antoine Coucauld, aussi marchand, dans l'achat de 100 milliers de merrain qu'il vient de faire au bois de Chauffour, châtellenie de Cellefrouin (24 mars 1542 v. s.).

E. 1882. (Liasse.) — 32 pièces, papier.

1543-1544. — E. Maquelilan, notaire royal à Angoulême. — Actes reçus par ce notaire, du 25 mars 1543 au 16 mars 1543 v. s. — Quittance de 155 livres faisant partie d'une consignation de 400 livres donnée à Simon Moreau, écuyer, maire et capitaine d'Angoulême, comme héritier de Pierre Moreau, son père, par François de Livenne, abbé de St-Cybard, agissant au nom de Perrine de la Béraudière, veuve d'Antoine de Livenne, écuyer, seigneur de Boixe, d'Antoine, Jean et François de Livenne, leurs enfants (31 mars). — Engagement pris par Ytier Julien, avocat et « sous-maire » d'Angoulême, envers Hélie Dexmier, licencié en lois, aussi avocat, juge de la ville d'Angoulême, de ne revendiquer aucun droit sur la juridiction de la ville ; et promesse mutuelle des deux parties de ne se demander aucuns dommages et intérêts à cause du différend qui vient de s'élever entre eux, à ce sujet, dans la maison commune (3 avril). — Donation de ses biens dont elle réserve l'usufruit, en raison de leur prochain mariage, par Cybarde Barueil à Jean Réau, marchand d'Angoulême (7 avril). — Procès-verbal de non comparution après assignation, dans le procès pendant entre les religieux de l'abbaye de Baignes et François d'Estuer, écuyer, seigneur de St-Maigrin, sous l'autorité de François de Caussade, d'une part, et Guy de St-Maure, écuyer, seigneur de Montausier, d'autre part; à la requête de Gallot de la Nouhe, maître d'hôtel dudit de Caussade (12 avril). — Quittance de 154 livres 6 sols 6 deniers, pour vente de draps de laine à Jean de Mareuil et Louise Du Fou, sa femme, en 1513, par Perrot Desmoulins, donnée à Jean de Mareuil, seigneur et baron de Montmoreau, fils dudit Jean, par Jean Desmoulins dit Pépin, marchand d'Angoulême, fils dudit Perrot (13 avril). — Prêt de 610 livres 10 sols, pour un an, à François Perry, écuyer, seigneur de La Chauffle, par Élie Mallat, marchand d'Angoulême (20 avril). — Abandon par Jacques Benoist, licencié en lois, juge des exempts et cas royaux à Angoulême, en faveur d'Itier Julien, avocat, échevin et sous-maire d'Angoulême, moyennant 14 écus, du procès intenté en parlement et des actions qu'il pourrait exercer contre lui « pour raison de ce que ledit Julien estant maire en l'année 1541, y a eu question et différant entre lesd. juge des exempts et Julien, maire, pour l'auctorité et prohémynance de marcher et aller le premier es processions et autres actes publicques, que aussi ès sièges de soy soir aux haulx sièges du cœur des églises de lad. ville, et mesmement en l'église des Jacobins, et ung jour que l'on sollempnisoit la feste mons. Sainct Yves »; avec réserve, par ledit Benoist, de ses droits contre le corps de ville (23 avril). — Vente à François Caillon, écuyer, seigneur de Bellejoie, son frère, par frère Antoine Caillon, prieur de Bouteville, d'un « potet » d'argent pesant 4 marcs 6 gros, de 2 chandeliers d'argent pesant 5 marcs 6 gros, 2 autres chandeliers d'argent pour l'autel pesant 2 marcs 5 onces 2 gros, 2 « canetes » d'argent, une boîte d'argent pour le « pain à chanter » avec une « paix » pesant 1 marc 6 onces et demie, un calice d'argent tout doré et pesant 4 marcs 2 onces, la dorure appréciée 5 écus et le marc d'argent 14 livres, faisant le tout 299 livres 5 sols; moyennant pareille somme. Sur le prix d'acquisition de ces objets donnés au prieur, « pour certains bienfaits », par Raoul Tournemyre, écuyer, seigneur de La Guidoche, en Bretagne, et Marguerite Caillon, sa femme, sœur dudit prieur, 107 livres, lui ont été versées deux ans auparavant sous forme de prêt, pour payer des décimes, et 110 livres devront être employées pour lever la saisie mise sur ses bénéfices en raison d'autres décimes (26 avril). — Vente par François Caillon de la « toison », et coupe d'un bois, moyennant 300 livres (28 avril). — Paiement réciproque de diverses sommes, conformément à plusieurs jugements, par Arnaud Girault, écuyer, seigneur de La Mothe-Charente, tant pour lui que pour Pierre Girault, son

neveu, d'une part, Guillaume et François de Lacombe, père et fils, marchands d'Angoulême (14 mai 1543). — Procuration donnée par Alexandre de Ponthenier, seigneur de St-Pol, près Barbezieux, pour soutenir la cause de Jean de Chapdeffaut, son receveur en ladite seigneurie (16 mai). — Abandon en faveur de Menu et de la Planche, par Girard, sergent royal à Angoulême, des 39 livres qui lui ont été assignées pour la conduite d'un prisonnier du châtelet d'Angoulême à la Conciergerie du Palais, à Paris, moyennant qu'ils se chargeront de cette conduite (27 mai). — Modification du contrat conclu le 7 juin 1539 entre Jean Pinot et Françoise de Chièvres, sa femme, d'une part; Marion de la Fontaine, veuve de Pierre de Chièvres, Jean et Pierre de Chièvres, leurs fils, demeurant à la forge du Gazon, paroisse de Cherves, d'autre part; ceux-ci promettent la somme de 200 livres ou, à son défaut, la donation des villages de Barry et de Villars (4 juin). — Obligation de 35 livres montant de l'enchère des biens de Jean Rousseau, prêtre, accusé de faux-monnayage, consentie à Jean Hélie, écuyer, receveur du domaine, par Dominique Rousseau, laboureur (5 juin). — Vente de la quatrième partie d'un moulin, de la moitié d'une maison et diverses appartenances, au Pontouvre, moyennant 80 livres, à Sébastien Boutillier, avocat au présidial, par Hélie Marot et Marguerite Chapon, sa femme (10 juin). — Conformément à la décision prise par le Corps de ville « pour le soulagement de tous », l'imposition de 1.600 livres tournois « cothisées » sur les manans et habitants d'Angoulême est donnée à ferme, à douze deniers pour livre, après rabais annoncé par les officiers et sergents de la ville, par les carrefours et halles, à Pierre Barraud, marchand, qui s'engage envers Simon Moreau, écuyer, maire et capitaine d'Angoulême, d'en lever le montant et de le porter à Poitiers au receveur à ce commis, moyennant qu'il lèvera 80 livres en plus de ladite somme pour le dédommager de ses peines (26 juillet). — Obligation de 10 livres 10 sols, pour vente de 53 livres de laine, consentie à Léonard Orson par Léonard Gentilz, tous deux marchands d'Angoulême (25 août). — Accord au sujet de la succession de Guillaume Rousseau, entre Marie Nadault, sa veuve, et Jacques Benoist, juge des exempts et cas royaux au duché d'Angoulême, fils de ladite Nadault, d'une part; Guillaume, Jean et Bernard Rousseau, fils desdits Guillaume et Nadault, d'autre part (3 septembre). — Procès-verbal d'arbitrage d'un différend de mitoyenneté au bourg de Coulgens, par Étienne Maquelilan et Guillaume Vallete, procureurs (26 septembre 1543).

E. 1883. (Liasse.) — 1 pièce, papier.

1547. — E. Maquelilan, notaire royal à Angoulême. — Echange d'une maison avec jardin, paroisses St-Vincent et de La Paine, à Angoulême, confrontée par devant à la grande rue publique qui conduit de l'église des Jacobins à l'église de St-Vincent, sur main droite, et par derrière à une « ruhette » qui conduit de Saint-Pierre à la rue de St-Vincent, tenue à hommage du seigneur de Montmoreau, appartenant à François Vachier, écuyer, seigneur de La Ronde et de St-Brice, demeurant audit Saint-Brice ; contre quatre maisons, paroisse St-André d'Angoulême, confrontées par devant à la grande rue publique qui conduit de la halle du Palet au Minage, sur main droite, tenues à rente du domaine royal et de la seigneurie du Maine-Gagneau, appartenant à François Debar, lieutenant criminel et civil d'Angoumois, et Mathurine Civadier, sa femme (19 mars 1546, v. s.).

E. 1884. (Liasse.) — 5 pièces, papier.

1553-1554. — E. Maquelilan, notaire royal à Angoulême. — Actes reçus par ce notaire de novembre 1553 au 21 mars 1553 v. s. — Ferme des revenus de la seigneurie de La Métairie, paroisse de Brie, pour une année, moyennant 300 livres, par Jean Des Cars, chevalier, gentilhomme ordinaire de la chambre du roi, seigneur de La Vauguyon, ayant acquis cette terre de Jean Duplessis, écuyer, consentie à Boutin, marchand d'Angoulême et obligation de 170 livres pour les grains de la récolte précédente, par ledit Boutin audit Descars (12 mars). — Abandon par Jean Desmoulins le jeune, écuyer, seigneur de Tercé en Poitou, de ses droits sur la succession de Perot, dit Pépin, son père, et de Robine Dugrain, sa mère, moyennant le versement de 1.725 livres tournois par Jean Desmoulins l'aîné, marchand bourgeois d'Angoulême, son frère (13 mars). — Requête présentée dans une grande salle du château de Marthon par Étienne de Livenne, écuyer, seigneur de Vouzan, à haute et puissante dame Louise de Chambes, de faire foi et hommage et serment de fidélité à haut et puissant seigneur Hubert de la Rochefoucauld, baron de Marthon, son époux, et réponse de ladite dame qu'il est malade, au lit, soigné par François Terrasson et Raymond de Montaud, médecins, et Robin, apothicaire (21 mars 1553 v. s.).

E. 1885. (Liasse.) — 28 pièces, papier.

1554-1555. — E. Maquelilan, notaire royal à Angoulême. — Actes reçus par ce notaire, du 5 avril 1554 au 12 janvier 1554 v. s. — Reconnaissance d'une dette de 125 livres pour acquisition de marchandises, à Pierre Menu, marchand et bourgeois de Poitiers, par René de Prahec, écuyer, sieur des Pinotières, demeurant à Angoulême, qui lui cède, jusqu'à concurrence de cette somme, ses droits sur une créance de François Cruzilles, sieur de La Lande, demeurant à Poitiers (9 avril). — Quittance de 455 livres donnée à Jean Journaud, sieur de La Dourville, lieutenant-général à Saintes, fils de Laurent, écuyer, sieur dudit lieu, par Marguerite Odeau, veuve de Jean Arnaud, lieutenant-général d'Angoumois, pour les arrérages d'une rente de 200 livres consentie en faveur dudit Arnaud par ledit Journaud (11 avril). — Vente de 10 pippes de froment, 5 pippes méture et 5 pippes d'avoine livrables au lieu noble de La Tranchade, paroisse de Ste-Catherine de Ladoulx, près Garat, moyennant 100 livres, à Hélie Mallat, marchand d'Angoulême, par Antoine Du Barry, écuyer, sieur de La Tranchade et de Puychenin en Périgord (11 mai). — Procuration donnée par Guillaume Coucauld, lieutenant-général de la sénéchaussée de Civray, tant en son nom qu'en celui de Bernard Coucauld, son frère, pour autoriser Antoine Coucauld à vendre le village et métairie de Bardine, chargé d'hypothèque en sa faveur (21 mai). — Donation réciproque au survivant de l'usufruit de tous leurs biens, meubles et acquêts immeubles et du tiers de leurs biens patrimoniaux, par Poncet de Birac, seigneur du Repaire de Rougnac, maître des eaux et forêts du duché d'Angoumois, et Marthe Prevost, sa femme (29 mai). — Vente de blé, pour 120 livres, à Pierre Boutin, marchand d'Angoulême, par Perrine de la Beraudière, veuve d'Antoine de Livenne, écuyer, sieur de Boixe, et Charles de Livenne, écuyer, sieur de Boixe, son fils (5 juin). — Cession d'une créance de 100 livres sur François Vachier, comme fils et héritier de François, écuyer, président des comptes à Angoulême, moyennant 120 livres, à Jean de Grandé, écuyer, sieur de Faville (?), par Pierre de la Coudre, écuyer, sieur de St-Laurent-des-Combes, demeurant à Bonnes, procureur de Marguerite de la Coudre, sa femme, celle-ci agissant comme veuve de Pierre de la Court, juge d'Aubeterre (9 juin). — Remise de 54 livres à Mathurin Du Lignon, messager d'Angoulême, demeurant à La Rochefoucauld, par Louis Jougin, pour remettre à l'huissier du Parlement, à Paris (13 juillet). — Remise de 500 livres, par Antoine Coucaud, marchand d'Angoulême, à Mathieu Mesnard et Jean Raveau, messagers de cette ville, pour les porter à M. de Guise (?), à la cour ou au camp, et lui demander quittance de la somme de 1,200 écus que parfont ces 500 livres (1er août). — Engagement pris envers Geoffroy de Hauteclerc, maître des requêtes du roi en son hôtel, commissaire député par le roi sur la vente et aliénation de son domaine en la généralité d'Agen et revente de l'autre domaine acquis des rois prédécesseurs à la charge de l'enchère du quart denier, par Pierre Després, chanoine et archidiacre de l'église St-Étienne de Périgueux et official de ce diocèse, procureur du chapitre de Périgueux; de verser au receveur général d'Agen 1.250 livres, montant de l'enchère mise par ledit chapitre sur l'acquisition par lui faite au feu roi des dîmes et autres droits lui appartenant, dans les paroisses de St-Martin, St-Christophe et dans l'annexe de La Madeleine, près Bergerac (13 août). — Prêt de 200 livres tournois à Jacques de Lanauve, prieur de Vindelle, et Romain de Lanauve, « conseiller-magistrat », par Arnaud Jargillon, marchand d'Angoulême (24 septembre). — Accord qui fixe à 1.100 livres la part revenant à Étienne de Villoutreys, fils de Paschal, marchand de St-Martin-le-Vieux en Limousin, par suite du décès de Marguerite Jargillon sa femme, fille d'Arnaud Jargillon, marchand bourgeois d'Angoulême, et de Catherine Delage, dans la communauté contractée avec lesdits Jargillon et Delage et leurs autres enfants par son contrat de mariage avec ladite Marguerite, du 25 octobre 1551 (21 octobre). — Remise par François Roy, laboureur de Puymoyen, à Gérald de Montjon, écuyer, seigneur de Rochefort, capitaine pour le Roi du château de Châteauneuf, des biens qu'il avait acquis de lui, conjointement avec Alain Martin, greffier de la sénéchaussée d'Angoumois, moyennant le remboursement de 200 livres tournois, montant de sa part d'acquisition, et l'abandon du procès de rescision intenté contre lui (20 novembre). — Partage entre Jacques Girard et Jean, son frère, celui-ci agissant sous l'autorité de Jacques de Lousmelet, écuyer, son tuteur et leur oncle maternel, de la succession de François Girard, leur père (20 novembre). — Reconnaissance à Pierre Boutin, marchand bourgeois d'Angoulême, par Colas Guionnet et Jean Rochier, fabriqueurs de la paroisse de Champniers, de la remise d'une « croys d'argent en laquelle il y a ung crucifix et des ymages de Nostre Dame et Sainct Jehan, et au pied dud. crucifix ung aultre ymage figuratif et remonstrant ung evesque, et sus led. crucifix y a la figure et ymage d'un ange, et par l'aultre cousté de lad. croix y a les figures de quatre esvangelistes avecques un *agnus Dei* », ladite croix, en argent, pesant 3 marcs 2 onces moins 1 gros, fabriquée par ledit Boutin, pour la somme de 63 livres 10 sols tournois; présent Nicolas Guionnet, prêtre, demeurant paroisse de Champniers (12 janvier 1554, v. s.).

E. 1886. (Liasse.) — 22 pièces, papier.

1555-1556. — E. Maquelilan, notaire royal à Angoulême. — Actes reçus par ce notaire du 26 mars 1555 au 11 mars 1555 v. s. — Délai accordé par Alain Martin, au nom du curé de Puymoyen, à François Aubineau, prêtre, pour payer les 30 livres montant de la ferme de la cure dudit Puymoyen, et renouvellement de cette ferme, pour deux ans, moyennant même somme, et à charge de remplir toutes les fonctions du curé (27 mai). — Echange de terres et rentes entre Jean Everlant, prieur du Vieux-Ruffec, et Mathieu Rougier, procureur au présidial d'Angoumois (29 mai). — Reprise, en vertu du droit de prélation, des terres et seigneuries de Brie et St-Ciers, à Jean d'Aubigné, écuyer, et Anne de Lymur (?), sa femme, par Louis de Montbron, seigneur et baron de Moinx, et Anne de Belleville, sa femme, qui le cèdent aussitôt, avec faculté de les tenir en parage du seigneur d'Archiac, à frère Antoine Caillon, prieur de Bouteville, agissant comme procureur de François Du Fou, chevalier, seigneur du Vigen, moyennant les 5.000 livres auxquelles avait droit ledit d'Aubigné pour la reprise (24 juin). — Protestation de Louis de Montbron qu'il a permis à François Du Fou de tenir les seigneuries de Brie et St-Ciers en parage du seigneur d'Archiac, à cette condition seulement que les terres de Fléac et Poulignac lui seraient accordées en échange dudit parage (24 juin). — Reconnaissance par Antoine de Lubersac, écuyer, seigneur de Fayolles, d'une dette de 87 livres, montant des obligations contractées tant par lui que par Foulques de Lubersac, écuyer, seigneur de La Chaudelerie, son père, envers Pierre Berthomé, marchand de Montbron (25 juillet). — Vente d'une maison et jardin « au champ St-Martial » à Angoulême, moyennant 180 livres, à Georges Ruspide, écuyer, sieur de La Buxière, par Pierre Boutillier, procureur au présidial, agissant au nom de François Debar, lieutenant-criminel d'Angoumois, avec faculté audit Ruspide de rentrer en possession dans le délai d'un an, moyennant remboursement du prix de vente, faculté qu'il exerce le 9 août 1556 (10 août). — Transport de tous ses droits dans le procès intenté conjointement avec Denis Yvon, prieur et chapelain de Paluéau, contre Jean de la Place (?), écuyer, sieur de Thiac, pour grands excès commis sur sa personne, par Jean Tesnières, sergent royal, demeurant en la juridiction de Paluéau, en faveur d'autre Denis Yvon, étudiant en l'Université de Paris, frère dudit prieur (4 septembre). — Mise en liberté pour un mois, et sous caution, par Jean de la Coste, concierge du Châtelet d'Angoulême, d'Antoine Coucaud, emprisonné comme étant lui-même caution d'Hélie Sormelin, maître de la forge neuve de Jumilhac (16 septembre). — Procuration pour comparaître devant la juridiction de Villebois donnée par Pierre Duchier, Etienne Boisseau et Jean Catinault, religieux de Grosbost, leur abbé, absent (22 octobre). — Reconnaissance d'un prêt de 235 livres donnée à Mathurine Civadier, femme de François Debar, lieutenant criminel, par Raymond Mallat, marchand (11 février). — Renonciation par Jean Arnauld, lieutenant-général au présidial d'Angoumois, à la donation de biens que, prétendait-il, Hélie Loumelet, conseiller audit présidial, lui avait faite (2 mars). — Désistement des poursuites d'intérêt civil à cause du meurtre de Jacques Marchand, écuyer, seigneur de Germont, par Jacques Marchand, écuyer, seigneur de Germont et de La Mothe-de-Criteuil en partie, homme d'armes de la compagnie et maître d'hôtel de Guy Chabot, chevalier, seigneur de Jarnac, capitaine de cinquante lances, père de la victime, Jean et Odet Marchand, écuyers et archers de la même compagnie, Pierre Marchand, écuyer, ses frères; contre Guy Marchand, écuyer, aussi seigneur de La Mothe-de-Criteuil, frère aîné dudit Jacques, Catherine de Bougles (?), sa seconde femme, Guy Du Boulet, écuyer, fils de ladite Catherine, et Françoise Broichard, sa femme, ces deux derniers représentés par Charles de Sousmoulins, écuyer, seigneur de Vibrac et d'Anqueville; moyennant l'abandon de tous les droits ayant appartenu à feu Jean Marchand, écuyer, fils dudit Guy et de Marie de Carneville et à Jacquette du Chilleau, sa femme, et généralement de tous les biens et droits des parties dans la terre et seigneurie de La Mothe-de-Criteuil, estimés 1.800 livres, sur laquelle somme Jacques Marchand ne sera tenu à payer que 400 livres. le reste lui revenant comme dommages et intérêts (7 mars). — Déclaration devant le sénéchal d'Angoumois, par Jacques Marchand et ses fils, qu'ils abandonnent leurs conclusions civiles contre Guy Du Boulet, meurtrier de leur fils et frère, détenu au Châtelet d'Angoulême (7 mars 1555 v. s.).

E. 1887. (Liasse.) — 22 pièces, papier.

1556-1557. — E. Maquelilan, notaire royal à Angoulême. — Actes reçus par ce notaire du 13 avril 1556 au 5 mars 1556 v. s. — Accord au sujet des biens venant de la succession de Guillaume Burbaud, leur oncle, à Chirac, entre Jean et Pierre Burbaud, que représente Antoine Burbaud, leur frère, prêtre à Chirac; et

Louis Regnauld, écuyer, sieur de Font-Ciron, que représente Jean Regnauld, écuyer, sieur de Scée, son frère (13 avril). — Reprise, en vertu du droit de prélation, de divers biens, au bourg de Chebrac, sur Elie Mallat, marchand d'Angoulême, par Jacques Benoist, chevalier, seigneur de Lage-Baton et de Salvert, maître des requêtes de l'hôtel, premier président au parlement de Bordeaux (6 juin). — Testament de Jean Brugier, marchand d'Angoulême, et Marie Lériget, sa femme : ils demandent à être ensevelis dans l'église St-André, que 20 messes soient dites après la mort de chacun d'eux, et lèguent tous leurs biens à Pierre Brugier, leur fils, moyennant qu'il donnera en dot 200 livres à chacune de ses sœurs, Catherine et Marie (13 août). — Reçu de 100 écus que lui a donnés en garde Jean Pignaud, son fils, contrôleur des deniers communs de la ville de Poitiers, par Françoise Dampierre, veuve de Léon Pignaud (24 octobre). — Obligation de 20 livres consentie à Cybard Vinsonneau, greffier criminel du présidial par Mathurin Racault, couturier de St-Même, pour la grosse d'un procès en excès intenté par celui-ci contre Pierre Mazurier, prêtre, prisonnier au Châtelet (25 octobre). — Transaction par laquelle Antoine de Lubersac, écuyer, seigneur de Fayolles, s'engage à payer au chapitre cathédral d'Angoulême la moitié d'une rente de 75 livres consentie par Foulques de Lubersac, écuyer, et Madeleine Tizon, sa femme, parents dudit Antoine, et promet d'en faire l'assiette sur sa terre de Fayolles s'il ne l'amortit avant cinq ans par le versement de 500 livres (26 octobre). — Contrat de mariage entre Jérôme Rénier et Anne Sanssenaud, fille de Marion Boubete, qui donne aux futurs époux la moitié de ses biens moyennant qu'ils l'entretiendront (5 novembre). — Contrat d'association pour la régie des fermes de Marsac, Pérignac, Jurignac, Charmant, se montant à 2.220 livres, 5 pippes de froment et 5 pippes d'orge, chaque année, pendant 6 ans, dont Etienne de Villoutray, marchand d'Angoulême, s'engage à payer un quart, et Arnaud Jargilhon, aussi marchand d'Angoulême, son beau-père, le reste (30 novembre). — Paiement des 2.500 livres de dot promises au contrat de mariage de Louis de Rouziers, écuyer, seigneur de Chéronnac, avec Louise de Livenne, fille de Séguin, écuyer, seigneur de Vouzan, et de Jeanne de Combes; par ladite Jeanne et Etienne de Livenne, écuyer, seigneur de Vouzan, son fils aîné. Présents : Guichard Vigier, écuyer, seigneur de St-Mathieu; Geoffroi de Livenne, écuyer, seigneur de Laumond; François de Rouziers, curé de Nieuil; Pierre de Livenne, écuyer, seigneur de La Bergerie (24 décembre). — Contrat de mariage entre Jean Charpentier, marchand sellier de Matha, et Marie Bareau, fille de Louise Dubois, qui lui constitue en dot 70 livres, dont le tiers pour son patrimoine (27 janvier). — Sommation de Pierre Gautier, procureur au présidial, au nom d'Antoine Gandillaud, receveur pour le roi des châtellenies de Châteauneuf et Bouteville, à Guillaume Vallete, greffier de la cour des eaux et forêts d'Angoumois, de lui fournir les baux et fermes des « paissons et aglandées » des forêts de ces châtellenies, afin de pouvoir rendre ses comptes au trésorier de France, à Poitiers ; et sur la réponse du greffier qu'il doit payer 27 livres 15 sols pour les frais à Pierre Boessot, lieutenant et juge des eaux et forêts, à Robert Corlieu, procureur du roi, ou à un autre officier de cette cour, protestation que la chambre des comptes en a fait défense (31 janvier). — Vidimus d'un contrat de désistement de la ferme de la seigneurie de Tessé, appartenant à Antoine et Marguerite Corgnol, enfants de feu Louis, en faveur de Pierre Corgnol, écuyer, seigneur de Beauregard, par Toussaint Queyron, Simon Merle et Néomée Queyron, sa femme, qui s'engagent à lui payer 258 livres d'arrérages, et pourront jouir des fruits récoltés et de la moitié du foin (31 janvier). — Donation réciproque de tous leurs biens meubles et acquêts immeubles, et du tiers de leurs biens patrimoniaux, par François Debar, lieutenant criminel d'Angoumois, et Mathurine Civadier, sa femme (5 mars). — Obligation de 20 livres 10 sols pour droits de lods et ventes et frais de procédure consentie en faveur de Geoffroi de Prahec, curé du Petit-St-Cybard, par Nicolas Mesnard (5 mars 1556 v. s.).

E. 1888. (Liasse). — 19 pièces, papier.

1517 1558. — E. Maquelilan, notaire royal à Angoulême. — Actes reçus par ce notaire du 15 avril 1557 au 22 mai 1557 v. s. — Obligation de 7 livres consentie, après procès, par Léonard et Bernard Cothier, marchands d'Angoulême, en faveur du chapitre St-André de cette ville représenté par Macé Aubin, son syndic (15 avril). — Abandon du cinquième de ses droits dans la revendication de 183 livres contre Élie de Loumellet, Françoise de Loumellet, épouse de Pierre Boutin, et autres héritiers de Simon de Loumellet, curé de Bunzac, en faveur d'Élie Boutin, fils dudit Pierre, par Jean Renier, garde de la forêt de La Braconne, demeurant à Bunzac (10 mai). — « Articles de mariage futur et proparlé » entre Jérôme de Voyon, avocat au présidial d'Angoumois, fils de feu Jean, aussi avocat, et de Jeanne de Loumellet ; et Jeanne de Paris, fille de Jean, seigneur de Magnac,

avocat audit présidial, et de Jeanne Savineau. En faveur de ce mariage les parents de la future épouse s'engagent à faire nommer ledit Jérôme conseiller au présidial d'Angoumois, bien que son oncle Élie de Loumellet le soit déjà, le prix de cet office étant compris dans les 1.500 livres qu'ils donnent en dot à leur fille laquelle abandonne ses droits à leur succession : la mère du futur époux lui donne sur leur communauté avec Jean et ses deux autres frères, la jouissance de la métairie de La Trévone, paroisse de Chebrac, d'une maison et 250 livres une fois payées (30 mai). — Bail d'une maison à Montbron, moyennant 35 sols de rente, à Pierre Thévenin, notaire audit lieu, par François de Corlieu, écuyer, seigneur de La Fenêtre (14 août). — Procuration donnée par Marguerite Ruspide, femme de Michel Petit, pour la représenter au présidial de Tours dans le procès que lui intente Catherine d'Alezon, veuve de Jean Viault, remariée à Claude de l'Aubespine, chevalier, secrétaire des finances (19 août). — Procuration donnée par Anne Texandier, veuve de Guillaume Ruspide, écuyer, seigneur des Touches, pour obtenir de la Chambre des requêtes qu'elle lui adjuge les revenus de la seigneurie de Puyrobert jusqu'au paiement des 166 livres à elle dues par le seigneur de Puyvidal (19 août). — Procuration donnée par Jean Barraud, prieur de Notre-Dame de Beaulieu, à Angoulême, et de St-Pierre de Segonzac (27 novembre). — Abandon de ses droits à la succession de Marguerite Richard, sa mère, moyennant 30 livres, à Guillaume Mousnyer, marchand couturier d'Angoulême, et Marguerite Taboys, par Guillaume Taboys, archer de la garde du corps de la reine douairière (3 février). — Testament de Pierre Ruspide, écuyer, fils de feu Georges, écuyer et échevin d'Angoulême, et de Jeanne Guillocher, qui lègue ses biens meubles et le tiers des immeubles à sa mère (5 mars). — Testament de Jean Goullart, écuyer, seigneur de La Ferté, et de Suzanne Brun, demeurant à La Ferté, paroisse de Villefagnan, qui nomment comme exécuteurs testamentaires Guy Brun, écuyer, seigneur de Magnon, leur beau-frère et frère, et Jean de Massougne, écuyer, seigneur de Souvigné ; lèguent leurs terrages et dîmes dans la paroisse d'Embourie, afin d'entretenir la chapelle fondée dans l'église de Villiers, à charge d'y dire deux messes par semaine, par Philiberte de Beauvillier, nièce dudit seigneur de La Ferté, à Julien Bodineau, chapelain, et à ses successeurs ; lèguent la partie disponible de leurs autres biens à Françoise et Marie Brun, filles dudit Guy ; sauf 100 écus pour leurs serviteurs, et 100 écus « pour et es fins de marier des filles nécessiteuses de la paroisse de Villefagnan ou es lieux circonvoisins », conformément à l'avis des exécuteurs testamentaires (7 mars). — Prêt de 1.000 livres qui sont rendues le 18 avril suivant, à Arnaut Jargillon, marchand d'Angoulême, par François Nesmond, avocat du roi audit lieu (19 mars). — Contrat de mariage entre François Nesmond le jeune, élu pour le roi à Angoulême, de l'avis et conseil de Guillaume, avocat au présidial, et de Marguerite Depont, ses père et mère, de François Nesmond l'aîné et Charles Nesmond, chanoine de La Rochefoucauld, ses frères; et Marie Jargillon, fille d'Arnaud, marchand à Angoulême, et de Catherine Delage, qui lui constituent en dot et pour sa part dans leur succession, 4.000 livres (19 mars 1557, v. s.).

E. 1889. (Liasse). — 2 pièces, papier.

1558. — E. Maquelilan, notaire royal à Angoulême. — Reconnaissance, après procès devant la chambre des requêtes, d'une rente perpétuelle de 4 boisseaux froment, mesure de Villebois, 76 sols et 12 gelines due à cause du village de Landaulle, paroisse de Torsac, concédée par baillette du 11 juin 1455, donnée à Aimery Juglard, avocat au parlement, et Lyonnet, son frère, par de nombreux tenanciers (30 mai). — Abandon de ses droits à l'usufruit de la succession de François de Livenne, curé de Bredon, moyennant 10 boisseaux froment et 10 boisseaux méture de rente annuelle, en faveur de Charles de Livenne, écuyer, seigneur de La Mothe et de Saint-Martin, père de Christophe, légataire universel dudit François, par Charles André, curé de St-Amant-de-Nouère (31 mai).

E. 1890. (Liasse). — 14 pièces, papier.

1560-1561 — E. Maquelilan, notaire royal à Angoulême. — Actes reçus par ce notaire du 28 avril 1560 au 20 mars 1560 v. s. — Procuration donnée par Jacques Cambois, marchand, bourgeois d'Angoulême, et Isabeau Berthoumé, sa femme, Jean Barraud, aussi marchand bourgeois, et Jeanne Berthoumé, sa femme, pour recueillir la succession de Pierre Berthoumé, dit Cougnac, marchand bourgeois de Bourges, leur oncle (28 avril). — Versement au Trésor de la ville d'Angoulême, en présence d'Hélie Dexmier, écuyer, maire, et de Jean Girard, secrétaire, des titres de propriété d'un jardin cédé au corps de ville par Jean Blanchard, écuyer, seigneur du Cluseau (30 mai). — Quittance de 90 livres pour la dot de Françoise de Rouziers, sa femme, donnée par Antoine Gouvernant, écuyer, seigneur de Servolle, à François de Rouziers, prieur de Chavagnac (6 juin). —

« Sachent tous que on traicté et prolocution de mariage lequel, on plaisir de Dieu, s'accomplira en face de saincte Mère Église », entre Jean de Voyon, procureur au présidial, et Anne Vigier, fille de feu Léonard, avocat au présidial, et de Jacquette Boutin, à présent épouse de Mathieu Rougier, la future épouse a reçu en dot la moitié de l'héritage immobilier de son père et 200 livres pour les meubles et sa part de succession dans l'héritage de sa mère (20 juin). — Procuration de P. Menu, marchand d'Angoulême, cité devant le parlement à la requête de Charles Daussère, pour attester qu'il ne prétend aucun droit sur le prieuré de Mons (11 janvier). — Contrat de mariage entre Cybard de Voyon, avocat au présidial d'Angoumois, fils de feu Jean, aussi avocat, et de Jeanne de Loumellet, et Catherine Jargillon, fils d'Arnaud, marchand bourgeois et de Catherine Delage, qui lui constituent 5.000 livres de dot (20 janvier). — Abandon de ses droits dans le procès intenté contre Jacob, son serviteur, et Hélie Papin, moyennant 3 double ducats à deux têtes, par François Paizay, au nom d'Antoine Caillon, prieur « pensionnaire » de Bouteville, et seigneur usufruitier de Girac, à Philippe Chazay, receveur du chapitre d'Angoulême (22 janvier). — Cession d'un jardin, paroisse St-Yrieix, près « l'image Saint-Cybard », sur le chemin qui va de la porte du Palet au bourg de St-Cybard, à main droite, et d'une pippe de froment, par Anne Thevet, veuve de Christophe Rigollet, à Martin Macé, apothicaire, veuf de Catherine Rigollet, fille dudit Christophe, en dédommagement de 60 livres prêtées à son beau-père (12 février). — Vente d'une maison sise à La Rochelle, rue de La Blaterge, moyennant 800 livres, à Jean Thibaud, marchand de ladite ville, par Marguerite Odeau, dame de Goufflers, veuve de François Arnaud, lieutenant-général d'Angoumois, et Anne Odeau, épouse de Louis Estivale, conseiller au présidial d'Angoumois (17 février). — Procuration pour rendre hommage en son nom donnée par Hardy Cathus, écuyer, seigneur des Granges et de Châtenet, comme tuteur de Jeannin Cathus son fils, et de feue Jeanne Du Fouilloux (12 mars). — Contrat de mariage entre Pierre Gastard, maître barbier et chirurgien, demeurant à Malatret, paroisse de Péreuil, fils de Jean, aussi maître barbier et chirurgien, et Louise Moron, qui reçoit 280 livres de dot (20 mars 1560 v. s.).

E. 1891. (Liasse.) — 14 pièces, papier.

1561. — E. Maquelilan, notaire royal à Angoulême. — Actes reçus par ce notaire du 18 mai au 17 décembre.

— Abandon, après procès, de tous droits sur la moitié de la succession d'Isabeau Tricot, leur tante, à René Arnauld, écuyer, seigneur des Chirons, demeurant paroisse de Thenac, aussi neveu de ladite Tricot, par Jean Horry, écuyer, sieur de La Barre, demeurant paroisse de Villejoubert, et Lien Horry, son frère (18 mai). — Obligation de 275 livres, pour prêt, consentie à Guichard Vigier, écuyer, seigneur de St-Mathieu, y demeurant, par Simon Trigeau, notaire (21 juin). — Autre reconnaissance de 50 livres donnée au même, agissant au nom de Jean Des Cars, chevalier, seigneur de La Vauguyon, par Charles Rousseau, écuyer, seigneur de La Prévôterie, verdier des eaux et forêts d'Angoumois, et P. Menu, marchand (21 juin). — Echange d'une rente de 7 livres sur une maison, paroisse de St-Cybard, tenant par devant à la grande rue qui va des Jacobins aux Cordeliers et, sur un côté, à la maison de Denis Bodard, gantier, contre un pré de 3 journaux, en la rivière de La Grange-à-L'Abbé; entre Hélie de Loumellet, conseiller au présidial d'Angoumois, Pierre Rolland, docteur en médecine et Marie Terrasson, sa femme, fille de François Terrasson, aussi docteur en médecine (11 août). — Transaction qui donne la possession du prieuré de Nanclars à François Raoullin, demeurant à Vouharte, moyennant qu'il abandonnera à Charles Nesmond, curé de Linars, les revenus que celui-ci a indûment touchés, y compris celui de l'année en cours montant à 80 livres (13 septembre). — Renonciation par Jean Vigier, licencié en lois, avocat au présidial d'Angoumois, aux meubles qui pourraient lui revenir de la succession de Léonard Vigier, aussi avocat au présidial, son père, et de la communauté par lui contractée avec Jacquette Boutin, veuve dudit Léonard, et Mathieu Rougier, son second époux, en faveur de ceux-ci, en considération des « fraiz insupportables » qu'ils ont faits pour ses études à Angoulême et Poitiers; et don par lesdits Rougier et Boutin audit Vigier de 4 aunes 2 tiers de drap noir, à 4 livres l'aune, pour se faire une robe d'avocat le jour de son mariage avec Jeanne de Châteauvieux (18 septembre). — Abandon de ses droits dans le procès intenté pour vol et rupture de portes contre Chauvergnie, sergent royal de Coulgens, moyennant 100 écus d'or, à Peschier, aussi sergent royal de Coulgens, par Raphaël de Corlieu, écuyer, seigneur de Sigogne, homme d'armes de la compagnie du seigneur de Nevers (26 septembre). — Amortissement d'une rente due au chapitre St-André d'Angoulême que représentent André Fèvre et Marie Aubin, par Pierre Chambaud, marchand pintier (29 octobre). — Cession féodale, après procès, des moulins Quiquantpoix, moyennant 220 livres

de principal et 183 livres de loyaux couts et réparations, en faveur de Poncet de Bréac, écuyer, seigneur du Repaire de Rougnac, Marthe Prévost, sa femme, et Marguerite Guy, par Raymond Mallat, marchand d'Angoulême (1er décembre 1561).

E. 1892. (Liasse). — 10 pièces, papier.

1562-1563. — E. Maquelilan, notaire royal à Angoulême. — Actes reçus par ce notaire du 2 avril 1562 au 21 février 1562 v. s. — Procuration donnée par le corps de ville d'Angoulême, présents Jean Paulte, écuyer, maire; François Derplier, président d'Angoumois, conseiller; Hélie de Loumellet, Alain Melin, Guillaume Ruffier, écuyers, échevins; Jean Blanchard, Sébastien Boutillier, François de Lacombe, écuyers, conseillers; Hélie Vatel, Michel Constantin, Antoine Moreau, Charles Imbert, Arnaud Darain, Jean Chadene, Arnaud Nouveau, Guillaume de Bryon, Macé Bougier, Aymard Terrasson, Hector Robin, Raymond Mallat, Pierre Bardin, Jean de Lespine, Jean Avril, François Nesmond, Joseph Chauvet, pairs; pour faire évoquer devant le parlement de Paris le procès intenté devant le grand conseil contre ledit corps de ville par F. Lallemant, président de la Chambre des Comptes (2 avril). — Cession, par Simon de Voyon, de ses droits sur la succession de Jean, avocat au présidial d'Angoumois, son père, moyennant 1.000 livres, au profit d'Arnaud Jargillon, marchand (6 avril). — Reconnaissance d'un prêt de 108 sols donnée à Jean de Brenoguen, seigneur du Pé, demeurant à Angoulême, au nom du prieur de Bouteville, par Jean Senterre, écuyer, demeurant à Girac (13 mai). — Cession de la ferme des biens saisis sur Hélie de La Place, écuyer, seigneur de Torsac, dont François de Livenne, écuyer, seigneur de Neuillac, est commissaire, moyennant 600 livres, à François Dufoussé, procureur au présidial d'Angoumois, par Antoine Tesseron, notaire royal à Angoulême (8 décembre). — Engagement pris par François Dufoussé, d'indemniser François Calueau, écuyer, seigneur du Plessis, valet de chambre du roi, de ses frais pour l'obtention des lettres de rémission accordées à Hélie de La Place, poursuivi « pour raison des troubles et séditions advenues pour le faict de la Religion ou autrement tant en ce pays d'Angoulmois qu'aultres endroictz de la Guyenne »; moyennant le paiement de 150 écus par François de Livenne, « l'un des centz de la maison du roy », beau-frère dudit de La Place (8 décembre). — Transaction entre Sidoine de Villebresme, épouse de Cybard Tizon, cheva-

lier, seigneur d'Argence, et Jean de la Roche, chevalier,
seigneur de St-Mesme, fils de feu François, chevalier,
seigneur de La Rochebeaucourt, comme tuteur de Roc
de la Roche, seigneur de La Rochebeaucourt, Marie et
François de la Roche, enfants de Claude, seigneur de
Varaise, et de ladite de Villebresme, qui fixe à 1.100
livres ce qui demeure encore dû à celle-ci de la communauté de son premier mariage (1er janvier). — Confirmation, par Arnaud Jargillon, bourgeois d'Angoulême, d'un
échange fait en son nom par François Nesmond, élu en
Angoumois, son gendre, avec François Pastoureau, seigneur de La Grange-Pastoureau, demeurant à Confolens
(19 janvier). — Opposition contre la vente des biens qui
leur appartiennent dans la succession d'Esnemond Gayon
et Catherine Civadier, par Mathurine Gayon, leur fille,
et Catherine Petit, fille de feu Joachim, écuyer, et de
Marquise Gayon, leur petite-fille. Présent, Yrieix Sous-
syrat, « maître des enfens du chœur St-Pierre d'Angoulesme » (14 février). — Vente d'une maison, paroisse du
Petit-St-Cybard à Angoulême, tenue à rente de l'évêque,
moyennant 1.000 livres, à Jacques Grezin, curé de Condac, par Petit, seigneur de La Roche, et Marguerite
Ruspide, sa femme (21 février 1562 v. s.).

E. 1893. (Liasse.) — 15 pièces, papier.

1563. — E. Maquelilan, notaire royal à Angoulême.
— Actes reçus par ce notaire du 13 mai au 27 novembre.
— Vente de 3 boisseaux de froment et de 3 boisseaux de
seigle de rente due « pour la quarte partie par indivis du
village et mainement » de Rochefort, paroisse de Puymoyen, moyennant 70 livres, à Mathurine Civadier,
veuve de François Debar (13 mai). — Remboursement à
Pierre Montgeon, écuyer, sieur de Fléac, par Girard
Montgeon, écuyer, sieur de Rochefort, capitaine de
Châteauneuf-sur-Charente, moyennant 240 livres, de
200 livres et 4 pippes froment à lui prêtées le 5 décembre
1560, après qu'il eut refusé de rendre le froment en
nature « veu le temps et cherté de l'année présente qui
est tel que homme vivant aye oncques veu et oy dire, et
que ledit bled aye esté en ce pays d'Angoulesme jamays
si chair qu'il est, quar il est de valleur de centz dix solz
tournois et plus le boiceau, pour cause de l'injure du
temps de guerre et stérillité notoyre par tout ce royaul-
me, et lors dudit prest n'estoit que a dix huit ou vingtz
solz tournois le boiceau », et abandon des divers droits
revendiqués par ledit Girard et Charles Montgeon, chanoine d'Angoulême, son oncle, contre ledit Pierre et
Jean, son père (25 mai). — Obligation de 12 écus donnée

par Michel Després, procureur au présidial d'Angoulême, à Guillaume Juglard, écuyer, seigneur de La
Grange, lieutenant d'Hélie de la Touche, chevalier, seigneur de La Faye, tenant garnison en cette ville, moyennant qu'il restituera un cheval allant l'amble par lui
acquis des soldats de sa compagnie qui l'avaient volé à
Jean Rocquard, écuyer, seigneur de La Cour-St-Mau-
rice (12 juin). — Testament de Pierre Boutin, marchand
bourgeois d'Angoulême, et de Françoise de Loumellet, sa
femme, qui lèguent, au jour du décès de chacun d'eux,
10 sols aux prisonniers de chacune des prisons d'Angoulême, autant aux pauvres des aumôneries et hôpitaux,
aux malades de la maladrerie de cette ville, et partagent
leur fortune entre leurs dix enfants, fixant la part des
garçons mineurs à 600 livres, celle des filles à 500 livres
(17 juin). — Donation réciproque de leurs biens par
Hélie de la Touche, chevalier, seigneur de Nonac et de
La Geneytouze, capitaine des château et Châtelet d'Angoulême, et Anne de Grignaux, sa femme, demeurant au
lieu noble de Cressac, principauté de Chalais, et pour
lors à Angoulême ; présents, Bertrand de Dallou, écuyer,
et Jean Thezeux, tous deux demeurant avec lesdits
époux (23 juin). — Remboursement des 108 livres dues
à Bernard Du Vignault, marchand d'Angoulême, par
Marguerite Ruspide, veuve de Michel Petit, pour prêts
contractés tant par elle que par feu Benoît Ruspide,
écuyer, seigneur des Touches, son frère, et Anne Texandier, leur mère (7 juillet). — Procuration pour résigner
son office d'échevin et de pair de la ville d'Angoulême,
en faveur de Mathurin, son fils aîné, par Alain Martin,
greffier titulaire des cours ordinaire et présidiale et des
appeaux d'Angoumois ; en présence de Robert Martin,
son second fils ; — et procès-verbal de réception de cette
procuration, en présence de Pierre Sorin, procureur du
corps de ville, d'Etienne Maquelilan et de Jean Gillibert,
procureur au présidial, par François de Lacombe, maire,
qui remet la décision à la prochaine « maizée » ; signé,
J. Girard, secrétaire de la ville (6 août). — Autre procuration du même pour résigner son office de greffier en
faveur du même, tout en déclarant que le profit devra
être partagé en trois parts égales, après sa mort, entre
ledit Mathurin et Jeanne Estivale, sa femme, ses enfants
du premier mariage, ses enfants du second mariage ; en
présence de Louis Estivale, seigneur de Chassors, Pierre
Estivale, seigneur de Conzac, conseillers ; François
Déroulède, procureur du roi ; Pierre Poirier, docteur en
médecine (6 août). — Transaction entre Mathurin de
Lacombe et Mathieu Rougier, au sujet d'un mur mitoyen,
paroisse St-André à Angoulême (20 août). — Engagement pris par Martial Juglard, procureur au présidial,

et Marguerite de Lanauve, sa femme, envers François Redon, écuyer, receveur du domaine à Angoulême, de payer, pendant 3 ans, 1.200 livres, montant de l'enchère mise sur le greffe du présidial ; plèges : Guillaume Guytard, procureur du roi, et François Bareau, écuyer, seigneur de Puymoyen (22 août). — Testament de Benoît Ruspide, écuyer, sur le point de partir au service du roi en la compagnie du seigneur d'Aumale, en faveur de Jeanne Guillocher, sa mère, veuve de Georges Ruspide, écuyer, sieur de La Bussière (?) (3 novembre). — Testaments de Rougier, époux en premières noces de Catherine Giraud, et de N. Boutin, sa femme, épouse en premières noces de Bernard Vigier (13 novembre). — Quittance de 180 livres destinées à couvrir les frais du voyage que doit faire Jean Girard, pair et secrétaire du corps de ville d'Angoulême, afin de s'occuper du procès intenté par ledit corps contre le président Alemant et autres officiers publics, donnée à Guillaume Villatte, « receveur et payeur des deniers de messieurs les juges présidiaulx et magistrats d'Angoulmois », par François de Lacombe, écuyer, seigneur de La Doucine, maire (27 novembre 1563).

E. 1894. (Liasse.) — 2 pièces, papier.

1580-1607. — DEBRANDES, notaire royal à Angoulême. — Reconnaissance de la rente seigneuriale perpétuelle de 10 sols et 2 gelines, à cause du village de la Raymonderie, de la contenance de 10 journaux, donnée à Siméon Maulde comme procureur du commandeur du Temple d'Angoulême, par la famille Veau et autres tenanciers (8 décembre 1580). — Reconnaissance d'un prêt de 600 livres, donnée à Pierre Desforges, receveur du domaine à Angoulême, par Jean de Balu, écuyer, un des 100 gentilshommes de la compagnie du roi (24 mars 1607).

E. 1895. — 1 pièce, papier.

1616. — DEBRANDES (Arnaud), notaire royal à Angoulême. — Enquête criminelle sur les méfaits de paysans de Montboyer et autres paroisses voisines (4 septembre).

E. 1896. (Liasse). — 11 pièces, papier.

1627-1628. — A. Debrandes, notaire royal à Angoulême. — Actes reçus par ce notaire du 13 novembre 1627 au 17 septembre 1628. — Engagements pris par

Courret, laboureur de St-Fort, envers les syndics et habitants de cette paroisse, moyennant 45 livres, de servir pendant 3 mois dans la compagnie des pionniers envoyée par le présidial et l'élection d'Angoulême au siège de La Rochelle (13 novembre). — Résignation de son office et remise de sa casaque d'archer de la compagnie du vice-sénéchal d'Angoumois, moyennant 600 livres, en faveur d'Annibal Péchillon, demeurant à La Couronne, par Jean Albert (23 décembre). — Quittance de 44 livres à eux dues pour l'envoi d'un homme au siège de La Rochelle, à Rousseau, syndic de Lignières, par Esther de Voyon, épouse de Jean Dumont, et Louis, leur fils (16 décembre). — Vente de 5 tonneaux de vin nouveau, dont 5 barriques de rouge et 4 de blanc, moyennant 40 livres chaque tonneau (6 décembre 1627). — Contrat de mariage de Gaudin, soldat sous les ordres du seigneur de Contade à la garnison du château d'Angoulême, et Suzanne Gadion, fille de Guillaume, chaussetier à la paroisse St-Ausone, qui reçoit en dot 300 livres et divers meubles (10 septembre). — Contrat de mariage entre Nicolas Rouzier, maître fondeur, et Denise Texier, fille de Gilles, garde des eaux et forêts (17 septembre 1628).

E. 1897. (Liasse.) — 16 pièces, papier.

1629. — A. Debrandes, notaire royal à Angoulême. — Actes reçus par ce notaire du 7 janvier au 14 juin. — Reconnaissance de 12 deniers de rente à cause d'une maison sise près de la croix du faubourg St-Ausone, au dessous du moulin de Rossignol, relevant de la seigneurie d'Auteclère, donnée à Suzanne de Saint-Gelais, veuve de François d'Auteclère, écuyer, seigneur dudit lieu, du Maine-Gagneau, Fissac et autres lieux, par François Albert, maître chapelier (5 janvier). — Quittance de 1.300 livres, montant d'une année de la ferme de la seigneurie de Peudry, donnée à Nicolas Menage, fermier, par M. Delafont, notaire à Rochemeaux, comme procureur d'Olympe Green de St-Marsault, veuve de Georges d'Aubusson, comte de Feuillade (7 janvier). — Ferme des revenus du prieuré de St-Romain de Chassors, pour 5 années, moyennant 460 livres chaque, 40 livres de pot-de-vin, la moitié des décimes et l'obligation de faire célébrer les grandes fêtes annuelles, par Louis de la Place, écuyer, prieur (9 février). — Contrat d'apprentissage pour 4 ans et demi de David, laboureur de Fléac, chez Jean Albert, maître chapelier au faubourg St-Pierre d'Angoulême (11 février). — Reconnaissance de 15 sols six deniers de rente, à cause de la prise de La Cruzille au village de Chez-Roullet, paroisse de St-Ausone, contenant 18 journaux, à Jean Des Curaux, avocat du roi au présidial, seigneur de La Cruzille (11 juin 1629).

E. 1898. (Liasse.) — 31 pièces, papier.

1630. — A. Debrandes, notaire royal à Angoulême. — Actes reçus par ce notaire du 18 janvier au 9 décembre. — Marché pour l'envoi d'un pionnier à l'armée de La Rochelle, pendant 3 mois, moyennant 50 livres, par Pitaud, marchand, syndic de St-Mesme (26 janvier). — Abandon moyennant 45 livres, par Mesnard, archer du corps de ville, des poursuites intentées contre Geoffroy, greffier de la juridiction de Mansle, et Devezeau qui, passant à bride abattue dans le faubourg Lhoumeau avaient cassé le bras de son fils, (28 janvier). — Resiliement du contrat d'arrentement perpétuel d'une portion du moulin à papier du village de Grand-Girard, paroisse de La Couronne, contracté en 1630 en faveur de Gilles Dallidet, maître papetier, par Nicolas Desmaisons, garde des eaux et forêts, son beau-frère (15 février). — Sous-ferme du droit de vingt-quatrième du vin vendu en détail dans la paroisse de Massignac, moyennant 48 livres, à Joseph Girard, marchand de Chabanais, par François Boileau, marchand d'Angoulême (12 avril). — Sommation d'André Dubois, procureur de habitants de Mouthier, à Jean Guérin, écuyer, sieur de Rochebertiers, et de Neuville, maire d'Angoulême, de faire cesser les poursuites de l'élection d'Angoulême contre lesdits habitants par suite du refus de paiement de 61 livres sur eux imposées à cause des prisons dernièrement bâties à Angoulême, parce que l'imposition doit se faire dans le ressort du présidial de cette ville et que Mouthiers dépend de l'élection de St-Jean-d'Angély; et protestation du maire que ces prisons ne sont pas celle du corps de ville (13 mai). — Donation d'une pièce de terre en Roffy, paroisse de Lhoumeau, à Emery Pasquet, écuyer seigneur de Lage-Baton, conseiller du corps de ville, par Marc Guillaumeau, chanoine de la cathédrale (14 mai). — Ferme des revenus de la cure de St-Dizier de Marillac-le-Franc, pour 5 années, moyennant 400 livres chaque, à Pierre de Pontignac, contrôleur des décimes d'Angoulême, demeurant à La Rochefoucauld, par Germain-Emmanuel de Mauléon, trésorier du chapitre cathédral d'Angoulême (22 mai). — Sommation par Jean Lambert, procureur du roi, à Gabriel Houlier, lieutenant criminel d'Angoulême, de faire payer 50 livres de caution à Dubois, gardien des prisons royales; de faire un nouveau procès-verbal, en sa présence, de l'évasion de deux prisonniers enfin de restituer deux pièces de procédure enlevées par

force au notaire faisant fonctions de greffier; et protestation du lieutenant-criminel que le notaire est « ung maître alliboron; » que cette affaire a été choisie à dessein par le procureur du roi « pour exercer ses passions particulières au préjudice de sa charge et mesprins » de la sienne, qu'il est « bien ardy de requérir et fere ses remonstrances auxd. occazions... sans voulloyr s'arroger la quallité de juge ordinaire », que les pièces sont entre les mains du greffier en chef qui lui en délivrera une grosse quand il la demandera (29 juin). — Contrat de mariage entre François Pillorget, sieur de La Grange, fils de Nicolas, notaire, demeurant paroisse de Champniers, et Charlotte Maistre, qui reçoit une dot de 1 200 livres (21 juillet). — Vente après décès, des meubles d'un paysan de la paroisse St-Ausone (21 décembre).

E. 1899. (Liasse.) — 33 pièces, papier.

1631. — A. Debrandes, notaire royal à Angoulême. — Actes reçus par ce notaire du 6 janvier au 2 août. — Sous-ferme des revenus de l'abbaye de St-Cybard, dans la paroisse de Champniers, pour 3 années, moyennant 12 livres chaque, à Pillorget, praticien, par François Vachier, notaire royal (11 janvier). — Remboursement par les 17 officiers de l'élection d'Angoulême à Jean Danyauld, receveur des aides et tailles, de 5.314 livres par lui versées à Martial de Maledan, représentant du trésorier des portions casuelles; ladite somme montant de la taxe imposée sur les 3 contrôleurs anciens, alternatif et triennal, dont les fonctions sont communes entre les officiers de l'élection, pour les faire jouir annuellement de 531 livres (24 février). — Engagement pris par Jacques Dexmier, messager d'Angoulême, de rapporter à Guy Bareau, écolier de cette ville, un habit par lui engagé à un hôtelier de Bordeaux (1er mars). — Donation de ce qui lui appartient paroisse de Magnac, moyennant une rente viagère de 30 livres et une pippe de vin clairet, à Raymond Godet, procureur au présidial, par F. de Corlieu, veuve de Lionnet Estève (29 mars). — « Rolle et egallement de la taille et taillon » et autres impôts ou frais divers « envoyé aux sindics, manans et habitans de la paroisse de St-Michel-d'Entraigue par messieurs les présidial, lieutenant et esleus » d'Angoulême; montant à 70 livres pour la taille, 30 livres 3 sols pour le taillon, et au total à 164 livres départies entre 71 habitants: Pierre Pomaret, écuyer, seigneur de Chantoiseau et de La Vallade; Antoine Forestier, curé; Jean Le Breton et Jean Ramberge, syndics, sont seuls exempts (30 mai). — Bail à loyer d'un appartement, paroisse du Petit-Saint-

Cybard, dans la rue qui mène de la place du Mûrier au canton du Navarre, pour 4 années, moyennant 20 livres chaque, à François Grimard. procureur du roi à l'élection, par Pierre Pomaret, écuyer, seigneur de Chantoiseau (30 mars). — Arrentement d'un pré, paroisse de Fléac, moyennant 28 livres, par Pierre Debrandes, sieur de Fontmongier (25 mai). — Cession de 1.400 livres pour les arrérages des dettes actives de la succession de leurs parents, à André Ballue, écuyer, seigneur du Tranchard, par Philippe Ballue, écuyer, seigneur de Montgaudier, conseiller au présidial, son frère (27 mars). — Association afin de faire valoir le moulin de Frégeneuil, paroisse de St-Ausone d'Angoulême, pris à ferme pour cinq années de la dame de Sers (22 juin). — Règlement de comptes concernant l'acquisition du lieu du Petit-Vouillac, faite le 3 juillet 1627, moyennant 9.016 livres, sur Marie de Montalembert, veuve de feu Daniel de Marcillac, par Philippe Moron, veuve de Mathurin Debrandes, notaire royal (2 août 1631).

E. 1900. (Liasse). — 42 pièces, papier.

1661. — DEBRANDES (Jean), notaire royal à Angoulême. — Actes reçus par ce notaire du 3 août au 21 décembre. — Procès-verbal de témoignages concernant les dommages causés par l'orage, l'année précédente, au lieu de La Trésorière, ce requérant Jean Moulin, écuyer, sieur des Mérigots, comme héritier de Toussaint, son frère (18 août). — Quittance de partie des 222 livres à lui assignées pour les réparations de serrurerie à faire au doyenné d'Angoulême, donnée à la veuve d'Antoine Castin, receveur des décimes du diocèse, par Claude Desbœufs, maître serrurier; autres quittances pour la même cause, des « recouvreurs » de partie de 420 livres ; de Plantinet, maître serrurier, de partie de 290 livres; de Cazier, maître maçon, de partie de 250 livres; de Rossignol, maître charpentier, de partie de 1.500 livres; d'Aigre, maître vitrier, de partie de 270 livres (9-10 septembre). — Vente des meubles de feue Michelle Landry, veuve de Jean Albert, chapelier, ce requérant Nicolas et François Albert, maîtres chapeliers, Pasquier Chevreau, chapelier, époux de Louise Albert, Nicolas Etourneau, chapelier, veuf de Jeanne Albert, Marguerite Paillou, veuve de Bénigne Albert, chapelier, et autres leurs enfants ou beaux-enfants, tous demeurant à Angoulême, et assigné Denis Sureau, chapelier, veuf de Marie Albert, leur gendre. A cet acte sont jointes les pièces de procédure concernant la même affaire (4-12 octobre). — Donation par testament de 30 livres de rente au curé de

St-Ausone afin de célébrer un service annuel pour le repos de son âme, par Hélie Pellepeau, laboureur de cette paroisse (9 novembre). — Ferme des dîmes de La Croix de Beaumont, paroisse de St-Martial d'Angoulême, y compris les droits d'entrée de foire, le jour de St-Martial, pour 7 années, moyennant 28 livres chaque, à Robin, marchand, par François Coral, curé de N.-D. de Beaulieu, à Angoulême (16 novembre). — Sommation à Françoise Horson, épouse de Charles Juillard, sieur des Planes, par Pierre Horson, sieur de Beauregard, de recevoir la part à laquelle il est tenu sur les 10.000 livres qu'il lui doit conjointement avec André Horson, sieur de Moulède, et Jean Horson, marchand, à cause de la succession de François et Anne Rousseau, leurs père et mère, et de celle de Marie, leur sœur (16 novembre). — Fourniture de grain et de moutons à ses métayers de Chez-Sillac, paroisse St-Ausone, par Marc Barbot, prévôt royal d'Angoulême (11 décembre 1661).

E. 1901. (Liasse.) — 40 pièces, papier.

1662. — J. Debrandes, notaire royal à Angoulême. — Actes reçus par ce notaire du 1er janvier au 31 décembre. — Légat de 10 sols de rente à Pierre Faucher, curé de Fléac, et à ses successeurs, et de 10 autres sols à la fabrique de cette église, moyennant qu'il y sera célébré un service annuel et qu'ils y auront droit de sépulture et de bancs, par Jean de la Confrette, notaire royal, et Denise Micaud, sa femme (1er janvier). — Procès-verbal d'un chenebaud garantie d'une rente de 3 livres léguée à Joseph de la Salle, curé de St-Ausone, et à ses successeurs (3 janvier). — Reconnaissance de rentes seigneuriales due à cause de prés, à François de Péricard, évêque d'Angoulême, comme baron de La Paine, par Philippe Raoul, écuyer, sieur des Plaines et d'Andreville, un des mousquetaires à cheval du roi, comme héritier de Jean Raoul, écuyer, sieur des Plaines et chanoine de la cathédrale (29 janvier). — Engagement pris par Jean Ricard envers Jacques Ricard, maître arquebusier, son père, par affection pour lui, de demeurer dans sa boutique comme compagnon arquebusier et de lui laisser prendre sur son gain tout ce qu'il voudra. — Autre engagement pris par Jacques Ricard, qu'il laissera son fils jouir de la totalité de son gain, quoi qu'il ait dit dans le contrat précédent (3 mai). — Sous-ferme des dîmes de la cure de Fléac, consistant en 2 pippes de froment et 2 pippes d'orge à prendre « dans le son et haire de la dexmerie de Fléac », par le fermier du doyen de St-Pierre d'Angoulême, curé primitif, et les agents de l'abbesse de St-Ausone, et aussi dans le tiers des vins de la dîmerie, au profit de Jean de la Confrette, notaire royal, par Pierre Dubois (17 juin). — Réception de Jean Ricard dans la communauté des maîtres serruriers et arquebusiers, moyennant le don de 3 livres, pour faire dire des messes, et autres débours accoutumés (26 juin). — Marché passé avec Boiteau, maître tailleur de pierre, pour creuser un puits de 3 pieds et demi de diamètre, dans la cour d'une maison sise sur le chemin qui va de la porte St-Pierre à l'église St-Ausone, moyennant 60 livres (20 août). — Quittance de 486 livres représentant les intérêts et de 1.700 livres sur les 3.187 livres de principal à eux dues, conformément à l'obligation de feu Jean Souchet, chevalier, seigneur de La Dourville, donnée à Jean Souchet, chevalier, seigneur d'Aumont lieutenant criminel, tant pour lui que pour Michel Souchet, chevalier, seigneur de La Dourville, son frère, par François Martin, ancien receveur-payeur des gages des officiers du présidial, et Françoise Cladier, sa femme (12 août). — Versement des 50 livres d'un legs d'Étienne Maquelilan, chanoine de la cathédrale, du 4 février 1657, par Jean Gibaud, aussi chanoine, archiprêtre et curé de St-Jean, à Denis Malard, maître sergier à Angoulême, moyennant qu'il constitue sur tous ses biens une rente perpétuelle de 50 sols en faveur des curés de St-Jean, pour qu'ils disent, chaque année, 4 messes avec *De Profundis,* aux intentions dudit Maquelilan, conformément aux prescriptions du legs (14 septembre 1662).

E. 1902. (Liasse.) 58 pièces, papier.

1662. — J. Debrandes, notaire royal à Angoulême. Actes reçus par ce notaire, du 9 janvier au 30 décembre. — Diminution de la rente de 6 boisseaux froment et 1 geline due sur la prise des Pellegris, paroisse de Fléac, contenant 15 journaux, à François Baudouin, chevalier, comme seigneur de Fleurac, à 2 boisseaux et 1 geline, moyennant 400 livres une fois payées par les tenanciers et afin d'éviter leur déguerpissement (10 janvier). — Testament de Marthe de la Brousse, veuve en secondes noces de Philippe Arnaud, écuyer, sieur de Chalonne, avocat du roi au présidial, qui demande qu'en la portant en terre « on mette sur son corps une nape de toile blanche à estre portée par six pauvres aveq quatres sierges » ; nomme Hélie Laisné, écuyer, sieur de Fancherville, son beau-frère, son exécuteur testamentaire ; lègue tous ses biens à Suzanne Laisné, fille de celui-ci, sauf quelques dons aux divers établissements religieux et

charitables d'Angoulême (6 mars). — Règlement de comptes concernant la vente faite le 11 mars 1662 de 700 « meulles sercles pipages », de 500 « meulles barricages », à Pierre Bigot, marchand d'Angoulême, par Pierre Dumas, archer de la maréchaussée, et Arnaud Péronnet, marchand cerclaire à Beaulieu (26 mars). — Bail à métairie du domaine des Pougnards, paroisse de Fléac, consenti à Lusseau, plafonneur, par Catherine Albert, veuve de François Guyot, marchand (22 avril). — Autre bail à moitié de la métairie noble du village des Mornats, pour 5 années, garnie, entre autres instruments, d'une charrue avec soc Pradeau, consenti à Pierre Nelbert, laboureur, et Domienne Guidon, sa femme, par Pierre Dubois, greffier du présidial. Les semences sont procurées par le bailleur aux frais des preneurs qui doivent fournir, chaque année, 3 douzaines de fromages, 6 chapons, 12 poulets, 100 œufs, payer les impositions, partager avec le preneur les grains, le croît des animaux, fruits au pied des arbres, sauf ceux d'un poirier d'orange et d'un autre de cuisse-à-madame ; aider à vendanger et faucher, planter annuellement 2 douzaines d'arbres fournis par le preneur (1er mai). — Ferme du passage sur la Charente, à Basseau, pour 5 années, moyennant 300 livres chaque, à François Arnaud, poissonnier, par François Normand, écuyer, seigneur des Bournis, conseiller au présidial (3 juin). — Bail à ferme d'une maison sise paroisse de Beaulieu, pour 5 années, moyennant 30 livres chaque (14 juillet). — Abandon de la ferme des droits patrimoniaux anciens et nouveaux, « autrois, subventions et pencart » de la ville d'Angoulême, au profit de Michel Bailhou, praticien, par Arnaud Benoist (17 août). — Legs de 6 livres au curé de St-Ausone moyennant qu'il dise, chaque année, une grand-messe de *requiem* pour le repos de l'âme de Françoise Desmaisons, par Jean de Lussat, marchand, et ladite Françoise, son épouse (12 septembre). — Legs par ladite Desmaisons de 6 pintes d'huile aux capucins d'Angoulême (12 septembre). — Procès-verbal des arbres morts de la seigneurie de La Tour-Garnier, ce requérant Fleurant de la Garde, marchand, fermier de ladite terre pour 8 années, moyennant 800 livres chaque (17 octobre). — Consultation de la communauté des habitants d'Échallat par les 4 collecteurs de la paroisse qui leur demandent les pouvoirs nécessaires pour régler à l'amiable avec Antoine Bouhier, notaire royal, lequel a intenté un procès auxdits habitants pour ne pas payer les 50 livres de taille sur lui taxées, ce qui est accordé. Consultation de deux avocats au sujet de ce différend. Transaction avec ledit Bouhier, qui s'engage à verser 50 livres, moyennant qu'il sera ensuite rayé des rôles

(25 novembre). — Quittance de 20 livres de rente donnée à Raymond Martin, bourgeois d'Angoulême, receveur général aux saisies réelles, par Anne de la Boissière, fille de Gilles (13 décembre 1663).

E. 1903. (Liasse.) — 65 pièces, papier.

1664. — J. Debrandes, notaire royal à Angoulême. — Actes reçus par ce notaire du 2 janvier au 26 décembre. — Marché passé avec un maçon pour terminer une maison, paroisse St-Ausone, par Antoine Gervais, prêtre, chanoine de La Rochefoucauld, curé de Mazerolles (16 mars). — Résignation de la cure de St-Cybard de Chavenac en faveur de François Vergneau, prêtre, curé de St-Estèphe, son frère, par Jean Vergneau, curé dudit lieu et de St-Martin de Mornac (20 mars). — Ferme des dîmes de La Croix de Beaumont, paroisse de St-Martial, et du droit de foire et entrée le jour de St-Martial, pour 7 années, moyennant 28 livres chaque, par François Coral, curé de N.-D. de Beaulieu (9 mai). — Procès-verbal de confrontation de bois, paroisse de Vœuil, ce requérant Jean Delpeux, maître sergier, à l'encontre de Jean de Caluau, chevalier, seigneur comte de St-Mathieu, L'Oisellerie et autres lieux (13 mai). — Contrat d'apprentissage, pour 4 ans, moyennant 40 livres, de Pierre Taston chez Jean Raybaud, maître passementier (7 juillet). — Inventaire des meubles et effets de Léonard Chénevière, veuf de Marguerite Masson, ce requérant Laurence, sa fille, épouse de Guillaume Godet, sieur de Foulpougne associé avec Noël Dexmier, fils de ladite Masson, pour l'entreprise de la messagerie d'Angoulême à Paris. A signaler audit inventaire : un contrat d'association desdits Chénevière et Dexmier qui donnent chacun 2,000 livres et de Pierre Bigot, pour achat de blé ; — une liasse de pièces concernant la messagerie d'Angoulême à Poitiers dont les titulaires furent successivement : Pierre Dexmier, de 1589 à 1609 ; Jean Courly, reçu au présidial en 1610 jusqu'en 1623 ; Vespasien Courly, reçu en 1623 ; Jean Masson, qui résigna en 1655 ; lesdits Chénevière et Dexmier, nommés par l'université de Poitiers, le 2 juillet, 1659 ; — l'édit portant création et titre d'office de messager ordinaire de mai 1652 et la lettre royale nommant Chénevière messager ordinaire, de juillet 1661 ; — les pièces concernant l'office de messager de Bergerac à Paris comprenant la réception par le lieutenant général de Bergerac ; — autres pièces concernant la messagerie comprenant : achat sur Davias, de 1629, procuration « *ad resignandum* », nomination du duc d'Angoulême, de 1630, quittance du droit de marc d'or,

provisions du Roi, réception, quittances de « poslesses » de plusieurs années, arrêt de confirmation d'hérédité et survivance, ordonnance enjoignant aux messagers de partir tous les 8 jours ; — les pièces concernant un autre office de messager acquis par Chénevière d'Abraham Mathieu en 1663. Deux nominations sont mentionnées, l'une de Jean Mathieu, par Diane de Poitiers ; l'autre d'Abraham Mathieu, par Catherine Joyeux. Martial Mathieu et Daniel Du Lignon sont aussi indiqués comme messagers ; — quittances données par Desbordes de la ferme de la messagerie pendant les années 1642 et 1643, de 300 livres chaque et autres (8 juillet-9 septembre). — Procès-verbal d'une maison, en la paroisse de St-Michel, ce requérant Jacques Basset, curé (18 juillet). — Quittance des titres et actes concernant l'office de contrôleur du domaine du Roi en Angoumois, dont était pourvu Mathieu Béchade, son père, donnée à Hélie de la Ville, son beau-frère, par Marguerite Béchade (24 juillet). — Marché de Jean Gibaud, curé de St-Jean d'Angoulême, avec François Hay, « jardinier », qui s'engage à cultiver le jardin de ladite cure, entretenir les treilles et le cabinet pour lesquels il fournira le « visme » et recevra les perches et « estrepes » nécessaires durant 5 années, moyennant 6 livres chaque (4 août). — Sommation de Guillaume Gautier, procureur au présidial, à Gabriel de la Brousse, huissier audit présidial, de conduire, conjointement avec Hélie Sauterot, aussi huissier, Hélie de Glenest, écuyer, sieur des Jaus, prisonnier à Angoulême, à la conciergerie du parlement de Bordeaux, conformément à la sentence rendue au présidial entre lui et François de Lescours, écuyer, sieur du Pont (7 septembre). — Procuration donnée par Hélie de la Ville, procureur au présidial, pour consentir à la nomination de Geoffroy Mongin, sieur de La Buzinie, comme contrôleur des domaines du Roi en Angoumois, en remplacement de feu Mathieu Béchade, son beau-père (15 septembre). — Prise de possession de la cure de St-Jean d'Angoulême par Jean Martin, curé du Petit-St-Cybard, en remplacement de Jean Gibaud (17 septembre). — Contrat d'apprentissage, pour 3 ans, moyennant 240 livres, d'Isaac Chazeau, fils d'Abraham, chirurgien à Salles, chez Pierre Villain, maître apothicaire (4 octobre). — Procès-verbal des métairies de Rochefort et de Clergon, paroisse de Puymoyen, abandonnées par le métayer, commencé à 8 heures du matin « ainsy qu'il a aparen tant par l'aspecq du soleil que par une montre », ce requérant Jacques Barraud, maître potier d'étain, homme d'affaires de Jacob de Montgeon, écuyer, sieur de La Coste, propriétaire (6 octobre). — Reconnaissance de 7 sols 6 deniers de rente sur deux maisons tenant d'un bout à la rue par laquelle on va de la place du Mûrier au canton de Navarre, due à Jean Martin, comme curé du Petit-Saint-Cybard (24 novembre). — Obligation de 12 livres pour vente de peaux de moutons et d' « oylles » donnée à Dussouchet, boucher, par Guillemeteau, maître « perchemenier », demeurant au faubourg St-Pierre d'Angoulême, qui s'engage en outre à prendre toutes les peaux de moutons que tuera ledit boucher jusqu'au mardi gras, moyennant 4 livres 10 sols la douzaine (26 novembre). — Bail à loyer d'une maison, paroisse du Petit-St-Cybard, pour 3 années, moyennant 50 livres chaque, à Pierre Bernier, écuyer, sieur de La Saulay, et Marie de la Rochebeaucourt, sa femme, par Mathurin Fleuriot, marchand, et Ozanne Dalliot, sa femme (17 décembre 1664).

E. 1904. (Liasse.) — 52 pièces, papier (2 imprimées).

1665. — J. Debrandes, notaire royal à Angoulême. — Actes reçus par ce notaire du 3 janvier au 17 décembre. — Délibération des paroissiens de Notre-Dame de Beaulieu, qui désignent Anthoine Thomas, écuyer, sieur de Lézignac, conseiller au présidial; David Gaultier, écuyer, conseiller du corps de ville; François Mercier, chirurgien; Simon Aigre, ces deux derniers syndics, pour aboutir à un accord qui mette fin au procès engagé par l'abbesse et les religieuses de St-Ausone, contre François Corard, curé, et les syndics, au sujet de la propriété du grand autel de ladite église de Beaulieu (5 janvier). — Engagement pris par Pierre Bourbon, docteur en médecine, de soigner Françoise Audouin, épouse de Jean Coulaud, marchand, entièrement paralysée du côté gauche depuis plusieurs mois, moyennant qu'il recevra 500 livres s'il lui rend l'usage de ses membres avant 3 mois (16 février). — Sommation à Pierre de Ligoure, clerc tonsuré, demeurant à Vars, de prendre possession de la cure de St-Cybard d'Aubeville, qu'il a résignée en sa faveur, sous réserve de pension, par Jean Gibaud, curé de Notre-Dame de Berneuil (29 janvier). — Réception de Berthomé Renou, comme maître serrurier, après examen de son chef-d'œuvre et le versement de 3 livres pour le service divin qu'elle fait célébrer annuellement, par la communauté des maîtres serruriers-arquebusiers d'Angoulême (4 février). — Bail à moitié d'une métairie, village des Seguins, paroisse de Ruelle, pour 5 ans, consenti par Jean Barraud, marchand, maître potier d'étain (10 février). — Ferme d'un banc à boucher, sous la halle du Minage, pour 5 années, moyennant 10 livres chaque, à Jean Mallat, boucher, par

Jean Barraud, marchand (2 mai). — Procuration donnée par Michel Guilhard, huissier audiencier en l'élection d'Angoulême, pour résigner son office en faveur de Michel Béchade, praticien. (2 mars). — Procuration donnée par frère Pierre Maurier, religieux et aumônier de l'abbaye de St-Cybard, pour revendiquer aux requêtes du Palais le paiement de ventes et honneurs (17 avril). — Abandon, par Jean Préveraud, sieur de Fontclaireau, et Marie Barbot, sa femme, de la requête de déguerpissement de l'office de lieutenant particulier en l'élection d'Angoulême, contre Hélie Marentin, sieur de La Bourdelière, et de leurs droits d'hypothèque sur les obligations dudit Marentin envers David Barbot, écuyer, et Marc Barbot, écuyer, sieur de Tutebœuf, son fils, moyennant que ceux-ci leur en verseront le montant aussitôt qu'ils l'auront touché (23 juin). — Contrat d'apprentissage de Jean Croiset, chez Nicolas Albert, maître chapelier, demeurant faubourg St-Pierre, pour 4 années, moyennant 50 livres (29 juin). — Bail à moitié des terres qu'il possède dans la paroisse St-Michel-d'Entraigue, consenti par Pierre Marchant, imprimeur et libraire d'Angoulême (22 juillet). — Abandon, moyennant 64 livres, des poursuites intentées par François Dussouchet contre Pierre Posson, pour lui avoir tué sa vache d'un coup de fusil, 3 ans auparavant, sur le chemin d'Angoulême à St-Michel (29 juillet). — Bail à loyer d'une maison, faubourg St-Pierre, pour 5 années, moyennant 21 livres chaque (30 août). — Contrat d'apprentissage de Chatton, chez Jean Dulong, « texier en linge » et Pierre, son fils, demeurant aux Roullets, paroisse St-Ausone, pour un an, moyennant 11 livres (8 septembre). — Sous-ferme du moulin à blé de Chantoiseau, paroisse de St-Michel, appartenant à David Debord, sieur de Lanauve, moyennant 115 livres et une paire de chapons chaque année, par Hélie Daniaud à François Nadaud et Madeleine Viaud qu'il s'était d'abord associés (1er octobre). — Ferme des droits de douzième et double pour pinte de vin vendu en détail, pour 4 années, moyennant 44 livres chaque, à Antoine Vidaud, cabaretier du faubourg St-Pierre, par François Martin, ci-devant receveur-payeur des gages de Messieurs du présidial d'Angoulême, au nom de Jean Parenteau, fermier judiciaire des revenus de l'hôtel de ville d'Angoulême (7 novembre). — Vente d'une maison, près des douves du château, paroisse St-Martial, chargée d'une rente seigneuriale de 3 deniers envers la seigneurie d'Argence, moyennant 1.800 livres, par Antoine Debord, sieur de La Lèche, et Marie Trigeau, sa femme, à Hélie de la Ville, procureur au présidial (17 décembre 1665).

E. 1905. (Liasse.) — 48 pièces, papier (1 imprimée).

1666. — J. Debrandes, notaire royal à Angoulême. — Actes reçus par ce notaire du 1er janvier au 27 décembre. — Quittance des 3.000 livres de réparations et dommages-intérêts auxquels était condamné Philippe Raymond, écuyer, sieur de St-Germain, envers Marie Bernard, veuve de Guillaume Touret (19 février). — Résiliement du contrat d'apprentissage de Chaton, chez les Dulong, père et fils, tisserands (30 mars). — Sous-ferme des menues dîmes de la cure de St-Martin d'Angoulême, pour 3 années, moyennant 100 livres et 2 douzaines de liasses d'ail chaque, à un marchand, un laboureur et un tailleur de pierres, par Augereau, laboureur de la paroisse (23 mai). — Accord au sujet de l'exploitation de la métairie de Bellejoie, paroisse de Fléac, entre Roux dit Catalan, fermier de ladite métairie par contrat du 19 août 1663, et Clément Masquet, laboureur, qui prétendait l'obliger à fournir une autre caution que celle de sa femme (15 juin). — Bail à loyer d'une maison, paroisse St-Michel, pour un an, moyennant 14 livres, à Jacques Basset, curé de Saint-Michel d'Entraigues (20 juin). — Quittance de 756 livres dues à Jean de Chaverat, écuyer, par Laurent le François, sieur de Chamblay, avocat, donnée à Anne Pelloquin, épouse de M. de Lageard, chevalier, seigneur de Lagrange, gouverneur de la ville et citadelle de Saintes, par Guillaume Vessier, curé de Pluviers, et Elie Durif, prieur de Vebret, mandataires dudit Chaverat (2 juillet). — Bail à ferme du « reguin, segonde arbe et pascage » d'un pré paroisse Saint-Martin d'Angoulême, pour 5 années, moyennant 40 livres chaque (4 juin). — Sommation à Hélie Coulaud, maître chirurgien, de recevoir le montant d'une obligation consentie en sa faveur par le sieur Barbot, des mains de Pierre Catillon, marchand orfèvre d'Angoulême, acquéreur des domaines dudit Barbot pour une valeur de 1.150 livres (8 juillet). — Procès-verbal, après que le notaire eût « pris de l'eau bénite et fait sa prière », des bancs longs de cinq pieds placés l'un en face de l'autre, à l'entrée du chœur de l'église de Grave large seulement de 15 pieds, appartenant à Christophe Giraud, soi-disant écuyer, d'une litre noire à l'intérieur du chœur sur laquelle se trouve un blason chargé de « 3 coquilles et une barre au milieu, de couleur jaune », qui sont les armes dudit Giraud, et des sépultures de sa famille qui occupent tout le chœur, ce qui oblige à reléguer le confessionnal dans la sacristie; ce requérant François Gillibert, archiprêtre de Grave (27 juillet). — Quittance de partie des 340 livres montant de l'acquisition d'une maison à Vibrac, par Claude Du Braz, ci-devant curé dudit lieu, donnée à Pierre Dubois, curé, par Michel Gibaud, apothicaire à Châteauneuf (15 octobre). — Consultation de l'assemblée des habitants de la paroisse de Fléac au sujet de l'établissement des rôles de la paroisse de Fléac par les deux collecteurs (8 décembre). — Procès-verbal de la remise du rôle des tailles d'Angeac, de Saint-Amant-de-Graves, pour l'année 1662, par le procureur de l'élection de Cognac au greffier de ladite élection, afin d'en donner une copie figurée à Nicolas Laferté, tailleur d'habits, collecteur de ces paroisses à cette date, pour se conformer à l'arrêt de la Cour des Aides, du 18 novembre précédent; témoins : Philippe Ozzeau, curé de Magnac, et Jean Boumard, procureur fiscal d'Angeac et Vibrac (26 décembre). — Procès-verbal de la remise de l'original des mêmes rôles au messager d'Angoulême à Paris, pour être déposé au greffe de la Cour des Aides (27 décembre). — Sommation de Jean Grelet, laboureur, à l'assemblée des habitants de Saint-Amant-de-Graves dont il est le syndic, de lui fournir l'argent nécessaire pour continuer les poursuites contre Jean Rondeau, notaire royal à Châteauneuf, qu'il a fait arrêter pour le faire juger par la Cour des Aides et punir des « concussions et faussetés » dont il s'est rendu coupable depuis 15 ou 20 ans, s'immisçant dans la confection du rôle des tailles; faute de quoi il abandonnera les poursuites et requerra des dommages et intérêts contre les habitants. Réponse de ceux-ci « qu'il leur est impossible de fournir aucuns deniers à cause de la pauvreté à laquelle les grosses imposicions qu'ilz sont obligés de supporter annuellement les ont réduits, et que nul n'estant obligé à l'impossible, ledit Grelet ne peut ny ne doit prétendre aucuns dommages-intérêts », qu'ils le prient de continuer les poursuites et lui abandonnent dès à présent toutes les réparations civiles qu'il pourra obtenir pour eux (27 décembre 1666).

E. 1906. (Liasse.) — 49 pièces, papier.

1667. — J. Debrandes, notaire royal à Angoulême. — Actes reçus par ce notaire du 2 janvier au 18 décembre. — Reconnaissance de 8 sols de rente seigneuriale sur le mas de Bourbonnat, consistant en maisons, four, ouches, jardins, d'une contenance de 1 journal 86 carreaux, situé paroisse Saint-Ausone, confrontant au chemin par lequel on va de la croix Bourbonnat au moulin de Saint-Ausone, rendu à Léonard de la Forest, comme chantre de l'église cathédrale (6 février). — Bail à ferme de 130 boisseaux de froment, 130 boisseaux d'avoine,

60 boisseaux de méture, mesure de La Rochefoucauld, et 150 livres argent et volaille à 8 sols la poule et 10 sols le chapon de rente foncière, pour 5 années, moyennant 2.000 livres, à Pierre Rossignol, procureur au présidial, par Jean Tizon, écuyer, sieur de Sigogne, et Jeanne Fils, sa femme; François Tizon, écuyer, sieur de Roumagne, et Catherine Renaud, sa femme, Jean Tizon, écuyer, sieur de La Marche, leurs enfants et belle-fille (12 mars). — Sommation de remettre les actes de provision et réception de l'office de lieutenant particulier en l'élection d'Angoulême, entre les mains de Guillaume Prévéraud, ladite sommation faite à Hélie Marentin ci-devant pourvu de cette charge, par Marc Barbot, prévôt royal d'Angoulême (15 mars). — Signification à Gélinard et Colette Sauvestre, sa femme, demeurant paroisse Saint-Saturnin, par Jean Marin, qu'il abandonne la culture qu'il faisait avec eux à moitié frais et gains d'une vigne leur appartenant (26 mars). — Abandon par Jean Pommier, marchand, collecteur de Voulgézac, de l'appel par lui fait d'une sentence rendue au profit de Pierre Thibaud, notaire royal (29 mars). — Procès-verbal du bois des Planches de La Lande, paroisse de La Couronne, de la contenance de 20 journaux et dépendant de la seigneurie de La Couronne, dont le bail à rente de 29 années, moyennant 20 sols chaque, venait d'expirer, et dans lequel Jean Delafon, marchand, le tenancier, avait commis des dégâts; et protestation dudit Delafon qu'il croyait le bail perpétuel (4 avril). — Sommation au R. P. Pierre Mazard, procureur du collège des Jésuites d'Angoulême et agent du collège de Clermont de Paris à l'abbaye de La Couronne, par Martial Roumanet, maître fontenier de Limoges, de visiter et approuver les travaux qu'il a faits pour le rétablissement des fontaines de l'abbaye de La Couronne, conformément à une clause expresse du contrat qu'il a passé avec le R. P. Etienne Roussel, prieur des chanoines réguliers de ladite abbaye; et protestation du Père Mazard que les chanoines ont capté l'eau au détriment des Pères du collège de Clermont et qu'il ne peut approuver le contrat (5 avril). — « Montrée » de pièces de terre, paroisse de Vœuil-et-Giget, dont le droit d'agrier, déjà prélevé par le seigneur de L'Oizellerie, était cependant réclamé par Louis Denis, fermier du domaine d'Angoulême (8 mars). — Sous-ferme d'une chambre haute avec cabinet, dans la maison de Jean Durat, notaire royal, au bout du jardin du sieur de Ruelle, pour 3 années, moyennant 25 livres chaque, au profit de Simon Rezé, maître imprimeur et libraire de la ville, par Louise Dubois, veuve de Jean Bonneau, sieur du Vignaud, et Marie Régnier, sa fille (25 mai). — Sommation de payer la dîme des fro-

ments ensemencés l'année précédente faite par André David, vicaire perpétuel de Saint-Pierre de Nersac, à Jeanne Salmon, épouse de Jean Prévéraud, sieur de Lezière, qui proteste que de tout temps les propriétaires de Nersac ont la coutume de couper leurs blés avant de laisser la dîme; et réplique du vicaire qui soutient que les propriétaires « n'ont pas droit de passer avant la dîme » (18 juillet). — Contrat d'apprentissage pour un an, moyennant 24 livres, de Pierre Aucaute, chez Claude Plumant, marchand boutonnier (20 juillet). — Bail à loyer d'une boutique au canton Saint-Paul « aveq une paire d'armoire, aveq deux grandz hais qui tiennent du plancher en bas et deux boistes servant de montre sur la boutique, le tout en bois de sapin », moyennant 17 livres chaque année (8 août). — Procès-verbal de l'état du presbytère de Vœuil, ce requérant Raymond Thomas, vicaire perpétuel de cette paroisse (11 août). — Prise de possession d'une chapelle en ruines, sans porte ni couverture, près du gouffre de la Touvre, et d'une masure aussi en ruines, au bourg de Touvre, « où il fit acte de possession, ayant coupé quelque rouzes », toutes deux dépendant de l'aumônerie de Touvre vacante depuis la mort de Jean Babet, par Hélie-François Pigornet, clerc tonsuré; et publication de cette prise de possession à l'issue de la messe paroissiale de Touvre (18 décembre 1667).

E. 1907. (Liasse.) — 55 pièces, papier.

1668. — J. Debrandes, notaire royal à Angoulême. — Actes reçus par ce notaire du 6 janvier au 28 décembre. — Prise de possession de la cure de Magnac, par Jean de Sainclay, prêtre du diocèse de Sarlat et supérieur du séminaire d'Angoulême (12 janvier). — Reconnaissance d'agrier « au dexin des fruits » sur 2 pièces de terre situées au lieu de « L'Advocate », paroisse St-Ausone, donnée à Jean-Olivier Dussaud, écuyer, chanoine de St-André de Bordeaux, prieur de St-Nazaire, comme aumônier de St-Pierre d'Angoulême (17 janvier). — Sommation au greffier criminel d'Angoulême de faire porter au greffe criminel du parlement de Paris les pièces du procès instruit par le lieutenant criminel contre Jean et Pierre de Saint-Martin, écuyer, sieurs dudit lieu et de Baignes, à la requête de Jean Gallichier, sieur des Conches, lieutenant du vice-sénéchal de la Basse-Marche, et de Martial Malbay, avocat au siège royal de Bellac (15 mars). — Procès-verbal de « quinquaille » transportée en fraude, ce requérant Philippe Barate, marchand et commis de Jean Rouvelin, fermier général du droit domanial de fer, fonte et acier du royaume (16 mars). — Insinuation des nom, « cognon » et qualités de Pierre Daniaud, clerc du diocèse de Saintes, docteur en théologie de l'université de Bordeaux, pour être pourvu des bénéfices vacants de l'abbaye de St-Cybard (14 mars), ou de ceux de l'abbaye de La Couronne (23 mars). — Apprentissage de sergier, pour 2 ans et 6 mois, moyennant 30 livres (9 juin). — Transaction entre Josias Martin, demeurant à Vitrac, et Charles de Traspond, certificateur de criées au présidial d'Angoumois, qui met fin aux procès engagés entre eux (30 juillet). — Ferme de la métairie noble du village des Mornats, paroisse de Fléac, pour 3 années, moyennant le paiement par chacune d'elles d'une pipe de froment, d'une pipe de méture blanche, d'une pipe et demie de seigle, d'une pipe de « seiglat », d'une pipe et demie de baillarge, de 2 boisseaux de fèves « cuizantes », de 3 boisseaux de jarousses, d'un boisseau de blé d'Espagne, de 6 boisseaux d'avoine, le tout faisant 7 pipes de blé, mesure d'Angoulême ; d'un pourceau gras de la valeur de 15 livres, de 16 pintes d'huile, de 4 chapons et 8 grands poulets bons à chaponner, d'un cent d'œufs et de 2 douzaines de fromages ; avec obligation de planter 24 arbres fruitiers fournis par le bailleur, consentie par Pierre Dubois, greffier du présidial (5 octobre). — Procès-verbal des « bornes et confins » de la paroisse de Graves, ce requérant François Gellibert, curé, afin de faire observer « au doigt et à l'œil, visiblement et manifestement, clair comme le jour », que le village de Beauchaire fait partie de sa paroisse, car elle est bornée « d'ensienneté de grandes bornes de pierre carrées », élevées de 2 à 5 pieds, les faces d'un pied de large, quelques-unes marquées en haut d'une croix. Protestation de Jean Delaunay, curé de de Saint-Même, que ledit village fait partie de sa paroisse car il a été taxé sur ses rôles d'imposition et mentionné comme en dépendant par de nombreux actes notariés et que les bornes marquent seulement les limites des seigneuries (23 octobre). — Déclaration faite par Jean Vachier, marchand et messager d'Angoulême à Bordeaux, de ce qui se trouvait dans une maison de Saint-Amant-de-Graves, appartenant à François Gore, ancien curé de cette paroisse, par lui louée verbalement au nom dudit Gore à Antoine Bourdage, curé de St-Amant, prieur d'Orlut (28 octobre). — Délibération de l'assemblée des habitants de Fléac qui décident de taxer une propriétaire dans leur paroisse, mais n'y habitant pas, ce requérant Jean de la Confrette, notaire royal, et les trois autres « assoyeurs et collecteurs » des impositions de 1669 (16 décembre). — Bail à loyer d'une maison,

paroisse de St-Jean, pour 3 années, moyennant 78 livres chaque, à Jean Coulaud, marchand, par Jean Thomas, sieur de La Croisade (17 décembre). — Constitution de 10 sols de rente au principal de 10 livres, en faveur de Pierre Dubois, curé de Vibrac, par Guillaume Dumergue, archer de la maréchaussée d'Angoumois (20 décembre 1668).

E. 1908. (Liasse.) — 56 pièces, papier.

1669. — J. Debrandes, notaire royal à Angoulême. — Actes reçus par ce notaire, du 1er janvier au 19 décembre. — Bail à ferme de la terre noble, seigneurie et métairie de Puyrenaud, paroisse de Champniers, pour cinq années, moyennant 500 livres chaque, à Thomas, marchand teinturier, et Vivier, marchand tondeur d'Angoulême, par Charles Petit, substitut du procureur du roi aux eaux et forêts d'Angoumois, procureur d'Henri Boissot, écuyer, seigneur de Puyrenaud, avec une lettre dudit de Puyrenaud acceptant les clauses de ce bail et l'expédition d'un autre bail de la même terre du 9 avril 1666 (3 janvier). — Sous-ferme du tiers du moulin des Trois-Roues et de quelques terres, paroisse de Saint-Martin d'Angoulême, pour 3 années, moyennant 40 livres chaque (25 février). — Guerpissement d'une pièce de vigne, paroisse de Trois-Palis (10 mars). — Sommation de Guillaume Jeheu, notaire royal, à Raymond Mayet, dit Pique-Russe, maître maréchal, demeurant près de la maison de M. de Saint-Simon, conseiller, de lui prendre, au prix dont ils étaient convenus, les 10 milliers de clous qu'il a fait venir sur sa demande, bien que cette marchandise ne soit pas de celles dont sa femme fait habituellement commerce (31 mars). — Bail à moitié de la terre de Puyrenaud, paroisse de Champniers, pour 4 années, consentie par Thomas et autres fermiers de cette terre (3 mai). — Vente d'un lopin de terre, paroisse de Saint-Michel, moyennant 12 livres, à Simon Rezé, imprimeur-libraire à Angoulême, par Jean Pomaret, écuyer, sieur de La Vallade et Chantoiseau, demeurant au lieu noble de Chantoiseau, paroisse de Saint-Michel (16 juin). — Protestation de Berthomé Vivier, maître tondeur de draps au faubourg Saint-Pierre, contre les commis aux marques des droits de vin qui se vendent à pot et à pinte, qui ne veulent lui donner reconnaissance de ce qu'ils ont trouvé dans son cellier (8 juillet). — Arrentement d'une maison du village de Chez-Garnier et de plusieurs pièces de terre, moyennant 41 livres (4 août). — Quittance de 33 livres pour traitement d'une plaie, donnée à David Arnaud, archer, par Pierre Beaumont, chirurgien, conformément à la décision arbitrale prise par François Amadieux, aussi chirurgien (16 août). — Requête au lieutenant-général d'Angoumois de désigner un notaire pour délivrer l'expédition d'un acte reçu par Martin, notaire décédé, et resté sans successeur. Minute de cet acte qui est une obligation pour vente d'une litière, consentie par Esther de Livenne, veuve d'Isaac d'Abzac, chevalier, seigneur de Mayac, Bouex et autres places, et François d'Abzac, chevalier, seigneur de Mayac, son fils, demeurant en leur seigneurie de Bouex, consentie en faveur de Jean Aucante, maître sellier d'Angoulême, du 12 novembre 1665 (25 novembre). — Délibération des habitants de Touvre qui, sur la demande du collecteur, fixent le montant des taxes pour plusieurs d'entre eux (3 décembre). — Procès-verbal de la construction d'une écluse dans la Touvre, faite au détriment des droits dont jouit Etienne Bernard, marchand, comme propriétaire des moulins banaux de la baronnie de Touvre (8 décembre 1669).

E. 1909. (Liasse.) — 60 pièces, papier.

1670. — J. Debrandes, notaire royal à Angoulême. — Actes reçus par ce notaire du 2 janvier au 28 décembre. — Bail à moitié de la Grande-Métairie de Mougnac, paroisse de La Couronne, consenti aux Michelon par Louis Bourdin, marchand (14 février). — Procès-verbal attestant que Jean Gillibert, lieutenant civil et criminel en l'élection, a dû expédier seul les affaires criminelles, ayant en vain attendu au bureau de ladite élection, entre huit et dix heures et demie du matin, ses collègues ou le greffier qui, « en hayne du procès qu'il a contr'eux pendant au privé conseil du Roy, affectent de ne se trouver point au bureau pour l'expédition... afin que led. sieur Gillibert estant contrainct de la faire luy seul, ils le puissent, soubs ce prétexte, rendre odieux a nosseigneurs de la cour des aydes, pour les règlemens et arrests de laquelle ledit sieur Gillibert a toujours heu toutte sorte de respecq » (10 mai.) — Sous-ferme des dîmes de la paroisse St-Martin et St-Eloi-lès-Angoulême, pour cinq années, moyennant 110 livres, 12 liasses d'ail et une mesure de graine de lin, 4 « foin » de paille de seigle, 80 fagots de bon bois chaque année, entre autres, à Guillemeteau et Thomas, maîtres parcheminiers, demeurant en ladite paroisse, par François Desmaison qui se réserve, entre autres, la dîme des oignons (23 mars). — Sommation par Cloche, marchand voiturier du Mas, en Limousin, à la veuve d'Amadieu, chaudronnier à Lhoumeau, de lui livrer un millier de mitraille pour le conduire à Bergerac,

moyennant 6 livres 10 sols par chaque charge, conformément au marché conclu avec le facteur et agent d'affaires de ladite veuve (24 mars). — Apprentissage de François Texier, chez Gabriel Bernier, tailleur d'habits, pour 2 ans, moyennant 40 livres (12 avril). — Bail à moitié des terres qui lui appartiennent dans la paroisse de Saint-Michel d'Entraigues, consenti à Rousseau, laboureur, par Pierre Marchant, imprimeur et libraire d'Angoulême (1er mai). — Ferme des agriers du village des Blancheteaux, paroisse de Champniers, pour 5 années, moyennant 38 livres et une paire de chapons chaque, consentie par Annet de la Charlonnie, écuyer, seigneur du Maine Gaignaud (27 juin). — Sommation d'avoir à payer la dîme de seigle, à raison de « l'onziesme seillon », faite par les sous-fermiers de la dîme de la paroisse de St-Martin à Cholet, maître sergetier, qui leur demande de donner une preuve de leur droit à agir ainsi (30 juin). — Partage des biens de feu Jean Martin, paroisse de St-Michel, entre Simon Rezé « marchant-imprimeur-libraire » d'Angoulême, Philippe Angrand, papetier, et Suzanne Tardat, sa femme (13 juillet). — Vente d'une maison, paroisse St-Jean, moyennant 500 livres, à Antoine Valladon, portier de la porte St-Pierre, par Antoine-Raoul, sieur de La Fontaine, conseiller au présidial, comme procureur de Philippe Raoul, chevalier, seigneur des Planes et d'Andreville, gentilhomme ordinaire de la maison du Roi, capitaine au régiment de Champagne, et de Marie Félix, sa femme (19 juillet). — Délibération des habitants de la paroisse de St-Martin, qui décident de mettre les papiers concernant la cure et fabrique trouvés avec ceux de feu Claude de Bray, leur précédent curé, dans une armoire dont Jacques Du Sidour, nouveau curé, aura une clef, et les paroissiens une autres (3 août). — Cession « du droit et privillège qu'elle peut avoir et prétendre pour travailler de l'art de la chirurgie, avoir boutique et tenir des garçons, tout ainsi que font les veufves des autres maîtres chirurgiens d'Angoulême », pour 5 années, moyennant 16 livres chaque et le logement, à Jeuffin Mauger, chirurgien, par Marguerite Benoit, veuve de Nicolas Offiraud (?), aussi chirurgien (24 septembre). — Réception de Jean Delanore dans la communauté des maîtres maréchaux (11 décembre 1670).

E. 1910. (Liasse.) — 49 pièces, papier.

1671. — J. Debrandes, notaire royal à Angoulême. — Actes reçus par ce notaire du 4 janvier au 28 décembre. — Procès-verbal de bris de serrure par le commis du droit du 24e du vin (8 janvier). — Procès-verbal de la visite faite chez les habitants des faubourgs et franchises d'Angoulême, afin de reconnaître ceux qui ne s'étaient pas soumis au droit de pancarte, par les commis aux octrois, le notaire étant « enjoint » de le dresser d'office (2 février). — Sommation par Louis Nesmond, substitut du procureur du roi au présidial, comme procureur de Jean Souchet, écuyer, sieur d'Aumont, lieutenant-criminel, à Marie Barraud, veuve de Raymond, taillandier, de déclarer qu'elle a nourri Michel Souchet, depuis capucin, et que celui-ci fut parrain d'une de ses filles ; ce qu'elle reconnaît (20 mars). — Cession du droit qu'elle peut avoir de tenir boutique, moyennant le montant du loyer de la maison qu'elle possède et de l'usage des outils de son mari, et 3 livres par an, à Robert, serrurier, par Suzanne André, dont le mari, Renou, aussi serrurier, vient de partir pour l'armée (16 juin). — Inventaire des meubles et effets de Jean Bellot, maître chapelier, ce requérant Elisabeth Cazaud, sa veuve, demeurant faubourg Saint-Pierre. A signaler audit inventaire : une « chaudière montée, servant à fere tindre des chapeaux, de cuivre, escoulant 18 sceaux ; — une épée, la poignée d'argent, estimée, avec le baudrier de vache, 5 livres ; — un « papier relié où est escript le nom des particuliers quy doivent des chapeaux », commencé le 9 janvier 1662 ; — 33 chapeaux de laine de Castille, en blanc, à petits bords, estimés 40 sols pièces ; — une paire de ciseaux servant à couper de la laine, attachés à un billot de bois ; — 406 livres de laine « blué », estimée 21 sols la livre ; — 107 livres de laine du pays estimée 16 sols la livre ; — 85 livres de laine d'Arragon, estimée 14 sols la livre ; — 21 livres de « chamaux frizé », estimé 30 sols la livre ; — 12 livres d'autruche, estimée 10 sols la livre ; — 30 livres de bois violet servant à teindre les chapeaux, estimé 6 sols la livre ; — 20 livres de noix de Galle. estimé 8 sols la livres ; — 23 chapeaux noirs de laine « bluée » Castille et Arragon, dont 6 garnis de coiffes et « caiceaux », estimés l'un dans l'autre 55 sols pièce ; — dans la boutique ou est la foulerie : 4 bassins de cuivre, 3 « clies » et 4 « arsons » ; 2 fouloirs et un foulon de bois de noyer ; un mortier de fer de fonte ; — 2 douzaines de formes de chapeaux mi usées estimées 3 livres 12 sols ; — 4 rollets de fer servant au métier de chapellerie ; — dans la boutique de la ville : 25 chapeaux noirs neufs, dont 2 en laine « blué », un de chameau gris, et les autres de Castille et Arragon, estimés l'un dans l'autre 55 sols pièce (2 septembre). — Contrat de mariage entre Pierre Trémeau, maître chapelier, fils de défunts Pierre et de Marguerite Tournoi, et Marie Bellat, fille de feu Jean, aussi maître chapelier, et d'Elisabeth Cazaud. Ce mariage se fera quand la future aura atteint l'âge de 12 ans. Dans

la société qu'il formera avec sa belle-mère, Trémeau devra lui abandonner les deux tiers des profits qu'il retirera de l'exercice de son métier de chapelier et apprendre celui-ci aux frères de sa femme (8 septembre). — Transaction entre Jacques de la Confrette, sieur de La Patonnerie, Marie Lotte, veuve de Jean de la Confrette, marchand, ses père et mère, demeurant à Villejésus ; et Denise Nicaud, veuve de Jean de la Confrette, notaire royal, demeurant à Fléac, qui met fin au procès de succession engagé entre eux (27 novembre). — Reconnaissance de 16 sols de rente seigneuriale sur une pièce de terre de la paroisse de Saint-Ausone, donnée à Olivier Dussaud, écuyer, chanoine de Saint-André de Bordeaux, prieur de Saint-Nazaire, comme aumônier de Saint-Pierre d'Angoulême (12 décembre 1671).

E. 1911. (Liasse.). — 23 pièces, papier.

1672. — J. Debrandes, notaire royal à Angoulême. — Actes reçus par ce notaire du 4 janvier au 24 avril. — Procès-verbal des moulins des Trois-Roues, paroisse Saint-Martin, ce requérant Michel Merceron, fermier judiciaire (13 janvier). — Sous-ferme de la métairie noble de Puy-Renaud, moyennant 300 livres chaque année (17 janvier). — Sommation de recevoir 10 livres à Jean Garaud, hôtelier, comme représentant Jean de la Porte, curé de Salles, conformément au jugement obtenu par celui-ci du juge de Barbezieux contre Bernard Sazerac, maître fondeur de cloches (23 janvier). — Testament de François Paradis, ancien curé de l'Isle-d'Espagnac, y demeurant au presbytère avec Pierre Dubois, son successeur (23 février). — Apprentissage pour trois ans, de Jean Nohé, fils de Jacques, peigneur de laines, chez Nicolas Matard, aussi peigneur de laines, demeurant faubourg Saint-Pierre (20 mars 1672).

E. 1912. (Liasse.) — 49 pièces, papier.

1698. — AIGRE (François), notaire royal à Angoulême. — Actes reçus par ce notaire du 5 avril au 29 décembre. — Cession moyennant 150 livres, des droits aux dommages et intérêts qu'il pourrait prétendre pour crime d'homicide sur sa personne, par Nicolas Texier, et Pierre, son père, demeurant paroisse Saint-Martial en faveur de Jean de Longeville, laboureur à bras (5 avril). — Transaction qui met fin au procès pendant entre Guillaume Masfrand, garde du corps, d'une part, Roger de Raymond, écuyer, sieur du Pouyaud, François Turpin, chevalier, sieur de Joué et de Bouin, d'autre part, moyennant le paiement de 850 livres par ces derniers (25 mai). — Acceptation de M⁁ Thomas des Bretonnières, conseiller au présidial, Jean Bareau et Jacques Méturas, procureurs, pour servir d'arbitres dans leur procès, par Pierre Desaunières, sieur de La Vacherie, y demeurant, et Hélie Touvres, sieur de Suaux (22 juillet). — Protestation de Pierre Lespine, marchand de Cognac, contre Marc Colly, marchand du faubourg St-Pierre qui, sans tenir compte du marché entre eux conclu, n'a pas réservé à son inttention toutes les peaux de moutons et d'agneaux par lui recueillies chez les bouchers d'Angoulême et des alentours, et demande pour celles qui lui restent un prix supérieur à celui convenu, à savoir : les peaux d'agneaux, 5 livres 10 sols la treizaine, et les peaux de moutons, 9 livres 10 sols (8 août). — Procuration donnée à Guillaume Cousseau, maître apothicaire, par Charles Cousseau, son frère, curé de Gourville, demeurant paroisse St-Martial ; et reconnaissance donnée au même des avances par lui faites pour couvrir les frais du procès de l'officialité et dudit curé (12 octobre). — Délibération des habitants de Soyaux qui enjoignent à leur collecteurs de taxer Thomas Robert, bien que celui-ci ait été rayé sur les rôles par sentence de l'élection (2 novembre). — Procès-verbal de la métairie de Jean-Jacques Charlier, écuyer, sieur de Sonneville, située au lieu de Feuillade, paroisse de Champniers, conformément à une clause du bail à ferme par lui conclu pour 7 années, moyennant 150 livres chaque, au profit de Guyonnet, laboureur, et de Rolant, tuilier, demeurant aux Tuileries, susdite paroisse (13 novembre). — Sentence arbitrale de Léonard Maignen et de Thinon, avocat en parlement, qui condamne Philippe Briand, sieur de Cerceville, marchand de Villejésus, à recevoir les 17 barriques d'eau-de-vie que lui offrait Philippe Babin, écuyer, sénéchal de la principauté de Marcillac, moyennant 72 livres par barrique de 27 veltes (24 novembre). — Vente d'une petite maison, paroisse de Beaulieu, moyennant 90 livres, à Jean Béchade, prieur de Saint-Sauveur et curé de Notre-Dame de Beaulieu, par Jean Jamain, huissier. et Jeanne, sa sœur (26 novembre). — Vente d'une métairie, village du Landry, paroisse de Jurignac, moyennant 2.650 livres, à Nicolas Gandaubert, marchand, par François Baudoin, chevalier, seigneur de Fleurac, et Anne Pelloquin, son épouse (26 novembre). — Vente d'une pièce de terre, paroisse de Ruelle, moyennant 90 livres, par Jean de Laurière, garde des eaux et forêts d'Angoumois, et Antoinette Gibaud, sa femme (26 décembre). — Cession de 10 livres 9 sols de rente à elle due, comme donataire de feu Louis Bernard, curé de Cherves, moyennant 159 livres, à Anne Delavau, par

Jeanne Thevet, fille majeure, demeurant à Angoulême (29 décembre 1698).

E. 1913. (Liasse.) — 82 pièces, papier.

1699. — François Aigre, notaire royal à Angoulême. — Actes reçus par ce notaire du 3 janvier au 30 juin. — Ratification par Henri Gandillaud, chevalier, seigneur de Suris, majeur de 25 ans, de la vente de rentes seigneurialle faite à Jean Arnaud, écuyer, lieutenant particulier au présidial, par Gabriel Gandillaud, chevalier, seigneur de Chambon et de Font-Guyon, conseiller au présidial, et Julie de Gallard de Béarn, son épouse, père et mère dudit Henri (3 janvier). — Vente de l'office de notaire royal réservé au bourg de Torsac, dont était pourvu Laurent Chaigneau, lui-même successeur depuis 1666 d'Antoine, son père, entré en fonction en 1652, avec les minutes de l'étude, moyennant 500 livres, à Nicolas Tournier, praticien, et Catherine Poirier, sa femme, demeurant à Angoulême, par Pierre Chaigneau, aussi praticien, fils dudit Laurent, demeurant à Puymerle, paroisse de Torsac (9 janvier). — Vente de 1.000 milliers de charbon, livrable à Angoulême, moyennant 100 livres, à Bernard Sazerac, marchand fondeur, par Noël Lhoume, marchand, de la paroisse de Grassac ; avec une quittance de Sazerac après laquelle il demande que 19 milliers soient livrés à Saint-Michel, où il a un martinet (28 janvier-25 février). — Marché pour la confection d'une paire de presses pour teinturier, moyennant 68 livres (16 février). — Procuration donnée par Anne Mallat, veuve de François Renard, « marchand de bœufs sur les foires et marchés », décédé à Paris (20 février). — Ferme de la métairie de Péturaud, paroisse de Soyaux, pour 5 années, moyennant 25 boisseaux de blé, la moitié du croit des moutons, celle de la récolte du vin, l'obligation du charroi, consentie par Jeanne Peuple, femme séparée de Pierre de la Bidurie, maître apothicaire (29 février). — Cession à Rouhier, marchand, et sa femme, par Guillaume Buzat, marchand, moyennant pareille somme, de 45 livres restant due des 200 livres montant de l'obligation contractée par Claude de Guez, chevalier, seigneur de Puy-de-Neuville, Balzac et autres places, conformément au testament de François de Guez, chevalier, seigneur de Balzac (27 janvier). — Délibération de l'assemblée des habitants de Champniers qui autorise ses syndics et collecteurs, rembourser un emprunt de 240 livres auquel les a contraints les frais de poursuite, de faire assiette de pareille somme sur la paroisse (15 mars). — Décharge d'obligations et pièces de procédure, concernant des hypothèques prises sur feu Jean Ringuet et Charlotte Béchemeil, sa femme, donnés à Jacques Guerry, sieur de La Seigne, et Marie Béchemeil, sa femme, demeurant à La Fenêtre, paroisse de Saint-Sornin, par Jacques Béchemeil, sieur de Boisgenty, demeurant à Lézignac-Durand, tant pour lui que pour Anne Veyret, veuve de Sébastien Béchemeil, sieur de Boisgenty, sa mère (19 mars). — Abandon, moyennant 1.000 livres, de ses droits à la succession de feu Philippe Desbordes, écuyer, sieur de La Combe-Dieu, en faveur de Pierre Desbordes, écuyer, sieur de Berguille, y demeurant, paroisse de Roullet, et de François Desbordes, écuyer, sieur de Montléry, de meurant à Garat, par Jean-Jacques Chausse, sieur de Lunesse et de Mérignac, (21 mars). — Transaction au sujet de la succession de François Viaud, chapelier, entre Marie Girardeau, sa veuve, Étienne Sac, médecin italien, et Marie Viaud, sa femme, sœur du défunt, demeurant les parties à Bassac (24 mars). — Bail à loyer d'une petite maison, paroisse de S¹-André, pour 3 années, moyennant 16 livres chaque, par Marie de Galard de Béarn, veuve de Daniel Lecoq, chevalier, seigneur de Boisbaudran, Le Theil et autres places, demeurant au château de Boisbaudran, paroisse de Saint-Fraigne (30 mars). — Ratification par Joseph Olivier Robuste, avocat en la cour, de la transaction conclue le 6 du même mois, devant Renard et Clément, notaires au Châtelet de Paris, entre Marie Paulte, veuve de Claude de Sainte-Maure, chevalier, seigneur dudit lieu, et François Robuste, aussi avocat en la cour, son fils (21 août). — Contrat de mariage entre Jean Lescalier, fils de Noël, maître pâtissier, et de Marie Leclaire, et Andrée Bibaud, fille de Jean, sergent royal, et de Jeanne Mouchière : en faveur duquel mariage le futur époux reçoit en dot 2.000 livres ; et la future épouse la promesse de 1.200 livres à sa majorité, et celle de 1.000 livres sur la succession de Jean Mouchière, marchand, son oncle, moyennant renonciation à la succession de ses parents (13 mai). — Testament de Françoise de la Breuille, épouse de Jean Thomas, écuyer, seigneur de Bardines, conseiller au présidial, qui lègue 500 livres à l'Hôpital général, moyennant qu'il fera célébrer à son intention 260 messes et dire un *de profundis* par les pauvres à la prière du soir pendant un an ; 500 livres aux filles de l'Union chrétienne pour bâtir leur église, moyennant qu'elle feront dire 50 messes ; ses bijoux à une amie pour être vendus et l'argent distribué aux pauvres; plusieurs de ses robes à diverses chapelles et églises pour y être converties en ornements (13 mai) ; avec quittances données par les dames de l'Union Chrétienne et le trésorier de l'Hôpital général à Jean de la Breuille, écuyer, seigneur de Chantrezac, y demeurant

(20 novembre). — Résignation de la vicairie perpétuelle de S¹-Saturnin de Cellettes, en faveur de Claude Bajot, par Hélie Irvoix (15 mai). — Sous-ferme des dîmes et des ventes et honneurs du quartier de La Vallade, paroisse de Magnac, moyennant 115 livres (16 mai). — Contrat de mariage entre Antoine Binaud, sieur de La Belarderie, fils de Louis, notaire, demeurant au lieu noble de Laumond, paroisse de Bignac; et Marguerite Renard, fille de feu François, marchand, et d'Anne Mallat : en faveur duquel mariage le futur époux reçoit en dot 6.000 livres; et la future épouse, 4.500 livres (30 mai). — Quittance de 2.064 livres montant de partie des arrérages d'une rente, donnée à Philippe de Combe-Albert, sieur de La Faurie, lieutenant-assesseur de la baronnie de Mareuil, y demeurant, paroisse de S¹-Laurent, comme fils et héritier de Philippe qui l'était lui-même de Jean, par Pierre Desforges, écuyer, seigneur du Châtelard, conseiller honoraire au présidial, comme héritier de feu Pierre, son père, avocat en parlement (12 juin). — Prolongation du compromis qui remet à l'arbitrage de Jean Souchet, écuyer, seigneur des Doussais et des Mérigots, lieutenant-criminel, le soin de terminer le différend pendant entre Jacques Esmery, curé de Dignac, Antoine Esmery, marchand dudit bourg, et Hélie Raymond, tailleur (19 juin). — Sommation par Jean Valleteau, marchand, comme cessionnaire de François Valleteau et de Marie Boisson, ses frère et belle-sœur, à Mathurin de la Planche, marchand, fermier des revenus de l'abbé de Saint-Cybard, de recevoir les 180 livres 10 sols, montant du premier quartier de la ferme par lui consenti des moulins de S¹-Cybard, par bail du 3 décembre, reçu Rouhier, notaire. Refus dudit de la Planche et opposition au procès-verbal des moulins par les meuniers qui, « jurant et blasphémant, ont pris et arraché violamment... le papier » du notaire pour le jeter sous les roues des moulins (23 juin). — Nouvelle sommation suivie de même refus et opposition (24 juin). — Quittance de 432 livres restant à payer des 2.000 livres de dot promises à Marguerite Bourdier, épouse de Pierre Gauvry, sieur de La Chevallerie, garde-marteau des eaux et forêts d'Angoumois, demeurant au Maine-Quérand, paroisse de Mornac, François Bourdier, sieur du Tinturier, et Jeanne Joubert, demeurant paroisse de Courgeac, ses père et mère (26 juin). — Bail à ferme d'une borderie, au-dessous des murs d'Angoulême, près de la chapelle « Des Bezines », moyennant 55 livres par an (30 juin).

E. 1914. (Liasse.) — 62 pièces, papier.

1699. — François Aigre, notaire royal à Angoulême. — Actes reçus par ce notaire du 2 juillet au 31 décembre. — Procès-verbal du refus de laisser faire procès-verbal du moulin de Saint-Cybard par le meunier dont la femme recruta au bourg 30 ou 40 femmes pour injurier le notaire (4 juillet). — Délibération de l'assemblée des habitants de Dirac qui approuvent M. Carat, curé de Dirac, d'avoir rempli les fonctions curiales dans la chapelle de Belevaud, comme l'avait fait son précesseur, M. Gérard de la Force, et donnent pouvoir à leurs marguilliers et syndics pour en appeler du jugement obtenu par M. de Montsalard, curé de Sers, déclarant que la chapelle, comme la maison noble du même nom, dépendait de la paroisse de Sers. La chapelle avait été profanée 15 ou 20 ans auparavant et interdite par Mᵍʳ de Péricard ; le curé de Sers l'avait réconciliée depuis 15 ou 16 mois et prétendait y remplir les fonctions curiales (5 juillet). — Nouvel et infructueux essai de procès-verbal des moulins de Saint-Cybard, cause pour le notaire des moqueries de la part du meunier et d'un grand nombre de femmes « et même des plus aparentes du faubourg », qui vont jusqu'à le menacer de le jeter dans les empalements des moulins (7 juillet). — Procès-verbal des moulins de Saint-Cybard et prise de possession par Jean Valleteau qui allume du feu, rompt des branches d'abres, met les empalements et arrête les moulins (11 juillet). — Cession, moyennant 3.800 livres, à Pierre Thevet, docteur en médecine, par Claude de Guez, chevalier, seigneur de Balzac, Puy-de-Neuville et autres places, demeurant en son château de Balzac, du montant et des intérêts de plusieurs obligations successivement souscrites et reconnus au profit de Guillaume de Guez, écuyer, seigneur de Balzac et de Roussines, de Jean de Guez, conseiller du roi en ses conseils d'État et privé, de François de Guez, écuyer, seigneur de Balzac, aïeul, oncle et père dudit Claude, et de lui-même, par Philippe de Nesmond, écuyer, seigneur de Brie, et Eléonore de Duverdier, sa femme, François, autre François et Martial de Nesmond, écuyers, seigneurs de Brie, leurs fils, petit-fils et arrière petit-fils (18 août). — Contrat de mariage entre Jacques Berthoumot, agent d'affaires du marquis de Lorière, gouverneur des pages, fils de feu Pierre, juge-sénéchal de Montbron, demeurant rue Saint-Jacques, à Paris, et Marguerite la Bicaisse (14 août 1684) ; avec l'inventaire de leurs biens-meubles (2 septembre 1684) ; et un procès-verbal de dépôt en l'étude d'Aigre (26 août). — Contrat de mariage entre Jean Boilevin, notaire royal,

fils de Noël, marchand, et Jeanne Vacher, fille de feu Pierre, maître ès art ; Jean et Anne de Montalembert signent au contrat (28 août). — Renonciation à la succession de ses parents par Jean Daviau, laboureur, revenu depuis deux mois du service du Roi où il est demeuré 15 ou 16 ans (2 septembre). — Inventaire de François Vincent, marchand gantier. A signaler audit inventaire : 15 douzaines et demie de paires de gants de diverses couleurs et espèces données par le sieur de La Bergerie, marchand de Vendôme, en forme d'arrhes, à raison de 9 livres la douzaine ; — en magasin : 1.200 pièces de peaux de mouton sèches et en « cuireau », achetée 8 livres la douzaine ; — 91 autres douzaines entre les mains du chamoiseur ; — 500 « garni » de peau d'agneau et 7 peaux de chièvre chez le blanchier (1ᵉʳ septembre). — Abonnement des droits d'aide et du vin vendu en détail dans son village, pour 3 années, moyennant 30 livres chaque, à Noël Lhoume, marchand du village de L'Hermitte, paroisse de Grassac, par Jean-Joseph de Veuillac, directeur et receveur général des aides d'Angoulême (24 octobre). — Constitution de 150 livres de rente, à titre clérical, en faveur de Mathieu Galliot, son fils, par Andrée Dubreuil, veuve de François Galliot, commissaire aux saisies réelles (25 novembre). — Testament de Catherine Mesneau, demeurant en la maison de Paul Mesneau, écuyer, seigneur de La Prade, son père ; par lequel elle lègue 30 livres à la fabrique de Saint-Paul pour l'entretien d'une lampe, et dispose de ses biens en faveur de Marie, sa sœur, et de Jean Mesneau, son neveu, fils d'autre Jean (4 décembre). — Protestation de François Gilbert, sieur de Beaulieu, qu'il n'a jamais signé l'appel à la sentence rendue en faveur de Gabriel Amand, sieur du Colombier, (10 décembre). — Quittance de 450 livres, pour l'amortissement d'une rente de 22 livres 10 sols qui leur venait d'Anne Laveau, donnée à Pierre Dusouchet, avocat au parlement, par les pères Thomas de Saint-André, prieur, Hilaire de Saint-Michel, sous-prieur, Augustin de Jésus, syndic, et 10 autres carmes déchaussés du faubourg Lhoumeau (16 décembre). — Constitution de 13 livres de rente consentie par Jean Bouilhaud, notaire royal, au profit de François Du Reclus, curé, et du marguillier de Saint-Aignan de Torsac, moyennant la cession à son profit des 260 livres consignées entre les mains d'André Thoumie, chanoine et archiprêtre de Saint-Jean, pour l'entretien d'une lampe dans l'église de Torsac, par Pierre Fournier et Jean David, sieur de Saint-Aignan, accusés de receler le corps de feu Guillaume de la Fond, curé de Torsac, ladite consignation faite conformément à l'ordonnance épiscopale du 26 juillet 1697 (19 décembre). — Cession d'une obligation de 250 livres à François Filhon, maître orfèvre, par François Bertrand, ancien archer, comme tuteur de Pierre, son frère, pour payer les frais d'apprentissage de celui-ci chez ledit Filhon (23 décembre). — Sommation par Pierre Dubois, seigneur de La Vergne et de Bellegarde, conseiller au présidial, au nom de Marie Horson, sa femme, à Pierre Horson, sieur de Beauregard, son beau-frère, de payer la moitié des arrérages de rente seigneuriale dus sur le fonds d'Hiersac, comme il était convenu par l'acte de partage entre eux conclu le 20 décembre 1698 (30 décembre 1699).

E. 1915. — (Liasse.) — 107 pièces, papier.

1700. — François Aigre, notaire royal à Angoulême. — Actes reçus par ce notaire, du 2 janvier au 30 juin. — Cession de divers biens, rentes et obligations, moyennant 465 livres, à François Coyteux, sieur de Lordaget, par David Prévéraud, sieur de Villeserve, et Marguerite Floranceau, sa femme, comme héritiers de défunts Jean et autre Jean Prévéraud, sieurs de Fontclaireau, père et aïeul dudit David (8 janvier). — Donation par Philippe Castaigne, notaire royal à Bassac, tant en son nom que pour Esther Favreau, sa femme « considérant que Dieu a béni ses travaux et augmenté ses biens », de 1.500 livres à chacune de ses filles Marguerite et Marie, épouses de Jean et autre Jean Roy, marchands, en forme de rappel de pareille somme à elles concédées par contrat de mariage, moyennant renonciation de succession (3 février). — Ventes de terres, paroisse de Vouzan, moyennant 300 livres, à Jean Perlant, marchand de Vouzan, par Anthoine d'Abzac, chevalier, seigneur de Vouzan, y demeurant (11 février). — Abandon de tous ses biens à ses enfants, par Jean Maignent, moyennant le paiement de ses dettes et une pension viagère de 60 livres (15 février). — Testament de Jean Maignent, soldat au régiment de Médoc, sur le point d'aller rejoindre son corps à Bayonne (20 février). — Choix de Jean Sauvo, sieur du Bousquet, comme arbitre des différents pendants entre Henry de Villemandy, sieur de La Mesnière, demeurant à La Rochefoucauld, et ses frères et sœurs, d'une part, Martial Barraud, marchand de Montbron, et Marguerite Dousset, sa femme, d'autre part (7 mars). — Vente de l'office de sergent royal, réservé moyennant 335 livres (23 mars). — Vente de la moitié des maisons, terres et seigneuries de Couture et de Château-Gaillard, communes entre eux, moyennant 8.000 livres, à Charles-César Dexmier, chevalier, seigneur de Chenon, Domezac, Couture et Château-Gaillard, demeurant au logis de Domezac, par Louis Duteil, che-

valier, seigneur de Bussière, et Marie-Gabrielle d'Auteclaire, sa femme, demeurant en leur maison noble de Bussière, paroisse de Mouthiers (26 mars). — Vente de leurs biens dans les paroisses de Saint-Simon et de Bassac, moyennant 3.000 livres, à François Dexmier, sieur de Bellair, élu en l'élection de Cognac, par Jean-Louis et Etienne Gandaubert, héritiers de Jacques, sieur de Chenaud, leur père (28 mars). — Élargissement d'Étienne Dereix, marchand du village de Rougnac, emprisonné par défaut de paiement de 11 livres 10 sols 6 deniers, moyennant consignation de pareille somme entre les mains de François de la Treille, concierge des prisons (31 mars). — Déclaration d'Isaac Bruyère, dit la Montée, caporal au régiment de Picardie, demeuré 22 ou 23 ans au service du Roi, concernant ses biens patrimoniaux partagés entre ses héritiers qui l'avaient cru mort (8 avril). — Cession de 7.850 livres par Pierre de Montalembert, chevalier, seigneur de Vaux, et Jeanne de Sarragand, demeurant à Angoulême, à Pierre de Montalembert, chevalier, seigneur de Plaizac, et Françoise-Angélique Poussard, sa femme, demeurant au château de Vaux, leurs fils et belle-fille, moyennant une pension viagère de 150 livres et le paiement de 1.000 livres, après décès des parents, au chevalier de Vaux, frère dudit seigneur de Plaizac (16 avril). — Procès-verbal constatant la non comparution dans la salle du palais où il devait venir faire la collecte, de Gabriel Dutillet, ce requérant ses co-collecteurs (23 avril). — Procès-verbal du nombre des agneaux de la paroisse de St-Amant-de-Nouère, conformément à une ordonnance du présidial en faveur d'Hélie Yrvoix, curé de ladite paroisse (24 avril). — Transaction, après arbitrage du comte de Brassac, de MM. de Fleurac et Sauvo du Bousquet, conseiller au présidial, qui fixe à 4.010 livres ce qui reste dû à François de Gelinard, chevalier, comte de Varaise, seigneur de Malaville, colonel d'infanterie, demeurant au château de Malaville, comme ayant les droits de Marguerite de la Brousse, veuve d'Hercule de Crevant, marquis de Lingé, par Mathieu de la Brousse, sieur du Mazet, et Louis de La Brousse, sieur de Brouillac, y demeurant, paroisse de Teyjat; sur la succession du père de ladite Marguerite (7 mai). — Cession de rentes relevant de la seigneurie de Malaville, estimée 6.000 livres, conformément au « traitté fait de l'authorité de nos seigneurs les mareschaux de France », du 7 mars 1697, et moyennant l'hommage d'une feuille de laurier, à Gabriel Gandillaud, président au présidial d'Angoumois, chevalier, seigneur de Font-Guyon, La Vallade et autres places, faisant tant pour lui que pour Marc-René-Gabriel Gandillaud, chevalier, seigneur de Chardin, Julie Gandillaud, ses enfants mineurs, et de feue Charlotte-Julie de Galard de Béarn, et pour Henri Gandillaud, chevalier, seigneur de Suris, et Charlotte Gandillaud, ses enfants majeurs, et à François-Alexandre de Galard de Béarn, chevalier, seigneur comte de Brassac, La Rochebeaucourt, Salles, Genté et autres places faisant, tant pour lui que pour Marguerite Gandillaud, épouse du seigneur de La Pétillerie ; par François de Gelinard, chevalier, comte de Varaise (6 mai). — Quittance d'amortissement d'une rente au capital de 700 livres, donnée à Pétronille de Galard de Béarn, veuve de François de Vassougnes, chevalier, seigneur de La Bréchinie, y demeurant, paroisse de Grassac, comme tutrice de René, leur fils, par Anne Malat, veuve de François Renard, sieur de Cambois (6 mai). — Résiliement de l'accord portant cession de son droit de préférence dans la charge de lieutenant aux eaux et forêts d'Angoumois, dont était titulaire feu Jean Mesneau, écuyer, sieur de La Mothe, son frère, par Paul Mesneau, écuyer, sieur de La Prade, en faveur de Philippe Rossignol, procureur au présidial ; et cession dudit droit de préférence, moyennant 1.000 livres, à Jean Mesneau, écuyer, sieur de Nanclair, et Marie Mesneau, ses enfants, par ledit sieur de La Prade (9 mai). — Quittance de 3.569 livres qui lui reviennent dans la succession de Pierre de Lageard, chevalier, seigneur de La Grange, lieutenant du Roi en la ville et château de Saintes, son oncle, donnée à Anne Peloquin, veuve dudit Pierre et remariée à François Baudoin, chevalier, seigneur de Fleurac, par Charles de Lageard, chevalier, seigneur des Bauries, lieutenant pour le Roi en la ville et château d'Angoulême (12 mai). — Reconnaissance d'un prêt de 3.000 livres donnée à Michel Bourdin, marchand, par Jean Mouchière, aussi marchand, qui déclare avoir employé cet argent à l'achat de draps, toiles, et autres marchandises qu'il va conduire au Canada (14 mai). — Déclaration par les religieuses du tiers-ordre de Saint-François d'Angoulême qu'elles n'ont acquis aucun immeuble depuis 1689 (29 mai). — Cession d'une obligation de 1.200 livres sur le comte de Varaise, en faveur de Jean Sartre, sieur de Fontchabert, par Henri Gandillaud, chevalier, seigneur de Suris (7 juin). — Déclaration des religieuses Ursulines qu'elles n'ont acquis aucun immeuble depuis 1689 (9 juin). — Cession de la métairie du Maine-Micheau, paroisse de Saint-Simeux, moyennant une pension viagère de 400 livres, à Étienne Mongin, sieur de Bois-Séguin, et Geneviève Mesneau, ses fils et belle-fille, par Marguerite Bareau, veuve de Mathurin Mongin, sieur de Longeville, échevin d'Angoulême (11 juin).

E. 1916. (Liasse.) — 70 pièces, papier.

1700. — François Aigre, notaire royal à Angoulême. — Actes reçus par ce notaire du 6 juillet au 31 décembre. — Reconnaissance d'une obligation de 800 livres donnée à Jean Masfrand, avocat en parlement, échevin d'Angoulême, comme procureur de Charles Polluche, maître des requêtes de Monsieur, frère du Roi, par Pierre Carbonnet, avocat au présidial (6 juillet). — Quittance de 2.500 livres et des meubles qui garnissent sa chambre, moyennant quoi elle abandonne la succession de ses parents, donnée à Charlotte de Lubersac, veuve de François de Devezeau, chevalier, seigneur de Lâge de Chasseneuil, sa mère, et à Joseph de Devezeau, chevalier, seigneur dudit lieu, y demeurant, par Jeanne de Devezeau, novice aux Ursulines (10 juillet). — Procès-verbal de la cérémonie de profession de Jeanne de Devezeau, comme religieuse Ursuline, en présence de l'évêque d'Angoulême et du consentement de la communauté composée de : Gabrielle-Bernard de Sainte-Thérèse, prieure, Guillemine Desforges, sous-prieure ; Jeanne de Saint-Bernard, Marie Thibaud de La Carte de Sainte-Ursule, Marthe Virouleau de la Nativité, Françoise Dexmier de Saint-Yacinthe, Anne Maret de Sainte-Rose, Marie Bareau de Saint-Louis, Françoise Maret de Sainte-Croix, Madeleine Pecon de la Présentation, Marie-Luce de Devezeau du Calvaire, Marie Viaud de Sainte-Marie, Marguerite Pigornet de Saint-Paul, Marie Dutillet de Saint-Augustin, religieuses professes qui donnent leur avis par fèves blanches et noires (11 juillet). — Révocation par Anne Mercier, veuve de Pierre Horson, sieur de Beauregard, des donations qu'elle avait faites par testament et par contrat de mariage à Pierre Horson, sieur de Beauregard, son fils qui « encores qu'elle n'aye rien oublié pour lui donner une bonne éducation », lui a refusé de lui donner un sol de pension et « s'est encore porté à la cruauté de luy refuzer vingt-cinq livres qu'elle luy demandoit pour s'achapter un cotillon et d'adjoutter à ce refus injurieux une infinité de coups qu'il luy donna » (15 juillet). — Déclaration faite par Jean-Baptiste Grandchamp, sieur de Ceuille, avocat en parlement, juge-lieutenant de la ville de Treignac, comme procureur de Marie-Françoise de Pompadour, épouse de François, marquis d'Autefort, maréchal de camps, au fermier judiciaire des terres de Rochechouart et de Saint-Germain, qu'il fera procéder à l'estimation de ces terres, malgré son opposition inspirée par la marquise de Saint-Luc (20 juillet). — Contrat de mariage entre Jean Yrvoix, fils de François, marchand, et de feue Françoise Braud ; et Jeanne Jamain, fille de Jean et de Marie Bouillaud, du consentement d'Hélie Yrvoix, curé de Saint-Amant-de-Nouhère, frère du marié (28 août). — Procès-verbal des déchirures faites aux veste, chemise et « coiffe de bonnet » de Michel Desbordes, marchand de la paroisse Saint-Martial, par ses voisins qui sont pénétrés chez lui au milieu de la nuit pour le maltraiter (9 octobre). — Quittance de 2.125 livres donnée par David Prévéraud, sieur de Villeserve, et Marguerite Florenceau, son épouse, Simon Prévéraud, sieur de Beaumont, lieutenant au régiment de Sourche, et autres héritiers de Marie Barbot, veuve de Jean Prévéraud, sieur de Fontclaireau, à François Coyteux, sieur de Lordaget, qui s'en était rendu débiteur par l'acte d'acquisition de la terre de Fontclaireau sur ladite Barbot (20 novembre 1700).

E. 1917. (Liasse.) — 87 pièces, papier.

1701. — François Aigre, notaire royal à Angoulême. — Actes reçus par ce notaire du 3 janvier au 30 juin. — Conversion du droit d'agrier dû à l'abbaye de Saint-Cybard par Jacques Maron, écuyer, sieur de La Chapelle, sur 6 journaux de terres et broussailles, paroisse de Champmillon, en une rente perpétuelle d'un demi boisseau de froment (24 février). — Vente de l'office de notaire royal héréditaire que possédait depuis 1672 Jean Fromentin, demeurant au Pont-de-Churet, paroisse d'Anais, moyennant 250 livres, à Jean Thinon, praticien, par Gabriel Fromentin, chirurgien, fils dudit Jean (25 février). — Bail à loyer d'une petite maison, paroisse Saint-Martial, pour 5 années, moyennant 11 livres chaque, consenti par la supérieure des Ursulines (11 mars). — Quittance de 1.000 livres à elle revenant sur la succession de Pierre de Lageard, chevalier, seigneur de La Grange, donnée par Anne de Lageard, sa nièce, veuve de François Castain de Guérin, écuyer, sieur du Tranchard, receveur général des décimes d'Angoumois, à Anne Pelloquin, veuve dudit sieur de La Grange, remariée à F. Baudoin, chevalier, seigneur de Fleurac (22 mars). — Engagement pris par Jean-François de Virolleau, écuyer, seigneur de Marillac-le-Franc, y demeurant, de payer 100 livres de pension sur les 140 constituées en faveur de Marthe de Virolleau, sa tante, lors de son entrée aux Ursulines, le 21 mai 1650, par Pierre de Virolleau, écuyer, et Renée d'Escravayat, père et mère de ladite Marthe (7 avril). — Constitution de 75 livres de rente annuelle consentie en faveur de Pierre de Chillou, écuyer, prêtre, comme étant aux droits de son

frère Etienne de Chillou, écuyer, sieur des Fleurelles, et Fleurique de la Charlonnie, son épouse, par François Coyteux, sieur de Lordaget, conseiller au présidial, et Marie-Clémence Robert, son épouse (11 avril). — Vente de 30.500 livres de charbon, moyennant 14 livres pour chaque millier rendu à Angoulême, à Tailhandier, marchand poêlier, par Homme, marchand de Rougnac (17 avril). — Procuration donnée par François Castain de Guérin, écuyer, lieutenant au régiment de Bourbonnais, pour le représenter dans le procès en règlement de comptes qu'il poursuit conjointement avec sa sœur Marguerite contre Jean Castain de Guérin, chanoine, leur oncle (21 avril) — Sommation à Nicolas Benoist, commis à la recette des contrôles et petits sceaux de l'élection d'Angoulême, par Pierre Senné, prieur et curé de Malleran, diocèse de Poitiers, de lui présenter le registre de contrôle de Ligné pour vérifier l'insinuation d'un acte produit en justice contre lui par François Vinet, curé d'Ebréon, prétendant au prieuré de Malleran (2 mai). — Vente d'un jardin, paroisse Saint-Paul, moyennant 100 livres, par Antoine Rossignol, curé de Mansle (7 mai). — Procès-verbal de dégâts sur une pièce de terre, paroisse de Soyaux, ce requérant Gabriel de la Pisse, écuyer, sieur des Bergères, et Marie de Villedon, son épouse, veuve de Juste de Brienne, écuyer, seigneur de Saint-Léger, comme tutrice du fils de ce premier mariage (23 mai). — Procès-verbal d'un mélange de sable fait par fraude dans le safran qui leur avait été vendu par des marchands de Mansle, ce requérant Henri Rambaud et Pierre Salomon, marchands associés (28 mai). — Réception de Philippe Coste dans la communauté des maîtres tailleurs d'habits (30 mai). — Contrat de mariage entre Jacques Binot, chevalier, seigneur de Launoy, capitaine au régiment de Picardie, fils de Nicolas, chevalier, seigneur de Touteville en partie, d'Asnières-sur-Oise et autres lieux, commandeur de l'ordre royal de Notre-Dame-du-Mont-Carmel et de Saint-Lazare, secrétaire du roi, gentilhomme de sa maison, prévôt général de la connétablie et maréchaussée de France, lieutenant de louveterie, et de Catherine d'Hémery, demeurant au château d'Angoulême ; et Marguerite Castain de Guérin, fille de feu François, écuyer, seigneur du Tranchard, et d'Anne de Lageard. Le douaire est fixé à 2.000 livres (4 juin). — Procès-verbal de prise de possession de la métairie de La Fayolle, paroisse de Chadurie, et d'une maison à Angoulême, par François Robin, écuyer, sieur du Plessac, demeurant paroisse de Balzac, et Jean Parcelier, sieur de Puymosson, y demeurant, paroisse de Mainzac, comme époux d'Elisabeth et de Françoise Jonquet (20 juin 1701).

E. 1918. (Liasse.) — 77 pièces, papier.

1701. — François Aigre, notaire royal à Angoulême. — Actes reçus par ce notaire du 4 juillet au 31 décembre. — Quittance donnée à Jean Cadiot de Pontenier, écuyer, seigneur de Laudebert, par Martial de Nesmond, écuyer, seigneur de Brie, et Suzanne Cadiot de Pontenier, sa femme, demeurant au lieu noble de La Prévôterie, qui complètent le paiement des 1.800 livres promises pour la dot de ladite Suzanne (1er août). — Sommation au procureur de l'abbaye de Saint-Cybard de laisser inhumer un cadavre dont il voulait auparavant faire procès-verbal, prétendant que c'était un suicidé (10 août). — Convention entre les deux bayles de la confrérie Saint-Jacques en l'église Saint-André, le contrôleur, les 4 fabriqueurs et autres confrères de cette confrérie, et Pierre Picard, vicaire de Ruelle, qui s'engage à remplir l'office de chapelain de la confrérie en disant une messe basse chaque jour à l'autel Saint-Jacques, deux grand'messes les jours de Saint-Jacques et de Saint-Christophe, et le 28 janvier, faisant deux processions les jours de Saint-Jacques et de Saint-Roch, administrant les sacrements aux confrères; le tout, moyennant 200 livres (14 août). — Constitution de 125 livres de rente au capital de 2.500 livres au profit des religieuses du tiers-ordre franciscain d'Angoulême, par Jean-Louis Guiton, écuyer, seigneur de Fleurac et du Tranchard, et Françoise Dexmier, son épouse (27 août). — Contrat de mariage entre Pierre Laugerat, fils de Jean, sieur de L'Argenterie, et Julie Tillard, demeurant au logis noble du Breuillac, paroisse de Reignac; et Marguerite Renard, veuve d'Antoine Binaud et fille de feu François, marchand, et d'Anne Mallat : en faveur duquel mariage le futur époux reçoit en dot 4.000 livres et la future épouse se constitue 8.100 livres (18 septembre). — Cession d'une créance de 1.248 livres et de 251 livres payées comptant, par Pierre Seguin, juge sénéchal de Cherval, y demeurant, et Jeanne Salomon, sa femme, à Philippe de Lavau, sieur de La Grange-Chauvin, y demeurant, paroisse de Ruelle, avec Anne Séguin, son épouse, comme complément de la dot de celle-ci (22 septembre). — Sommation à l'abbé de Saint-Cybard de donner à François Maulde, aumônier de l'abbaye, la place monacale vacante par la désertion de Michel Du Peyrat (5 octobre). — Inventaire des meubles et effets de Philippe Audouin, marchand, paroisse Saint-André (8 novembre). — Marchés pour diverses modifications à apporter aux bâtiments du couvent des Capucins (1er décembre). — Inventaire des meubles et effets de Jean Masfrand, avocat, échevin du corps de ville, décédé le

26 novembre précédent, ce requérant Madeleine Piteau, sa veuve (14 décembre 1701-7 février 1702). — Bail à ferme du lieu noble de La Brousse, paroisse de Magnac, avec les deux métairies attenantes et la métairie des Champs, pour 5 années, moyennant 860 livres chaque, à Guillaume Blanchet, notaire royal, et Philippe Micheau, sa femme, par Marthe Trijeau, veuve de Pierre Mongin, conseiller à l'élection (31 décembre 1701).

E. 1919. (Liasse.) — 157 pièces, papier.

1702. — François Aigre, notaire royal à Angoulême. — Actes reçus par ce notaire du 2 janvier au 29 juin. — Délibération des maîtres maréchaux d'Angoulême qui décident : 1° pour éviter que leurs héritiers ne soient « maltraités et chagrinés » lors de leur réception à la maîtrise, qu'ils seront tenus de donner à la boîte quatre quarts d'écus, les livrées de ruban, et un louis d'un écu à chaque maître seulement; 2° que les garçons maréchaux autres que les fils de maître donneront deux louis d'un écu à chaque maître; 3° que le dernier maître reçu devra donner le pain bénit à la grand-messe le jour de la Saint-Éloi (21 janvier). — Quittance de 800 livres montant de la vente d'une maison et ses dépendances à Chasseneuil, donnée à Pierre Desbœufs, archiprêtre de Chasseneuil, par Jean de la Charlonnie, écuyer, seigneur de Nanclars, et Françoise Laisné, son épouse (1er février). — Bail à loyer d'une maison, paroisse Saint-André, confrontant à celle de Jean Gervais, assesseur au présidial, pour 5 années, moyennant 150 livres chaque, à François Guy, chevalier, seigneur de Puyrobert, lieutenant-colonel du régiment Royal-Roussillon-Cavallerie, et Marie de Massacré, son épouse, demeurant au château du Breuil, paroisse de Champniers, par les dames Tiercelettes (10 février). — Vente d'une maison à La Rochefoucauld, moyennant 825 livres, à Jean Guy, sieur des Avenans, et Marguerite Ragot, sa femme, demeurant au château des Pins en Poitou (13 février). — Vente de deux métairies à Mougnac, paroisse de La Couronne, moyennant 1.200 livres, à Michel Bourdin, marchand, par Joseph Dumergue, marchand de La Couronne, et Marguerite Martin, sa femme (20 février). — Convention entre Pierre Faunié, marchand, et Laurent Chaigneau, notaire royal, qui s'engagent à accepter l'arbitrage de Bouilhaud et Aigre, notaires, pour dresser les comptes d'exploitation de mise en œuvre et de vente de la coupe de bois acquise moyennant 2.200 livres par ledit Faunié et le père dudit Chaigneau, de Charles Detraspond, procureur au présidial. A cette convention sont joints le compte des arbitres et les pièces sur lesquelles il a été fait (11 février 1681-13 mars 1702).

E. 1920. (Liasse.) — 55 pièces, papiers.

1702. — François Aigre, notaire royal à Angoulême. — Actes reçus par ce notaire du 1er juillet au 31 décembre. — Marché passé avec deux maçons d'Angoulême, par Michel Debordes, marchand d'Angoulême, pour démolir et reconstruire une partie des bâtiments de La Prévalerie, paroisse de Dirac (30 juillet). — Quittance de 300 livres restant dues sur une créance de 1.000 livres consentie à Marie Barbot, veuve de Jean Prévéraud, sieur de Fontclaireau, par Jean Gourdin, écuyer, sieur de La Fuie, et Madeleine de la Sudrie, sa femme, donnée à Marc Gourdin, écuyer, sieur de La Fuie, fils dudit Jean, par François Coyteux, sieur de Lordaget, conseiller au présidial (12 août). — Bail à ferme des dîmes de la paroisse de Vœuil-et-Giget, pour 5 années, moyennant 350 livres chaque, à Jean Sallée, maître papetier, et Anne Supiastre, sa femme, demeurant au moulin de Poulet, paroisse de La Couronne, par Gabriel Ballirot, curé de ladite paroisse (27 août). — Procuration donnée à Anne de Lageard, veuve de François Castain de Guérin, sieur du Tranchard, receveur général des décimes du diocèse d'Angoulême, demeurant au château de cette ville, par Jacques Binot, sieur de Launoy, capitaine au régiment de Picardie, et Marguerite Castain de Guérin, son épouse, pour les représenter dans l'instance de distribution de deniers qui se doit faire entre les créanciers dudit François, leur père et beau-père (2 septembre). — Transaction entre les créanciers de feu Guillaume Mérigot, curé de Saint-Simeux, décédé le 30 janvier précédent, et Pierre Mallet, marchand, à qui ledit Mérigot avait affermé les revenus de sa cure moyennant une somme annuelle de 500 livres (11 septembre). — Concession de 6 pieds au carré pour établissement de banc et de sépulture, dans l'intérieur de l'église de Notre-Dame-de-Giget, moyennant 10 livres pour les réparations de l'église, 30 livres pour achat de calice et d'ornements, 2 sols 6 deniers de rente à l'église, et 5 livres de rente au curé, à la charge de dire 5 messes chaque année, faite à François Mesnard, bourgeois d'Angoulême, et Jeanne Thuet, son épouse, par Gabriel Ballirot, curé de Vœuil-et-Giget, du consentement de ses paroissiens (17 septembre). — Procès-verbal de nomination des 4 collecteurs et des 2 syndics de la paroisse de Torsac pour 1703, ce requérant les syndics en charge (29 septembre). — Sommation à Nicolas Chesneau de

débarrasser des meubles de feue Catherine, sa sœur, la maison que doivent occuper les filles chargées après elle de soigner les ornements des Pères Capucins (11 octobre). — Obligation de 2.000 livres consentie en faveur de Pierre Lecomte, marchand de soie, par Henri Gandillaud, écuyer, seigneur de Suris, Marc-René Gandillaud, écuyer, seigneur de Chardin, garde-marine, Charlotte Gandillaud de Suris, sous la caution de Gabriel Gandillaud, chevalier, seigneur de Chambon, La Vallade, Font-Guyon, Échallat et autres places, président au présidial, leur père, et vente au même des agriers de la métairie de Puybollier, moyennant 200 livres en marchandises (2 novembre). — Donation de tous leurs biens, meubles et immeubles, moyennant une rente viagère de 200 livres, à Mathieu Galliot, commissaire aux saisies réelles, et Jeanne Cazeau, sa femme, par André Dubreuil, veuve de François Galliot, et Rose Galliot, mère et sœur dudit Mathieu (22 décembre 1702).

E. 1921. (Liasse.) — 84 pièces, papier.

1703. — François Aigre, notaire royal à Angoulême. — Actes reçus par ce notaire du 4 janvier au 26 juin. — Vente de l'office héréditaire de procureur au présidial, moyennant 3.000 livres, à Jean Thinon, praticien, fils de Pierre, sieur de Servolle, par Marie Thinon, veuve de Jean Bareau, procureur, et Jean Bareau, avocat au parlement, leur fils (20 janvier). — Reconnaissance de 5 livres 5 sols de rente sur une maison de la paroisse Saint-Paul, donnée à Jean Ducluzeau, promoteur du diocèse et syndic du clergé, comme curé de ladite paroisse, par Michel, Jean, Marguerite, autre Jean de Bellepière et Nicolas Benoist, comme enfants et beau-frère d'Étienne de Bellepière, maître ès arts libéraux, lui-même fils de Michel, aussi maître ès arts (23 février). — Reconnaissance d'une rente de 45 livres sur une maison de Lhoumeau garantie en 1678 à Marc Thevet, chanoine de la cathédrale, par Marc Guillaumeau, écuyer, seigneur de Ruelle, et Marie de Poutignac, son épouse, ladite reconnaissance donnée à Pierre Thevet, docteur en médecine, neveu dudit Marc, par François Guillaumeau, écuyer, seigneur de Flaville, y demeurant, fils de Marc (6 mars). — Transaction qui met fin aux différents élevés entre Élie André, sieur de Bellisle, que représente François André, curé de Fontclaireau, son fils, et Antoine Lebègue, sieur de La Pinotte, maître de la poste de Saint-Cybardeaux, à la suite de l'acquisition faite par celui-ci le 4 septembre 1697, après adjudication au châtelet de Paris, de la seigneurie d'Andreville (24 mars). — Sommation aux héritiers de François de la Garde, écuyer, seigneur de La Roche de Nanteuil, et de Madeleine Bernier « parlant à la fille aînée dudit François au travers d'une placque de fert trouée attachée au milieu de la porte » du logis de Nanteuil, paroisse de Sers, de laisser François de Voyon, marchand, prendre possession du logis et de ses dépendances dont il a été nommé fermier judiciaire (28 mars). — Procès-verbal du logis noble de La Prévôterie, paroisse de Brie, ce requérant Marie-Anne de Nesmond, demeurant à Fontenay-le-Comte, comme héritière de Thérèse de Nesmond, sa nièce, fille de feu Joseph-Françoise-Gabriel, chevalier, seigneur de La Prévôterie (27 avril). — Cession de 360 livres montant de la ferme du moulin de Vouzan, pour trois années, en déduction de plus forte dette, par Antoine d'Abzac, chevalier, seigneur de Vouzan, y demeurant (20 mai). — Cession d'une créance de 646 livres sur Pierre Rempnoux en faveur de Jean Bibaud, sergent royal, par François de Feydeau, chevalier, seigneur du Peyrat et de Roumazières, demeurant au château du Peyrat (23 mai). — Sommation à Collain, maître architecte, de continuer les travaux qu'il s'est engagé de faire au couvent des Capucins (2 juin 1703).

E. 1922. (Liasse.) — 58 pièces, papier.

1703. — François Aigre, notaire royal à Angoulême. — Actes reçus par ce notaire du 8 juillet au 31 décembre. — Contrat de mariage entre Pierre Civadier, praticien, fils de Jean et de Jeanne Noblet, et Andrée Bibaud, veuve de Jean Lescalier, fille de Jean et de Jeanne Mouchière (11 juillet). — Révocation par Charles de Lafond, chapelain de Sainte-Anne de Chesnaye, diocèse de Poitiers, curé de Saint-Martin de Balzac, de la procuration *ad resignandum* qu'il avait consenti en faveur d'Antoine Delamare (16 juillet). — Nouveau contrat (1) passé entre les confrères de la confrérie Saint-Jacques, paroisse Saint-André d'Angoulême, et Pierre Picard, qui s'engage à exercer envers eux l'office de chapelain moyennant 230 livres chaque année (26 juillet). — Sommation respectueuse de consentir à son mariage avec Marie-Madeleine de Montalembert, fille de Pierre, receveur des tailles de l'élection de Cognac, et de Marie Dexmier, « demoizelle de mérite et de vertu et des mieux eslevée de la province et dont les bonnes qualités sont cognues de tout le monde », faite par Jean-Louis de Brémond, chevalier, seigneur d'Orlac, La Madeleine et autres places, fils de feu Jean-Louis, chevalier, seigneur d'Or-

(1) V. *Inventaire*, E. 1916, 14 août 1701.

lac, à Antoinette de Verdelain, sa mère, qui lui répond : « Bien loin de vous donner mon approbation..., je vous donne ma malédiction, et sortés tout à l'heure de ma maison et jamais n'y mettés les pieds... vous estes un fils désobéissant » (27 août). — Nouvelle sommation du même à la même, représentée par Jacques-René de Brémond, écuyer, seigneur de Dompierre, Chassaigne et autres places, son autre fils, et nouveau refus ; troisième sommation (28-29 août). — Obligation de 120 livres de rente annuelle consentie en faveur de Jean Birot, écuyer, sieur de Brouzède, comme cessionnaire de Jean Desbrandes, écuyer, sieur du Petit-Vouillac, par Marie-Anne de Nesmond, fille majeure, héritière de feu Joseph de Nesmond, chevalier, seigneur des Faux, et de Marie-Anne Picard, ses père et mère (4 septembre). — Ferme des moulins à blé et à huile de Lyon, paroisse de Soyaux, et de la métairie attenante, pour 9 années, moyennant 340 livres chaque, à Audoin, meunier, et sa femme, par Élisabeth Moreau, veuve Jean de Bresme, notaire royal, et André de Bresme, avocat, son fils (3 octobre). — Donation de ses meubles à Etienne Corlieu, son neveu, par Etienne Robert, curé de Soyaux (2 novembre). — Bail à loyer d'une maison, paroisse Saint-Antonin, pour 5 années, moyennant 55 livres chaque, consenti par Gabriel Chaigneau, sieur de Font-Chaudière, docteur en médecine (26 décembre). — Bail à ferme d'une métairie d'Entournac, paroisse de Soyaux, pour 9 années, moyennant 140 livres chaque, consenti à Michel Lescallier, marchand, par Gabriel de la Pisse, écuyer, sieur des Bergères, et Marie-Radegonde de Villedon, sa femme, celle-ci autorisée par Jean de Brienne, écuyer, seigneur de Saint-Léger, son fils, et par autre Jean, aussi écuyer, demeurant aux Petites-Bergères, paroisse d'Oradour (26 décembre 1703).

E. 1923. (Liasse.) — 84 pièces, papier.

1704. — François Aigre, notaire royal à Angoulême. — Actes reçus par ce notaire du 3 janvier au 30 juin. — Cession d'une créance de 550 livres sur Simon Thévenin, sieur de Bené, juge assesseur de la châtellenie de Blanzac, représentant le montant des arrérages des pensions de Marianne et de Marie de Nesmond, ses deux filles, par Jean de Nesmond, chevalier seigneur de La Pougnerie, et Marie-Anne Lameau, sa femme, aux dames Tiercelettes (4 février). — Arrentement d'une pièce de terre labourable, de deux boisselées, au lieu de La Croix-à-Pineau, près de Ruffec, moyennant 12 livres chaque année, à François Coyteux, sieur de Lordaget, conseiller au présidial, par Louis Rougier, apprenti éperonnier, engagé au régiment de royal-artillerie (19 mars). — Cession de 129 livres de rente, moyennant 2.480 livres payées comptant, consentie à Jean Mesnard, lieutenant en la prévôté, par Etienne Chérade, chevalier, comte de Montbron, etc., lieutenant-général, maire perpétuel d'Angoulême, et Madeleine Husson, son épouse (22 mars). — Prorogation du bail de la métairie de La Tour-Garnier, consentie par Françoise de Lavisée, veuve de François de la Place, chevalier, seigneur de La Tour-Garnier (30 mars). — Lettre de maîtrise de Pierre Audouin, savetier, qui s'engage à fournir, pour la fête de la Sainte-Trinité, une torche d'une livre, un pain blanc de 32 sols, et verse 10 livres entre les mains des autres maîtres (2 avril). — Transaction qui fixe le montant de la dette de François Bourdier, sieur du Tinturier, et de Marie Godet, veuve de François Daniau procureur d'Angoulême, envers Yrieix Roche, archiprêtre de Chalais et curé de Montboyer, comme ayant pris à ferme de Guillaume Decescaud, puis de Nicolas Cochois, prédécesseurs dudit Roche à la cure de Montboyer, les dîmes de cette paroisse, moyennt 1.800 livres chaque année (25 avril). — Constitution de 50 livres de rente, moyennant 1.000 livres comptant, au profit des Tiercelettes, par Mrs Jacques Salmon, conseillers au présidial, père et fils, et Marie Salmon, veuve d'Hélie de la Charlonnie, écuyer, seigneur du Maine-Gaignaud (4 juin 1704).

E. 1924. (Liasse.) — 62 pièces, papier.

1704. — François Aigre, notaire royal à Angoulême. — Actes reçus par ce notaire 'du 1er juillet au 29 décembre. — Constitution de 15 livres de pension viagère au profit de sœur Sainte-Rose, religieuse Tiercelette, par Jacques Decour, juge sénéchal de Saint-Médard et procureur d'Anville, et Marguerite Pailler, frère et belle-sœur de ladite religieuse (2 juillet). — Cession d'une maison, paroisse Saint-Paul, moyennant 1.800 livres, à Jean de Traspond, sieur du Cachet, leur fils, par Claude de Traspond, procureur au présidial, et Catherine Mousnier, sa femme (13 juillet). — Transaction entre David Briquauld, lieutenant-criminel en l'élection, Jean Brunauld, sieur de Cherconay, maire perpétuel de Ruffec, André Brunauld, sieur du Colombier, officier de la chancellerie de la ville d'Angoulême, frères, et Hélie Marvaud, sieur des Fontenelles, et Jean Marvaud, sieur du Brandeau, marchands de Montbron, leurs débiteurs pour une somme de 3.000 livres avec intérêts (17 août). — Engagement pris par Jeanne Guillard,

veuve de Jean Calliot, procureur au présidial, de solder avant un an, tous les arrérages du titre clérical de Charles Calliot, chantre et chanoine de l'église collégiale de Notre-Dame de La Rochefoucauld, qui menaçait de la poursuivre (28 août). — Vente aux enchères des meubles que possédait Hugues Morisset, abbé de La Grâce-Dieu dans la maison canoniale qu'il occupait à Angoulême en qualité de théologal, ce requérant, Jean Mesnard, lieutenant en la prévôté, son exécuteur testamentaire. A signaler : un tapis de point d'Aubusson, adjugé pour 8 livres ; — un « tapis de moquette verte et blanche », adjugé 53 livres ; — une garniture de lit de drap olive avec sa frange « en frange or » de couleurs différentes ; ensemble la garniture de 18 fauteuils et chaises, avec 6 fauteuils et 6 chaises de noyer tourné, adjugés pour 60 livres ; — une tenture de tapisserie de haute-lisse, en 6 pièces, « tirant 17 œuvres », représentant l'histoire de Sainte Geneviève, adjugée pour 560 livres ; — entre autres tableaux : un tableau « à cadre doré représentant Nostre-Seigneur dans le passage des Mahüs », adjugé pour 16 livres ; — 12 tableaux représentant les 12 prophètes et les 12 sibylles ; — 6 tableaux représentant les 12 philosophes ; — un cadre contenant 4 horloges « à sable, à verre » ; — un cadran solaire d'ivoire ; — 2 poches à porte-heures de velours, adjugé pour 3 livres ; — plusieurs images sur cartes noircies ; — une chaise « portante », adjugée 30 livres ; — les toiles de coton peintes n'étant pas mises en vente « à cause des défenses qu'il y a d'en vendre dans le royaume » (1er-6 septembre). — Quittance de 536 livres donnée à Jean Devige, chirurgien, et Anne Mallat, sa femme, par Françoise Jameu, veuve de Jean Chevreau, écuyer, sieur de La Vallade, tant pour elle que pour Jean, son fils, Marie Chevreau, Casimir Poumet, écuyer, sieur des Vergnes, et Jacquette Chevreau, sa femme, demeurant à Confolens ; Pierre Delisle, sieur du même nom, et Jeanne Platau, sa femme, demeurant à Lichères, comme héritiers de Jacques Chevreau, prêtre, curé de Saint-André d'Angoulême (12 septembre). — Contrat de mariage entre Jean Légier, praticien, fils de feu Léonard, notaire au duché de La Valette, et de Marguerite Dutaix, demeurant à Beaulieu ; et Rose Bibaud, fille de Jean, sergent royal à Angoulême. En faveur duquel mariage la future épouse reçoit une dot de 2.000 livres en attendant la succession de ses parents (20 octobre). — Procès-verbal du refus du lieutenant particulier des eaux et forêts d'Angoumois de consigner dans l'interrogatoire de Nardeux, notaire royal, et de plusieurs habitants de Nanteuil, accusés de délit de chasse et pêche par l'abbé de Nanteuil, les protestation qu'ils font contre la procédure employée (25 octobre). — Contrat de mariage entre Pierre de Labroue, docteur en médecine, fils de feu François et de Jeanne Chabert, demeurant à Ribérac ; et Anne Masfrand, fille de feu Jean, avocat et échevin d'Angoulême, et de Madeleine Piteau (27 octobre). — Autorisation donnée par l'assemblée des habitants de Torsac à ses collecteurs de diminuer de 6 livres l'imposition de Jacques Boissard, procureur au présidial d'Angoulême, en considération de ce que le fermier de sa métairie de La Chapelle l'a quitté mettant « les clefs souz la porte », et de ce qu'il fait valoir lui-même (30 novembre). — Vente d'une maison, rue des Cordonniers, paroisse de Beaulieu, moyennant 750 livres, à Jean Yrvoix, commis au greffe de l'élection, et Jeanne Piat, sa femme, par André Massias, marchand orfèvre et graveur, et Françoise Piat (22 décembre). — Obligation de 70 livres consentie par Gauvry, procureur au présidial, envers Valette, greffier des insinuations, pour les droits d'insinuations, tiers referends et contrôle des dépens que s'était réservé Valette en vendant sa charge de procureur audit Gauvry, en 1674 (29 décembre 1704).

E. 1925. (Liasse.) — 64 pièces, papier.

1705. — François Aigre, notaire royal à Angoulême. — Actes reçus par ce notaire du 3 janvier au 29 juin. — Abandon de ses biens à ses enfants, moyennant une pension de 300 livres, par François Desbordes, marchand de Dirac, avec un état desdits biens (3 janvier). — Arrentement perpétuel du moulin de L'Isle-d'Espagnac, moyennant 50 livres chaque année, au profit de Pierre Robert, dit Mounerot, meunier, et de sa femme, par Léonard de la Forestie, sieur de L'Isle, y demeurant (7 janvier). — Reconnaissance de la validité des clauses testamentaires de Hugues Morisset, écuyer, abbé commendataire de La Grâce-Dieu en Aunis, en faveur de Jean Mesnard, conseiller en la prévôté royale d'Angoulême, par les héritiers naturels dudit Morisset, moyennant cession de 3.000 livres en leur faveur (30 janvier). — Contrats de mariage entre Clément Pittre, fils de François, procureur au présidial, et de feue Marguerite Juillard ; et Catherine de Bussac, marchand, fils de Jean et de Marthe Tullier : et entre Daniel de Bussac, frère de ladite Catherine, et Marguerite Pittre, sœur dudit Clément. En faveur desquels mariages lesdits de Bussac reçoivent chacun 2.500 livres de dot (5 février). — Donation de 3.000 livres aux religieuses Tiercelettes par Marguerite-Rose Prévéraud, avant d'être reçu professe parmi elles (9 février). — Abandon par Marie et Marguerite Thomas

de leurs droits à la succession de Paul Thomas, sieur de La Croisade, demeurant à Vibrac, et de feue Guillaumette Dexmier, leurs parents, au profit de Joseph Thomas, sieur du Petit-Villars, procureur d'Angeac et Vibrac, leur frère, moyennant 2.000 livres (7 mars). — Décision du conseil de famille de Paul Jallet, exclusivement composé de laboureurs, fixant à 40 livres la pension que recevra le tuteur qui devra entretenir son pupille, « lequel ils jugent à propos d'estre instruit à lire et à escrire, et pour cet effait envoyé aux escolles, ce qu'il le divertira du travail qu'il pourrait faire » (14 avril). — Cession de 200 livres de rentes que leur doivent Emerie de Corgnol, veuve de Henry de Volvire, chevalier, seigneur du Vivier, et ses enfants, moyennant 4.000 livres, à Louis Normand, écuyer, seigneur de Chément, par Jacques Bourrut, sieur des Nauves, et Marie Dussouchet, sa femme, demeurant à Gurat, et Daniel Bourrut, aussi sieur des Nauves, leur fils et gendre, demeurant au Maine-Faure, paroisse de Chavenat, comme héritiers d'Antoine Dussouchet, écuyer, sieur de Villars, frère de ladite Marie (29 avril). — Bail à ferme de ses moulins sur la Touvre au bout du pont de Ruelle, pour 7 années, moyennant 9 pipes et demie de blé, 8 pipes et demie de méture, une pipe de froment ; la mouture du blé nécessaire au bailleur et 12 pintes d'huile, par Marie Salmon, veuve d'Hélie de la Charlonnie, écuyer, seigneur du Maine-Gagnaud (29 avril). — Désistement par Charles de Lafond, curé de Balzac, de la jouissance d'un pré que lui avait octroyée Mᵣ de Bontemps, prieur, commandataire de Vindelle et dans laquelle l'avait maintenu Christophe de Mayol, son successeur (14 juin). — Contrat de mariage entre Antoine Julhard, sieur des Plaines, conseiller en l'élection, fils de défunt Charles, avocat au parlement, et de Françoise Horson ; et Catherine Payen, fille de François, marchand, et de Jeanne Mayou : en faveur duquel mariage, la future épouse reçoit une dot de 6.200 livres (25 juin 1705).

E. 1926. (Liasse.) — 70 pièces, papier.

1705. — François Aigre, notaire royal à Angoulême. — Actes reçus par ce notaire du 3 juillet au 29 décembre. — Sommation faite par un procureur au présidial au clerc Jean Dussouchet, du greffe, de prêter serment, ce qu'il n'a pas fait depuis 15 ans qu'il occupe cet emploi (11 juillet). — Quittance de 75 livres représentant trois années d'intérêts du legs fait par feu Jean-Louis Guez, chevalier, seigneur de Balzac, conseiller du roi en ses conseils d'Etat et privée, aux pères Feuillants de l'abbaye de Saint-Mesmin près d'Orléans, ladite quittance donnée à Marie de Patras de Campaigne, veuve de Bernard de Forgues de Lavedan, chevalier, baron de La Roche-Chandry, fille de feue Anne de Guez, et à Claude de Guez, chevalier, seigneur du Puy-de Neuville, Balzac, etc., fils de feu François, seigneur de Roussines, par dom Simon de Saint-Bernard, prieur de l'abbaye des Feuillants (15 juillet). — Résignation de la cure de Touzac, en faveur de Philippe Dumergue, par Guillaume Daviaud (17 juillet). — Cession de 3.000 livres de créances, moyennant pareille somme, à Jean Du Queyroix, docteur en médecine, par François Bourday, échevin du corps de ville, lieutenant-colonel de la milice bourgeoise, et Marie d'Escuras, sa femme (25 juillet). — Cession, moyennant 6.000 livres, des dommages et intérêts qu'il pourrait prétendre contre Jean Bourdage, conseiller au présidial, accusé d'homicide sur Pierre Dubois, sieur de Bellegarde, en faveur de Jean Du Queyroix, docteur en médecine, par Jean Dubois, conseiller honoraire au présidial, comme tuteur des enfants dudit sieur de Bellegarde et de Marie Horson, du consentement d'Anne Mercier, veuve de Pierre Horson, sieur de Beauregard, leur oncle, et de Jean Geoffroy, chevalier, seigneur des Bouchauds, leur cousin (26 juillet). — Donation de 1.000 livres outre sa chambre garnie et une pension viagère, à Catherine Sauve, Tiercelette, par Jean Sauve, sieur de Chateau-Bertrand, Anne Thomas, sa femme, et Jean Sauve, sieur de Versaigne, leur fils, parents et frères de ladite Catherine, demeurant paroisse ed Bussières, en Périgord (8 août). — Bail à ferme d'une métairie, au bourg d'Hiersac, pour 7 années, moyennant 150 livres chaque, à Marie Audouin, veuve de Louis Valleteau, marchand, demeurant à Hiersac, par Catherine Mesnard, veuve de Philippe Maulde, sieur des Blancheteaux (9 août). — Bail à colonage de la même métairie, consenti par Marie Audouin (3 septembre). — Promesse de mariage entre Jacques George, « estant de présent auprès de Monseigneur l'évesque d'Angoulesme », et Marie Roussillon, fille de Jean, blanconnier, sous peine de 300 livres au contrevenant (12 septembre). — Signification à l'assemblée des habitants de Puymoyen de l'acquisition des droits d'échange honorifique et de prééminence dans cette paroisse, faite du Roi par Jean Respinger, sieur du Pontil (20 septembre). — Sommation par Salmon et Rambaud, marchands-associés, à Jeanne Delafond, veuve de Pierre Filhon, tenant la messagerie d'Angoulême, de reprendre des ballots de draps qu'elle leur a donnés endommagés, avec la lettre d'envoi et la facture de Behotte, fabricant de Rouen (12 octobre). — Note du notaire mentionnant la vente de la charge de

maire perpétuel faite à Mr Mesnard, assesseur de la prévôté, par le lieutenant-général (27 octobre). — Décision prise par l'assemblée des habitants de Soyaux, sur la requête des collecteurs, de continuer à inscrire au rôle la métairie de Montboulard, nonobstant la déclaration d'Antoine Delamarre, prêtre, son propriétaire, qu'il entend la « faire valloir à sa main » (1er novembre 1705).

E. 1927. (Liasse.) — 87 pièces, papier.

1706. — François Aigre, notaire royal à Angoulême. — Actes reçus par ce notaire du 3 janvier au 20 juin. — Ferme de la seigneurie du Puy-de-Neuville, paroisse de Touzac, pour 9 années, moyennant 1.050 livres chaque, à Pierre Bernard, sieur de La Lande, par Claude de Guez, chevalier, seigneur de Puy-de-Neuville et de Balzac, demeurant au château de Balzac (11 janvier). — Reconnaissance de 10 sols de rente seigneuriale dus sur une maison de la paroisse St-André aux seigneurs de La Foucaudie, donnée à Jean-Louis de Lubersac, écuyer, seigneur de La Foucaudie, y demeurant, paroisse de Nersac, par Pierre de la Quintinie, procureur au présidial (14 janvier). — Sous-ferme du « droit de tombereau de la ville d'Angoulême, pour le conduire et mener dans ladite ville, à chacun jour », y recueillir les bourriers et immondices, pour 3 années, moyennant 100 livres chaque, consentie par deux archers du corps de ville (28 janvier). — Vente de 30 charges de papier d'Angoumois, dont 15 charges de « grand cornet fin du poids de 11 à 12 livres la rames, 5 charges de petit cornet fin à la grande sorte, de 9 livres la rames, et 10 charges de petit cornet gros bon fin, aussi à la grande sorte, de 9 livres la rame », bien blanc, lissé et collé de 20 mains à la rame et 24 feuilles à la main, moyennant 85 livres la charge pour le « fin », et 68 livres la charge pour le « gros bon fin », à Claude André, marchand, par François Pougeau, dit Chaluset, marchand papetier, et Jeanne Boulet, sa femme, demeurant au moulin de Bourisson, paroisse de Vœuil (30 janvier). — Compte entre Jacques Rival de La Tuillière, écuyer, seigneur du Soleillan, comme procureur d'Antoine de Coignet de Marelopt, conseiller, aumônier du Roi, abbé de St-Amant-de-Boixe, et Pierre Loysel, sieur de La Mothe, demeurant à St-Amant-de-Boixe, fermier de l'abbaye, suivant le bail consenti par Charles de Mayol, ci-devant abbé, moyennant 5.400 livres (12 mars). — Réduction de 10.800 livres par Thuet, marchand, sur la demande de Louis-Alexandre d'Escravayat, écuyer, seigneur de Roussines, y demeurant, en considération de ce que ses dettes sont supérieures à la valeur de ses propriétés, des créances qu'il possède tant sur lui personnellement que sur l'héritage d'Alexandre d'Escravayat, écuyer, seigneur de Châteaufort, et de Jeanne de Pons, ses parents (30 avril). — Transaction entre Madeleine Gignac, veuve de Pierre Mousnier, marchand drapier, et Sicot, meunier, et sa femme, anciens et nouveaux fermiers des moulins à draps de La Tour-Garnier, paroisse de Saint-Martial, qui fixe à 30 livres et un « sousfrier » les dommages et intérêts dus pour moins-value desdits moulins depuis un procès-verbal de 1674 (19 mai). — Quittance finale des 1.000 livres à eux légués par Jeanne Arnaud, leur mère et belle-mère, donnée à François Martin, curé de Fléac, leur frère et beau-frère, par Pierre Dusouchet, avocat, et Françoise Martin, sa femme (27 mai). — Reconnaissance de 175 livres de rente donnée à François Maulde, sieur de Marsac et de L'Oisellerie, conseiller au présidial, par Jean Salmon, sieur de Bourthon, échevin, Jacques Salmon, sieur du Maine-Blanc, conseiller d'honneur au présidial, son fils, et Marie Salmon, veuve d'Hélie de La Charlonnie, écuyer, seigneur du Maine-Gagnaud (28 mai). — Procès-verbal du lieu de La Madeleine, paroisse de Lhoumeau, ce requérant Jacques Gendron, maître chirurgien de L'Isle-d'Espagnac, fermier des biens de Daniel David, sieur de La Vallée, et de Suzanne Yvert, sa femme, saisis à la requête de Guillaume Duval, sieur de Touvre (10-21 juin 1706).

E. 1928. (Liasse.) — 28 pièces, papier.

1706. — François Aigre, notaire royal à Angoulême. — Actes reçus par ce notaire du 3 juillet au 30 décembre. — Procès-verbal de non comparution de Louis Rullier sieur des Fontaines, commissaires aux revues des gens de guerre d'Angoulême à une assignation donnée par César de St-Hermine, écuyer, seigneur de St-Laurent, La Barrière, La Salle, demeurant au logis noble de La Barrière, paroisse de Mosnac, en procès avec lui à cause de rentes dues à ladite seigneurerie de La Barrière laquelle relève de la seigneurie de Moulidars à hommage lige et au devoir d'un anneau d'or du poids de 4 deniers (20 juillet). — Session de 60 livres de rentes moyennant 1200 livres, à Jean Saroquie, maître ès arts libéraux, par Gabriel Gandillaud, chevalier, seigneur de Gandillon, président au présidial et Henri Gandillaud, chevalier, seigneur de Suris, son fils (2 octobre 1706).

E. 1929. (Liasse.) — 70 pièces, papier.

1707. — François Aigre, notaire royal à Angoulême. — Actes reçus par ce notaire du 1er janvier au 26 juin . —

Sommation à Pinier, vicaire de St-André, par Claude André, marchand, de lui remettre les billets consentis pour la somme de 1.000 livres en faveur de défunts Pierre André et Philippe Légier parent dudit Claude par Louis Guiton, écuyer, seigneur du Tranchard, et N. Dexmier, son épouse (3 janvier). — Obligation de 20 livres de rente reconnue par Charles Poumeyrol, sieur de Puyremail, capitaine au régiment de Condé, en faveur de François Birot, écuyer, aussi capitaine d'infanterie, et de ses frères comme héritier de Paschal, leur père (19 février). — Renonciation à la succession de Charles de Mayol, abbé commandataire de St-Amant-de-Boixe, par Christophe de Mayol, prieur et seigneur de Vindelle en Angoumois; et nomination, par celui-ci, devant le bailli de Bourg-Argental, de Jean Charbonnel, procureur, comme curateur de l'héritage vacant (27 avril 1706) — Procuration donnée par Jean Charbonnel, pour le représenter contre M. de Marelopt nouvel abbé de St-Amant qui s'était saisi des meubles et effets de son prédécesseur (28 avril 1706). — Renonciation à l'héritage de Charles de Mayol par Marthe de Cusson veuve de Joseph de Mayol, président, lieutenant-général au baillage de Forez, sa belle-sœur; Charles Joseph de Mayol, abbé de Beaulieu et sacristain chef du chapitre de St-Nizier de Lyon, François de Mayol, avocat, Agnès de Mayol, ses neveux et nièce, demeurant à Bourg-Argental (31 janvier). — Procuration donnée par Antoine de Coignet de Marelopt abbé commandataire de St-Amant-de-Boixe, aumônier du Roi, président de la chambre diocésaine de Lyon, y demeurant à Jacques Rival de La Thuilière, écuyer, seigneur du Soleillant demeurant à Montbrisson, pour le représenter dans l'administration de son abbaye (19 mars). — Quittance des arrérages d'une rente due sur une maison de la paroisse St-Antonin au curé de cette paroisse, donnée par Nicolas Le Long, curé, à Marie Renouard veuve de Henry de la Grézille avocat au parlement (1er Avril). — Résignation de la chapellenie de Ste-Marie-Madeleine en l'église paroissiale de Ste-Ménehould, diocèse de Châlons, par Pierre Thinon, demeurant à Vervant, en faveur de Jean François Thinon (30 avril). — Vente de 100 charges de papier d'Angoumois bien blanc lissé et collé, moyennant 80 livres la charge de fin et 66 livres la charge de « gros-bon-fin », dont 600 livres payés de suite en fourniture pour la fabrication dudit papier (3 mai). — Inventaire des meubles et effets de Pierre Gautier, assesseur en l'élection, demeurant à La Vallade, paroisse de Magnac, à sa requête, pour dissoudre la communauté qu'il a avec ses enfants et de feue Jeanne Guyot (1er juin 1707).

E. 1930. (Liasse.) — 40 pièces, papier.

1707. — François Aigre, notaire royal à Angoulême. — Actes reçus par ce notaire du 4 juillet au 19 décembre. — Entente de Jean Dubois, sieur de La Vergne, conseiller honoraire vétéran au présidial, avec le sieur de Tuby qui avait saisi ses biens pour le paiement de la taxe de 1.000 livres à lui imposée comme vétéran (4 juillet). — Procuration donnée par l'assemblée des habitants de la paroisse de St-Martial, en présence de Jean Venaud, leur curé, à leurs fabriqueurs, pour les représenter contre les légataires de feu Roch Dulac, leur précédent curé, qui refusent de verser 200 livres à la fabrique, malgré la demande formelle dudit Dulac (23 août). — Autorisation d'utiliser un chemin pour bâtir une grange donné à Jean Respinger, sieur du Ponty, par l'Assemblée des habitants de Puymoyen, qui reçoivent en échange l'emplacement d'un autre chemin sur les domaines dudit Respinger (4 septembre). — Règlement de comptes par lequel François Coyteux, sieur de Lordaget, cède à demoiselle Anne, sa sœur, 7.500 livres, moyennant quoi elle renonce à tous droits sur la fortune de Pierre Coyteux, juge assesseur du marquisat de Ruffec, et de Catherine Arnaud, leurs père et mère, conformément aux clauses du contrat de mariage de demoiselle Catherine, leur sœur, avec Jean de Pons, écuyer, sieur du Breuil-Coiffaud, du 20 mai 1692 (8 septembre). — Inventaire des meubles et effets de Pierre Thuet, marchand, demeurant paroisse St-Martial, ce requérant Antoinette Boisseau, sa veuve, et leurs enfants (16-23 septembre). — Testament d'Élie Chaperon, curé de St-Martin d'Angoulême, qui lègue 30 livres aux pauvres de sa paroisse, et demande que 30 messes soient dites pour le repos de son âme (23 septembre). — Procuration donnée à Jacques Rival de La Thuilière, écuyer, sieur du Soleillant, par Antoine de Marelopt, abbé de St-Amant-de-Boixe, prieur d'Aurek et vicaire général de l'archevêque, comte de Lyon (25 septembre). — Assemblée générale des habitants de la paroisse St-Martial, qui chargent Jean Mesnard, lieutenant en la prévôté, et François Mesnard, sieur de Gîget, leurs syndics, de s'opposer à la prétention qu'a François Désortiaux, supérieur des prêtres de la Congrégation de la Mission, directeur perpétuel du séminaire ecclésiastique d'Angoulême, d'unir la cure St-Martial au dit séminaire (18 décembre 1707).

E. 1931. (Liasse.) — 78 pièces, papier.

1708. — François Aigre, notaire royal à Angoulême. — Actes reçus par ce notaire du 4 janvier au 15 décembre. — Ratification par Marguerite Laisné, épouse de Silvestre Dumergue, marchand, du partage des biens de feue Marie Laisné, conclu entre Élie Laisné, écuyer, sieur de La Couronne, Pierre Laisné, écuyer, sieur de Francherville, Suzanne-Marie Laisné, épouse de François de Lestang, chevalier, seigneur de Ruelle, et François Bareau, docteur en théologie, curé de Sigogne (18 janvier). — Procès-verbal du moulin à draps de La Tour-Garnier (23 janvier). — Vente de son office de procureur au présidial, moyennant 1.200 livres, par Noël Duru, à Jean Chauvineau. — Transaction entre Marguerite Mercier, veuve de François Saulnier, écuyer, sieur de Francillac, et les tenanciers d'une dîme qui lui appartient, paroisse de Soyaux (28 janvier). — Cession d'une créance de 1.000 livres par Antoine de Laporte, conseiller honoraire au présidial de Saintes, demeurant au Maine, paroisse de Saint-Seurin, au profit de Jean Charron, son domestique, moyennant quoi celui-ci le tient quitte de tous gages pour le passé et pour l'avenir (11 février). — Entente « après l'avis et médiation de leurs parents et amys communs gentilshommes avecq soumission expresse et volontaire pour l'exécution de part et d'autre à la juridiction de nos seigneurs les mareschaux de France », par laquelle Pierre de Montalembert, chevalier, seigneur de Plaizac, et Angélique Poussart, sa femme, demeurant au château de Vaux, s'engagent à héberger et nourrir Pierre de Montalembert, chevalier, seigneur de Vaux, Plaizac et autres places, leur père et beau-père, avec son domestique, et de lui fournir en outre 200 livres de pension ; de procurer une maison à Angoulême à Jeanne de Sarragan, leur mère et belle-mère, et de lui donner une pension de 500 livres, 10 boisseaux de froment, 20 de méture, 5 de blé d'Espagne, et 6 barriques de vin rosé (27 février). — Cession de 295 livres au profit de Jean Braud, notaire, et d'Élisabeth Desbordes, sa femme, demeurant à Dirac, par Pierre Duret, ancien archer de la maréchaussée d'Angoulême, et Anne Desbordes, sa femme (12 avril). — Abandon par les religieuses de St-Ausone du droit de lods et ventes qu'elles pouvaient prétendre à cause de la cession faite par Joseph Lambert, docteur en théologie de la Sorbonne, d'un pré sis paroisse de Balzac et rele-

vant de l'abbaye, pour la fondation d'une école dans
cette paroisse, avec réserve d'une rente perpétuelle
de 30 sous payable par le maître-école comme droit
d'indemnité (18 mai). — Quittance de marchandises de
fer, acier et autres d'une valeur de 2.500 livres à lui
remises en exécution de son contrat de mariage, donnée par André de Bussac, marchand, à Marthe
Tullier, veuve de Jean de Bussac, sa mère (13 mai). —
Vente de 25 charges de papier d'Angoumois livrables
à domicile, moyennant 80 livres la charge de « fin »
et 63 livres la charge de « gros bon fin », dont 500
payables comptant en argent ou marchandises, à
Claude André, marchand, par François Pougeau,
dit Chalusset, marchand-papetier du moulin de
Bourisson, paroisse de Vœuil (20 mai). — Bail à
ferme, pour 5 années, moyennant 40 livres chaque,
d'une petite borderie près du logis de La Tour Garnier (11 septembre). — Nomination des 4 collecteurs
de la paroisse de Torsac (29 septembre). — Testament de Guillemine Prévéraud, veuve de François
Duport, sieur des Fontenelles, qui lègue 100 livres
aux capucins pour être enterrée dans leur église
(23 novembre). — Cession d'une obligation de 1.600 livres à Robert Guillaume, écuyer, seigneur de Châteaubrun et du Maine-Giraud, envers qui il était
redevable de pareille somme, par Henri de Forgues
de Lavedan, chevalier, baron de la Roche-Chandry
(15 décembre 1708).

E. 1932. (Liasse.) — 87 pièces, papier ; 2 pièces, parchemin.

1709. — François Aigre, notaire royal à Angoulême. — Actes reçus par ce notaire du 6 janvier au
10 décembre. — Convention entre Léonard Lambert,
écuyer, seigneur des Gaschets, et Marie Thinon, veuve
de Jean Bareau, demeurant paroisse St-Martial, au
sujet de la transformation d'une écurie de ladite
Thinon en orangerie, par M. de Rouillé de Fontaine,
ancien intendant de la généralité de Limoges, locataire dudit Lambert (6 janvier). — Procès-verbal de la
tuerie d'une truie pleine et de deux brebis, à coups de
pistolets, par le sieur Barbot d'Auteclaire ; ce requérant François Mesnant, sieur de Giget (18 février). —
Vente d'une maison, paroisse St-Martial, dans la
grand'rue qui va du château à la porte de St-Martial,
à main dextre, confrontant par derrière aux douves
du château, jadis occupée par Messieurs Du Bernage
et de Rouillé, intendants de la généralité, moyennant
6.500 livres, à Jean Mesnard, écuyer, seigneur de

Léaumont, maire perpétuel et lieutenant de la prévôté
d'Angoulême, par Léonard Lambert, écuyer, seigneur
des Gaschets (5 mars). — Inventaire des biens de
Charles de Traspond, procureur au présidial, et de
Catherine Mousnier, sa femme, décédée depuis peu, ce
requérant Catherine Viaud, veuve de Jean de Traspond, tant pour elle que comme tutrice et « mère
charitable » de Françoise, leur fille, Jean Respinger,
sieur du Pontil et Marie de Traspond, sa femme, Jean
Dussaigne, sieur de La Croix, et Marie de Traspond,
sa femme, leurs enfants et beaux-enfants. A signaler
au dit inventaire : un contrat de droit de sépulture et
de banc dans l'église de Torsac, conclu entre Charles
de la Place, écuyer, chanoine de la cathédrale et curé
de Torsac, et Pierre Traspond, notaire royal 27 septembre 1627 (8 avril). — Sommation par Catherine
de Cercé, au nom de Charlotte-Marie-Flament, épouse
séparée de corps et de biens de Clément de Cercé,
écuyer, seigneur dudit lieu, à Nicolas Resnier, greffier
en chef du présidial, de lui présenter le registre des
sentences de 1644 ; et protestation de Resnier qu'il a
réuni tout ce qu'il a pu recouvrer des minutes du
greffe avant son entrée en charge en 1690, mais que
ses prédécesseurs, Jonquet, et, depuis 1644, Pierre
Dubois, Guillaume Dumergue l'aîné et Guillaume
Dumergue le jeune, étant engagistes, ne prenaient
aucun soin de la garde des minutes (7 mai). — Obligation de 1.800 livres consentie envers Philippe de
Cercé, écuyer, demeurant à Coulonges, par Mathieu
Raymond, écuyer, seigneur de Villognon et Renée de
Vassougnes, sa femme (4 mars 1644) ; — pièces de
procédure de Charles de Cercé, écuyer, sieur de
Portfoucaud, fils et unique héritier de Philippe, puis
de Catherine Mousnier, veuve dudit Charles, au nom
de Clément leur fils, contre Jean Raymond, écuyer,
seigneur de Villognon, Élisabeth et Marie Raymond,
ses sœurs (1669-1709) ; — le tout mis en dépôt (31 mai).
— Réduction à 5.129 livres 5 sols consentie par Anne
de Lageard, veuve de François Castin de Guérin,
écuyer, receveur de décimes d'Angoumois, de ce qui
lui revenait après règlement de comptes de tutelle de
Marguerite, sa fille, épouse de Jacques Binot, écuyer,
sieur de Launoy (17 juin). — Compte entre François
Coyteux, sieur de Lordaget, juge au présidial, et
Marguerite-Clémence Robert, son épouse, d'une
part ; Gabriel Chaignaud, sieur de Fontchaudières,
docteur en médecine, et Marie Coyteux, son épouse,
d'autre part, concernant une obligation de 2.100 livres
consentie envers Jacques Chaigneau, sieur du Maine-
Lussaud, aussi docteur en médecine, premier époux

de ladite Marie Coyteux (7 août). — Marché passé avec Clochard et Collain «puyseurs», qui s'engagent à creuser un puits tenant 6 pieds de Guyenne d'eau dans la maison de Jacques Corrion, lieutenant en la maîtrise d'Angoulême, paroisse St-Paul, moyennant 120 livres (30 septembre). — Marché entre les religieuses Tiercelettes et leur jardinier qu'elles hébergeront, nourriront et soigneront sa vie durant, lui fournissant un tiers de vin à chaque déjeûner et chaque collation, et une chopine à chaque dîner et chaque soupe, quand le vin sera au-dessous de 100 livres, et s'il est au-dessus, une pinte par jour, du pain de froment en toute sa fleur, 2 livres de chandelle de suif et 10 livres en argent chaque année, s'engageant à le faire enterrer, et prier Dieu pour lui, moyennant qu'il entretiendra le jardin, servira à l'autel et nettoiera l'église, fendra le bois et tirera l'eau, suivant le besoin et sa « capacité », et qu'il ne pourra prêter sans autorisation rien de ce qui lui appartient, le tout devant revenir au couvent après sa mort (12 octobre 1709).

1933. (Liasse.) — 95 pièces, papier ; 2 pièces, parchemin.

1710. — François Aigre, notaire royal à Angoulême. — Actes reçus par ce notaire du 22 janvier au 9 décembre. — Bail à moitié de la métairie de Landaule, paroisse de Torsac, consentie par Jean de Bussac, sieur de Beaupré, demeurant paroisse de Magnac, tant pour lui que pour Pierre, son frère, François Naveau, chirurgien à Ruelle, et Anne de Bussac, sa femme (22 janvier). — Quittance de 1.500 livres, amortissement de partie de 300 livres de rente constituée au profit des Dominicains, donnée à Jean Dubois, sieur de Lavergne, comme tuteur des enfants de Pierre Dubois, son fils, et de Marie Horson (26 janvier). — Quittance de 25 livres de rente dues à la cure St-Martial, donnée à Jean Respinger, sieur du Pontil, comme héritier de Pierre, marchand, et de Jeanne d'Escarselle, ses parents, par Jean Venaud, curé (4 février). — Paiement au bureau établi par les collecteurs de 1709, paroisse St-André, pour recevoir les « subsistances et ustencilles », de 3 livres pour la « subsistance » et 12 livres pour l' « ustencile », par Michel Desbordes, syndic perpétuel et greffier des rôles de Dirac, afin d'être débarrassé des 3 cavaliers qui ont été envoyés en garnison chez lui, pour faute de paiement ; mais avec protestation qu'il ne devait point cette somme, s'étant fait rayer des rôles d'An-

goulême depuis huit ans (4 février). — Vente d'une maison relevant de la seigneurie de Frégeneuil, paroisse de St-Martial, moyennant 600 livres, par Louise Guillaume, veuve de Charles Guillaume, écuyer, seigneur de Frégeneuil, et Robert Guillaume, écuyer, seigneur du Maine-Giraud, y demeurant, paroisse de Champagne en Blanzac (8 février). — Cession de tous ses droits sur la succession de Catherine Desbordes et de Pierre Planty, son mari, de Pierre Desbordes et de Catherine Benoist, parents de ladite Catherine, moyennant 1.311 livres, au profit d'Antoine Desbordes, écuyer, sieur de Bellisle, et de Jean Desbordes, écuyer, sieur de Berguille, son neveu, fils d'autre Pierre, écuyer, aussi sieur de Berguille, par Joseph Olivier Robuste, avocat (7 mai). — Vente de l'office de lieutenant en la prévôté royale d'Angoulême, moyennant 300 livres, à Marc Dexmier, avocat au Parlement, par Jean Mesnard, écuyer, maire alternatif d'Angoulême (10 mai). — Vente d'une pièce de pré de 3 journaux, et d'une maison, paroisse de L'Isle d'Espagnac, à Mariette Bareau, veuve de Pierre Bouillon, bourgeois, par Léonard de la Forestie, écuyer, seigneur de L'Isle, Marie-Rose Aymard, sa femme, et autres (1er septembre). — Nomination des 4 collecteurs de la paroisse de Torsac, à l'issue de la messe paroissiale dite par M. Sauvo, vicaire, en l'absence de M. Blanchard, curé, ce requérant Jacques Decescaud, chirurgien, syndic perpétuel, demeurant à La Tourrière (28 septembre). — Nomination d'un collecteur de la même paroisse, en remplacement de Charles Traspond, celui-ci s'étant fait décharger par l'élection (5 octobre). — Bail à ferme d'une maison paroisse de St-Martial, confrontant par derrière aux murs du château d'Angoulême, et par devant à la rue qui va du château à la porte de St-Martial, pour 3 années, moyennant 100 livres chaque, à Claude de Guez, chevalier, seigneur de Puy-de-Neuville, Balzac et autres lieux (20 novembre). — Sommation respectueuse de Françoise Normand, veuve de François de la Garde, écuyer, seigneur de Nanteuil, demeurant à Denat, paroisse de Garat, à Louis Normand, écuyer, seigneur de Chément, y demeurant, paroisse de Garat, et pour lors à l'auberge du Petit-Maur, paroisse de St-André, de consentir à son mariage avec Louis Jaubert, chevalier, seigneur des Vallons, demeurant à Fouquebrune, qui la recherche depuis longtemps (22 novembre). — Vente de 15 charges de papier « fin petit cornet à la grande sorte », moyennant 80 livres la charge, et de 15 charges de « gros bon fin petit cornet », moyennant 66 livres la charge, dont 600 livres comptant en argent et provisions, à Claude André, marchand, par Juillé, Jolly et leurs femmes, papetiers au moulin de Brémond, paroisse de St-Martin, qui s'engagent à ne vendre de papier à personne autre sans le consentement de l'acquéreur (23 novembre). — Sommation par André Horson, sieur de Moulède, ci-devant capitaine au régiment de Beauce, à Jean Gesmond, avocat, de lui présenter le testament de François de la Boissière, sieur de Roissac, qui lui léguait le tiers de ses propres (11 décembre). — Entente entre Anne Pelloquin, veuve de François Baudoin, chevalier, seigneur de Fleurac, d'une part ; Pierre de Lubersac, chevalier, seigneur du Verdier, marquis du Ris, Charlotte de Lubersac, veuve de François de Devezeau, chevalier, seigneur de Chasseneuil et des Pins, Geneviève de Ste-Maure, veuve de Philibert Joseph de Devezeau, chevalier, seigneur de Chasseneuil, comme mère charitable de leurs enfants, Anne-Louise de Réals, veuve de Charles Achard, chevalier, seigneur de Théon, héritiers dudit Baudoin, d'autre part, en l'absence de Louis de Chesnel, chevalier, seigneur d'Escoyeux, autre héritier ayant refusé de comparaître ; ladite entente concernant l'exécution du testament olographe du seigneur de Fleurac, du 28 décembre 1706, annexé, dans lequel entre autres choses, il demande que son enterrement soit « tout simple pour ne pas perpétuer le faste » après sa mort (20 décembre 1710).

E. 1934. (Liasse.) — 72 pièces, papier ; 2 pièces parchemin.

1711. — François Aigre, notaire royal à Angoulême. — Actes reçus par ce notaire du 4 janvier au 18 décembre. — Reconnaissance par Marie Chesneau, épouse séparée de Jean Leviste, sieur des Barrières, d'une rente seigneuriale de 2 deniers, due à Joseph Duverdier, comme doyen du Chapitre, à cause d'une maison sise dans la rue qui va du Château au couvent des Ursulines, à main gauche, tenant par derrière à la maison des seigneurs de Guez de Balzac, à présent occupée par la veuve du seigneur de Balzac, vivant, gouverneur de Dunkerque (3 janvier). — Constitution de 10 livres de rente, au profit de Chaignaud, marchand, par François Esmein, laboureur, et sa femme, demeurant au village de Puy-Merle, paroisse de Torsac (26 mai). — Cession par Pierre Thevet, docteur en médecine, à Marie, sa sœur, épouse de Charles de Rastouil, avocat en Parlement, juge-sénéchal de

La Tour-Blanche, de 1.700 livres, complément des 2.000 livres de dot que lui avaient promis Jean Thevet et Suzanne Dulignon, leurs parents, par son contrat de mariage avec Pierre Faure, sieur de Gagnolle, son premier mari, du 20 mars 1685 (13 juin). — Vente de la borderie de St-Martin, au village de Beauregard, paroisse de St-Martial, mouvant de la Commanderie du Temple d'Angoulême, et de quelques petites rentes, moyennant 1.100 livres, à Jean Mesnard, écuyer, seigneur de Beaumont, maire perpétuel d'Angoulême (23 juin). — Partage de la succession d'Anne Avril, leur mère, entre François Mesnard, sieur de St-Martin, Rose et Marguerite Mesnard (29 juin). — Bail à ferme d'une maison, paroisse de St-Antonin, pour 3 années, moyennant 30 livres chaque, par Louis Jolly, curé de St-Saturnin (21 août 1711).

E. 1935. (Liasse.) — 70 pièces, papier.

1712. — François Aigre, notaire royal à Angoulême. — Actes reçus par ce notaire du 2 janvier au 30 décembre. — Contrat de mariage entre haut et puissant seigneur Charles de Galard de Béarn, chevalier, seigneur d'Argentine, de La Vauve, de Brassac, chevalier de St-Louis, ci-devant exempt des gardes du corps, et pensionnaire de Sa Majesté, fils de défunts René, chevalier, seigneur d'Argentine et de La Vauve, et de Jeanne de Lageard, demeurant au château d'Argentine, en Périgord ; et demoiselle Marie-Rose de la Place, fille majeure de défunts Charles, chevalier, seigneur de Torsac, Montgauguier, Salle-Blanche, La Forêt d'Horte et autres places, subdélégué des maréchaux de France en Saintonge et Angoumois, capitaine des chasses de ces provinces, et de Julie de Galard de Béarn de Brassac ; en faveur duquel mariage, Jean-Charles de la Place, chevalier, ci-devant commandant d'un escadron du régiment de Royal-Piémont, frère aîné de ladite Julie, s'engage à lui fournir 3.000 livres de dot, moyennant qu'elle lui cède ses droits sur la succession de leurs parents. Ont signé au contrat, en outre des précités : Gabriel-René de la Place, chevalier de Torsac, François-Alexandre de la Place, la Place, chanoine d'Angoulême, Suzanne Janssen, Isaac Janssen, Bertrand de la Pommeraye, etc. (2 janvier). — Bail à ferme du moulin à papiers de « St-Michel-d'Entre-Eaux » avec l'étang desséché, paroisse de St-Michel, pour 3 années, moyennant 350 livres et 2 rames de papier dont l'une de « fin grand cornet », à Jean Gaudin, marchand papetier, et Marie de Clides, sa femme, par Charles de la Place, seigneur de Torsac, et Marie-Anne Janssen, son épouse ; avec promesse des preneurs d'accepter une augmentation du prix de ferme, si la paix venait à se conclure (23 janvier). — Contrat de mariage entre Louis Mathurin Taboureau. sieur de Bois-Denis, fils majeur de Louis, receveur des tailles de l'élection d'Angoulême et de Philippe Masse ; et Mathurine Bareau, fille de Pierre, écuyer, procureur du Roi à la sénéchaussée et siège présidial, seigneur de Girac, La Prévosterie, Les Giraudières, des paroisses de Brie, de Champniers, et de St-Michel d'Entraigues en partie, et de feue Angélique Braud : en faveur duquel mariage le futur époux reçoit l'ancien état et office de receveur des tailles de l'élection d'Angoulême, représentant 60.000 livres en avancement d'hoirie, et 60.000 livres pour l'association qu'il avait contractée au quart des bénéfices dans les revenus de la recette des tailles et autres avec ses parents, avec promesse de la charge de receveur alternatif des tailles contre paiement de 120.000 livres ; la future épouse reçoit une dot de 60.000 livres, moyennant renoncement à la succession de ses parents (29 janvier). — Reconnaissance d'une rente de 2 sols et 1 chapon, et d'une autre de 60 livres et de 6 chapons dues à Marguerite-Françoise de la Visée, veuve de François de la Place, écuyer, seigneur de La Tour-Garnier, à cause de la moitié par indivis du moulin à blé de la Loire, et de diverses terres arrentées par Hélie de la Place, père dudit François (3 février). — Règlement de comptes entre François Isaac de la Cropte, chevalier, seigneur, comte de Bourzac, demeurant au château de Vendoire, en Périgord, tant en son nom que comme étant aux droits de Catherine de la Cropte, religieuse au monastère de La Valette, sa sœur, dans l'héritage de défunt Jean-Pierre de la Cropte, chevalier, seigneur comte de Bourzac et Isabeau Joubert de St-Gelais, leurs père et mère ; Charles de la Place, chevalier, seigneur de Torsac, etc., comme héritier de Charles, son père ; Pierre de la Cropte, chevalier, seigneur de Franc-Palais, demeurant en la maison noble de La Chapelle-Grésignac, en Périgord ; Théophile de Morel, chevalier, seigneur des Rabinières et Marie-Anne de la Cropte, son épouse, sœur de Pierre, demeurant au repaire noble de Vauzelles, paroisse de Nanteuil, en Périgord ; Jean Dulon, sieur de Vauxains, demeurant au repaire noble de Vauxains, même paroisse de Nanteuil, ces derniers comme

héritiers de Charles de la Cropte, écuyer, seigneur de Franc-Palais et de Marie de Villedon, leur père et mère ; ledit règlement concernant une obligation de 5.300 livres du feu seigneur de Torsac envers le feu seigneur de St-Palais et une autre obligation de 3.500 livres du feu seigneur de Bourzac envers ledit feu seigneur de Torsac (23 février 1712-5 mai 1716). — Quittance de 500 livres donnée à Léonarde Joanet, veuve de Pierre Vincent, marchand gantier, par Marthe Audouin, sa belle-fille, veuve de François Vincent, aussi marchand gantier, comme tutrice de Pierre, leur fils, à qui cette somme revenait dans la succession de son aïeul (25 février). — Paiement de 300 livres fait à Jacques le Mercier, sergent royal, et Marguerite Gibaud, sa femme, par Marie de Villedon, veuve de Pierre de Vassougne, écuyer, seigneur de Chillas, demeurant au lieu du Roc, paroisse de Jurat en Angoumois, ledit paiement fait au nom de Thomas Delamain, écuyer, sieur de Laprade, moyennant qu'il la tiendra quitte des intérêts à lui dûs pour la dot de feue Marguerite de Vassougne, sa femme (26 avril). — Testament de Jean Chaigneau par lequel, étant sans frères ni sœurs, afin d'être assuré de prières après sa mort, il lègue à l'église de Torsac 15 livres de rente destinées à des messes pour le repos de son âme et de celle de sa mère ; et à son père, ce dont il peut disposer (30 mai). — Contrat de mariage entre François de Chambes, tisserand, fils de François, aussi tisserand, demeurant paroisse de St-André de Ruffec, et Marie Martin, fille de feu François, tailleur (31 mai). — Vente de procureur au présidial d'Angoumois, moyennant 999 livres, à Jacques-François le Mercier, par Marguerite Dumontet, veuve de Jean Carron, et Hélie Carron, prêtre, Marie et Madeleine Carron, leurs enfants (14 juin). — Protestation de Jeanne Jolly, veuve de Guillaume Dubois, maître sellier, et de Marguerite, leur fille majeure, qu'en demeurant et mangeant ensemble elles entendent ne pas former de communauté tacite ; et inventaire de leurs meubles (15 juin). — Rétrocession des droits de rentes de la seigneurie de Torsac, à elle engagées pour 2.260 livres, par contrat du 15 avril 1702 reçu Audouin, des arrérages desdites rentes estimées 718 livres suivant la mercuriale du greffe de Marthon, et en général de tous les profits seigneuriaux y attachés, moyennant 3.800 livres payées comptant, et cession de diverses autres créances sur le seigneur de Torsac, moyennant 7.200 livres, à Charles de la Place, chevalier, seigneur de Torsac et Marie Janssen, sa femme, par Jeanne Dexmier, veuve de Jean Armand, écuyer, seigneur de Bouex, Mairé et autres places, lieutenant particulier au présidial (22 juin). — Arrentement de la métairie appelée Chez-Thoine Bouillaud, dont jouissait feu Anthoine Bouillaud, au village de La Faze, paroisse de Torsac, moyennant 40 livres chaque année, à Jean Godet et son fils, demeurant au village de Chez Godet, paroisse d'Houme (26 juin). — Quittance de 275 livres, donnée à François Reulhier, notaire royal, juge de Grézignac, procureur fiscal de la baronnie de Mareuil, en Périgord, comme donataire universel des biens de Jean Jamet, sieur des Places et de François Proust, par François Lavrilh, sieur du Magye, notaire et procureur, demeurant à La Maison-Blanche, paroisse de Dirac, Jeanne Duvignaud, sa femme, et Marguerite Duvignaud, comme héritiers de Jean Duvignaud, marchand, et de Marie Delage, leurs parents (12 août). — Nomination des 4 collecteurs de la paroisse de Torsac pour 1713, conformément à l'ordre envoyé par M. Bouché d'Orsay, intendant de la Généralité, le 1er août, aux collecteurs en exercice (23 septembre). — Testament de François Mesnard, sieur de Giget, par lequel il lègue ses meubles et le tiers de son patrimoine en usufruit à Jeanne Thuet, sa femme, et en toute propriété à M. de la Faye Limouzin, sieur du Maine-Blanc, capitaine de la milice bourgeoise (21 décembre). — Sommation par Nicolas Lelong, curé de St-Antonin, à Gabriel Charpentier, maître perruquier, de laisser faire procès-verbal des bâtisses qu'il a élevé à tort contre le mur de l'église, celle-ci devant former avec le presbytère un corps de bâtiment distinct (30 décembre 1712).

E. 1936. (Liasse.) — 74 pièces, papier.

1713. — François Aigre, notaire royal à Angoulême. — Actes reçus par ce notaire du 5 janvier au 23 décembre. — Procès-verbal des bâtisses élevées par le sieur Charpentier contre le mur de l'église St-Antonin (9 janvier). — Inventaire des meubles et effets de Louis Normand, écuyer, seigneur de Chément, y demeurant, paroisse de Garat, sur sa requête, après le décès de Louis, un des trois enfants qu'il a eue de feue Anne Engaigne (23 janvier). — Donation par Radégonde Couraud, veuve d'Antoine de la Porte, sieur du Cluseau, demeurant au lieu du Maine de La Porte, paroisse de St-Séverin, à Jean Charron, marchand, et Jeanne Lescallier, demeurant audit lieu, et après eux à leur fils Louis, son filleul, de 1.000 livres,

du plus beau et meilleur cheval, du plus beau et meilleur fusil de sa propriété, avec réserve d'usufruit (20 février). — Inventaire des meubles et effets de Pierre de la Mareuille, notaire royal à La Coste, paroisse de Ronsenac, ce réquérant Françoise Mousnier, sa veuve, épouse en premières noces de Jean Pierre, sieur de Forges (6 mars). — Démission de la cure de Cellefrouin par frère François-Augustin Lhermitte, nommé depuis peu prieur-curé de Ventouze (11 mars). — Procuration donnée par Jean Sauvo, prêtre, afin de poursuivre les héritiers de feu Jean Sauvo, sieur Desveaux, et de N. Blanchard, ses parents, en paiement des arrérages de son titre clérical (24 mars). — Vente d'une maison, sise à La Rochelle, rue du Marteau, moyennant 2.000 livres, à Étienne Palmié, marchand de La Rochelle, par Jean Mesnard, écuyer, seigneur de Léaumont, maire perpétuel d'Angoulême, comme exécuteur testamentaire de Hugues Mauricet, abbé commandataire de Notre-Dame de La Grâce-Dieu, diocèse de La Rochelle, Marie Chevreau, épouse de Jean Leviste, sieur des Carrières, Jean Chevreau, écuyer, seigneur de La Vallade, y demeurant, paroisse de Sireuil, Casimir Poumet, écuyer, sieur des Vergnes, et Jaquette Chevreau, sa femme, Laurent Thuet, marchand, et Rose Delisle, sa femme, François Chevreau, sieur du Maine du Lif, Gabriel Sarrazin, sieur de La Haye, et Anne Chevreau, sa femme, Alexandre Chevreau, chirurgien, et Marie Chevreau, sa femme, Marie Chevreau, fille majeure, demeurant ces derniers à La Coste, paroisse de Fouquebrune (27 mars). — Reconnaissance d'un denier de rente seigneuriale dû annuellement à cause d'une maison, paroisse de La Paine, au seigneur de Torsac, par François de Malleret, écuyer, seigneur du Repaire, y demeurant, paroisse de St-Privat en Périgord (29 mars). — Vente, moyennant 620 livres, des rentes seigneuriales des paroisses de Marthon et de Grassac qui lui viennent de Françoise Normand, sa mère, ayant été acquises de François Du Laud, écuyer, sieur de Bouex, par feu François Normand, écuyer, sieur du Bournet, père de ladite Françoise; par François Turpin, chevalier, seigneur de Joué, La Vergne, etc., demeurant au château de La Vergne, au seigneur de Torsac (2 avril). — Contrat de mariage entre Jean Dereix, notaire et procureur au duché de La Valette et à la baronnie de La Rochebeaucourt, fils de Pierre, notaire royal et de Jeanne Roz, demeurant paroisse de Gardes; et Jeanne Tabourin, fille de Martial, marchand, et de

Marie Fougère : en faveur duquel mariage le futur époux entre en propriété des biens possédés par ses parents dans la paroisse de Rougnac, et reçoit 200 livres ; la future épouse est instituée héritière universelle de ses parents à la réserve de 7.000 livres, et à charge de doter de 2.000 livres chacune de ses sœurs à marier, Madeleine, Jeanne et Marie ; elle reçoit 3.000 livres en avancement d'hoirie (3 avril). — Ferme d'une maison, au canton du Sauvage, paroisse de Saint-Martial, pour 7 années, moyennant 60 livres chaque, consenti par Michel Desbordes, sieur de La Prévallerie (22 avril). — Promesse entre Martial Chauveau, né à Senneloy, duché de Bourgogne, serviteur de l'évêque, et Anne Dumergue, servante de Mme de Fleurac, de s'épouser et de passer contrat de mariage au bout de 2 ans, sous peine de 150 livres au contrevenant (2 mai). — Testament de Marguerite Yrvoix, femme de François Porcheron, notaire royal, par lequel elle demande de faire dire après sa mort 3 neuvaines à la chapelle d'Obezine, et lègue tous ses biens à Julienne Yrvoix, sa sœur (14 juin). — Constitution d'une rente de 150 livres, au capital de 1.000 livres, par Catherine Viaud, veuve de Jean Traspond, sieur du Cachet, au profit de Héreau, ancien archer (24 juin). — Vente d'une écurie, paroisse St-André, moyennant 450 livres, à François Braud, maître chirurgien, par Jean Ledoux, procureur au présidial, Marguerite de la Quintinie, sa femme, et Marie Roux, veuve de Pierre de la Quintinie, avocat et juge-sénéchal de Marthon, tant pour elle que pour Marguerite de la Quintinie et Félix Robin, procureur au présidial, ses filles et gendre, et comme tutrice de ses autres enfants mineurs (24 juin). — Contrat de mariage entre Guillaume Ledoux, sieur du Luquet, fils de Jean, et Marguerite Gorliet, fille de François, sieur du Maine de La Font, et de Catherine Darnal (28 juin). — Vente des logis et métairie de Cheneuzac, et abandon du droit de banc et de sépulture dans l'église de Linars, au profit de François Renard Cambois, marchand, en vertu du retrait féodal, pour la plus grande partie du domaine, ledit Cambois étant aux droits de l'abbaye de La Couronne, par Jeanne Resnier, veuve en secondes noces de François-Clément de Robuste, écuyer, sieur de Cheneuzac, et en troisièmes noces de Louis de Bazille, écuyer, sieur de La Prévôterie, moyennant 5.530 livres (13 décembre). — Quittance de 347 livres faisant partie de 1.000 livres que Jeanne Resnier s'était engagée de payer aux héritiers de Clément de Robuste donnée à Cambois par Jean-Hélie de Mergey, écuyer,

seigneur de Rochepine, et Louise de Bazille, sa femme (22 décembre 1713).

E. 1937. (Liasse.) — 87 pièces, papier.

1714. — François Aigre, notaire royal à Angoulême. — Actes reçus par ce notaire du 11 janvier au 31 décembre. — Vente de 1260 « habaux » de bois, dans la forêt d'Horte, construits à la brasse commune et de la même manière que ceux de la forêt de Marthon, moyennant 4.000 livres et 8 sols pour le paiement des ouvriers de chaque « habaux », par Charles de la Place, seigneur de Torsac, à Jan Decescaud, marchand, demeurant à Frègeneuve, paroisse de Javerlhac, qui s'engage à faire enlever le bois ou le charbon avant la St-Martin (30 janvier). — Bail à ferme de tous les droits de pêche dans les « Eaux des Clairs », paroisses de Vouharte, Bignat et autres, avec les rentes y attachées, pour 9 années, moyennant 45 livres chaque, à Charles Godin, marchand (3 février). — Reconnaissances de rentes données à Louis-Charles de la Place, écuyer, seigneur de La Tour-Garnier, à cause de ladite seigneurie (5 février). — Vente de 300 charges de papier, livrables en trois années, moyennant 27.602 livres, dont 2.100 payées comptant pour servir de « cabal », et le reste payable au fur et à mesure de la livraison, à Claude André, marchand, par François Pougeaud, dit Chalusset, marchand et maître papetier, et Jeanne Boulet, sa femme, demeurant au moulin de Bourisson, paroisse de Vœuil (15 février). — Bail à ferme du moulin à papier de Roussillon, paroisse de Vœuil, avec ses appartenances, pour 3 années, moyennant 500 livres chaque, consenti à François Pougeaud et sa femme, demeurant audit moulin, par Jean Duverger, sieur de Fontrocher, et Marie Dodain, sa femme (18 février). — Vente au seigneur de Torsac, par Pierre Bernard, sieur de La Chapelle, et Louise Boulet, sa femme, demeurant au lieu de La Chapelle, paroisse de Torsac, de rentes seigneuriales dépendantes de la seigneurie de Pellegrain, savoir : 52 boisseaux de froment, 33 d'avoine, mesure de La Valette, 2 chapons, 3 gélines et 3 livres en argent, moyennant 2.623 livres, à raison de 40 livres par boisseau de froment, du tiers par boisseau d'avoine, de 10 livres par chapon, et de 8 livres par géline, l'argent compté au denier vingt (23 février). — Arrentement d'une corderie, au village de La Brande, paroisse de Dignac, moyennant 8 livres 10 sols chaque année, consenti par François Boulet, sieur des Barrauds. demeurant à l lanzac (25 février). — Transaction par laquelle Charles de la Place, seigneur de Torsac, pour se libérer des 4.000 livres qu'il s'est engagé de donner, comme part d'héritage de leurs parents, à François-Alexandre de la Place, écuyer, son frère puîné, lui cède ses droits, se montant à 666 livres, sur la légitime maternelle à lui échue par le décès de Julie de Galard de Béarn, sa mère, et lui constitue 300 livres de pension (27 mars). — Convention par laquelle Michel Debordes, sieur de La Prévallerie, y demeurant, paroisse de Dirac, s'engage à héberger et entretenir François Debordes, sieur de Beaumont, son père, moyennant l'abandon en sa faveur de la pension de 300 livres qu'il lui versait conjointement avec ses frères et sœurs (27 mars). — Vente de la métairie des Durands, village du même nom, paroisse de Grassac, moyennant 1.500 livres, à Ch. de la Place, seigneur de Torsac, par Jean Marié, sieur de La Chaume (1er mai). — Consentement donné par François Jaubert, secrétaire de M. de Maran, conseiller au Parlement de Bordeaux, à Gabriel-Isaac de Solierre, chevalier, seigneur de Nanteuil, en Périgord, tous deux étant chez le sieur Croiset, hôte des Sirènes, paroisse St-Paul, pour employer partie des sommes par lui versées en garantie du cautionnement dudit de Solierre, à amortir la rente de 350 livres constituée par feu Isaac de Solierre, son père, en faveur de feu Gabriel-Sicaire Du Chazeau, écuyer, seigneur de Beaumont, que représentent Marie Du Chazeau, demoiselle des Hortes, et Julie Du Chazeau, demoiselle d'Albigier, ses filles (21 mai). — Quittance d'amortissement d'une rente de 10 livres donnée à Catherine Joubert, veuve en secondes noces de Pierre de Vitrac, écuyer, sieur des Champs, épouse de Pierre de la Place, écuyer, seigneur de La Tour-Garnier, comme tutrice de sa fille du second lit, par Jeanne Bareau, veuve de François de Villoutrey, écuyer, sieur de Ladiville (10 juillet). — Cession de 870 livres de créances, moyennant pareille somme, à Pierre Bernard, sieur de La Chapelle, par Jean Gervais, écuyer, lieutenant-criminel d'Angoumois, tant pour lui que comme administrateur des biens de ses enfants et de feu Lucrèce Boisson, unique héritière de défunt Hélie, écuyer, sieur du Breuil et de Anne Bouché, ses parents (18 août). — Nomination des collecteurs de la paroisse de Torsac (29 septembre 1714).

E. 1938. (Liasse.) — 66 pièces, papier.

1715. — François Aigre, notaire royal à Angoulême. — Actes reçus par ce notaire du 7 janvier au 29 décembre. — Inventaire des meubles et effets de Jean Cladier, notaire royal, décédé le 1er décembre passé, ce requérant Françoise Du Tillet, sa veuve, tant pour elle que comme tutrice de Françoise et Marguerite Cladier, leurs filles (24 janvier). — Cession d'une créance de 800 livres, avec les intérêts y attachés depuis 1668, moyennant 900 livres, à Claude Larsier, marchand, demeurant à Peupatrop, paroisse de Taizé, par Louis Jaubert, chevalier, seigneur des Vallons et Françoise de Normand, sa femme, comme cessionnaire de Louis de Normand, leur père et beau-père, demeurant à Fouquebrune (12 février). — Pouvoirs donnés à ses syndics par la communauté des maîtres tailleurs d'Angoulême, afin de transiger dans le procès qu'elle a avec Marc Bourdage, l'un d'entre eux (6 mars). — Reconnaissance d'une rente de 24 livres donnée à divers par Charles de Coublant, écuyer, sieur de La Rousselière, comme héritier de Michel, écuyer, sieur de La Rousselière et de Marguerite Musseau, ses père et mère (24 mars). — Transaction qui fixe à 60 livres les dommages et intérêts que devra payer à la communauté des maîtres menuisiers pour avoir exécuté des travaux de menuiserie, Jean Cougnet, maître charpentier (31 mars). — Protêt du sieur Marchand de Vieuxbans contre Simon Rezé, marchand imprimeur demeurant près du Palais-Royal, pour refus de paiement d'une lettre de change de 600 livres (7 avril). — Sommation de signer avec eux les rôles, d'assister à leur vérification par le président de l'élection, et de contribuer à la levée, faite par Chambaud, marchand, Desmaisons, teinturier, Mandot, maître chandelier, Pitre, notaire royal, et Lardy, marchand, collecteurs d'Angoulême, à Sauzet, sergent royal, aussi collecteur, qui s'y refuse, sous prétexte qu'il n'a pas collaboré à la confection des rôles dans laquelle se sont commis quantité d'abus (8 avril). — Sommation des mêmes au même de venir procéder avec eux à la répartition de l'impôt pour l'inspection de la boucherie (9 avril). — Contrat de mariage entre Annet Richeteau, notaire royal, fils de Pierre, marchand, demeurant au faubourg Lhoumeau, et Marie-Anne Babin, fille de feu Charles, sieur de Signac et d'Anne de la Quintinie (29 mai). — Permutation du prieuré-cure de Notre-Dame de Gurat, diocèse de Périgueux.

contre la vicairie perpétuelle de St-Jacques d'Aube-terre, par Jean Puyaubert, prêtre du diocèse de Tulle, et Jean Joachim Malaubert (13 juin). — Bail à ferme d'une métairie, village de La Vallade, paroisse de Magnac, pour 7 années, moyennant 60 livres et 40 bois-seaux de grains chaque (6 novembre). — Constitution de 4 livres de rente au profit de Jacques Sauvo, curé de Puymoyen, fils d'autre Jacques, avocat au Parle-ment et d'Anne Maurice (16 novembre). — Bail à ferme de la seigneurie et maison noble de La Forêt d'Horte, avec les rentes en dépendant, calculées sur le pied de 3 livres 7 sols 6 deniers par boisseau de froment, du tiers par boisseau d'avoine, de 8 sols par geline, pour 7 années, moyennant 2.500 livres et 100 boisseaux d'avoine chaque, à Pierre Gabaud, marchand, demeu-rant au dit lieu, par Charles de la Place, chevalier, seigneur de Torsac. Avec le procès-verbal de l'état des domaines (2-14 décembre 1715).

E. 1939. (Liasse.) — 78 pièces, papier.

1716. — François Aigre, notaire royal à Angoulê-me. — Actes reçus par ce notaire du 1er au 29 décembre. — Transaction entre Jacques Texier, laboureur, de-meurant à Fouquebrune, et l'assemblée des habitants de Torsac, par laquelle ils réduisent son imposition pour la taille en 1715 de 16 à 10 livres, et s'engagent à ne plus l'imposer à l'avenir (9 février). — Paiement de 2.833 livres de principal et de 166 livres d'intérêts à Élisabeth de la Place, épouse d'Achille Terrasson, écuyer, seigneur de Verneuil, demeurant en la maison noble de La Petillerie, paroisse de Roullet, pour ses droits dans l'héritage paternel, conformément aux clauses de leur contrat de mariage du 28 novembre 1709 ; ledit paiement par Marie-Anne Janssen, épouse de C. de la Place, chevalier, seigneur de Torsac, qui verse lui-même 281 livres pour complément d'intérêts (14 février). — Lecture devant l'assemblée des habi-tants de Torsac d'une requête de trois des collecteurs par elle nommés qui demandent leur remplacement, à quoi elle répond après délibération qu'ils n'ont ja-mais « passé par la collecte, et qu'ils sont suffisants et capables » (16 février). — Notification du brevet de nomination de Jean-Baptiste Faure de Grignolle, prêtre du diocèse, à la première prébende qui viendra à vaquer au chapitre cathédral, à lui accordé par Sa Majesté à cause du son joyeux avènement à la Cou-ronne, en date du 13 février précédent ; ladite notifi-cation faite à François Pigornet, secrétaire de l'évê-

que (27 mars). — Même notification à Messieurs du Chapitre qui répondent « qu'ils reçoivent avec l'hon-neur et le respect qu'ils doivent led. brevet, sans aprouver néanmoins la clause yritante *à peine de nullité* incérée par mezprize d'autant que ladite clauze est insolite et contraire aux déclarations des Rois prédécesseurs de Sa Majesté » (27 mars). — Sommation aux mêmes de nommer ledit Faure en remplacement du sieur Nadault, chanoine, mort le jour même ; à quoi Messieurs du Chapitre répondent « qu'il n'y avait pas de chanoinie vacquante par le décès dudit sieur Nadaud » (31 mars). — Bail à ferme de tous les droits des vins qui se vendront en détail dans la maison de François Jamain, dit Büffe-la-Bulle, cabaretier, au village de La Sigogne, paroisse de Soyaux « sous un seul et même bouchon », pour 5 années, moyennant 40 livres chaque, par Jacquier, receveur des aides dans la banlieue d'Angoulême (15 avril). — Reconnaissance d'une rente de 3 livres due à Antoine Guillard, sieur des Plaines, conseiller en l'élection, et Catherine Payen, sa femme, comme étant aux droits de François Payen, marchand potier d'étain et de Jeanne Mayou, leurs parents et beaux-parents, par Jeanne Plateau, veuve de feu Pierre Delisle, sieur des Resniers, demeurant à Lichères (28 avril). — Vente des terres et seigneuries du Groc, Fouquebrune, Houme et Marsac tenues à hommage du château et duché de La Valette, moyennant 30.500 livres, à Marie-Anne Janssen, épouse de Charles de la Place, chevalier, seigneur de Torsac, par Jean Mosnier, chevalier, seigneur de Planeau, capitaine d'infanterie au régiment d'Artois, et Mar-guerite de la Marthonnie, son épouse, (28 avril). — Reconnaissance d'une créance de 1.500 livres au profit de Françoise Jamen, veuve de Jean Chevreau, écuyer, sieur de La Vallade, et de Marguerite Jamen, veuve de Paschal Birot, écuyer, docteur en médecine, comme héritières de Jean Jamen, écuyer, et de Françoise Martin, sa femme, leurs père et mère ; par le seigneur de Torsac (15 mai). — Vente d'une borderie au vil-lage d'Entournac, paroisse de Soyaux, moyennant 230 livres, à Gourreau, laboureur, et sa femme, par Jean de Brienne, chevalier, seigneur de St-Léger, demeurant au lieu noble de Villedon, paroisse d'As-nières, tant pour lui que pour Marie-Radégonde de Villedon, veuve de Jean de Brienne, sa mère, auto-risée de Gabriel de La Pisse, écuyer, sieur des Ber-gères, son second époux (3 juin). — Procès-verbal de la seigneurie du Groc, et prise de possession par le seigneur de Torsac et sa femme (9-16 juin). — Testament de Marie et de Jacquette Roy, sœurs, par lequel elles lèguent, entre autres, 200 livres à la Confrérie du Très-Saint-Sacrement, choisissant ses membres comme exécuteurs testamentaires, et s'il y en a qu'il auroient regret de leurs temps et se détourner de leurs affaires » ils pourront prendre 10 écus sur la succession (10 juillet). — Bail à ferme des terres et seigneurie de Torsac, Montgauguier et Sallebrache comprenant le château de Torsac et 3 métairies, pour 9 années, moyennant 3.400 livres chaque, payables en trois termes : Noël, Pâques et la St-Jean-Baptiste, à Daniel Bourrut, sieur des Nauves, Marguerite Vergereau, sa femme, Jean Jourdain notaire et procureur du duché-pairie de La Valette et Marguerite Bourrut sa femme, par Charles de La Place, chevalier, seigneur de Torsac, ci-devant capitaine de cavalerie commandant un escadron du régiment de Piémont, et Marie Janssen, sa femme (14 novembre 1716).

E. 1940. (Liasse.) — 55 pièces, papier.

1717. — François Aigre, notaire royal à Angoulême. — Actes reçus par ce notaire du 13 janvier au 18 décembre. — Contrat de mariage entre Christophe Bouilhon, sieur de Fondeville, fils de feu Pierre, bourgeois, et de Mariette Bareau, demeurant à L'Isle d'Espagnac ; et Marie-Anne Bareau, fille de feu Jean, procureur au présidial : en faveur duquel mariage la future épouse reçoit en dot 5.300 livres (22 janvier). — Transaction, par laquelle Charles Mestayer, directeur des aides de l'élection, s'engage à ne pas poursuivre Cybard Dumas, sieur de La Chapelle, et Jacquette de la Broue, sa femme, demeurant à Fascoux, paroisse de Dignac, moyennant 60 livres (1er avril). — Reconnaissance donnée par Marie Duchesne, veuve de feu François Filhon, marchand orfèvre, Jacques Pierre Dumergue, sieur de Boisbelon et Madeleine Duchesne, sa femme, de diverses sommes à elles remises par Laurence Boisseau, veuve en premières noces de Jacques Duchesne, et en secondes noces de Nicolas Benoist, sergent royal, leur mère et belle-mère (21 juin). — Règlement de comptes concernant une rente de 50 livres due à Jean-Louis Fé, chevalier, seigneur de Font-Denis, Maumont, Le Tillet, Fontfroide, Frégeneuil, Maunac et autres lieux, lieutenant particulier au présidial, comme cessionnaire de Jean Fé, chevalier, seigneur de Boisragon, son père, lui-même étant aux droits de feu Jean Fé, chevalier, seigneur de Font-Denis, conseiller du roi en l'élection ; par Jacques

Lemercier, sergent royal, comme héritier d'Hélie Lemercier, marchand orfèvre (8 juillet 1717).

E. 1941. (Liasse.) — 87 pièces, papier.

1718-1720. — François Aigre, notaire royal à Angoulême. — Actes reçus par ce notaire, du 11 janvier 1718 au 2 décembre 1720. — Vente de 12 journaux de bois taillis et de « fournaux », au lieu du Meilles, paroisse de Grassac, moyennant 216 livres, au seigneur de Torsac, par Jean Bourrut, sieur des Nauves, marchand droguiste et Madeleine de Bussac, sa femme (25 février 1718). — Délibération de l'assemblée des habitants de Torsac qui rétablit Jacques Decescaud, sieur de la Lourrière, dans sa charge de syndic perpétuel de Torsac supprimée par Sa Majesté, à condition que le titulaire fut « remboursé de sa finance » ou à nouveau nommé (3 juil.). — Sommation de deux collecteurs de Torsac à l'assemblée des habitants dudit lieu de nommer deux nouveaux collecteurs en remplacement de leurs confrères fugitifs (8 janvier 1719). — Règlement concernant le droit de dîme dans les paroisses de Fouquebrune et d'Houme, son annexe, « pour le bien de paix, l'union et concorde qui doit être entre le pasteur et les brebis », le dit règlement établi par Philippe Pigornet, ancien avocat, arbitre choisi par Jean Gilbert, docteur en théologie, curé. Léonard Jollain, apothicaire, syndic et ayant procuration de la communauté des habitants de Fouquebrune, Michel Gaudichaud, notaire royal, syndic et ayant procuration de la communauté des habitants d'Houme, et Pierre Dufresse, sieur du Maine-Roux, adjoint aux syndics. Il est décidé que la dîme des agneaux sera payée au treizième, et qu'un blanc ou 5 deniers seront versés pour chaque agneau ne rentrant pas dans une série de 13 ; le curé ayant droit de visite dans la semaine Sainte et la semaine de Pâques, et dans les quinze jours qui suivent la St-Jean-Baptiste. Les jardins ne seront pas sujets à la dîme pourvu que leur emplacement ne varie pas, et que leur dimension n'excède pas la proportion d'un demi-journal par chaque paire de bœufs employée. La dîme du blé et autres fruits sera calculée au treizième ; le propriétaire étant tenu d'avertir le curé vingt-quatre heures avant la récolte et de garantir pendant vingt-quatre heures le treizième sillon laissé sur pied au fur et à mesure qu'elle s'effectue. Le millet, les légumes « mongettes » et blés noirs seront sujets à dîme, la dîme de vendange est aussi réglée au treizième. A l'égard du service de la paroisse d'Houme il est entendu, entre autres choses, que les jours de la Nativité de Notre-Dame, les paroissiens viendront chercher leur curé jusqu'à la limite de la paroisse avec la croix, la bannière et les clochettes ,et rejoindront processionnellement l'église pour entendre les vêpres. Suit la ratification des communautés d'habitants (10 septembre).— Vente de 32 boisseaux de froment, autant d'avoine, mesure de La Valette, 3 chapons, 3 gelines et 35 sols de rente foncière sur les prises des Godets et de Mathurin Fougère, paroisse d'Houme, moyennant 2.000 livres en principal, à M. et à Mme de Torsac par André Bourbon, sieur de Fougère, qui en était propriétaire, après partage avec Jean Argoulon, juge de Peudry et Marie Bourbon, sa femme de l'héritage de Pierre Bourbon, docteur en médecine et de Jeanne Chevet, sa femme (28 décembre.) — Paiement de 2.016 livres à Jean Musseau, écuyer, seigneur de St-Michel, agissant tant pour lui que comme tuteur des enfants de Louis, écuyer, son frère, et de Jeanne de Chièvres, créanciers de Jean Mosnier, seigneur de Planeau et de sa femme, par Mme de Torsac, comme adjudicataire de la seigneurie du Groc (16 janvier 1720). — Bail à moitié de la métairie de Boissard, paroisse de Torsac, consenti par François Faligon, écuyer, sieur des Gaigniers et de La Chapelle (10 mai). — Sommation de François Ladeilh, notaire royal demeurant à La Maison Blanche, paroisse de Torsac, à Jean Dumontet, procureur fiscal de Dirac, de recevoir la somme de 830 livres conformément à la transaction intervenue entre eux (21 octobre). — Procès-verbal de la métairie de Landaule et d'une maison à Angoulême acquises, le 29 avril précédent, de Guillaume et Antoine Yrvoix, sieurs de Landaule, frères, héritiers de Jacques, leur père, par Jean Du Tillet, sénéchal de la baronnie de La Roche-Chandry, de Voulgézac et de Torsac, lieutenant d'une milice bourgeoise d'Angoulême (20 novembre-2 décembre 1720).

E. 1942. (Liasse.)— 92 pièces, papier.

1721-1723. — François Aigre, notaire royal à Angoulême.—Actes reçus par ce notaire du 16 février 1721 au 21 décembre 1723. — Transaction par laquelle Jean Mosnier, chevalier, seigneur de Planeau, demeurant à Champagnon, paroisse de Pérignac, abandonne l'action en retrait féodal qu'il voulait exercer, comme étant aux droits des héritiers de la duchesse d'Elbœuf, contre Mme de Torsac (19 mars 1721). —

Arrentement perpétuel de tous les biens sis paroisse de Torsac provenant de l'héritage de Nicolas Nebout, procureur fiscal de Verrières, en Poitou, moyennant 24 livres chaque année, à Pierre Nebout, marchand, leur oncle, et Marguerite Mestayer, sa femme, par Antoine Nebout, marchand, demeurant à Verrières, et Pierre Nicolas Nebout, avocat au Parlement, demeurant à Poitiers, fils dudit Nicolas (31 mars). — Bail à moitié de la métairie de Charsey, paroisse de Puymoyen, consenti par Étienne Thoumye, sieur de Charsey (17 mai). — Transaction par laquelle Charles Chaignaud, écuyer, seigneur de Marillac et du fief de La Couronne, garde du corps du Roi, comme héritier de Marie-de Chambes, sa mère, demeurant au logis noble de La Couronne, paroisse de Marthon, renonce moyennant 350 livres, à exercer le retrait de plusieurs rentes seigneuriales dépendant de La Couronne, acquises par Charles de la Place, chevalier, marquis de Torsac, et reconnaît à celui-ci, comme seigneur de La Forêt d'Horte, la suzeraineté sur l'île et le moulin de Rottesang, appelé aussi de Bassalaus ou La Forge de Guillot, comme il appert par l'arrentement consenti le 25 février 1462 par Jean de St-Laurent, écuyer, fondé de pouvoirs de Yves, écuyer, seigneur de Feuillade son père, a Perrin Des Rivaux (6 juin). — Bail à ferme des moulins à blé de Landaule, paroisse de Torsac, pour 5 années, moyennant 150 livres et 6 canets chaque, à Martial Balotte, meunier, et sa femme, demeurant au moulin de Frézane, même paroisse, par François Boullet, sieur des Barrauds, demeurant à Blanzac (26 janvier 1723). — Bail à ferme de la moitié de ses dîmes de Vœuil, sauf la dîme des agneaux, consenti pour 9 années, moyennant 240 livres chaque, par Jean Maximin Dufaur de Beaulieu, curé de Vœuil-et-Giget (19 mars). — Procès-verbal des empêchements que suscitent Jacques de la Brousse et Marie, sa fille, pour enlever à Étienne Thoumye, sieur de Charsey et aux autres habitants du village de Charsey, paroisses de Vœuil, Puymoyen et Torsac, la possibilité de puiser dans un puits qu'ils prétendent leur être commun (13 août). — Bail à ferme de la seconde moitié des dîmes de Vœuil consenti par le curé, moyennant 250 livres et 2 « chartées » de paille de froment bonne et marchande composées chacune de 18 « faitz » liés à 2 liens (19 septembre). — Bail à ferme de la métairie noble des Crézannes, et d'une maison au bourg d'Aignes, moyennant 300 livres, et aussi des rentes seigneuriales à lui dues au même lieu, avec les lods et ventes, moyennant 600 livres ; à François Ducoux, maître apothicaire et Marguerite

Aigre, sa femme, demeurant à La Valette, par Gaston-Pierre de Deviauld, chevalier, seigneur d'Aignes, y demeurant (12 octobre). — Bail à moitié de la métairie de Landaule, paroisse de Torsac, consenti par Jean de Bussac, sieur de Beaupré, demeurant paroisse de Magnac (20 octobre). — Bail à ferme de ce qui lui appartient, paroisse de Mouthiers et environs, consenti moyennant 130 livres chaque année, par François Fournier, marchand droguiste, demeurant au village de Chez-Grasset, paroisse de Vœuil (21 décembre 1723).

E. 1943. (Liasse.) — 86 pièces, papier.

1724-1727. — François Aigre, notaire royal à Angoulême. — Actes reçus par ce notaire du 25 janvier 1724 au 30 décembre 1727. — Bail à moitié de la métairie du logis de Puygaty, paroisse de Chadurie, consenti par Jacques Clément, sieur de Montgaudier, comme fermier du lieu noble de Puygaty (15 janvier 1724). — Bail à ferme du petit moulin du bourg de Torsac, moyennant 30 livres chaque année (16 avril 1725). — Procès-verbal des dommages occasionnés aux vignobles de la paroisse de Vœuil, incapables désormais de donner autre chose que du « vergeus », par l'orage ayant éclaté le 7 de ce mois, vers les 7 heures du soir : deux jours après on ramassait encore des grêlons gros comme des noix (28 septembre). — Transaction entre Jean Dumontet, procureur fiscal de Dirac, comme succédant à son père, Guillaume, notaire royal, dans la ferme des rentes seigneuriales dues à M. d'Argence dans la paroisse de Dirac, et Pierre Chaignaud, marchand, demeurant à Puymerle, paroisse de Torsac, concernant les arrérages de rentes dus par celui-ci (30 décembre 1726).

E. 1944. (Liasse.) — 93 pièces, papier.

1728-1731. — François Aigre, notaire royal à Angoulême. — Actes reçus par ce notaire du 2 janvier 1728 au 9 janvier 1731. — Transaction par laquelle Charles Gibaud, chirurgien, demeurant à Chez-Garant, paroisse de Torsac, s'engage à donner une dot de 200 livres à Elisabeth Gibaud, épouse de Denis Decescaud, sergent, sa sœur (16 février 1729). — Bail à moitié de la métairie de La Grande-Andaule, paroisse de Torsac, consenti par Mathieu Dutillet, sieur de Beauvais (6 mars). — Transaction par laquelle Jean

Mériollon, notaire royal, demeurant à Dirac et Geneviève Sirier, sa femme, celle-ci comme héritière de Jean Sirier, maître chirurgien, abandonnent, moyennant 49 livres, leurs droits d'hypothèques sur les biens de Marguerite de la Garde, épouse de François Cazeau, sieur du Marais Sauvage, y demeurant, même paroisse de Dirac (16 août). — Procès-verbal de l'assemblée des habitants de la paroisse de Torsac réunie à la requête de Charles Gibaud, chirurgien et syndic, qui nomme un nouveau collecteur en remplacement de Martin, déchargé par l'élection, donne procuration aux collecteurs de l'année de les représenter devant l'élection pour s'opposer à une seconde demande en décharge, et élit comme syndic André Bourbon (28 octobre). — Bail à moitié de la métairie de Chez Jamet, paroisse de Fouquebrune, consenti par Jean Dutillet, sieur des Vergnes, demeurant à Angoulême (16 août 1730). — Procès-verbal du moulin du village de Landaule, paroisse de Torsac, ce requérant François Boullet, sieur des Barrauds, demeurant à Blanzac (22 novembre). — Contrat de mariage entre Jacques Gendron, lieutenant de dragons au régiment d'Orléans, fils de feu Jacques et de Marie Dupérat, et Marguerite Boisseau, fille de feu Pierre (6 janvier 1731).

E. 1944. (Liasse.) — 16 pièces, papier.

1674. — Audouin (Pierre), notaire royal à Angoulême. — Actes reçus par ce notaire du 15 avril au 30 décembre. — Cession par Pierre Rouvière, subdélégué de François Legendre, fermier général des aides, tant en son nom que comme procureur de Charles Charlier, sieur de La Barre, et de Louis Giberne, sieur de Salvaisac, aussi subdélégué des aides, à Odet de Chazeau, seigneur du Repaire de La Reynerie, y demeurant, paroisse d'Auriac, en Périgord, moyennant 2.500 livres, de tous leurs droits et actions pour le meurtre de Jean Charlier, fils dudit Charles et commis dudit Rouvière, dont se sont rendus coupables de Morel, écuyer, seigneur de La Chebaudie, fils de René, écuyer, sieur des Marais, Regnon, neveu dudit sieur des Marais, et Boisderé, soldat de la garnison du château de Moulins, condamnés par les élus de Cognac le 10 décembre 1672 (15 avril). — A cet acte est joint la délégation donnée par le fermier général des aides à Louis Giberne pour le représenter dans les élections de Niort, Angoulême, Cognac et St-Jean d'Angély, les départements de La Rochefoucauld,

Bouteville et Confolens (7 janvier 1669). — Protestation de Jean Naudin qu'il ne doit rien à Thomas David, maître sergier, pour l'apprentissage de son fils, parce qu'il l'a roué de coups (11 décembre). — Bail à ferme du moulin de Broudis, paroisse de La Couronne, pour 19 mois, à René Marbareau, maître papetier, par Jacques Gaultier, marchand, comme étant aux droits de Philippe, son père, aussi marchand, dans la ferme judiciaire dudit moulin, lequel s'engage à payer, chaque semaine, le papier fabriqué et rendu au port de Lhoumeau, sur le pied de 80 livres la charge des « fins petits comte », 66 livres la charge des « gros bons comte », 5 sols 3 deniers la livre des « fins moyen comte », 70 sols la rame des « fins grand cornet » (12 décembre). — Bail à moitié du domaine de Chez-Nollet, paroisse de Mouthiers, consenti par Claude Poitevin, sieur de St-Serny, Jean de Bonneuil, maître tailleur d'habits et Marie Poitevin, sa femme. Les semences sont fournies par les bailleurs, les animaux par moitié ; les preneurs donneront, chaque année, outre la moitié des récoltes, 3 douzaines d'œufs, 4 chapons, 4 poulets, une douzaine de fromages (21 décembre). — Reconnaissance de 10 livres de rente dues à cause d'une borderie, paroisse St-Antonin, à Jacques Barraud, marchand, comme étant aux droits de Louis Micheau, écuyer, sieur de Rochefort, par Marie Barbot, veuve de Jean Prévéraud, sieur de Fontclairaud (11 décembre 1674).

E. 1915. (Liasse.) — 110 pièces, papier.

1675. — Pierre Audouin, notaire royal à Angoulême. — Actes reçus par ce notaire du 10 janvier au 30 décembre. — Procès-verbal du bois et des grains qui se trouvent à la seigneurie d'Hurtebise, et des réparations faites aux bâtiments, par Jean de Bresme, notaire royal et receveur de ladite seigneurie, ce requérant François Ytier, procureur au présidial, représentant de très illustre et puissant Alexandre, marquis de Redon de Montfort, châtelain de Pranzac, seigneur d'Argillier, demeurant rue de Verneuil, à Paris (10 janvier). — Transaction par laquelle sont réglées à 92 livres les arrérages de la rente due sur la prise du Buis, paroisse de Chabanais, à Jean Guyot, écuyer, seigneur de La Mirande, demeurant à Confolens, par Jacques Duval, avocat en parlement, juge assesseur de la principauté de Chabanais, Joseph de Limaignes, sieur de L'Aubicherie et Jean, son père, Pierre Chambort, marchand (24 janvier). — Rétroces-

sion à Simon de Pindray, écuyer, seigneur de Piacaud, par Jacques Arnaud, marchand de draps de soie, d'une créance de 813 livres sur Mathurin Vigier, écuyer, sieur de Chante-Merle et Anne Binodon, son épouse, cédée audit Arnaud par Hélie de St-Hermine, écuyer, seigneur dudit lieu (1er février). — Quittance de 2.240 livres donnée à Adam Mazure, marchand papetier, demeurant au village du Puy de Nanteuil, paroisse de Champniers, par Jacques et Philippe Barraud, frères, marchands (12 février). — Protestation de Henri de Resnier, écuyer, seigneur de Vaujompe, y demeurant, paroisse de St-Sulpice, contre Jean Arnauld, marchand de draps de soie, qui s'est déchargé, sans l'aveu dudit Resnier, de 1332 livres reçues de lui en consignation (20 février). — Contrat de mariage entre François de la Tousche, sieur de Chaix, avocat en parlement, fils de Jean et de feue Madeleine Bondin, et Marguerite de la Boissière, fille de feu Pierre, premier avocat du roi au présidial et de Marie Vorion : en faveur duquel mariage la future épouse reçoit en dot la métairie de La Vergne, une somme de 4.000 livres, 500 livres en meubles et vêtements, et renonce à la succession de ses parents en faveur de Pierre de la Boissière, son frère ; le futur époux reçoit, en avancement d'hoirie, la métairie de Brajette, paroisse de Garat, et une somme de 4.000 livres (18 février). — Procès-verbal des meubles et effets de Louis Amblard, décédé à Moulineuf, paroisse de Combiers, ce requérant Jean Amblard, ministre de St-Claud ; d'où il résulte que Louis Amblard, sieur de Moulineuf, a fait déjà enlever quantité de meubles et de papiers ayant appartenu à son père (6 mars). — Cession de toutes les peaux des bœufs qu'il tuera, moyennant 13 livres pour chacune d'elles, à Michel Mallat, boucher, par Jean Jarreton, aussi boucher (11 mars). — Compte avec son métayer du domaine de Coursac, paroisse de Balzac, par Pierre Ballue, avocat en parlement (10 avril). — Résiliement de contrats d'acquisitions de rentes sur Pierre Maurougné, écuyer, sieur du Ranseuil, par Jean-Jacques Maurougné, écuyer, sieur du Parc, à la prière de Catherine Maurougné, sœur dudit Pierre (23 avril). — Cession d'une rente de 27 livres 10 sols à Jean Arnauld, marchand de draps de soie, par Michel de Coublant, écuyer, sieur de La Rousselière, Marguerite Musseau, sa femme, et Alexandre de Hilerin, écuyer, sieur de La Rigaudière, son beau-frère (4 mai). — Entente entre Philippe Maulde, procureur fiscal de l'abbaye de St-Cybard, Catherine Mesnard, sa femme, et Julien de la Ville, conseiller du Roi, contrôleur de son domaine, concernant un emplacement dont ils se contestaient mutuellement la propriété (5 mai). — Transaction par laquelle Antoine Sauvo, curé de Montbron, comme tuteur de Joseph Sauvo, son frère, s'engage à payer à Suzanne Aymard, veuve de Feriol Josserand, marchand de draps de soie, 150 livres de dommages et intérêts pour rupture d'un engagement pris par ledit Joseph (8 mai). — Transaction par laquelle deux laboureurs de St-Ciers abandonnent, moyennant 48 livres, et la restitution des meubles sur eux saisis, leur poursuite en abus contre les collecteurs de la paroisse (23 mai). — Bail à ferme de la métairie de La Gibauderie, paroisses de Jarnac et de Chassors, pour 3 années, moyennant 1.000 livres chaque, à Josué Yver, sieur de La Chagnée, demeurant à Jarnac, par Jean Thomas, écuyer, sieur des Bretonnières, conseiller et garde des sceaux au présidial (2 juin). — Déclaration de Lazare Périgord, praticien, demeurant au Maine du Cop, paroisse de St-Mary, afin de décharger sa conscience et son honneur, que l'acte de cession fait en sa faveur par Anne Carron, veuve de Charles Pougaud, écuyer, sieur de La Loubrie, d'une créance de 360 livres sur Pierre de Cursay, écuyer, sieur de St-Mary, est faux, et fabriqué par ledit sieur de St-Mary pour se mettre à couvert des contraintes de Jean Carron, sieur de Massidou, curateur des enfants dudit Pougaud (7 juin). — Vente de 50 charges de papier carré, pesant 10 livres la rame, moyennant 48 livres la charge rendue au port de Lhoumeau, à Henry Gaultier, marchand, par Claude Moyran, maître papetier, demeurant au moulin du Gouts, paroisse de Jumillac, en Périgord (8 juin). — Bail à ferme du droit de marque des fontes fabriquées dans les forges de Combiers, Cursac et Le Cluzeau, et des aciers fabriqués aux forges de Cursac et Rougnac, pour 6 années, moyennant 1.100 livres chaque, à Antoine de Lavaud, sieur de La Pradelle, faisant valoir la forge de Combiers, par Claude de Chartre du Buchot, directeur général dudit droit dans les généralités de Limoges, Poitiers et autres (19 juin). — Vente de 135 charges de papier, dont 74 au « grand cornet fin ou superpost », 25 charges de « gros bon superpost », 35 charges de « gros bon comte », et 8 charges de « gros bon en fleur de lys » livrables en 18 mois, de semaine en semaine, moyennant 100 livres la charge du « fin », 72 livres la charge du « gros bon superpost et comte », 3 sols 6 deniers la livre du « gros bon en fleur de lys », à Henry Gaultier, marchand, par Pierre Clausure, maître papetier

du moulin de Brémond, paroisse de St-Martin d'Angoulême (20 juin). — Quittance de 750 livres donnée à René Baudry, sieur de La Touche, et Olivier Renaud, marchand, pour la ferme des agriers et métairies appartenant au marquis de Redon et de Pranzac, dans les paroisses de Barré, La Garde et La Chaise (24 juin). — Règlement de comptes entre Jean Nicolas de Belleprière, maître ès arts, Jean Jouve, aussi maître ès arts, et Jeanne de Belleprière, sa femme (29 juin). — Vente de 30 charges de papier, moyennant 78 livres la charge, à Henry Gaultier, marchand par Pierre Périer, marchand papetier (4 juillet). — Cession à Jean Arnauld, marchand de soie, par Marguerite et Jeanne Geoffroy, sœurs, d'une créance de 1.000 livres contractée envers Henry Geoffroy, chevalier, seigneur des Bouchauds, par Jacques, écuyer, sieur de La Tacherie, et Catherine Geoffroy, sa femme (5 juillet). — Transaction par laquelle Pierre de Lhuille, sieur de Fonlote, exécute partie de l'obligation où il était, en vertu de son contrat de mariage avec feue Jacquette Roy, du 4 février 1669, de donner à Marie et à Catherine de Lhuille, ses sœurs, une dot de 4.000 livres et 200 livres en vêtements, pour leur part dans l'héritage de Pierre de Lhuille, sieur de Fontgautier et d'Anne Fils, leurs parents (21 juillet). — Règlement de comptes d'une créance de 32 livres en faveur de Siméon Denis, sieur de La Brousse, maître apothicaire, demeurant à La Brousse, paroisse de Lézignac-Durand, par David de St-Denis, sieur du Fayas et Marie Chevalier, sa femme (27 juillet). — Testament de Pierre Bareau, écuyer, sieur de Beauregard, et d'Anne Rizard, sa femme, par lequel ils demandent d'être enterrés dans l'église du Petit-St-Cybard, sans aucune pompe, de faire dire 50 messes dans chaque couvent de la ville, la semaine de leur mort, de faire donner 50 livres aux pauvres honteux et 50 aux pauvres mendiants, lèguent 100 livres à l'hôpital général, 100 à l'hôpital de Notre-Dame des Anges, 100 aux prisonniers, « à la charge de prier Dieu pour eux »; instituent leur légataire universel Pierre Bareau de Girac, leur fils aîné, à la charge de donner à Jacques, leur fils puîné, 20.000 livres, et à François et Marie, leurs autres enfants, à chacun 12.000 livres ; « exortans leurs dits enfans et fille d'avoir toujours la crainte de Dieu devant les hieux, de s'aimer cordialement, et de s'entretenir toujours dans une bonne paix et union qu'ils leur souhaitent » (29 juillet). — Cession à Guillaume Touzelet, procureur au présidial, par Catherine et Marie Thibaud de la Carte, la première supérieure du couvent des Ursulines, de diverses créances sur Etienne Peronnin, curé de Salles, Benigne Thibaud de la Carte, veuve du baron des Etangs, le marquis de la Carte en vertu d'un legs du commandeur de la Carte, Messieurs des Essarts, de la Chalonnière et Thibaud de La Carte pour la pension qu'ils leur doivent comme héritiers de Jacques Thibaud de la Carte, leur père, en présence et du consentement d'André de Nesmond, grand archidiacre, grand vicaire général, official du diocèse et directeur du couvent (31 juillet). — Vente des « revenans bons » des papiers du Moulin Neuf, au village de Breuty, paroisse de La Couronne, que font valoir Jean et François Beauvais, maîtres papetiers, pour 2 années, moyennant 300 livres chaque, à Henry Gaultier, marchand, par Jeannette Delafont, veuve de Pierre Roullet (16 août). — Transaction par laquelle Jean Paulte, écuyer, sieur des Riffaux, maître particulier des eaux et forêts d'Angoumois, comme héritier d'Hélie, aussi maître des eaux et forêts, et de Suzanne de Maignou, ses père et mère, s'engage à exécuter le contrat d'arrentement conclu le 19 avril 1669 avec Jacques Morin, écuyer, sieur de Lambertie, conseiller au présidial, moyennant que celui-ci augmentera de 50 sols la rente qui était de 7 livres 15 sols (24 août). — Cession de divers biens sis à Clermont, dans le Maine, moyennant 190 livres, à Mathieu Pélard, marchand-imprimeur-libraire, par René Lespine, soldat de la compagnie du sieur Lavaure, du régiment de Champagne, en garnison au château (15 septembre). — Cession à Emerie Petit, veuve de Gille Dubois, par Simon Prévéraud, juge de Vindelle, de 50 livres de rente que lui doivent Jean Després, notaire royal et Louise Prévéraud, sa femme (22 septembre). — Règlement de compte des créances de Marie-Dolbora (sic) d'Haumont, représenté par Pierre Chaigneau, sieur de Marilhac, demeurant au lieu noble de La Couronne, paroisse de Marthon, envers Clément Chérade, marchand de soie : elles s'élèvent à 2.021 livres (24 septembre). — Arrêt de comptes entre Philippe et Henri Gaultier, marchands (7 octobre). — Rétrocession de diverses créances à Jacques Arnauld, marchand de soie par Jacob Janssen, marchand, et Marie Plantif, son épouse (20 octobre). — Cession de 54 livres à Christophe Cayron, ci-devant curé de La Couronne, demeurant à Angoulême (29 octobre). — Cession d'une rente de 65 livres au capital de 1.300 livres, constituée au profit de Renée de Fontenaille, épouse de Pierre Frère, avocat au parlement, par Pierre Bareau, écuyer, sieur de Beauregard ; la dite cession faite en faveur de Louis Joubert, marchand, par Pierre-Ignace

Frère, avocat au parlement de Bordeaux, juge-sénéchal des villes, châtellenie et marquisat d'Archiac; fils dudit Pierre (30 octobre). — Reconnaissance d'une rente de 100 sols constituée par Gilles de la Boissière, contrôleur du domaine à Angoulême, donnée à Marie Vorion veuve de Pierre de la Boissière, conseiller au présidial, par Léonard de Lanchère, greffier de la juridiction de Bouex en la châtellenie de Marthon (5 nov.). — Quittance donnée par Geoffroy Guilhebaud, curé d'Aussac, à François Monsalut, demeurant à Viville, paroisse de Champniers, de ce qu'il devait encore sur la ferme du temporel d'Aussac à lui concédé en 1668, moyennant 460 livres chaque année (15 novembre). — Reconnaissance d'une rente de 25 livres donnée à Françoise Gandobert, veuve de Pierre Arnauld, procureur au présidial, par Jacques Maistre, sieur de La Courrière, demeurant à La Grange, paroisse d'Aussac (14 novembre). — Cession de 410 livres de créances à Marc Barbot, écuyer, sieur de Tudebœuf, prévôt royal de la châtellenie d'Angoulême, par Marie de Mallet, demeurant en la maison des Forges, paroisse de Turgon, en Poitou, comme cessionnaire de feu François de Cursay, seigneur de St-Mary (18 novembre). — Constitution d'une rente de 40 livres en paiement des dettes de son père, par François Clément, maître « formaire », demeurant à La Couronne, en faveur de Christophe von Gangelt, négociant d'Anvers, dont une lettre est jointe à l'acte (21 novembre). — Cession de 4.500 livres faisant 3 années de sa pension créée par brevet de Sa Majesté du 13 avril 1668, par Jean Dufossé, seigneur abbé de La Fosse, demeurant à St-Sulpice, près Cognac, à Jean Arnauld, marchand, à qui il était redevable de pareille somme (6 décembre). — Cession d'une créance de 200 livres sur Jean Lériget, sieur de La Rinière, à Jean Arnauld, marchand, en paiement de marchandises, par Pierre Valentin, écuyer, demeurant en la maison noble de St-Maixent, paroisse d'Aigre (8 décembre). — Quittance de 1.000 livres donnée par Jean Arnauld, à Jean et Pierre de Roches, écuyers, sieurs de Roches et de Fontenioux, demeurant au village des Faures, paroisse de Chadurie, agissant pour Charlotte-Angélique-Diane Acarie Du Bourdet, veuve d'Henri Gandillaud, seigneur de St-Aignan (9 décembre). — Requête présentée au lieutenant général d'Angoumois par Marie Fouchier, veuve de François de la Font, sieur de La Gibaudrie, président de l'élection de Cognac, lui demandant de la faire entrer en possession des biens dont elle avait fait donation à François de la Font, sieur de Lantin, son fils aîné, moyennant 1.100 livres de pension, donation qu'elle avait ensuite révoquée (décembre 1675).

E. 1946. (Liasse.) — 195 pièces, papier.

1676. — Pierre Audoin, notaire royal à Angoulême. — Actes reçus par ce notaire du 4 janvier au 28 décembre. — Déclaration de Jean Thomas, écuyer, sieur des Bretonnières, conseiller au présidial, que la vente à lui faite, le 4 janvier 1674, du lieu de La Gibaudrie, moyennant 28.000 livres, par Jean de la Font, écuyer, sieur dudit lieu, était purement fictive (13 janvier). — Sous-ferme d'une maison, paroisse de St-Martial, à Jean de Fernet, écuyer, seigneur de Lascoux, y demeurant, paroisse de Buxerolle, en Périgord, agissant au nom d'Antoine de Fernet, écuyer, seigneur de Minsac et Marie de la Boissière, sa femme (8 janvier). — Transaction mettant fin au procès engagé entre Samuel Paulte, écuyer, sieur des Riffaux, demeurant à La Charbonnière, paroisse de Chazelles, d'une part, François Tullier, marchand d'Angoulême, Gilles Tullier, curé de Chazelles et Daniel Tullier, procureur au présidial, d'autre part (22 février).— Bail à ferme d'une maison, paroisse St-Martial, pour 5 années, moyennant 90 livres chaque, à Julienne de la Boissière, veuve de Geoffroy Mongin, sieur de La Buzinie, par Hugues Morisset, docteur en théologie, abbé de La Grâce-Dieu, et théologal de la cathédrale d'Angoulême (4 mars). — Contrat d'apprentissage, pour 2 années et moyennant 150 livres, chez Mathieu Pélard, imprimeur-marchand-libraire, de Julien Lespine, fils de Jean, âgé de 23 ans, originaire de Clermont dans le Maine, lequel reconnaît devoir en outre au dit Pélard 180 livres pour sa pension depuis juillet 1674 et 33 livres pour les vêtements qu'il lui a fournis (8 mars). A ce contrat est jointe la reconnaissance de ses clauses donnée le 6 mars 1668 à Mauricette Péraud, veuve de Mathieu Pelard, par Julien Lespine, imprimeur, qui « se tient pour satisfait des instructions qui luy ont esté données dans l'art d'imprimerie ». — Transaction concernant le paiement d'une somme de 400 livres due à Louise Bouquet, veuve de Jean Birot, écuyer, docteur en médecine, étant aux droits de François Birot, écuyer, sieur d'Amblecourt, par Hélie le Bègue, sieur de La Rémondrie, Renée de la Confrette, sa femme, Jean le Bègue, sieur de La Vaillanterie et Marie Gaudin, sa femme, cautionnés par Antoine Jarry, maître chirurgien, et Marguerite Paris, sa femme (14 mars). — Procuration donnée à Eléonore de la Laurencie, sa femme, par Germain de Pichard, chevalier, seigneur de Farges, lieutenant-colonel du régiment de la reine, demeurant au village de La Berche, paroisse de Gardes (15 mars). — Reconnaissance d'une rente de 12 livres 10 sols donnée à Jean Thomas, écuyer, sieur des Bretonnières, fils de feu Jean, aussi écuyer, sieur des Bretonnières et de Louise Ferrand, celle-ci fille d'Antoine, écuyer, sieur des Roches et de N. Lériget, celle-ci fille de Jacquette de la Combe, dame des Mesnardières qui constitua la rente en 1622 (23 mars). — Quittance de 450 livres lui revenant par contrat de partage donnée à Michel Mesnard, avocat en parlement, son fils, par Anne Vauvert, veuve de Jacques Mesnard, receveur quatriennal du taillon de l'élection d'Angoulême, chargée de procuration de Jean, étudiant en théologie, son plus jeune fils (28 mars). — Transaction par laquelle Jean Arnauld, marchand de soie, fait remise à Claude Thomas, écuyer, sieur des Maisonnettes, et Elisabeth de Nesmond, sa femme, d'une obligation de 5.489 livres consentie solidairement par eux et Pierre Thomas, écuyer, sieur de St-Simon, leur père et beau-père, moyennant la cession d'une maison, sise paroisse de St-Paul, dans la rue qui va de cette église, à la halle du Palet, et de 50 livres de rente (11 avril). — Quittance de 587 livres donnée à François Mosnereau, écuyer, sieur de Champaigne, par Henry Geoffroy, chevalier, seigneur des Bouchauds, demeurant audit lieu, et Luce Raoul, son épouse (11 avril). — Inventaire des meubles et effets de Catherine Maurougné, ce requérant Pierre Maurougné, écuyer, sieur du Ranseuil, demeurant au bourg de Pranzac (11 avril). — Cession d'une créance de 360 livres sur François de St-Laurent, écuyer, sieur du Cluzeau, à Mousnier, sergent royal, par François Mosnereau, écuyer, sieur de Champaigne, demeurant au Maine de La Font, paroisse de Voulgézac (11 avril). — Quittance de 210 livres pour 25 journées de garnison passées avec 4 archers à pied chez un hôtelier de Bourg-Charente, donnée par Mousseau à Jean de la Font, sieur de La Gibaudrie qui avait refusé de les recevoir chez lui où ils étaient envoyés pour refus de paiement d'une taxe de franc-fief (13 avril). — Transaction par laquelle Jeanne Legrand, au nom d'André Guenot, maître fourbisseur d'épées, consent que Jean Poitevin abandonne l'atelier dudit Guenot 18 ou 20 mois avant le temps fixé par le contrat d'apprentissage, pour « fréquenter les bonnes villes et se perfectionner dans son art », moyennant qu'il donne 33 livres de dommages et intérêts et s'engage à ne plus travailler à Angoulême (14 avril). — Transaction qui met fin au procès pendant entre Jean de Lesmerie, sieur du Groc, demeurant à Touvre, et Alain Drouet, sieur de L'Isle, moyennant la cession par celui-ci d'une somme de 50 livres (16 avril). — Reconnaissance de créances s'élevant, pour le principal, à 864 livres, donnée à Jean de la Gresille, sieur du Pellerin, comme héritier de Philippe, sieur des Martres, son père, par Jacques Vigier, écuyer, sieur de La Pille, avocat au parlement, et Madeleine Musset, son épouse (15 mai). — Vente de 100 charges de papier, livrables à Angoulême, moyennant 46 sols la rame de « fin fleur de lys » ou « petit cornet » et 45 sols celle du « gros bon fin comte », à Henri Gaultier, marchand, par Giraud et autre Giraud de la Combe, père et fils, maîtres papetiers de Tulle en Limousin (17 mai). — Testament de Pierre et de Mathurin Arnauld, fils de feu Hélie, avocat du Roi au présidial, et de Jeanne Bareau, par lequel ils lèguent réciproquement tous leurs biens en cas de prédécès (20 mai). — Transaction par laquelle Jean Fèvre, sieur de Chaussebry, s'engage à donner 450 livres à Yolande Audouin pour élever jusqu'à l'âge de 7 ans l'enfant qu'elle a eu de lui « sous promesse de mariage » qu'il n'a pas tenue, et 50 livres de dommages et intérêts à André Audouin, sieur du Plas, frère de ladite Yolande, dont il avait fait saisir les meubles (20 mai). — Obligation de 676 livres consentie en faveur de Louis de Chézelles, écuyer, sieur des Champs, demeurant au lieu de La Salle, paroisse de Gardes, par Pierre Decescaud, écuyer, et Catherine Castain, sa femme (30 mai). — Quittance donnée à Jean de la Grezille, sieur du Pellerin, par Daniel d'Alba, écuyer, demeurant à Bergerac, de 2.000 livres sur les 15.000 promises par son contrat de mariage avec Suzanne de la Grezille, sœur dudit Jean, reçu Mamain, notaire royal, le 21 juillet 1672 (6 juin). — Transaction entre François Fédis, marchand de Cognac, et François, son fils majeur, faisant tant pour eux que pour Pierre et André Fédis, Françoise Fédis, veuve d'Adam Philipon, avocat au parlement, et Anne Fédis, épouse de Claude Monier, marchand, enfants dudit François l'ainé et de Elisabeth Couturier, d'une part, et Antoine Couturier, sieur du Châtelard, demeurant faubourg de La Bussatte, d'autre part, réglant le partage des biens qu'ils avaient en indivis audit faubourg (26 juin). — Transaction portant règlement de comptes de la sous-ferme des dîmes du quartier de Fontenille consentie en 1662 pour 5 années, moyennant 960 livres chaque, à Geoffroy Mongin, sieur de La Buzinie, par Mathieu Galliot et Christophe Galliot,

marchand, son neveu ; entre Marie de la Salmonie, veuve dudit Mathieu, le dit Christophe, et François Galliot, commissaire aux saisies réelles, d'une part, Julienne de la Boissière, veuve dudit sieur de La Buzinie, et Pierre Mongin, conseiller à l'élection, d'autre part (29 juin). — Quittance de 400 livres faisant 16 années d'intérêts de la somme de 500 livres qu'il leur devait pour l'acquisition d'une maison, donnée à Pierre Chapiteau, premier huissier au présidial, par Jacques Auffredit, sieur de Kermesec, tant pour lui que pour Françoise Levrault, sa femme, Hélène Levrault, veuve de feu Olivier Laurence, sieur de La Ville-au-Lièvre, demeurant à Pontigny, et Anne Levrault, veuve de Ecuyer-Yves de Brossard, sieur de Guesnault, demeurant en la maison noble de Guesnault, paroisse de Silfiac (4 juillet). — Cession à Jean Arnauld, marchand de soie, par Elisabeth Bude, veuve d'Henri de Grignaux, marquis de Grignaux et de Bonne, des 3.000 livres que représente deux années de la pension à elle due François Bouchard d'Esparbès, chevalier, marquis d'Aubeterre, comme héritier de Marie de Pompadour, sa mère (9 juillet). — Sommation à Pierre Boulet, par Josias Chesnel, chevalier, seigneur de Château-Chesnel, de recevoir le complément des 500 livres d'amende auxquelles il a été condamné pour vols et abus commis au préjudice des eaux et forêts du Roi (28 juillet). — Cession d'une créance de 700 livres sur Hélie de Coulomb, sieur de Lambertie, et Valentine de Laborie sa femme, à Pierre David, écuyer, sieur de Boismourand, ancien et premier lieutenant assesseur criminel en la maréchaussée, comme héritier de Pierre, écuyer, sieur de Boismourand, son père, par Geoffroy Girard, chanoine de l'église cathédrale, comme héritier de Claude Girard, archidiacre, official et vicaire général du diocèse d'Angoulême (3 août). — Cession de la ferme judiciaire du moulin de La Courade saisi sur Philippe Gaultier, ladite ferme consentie pour trois années, moyennant 500 livres chaque, à Henri Gaultier, marchand, par Léonard de la Roche, compagnon papetier (10 août). — Cession d'une créance de 600 livres sur le sieur Du Buisson, juge de Claix, en remboursement de marchandises et d'obligations, à Jean Arnauld, marchand de soie, par François de Lespinay, chevalier, seigneur de Bellevue et Lidie Chabot, son épouse, demeurant à Pachot, paroisse de St-Aulaye (14 août). — Cession en remboursement des intérêts d'un prêt de 3.000 livres, à Jean Arnauld, marchand de soie, par Louis de Livenne, chevalier, seigneur de Verdille, Villejésus, Gaillard et autres places, demeurant au château de Verdille, de quatre années de jouissances des revenus de marais salants et de diverses rentes (14 août). — Contrat de mariage entre Michel Béchade, veuf en premières noces de Marie Thuet, fils de feu Jean, marchand, et de Marie Ducluzeau, et Charlotte Gibaud, fille de Bernard, notaire royal et d'Isabelle de Villoutreys : en faveur duquel mariage la future épouse reçoit une dot de 700 livres de ses parents, dont 100 entreront dans la communauté, et 100 sols de rente de Jean Gibaud, chanoine de la cathédrale (13 septembre). — Quittance de 300 livres léguées au noviciat des Jésuites de Bordeaux par testament du frère Philippe Avril, du 15 septembre 1672, donnée à Michel Mesnard, avocat en parlement, tant comme époux d'Anne Avril, que pour Catherine et Charlotte Avril, et à Philippe de Létoille, prêtre, comme tuteur de Pierre et de Jean Avril, par frère Pierre Guérin, religieux de la compagnie de Jésus au collège de Bordeaux, chargé de procuration du R. P. François Gachet, religieux syndic dudit noviciat (8 octobre). — Quittance de 120 livres faisant la quatrième partie de la somme de 481 livres à laquelle avaient été condamnés Abraham Pasquet, sieur du Luget, Jean Pasquet, sieur de L'Age-Bâton, Madeleine Moret, veuve d'Henry Pasquet, et Marie Pasquet, veuve de Pierre Mergier, au profit du collège des Jésuites de Bordeaux : ladite quittance donnée à Jacquot de Chièvres, écuyer, sieur de Montravail, demeurant au lieu noble de Farges, en Poitou, paroisse de Roussines, en Angoumois, comme mari de ladite Madeleine Moret, par le R. P. Bonaventure Maricheau, syndic du collège d'Angoulême, au nom du R. P. Gachet, syndic de celui de Bordeaux (12 octobre). — Obligation de 659 livres consentie en faveur de Michel de Coublant, écuyer, sieur de La Rousselerie, demeurant au lieu de La Marotte, paroisse de Dignac, par Alexandre de Hillerein, écuyer, sieur de La Rigaudière, demeurant à Puy-Guérin, paroisse de St-Ciers-Champagne, en Saintonge (24 octobre). — Bail à ferme des revenus de la ville, terre et châtellenie de Pranzac, pour 5 années, moyennant 5.600 livres chaque, à Sébastien Guillebot, marchand de Pranzac, par très illustre messire Alexandre, marquis de Redon, Pranzac et autres places (1er novembre). — Obligation de 100 livres consentie au profit de Philippe Richard, veuve de Claude Du Fenix, par Pierre Jaubert, écuyer, sieur des Vallons, et Louise Angibaud, sa femme, demeurant au lieu noble du Maine Roux, paroisse d'Houme (8 novembre). — Vente d'une maison au bourg de Charras, tenant d'un côté à la maison des héritiers de feu Pierre Decescaud,

juge de Charras, d'autre à celle des héritiers de Simon Cholloux, notaire royal, devant l'église, et d'un jardin, le tout sous la mouvance du seigneur de Charras, moyennant 425 livres, à Noël Légier, maître chirurgien, par Jeanne de la Garde, veuve de Jérôme de la Laurencie, chevalier, seigneur de La Plaigne, et Eléonore de la Laurencie, épouse de Germain de Picard, chevalier, seigneur de Farges, lieutenant-colonel au régiment de la Reine (9 novembre). — Bail à loyer de deux grandes chambres, pour une année, moyennant 52 livres 10 sols, à Antoine de Fornel, écuyer, seigneur de Minzac, et Marie de la Moissière, sa femme, par François Barreau, sieur de Grandmaison (23 novembre). — Cession d'une créance de 300 livres à Adrien de la Croix, marchand de La Rochelle, par Marie Oudin, veuve de Jacques Du Bois, écuyer, seigneur de Montmoreau en Lyonnais, conseiller et maître d'hôtel du Roi, demeurant à Coire, que représente Daniel Brunclière, marchand (30 novembre). — Constitution de 6 livres 16 sols de rente, au capital de 136 livres, au profit de Pierre Festiveau, marchand, par Etienne Chevraud, écuyer, sieur de La Vallade, avocat en parlement (3 décembre). — Contrat de mariage entre Pierre Gauvin, procureur au présidial, fils de feu Pierre, aussi procureur, et de Marie Maria, et Marie Mercier, fille de feu Christophe, marchand, et de Marie Yrvoix (21 décembre). — Inventaire des papiers remis sous le sceau de la confession au R.P. Menu, religieux minime, pour être restitués à Jean Souchet, écuyer, sieur des Doussets, lieutenant criminel au présidial, Marie Moulin, sa femme, Marc Barbot, écuyer, sieur de Tudebœuf, prévôt royal d'Angoulême, et Marguerite Moulin, sa femme, comme héritiers de Jean Moulin, écuyer, sieur des Mérigots (22 décembre 1676).

E. 1947. (Liasse.) — 174 pièces, papier.

1677. — Pierre Audouin, notaire royal à Angoulême. — Actes reçus par ce notaire du 1er janvier au 28 décembre. — Cession au profit de François Assier, marchand, agissant en communauté avec Marie Yrvoix, par Pierre de Mergey, écuyer, sieur de Châtelard, demeurant à La Rochefoucauld, d'une créance de 397 livres comme paiement de marchandises livrées au nom dudit de Châtelars à Jean Béchade, sieur de Rochepine et à sa femme, (3 janvier). — Règlement de comptes entre Jacques Vigier, écuyer, sieur de La Pille, avocat au parlement, Madeleine Musset, sa femme, et Jean Barraud, maître apothicaire, concernant une obligation de 500 livres consentie au profit de Jean Barraud, marchand potier d'étain, père dudit apothicaire (8 janvier).— Consignation de 5.093 livres par Hélie Boisson, écuyer, sieur du Breuil, entre les mains de Jean Arnauld, marchand de soie, qui les distribue en vertu de jugements et à diverses époques, à Henri de Poquayre, écuyer, sieur du Cormier et de Fontaulière, au nom de Charles de Poquayre, écuyer, sieur du Cormier et de Fontaulière et Anne de la Porte, son épouse, demeurant au logis noble de Fontaulière, paroisse de Cherves, ses parents ; à Jacques Prévost, écuyer, sieur de Moulins, demeurant au lieu noble de Moulins, paroisse de Genac, en Poitou, comme héritier de René Prévost, écuyer, aussi sieur de Moulins, son aïeul ; à Josué de Morel, sieur de Lameau, demeurant au lieu de Lameau, paroisse de St-Avit, en Saintonge ; à Jacques Lériget, sieur de Verment, et Isabelle de Morel, son épouse, demeurant au château de St-Genis, tant pour eux que pour Charles de Morel, écuyer, sieur de Renon, demeurant au lieu du Fesnage, paroisse du Bost, André de Morel, écuyer, sieur de St-Martin, demeurant à Chez-Rabot, paroisse de Bazac, en Saintonge, Moïse de Morel, écuyer, sieur de Morel, demeurant audit lieu du Fesnage, Jeanne, Madeleine, Jacquette, Anne et Suzanne de Morel, demeurant au lieu du Sautreau, paroisse de St-Quentin, comme héritiers et créanciers de René de Morel, écuyer, sieur de Boisderet ; à Anne Le Musnier, veuve d'Isaac Mehée, écuyer, seigneur des Courades, y demeurant, paroisse de Vibrac ; et à d'autres (3 février 1677-11 mai 1681). — Constitution d'une rente de 100 sols au profit de Jacques Chevraud, écuyer, curé de St-André depuis 18 ou 20 ans et de ses successeurs, par Jean Yrvoix, sieur des Hameaux, avocat au parlement et Daniel Yrvoix, aussi avocat, son père (16 février). — Compte entre Nicolas Estève, maître tailleur de la garde-robe du Roi que représentent Madeleine Bailleuse, sa femme, et Jean Amblard, marchand, son associé ; et Pierre Pellon, successivement fermiers judiciaires de la seigneurie de Chargé, paroisse de Mornac (20 février). — Transaction qui fixe les dommages et intérêts dus à Juste de Brienne, écuyer, sieur de St-Léger, demeurant au lieu de Rochefort d'Antournac, paroisse de Soyaux, par Annet Des Fars, écuyer, seigneur de La Gresse, comme donataire de Jean Marie de Lubersac, veuve de Moïse de la Croix, écuyer, demeurant au lieu de La Courrière, paroisse de Torsac, pour n'avoir pas encore complété le paiement des 7.000 livres prix

d'acquisition de la métairie de La Grande Courrière, le 24 octobre 1664 (23 février). — Compte qui fixe à 1.068 livres les frais et les honoraires de Jacques Vigier, écuyer, sieur de La Pille, avocat au parlement, dans le procès où il est intervenu au parlement de Paris au nom de René de Gallard de Béarn, chevalier, seigneur de Sarragosse et autres places, et de sa femme, demeurant au château du Mas Millaguet, paroisse de Rougnac (6 mars). — Testament de Jean Mauclair, imprimeur, fils de Martial, imprimeur et marchand-libraire et de Mauricette Peraud, âgé de 22 ans ou environ « dans le dessein d'aller travailler de son art et profession dans les villes du royaume » par lequel il lègue tous ses meubles à Marguerite Pelard, sa sœur utérine, et en cas de décès à Jacquette, son autre sœur, et ainsi successivement à ses autres frères et sœurs ; et le tiers de ses propres et l'usufruit de tous ses biens à sa mère (7 mars). — Ventes des « revenans bons » des papiers fabriqués au moulin de Cottière paroisse de La Couronne, pour 5 années, moyennant 300 livres chaque, à Henry Gautier, marchand, par Jeanne Parenteau, veuve d'Etienne Rouclet, sieur de Boisdurand (28 mars). — Inventaire des meubles appartenant à Pierre Robin, sieur Duclaud, et Jeanne Raimbaud, sa femme, en présence de Marie Touzelet, veuve de Jacques Raimbaud, marchand (5 avril). — Association entre Jean Mallat, marchand boucher, dit le Paysan, et Jean Vigier, aussi boucher (7 avril). — Compte entre Marie Vorrion, veuve de Pierre de la Boissière, avocat du Roi au présidial, et André de Roullède, marchand, tant pour lui que pour Françoise Dussaigne, sa femme, demeurant au village des Renonfiez, paroisse de Dignac, lequel déclare ne savoir signer (10 avril). — Cession d'une créance de 97 livres sur René Danton, écuyer, sieur de Bourg St-Pierre, et Catherine Guy, sa femme, au profit de Christophe Lamy, marchand, par Luc Vigier, écuyer, sieur de La Cotte, autre Luc Vigier, écuyer, sieur du Mas et Catherine Guy, son épouse, demeurant au lieu de La Cotte paroisse de Voulgézac (23 avril). — Bail à ferme du lieu noble et de la métairie de Bellevaux, pour 5 années, moyennant 230 livres chaque, à Pierre Jarreton, marchand demeurant à Sers, par Marie Moulin, épouse de Jean Souchet, écuyer, sieur des Doussets, lieutenant criminel au présidial, et Marguerite Moulin, épouse de Marc Barbot, écuyer, sieur de Tudebœuf, prévôt royal d'Angoulême (8 mai). — Transaction par laquelle Pierre Quencin, maître apothicaire de Verteuil, abandonne ses poursuites contre Joseph de Goret, écuyer, sieur de Peussec, demeurant en la maison noble du bourg de Messeux, pour avoir fait opposition à la saisie d'un veau par ledit Quencin, moyennant 25 livres, représentant le prix du veau, et 85 livres pour frais de procédures (10 mai). — Bail à ferme des revenus des prieurés de Jarnac et de Chassors, de 40 livres dues par l'aumônier, de 130 livres de rentes dues par M. Arnaud et Jean Raymond, et de tous leurs revenus dans les paroisses de Moulidars, Champmillon, Balzac, Champniers, St-Yrieix, pour 5 années, moyennant 340 livres chaque, à David Thoumye, maître apothicaire, par les religieux de St-Cybard (12 mai). — Obligation de 165 livres consentie en faveur de Jean Mandron, écuyer, sieur de Rancogne, par Antoine de Fornel, écuyer, sieur de Mainzac, pour les frais de l'instance intentée contre lui et Jacques de Fornel, écuyer, sieur de Lascaud, son père (24 mai). — Bail de la métairie de Chargé, au bourg de Mornac, consentie par Pierre Pelon, marchand, demeurant à Douzat, fermier judiciaire des biens du feu sieur de Chargé (26 mai). — Obligation de 315 livres consentie en faveur de Jean Arnauld, marchand de soie, par François Du Reclus, écuyer, sieur du Breuil de Puyféteau, demeurant à Périgueux (26 mai). — Inventaire des effets contenus dans 2 bahuts remis par demoiselle Anne de Caluau, fille de Jean, seigneur de L'Oisellerie, à Jean Arnauld, marchand, comme gages d'une créance de 123 livres pour fournitures de marchandises; ce requérant Louis Guiton, marchand bourgeois (29 mars). — Constitution de procureur par Jacques Bezougne, maître chirurgien qui, ayant fait son apprentissage dans la boutique de Guillaume Chaineau, se prépare à « aller à la campagne par les bonnes villes du royaume pour se former entièrement en son art » (2 juin). — Rachat de 18 boisseaux de froment, 7 1/2 d'avoine, 6 livres 2 sols 6 deniers, 8 chapons 1/2 et 11 gélines de rente, moyennant 1.469 livres, sur Clément Chérade, marchand de soie, par François de Nesmond, chevalier, seigneur de Brie, La Jauvigière et autres places, et Marie de Livenne, sa femme, demeurant au château de Brie (3 juin). — Bail à ferme du moulin de Colier, paroisse de La Couronne pour 5 années, par Henri Gaultier, marchand, à Léonard de la Roche, maître papetier, et Marguerite Beauvais, sa femme, qui seront tenus de vendre audit Gaultier tout le papier qu'ils fabriqueront (4 juin). — Obligation de 1.450 livres consentie en faveur de Jean Mercier, sieur de La Pouge, et Marie

Riffaud, sa femme, demeurant à Saulgond, par Louis de Chièves, écuyer, sieur du Breuil, curé de Fouquebrune (14 juin). — Quittance de 600 livres à elles dues par Jacques de Fornel, écuyer, sieur de Malesgne, donnée à Martial de Vertamond, écuyer seigneur de Lavaud, demeurant en la maison noble de Lavaud, en Poitou, par Françoise Gandobert, veuve de Pierre Arnauld (21 juin). — Bail à ferme de 16 journaux de prés, pour 3 années, moyennant 240 livres, consenti par Jacques Guy, écuyer, seigneur du Breuil de Champniers (25 juin). — Compte des intérêts d'une obligation de 162 livres entre Elisabeth Martin, veuve de feu François Ballu, écuyer, sieur de Coursac, demeurant au lieu de La Voute, paroisse d'Ambleville, et Jean Gabloteau, marchand, son débiteur, demeurant au village des Gabloteaux, paroisse de Juillac-le-Coq (19 juillet). — Contrat de mariage entre Jean Bonnin, sieur de Chaumontet, fils de feu Jean, procureur au présidial, et de Gabrielle Martin et Marguerite Godet, fille de Guillaume, procureur au présidial, et de Laurence Chenevière : en faveur duquel mariage la future épouse reçoit une dot de 4.000 livres, et 200 livres de meubles et de linge, moyennant renonciation à la succession de ses parents (26 juillet). — Convention entre Hélie de Chilloux, procureur au présidial, et Denis Rouyer, maître ès arts, concernant un mur mitoyen (27 juillet). — Reconnaissance d'une rente de 77 livres à Marie Vorrion, veuve de Pierre de la Boissière, avocat du roi au présidial, par François de St Laurent, écuyer, seigneur du Cluseau et de Planche-Menier, tant en son nom que comme héritier de Henri, écuyer, sieur de Chalard, son père, demeurant au lieu de Planche-Menier, paroisse de Sers (30 juillet). — Bail à ferme des rentes nobles et droits seigneuriaux qui lui appartiennent comme étant aux droits de François Duvignaud, écuyer, sieur de Vaucarte et de Sigogne, pour 5 années, moyennant 140 livres chaque, à Daniel Cambois, marchand de La Rochefoucauld, par Louis Guiton, marchand (4 août). — Transaction par laquelle Charles Dexmier, écuyer, sieur du Montet, demeurant à Ruffec, s'engage à payer à Anne de Labroue, veuve d'Antoine de Guitard, écuyer, sieur de Montjoffre, sa mère, 600 livres, pour 4 années d'arrérages de la pension qu'il lui doit, et à lui verser désormais régulièrement cette pension (20 août). — Reconnaissances de rentes seigneuriales données à Jacques Guy, chevalier, seigneur du Breuil de Champniers, Argence, Ferrière et Puyrobert, par les propriétaires de diverses maisons sises paroisse de St-André et relevant de la seigneurie de Breuil (21 août). — Inventaire des meubles et effets de Jean Maurougne, écuyer, sieur de Grapillet, décédé au mois de juillet, ce requérant Anne Déscuras, sa veuve, appelés André Maurougne, curé de Sers, Jean-Jacques Maurougne, écuyer, sieur du Parc, avocat en parlement, juge-sénéchal de Pranzac. A cet acte est joint le testament de Marguerite Maurougne « ayant pris la résolution par la grâce de Dieu de passer le reste de ses jours à le servir en un monastère des filles religieuses » de l'ordre de Fontevrault, par lequel elle lègue à Girard, son père, les meubles qui lui viennent de Catherine le Mercier, sa mère, et ceux qui lui appartiennent dans la communauté où elle vit avec ledit Girard et Marguerite Avril, sa seconde femme ; à Jean-Jacques, son frère germain ses acquêts et le tiers de son patrimoine ; à Jean Lemercier, écuyer, sieur de Laborde, son oncle, les deux autres tiers de son patrimoine ; du 13 janvier 1629 (23 août). — Constitution d'une rente annuelle de 6 livres sur une pièce de terre de 2 journaux, paroisse de Champniers, consentie par André Boessot, chevalier, seigneur de Vouillac, Sonneville, Feuillade et autres places, gentilhomme servant maître d'hôtel ordinaire du Roi, ci-devant capitaine en chef au régiment de Picardie, aide de camp des armées du Roi, demeurant à présent en son hôtel de Vouillac, paroisse de St-Antonin (27 août). — Sentence arbitrale de Jean Prévéraud, Jean Arnauld, marchand, et Clément Chérade, aussi marchand, qui déclare Jean Florenceau, marchand, débiteur de 3.300 livres envers Jean Morisset, maître apothicaire, en conséquence de l'association entre eux conclue pour l'exploitation de la forêt de Boisset, garenne de Mongousset, et de bois dans la châtellenie de Blanzac (31 août). — Quittance d'une obligation de 1.507 livres donnée en échange de meubles estimés à la même somme, à Philippe Gaultier, marchand, par Marie Moure, veuve d'Isaac de Martin, sieur de La Grange, demeurant au lieu de La Rinardière, paroisse de Sérignac en Saintonge, comme tutrice de leurs enfants héritiers de Jean de Martin, avocat au parlement de Bordeaux (1er septembre). — Cession de ces mêmes meubles moyennant une rente annuelle de 60 livres à Marguerite Gaultier, fille dudit Philippe et de Marie Martin, sa nièce, par Marie Moure (1er septembre). — Cession d'une créance de 1.000 livres sur Guillaume de Guez, écuyer, seigneur de Balzac, André de Guez, écuyer, seigneur de Puy-de-Neuville, et Claude de Guez, écuyer, chanoine de St-Pierre, en faveur de Françoise Gandobert, veuve de Pierre Arnauld, procureur au présidial, sa mère, par François Arnauld, marchand (15 septembre). — Transaction mettant fin à divers procès engagés entre Laurant de l'Estoille, écuyer, sieur d'Aulaigne, juge sénéchal de la châtellenie de Blanzac, y demeurant, et Pierre Chaigneau, maître apothicaire (27 septembre). — Cession d'une créance de 1.000 livres sur Josias Chesnel, chevalier, seigneur de Château-Chesnel, à Jean de Guitard, chevalier, seigneur de Laboize de Riberolle, y demeurant, par Luce de Labrouhe, veuve d'Antoine de Guitard, écuyer, seigneur de Montjoffre (7 octobre). — Vente de 150 charges de papier livrables en un an au faubourg Lhoumeau, moyennant 78 livres la charge de « fin » et un prix à établir suivant la qualité pour le « gros bon fin » et les « retirés du fin » à « Ezaye » de Montalembert, marchand, par Raymond Raganeau et Pascal Baudoin, marchands papetiers, demeurant au moulin de Lauzure et au Repaire de Chatillon, paroisse de Saint-Paul de Lizonne en Périgord (7 octobre). — Vente de 40 charges de papier, moyennant 80 livres la charge de « fin » et 64 la charge de « gros bon fin », à Henri Gaultier, par Pierre Périer, marchand, demeurant au moulin de Negremur, paroisse de Palluaud (26 octobre). — Bail à loyer d'une partie du corps de logis appelé : Les Trois Marchands, dans la rue qui va sous la halle du Palet, consenti par Jeanne Robert, veuve de Marc Chenevière, marchand (26 octobre). — Bail à loyer d'une maison, faubourg de Lhoumeau, pour 5 années, moyennant 24 livres chaque, à François Dexmier, chirurgien, et Jeanne Guy, sa femme, par Pierre Respinger, marchand (1er novembre). — Bail à ferme de la maison noble de Mainzac, châtellenie de Marthon, pour une année et demie, moyennant 60 livres, à Antoine de Fornel, écuyer, seigneur de Mainzac, La Breuille et Lascots, et Marie de la Boissière, sa femme, demeurant audit lieu noble de Mainzac, par François de Fornel, écuyer, sieur de Burignat, demeurant à Centilhac, paroisse de Feuillade (27 novembre). — Cession à Pierre-Ignace Frère, avocat, juge-sénéchal du marquisat d'Archiac, comme procureur de Claude de Bourdeilles, baron de La Tour-Blanche, en vertu du retrait féodal et moyennant 1.000 livres, par Jean Chevrier, marchand, de la moitié des biens acquis conjointement avec Patrice Poumeyrol, sieur de La Forêt, sur Pierre Lambert, écuyer, sieur des Rosiers et autres ; et autre cession de ces mêmes biens par ledit Frère audit Poumeyrol (1er décembre). — Inventaire des meubles et effets de Léonard de Montargis, sieur de L'Ajasson, conseiller en l'échevinage, décédé le 6 de ce mois, ce requérant Perette Lurat, sa veuve, présent Robert de Montargis, écuyer, leur fils. A signaler audit inventaire : un cabinet en menuiserie façon d'Allemagne, ouvré de plusieurs pièces rapportées estimé 50 livres ; — un petit bahut couvert de papier peint, fort antique, estimé 2 livres ; — une tapisserie de haute lisse de laine, en 9 pièces, représentant l'histoire de Joseph, estimée 180 livres ; — 3 pots de chambre d'étain ; — le contrat de mariage dudit feu du 26 avril 1627, reçu par Rousseau, avec quittance donnée par Denis de Montargis, sieur de Clavière, son père, de partie des 6.500 livres constituées en dot à ladite Lurat ; — divers contrats de partages concernant la famille Lurat (22-23 décembre). — Marché passé par Hélie Des Ruaux, écuyer, sieur de Moussac, et Michel Mesnard, avocat au parlement, pour la réfection d'un mur mitoyen (18 décembre). — Cession d'une rente annuelle de 78 livres due par François Gaschet, écuyer, sieur de Beauregard et de St Georges, au profit de Samuel de Roche, écuyer, sieur de Douzac, demeurant au lieu de Neuillac, paroisse d'Asnières, par Gabriel Gandillaud, chevalier, seigneur de La Vallade, comme final paiement de l'acquisition par lui faite de la seigneurie de Douzac, le 15 de ce mois (18 décembre 1776).

E. 1918. (Liasse.) — 172 pièces, papier.

1678. — Pierre Audouin, notaire royal à Angoulême. — Actes reçus par ce notaire du 6 janvier au 31 décembre. — Cession d'une pièce de vigne, paroisse de Fléac, au renclos des Boutauds, près du chemin par lequel on va de la chapelle Ste-Barbe à la Croix de la Dame, à Jean Dubois, sieur de La Vergne, conseiller au présidial (18 janvier). — Cession de 2.060 livres de créances en paiement de marchandises, au profit de Jean Arnauld, marchand de soie, par François de Malleret, écuyer, seigneur du Repaire et Marie de Laporte, sa femme (18 janvier). — Entente entre Jean Thomas, écuyer, sieur des Bretonnières, garde des sceaux au présidial et Marie Grelon, son épouse, d'une part ; Gaston Bouchard, écuyer, seigneur des Plassons et Anne Grelon, son épouse, d'autre part, au sujet de l'héritage de Pierre Grelon, archiprêtre de Pillac (31 janvier). — Contrat de mariage

entre Denis Yrvoix, sieur d'Espaignac, fils de Pierre, marchand, et de Marie Mesnard ; et Marie Jonit, fille de feu Michel et de Catherine Chatignac : en faveur duquel mariage le futur époux reçoit en avancement d'hoirie la métairie de Montlogis, paroisse de St-Martial, estimée 3.000 livres (1er février). — Partage des biens provenant de la succession de Léonard de Montargis, sieur de L'Ajasson, estimés 29.076 livres dont 22.986 reviennent à Perette Lurat, sa femme, et le reste pour deux tiers à Robert de Montargis, son fils, pour l'autre tiers aux légataires dudit Léonard (14 février). — Transaction concernant le paiement d'une obligation de 800 livres à Jean de la Grezille, sieur du Pellerin, par les héritiers de Pierre et de François Birot, écuyers, sieurs de La Charrière et du Treuil, savoir : François Birot, écuyer, sieur d'Amblecourt, demeurant au Breuil, paroisse de Vouharte, Josias Birot, écuyer, sieur de Servolle, demeurant au lieu noble de La Charrière, paroisse de St-Etienne de Montignac, tant pour lui que comme étant aux droits de feu Jean Birot, écuyer docteur en médecine, Isaac Lardeau, sieur de Chaumont, demeurant paroisse de Salles, comme époux de Marie de la Grezille, fille de Léonine Birot, et aussi comme ayant charge de Marie Lériget et des autres enfants d'Elisabeth Birot (1er mars). — Quittance de 150 livres d'arrérages d'une rente annuelle de 50 livres léguée au monastère des Feuillants de St-Mesmin, près d'Orléans, par feu M. de Balzac ; ladite quittance donnée à François de Guez, chevalier, seigneur de Balzac, y demeurant, et Anne de Guez, veuve de François Palrat de Campagnol, capitaine au régiment des gardes du Roi, par Jean et Félix Sartre, frères, marchands, comme procureur de Jean-Baptiste de St-Charles, prieur dudit monastère (14 mars). — Cession d'une créance de 150 livres à Guillaume Touzelet, procureur au présidial, par Charles Blanchet, sieur de L'Ardillière, et Marguerite Echassereau, sa femme, demeurant à L'Ardillière, paroisse de St-Martial (8 avril). — Quittance de 230 livres faisant moitié d'une obligation par lui contractée solidairement avec Pierre Mussault, marchand, et Jeanne Ollivier, sa femme, donnée par Guillaume Mercier, procureur au présidial, à Gérard Mussault, marchand, Jean Roquet, jugesénéchal de la châtellenie de Beauvais-sur-Matha et Françoise Mussault, sa femme, héritiers dudit Pierre (11 avril). — Inventaire des meubles et effets de Charlotte Maurougne, ce requérant Michel Mesnard, avocat au présidial, et Anne Avril, sa femme

(15 avril). — Cession d'une créance de **2.000** livres en paiement d'obligations et de marchandises, à Jean Arnauld, marchand de soie, par Jacques Mesnard, écuyer, sieur de La Tacherie, demeurant au lieu noble de La Tacherie, paroisse de Mons (17 avril). — Quittance de 648 livres donnée à Marguerite Courraud, comme représentant Pierre de Lhuille, sieur de Fontlote, pair et bourgeois d'Angoulême, son mari, dont les meubles étaient saisis faute de paiement de cette somme aux collecteurs de la paroisse de Nonaville, ladite quittance donnée au nom de Pierre Martin, maître de la poste de Nonaville, procureur fiscal de Blanzac, étant aux droits desdits collecteurs (19 avril). — Testament de Charles Balthazar Boileau, receveur au bureau de la recette des droits du papier de la ville, par lequel il demande de faire dire 500 messes après sa mort, pour chacune desquelles on donnera 12 sols aux religieux de St-Cybard, et 8 sols aux autres prêtres qui les célébreront (25 août). — Vente de 200 charges de fer « dont le tiers sera des eschapillon, le tout... bien conditionné sans être draillé ny casseué » livrables par 8 charges par semaine dans ses magasins, moyennant 4.500 livres, à Léonard Mussaut, marchand, par Claude Merlin, sieur du Mas, demeurant à la forge de Montizon, paroisse de Roussines (26 avril). — Reconnaissance d'une obligation de 400 livres au profit de Charles Dufresse, procureur au présidial, par Georges de Lesmerie, écuyer, sieur de Mouchedune, demeurant au lieu noble de Mouchedune, paroisse de Bernac, comme ayant charge de François Devezeau, écuyer, sieur de Raucogne (13 mai). — Contrat de mariage entre Pierre Mesnard, procureur et certificateur des criées au présidial, veuf en premières noces de Jeanne Dupuy, fils de Jacques, receveur du taillon en l'élection, et d'Anne Vauvert ; et Jeanne de la Plaigne, fille de défunt Jean, procureur au présidial et de Françoise Dexmier (21 mai). — Constitution de 100 livres de rente au capital de 2.000 livres au profit des Ursulines par Pierre Desaunières, sieur de La Vacherie et Anne Regnaud, sa femme, demeurant à La Rochefoucauld, sous la caution de Henri Desaunières, sieur de L'Hermitage, demeurant en ladite ville, leur père et beau-père (24 mai). — Profession d'Anne de Ste-Rose, nommée dans le monde Anne Maret, fille de feu Charles, capitaine du château de La Rochefoucauld et d'Antoinette Héraud de Gourville, chez les religieuses Ursulines ; ont en outre signé : sœur de Mosé de la Carte, prieure, sœur Suzanne de la Rochefoucauld, sous-prieure, sœur Éléonore de Villoutreys

de Ladiville, sœur Jeanne de Saint-Bernard, sœur Catherine Robuste, sœur Catherine Viaud d'Aignes, sœur Marguerite Grey, sœur Charlotte Laisné, sœur Elisabeth Laisné, sœur Marie Thibault de La Carte, sœur M. de Villoutreys, sœur L. de Rignole, sœur M. de Viroland de Marillac, sœur J. Guy, sœur Marie de la Vierge, sœur Guillemine Desforges (25 mai). — Partage des biens provenant de la succession de Jacques Martin, sieur du Plessac et de Suzanne de Boumefort, sa femme, qui laisse environ 70 livres à chacune de leurs filles, savoir : Madeleine, épouse d'Abraham Dulignou, marchand de La Rochefoucauld, Jeudy, épouse de Jérémie Quantin, et Marie (27 mai). — Bail à ferme des droits seigneuriaux et décimaux de l'évêque d'Angoulême dans la paroisse de Pérignac pour 5 années, moyennant 960 livres chaque, à Clément Surreau, sergent royal, et Clément Seguin, marchand, demeurant à Pérignac (31 mai). — Transaction entre André Valleteau, sieur de Brouville, Marie Arnauld, sa femme, et Marguerite Pellejean, veuve de Pierre Sabourdin, demeurant à Saint-Simon, concernant l'exécution du contrat d'échange fait entre eux, en 1661, de la métairie des Chambons, paroisse de Champmillon, contre la métairie de La Bergerie, paroisse d'Angeac (7 juin). — Vente de 20.000 fagots et 40 « abaux » de bois dans la forêt de Dirac, moyennant 15 livres le millier de fagots, et 100 sols l'« abaux », consentie par Philippe Pigornet, procureur au présidial, « intendant des affaires » de l'évêque (25 juin). — Testament de Guillaume Courraud, sieur de La Coste, par lequel il laisse à Guillemine Chambaud, sa femme, l'usufruit de ses biens jusqu'à la majorité ou le mariage d'Hélie, leur fils, et institue ledit Hélie, écolier, son héritier universel, à charge de donner 2.500 livres à Marthe Courraud, 500 livres au fils aîné de Cybard Courraud et de Marguerite Daniaud, 500 livres à Marguerite Courraud, épouse de Pierre de Lhuille, sieur de Fontlotte, 75 livres de rente à François Courraud, vicaire perpétuel de Vindelle, ses frères et sœurs (25 juin). — Inventaire des meubles et effets de Samuel Paulte, écuyer, sieur de La Charbonnière, décédée en la maison dite des sieurs de Vouillac, ce requérant Jean Paulte, écuyer, sieur des Riffauds, maître particulier des eaux et forêts et Antoine Boisson, écuyer, seigneur de Roullet et de Rochereau, procureur du Roi au présidial, ses neveux, ce dernier faisant tant pour lui que pour ses frères et pour Françoise Paulte, veuve de David de la Porte, sieur de Mérignac, sœur du défunt, en présence de Marguerite Viauld, sa veuve. A signaler audit inventaire : dans un bahut : 133 livres de vaisselle d'étain fin estimée 185 livres 9 sols (27 juin-28 septembre). — Partage de la succession de François Descuras, écuyer, sieur de Rabion et de Françoise Lambert, sa femme, entre François Bourdage, bourgeois, pair du corps de ville et Marie Descuras, sa femme, Pierre David, écuyer, sieur de Boismorand, ancien premier lieutenant, juge et assesseur criminel en la maréchaussée d'Angoumois, Aunis et gouvernement de La Rochelle et Anne Descuras, sa femme, leurs gendres et filles : chacune des parties rentre en possession de biens ou créances estimés 6.000 livres et Marie reçoit en outre 1.000 livres pour son droit d'aînesse (11 juillet). — Cession d'une créance de 2.851 livres sur François Duvignaud, écuyer, seigneur de Vouharte, Sigogne et autres places, demeurant au lieu noble de Sigogne, paroisse de Coulgens, au profit de Jean Arnauld, marchand de soie, par Jean Tizon, écuyer, sieur de La Marche, et Hélie Bertrand, sa femme (16 juillet). — Transaction par laquelle François Moussier, premier avocat du roi au présidial, comme procureur de Jean Dumas, sieur de La Cheze, avocat en parlement, secrétaire du duc de Crussol, gouverneur d'Angoumois, s'engage à payer la pension promise à sœur Gabrielle Dumas, religieuse Ursuline, par feu Mathurin, son père, pourvu qu'elle soit réduite à 106 livres (24 juillet). — Marché passé pour la réfection de charpentes dans la maison du feu sieur de Mauléon, moyennant 120 livres, par Antoine de Poutignac, chanoine-trésorier de la Cathédrale (14 août). — Bail à ferme du moulin de Buffechaude, pour 5 années, moyennant 150 livres chaque, consenti par Marc Barbot, prévôt royal (16 août). — Transaction entre les religieuses Ursulines et François Thibaud de La Carte, chevalier, marquis de La Carte, demeurant au lieu noble de Vuze, paroisse de La Chapelle-Bâton, par laquelle l'intérêt des dots promises aux sœurs Lucrèce, Catherine et Marie Thibaud de La Carte lors de leurs professions, les 29 septembre 1633, 14 janvier 1635 et 2 juin 1636, par Jacques, chevalier, et Françoise de Barbezières, leurs parents, est réduit à 425 livres de rente annuelle (18 août). — Vente de 100 charges de papier, moyennant 85 livres la charge de « fin », et 66 livres celle de « gros bon fin », par François Vallade, maître papetier, demeurant au moulin de Pontet, paroisse d'Allemans en Périgord, à Henri Gaultier, marchand, qui fournit au vendeur une paire de « fermes » et une « porse de flautre » (14 septembre). — Contrat de mariage entre Christophe Lacaton,

praticien, fils de feu François, notaire royal, et de Marguerite Seguin ; et Jeanne Guneau, fille d'André, maître fourbisseur d'épées : celle-ci reçoit en dot 350 livres, moyennant quoi elle renonce à la succession de ses parents (15 octobre). — Acceptation par Clément Chérade, marchand de soie, comme étant aux droits de Jean de Guitard, écuyer, fils de François, écuyer, sieur de Laborie, de la transmission d'une obligation de 100 livres de rente à son profit, faite par Alain Arnauld, écuyer, sieur de Chalonne et Jeanne de Poutignac, comme héritiers de défunts Philippe, écuyer, et Jacquette d'Almaure, leurs parents et beaux-parents, à Antoine de Poutignac, chanoine-trésorier de la cathédrale (27 octobre). — Bail à ferme des rentes seigneuriales dues à la cure du Petit-St-Cybard dans la paroisse d'Agris et du Leyrat, pour 5 années, moyennant 12 livres chaque, à Louis Dubournay, marchand, demeurant au village de Puysaquet, paroisse d'Agris, par Jean Martial, curé dudit Petit-St-Cybard (31 octobre). — Bail à ferme des métairies d'Aza et de La Pouge, dans la châtellenie de Nontron, pour 3 années, moyennant 450 livres chaque, à Nicolas Bussard, sieur de La Marqueterie, demeurant aux Plaignes, paroisse de Souffrignac, par François Gélinard, chevalier, seigneur comte de Varaise, y demeurant ; et quittance donnée par le dit Bussard audit Gélinard, de 750 livres en déduction de 3.500 livres dont l'obligation consentie envers Pierre Bussard, père du contractant, par Emmanuel de Gélinard, chevalier, seigneur de Maluville, avait été accepté par le seigneur de Varaise dans son contrat de mariage, reçu Richard, notaire en Touraine, le 14 août 1673 (7 novembre). — Transaction par laquelle Joseph Bareau, écuyer, curé de St-Simon, abandonne toutes ses prétentions sur la cure de St-Martin d'Ars en faveur de Jean Roy pourvu de la dite cure et y demeurant, à la condition qu'il prenne à sa charge tous les frais à venir des procès en cours contre Jacques Bouchet, curé de Ste-Colombe de Bordeaux, prétendant lui aussi à ladite cure de St-Martin ; et qu'il rembourse au concédant 250 livres comme dédommagement des frais antérieurs (16 novembre). — Cession d'une créance de 400 livres sur François Bernard, procureur au présidial, moyennant pareille somme, en faveur de Jacques Bernard, écuyer, sieur des Alliers, demeurant au lieu noble de La Chapelle, paroisse de Torsac, par Louis Bernard, écuyer, sieur de St-Michel, procureur du roi en l'élection (26 novembre). — Résignation de la cure de Nonac, moyennant une pension viagère de

150 livres, à François Maryon, prêtre du diocèse de Saintes, par Jacques Thomas, devenu infirme après avoir desservi ladite cure pendant 20 ans et plus (28 novembre). — Sous-seing par lequel François Ancelin, sieur de Salles, s'engage envers Guillaume Cladier, procureur au présidial, à prendre indéfiniment la garantie des rentes qu'il lui a vendues et de l'hommage des fiefs de Breuil et de Mont-Samson dont elles dépendent, lesquels relèvent de la seigneurie de Chadurie, et à lui payer les frais du voyage qu'il va faire à Paris afin de poursuivre contre M. de Nesmond, archidiacre, un procès concernant lesdites rentes, à raison de 120 livres pour l'aller et le retour et de 35 sols par jour, pour le séjour (30 novembre). — Abandon par Jean de Caluau, seigneur vicomte de St-Mathieu, Claix et L'Oisellerie, desdites terres et de tous ses biens en faveur de ses créanciers, savoir : Hélie de St-Hermine, chevalier, seigneur de Sireuil, François Baudoin, chevalier, seigneur de Fleurac, et Anne Pelloquin, son épouse, Louis Bernard, écuyer, sieur de St-Michel, Louis Bernard, écuyer, seigneur de Lafond, lieutenant particulier au présidial, Louis Guiton, marchand, François Péchillon, procureur au présidial, Abraham de la Cheze, écuyer, sieur de Nadelin, Jacques de Virolaud, écuyer, seigneur de Marillac, Alexandre de St-Hermine, écuyer, seigneur de La Coste, Diane de St-Hermine, Michel Pitteau, receveur du domaine d'Angoulême, et Charles de la Place, seigneur de Torsac : ledit abandon, moyennant une pension viagère de 900 livres, et la faculté de rachat, pendant 7 années, de la terre de Claix, moyennant 45.000 livres et de celle de L'Oisellerie, moyennant 35.000 livres (17 décembre). — Nomination par les créanciers de Louis Bernard, écuyer, seigneur de Lafond et de Jean Birot, écuyer, sieur de Broussède, comme syndics (24 décembre). — Acquisition des château, terres et seigneurie de Claix, moyennant 41.716 livres, par Antoine Boisson, écuyer, seigneur de Bussac, Roullet, Rochereau et autres places, procureur du Roi au présidial (27 décembre); avec les quittances des divers créanciers de Jean de Caluau au dit Boisson et à Marie de la Rochefoucauld, sa femme (21 juin 1679-24 mai 1690). — Acquisition par les Tiercelettes d'Angoulême, moyennant 5.000 livres, de la maison et du jardin que possédait Jean Caluau à Angoulême, paroisse St André, confrontant par devant à la rue qui va des Cordeliers à la Halle, sur main droite, d'un côté au jardin des Tiercelettes et à la maison du sieur Guiton, de l'autre à la maison du seigneur de Moulidars (28 décembre). —

Acquisition des maisons, fief et seigneurie de L'Oisellerie, moyennant 25.000 livres par Jean Dutiers, écuyer, seigneur de La Rochette, vice-sénéchal d'Angoumois, Aunis et gouvernement de la Rochelle, et Marie Aigron, son épouse (29 décembre); avec les quittances des créanciers de Jean de Caluau (22 mars 1679-8 juin 1680). — Prise de possession et procès-verbal de la seigneurie de L'Oisellerie, comprenant le logis noble, la métairie de La Tillade, la borderie de La Baronnie au village du Mas, la métairie des Pinotières, la borderie de La Bataudière, la métairie du Jonco, le moulin de Breuty (30 décembre 1678-19 février 1679).

E. 1949. (Liasse.) — 214 pièces, papier ; 2 pièces, parchemin.

1679. — Pierre Audouin, notaire royal à Angoulême. — Actes reçus par ce notaire du 8 janvier au 31 décembre. — Quittance de partie de 12 livres de rente donnée à Jean Paranteau, sergent royal, par François Desbordes, écuyer, sieur du Maine-du-Puy, comme exerçant les droits de Létice Benureau, sa femme, héritière de Pierre Benureau, écuyer, son père, lui-même héritier de Jean de Maquelilan, écuyer, chanoine de l'église-cathédrale (1er janvier). — Répartition entre les créanciers de Jean de Caluau des sommes provenant de la vente de ses biens (3 janvier). — Contrat de mariage entre Etienne Delabraye, maître chapelier, demeurant au bourg de Mansle, et Madeleine Chauveau, fille de Daniel, maître serger (6 janvier). — Procès-verbal de la seigneurie de Claix, ce requérant Antoine Boisson, écuyer, seigneur de Bussac (11 janvier). — Vente de 3.000 rames de papier à la fleur de lys, moyennant 45 sols la rame de « fin », et 35 sols la rame de « gros bon fin » rendues au quai de Lhoumeau, à Henri Gaultier, marchand, par Pierre Montaigne, marchand papetier de Tulle (18 janvier). — Transaction qui fixe à 70 livres la somme due à François Deborde, marchand, par François Normand, écuyer, seigneur des Bournis, pour solde de l'obligation de 45 livres contractée par feu François Normand, écuyer, seigneur de La Tranchade, son fils, et des frais du procès auquel elle a donné lieu (25 janvier). — Procès-verbal de la maison acquise le 28 décembre précédent par les Tiercelettes (30 janvier-4 février). — Bail à ferme pour 7 années, moyennant 318 livres, d'une rente seigneuriale annuelle de 20 boisseaux de froment, autant d'avoine, 4 boisseaux de seigle, mesure de Blanzac,

5 livres en argent et 6 chapons, sur le village et prise du Bouet, à Pierre Gilbert, sieur du Maine-Brun, demeurant au Maine-Bernier, paroisse d'Aignes, par Marguerite Viauld, veuve de Samuel Palute, écuyer, sieur des Riffauds et de La Charbonnière, demeurant à La Charbonnière, paroisse de Chazelles (4 février). — Compte entre Rémy Hérivaud, directeur des formules de l'élection d'Angoulême, et Jean Raimbaud, marchand, touchant la pension prise par ledit Hérivaud chez ledit Raimbaud, et les distributions de formules faites par celui-ci (6 février). — Bail à ferme de 38 boisseaux de froment, autant d'avoine, mesure d'Aubeterre, 21 sols 3 deniers argent, 4 chapons et 3 gélines de rentes seigneuriales dues à la seigneurie de Saint-Quentin de Chalais, pour 5 années, moyennant 89 livres 7 sols chaque, à Léonard Delasarre, notaire royal, demeurant à Bors, par Jacques Arnauld, pair du corps de ville, qui tient ces rentes par engagement du comte de Lussan (7 février). — Vente d'une pièce de terre, paroisse de Mornac, moyennant 12 livres, par Philippe de la Vergne, maître horloger (9 février). — Convention par laquelle Marguerite Gandillaud, veuve de Bernard de Forgues de Lavedan, chevalier, seigneur baron de La Rochechandry, tant pour elle que pour ses enfants mineurs, consent à ce que Bernard de Forgues de Lavedan, chevalier, seigneur de Neuillac, baron de La Rochechandry, maréchal de camps, et Marie Patras de Campaignol, demeurant au lieu noble de Bois-Menu, paroisse de L'Isle d'Espaignac, ses beau-père et belle-mère, jouissent d'une pension viagère de 1.500 livres, en outre de celle de 900 livres qu'ils possèdent déjà sur les revenus de la terre de La Rochechandry ; et ce, en considération de la vente de la seigneurie de Neuillac, moyennant 40.000 livres, à François Nadaud, conseiller au présidial, qu'ils ont consentie pour couvrir leurs dettes dont ladite Gandillaud avait pris personnellement la charge (9 février). — Partage de tous ses biens, moyennant une pension viagère de 300 livres, la jouissance du loyer de la maison des Trois-Marchands et diverses petites rentes, par Jeanne Robert, veuve de Macé Chénevière, marchand de draps de soie « voulant à l'advenir vivre en paix, sans songer à autres choses qu'à louer Dieu et à le remercier de ses dons et grâces », entre ses enfants Jean, Pierre, François, marchands, Joseph, chanoine de La Rochebeaucourt, Louis, aussi marchand, Catherine, mariée à Louis Toutly, marchand, Paule, mariée à Pol Mesneau, écuyer, sieur de La Prade ; à chacun desdits enfants

ou aux héritiers qui les représentent reviennent 9.000 livres sur les successions paternelle et maternelle, et en outre 3.000 livres de préciput à l'ainé (10 février). — Transaction entre Geneviève Couturier, veuve de Pierre Desfroges, écuyer, sieur du Châtelars, Pierre Desfroges, écuyer, conseiller au présidial, leur fils, Jean Paulte, écuyer, sieur des Riffauds, maître particulier des eaux et forêts, et Catherine Desforges, sa femme, fille de ladite Couturier, Pierre Rullier, sieur de Boisnoir et Suzanne Paulte, sa femme ; concernant la cession des 3.000 livres de la dot de ladite Catherine Desforges, faite en octobre 1675, en faveur desdits Rullier et Suzanne Paulte (27 février). — Cession de 1.400 livres à prendre sur la ferme du lieu noble de La Garde, paroisse de Beaussat, en Périgord, à Clément Chérade, marchand de soie, comme étant aux droits de Pierre Chaigneau, sieur de Marillac, fils de Marie Debora de Haumont, demeurant au lieu noble de La Couronne, paroisse de Marthon, et de Jean Dusseau, écuyer, sieur de Villhonneur, par Jeanne Durousseau, veuve de Pierre de Haumont, écuyer, seigneur de La Garde, demeurant audit lieu (28 février). — Bail à loyer d'une maison, paroisse de St-André, pour 3 années, moyennant 45 livres chaque, à Marc Bertrand, maître pâtissier, par Jacques Moreau, aussi maître pâtissier (4 mars). — Bail à ferme du quartier des dimes appelé d'Angoulême, à la réserve des agneaux, pour 7 années, moyennant 430 livres chaque, à Jean Sarlandye, sieur de La Grange, demeurant au village de La Blanchie, paroisse de Cherval, par Georges Binier, docteur en théologie, prieur de Ste-Aulaye et curé de Cherval (7 mars). — Cession de 440 livres à prendre sur la ferme de la seigneurie d'Auge, en faveur de Clément Chérade, marchand de soie, par Henri de Beaumont, écuyer, seigneur de Beaumont, Auge et autres places, demeurant à Cognac, comme héritier de Jean-Louis de Beaumont, écuyer, seigneur de Morlut, son père (12 mars). — Protestation d'Elie Bertrand, avocat au parlement, comme procureur d'Henri Desaunières, sieur de L'Hermitage, intendant « des maisons et affaires » du duc de La Rochefoucauld, contre la signification qui lui a été faite d'une taxe de 174 livres sur lui imposées à raison de plusieurs rentes qu'il aurait acquises de l'évêché d'Angoulême, ce qu'il nie (14 mars). — Partage du moulin de Chez-Martin et du petit moulin de Breuly, dont Jean Masfrand, avocat au parlement, Mathurin Mongin, sieur de Longeville, et feu Isaïe de Montalembert, marchand-banquier d'Angoulême, s'étaient rendus adjudicataires le 24 septembre 1677, entre lesdits Masfrand et Mongin à qui revient le moulin de Chez Martin, et Pierre de Montalembert, receveur des tailles en l'élection de Cognac qui reçoit le petit moulin de Breuty, comme curateur des enfants dudit Isaïe, lequel « a esté homicidé » au commencement de février (16 mars). — Vente d'une petite maison, paroisse de La Paine, dans la Grand'rue qui va du château à la place royale, à main gauche, relevant du seigneur du Maine Gaignaud, moyennant 1.600 livres, à Arnaud Dumergue, marchand orfèvre, et Pétronille Dublanc, sa femme, par François Castain de Guérin, écuyer, receveur des décimes du diocèse d'Angoulême, et Anne de Lageard, sa femme (23 mars). — Cession de diverses créances à Jacques Arnauld, marchand bourgeois, par Diane de St-Hermine, demeurant au château de St-Hermine, paroisse de Sireuil, Suzanne de St-Hermine et César de St-Hermine, écuyer, seigneur de St-Laurent, demeurant au château de La Laigne, paroisse de Claix, pour se libérer des obligations qu'ils avaient envers lui tant en leur nom que comme héritiers des seigneurs de St-Laurent et de La Roche, leurs frères ; savoir : Diane, de 2.100 livres ; Suzanne, de 1.130 livres ; César, de 1.110 livres (24 mars). — Insinuation faite à Etienne Chérade, religieux de l'abbaye de St-Cybard, en l'absence de Michel Audy, prieur, par Hélie-François Pigornet, bachelier en théologie de l'Université de Toulouse (1er avril). — Bail à ferme des revenus « du corps » de l'abbaye de Saint-Cybard, à charge d'entretenir entièrement les moulins banaux et les autres bâtiments de couvertures, de donner chaque année 8 livres pour l'entretien des écluses des Moulins, et 12 boisseaux de « mesture » à la fête de St-Benoît « pour estre aumosnée », pour 5 années, moyennant 2.450 livres chaque, et les 6 deniers pour livre, à François Delafon, sieur de Lespinasse et Marguerite Maulde, son épouse, par Clément Chérade, marchand de soie, comme procureur d'Henri de Refuge, conseiller en la grand'chambre du Parlement, abbé commendataire de Saint-Cybard, qui se réserve les pensions dues par les prieurs et curés, et le droit de pêche, une ou deux fois par an (6 avril). — Bail à ferme des revenus de la seigneurie de Beauregard, dépendant de l'abbaye de St-Cybard, pour 5 années, moyennant 210 livres chaque, et les 6 deniers pour livre, à Pierre Marlin, sieur de Guissales (8 avril). — Bail à ferme de la seigneurie de La Chise et d'Orgeville, paroisse de St-Amant de Nouère, dépendant de l'abbaye de St-Cybard, pour 5 années,

moyennant 180 livres chaque et les 6 deniers pour livre, à Raymond Lair, marchand saunier et Denis Lair, son frère, demeurant audit village de La Chise, qui seront en outre tenus de défrayer les officiers de St-Cybard quand ils iront tenir la cour audit lieu (10 avril). — Nomination de Paul Coullon, avocat au parlement, pour veiller à ce qu'il ne se fasse rien dans les différentes cours de justice de Paris, de contraire aux intérêts des maréchaussées de France, et s'efforcer de faire rétablir leurs juridictions, gages et privilèges, conformément aux mémoires qui lui seront remis à cet effet : ladite nomination faite par Léonard Castagnac, écuyer, seigneur de Neuvy, grand prévôt de la généralité de Limoges et provinces en dépendant, Chaudepavy, écuyer, sieur du Deffend, prévôt général d'Auvergne, Gilbert Don de Saint-Mesmin, écuyer, prévôt général de la généralité de Moulins, et vice sénéchal du Bourbonnais, François Noury, sieur de Vaucillon, lieutenant en la résidence du duché de Beaumont-le-Vicomte, Frenaye, Menier et Sainte-Suzanne, André Thomas de Vermenton, prévôt en chef et chevalier du guet de Valence et Dauphiné, qui décident de prélever 2 deniers par livres sur les gages de chacune des compagnies des prévôts généraux, provinciaux et particuliers, vice-baillis, vice-sénéchaux et lieutenants criminels de robe-courte, pour employer la somme en provenant, moitié aux gages dudit Coullon, moitié aux affaires de leurs corps ; le tout sauf approbation des représentants de la maréchaussée par toute la France (23 février). — Avec ratification, en ce qui concerne l'Angoumois, de Jean Dutiers, écuyer, sieur de La Rochette et de L'Oisellerie, vice-sénéchal d'Angoumois, Aunis et gouvernement de La Rochelle, François Mallet, écuyer, sieur de Bois-Bernard, lieutenant, Pierre David, écuyer, sieur de Boismorand, assesseur, Guillaume Pasquet, écuyer, aussi assesseur, Antoine Boisson, écuyer, seigneur de Roullet, Rochereau et Claix, procureur du Roi, François Claveau, sieur de La Souche, commissaire aux montres, François Ithier, greffier, Jean Breuillet, exempt, et de 12 archers (13 avril). — Vente de 1.100 « meubles de sercle pipage », moyennant 200 livres, par André de Roullède, marchand de Dignac (26 avril). — Quittance de 1055 livres au principal avec les intérêts en provenant donnée à Jeanne de Poutignac, épouse d'Alain Arnauld, écuyer, seigneur de Chalonne, par François Exaudier, marchand de Fouquebrune, comme cessionnaire de François de Villoutreys, écuyer, seigneur de Ladiville et de Jeanne Bareau, son épouse, eux-mêmes cessionnaires desdits seigneur et dame de Chalonne, qui avaient droit à cette créance sur Antoine de Poutignac, chanoine de l'église cathédrale (27 avril). — Avec la facture des marchandises fournies par J. Arnauld l'aîné au sieur de Ladiville et à sa femme, il convient d'y signaler : une paire de bas « à caüons musq », 5 livres 10 sols 5 deniers ; — 40 douzaines de boutons d'or, 40 l. 5 d. ; — une grande peau pour poches, 10 s. 5 d. ; — un bouton et une ganse d'or cousus au chapeau, 10 s. 5 d. ; — une paire de bottines de cuir, 1 l. 10 s. 5 d. ; — un masque de velours loup « des bons », 1 l. 15 s. 5 d. ; — un chapeau Caudebec noir des plus fins, 41. 10 s. 5 d. ; — une coiffe de taffetas fourrée de ouate, 3 l. 10 s. 5 d. ; — 18 aunes d'aiguillette de soie noire ronde, 31.12 s. 5 d. ; — une coiffe de gaze noire à la Meilleraye, 2 l. 5 s. 5 d. ; — un bourrelet à la mode, fort gros, 15 s. 5 d. ; — une coiffe à grande fleurs, 1 l. 15 s. 5 d. — Bail à ferme des revenus du prieuré de Gourville et de Bonneville, son annexe, pour 5 années, moyennant 1.960 livres chaque, à charge en outre de donner chaque année 9 boisseaux de froment au juge de Gourville, autant au procureur, et 32 boisseaux de méture pour être « aumosnée », ledit bail consenti à Pierre Briaud, sieur de Monjoupe et Anne Joubert, sa femme, demeurant à Marsillac, par le procureur de l'abbé de St-Cybard (4 mai). — Vente du fief noble de Laumont, relevant de Maillou, et de diverses rentes seigneuriales, moyennant 40.000 livres, à Jean Birot, écuyer, sieur de Brouzède, et Anne Raimbaud, sa femme, par Marie Blanchard, veuve de François Raimbaud, sieur de Roissac (4 mai). — Cession moyennant 30 livres de rente annuelle d'une maison sise rue du « Chapt » par François Vachier, avocat du Roi au présidial (14 mai). — Transaction par laquelle Pierre Gonin, sieur de Laganne, tant pour lui que pour ses métayers de Puy-Meunier, paroisse d'Anais, fait abandon à la communauté des habitants de ladite paroisse que représente Jean Fromentin, notaire royal, syndic, des restitutions d'impôts et dépens auxquels il aurait droit suivant les arrêts de la Cour des aides et de l'élection de Cognac, moyennant que Puy-Meunier sera dorénavant taxé à 50 livres (29 mai). — Procès-verbal des dégâts que cause au moulin à papier de Breuty l'abandon qu'en a fait René-Marc Bareau, maître papetier, chargé de l'exploiter, ce requérant Pierre de Montalembert, receveur des tailles en l'élection de Cognac, et protestation dudit Bareau, que s'il a cessé de faire « battre » et valoir le

moulin, c'est à la suite du non paiement des 1.193 livres que lui devait ledit de Montalembert pour le papier fabriqué (30 mai). — Transaction par laquelle Claude le Normand, receveur des aides de l'élection d'Angoulême, se reconnaît débiteur de 200 livres envers Jean Desbons, huissier chargé de recueillir les reçus des aides (1er juin). — Bail à ferme des revenus de la seigneurie de Champmillon, à l'exception du droit de pêche et des lods et ventes, pour 3 années, moyennant 450 livres chaque, et à charge de défrayer les officiers de justice de l'abbaye, à Marc Choron, marchand, et Jeanne Vinsonneau, sa femme, demeurant à St-Cybard, par le procureur de l'abbé dudit lieu (4 juin). — Ferme des dîmes de la paroisse de Bouex, moyennant 550 livres chaque, par le même à Antoine Dubreuil, marchand dudit lieu, qui devra, en outre, « à la veille de la feste de St-Estienne, envoyer deux chevaux à deux religieux de l'abbaye pour aller audit lieu de Bouex, ledit jour de St-Estienne, pour y faire le service divin, qu'il nourrira et desfrayera à ses despens tant sur le lieu, séjour, aller et retour avec leurs serviteurs et chevaux » (10 juin). — Cession d'une créance de 230 livres sur Jean de Montalembert, chevalier, seigneur de Sers, Jean de Montalembert, chevalier, seigneur de Moissac, et Marie de Montalembert, comme héritiers de Jean de Montalembert, écuyer, seigneur de Sers, leur père, à François Bourdage, marchand, par Girard l'onneau, sieur de Maraval, demeurant au repaire noble de Maraval, paroisse de St-Médard de Limeuil, tant pour lui que pour les héritiers de Nicolas Boisvin, maître apothicaire (13 juin). — Cession de la ferme judiciaire des biens du sieur de Chargé, moyennant 400 livres, à Antoine Poirier, sieur de La Liège, y demeurant, paroisse de Mosnac, que représente Samuel de Roche, écuyer, sieur dudit lieu, par Jacques Peynaud, notaire royal, demeurant à Dirac (10-14 juin). — Inventaire des meubles et effets de Jean Merineau, marchand du village du Verger, paroisse de Puymoyen, ce requérant Marguerite Jamain, sa veuve (19 juillet-25 octobre). — Bail à ferme du tiers des dîmes de la paroisse de Vœuil, de rentes sur le grand moulin et sur diverses prises, pour 5 années, moyennant 50 livres chaque, par Michel Hardy, prieur et sacristain de l'abbaye de St-Cybard (21 juillet).—Transaction par laquelle Hélie Bertrand, avocat au Parlement, Samuel Galliot, maître orfèvre, Théodore Janssen, marchand banquier, au nom des membres de la Religion prétendue réformée demeurant à Angoulême, consentent à ce que

Michel Quesnard, maître cordonnier, et Louis Rousselot, maître cordier, ne démolissent pas la bâtisse qu'ils ont élevée, contre tout droit, au-dessus de la muraille du cimetière protestant, paroisse de Beaulieu (22 juillet). — Révocation par Arnaud Séguin, prieur-curé de St-Sevère, de l'acte d'abandon qu'il a fait dudit prieuré au profit de Lancelot Joseph de Maribaut, abbé commandataire de Châtre, moyennant 500 livres de pension annuelle et quelques rentes pour le desservir (26 juillet). — Acte d'ingression dans la communauté des « filles dévouées pour le service des pauvres » de l'Hôtel-Dieu Notre-Dame-des-Anges, en présence de Anne Tizon, supérieure, de Jean Cladier, syndic et directeur, et en vertu de la délibération des membres du bureau ; de Mathurine de Labrousse, fille de Gabriel, huissier, et d'Anne Thomas, qui lui constituent en dot 2.000 livres à employer par moitié au profit des pauvres et des religieuses, et une chambre garnie (30 juillet). — Bail à ferme à Jean Benoist, archer de la paroisse de Brie, par Pierre Bareau, écuyer, sieur de Beauregard, pour 5 années, moyennant 350 livres, une pipe de froment, une pipe d'avoine et 8 chapons, des rentes seigneuriales à lui vendues le 9 septembre 1669, devant Cladier, notaire royal, par François de Nesmond, chevalier, seigneur de Brie, (11 août). — Constitution d'une pension viagère de 900 livres pendant 3 ans et de 600 livres ensuite, en faveur de François-Louis Flament, écuyer, seigneur de Lugerat, demeurant en la maison noble de Lugerat, paroisse de Montignac-Charente, par Nicolas Moussier, écuyer, sieur de St-Etienne, et Catherine Moussier, sa sœur, veuve de Charles de Cercé, écuyer, sieur de Parfoucaud, demeurant à La Valade, paroisse de Vitrac et à Coulonges (12 août). — Procès-verbal de la maison de Jeanne et de Marie Rambaud, héritières sous bénéfice d'inventaire de François Rambaud et de Jeanne Dugast, leurs parents, ce requérant Elie Bertrand, avocat, fermier judiciaire de ladite maison (17 août).— Cession de créances sur François Dulaux, écuyer, seigneur de Bouex, à Jacques Bernard, écuyer, sieur des Alliers, comme étant aux droits du fermier judiciaire du lieu de Chargé, paroisse de Mornac, par Samuel de Roche, écuyer, et Marie Amblard, sa femme, demeurant audit lieu de Chargé (20 août). — Cession d'une créance de 36.723 livres sur défunts Jean-Pierre de la Cropte, écuyer, seigneur de Chassaigne, et Elisabeth Jaubert de St-Gelais, son épouse, et sur François de la Cropte, écuyer, seigneur de Bourzat, leur fils, à Gaspard

Vangangelt, bourgeois de Paris, par Jean, son frère, marchand (26 août). — Règlement de comptes concernant les intérêts d'une créance de 476 livres que possède Daniel Tullier, procureur au présidial, sur Noël Geoffroy, sieur du Portal, tant pour lui comme tuteur de ses enfants et de Françoise Chollet, demeurant à Vars, sur Marc Piat, marchand, et Jeanne Chollet, sa femme (10 septembre). — Vente de 150 charges de fer livrables par 8 charges, chaque semaine, conformément aux commandes qui seront faites au fur et à mesure, moyennant 3.375 livres, dont 3.144 versées sur l'heure, à Léonard Musseau, marchand, par Claude Merlin, sieur du Mas, demeurant à la forge de Montison, paroisse de Roussines (22 septembre). — Quittance de 1.160 livres pour fin de paiement de 1.900 livres, 1 pipe de froment et 2 barriques de vin de ferme annuelle des revenus du prieuré de Vindelle, suivant le bail du 2 août 1663 consenti à Guillaume Courraud, sieur de La Coste, Guillemine Chambaud, sa femme, Jean Arnauld et Philippe Dufossé, sa femme, par Joachim de Mayol, prieur et seigneur dudit lieu, décédé le 21 novembre 1673 ; ladite quittance donnée par Pierre Perrel, notaire royal de Bourg-Argental, comme procureur de Joseph de Mayol, président, lieutenant-général au baillage de Forez, cessionnaire des droits de Charles de Mayol, abbé de St-Amant-de-Boixe, sur l'héritage dudit Joachim, leur frère, accepté sous bénéfice d'inventaire. André-Gabriel de Mayol est mentionné dans cet acte comme successeur de Joachim dans la possession du prieuré (27 septembre). — Contrat de mariage entre Clément de Cercé, écuyer, sieur de Parfoucaud, fils de feu Charles, écuyer, sieur dudit lieu, et de Catherine Moussier, demeurant à Coulonges, et Marie-Charlotte Flament, fille de François-Louis, écuyer, seigneur de Lugerat, que représente Jean Hériard, procureur au présidial, et de Marie Green de St-Marsault, demeurant au lieu noble de Lugerat, paroisse de Montignac : en faveur duquel mariage le futur époux est institué héritier universel de sa mère, à la réserve de son douaire et d'une somme de 8.000 livres (27 septembre). — Partage de la succession de Clément Moussier, docteur en théologie, curé de Vouzan, et promoteur du diocèse d'Angoulême, entre Jean Moussier, receveur ancien des consignations au présidial, Nicolas Moussier, écuyer, sieur de St-Etienne, Catherine Moussier, veuve de Clément de Cercé, écuyer, ses frères et sœur (28 septembre). — Bail à ferme des revenus du prieuré de Ste-Catherine-des-Champs, pour 5 années, moyennant 550 livres chaque, à Mathieu Boisdon, maître ès-arts, demeurant au village de Sᵗᵉ-Catherine, paroisse d'Echallat, et à Martin, laboureur, demeurant même village, paroisse de Sᵗ-Cybardeaux, par Jean Thomas, écuyer, sieur des Bretonnières, comme procureur de Jean Béchade, prieur (1ᵉʳ octobre). — Quittance de 550 livres pour une année de la ferme des revenus du fief de Poulignac, donnée à Jacques et à Hélie Moisnet, demeurant paroisse de Bessac, par François de Reclus, écuyer, seigneur du Sibiou et de Poulignac, demeurant au château du Sibiou, paroisse de Surin, en Poitou (12 octobre). — Cession de toutes les marchandises de ses boutiques conformément à l'inventaire dressé le 25 septembre précédent, moyennant 5.500 livres, payables au bout de 10 ans, et jusque là l'intérêt de cette somme calculé au denier vingt, à Léonard Roy, marchand, Catherine de Lhuille, sa femme, et François Debort, aussi marchand, par François Bourdage, marchand bourgeois (14 octobre). — Constitution de 17 livres 10 sols de rente, au capital de 350 livres, au profit de Pierre Respinger, marchand, et de Jeanne d'Escarcelle, sa femme, par François Jabouin, maître chirurgien, François, son fils, Marie et Anne, ses filles, demeurant au village de Charbontière, paroisse de Sers (27 octobre). — Bail à ferme d'une borderie, près du village des Boullettes, paroisse de Sᵗ-Martin, pour 5 années, moyennant 35 livres chaque, consenti par Clément Micheau, notaire royal (9 octobre). — Contrat d'ingression chez les Ursulines de Françoise Maret, en religion Françoise de Sᵗᵉ-Croix, fille de feu Charles, capitaine du château de La Rochefoucauld, et de Antoine Héraud de Gourville (1ᵉʳ novembre). — Inventaire des meubles et effets de Guillaume Courraud, sieur de La Coste, décédé en août, ce requérant Guillemine Chambaud, sa veuve (2-20 novembre). — Dissolution de la communauté dans laquelle François et Jacques Miot, frères, laboureurs de Linars, leurs femmes et leur mère, entraient chacun pour une cinquième partie, la femme de François étant décédée et celle de Jacques entrée en service, à Angoulême ; et reconstitution d'une nouvelle communauté de trois membres entre les frères et leur mère (23 novembre). — Inventaire des meubles et effets de Pierre de Lhuille, avocat en Parlement, sieur de Fonlotte, décédé la veille, ce requérant Marguerite Courraud, sa veuve ; appelés Henri de Lhuille, sieur de Balzac, Léonard Roy et Catherine de Lhuille, sa femme, Marie de Lhuille et autres parents dudit défunt et de Jacquette Roy, sa première femme, dont

il demeure un fils, Jean-Baptiste, âgé de 5 ans. A signaler audit inventaire : les contrats de mariage des père, aïeul et bisaïeul du défunt reçus Bareau, Derillais et Vachier, les 26 mai 1636, 16 décembre 1601 et 15 avril 1571 (7 décembre 1679-10 janvier 1680). — Reconnaissance de 40 sols de rente seigneuriale dus par François Pitre, procureur au présidial, à cause d'une maison sise dans la rue qui va du canton de Sᵗ-Paul à la petite halle de Sᵗ-Martial, à Henri et François Du Vignaud, écuyer, seigneurs de Fayolle et de Vouharte, comme héritiers de François Du Vignaud, écuyer, seigneur de Fayolle (9 décembre). — Cession d'une créance de 4.000 livres sur Madeleine de Céris, veuve de Jacques Couvidou, écuyer, sieur de Fleurac, moyennant pareille somme, à Pierre Bareau, écuyer, sieur de Beauregard et de Girac, conseiller au présidial, par François Lambert, écuyer, sieur de Fontfroide et des Andreaux, et Marguerite Castain, sa femme (13 décembre). — Inventaire des meubles et effets de Jean Saugur, marchand, fermier de la seigneurie de Vouillac, ce requérant ledit Saugur malade et appréhendant la mort (13 décembre). — Cession d'une créance de 2.371 livres sur André Valleteau, sieur de Brouville, et Marie Arnauld sa femme, à Clément Chérade, bourgeois, par Jean Cladier, avocat en Parlement (23 décembre). — Partage de partie du montant de la vente du lieu de La Barrière, entre François Duport, écuyer, sieur de Fontenelle ; demeurant au lieu du Maine-Neuf, paroisse de Dirac, Gabriel de la Cour, sieur des Chenauds, demeurant au lieu de La Barrière, paroisse de Mosnac, et Philippe Corgnol, écuyer, sieur de La Glanje, demeurant au lieu noble de La Touche, paroisse d'Anais, comme époux de demoiselles Anne, Marguerite et Charlotte de Martineau, héritières d'Hélie de Martineau, écuyer, sieur dudit lieu de La Barrière (30 décembre 1679).

E. 1950. (Liasse.) — 198 pièces, papier ; 1 pièce, parchemin.

1680. — Pierre Audouin, notaire royal à Angoulême. — Actes reçus par ce notaire du 1ᵉʳ janvier au 30 décembre. — Obligation de 1.200 livres pour prêt de même somme, consentie à demoiselle Marie Janssen par Alexandre de Sᵗᵉ-Hermine, chevalier, seigneur de La Coste, La Barrière et autres places, demeurant au lieu de La Barrière, paroisse de Mosnac (15 janvier), avec une quittance de 198 livres donnée audit Sᵗᵉ-Hermine, par Madeleine Tizon, veuve de Hélie de Martineau, écuyer, sieur de La Barrière, demeurant audit lieu (14 janvier).—Bail à loyer d'une maison, paroisse de St-André, pour 5 années, moyennant 55 livres chaque, à François Delatreille, marchand passementier, par Pierre Penot, marchand orfèvre (15 janvier), — Obligation de 500 livres consentie à Nicolas Raoul, écuyer, sieur de Montaigne, par Pierre Desbordes, écuyer, sieur de Berguille, et Suzanne Imbert, sa femme, comme héritière de défunt Achille Imbert, avocat au Parlement, son frère, et de Suzanne Bricaud, sa mère(18 janvier).—Inventaire des meubles et effets de Pierre de Lhuille, sieur de Fonlotte, conservés audit lieu de Fonlotte, paroisse de Nonaville (22-24 janvier).—Compte de la curatelle des enfants mineurs de feu Salomon Giraudon, sieur du Peyrat, et de Anne Templereau, entre Pierre Bouhier que la maladie empêche de demeurer curateur, d'une part, Antoine Boisson, écuyer, seigneur de Bussac, et Jean de la Barrière, procureur au présidial, parents desdits enfants, d'autre part (3 février). — Contrat de mariage entre Hélie Dubois, praticien, fils d'autre Hélie, notaire, et de Françoise Pinaud, demeurant à Marsac, et Henriette Mourier, fille de feu Jean, marchand, et sœur de Godefroy, curé de Mosnac, en faveur duquel mariage le futur époux reçoit en avancement d'hoirie la métairie de Chez-le-Faure, paroisse de Charmant et divers meubles (24 février). — Donation par préciput de la charge de capitaine d'infanterie au régiment de Piémont qu'ils lui avaient acheté vers 1659, moyennant 10.000 livres, à André de Guez, écuyer, sieur de Puy-de-Neuville, leur fils, par François de Guez, écuyer, sieur de Balzac, et Anne Prévéraud, demeurant en leur hôtel noble de Balzac, en considération de ce que « leur dit fils auroit toujours jouy en ladite charge, lequel par honneur auroit servy quoy que les apointemens qu'il en recevoit ne fussent pas suffisans pour son entretien ; et comme le temps de la guerre est survenu du despuis et le péril qui s'y rencontre auroit de beaucoup ravallé le prix de sa charge de capitaine, ledit sieur André de Guez, se trouvant à présent l'aisné de leur maison » ses parents désirent qu'il se démette de sa charge « après 25 ans de services rendus à Sa Majesté, affin de se rettirer auprès d'eux, pour conserver l'honneur de leur maison » (27 février). — Contrat de mariage entre Pierre Mongin, sieur de La Buzinie, conseiller en l'élection, fils de feu Geoffroy, aussi conseiller en l'élection, et de Julienne de la Boissière ; et Marthe Trigeau, fille de feu Antoine, écuyer, sieur de La Brousse-Trigeau, et de Françoise Chevrier ; en faveur duquel mariage la future épouse reçoit en dot 3.000 livres

pour ses droits paternels et 6.000 livres représentant ses droits à échoir sur la succession maternelle, ladite dot assignée sur plusieurs maisons, rue de Genève, et sur la métairie des Champs, paroisse de Garat ; le futur époux reçoit en avancement d'hoirie son office de conseiller à l'élection dont le tiers demeure imputé sur ses droits paternels, le reste sur la succession de sa mère, et 300 livres de meubles : chacun des futurs apporte 500 livres dans la communauté (28 février). — Testament de Jacques Bareau, écuyer, sieur de Denat, par lequel il donne l'usufruit de ses biens à Marguerite de Rignols, son épouse ; réserve par préciput la seigneurie de Denat, paroisse de Champniers, à Pierre Bareau, écuyer, sieur de Denat, garde du corps du Roi, son fils aîné, et s'il venait à mourir sans enfants, à Pierre-Joseph Bareau, son second fils, et ainsi de suite à ses autres enfants ; nomme son exécuteur testamentaire Pierre Bareau, écuyer, sieur de Beauregard, conseiller au présidial, son frère (28 février). — Bail à ferme de tous les droits du sceau et émoluments du sceau appartenant aux officiers de la Grande Chancellerie et aux 240 secrétaires du Roi, maison et couronne de France, en conséquence de la déclaration de Sa Majesté du 15 avril 1672, sur tous les lettres expédiés dans la chancellerie présidiale d'Angoulême, ladite ferme concédée pour 8 années, moyennant 350 livres chaque, à Jean Faure, archer exploitant au bourg de Charmant, par Pierre Gillequin, procureur de Vincent Maynon, bourgeois de Paris, lui-même procureur desdits officiers et secrétaires (5 mars) — Contrat d'apprentissage d'Antoine Peyrotout, fils de Blaise, sieur de La Roche, et d'Anne Legendre, demeurant à St-Pardoux en Périgord, chez François Legendre, maître chirurgien du faubourg de St-Cybard, qui s'engage à lui apprendre son métier « avec douceur » et à l'entretenir pendant 2 ans, moyennant 110 livres et que ledit Antoine « sera tenu de recevoir les commandemans et porter l'honneur et le respec qu'un aprantif doibt faire » (6 mars). — Transaction par laquelle Armand d'Aydie, chevalier, marquis des Bernardières, seigneur de Montcheuil, St-Martial-de-Valette, Vaugoubert et autres places, demeurant au château des Bernardières, paroisse de Champeaux, en Périgord, consent à la mainlevée des saisies faites à sa requête sur François Delavaud, sieur du Claud, et Jeanne Rivet, sa femme, comme caution d'une créance de 2.312 livres qu'il possédait sur feu Pierre Rivet, marchand (13 mars). — Partage entre Gille Tullier, curé de St-Michel de Saintes, et Daniel Tullier, procureur au présidial, de leur part dans les 782 livres cédées à eux et à Michel Tullier, par Jean Tullier, leur père (16 mars). — Compte entre Marc Guillaumeau, écuyer, sieur de Ruelle, et Maillot, de la paroisse de Champniers, son débiteur (16 mars). — Testament par lequel François Cousseau, âgé de 22 ans, sur le point de s'embarquer, et Charles Cousseau, son frère, âgé de 20 ans, voulant entrer dans le clergé, se lèguent réciproquement par préciput, en cas de prédécès, tout ce que leur permet la coutume (23 mars). — Procès-verbal des biens de Jean Gaultier, sieur de Puypéroux, ce requérant Pierre Gaultier, avocat au présidial, son oncle (27 mars). — Transaction entre Daniel Tullier, procureur au présidial, Geneviève Audouin, sa femme, Simon Jamain, marchand, Françoise Audouin, sa femme, François Rousseau, marchand, et Marguerite Audouin, sa femme, concernant la succession de Catherine Bourdage, veuve d'Antoine Audouin, leur mère et belle-mère : les parties décident de compléter d'abord les 4.000 livres de dot qu'elle avait promises à chacune de ses filles, et de se partager le surplus de l'héritage par portions égales (14 avril). — Vente des châteaux et terre de St-Mathieu, moyennant 50.000 livres, par les créanciers de Jean de Caluau, seigneur de L'Oisellerie, à François Du Tillet, chevalier, comte de St-Mathieu, vicomte seigneur de Mareuil et d'Hays, Quinoy, Brunfeys, Les Moulins et autres lieux, demeurant ordinairement en son château de Quinoy (4 mai). — Vente de l'office de procureur au présidial, avec sa part aux offices de greffier des présentations, tiers et contrôle, moyennant 2.600 livres, payables en 6 années, à Hélie Dubois praticien, fils d'autre Hélie, notaire, demeurant à Marsac, par Hélie de Chilloux (7 mai). — Testament d'Hélie de Chilloux, procureur au présidial, par lequel il fonde une messe annuelle pour le repos des âmes d'Antoine et de Catherine Brébion, ses père et mère ; rétablit la rente de 4 livres 10 sols donnée à l'église St-André par Antoine de Chilloux et Catherine Barbot, ses grands-parents, pour faire célébrer annuellement 12 messes à leur intention ; nomme Marguerite Vachier, sa femme, son exécutrice testamentaire (7 mai). — Procuration donnée à Madeleine Bailleux, sa femme, par Nicolas Estève, maître tailleur de la garde-robe du roi (10 mai). — Cession d'une créance de 2.158 livres sur René de Livenne, écuyer, seigneur du Cluseau, à Pierre Bareau, écuyer, sieur de Beauregard, par François de Nesmond, écuyer, seigneur de Brie (11 mai). — Contrat de mariage entre Jean Fleuranceau, sieur de Boisbedeuil, conseiller du Roi,

premier élu à l'élection d'Angoulême, fils de défunts Jean et de Michelle Fleuriot, et Marie Bernard, fille de Louis, écuyer, seigneur de Lafont, lieutenant particulier au présidial, et de François Aigron : en faveur duquel mariage la future épouse reçoit 10.000 livres de dot dont 8.000 payables le lendemain du mariage, et 2.000 après le décès de ses parents, moyennant quoi elle renonce à leur succession en faveur de Laurent Bernard, écuyer, sieur de La Roque, ou à son défaut de Jean Bernard, écuyer, sieur de Bigogne, ses frères ; son douaire est fixé à 6.000 livres (26 mai). — Contrat de mariage entre Jean Jourdain, chirurgien, fils de feu Pierre et de Anne de Chilloux, remariée à Pierre Paranteau, notaire royal, demeurant à La Coste, paroisse de Charmant, et Jeanne Ythier, fille de François, procureur au présidial, et de Marie Jaboin, qui lui donnent 2.000 livres de dot (27 mai). — Sommation à Claude Viallet chargé de prélever les droits de franc-fief, par David Brumauld, sieur de Villeneuve, demeurant à Poursac, au nom de David son père, sieur de La Quenoulière, secrétaire du duc d'Orléans, de recevoir le paiement final de 1.980 livres auxquelles il a été finalement taxé par sentence de l'Intendant de Limoges (16 juin). — Inventaire des biens de Guillain Jabouin, prieur curé de Chebrac, ce requérant Léonard Jabouin, marchand, et autre Léonard Jabouin, sieur de La Croisade, appelés Jean Jabouin, sieur de La Rochefontaine, et Mathurine de la Quintinie, sa femme (17 juin-15 novembre). — Consentement donné par Hélie de Ste-Hermine, chevalier, seigneur du Fa, Sireuil, St-Laurent et autres places, demeurant au château du Fa, comme patron et « nominateur » de la chapelle de Ste-Bénigne du Fa, paroisse de Sireuil, à la résignation dudit bénéfice faite en faveur de Jacques Tuffet par Jean Lambert, trésorier de l'église cathédrale de La Rochelle (27 juin). — Vente des prés à lui donnés par Pierre Bareau, écuyer, sieur de Beauregard, par Gabriel Bareau, écuyer, sieur de L'Age, son père, moyennant 1.500 livres, à Pierre Bareau, écuyer, chanoine (30 juin). — Cession d'une créance de 733 livres sur Jean Duvignaud, marchand, à Pierre Respinger, marchand, par Jean Guitard, aussi marchand, et Marguerite Dussaigne, sa femme, demeurant paroisse de St-Germain (8 juillet). — Transaction qui fixe à 29 livres la créance des Chellos, marchands de Paris, sur Luc Vigier, écuyer, sieur de La Côte, demeurant à Chabreville, paroisse de Courgeac, autre Luc Vigier, écuyer, sieur du Mas, et Catherine Guy, sa femme, demeurant à La Côte, paroisse de Voulgézac (20 juillet). — Procès-verbal de longues discussions entre Pierre Boullet, commis de Claude Viallot, chargé du recouvrement du droit de francs-fiefs dans l'élection d'Angoulême, et Pierre Durousseau, marchand pintier, au sujet du paiement de ce droit pour le fief du Petit-Moulin, appartenant à Jacques de Chièvres, écuyer, et Jacquette de Bonneau, sa femme, dont ledit Durousseau est fermier (29 juillet). — Sommation à Simon et Jean Maulde, frères, le premier aumônier de l'abbaye de St-Cybard, le second, prieur de Chavenac, par Madeleine Cladier, veuve de Clément Chérade, directeur du temporel de ladite abbaye, de lui laisser prendre possession, au nom de l'abbé, du jardin longeant la Charente ; ce qu'ils refusent (31 juillet). — Obligation de 350 livres consentie à Louise Bouquet, veuve de Jean Birot, écuyer, docteur en médecine, par Catherine de Morel, épouse de Denis Manès, marchand, demeurant à Palluaud (31 juillet). — Cession d'une créance de 6.000 livres sur Jean Du Tiers, chevalier, seigneur de L'Oisellerie et Marie Aigron, son épouse, en paiement d'obligations s'élevant à pareille somme, à Philippe Pigornet, procureur au présidial, par François Baudouin, chevalier, seigneur de Fleurac et Anne Pelloquin, son épouse, veuve en premières noces de Pierre de Lageard, chevalier, seigneur de La Grange (4 août). — Contrat de mariage entre Pierre Cailhaud, sieur de Vigeros, receveur du marquis d'Aubeterre, fils de feu Jean, marchand, demeurant au château d'Aubeterre, et Marie Mourier, fille de feu Jean, marchand ; Godefroy Mourier, curé de Mosnac, oncle de la future épouse s'engage à ne faire à son préjudice aucun don ni avantage à ses autres héritiers (20 août). — Vente de 162 charges de fer, moyennant 3.645 livres, à Léonard Mussauld, marchand, par Claude Merlin, sieur du Mas, Anne Hugon, sa femme, demeurant à la forge de Montison et Hélie Mesnard, marchand de Roussines (31 août). — Sommation au receveur du droit des francs-fiefs de recevoir 177 livres avec les 2 sols pour livre, montant de la taxe imposée par sentence de l'Intendant du 31 août précédent sur Jean Vangangelt, marchand, savoir : 21 livres 9 sols pour 5 ans 6 mois de jouissance de 74 livres et 2 rames de papier de rente seigneuriale sur les moulins à blé et à papier de Lambreles ; 148 livres, et 8 livres prix d'estimation des deux rames de papier pour deux années d'affranchissement. Acceptation du receveur qui se réserve de faire poursuivre le dit Vangangelt pour rébellion de ses agents contre les archers porteurs de contraintes, pour les menaces qu'il a proférées personnellement contre eux, ayant

commandé à ses papetiers de les « traiter en Périgordin qui estoit de leur rompre bras et jambe et les jeter sous la roue des moullins » ; et de demander au Conseil la réunion au domaine du Roi des biens nobles « fraudés » par Jean Vangangelt et son frère Gaspard, marchand de Paris, d'un revenu de plus de 3.000 livres (13 septembre). — Transaction par laquelle André de Haudenq, intéressé sous le nom de Claude Parant, en la ferme des formules de la généralité de Limoges, tient quitte moyennant 1.400 livres Abraham Pasquet, écuyer, sieur de Luget, demeurant à La Rochefoucauld, du cautionnement qu'il s'était engagé de fournir à feu François Maraquier, écuyer, sieur de La Roche, ci-devant directeur des droits sur le papier et parchemin timbrés aux départements des élections d'Angoulême et de St Jean-d'Angély (1er octobre). — Contrat de mariage entre Abraham Joubert, sieur de Laubart, fils de Martial, sieur de Vers, et de feue Laurence Prouleau demeurant à Roullet ; et Catherine Lecomte, fille de feu Christophe (15 octobre). — Quittance de 430 livres pour le droit domanial de 6 sols 8 deniers par quintal de fonte, 10 sols par quintal de fer et 20 sols par quintal d'acier fabriqués, donnée à Clément Hugon, maître de forges, demeurant à la forge de Chez-Bigot, paroisse de Busserolles, en Périgord, comme héritier de Junien Hugon, aussi maître de forges, son oncle, par François Ythier, procureur au présidial et de Pierre François, contrôleur du domaine d'Ambroise, représentant les commis au recouvrement de ce droit (5 novembre). — Sentence arbitrale de Moussier et F. Vachier, avocats du Roi au présidial, qui ordonne l'exécution du contrat de cession du bail à ferme des revenus de l'abbaye de Notre Dame-de-Salles fait au profit de François Lourdaud, sieur des Couteaux, le 4 septembre précédent, par Jean Chazaud, sieur des Granges et enjoint audit Chazaud « de porter honneur et respect » à Gilles Lucas, prêtre, abbé commandataire de ladite abbaye (6 novembre). — Cession d'une créance de 1.672 livres sur André Horson, Catherine Lurat, sa femme, et Pierre Horson, sieur de Moulède, son frère moyennant pareille somme, à Charles Dufresse, procureur au présidial, par Jean Caluaud, sieur de Laubrune, Marguerite Martin, sa femme et Guillaume Martin, son beau-frère (7 novembre). — Transaction entre Jean de la Grézille, avocat en parlement, François Birot, écuyer, sieur d'Amblecourt, Josias Birot, écuyer, sieur de Servolle, Marie Lériget, tant pour elle que pour ses sœurs, comme héritiers de Pierre et de François Birot, écuyers, sieur de La Charrière et du Treuil, Isaac Lardeau, sieur de Chemond, et Marie de la Grézille, sa femme, d'une part, Antoine Moricet, écuyer, Marguerite Dougne, sa femme, Pierre Mesnier, marchand drapier, Suzanne Dougne, sa femme, et Françoise Dougne, d'autre part, qui fixe à 500 livres ce qui reste dû sur l'obligation contractée par feu Pierre Dougne et son père envers le feu sieur Birot (18 décembre). — Vente de 4 boisseaux de froment, 4 boisseaux d'avoine, mesure de Montignac, 12 sols et 2 gélines de rente au village de Puypéroux, paroisse de Villejoubert et sur des prés paroisse d'Anais autrefois inondés par l'étang dudit lieu, moyennant 205 livres, à Jacques Guy, sieur de La Rouze, demeurant à Montignac Charente, par Henry Du Vignaud, écuyer, seigneur de Fayolle, et Marie de Guitard, sa femme, demeurant en la maison noble de Fayolle, paroisse de Jauldes (21 décembre). — Cession d'une créance de 1.460 livres sur François Poussart, chevalier, seigneur de Lignères à Philippe Pinier, procureur au présidial, par Claude Lenormant, receveur des aides en l'élection, comme procureur de René-Charles Dupuy, écuyer, sieur des Essarts et de La Bardonnière, et Charlotte Billocque, son épouse (30 décembre 1680).

E. 1951. (Liasse.) — 58 pièces, papier.

1681. — Pierre Audouin, notaire royal à Angoulême. — Actes reçus par ce notaire du 3 janvier au 30 mars. — Vente d'une métairie, paroisse de Champniers, moyennant 4.000 livres y compris les animaux, instruments et semences estimés 600 livres, savoir : 4 bœufs, une charrette, une « chambige », une charrue, 37 chefs de brebis, 11 boisseaux de froment, 6 de seigle, 4 d'orge, 7 d'avoine, 4 et demie de « seiglat », 16 de baillarge, 2 de « jarousse », 1 de « cabossat » et trois quarts de chenevis, une cuve « escoulant », 6 barriques de vin environ et une cuve de charrois ; à David Thoumie, maître apothicaire, et Marguerite Dufossé, sa femme, par Jacques Yrvoix, sieur de Landaule, et Marguerite Morin, sa femme, qui avaient ladite métairie en héritage de Marguerite Barbotin, veuve de René Morin, écuyer, leurs parents et beaux-parents (7 janvier). — Contrat de mariage entre Jean Jacques de Crugi de Marcillac, chevalier, seigneur de Marcillac, demeurant en la maison noble de Bassac, fils de Jean-Louis, chevalier, et de Marie de Puyguyon, et Marguerite Geoffroy, fille de René, che-

valier, seigneur des Bouchauds, et de Marguerite de Forgues de Lavedan, du consentement de Charles-Louis de Congi (31 janvier). — Bail à ferme de tous les revenus qui peuvent leur appartenir après partage fait avec l'abbé de St-Cybard, pour 7 années, moyennant 2.200 livres chaque, à David Thoumie, maître apothicaire, par les religieux de l'abbaye dudit St-Cybard (7 février). — Cession de 1.650 livres en remboursement d'obligation, à prendre sur les revenus de la seigneurie du Chambon, à Guillaume Mallat, marchand boucher, par Gabriel Gandillaud, chevalier, seigneur du Chambon, Fontguyon, Douzat et autres places, président au présidial (8 février). — Reconnaissance donnée au sieur des Bretonnières par Antoine Touzet « passager » du port de Sireuil (8 février). — Entente entre les 5 huissiers-audienciers du présidial qui décident de prendre deux par deux, à tour de rôle, le service pendant un mois, savoir : 5 jours pour « audiencier les causes » et 15 jours pour se tenir à la porte de la chambre : tous les émoluments des significations et communications pour les instructions des procès seront réservés aux huissiers en service ; si, pour cause de maladie, l'un d'eux ne pouvait faire son service, il toucherait néanmoins la moitié des émoluments, et ceux qui les remplaceraient, l'autre moitié (18 février). — Estimation de l'office d'huissier-audiencier de François Pinier, par ses confrères, à 1.800 livres (18 février). — Quittance de 620 livres en paiement du principal et des intérêts d'une obligation de 342 livres consentie par Robert de Montargis, écuyer, et Jacquette Bertrand, son épouse, donnée à François de la Brosse, écuyer, sieur du Courret, comme tuteur des enfants de feu Jacques Jonquet, sieur de La Fayeuze (28 février). — Cession par Julienne de la Boissière, veuve de Geoffroy Mongin, sieur de La Businie, à Mathurin Mongin, leur fils, de ce qui lui appartient dans la succession de son père (9 mars). — Bail à ferme par David Thoumie, maître apothicaire, fermier général des revenus des religieux de St-Cybard, de ce qui lui est dû à ce titre, dans la paroisse de Montignac-le-Coq, pour 7 années, moyennant 800 livres chaque, à Jean Pascaud, marchand, demeurant paroisse de Bors (13 mars). — Bail par le même à Christophe Guindet, sieur de La Nouhe, des revenus desdits religieux dans les paroisses de Dirac et de Garat, moyennant 420 livres chaque année (15 mars). — Cession de 536 livres sur la ferme de la seigneurie de Beaucaire, à François Corliec, sieur de Coursac, Anne et Jeanne Corliec, enfants de feu Toussaint, élu en l'élection de St-Jean d'Angély, par Jacques Vigier, écuyer, sieur de La Pille (18 mars). — Déguerpissement d'une rente noble due sur le lieu de La Couture, au profit de François Nogerée, écuyer, sieur de La Filière, y demeurant, paroisse de Hiersac, par Paschal Pandin, écuyer, sieur de Beauregard, demeurant au lieu noble de Beauregard, paroisse de Bernac, et Gaspard Pandin, écuyer, sieur des Vaux, demeurant au lieu noble du Treuil, paroisse de La Faye, tant pour eux que pour Hélène Lecoq, leur mère, veuve de Jean Pandin, écuyer, sieur de Beauregard (18 mars). — Abandon de tous les droits qu'il prétend sur le lieu noble de La Chapelle, paroisse de Torsac, moyennant 150 livres, par Antoine Vinson, sieur de Fontorbière, au profit de François Ancelin, écuyer, seigneur de Chadurie et de Salles, demeurant au lieu noble de Lestang, paroisse de St-Christophe, en Bordelais, qui l'avait déjà vendu à Jacques Bernard, écuyer, sieur des Alliers (22 mars). — Transaction qui réduit à 6 livres les dommages et intérêts réclamés de Jean de Laroussie, écuyer, sieur des Deffents, y demeurant, paroisse de Bunzac, par Jean Lazier, maître architecte, demeurant à Bunzac, pour l'avoir poursuivi à tort en paiement de lods et ventes (27 mars). — Vente à François Prévost, sieur de La Roche, et Suzanne André, sa femme, demeurant à Ruffec, moyennant 200 livres, par Marie Marin, demeurant aux Touches, paroisse de Barro, de l'office de notaire royal héréditaire dont feu René Poisson, son mari, avait été pourvu, après enchères, le 10 décembre 1664 (27 mars). — Obligation de 1.000 livres de nouveau consentie à Jacques Salmon, conseiller en l'élection, par Dom Jacques Salmon, prêtre, prieur claustral de l'abbaye de Charroux, son frère (28 mars). — Contrat de métayage du domaine de Lâge, paroisse de Balzac, consenti par Pierre Joseph Bareau, écuyer, sieur de Lâge (29 mars 1681.)

E. 1952. (Liasse.) — 70 pièces, papier.

1681. — Pierre Audouin, notaire royal à Angoulême. — Actes reçus par ce notaire du 1er avril au 29 juin. — Sous-ferme des revenus des religieux de l'abbaye de St-Cybard, dans la paroisse de Nersac, pour 5 années, moyennant 1.050 livres chaque, à Jean Moricet, maître apothicaire, Charles Floranceau et Jean Bergeron, marchand, ce dernier seul demeurant en ladite paroisse de Nersac (5 avril). — Cession de 1.250 livres de créances en paiement de diverses

dettes, à Madeleine Cladier, veuve de Clément Chérade, par Hélie Bouvier, sieur des Varennes, et Marie de la Marthonie, sa femme (9 avril). — Testament de Luce de Labrousse, veuve d'Antoine Guitard, écuyer, seigneur de Montjoffre, par lequel elle demande d'être ensevelie dans la chapelle qui lui appartient dans l'église des Jacobins, lègue 300 livres aux « filles converties » si elles sont établies à Angoulême, institue son héritier universel son petit-fils, Pierre de Guitard, écuyer, sieur de Villejoubert, fils d'autre Pierre, écuyer, sieur de Montjoffre, à l'exception des 2.900 livres que lui doit Louis Dexmier, sieur du Roc, son fils aîné, qui devront lui être remises s'il s'acquitte de cette dette avant la mort de la testatrice, et de 1.000 livres en faveur de Charlotte Dexmier, sa fille, muette (15 avril). — Transaction concernant le paiement de 3.500 livres en principal et 548 livres d'intérêts à Madeleine Cladier, veuve de Clément Chérade, par Jean Laisné, écuyer, juge-sénéchal du duché de La Rochefoucauld, lui-même créancier de Raymond Hillairet, sieur de Poumerade, conseiller à l'élection de Cognac, y demeurant, comme fils de défunts Roger, aussi conseiller en ladite élection et de Marie Laisné (17 avril). — Inventaire des pièces justificatives des comptes de la direction des formules dans les élections d'Angoulême et de St-Jean d'Angély, ce requérant Philippe Clément, directeur, après poursuite de Julien Préau, fermier des droits sur le papier et parchemin timbrés des généralités d'Auvergne et de Limoges, pour la liquidation desdits comptes. Il mentionne presque exclusivement les états et récépissés des papiers et parchemins timbrés fournis depuis le mois d'octobre 1680 aux commis des bureaux des deux élections : le commis de Blanzac en avait reçu pour 451 livres ; celui de Lavalette, pour 570 livres ; celui de St-Fraigne, pour 87 livres, etc. (6 mai). — Convention concernant les métairies du Maine-Roux, paroisse d'Houme, entre Jacques Angibaud, sieur du Bois, demeurant au lieu noble du Terme, paroisse de Fouquebrune, Pierre Jaubert, écuyer, sieur des Vallons, son gendre, demeurant audit Maine-Roux, d'une part ; François Dufresse, sieur du Maine-Roux, comme héritier de Paul, son père, d'autre part ; les parties reconnaissent la « presque impossibilité » pour ces propriétaires si voisins de vivre en paix et union » (18 mai). — Sous-ferme des revenus des religieux de l'abbaye de St-Cybard dans la paroisse d'Aubeville, pour 7 années, moyennant 250 livres et 3 paires de chapons chaque (24 mai). — Partage de la succession de Jean de Lavaud, sieur du Vignaud, de Marguerite Bernier sa femme, et de François de Lavaud, leur fils, entre François de Lagarde, écuyer, seigneur de Roche, demeurant au lieu noble de Nanteuil, paroisse de Sers, comme tuteur d'Alexandre, son fils et de Jeanne de Lavaud, sa première femme ; et Jean Buffard, sieur du Plantis, demeurant au lieu du Chalard, paroisse de Grassac, comme exerçant les droits de Marie de Lavaud, sa femme ; lesdites Jeanne et Marie, filles dudit Jean : le seigneur de Roche entre en possession de tout l'héritage moyennant qu'il servira une rente annuelle de 375 livres à son beau-frère (2 juin). — Contrat de mariage entre Antoine de Bussac, marchand, fils de Jean, aussi marchand, et de Marie Péraud, et Charlotte Rousseau : en faveur duquel mariage le futur époux reçoit 6.000 livres en avancement d'hoirie (7 juin). — Sommation de Patrice Poumeyrol, sieur de Peyremal, receveur des francs-fiefs, de donner quittance de 60 livres et, sur son refus, protestation que « ce qu'il en fait n'est que pour vexer les subjets du Roy et pour les ruiner en frais » : le receveur répond « qu'il ne sçait ce que c'est que de taxer les subjets du Roy, mais bien de faire peyer les meschans peyeurs et gens de fraude comme sont les périgordins, comme est ledit Poumeyrol qui n'a jusqu'à présent fait que chicaner » (14 juin). — Transaction entre Antoine Lambert, religieux pitancier de l'abbaye de Bournet, et Jean Carrier, curé de Courgeac, qui désigne les pièces de terre sur lesquelles celui-ci pourra lever les novales (20 juin). — Inventaire des meubles et effets de Robert Duru, maître pâtissier, ce requérant Catherine Maurin, sa veuve. A signaler au dit inventaire : 4 petites cuillers en argent sur lesquelles sont gravés les nom desdits Duru et Maurin ; — le testament de Catherine Demazière, veuve de Pierre Maurin, maître pâtissier, et mère de la dite Catherine du 21 mai 1677 (25 juin). — Procuration donnée par la mère Catherine Agnès Heurtault, supérieure, et les religieuses de la Visitation de Bourges, pour recevoir des religieuses de la Visitation de La Rochefoucauld les 1.200 livres qu'elles leur doivent en raison du retour à Bourges de la sœur Marie Henriette Simon (24 mars) ; avec quittance (29 juin 1681).

E. 1953. Liasse.) — 54 pièces, papier.

1681. — Pierre Audouin, notaire royal à Angoulême. — Actes reçus par ce notaire du 1er juillet au 30 septembre. — Cession d'une créance de **3.329** livres sur Louis Chesnel, chevalier, seigneur d'Escoyeux, Château-Chesnel et autres places, à Jean Arnauld, marchand bourgeois, par Roch-Frotier Tizon, chevalier, seigneur de Villars et de La Rochette et Marie Anne Chesne, sa femme (3 juillet). — Obligation de 3.000 livres pour prêt de pareille somme, remboursable dans les 8 jours, consentie à Jean Arnauld, marchand de soie, par Jean de la Chetardie, chevalier, seigneur du dit lieu, et Catherine de Beaumont, sa femme, qui emploient cette somme à se libérer en partie envers Gabriel Gandillaud, chevalier, seigneur de La Vallade, président au présidial (6 juillet.) — Cession de 20 livres de rente seconde, moyennant 410 livres, à Jean Nicolas de Belleprière, maître ès-arts libéraux, par Catherine Moussier, veuve de Charles de Cercé, écuyer, sieur de Parfoucaud, demeurant à Coulonges (2 août). — Vente de tous les meubles de la maison qu'il occupe au village du Moulin-Neuf, paroisse de St-Priest, près de Mareuil, moyennant 248 livres payables à ses créanciers, par Nicolas Grosset, curé de ladite paroisse (4 août). — Procuration donnée par le même pour résigner la cure de « St-Project vulgo St-Priect » en faveur de Jean Robert, vicaire perpétuel de Combiers (4 août). — Adjudication, moyennant 3.300 livres, du lieu de Blanchefleur à Louis Rullier, sieur de Boisnoir, après enchères faites entre les héritiers de Pierre Fé, sieur de Blanchefleur et de Claude Corliet, savoir : ledit sieur de Boisnoir, Jacques Fouques, sieur de Mondeuil, Philippe Dexmier, sieur de St-Séverin, Jean Dexmier, sieur des Houlières, époux de Marie, Catherine, Marguerite et Louise Fé, filles dudit Pierre (6 août). — Cession d'une créance de 600 livres sur Pierre Blanchet et Marie Béchade, sa femme, à Charles Blanchet, sieur de l'Ardiller, et Guillaume Blanchet, commis du greffe de l'élection, par François Castain de Guérin, écuyer, seigneur du Tranchard, receveur des deniers d'Angoumois (25 août). — Inventaire des meubles et effets d'Antoine d'Escarcelle, maître bâtier, demeurant au faubourg de La Bussatte (25 août). — Transaction par laquelle Jean Thomas, écuyer, sieur des Bretonnières, conseiller au présidial, et Marie Grelon, sa femme, d'une part, Gaston Bouchard, écuyer, sieur des Plassons, et Anne Grelon, sa femme, demeurant en la maison noble des Plassons, paroisse de Bors, tant pour eux que pour Pierre Roquette, ancien vicaire de Pillac et curé de St-Cyprien, et pour Pierre Robert, notaire royal, d'autre part décident les conditions de l'arbitrage de Paul de Paris, écuyer, sieur de Lespineuil, conseiller au présidial, et de Pierre Jaubert, écuyer, sieur des Vallons, auquel ils se soumettent pour régler la succession de feu Pierre Grelon (29 août). — Reconnaissance de 20 sols de rente seigneuriale sur une maison sise paroisse St-André, dans la rue qui va de la halle du Palet au couvent des Cordeliers, à main droite, confrontant d'un côté et par derrière aux maison et jardin de M. Houlier, lieutenant-général, d'autre côté à la maison de Daniel Cladier, notaire royal, donnée à Claude Boessot, écuyer, aide de camp des armées du Roi, demeurant ordinairement à Paris et de présent en son hôtel, paroisse St-Antonin, à cause de sa seigneurie de Vouillac (13 septembre). — Bail à ferme du lieu de Lâge, paroisse de Balzac, pour 9 années, moyennant 500 livres chaque, consentie par Joseph Bareau, écuyer, sieur de Lâge, curé de St-Simon (13 septembre). — Bail à rente perpétuelle de tous ses biens dans la paroisse de Chadurie, consenti à Charles de la Gravelle, sieur de Grange, canonnier au château d'Angoulême, par Antoinette Delombre (26 septembre).

E. 1954. (Liasse.) — 63 pièces, papier.

1681. — Pierre Audouin, notaire royal à Angoulême. — Actes reçus par ce notaire du 3 octobre au 31 décembre. — Bail à ferme d'une maison, paroisse St-Antonin, à Jean Parcelier, marchand verrier, par Claude Boessot, chevalier, seigneur de Puyrénaud (3 octobre). — Procuration donnée à Jean Hériard, procureur au présidial, par Claude Boessot, chevalier, seigneur de Puyrenaud, comme unique héritier d'Henri, écuyer, son père, et comme créancier dans la succession de Jean-Jacques Boessot, écuyer, seigneur de Vouillac, son cousin-germain, de Nicolas Boessot, écuyer, seigneur de Montmort et d'André Boessot, écuyer, sieur de Sonneville, tous deux fils dudit seigneur de Vouillac (3 octobre). — Inventaire des effets contenus dans un coffre et un bahut saisis sur Henri Vaslet, sieur des Marais, à la requête de Jean Vangangelt, marchand. A signaler 4 couverts d'argent sur lesquels sont gravées les armoiries suivantes : « un chevron passant un croissant et une estoille au dessus, et au dessous une couleuvre » 12 octobre). — Quittance de 1.500 livres donnée par François de Ravard, écuyer, sieur d'Orion, demeurant au lieu noble de St-Amant, paroisse dudit lieu, étant aux droits d'Antoine d'Auche, écuyer, sieur de Puy d'Au-

che et de Marie de Barbezières, sa femme, à Anne de Nesmond, veuve d'Arnaud Gay, écuyer, sieur des Fontenelles, demeurant à Cognac, comme tutrice de François-Théodore Gay, écuyer, sieur des Fontenelles, leur fils, et conformément aux clauses du contrat de mariage dudit François avec Louise d'Auche (29 octobre). — Contrat de mariage entre François Daniaud, procureur fiscal de Magezyr et Montboyer, fils de Guillaume, sieur de Langlade et de Anne Bourdin, et Marie Godet, fille de Guillaume, sieur de Foulpougne et de Laurence Chenevière : en faveur duquel mariage la future épouse reçoit une dot de 3.000 livres et 300 livres de meubles et vêtements (4 novembre). — Contrat de mariage entre Paschal Birot, écuyer, docteur en médecine, fils de défunt Jean, aussi écuyer, docteur en médecine, et de Louise Bouquet, et Marie Jameu, fille de Jean, écuyer, et de feue Françoise Martin (18 novembre). — Inventaire des meubles et effets de la communauté de François Dumeny, marchand, et feue Marguerite Depierre, sa femme (4 novembre). — Procès-verbal des seigneuries de Bouex et Méré, ce requérant Jean de Lesmerie, marchand, demeurant au village de « La Tiblerie », paroisse de Garat, fermier judiciaire desdites seigneuries saisies sur François Du Laux, écuyer, à la requête de Jacques d'Abzac, écuyer, seigneur de Mayac : elles comprennent le logis noble de Méré, celui de Bouex, le four banal de ce village, les métairies du Couradeau, de La Biguerie, du Clozard, le moulin de Baillarge, le Grand-Moulin, le moulin du Bas-Arsac (6-7 novembre). — Résignation par Joseph Juge, clerc tonsuré du diocèse de Grenoble, pourvu de la préceptorerie du bourg des Hières à La Grave et curé de St-Pierre de Montigné, au diocèse de Saintes, de ladite cure de Montigné en faveur de Pierre Julien, prêtre du diocèse de Grenoble, curé de Nercillac au diocèse de Saintes (11 novembre). — Obligation de 467 livres consentie par Marguerite Pastoureau, veuve de Guy de la Garde, juge-sénéchal de Marthon, en faveur de Madeleine Cladier, veuve de Clément Chérade, marchand (25 novembre). — Cession d'une créance de 120 livres à Jean Raimbaud, marchand, par Philippe de Lavergne « maître horloger » en paiement d'une obligation consentie par feu Philippe et Geneviève Cazier, ses père et mère (27 novembre). — Transaction par laquelle Pierre Hineau, soldat de la garnison du château, de la compagnie de M. de Montfort, capitaine au régiment de Navarre, sur les conseils de celui-ci, se reconnaît débiteur de 60 livres envers Charles de la Gravelle, sieur de Grandpré (1er décembre). — Inventaire des meubles et effets de la communauté d'entre feu Patrice Poumeyrol, sieur de La Forêt, décédé au logis de Peyre-Male, en Angoumois, paroisse de Léguillac, en Périgord, et Charlotte Avril, sa femme (3-18 décembre). — Réglement de comptes par lequel Jean Pineau, procureur fiscal de Blanzac, agissant au nom de Pierre Deschamps, sergent royal, son beau-père, reconnaît que celui ci est débiteur de 500 livres envers Antoine Bourdage, prieur d'Orlut et curé de St-Amant-de-Graves (19 décembre). — Réglement de comptes concernant une rente due successivement à Jeanne Le Page, à François Pinaud, marchand, et Marguerite Marin, sa femme, par Jacques de Jambes, écuyer, sieur de La Foix, y demeurant, paroisse de Mouthiers (19 décembre). — Quittance des 2.300 livres qu'il lui devait, donnée à André de Nesmond, chevalier, seigneur baron des Etangs, Massignac, Sauvagnac et autres places, demeurant au château des Etangs, paroisse de Massignac, par Jean Arnauld, marchand de soie (22 décembre). — Vente de son office de procureur au présidial, moyennant 2.400 livres, à Gabriel Dexmier, sieur de La Mothe, paroisse d'Angeac, et Gabriel, son fils, par Guillaume Cladier (22 décembre). — Obligation de 6.220 livres reconnue au profit de Madeleine Cladier, veuve de Clément Chérade, par Jean de Guitard, écuyer, sieur de Laborie (24 décembre). — Cession d'une maison estimée 800 livres, de 200 livres en monnaie, de 12.800 livres de créances, à Marie de Marcillac, veuve de Jean Cladier, avocat au Parlement, par Guillaume Cladier, sieur de Chadurie et Catherine Dussieux, sa femme, conformément à la transaction entre eux conclue devant Parenteau, notaire royal, le 11 octobre précédent (26 décembre). — Procuration générale donnée à Marie Bourdage, sa femme, par Jean Gillibert, écuyer, sieur de La Borderie, lieutenant civil et criminel en l'élection d'Angoulème, procureur des eaux et forêts (29 décembre). — Obligation de 269 livres reconnue au profit de Madeleine Cladier, veuve de Clément Chérade, par Jacques Vigier, écuyer, sieur de La Pille, avocat en parlement, Madeleine Musset, sa femme, et Jacques, aussi écuyer, sieur de la Pille, leur fils (31 décembre 1861).

E. 1955. (Liasse.) — 46 pièces, papier.

1682. — Pierre Audouin, notaire royal à Angoulème. — Actes reçus par ce notaire du 7 janvier au 30 mars. — Vente de 2.000 rames de papier « au petit cornet » livrables au port de Lhoumeau, moyennant 44 sols la rame du fin et 32 sols celle du « gros bon fin » et en outre les 2 sols par rame exigés par le bureau de Limoges, à Henri Gaultier, marchand, par Antoine de la Combe, marchand papetier, demeurant à Tulle (1er janvier). — Cession de 5 sols de rente en faveur de Catherine David de Fontdeuil, veuve de Léonard Boulinon, avocat en parlement, juge-sénéchal des terres de Varagne, Bussière et Buxerolles, demeurant à Varagne, et pour remplir les clauses de leur contrat de mariage, par Catherine Boyvin, veuve de Pierre David, écuyer, sieur de Boismorand, premier lieutenant assesseur en la maréchaussée d'Angoulème et Pierre, leur fils, aussi premier lieutenant (2 janvier). — Cession d'une créance de 2.132 livres sur le seigneur du Breuil de Champniers à Guillaume Mallat, marchand boucher, en paiement de viande et remboursement de prêts, par Gabriel Gandillaud, chevalier, président au présidial (8 janvier). — Quittance de 80 livres à lui cédées en exécution d'une sentence du présidial, donnée par François Veillon, maître faiseur de formes à papier, demeurant à La Couronne, à Jean Veillon, marchand, et Pierre Gorichon, laboureur (24 janvier). — Vente de 22 boisseaux de froment, 15 boisseaux d'avoine, 105 sols 2 deniers en argent, 8 chapons, 7 gelines de rentes foncières dépendant de la seigneurie de Brie avec faculté de rachat pendant 9 ans, moyennant 1.710 livres, par François de Nesmond, chevalier, seigneur de Brie, La Jauvigière et autres places, faisant tant pour lui que pour François, Joseph et André de Nesmond, ses frères, demeurant au château de Brie, à Alexandre Chérade, sieur d'Orimont qui devra tenir les dites rentes à hommage et en arrière-fief au devoir d'une feuille de laurier à muance de seigneur et de vassal (25 janvier). — Quittance de leur part des arrérages d'une rente constituée de 250 livres, donnée à François Desbordes, écuyer, sieur du Maine-du-Puy, et à Françoise Chevrier, veuve de feu Antoine Trigeau, écuyer, sieur de La Brousse, par Pierre Guérin, huissier des finances et trésor du Roi en la généralité d'Orléans, comme procureur de Charles Boyetet, sieur de Merouvilliers, de Catherine Jeuffronneau, veuve de Jean Boyetet, sieur de Perpignan, et tutrice de leurs enfants, de Michel Foucault, sieur de Coudresseau et Anne Boyetet, sa femme, de Claude Leberche, sieur de Launay, tous héritiers de feu Jacques Boyetet, sieur des Francs, demeurant à Orléans (25 janvier). — Transaction par laquelle

Jean Malagnon, curé de La Madeleine et Henri Renouard, écuyer, sieur de Chermelière, demeurant au logis noble du Breuil, paroisse de Bonneuil, celui-ci agissant au nom de Madeleine de Culan, veuve de Charles Renouard, écuyer, sieur de Servolle, font choix d'arbitres pour régler leurs différents au sujet d'un changement de chemin, d'une écluse et autres affaires (4 février). — Prise de possession du prieuré de St-Jean de La Tâche, paroisse de Cellefrouin, par Félix Sartre, clerc tonsuré, au nom de Jean Jumelin, prêtre, docteur en théologie, prieur de St-Denis-en-Beauvais et pourvu dudit prieuré comme le lui a fait connaître le visa du maître apothicaire de l'Archevêque de Bordeaux (12 février). — Règlement de comptes qui fixe à 2.046 livres ce qui reste dû sur les revenus de la châtellenie de Pranzac à Alexandre de Redon de Salmes, marquis de Pranzac et de Montfort, par les enfants de Jean Tourette, receveur de ladite châtellenie de 1663 à 1670, savoir : Antoine, curé et doyen des chanoines de St-Cybard de Pranzac, Gabrielle, veuve et héritière bénéficiaire de Louis Mesnadeau, notaire, Pierre, chirurgien, Sébastien, praticien et Philippe (14 février). — Résignation de la sacristie de Notre-Dame de Nanteuil-en-Vallée et de son annexe, le prieuré de St-Jean Baptiste, par Pierre Salmon, profès de l'abbaye de Charroux, en faveur d'Etienne Rigalleau, clerc tonsuré de St-Sulpice-de-Charroux (18 février.) — Inventaire des meubles et effets d'André Thiers, maître chirurgien, en présence de Louise Guyot, sa veuve, ce requérant Pierre Duru, maître-chirurgien, et Jeanne Thiers, sa femme, Françoise Thiers, veuve de Mathieu Guyot, André Thiers, docteur en médecine, Marguerite Thiers, Mathurin Vinson, fils de feu Guillaume et de Marguerite Thiers. A signaler audit inventaire un étui servant à l'art de chirurgie garni d'une sonde, une « canuelle », un déchaussoir et un bistouri, le tout d'argent, une paire de ciseaux, 2 lancettes, des pincettes et un rasoir d'acier, le tout estimé 4 livres ; — un « coquemard » de cuivre rouge ; — une « met » de bois de noyer ; — un charnier dans lequel il y a un peu de salé (23 février-16 mars). — Quittance de 700 livres pour amortissement de rentes donnée par Marie Calueau, veuve de Pierre Ballue, écuyer, sieur de Montgaudier (25 février). — Testament de Jean-Louis Robin, sieur des Clauses, fils de feu Jean, sieur de La Mesnardière, demeurant à Villejésus, et sur le point de partir pour le service du Roi, par lequel il lègue ses meubles et acquêts et le tiers de ses propres à Clément de Cercé, écuyer, sieur de Parfoucaud « à cause de la grande

amitié » qu'il a pour lui (26 février). — Transaction qui met fin à un procès commencé en 1640 entre Jean de Beaumont, chevalier, seigneur de Condéon, Jeanne Videau, sa femme, et Hélie et Jean Mazottin, père et fils, fermiers de la seigneurie du Moulin-Neuf appartenant à M. de la Rochefoucauld, moyennant le paiement de 482 livres à Louis Jolly, curé de St-Saturnin, par Henri de Beaumont, chevalier, seigneur d'Auge et Lauron, fils dudit Jean, et Marie Aymard, sa femme, demeurant à Saintes (3 mars). — Transaction fixant à 1.500 livres les dommages et intérêts dus à Jean Chevais, sieur des Coudres, fils d'autre Jean, sieur dudit lieu, y demeurant, paroisse des Adjots, par Catherine Du Breuil, veuve de Jean Chénevière, marchand (6 mars). — Compte par lequel Louis Chesnel, chevalier, seigneur d'Escoyeux et autres places, demeurant au Château-Chesnel, paroisse de Cherves, se reconnaît débiteur de 8.921 livres envers Jean Arnaud l'aîné, marchand et lui abandonne jusqu'à complet paiement 2.000 livres chaque année sur les revenus de sa terre de Fouras (7 mars). — Quittance de 724 livres restant dues sur les intérêts d'une somme de 1.669 livres, ladite quittance donnée à Marguerite Du Breuil de Théon, veuve de Michel Souchet, écuyer, sieur de La Dourville, y demeurant, paroisse d'Aubeville, par Antoine Thomas, écuyer, sieur de Lézignac, conseiller au présidial (11 mars). — Renonciation au retrait des rentes de son bénéfice aliénées par ses prédécesseurs, lors de l'aliénation du temporel des églises, par Antoine Lambert, écuyer, prieur de Charras, demeurant aux Trois-Roues, paroisse de St-Martin, au profit de Jean de la Laurencie, chevalier, seigneur de Charras (11 mars). — Bail à loyer d'une boutique, paroisse St-André, tenant à la maison de François Filhon, notaire royal, pour 3 années, moyennant 15 livres chaque, à Pierre Mallat, marchand boucher, par Jean Béchade, prieur de St-Sauveur, chanoine (17 mars 1682).

E. 1936. (Liasse.) — 88 pièces, papier.

1682. — Pierre Audouin, notaire royal à Angoulême. — Actes reçus par ce notaire du 1er avril au 29 juin. — Règlement du partage de partie de la succession de Suzanne de Roumefort, entre Jérémie Quantin, sieur de Nonac, Judith Martin, sa femme, Marie Martin, leur belle-sœur et sœur, demeurant au village des Druinauds, paroisse de Segonzac, et Valérie Bonneval, veuve de David Martin, sieur du Plessac

(1er avril). — Contrat de mariage d'Etienne de Neuville, maître boisselier (4 avril). — Bail à ferme du « rivestière » de l'abbaye de St-Cybard, pour 6 années, moyennant 333 livres chaque, à Philippe Maulde, sieur des Blancheteaux, procureur de ladite abbaye (7 avril). — Vente de 100 balles de papier fin et de 50 balles de « gros bon fin », le tout « au petit cornet », la balle de 17 rames, moyennant 45 sols la rame du fin, et 35 celle du « gros bon fin », à Henri Gaultier, marchand, par Nicolas Beronge, marchand de Tulle (7 avril). — Contrat de mariage entre Elie Coulaud, marchand, fils de feu Pierre, aussi marchand, et Marie Chapiteau, fille de Pierre, premier huissier audiencier au présidial et de Suzanne Gilbert : en faveur duquel mariage la future épouse reçoit une dot de 2.000 livres en avancement d'hoirie (7 avril). — Remise à François Barraud, bourgeois de Montbron, par Marie Bourdage, au nom de Jean Gilbert, son mari, conseiller en l'élection, de diverses créances dont le produit devra être employé au payement des 4.000 livres dues à Mademoiselle de Ruet, femme de chambre des enfants de France, par Françoise Pélissier, veuve de Bertrand Barutel, intendant du duc de Noailles (8 avril). — Compte par lequel Martial de Feydeau, écuyer, sieur de Rochebertier et de St-Mary se reconnaît débiteur de 1.000 livres envers Jean Arnauld, écuyer, maire et capitaine de la ville et chatellenie d'Angoulême (17 avril). — Sous-ferme du « revestière » de l'abbaye de St-Cybard dans la paroisse de Moulidars, pour 6 années, moyennant 75 livres chaque, à Christophe Lamy, marchand, par Philippe Maulde, procureur fiscal de ladite abbaye (18 avril). — Transaction par laquelle Charles-Louis Green de St-Marsault, chevalier, seigneur de Gadmoulin, demeurant au château dudit lieu, contracte une obligation de 1.000 livres envers Madeleine Cladier, veuve de Clément Chérade, pour paiement de partie de la créance de 4.340 livres qu'elle possédait sur feue Marie Green de St-Marsault, dame de Lugerat et dont elle réclame la reconnaissance tant à la demoiselle de Lugerat, fille de ladite dame qu'audit seigneur de Gadmoulin, son frère, demeuré détenteur de sa dot (19 avril). — Sous-ferme de la dîme du chanvre et du lin appartenant à l'abbaye de St-Cybard dans la paroisse de Champmillon, pour 6 années, moyennant 5 livres 10 sols et une paire de poulets bons à chaponner chaque (26 avril). — Compte entre Guillaume Godet, sieur de Foulpougne, Laurence Chénevière, sa femme, et Jean Bonnin, sieur de Chemontet et Marguerite Godet, sa femme,

concernant la dot de 2.730 livres constituée à cette dernière, sur laquelle il ne demeure plus que 936 livres de dues (30 avril). — Vente de 4.500 rames de papier « au petit cornet », moyennant 48 sols la rame de fin, et 36 celle de « gros bon fin », à Henri Gaultier, marchand, par Pierre Montaignac, marchand papetier de Tulle (5 mai). — Cession de tous ses droits sur la succession d'Antoine d'Escarcelle, leur frère et beau-frère, moyennant 500 livres, à Pierre Respinger, marchand et Jeanne d'Escarcelle, sa femme, par Philippe d'Escarcelle, maître faiseur de peignes, demeurant à Quimperlé (11 mai)i — Vente de 3.000 rames de papier « au petit cornet » à Henry Gaultier, marchand, par Jean Turenne, marchand papetier de Tulle (16 mai). — Contrat de mariage entre Jacques Mien, maître serger, demeurant à La Rochefoucauld, et Anne Chauveau, fille de Samuel, protestants (18 mai). — Quittance donnée par Samuel Galliot, marchand orfèvre et Abraham Yver, marchand « orlogeur », anciens de la religion prétendue réformée et chargés de procuration du consistoire d'Angoulême, à Anne Bigot, comme procureur de Noël Dexmier, propriétaire des messageries d'Angoulême, son mari, entre les mains de qui cette somme avait été consignée, de 2.627 livres, montant de l'acquisition d'une maison faite sur François Amadieu, maître chirurgien d'Angoulême, par Mathieu Mongin, sieur de Longeville et Marguerite Bareau, sa femme ; ceux-ci étant débiteurs d'une rente de 240 livres, au capital de 4.000 livres, léguée par Suzanne Mongin, femme de Daniel Mallat, par testament du 13 mars 1628, pour l'entretien du ministre de la religion prétendue réformée à Angoulême (19 mai). Avec la procuration de l'assemblée des protestants d'Angoulême réunis dans leur temple, au village de Pontouvre, et comprenant : Isaac Cottière, ministre, Samuel Galliot, François von Tongeren, marchand, Abraham Yver, marchand « orlogeur », Jean de la Grésille, sieur de Crage, anciens, Jacques Vigier, écuyer, sieur de La Pille, avocat au Parlement, Abraham, Isaac et Théodore Janssen, frères, Jean et Philippe Barraud, frères, Henri Galliot, Pierre David, sieur de La Vallée, Pierre Manès, marchands, chefs de familles (17 mai). — Bail à loyer d'une maison, paroisse de St-Martial, pour 5 années, moyennant 80 livres chaque, à Jean de Verneuil, sieur d'Auterive, demeurant à Lapeyre, paroisse d'Angignac, en Périgord, par Pierre Mesnard, procureur, au nom d'Hugues Morisset, abbé de La Grâce-Dieu, et théologal de la cathédrale (25 mai). — Reconnaissance d'une rente seigneuriale de 2 sols 6 deniers et d'une rente seconde de 15 livres sur une maison tenant par le devant à la rue qui va de la maison commune à la place à Mouchard, à main droite, donnée à Pierre Mongin, sieur de La Buzinie, conseiller à l'élection, comme légataire de Julienne de la Boissière, sa mère, par Mathurine Benoist, veuve de Jean Bigot (26 mai). — Obligation de 50 livres consentie à Jean Carbonnet, sieur de La Marche, comme exerçant les droits de Yolande Blanchet, veuve de Guillaume Thuet, maître apothicaire, par François Jabouin, maître chirurgien, demeurant à Charbontière, paroisse de Sers (27 mai). — Obligation de 865 livres reconnue au profit de Christophe Lamy, marchand, par François de Couraudin, écuyer, seigneur du Châtelard-la-Rivière, y demeurant, tant pour lui que pour Bonne Green de St-Marsault, sa femme, et pour Anne de la Barre, veuve de feu Jacques Couraudin, écuyer, seigneur dudit lieu, sa mère (29 mai). — Déclaration de Barthélémy Vallet, sieur Dufraisse, juge de la terre de Bonnes, que feu Michel Pabon, maître papetier du moulin des Dexmiers, paroisse de St-Séverin-de-Pavancelle, n'a jamais contracté d'obligations à son profit, et que Jean Vangangelt, marchand, peut, en conséquence, exercer contre ses héritiers, telles poursuites qu'il lui semblera (1er juin). — Cession d'une rente constituée de 150 livres, au capital de 3.000 livres, sur Marie d'Aumont, veuve de Simon Chaigneau, juge assesseur de la baronnie de Marthon, et Pierre Chaigneau, sieur de Marillac, leur fils, à Marguerite Cladier, veuve de Clément Chérade, marchand, par François Arnauld, marchand de soie, et Marguerite Rizard, sa femme ; ladite cession faite en paiement de 1.500 livres montant de l'acquisition du fonds de la boutique dudit Chérade par ledit Arnauld et Henri Rambaud, son associé, et moyennant 1.625 livres payées comptant (3 juin). — Cession d'une créance de 2.000 livres sur Isaac et Philippe Janssen, marchands, moyennant 2.200 livres comptant à Jacques Vigier, écuyer, sieur de La Pille, et Marguerite Musset, sa femme, par Françoise Galliot, veuve de Jean Vauvert, marchand (3 juin). — Bail à ferme d'une borderie, paroisse St-Martial, pour 5 années, moyennant 30 livres chaque, à Catherine Morin, veuve de Robert Duru, maître pâtissier (7 juin). — Transaction entre Marc Guillaumeau, écuyer, sieur de Ruelle, et Pierre Audouin, marchand, concernant les rentes de 35 sols et 7 livres à eux respectivement dues sur une chenevière (8 juin). — Transaction par laquelle Jacques Fouqueux, sieur des Rouziers,

pour demeurer quitte envers Louis, aussi sieur des Rouziers, son frère, demeurant paroisse de St-Cybardeaux, lui cède la pièce de terre des Charbonnières, dans ladite paroisse (9 juin). — Bail à ferme d'une pièce de pré, paroisse de Lhoumeau, dépendant de la chantrerie de la Cathédrale, moyennant 50 livres chaque année, par Jacques Jameu, chantre (9 juin). — Sommation par Catherine Béranger, au nom de Daniel Juillard, marchand de St-Séverin-de-Pavancelle, son mari, à présent prisonnier, à Abraham Janssen, marchand, de lui constituer un nouveau « cabal », sans lequel il lui serait impossible, une fois sorti de prison, de fabriquer les 400 charges de papier qu'il s'est engagé de fournir audit Janssen (10 juin). — Vente de rentes seigneuriales moyennant 560 livres à Jean Arnauld, écuyer, maire d'Angoulême, par Jeanne Geoffroy, fille d'Henri, chevalier, seigneur des Bouchauds (10 juin). — Bail à ferme des moulins à papier de Poulet, paroisse de La Couronne, pour 2 années, à Léonard de la Roche, maître papetier et Catherine Beauvais, sa femme, par François Bourdage, bourgeois, comme tuteur de Jeanne, sa fille et de Marguerite de Marcillac, François Mallat, écuyer, sieur de Boisbernard, premier lieutenant en la maréchaussée d'Angoumois, Jeanne de Marcillac, sa femme et Jean de Marcillac, héritiers de Pierre de Marcillac et Jeanne Guindet, leurs parents, beaux-parents et grands-parents : les preneurs s'engagent à céder tous les papiers fabriqués, moyennant 80 livres la charge de fin et 66 celle du « gros bon fin », à Henry Gaultier, marchand, la charge du « petit cornet » comprenant 32 rames, et celle du « comte » 24 rames ; les bailleurs fourniront les « flostres, formes et trapants » (21 juin). — Contrat de mariage entre Jean Delafont, sieur de La Gibauderie, fils de feu François, aussi sieur de La Gibauderie, président de l'élection de Cognac, et de Marie Fouchier, demeurant à Cognac, et Catherine Avril, fille de défunts Pierre, écuyer, avocat en Parlement, et Anne de Lestoile (14 juin) ; avec résiliement dudit contrat (12 décembre). — Contrat de mariage entre Jean Sartre, marchand, fils de feu Jean, notaire royal et procureur fiscal du Villars d'Aresme, en Dauphiné, et de Françoise Carraud, et Catherine Mérignac, fille de Jean, marchand (16 juin). — Cession d'une rente annuelle de 53 livres 15 sols avec ses arrérages depuis 1668, due sur le droit de minage d'Angoulême par Mme de Guise, usufruitière du duché d'Angoulême en qualité d'héritière de M. le duc d'Alençon, son petit-neveu, qui l'était de M. le duc de Guise, son frère ; ladite cession faite à Etienne

Mongin, sieur de Bois-Séguin, par Mathurin Mongin, sieur de Longeville, son frère (19 juin). — Transaction concernant une rente annuelle de 80 livres due par Jean Gillibert, lieutenant civil et criminel en l'élection à Jean de la Garde, à cause du moulin de Courpétaut (23 juin). — Testament de Luce de Labroue, veuve d'Antoine de Guitard, écuyer, seigneur de Mont-Joffre qui demande à être ensevelie, si elle meurt à Angoulème, dans la chapelle qui lui appartient dans l'église des Jacobins, et institue son légataire universel Pierre de Guitard, écuyer, seigneur de Villejoubert, son petit-fils majeur et émancipé par Pierre de Guitard, écuyer, sieur de Mont-Joffre, son père ; lègue à Louis Dexmier, écuyer, sieur du Roc, son fils aîné, les 2.900 livres qu'il lui doit, à Jeanne Dexmier, sa fille, épouse de Pierre de Guitard, écuyer, sieur de Mont-Joffre, 100 sols pour tout supplément des 7.000 livres qu'elle a reçues en dot, à Charlotte Dexmier, son autre fille, muette, 1.000 livres (26 juin). — Quittance de final paiement de la dot de 4.000 livres promise à Marguerite Godet, leur fille, épouse de Jean Bonnin, procureur au présidial, par Guillaume Godet, sieur de Foulpougne et Laurence Chénevière, sa femme, ladite quittance donnée par Jean Bonnin, fils des susdits (29 juin 1682).

E. 1957. (Liasse.) — 71 pièces, papier.

1682. — Pierre Audouin, notaire royal à Angoulème. — Actes reçus par ce notaire du 1er juillet au 30 septembre. — Cession du produit des rentes seigneuriales de la seigneurie des Bouchauds, paroisse de St-Cybardeaux, apprécié à 96 livres chaque année, à François Boissonet, marchand, par Henri Geoffroy, chevalier, seigneur dudit lieu, jusqu'à complet paiement de ses dettes (2 juillet). — Révocation par Espérance Mehée de la donation de 400 livres qu'elle a faite, par acte du 6 novembre 1670, reçu Mamain, notaire royal, pour faire célébrer le service divin à la chapelle de Notre-Dame d'Aubezine et faire dire 3 messes chaque année pour le repos de son âme « attendu qu'il n'y a point de chapelain fixe ny de service réglé en ladite chapelle, et mesme qu'il y a procès entre l'évesque et le curé de St-Martial pour le titre de chapelain » ; et transport de ladite donation à l'église paroissiale de Notre-Dame de La Paine accepté par Jean Béchade, chanoine, représentant le curé absent, Léonard Maignen, avocat au Parlement, et Arnaud Dumergue, marchand orfèvre, marguilliers. Des 20 livres de revenus que produira la somme donnée à devront servir aux réparations de l'église, 40 sols être donnés au sacristain, 14 livres au curé à charge de faire un service le jour des morts pour le repos de l'âme de la légataire, et de dire annuellement 7 messes basses les jours de fêtes de la Ste-Vierge « en accomplissement de son vœu » (2 juillet). — Cession d'une créance de 1.200 livres sur Isaac et Philippe Janssen, marchand, à Théodore Janssen, marchand, leur frère, et Anne Dioré, sa femme, par Jacques Vigier, écuyer, sieur de La Pille et sa femme (6 juillet). — Testament d'Antoine Desbordes, fils de Pierre, écuyer, demeurant à Berguille, paroisse de Roullet « sur le point de partir avec les autres gentilshommes pour se rendre dans la citadelle de Tournay », par lequel il lègue tous ses meubles et acquêts à Marthe et Françoise, ses sœurs, et à Julie Desbordes, sa nièce, à laquelle il donne en outre le tiers de ses propres (8 juillet). — Cession, moyennant 1.350 livres, à Martial de Combes, sieur de Laporte, demeurant au bourg de Vic, en Périgord, par Jean Vangangelt, marchand, de tous ses droits dans le procès criminel qu'il a intenté contre Raymond Closure, sieur de La Charbonnière, demeurant à Pisseloube, paroisse de St-Paul-Lisonne, en Périgord, lequel l'avait enlevé, enfermé dans la maison de Catherine Brimbeuf, veuve de Jacques Juillard, au moulin de Lambrette, paroisse de Bonnes, et forcé de signer des billets à son profit et à celui de divers (9 juillet). — Abandon de l'action criminelle intentée contre ladite Brimbeuf, par Vangangelt « touché de pitié et de compassion à cause de sa caducité et de sa vieillesse » (9 juillet). — Choix d'arbitres pour régler les différents de Vangangelt avec ladite Brimbeuf concernant la saisie du moulin de Lambrette, du même avec Raymond Closure, concernant les procès pendant entre eux devant le présidial de Périgueux (9 juillet). — Obligation de 1.350 livres reconnue en conséquence de l'acte ci-dessus à Vangangelt, par Martial de Combes, tant en son nom que pour Raymond Closure et Marie Debors, sa femme, François Simon, écuyer, sieur de La Gardie, et Jean Comte, sieur de La Gautrie, notaire royal (9 juillet). — Contrat d'apprentissage, pour un an et moyennant 100 livres, de Mathieu Fin, fils de Jean, sieur du Baillif, et de Françoise Deribrier, demeurant au village de Montbroussard, châtellenie de St-Laurent, chez David Thoumie, maître apothicaire (11 juillet). — Quittance de 110 livres donnée à Jean et Félix Sartre, à déduire sur les mortiers que fait pour le sieur Dugast Nicolas Bareau, maître fondeur, demeurant au village de Charbontière, paroisse de Sers (11 juillet). — Vente de 400 charges de papier au « petit cornet », la charge comprenant 24 rames et la rame pesant 13 livres, moyennant 99 livres la charge de fin, 80 livres celle de « retiré fin »,·75 livres celle « de gros bon fin », 66 livres celle de « retiré gros bon fin », à François van Tongeren, bourgeois et marchand, par Daniel Juilhard, marchand, et Catherine Bérangier, sa femme, demeurant à La Fougière, paroisse St-Séverin-de-Pavancelle, qui reçoivent 5.000 livres pour employer en « cabal » (13 juillet). — Bail à ferme de la métairie de Chatouffat, paroisse de Mérignac, pour 5 années, moyennant 200 livres chaque, à Louis Clémenceau, sieur de La Rante, demeurant à Mérignac, par Philippe Bourdage, curé de St-Jacques de Lhoumeau et Jean Bourdage, curé de Gemonzac, conseiller du Roi et son aumônier, comme héritiers de feu Philippe, leur père (17 juillet). — Inventaire des meubles et effets de François Ytier, procureur au présidial et greffier en chef de la maréchaussée d'Angoulême, ce requérant Marie Jabouin, sa veuve (23-25 juillet). — Inventaire des meubles et effets de Jeanne Cerbonneau, veuve de Philippe Leblond, maître menuisier (27 juillet). — Vente de 200 charges de papier « au petit cornet », la charge comprenant 32 rames et la rame pesant 9 livres, moyennant 89 livres la charge de fin et 69 livres celle de « gros bon fin », à Henri Gaultier, marchand, par Marc Bareau, maître papetier et Marguerite Closure, sa femme, demeurant au faubourg St-Pierre, qui reçoivent 900 livres de cabal (29 juillet). — Résignation de la cure de Vibrac en faveur de Pierre-Joseph Bareau, curé de St-Sigismond, par Etienne de la Chassagne (11 août). — Apprentissage de Jean Joyeux, sieur de Lenclaud, fils de feu Jean, notaire royal et de Claude Gast que représente Henri Galliot, marchand orfèvre, chez Jean Nesmond et Charles Villain, marchands associés, qui promettent de lui enseigner pendant 3 ans « le traint, trafic et négoce de draperie, soirie et autres marchandises », moyennant 250 livres (12 août). — Cession de créance en paiement d'une obligation de 750 livres de principal et 213 livres d'intérêts à Madeleine Cladier, veuve de Clément Chérade, marchand, par Marie Briand, veuve de Louis de Livenne, écuyer, seigneur de La Chapelle de Marcillac (18 août). — Prêts de 921 livres consentis à deux reprises par demoiselle Anne Manès à François Chassaigne, marchand et maître de gabarre et Jacquette Biard,

sa femme, pour employer ces sommes à l'acquisition de deux bateaux de sel qu'ils devront vendre à leurs risques et périls à charge de rembourser ladite prêteuse et de lui donner en outre 15 livres (22 août). — Obligation de 1.400 livres reconnue au profit de François Rousseau, marchand de draps de soie, par Roc Frotier Tizon, chevalier, seigneur de Villars et La Rochette, et Marie-Anne Chesnel, sa femme, demeurant en leur hôtel noble du bourg de La Rochette ; ils afferment audit Rousseau les rentes de la seigneurie de Villars, pour 5 années, moyennant 300 livres chaque qui seront employées à l'amortissement de l'obligation ; du consentement de Gaspard Frotier Tizon, chevalier de La Rochette, de François Frotier Tizon, écuyer, sieur de Barqueville, capitaine au régiment de la marine et de Anne Frotier, frères et sœur dudit Roc (15 avril 1681). — Sous-ferme desdites rentes (24 août). — Quittance de 30 livres pour l'amortissement de 30 sols de rente, donnée à Philippe Audouin, marchand, par Marc Guillaumeau, écuyer, sieur de Ruelle (30 août). — Cession par Isaac Janssen à Suzanne Galliot, sa femme séparée de biens, des meubles qu'elle a fait saisir sur lui, moyennant qu'il sera déduit 800 livres de ce qu'elle pourrait prétendre en vertu de ses conventions matrimoniales (31 août). — Quittance de 30 livres donnée à Pierre Desbœufs, maître serrurier, par Jacques Chevraud, curé de St-André, pour les ventes et honneurs d'une maison relevant de l'église St-André, dans la rue qui va de la place du Mûrier à la rue de la Cloche-Verte, à main gauche, à côté de la maison d'Arnoul Pâris, maître pâtissier (7 septembre). — Constitution de 150 livres de rente viagère, à titre clérical, en faveur de Charles Aubouin, son fils, par Mathurine Giraud, veuve de Charles Aubouin, sieur de La Gorce, demeurant à Ferrière, paroisse de Gourville (9 septembre). — Cession d'une créance de 425 livres, moyennant pareille somme, à Joseph Olivier Robuste, avocat au présidial, par Jean Nesmond, marchand (14 septembre). — Vente de l'office de conseiller du roi, lieutenant particulier en la sénéchaussée et siège présidial d'Angoumois, moyennant 30.000 livres, à Jean Arnauld, écuyer, maire et capitaine de la ville et franchises d'Angoulême, au nom de Jean, son fils, avocat au parlement, pour lequel seront demandées des dispenses d'âge, par Louis Bernard, écuyer, sieur de Lafond, pourvu de ladite charge, Françoise Aigron, sa femme, Clément Bernard, écuyer, et Claude Arnauld, sa femme, leurs fils et brue (21 septembre) ; avec les quittances (12 décembre 1682-16 juin 1683).

— Inventaire des meubles et effets de feue Charlotte Avril, veuve de Patrice Poumeyrol, sieur de La Forêt, ce requérant, Jean Poumeyrol, marchand de La Tour-Blanche, oncle dudit Patrice. A signaler audit inventaire : une jupe de satin, couleur de feu, garnie de guipure estimée 20 livres ; — un corset avec jupe de moire noire estimés 8 livres ; — le testament de Jean Avril, cordelier, du 16 avril 1678 ; — les titres de noblesse des enfants du feu sieur Avril (22-23 septembre). — Bail à ferme d'une borderie consenti par Jean de la Roche, maître de danse, demeurant pour lors à Bordeaux, à Vincent Boulier, marchand, moyennant qu'il poursuivra l'instance criminelle commencée contre les précédents fermiers jusqu'à concurrence de 25 livres de frais (30 septembre 1682).

E. 1938. (Liasse). — 57 pièces, papier.

1682. — Pierre Audouin, notaire royal à Angoulême. — Actes reçus par ce notaire du 4 octobre au 31 décembre. — Vente d'une motte de pré, sous la motte du Palet, relevant de l'abbé de St-Cybard, moyennant 300 livres, à Daniel Tullier, procureur au présidial, par Hélie Gay, théologien (4 octobre). — Bail à ferme du moulin à papier de Cottier, pour 3 années, moyennant 455 livres et une rame de papier fin chaque, à Pierre Gibier, maître papetier, par Léonard Gignac, avocat en parlement, qui avance à son fermier 2.000 livres pour être employées en « cabal » remboursables à la fin du bail (5 octobre). — Compte de Léonard Gignac avec Henri Gaultier, marchand, fermier du moulin de Cottier depuis 1677, moyennant 300 livres par an, concernant la saisie de cette ferme faite sur Jeanne Parenteau, veuve d'Etienne Roullet, sieur de Bois-Durand, par ledit Gignac, avant qu'il fût devenu propriétaire du moulin (5 octobre). — Vente du papier « au petit cornet » qui sera fabriqué au moulin de Cottier pendant 3 ans, moyennant 79 livres la charge de « fin » et « retiré fin », 66 livres la charge de « gros bon fin » et « retiré gros bon fin », la charge comprenant 32 rames, par Gibier à Gaultier qui devra fournir chaque année, à la fin de chaque quartier, audit vendeur, 405 livres et une rame de papier fin (5 octobre). — Inventaire des meubles et effets d'Anne, Marie, et autre Anne Manès, filles de feu Denis et d'Anne Frequentoz, à leur requête, avant de constituer société commerciale entre elles, avec déclaration de leur mère qu'elle n'a jamais contracté communauté avec ses filles (21 octobre). — Testament de Jean Arnauld, écuyer, maire d'Angoulême, par lequel il demande à être enterré dans les sépultures de sa maison, au couvent de Jacobins, lègue 1.000 livres à l'Hôpital général, 200 livres à la confrérie du Saint-Sacrement, établie paroisse St-André, destinées à l'achat de luminaires pour les bénédictions, donne à Jean, son fils aîné, et de Louise Valteau, 15.000 livres, par préciput, en outre 1.500 livres pour les frais du voyage qu'il va faire à Paris afin d'obtenir sa réception dans la charge de lieutenant particulier, et sa bibliothèque ; prescrit de partager le reste de sa fortune entre ses trois fils, François, Pierre-Elisée et ledit Jean qui devra prendre soin, comme tuteur de ses frères, de la gestion de leurs biens « et particulièrement de leur éducation » ; demande que l'inventaire de ses biens soit fait en présence de son fils, de Jean Dussieux, son oncle maternel, Jacques Arnauld, son frère, etc., qui pourront aider « à l'éclaircissement et distinction des droits de chacun de ses enfants » (1er novembre). — Vente de 2.000 rames de papier « au petit cornet » moyennant 47 sols la rame de « fin » et 37 celle de « gros bon fin », à Abraham Janssen, marchand, par Léonard de Mars, maître papetier de Tulle (13 novembre). — Quittance de 84 livres pour la part du loyer d'une maison leur appartenant, paroisse St-Antonin, donnée à Arnaud Dumergue, marchand orfèvre, par Vincent Dumergue, maître chirurgien, demeurant à Mouthiers, au nom de Jean Dumergue, écuyer de cuisine du duc de la Ferté (14 novembre). — Cession de 30 livres de rente sur Samuel de la Garde, écuyer, seigneur de Bellevaud et Catherine Montgeon, son épouse, par François Vigier, écuyer, seigneur du Refort de La Cour, demeurant au lieu noble de La Cour, paroisse de Bioussac, à Madeleine Cladier, veuve de Clément Chérade, qui sera tenue de faire chaque année un commandement, une exécution et vente de meubles pour se faire payer (16 novembre). — Obligation de 340 livres représentant les droits de lods et ventes qu'il devait pour l'acquisition de divers biens dans la paroisse de Vindelle, consentie à François Corlieu, sieur de Coursac, et Jean Arnauld, marchand, comme fermier du prieuré de Vindelle, par François Du Reclus, écuyer, sieur du Breuil, demeurant à Périgueux (18 novembre). — Compte des intérêts de la dot due à Marie de Marcossaine, épouse de Jean de Poquer, écuyer, sieur de Chez-Goulard, y demeurant, paroisse de Cherves, par Jean de Marcossaine, écuyer, sieur de Puy-Romain et des Salles, demeurant au lieu noble de Puy-Romain, paroisse de St-Cybardeaux (25 novembre). — Vente des meubles de feu André Thiers, maître chirurgien, ce requérant Louise Guzot, sa veuve (1er-2 décembre). — Réglement de la succession de Jacques de la Fourcade, maître chirurgien, et de Suzanne Richard, entre Henri, marchand, de Bordeaux, Suzanne, demeurant à Angoulême, et Marie demeurant à La Rochefoucauld, leurs enfants (2 décembre). — Engagement pris par Suzanne et Marie de la Fourcade de solder sur la succession de leurs parents la dot d'Anne, leur sœur aînée, épouse de Gilles Delage, marchand, pourvu qu'elle soit réduite de 2.000 à 1.500 livres (2 décembre). — Vente de 60 charges de papier de « comte » ou autres sortes, au choix de l'acquéreur, de 312 livres la charge moyennant 66 livres la charge de « fin », et 35 sols la rame de 10 livres et demie à 11 livres du « gros bon fin », à Vincent, marchand, par Pierre Gautier, maître papetier du Moulin de La Laurière, paroisse de St-Estèphe (4 décembre). — Compte qui fixe à 6.200 la somme due à Jean Arnauld, écuyer, maire d'Angoulême, tant pour lui que comme héritier de Jean, son père, et tuteur de ses frères, par François de Lestang, chevalier, seigneur de Rulle, Sigogne et autres places et Anne de Couvidon sa femme, séparée de biens, demeurant au lieu noble de Rulle, paroisse de Sigogne, qui cèdent audit Arnauld 310 livres de rentes seigneuriales à prendre annuellement sur Rulle et Sigogne à partir de ce jour (9 décembre). — Reconnaissance d'une rente de 35 livres 8 sols due à Anne de Montalembert, comme cessionnaire de Pierre de Montalembert, receveur des tailles en l'élection de Cognac, par Jean Laisné, écuyer, sieur de Chardonneau et des Deffends, demeurant à La Rochefoucauld, comme acquéreur de la terre et seigneurie des Deffends, sur Jean de la Roussie, écuyer, sieur dudit lieu, et Anne de Morel, sa femme, par contrat du 10 mai 1658, reçu Mesnard, notaire royal (11 décembre). — Compte qui fixe à 2.200 livres la somme due à Jean Arnauld, écuyer, maire d'Angoulême, par François Fochier, seigneur de Versac (14 décembre). — Compte qui fixe à 844 livres de principal et 560 livres d'intérêts la somme due à Daniel Tullier, procureur au présidial, comme héritier de François, marchand, son père, par Pierre Regnault, écuyer, sieur de La Richardie, capitaine au régiment de Champagne, demeurant au dit lieu de La Richardie, paroisse de Champagne, et autre Pierre Regnauld, écuyer, sieur de Maumont, demeurant au lieu noble de Bellair, paroisse de Cellefrouin, comme héritiers de Marguerite de Lanauve, leur mère (15 décembre). — Paiement des 1.200 livres dues à Jean Arnauld, maire d'Angoulême, par Louis Dexmier, écuyer, sieur du Roc, y demeurant, paroisse de St-Goudan, en Poitou, et Charlotte Dexmier, sa sœur (15 décembre). — Sentence arbitrale de Damien Charles, marchand du faubourg de L'Houmeau, qui condamne Nicolas de Ret, marchand hôtelier de La Rochefoucauld, à restituer deux gros fûts de barrique, façon de Bordeaux, évalués à 100 sols, à Joseph de Nesmond, écuyer, sieur de La Prévôterie, paroisse de Brie (20 décembre). — Procuration donnée par Nicolas Lusseau, maître ès arts libéraux, demeurant à Verteuil, pour poursuivre l'instance intentée par Anne, sa fille, en crime de rapt, contre Jean Boilevin, fils de Noël, demeurant au faubourg de St-Pierre (29 décembre). — Concession d'un droit de sépulture « de 6 pieds de place en carré » à l'entrée du cœur, à main droite, moyennant 70 livres, à Perrette Lurat, veuve de Léonard de Montargis, écuyer, sieur de L'Ajasson, pour elle et les descendants mâles de feu Denis de Montargis son beau-père, par Jacques Chevraud, écuyer, curé de St-André, Jean Sauvo, conseiller au présidial, Jean-Louis Guiton, procureur du roi à l'élection, Pierre Mesnard, procureur et certificateur des criées, François Arnauld, marchand de soie, marguilliers de ladite paroisse (30 décembre). — Vente d'une maison sise dans la rue qui va de l'église St-André à la place à Mouchard, tenant d'un côté à la maison de Pasquier Chevraud, maître chapelier, moyennant 560 livres, à Luce Desbois, veuve de Léonard Roy, maître ès arts libéraux (31 décembre 1682).

E. 1958. (Liasse.) — 93 pièces, papier.

1683. — Pierre Audouin, notaire royal à Angoulême. — Actes reçus par ce notaire du 1er janvier au 31 mars. — Vente de 60 charges de papier « au petit cornet » moyennant 83 livres la charge de « fin » et 64 livres celle de « gros bon fin », à Henri Gaultier, marchand, par Pierre Delage, maître papetier du moulin de Châtillon, paroisse de St-Paul-de-Lisonne (2 janvier). — Transaction entre Anne Delage, veuve de Pierre Fauconnier, maître orfèvre, concernant l'exécution de son contrat de mariage avec autre Pierre Fauconnier, fils d'un premier lit dudit orfèvre (6 janvier). — Vente de 40 charges de papier « au petit cornet » ou « pautallon » au choix de l'acquéreur, la charge comprenant 32 rames de 9 livres pour

« le petit cornet », et 28 rames de 10 livres pour le « pautallon », moyennant 47 livres 12 sols la charge, à Isbrand Vincent, marchand, par Aubin Terrade, maître papetier du moulin de Plauny, paroisse de Sarrazac, en Périgord (6 janvier). — Vente de 80 charges de papier à Abraham Janssen, par François Vallade, maître papetier du moulin de Pontet, paroisse d'Allemans, en Périgord (9 janvier).—Vente des biens qui lui appartiennent dans la paroisse de Vindelle, moyennant 13.000 livres, à François du Reclus, écuyer, sieur du Breuil-Puy-Féteau, demeurant à Périgueux, par François de Fochier, chevalier, seigneur de Versac, demeurant au repaire du Closuroux, paroisse de Champagne, en Périgord (15 janvier). — Protestation de Pierre Blanchet, serviteur d'Antoine Langle, voiturier de Tulle, chargé par Nicolas Beronye, maître papetier dudit lieu, d'amener dans les chaix d'Henri Gaultier, marchand d'Angoulême, 144 rames de papier, contre la saisie faite par le sieur Lullier, receveur des droits sur le papier à Angoulême, d'un mulet et de 32 rames de papier, sous le prétexte que l'acquit du bureau de Limoges ne mentionne que 124 rames (28 janvier).— Avec la lettre de voiture de Beronye, datée du 22 janvier, où il annonce à Gaultier l'envoi du papier « à la garde de Dieu », et lui « bese les mens ». Elle était fermée d'un cachet en cire rouge portant : de gueules au croissant d'argent, au chef de pourpre, l'écu surmonté d'une crosse.— Contrat de mariage entre Pierre François Audouin, marchand tanneur, fils de Pierre, marchand, et de Geneviève Vinson, et Marguerite Seudre, fille de Pierre, maître armurier : en faveur duquel mariage le futur époux reçoit 1.500 livres en avancement d'hoirie et 150 livres de meubles, et la future épouse aussi 1.500 livres avec un lit garni (28 janvier). — Procès-verbal du moulin à papier appelé le Moulin Neuf, près de Breuty, paroisse de La Couronne, ce requérant Isbrand Vincent, marchand, fermier dudit moulin, en présence d'Abraham Yver, marchand « orlogeur » son beau-père (5 février). — Cession de rentes seigneuriales dans la seigneurie de Salles, en paiement d'une somme de 948 livres, avec faculté de rachat pendant 9 ans, à Madeleine Cladier, veuve de Clément Chérade, par François Ancelin, écuyer, sieur de Salles et de Lestang, demeurant à Lestang, paroisse de St-Christophe, juridiction de Coutras (6 février). — Décharge de diverses obligations contractées tant par contrat de mariage de ses parents qu'autrement donnée à Philippe de Corgnol, écuyer, sieur de Tessé, comme héritier de

Louis, aussi sieur de Tessé, et d'Adrienne Dexmier, ses parents, par Louis Dexmier, écuyer, sieur du Roc, y demeurant, paroisse de St-Gaudent, en Poitou, Charles Prévost, écuyer, sieur de La Chaume, y demeurant, paroisse du Vieux-Ruffec, et François Dexmier, écuyer sieur de La Ferté, demeurant au lieu du Chaffaud, paroisse de Pleuville, comme héritiers de Charles et autre Charles Dexmier, sieur du Roc, père et aïeul dudit Louis, et de Charles Dexmier, écuyer, sieur de St-Bonnet (7 février). — Vente de 900 « meubles cercles » dont 500 de « pipage » 300 de « barricage » et 100 de 10 pieds, moyennant 200 livres, à Léonard Desmaison, marchand, par Vigneau, marchand cerclaire de Beaulieu (9 février). — Cession d'une rente constituée de 20 livres 14 sols sur François Clément, maître « formaire », à André Thevet, sieur de La Combe-Dieu, par Jean Deville, comme procureur de Christophe Van Gangelt, bourgeois d'Amsterdam ; avec la procuration de celui-ci signée de Willemus Sylvins, notaire « de la noble cour de Hollande », et scellée de son sceau (15 février). — Vente, moyennant 300 livres, d'un office de sergent royal dont le premier titre remonte aux provisions obtenues de Diane de France par Jacques Thomas, le 6 janvier 1509 (16 février). — Transaction entre Guillaume de Boymenier, notaire royal, demeurant au Petit Chadaine, paroisse de Péreuil, François Savarit, praticien, et Françoise de Boymenier, sa femme, ses gendre et fille, demeurant au village des Savarit, paroisse de Bécheresse, concernant les 1.500 livres de dot promises à celle-ci (19 février). — Protestation des tenanciers de la prise du village du Maine-Allemand, paroisse de Champniers, de ne devoir qu'une année d'arrérage de la rente qui y est attachée à Jean Challier, écuyer, receveur des finances de Ponthieu et Marie Madeleine Bœssot, sa femme, comme héritiers d'André Bœssot, écuyer, sieur de Sonneville (22 février). — Codicille au testament de Luce de Labroue, veuve d'Antoine de Guitard, écuyer, seigneur de Montjoffre, dans lequel elle reconnaît avoir consenti au contrat de mariage du seigneur de Villejoubert, son petit-fils, avec Catherine Dexmier, sa petite-fille, mais comme depuis « elle a considéré que ledit mariage estoit contraire aux bonnes mœurs et aux canons de l'église, attendu la proximité qui est entreux, que mesme son directeur de conscience l'a chargé de s'y opposer et en empescher la consommation, elle prie le dit sieur Guitard de n'y plus songer » et, au cas où il passerait outre, lui retire sur son héritage 2.000 livres qu'elle donne à l'Hôpital général

(**22** février). — Compte de 5 années de la ferme du moulin de Buffe-Chaude, à raison de 150 livres l'une, entre Marc Barbot, écuyer, sieur de Tudebœuf, et Etienne Biron, meunier (25 février). — Vente de l'office de procureur au présidial, moyennant 1.900 livres, à Jacques Parlon, praticien, par Gabriel Deximier, sieur de La Motte (25 février). — Contrat d'apprentissage pour 2 années, moyennant 150 livres, de Jean Guilhon, chez Etienne Ducluzeau, maître chirurgien (28 février). — Vente de 25 charges de papier « à la fleur de lis ou au petit cornet » livrables en 9 mois, moyennant 48 livres la charge, à Abraham Janssen, marchand, par Aubin Dumas, maître papetier du moulin de Champdira, paroisse de St-Méard d'Exideuil (10 mars). — Quittance de 253 livres d'arrérages d'une rente due à Pierre Bareau, écuyer, sieur de Beauregard, par Marguerite de Manny, veuve de Jacques de la Motte, écuyer (12 mars). — Cession d'une créance de 150 livres en paiement des obligations contractées par Martial Joubert et Laurence Prouleau, sa femme, et moyennant 700 livres comptant, en faveur de François Saulnier, écuyer, sieur de Francillac, avocat au parlement, et de Marguerite Mercier, sa femme, et aussi de Anne Mercier, veuve de Pierre Horson, sieur de Beauregard, comme héritiers de Guillaume Mercier, leur père et beau-père, par Jean Joubert, sieur de Vers, fils dudit Martial, demeurant à Roullet (19 mars). — Convention entre les mêmes qui reconnaissent que les clauses de l'acte précédent sont fictives (19 mars). — Cession de la meulière lui appartenant au lieu de Crage, paroisse de St-Martin, estimée 2.500 livres, en déduction de ce qui pourra lui revenir sur l'héritage de Françoise Dugast, sa femme, par Antoine Boisvin, sieur des Rousselières, avocat au Parlement, à Antoinette Boisvin, leur fille, et Félix Sartre, marchand, son mari (22 mars). — Transaction concernant le partage de la succession de Robert Mongin estimée à 2.000 livres pour les immeubles et 228 livres pour les meubles, entre sa mère et ses frères et sœur, savoir : Julienne de la Boissière, veuve de Geoffroy Mongin, sieur de La Buzinie, conseiller en l'élection, tant pour elle que pour Marie-Charlotte et Louise, leurs filles mineures, Pierre Mongin, sieur de la Buzinie, conseiller en l'élection, Mathurin Mongin, sieur de Belleville, tant pour lui que comme donataire d'autre Mathurin, son frère (23 mars). — Partage de la succession de Pierre Avril, écuyer, avocat au Parlement et d'Anne de Lestoille, leurs parents, et aussi de Philippe, jésuite, et

de Jean, religieux cordelier, leurs frères et beaux-frères, entre Pierre Avril, écuyer, prêtre, Michel Mesnard, avocat au Parlement et Anne Avril, sa femme, Catherine Avril, les enfants mineurs de Patrice Poumeyrol, sieur de La Forêt et de Charlotte Avril (28 mars). — Cession de tous leurs droits dans la succession d'Antoine Raoul, écuyer, sieur de La Fontaine, chanoine de l'église cathédrale, dont le montant devra être déduit de leurs dettes, à Christophe Lamy, marchand, par Henry Geoffroy, écuyer, seigneur des Bouchauds, et Luce Raoul, sa femme, nièce dudit Henri, demeurant au château des Bouchauds, paroisse de St-Cybardeaux (30 mars). — Reconnaissance donnée par Isaac et Philippe Janssen à Théodore, leur frère, après arbitrage d'Abraham, leur frère aîné, que ledit Théodore a fait entrer dans la société commerciale formée entre eux 15.000 livres provenant de la dot d'Anne Dioré, sa femme (31 mars). — Contrat de mariage entre Hélie Courraud, sieur de La Côte, pair de la maison commune d'Angoulême, fils de feu Guillaume, aussi sieur de La Côte et de Guillaume Chambaud, et Catherine Coulaud, fille de Jean, marchand, aussi pair de la maison commune, et de feue Françoise Audouin, avec l'avis de François Courraud, prêtre, curé de Nonaville, frère dudit Hélie, et de François Coulaud, curé de Graves, oncle paternel de ladite Catherine, de Daniel Tullier, procureur, Simon Jamain et François Rousseau, marchands-bourgeois, ses oncles maternels : en faveur duquel mariage la future épouse reçoit 6.820 livres représentant ses droits dans la succession de son père, moyennant quoi elle y renonce en faveur des enfants du second mariage de sondit père avec Madeleine Marivaux ; le futur époux est institué héritier universel de sa mère, moyennant qu'il s'engage à fournir une dot de 5.000 livres à Marthe, sa sœur (31 mars 1683).

E. 1959. (Liasse). — 92 pièces, papier.

1683. — Pierre Audouin, notaire royal à Angoulême. — Actes reçus par ce notaire du 1er avril au 30 juin. — Obligation de 524 livres reconnue au profit de Christophe Lamy, marchand, par Luc Vigier, écuyer, sieur du Mas, demeurant à La Côte, paroisse de Voulgézac, et autre Luc Vigier, écuyer, sieur de La Côte, son père, ladite obligation soldée en partie, en leur nom, par Isabelle Vigier, veuve de Charles de Corlieu, écuyer, sieur de Lusseau, demeurant à

Voulgézac (7 avril). — Obligation de 1.135 livres reconnue au profit de Jean Poumeyrol, marchand, demeurant à La Tour-Blanche, par Henri Du Vignaud, écuyer, seigneur de Fayolle et Marie de Guitard, sa femme, François du Vignaud, écuyer, seigneur de Vaucarte, et Louise de Guitard, sa femme, demeurant en leur château de Fayolle, paroisse de Jauldes, que cautionne Françoise de Forgues, veuve de François du Vignaud, écuyer, seigneur de Fayolle (10 avril). — Sommation par Luc Audouin, Pierre Bion, Nicolas Richard et Pierre Boisson, perruquiers d'Angoulême, à Thomas Vaucigne, soit-disant subrogé de Louis Le Fèvre chargé du recouvrement des arts et métiers, qui leur a fait signifier un édit de mars 1673 portant création de 6 barbiers-baigneurs-étuvistes et perruquiers dans les villes où il y a un présidial, et leur a donné assignation devant le Conseil d'État afin d'être chacun condamné à une amende de 500 livres pour y avoir contrevenu, de montrer les pièces donnant une preuve de son mandat, ce qu'il refuse de faire (12 avril). — Contrat de Mariage entre Lévice de Lamarre, fille de Gilles, sieur de Mont-Boulard et de Catherine Yrvoix ; et Michel Bourdin, fils de Louis, marchand, et de Marie Yrvoix ; en faveur duquel mariage la future épouse reçoit 4.000 livres en avancement d'hoirie, et le futur époux 10.000 livres (15 avril). — Vente de 60 charges de papier « au petit cornet », moyennant 84 livres la charge de « fin » et 66 livres celle de « gros bon fin », dont 900 livres payées comptant, à Abraham Janssen, marchand, par François Dessoulas, maître papetier du moulin de La Chebaudie, paroisse de Palluaud (17 avril). — Bail à ferme du moulin à papier du Got, autrement de Colas, pour 4 années, moyennant 400 livres chaque, à Jean Pelget, maître papetier, par Guillemine Martin, veuve de Léonard Gignac, avocat en parlement (19 avril). — Bail à rente de l'étang de Coulon, de 2 journaux de la forêt y joignant, et de la la rente annuelle de 10 livres et 100 billettes d'acier qui lui est due sur la forge dudit étang, consenti, moyennant 30 livres chaque année et 10 livres de poisson à chaque pêche de l'étang, à Aubin Bouler, sieur de La Garenne, demeurant au village de Baladoux, paroisse d'Angoisse, en Périgord, par Jacques d'Abzac, chevalier, seigneur marquis de Mayac, Limérac, Migré, Rouffiac et autres places, demeurant au château de Migré, en Saintonge (2 avril). — Vente de 50 charges de « peilhe », la charge pesant 300 livres, et d'un millier de colle « à poizer au crochet de Estienne Touzeau, maître papetier », livrables au choix du vendeur, moyennant 19 livres la charge de « peilhe » et 3 livres le cent de colle, à Abraham Janssen, marchand, par Antoine Juilhac, marchand de Coutras (25 avril). — Quittance de 3.000 livres montant de l'amortissement de 150 livres de rente consentie en 1671 au profit de Michel Boyveau, sieur de Fontachau, par Jeanne Fébure, veuve d'André Dubois, procureur au présidial ; ladite quittance donnée à Jean Bernard, écuyer, sieur de St-Michel et Marguerite Boyveau, sa femme, demeurant au lieu noble de Puygrelier, paroisse St-André de Blanzac, par Jean de Lestoile, écuyer, sieur de Lacroix, juge sénéchal de Blanzac, et Andrée Dubois, sa femme (28 avril). — Quittance de 500 livres en déduction des obligations contractées par François de Salignac, chevalier, seigneur comte de La Mothe de Fénelon, demeurant au château de Fénelon, envers le président Gandillaud qui en a fait cession à François Assier, marchand de soie (29 avril). — Vente de 100 charge de « peilhe » et de 3 milliers de colle livrables chez l'acheteur, moyennant 21 livres la charge de « peilhe » et 13 livres le 100 de colle, à Etienne Touzeau, marchand papetier du moulin de Chantoiseau, paroisse de St-Michel d'Entraigues, par Jacques Minot, marchand de Civray (29 avril). — Partage de la succession de feus Louis Amblard, avocat au présidial, et Jeanne Vigier, sa femme, entre ses créanciers ; Jacques Vigier, écuyer, avocat au parlement, frère de la dite Jeanne, Jean Amblard, ministre, fils ainé du dit Louis, demeurant au village de la Saille, paroisse de Suaux, Samuel de Roche, écuyer, sieur de Douzac, et Marie Amblard, sa femme, demeurant à St-Claud, Louis Amblard, sieur de Moulin-Neuf, y demeurant, paroisse de Combiers, Antoine Poirier, sieur de La Liège, et Jeanne Amblard, sa femme, demeurant à Chez-Berlan, paroisse de Sireuil, Charles Loysel, sieur de Ladoux, et Marie Amblard, sa femme, demeurant à Saint-Amant-de-Boixe, et autres (29 avril). — Bail à rente perpétuelle d'une maison sise dans la rue qui va de la place à Mouchart à la porte du Palet, à main gauche, tenant par le derrière aux murs de la ville, le chemin entre deux, consenti, moyennant 100 livres chaque année, à Jean Bienassis, maître pâtissier (2 mai). — Cession de ses droits sur les enfants mineurs de feu Geoffroy Delage, en déduction de 880 livres qu'il reconnaît lui devoir, à noble frère Pierre Ignace, frère chevalier de l'ordre du St-Sépulcre, avocat au parlement, sénéchal et juge de police des ville et marquisat d'Archiac, y demeurant, par Bastien Guillebot, mar-

chand de St-Pol, châtellenie de Marthon (7 mai).
— Transaction entre Daniel Tullier, procureur au
présidial, Michel Tullier, marchand maître potier
d'étain à Ruelle, d'une part, Jean de Bussac, marchand, et Marthe Tullier, sa femme, d'autre part.
concernant la somme de 4.000 livres due à ces
derniers, conformément aux clauses de leur contrat de mariage du 23 janvier 1677, sur les successions de Philippe et de François Tullier (9 mai). —
Contrat de mariage entre Jean de Paris, écuyer, sieur
du Couret, fils de Paul, écuyer, sieur de L'Epineuil,
conseiller au présidial, et de Marguerite Bouquet, et
Madeleine Chérade, fille de feu Clément, bourgeois
d'Angoulême, et de Madeleine Cladier, en faveur
duquel mariage le futur époux reçoit en dot les terres
et seigneuries du Couret et de Beauregard, l'office de
conseiller au présidial de son père, une maison à
Angoulême avec le droit de cuire le pain au four
de Marie Thomas pour toute sa famille, 2.000 livres
de meubles et ses habits nuptiaux, ses parents se
réservant 15.000 livres sur la constitution dotale
de la future épouse pour faire lever les hypothèques qui pourraient grever les susdites terres ; la
future épouse reçoit une dot de 32.000 livres, dont
20.000 sur la succession de son père et 12.000 sur
celle à venir de sa mère, moyennant qu'elle s'engage à n'y plus rien prétendre. Ont signé entre autres
audit contrat : Daniel Bouquet, écuyer, sieur de Bois-
Morin, aïeul maternel du futur époux, Catherine
Dussieux, veuve de Guillaume Cladier, seigneur de
Chadurie, aïeule maternelle de la future épouse, de la
Laurencie, M. R. de Voyer d'Argenson, François
de Volvire (10 mai). — Transaction qui modifie le
partage des biens de feu Guillaume Cladier, seigneur
de Chadurie, de Catherine Dussieux, sa femme, et
de Jean, avocat au Parlement, leur fils, antérieurement arrêté entre Madeleine Cladier, veuve de Clément Chérade, bourgeois, Marie Cladier, femme
d'Armand de la Laurencie, chevalier, seigneur de
Mongélias, demeurant au lieu des Thibaudières,
paroisse de Chadurie, Marguerite Cladier, femme de
Bernard Pichot, écuyer, sieur de Roffy, conseiller au
présidial, filles dudit Guillaume ; après arbitrage de
Jacques d'Abzac, chevalier, seigneur de Pressac,
Gabriel Gandillaud, chevalier, président au présidial,
François Gervais et Jean Authier, avocats en parlement, Jean et Daniel Cladier oncles paternels des parties, Madeleine entre en possession des rentes données à Marguerite ; celle-ci recevra 16.500 livres en
échange, et 1.500 livres de son autre sœur (11 mai). —

Testament de Françoise de Mascureau, épouse de Charles de Lageard, chevalier, seigneur des Bauries, lieutenant pour le Roi des ville et château d'Angoulême,
demeurant audit château, par lequel, « après avoir
imploré la bonté ineffable de Dieu et son infinie misé-
ricorde la préservant de cette vie malheureuse de luy
accorder la bien heureuse par les mérite du sang
précieux de Jésus-Cript, son fils, sous l'intercession
de la Sainte-Vierge, sa mère, et de tous les saints du
paradis », elle demande que toute pompe soit exclue
de ses funérailles, « au lieu de laquelle elle prie de
faire prier Dieu pour le repos de son âme et de donner l'aumosne aux pauvres en son nom », fait don
de ses meubles et du tiers de ses propres situés dans
le Poitou à son mari, de ses meubles et du tiers de
ses propres situés dans l'Angoumois à François
Baudouin, chevalier, seigneur de Fleurac, qui demeure
déchargé ainsi que sa sœur des obligations que leur
donnait le testament de Louise Baudouin, épouse en
secondes noces de Jacques de Mascureau, chevalier,
seigneur des Vergnes, père de la testatrice (13 mai) ;
codicille par lequel ladite testatrice explique qu'elle
entend léguer tout ce dont elle peut disposer d'après les
coutumes à son mari, et le reste à François Baudouin
(23 mai). — Cession de créances et d'une partie de
ses revenus du lieu de La Baronnière, en paiement de
310 livres, à Christophe Lamy, par Jean Decescaud,
écuyer, sieur de La Baronnière, y demeurant, paroisse
des Pins (22 mai). — Sentence d'Hélie Houlier, lieutenant-général, qui ne donne aucune sanction aux
accusations portées par Jacques Pinier, curé de Xambes, contre Robert Paillier, sieur du Peyrat, Jacques
Hériard, sieur du Rondeau, Louis Gratereau sieur de
La Roue et autres ; et réciproquement par le dit Paillier contre ledit Pinier et plusieurs autres (25 mai).
— Quittance des arrérages d'une rente annuelle
de 20 livres donnée à Jean Béchade, prieur de
Ste-Catherine-des-Champs, par le R. P. Eustache de
St-Pierre, religieux carme, comme procureur du R.P.
Anaclet de St-Etienne, prieur du couvent de Notre-
Dame et des autres religieux carmes de La Rochelle.
(1er juin). — Transaction concernant la succession de
Marthe de Marge, épouse en secondes noces de Pierre
de Chièvres, écuyer, sieur de Rouillac, entre François
de Rouziers, écuyer, sieur de Lésignac, Anne de la
Breuille, sa femme, demeurant en la maison noble
de Lézignac-sur-Goire, Claude Laisné, écuyer, sieur
des Deffands, et Marie de la Breuille, sa femme,
demeurant en la maison noble des Deffands, paroisse de Bunzac, héritiers en partie comme repré-

sentant Jean Demarge, ecuyer, sieur de Beaulieu, aïeul maternel desdites de la Breuille, d'une part, Jacob de Chièvres écuyer, sieur de Salignac, demeurant en la maison noble dudit lieu, Jean de Chièvres, ecuyer, sieur de Citerne, capitaine au régiment d'Orléans, Anne de Chièvres, veuve d'Isaac Maignac, ministre de la religion prétendue réformée, demeurant à Jonzac, enfants dudit Pierre, d'autre part (2 juin). — Bail à ferme des revenus du prieuré de La Tâche, pour 3 années, moyennant 110 livres chaque, à Balthazar-Daverolle, agent-général du baron d'Alis, demeurant à Périgueux, par Jean Jumelin, docteur en théologie, prieur, les sieurs Sartre, frères, et Diaque, marchands (4 juin). — Sommation de René Delanglard, procureur au duché de La Rochefoucauld, comme ayant charge de Marie de Lambertie, veuve de Jacques de Virollaud, ecuyer, seigneur de Marillac, au procureur de Jean-François de Virollaud écuyer, leur fils, en garnison à Nancy, de recevoir les 200 livres de meubles qui lui ont été assignées par sentence du présidial (7 juin). — Vente de 100 charges de papier « au petit cornet », moyennant 78 livres la charge du « fin », et 60 livres celle du « gros bon fin », à Théodore Janssen, marchand, par Antoine Vaslet, maître papetier du moulin de Roche, paroisse de St-Médard de Verteuil (8 juin). — Bail à ferme des revenus du prieuré de Dignac, pour 5 années, moyennant 140 livres chaque, à François de Lauchère, marchand de Dignac, par Michel Hardy, prieur et sacriste de l'abbaye de St-Cybard (12 juin). — Vente de l'office de greffier de la maréchaussée d'Angoulême, moyennant 5.000 livres, à Simon de Lavergne, sieur du Rempis, par Marie Jalsoin, veuve de François Ythier (17 juin). — Sentence arbitrale ordonnant le partage par moitié de la succession de Jacques Marvaud, fils de Mathieu Lejeune, entre Jean Marvaud, sieur du Brandeau, Daniel Regnaud, marchand, et Marthe Marvaud, sa femme (22 juin). — Inventaire des meubles et effets de Françoise de Mascureau, ce requérant Charles le Lagard, chevalier, seigneur des Baux, lieutenant des ville et château d'Angoulême, après ass... en donne aux héritiers présomptifs, par d... ... Jean de Chamborant, ecuyer, sieur de Puy-g..., Jean de Chamborant, ecuyer, sieur de Villevert, Jacques de Chamborant, ecuyer, sieur de Boucheron, Charles de Chamborant, ecuyer, sieur de La Soutere, François de Chamborant, ecuyer, sieur de Boucheron, Jean de Chamborant, ecuyer, sieur du Vignaud (23 juin). — Vente de la moitié du fonds de boutique ayant appartenu à Jean Nesmond, marchand de soie...

du consentement de Charles Villain, son associé, et moyennant 3.180 livres, à Guillemine Chambaud, veuve de Guillaume Courraud, maître chirurgien, et Hélie Courraud, sieur de La Coste, marchand de soie, par Catherine Bonnin, veuve dudit Jean, comme tutrice de Clément, leur fils (9 avril-26 juin 1683).

E. 1960. (Liasse). — 77 pièces, papier.

1683. — Pierre Audouin, notaire royal à Angoulême. — Actes reçus par ce notaire du 1er juillet au 30 septembre. — Resiliement du contrat d'apprentissage de Tiffon venu du lieu de St-Etienne, près de Montignac-Charente, chez Jean Drigonneaud, maître tonnelier, pour apprendre « l'art et location de faiseur de basses, cars, et barriès », en raison des mauvais traitements du maître (1er juillet). — Transaction concernant le paiement du prix des fermes du droit de 2... des vins et autres breuvages vendus en détail, consentis pour les années 1652 à 1654, 1662, 1663 et 1666 moyennant 4.119 livres, à Louis et François Ythier, par David Martin, receveur dudit droit dans l'étendue du ressort du présidial d'Angoulême ; ladite transaction conclue entre Jeanne Gaultier, veuve de David Martin, et Marie Jalsoin, veuve de François Ythier (2 juillet). A cet acte est joint un compte présenté au présidial le 11 mai 1683 et qui donne le détail des prix consentis par le fermier pour chaque paroisse. — Bail à ferme du tiers des revenus de la cure d'Allas-Champagne, en Saintonge, consenti pour 5 années, moyennant 180 livres chaque, à Marc Thévet, chanoine de la cathédrale (4 juillet). — Vente du fonds de boutique ayant appartenu à Jacques Gaillot, par Jeanne Guinlet, sa veuve, à Marc Touilly, marchand, et Marie Martin, sa femme, moyennant 1.910 livres, montant de l'estimation des marchandises dont procès-verbal est joint à l'acte de vente (8 juillet). — Vente de rentes seigneuriales dans la paroisse de St-Angeau, moyennant 800 livres, à Mathieu Fouchier, sieur de La Touche, avocat, juge-sénéchal du duché de La Rochefoucauld, par François de Villain, ecuyer, sieur de Maisonnay, et Marie de Mergier, sa femme, demeurant à Lichères, qui les tenaient de Jacques de Mergier, ecuyer, sieur de La Trim..., frère de ladite Marie (11 juillet). — Cession d'une maison au faubourg de St-Martin, moyennant la rente annuelle et perpétuelle de 9 livres, à Dupont, marchand d'eau (11 juillet). — Sentence arbitrale de Messieurs des Recteurs...

nières et Desforges, conseillers au présidial, qui met fin au procès engagé entre Jacques d'Abzac, chevalier, seigneur de Pressac, et Marie Raoul, sa femme, demeurant au château de Pressac, paroisse de St-Quentin, et Jean Prévéraud, sieur de Lezien, échevin, et Jeanne Salmon, son épouse, au sujet de la vente de l'office de vice-sénéchal d'Angoumois consentie le 19 mars 1631, moyennant 34.500 livres, à feu Samuel Raoul, écuyer, sieur de Vouzan et de La Bergerie, père de ladite Marie, par feu Jean Salmon, écuyer, sieur du Pas, père de ladite Jeanne (23 juillet. — Cession de créances en paiement de 180 livres à François Chénevière, marchand, par Jacques de Cazemajour, sieur de La Prise, et Suzanne Piquand, sa femme, demeurant à St-Groux (24 juillet). — Cession d'une créance de 2.193 livres sur François Prévost, écuyer, seigneur de Touchimbert, et Marthe Jolly, sa femme, à Jean Arnauld, écuyer, maire d'Angoulême, par Paul de Paris, écuyer, sieur de L'Épineuil, conseiller au présidial, Marguerite Bouquet, sa femme, et Jean de Paris, écuyer, sieur du Couret, comme héritiers de Jean Bouquet, sieur de La Courant (28 juillet). — Compte qui reduit à 550 livres au lieu de 2.196 livres la somme due par Jean Roumieu, marchand, pour acquisition de marchandises de Bathéon, Borne et Lacroix, marchands associés de Lyon, que représente Jean Mesnard, marchand de Jonzac. (31 juillet). — Transaction concernant l'héritage de Françoise de Masucreau entre Charles de Lageard, chevalier, seigneur des Baurie, son mari, François Baudoin, chevalier, seigneur de Fleurac, d'une part, les héritiers paternels de la défunte, d'autre part, savoir : Louis de Mascureau, écuyer, sieur de Morel, tant pour lui que comme curateur des enfants de François de St-Laurent, écuyer, sieur de La Salle et de Suzanne de Mascureau, demeurant en sa maison de Villognon, Jean de Mascureau, écuyer, sieur de La Chapelle, demeurant au Mas-Faubas, paroisse de Suaux, Jean de Veyret, sieur de Fayadou, comme tuteur de Jacques, sieur de Puyrigaud et de Charlotte, ses enfants mineurs et de feue Marie de Mascureau, demeurant à Puyrigaud, paroisse de Montembœuf, Jean Dussaud, écuyer, seigneur de Vilhonneur, et Marguerite de Veyret, sa femme, demeurant audit Vilhonneur, Sicaire Des Riaux, sieur de Béchemore, et Suzanne de Veyret, sa femme, demeurant à Rape-Vache, paroisse de St-Martial, près de Nontron, Charles Léonard, sieur de Villefay, comme tuteur de ses enfants et de Charlotte de Mascureau, demeurant au village de Clargon,

paroisse de Busserolles, en Périgord, Jean Martin, sieur de Barbantane et Marguerite de Mascureau, sa femme, demeurant audit Busserolles (3 août). — Vente de 60 charges de papier « petit moyen comte » moyennant 66 livres la charge de « fin » et 48 celle de « gros bon », à Abraham Janssen, marchand, par Pierre la Coste, maître papetier du moulin de La Bergère, en Périgord, qui reçoit 360 livres d'avance (8 août). — Transaction entre Gabriel Jubert, notaire, demeurant à Fouquebrune et Clément Boumard, maître sergier, veuf de Jacquette Jubert, fille dudit Gabriel, qui fixe à 40 livres l'usufruit des biens que ladite Jacquette avait légué à son mari (14 août). — Vente d'un banc à la halle du Palet, moyennant 50 livres, à François Rousseau, marchand, par Jean Gambier, notaire royal, demeurant au village de La Faye, paroisse de Nersac (14 août). — Transaction entre François de Devezeau, chevalier, seigneur de Lâge-Chasseneuil, agissant au nom de Benigne Thibaud de La Coste, sa mère, veuve en secondes noces de Philippe de Nesmond, chevalier, seigneur des Etangs, demeurant au château de Lâge, paroisse de Chasseneuil, et André de Nesmond, chevalier, baron des Étangs demeurant au château dudit lieu, paroisse de Massignac, beau-fils de ladite Thibaud, ladite transaction concernant le douaire de celle-ci (14 août). — Rétrocession de tous les dommages et intérêts dûs en raison de l'assassinat de Louis Raymond, sieur de La Prade, Pierre Gounin, sieur de la Ville et autres, moyennant 1.600 livres, à Geoffroy Garnier, maître pâtissier, par Léon de Fontlebon, écuyer, sieur de Châtre faisant pour Jean Grelier, sieur de Villotte : ils avaient été cédés audit Grelier par Jeanne Nicaud, veuve de Pierre Gounin, sieur de la Ville, Marguerite Gounin, veuve de Louis Raymond, sieur de la Prade, et Pierre Gounin, marchand, le 22 juin 1674 (20 août). — Transaction entre Jacques Morin, écuyer, sieur de Lambertie, conseiller au présidial, comme ayant droit de Jean Gourdin, écuyer, sieur de La Faye, héritier de feu Etienne Gourdin, écuyer, sieur de la Barrière, son père, et faisant pour François de Volvire, chevalier, seigneur d'Aunac, son gendre, d'une part, Daniel Messignac, sieur des Vallées, demeurant à Ruffec, d'autre part, concernant un échange de pièces établissant des obligations réciproques (27 août). — Vente d'une maison relevant de la seigneurie de Maumont, paroisse St-Antonin, moyennant 3.400 livres, à Joseph Olivier Robuste, avocat en parlement, et Françoise Autier, son épouse, par Charles Ferrand, écuyer, sieur des Roches, lieutenant particulier au présidial (29 août). — Cession de 200 livres de rente constituée, moyennant 4.000 livres, à l'Hôtel-Dieu de Notre-Dame-des-Anges et à l'Hôpital général que représentent leurs 8 directeurs, par Antoine Boisson, écuyer, seigneur de Roullet, procureur du roi au présidial, et Marie de la Rochefoucauld, son épouse (31 août). — Transaction qui fixe à 1.184 livres la somme dûe à Guillaume Delage, curé de St-Médard de Limeuil, en Périgord, et Agaspin Martin, prêtre, syndic de la mission de Périgueux, comme créanciers de feu Philippe de Létoile, prêtre, par les enfants mineurs de Patrice Poumeyrol, sieur de La Forêt, et de Charlotte Avril, comme héritiers de Pierre Avril, écuyer, et Anne de Létoile, leurs ayeuls (17 septembre). — Contrat de mariage entre Pierre Gandobert, sieur de Vivonne, fils de feu Jacques, sieur de Chenaud, et de Françoise Valleteau, et Louise Boitet, fille d'Ambroise et de Perrine Arnaud ; en faveur duquel mariage, le futur époux reçoit 2.000 livres en don de sa mère et la future épouse une dot de 3.000 livres (20 septembre). — Vente de 50 charges de papier « au petit cornet » ou « à la fleur de lys » pesant 9 livres la rame, la charge comprenant 32 rames, livrables avant 16 mois, moyennant 70 livres la charge de « fin », non compris le droit de marque ni les frais de l'acquit du bureau de Limoges qui demeurent à la charge de l'acquéreur, et 54 livres la charge de « gros bon fin », y compris les droits de marque, mais non les frais d'acquit, à Abraham Janssen, marchand, par Martial Lacoste, maître papetier du Moulin de Linars, paroisse de Mesmin, en bas Limousin, qui reçoit 300 livres d'avances (24 septembre 1683).

E. 1931. (Liasse.) — 68 pièces, papier.

1683. — Pierre Audouin, notaire royal à Angoulême. — Actes reçus par ce notaire du 5 octobre au 29 décembre. — Vente de 100 charges de papier « au petit cornet » pesant 13 livres la rame, la charge comprenant 24 rames, moyennant 93 livres la charge de « fin » et 70 livres celle de « gros bon fin » ; et de 100 autres charges « au petit cornet ou à la fleur de « lys », la charge comprenant 32 rames, moyennant 92 livres la charge de « fin » et 70 livres celle de « gros bon fin » livrables avant 2 ans et demie environ, à Henri Gaultier, marchand, par Genis Gros, maître papetier du moulin de Porcheyrac, paroisse de Cumont, en Périgord (8 octobre). — Cession du mou-

lin à papier de Chantoiseau, paroisse de St-Michel, pour 5 années, à partir du premier janvier suivant, par Abraham Janssen, marchand, à Pierre Jolly, maître papetier, demeurant à La Couronne, qui devra fournir dans le cours de la première année 100 charges de papier « petit comte » à raison de 81 livres la charge de « fin », et de 67 celle de « gros bon fin » : sur le montant de l'achat 2.500 livres sont payées comptant pour être employées en « cabal » (18 octobre). — Cession du moulin à papier de St-Michel, paroisse du même nom, à Louis Jolly, maître papetier, par Abraham Janssen, aux mêmes conditions que ci-dessus (18 octobre). — Obligation de 1.620 livres reconnue au profit de Jean Arnaud, écuyer, maire d'Angoulême, et de Pierre Arnaud, marchand de soie, comme étant aux droits de Jacques de Lesmerie, écuyer, sieur d'Echoisy, héritier de Jean de Lesmerie, écuyer, seigneur de La Tour et d'Echoisy, archidiacre d'Angoulême, par Georges de Lesmerie, écuyer, sieur de Mouchedune, fils de feu Jean, écuyer, sieur du Groc, et Catherine Courraud, sa femme (20 novembre). — Inventaire des meubles de François Desbrandes, ce requérant Jean Desbrandes, huissier en la connétablie de France, Léonard Desbrandes, curé de Mons, François Albert, maître chapelier, Philippe Godichaud, garde de Monseigneur de Crussol, gouverneur de la province, ses enfants et gendre (25 octobre). — Cession d'une créance de 373 livres, en paiement de pareille somme, à Jacques Morin, écuyer, sieur de Lambertie, conseiller au présidial, par François de Hauteclaire, écuyer, seigneur de Fissac, et Anne Héraud de Gourville, sa femme, demeurant au lieu noble de Fissac, paroisse de Ruelle (27 octobre). — Cession d'une créance de 3.246 livres sur Jean de Volvire, seigneur d'Aunac, moyennant pareille somme, dont partie en argent comptant, partie en créance sur François de Hauteclaire, seigneur de Fissac, comme héritier de René et d'Anne Marie de Lescours ses parents ; ladite cession consentie à Jean Morin, écuyer, sieur de Lambertie, par Pierre Pasquet, sieur de Cloulas, agent des affaires du prince de Condé, au nom de Jean Héraud, seigneur de Gourville, conseiller du Roi en ses conseils (27 octobre). — Vente de 100 charges de papier « petit comte », moyennant 56 sols la rame, à Abraham Janssen, marchand, par Léonard de Mars, maître papetier de Tulle qui reçoit 600 livres d'avances (3 octobre). — Vente de la borderie de Nige-Chat et de 33 livres de rente, moyennant 2.400 livres, à Pierre Respinger, marchand du faubourg de La Bussatte, par Pierre

Mesnard, marchand (13 octobre). — Sommation à Louis Deluilier et Denis Méreau, receveur et contrôleur du bureau de l'ancienne marque du papier, par Henri Gaultier, marchand, d'accepter la somme de 73 livres 13 sols qu'il propose afin d'obtenir le « passavant » nécessaire à l'expédition de 3 balles de papier pour Amsterdam, protestant qu'ils ne peuvent demander, comme ils l'ont fait jusqu'à présent, 4 sols par rame de papier gris ou « gros bon », le tarif arrêté aux conseils du Roi de mai et juin 1680 enregistré en la Cour des aides les 11 mai et 11 juin suivants fixant un droit de 2 sols seulement par rame (19 novembre). — Sommation de même sorte faite par Abraham Janssen, marchand (9 novembre). — Bail à ferme des revenus du prieuré de Torxé, pour 5 années, moyennant 780 livres, à André Gaultier, marchand, demeurant audit Torxé, par Philippe Pigornet, agent des affaires de l'évêque d'Angoulême (21 novembre). — Sentence arbitrale concernant le paiement par Claude de Toyon, écuyer, sieur dudit lieu, demeurant au lieu noble de Trop-Tard, paroisse de St-Bonnet, d'une obligation de 438 livres consentie à Françoise Maria, épouse séparée de biens de François de Limon, écuyer, sieur de Vandeuil, demeurant au village des Brissets, paroisse de Voulgézac, qui l'avait cédée à François Monnereau, écuyer, sieur de Champagne, demeurant au lieu noble du Maine-Lafont, dite paroisse de Voulgézac, lequel s'en était lui-même dessaisi en faveur de Jean Parenteau, notaire royal (23 novembre). — Cession d'une créance de 1.000 livres, en paiement de pareille somme, à Jean Arnauld, écuyer, maire d'Angoulême par Jean-Louis de Lubersac, écuyer, seigneur de La Foucaudie, demeurant au logis noble de Pelisson, paroisse de St-Sulpice, fils d'Etienne, écuyer, aussi seigneur de La Foucaudie (24 novembre). — Constitution d'une rente de 50 livres, au capital de 1.000 livres, au profit de l'Hôpital général, par François Prévéraud, chanoine de la cathédrale, et Henri Jay, chevalier, seigneur de Bourdelais, demeurant au lieu noble de Moutonneau, paroisse dudit lieu (2 décembre). — Sommation faite par un locataire de la maison de Gaspard Van Gangelt, aux gardiens de ladite maison, de reprendre les clefs de l'appartement qu'il y occupait (2 décembre). — Sentence arbitrale qui fixe à 9.970 livres en principal ce qui reste dû, après règlement de leur compte de tutelle, à Pierre et Mathurin Arnauld, marchands, fils d'Hélie, avocat du Roi au présidial, par Jean Arnauld, écuyer, maire d'Angoulême, leur cousin (3 décembre). — Vente de

25 charges de papier carré de toutes « peilhes », la charge composée de 28 rames et pesant 10 livres à 10 livres et demie, moyennant 48 livres la charge, à Abraham Janssen, par Martial Dumas, maître papetier du moulin de St-Médard d'Exideuil (4 décembre). — Transaction portant compte d'obligations réciproques entre Jean Tizon, écuyer, sieur de La Marche, au nom de Charles Bertrand, écuyer, sieur de Bonnefont, d'une part, Marie Tizon, veuve de Pierre Mesnard, sieur de La Sausaye, et Françoise Mesnard, veuve de Pierre Bouhier, sieur de Pertineau, comme héritière de Jean Mesnard, sieur de St-George, son frère, d'autre part (4 décembre). — Quittance de 60 livres pour un quartier de sa pension monachale donnée à Jacques Bouniceau, sieur de La Combe, et Laurent Roc, marchands, fermiers de l'abbaye de Cellefrouin, par Pierre Bouniceau le jeune, religieux de ladite abbaye, que représente Jean Lassé, sieur des Touches (16 décembre). — Testament de Gilles Delamarre, sieur de Montboulard (11 décembre). — Engagement pris par Nicolas Bareau, maître fondeur demeurant à Charbontière, paroisse de Salles, de fournir à Denis Dugast, commissaire des poudres à St-Jean d'Angély, et Philippe Rigollet, maître poudrier du Roi au moulin à poudre dudit lieu, faisant pour M. Bertellot, général des poudres et salpêtres de France, 20 mortiers de « fer de fonte propres à battre la pouldre de guerre », avant le 17 avril suivant, à raison de 8 livres le 100 pesant poids de marc (21 décembre). — Énumération de diverses rentes seigneuriales de la paroisse de St-Maurice de Confolens (29 décembre 1683).

E. 1932. (Liasse.) — 60 pièces, papier.

1684. — Pierre Audouin, notaire royal à Angoulême. — Actes reçus par ce notaire du 1er janvier au 29 mars. — Contrat de mariage entre Pierre Chénevière, marchand de soie et bourgeois, veuf en premières noces d'Anne Bellabre, fils de feu Macé, aussi marchand de soie, et de Jeanne Robert, et Catherine Avril, fille de défunts Pierre, écuyer, avocat en parlement, et Anne de Létoile (1er janvier). — Reconnaissance d'une rente de 62 sols 6 deniers due à Messieurs du Bas-Cœur de la cathédrale sur un plantier de vigne, à Roffy (2 janvier). — Cession de 1.400 livres aux sieurs Sartres et Diaque, marchands, par Marguerite Dubreuil de Théon, veuve de Michel Souchet, écuyer, seigneur de La Dourville (5 janvier). — Transaction qui fixe à 40 livres l'indemnité due à Etienne

Filhon et François Payen le jeune, syndics des maîtres potiers d'étain d'Angoulême, par Michel de Rouffignac, maître potier d'étain de St-Claud, en raison de la saisie de quelques pièces de sa boutique, et de sa rébellion quand une nouvelle saisie fut exécutée: son travail lui sera rendu mais il devra briser les marques et cachets dont il se servait et en faire faire d'autres qui seront imprimés sur les platines de la communauté (8 janvier). — Bail à ferme par Jean Carron, procureur au présidial, du droit de tirer de la pierre dans une « pierrière » de la métairie de Chante-Grelet, concédé pour 5 années, moyennant 30 livres chaque, à deux pierriers du faubourg St-Pierre qui ne pourront amener avec eux qu'un seul ouvrier; au cas où le bailleur aura besoin de pierres, il la paiera aux preneurs sur le pied de 10 sols « la chartée de taille et 1 sol la menue » (9 janvier). — Vente de 100 charges de papier, moyennant 87 livres la charge de « fin » et 68 livres celle de « gros bon fin », à Abraham Janssen, par Hélie Maigret, maître papetier du village des Ages, paroisse de Bouteilles, en Périgord (11 janvier). — Engagement pris par Louis de Livenne, chevalier, seigneur de Verdille, La Cour de Villejésus et autres places, demeurant au logis noble de Verdille, que représente Jacques de Bourdeau, sieur des Essarts, demeurant à Villejésus, de payer à Anne de Guez, veuve de François Patras de Campagnol, capitaine des gardes du Roi, 778 livres pour les arrérages d'une rente de 77 livres, et de verser annuellement le montant de cette rente pour la reconnaissance de laquelle ladite Anne de Guez a obtenu un jugement du présidial contre Jean de Livenne, écuyer, abbé de St-Séverin, seigneur de Verdille, François de Livenne, chevalier de St-Jean de Jérusalem, commandeur de Nantes, Jean de Livenne, chevalier, seigneur de Gaillard, Louis de Livenne, chevalier, seigneur de La Ronde, représentant René de Livenne, écuyer, seigneur de Verdille, leur frère aîné, et aussi contre ledit Louis, sieur de Verdille, neveu dudit René (12 janvier). — Sentence arbitrale concernant le paiement du montant de la ferme de la métairie des Brisseaux à Léonard-François de Labatud, juge-sénéchal de Montmoreau et St-Séverin, et Catherine Février, sa femme, demeurant à St-Amant-de-Montmoreau, par Pierre Fournier, maître apothicaire de Châteauneuf, Madeleine David sa femme, Antoine Pailhon, sergent royal, et Jeanne David, sa femme, demeurant à Mouthiers (19 janvier). — Testament de Madeleine Giraud, épouse de Jean Souchet, écuyer, sieur des Doussets, qui institue pour sa léga-

taire universelle Jeanne, leur fille unique, qu'elle vient de mettre au monde, et, au cas où celle-ci viendrait à mourir, donne ses meubles, acquêts et le tiers de ses propres à Michel Souchet, écuyer, sieur de Chadennes, son cousin par alliance (30 janvier).— Procès-verbal d'une sommation faite à Michel de Liverneresse, marchand tapissier de la paroisse de St-Cybard, par Marie Dumergue, veuve de Thomas Montaigne, marchand, d'avoir à laisser perquisitionner dans son appartement (8 février). — Vente de 60 charges de papier moyennant 92 livres celle de « fin », et 70 livres celle de « gros bon » à Abraham Janssen, par Martial Brun, maître papetier du moulin de Clausure, paroisse de St-Paul-Lisonne, en Périgord, que cautionne Raymond Raganeau, maître papetier de La Rivière, paroisse d'Allemans (11 février). — Entente concernant le paiement d'une rente de 175 livres consentie au profit de Clément Chérade, bourgeois, par Jean Laisné, écuyer, sieur du Portail, ladite entente conclue entre ledit Laisné, ci-devant juge-sénéchal du duché de La Rochefoucauld, demeurant au Portail, paroisse de Vars, Claude Laisné, écuyer, seigneur des Deffents, et Marie de la Breuille, sa femme, fille et bru dudit Jean, demeurant au lieu noble des Deffents, paroisse de Bunzac, d'une part, et Madeleine Cladier, veuve dudit Chérade, d'autre part (19 février). — Choix d'arbitres pour partager entre eux l'héritage de Suzanne Juglard, leur tante, veuve en secondes noces d'Antoine Dexmier, écuyer, sieur de Dommezac, par Louis Juglard, écuyer, sieur de La Grange, demeurant paroisse de Vérac, duché de Fronsac, Henri Juglard, écuyer, sieur du Tillet, demeurant au lieu noble du Tillet, paroisse de Blanzaguet, Barbe-Marie Juglard, veuve de Jacques Mercier de Haute-Faye, écuyer, sieur de La Barde, demeurant à Chez-Moreau, paroisse de Chantillac, Jean Juglard, écuyer, sieur de Joves, demeurant au lieu noble de Joves, paroisse d'Aix en Aunis, tant pour lui que pour Madeleine, sa sœur, François Dulaux, écuyer, demeurant au bourg d'Haute-Faye, en Périgord, et Marie Juglard, son épouse (20 février). — Quittance de 2.625 livres de principal et 479 livres d'intérêts, en remboursement de créance; ladite quittance donnée à Paul de Paris, écuyer, seigneur de L'Espineuil, conseiller au présidial, par Daniel d'Alba, écuyer, et Suzanne de la Grezille, sa femme, comme héritière de Jean, son père, demeurant à Bergerac (1er mars).—Compte à la suite duquel Marie Arnauld, épouse séparée de biens d'André Valleteau, sieur de Brouville, se libère des 1.600 livres dont elle est redevable à Jean Arnauld, écuyer, maire d'Angoulême (5 mars). — Vente de 35 charges de papier « moyen poste de toute peilhe », la charge composée de 28 rames de 10 livres, moyennant 50 livres la charge, à Abraham Janssen par Aubin Dumas, maître papetier du moulin de Champ-Dira, paroisse de St-Méard, en Périgord (8 mars). — Quittance de 1.000 livres faisant moitié de la dot qui lui avait été promise par son contrat de mariage du 13 février 1679, donnée par Martiale Gignac et Guillaume Cousseau, son mari, maître apothicaire, à Léonard Gignac, notaire de la juridiction de Marthon et autre Léonard Gignac, praticien, demeurant au village de La Chambeaudie, paroisse de Chazelles, comme héritier de Jean, leur père (9 mars). — Inventaire des papiers de Jean de Chilloux, curé de Douzat, décédé le 12, ce requérant Marguerite Vachier, veuve d'Hélie de Chilloux, procureur au présidial, en présence de Pierre Avril, curé de Douzat (16 mars). — Entente entre Anne Raimbaud, veuve de Michel Goizet, et Genevière Germain, sa fille, épouse de Guillaume Jeheu, notaire royal, qui fixe les conditions de leur séparation à cause d'incompatibilité d'humeur (18 mars). — Cession d'une créance de 140 livres sur Pierre Lecoq, sieur de Torsac, en paiement d'une paire de bœufs de tire, à Christophe Lamy, marchand, par Jean de Marcossaine, écuyer, sieur de Puy-Romain, et de Salles en partie, demeurant à la maison noble de Puy-Romain paroisse de St-Cybardeaux (18 mars). — Testament de Catherine Yrvoix, veuve de Gilles Delamare, sieur de Montboulard, qui demande à être enterrée « en pèlerine » dans l'église de St-André, donne 15 livres à la confrérie de St-Jacques de cette église, et pareille somme à l'église de St-Paul « tombée par terre depuis quelques jours » (29 mars 1684)

E. 1963. (Liasse.) — 77 pièces, papier.

1684. — Pierre Audouin, notaire royal à Angoulême. — Actes reçus par ce notaire du 1er avril au 30 juin. — Résiliement du contrat de vente de papier passé entre Henri Gaultier, marchand, et les papetiers du moulin de Montbron, paroisse St-Martin (3 avril). — Convention entre Jean Thomas, écuyer, sieur des Bretonnières, conseiller et garde des sceaux au présidial, Marie Grelon, sa femme, Gaston Bouchard, écuyer, sieur des Plassons, et Anne Grelon, sa femme, demeurant au château des Plassons, paroisse de Bors, que représente Jean

Bouchard, écuyer, prieur de Jugnac, leur fils, pour poursuivre à frais communs la restitution de partie de l'héritage de Marthe de la Chaize, épouse de Daniel Clément, sieur du Mont-Doux (12 avril). — Transaction entre Normandin, marchand, et Hélie « Rosgier » dit La Roze, maître menuisier, au sujet des latrines installées par celui-ci (17 avril). — Inventaire des meubles et effets de Marie Benoist, veuve de Nicolas de Belleprière, maître écrivain, chargée de 4 enfants et atteinte d'une maladie dangereuse. A signaler audit inventaire : une horloge ayant trois cloches, renfermée dans une armoire peinte en feuille morte ayant 3 serrures, estimée 200 livres ; une autre horloge sans cloche, dans une boîte, estimée 30 livres (19 avril). — Procès-verbal de la messe dite à St-Jean-de-La-Tâche, paroisse de Cellefrouin, par Pierre Sautereau, chanoine de Notre-Dame de St-Cybard de La Rochefoucauld, comme représentant Jean Jumelin, docteur en théologie, prieur dudit prieuré de St-Jean et de celui de St-Denis en Beauvais, et de la protestation de Jean Chevreuil de La Morlière, chanoine régulier de la congrégation de France, qui dit avoir célébré la messe depuis plus de deux ans audit prieuré par commission du grand-vicaire du diocèse, et réclame son salaire au prieur (23 avril) — Obligation de 500 livres consentie au profit de François Amadou, prêtre de la communauté établie à Neuvic, en Limousin, par Louis Aubert, curé de Malaville (24 avril). — Reconnaissance d'une rente de 25 livres due à Antoine Basson, écuyer, comme époux de Marie de la Rochefoucauld, héritière de François, son père, par François Bertrand, écuyer, seigneur de Goursac, demeurant en sa maison noble dudit lieu, paroisse de Chasseneuil (27 avril). — Vente d'un banc sous la halle des merciers, au Palet, moyennant 100 livres, à Jean Sartre, marchand, par Jean Parselier, marchand verrier (28 avril). — Vente de 3.000 rames de papier « moyen poste ou grand cornet », livrables en 15 mois, moyennant 62 sols la rame de « fin » et 42 celle de « gros bon », y compris le droit de marque, à Abraham Janssen, par Antoine Lacombe, maître papetier de Tulle, qui reçoit 600 livres d'avance (28 avril). — Vente de l'office de procureur postulant réservé au présidial moyennant 1.870 livres, à Michel Duvergier, praticien, par Marguerite Bernard, veuve de Charles Dufresse (28 avril). — Convention concernant le paiement des 4.672 livres de principal et 672 livres d'intérêts dues à François de la Brosse, écuyer, sieur du Couret, demeurant en sa maison noble dudit lieu, paroisse de Verteillac, en Périgord, tant pour lui que comme légal administrateur de ses enfants et de Marguerite Gannier, par Joseph Grand, écuyer, sieur du Chastenet et Françoise de Livron, sa femme, demeurant à Landaule, paroisse de Charmant (28 avril). — Compte entre Marc Guillaumeau, écuyer, sieur de Ruelle, et François Guillot, sieur de La Puysade, prévôt royal de Châteauneuf, des créances dudit Guillaumeau, et de la partie de l'héritage du feu sieur Guillaumeau revenant audit Guillot, son neveu (29 avril). — Bail à moitié du domaine des Mérigots, paroisse de L'Isle, pour 3 ans, consenti par Marie Moulin, épouse de Jean Souchet, écuyer, sieur des Doussets, lieutenant civil et criminel d'Angoulême, comme héritière de Jean Moulin, écuyer, sieur des Mérigots, son père (1er mai). — Procès-verbal du moulin à papier de St-Michel. Dans la « salle » est un « lissoir » composé de trois madriers sur ses tréteaux, un « carnoir » et une presse double à l' « ancroise » liée de 4 liens de fer, avec ses chevilles, les 2 vis liées chacune aussi de 2 cercles de fer; dans le « fourniou il y a une vieille met de bois de poplion », le « rabajou » a sa fermeture soutenu par ses « vertuelles » et gonds ; dans la chambre de la chaudière, celle-ci dans son fourneau est en bon état ; sont ensuite mentionnés : le « moulloir pour mouller la colle », le timbre de pierre où on lave les « flostres » avec « celle » de bois, la cuve liée de 2 cercles de fer avec sa couverture de bois et son « pistollet d'airain », la presse simple, les « batans » composés de 12 « pilles » avec 2 arbres, 8 timbres de pierre, le « porissoir », le « moulloir », les « estandoirs » garnis de 63 « parches » avec leurs cordes (3 mai). — Obligation de 1.500 livres reconnue au profit de Judith Aubert, veuve de Pierre Roy, marchand, que représente Pierre Roy, leur fils, demeurant à St-Sauvant, en Saintonge, par Jean Amblard, ministre de la religion prétendue réformée, demeurant au château de Suaux, paroisse dudit lieu, qui élit pour domicile la maison de Pierre Brouard, marchand de l'île de Nieul, paroisse de St-Sorlin de Marennes (16 mai). — Transaction par laquelle François-Gaston Goulard, chevalier, seigneur baron de La Faie, Poulignac et autres places, comme héritier de Jacques, son père, demeurant au château de La Faie, paroisse de Deviat, s'engage à payer à Michel de la Vergne, écuyer, sieur de Font, et Anne de Refuge, sa femme, 330 livres de principal, conformément au contrat conclu entre ledit Jacques, d'une part, Anne et autre Anne de Refuge, Jean Bernier, écuyer, et Isabelle de Refuge, sa femme, d'autre part,

le 20 avril 1678 (16 mai). — Déguerpissement du moulin à papier de Chez Barre, affermé par lettre de « baillete » du 1er novembre 1656, entre les mains de Pierre Jay, chevalier, seigneur du Châtelard de St-Front, y demeurant, par Philippe et Théodore Janssen, tant pour eux que pour Isaac Janssen, leur frère, qui se trouvent dans l'impossibilité de faire valoir le moulin depuis un certain temps déjà, « attendu la cessation du commerce des papiers »; ils s'engagent à donner 260 livres de dommages et intérêts à raison des détériorations du moulin depuis son abandon (23 mai). — Engagement pris par François Baudouin, chevalier, seigneur de Fleurac, d'acquitter la rente annuelle de 50 livres, léguée par le testament de Louise Baudouin, sa sœur, épouse de Jacques de Mascureau, écuyer, sieur de Maillat, à Pierre Dutheil, curé de St-Xiste de Montembœuf, et à ses successeurs, sous l'obligation de dire annuellement 50 messes pour le repos de son âme (25 mai). — Contrat de mariage entre Raymond Clausure, marchand, fils de Simon et de Gabrielle Villate, demeurant au village de Clausure, paroisse de St-Paul-Lisonne, en Périgord et Marguerite Thevet, fille de feu Jean, marchand, et de Jeanne Yrvoix : en faveur duquel mariage le futur époux se constitue une dot de 1.426 livres, et la future épouse en reçoit une de 1.000 livres (1er juin). — Bail à moitié du domaine de Rabion, paroisse de St-Martin d'Angoulême, consenti par Pierre Daniel, écuyer, sieur de Boismorand, ancien et premier lieutenant assesseur en la maréchaussée (2 juin). — Vente de 100 charges de « peilhe » et 4 milliers de colle livrables de temps en temps aux moulins à papier de Chantoiseau et de St-Michel avant la St-Michel suivante, moyennant 21 livres la charge de « peilhe » et 13 livres 10 sols le 100 de colle, à Abraham Janssen par Jacques Mignot, marchand de Civray (4 juin). — Obligation de 1.030 livres reconnue au profit de Jean Arnauld, écuyer, maire d'Angoulême, par Françoise de Cotansin de Tourville, épouse d'Annet de la Bastide, chevalier, seigneur comte de Châteaumorand, Cognac et autres places, demeurant au château de Cognac, en Poitou, que représente Olivier Robuste, avocat en parlement (15 juin). — Cession, moyennant une rente perpétuelle de 100 livres, de leur part dans l'héritage de Marthe de la Chaize, veuve de Daniel Clément, sieur de Montdoux, à François de la Chaize, sieur de Soubise, et Marie-Félice de « Bauchant » sa femme, demeurant à Bonnes, marquisat d'Aubeterre, par Jean Thomas, écuyer, sieur des Bretonnières, Marie Grelon, sa femme, Gaston Bouchard, écuyer, sieur des Plassons, et Anne Grelon, sa femme (26 juin 1684).

E. 1961. (Liasse.) — 89 pièces, papier.

1684. — Pierre Audouin, notaire royal à Angoulême. — Actes reçus par ce notaire du 2 juillet au 29 septembre. — Cession de 1.250 livres à prendre sur le montant de la ferme de la seigneurie des Pins, en paiement de pareille somme, au profit de Christophe Lamy, marchand, par Charlotte de Lubersac, veuve de François de Devezeau, écuyer, seigneur de Chasseneuil, Les Pins et autres places, demeurant au château de Chasseneuil, en Angoumois (2 juillet).—Compte entre Alexandre de Galard de Béarn, chevalier, seigneur comte de Brassac, La Rochebeaucourt, Salles, Genté et autres places, demeurant au château de Brassac, que représente René de Galard de Béarn, chevalier, seigneur de Saragosse, demeurant au château du Repaire, paroisse de Rougnac, et Jean Arnauld, écuyer, maire d'Angoulême, qui fixe à 7.040 livres la somme due à celui-ci pour fournitures de marchandises (8 juillet). — Vente d'une maison avec ses meubles et diverses pièces de terre, moyennant 2.000 livres, à Jacques Guy, sieur de La Roue, par Pierre Gaultier, avocat au Parlement, et Suzanne Barraud, sa femme (11 juillet). — Compte entre Isaac, Philippe et Théodore Janssen, frères, et Anne Janssen, veuve de Mathieu Tessereau, sieur de La Garenne, demeurant à La Rochelle, qui fixe à 3.800 livres ce qui reste dû à ladite Anne sur les 20.000 livres promises dans son contrat de mariage du 11 mai 1658 par Dric Janssen, leur père (13 juillet). — Vente d'une maison et chaix, paroisse de Lhoumeau, dans la rue qui va de la fontaine du Palet au cimetière dudit Lhoumeau, entre les maisons des sieurs Gaultier et Dexmier, acquise en 1660 par Dric Janssen de Paul Vandeveldel ; ladite vente faite moyennant 3.800 livres par Isaac, Philippe et Théodore Janssen (13 juillet).— Transaction entre Gabriel Dupuy, curé de Couture, et Jean Delafont, curé de Charmant, concernant la possession de la cure de Chavenat que chacun d'eux prétendait depuis la mort de Jérôme Chauvel, qui en était titulaire, au mois d'août 1683 : la cure demeure audit Delafont moyennant qu'il verse une indemnité de 242 livres (20 juillet). — Cession de tous les droits auxquels il peut prétendre en raison de l'homicide commis sur François Mesnard, sieur des Chausset, par François de Talleyrand, chevalier de St-Jean de Jérusalem, moyennant 400 livres, ladite cession consentie par René Mesnard, écuyer, sieur du Chausset, demeurant à Fresneau en Saintonge (21 juillet). — Transaction concernant la pension viagère de 20 livres promise par feu Philippe Bourdage à Louis, son fils, entre Laurent Vallier, docteur en théologie, provincial des Frères Prêcheurs de la province de France, étant alors au couvent d'Angoulême, Jean Landry, prieur syndic dudit couvent, et ledit Louis, prieur du couvent des Frères Prêcheurs de Saint-Jean-d'Angély d'une part, et Philippe Bourdage, son frère, curé de St-Jacques de Lhoumeau, d'autre part (22 juillet). — Cession par Léonard Gignac, marchand, demeurant aux Bâtisses, paroisse de Chazelles, et Jacques de Gorce, marchand, demeurant à Peusec, paroisse de St-Germain, comme héritiers de François Gignac, notaire de Montbron, des 210 livres représentant le montant de deux années de bail à ferme de partie de l'héritage dudit Gignac à Léonard Gignac, notaire (26 juillet). — Vente de 100 charges de papier « petit comte de toutes peilhes » livrables avant 18 mois, moyennant 56 sols la rame de 12 livres, à Abraham Janssen par Pierre Lachaise, maître papetier de Tulle (1er août) — Inventaire des effets de « Petre » de Melle, sous-lieutenant en la compagnie de Jean-Barthélémy de Melle, son cousin germain, au régiment des gardes-suisses du Roi, décédé au logis des Trois-Marchands (2 août). —Transaction par laquelle Pierre Guillemin, écuyer, seigneur d'Aytré, des Rouhaud, de La Salle, de Couture en partie, demeurant à Aytré, en Aunis, renonce aux arrérages de la ferme du bien noble de Couture qu'il réclamait d'Aymard Jay, sieur de La Rivière, demeurant au bourg de Couture, et de Suzanne Vergnaud, veuve de Jacques Vehé, sa belle-mère, moyennant que ledit Jay s'absentera de Couture pendant un mois et abandonnera les poursuites criminelles intentées à la suite des violences commises par le seigneur d'Aytré (3 août). — Compte détaillé qui fixe à 1.671 livres ce qui reste dû à François Bourdage, bourgeois, par Anne Descuras, veuve de Jean Maurougné, écuyer, sieur de Grapillet (4 août). — Transaction concernant le paiement de 1.650 livres de principal à François de Nogerée, écuyer, sieur de La Fillière, demeurant en la maison noble dudit lieu, paroisse d'Hiersac, par Arcuré Fleurimont, sieur des Hormons, demeurant à Bauvais-sur-Matha, en Saintonge, comme mari d'Isabelle Geoffroy, fille de feue Marguerite Desbordes, épouse de Jean Geoffroy, maître chirurgien, Marie Horric, épouse dudit Geoffroy et ayant charge de lui, demeurant audit Bauvais, François Desbordes, écuyer, sieur du Maine-du-Puy, demeurant à Garat, et Antoine Jarrie, maître opérateur, demeurant à Bignac (13 août). — Donation de ses biens à Michel Mesnard, avocat en Parlement, et Anne Avril, sa femme, Pierre Chenevière, marchand de soie, et Catherine Avril, sa femme, aux enfants de défunts Patrice Poumeyrol, sieur de La Forêt, et de Charlotte Avril, demeurant à La Tour-Blanche, par Pierre Avril, écuyer, prêtre « inspiré depuis longtemps par Dieu d'aller prescher aux infidèles vers la Chine la foy de Jésus-Cript et les instruire dans les lumières de la véritable religion crestienne », sur le point de partir avec Philippe Avril, jésuite, son frère (17 août). — Sous-ferme du moulin à papier de La Chebaudie, paroisse de Palluau, pour trois années, consentie par Abraham Janssen comme ayant droits de Jean de Morel, écuyer, sieur de La Chebaudie, à François Dessoulard, maître papetier, et sa femme, qui devront fournir 200 charges de papier petit cornet ou fleur de lys, moyennant 80 livres la charge du fin et 66 livres celle du gros bon fin, dont 2.000 livres données comme avance (25 août). — Entente entre Louis de Beaupoil, écuyer, sieur de Mareuil, Madeleine de Cescaud, sa femme, demeurant à Mareuil, d'une part, Jean de Cescaud, écuyer, sieur de La Baronnière, et Hélène de Cescaud, sa sœur, demeurant à La Baronnière, paroisse des Pins, d'autre part, qui nomment des arbitres pour régler leurs différends concernant la succession de René de Cescaud, écuyer, sieur de Font-Pallet, et d'Eléonore Horric, leurs père et mère (28 août). — Inventaire des meubles et effets de Pierre Magneau, maître « ciergier » (29 août). — Déclaration de 22 marchands d'Angoulême « que depuis 1653 jusques en 1660, et au-delà, l'usage estoit tel que les marchans estoient obligés de prandre le tier en deniers pour le payement des marchandises qu'ils vendoient et débitoient en ces provinces, et que qui que ce soit ne pouvoit refuser le tier en deniers... qu'on ne pouvoit ès dittes années avoir des lettres de change pour Paris qu'en payant le montant en bel argent, sans aucuns deniers, et que pour changer les deniers on perdoit ordinairement 5, 6, 7, 8 pour 100 et quelques fois davantage », que la chose était encore plus sensible pour la vente des chaudrons « laquelle marchandise estant ordinairement débittée à la campagne aux paysans, ils ne payent lesdits chaudrons qu'en deniers » ; ladite déclaration faite à la requête de Jean Vangangelt, marchand de chaudrons à Angoulême, pour lui servir dans un procès avec le sieur

de Geer, d'Amsterdam (2 septembre). — Choix d'arbitres par Jean Dussaud, écuyer, seigneur de Vilhonneur, y demeurant, et Jean Joubert, sieur de Vers, demeurant à Roullet, pour régler leur différend concernant le paiement des lods et ventes dûs pour l'acquisition de la seigneurie de Vilhonneur (6 septembre). — Cession de 1.072 livres de créances, en paiement de pareille somme, à François Boissonnet, marchand, par Henri Geoffroy, chevalier, seigneur des Bouchauds, y demeurant, paroisse de St-Cybardeaux, et Elisabeth Mesnard, sa seconde femme (8 septembre). — Testament d'Etienne Chevraud, écuyer, sieur de La Valade, avocat en Parlement, qui lègue à ses enfants : par préciput, 4.000 livres à Jacques, écuyer, curé de St-André, 5.200 à Marie, pour leur légitime, 2.000 livres à Etienne, curé de Lichères, autant à Jacquette ; et en outre 1.500 livres à Jeanne de St-Martin, sa petite-fille (28 septembre). — Sous-ferme des moulins à papier qu'Abraham Janssen tient de Madame de La Rochandry, consentie pour 3 ans par ledit Janssen à Pierre Vergnaud, dit Perroquet, maître papetier, qui s'engage à lui vendre avant un an 100 charges de papier (29 septembre 1684).

E. 1965. (Liasse.) — 59 pièces, papier.

1684. — Pierre Audouin, notaire royal à Angoulême. — Actes reçus par ce notaire du 1er octobre au 31 décembre. — Inventaire des meubles et effets d'Etienne Chevraud, écuyer, avocat au parlement. A signaler audit inventaire : le contrat de mariage de Claude Plateau, écuyer, sieur de St-Martin avec Mathurine Chevraud, du 24 décembre 1652 ; — le contrat de mariage dudit feu Etienne Chevraud et d'Isabelle Laisné, du 3 mai 1620, reçu Jolly (6-13 mai). — Compte par lequel François-Joseph de la Rochefoucauld, écuyer, seigneur de Maumont, comme fils et héritier de François et de Marie-Eléonore Chesnel, demeurant au Château-Chesnel, paroisse de Cherves, se reconnaît débiteur de 2.912 livres en principal envers Jean Arnauld, écuyer, maire d'Angoulême (12 octobre). — Vente de 200 charges de papier « comte », la charge composée de 24 rames pesant chacune 13 livres, « de peilhe lavée et de la mesme bonté que les meilleurs maîtres de la rivière de La Couronne », livrables avant un an, moyennant 82 livres la charge de « fin » et 68 livres celle de « gros bon fin », à Théodore Janssen, par Pierre Sallée, maître papetier du moulin de Puymoyen, qui

reçoit d'Abraham Janssen, frère dudit Théodore
2.000 livres pour la « cabal » (14 octobre). — Vente
de 50 charges de papier à Abraham Janssen par
Pierre Gaultier, maître papetier du moulin de St-Estèphe, en Périgord (27 octobre). — Procuration donnée par Charles de Molitard, écuyer, sieur dudit
lieu, lieutenant de M. de Perfama, capitaine au régiment de Picardie, en garnison au château d'Angoulême, pour aller à Blandy, en Beauce, réclamer 20
louis d'or sur la succession de son père, à Anne de
Fay, sa mère, et Aimery-Marc de Chenu, écuyer,
mari de ladite Anne (29 octobre). — Vente de 198
charges et de 1.000 rames de papier de diverses sortes, à Abraham Janssen par les maîtres papetiers
des moulins de St-Médard d'Exideuil, de Négremur,
paroisse de Palluaud, de La Chabrouille, paroisse de
Champniers en Limousin, de La Bergère, autrement
de La Brune, paroisse de Nanteuil, en Périgord (30-
31 octobre-11-18 novembre).—Procuration donnée par
Marie Bourdage, épouse séparée de biens de Jean
Gillibert, lieutenant civil et criminel en l'élection, à
Henri Gaultier, marchand, pour affermer le moulin à
papier de La Courade, « à présent arrêté », à un
maître papetier « sans que celui-ci soit tenu d'aucuns prix de fermes ni de payer la rante seigneurialle comme c'est la coutume » : ledit Gautier achètera
les papiers fabriqués pendant les deux premières
années, il paiera au bailleur sur les « revenans
bons » 13 livres par charges de « fin », 14 sols par
charge de « retiré fin », 100 sols par charge de
« gros bon fin », une fois déduits, cependant,
les frais de réparations, les achats de « plos-
tres », de formes et de « trapans », le montant des
rentes seigneuriales, et 200 livres chaque année pour
l'intérêt des 4.000 livres avancées au papetier (2 novembre). — Bail à loyer d'un logis, paroisse St-
Paul, pour 5 années, moyennant 90 livres chaque, à
Jean Moreau, maître pâtissier, par Jean Chastaigner
de La Roche-Posay, chevalier, seigneur baron du
Lindois, y demeurant, et demoiselle de Nesmond,
baronne du Lindois, sa mère, que représente Antoine Renodos, concierge-garde-buvetier du palais
royal (12 novembre). — Contrat de mariage entre
Jacques le Sèvre, marchand et maître arquebusier
de St-Jean-d'Angély, y demeurant, et Guillemine de
Baugon, veuve de François Baratte, marchand (18
novembre). — Inventaire des meubles et effets de
feu Arnoule Paris, maître pâtissier (13 décembre). —
Contrat de mariage entre Jean Moyneau, marchand, et Françoise Dufour, fille de feu Pierre, ser-

gent royal, et de Marguerite Yrvoix (28 décembre
1684).

E. 1966. (Liasse.) — 67 pièces, papier.

1685. — Pierre Audouin, notaire royal à Angoulême. — Actes reçus par ce notaire du 2 janvier au 30
mars. — Sentence arbitrale de Léon de St-Gelais de
Lusignan, de MM. de St-Martin et Gervais, par laquelle Jean de Cumont, chevalier, seigneur des Es-
tières, est condamné à s'acquitter de 650 livres envers Gabriel de Cumont, chevalier, seigneur de Fief-
Brun (2 janvier). — Vente de 400 charges de papier
fabriqué aux moulins de Puymoyen, de Tudebœuf et
de Roche, à Abraham Janssen par Isaac, Philippe et
Théodore Janssen, frères (9 janvier). — Compte qui
fixe à 161 livres la somme due à Christophe Lamy,
marchand, comme cessionnaire de Pierre de Cescaud, écuyer, sieur de Chement, et Catherine Castain,
sa femme, par Anne de Lageard, veuve de François
Castain de Guérin, chevalier, seigneur du Tranchard, comme caution de Jean Castain, prieur de
St-Augustin et chanoine de la cathédrale, son beau-
frère (12 janvier). — Cession de rentes seigneuriales
dans la paroisse de Jauldes, en paiement des arrérages d'une rente constituée de 233 livres, s'élevant à
1.569 livres, à Jean Arnauld, écuyer, maire d'Angoulême, par Henri Du Vignaud, chevalier, seigneur de
Fayolle, et Marie de Guitard, sa femme, demeurant
au château de Fayolle, paroisse de Jauldes, tant
pour eux que pour François Du Vignaud, écuyer,
seigneur de Vaucarte, Sigogne et autres places, et
Louise de Guitard, sa femme (21 janvier). — Vente
de 100 charges de papier à Théodore Janssen par
Antoine Vaslet, maître papetier du moulin de Roche,
paroisse de St-Médard de Verteuil (22 janvier). —
Transaction par laquelle Berthomé Taignen, laboureur, abandonne les poursuites criminelles intentées
devant l'official pour coups portés à ses enfants contre Pierre Magneau, archiprêtre de Jurignac,
moyennant que celui-ci, bien que protestant
d'être calomnié, abandonne les poursuites civiles
intentées contre ledit Taignen (27 janvier). — Cession de créances en paiement des 3.167 livres dues à
Christophe Lamy, marchand, par Henry Geoffroy,
chevalier, seigneur des Bouchauds, y demeurant et
Elisabeth Mesnard, sa femme, fille de Samuel, sieur
du Chosset (5 février). — Cession de 33 livres de
rentes sur Jean Le Tellier, écuyer, sieur de La Brosse,

conservateur de l'Université de Poitiers, en paiement de 6.070 livres, à Jean Arnauld, écuyer, maire d'Angoulême, par Louis Regnauld, chevalier, seigneur de L'Age-Bertrand, et Françoise de la Chétardie, sa femme, demeurant au château de L'Age, paroisse de Chirac, comme étant aux droits de Marie Baron, et de Joachim de la Chétardie, écuyer, sieur de La Péruse (7 février). — Quittance donnée à Pierre Bareau, écuyer, sieur de Beauregard, conseiller au présidial, son père, par Pierre Bareau, écuyer, sieur de Girac, de 30.000 livres faisant partie des 50.000 à lui promises par son contrat de mariage avec Angélique Bérauld, reçu Gasquet, notaire royal à Saintes, le 8 août 1684 (22 février). — Vente de 300 charges de papier « petit compte de pareille bonte que les papiers de Villedary et de Nersac », livrables en deux ans, moyennant 99 livres la charge de « fin », 84 celle de « retiré fin », 75 celle de « gros bon fin », 66 celle de « retiré gros bon fin », à Ysbrand Vincent, marchand, par Etienne Touzeau, maître papetier du moulin de Girac, paroisse de St-Michel (26 février). — Procuration donnée par Louis-Annibal Du Breuil de Théon, chevalier, seigneur de Théon et de Château-Bardon, demeurant à Château-Bardon, en Saintonge, pour se désister de la poursuite intentée contre Isaac de Morel, chevalier, seigneur de Thiac, en raison de l'acquisition de la terre de Salles faite par celui-ci de François Ancelin, écuyer, sieur de Chadurie (2 mars). — Vente de 35 charges de papier « moyen poste de toute peilhe », moyennant 50 livres à la charge, à Abraham Janssen, par Aubin Dumas, maître papetier du moulin de Champdira, paroisse de St-Méard, en Périgord (14 mars). — Vente de l'office de notaire royal « premier réservé sur l'état du Roi pour le bourg de Champniers », moyennant 270 livres, à Jean Goumard, marchand et Robert Goumard, juge assesseur de Champniers, y demeurant, par Guillaume Jeheu et Geneviève Germain, sa femme : ledit Jeheu avait été pourvu au lieu et place de feu Jean Thonyo, par lettre du 28 juin 1668 (21 mars); résiliement de ce contrat (8 juin 1689). — Transaction par laquelle Jeanne Lurat, femme séparée de biens de Pierre Carbonnet, avocat, s'engage à donner à Jean Carbonnet, sieur de La Marche, père dudit Pierre, la somme de 60 livres, à lui servir une rente viagère de 30 livres, et à lui remettre quelques-uns des effets de Jean-François, docteur en théologie, curé de Chadurie, directeur du Séminaire, fils aîné dudit Jean (24 mars). — Vente de 1.000 livres de papier à Ysbrand Vincent, par Jean de Graterolle, marchand papetier du mou-

lin de Pénicaud, paroisse de St-Junien, en Limousin (24 mars). — Procès-verbal des seigneuries de Bouex et Méré, ce requérant Marie Dupron, veuve d'André Vermisson, bourgeois de Paris, nommé leur « fermière », judiciaire par le parlement ; appelés François Dulaux, seigneur desdites seigneuries et Jean Masfrand, avocat en parlement, ci-devant fermier (26-29 mars 1685).

E. 1957. (Liasse.) — 80 pièces, papier.

1685. — Pierre Audouin, notaire royal à Angoulême.—Actes reçus par ce notaire du 1er avril au 27 juin. — Cession de créance en paiement de partie de 6.745 livres dues à Jean Arnauld, écuyer, maire d'Angoulême, par Jean Mussaud, écuyer, sieur de St-Michel, et Marguerite de Monserant, sa femme, demeurant au lieu noble du Groc, paroisse de Fouquebrune, tant pour eux que comme étant aux droits de défunts Charles de la Marthonie, chevalier, seigneur de Fouquebrune, et Catherine Paulte, sa femme (1er avril). — Obligation de 225 livres reconnue par François de Hauteclaire, écuyer, seigneur de Fissac, y demeurant, paroisse de Ruelle, au profit de Théodore Janssen, marchand (2 avril).—Bail à ferme du moulin à papier des Brandes, avec ses dépendances, paroisse de St-Michel, consenti pour cinq années par Marie Desforges, veuve de Paul Thomas, écuyer, sieur de Girac, à Ysbrand Vincent, marchand, qui devra le mettre entièrement à neuf « pour y faire une bonne cuve de papier de comte et y aura deux arbres à 6 pilles chescun, 2 rouhes, 24 grapes, 72 cenes et maillets, 8 chas pour poser les gripes, les tables pour garder les rouhes et faire les aubis, 8 bacqs ou chevaux croisés pour porter l'eau dans les pilles, 10 bachats ou bachassons pour metre entre les pilles, 20 chassis et potets, 300 leves pour les arbres, 60 coins de maillets, 60 esperon, 1 averois, 3 oillette à vis et banc de prœsse pour la cuve, un dérompoir de pierre de taille, une cuve avec le pistollet, des subresseau sur les pilles, sur le porissoir, sur la cuve, sur le dérompoir et sur le bac où l'on lave la peilhe, les tables nécessaires pour les fermetures des étandoires et faire le fenestre courante plus large et les arrestes plus étroites, faire les planchet entre les perches des étandoires et cordes nécessaires, 4 trapans, 2 mises pour presser, 2 barre de presse à la cuve, 3 barre de presse pour la salle, 1 bacq pour laver la peilhe, 12 platines... faire teller la salle, faire remettre la caisse du moulin de devant proche celle d'embas pour agrandir le porissoir qui est trop petit... faire réparer les escluses et curer la rivière jusqu'au moulin de Girac, et au-dessous, jusqu'au moulin de St-Michel » ; le preneur paiera en outre la taille et donnera 300 livres chaque année (9 avril). — Inventaire des meubles et effets de Marie Avrin, veuve d'Hélie Yver, maître « orlogeur », ce requérant Hélie Yver, maître graveur de Nantes, Marie, Isabelle et Suzanne Yver, leurs enfants. A signaler audit inventaire : un vidimus du contrat de mariage de la défunte, reçu Thinon, notaire à Montignac, le 24 avril 1629 ; — le testament de feu Hélie Yver, reçu Huguet, notaire royal, le 9 octobre 1662 ; — une transaction entre Jean, fils du premier lit dudit Hélie, et la défunte, reçue Huguet, le 4 avril 1663 ; — un contrat d'apprentissage d'Hélie, fils de la défunte, chez Olivier Mathias, maître graveur, reçu Gibaud, notaire royal, le 16 juillet 1667 (12-14 avril). — Bail à ferme des revenus de la sacristie de l'abbaye de St-Cybard dans la paroisse de Vœuil, pour 5 années, moyennant 50 livres chaque, à Pierre Faunié, sieur du Plessis, demeurant au lieu noble dudit lieu, paroisse de Vœuil, par Michel Hardy, docteur en Sorbonne, sacriste de St-Cybard, et prieur de Vœuil (28 avril). — Vente de 200 charges de papier « petit comte » pesant 312 livres la charge, « de bonne peilhe porrie et lavée suivant la coutume de la Lisonne, et aussy blanc qu'ils ont accoustumé de le faire sur ladite Lisonne, tout à fait ferme de colle, bien trié, lissé, pressé et embalé », moyennant 80 livres la charge « de fin » et 68 livres celle de « gros bon fin », à Ysbrand Vincent, par Marc Gratereau, maître papetier du moulin des Brandes, paroisse de La Couronne, qui reçoit 2.000 livres d'avance, et s'engage à payer le montant de la ferme due à Mlle de Girac (1er mai). Suit une reconnaissance que les conditions du contrat ont été remplies, donnée le 28 février 1688 à Gratereau par le chargé d'affaires de Vincent, lequel « se retira en son pays » en décembre 1685 (1er mai). — Bail à ferme des dîmes et de ses autres revenus dans la paroisse de Ruelle, à l'exception de la dîme de la seigneurie du Maine-Gaignaud, pour 9 années, moyennant 650 livres et 1 charretée de paille chaque, et le droit de pâcage pour sa jument, à Michel Tullier, maître potier d'étain de Ruelle, par Jean Du Filhol, curé dudit lieu (2 mai). — Cession de ses droits sur la succession d'Hélie Yver et de Marie Avrin, moyennant 500 livres, par Hélie Yver, maître graveur de Nantes, leur fils, à Abraham Yver, maître « orlogeur » (19 mai). — Transaction entre

Jean Arnauld, écuyer, maire d'Angoulême, Claude Thomas, écuyer, sieur des Maisonnettes, demeurant en la maison noble dudit lieu, paroisse de Brie, Marie Arnauld, épouse séparée de biens d'André Valleteau, sieur de Brouville, d'une part, Philippe Raymond, chevalier, seigneur de St-Germain, St-Colombe, La Chaudelerie, Montebride et autres places, comme légal administrateur de ses enfants et de feue Marie Dussieux, et comme ayant charge d'Anne de Lubersac, veuve d'Henri Raymond, chevalier, seigneur d'Angles, sa mère, d'autre part, concernant le legs de 8.000 livres fait aux enfants dudit seigneur de St-Germain par Jean Dussieux, sieur de Chabrefy, leur oncle (30 mai). — Reconnaissance donnée à Mgr de Gourgue, intendant de la généralité de Limoges, par Pierre Larquier, ci-devant conseiller en l'élection de Saintes, de la réception, après versement de 176 livres, d'un cheval des haras du Roi « de l'auteur de treze pomes », âgé de 6 ans, entretenu auparavant par M. Dumas de Neuville, ancien président au présidial de Brives ; ledit Larquier s'engage à soigner le cheval « conformément au règlement de Sa Majesté et arrest de son conseil sous les paines portées par iceux... et en conséquence jouira des privilèges... soit d'exemptions, logement de gens de guerre, guet, garde, saindic, collecteur, tutelle, curatelle, et de 30 livres de taille » (31 mai). — Procuration donnée par Armand-Jacques de Gourgue, marquis de Vayres et d'Aunay, chevalier, maître des requêtes ordinaires de l'hôtel du Roi, intendant de la généralité de Limoges, comme héritier de Jean de Gourgue, chevalier, second président à mortier du parlement de Guyenne, son père, à Joseph de Gourgue, son frère, nommé à l'évêché de Bazas, pour désigner comme arbitre et « sur arbitre » afin d'arriver à un compromis dans ses différends avec Denis de Gourgue, M. d'Argenson, lieutenant-général au présidial d'Angoumois, et Nicolas de Lamoignon, sieur de Basville, conseiller d'état, intendant du Poitou, si l'affaire se conclut à Poitiers ; ou pour faire choix, dans le même but, entre divers conseillers d'état, maîtres des requêtes et avocats au parlement, si elle se conclut à Paris (2 juin). — Bail à ferme des métairie et maison noble de Tillac, paroisse de Rouffiac, tels que les a acquis M. Houlier, lieutenant général, pour 5 années, moyennant 200 livres, 6 boisseaux d'avoine et 4 chapons gras chaque, consenti par haut et puissant seigneur messire René de Voyer de Paulmy, chevalier, marquis d'Argenson, lieutenant général du présidial d'Angoulême, au nom du comte d'Argenson, son père

(3 juin). — Prise de possession de la seigneurie de Rochépine, par François Gaillard, marchand, fermier judiciaire des biens de Jean Béchade, sieur de Rochépine, et d'Anne de St-Laurent, sa femme (4 juin). — Cession de 40 livres de rente sur Pierre Closure, maître papetier, acquéreur du moulin de Brémond, ladite cession faite, moyennant 1.000 livres, à Jean Arnauld, écuyer, maire d'Angoulême, par Jean Audinet, notaire et procureur à Blanzac, Madeleine Retaillaud, sa femme, demeurant au village de Mamains, paroisse d'Aubeville, Jean Retaillaud, marchand, et Jeanne Decescaud, sa femme, demeurant aux Jouffroux, paroisse de Voulgézac, comme héritiers d'Arthémy Retaillaud, maître chirurgien, et de Marguerite Dussieux, leurs parents (9 juin). — Cession de 120 livres de rente en paiement de 9.500 livres dues à André de Guez, chevalier, seigneur de Balzac, commandeur de Valenciennes et gouverneur de Dunkerque, et Claude de Guez, chevalier, seigneur du Puy-de-Neuville, par François de Nesmond, chevalier, seigneur de Brie (13 juin). — Cession du fief noble de La Chapelle de St-Genis, appelé d'Orgeville, dans les paroisses de St-Genis, St-Amand-de-Nouhère et autres, consistant en 39 boisseaux 3/4 de froment, 47 boisseaux d'avoine, mesure de Montignac, 1 chapon, 10 gelines, 4 pintes 1/2 d'huile, et 7 livres 17 sols, et de 14 livres de rente, moyennant 3.200 livres, par François de Nesmond, chevalier, seigneur de Brie, tant pour lui que comme tuteur de ses enfants et de Marie de Livenne, à Jean Arnauld, écuyer, maire d'Angoulême, qui se réserve sur le prix de vente 2.850 livres qui lui étaient dues (13 juin). — Cession de rentes seigneuriales audit Arnauld, en paiement de 900 livres qu'ils lui devaient, par Henri Geoffroy, chevalier, seigneur des Bouchauds, et Elisabeth Mesnard, sa femme (14 juin). — Vente de 200 charges de papier à Abraham Janssen par un maître papetier de Tulle et Hélie Maigre, maître papetier du village des Auges, paroisse de Bouteville, en Périgord (15-25 juin). — Contrat de mariage entre François de la Rochefoucauld, chevalier, seigneur de Maumont, demeurant au château dudit lieu, paroisse de Magnac, fils de défunts François, aussi chevalier, seigneur de Maumont, et Eléonore Chesnel, autorisé par son tuteur Pierre de la Rochefoucauld, chevalier, seigneur de Magnac, Barraud et autres lieux, que représente Jean de la Rochefoucauld, chevalier, seigneur abbé de Bayers ; et Anne Thomas, fille de Jean, écuyer, sieur des Bretonnières, garde des sceaux au présidial, et de Marie Grelon : en faveur duquel mariage la fu-

ture épouse reçoit 10.000 livres payables avant 3 ans qui pourront être employées au paiement des dettes du futur époux (18 juin). — Règlement de compte qui fixe à 1.214 livres ce qui reste dû à Noël Genete, marchand, pour achat de marchandises, par Charlotte de Nesmond, veuve de Pons Chastaigner de Pons, chevalier, baron du Lindois, et Jean Chastaigner de Pons, leur fils, aussi chevalier, seigneur de Lindois, demeurant au château dudit lieu (22 juin). — Procès-verbal du moulin à papier de Brémond, paroisse de St-Martin d'Angoulême (25 juin). — Obligation de 800 livres consentie au profit de Pierre Gauthier, marchand, par Jean-Charles Raymond, chevalier, seigneur du Breuil, et Jeanne de Lespinay, sa femme, demeurant au lieu noble du Breuil, paroisse de Dignac (27 juin 1685).

E. 1968. (Liasse.) — 93 pièces, papier ; 1 pièce, parchemin.

1685. — Pierre Audouin, notaire royal à Angoulême. — Actes reçus par ce notaire du 2 juillet au 27 septembre. — Prorogation du bail à ferme de la terre de Bourzac, pour une année, moyennant 4.000 livres, et suivant les clauses du bail consenti devant Bouillon, le 23 juillet 1684, consentie par Jean Vangangelt, marchand, tant pour lui que pour Madeleine Verbecq, femme de Gaspard Vangangelt, son frère, et pour Pierre Dupuy, sieur dudit lieu, au profit de Pierre Dupont, sieur de La Faye, et d'Anne Bernard, sa femme, demeurant à La Valette, d'Arnaud Ducher, sieur du Cluzeau, maître-chirurgien, demeurant à Champagne, en Périgord, de Gabriel Jaubert, sieur du Vanzac, sénéchal de la comté de Bourzac, demeurant à Vendoire (6 juillet). — Vente de 150 charges de papier à Abraham Janssen par Martial Lacoste et Pierre Périer, maîtres papetiers des moulins de Linards, paroisse de Mesmin, en Bas-Limousin, et de Négremur, paroisse de Palluaud (7 juillet-10 août). — Transaction entre les créanciers de défunts Pierre de Montargis et Catherine Boudin, sa femme, concernant le partage de leurs meubles (9 juillet) ; avec l'inventaire fait devant Gibaud, notaire royal, le 24 septembre 1681, desdits meubles possédés par Pierre Richard, sieur de La Faye, et Madeleine de Montargis, sa femme, fille dudit Pierre, à la requête de Jeanne de Montargis, épouse de Jean Duqueyroix, docteur en médecine, et de Marguerite de Montargis, épouse de Jean Gesmond, avocat au parlement, aussi filles dudit Pierre ; ledit inventaire reçu Gibaud, notaire royal, le 24 septembre 1681. — Vente de 105 boisseaux de blé froment, et autant d'avoine, mesure de La Valette, livrables à Angoulême avant la Notre-Dame de septembre suivant, moyennant 300 livres, à Jean Piot, marchand, par François Clouzure, marchand de Champagne, en Périgord (13 juillet). — Cession de diverses créances à Pierre Bareau, écuyer, sieur de Bauregard, par Jean Martial, général des marchands d'Angoulême, et Anne Rigaud, sa femme (13 juillet). — Choix d'arbitres pour terminer les différends relatifs à la ferme de la terre de Flaville consentie à Daniel Coyteux, sieur de Fontambert, par Marc Guillaumeau, écuyer, sieur de Ruelle (15 juillet). — Ratification par Charlotte de la Rochefoucauld des obligations consenties par Alexandre de Galard de Béarn, chevalier, comte de Brassac, son mari, le 8 juillet 1684, devant Petit, notaire royal, au profit de Jean Arnauld, écuyer, maire d'Angoulême (15 juillet). — Vente des meubles de Marie Avrin, veuve d'Hélie Yver, maître « orlogeur » (16 juillet). — Contrat de mariage entre Pierre Navarre, sieur de La Fortie, fils de feu Pierre, notaire et procureur de St-Aulaye, et de Perronne Pottier, et Marie Martin, fille de défunts Grégoire, sieur de La Villonière et de Marie Baudry (24 juillet). — Quittance de 1.095 livres sur les arrérages d'une rente de 200 livres constituée au profit d'Abraham de Guip, écuyer, sieur de Bourgneuf, par Jérôme de St-Laurent, écuyer, sieur dudit lieu, Jean Béchade, sieur de Rochépine et Anne de St-Laurent, sa femme, Jacques de Lapeyre, et Catherine de St-Laurent, sa femme ; ladite quittance donnée à Abraham Pasquet, écuyer, sieur du Luget, demeurant à La Rochefoucauld, par Jean-Louis Pasquet, écuyer, seigneur de La Salle, et Marie de Guip, sa femme, comme héritière dudit Abraham, son père (1er août). — Vente d'une maison, paroisse St-André, dans la rue qui va de l'église à la place à Mouchard, moyennant 2.400 livres payées comptant, et 100 livres de rente, à Jean Arnauld, écuyer, maire d'Angoulême, par Gilles Tullier, curé de St-Michel de Saintes (3 août). — Quittance de 150 livres pour les travaux exécutés dans sa maison de la paroisse St-André donnée à Jean Arnauld, écuyer, maire d'Angoulême, par François Bonvalet, maître menuisier du faubourg de St-Cybard (5 août). — Bail à ferme des rentes seigneuriales du village du Bouet, paroisse d'Aignes, pour 7 années, et moyennant 318 livres, à Pierre Gilbert, sieur du Maine-Bernier, y demeurant, paroisse d'Aignes, par Marguerite Viauld, veuve de Samuel Paulte, écuyer, sieur des Riffauds et de La

Charbonnière (16 août). — Transaction qui met fin au procès criminel engagé par François de la Rochefoucauld, chevalier, seigneur de Maumont, et Anne Thomas, sa femme, contre Marie Dumergue, veuve de Thomas Montaigne, marchand, et Elisabeth Montaigne, leur fille, pour les injures « graves et atroces » qu'elles avaient prononcés contre eux (16 août). — Cession de créances sur défunts Jean de Montalembert, écuyer, seigneur de Sers, Jean de Montalembert, écuyer, sieur de Chantemerle, Jacques de Montalembert, écuyer, sieur de Moissac, à Catherine de la Barrière, épouse séparée de biens de Jean de Montalembert, chevalier, seigneur de Sers et de Moissac, demeurant audit Sers, par Christophe Lamy, marchand, qui reçoit en échange 1.100 livres de créances sur divers (16 août). — Vente de 100 charges de « peilhe » pesant chacune « 3 cents poids de marc, au crochet » et de 2 milliers de colle, la « peilhe » livrable à Mansle et à Verteuil, moyennant 19 livres 10 sols la charge de « peilhe », et 14 livres le cent de colle, à Pierre Jolly, maître papetier du moulin de Chantoiseau, paroisse de St-Michel, par Jacques Mignot, marchand de Civray (19 août). — Transaction par laquelle Jean Gourdin, écuyer, seigneur de La Faye, et de La Barrière-Tourriers, demeurant au lieu noble de Tourriers, paroisse dudit lieu, s'engage envers Louise Reorteau, veuve de Jean Horric, chevalier, seigneur de La Barre d'Andonne, que représente Renée Horric, leur fille, épouse de Pierre Reorteau, chevalier, seigneur de Malescot, à lui payer son douaire assigné sur la terre de La Barre acquise par ledit seigneur de La Faye, et fixé à 300 livres pour les deux années échues, à 140 livres de rente viagère pour l'avenir ; le différend des parties avait été précédemment soumis au comte de Jarnac, lieutenant-général en Saintonge et Angoumois (23 août). — Sentence arbitrale concernant les différends pendant entre Pierre Juglard, écuyer, prieur curé de Gardes, et Abel Poupart et Michelle Roy, sa femme, demeurant au Peyrat (23 août). — Cession de 88 livres en créances, moyennant pareille somme, à Pierre de Galard de Béarn, chevalier, seigneur de Blanzaguet, y demeurant, Daniel Lecoq, écuyer, seigneur de Boisbaudran, et Marie de Galard, sa femme, demeurant à Boisbaudran, paroisse de St-Fraigne, par Marie Bourrut, veuve de Jean Bernard, écuyer, sieur des Alliers (30 août 1685).

E. 1969. (Liasse.) — 67 pièces, papier.

1685. — Pierre Audouin, notaire royal à Angoulême. — Actes reçus par ce notaire du 1 octobre au 30 décembre.—Cession d'une rente de 20 livres, avec ses arrérages, moyennant 454 livres, à la confrérie de St-Jacques, en l'église St-André, que représente ses bayle, syndic, contrôleur, trésorier et clavier (18 octobre). — Vente de 60 charges de papier à Abraham Janssen, par Jean Ribérol, maître papetier du moulin de La Bergère, autrement de La Broue, paroisse de Nanteuil, en Périgord (31 octobre). — Procuration donnée par Ysbrand Vincent, marchand hollandais non naturalisé français, à Abraham Yver, marchand « orlogeur », en particulier pour la gestion des moulins à papier qu'il tient à ferme, et l'envoi de leurs produits (4 novembre). — Vente de l'office de procureur réservé, moyennant 2.000 livres, à François Daniaud, procureur fiscal de Montboyer, par Guillaume Godet, sieur de Foulpougne (11 novembre). — Quittance de 150 livres pour les travaux exécutés sur ses ordres, donnée à Jean Arnauld, écuyer, maire d'Angoulême, par François Bonvalet, maître menuisier du faubourg de St-Cybard (17 novembre). — Procès-verbal d'une tonne de chaudrons amenée de Tonnay-Charente par gabarre, ce requérant Abraham Janssen, marchand : les marchands chaudronniers experts estiment que sur 9 « fourures » de chaudrons il y en a 6 pesant 1.282 livres mises « hors de débit » par l'eau de mer, et apprécient leur moins-value à 15 pour 100 (17 novembre). — Contrat de mariage entre Pierre Boyteau, sergent royal, et Marie Moulin, fille de Noël, juge assesseur de Mansle (23 novembre). — Cession de 177 livres de rente au capital de 3.550 livres consentie par Abraham Testard, sieur de L'Épargne, demeurant à Montauzier, paroisse de Ste-Radégonde (15 décembre). — Inventaire des meubles de François Chassaigne, maître de gabarre (27 décembre). — Opposition de Jean de la Porte, prieure de l'abbaye de St-Ausone, Jeanne Raymond, sous-prieure, Marguerite Devezeau, Lucrèce Lambert, Marie Gandillaud, Antoinette Gandillaud, Anne Arnauld, Marie Bourbon, Françoise Dexmier, Marie de Lesmerie, Marie Boisson, Suzanne Bergeron, Jeanne Lambert, Anne Gandillaud, Marie David de Boismorand, Jeanne Pastureau, Catherine de Forgues de Lavedan, Marie Pasquet, Louise de Lubersac, religieuses de ladite abbaye, parce qu'elles relèvent immédiatement du St-Siège, à la visite de leur monastère que prétendait renouveler l'évêque d'Angoulême. L'évêque répond que quand bien même elles seraient indépendantes de sa juridiction, ce qu'il contredit, comme elles n'ont point de visiteur de leur ordre, il appartient à l'ordinaire de remplir cet office, « le désordre estant dans le monastère au point qu'il est, et qui fait depuis un tropt long temps un scandale de notoriété publique, tant dans cete ville que dans toute la province et autres circonvoisines, et qui a mesme esté porté jusques aux oreilhes du Roy, atandu mesme la requeste dernière de leur abesse ». Les religieuses répliquent qu'il n'a pas le droit de visite « comme agissant en l'absence de visiteur pour remédier au désordre présent, veu que de consert avec Mme de Lignery il a empesché qu'elles n'ayent eu de visiteur lorsqu'elles l'ont, selon leurs constitutions, canoniquement demandé à diverses fois, mais aussy parceque Mr de Gourgue, intendant, par une letre qu'il leur a escrite, leur a signifié avoir ordre de Sa Majesté pour calmer les troubles que ladite dame de Lignery a causé et cause dans la maison, qu'elles atandent justice de Sa Majesté et de mondit sieur l'intendant qui a déjà reçeu leur plainte, ce que mondit seigneur d'Angoulême sait très bien puisque, mesme en sa présence, dans les parloirs desdites dames, mondit sieur l'intendant, depuis trois à quatre jours seulement, a coumancé à y travailler » (29 décembre). — Contrat de mariage entre Daniel David, marchand, fils de Pierre, aussi marchand, et de feue Esther Garnier, demeurant à La Madeleine, paroisse de Lhoumeau, et Suzanne Yver, fille d'Abraham, marchand « orlogeur », et de Marie Girard, en présence de Marie Yver, épouse en secondes noces dudit Pierre David ; en faveur duquel mariage la future épouse reçoit 2.000 livres de ses parents qui s'engagent à associer le ménage pour un tiers dans leurs meubles et dans les acquêts qu'ils feront à l'avenir (31 décembre 1685).

E. 1970. (Liasse.) — 67 pièces, papier.

1686. — Pierre Audouin, notaire royal à Angoulême. — Actes reçus par ce notaire du 1er janvier au 29 mars. — Cession de rentes seigneuriales dépendant de la seigneurie de Puyromain, moyennant 990 livres, à Jean Arnauld, écuyer, maire d'Angoulême, par Jean de Marcossaine, écuyer, sieur de Puyromain et de Salles en partie, et Marie de Cris, sa femme demeurant audit lieu de Puyromain, paroisse de

St-Cybardeaux (4 janvier). — Protestation des religieuses de St-Ausone contre l' « entrée tumultueuse » dans leur clôture, le lundi précédent, de M. l'archidiacre et official accompagné des sieurs Thomas, aumônier desdites dames, Sicard, Gauvry, Penot et Thoumie, ecclésiastiques et autres, qui ont fait procès-verbal dans la tribune de leur église, auquel elles ont refusé d'assister et qu'elles les somment de produire, « persuadées que M. l'archidiacre ne l'a fait qu'à l'instigation de Mme de Lignery et pour y insérer plusieurs choses supposées et à dessein d'en tirer avantage contre elles » (17 janvier). — Contrat de mariage entre Arnaud Dumergue, marchand orfèvre, fils de défunts Pierre, aussi marchand orfèvre, et de Jeanne Corrion, et Anne Gillibert, fille de défunts François, archer en la maréchaussée, et Andrée Fromantin (19 janvier). — Sous-ferme du moulin du Marchais, paroisse de St-Séverin, pour 2 années, moyennant 1.100 livres chaque, à Abraham Janssen, par Jacob Baqueman, sieur du Marchais, demeurant à Bordeaux (23 janvier). — Concordat qui détermine les cérémonies que devra célébrer Jacques Chevraud, écuyer, curé de St-André, pour la confrérie de St-Jacques établie dans son église, et fixe à 65 livres l'allocation qu'elle lui procurera chaque année (4 février). — Inventaire des meubles et effets de feue Gabrielle Bourbon, veuve de Jean Maignet, docteur en médecine (5 février). — Résignation de son office de conseiller au présidial par Pierre Bareau, écuyer, sieur de Beauregard et de Girac, en faveur de Pierre Bareau, écuyer, sieur de Girac (9 février). — Entente entre Jacques Vigier, écuyer, sieur de La Pile, avocat en parlement, agissant au nom de Pierre de Galard, seigneur de Blanzaguet, de Daniel Lecoq, seigneur de Boisbaudran et Marie de Galard, sa femme, d'une part, et François Delafont, sieur de La Contrie, archer en la maréchaussée, demeurant à La Couronne, d'autre part, concernant le paiement de la rente perpétuelle de 150 livres due sur la métairie des Gallands cédée audit Delafont par Jean de Manny, écuyer, sieur de La Barre, et qui a été reconnue depuis par Christophe de Manny, aussi écuyer, sieur de La Barre, et Yolande, sa sœur, enfants dudit Jean, appartenir auxdits de Béarn (11 février). — Cession d'une créance de 202 livres à Jacques Vigier, écuyer, sieur de La Pile, par François Vontangeren, marchand, comme cessionnaire des droits d'André Valleteau, sieur de Brouville, sur l'hérédité de Barthélémy Valleteau, dit Chamillon (22 février). — Inventaire des meubles et effets de Pierre

Bareau, écuyer, sieur de Beauregard et de Girac, conseiller au présidial, décédé depuis peu de jours, ce requérant Jacques Bareau, écuyer, sieur des Moulins, François Bareau, écuyer, sieur de Verrière, et Marie Bareau, ses enfants ; appelés Joseph Bareau, écuyer, sieur de L'Age, leur oncle, et Pierre Bareau, sieur de Cachepouille, leur cousin. A signaler audit inventaire : le contrat de mariage dudit feu avec Anne Rizard, du 19 octobre 1648, reçu Gibaud ; — une bague d'or avec petits diamants ; — dans la bibliothèque : les ordonnances de Néron, le journal des audiences, la Genèse, Eusèbe, *Index nominis bromurorum illustrium* par de Thou, les métamorphoses d'Ovide, Horace, Virgile, Corneille, etc. (22 mars 1686).

E. 1971. (Liasse.) — 55 pièces, papier.

1686. — Pierre Audouin, notaire royal à Angoulême. — Actes reçus par ce notaire du 2 avril au 30 juin. — Transaction concernant le legs de 600 livres dû par Marguerite Mercier, veuve de François Saulnier, écuyer, sieur de Francillac, avocat en parlement, à Madeleine Jousset, fille de Jacques, écuyer, sieur de La Tâche et de Madeleine Saulnier, et de celui de 50 livres dû par la même à François Croizet, autrement Saulnier, dit Fagotin, conformément au testament de Pierre Saulnier, écuyer, sieur de Pierre-Levée, neveu dudit François, reçu Huguet, le 16 février 1655 (27 avril). — Résignation de la cure de St-Étienne d'Écuras, sous réserve d'une pension viagère de 300 livres, par Claude Laisné, au profit de Jean Carrier, curé de St-Étienne de Courgeac (27 avril). — Bail à ferme des moulins à papier situés près du pont de Ruelle, consenti pour 5 années, par Jacob Janssen, marchand, à Pierre Gibier, marchand papetier, demeurant au moulin de Cottière, paroisse de La Couronne, qui devra vendre à Abraham Janssen tous les papiers fabriqués dans ces moulins, « à condition que la quantité n'excédera la coutume » (13 mai). — Contrat de mariage entre Mathurin Arnauld, fils de feu Hélie, avocat du Roi au présidial, et de Jeanne Bareau, de présent remariée à François de Villoutreys, écuyer, sieur de Ladiville, et Marie Bouhier, fille d'Antoine et de feu Elisabeth Nouveau (14 mai). — Partage de la succession de Louis de Hauteclaire, chevalier, seigneur du Maine-Gaignaud, de Madeleine de Lesmerie, leur père et mère, et de Marie de Hauteclaire, leur sœur, religieuse au

couvent des filles de Tusson, entre Philippe de Hauteclaire, chevalier, seigneur de La Madeleine, demeurant au Cadusseau, paroisse de Montignac-le-Coq,
François de Hauteclaire, chevalier, seigneur du
Cadusseau, y demeurant, René de Hauteclaire, prieur
de Couture ; du conseil de Jean de Lesmerie, chevalier, seigneur de Luxé, de Charles de Lageard, chevalier, seigneur des Borie, lieutenant du Roi à
Angoulême, et de François de Hauteclaire, chevalier,
seigneur de Fissac, oncle et cousins-germains des
parties (15 mai). — Choix d'arbitres pour juger les
différends concernant le compte de tutelle d'Anne de
Racaud, épouse de Jean Sauvo, sieur du Bousquet, conseiller au présidial, présenté par Marie de Villoutreys,
veuve de Jean de Racaud, écuyer, sieur de La Croix, sa
mère, ledit choix fait par lesdits de Villoutreys, Sauvo
et sa femme, d'une part, François Le Vachier, sieur du
Lusseau, avocat du Roi au présidial, Marie de Villoutreys, sa femme, et Jacques de Villoutreys, écuyer,
sieur de Bellevue, d'autre part (15 mai). — Compte
qui fixe à 852 livres la somme due à Jean Arnauld,
écuyer, maire d'Angoulême, par François de Vocher,
chevalier, seigneur de Versac, demeurant au repaire
de Clausurou, paroisse de Champagne, en Périgord
(25 mai). — Convention pour le paiement des 471 livres dues à Jacques Benoist, marchand, par Jean
Dusseau, écuyer, sieur de Vilhonneur, y demeurant
(31 mai). — Prise de possession des terre et seigneurie de Bouex par Jean Arnauld, écuyer, lieutenant
particulier, à qui elles avaient été adjugées le 24 mai
précédent, faute par François Dulaux, écuyer, sieur
de Bouex, d'avoir consigné le montant d'une première adjudication faite en sa faveur (6 juin). —Vente
de l'office d'huissier audiencier au présidial, moyennant 2.000 livres, à François Desbœufs, maître serrurier, Michelle Barangier, sa femme, et Claude,
praticien, leur fils, par Marie Duval, veuve de François Pinier (15 juin). — Transaction entre Louise de
Fédic de Charmant, comme héritière de Jean, chevalier, comte de Charmant, son père, d'une part, Hermant de la Laurentie, chevalier, seigneur de Mont-
juillac, comme exerçant les droits de Marie Cladier,
demeurant en la maison noble des Thibaudières,
paroisse de Chadurie, et Madeleine Cladier, dame de
Laumont et de Puygaty, héritiers de Jean Cladier,
seigneur de Chadurie, d'autre part, concernant l'arrentement perpétuel des métairie du Roc et garenne
de Charmant consenti le 9 avril 1681 audit Jean
Cladier (19 juin 1686).

E. 1972 (Liasse.) — 67 pièces, papier.

1686. — Pierre Audouin, notaire royal à Angoulême. — Actes reçus par ce notaire du 2 juillet au
29 septembre. — Prise de possession de la seigneurie
de Méré par Jean Arnauld, écuyer, lieutenant particulier (4 juillet). — Constitution de 88 livres de rente
sur leurs biens, au profit de Madeleine Cladier, veuve
de Clément Chérade, que représente Alexandre Chérade, seigneur de Laumont, leur fils, par Luc
Vigier, écuyer, sieur de La Coste, demeurant à Chabreville, paroisse de Courgeac, autre Luc Vigier,
écuyer, sieur du Mas, son fils, et Catherine Guy, sa
femme, demeurant à La Motte-Brun, paroisse de
Pérignac (18 juillet). — Vente de 190 charges et de
1.000 rames de papier à Abraham Janssen et à Anne
Dioré, femme séparée de biens de Théodore Janssen,
par André Maureliéras, maître papetier du moulin de
Champniers, en Limousin, Aubin Dumas, du moulin
de Champ-Dira, paroisse de St-Méard, en Périgord,
Antoine Vaslet, du moulin de Roche, paroisse de
St-Médard de Verteuil, Martial Lacoste, du moulin de
Linards, paroisse de Mesmin, en Bas-Limousin (23,
29, 30 juillet, 14 août). — Contrat de mariage entre
Pierre Gaultier, fils de Pierre, marchand, et de feue
Marie Valleteau, et Jeanne Guyot, fille de Denis,
marchand, et d'Agathe Charles ; en faveur duquel
mariage le futur époux reçoit 14.000 livres en
attendant le réglement de la succession de sa mère,
et la future épouse aussi 14.000 livres (25 juillet). —
Bail à ferme du moulin de Châtillon, paroisse de
St-Paul-de-Lisone, à David Graffeuil par Abraham
Janssen (1er août). — Compte des arrérages d'une
rente de 200 livres constituée au profit d'Hélie Houlier, écuyer, seigneur de La Pouyade, entre Marguerite, sa fille, épouse de René de Voyer de Paulmy,
chevalier, comte d'Argenson, Rouffiac, baron de
Vœuil, ci-devant ambassadeur de Sa Majesté vers la
sérénissime république de Venise, demeurant ordinairement en son château d'Argenson, et pour lors en
son hôtel d'Angoulême, et François de Lestang, chevalier, seigneur de Ruelle, Sigogne, Boisbreton et
autres places, tant pour lui que comme tuteur de ses
enfants et d'Anne de Couvidou, demeurant au château
de Sigogne (3 août). — Transaction qui fixe à 96 livres
la somme dûe, en conséquence d'un jugement du
présidial, à Pierre Barreau, sieur de L'Age, curé de
St-Simon, par Jacques Roy, curé de Condac, et Jean

Faurioux, marchand dudit lieu (5 août). — Comptes des arrérages d'une rente de 327 livres dus à Antoine Boisson, écuyer, seigneur de Roullet, procureur du Roi au présidial, par Salomon Giraudon, sieur du Peyrat, y demeurant, paroisse de Houlette, Jean Jarreteau, sieur de Bellair et Marie Giraudon, sa femme, demeurant à Cognac, comme héritiers de Salomon et d'Anne Templereaux, leurs parents (5 août). — Cession de 1.350 livres de créances, moyennant pareille somme, à Jean Valette, procureur au présidial, par Jean de Montalembert, écuyer, seigneur de Moissac et Catherine de la Barrière, sa femme, demeurant au lieu noble de Sers (7 août). — Obligation de 130 livres, pour vente d'un cheval, consentie au profit de Jean Veyret, sieur de Fayadoux, demeurant à Puy-de-Got, paroisse de Montembœuf, par Léonard Barbarin, écuyer, sieur de La Trie, demeurant à Chambes, paroisse de Laplaud (9 août). — Vente de 400 rames de papier « fin au soleil » pesant 22 livres la la rame, sans qu'il puisse y avoir en chaque rame plus de 2 mains de « bon cassé » et 1 de « retrié », moyennant 5 sols 6 deniers la livre du « fin », 4 sols 6 deniers celle du « gros bon fin », et 3 sols 6 deniers le «gros bon de trace », à Georges Bediou, marchand, par Jean de Graterolle, maître papetier du moulin de Pénicaud, paroisse de St-Junien, en Limousin (15 août). — Cession de ses droits sur la succession de Hélie Yver et Marie Avrin, ses parents, moyennant 150 livres, par David Yver, docteur en théologie, demeurant à La Rochefoucauld, à Abraham Yver, marchand « orlogeur », Elisabeth et Suzanne Yver (24 août). — Transaction concernant l'héritage de Jacques Hillayret, sieur de St-Hilaire, entre Raymond Hillayret, sieur de La Pommeraie, conseiller en l'élection de Cognac, tant en son nom que pour François Martin, sieur du Genet, Jacques Martin, curé du Châtenet, Jacques Hillayret, écuyer, sieur du Couret, d'une part, et Hélie Croizat, veuve dudit sieur de St-Hilaire, d'autre part (24 août). — Transaction concernant la succession de François Pierre et de Catherine Belabre, entre leurs fils Jean, maître de la forge de Cursac, paroisse de Blanzaguet, et François, marchand de Montmoreau (29 août). — Sentence arbitrale de MM. Maignan, Robuste et Mesnard, avocats au présidial, qui règle les comptes de tutelle de Pierre, Isabeau et François Jonquet, rendus par François de la Brosse, écuyer, sieur du Couret, à Joseph Grand, écuyer, sieur de Chazerac, comme nouveau tuteur des susdits et mari de Louise Jonquet, leur sœur (3 septembre). — Compte-rendu à Jean Gillibert,

écuyer, conseiller en l'élection, et à Marie Bourdage, sa femme, propriétaires du moulin de La Courade, par Henri Gaultier, marchand, des « revenants bons » qui leur appartiennent sur les papiers fabriqués audit moulin par Jeanne Vaslet, veuve de François Sallé, et livrés audit Gaultier. Du 15 décembre 1681 au 6 janvier 1685 il avait été fabriqué 566 charges et demie de papier donnant 3.809 livres de « revenants bons » ; les dépenses de cordes, de maçonnerie, de menuiserie, de chaudronnerie, etc., s'étaient élevées à 493 livres (3 septembre). — Vente de son fonds de boutique, moyennant 3.489 livres, prix fixé après arbitrages de Jacques Arnauld et de François Rousseau, marchands, par Pierre Arnauld, marchand de soie, à Hélie Courraud, et Catherine Coulaud, sa femme (4-30 septembre). — Inventaire des meubles et effets de Jean Goumard, décédé à Champniers, ce requérant Robert Goumard, son fils, assesseur de la juridiction dudit lieu (12 septembre). — Cession d'une créance de 2.000 livres sur Moïse de la Nouaille, écuyer, sieur de La Tourbeille, et Angélique de Bertenet, sa femme, moyennant pareille somme, par Marie de la Grézille, veuve de Moïse de Bertenet, écuyer, sieur de Beaulieu, demeurant à Lhoumeau, à Charles de Guérin, écuyer, sieur de Lestang, secrétaire du Roi et de ses finances, demeurant à Montlieu, en Saintonge (17 septembre). — Sommation à Jean-Simon Delisle, receveur de la marque des fers, par François Rougier, sieur de Puypéry, demeurant à St-Claud, tant pour lui que pour Jacques Babin, sieur des Forgeries, de recevoir les 50 livres, montant du dernier quartier de l'abonnement consenti à Barthélémy Gervais, fermier de la forge de Champlaurier. Jean Delisle répond que ledit Rougier a fait valoir par lui-même, ce que celui-ci conteste, affirmant que Gervais « a esté tellement son fermier qu'il luy a dissipé pour 3.070 livres d'effets et lui est redevable de plus de 2.000 écus ». Le receveur s'emporte alors contre son contradicteur lui disant « qu'il lui aprandroit son métier... qu'il sauroit bien le ronger jusques aux os... qu'il brûleroit sa forge et emporteroit le marteau », et le poursuit longtemps en blasphémant, l'injuriant et tirant à demi son épée du fourreau (24 septembre).—Contrat de mariage entre Claude André, fils de Pierre, marchand, et de Philippe Léger, et Marie Respinger, fille de Pierre, marchand, et de Jeanne d'Escarcelle ; en faveur duquel mariage la future épouse reçoit une dot de 2.200 livres (29 septembre 1686).

E. 1973. (Liasse.) — 61 pièces, papier.

1686. — Pierre Audouin, notaire royal à Angoulême. — Actes reçus par ce notaire du 2 octobre au 30 décembre. —Sommation au receveur des droits de la marque du fer, par Jean Pierre, maître de la forge de Cursac, d'avoir à s'y transporter pour faire l'état des fers qui s'y trouvent, attendu qu'elle va cesser de fonctionner jusqu'après le règlement de la succession des parents dudit Pierre (2 octobre).—Vente de biens, dans la paroisse de Hiersac, à Jean Thomas, maître-arquebusier dudit lieu (5 octobre). — Arrentements d'un certain nombre de pièces de terre dans la paroisse de Bouex, consentis par Jean Arnauld, écuyer, seigneur de Bouex, lieutenant particulier (8 octobre). — Cession d'une créance de 800 livres consentie par François Pinaud, sieur de La Virade, et Marguerite Marins, sa femme (28 octobre). — Compte qui fixe à 3.000 livres la somme due à Jean Arnauld, écuyer, seigneur de Bouex, par Louis de Livenne, chevalier, seigneur de Verdille (21 novembre). — Vente de 160 rames de papier à Abraham Janssen, par Jean Ribeyrol et Léonard de Mars, maîtres papetiers du moulin de La Bergère, paroisse de Nanteuil en Périgord, et de la ville de Tulle (27 novembre-22 décembre). — Cession d'arrérages de rentes seigneuriales en paiement des 172 livres dues à François Assier, marchand, par François Vigier, chevalier, seigneur de La Cour-Durefort et de Salles (12 décembre). — Transaction qui fixe à 900 livres la somme due à Jean Aymard, maître apothicaire, par Claude Thomas, écuyer, sieur des Maisonnettes et de Montgoumard, demeurant au lieu noble des Maisonnettes, paroisse de Brie (17 décembre). — Transaction concernant la succession de François Desvaulx, de Marguerite Barbarin, sa femme, d'Hélie Desvaulx, leur fils, de Marie Desvaulx, leur tante, entre Etienne Boreau, sieur de Château-Guyon, avocat en parlement, juge-sénéchal des baronnie et châtellenie de St-Germain-sur-Vienne, y demeurant, tant pour lui que pour Élisabeth Poumet, sa mère, veuve de Joachim Boreau, sieur du Madebost, et pour François Boreau, sieur des Costes, son frère, comme exerçant les droits de Joachim Desvaulx, sieur du Bois-Gueffier, fils dudit François, d'une part ; et Françoise et Marie Desvaulx, sœurs dudit Joachim, demeurant à l'Hôtel-Dieu de Notre-Dame-des-Anges, tant pour elles que pour Hippolyte de Montreboeuf, écuyer,

sieur de Nadalie, Madeleine Desvaulx, sa femme, François Pinot, sieur du Chadeuil, Marie et autre Marie Desvaulx, leurs sœurs et beaux-frères, d'autre part (19 décembre). —Sommation de Jean Douilhet, procureur fiscal du duché-pairie de Montauzier, à Samuel Guilhon, praticien, et Jacques Arnauld, sieur de La Gorce, de prendre en charge les effets ayant appartenu à ceux de la Religion prétendue réformée provisoirement déposés par le marquis d'Argenson entre les mains de Pierre Audouin, conformément aux jugements rendus à Montauzier les 29 octobre et 5 décembre précédants ; acceptation dudit Guilhon et refus dudit Arnauld (19 décembre). — Transaction concernant l'exécution du contrat de mariage de Marc Barbot, écuyer, sieur de La Trésorière, avec Agathe Vauver, reçu Gillibert, notaire royal, le 6 mars 1668, par Marc Barbot, écuyer, sieur de Tudeboeuf, juge-prévôt d'Angoulême, et Marguerite Moulin, père et mère dudit sieur de La Trésorière (17 décembre). — Vente de 100 charges de papier, moyennant 58 sols la rame, à Abraham Janssen, par Léonard de Mars, maître papetier de Tulle (11 décembre). — Quittance de 10 livres donnée par François Bonvalet, maître menuisier, à Jean Arnauld, écuyer, seigneur de Bouex, pour des travaux exécutés dans sa maison (28 décembre). — Transaction réglant les comptes de la tutelle exercée par Jean Constantin, notaire royal de Juillac, et feue Marie de Thilloux, sa femme, sur Jean et Nicolas Jourdain, enfant du premier lit de ladite de Chilloux (29 décembre 1686).

E. 1974. (Liasse.) — 61 pièces, papier.

1687. — Pierre Audouin, notaire royal à Angoulême. — Actes reçus par ce notaire du 2 janvier au 27 mars. — « Extrait des obligations et depte actives apartenant au consistoire de ceux de la Religion prétendue réformée de Montausier et de Baignes » pris en charge par Samuel Guilhon, notaire du duché de Montauzier. On y trouve mention de plusieurs obligations consenties contre le prêt de l'argent de la communauté et des pauvres protestants par l'intermédiaire de leurs procureurs entre autre Pierre Guilhon, marchand, le 2 juillet 1664, Daniel Roy, le 6 janvier 1659 ; Charles Seposnem ou Sponem, maître apothicaire, et Samuel Guilhon, notaire, paraissent avoir compté parmi les plus notables de la communauté, un seul pasteur est nommé, à la date du 5 mai 1682, M. « Boisbelleau » ; enfin on peut signaler les actes suivants : obligation de 129 livres consentie par le marquis de St-Gelais au profit de Léon Testard, pour vente d'une tapisserie appartenant au consistoire de Montauzier, du 15 décembre 1681; — donation par madame de Montauzier en faveur du consistoire, « d'une place où estoit le Temple, au devant la maison où demeuroit le ministre », du 13 mars 1646 ; contrat reçu par de Beauvais, notaire au Châtelet ; — vente à Louis Fradin, Guisdinet et autres protestants, d'une maison, moyennant 600 livres, par David de Girard, écuyer, sieur de La Nougeraye, du 28 février 1646; — un legs de 300 livres à l'église de Montauzier et Baignes, par testament de Marie de la Rochefoucauld, du 3 mars 1668 (7 janvier). Avec le procès-verbal de la remise de ces pièces aux directeurs de l'Hôpital général d'Angoulême, le 23 avril 1691, par Samuel Guilhon et Jean Arnauld, conformément à l'ordonnance du lieutenant-général du même jour. — Vente d'une pièce de terre par Léonard Réjon, dit Maison-Blanche, marchand et maire de Marcillac (8 janvier). — Donation entre vifs de 1.200 livres à prendre sur ce qui lui reste dû sur l'héritage de ses parents, par Marie de Lambertie, veuve de Jacques Virolleau, écuyer, sieur de Marillac, à Jean, autre Jean, Raymond, François, Elisabeth et Marie, ses fils puînés et filles (12 janvier). — Donation par la même à Jean-François Virolleau, chevalier, seigneur de Marillac, de 7.000 livres sur les 7.400 livres de remplacement qu'il lui devait ; réservé toutefois l'intérêt de cette somme (12 janvier). — Quittance de partie du prix de vente du bien de Livernan donnée par Pierre Dubouchet, sieur de Bourneuf, demeurant à Vars, à François de Focher, chevalier, seigneur de Versac, au nom de Jean de Focher, écuyer, sieur de Livernan (18 janvier). — Vente de 2.700 rames de papier « petit cornet » en 150 balles, moyennant 52 sols la rame du « fin » et 40 sols celle du « gros bon fin », à Abraham Janssen, par Pierre de la Cheze, maître papetier de Tulle (21 janvier). — Contrat de mariage entre Robert Enjobert, écuyer, seigneur de Martillat, capitaine de dragons au régiment de Pinsonnel, fils de feu François, écuyer, seigneur dudit lieu, et de Jeanne Savaron, demeurant à Clermont, et Marie de Lambertie, veuve de Jacques de Virolleau, écuyer, seigneur de Marillac, fille de défunts François, chevalier, seigneur de Lambertie et de Marie de Nesmond (7 février). — Convention par laquelle haute et puissante dame Marguerite Houllier, épouse de haut et puissant messire René de Voyer de Paulmy, chevalier, comte d'Argenson et de Rouffiac, baron de

Vœuil, conseiller du Roi en tous ses conseils, et ci-devant son ambassadeur à Venise, tant pour elle que pour sondit mari, et haut et puissant messire Marc-René de Voyer de Paulmy, chevalier, marquis d'Argenson, conseiller du Roi en ses conseils, lieutenant-général au présidial d'Angoumois, du consentement de Jacques Chevraud, curé de St-André, de Jean-Louis Guiton, sieur du Tranchard, procureur du roi en l'élection, de François Arnauld, bourgeois, et de Pierre Mesnard, procureur, syndics et marguilliers de ladite paroisse, de l'assemblée de ses habitants, avec l'autorisation de l'évêque, conservent pour eux et leurs héritiers la qualité de fondateurs et patrons laïques, avec les privilèges qu'ils comportent, de la chapelle de l'Annonciation fondée en 1613 dans ladite église St-André par Gabriel Houllier, écuyer, sieur de La Pouyade, dont les héritiers mâles sont éteints. L'acte rappelle les bienfaits dont les Houllier comblèrent l'église St-André : Christophe et Gabriel, père et fils, avaient fait « plusieurs réparations à ladite église, laquelle estoit pour lors (1613) tellement ruinée qu'on avoit esté obligé de transférer le divin service dans une petite chapelle fondée de Nostre-Dame, ce qui continua jusques à ce que ledit Christofle, meu de charité et de dévotion, eust fait couvrir la plus grande partie de ladite église... et ledit sieur fit fondre et monter à ses dépens une cloche de grosseur considérable... et ledit sieur Gabriel, lieutenant-criminel, fils aîné dudit Christofle... auroit donné un tableau représentant l'Annonciation de Nostre-Dame » et fondé une chapelle sous ce patronage. L'acte est scellé du sceau en cire rouge de Mgr de Péricard portant un chevron qui surmonte une ancre avec un chef chargé de trois étoiles (7 février). — Inventaire des meubles de Marie de Lambertie (8 février). — Vente d'un demi-journal du « domaine où estoit autrefois construit le Temple de ceux de la religion prétendue réformée située au lieu du Pontouvre, paroisse St-Jacques de Lhoumeau, lequel Temple a esté cy-devant destruit par les escoliers de cette ville, sans qu'il en soit resté aucuns matériaux, si ce n'est quelque muraille et pierre » ; ladite vente faite moyennant 120 livres à Michel Mesnard, avocat au présidial, par Jean Dexmier, procureur au présidial et syndic de l'Hôpital général, après adjudication, et en vertu des délibérations des directeurs dudit Hôpital, des 19 et 26 janvier précédents (11 février). — Compte des « revenans bons » du papier fabriqué au moulin de La Courade du 3 mars 1685 au 24 février 1686 qui fixe à 41 livres 19 sols la somme due à Marie

Bourdage, femme de Jean Gilbert, procureur du Roi aux eaux et forêts d'Angoumois, par Henri Gaultier, marchand (11 février). — Prise de possession de la chapelle de Notre-Dame, en l'église St-André, par Arnaud Estève, prêtre (1er mars). — Compromis par lequel Guillaume Crozat, bachelier en théologie, chapelain du Roi, abbé commandataire de Cellefrouin, et Henriette de Bardonnin de Sansac, dame de Cellefrouin, que représente François de Bardonnin, chevalier, seigneur comte de Sansac, s'en remettent à l'arbitrage pour trancher leur différend concernant les litres et ceintures funèbres apposées au dedans et au dehors de l'église de Cellefrouin par ladite dame, à l'occasion du décès de Madeleine d'Esco d'Aca de Boisse, sa mère (10 mars). — Procuration générale donnée à Jean Vallette, procureur au présidial, par Henry de Forgues de Lavedan, chevalier, baron de La Rochechandry, émancipé, sur le point de partir pour Paris (12 mars). — Transaction concernant le paiement des arrérages d'une rente de 100 livres due par Hélie de la Porte, sieur de Mérignac, et Antoine de la Porte, sieur du Cluseau, comme héritiers de Samuel de la Porte, leur père, à François de Raffou, avocat au Parlement, qui prétend représenter tous les héritiers de Catherine de la Porte, épouse de Jean Audebert, écuyer, sieur de La Vigerie, comme mari de Marthe Audebert et exerçant les droits de Benjamin Du Bouchet, sieur d'Auterive, de Marie Audebert, sa femme, de Théophile de Grenier, écuyer, sieur de Lisle, fils de Catherine Audebert, des enfants mineurs de Jacques de Ransane, écuyer, sieur du Charbon-Blanc et de Sylvie Audebert, de Louise Audebert, veuve d'Hector de Pressac, écuyer, et d'autres (13 mars). — Contrat d'apprentissage de Jean Godard, auparavant au service du marquis d'Argenson, chez Jacques Moreau, maître barbier-perruquier (27 mars 1687).

E. 1975. (Liasse.) — 59 pièces, papier.

1687. — Pierre Audouin, notaire royal à Angoulème. — Actes reçus par ce notaire du 3 avril au 24 juin. — Cession d'une créance de 650 livres en principal par Catherine Souchet, Gilles Ferret, son fils, et Marie de Malbec, femme dudit Gilles, à Pierre Bareau, écuyer, procureur du Roi au présidial, par Jean Carbonnet, sieur de La Marche (6 avril). — Désignation d'arbitres pour terminer le différend de Barthélemy Ranson, sieur de Lautrait, marchand, demeurant au logis noble de Gondeville, paroisse de St-Même, avec Jean Templereau, sieur de Beauchêne, marchand, et autre Jean Templereau, sieur du Four-de-la-Chaux, son père, demeurant à la maison noble de La Barde, et au village des Prévôts, paroisse de St-Même, concernant l'interprétation des baux à ferme des biens des enfants de feu Pierre Laisné, écuyer, sieur de Gondeville, et de Françoise Delafont, qui leur ont été adjugés (8 avril). — Contrat de mariage entre Louis Bediou, marchand, de Cherbourg, et Marie-Rose Chevreau, fille de Pasquier, marchand, et de Louise Albert, qui reçoit en dot 3.000 livres (8 avril). — Sommation à François de la Cropte, écuyer, seigneur de Sallebeuf, chanoine de la cathédrale, de fournir les actes de baptême de Jean de la Cropte, chevalier, seigneur de Chassaigne, son neveu, pour servir au procès engagé par Madeleine Verbec, veuve de Gaspard Vangangelt, bourgeois de Paris, contre François de la Cropte, écuyer, seigneur comte de Boursac, frère aîné dudit Jean (12 avril). — Entrée dans la communauté des filles dévouées pour le service des pauvres à l'Hôtel-Dieu Notre-Dame-des-Anges, de Marie de Labrousse, fille de Gabriel, huissier au présidial, et de Joachime Thomas, sa femme, qui lui donnent une dot de 2.000 livres (17 avril). — Échange de terres entre Jacques Collin, sieur de La Touche-Pain-à-Vin, demeurant au lieu noble de Nouzière, paroisse de Condac, et Jean Bailloux, marchand, demeurant à Chauffourt, paroisse de Taizé (24 avril). — Procès-verbal des bâtiments presbitéraux de Péreuil, ce requérant Hélie Thiboyau, curé dudit lieu, appelé Jacques Jameu, chantre du chapitre cathédral (26 mai). — Bail à ferme du moulin à papier de l'abbaye de La Couronne, pour 5 années, moyennant 500 livres et 1 rame de papier fin chaque, à Abraham Janssen, par Charles de Calonne de Courtebonne, abbé commandataire, que représente le marquis d'Argenson (31 mai). — Arrentement de divers biens au village de Chez-Genty, paroisse de Bouex, consenti à Catherine de Livron, veuve de Martial-Jacinthe Dusidour (16 juin). — Vente de 100 charges de papier à Abraham Janssen, par Pierre Vergnaud, dit Perroquet, maître papetier du moulin de La Rochechandry, paroisse de Mouthiers (7 juin). — Quittance de 325 livres faisant final paiement de plus grande somme, donnée à Jeanne Ranson, veuve de Pierre de Chièvres, écuyer, seigneur de Curton, que représente Berthomé Mesnard, notaire à Jarnac, demeurant à Nercillac, par Jeanne Robert, veuve de Jean Bonnin, procureur au présidial, et Pierre Bonnin, sieur de La Grange (15 juin). — Transaction qui fixe à 1.445 livres la somme due à Philippe Pigornet, pair du corps de ville, comme cessionnaire de Luce de Labrousse, veuve d'Antoine de Guitard, écuyer, seigneur de Montjoffre, par Jean de Montalembert, chevalier, seigneur de Sers et de Moissac, et Catherine de la Barrière, sa femme, comme étant aux droits d'autre Jean de Montalembert, écuyer, seigneur de Sers, frère aîné dudit Jean, et de Jean de Montalembert et Charlotte Chesnel, ses parents (16 juin). — Transaction entre François Courraud, curé de Nonaville, et Hélie Courraud, marchand de soie, concernant l'héritage de Marthe, leur sœur (18 juin). — Vente de prés dans la prairie de la Tardoire, au dessous des domaines du Breuil, moyennant 10 sols le carreau, consentie par Louis Frotier, sieur de Salignac, et Martine Fureau, sa femme, demeurant à Coulgens (19 juin). — Sous-ferme du moulin à papier de La Chebaudie, paroisse de Palluaud, consentie pour 3 années par Abraham Janssen à François Des Soulars, maître papetier, qui devra lui vendre 200 charges de papier, au prix de 62 livres la charge (24 juin 1687).

E. 1976. (Liasse.) — 54 pièces, papier.

1687. — Pierre Audouin, notaire royal à Angoulême. — Actes reçus par ce notaire du 1er juillet au 30 septembre. — Procès-verbal des dîmes prélevées par force dans la paroisse de St-Martial par le sieur Dubois, prêtre, assisté de Martial, général des marchands et de plusieurs autres, tous armés d'épées et de pistolets, ce requérant Marc Plumet, curé de ladite paroisse, décimateur (4 juillet). — Transaction entre les créanciers de Jean de la Chétardie, chevalier, seigneur dudit lieu, et de Catherine de Beaumont, sa veuve (5 juillet).— Compte qui fixe à 500 livres la somme due à Jean Arnauld, écuyer, seigneur de Bouex, par Jacques de la Porte, chevalier, seigneur de Châtillon, et Anne Arenaut, sa femme, demeurant au logis noble du Breuil, paroisse de Rouillac (11 juillet). — Vente de 100 charges de papier, moyennant 52 sols la rame, à Georges Bediou, marchand, par François Preneau, maître papetier du moulin de Vijours, en Bas-Limousin, près de Pont (14 juillet). — Contrat d'apprentissage d'Étienne de Belleprière, fils de défunts Nicolas et Marie Benoit, chez Philippe de Lavergne, marchand « orlogeur », pour 1 an et moyennant 60 livres (23 juillet). — Vente de 40 charges de papier, moyennant 50 livres la

charge, à Abraham Janssen, par Aubin Dumas, maître papetier du moulin de Champdirac, paroisse de St-Méard, en Périgord (23 juillet). — Vente d'une rente de 3 livres 15 sols à Marguerite Mercier, veuve de François Saulnier, écuyer, sieur de Francillac, par Jean et Etienne Sire, maîtres armuriers (26 juillet). — Transaction concernant le paiement des lods et ventes dus à François Vallantin, écuyer, seigneur de Montbrun et du Bois-au-Roux, y demeurant, paroisse de Rouillac, sur les biens de Pierre Maillocheau, élu en l'élection de Cognac, et de Jacquette Le Bègue, sa femme, vendus après leur décès, et cédés en vertu du retrait lignager à Antoine Maillocheau, curé de Sonneville (30 juillet). — Sommation au receveur des consignations de verser certaine somme à elle adjugée par sentence du présidial à Marie Bourrut, veuve de Jacques Bernard, écuyer, sieur des Alliers, que représente Pierre Bernard, écuyer, sieur de La Chapelle, leur fils, demeurant paroisse de Torsac. (2 août). — Compte qui fixe à 4.125 livres la somme due à Jean Arnauld, écuyer, seigneur de Bouex, par messire Annet de la Bastide, chevalier, seigneur comte de Châteaumorand, Cognac et autres places, et Françoise de Cotentin de Tourville, sa femme (13 août). — Compte des revenus de la terre de Mailloux entre Pierre-André de Nesmond, seigneur dudit lieu, demeurant ordinairement à Paris, rue Féron, paroisse St-Sulpice, et Pierre Martin, sieur de Guissalle, fermier (28 août). — Choix du marquis d'Argenson, lieutenant-général, comme arbitre du procès pendant entre Georges de Lacroix, notaire et procureur à Blanzac, Jean Charron et Marc Pignon (29 août). — Procès-verbal des terres et seigneuries du Breuil de Dignac et du Pouyaud saisies sur Jeanne de Lespinay, épouse de Joseph Raymond, chevalier, seigneur desdits lieux, ce requérant Barthélemy Bénétaud, marchand, de la paroisse St-Martin d'Angoulême, nommé fermier judiciaire (9 septembre). — Partage de la succession à venir de Marie Arnauld, femme séparée de biens d'André Valleteau, sieur de Brouville, conseiller en la maison commune, entre Pierre Valleteau, sieur du Maine-Touchard, Jean Valleteau, sieur de Chabrefy, et Louise Valleteau, leurs enfants (14 septembre).—Quittance de 3.000 livres donnée à Madeleine Dussouchet, veuve de Léonard de la Foreslie, écuyer, sieur de Vallette, par Marie, sa fille, sur le point d'entrer au couvent des Carmélites (15 septembre). — Reconnaissance donnée après procès par Antoine Debort, prieur-curé de Gurat, à Esprit Fléchier, évêque de Lavaur et de Nîmes, prieur commandataire de St-Etienne du Peyrat, représenté par François Baudoin, chevalier, seigneur de Fleurac, que le prieuré-curé de Gurat est tenu en patronage du prieuré du Peyrat et lui doit annuellement 72 boisseaux de froment (22 septembre). — Compte qui fixe à 2.682 livres la somme due à Jean Arnauld, écuyer, seigneur de Bouex, par Jean Chastaigner de La Roche-Posay, chevalier, seigneur baron du Lindois, demeurant au château du Lindois, paroisse du même nom (24 septembre). — Contrat de mariage entre Siméon Tardieu, sieur des Mottes et de Villement, pair de la maison commune, fils de défunts Etienne, avocat du Roi en l'élection, et de Marie Debor, et Catherine Siret, fille de feu Jean et de Catherine Pouget (29 septembre). — Cession de 1.500 livres de créances à Marc Thevet, chanoine de l'Église cathédrale, comme créancier de Henri de Volvire, chevalier, seigneur de Magné, et d'Emery Corgnol, sa femme, demeurant au lieu noble de Magné, paroisse de Courcôme, par Jean de Mannès, chevalier, seigneur des Couts et de Bois-Charente, demeurant au lieu noble des Couts, paroisse de Chives, pour se libérer de partie des 39.000 livres, montant de l'acquisition des terre et seigneurerie du Vivier-Jussaud, par eux faite desdits Volvire et Corgnol (30 septembre 1687).

E. 1977. (Liasse.) — 48 pièces, papier.

1687. — Pierre Audouin, notaire royal à Angoulême. — Actes reçus par ce notaire du 5 octobre au 31 décembre. — Protestation de Marc Plumet, bachelier en théologie, curé de St-Martial et de Notre-Dame d'Aubezine, contre Pierre Dubois, prêtre, qui a célébré la messe et les vêpres dans l'église St-Martial contre son gré, et lui suscite de continuels empêchements dans le service et la jouissance de sa cure où le maintient un arrêt du parlement du 5 septembre précédent. Réponse de Pierre Dubois, bachelier en théologie, prieur de Notre-Dame du Mont-Carmel et de St-Lazare de Jérusalem, qu'il a été maintenu curé de St-Martial par jugement du 5 avril 1686, après avoir quitté quelque temps son poste par suite de l'accusation capitale portée contre lui et dont il s'était justifié (5 octobre). — Cession de 1.100 livres à elle due sur la succession de Pierre Guilloré, écuyer, sieur de La Haye, par Marie Geneure, sa veuve (22 octobre). — Compte qui fixe à 500 livres la somme due à Joseph-Olivier Robuste, avocat au parlement, par Martial Bernard, garde des eaux et forêts, et

Anne Riffaud, sa femme (26 octobre). — Procès-verbal de la célébration de la messe paroissiale dans l'église St-Martial par Pierre Dubois, ce requérant Marc Plumet, curé de la paroisse (2 novembre). — Sommation de Marc Plumet à Pierre Dubois de délaisser à son profit la maison presbytérale de St-Martial (5 novembre). — Choix d'arbitres pour règler les comptes de la tutelle exercée par Jacob de Chièvres, écuyer, sieur de Montravail et Madeleine de Morel, sa femme, veuve en premières noces de Henri Pasquet, écuyer, sieur de L'Age-Bâton, demeurant à Chez-Levraud, paroisse de Roussines, sur Anne Pasquet, veuve de Charles Odet, écuyer, sieur des Ombrais, demeurant au lieu noble de L'Age-Bâton, paroisse de St-Projet, et Hippolyte Pasquet, épouse de Pierre de Brisseau, écuyer, sieur de Maisonnie, demeurant à La Glève, paroisse de Montembœuf (6 novembre). — Vente de 100 charges de papier « au petit cornet », moyennant 92 livres de charge de « fin », et 72 livres celle de « gros bon fin », à Abraham Janssen, par Pierre Périer, maître papetier du moulin de Négremur, paroisse de Palluaud (8 novembre). — Sentence arbitrale qui règle, conformément au compromis du 6 novembre précédent, les comptes de tutelle des demoiselles Pasquet (22 novembre). — Sous-ferme du Moulin-Sartier, paroisse de Salles-la-Vallette, consenti par Abraham Janssen à Léonard François, dit le Frisat, pour 3 ans, moyennant qu'il lui fournira 250 charges de papier (25 novembre). — Inventaire des meubles et effets de Guillaume Godet, sieur de Foulpougne, ce réquérant Laurence Chénevière, sa veuve (9 décembre). — Testament de Jean-André Amand, maître chirurgien (18 décembre). — Transaction concernant les droits que prétend François Jourdain, sieur de La Séguinerie, contre Jean Constantin, veuf de Marie de Chilloux, épouse en premières noces de Dauphin Jourdain et mère dudit François, en raison de la dot qu'elle lui avait promis dans son contrat de mariage avec Jeanne Huguet, et de la succession d'Hélie Jourdain, son frère (18 décembre). — Sommation à Jean-François Périgord, écuyer, seigneur de Massé, capitaine-major des ingénieurs des camps et armées du Roi, de recevoir 935 livres, que Daniel Berry, ci-devant conseiller en l'élection de Saintes, avait été condamné à lui payer (18 décembre). — Quittance donnée par Noël Dexmier, messager ordinaire d'Angoulême à Paris et Anne Bigot, sa femme (26 décembre). — Transaction entre François Mussier, premier avocat du Roi au présidial, et Mathurin Arnauld, demeurant paroisse de Mosnac, concernant le paiement audit Arnauld des 5.000 livres montant de l'acquisition de la charge d'avocat du Roi (28 décembre). — Nouvelle sommation de Marc Plumet, curé de St-Martial, à Pierre Dubois, se disant aussi curé, de lui laisser la jouissance du presbytère de ladite paroisse St-Martial (30 décembre 1687).

E. 1978. (Liasse.) — 66 pièces, papier.

1688. — Pierre Audouin, notaire royal à Angoulême. — Actes reçus par ce notaire du 3 janvier au 23 mars. — Quittance de 97 livres donnée par Philippe Pigornet, secrétaire et receveur général de François de Péricard, évêque d'Angoulême, à Pierre Dufour, procureur d'office de la seigneurie de La Rochechandry, pour 3 années de cens annuel dû par ladite seigneurie audit évêque (3 janvier). — Inventaire des meubles et effets d'André Arnauld, maître chirurgien, ce requérant Marguerite Thoumie, sa veuve (5 janvier). — Contrat de mariage entre François Larousse, écuyer de cuisine de l'évêque d'Angoulême, fils de feu Étienne, maître pâtissier d'Issoudun, et Marguerite Arnauld, fille de Jean, marchand, et de feue Philippe Dufossé (10 janvier). — Cession de 50 livres de rente à Jean de Paris, écuyer, seigneur du Curet, conseiller au présidial, par Jean Arnauld, écuyer, seigneur de Bouex, comme étant aux droits de Jean Musseau, écuyer, sieur de St-Michel et de Marguerite de Monserant, sa femme, à qui Hélie Rousseau, écuyer, sieur de La Mercerie devait cette rente, en conséquence des ventes à lui faites par Louis de Monserant, écuyer, sieur de La Borderie et Suzanne Corlieu, sa femme (15 janvier). — Vente de 95 charges de papier à Abraham Janssen, par Jean Ribérol, maître papetier du moulin de La Bergère, paroisse de Nanteuil, en Périgord, et François Terrade, maître papetier du moulin de Cartillon, même paroisse (22 janvier, 28 février). — Renonciation à l'héritage d'André Arnauld, chirurgien, leur père, par Didier Arnauld, chirurgien et François Arnauld, aussi chirurgien, demeurant à Rochefort (24 janvier). — Vente de l'office de procureur au présidial, moyennant 1.700 livres, à Guillaume Ledoux, substitut du procureur du Roi audit présidial, pour en pourvoir Jean, son fils, par Anne Mercier, veuve de Pierre Horson, sieur de Beauregard (30 janvier). — Vente de 13 sols de rente seigneuriale, moyennant 47 livres, à François Gervais, avocat au parlement, par Roch Frotier-Tison, chevalier, seigneur de Villars et La Rochette, demeurant au château de La Rochette, du consentement de Louis Frotier, sieur de Salignac, et de Martine Fureau, sa femme, qui abandonnent les droits qu'ils prétendaient sur cette rente (5 février). — Compte qui fixe à 600 livres la somme due à Daniel Tullier, procureur au présidial, par Jean de Villedon, écuyer, seigneur de Gadebors, et Madeleine Vallet, sa femme, demeurant au lieu noble dudit lieu, paroisse de Ste-Radégonde (11 février). — Autre compte qui fixe à 648 livres la somme due à Jean Cadiot, écuyer, sieur de Laudebert, maire d'Angoulême, par les mêmes (17 février). — Obligation de 183 livres consentie en faveur de François de Lacroix, maître apothicaire, par Jean de Montalembert, chevalier, seigneur de Moissac, et Catherine de la Barrière, sa femme, demeurant à Sers, pour fournitures de médicaments à Charlotte Baussuet (?), veuve de Jean de Montalembert, chevalier, seigneur du Plessis de Sers, frère puîné dudit seigneur de Moissac (13 février). — Vente d'une borderie, faubourg St-Martin, relevant du chapitre cathédral, moyennant 700 livres, à Antoine Renodos, concierge, garde et buvetier du palais, et Marguerite Duru, sa femme, par Françoise Croiset, veuve de Pierre Bernier (20 février). — Avec la quittance des lods et ventes donnée par le chapitre et scellée d'un sceau sur papier portant deux clefs en sautoir. — Constitution d'une pension de 75 livres pendant 3 ans et de 45 livres pendant les 5 années qui suivront, par Pierre Martin, sieur de Guissalle, et Jeanne Arnauld, au profit de frère Pierre Martin, leur fils, religieux cordelier (13 mars). — Choix d'arbitres pour terminer le procès pendant entre Pierre de Curzay, chevalier, seigneur de St-Mary, des Souliers et autres places, demeurant au château de St-Mary, François de Curzay, chevalier, seigneur d'Olleron, et Joseph Fontant, marchand de La Rochefoucauld, au sujet d'une obligation de 2.013 livres cédée audit Fontant par feu Martial de Feydau (13 mars). — Compte qui fixe à 1.777 livres la somme due à Marguerite Gandillaud, veuve de Bernard de Forgues de Lavedan, chevalier, baron de La Rochechandry, comme héritière de M. Gandillaud, président au présidial, son père, par André de Nesmond, chevalier, baron des Étangs, y demeurant, paroisse de Massignac, comme héritier de Philippe, chevalier, aussi baron des Étangs, et de Jeanne de Caignat, ses parents (23 mars 1688).

E. 1979. (Liasse.) — 52 pièces, papier.

1688. — Pierre Audouin, notaire royal à Angoulême. — Actes reçus par ce notaire du 1er avril au 28 juin. — Vente de 155 charges de papier à Abraham Janssen, par Martial Lacôte, maître papetier du moulin de Linars, paroisse de Mesmin, en Bas-Limousin, et Léonard de Mars, maître papetier de Tulle (1ᵉʳ avril-24 mai). — Bail à ferme du « revestière » de l'abbaye de Sᵗ-Cybard, pour 7 années, moyennant 333 livres chaque, à Pierre Navarre, procureur au présidial, par les religieux de Sᵗ-Cybard (17 avril). — Vente des peaux des veaux qu'il tuera jusqu'au mardi gras suivant, par Damien Mallat, boucher, à Antoine Boutillier, marchand tanneur, moyennant 24 livres la douzaine, 25 pour 24 (28 avril). — Bail à loyer, par Guillaume Jeheu, notaire royal, d'une boutique dépendant de la maison qu'il occupe (4 mai). — Transaction entre Isaac Monnerot, notaire royal, et Pierre Monnerot, maréchal, demeurant à Touzac, au sujet du bail à ferme des biens de la femme de ce dernier, adjugé audit notaire (5 mai). — Paiement en partie des 2.350 livres dues à Christophe Lamy, marchand, par Louis de Mascureau, écuyer, sieur de Morel, et Isabelle de Raymond, sa femme, demeurant à Villognon (9 mai). — Compte entre Louis-Mathieu de Sᵗ-Chamans, chevalier, seigneur de La Cour et autres places, demeurant au château de Pazayac, en Périgord, tant pour lui que pour Charles de Sᵗ-Chamans, seigneur comte du Pescher, et autres places, son frère aîné, et Guillaume Dubois, marchand (12 mai). — Sous-ferme du moulin à papier du Marchais, paroisse de Sᵗ-Séverin, appartenant au sieur Baquemand, de Bordeaux, pour 2 ans, par Abraham Janssen, à Hélie François, maître papetier, qui devra lui fournir 400 charges de papier (14 mai). — Constitution de 27 livres de rente, au profit de Jean Bernard, écuyer, sieur de Sᵗ-Michel, demeurant au lieu noble de Puygrelier, paroisse Sᵗ-André-de-Blanzac, et de Clément Bernard, écuyer, chanoine de l'église cathédrale, par Jean de Montalembert, chevalier, seigneur de Sers et de Moissac, et Catherine de la Barrière, sa femme, qui seront tenus d'amortir cette rente au bout de 9 ans (15 mai). — Transaction concernant les actions qu'ils avaient intentées réciproquement l'un contre l'autre, entre Jean Martial, maître visiteur et réformateur général des marchands d'Angoumois, et Jean de la Salle, laboureur de Mouthiers (22 mai). — Transaction sur plusieurs différends entre Jean Bouhet, sieur de La Fragnais, procureur fiscal de Genac, et Louis Bouhet, maître chirurgien, d'une part, Pierre Briand, sieur de Maujompes, Jean Jolly, son gendre, et Pierre Estève, chaudronnier, d'autre part (24 mai). — Reconnaissance de 2.800 livres d'obligations, en

principal, au profit de Pierre de Lageard, chevalier, seigneur de La Grange du Pas-Vieux, par Jean de Lageard, chevalier, seigneur de Cherval, Sᵗ-Marsault, Le Bourbet, et autres places, sénéchal d'Angoumois, demeurant au château du Bourbet, paroisse de Cherval (27 mai). — Cession de 2.471 livres de créances, en paiement de pareille somme, à Alexandre Chérade, seigneur de Laumont, par Clément de Cercé, écuyer, sieur dudit lieu, et Charlotte Flament, sa femme (28 mai). — Cession de 48 livres par Madeleine Juglard, femme de Gilles Ferret, écuyer, sieur de La Font, demeurant à La Vieille-Verrerie, paroisse de Rougnac (4 juin). — Entente de Jean Thomas, écuyer, sieur des Bretonnières, conseiller garde des sceaux au présidial, et Marie Grelon, sa femme, avec François-Joseph de la Rochefoucauld, chevalier, seigneur de Maumont et Magnac, et Anne Thomas, sa femme, concernant l'exécution du contrat de mariage de ceux-ci (12 juin). — Constitution de 2.000 livres de dot au profit de Paule Trigeau, sur le point « de se dévouher entièrement au service des pauvres de l'Hôtel-Dieu Notre-Dame-des-Anges », par Pierre Mongin, sieur de La Buzinie, conseiller en l'élection, et Marthe Trigeau, ses beau-frère et sœur (18 juin). — Bail à ferme pour 7 années, moyennant 700 livres la première, et 700 à 750 livres les suivantes, des revenus qui leur appartiennent dans la paroisse de Montignac-le-Coq, à la suite de leur partage avec l'abbé de Sᵗ-Cybard, par les religieux de ladite abbaye, au profit de Marie Galliot, veuve de Louis Joubert (22 juin). — Bail à ferme, par les mêmes, de leurs revenus dans les paroisses de Garat et de Dirac, dépendant de leur seigneurie de La Greuse, pour 7 années, moyennant 420 livres chaque, à Noël Dexmier, messager d'Angoulême à Paris (22 juin). — Partage de la succession d'Emerie Desruaux, leur mère et aïeule, entre Anne Descuras, veuve de Jean Maurougné, écuyer, sieur de Grapillet, Pierre David, écuyer, sieur de Boismorand, premier lieutenant assesseur en la maréchaussée, Anne Descuras, sa femme, François Bourdage, pair de la maison commune, et Marie Descuras, sa femme (26 juin). — Transaction entre Jacques Ynard, maître architecte, Marie Frelan, sa femme, et leurs débiteurs (28 juin 1688).

E. 1980. (Liasse.) — 45 pièces, papier.

1688. — Pierre Audouin, notaire royal à Angoulême. — Actes reçus par ce notaire du 2 juillet au 27 septembre. — Procuration donnée par les religieux de l'abbaye de St-Cybard afin d'affermer leurs revenus dans la paroisse de Nersac, pour 7 années, moyennant 1.000 livres chaque, dont 300 payables au vicaire dudit lieu pour sa portion congrue (2 juillet). — Transaction concernant l'exécution du contrat de vente de 4.000 bûches à Jacques Garçon, marchand de Châteauneuf, par Jean Paranteau, notaire royal demeurant à Plassac (4 juillet). — Sous-ferme du moulin de La Roche, paroisse de St-Médard de Verteuil, pour 5 années, par Anne Dioré, épouse de Théodore Janssen, marchand, à Antoine Vaslet, maître papetier, qui s'engage à lui vendre tous les papiers qu'il fabriquera (10 juillet). — Vente des coupes de la Forêt du Pouyaud, réglées à 6 ans, moyennant 1.200 livres, à François de Lanchère, marchand, par Pierre de Vige, procureur du duché de La Valette, demeurant au lieu noble du Maine-Léonard, paroisse de Dignac (13 juillet). — Transaction par laquelle Philippe Bourdage, curé de St-Jacques de L'Houmeau et titulaire de l'aumônerie de St-Jacques sous les murs d'Angoulême, s'engage à verser 50 livres en une fois sur les arrérages des revenus de ladite aumônerie, et 30 livres chaque année, à François de Cadoule, sieur de Canneau, capitaine au régiment de Champagne, commandeur de la commanderie de l'ordre de Notre-Dame du Mont-Carmel et de St-Lazare de Jérusalem à Périgueux, et des membres en dépendant, que représente Pierre Valtrin, directeur des aides en l'élection d'Angoulême ; et à ses successeurs dans ladite commanderie : la direction de l'ordre avait obtenu le 22 juillet 1682 un arrêt de la chambre royale siégeant à l'Arsenal qui ordonnait audit Bourdage de se désister de la possession de l'aumônerie au profit de l'ordre ; le sieur Bourdage avait protesté « que s'il y a une aumosnerie audit lieu de St-Jacques, il n'en avoit aucuns titres et n'en savoit en aucunes manières la consistance » (21 juillet). — Vente de 40 charges de papier « moyen poste », moyennant 50 livres la charge, à Abraham Janssen, par Aubin Dumas, maître papetier de Champdira, paroisse de St-Méard, en Périgord (27 juillet). — Quittance donnée à Pierre Seudre, maître armurier, par Pierre Audouin, marchand, et Marguerite Seudre, de 1.500 livres et un lit garni faisant la dot de celle-ci (1er avril). — Procès-verbal du lieu de Vouillac, paroisse de Champniers, affermé à Jean Arnauld, sieur de Quatre-Écus, par Mme de Galard, veuve du seigneur de Boisbaudrand (5 août). — Vente de 40 charges de papier « fin carré », moyennant 58 livres la charge, à Abraham Janssen,

par François Farade, maître papetier du moulin de Castillon, paroisse de Nantiat, en Périgord (8 août). — Transaction entre Hélie Vangangelt, avocat en la cour, tant pour lui que pour Madeleine Verbec, veuve de Gaspard Vangangelt, bourgeois de Paris, et Anne Chauvin, d'une part, Isbrand Vincent, marchand hollandais, que représente Abraham Yver, maître horloger, d'autre part, au sujet du loyer d'une maison appartenant audit Vangangelt, à Lhoumeau (22 août). — Entente pour l'exécution d'une sentence arbitrale entre François Fondou, notaire royal et juge des juridictions de Bessac, Ste-Croix et St-Sulpice, comme étant aux droits de Raymond Fondou, d'Étienne Dufaux et de Catherine Fondou, sa femme, demeurant à Mareuil, Pierre Mathieu, tisserand, et autres (25 août). — Bail à ferme d'une maison, paroisse de St-André, pour 3 années, moyennant 110 livres chaque, à François Benoist, sieur de L'Ariat, par Marie de Galard de Béarn, veuve de Daniel Lecoq, écuyer, seigneur de Boisbaudran et de Theil (29 août). — Compte qui fixe à 241 livres la somme due, sur les jouissances des terres de Sonneville et de Courcôme de 1657 à 1662, à Louis Boessot, chevalier, seigneur de Vouillac, Bois-Muzet et autres places, par Jean Prévéraud, écuyer, sieur de Nitrat (1er septembre). — Sommation par Louis Jolly, vicaire perpétuel de St-Saturnin, à André de Nesmond, grand archidiacre, grand vicaire général et official du diocèse, et aux arbitres choisis par eux, de s'assembler pour mettre fin à leurs différends (6 septembre). — Constitution de 150 livres de rentes à titre clérical, à Pierre Texier, par Pierre, son père, huissier, demeurant paroisse de Magnac (11 septembre 1688).

E. 1981. (Liasse.) — 47 pièces, papier.

1688. — Pierre Audouin, notaire royal à Angoulême. — Actes reçus par ce notaire du 10 octobre au 29 décembre. — Vente de « tout le droit de passage des allant et venant qui leur apartien au pont apelé de Bassaux », moyennant 4.000 livres, à Louis Guiton, seigneur du Tranchard et de Chantoiseau, procureur du Roi en l'élection, par Jacques Turpin, écuyer, seigneur de Bouin, et Françoise Normand, sa femme, demeurant en leur logis noble, au bourg de Bouin, marquisat de Ruffec (12 octobre). — Bail à loyer d'une maison, paroisse de St-André, joignant à celle du lieutenant-criminel, à François Corlieu, sieur de Coursac, par Guillaume Gaultier, curé de Vouharte (22 octobre). — Entente entre Pierre Mongin, sieur de La Buzinie, Charlotte et Louise Mongin, ses sœurs, demeurant à La Buzinie, paroisse de Champniers, pour le paiement en commun des frais faits par ledit Pierre, en allant à cheval à Paris, afin d'obtenir un arrêt du conseil privé du Roi qui leur adjuge la rente qu'ils réclamaient sur le minage d'Angoulême contre Madame de Guise, duchesse d'Angoulême (27 octobre). — Sommation à Laurent Carat, curé de Champniers, par François Brunelière, procureur fiscal de la juridiction dudit lieu, et Marie de Talleyrand de Grignol, d'avoir à célébrer leur mariage conformément à l'arrêt du parlement qui lui a été signifié le 29 de ce mois, avec protestation, en cas de refus, « de s'épouzer où bon leur semblera », ladite de Talleyrand déclarant « qu'elle est enceinte des œuvres dudit sieur Brunelière, lequel est à présent en vollonté de l'expouser pour ratifier la foy qu'ils se sont réciproquement promise en face de la Sainte Eglise, lorsque ledit sieur Carat les fiansa » ; refus du curé qui fait connaître les « expresses défenses » que lui a faites l'official du diocèse de célébrer ce mariage (31 octobre). — Sommation par François Brunelière à l'official qui, sous divers prétextes, refuse de l'entendre : on y mentionne le contrat de mariage des demandeurs reçu au mois de septembre précédent par Bergeron, notaire royal. A la sommation est jointe la procuration autographe de Mˡˡᵉ de Talleyrand à Brunelière (2 novembre). — Procès-verbal des terres et seigneuries de La Mothe, Bourzac, Chassagne, Le Mas du Montet, Vendoire et autres lieux saisies sur François de la Cropte, chevalier, seigneur comte de Bourzac, comme héritier du feu seigneur de Chassagne, à la requête d'Anne Verbec, veuve du sieur Vangangelt (7-9 novembre). — Constitution de 75 livres de rente annuelle pendant 10 ans, au profit de François Gervais, leur fils, cordelier au couvent d'Angoulême, par François Gervais, avocat au parlement, et Marie Pichot, qui s'engagent à augmenter la rente de 25 livres chaque année, au cas où ledit François irait faire ses études à Paris (16 novembre). — « Congé » donné à Jean Sartre de Fleurisson, qui déclare « vouloir s'appeller de Fleurisson, pour son nom de guerre », par « M. d'Horte de Torsac », capitaine de cavalerie, qui certifie l'avoir engagé dans sa compagnie pour 3 ans seulement. Le congé est daté de Torsac et scellé d'un sceau en cire rouge qui est écartelé et porte : le 1ᵉʳ quartier un lion rampant, qui est de Vassoigne ; le 2ᵉ des merlettes en nombre ; le 3ᵉ une croix de Malte ; le 4ᵉ deux vaches passantes, qui sont de

Béarn ; avec brochant sur le tout 3 glands qui sont de la Place (17 novembre). — Vente du fief noble de Montgoumard, moyennant 19.000 livres et 200 livres de pot-de-vin, à Claude Thomas, écuyer, sieur des Maisonnettes, et Isabelle de Nesmond, sa femme, demeurant au lieu noble des Maisonnettes, paroisse de Brie, par Louis de Ballue, écuyer, sieur du Vandier, et Marguerite Dumergey, sa femme, demeurant audit lieu de Montgoumard, paroisse de Bunzac (21 novembre). — Déclaration de François Brunelière, procureur fiscal de Champniers, et de Marie de Talleyrand de Grignol, demeurant en la paroisse de Champniers, dans l'église paroissiale dudit lieu, en présence des fidèles, et s'adressant au curé, qu'ils se « prennent » réciproquement pour mari et femme : colère du curé qui « proteste hautement que s'il y avoit quelqu'un qui fut si hardi que de signer » le procès-verbal « il l'en ferait repentir et les excommuniroit » (21 novembre). — Procès-verbal des fractures et vols commis en sa maison du village des Cousseaux, commune de Champniers, par Pierre de Talleyrand de Grignol, écuyer, sieur de Puydenelle, ce requérant Marie de Talleyrand, sœur dudit Pierre, qui se plaint qu'il lui ait seulement laissé « de la meschante pailhe », et de n'avoir pu faire faire de procès-verbal plus tôt, faute de notaire qui le voulût, malgré ses instances (25 novembre). — Sommation à Louis de Luillier, par Jean et Claude Brun, marchands, qui ont obtenu de l'adjudicataire général des tabacs l'autorisation de vendre du tabac « en corde », en détail, de leur fournir immédiatement une grande quantité de tabac « commun de l'usage du pays dit de Clairat ». Une ordonnance royale enjoignant de fournir de ce tabac commun aux troupes, à raison de 12 sols la livre et de 9 deniers l'once, venait d'être publiée à Angoulême, et les troupes emportaient de force, sans le payer, du tabac du Brésil, d'une valeur supérieure, menaçaient lesdits Brun dont la provision de tabac commun était épuisée et qui ne devaient se fournir que chez ledit Luillier (27 novembre). — Vente d'une maison, paroisse Sᵗ-André, moyennant 1.200 livres, à Hélie Courraud, marchand de soie, par Charles Petit, sieur des Murailles, et Paule de Buatier, sa femme (2 décembre). — Contrat d'apprentissage, pour 1 année et moyennant 100 livres, de Pierre Godet, fils de feu Guillaume, sieur de Foulpougne, chez Etienne Gibaud, maitre apothicaire (4 décembre). — Procès-verbal des dommages causés aux bâtiments du lieu d'Espaignac, paroisse de Soyaux, par l'orage qui sévit depuis quelques jours (9 décembre). — Sentence arbitrale qui fixe à 6.273 livres la somme due à Pierre Gaultier le jeune, en raison de la gestion des biens de feue Marie Valleteau, sa mère, par Pierre Gaultier l'aîné, son père (20 décembre 1688).

E. 1932. (Liasse.) — 61 pièces, papier.

1689. — Pierre Audouin, notaire royal à Angoulême. — Actes reçus par ce notaire du 1er janvier au 30 mars. — Procuration de François Brunelière, procureur fiscal de Champniers et de Marie de Talleyrand, sa femme, à Me Cosson, procureur au parlement de Paris, pour poursuivre leur procès contre Joseph Bareau, prêtre, le sieur de Grignol de Puydenelle et autres (16 janvier). — Convention entre Jacques Le Mercier, sieur de La Trémouille et de La Borde, demeurant à La Borde, paroisse de St-Angeau, et Pierre Lopte, maître papetier, qui était sur le point d'abandonner le Moulin-Neuf qu'il lui avait affermé, tout trafic ayant cessé à cause de la guerre (21 janvier). — Bail à loyer d'une maison joignant à l'église St-Antonin, pour 5 années, moyennant 50 livres chaque, à Martin Rossignol, curé dudit St-Antonin, par Armand Dumergue, marchand orfèvre (24 janvier). — Transaction entre Pierre Bourbon, docteur en médecine, et Paul Bourbon, sieur de Montbeillan, son fils, concernant la succession de François Bourbon, médecin, leur fils et frère (26 janvier). — Cession de leurs droits sur les meubles, acquêts et le tiers des propres de feue Marguerite de Manès, épouse de Daniel Horric, écuyer, seigneur de La Caillaudière, demeurant au lieu noble d'Esquival, paroisse de Chassors, au profit dudit seigneur de La Caillaudière et de Guy Chabot, chevalier, comte de Jarnac, à qui elle en avait légué l'usufruit et la propriété, ladite cession faite moyennant 3.600 livres par Jean de Mannès, chevalier, seigneur des Coux, y demeurant, paroisse de Chives, et Jacques de Mannès, chevalier, seigneur du Gazon, capitaine au régiment de la Couronne, frères de la testatrice (13 février). — Contrat de mariage entre Hélie Yver, fils d'Abraham, marchand horloger, et de Marie Girard, et Jeanne Roy, fille de François, marchand de soie, et de Marie Charles; en faveur duquel mariage chacune des parties reçoit une dot de 1.600 livres (21 février). — Contrat d'apprentissage de Jean de Belleprière, fils de feu Nicolas, chez Noël Lescallier, maître pâtissier, pour 2 ans et moyennant 120 livres (24 février). — Sous-ferme des terres et seigneuries de La Mothe, Bourzac, Vendoire, Chas-

sagne et Le Mas-du-Montet, dont il avait le bail judiciaire, moyennant 5.000 livres chaque année, par Jean Gandobert, sieur du Chenaud, à François Claveau, sieur de La Souche, commissaire de la maréchaussée d'Angoumois, Pierre Duport, sieur de La Faye, demeurant à La Valette, Antoine Deroullède, sieur des Favards, y demeurant, paroisse de Salles, et Gabriel Jaubert, demeurant paroisse de Vendoire, que cautionnent Jean de la Cropte, chevalier, seigneur de Chassagne, demeurant au lieu noble de Vendoire, Isabelle de la Cropte, et Isaac de la Cropte, chevalier, seigneur des terres mises en ferme (26 février). — Transaction au sujet d'une mitoyenneté entre Nicolas Monteilh, peintre, et Marie Mallat, veuve de Pierre Sibillote, sergent (26 février). — Sentence arbitrale qui règle les différends de Jacob de Chièvres, écuyer, sieur de Montravail, et de Madeleine de Morel, sa femme, tant pour eux que pour leurs enfants, demeurant au village de Chez-le-Baraud, paroisse de Roussines, avec Suzanne de Lubersac, veuve de Pierre de Chièvres, écuyer, sieur de La Vallade, tant pour elle que pour Pierre-Jacob de Chièvres, leur fils, demeurant au lieu noble de La Vallade, paroisse de Buxerolle, en Périgord; au sujet entre autres des successions de Marc de Chièvres, écuyer, sieur de La Vallade et d'Agnès Lériget, père et mère desdits sieurs de Montravail et de La Vallade, et de Marc de Chièvres, écuyer, sieur de Bouchet, leur frère (26 février). — Bail à ferme des seigneuries de La Chaize et d'Orgeville, pour 5 années, moyennant 200 livres chaque, et 6 deniers par livre, à Étienne Corlieu, marchand du village des Brandes, paroisse de St-Amant-de-Nouère, par Joseph de Dreux de Nancré, abbé de St-Cybard (16 mars). — Bail à ferme à François de Bécheresse, marchand du village du Maine-la-Forêt, paroisse de Salles, par Alexandre Chérade, seigneur de Laumont, de 290 boisseaux de froment, 207 boisseaux d'avoine, mesure de La Valette, d'une certaine quantité de volailles et d'une certaine somme d'argent, le tout de rentes seigneuriales dans la paroisse de Salles, pour 6 années, moyennant le paiement de 30 sols par boisseau de froment, 10 sols par boisseau d'avoine, 8 sols par chapon, 6 sols par géline, et le montant des rentes en numéraire, pour la première année; avec une augmentation de 6 sols par boisseau de froment et de 2 sols par boisseau d'avoine pour les années suivantes (25 mars 1689).

E. 1983. (Liasse.) 56 pièces, papier.

1689. — Pierre Audouin, notaire royal à Angoulême. — Actes reçus par ce notaire du 1er avril au 30 juin. — Vente de rentes seigneuriales à Alexandre Chérade, seigneur de Laumont, par Marguerite Le Page, veuve d'Abraham de la Chèze, écuyer, sieur de Nadelin, et Antoine de la Chèze, sieur de Touvent, moyennant 660 livres dont 600 destinées à équiper Hyacinthe de la Chèze pour le service du Roi (8 avril). — Donation de 2.600 livres à lui dues par le comte de Châteaumorand, à Françoise de Cotantin, épouse dudit comte, par Mgr François de Péricard, évêque d'Angoulême « pour la considération particulière qu'il a pour elle » (20 avril). — Sommation par Jean de Lalobée, syndic d'Aubeterre, à Guillaume Jehen, notaire royal, chargé par Guillaume Nicot de la « fourniture des estapes » de l'élection d'Angoulême, de « rembourser les routes des logements des troupes de Sa Majesté qui ont logé et séjourné en ladite ville et de venir faire le remboursement sur les lieux aux habitants, conformément au règlement de Sa Majesté » : réponse dudit Jeheu qu'il effectuera ce remboursement aussitôt que M. l'Intendant aura fixé les dommages et intérêts qui lui sont dus par les habitants d'Aubeterre pour l'avoir empêché d'y établir un magasin (22 avril). — Sommation de Laurent Moreau, notaire royal, syndic de la paroisse de Montmoreau, à Guillaume Jeheu, de « fournir l'estape » pour un régiment de cavalerie qui doit prochainement passer audit lieu : réponse dudit Jeheu « qu'il avait cy-devant envoyé son fils pour la fourniture des estapes audit lieu, lequel avait un magasin, et, après avoir fourny à deux compagnies de Piedmont-Roial, deux autres estant venues le lendemain audit lieu de Montmoreau, qui estoit le douse du présent mois, les habitans de ladite ville menèrent les cavaliers desdites deux compaignies au magazin, pillèrent et firent piller ledit magazin, en emportèrent les fourages et danrée par force et viollances, maltraitèrent les gens qui avoient esté employés pour la distribution qui vouiloient empescher le désordre »; il ajoute qu'il ne fournira pas d'étape nouvelle tant que le syndic ne lui aura pas remis les « routes » avec le certificat de logement des troupes déjà passées qui lui sont nécessaires pour se faire rembourser des étapes fournies (24 avril). — Vente de l'office de conseiller du Roi, lieutenant-particulier, assesseur criminel et premier conseiller en la sénéchaussée et siège présidial, dont était titulaire Charles Ferrand, écuyer, sieur des Roches, moyennant 18.300 livres, à Étienne Chérade, sieur des Seguins, avocat au parlement, par Annet de la Charlonie, écuyer, sieur de Hauté-Roche et du Maine-Gaignaud, Antoine Thomas, écuyer, sieur de Lézignac, tous deux conseillers honoraires au présidial, et Jean Thomas, écuyer, sieur des Bretonnières, garde des sceaux audit siège (4 mai). — Vente de 45 charges de papier au « petit cornet », moyennant 84 livres la charge, à Henri Gaultier, marchand, par Pierre Vallade, maître papetier du moulin de Pointet, paroisse d'Allemans, en Périgord (5 mai). — Partage de la succession de Françoise Mignot, héritière de Gabrielle Bourbon, sa mère, et de Jean Maignot, cordelier, son frère, entre Jacques Lhoste, sieur de La Grave, conseiller au présidial de Libourne, Marie Bourbon, sa femme, et Paul Bourbon, sieur de Montbrillant, oncles et tante de ladite Françoise (7 mai). — Compte qui fixe à 1.047 livres la somme due à Abraham Janssen par Pierre Gibier, maître papetier du moulin de Ruelle (13 mai). — Transaction au sujet de la succession d'Annet de Chevreuse, écuyer, sieur de Tourteron, entre Françoise de Chièvres, sa veuve, demeurant au lieu noble de Tourteron, paroisse de Paizay-Naudoin, et Pierre de Chevreuse, écuyer, aussi sieur de Tourteron, et Charlotte d'Anché, ses fils et bru, demeurant audit bourg de Paizay (20 mai). — Bail à ferme des revenus de la seigneurie de Champmillon, pour 5 années, moyennant 450 livres chaque, à Pierre et Jean Valleteau, frères, par l'abbé de St-Cybard (30 mai). — Bail à ferme des revenus du prieuré de Gourville et de Bonneville, son annexe, pour 5 années, moyennant 1.450 livres chaque, à Jean Jarrijon, sieur de Mouripaud, demeurant à Marcillac (8 juin). — Vente de l'office de « notaire royal héréditaire premier réservé sur l'estat du Roy, pour le bourg de Champniers », moyennant 336 livres, à François Texier, praticien demeurant à La Vallade paroisse de Magnac, par Guillaume Jeheu, notaire royal (8 juin). Avec une résiliation du 17 décembre. — Cession réciproque de diverses créances entre Jean Arnauld, écuyer, seigneur de Bouex, et Pierre Duport, sieur de La Faye (10 juin). — Bail à ferme des revenus de la seigneurie de Beauregard, pour 5 années, moyennant 230 livres chaque, à Pierre Martin, sieur de Guissale, par l'abbé de St-Cybard (10 juin). — Bail à loyer d'une maison et jardin, faubourg de Lhoumeau, moyennant 250 livres chaque année, à

André Jubert de Bouville, chevalier, marquis de Bizy, intendant de justice, police et finances en la généralité de Limoges (11 juin). — Vente de rentes seigneuriales à Jean Arnauld, écuyer, seigneur de Bouex, par François de la Garde, écuyer, seigneur de Nanteuil, et Luce Pasquet, sa femme, demeurant au lieu noble de Nanteuil, paroisse de Sers, moyennant 1.000 livres qui servent à rembourser Jean Normand, écuyer, seigneur de La Tremblade, d'arrérages de rentes (17 juin). — Transaction entre François Bourdage, bourgeois, Antoine Bourdage, curé de St-Amant-de-Graves, et Marie Bourdage, comme héritiers de Jean, leur père, et Marguerite Thomas, veuve de Jean Grelier, au sujet d'une obligation consentie en faveur de celui-ci (17 juin). — Prise de possession de la cure de St-André par Hélie Lhoste, prêtre du diocèse de Bordeaux, et curé de Juignac, au diocèse de Périgueux, en présence de Jacques Chevraud, précédent curé (24 juin). — Bail à ferme des moulins banaux de St-Cybard, de la « ranfermerie » et du droit de blanc que doivent les « gabariers » lorsqu'ils passent chargés et remontent la rivière, sous le pont de St-Cybard, pour 5 années, moyennant 537 livres chaque, à Jean Guionnet, marchand, par l'abbé de St-Cybard (25 juin). — Bail à ferme des revenus qui lui appartiennent dans la paroisse de Dignac, pour 5 années, moyennant 350 livres chaque, par Michel Hardy, sacriste de l'abbaye de St-Cybard, à Pierre Chaineau, marchand de Dignac (25 juin). — Sentence arbitrale de M. Robuste, avocat, à qui le comte de Jarnac avait renvoyé l'affaire par un acte joint à la sentence et scellé de son sceau en cire rouge qui n'est pas celui des Chabot ; ladite sentence mettant fin aux différends de Jean Grimouard, sieur de La Motte-Frateau, de Marie Vigier, sa femme, de Louis Audouin, sieur du Fresne et de Marie Vigier, sa femme, avec François Vigier, écuyer, sieur de La Cour-du-Refort (30 juin 1689).

E. 1981. (Liasse.) — 68 pièces, papier.

1689. — Pierre Audouin, notaire royal à Angoulême. — Actes reçus par ce notaire du 1er juillet au 29 septembre. — Inventaire des meubles et effets de Francois-Louis Flament, écuyer, seigneur de Lugérat, décédé à Paris le 29 mai précédent, qui se trouvent au lieu noble de Lugérat, paroisse de Montignac, ce requérant Charlotte Flament, épouse de Clément de Cercé, écuyer, seigneur dudit lieu (7 juillet). —

Cession de la « commission d'ambulance des postes d'Angoumois et de Périgord », à Jean Valleteau, sieur de Chabrefy, demeurant à Angoulême, qui devra rendre compte de sa commission de mois en mois, par Noël Dexmier, messager d'Angoulême à Paris, intéressé dans les postes d'Angoumois, Poitou, Saintonge, Aunis et Périgord (10 juillet). — Vente de 36 boisseaux de froment, 14 boisseaux d'avoine, mesure de La Valette, 6 gelines et 37 sols de rente seigneuriale, paroisse de Fouquebrune, moyennant 1.326 livres, à Marie Janssen, veuve de Paschal Birot, écuyer, docteur en médecine, par Pierre de Lageard, chevalier, seigneur de La Grange du Pasvieux, et Charlotte Bonne Du Reclus, sa femme (22 juillet). — Dépôt des papiers concernant la tutelle de Jean et de Marie Peusfret, enfants de René et de Anne Thomas, par Adam Ranson, sieur de Marmounier, demeurant au village de Lautret, paroisse d'Étriac, tant pour lui que pour Jean, son père, maître de la poste de Gourville (27 juillet). — Avec le procès-verbal de remise de ces papiers à Jean Peusfret, sieur de Châtelier, demeurant à St-Fraigne, et à François Joubert, sieur du Peux, comme époux de Marie Peusfret, demeurant à Marcillac, du 28 février 1690. — Cession de la jouissance des château, terre et seigneurie de Salles, pour 9 années, à Marguerite Gandillaud, veuve de Bernard de Forgues de Lavedan, chevalier, baron de La Rochechandry, François Baudouin, chevalier, seigneur de Fleurac, et Marguerite Baudouin, leurs créanciers, par Alexandre de Galard de Béarn, chevalier, seigneur comte de Brassac, La Rochebeaucourt, Salles, Genté et autres places, que représente François Alexandre de Galard de Béarn, chevalier, seigneur marquis de Brassac, son fils : ladite cession faite en déduction de créances sur le pied de 3.400 livres par année de jouissance (26 juillet). — Conventions au sujet du mode de paiement des fournitures de bois de moulin que doivent faire Pierre et Jean Rabillat, père et fils, marchands du Dorat, à Léger Giraud, sieur de La Montagne, marchand de Rochefort, un des adjudicataires des bois nécessaires à la construction des vaisseaux du Roi, à leur radoub, et aux fortifications des îles d'Oléron, de Ré et autres (28 juillet). — Procès-verbaux des moulins de St-Cybard abandonnés en très mauvais état par les derniers fermiers (30 juillet). — Transaction après arbitrage entre François Bardonnin, chevalier, seigneur de Sonneville, Boisluchet et autres places, demeurant au château de Sonneville, paroisse dudit lieu, Claude de Guez, chevalier, seigneur de Puy-de-

Neuville, Marie-Anne Bardonnin, son épouse, Charles-François Garnier, chevalier, seigneur châtelain de Brieuil, Rochevineuse et autres places, capitaine dans le régiment d'Infanterie-Dauphin, Isabelle de Bardonnin, son épouse, demeurant au château de Brieuil, paroisse de Chenay, François Bardonnin, chevalier, seigneur comte de Sansac, et Marie Bardonnin, son épouse, demeurant au château de Sansac ; ladite transaction au sujet de l'héritage de Marie de Fleury, épouse du seigneur de Sonneville, mère et belle-mère des autres parties (5 août). — Cession à François Moussier, sieur de Denat, avocat du Roi au présidial, et Anne Bareau, sa femme, par Jean Arnauld, écuyer, seigneur de Bouex et de Méré, d'une rente seigneuriale de 5 sols et d'une poule, près de la chaume de St-Roch, et du droit de péage ou « plassage » sur toutes les marchandises à vendre au lieu de La Chapelle St-Roch, paroisse de Garat, juridiction de Bouex, le jour de la St-Roch, savoir : 4 deniers sur les petits marchands, 6 sur les autres, et 1 sol ou 1 pinte de vin sur les cabaretiers, conformément aux concessions des seigneurs de Marthon aux seigneurs de Bouex et aux dénombrements rendus par ceux-ci ; moyennant 40 livres, et à charge de tenir le tout en arrière-fief de la seigneurie de Bouex, à hommage de 5 sols à mutation de seigneur ou de vassal (14 août). —Transaction réglant la succession de Jean Maignot, docteur en médecine, et de Gabrielle Bourbon, sa femme, entre Paul Bourbon, sieur de Montbrillant, que représente Pierre Bourbon, son père, docteur en médecine, Jean Maignot, principal du collège de St-Florent de La Rochefoucauld, frère Jean Maignot, religieux de l'ordre de St-François de la grande observance, Marie Maignot, épouse de Jean Grassin, procureur et notaire du duché de La Rochefoucauld (17 août). — Transaction qui fixe à 5.000 livres la somme due à messire Jacques-Joseph Dreux de Nancré, abbé commanditaire de St-Cybard, pour réparations à faire dans l'église de ladite abbaye et dans les domaines en dépendant, par Henri de Refuge, chevalier des ordres de Mont-Carmel et de St-Lazare, tant pour lui que comme créancier de Henri de Refuge, son oncle, conseiller au parlement de Paris, abbé dudit St-Cybard, et comme procureur de Pomponne de Refuge, marquis dudit lieu, maréchal de camps, gouverneur de Charlemont, héritier dudit conseiller au parlement (17 août), — Cession par Hélie de la Charlonnie, écuyer, en faveur de Jean, son frère, de son droit d'aînesse, et de tous ses droits à la succession d'Annet de la Charlonnie, écuyer, sieur de Haute-Roche et du Maine-Gaignaud, conseiller honoraire au présidial, et de Marie Arnauld, leurs parents, moyennant que ceux-ci le tiendront quitte des 600 livres qu'ils lui ont envoyées pour s'équiper afin d'entrer dans le régiment du Roi, lui fourniront 700 livres pour le même effet, qu'il recevra 300 livres de pension annuelle de leur vivant, et 800 livres après leur mort (28 août). — Versement de 30 livres au bureau de la ferme des aides par Abraham Janssen, François Vantongeren et Henri Gaultier, marchands, « comme forcés et contraints, et pour éviter les rigoureuses contraintes dont ils sont menacés » en raison « du prétan du droit annuel » : ils déclarent qu'ils n'achèteront à l'avenir de l'eau-de-vie ou du vin si ce n'est pour leur provision ; Henri Gaultier déclare aussi qu'il a dans son magasin 20 grosses barriques d'eau-de-vie destinées à un de ses amis de Dunkerque (30 août). — Bail à ferme des rentes et agriers possédés par l'abbaye de St-Ausone dans la paroisse de Courbillac, moyennant 70 livres chaque année (30 août). — Quittance de 871 livres donnée par Dominique Deschard, agent d'affaires du marquis de Nesmond, chef d'escadre, à Pierre Martin, sieur de Guissalle, représentant Pierre-André de Nesmond, chevalier, seigneur de Maillou et de La Tour St-Maubert (10 septembre). — Obligation de 50 livres consentie en faveur de Georges Bediou, marchand, par René Thibaud, chevalier, seigneur de Villemoulin, y demeurant, paroisse des Mornes, et François de Pernay, chevalier, seigneur de Sully, y demeurant, paroisse dudit lieu, au diocèse d'Auxerre, étant alors à Angoulême « dans l'escadron des gentilshommes, à cause du ban et arrière-ban », en raison des dépenses faites chez ledit marchand pendant le temps qu'ils y ont demeuré par ordre du maire (12 septembre). — Cession de 28 livres de rente à François Moreau, maître ès-arts libéraux (12 septembre). — Cession de rentes seigneuriales, moyennant 728 livres, à Jean Arnauld, écuyer, seigneur de Bouex, par Antoine d'Abzac, chevalier, seigneur de Vouzan (17 septembre). — Contrat d'apprentissage pour 2 années et moyennant 40 livres, de Jean Vitet, de Cognac, chez Jean Roy, maître tonnelier du faubourg Lhoumeau (18 septembre). — Procès-verbal du lieu noble et domaine de Villognon, paroisse de St-Gervais, saisis sur Robert Regnaud, écuyer, sieur de Boisclair, comme curateur des enfants mineurs de feu Jean Regnaud, écuyer, sieur de Villognon, ce requérant Jean Bourbon, marchand de Chadurie, fermier judiciaire, que représente Jean Brothier, sieur des Roix (19 septembre). — Contrat d'ingression dans la communauté des filles dévouées au service de l'Hôtel-Dieu Notre-Dame des Anges, de Jeanne Robuste, fille de Joseph-Olivier, avocat, et de Françoise Antier, qui lui constituent une dot de 2.000 livres (24 septembre). — Bail à loyer d'une boutique à Claude Plumant, marchand boutonnier, par Etienne Delagarde, marchand bonnetier (25 septembre). — Inventaire des meubles et effets communs entre Guillaume Jeheu, notaire royal, et les enfants provenant de son mariage avec feue Geneviève Germain, avant le second mariage dudit Guillaume avec Marthe de la Grange. A signaler audit inventaire : un compas de proportion, un demi-cercle, et autres instruments de géométrie qui servent audit Jeheu pour lever les plans des forêts du Roi ; — les provisions de l'office de notaire royal réservé acquis de la veuve de Jean David, avec la quittance du paiement du 17 décembre 1684 ; — une grosse du partage fait entre ledit Guillaume, comme héritier de Guillaume Jeheu, son oncle, et les héritiers de Marguerite Galliot, veuve dudit Jeheu, en 1664 ; — les provisions d'un office de notaire royal au bourg de Champniers dont était pourvu ledit Guillaume au lieu et place de Thoyon (23 septembre). — Contrat d'apprentissage pour une année, et moyennant 45 livres, de Guillaume Jeheu, fils de Guillaume, notaire royal, chez Jean Couprie, maître chirurgien de La Couronne (29 septembre 1689).

E. 1985. (Liasse.) — 31 pièces, papier.

1689. — Pierre Audouin, notaire royal à Angoulême. — Actes reçus par ce notaire du 1er octobre au 21 décembre. — Procuration donnée par Jean-Louis de la Salle Goumot, capitaine au régiment de Champagne, à Marie de Guip, sa femme, pour aliéner une rente perpétuelle de 200 livres (1er octobre). — Entente entre Jean Gandobert, sieur de Chenaud, et Pierre Gandobert, sieur de Vivonne, pour partager les revenus de l'année du lieu du Chenaud en 4 parts revenant auxdits sieurs du Chenaud et de Vivonne, à Louis et à Etienne Gandobert, leurs frères (3 octobre). — Prise de possession de l'abbaye de St-Cybard, par Jacques-Joseph de Dreux de Nancré, clerc tonsuré du diocèse de Paris, en vertu du brevet du Roi du 20 mars 1688 et d'un arrêt du grand conseil, la cour de Rome ayant retardé l'expédition des bulles (24 octobre). — Sommation de Jacques Jameu, chantre et chanoine de la cathédrale, curé primitif de St-Hilaire de Péreuil, à Hélie-François Thiboyau, vicaire perpé-

tuel de ladite paroisse, de recevoir 250 livres pour 2 quartiers de sa pension congrue : ledit Thiboyau, docteur en théologie, ne les accepte que comme restitution des fruits décimaux de sa paroisse, en attendant l'issue du procès pendant en parlement (26 octobre). — Transaction entre Jeanne Bourgeois, veuve de Jacques Mesnier, fille du premier mariage de Paul Bourgeois avec Marie Clémanseau, demeurant à St-Jean-d'Angély, d'une part, Sarah Bourgeois, demeurant à Migré, en Saintonge, Madeleine Bourgeois et Honoré Marchand, avocat en parlement, procureur fiscal du marquisat de Surgères, son mari, Jacques Bourgeois, secrétaire du comte du Bourg, brigadier des armées du Roi et maréchal des logis de la cavalerie, enfants du second mariage dudit Paul avec Andrée Jousselin, d'autre part; au sujet de la succession mobilière de leur père (29 octobre). — Procès-verbal d'une maison, paroisse de St-André, ce requérant François Penot, curé de Touvre, comme tuteur de ses frères et sœurs (3 novembre). — Contrat d'apprentissage chez Thomas Liard, maître perruquier, de Pierre de Lorière, demeurant alors au château de Montchaude, pour 15 mois et moyennant 90 livres dont Jean de St-Gelais de Lusignan, chevalier, marquis de Montchaude, garantit le paiement (17 novembre). — Sommation par Guillaume Albert, fermier des droits de « paisons et glandées » dans les forêts de Braconne et de Boisblanc, à Jean Mesneau, écuyer, sieur de La Mothe, lieutenant en la maîtrise des eaux et forêts d'Angoumois, de juger les procès engagés par lui contre plusieurs particuliers qui ne veulent pas payer le montant de la sous-ferme de ces droits (39 novembre). — Compte entre Jacques Bineau, marchand, ci-devant fermier général des revenus de l'abbaye de St-Cybard, et Joseph de Dreux de Nancré, abbé dudit lieu, comme cessionnaire des créanciers et hériliers de Henri de Refuge, son prédécesseur, qui fixe à 4.910 livres la somme due par ledit Bineau : la ferme générale pour 1688 s'élevait à 4.790 livres (30 novembre). — Dissolution de communauté entre Jean Arnauld, sieur de Quatre-Ecus, d'une part, François de Larousse, marchand, et Marguerite Arnauld, sa femme, d'autre part (1er décembre). — Déclaration de Pierre Salmon, prêtre, prieur claustral et sacriste de l'abbaye royale de Nanteuil-en-Vallée, qu'il est « depuis longtemps dans l'oppression par l'intrigue de ses ennemis, Charles Robert et Philippe de Corgnol, religieux de ladite abbaye, et Jean-Baptiste Verdier, religieux sacriste de l'abbaye de St-Sauveur de Blaye », qui

l'ont fait emprisonner par lettre de cachet et transférer, après 15 mois de détention, au couvent des
Carmes déchaussés de Bordeaux ; il proteste par
avance que, s'il signe les actes qu'ils lui présenteront, ce sera par force, afin d'obtenir sa liberté (14
décembre). — Nouvelle déclaration du même qu'il a
signé sa démission de prieur, une permutation de son
bénéfice de sacriste, et passé un « seing » privé, mais
seulement par contrainte (17 décembre). — Quittance
donnée par Joseph Dumontet, chirurgien de Dignac,
à François de Lanchère, dit Balafre, demeurant à Dignac, des 1.521 livres à lui adjugées par sentence du
lieutenant criminel de Poitiers (24 décembre). — Présentation de Louis Thénevot, ancien curé de Saujon,
en Saintonge, comme chapelain de la chapelle Notre-
Dame en l'église St-André, par René de Voyer de
Paulmy, chevalier, comte d'Argenson ; l'acte est
conçu sous forme de lettre missive au curé de St-André et scellé avec un cachet de cire rouge aux armes
d'Argenson (29 décembre 1689).

E. 1986. (Liasse.) — 54 pièces, papier.

1690. — Pierre Audouin, notaire royal à Angoulême. — Actes reçus par ce notaire du 2 janvier au
31 mars. — Quittance de 600 livres sur les arrérages
d'une rente de 200 livres contractée au profit de la
comtesse d'Argenson, ladite quittance donnée à
François de Lestang, chevalier, seigneur de Sigogne,
demeurant en la maison noble de Rulle, paroisse de
Sigogne, par Jean-Louis Guiton, écuyer, seigneur du
Tranchard et de Chantoiseau, procureur du Roi en
l'élection, maire et capitaine d'Angoulême (2 janvier). — Ventes diverses par François Penot, curé de
Touvre, comme tuteur de ses frères et sœurs, héritiers de Pierre Penot et Jeanne Fé, leurs parents
(4-28 janvier). — Cession par Philippe Raymond, chevalier, seigneur de St-Germain, demeurant à Ste-Colombe, à Jean Fé, sieur de Boisragon, des revenus de
son domaine de La Motte-le-Roux, en Poitou, jusqu'à
parfait paiement d'une obligation de 539 livres (12
janvier). — Mise en nourrice de Jean Repéré, fils
naturel de Françoise Bigot et de Jean Repéré, précep-
teur, chez Françoise Chapitaud, femme de Breuillet,
maître tailleur, moyennant 10 livres par trimestre
(17 janvier). — Testament d'Alexandre Chérade, seigneur de Laumont, par lequel il fait divers legs charitables et donne à sa mère l'usufruit des biens dont
il peut disposer (20 janvier). — Contrat de mariage

entre François Pitre, procureur au présidial, et Marie
Audouin, fille de Pierre, marchand, qui reçoit en dot
1.500 livres et 150 livres de meubles (22 janvier). —
Remise à Simon Diaque, marchand bourgeois, et
Cornélie Pélicot, sa femme, par Anne Bigot, veuve de
Noël Dexmier, conformément aux sous-seings passés
entre eux les 18 et 24 février 1689, des pièces concernant les messageries d'Angoulême à Paris, savoir :
la nomination par François Lecoq, écuyer, conseiller
du Roi, de Noël Dexmier aux deux offices de messager de la ville d'Angoulême à Paris et retour, le 15
décembre 1662 ; l'acte de réception de Dexmier à ces
offices, du 27 avril 1663 ; les provisions obtenues par
Dexmier de l'office de messager de la ville et sénéchaussée de Civray à Paris et retour, du 28 juin 1662 ;
les provisions données par l'Université de Poitiers de
l'office de messager de ladite Université de Poitiers à
Angoulême et retour, du 8 août 1664 ; l'ordonnance
rendue par les commissaires généraux députés par
le Roi pour la liquidation des finances des messageries royales, du 22 mars 1682 ; l'ordonnance rendue
par les mêmes pour la liquidation de la messagerie
de Bergerac à Paris et retour, du 24 avril 1678 ; une
autre ordonnance des mêmes pour la liquidation des
messageries de Périgueux et autres lieux, du 5 décembre 1670 ; la prise de possession de ladite messagerie de Périgueux et de ses dépendances par Lazare
Patin, du 5 janvier 1679 (22 janvier). — Transaction
concernant la rente de 20 livres due par Antoine Debors, prieur et curé de Gurat, à Jean Debors, maître
chirurgien, et Madeleine Vaslet, comme tutrice de
ses enfants et de Abraham Debors (7 février). — Bail
à ferme des terres et seigneuries de Bouex et de Méré,
pour 6 années, moyennant 4.200 livres chaque, à Joseph Dumontet, maître chirurgien, et François de
Lanchère, marchand, par Jean Arnauld, écuyer, seigneur desdits lieux (16 février). — Obligation de 454
livres consentie en faveur de Guillaume Dubois,
marchand, par Pierre-Philippe-François d'Auteclaire,
écuyer, sieur de La Madeleine, demeurant au Cadusseau, paroisse de Montignac-le-Coq, tant pour lui que
comme héritier en partie de François d'Auteclaire,
écuyer, sieur du Cadusseau, son frère (18 février). —
Bail à ferme des deux tiers de la dîme de Bouex, pour
5 années, moyennant 535 livres chaque, à Étienne
Macé, chirurgien de Bouex, par l'abbé de St-Cybard
(18 février). — Quittance des 15.000 livres de la
dot promise à Élisabeth Janssen, femme de Bertrand Broussard, écuyer, sieur de Fontmarais,
gentilhomme de la grande vénerie du Roi, demeu-

rant à Cognac, par Abraham Janssen, marchand, et Henriette Manigault, sa femme, suivant contrat de mariage du 19 novembre 1676 (24 février). — Transaction entre Henri Gaultier, marchand, et Raymond Raganeau, maître papetier du lieu des Rivières, paroisse de Villetoureix, en Périgord, au sujet de la livraison faite par celui-ci de huit charges de papier (1er mars). — Reconnaissance donnée par Yacinthe de la Chèze à Madeleine Lepage, veuve d'Abraham de la Chèze, écuyer, sieur de Nadelin, qu'elle lui a prêté 600 livres l'année précédente, quand il s'apprêtait à partir pour le service du Roi, et qu'elle vient de lui prêter 1.000 livres pour « faire la compagnie » qu'il a obtenue au régiment de Boufflers (9 mars). — Vente de rentes seigneuriales, moyennant 1.000 livres, par Madeleine Lepage, à Étienne Chérade, sieur des Seguins et de Laumont (9 mars). — Compte qui fixe à 929 livres la somme due à Jean Arnauld, écuyer, seigneur de Bouex, par René Méhée, chevalier, seigneur d'Anqueville, Malvoisin, et autres places, et Anne Le Musnier, sa femme, demeurant au lieu noble des Courades, paroisse de Vibrac (20 mars). — Quittance de 2.120 livres dues à Philippe Maulde, sieur des Blancheteaux, procureur fiscal de St-Cybard, et Catherine Mesnard, sa femme, comme étant aux droits de Pierre Dusouchet, sieur de Bourgneuf, et de Françoise Guy, sa femme, par les héritiers de Jean de Fochier, écuyer, seigneur du Clauzuraud ; ladite quittance donnée à Louis Guy, écuyer, seigneur du Mas, demeurant au lieu noble de Foucaudie, paroisse de Nersac, comme devant pareille somme pour l'acquisition du lieu de Livernan sur Jean de Morelon, écuyer, seigneur de Chaveroche, du 12 décembre 1689 ; avec autre quittance de 800 livres pour les intérêts de la somme susdite donnée par ledit Maulde audit Morelon et à Marie Thérèse de Fochier, sa femme (23 mars). — Compte entre Jacques Salmon, sieur des Moulins, et Jeanne Tiffon, femme autorisée de Pierre Condat, notaire royal à Mansle, au sujet de 600 livres dues par ceux-ci à autre Jacques Salmon, prieur de l'abbaye de Charroux (28 mars 1690).

E. 1987. (Liasse.) — 48 pièces, papier.

1690. — Pierre Audouin, notaire royal à Angoulême. — Actes reçus par ce notaire du 8 avril au 30 juin. — Transaction après procès au sujet d'une rente entre Antoine Maillocheau, curé de Sonneville,

Hélie Maillocheau, sieur des Souches, et Jean-Louis Boiteau, sieur de La Pitardie, demeurant paroisse de St-Preuil (8 avril). — Testament de François Han, âgé de 18 ans, enrôlé dans la compagnie du sieur Galliot, au régiment de Boufflers (11 avril). — Transaction qu'il fixe à 2.200 livres la somme due par Charles de la Place, chevalier, seigneur de Torsac et de La Forêt d'Horte, capitaine des chasses en Angoumois, et Julie de Galard de Béarn, sa femme, à Anne Bigot, veuve de Noël Dexmier, comme cessionnaire de Madeleine de la Nogerède et de Nicolas Bailly ; en raison de la donation de ses biens faite par François de Vassoigne, chevalier, seigneur de La Forêt d'Horte, le 4 mars 1673, audit de la Place, à la condition de payer 3.000 livres à ladite Madeleine de la Nogerède (11 avril). — Compte qui fixe à 3.300 livres la somme due à Jean Arnauld, écuyer, seigneur de Bouex, par Jean Mussaud, écuyer, sieur de St-Michel, et Marguerite de Monsérand, son épouse, demeurant au logis noble du Groc, paroisse de Fouquebrune ; en raison des obligations contractées par Charles de la Marthonie, écuyer, seigneur de Fouquebrune, et Marguerite Paulte, sa femme (13 avril). — Vente d'une maison, rue Froide, paroisse de St-André, à Angoulême, moyennant 2.050 livres, à François Moreau, maître ès arts libéraux, et Marie Prévost, sa femme, par Mathurin Mongin, sieur de Belleville, et Marguerite de Laborie, sa femme (16 avril). — Sous-ferme du lieu noble d'Andreville, moyennant 450 livres chaque année, consentie par Jean Forestier, fermier judiciaire (16 avril). — Transaction qui fixe à 500 livres la somme due par André Gaultier, marchand, comme fermier du prieuré de « Torxé en St-Jean-d'Angély », à Renée de Péricard, veuve en secondes noces de Georges Le Cordier, chevalier, marquis de Varaville, comme héritière contractuelle de François de Péricard, évêque d'Angoulême, son frère (17 avril). — Cession de rentes seigneuriales estimées 786 livres à Jean Arnauld, écuyer, par Henri Duvignaud, chevalier, seigneur de Fayolle, et Marie de Guitard, sa femme, demeurant au logis noble de Fayolle, paroisse de Jauldes (25 avril). — Cession d'une obligation de 542 livres sur Jean Buffard, sieur du Plantis, par François de la Garde, chevalier, seigneur de Nanteuil et de Roche, capitaine d'infanterie au régiment d'Angoulême, au profit de Pierre Buffard, sieur des Varennes, demeurant à St-Jean-d'Angély (29 avril). — Quittance de gages donnée à Suzanne de Montalembert (13 mai). — Compte qui fixe à 420 livres la somme due par Pierre de Vassoigne, écuyer, ci-devant curé de Feuillade, à l'hérédité de Sylvestre Beton (26 mai). — Bail à métayage des terres labourables lui appartenant consenti par André Audouin, sieur du Plas, y demeurant, paroisse d'Asnières (27 mai). — Obligation de 800 livres reconnue au profit de Mathurin Arnauld, bourgeois de Mosnac, par Anne de Lageard, veuve de François Castain de Guérin, écuyer, receveur des décimes d'Angoumois (2 juin). — Transaction qui fixe à 150 livres l'indemnité due à Hélie Cailleteau, marchand de La Rochefoucauld, pour l'inéxécution du contrat suivant lequel Pierre Hiche, marchand de Cahors, devait lui fournir 100 peaux de bœufs, moyennant 11 livres pièce, dont il devait en reprendre ensuite 50, une fois tannées, moyennant 15 livres pièce (2 juin). — Cession de rentes seigneuriales, moyennant 30 livres, à Jean Arnauld, écuyer, seigneur de Bouex, par Jean de Marcosainne, écuyer, sieur de Puyromain et Catherine de Céris, sa femme, demeurant audit Puyromain, paroisse de St-Cybardeau (7 juin). — Inventaire des meubles et effets de Marie Sancy, veuve de Pierre Lurat, sieur de Boisrenaud, ce requérant Françoise Lurat, leur fille (27 juin-8 juillet). — Transaction par laquelle Pierre Delahaye, curé de St-Claud, s'engage à se contenter des fruits décimaux de sa paroisse, et à ne pas contraindre Michel Hardy, religieux de St-Cybard, prieur de St-Claud, à les reprendre contre une portion congrue, moyennant que ledit prieur se charge de désintéresser Léonard Maignant, avocat au parlement, receveur des décimes, pour les décimes en retard (28 juin). — Résignation de la cure de St-André d'Angoulême, en faveur de M. Lhoste, prêtre du diocèse de Périgueux, par Hélie Lhoste (30 juin 1690).

E. 1988. (Liasse.) — 19 pièces, papier.

1690.— Pierre Audouin, notaire royal à Angoulême. — Actes reçus par ce notaire du 1er juillet au 14 août. — Contrat d'apprentissage, pour 3 ans, moyennant 300 livres, de Henri Bertrand, fils d'Hélie, avocat au présidial, chez Jean Sartre, marchand de draps de soie (3 juillet). — Contrat de mariage entre Claude Benoist, marchand de draps de soie, fils de Jacques, marchand, et Marguerite Thoumie, fille de David, maître apothicaire, et de Marguerite Dufossé. En faveur duquel mariage, le futur époux s'est reconnu propriétaire de 1.350 livres gagnées par lui comme facteur à Paris, et reçoit en dot 750 livres ; la future

épouse reçoit en dot 3.000 livres (1er août). — Testament de Catherine Dumergue, pensionnaire de l'abbaye de St-Ausonne, par lequel elle fait diverses donations pieuses, et lègue ses biens à Madeleine Beton, sa nièce, fille de feu Sylvestre et d'Anne Dumergue (10 août). — Procès-verbal du lieu de Montlogis, paroisse St-Martial, ce requérant le fermier judiciaire dudit lieu (14 août 1690).

E. 1989. (Liasse.) — 15 pièces, papier.

1691.— Pierre Audouin, notaire royal à Angoulême. — Actes reçus par ce notaire du 24 février au 29 mars. — Transaction qui fixe à 200 livres les dommages et intérêts réclamés par le Père Pottier, docteur en théologie, gardien du couvent des frères cordeliers de Cognac, de François de Ménoière, écuyer, sieur de Montplaisir, demeurant à La Roche-Croizat, paroisse de Réparsac, pour la non exécution du testament de Marie Maquin, veuve en premières noces de Jean Jacques de Croizat, du 15 mai 1676, qui prescrivait, entre autres, d'employer 30 livres à l'acquisition d'un rétable pour la chapelle fondée dans l'église des Cordeliers par la testatrice et ledit de Croizat (7 mars). — Cession à François Fouqueux, apothicaire, par Marie de Jambes, femme de François de Livron, écuyer, capitaine au régiment de Piémont, demeurant à Vondeuil, paroisse de Chadurie, d'une obligation de 120 livres contractée par Jacques Fouqueux, sieur de La Touche, Marie Dufresse, sa femme, et Marguerite Dufresse (21 mars). — Bail à ferme du lieu du Maine-de-Boixe consenti pour 5 ans, moyennant 350 livres chaque, par Gabriel Bénard de Rezay, évêque d'Angoulême (21 mars 1691).

E. 1990. (Liasse.) — 42 pièces, papier.

1691.— Pierre Audouin, notaire royal à Angoulême. — Actes reçus par ce notaire du 2 avril au 29 juin. — Bail à ferme des pêcheries dépendant de la baronnie de Vars, consenti pour 5 années, moyennant 56 livres chaque, par l'évêque d'Angoulême (2 avril). — Transaction au sujet de diverses affaires entre Alain Arnauld, écuyer, seigneur de Chalonne, commandant pour Monseigneur le Prince dans la ville de Châteauroux, et Christophe Gilbert, notaire royal (2 avril). — Vente par Merceron, boucher, à Boutillier, marchand tanneur, de toutes les peaux de veaux qu'il tuera depuis Pâques jusqu'au carême, moyennant 30 livres la douzaine, 25 pour 24 (3 avril). — Cession de lods et ventes à Jean Arnauld, seigneur de Bouex, par François de Barbezières, écuyer, seigneur de Montigny, et Catherine de Morel, sa femme, demeurant au château de Montigny, paroisse dudit lieu, en Poitou (5 avril). — Prise de possession de la curede St-André par Jean Lhopte (14 avril). — Cession à Jean Arnauld, seigneur de Bouex, par Gabriel d'Abzac, chevalier, seigneur de Savignac, « cornette de la mestre de camp » du régiment de cavalerie de Girardin, en quartier d'hiver à Angoulême, de rentes seigneuriales, paroisse de St-Germain, moyennant 300 livres destinées à s'équiper pour le service du Roi (4 mai). — Quittance d'arrérages de rentes dûs à Jeanne Briaud, veuve de François-Abraham de Guip, écuyer, seigneur des Planches, et à Gabrielle Briaud, comme ayant ordre de Jean-Louis Pasquet, écuyer, seigneur de La Salle, par Suzanne Barbarin, veuve de Jérôme de St-Laurent, écuyer, sieur de Chalard, et femme de Jean de St-Garaud, écuyer, sieur du Theil, demeurant à Valleron, paroisse de Chebrac (14 mai). — Bail à ferme des prieuré, terre et seigneurie de St-Vincent de Fontenay, pour 3 années, moyennant 2.200 livres chaque, à François Vantongeren, marchand, par Charles de Cauroy, religieux de Cluny, prieur dudit prieuré, que représente André Jubert de Bouville, chevalier, marquis de Bizy, maître des requêtes, intendant de Limoges (26 mai). — Amortissement d'une rente de 50 livres due à Pierre Mongin, sieur de La Brousse, conseiller en l'élection, comme fils et héritier de Geoffroy, sieur de La Businie, et de Julienne de la Boissière, par Marguerite Béchade, veuve de Hélie de la Ville, contrôleur du domaine du Roi à Angoulême, Marie et Elisabeth de la Ville, leurs filles (29 mai). — Cession à François Yver, marchand «orlogeur», demeurant à Saintes, par Abraham Yver, aussi marchand « horloger », et Marie Girard, ses parents, de 1.000 livres en avancement d'hoirie (7 juin). — Résignation de l'office d'aumônier de l'abbaye de St-Cybard, par Simon Maulde, qui en jouit depuis plus de 20 ans, en faveur de Jean Maulde, son frère puîné (11 juin). — Cession de tous droits sur l'héritage de Pierre Aigron, écuyer, sieur de Combisan, moyennant 1.600 livres, à Pierre Vigier, écuyer, sieur de Baucaire, et Marie Aigron, sa femme, demeurant au lieu de Haute-Mourre, paroisse de St-Simon (14 juin). — Bail à ferme des agriers et dîmes du haut quartier de la paroisse de Vars, pour la présente année et moyennant 900 livres (19 juin).

— Bail à ferme des agriers et dîmes du bas quartier de ladite paroisse, moyennant 1.600 livres (19 juin). — Transaction entre Jean Thomas, écuyer, sieur des Bretonnières, garde des sceaux au présidial, et Etienne Dutheil, écuyer, sieur de L'Aubanie, demeurant à Pouillet, paroisse de St-Vincent, au sujet d'arrosage de prés (27 juin 1691).

E. 1991. (Liasse.) — 26 pièces, papier.

1691. — Pierre Audouin, notaire royal à Angoulême. — Actes reçus par ce notaire du 9 juillet au 22 septembre. — Compte des revenus de diverses messageries, où sont diversement intéressés François et autre François Sartre, père et fils, Claude Sartre, Pierre Diaque, Cornelia Pelicot, veuve de Simon Diaque, Jean-Louis Guiton, procureur du Roi au présidial et Françoise Dexmier, sa femme (10 juillet). — Bail à ferme des revenus de la seigneurie de Marsac, moyennant 2.700 livres, par Philippe Pigornet, pair du corps-de-ville, comme ayant charge de Pierre Couturier, sieur de La Hardonnière, économe de l'évêché d'Angoulême (14 juillet). — Transaction qui règle les obligations réciproques de Anne Pradeau, veuve de Pierre Berthoumé, juge assesseur de Montbron, demeurant à Yvrac, envers Jacques Pradeau, marchand de La Rochefoucauld, et de Louis Berthoumé, juge-sénéchal dudit Montbron, y demeurant, envers ladite Anne Pradeau, sa mère (1er août). — Compte qui fixe à 654 livres la somme due à Guillaume Dubois, marchand, par Jean Lestrade de Floyrac, écuyer, sieur du Gazon, y demeurant, paroisse de Cherves (10 août). — Arbitrage de François Gervais, Léonard Maignen, avocats au parlement et au présidial d'Angoulême, et de Mr Desforges, écuyer, seigneur du Châtelard, conseiller au présidial, qui termine les différends élevés entre son altesse sérénissime, très haute et très puissante dame Éléonore Dexmier d'Olbreuse, duchesse de Brunswik et Lunebourg, que représente Louis Du Fay, chevalier, seigneur de La Taillée, La Motte d'Échiré, Exoudun et autres places, demeurant à La Taillée, paroisse d'Échiré, d'une part, Seguin Gentil, chevalier, seigneur de Lafond et de Brasseau, Marie Pannetier, sa femme, demeurant en la maison noble de St-Christophe, paroisse de Rétaux, en Saintonge, Jean Des Mottes, écuyer, seigneur de St-Pey, Suzanne de Rabelin, sa femme, Jean Giraud, chevalier, seigneur de La Couture, demeurant à Marans, en Aunis,

Henri-Auguste de Sallebert, écuyer, seigneur de
Forges, Henri de la Vacherie, sieur de Pignan, et
Françoise de Sallebert, sa femme, d'autre part, à l'occasion de l'hérédité d'Alexandre Dexmier, chevalier,
seigneur d'Olbreuse, dont la duchesse, sa sœur, était
héritière bénéficiaire, et de celle de Anne Jay, première
femme du seigneur d'Olbreuse (contrat de mariage
du 26 juillet 1664), tante des susdits ; les arbitres
accordent les meubles, acquêts et tiers des propres
en toute propriété à la duchesse ; les deux autres
tiers des propres aux neveux de Anne Jay (9-11 août).
— Bail à ferme des revenus des « ports de letres et
paquets de letres tombant dans le bureau » de Cognac, pour 3 années, moyennant 1.150 livres chaque,
consenti par Jean Maupus, directeur des postes des
généralités de Poitiers, La Rochelle, pays d'Aunis,
Saintonge, Angoumois et autres provinces, demeurant à Poitiers, au nom de François Laurent, bourgeois de Paris, fermier général desdites postes, à
Jean Humyer, bourgeois de Cognac, et Jacquette
Morandelle, sa femme, qui se chargent en outre de
tous les frais du bureau, de la distribution, du postillon de Saintes et Saint-Cybardeaux à Cognac et retour,
« de payer toutes les lettres et paquets de lettres
étrangères qui seront de la dépendance dudit bureau
de Cognac, et icelles fera bonnes moyennant un sol
par lettre ou paquet de lettres de remis, et en comp-
tera suivant les états qui lui en seront fournis de
temps en temps » (20 août). — Constitution de 150 livres
de rente, à titre clérical, au profit de Jacques Pigornet, leur fils, par Philippe Pigornet, pair du corps-de-
ville, et Marie Gervais, ses parents (22 août). — Contrat de mariage entre Jean Gandobert, sieur de Chenaud, fils de feu Jacques et de Françoise Valleteau,
et Françoise Amadieu, fille de feu Jacques, marchand, et de Anne Roy : en faveur duquel mariage
la future épouse reçoit 3.000 livres de dot (27 août).
Quittance de 650 livres donnée à Anne Bigot, veuve
de Noël Dexmier, par Bernard Pichot, écuyer, seigneur de Roffy, conseiller au présidial, et Pierre Joubert, marchand, receveur du château de Bouteville, y
demeurant, au nom de Charles de Luxembourg,
marquis de Bouteville (29 août). — Compte entre Joseph Raymond, chevalier, seigneur du Breuil de
Dignac, Le Pouyaud d'Angles et autres places, Jeanne
de Lespinay, sa femme, détenus en la conciergerie
du Palais d'Angoulême, et Pierre Devige, marchand,
fermier des terres du Breuil et du Pouyaud de 1687 à
1689, moyennant 2.400 livres chaque année (22 septembre 1691).

E. 1992. (Liasse.) — 31 pièces, papier.

1691. — Pierre Audouin, notaire royal à Angoulême. — Actes reçus par ce notaire du 4 octobre au
31 décembre. — Choix d'arbitres pour terminer les
différends pendant entre Jean Blanchier, notaire de
Marthon, Sébastienne Lacaton, sa femme, et Jacques
Lacaton, praticien, demeurant tous paroisse de Vouzan (6 octobre). — Vente des seigneurie et fief nobles du Breuil de Dignac, dont la plus grande partie
relève de la maréchale de Navailles à cause de son
château de La Valette, moyennant 30.800 livres, à
Jean Arnauld, écuyer, seigneur de Bouex, par Joseph
de Raymond, chevalier, seigneur du Breuil de Dignac,
Le Pouyaud, Angles et autres places, et Jeanne de
Lespinay, sa femme, détenus depuis plus de 4 ans
pour dettes s'élevant presque au montant de la vente ;
la vente faite conjointement avec Roger de Raymond,
fils des susdits, agissant sous l'autorité de messire
de Brouillac, chevalier, seigneur de La Motte-Contay,
paroisse de St-Maurice de Gencay (4 octobre). —
Compte qui fixe à 505 livres la somme due à François
Boissonnet, marchand, par Jean de la Porte, écuyer,
sieur de La Fenêtre, demeurant au village des Fis-
sons, paroisse de Pérignac (22 novembre). — Sommation par Marie Barbot, veuve de Jean Prévéraud,
sieur de Fontclairaud, demeurant au faubourg de
St-Martin, à Marc Barbot, écuyer, sieur de La Tréso-
riere, juge-prévôt, son neveu, de lui restituer les
meubles qu'il lui avait enlevés en vertu de deux exécu-
toires, en présence de Marc Barbot, père dudit juge,
et du sieur Barbot, maître école de l'église cathédrale,
son frère, qui « passoit à cheval sur les linges et sur
le lit d'icelle demoiselle, sa tante, faisant courir après
sondit cheval » (23 novembre). — Contrat de mariage
entre François Fouqueux, sieur du Maine-Roux,
apothicaire, fils de Jacques, sieur de La Touche,
et de Marie Dufresse, et Charlotte Duru, fille de
feu Robert et de Catherine Maurin (10 décembre).
— Décharge donnée au notaire d'un acte portant
obligation de 2.600 livres consentie le 23 août précédent par Claude Dusouchet, écuyer, sieur de La
Dourville, et Marguerite de Théon, sa mère, veuve
de Michel Dusouchet, écuyer (15 décembre). — Prise
de possession de la cure de St-André par Jean
Lhoste, docteur en théologie (17 décembre). — Transaction entre Anne-Marie et Anne Manès, sœurs, et
Jacques Guiollet, marchand, qui ne leur avait point

livré d'eau-de-vie suivant le marché entre eux conclu (27 décembre). — Décharge donnée par Jacques Félix, sieur du Vigier, au nom de Marie de Montalembert, sa femme, demeurant à Segonzac, à Suzanne et Anne de Montalembert, de la tierce partie des meubles qu'elles avaient en communauté avec ladite Marie (31 décembre 1691).

E. 1993. (Liasse.) — 48 pièces, papier.

1692. — Pierre Audouin, notaire royal à Angoulême. — Actes reçus par ce notaire du 1 janvier au 18 mars. — Transaction par laquelle Marie Arnauld, femme séparée de biens de André Valleteau, sieur de Brouville, consent, en faveur de Jean Duthiers, écuyer, sieur de La Rochette, vice-sénéchal d'Angoumois, et de Marie Aigron, sa femme, à décharger la terre de L'Oisellerie que ceux-ci viennent de vendre à François Maulde, conseiller au présidial, d'une hypothèque de 2.700 livres (7 janvier). — Cession d'une rente de 39 livres due par Hélie Daigne, prieur-curé d'Échallat, moyennant 780 livres ; ladite cession faite à Louis Boessot, écuyer, seigneur de Vouillac, Puyrenaud et autres places, par Gabriel Gandillaud, chevalier, seigneur de Fontguyon, Le Chambon, La Valade, Douzac et autres places, président au présidial (19 janvier). — Vente de 150 charges de papier petit compte, moyennant 66 livres la charge, à Abraham Janssen, marchand, par Léaubon Bassuet, maître papetier du moulin du Marchais, demeurant pour lors au village du Fraisse, paroisse de Palluaud (11 février). — Sommation par Mathurin Arnauld, bourgeois d'Angoulême, à Marie Bouyer, sa femme, de quitter son père, chez qui elle s'est retirée au village des Sandons, paroisse de Mosnac, et de le suivre, ce qu'elle refuse de faire (13 février). — Bail à ferme des revenus du prieuré de St-Vincent de Fontenay, pour 5 années, moyennant 2.300 livres chaque, à François Rollin, demeurant à Vervant, en Saintonge, par Charles de Cauroy, religieux de Cluny, que représente André Jubert de Bouville, chevalier, marquis de Bizy, intendant de la généralité de Limoges (17 février). — Quittance donnée par Hélie Yver, marchand « horlogeur », et Jeanne Roy, sa femme, à Marie Charles, veuve de François Roy, marchand, de partie de la dot de 1.500 livres constituée en faveur de ladite Marie par contrat de mariage du 21 février 1689 (23 février). — Donation de tous ses biens par Marguerite Devaux, veuve de Jean Gerat,

demeurant aux Farges, paroisse de La Rochette, à François Guy, chevalier, seigneur de Puyrobert, Le Breuil, Champniers, Argence et autres places, lieutenant-colonel de cavalerie au régiment Royal-Roussillon (24 février). — Accord qui règle la future succession d'Antoine Bonvalet, maître menuisier, et de Jeanne Villain, sa femme, demeurant au faubourg de St-Cybard, entre François, maître menuisier, demeurant au faubourg Lhoumeau, autre François, Catherine et Marie Bonvalet, leurs enfants (26 février). — Procuration *ad resignandum* de Hélie Pitteaud, curé de Notre-Dame de Gourville (26 février). — Sommation par Henri Gaultier aux collecteurs de l'ustensile et de la subsistance de lui présenter leurs rôles qu'il prétend avoir été raturés pour le taxer à 200 livres au lieu de 150 livres, protestant que les collecteurs « ne s'y sont pas employés et n'y ont employé leurs parents que pour la dixième ou douzième partie de ce qu'ils y étaient employés sur le rôle de l'année dernière, dans lesquelsdits rôles il y a quantité de ratures et de falsifications qui ne doit passer que pour un brigandage public », que d'ailleurs il devait être exempté, ayant acquis la charge d'expert priseur et arpenteur (6 mars). — Constitution de 120 livres de pension viagère, à titre clérical, au profit de Pierre Desbœufs, par François, marchand, et Michelle Barangier, ses parents (13 mars). — Inventaire des meubles et effets de Perrette Lurat, veuve de Léonard de Montargis, écuyer, sieur de L'Ajasson, ce requérant Jacquette de Bertrand, veuve de Robert de Montargis, écuyer, sieur de L'Ajasson, avocat en parlement, sa belle-fille. A signaler audit inventaire : un bahut couvert de cuir noir ayant un petit soubassement fermant à clef, estimé 50 livres ; — un cabinet de bois de noyer en sculpture ayant des pièces rapportées ; — une tapisserie de Bergame et deux tableaux non estimés parcequ'ils ont été donnés par la défunte pour servir à la décoration de l'église St-André (15-20 mars). — Choix d'arbitres par André de la Porte, écuyer, sieur de La Laigne, Olympe Dubois, sa femme, Marie Dubois, sa belle-sœur, demeurant au Maine-du-Juge, paroisse de Germignac, d'une part : Philippe Pigornet, ancien pair du corps-de-ville, faisant pour Jacques Pigornet, curé de Verrière, d'autre part, pour terminer leurs différends au sujet de la propriété d'un pré (18 mars 1692).

E. 1994. (Liasse.) — 38 pièces, papier.

1692. — Pierre Audouin, notaire royal à Angoulême. — Actes reçus par ce notaire du 6 avril au 19 juin. — Obligation de 2.342 livres pour les arrérages d'une rente et son amortissement, consentie en faveur de Jean Arnauld, écuyer, seigneur de Bouex, par Louis-Joseph Green de St-Marsault, chevalier, seigneur de Nieuil, L'Herbaudière et autres places, demeurant à L'Herbaudière, paroisse de Salles en Aunis, Marie Green de St-Marsault, veuve de Pierre Regnaud, chevalier, seigneur de L'Age Bertrand et autres places, demeurant au lieu noble de La Soudière, paroisse de St-Mary, François-Silvain Green de St-Marsault, chevalier, seigneur de Nieuil, neveu dudit Louis (6 avril). — Quittance de 34 livres de rente donnée par Marguerite Mercier, veuve de François Saulnier, écuyer, sieur de Francillac (8 avril). — Procuration donnée par Louis-Charles Geoffroy, écuyer, chanoine de l'église cathédrale, pour recevoir les revenus de son office (12 avril). — Convention par laquelle Jean Lhoste de La Grave, curé de St-André, Pierre Tourres, marguillier d'honneur, et les autres marguilliers de la paroisse s'engagent à payer sur les premiers deniers de la fabrique, à Jacques Rogier, maître menuisier, 450 livres qui lui restent dûs sur les 600 livres à quoi était estimée la « chaire pour prêcher » qu'il a faite pour l'église, ornée de plusieurs ornements de sculptures et couverte d'un plafond aussi sculpté avec une couronne royale » suivant les conventions conclues avec feu M. Bernard, curé (16 avril). — Bail à loyer d'une chambre, moyennant 25 livres chaque année, à Guillaume Ringuet, maître pâtissier, par Pierre Dudouble, prieur de Cloulas et curé de Beaulieu (8 mai). — Constitution de 100 livres de rente annuelle en faveur de Marie Barbot, veuve de Jean Prévéraud, sieur de Fontclairaud, par Jean Gourdin, écuyer, sieur de La Fuie, Tourriers, La Barre d'Andonne et autres lieux, Madeleine de la Sudrie, sa femme, demeurant à Tourriers, et Marc Gourdin, écuyer, sieur du Puy, chanoine de l'église cathédrale (25 mai). — Quittance de 3.000 livres dues par les enfants mineurs de Jacques Prévost, écuyer, sieur de Moulins, comme héritier de René Prévost, écuyer, sieur de Moulins, son père, à Joseph-Clément de Laas Lurbe, seigneur d'Asasp, demeurant paroisse de Lurbe, en la ville d'Oloron, pour la vente d'une charge de capitaine d'infanterie faite par Jean de Laas,

écuyer, père dudit Joseph, audit René Prévost, le 23 décembre 1647 (15 juin). — Quittance de 2.276 livres dues par feu René Prévost, écuyer, sieur de Moulins, à Pierre Briand de Boisse, chevalier, seigneur de Goué, lieutenant de la citadelle et forteresse de Strasbourg (15 juin 1692).

E. 1995. (Liasse.) — 28 pièces, papier.

1692. — Pierre Audouin, notaire royal à Angoulême. — Actes reçus par ce notaire du 7 juillet au 24 septembre. — Cession à François Desbœufs, maître serrurier, en paiement de 41 livres qui lui étaient dus pour divers travaux, et moyennant une rente annuelle de 5 sols, par le curé et les marguilliers de la paroisse, du consentement de la communauté des habitants, de 9 pieds de large et de 13 pieds de long à prendre dans un bout du cimetière de St-André (27 juillet). — Inventaire des meubles et effets de Jean Sartre, marchand, décédé le 3 juillet précédent, ce requérant Catherine Mérignac, sa veuve, comme tutrice de leurs trois enfants ; appelé Félix Sartre, fils aîné du premier mariage dudit Jean avec Marguerite Houmeneau. A signaler audit inventaire, dans la boutique d'Angoulême, un grand assortiment d'étoffes de toutes sortes, de mercerie, de quincaillerie ; 21 douzaines et demie de romans, à 8 sols la douzaine ; — des pairs d'heures en grand nombre ; — 4 douzaines de Noëls à 3 sols la douzaine ; — 1 douzaine et 11 civilités et heures de Notre-Dame à 21 sols la douzaine ; — 1.100 a b c et autres petits livres à 18 sols le 100 ; — 32 douzaines de livres de chansons spirituelles et autres ; — des chapelets dits petit émail, gros émail, Fronde, Ste-Lucie, des chapelets d'os, façons de coco ; — 5 douzaines de hautbois, à 18 sols la douzaine ; — une coutelière de 6 couteaux à l'ancienne mode, estimée 1 livre (5 août, 11 octobre). — Cession de 16 livres de rente, au capital de 325 livres, consentie par Guillaume Jabouin, sieur du Ranseuil, comme donataire de feu Guillaume Jabouin, prieur de Chebrac, et comme héritier de feu Jean Jabouin, sieur de Rochefontaine, son père (17 septembre 1692).

E. 1996. (Liasse.) — 29 pièces, papier.

1692. — Pierre Audouin, notaire royal à Angoulême. — Actes reçus par ce notaire du 4 octobre au 29 décembre. — Donation entre vifs de tous leurs biens par Jean de Lesperon, sieur de St-Jean, et Gabrielle Froment, sa femme, demeurant à Bayers, à Louis de Lhuillier, écuyer, directeur et receveur des fermes du Roi à Angoulême, moyennant le paiement de leurs dettes et une pension viagère de 15 boisseaux de froment, 5 quartrons d'huile, 1/2 boisseau de sel, mesure de Verteuil, d'un pourceau valant 15 livres, de 2 barriques de vin, de 23 livres pour l'acquisition de vêtements et de 12 livres pour celle de bois (4 octobre). — Procès-verbal des réparations faites dans les seigneuries de La Motte-Boursac, Chassaigne, Vandoire, Le Mas-du-Montet par Jean Gandobert, sieur de Chenaud, fermier judiciaire desdits lieux (7-14 octobre). — Procuration donnée par Louis de Lescours, chevalier, seigneur de Rouffignac, demeurant au château dudit lieu, en Saintonge, comme mari de Marie-Anne de Servant, à Pierre de Brunelière, maître chirurgien à Tours, pour vendre les biens appartenant à sadite femme en Touraine (10 octobre). — Obligation de 110 livres consentie par Jean Doulcet, maître arquebusier de Saintes, en faveur de Léon Caillouet, maître armurier, demeurant en la manufacture du Gond, paroisse de Lhoumeau, en raison du prêt d'outils qu'il lui avait fait (16 octobre). — Inventaire des meubles et effets de Jacquette de Bertrand, veuve de Robert de Montargis, écuyer, sieur de L'Ajasson, ce requérant Jean Dumergue, docteur en médecine, comme mari de Madeleine de Montargis, et tuteur de Catherine et Jean-Robert de Montargis, enfants des susdits (13-16 novembre). — Compte qui fixe à 865 livres la somme due à Jean Arnauld, écuyer, seigneur de Bouex, par Jean Arnauld, sieur de Quatre-Écus, en raison des arrérages de la rente de 177 livres due par celui-ci à cause de la maison qu'il occupe où pend pour enseigne la Chasse royale; et déguerpissement de cette maison par le sieur de Quatre-Écus, incapable de continuer la profession de « tenir logis », à cause de son grand âge et « caducité » (8 décembre). — Cession d'une créance de 2.330 livres à Jean Arnauld, écuyer, seigneur de Bouex, par François de Feydeau, écuyer, seigneur du Peyrat, capitaine d'infanterie au régiment de Limoges, demeurant au château du Peyrat, paroisse de Roumazières, comme étant aux droits de Diane-Anne de Feydeau, veuve de François Bertrand, écuyer, seigneur de Goursac (14 décembre). — Reconnaissance de 6 deniers de rente due à cause de la maison qu'il occupe, paroisse St-André, par François Moussier, sieur de Denat, avocat du Roi au présidial, à Louis Boessot, chevalier, comme seigneur de Vouillac (16 décembre 1692).

E. 1907. (Liasse.) — 68 pièces, papier.

1693. — Pierre Audouin, notaire royal à Angoulême. — Actes reçus par ce notaire du 6 janvier au 29 mai. — Contrat de mariage entre Georges-Louis Bedlou, marchand, originaire de Cherbourg, et Marie Yver, fille de Abraham, marchand « orlogeur » et de Marie Girard, qui lui constituent 2.000 livres de dot (6 janvier). — Convention entre Jean Cazaud, Christophe Lamy, Jean Barraud, François Payen, Pierre Le Comte, François Renard, marchands, collecteurs de l'ustensile, quartier d'hiver, subsistances et autres droits imposés sur la ville d'Angoulême en 1691, pour le final recouvrement de ces impôts (6 janvier). — Contrat d'apprentissage de Guillaume Penot, frère de François Penot, curé de Touvre, chez Didier Amand, maître chirurgien (12 janvier). — Testament de François Mesnard, sur le point de partir au service du Roi dans la compagnie du sieur de Marsay, au régiment du Roi, par lequel il fait don à son père, en cas de mort, de ses meubles, acquêts et conquêts, du tiers de ses propres ; et pendant la durée de son service, de l'usufruit des biens de sa mère (24 janvier). — Abandon par Catherine de Beaumont, veuve de Jean de la Chétardie, chevalier, seigneur dudit lieu, de tous ses droits sur la terre de La Chétardie, contre Joachim de la Chétardie, abbé de St-Cosme, et contre plusieurs autres, en faveur des créanciers de son feu mari, moyennant qu'ils lui serviront une pension viagère de 300 livres : parmi les pièces qu'elle leur fournit se trouve son contrat de mariage reçu par Vachier, notaire à Angoulême, le 4 février 1651 (4 février). — Vente de rentes seigneuriales dans la paroisse de Fouquebrune, moyennant 1.100 livres destinées à l'équiper pour le service du Roi, par Hélie de Lageard, chevalier, seigneur de Bonroy, capitaine au régiment de Navarre, agissant conjointement avec Pierre de Lageard, chevalier, seigneur de La Grange-du-Pas-Vieux, et Charlotte-Bonne Du Reclus, ses parents (10 février). — Transaction entre Léonard Dupuy, curé de St-Michel de Confolens, et les héritiers de Barthélemy Remondet, concernant le legs fait par celui-ci à l'église de St-Michel (27 février). — Cession de rentes et de créances, moyennant 1.993 livres, à Jean Arnauld, écuyer, seigneur de Bouex, par Pierre de la Boissière, sieur de Roissac, assesseur en l'élection (1er mars). — Compte qui fixe à 1.293 livres les intérêts arriérés dus par Isaac de Culan, seigneur de La Barde et d'Anqueville, demeurant au château dudit lieu, paroisse de St-Même, à Jean Arnauld, écuyer, seigneur de Bouex (6 mars). — Compte qui fixe à 1.937 livres le montant de la créance de Christophe Lamy, marchand, sur Marie de Massougnes, femme dé Jean Faure, écuyer, sieur des enclaves de St-Palais-du-Né et Labatud, demeurant au logis noble de Piouge, paroisse de St-Palais, tant pour elle que comme tutrice de Jean Vallantin, écuyer, sieur de Germeville, fils de son premier mariage avec Louis Vallantin, écuyer, sieur de Villeneuve (21 mars). — Cession de rentes seigneuriales en paiement de 4.684 livres, et moyennant, en outre, 581 livres destinées à l'équiper pour le service du Roi, par Jean de la Rochefoucauld, chevalier, seigneur de Maignac, fils de François, chevalier, seigneur de Maumont, à Jean Arnauld, écuyer, seigneur de Bouex (12 avril). — Bail à ferme des revenus de la seigneurie de Marsac, pour 5 années, moyennant 3.000 livres chaque, à Pierre Manès, marchand, par l'évêque d'Angoulême (17 avril). — Bail à loyer d'une maison consenti à Renée de Lépine, veuve de Nicolas Moussier, écuyer, sieur de St-Etienne, par Pierre Gilbert, avocat au parlement (17 avril). — Cession de rentes seigneuriales à l'abbaye de St-Ausone par Gabriel Gandillaud, chevalier, seigneur du Chambon, président au présidial, en paiement des pensions promises par Antoine et Gabriel Gandillaud, père et aïeul dudit président, lors de l'entrée en religion de Marie, Antoinette et Anne Gandillaud, les 7 septembre 1633 et 23 novembre 1660 (20 avril). — Cession de rentes seigneuriales sur la prise des Héris, paroisse d'Aignes, moyennant 780 livres, à Jean Arnauld, écuyer, seigneur de Bouex, par Pierre Gilbert, sieur du Maine-Bernier, avocat en parlement, et Jeanne Arnauld, sa femme (24 avril). — Vente de rentes seigneuriales, moyennant 2.266 livres, à Jean Arnauld, écuyer, seigneur de Bouex, par Charles de la Place, chevalier, seigneur de Torsac et La Forêt d'Horte, subdélégué des maréchaux de France en Saintonge et Angoumois, et Julie de Galard de Béarn, sa femme, afin de « mettre en état » la compagnie de Jean-Charles de la Place, chevalier, seigneur d'Horte, leur fils, capitaine de cavalerie au régiment Royal-Piémont et de lui « acheter des équipages pour le service du Roi » (25 avril). — Hommage rendu à Jeanne de Poutignac, veuve de Audoin Arnauld, chevalier, seigneur de Chalonne, par François Baudoin, chevalier, seigneur de Fleurac, en raison du fief du Petit-Chalonne, paroisse de Fléac, Linars et

St-Yrieix, tenu du seigneur de Chalonne au devoir d'une paire d'éperons blancs, conformément à la transaction conclue entre Jean Guyot, écuyer, seigneur de Chalonne, et Jean Baudoin, écuyer, seigneur de Fleurac, le 21 mars 1555, devant Mesnard, notaire royal (26 avril). — Compte qui fixe à 2.340 livres le montant de la créance de Jean Arnauld, écuyer, seigneur de Bouex, sur Louis Chesnel, chevalier, seigneur d'Escoyeux, demeurant à Château-Chesnel, paroisse de Cherves (28 avril). — Transaction qui fixe à 51.000 livres le montant des droits que peut prétendre Marie Gignac, épouse de Jean Guymard, écuyer, sieur de Jallais et de Roussignac, conseiller au présidial, sur les successions de François Gignac, avocat en la cour et échevin, son aïeul, de Léonard Gignac, avocat en parlement, son père, et sur celle à venir de Guillemine Martin, sa mère (23 mai). — Vente de rentes seigneuriales dans la paroisse du Lindois, moyennant 600 livres, à Antoine Renodos, concierge-garde-buvetier du Palais-Royal, par Charles de Galard de Béarn, chevalier, seigneur de Nadaillac, demeurant à Champoutre, paroisse de Massignac (26 mai). — Sommation de Jean Aymard, procureur du Roi pour la ville et communauté d'Angoulême et de Jacques Benoist, greffier et secrétaire de ladite communauté, à Étienne Chérade, écuyer, lieutenant-général du présidial, maire perpétuel d'Angoulême, de « cesser les entreprises injustes qu'il fait sur leurs charges et fonctions » prétendant les « réduire à néant » : en effet, le maire s'occupe seul du logement des gens de guerre, « déchargeant les uns et chargeant les autres par des motifs d'intérêt », après des assemblées particulières faites dans sa maison, alors que « les expéditions de justice et police avaient accoustumé de se faire au parquet et auditoire de la communauté situé sur la porte royale du Pallet » et que toutes les assemblées se tenaient au Palais Royal, le procureur présent; il nomme les officiers du corps-de-ville, de son chef, sans réquisitoire du procureur ; il a reçu un pair dans la communauté, « à l'apétit de vingt louis d'or » sans que le procureur en ait rien su ; il fait emprisonner les habitants selon que bon lui semble, sous le prétexte de service du Roi ; il a supprimé les archers du corps-de-ville, sauf un ; enfin « il veut renverser toutes choses et réunir en sa personne toutes les fonctions de tous les officiers créés par Sa Majesté, ayant même fait lever la charge de commissaire des guerres, sous le nom d'un de ses amis, pour se rendre le maître absolu des logements de l'étape ». Etienne Chérade ne veut rien répondre à ces « calomnies » (29 mai 1693).

E. 1998. (Liasse.) — 83 pièces, papier.

1694-1695. — Pierre Audouin, notaire royal à Angoulême. — Actes reçus par ce notaire du 3 février 1694 au 20 décembre 1695. — Cession d'une créance de 4.100 livres à Anne Bigot, veuve de Noël Dexmier, par Marie Després, comme chargée de procuration de Yrieix de Chouly, marquis de Permangle, demeurant à Paris, rue et hôtel de Touranne, son mari, et de Louise Decescaud, veuve de Jean Després, chevalier, seigneur de Frédière, sa mère (20 avril 1694). — Bail à loyer d'une maison, paroisse de St-Paul, tenant d'une part au jardin de Mlle de Roissac, d'autre aux bâtiments et jardins de la cure de St-Paul, par le devant à la rue qui va de la porte de St-Martial au château, à main droite, ledit bail consenti pour 9 années, moyennant 100 livres chaque, à Claude de Guez, chevalier, seigneur de Balzac, Puy-de-Neuville et autres places, demeurant au château de Balzac, par Catherine Rousseau, André Gaultier, marchand, et Anne Rousseau, sa femme (21 avril). — Cession de rentes seigneuriales par François de Salignac, chevalier, seigneur marquis de Fénelon, fils et donataire universel de François, seigneur comte de Fénelon, demeurant au château de Manot, baronnie de Loubert, à Jean Arnauld, écuyer, seigneur de Bouex, comme créancier de François-Silvain Green de St Marsault, chevalier, seigneur de Nieuil, y demeurant, paroisse dudit lieu, en Poitou ; ladite cession faite moyennant 9.800 livres, dont 9.000 étaient dues au seigneur de Nieuil en vertu d'une obligation de 1636 (27 juillet). — Contrat de mariage entre Charles Thibaud, sieur des Sablons, procureur fiscal des châtellenies de Voulgézac et Palluaud, juge assesseur de Chadurie, fils de défunts Pierre, notaire royal, et de Louise de Traspond, et Marie-Rose Roy, qui reçoit 1.500 livres de dot (7 août). — Cession d'une créance de 194 livres, moyennant pareille somme, consentie par Odet Chérade, curé de St-Vincent-de-Jalmoutié, demeurant au Soulier, paroisse de Bourg-du-Bost, en Périgord (29 septembre). — Sommation à François de la Treille, concierge des prisons de la ville, par Jean Aymard, procureur du Roi pour la communauté, de lui livrer le nommé Lelerc, dit Saintonge, Geneviève Durand, sa femme, et leur fils pour être conduits à Paris où ils ont interjeté appel d'une sentence les condamnant au banissement perpétuel de la ville d'Angoulême. Le concierge s'y refuse (4 octobre). — Cession d'une rente de 11 livres, moyennant 231 livres, à Guillaume Dubois, marchand, par Nicolas Raoul, écuyer, sieur de La Montagne, demeurant à Marsac, Catherine Chein, sa belle-sœur, veuve de Jacques Raoul, écuyer, sieur des Courances, comme héritiers de Michel Raoul, leur père et beau-père (7 décembre). — Cession d'une créance de 1.100 livres sur Jean de Montalembert, chevalier, seigneur de Sers et La Grolière, Anne, Marie, Catherine de Montalembert, et Jean de Montalembert, chevalier, seigneur de Moissac, ladite cession faite à Jean Arnauld, seigneur de Bouex, par Jacques Dussaigne, sieur de Lestang, et Marguerite Jabouin, sa femme, demeurant au lieu de Chez-Jean-de-Sers, paroisse dudit Sers (14 décembre). — Enquête secrète sur Étienne Chérade, écuyer, lieutenant-général, maire perpétuel d'Angoulême, dirigée par Jean Arnauld, écuyer, lieutenant-particulier, ancien échevin en charge. Les dépositions des témoins, Bernard Pinier, chirurgien, Jean Demay, marchand, François Rousseau, pair de la maison commune, Marc Plumet, curé de St-Martial et autres, viennent à l'appui de ces allégations de Jean Aymard, procureur du Roi à la communauté d'Angoulême : Étienne Chérade a « élargi » Vincent Leclerc, Geneviève Durand, sa femme, et Jean, leur fils, condamnés pour « crime d'infamie publique », et ce « d'une manière inexprimable, avec un scandale sy grand que toutes les personnes de mauvaise vie de la ville ont pris de là occasion à commettre avec plus d'effronterie que jamais leurs crimes et infamies publics, se prévalant de ce qu'ils voyaient triompher le vice de la vertu et l'iniquité de la justice » (22 décembre 1694). — Cession de rentes seigneuriales, moyennant 2.160 livres, à Jean Arnauld, écuyer, seigneur de Bouex, par Gabriel Gandillaud, chevalier, président au présidial (28 janvier 1695). — Prise de possession de la cure de St-Germain d'Étriac, par Jacques Émery (30 mai). — Quittance de 6.000 livres qui lui avaient été constituées en dot, donnée par Madeleine de Martin de Châteauroy, veuve de François Mallet de Châtillon, chevalier, seigneur de La Barde, demeurant au château de La Barde, paroisse de St-Crépin, en Périgord, à François de Martin, chevalier, seigneur de Châteauroy, y demeurant, paroisse d'Orival, comme procureur de Jeanne de Rességuier, leur mère, veuve de Jean de Martin, seigneur de Châteauroy, maréchal de camps (15 juin). — Cession d'une créance de 342 livres à Guillaume

Dubois, marchand de soie, par Joseph Grand, écuyer, sieur de Chazerat, Louise Jouquet, sa femme, Élisabeth et Françoise Jouquet, ses belles-sœurs, demeurant à La Fayolle, paroisse de Chadurie (26 juin). — Prise de possession par Jacques Arnauld, clerc tonsuré, de la place de chanoine laissée vacante au chapitre de Saint-Arthémy de Blanzac, par la résignation de François Martin ; avec protestation des autres chanoines qu'il sera agréé seulement après avoir été « instruit en l'art de plain-chant, en la manière ordinaire et accoutumée du chapitre » (30 août). — Rétrocession de rentes à Jean Arnauld, écuyer, seigneur de Bouex, entre autres par Jean Dussidour, sieur de Lestang, lieutenant au régiment « royal des vaisseaux » qui « ne sachant ni lire ni écrire, néanmoins à signé de Lestang qui est le seing qu'il met ordinairement dans les enrôlements.» (16 décembre). — Bail à ferme des moulins banaux de Vars, pour 5 années, moyennant 700 livres chaque (20 décembre 1695).

E. 1999. (Liasse.) — 52 pièces, papier.

1696-1697. — Pierre Audouin, notaire royal à Angoulême. — Actes reçus par ce notaire du 25 janvier 1696 au 23 octobre 1697. — Prise de possession de la cure de St-Yrieix par Blaise Étourneau, représentant Jacques Émery, curé d'Étriac (28 janvier 1696). — Cession d'une créance de 900 livres à Jean Arnauld, écuyer, seigneur de Bouex, par Henri Geoffroy, chevalier, seigneur des Bouchauds, et Jean Geoffroy, aussi chevalier, seigneur du même lieu, capitaine au régiment de Tulle, son fils (18 février). — Contrat de mariage entre Pierre-François Audouin, marchand, fils de Pierre, marchand, et de Geneviève Vinson, et Marie Deune, fille de Antoine Benoit, employé dans les fermes du Roi, qui lui donne 1.000 livres de dot (19 février). — Inventaire des meubles et effets de Mathurin Arnauld, bourgeois, demeurant paroisse de Mosnac, afin de dissoudre la communauté qui pourrait exister avec Marie Arnauld, sa fille, et de Marie Bouhier, avant de contracter un second mariage avec Marie Piet, fille de Maurice, maire perpétuel de Châteauneuf (4 mars). — Cession de rentes seigneuriales, moyennant 1.200 livres, à Jean Arnauld, écuyer, seigneur de Bouex, par Louis d'Abzac, chevalier, seigneur de Pressac, La Bergerie et Vouzan, capitaine au régiment de Navarre, que représente Gabriel d'Abzac, chevalier, seigneur de Pressac et de Savignac, demeurant au château de Savignac, paroisse de Grenord,

en Angoumois (10 mars). — Transaction concernant l'exécution de la promesse faite par Pierre Filhon, notaire royal, et feue Marguerite Lemoing, sa femme, d'obtenir pour Étienne Filhon, leur fils, la charge de procureur au présidial, à l'occasion de son mariage avec Jeanne Delafont (12 avril). — Compte qui fixe à 984 livres le montant de la créance de Jean Arnauld, écuyer, seigneur de Bouex, sur Pierre Dumergue, avocat en parlement, juge de l'échevinage (6 octobre). — Constitution de 50 livres de rente au profit de Jean Fé, écuyer, sieur de Boisragon, par les religieuses de St-Ausone (1er décembre 1696). — Contrat de mariage entre Pierre Dusouchet, avocat en parlement, fils de feu Michel, maître apothicaire, et de Jeanne de Ligoure, et Françoise Martin, fille de feu Pierre, sieur de Guissalle, échevin, et de Jeanne Arnauld, qui lui constitue 3.000 livres de dot (2 février). — Cession de rentes seigneuriales, moyennant 160 livres, à Jean Arnauld, écuyer, seigneur de Bouex, par François de Fornel, écuyer, seigneur de Burignac, et Marie Chaigneau, sa femme, demeurant au lieu noble de Mainzac, paroisse dudit lieu (25 mai). — Procès-verbal du lieu de Puygelier et métairie de Bellevière, appartenant aux enfants mineurs de Jean de Chamborant, écuyer, seigneur desdits lieux, et de Marie Duliers (22-24 juillet). — Transaction qui règle le partage de la succession de Jeanne de Chièvres, entre Jacob de Chièvres, écuyer, seigneur de Salignac, tant en son nom que comme représentant Guy de Chièvres, son frère, écuyer, sieur de Boisnoir, chanoine de la cathédrale de Saintes, demeurant en la maison noble de Curton, paroisse de Salignac, Anne de Chièvres, veuve d'Isaac Magnac, demeurant paroisse de St-Aulaye, Pierre Broussard, docteur en médecine, demeurant à Cognac, comme mari de Rachel de Chièvres, héritiers bénéficiaires, Alexandre d'Escravayat, écuyer, sieur de Châteaufort, comme légal administrateur de Jeanne, sa fille, héritière testamentaire, demeurant à Écossas, paroisse de Roussines, Jacques de Malvaud, prieur de Ste-Anne, docteur en théologie, demeurant à Bellac, exécuteur testamentaire (1er juillet). — A cet acte est joint un compte du 8 septembre 1667, fixant ce qui reste dû à Jeanne de Chièvres, veuve de Pierre de Lubersac, écuyer, sieur de Montizon, demeurant au lieu noble dudit lieu, paroisse de Roussines, sur la dot de 6.000 livres que lui avait constituée Pierre de Chièvres, sieur de Rougnac, son père, demeurant au logis noble de La Montagne, paroisse de Salignac : à ce compte interviennent les autres enfants du sieur de Rougnac, Jean, écuyer, Anne, femme d'Isaac Magnac, ministre de Barbezieux, et Renée. — Contrat de mariage entre Louis Gaboriaud, juge-sénéchal de Neuvy, fils de feu Jean, et Jeanne Redon, fille de François, notaire royal de Vars, et de feue Denise Dusouchet ; en faveur duquel mariage, la future épouse reçoit une dot de 2.500 livres (2 juillet). — Sentence arbitrale mettant fin aux différends de François Guy, chevalier, seigneur de Puyrobert, lieutenant-colonel du régiment de cavalerie Royal-Roussillon, fils et héritier sous bénéfice d'inventaire de Jacques, et de Gabrielle de Massacré, avec les créanciers de ses parents, entre autre Marie de Massacré de L'Abrégement, demeurant au château du Breuil, paroisse de Champniers, et Guillaume Blanchet, notaire royal (10 juillet). — Inventaire des meubles et effets d'Hélie Debect, sieur du Châtelard, décédé le 18 avril précédent, ce requérant Jeanne Robin, sa veuve (13-16 juillet). — Cession de 5.100 livres à prendre sur l'héritage de Marie Chesnel, sa mère, par François de Livenne, chevalier, seigneur de Verdille, Villejésus, Gaillard et autres places, sous-lieutenant au régiment de Champagne (20 juillet). — Vente de l'office de conseiller du Roi, lieutenant en la maréchaussée d'Angoumois, moyennant 12.000 livres, à François Dussieux, sieur de La Moradie, et Marie Valleteau, sa femme, demeurant à La Chapelle-St-Robert, en Périgord, par Jean Babin, écuyer, sieur de Ranville (30 août 1697).

E. 2030. (Liasse.) — 74 pièces, papier.

1698-1700. — Pierre Audouin, notaire royal à Angoulême. — Actes reçus par ce notaire du 13 janvier 1698 au 3 décembre 1700. — Présentation au chapitre de l'abbaye de St-Cybard par Hélie Guiton, clerc tonsuré, des lettres épiscopales le pourvoyant de la charge monacale laissée vacante par le décès de Simon Maulde (13 janvier 1698) ; décision prise par le chapitre « d'admettre et recevoir, suivant leurs anciens statuts et usages, ledit Guiton à demeurer et vivre en l'abbaye pendant 3 mois en habit séculier, pour y être examiné sur sa vocation et sur les qualités requises à un bon religieux, sa nourriture pendant les 3 mois payée par ses parents sur le pied de 240 livres l'an » (14 janvier). — Bail à ferme des revenus de la seigneurie de Dirac, consenti pour 5 années, moyennant 1.200 livres chaque, par l'évêque d'Angoulême (31 janvier). — Vente de 24 charges de papier, moyennant 85 livres la charge, à Claude André,

marchand, par Michel Caroy, marchand papetier du moulin de Bourisson, paroisse de Vœuil (22 février). — Bail à ferme des revenus du prieuré de Champdolent, au diocèse de Saintes, consenti pour 7 années, moyennant 950 livres chaque, à Louis Pugnier, sieur de Gueffe, demeurant audit Champdolent, par Philippe Corgnol, religieux-profès de l'abbaye de Notre-Dame de Nanteuil-en-Vallée (14 mars). — Vente de l'office de procureur au présidial, moyennant 2.400 livres, à Guillaume Jeheu, notaire royal, et Jérôme, son fils, par Jean Hériard, juge-sénéchal de Montignac et Charmant (5 avril). — Ratification de la vente de la seigneurie du Breuil consentie le 4 octobre 1691 à Jean Arnauld, écuyer, seigneur de Bouex, ladite ratification faite en présence de Jeanne Dexinier, épouse dudit Arnauld, par Roger Raymond, chevalier, seigneur d'Angles, majeur de 25 ans (10 avril). — Prise d'habit de Hélie Guiton à l'abbaye de St-Cybard, en présence de M. de Nancré, abbé commandataire, d'Étienne Chérade, prieur, de M. Hardy, sacriste, et autres religieux et laïcs (20 avril). — Procès-verbal du château du Breuil de Champniers, des lieux de Puyrobert, de Ferrière et d'Argence, paroisse dudit Champniers, ce requérant François Guy, chevalier, seigneur desdits lieux, lieutenant-colonel du régiment de cavalerie Royal-Roussillon (15 mai). — Quittance donnée par Jeanne Dexmier, au nom de Jean Arnauld, écuyer, seigneur de Bouex, son mari, des 4.520 livres que lui devait Jean Normand, chevalier, seigneur de La Tranchade, demeurant au château dudit lieu, paroisse de Garat (21 mai). — Procès-verbal de la seigneurie du Pouyaud, paroisse de Dignac, ce requérant Philippe Salmon, marchand de Vars, appelés Joseph Raymond, chevalier, seigneur du Breuil, et Jeanne de Lespinay, sa femme, parties saisies (26 août). — Quittance donnée par Jeanne Dexmier, veuve de Jean Arnauld, écuyer, seigneur de Bouex, des 4.435 livres que lui devait la comtesse de Miossens (5 novembre). — Transaction par laquelle Joseph Gaillard, marchand, abandonne tous les droits qu'il prétendait sur la cure de Bouex, depuis le décès de M. Léger du Treuil, curé, qui eut pour successeur MM. de Montrallard et Braud ; ledit abandon fait moyennant 60 livres versées par Jeanne Dexmier, dame de Bouex, propriétaire de ladite cure (23 novembre 1698). — Contrat de mariage entre Clément Chérade, sieur de Laumont, fils de défunts Clément, échevin, et de Marguerite Cladier, et Marie-Jeanne Sartre de Fontchobard, fille de Jean Sartre, sieur de Fontchobard, et de Marie-Barbe Alavoine : en faveur duquel mariage la future épouse reçoit 10.000 livres sur la succession de sa mère, 13.484 livres sur la succession de Simon Alavoine, bourgeois de Paris, son aïeul maternel, 2.000 livres de dot de son père, et 2.000 livres en donation de Claude Sartre, bourgeois, son oncle (9 janvier 1699). —Vente de 50 charges de papier fin « superpost, pour le moins aussi blanc et d'aussi bon ouvrage que la feuille qui a été ci-devant parafée des parties », moyennant 60 sols la rame, à Georges Bediou, marchand, par Martial Tardif, marchand papetier du moulin de Rochebrune, paroisse de Notre-Dame d'Eymouthiers de la ville de St-Junien (14 février). — Vente du moulin à papier de Brémond, et de quelques pièces de terre y joignant, moyennant 2.800 livres, à Georges Bediou, marchand, et Marie Yver, sa femme, par Jeanne Dexmier, dame de Bouex, avec le procès-verbal des lieux vendus(13 avril).—Bail à ferme des revenus des paroisse et seigneuries de Nersac, Puybreton et Fustifort, pour 5 années, moyennant 1.240 livres chaque, par les religieux de St-Cybard (15 mai). — Profession d'Hélie Guiton, à l'abbaye de St-Cybard, l'opposition de François Maulde ayant été levée par sentence des « officiers de Poitiers » (14 juillet).—Vente du moulin à blé de Berland, paroisse de Bourg-Charente, moyennant 5.000 livres, à Anne Bigot, veuve de Noël Dexmier, et à Henry Rambaud, marchand, par Jean Masson, marchand de la paroisse de Minxé (27 septembre). — Obligation de 746 livres consentie au profit de Pierre Seudre, marchand armurier, par Jean Roy, aussi marchand armurier, et Isabelle Gaultier, sa femme, pour vente de marchandises consistant en plusieurs gardes d'épées de cuivre doré, d'or moulu, et autres façons, des poignées d'argent et d'argent doré, des lames d'épées fines, des fourreaux garnis, des ceinturons, le tout à la mode, et d'autres fournitures communes, enfin, de deux estocs ; et bail à loyer d'une maison avec boutique, sise paroisse St-André, dans la rue qui va de l'église à la Halle, par ledit Seudre audit Roy (2 novembre). — Bail à ferme du lieu noble du Breuil de Dignac et de ses dépendances, pour 6 années, moyennant 1.500 livres chaque, à Antoine Émery, marchand de Dignac, et Marthe de la Marche, sa femme, par Jeanne Dexmier, dame de Bouex (17 novembre 1699).— Inventaire des meubles et effets de Jean Arnauld, écuyer, seigneur de Bouex, Méré, enclave de Garat, Le Breuil de Dignac et autres lieux, lieutenant particulier au présidial, assassiné le 4 septembre 1698, comme il revenait de Paris, par Roger Raymond, fils de Joseph, écuyer,

seigneur d'Angles et de Jeanne de Lespinay, et enterré à Orléans ; ce requérant Jeanne Dexmier, sa veuve, comme tutrice de leurs 3 fils et 2 filles, laquelle n'a pu le faire faire plus tôt occupée qu'elle était de poursuivre le meurtrier et de le faire condamner par contumace à être roué vif. A signaler audit inventaire : « un chalit de bois de noyer, à colonnes torses, le fond fait en impériale, ayant un lit et son traversin de plumes, un matelas et deux couvertures blanches de laine ; la garniture d'un drap bleu ayant des bandes de laine de plusieurs couleurs, de point d'Angleterre, doublé d'un satin couleur de paille, six verges de fer, des pommes de laine, couverte bordante de même satin piquée d'un cordonnet de soie vert et blanc, le tout garni de campagne et frangeons de soie » ;—une tapisserie de haute lisse de sept pièces, à plusieurs personnages ; — une autre tapisserie de haute lisse, de 7 pièces, représentant l'histoire d'Énée et de Didon ; — la sentence de mort rendue contre le meurtrier dudit défunt, par les juges d'Orléans, le 4 décembre 1698 ; « ladite dame ayant déclaré que l'affaire luy a beaucoup costé » ; — le contrat de mariage du défunt, reçu Filhon, notaire royal (24 janvier 1700). — Cession d'une créance de 9.333 livres sur les héritiers d'Alexandre de Galard de Béarn, chevalier, comte de Brassac, et de Charlotte de la Rochefoucauld, sa femme, par François Baudouin, chevalier, seigneur de Fleurac, et Anne Pelloquin, sa femme, à Louis Guiton, écuyer, seigneur du Tranchard, et Françoise Dexmier, sa femme (2 mars). — Cession à Louis Chesnel, chevalier, seigneur de Château-Chesnel, Escoyeux et autres places, demeurant à Cognac, par Jean de la Rochefoucauld, écuyer, seigneur de Magnac, capitaine au régiment de Naillé, et Élisabeth Menault, son épouse, de diverses rentes qui lui appartiennent comme héritier d'Éléonore Chesnel, sa mère, sœur dudit Louis, (à qui elles avaient été données en dot), de Louis de la Rochefoucauld, religieux, son frère, et d'Éléonore de la Rochefoucauld, sa sœur (20 avril). — Contrat de mariage entre Georges Du Chesnay, secrétaire de Monsieur de Bernage, intendant de la généralité de Limoges, fils de François, employé dans les affaires du Roi, et d'Antoinette Marais, originaire d'Alençon, et Marie Dassier, fille de feu François, marchand de soie, et d'Élisabeth Mercier (1er mai). — Inventaire des meubles et effets de Jean de Bussac, marchand, décédé le 9 décembre précédent, ce requérant Marthe Tullier, sa veuve (14-17 juin). — Contrat de mariage entre Philippe Audouin, marchand, fils de Pierre, aussi marchand, et de Geneviève Vinson, et Madeleine Gamon, fille de Claude, marchand, originaire du Dauphiné ; Charles Delafont, curé de Balzac, prieur chapelain de St-Anne de Chesnaye, diocèse de Poitiers, institue la future épouse son unique héritière (1er août 1700).

E. 3.301. (Liasse.) — 87 pièces, papier.

1701-1704. — Pierre Audouin, notaire royal à Angoulême. — Actes reçus par ce notaire du 4 janvier 1701 au 14 décembre 1704. — Transaction entre Jeanne Dexmier, veuve de Jean Arnauld, écuyer, seigneur de Bouex, et François Arnauld, écuyer, seigneur de Laubertière, lieutenant général de police, lieutenant particulier au présidial, son beau-frère, qui fixe à 130.000 livres, une tapisserie de haute-lisse, et la moitié des sommes à provenir de diverses créances, la part à lui afférente, après règlement des comptes de sa tutelle, dans les héritages de ses père et mère, de Pierre Arnauld, son frère, décédé au noviciat des Jésuites de Bordeaux, en mars 1694, de Jean Dussieux, sieur de Chabrefy, son grand-oncle, et d'autres (4 janvier 1701). — Sommation par François Arnauld, écuyer, lieutenant général de police, à Jean Yrvoix, commis de l'étape, de lui présenter les billets de logement délivrés depuis le 3 du présent mois, attendu que Mr Chérade, maire perpétuel, au préjudice de l'édit de création des lieutenants-généraux de police, n'a pas laissé de délivrer les billets sans qu'ils soient parafés dudit lieutenant général, de quoi il a obtenu un arrêt du conseil privé portant défenses audit sieur Chérade de les donner qu'ils ne soient parafés dudit sieur Arnauld et faits au Palais-Royal de cette ville, à peine de 500 livres d'amende pour contravention..... mais ledit sieur Chérade n'est pas d'humeur à obéir aux ordres de Sa Majesté, et au contraire est d'une inclinaison naturelle d'aller toujours contre, et d'ailleurs il ne veut délivrer les billets seul que pour mieux frauder et venger ses passions contre ceux qui ne lui plaisent pas ou pour autres causes à lui réservées » (14 janvier). — Vente des terre et seigneurerie de Rodas, situées paroisses de Juillac et de Magnac, châtellenie de La Valette, moyennant 15.825 livres, à Léonard Ferret, écuyer, sieur de La Garenne, demeurant à Barbaioux, paroisse de Rougnac, par Bertrand de la Laurencie, chevalier, seigneur de Charras, Chadurie, Les Thibaudières, Rodas et autres lieux, demeurant au châ-

teau de Charras (2 avril). — Cession de rentes seigneuriales, paroisse de Chadurie, moyennant 2.149 livres, à Bertrand de la Laurencie, chevalier, seigneur de Charras, capitaine de cavalerie au régiment de Royal-Piémont, que représente Anne Arnauld, sa femme, par François de Vassoignes, écuyer, seigneur de Vassoignes, et Jean de Vassoignes, écuyer, seigneur de La Brechinie, tous deux capitaines au régiment royal de la marine, en garnison à Belfort, que représente Jean de Lestoille, écuyer, sieur de La Croix, juge-sénéchal de Blanzac, et par Jeanne de Vassoignes, demoiselle de St-Pol, tant pour elle que pour Louis de Vassoignes, capitaine au régiment d'Orléans-Infanterie, en garnison à Douai, son frère. La procuration passée devant les notaires de Belfort est scellée du scel ordinaire de la ville en cire rouge portant une tour avec deux échauguettes accostées à dextre d'un B, à senestre d'un F, et en exergue : *sigillum urbis Belfordiensis* (24 avril). — Convention entre Charles de Devezeaux, chevalier, seigneur de Rancogne, lieutenant de marine, demeurant ordinairement à St-Domingue, et Louis Guiton, écuyer, seigneur du Tranchard et de Fleurac : le premier s'engage à transporter, sur les vaisseaux du Roi qui doivent partir de La Rochelle, les 6.074 livres de marchandises acquises par le seigneur de Fleurac, et à les écouler à St-Domingue, pour rembourser ensuite l'acquéreur et partager avec lui les bénéfices, s'il y a lieu ; en cas de naufrage, le seigneur de Rancogne remboursera la moitié des marchandises à son associé ; si l'occasion s'en présente, il achètera une habitation dans l'île à frais communs (24 avril). — Inventaire des meubles et effets de Marguerite Thomas, veuve de Philippe de Bertrand, procureur au présidial, décédée le 16 février précédent, ce requérant Hélie de Bertrand, avocat au présidial, Philippe de Bertrand, sieur du Ranclaud, et Marguerite de Bertrand, leurs enfants (13 mai) — Création de 300 livres de pension viagère, en franche aumône, en faveur de Michel Hardy, docteur en Sorbonne, sacriste de l'abbaye de St-Cybard, par Jean-Louis Guiton, écuyer, seigneur du Tranchard, et Françoise Dexmier, sa femme (26 août). — Prise de possession par Guillaume Pasquet, écuyer, sieur de Piégut, conseiller au présidial, au nom de Jacques Pasquet, écuyer, sieur de Fontdoux, major au régiment d'Oléron, son frère, des droits d'échanges et honorifiques dans la paroisse de Rivières, acquis le 6 novembre précédent, et que lui conteste Jean de Guytard, écuyer, sieur de Laborie : il fait enlever le banc de celui-ci, s'assied à la place qu'il occupait dans le chœur, à main droite, proteste de faire effacer les écussons des Guytard placés à l'intérieur de l'église au-dessous de ceux du duc de la Rochefoucauld, seigneur suzerain, fait constater qu'à l'extérieur se trouve une « ceinture remplie des armes et écussons dudit duc », sans autres (4 octobre). — Cession de diverses créances, moyennant 5.038 livres, à Charles Marantin, avocat, sénéchal des châtellenies de L'Age-Chasseneuil, Métry, Les Pins et Nieuil, et Catherine Guerry, sa femme, par Jeanne Dexmier, dame de Bouex (28 décembre 1701). — Prise de possession de l'abbaye de St-Cybard en vertu des bulles de Clément XI datées du 15 décembre 1701, par Jacques-Joseph de Dreux de Nancré, clerc du diocèse de Paris, que représente Michel Hardy, sacriste de ladite abbaye (12 janvier 1702). — Prise de possession du prieuré de St-Claud, par Pierre de la Haye, curé dudit lieu, au nom de Hélie Guiton, pourvu après démission de Michel Hardy (19 janvier). — Prise de possession de la cure de Bouex, en vertu des provisions épiscopales du 11 janvier précédent, par François Thomas (14 février). — Cession d'une sépulture de 6 pieds en carré, et du droit de banc dans l'église de St-Étienne de Bouex, à Etienne Massé, maître chirurgien, et Madeleine Péronnin, sa femme, moyennant 5 sols de rente à la fabrique pour être employés en réparations, et 12 sols de rente aux curés qui devront célébrer une messe avec *libera* à l'intention de la famille Massé, tous les 21 juin (28 mai). — Règlement de la succession de Louise Dousset, épouse de Jean de la Laurencie, chevalier, seigneur de Charras, entre Armand de la Laurencie, chevalier, seigneur de Mongélias, frère dudit Jean, d'une part, Pierre de la Place, écuyer, seigneur de La Tour-Garnier, Marie Grimouard, sa femme, demeurant à Charmant, Jean Bernye, écuyer, sieur de La Saulaie, Marie Grimouard, sa femme, demeurant au Mesnieux, paroisse d'Édon, Philippe Grimouard, écuyer, sieur de Villars, d'autre part (22 juillet 1702). — Vente de l'office de notaire royal réservé à Angoulême, avec toutes les minutes passées depuis le 20 décembre 1657 jusqu'à ce jour, moyennant 1.200 livres, à Nicolas Tournier, praticien, et Catherine-Rose Poirier, sa femme, par Pierre Filhon qui demeurera l'associé des acquéreurs pour moitié des bénéfices, pendant 6 ans (1er janvier 1703). — Bail à ferme du privilège qui lui appartient comme maître chirurgien, par Pierre Duru, pour 5 années, moyennant 25 livres chaque, au profit de Pierre Ducoust, garçon chirur-

gien, que cautionne Jacques Du Coust, « restaurateur du genre humain », et Jeanne Merlet, sa femme (8 février). — Procès-verbal d'un vol commis dans les bois de Denat appartenant à Louis Boessot, écuyer, seigneur de Vouillac, Puyrenaud, Denat et autres lieux, demeurant en sa maison noble de Vouillac, paroisse de Champniers (13 février). — Ratification par Henry Gandillaud, chevalier, seigneur de Sury, et Marc-René Gandillaud, chevalier, seigneur de Chardin, de la vente de rentes seigneuriales consentie par Gabriel Gandillaud, président au présidial, leur père, à Jean Arnauld, lieutenant particulier (15 avril). — Partage de ses biens fait par Anne Bigot, veuve de Noël Dexmier, entre ses filles Françoise, épouse de Jean-Louis Guiton, écuyer, seigneur de Fleurac, et Jeanne, veuve de Jean Arnauld, qui déjà ont reçu chacune 40.000 livres (10 juin). — Transaction qui fixe à 500 livres la part due à Jacques Guiton, capitaine de la bourgeoisie d'Angoulême, et Marie Bonnin, sa femme, sur l'héritage de Pierre Bonnin, juge de Marthon, leur beau-père et père, par Marie de la Touche, veuve dudit Pierre, et Pierre Bonnin, sieur de La Grange, avocat en parlement, juge-sénéchal de Marthon, demeurant à La Brande, paroisse de St-Germain, leur fils (19 juin). — Droit de banc et de sépulture dans l'église de Champniers accordé par Jean Nalbert, curé, et les fabriqueurs, à Louis Boessot, écuyer, seigneur de Vouillac, et Madeleine Guiton, sa femme, moyennant 65 sols de rente annuelle qui devront être employées à dire deux messes, et aux réparations de l'église (23 septembre 1703). — Bail à ferme des revenus du prieuré de St-Claud consenti pour 7 années, moyennant 1.000 livres chaque, à Jean-François Lhoumeau, sieur de Négrenaud, par Hélie Guiton, écuyer, sieur de Fleurac, au nom de Hélie Guiton, son frère, religieux de St-Cybard et prieur de St-Claud (14 mars 1704). — Bail à ferme du lieu noble de Puyrenaud, avec ses dépendances, consenti pour 5 années moyennant 250 livres chaque, par Louis Boessot, écuyer, seigneur de Vouillac (26 mai). — Vente de rentes seigneuriales pour 1.585 livres à Jeanne Dexmier, veuve de Jean Arnauld, lieutenant particulier, par Gabriel d'Abzac, chevalier, seigneur de Savignac, Le Portail et autres lieux, demeurant au lieu noble de Savignac, paroisse de Grenord (27 juillet) — Vente, moyennant 1.840 livres, de deux maisons, paroisse St-Antonin, relevant de la seigneurie de Bellejoie, tenant par le devant à la rue qui va du couvent des Jacobins sur le parc du Château, à main gauche, et d'un bout au chemin qui va de l'église St-Vincent à la principale porte dudit Château, à main gauche ; ladite vente consentie à Hélie Raymond, marchand, et Philippe Texier, sa femme, par Jean Vergnaud, sieur de La Chapelle-St-Hilaire, demeurant au lieu noble du Maine, paroisse de St-Amant-de-Montmoreau (14 août). — Procès-verbal des dégâts causés à la cure de Dignac par plusieurs individus qui l'ont assailli à coups de pierres et de fusils ; ce requérant Jacques Émery, curé (21 août). — Cession de rentes seigneuriales, en paiement d'une obligation de 3.000 livres, à Jeanne Dexmier, veuve de Jean Arnauld, lieutenant particulier, par Antoine d'Abzac, chevalier, seigneur de Vouzan, demeurant au château dudit lieu, et Julie d'Abzac, sa sœur, épouse de Jean de la Breuille, seigneur de Chantrezac (11 octobre). — Autre vente de rentes seigneuriales par le même à la même, en décharge d'une obligation de 3.118 livres (31 octobre 1704).

E. 2032. (Liasse.) — 72 pièces, papier.

1705-1709. — Pierre Audouin, notaire royal à Angoulême. — Actes reçus par ce notaire du 16 janvier 1705 au 1er novembre 1709. — Procès-verbal de la maison noble d'Échallat occupée par Jean Daigne, curé-prieur d'Échallat, ce requérant Louis Boessot, écuyer, seigneur de Vouillac (18 juin 1705). — Transaction entre Bertrand de la Laurencie, chevalier, seigneur marquis de Charras, Chadurie, Lès Thibaudières et autres lieux, lieutenant-général des maréchaux de France en Angoumois, et Anne Arnauld, son épouse, demeurant au château de Charras, comme acquéreurs des terres et seigneurie de Neuvic sur Antoine de Pardaillan de Gondrin, chevalier, seigneur marquis d'Antin, et Julie-Françoise de Crussol, sa femme, par contrat du 1er mai précédent reçu Richard, notaire au Châtelet ; et les religieux Jacobins, Cordeliers et Minimes d'Angoulême, créanciers des vendeurs en raison d'une rente assignée sur ladite terre (16 août). — Constitution de 60 livres de rente au profit de Henri de la Quintinie, curé de St-Constant, par Étienne de la Quintinie, procureur fiscal de Vars, pour sa part dans la succession de Marie, leur sœur (28 août). — Vente des métairies de Pétignoux et de Chez-Carroux, paroisse de Charras, moyennant 11.000 livres, à Pierre Dereix, sieur du Temple, et Marguerite Decescaud, sa femme, demeurant au château de La Mothe, paroisse de Feuillade, par le marquis et la marquise de Charras (11 octobre).

— Procès-verbal des terres et seigneuries de Sonneville et de Neuvic, ce requérant le marquis de Charras, leur acquéreur. Le château de Sonneville est entièrement démoli depuis 3 ans, et ses matériaux vendus ; la porte du château de Neuvic était autrefois à pont-levis, mais actuellement les fossés sont comblés ; les halles et le four banal de Neuvic sont en très mauvais état ; à la métairie d'Herpes se trouve un four banal (4 novembre). — Cession de leurs droits sur la succession de Georges Tillet, leur frère aîné, moyennant 120 livres, par Martial et Pierre Tillet, demeurant paroisse de Charras, au profit de Dom Bernard Guichardet, prieur de Grosbost (31 décembre 1705). — Contrat de mariage de Jean Renaud, cocher au service du marquis de Charras depuis plus de 3 ans (8 janvier 1706). — Cession d'une créance de 8.167 livres de principal, et de 7.212 livres d'intérêts sur l'hérédité d'Alexandre de Galard de Béarn, chevalier, seigneur comte de Brassac, et de Charlotte de la Rochefoucauld, sa femme ; ladite cession faite, moyennant 12.303 livres, à Marthe-Madeleine Foullé de Prunereau, que représente François-Alexandre de Galard de Béarn, chevalier, comte de Brassac, baron de La Rochebeaucourt, son mari non commun en biens, fils des susdits débiteurs, par François Arnauld, écuyer, lieutenant-général de police et lieutenant particulier en la sénéchaussée, et Jeanne Dexmier, veuve de Jean Arnauld, écuyer, seigneur de Bouex (14 janvier). — Réception dans la communauté des maîtres tailleurs d'habits de Jean Terrade, qui prête serment devant le lieutenant-général de police, et paie les droits habituels (20 mars). — Vente de l'office d'ancien archer en la maréchaussée d'Angoulême, moyennant 2.000 livres, à Jean Montargis, sieur de L'Ajasson, y demeurant, paroisse de Trois-Palis, par Madeleine Breuillet, veuve de Louis Rullier, paroisse de St-Estèphe (5 avril). — Ratification par Claude Desroches, écuyer, sieur de Durfort, y demeurant, paroisse de Guizengeard, de la vente de divers domaines consentie le 21 juillet 1697 à Hermant de La Laurencie, chevalier seigneur de Mongélias, par feu Pierre Desroches, écuyer (2 mai 1706). — Vente de rentes seigneuriales dans la paroisse de Fouquebrune, moyennant 1.320 livres, à Louis Guy, chevalier, seigneur du Mas, demeurant en la maison noble de Livernan, par Jeanne Dexmier, veuve de Jean Arnauld, seigneur de Bouex (11 janvier 1707). — Contrat de mariage de Pierre Nadaud, mendiant (17 février 1707). — Transaction qui fixe à 100 livres les dommages et intérêts que doit Marc Lespine, fils de Pierre, marchand, à Marie Bouillon, fils d'Hélie, notaire royal, pour les coups et blessures qu'il lui a portés (8 janvier 1708). — Transaction concernant l'exécution des promesses faites par Antoine Bourdage, prieur-curé de St-Amant-de-Graves, à Geneviève Bourdage, sa nièce, lors de son contrat de mariage avec François Dutiers, écuyer, le 4 juillet 1693 (3 mars). — Testament de Jean Gauvry, procureur au présidial, et de Marie Mercier, sa femme, par lequel, entre autres choses, ladite Mercier lègue 100 livres à Catherine Dassier, sa nièce, fille d'Élisabeth Mercier, sa sœur, et 400 livres à Élisabeth de Chesnel, fille de Marie Dassier, son autre nièce (10 mars). — Bail à loyer d'une maison, paroisse de Beaulieu, dans laquelle se trouve un moulin à huile, pour 9 ans, moyennant 40 livres chaque, consenti par Anne Massé, veuve de Pierre Filhon, notaire royal, qui, par le même acte, cède le montant de la ferme à Jeanne Dexmier, veuve de Jean Arnauld, seigneur de Bouex, en déduction de ce que lui devaient ledit Filhon et sa première femme (17 mars). — Constitution de 120 livres de rente à titre clérical au profit de Mathurin Raymond, séminariste, par Hélie Raymond, marchand, son père (20 juin). — Quittance de 150 livres de dommages et intérêts donnée par Gabriel d'Abzac, chevalier, seigneur de Vouzan, Savignac, Le Portail et autres lieux, demeurant au château de Vouzan, tant pour lui que pour Louis d'Abzac, chevalier, seigneur de La Bergerie, son frère, capitaine au régiment de Navarre, à Berthomé Dousset, contre lequel ils avaient intenté une action criminelle, parce que ce laboureur s'était emparé de plusieurs morceaux de bois des taillis de La Bergerie dépouillés de leur écorce par les tanneurs qui l'avaient achetée, et les avait emportés sur la charrette qui lui servait à conduire au port de Lhoumeau un canon de 8 pris à la forge des Rudeaux (15 novembre 1708). — Transaction par laquelle Philippe Bourdage, curé et aumônier de St-Jacques de Lhoumeau, s'engage pour lui et ses successeurs, à servir à l'Hôtel-Dieu Notre-Dame-des-Anges 30 livres de rente annuelle représentant les revenus de l'aumônerie St-Jacques réunie à l'Hôtel-Dieu par la déclaration de Sa Majesté du 2 septembre 1695, après l'avoir été aux Chevaliers du Mont-Carmel, de St-Jean-de-Jérusalem et de St-Lazarre. Le syndic de l'Hôtel-Dieu prétend que « s'il ne laissoit pas de paraître que la plus grande partie de l'anclos dont il jouit à présent la maison et jardin de la cure est composé du chef-lieu de ladite aumosnerie et des terres sujettes à des rantes considérables qui y

estoient deues, et que pandant la jouissance que luy et les curés, sès prédécesseurs ont fait des deux titres de curé et aumosnier, ils ont fait reconnoistre à ladite cure ce quy apartenoit à l'aumosnerie et ont joint à ladite cure les domaines et batimens qu'ils ont démolly » (15 février 1709). — Prise de possession du canonicat ayant appartenu à feu Geoffroy Girard par Guy Gauvry, malgré les déclarations de l'évêque et du chapitre que ce canonicat était occupé par le sieur Lambert longtemps avant la mort dudit Girard (7 mars). — Bail à ferme des revenus de l'abbaye de La Greuze, membre dépendant de l'abbaye de St-Cybard, consenti pour 7 années, moyennant 450 livres chaque, à Guillaume Dumontet, notaire royal, et Jean Dumontet, marchand, son fils, demeurant à Chez-Nadaud, paroisse de Dignac (2 avril). — Cession par Françoise de Montargis de tous les dommages et intérêts qu'elle peut prétendre en raison de l'homicide commis sur feu Gabriel Mesnard, sieur de Bois-Rocher, son mari, par Pierre Gandobert, sieur de Vivonne, ladite cession faite, moyennant 1.000 livres, à Pierre de Nergane, sieur de La Faurie (24 août). — Compte qui fixe à 4.674 livres la créance en principal due à Jeanne Dexmier, veuve de Jean Arnauld, seigneur de Bouex, par Jean de Montalembert, écuyer, seigneur de Sers, capitaine au régiment de Beauvaisis, Anne, Charlotte et Marie de Montalembert, ses sœurs, demeurant au château de Sers, qui se libèrent de ladite créance en cédant une rente de 300 livres (1er novembre 1709).

E. 2003. (Liasse.) — 78 pièces, papier.

1710-1715. — Pierre Audouin, notaire royal à Angoulême. — Actes reçus par ce notaire du 5 février 1710 au 20 septembre 1715. — Contrat de mariage entre Jean Bobot, fils de feu Charles, marchand de soie et de Marguerite Fauconnier, et Marie-Madeleine Naulin, fille de défunts Louis, sieur de Chalais, garde-minute en la chancellerie du présidial, et Jeanne Perdreau : en faveur duquel mariage, le futur époux reçoit de Marguerite Fauconnier remariée à Pierre Lecomte, greffier en chef de l'élection, pour tous ses droits, 10.000 livres de dot (22 décembre 1710). — Compte qui fixe à 846 livres en principal et 465 livres d'intérêts la somme due à Jeanne Dexmier, veuve de Jean Arnauld, seigneur de Bouex, par François Brunelière, seigneur de Puydenelle et de Sigogne en partie, et Marie de Talleyrand de Grignols, sa femme, demeurant au lieu noble de Puydenille, paroisse de Champniers (31 décembre 1710). — Quittance de 544 livres pour l'amortissement et les arrérages d'une rente donnée à Pierre Valleteau, écuyer, sieur de Mouillac, vice-sénéchal d'Angoumois, par Simon Gautier, sieur du Maine-Désert, comme cessionnaire de Simon Plumet, son oncle, demeurant aux Mornats, paroisse de Fléac (27 janvier 1711). — Transaction par laquelle la mouvance et directité des fiefs et métairie des Fosses, paroisse de Sonneville, acquis de Jean de Bardonnie, chevalier, seigneur des Leures, par le sieur Jolly, du bourg d'Anville, est attribuée à Bertrand de la Laurencie, chevalier, marquis de Charras, Neuvic, Sonneville et autres places, comme seigneur chemier de Sonneville : elle lui était contestée par François de Bardonnin, chevalier, seigneur comte de Sansac, et de Sonneville en partie, demeurant en sa maison noble de Sonneville. Le marquis de Charras s'appuyait sur un hommage du 22 mai 1614 rendu par Urier Deschamps, écuyer, sieur des Fosses, à Arnaud d'Espiement, seigneur de Sonneville. Le comte de Sansac invoquait un partage du 14 mars 1554 suivant lequel le fief était donné en parage au puiné de son auteur, et l'hommage rendu en conséquence à François de Bardonnin, sondit auteur, par Jacques de Bardonnin « parageur » ; il présentait aussi si le dénombrement rendu à Jean-Jacques de Gost, marquis d'Authon, le 8 janvier 1654, par François de Bardonnin, dénombrement dans lequel était compris le fief des Fosses. Le marquis de Charras ripostait que le fief avait été acquis par les Brouard, auteurs du comte de Sansac, seulement après un partage de 1498 ; qu'ils ne pouvaient, par un partage entre eux, en enlever la directité au seigneur chemier de Sonneville ; que le parage, d'ailleurs, ne comporte point d'hommage du « parageur » (15 mars 1711). — Testament d'Arnaud Dumergue, orfèvre et commissaire de police d'Angoulême, par lequel il s'en remet pour le soin de ses funérailles à Anne Gilbert, sa femme, et lègue ses biens meubles et acquêts à Marthe et Marie Dumergue, ses deux filles (23 mars 1712). — Compte qui fixe à 3.625 livres la somme due à Jeanne Dexmier, veuve de Jean Arnauld, seigneur de Bouex, par François Du Reclus, écuyer, seigneur du Breuil-Puyféteau, Jeanne Dulau, sa femme, et François Du Reclus, chanoine de l'église cathédrale, qui cèdent en paiement le montant du prix de vente de la métairie du Breuil acquise par Mr de Lambertie, seigneur du Bouchet (30 mars). — Contrat de mariage entre Pierre Navarre, sieur de Bois-de-Reix, fils de Jean.

aussi sieur de Bois-de-Reix, et de Marguerite Morpain, et Marie Arnauld, fille de Mathurin, bourgeois, et de feue Marie Bouhier, qui reçoit 8.100 livres pour sa part dans l'héritage paternel : Gabriel Rondeau, lieutenant général de police de Châteauneuf, et Jeanne Navarre, sa femme, sœur du futur époux, reconnaissent n'avoir rien à prétendre dans l'héritage de leurs beaux-parents et parents, depuis le paiement des 10.000 livres de dot de ladite Jeanne (25 juin). — Vente d'une maison, faubourg de Lhoumeau, consentie, moyennant 500 livres, par Henri de Villemandy, sieur de La Mesnière, demeurant à la Rochefoucauld (20 juin). — Contrat de mariage entre Claude Maufras, sieur de La Ferté, fils de feu Pierre, demeurant à Chez-Charraud, paroisse de Balzac, et Marguerite Guimard, fille de Sébastien, huissier de Busserolles, en Périgord (11 octobre). — Présentation de pièces pour servir au compte des sommes dues à Françoise Aubaneau, veuve d'Alexandre de Couvidou, chevalier, seigneur de Fleurac, demeurant au château de Fleurac, paroisse de Vaux, par François Lhoumeau, sieur de La Fenêtre, comme fermier de la seigneurie de Boissec, pendant 3 ans (18 novembre 1712). — Vente de rentes seigneuriales, dans la paroisse de Coutures, moyennant 3.450 livres, par Mathieu de la Rochefoucauld, chevalier, seigneur marquis de Bayers et autres lieux, et Marianne de Turmenyes, sa femme, demeurant au château de Bayers, à Charles César Dexmier, chevalier, seigneur de Chenon, Domezac et autres lieux, demeurant au château de Domezac, paroisse de St-Gourson (16 mars 1713). — Vente de la métairie du Verger, paroisse de Macqueville, des prés et du bois de La Chapelle, moyennant 10.700 livres, par le marquis de Charras, à Jean Josias, marchand, demeurant à Siecq, en Saintonge (18 mars). — Inventaire des meubles et effets de Charles-Joseph de Lageard, chevalier, seigneur des Bauries, décédé le 19 du même mois en sa maison de Nauteuillet, ce requérant Anne de Lageard, veuve de François Castain de Guérin, écuyer, sieur du Tranchard, et Madeleine de Lageard, veuve du seigneur de Chezaud de Beaumont, sœurs dudit Charles, en présence de Mathurine Bareau, sa veuve. A signaler parmi les papiers : le contrat de vente de la seigneurie de Puygaty consentie audit feu, moyennant 24.000 livres, par François Vigier, écuyer, sieur de La Cour du Refort, et Catherine Ancelin, sa femme, ledit contrat reçu Papin, le 14 janvier 1694 ; — le contrat de mariage de Raymond de Lageard, écuyer, seigneur de Janville, père dudit feu avec Renée de Lémerie, reçu Roy, le 8 octobre 1645 ; — le dénombrement du lieu des Bauries rendu par Guillemine Jargillon, veuve de François Redon, à Jean-Louis de La Valette, duc d'Épernon, le 23 décembre 1619, reçu Fleuriot (27-30 mars). — Constitution de 150 livres de rente, au profit de Philippe Pigornet, avocat, par Jean Mussaud, écuyer, sieur de St-Michel, Jean et Louis Mussaud, écuyers, mousquetaires de la maison du Roi, fils dudit Jean et de Marguerite de Montséran, Marguerite de la Marthonie, fille du premier mariage de ladite de Montséran avec Charles de la Marthonie, chevalier, seigneur de Fouquebrune, demeurant tous au château du Groc, paroisse de Fouquebrune, qui déclarent employer les 3.000 livres de capital de cette rente à solder leurs obligations envers Pierre et Joseph Sénemaud, frères, et Jean-Baptiste Bordéaux, marchands bourgeois de Limoges (2 décembre 1713). — Reconnaissance d'une obligation de 1.000 livres contractée par Raymond Mallet de Châtillon, chevalier, seigneur de La Barde, demeurant au château de La Barde, paroisse de St-Crépin, en Périgord, envers Antoine de Barry, chevalier, seigneur de Puycheny, demeurant au château de La Grange, paroisse de Chassenon, époux de Jeanne de de Mallet (26 février 1714). — Acquisition après licitation de la métairie de Puybon, paroisse de Montbron, par Joseph Lériget, sieur du Rouys, demeurant à Montbron, qui avait droit au tiers de sa valeur, comme représentant Madeleine Guy et François Falligon, écuyer, sieur des Gaignères, son fils, tandis que les deux autres tiers reviennent à François Guy, écuyer, sieur de Pont-Levin, demeurant audit lieu, paroisse de Champmillon (12 mars). — Contrat de mariage entre Pierre de Jarnac, seigneur de Garde-Épée, lieutenant de la milice bourgeoise d'Angoulême, fils de défunts Ozée-Pierre, juge-sénéchal de Roissac, Mazotte, et Le Fresne, et Jeanne André ; et Marie-Anne Barraud, fille de feu Philippe, bourgeois, et de Catherine Poisson ; en faveur duquel mariage la future épouse reçoit 7.000 livres pour tous ses droits sur la succession de son père, et 3.000 livres à précompter sur la succession de sa mère, qui devront être employées tout d'abord à achever de solder le montant de l'acquisition de la seigneurie de Garde-Épée (4 mai). — Quittance de 1.400 livres pour l'amortissement d'une rente donnée à François Dauphin, chevalier, seigneur de Goursac et de La Cadoux, demeurant au lieu de Goursac, paroisse de Chasseneuil, par Jean Thomas, écuyer, seigneur de Bardines, Les Plaignes, Vérines et autres lieux, conseiller

au présidial, comme cessionnaire de François-Joseph de la Rochefoucauld, chevalier, seigneur de Maumont et de Anne Thomas, sa femme (7 juillet). — Engagement pris par quelques uns des collecteurs des impositions de la ville d'Angoulême pour 1713, de garantir François Coulaud, Pierre Brun, Pierre Merceron aussi collecteurs, de toutes poursuites, moyennant le versement par Coulaud, de 260 livres, par Brun, de 350 livres, par Merceron, de 340 livres ; Pitre, notaire royal, s'était chargé, moyennant rétribution, de faire la levée des rôles de capitation (4-6 septembre). — Contrat de mariage entre Roch Benoist, sieur du Châtelars, fils de défunts Philippe, sieur dudit lieu, et Catherine Chénevière ; et Anne Dulac, fille de François, sieur du Maine-Brie, procureur fiscal de St-Cybard, et d'Élisabeth Vinsonneau, demeurant au Maine-Brie, paroisse de St-Yrieix, qui reçoit 10.000 livres de dot (20 novembre 1715). — Contrat de mariage entre Jean-Noël Boylevin, marchand, fils de Jean, notaire royal, et de feue Jaquette Roy, et Françoise Boissonnet, fille de François, marchand, et de Louise Guyot ; en faveur duquel mariage le futur époux reçoit en dot 2.600 livres, et la future épouse 1.000 livres (12 février 1715). — Procès-verbal du lieu d'Andreville, paroisse de St-Cybardeaux, ce requérant Philippe Le Bègue, seigneur d'Andreville, à qui Antoine Le Bègue, sieur de La Pinote, et Anne du Tastet, ses parents, ont constitué en dot ledit lieu, lors de son contrat de mariage passé à Calais, avec Marie-Michelle Bordier, le 6 mai 1713, devant Bagourd et Dufresne, notaires royaux (2 avril). — Cession d'un mas de terre de 12 journaux 190 carreaux, sise au village des Prouleaux, paroisse de St-Cybardeaux, moyennant une rente annuelle de 13 livres, à Guillaume Prouleau, laboureur, par Philippe Le Bègue, seigneur d'Andreville, capitaine au régiment de Navarre, et Marie-Michelle Bordier, sa femme (8 avril). — Contrat de mariage entre Jean Landry, substitut du procureur du Roi en la prévôté royale d'Angoulême, fils de feu Antoine, ancien archer de la maréchaussée, et de Jeanne Ducluzeau, et Jeanne Moreau, fille de François, sieur de Lyon, et de Marie Prévost, qui reçoit 3.000 livres de dot (2 mai). — Contrat de mariage entre Philippe Audouin, marchand, fils de Philippe, aussi marchand, et de Jeanne Payen, et Marie Raymbault, fille de David, sieur de Bussac, et de Marie Martin, demeurant à St-Genis : en faveur duquel mariage le futur époux reçoit en dot 8.000 livres, et la future épouse 7.000 livres, en outre des 1.000 livres à elle léguées par le testament de Louïse Le Bègue, son aïeule maternelle, du 4 avril 1702. Avec un mémoire, du 22 mars 1717, des marchandises, meubles et argent donnés par Philippe Audouin à son fils (18 mai). — Inventaire des meubles et effets d'Arnaud Dumergue, marchand orfèvre, décédé le 28 juillet précédent, ce requérant Anne Gillibert, sa veuve, Marie Dumergue, leur fille, Noël et Marthe Dumergue, enfants du premier mariage dudit feu avec Pétronille Dublanc. A signaler audit inventaire 25 bagues à doublet à la paysanne, de bas argent, estimées 6 sols pièce ; — 4 bagues de chiffre d'argent doré, estimées 15 sols pièce ; — 2 bagues d'émeraude dont une dépolie, estimée 36 livres ; — plusieurs pierres de plusieurs couleurs estimées 3 livres ; — une épée à poignée d'argent ; — les provisions d'un office de commissaire de police (26-28 août 1715).

E. 2004. (Liasse.) — 93 pièces, papier.

1716-1720. — Pierre Audouin, notaire royal à Angoulême.— Actes reçus par ce notaire du 3 janvier 1716 au 28 novembre 1720. — Testament de Marthe et Marie Dumergue qui se font donation réciproque de leurs biens, en cas de prédécès, et doublent la pension de 20 livres dont jouit le P. Dumergue, leur frère, religieux jacobin du couvent d'Angoulême (3 janvier 1716). — Quittance donnée par N. de Villemandy, vicaire de St-André, au lieu et place du curé absent et interdit, et par les fabriqueurs de la paroisse, à Noël Arnauld, écuyer, seigneur de Bouex, Méré et autres places, président au présidial, tant pour lui que pour Jeanne Dexmier, sa mère, d'un contrat de constitution de 60 livres de rente sur l'Hôtel-de-Ville de Paris, ladite rente cédée à la paroisse de St-André, à charge de dire le mardi de chaque semaine une messe pour le repos de l'âme de Jean Arnauld, seigneur de Bouex, conformément à la sentence rendue au présidial d'Orléans, le 4 décembre 1698, et confirmée par une autre sentence des requêtes de l'Hôtel, du 1er août 1707 (7 février). — Cession d'une rente de 50 livres constituée au profit de Maurice Nouveau, notaire royal et procureur de Châteauneuf, et de Jeanne Augier, sa femme, par François Desbordes, seigneur de Montléry ; ladite cession faite, moyennant 1.000 livres, par François Desbordes, écuyer, seigneur de Jansac, Teillé, Les Rosiers et autres lieux, demeurant à Garat, fils dudit seigneur de Montléry, à Jean-Louis Fé, écuyer, seigneur de Fontdenis, Mosnac, Maumont,

Le Tillet, Fontfroide, Frégeneuil, et autres lieux, lieutenant-particulier en la sénéchaussée et siège présidial (4 mai). — Contrat de mariage entre Jean Rousseau, sieur de Valentin, originaire d'Autun, fils de feu Valentin Rousseau et de Dimanche Roullot, demeurant près du marquis de Charras, et Marie Martin, fille de feu Pierre (22 décembre 1716). — Procès-verbal constatant que les membres et anciens membres de la juridiction consulaire de la ville, revêtus de leurs robes consulaires, les conseillers en habit et manteau noir, précédés de leurs huissiers, ont pris place immédiatement derrière les membres du présidial et ceux de l'élection, aux cérémonies de la Fête-Dieu célébrées en ce jour, conformément aux arrêts du Conseil qui leur accordent la préséance sur les procureurs, préséance que ceux-ci avaient voulu contester, en particulier l'année précédente. Ont comparu : François Gibaud, Jacques Galliot, Honoré Thenault, Pierre Vincent, juge et consuls en charge ; Félix Sartre, François Galliot, Claude André, Arnaud Gilbert, Honoré Couché, François Brun, Jean Barraud et Jean Babot, anciens juges et consuls ; Benoist fils, Trémeau fils, et Fauconnier fils, conseillers (27 mai 1717). — Sommation par Noël Arnauld, écuyer, seigneur de Bouex, président au présidial, à Lecomte, greffier en chef de l'élection, de déclarer si Massé, prétendu commis au bureau de Bouex pour les congés de remuage des eaux-de-vie et vins, a prêté serment (10 juin). — Protestation d'un grand nombre de maîtres chirurgiens d'Angoulême contre le sieur Mesnier et Pierre Fromantin, aussi maîtres chirurgiens, qui prétendent contester la même qualité au sieur Bassoulet, alors que celui-ci a été reçu dans leur communauté depuis plus de 21 ans, et qu'il soigne depuis plusieurs années les pauvres de l'Hôtel-Dieu (9 juillet 1717). — Testament olographe de Jean-Noël Arnauld qui lègue à sa mère ses meubles et le tiers de ses propres sur lesquels elle devra donner 6.000 livres à l'église de Bouex pour être employées en réparations, fondation de missions ou autres choses, pour la gloire de Dieu (12 février 1718). — Remise par Pascal Mathieu, sieur du Roc, demeurant au village des Brandes, paroisse de St-Amant-de-Nouhère, à Jeanne Dexmier, veuve de Jean Arnauld, seigneur de Bouex, en conséquence de la faculté de rachat qu'elle s'était réservée par le contrat de vente du 22 septembre 1711, du fief noble de La Chapelle-de-St-Genis appelé d'Orgeville, des rentes seigneuriales de Puyromain, et de celles du Temple de Rouillac (3 juin). — Inventaire des meubles et effets de Joseph Debect, sieur du Châtelars, décédé à L'Isle-d'Espaignac, le 3 juillet précédent, ce requérant Françoise de Villemandy, sa veuve, en présence de Guy Debect, curé de S¹-Cybard, frère dudit feu (1ᵉʳ octobre 1718). — Cession par François de la Laurencie, chevalier, seigneur de Chadurie et des Thibaudières, Catherine Desforges, sa femme, Salomon Chapiteau, chevalier, seigneur de Rémondias et du Vignaud, et Marie-Guillemine Desforges, sa femme, à Jacques Arnauld, échevin, de 480 livres de rente au capital de 9.600 livres, dues par François Arnauld, président au présidial, et Louise-Rachel Birot, sa femme, comme acquéreurs de la terre de Champniers et des fief et seigneurie de Ferrières sur François Guy, chevalier, et Marie de Massacré, sa femme, par contrat du 21 avril 1717, reçu Decoux. La rente avait été constituée lors de la cession de ladite seigneurie de Ferrières à Jacques Guy, chevalier, seigneur de Puyrobert, et N. de Massacré, sa femme, par Jacques Desforges, avocat, et N. Couturier, sa femme, par contrat du 1ᵉʳ mai 1653, reçu Martin (22 mai 1719). — Compte des arrérages de la pension de 1.000 livres due à Anne Pelloquin, veuve de François Baudouin, chevalier, seigneur de Fleurac, par Françoise Dexmier, veuve de Jean-Louis Guiton, écuyer, seigneur du Tranchard, en raison de l'acquisition de la seigneurie de Fleurac (28 mai). — Réélection du président de Bouex, du conseiller Arnauld, de Messieurs Barraud et Joubert, marchands, comme fabriqueurs, par l'assemblée des habitants de la paroisse S¹-André, contre le gré de M. Mesturas, curé, qui voulait remettre l'élection à huitaine (25 juin). — Cession de rentes seigneuriales, moyennant 679 livres, à Noël Arnauld, chevalier, seigneur de Bouex, Méré, enclave de Garat, Le Breuil de Dignac et autres lieux, ancien président au présidial, par Jean Gandobert, sieur de Chénaud, et Françoise Amadieu, sa femme (9 juillet). — Constitution de 75 livres de rente au profit de l'Hôtel-Dieu Notre-Dame-des-Anges, par Françoise Laisné, veuve de Jean de la Charlonie, écuyer, seigneur de Nanclars, y demeurant, paroisse de Jarnac, Philippe Laisné de Gondeville, écuyer, seigneur de La Barde, et Marguerite Fé, sa femme, demeurant audit lieu de La Barde, paroisse de Gondeville (11 juillet). — Cession d'une créance de 239 livres sur Gasparde Lemoine, veuve de Gabriel de Raymond, seigneur du Breuil, de Dignac et d'Angles, et d'une autre de 200 livres sur Jeanne de Lespinay, épouse de Joseph Raymond, ladite cession faite à Noël Arnauld, seigneur de Bouex, par Eustache de Fleury, chevalier, seigneur du Vert et des Fontaines, demeurant à Bordeaux (4 septembre).

— Cession des bâtiments et domaines qui lui appartiennent, paroisse de Puymoyen, par Jean Prunaud, laboureur, à Nicolas Deroullède, notaire royal (24 septembre). — Vente de l'office de lieutenant de la maîtrise particulière des eaux-et-forêts d'Angoulême que possédait Jacques Corrion, moyennant 3.500 livres, à Léonard Dutillet, avocat, que représentent Gabriel Dutillet, procureur au présidial, et Aymée Robinet, ses parents, par Marie Robinet, veuve dudit Corrion, Pierre Corrion, étudiant de rhétorique, Marthe, Jean et Philippe Corrion, enfants dudit Jacques et d'Agathe Rousseau, sa première femme (27 octobre). — Constitution de rente, à titre clérical, au profit de François Perdreau, fils de Jean, marchand, et d'Anne Amadieu (24 novembre 1719). — Contrat de mariage entre François de Bussac, sieur des Combes, fils de feu Antoine, sieur de Beaupré, et de Jeanne de Gorces, demeurant au village de Relettes, paroisse de Magnac, et Antoinette-Angélique Tronchère, fille de défunts Jean, archer des maréchaux de France, et Marie Bigot, autorisée par Catherine Ribérolle, veuve d'Etienne Tronchère, marchand, son aïeule, demeurant aussi au village de Relettes (1ᵉʳ février 1720). — Contrat de mariage entre François de Livron, chevalier, seigneur de Puyvidal, demeurant audit lieu, paroisse de S¹-Constant, fils de feu Jacques, écuyer, et de Marie de Mainvielle, et Andrée Fé, fille de Jean, écuyer, seigneur de Boisragon, et de Madeleine de Lestoille ; du consentement de Jean Fé, écuyer, seigneur de Fontdenis, lieutenant-particulier au présidial, frère de la future épouse, et de Anne Dubois, chevalier, seigneur de Puyrigaud, son beau-frère : en faveur duquel mariage la future épouse reçoit 12.000 livres de dot, et 500 livres pour ses habits nuptiaux (26 février). — Quittance donnée à Mathieu de la Rochefoucauld, chevalier, seigneur marquis de Bayers, La Motte, Fouquebrune et autres lieux, demeurant ordinairement à Paris, par Louis de Luillier, écuyer, directeur du domaine du Roi, et Élisabeth Montaigne, sa femme, de 14.000 livres qu'il leur devait en raison du contrat de vente du 18 juin 1706 reçu Serpaud (3 mars). — Constitution de 740 livres de rente, moyennant 20.000 livres payées comptant en billets de banque au profit de Marthe Just, veuve d'Etienne Coyteux, sieurs des Viviens, que représente Joseph Just, ci-devant contrôleur principal de l'artillerie du Roussillon, par Pierre de Montalembert, chevalier, seigneur de Vaux et Plaizac, et Angélique Poussard, sa femme (5 mars). — Constitution de 1.142 livres de rente, au profit de la même, moyennant 32.000 livres en billets de banque, par Marie Prévéraud, veuve de François de Volvire de Ruffec, chevalier, seigneur d'Aunac, Mortagne et autres places, demeurant au château d'Aunac (8 mars). — Quittance de 41.815 livres en billets de banque donnée pour solde de diverses obligations et d'intérêts à Mathieu de la Rochefoucauld, marquis de Bayers, par Jacques de Lesmerie, chevalier, seigneur marquis d'Échoisy, lieutenant pour le Roi en Angoumois, demeurant en sa maison noble d'Échoisy, paroisse de Cellettes (8 mars). — Transaction entre Samuel Duru, maître apothicaire, Françoise Landry, sa femme, et Jean Landry, substitut du procureur du Roi en la prévôté, et procureur au présidial, au sujet de la donation de tous ses biens faite audit Jean, moyennant une somme de 600 livres, par autre Jean Landry, curé de Notre-Dame de Trois-Palis (8 mars). — Constitution de 1.071 livres de rente au profit de Marthe Just, veuve d'Etienne Coyteux, sieurs des Viviens, moyennant 10.000 livres payés comptant en billets de banque, par Marc-René Gandillaud, chevalier, seigneur de Fontguyon, Douzac, Échallat, Le Chambon et autres lieux, et Julie Vigier, sa femme, demeurant en la maison noble de Fontguyon, paroisse de Douzac (9 mars). — Constitution de 333 livres de ren'e au profit de la même, moyennant 10.000 livres en billets de banque, par François Arnauld, chevalier, seigneur de Champniers, Puyrobert, Le Breuil, Ferrières, Argence, Viville et autres lieux, président au présidial et lieutenant-général de police (9 mars). — Constitution de 66 livres de rente, au profit de Pierre Birot, écuyer, lieutenant au régiment de Bigorre, moyennant 2.000 livres en billets de banque, par Louis-François Guillot, sieur du Maine-Brun, chanoine de l'église cathédrale (10 avril). — Délaissement d'une partie de ses terres qu'il a converties pour la plupart en vignes, par Jacques Vigier, écuyer, sieur de La Pille, à Éléonore Vigier, sa sœur, demeurant avec lui à La Pille, commune de Champmillon, et à François Vigier, écuyer, avocat, ses sœur et frère, en attendant sa succession, et pour représenter leur part de l'héritage de leur mère (13 avril). — Sommation par François Arnauld, président au présidial, aux religieuses Carmélites, de recevoir 9.500 livres en billets de banque pour amortir la rente qu'il leur doit comme acquéreur de la terre de Champniers : les Carmélites le prient de ne pas amortir cette rente qui forme une grande partie de leurs revenus, et lui offrent de la réduire de 475 livres à 285 livres, ce qu'il accepte (13 avril). — Constitution de 200 livres de rente, au profit de François Arnauld, président au présidial, moyennant 5.999 livres, par Jean Gandobert, sieur de Chenaud, et Françoise Amadieu, sa femme (15 mai). — Vente d'une place de barbier-perruquier-baigneur et étuviste, moyennant 800 livres, à Louis Marchais, garçon perruquier, par Gabriel Charpentier, maître barbier (3 juillet). — Contrat de mariage entre Jean Argoulon, sieur des Bouchauds, chirurgien, fils d'Étienne, procureur fiscal de Peudry, demeurant au Pont, paroisse de St-Laurent de Belzagot, et Thérèse Boissonnet, fille de François, marchand, du consentement de Jean Argoulon, juge-sénéchal de Peudry, Bournet et La Léotardie, et de François Argoulon, curé de St-Cybard-de-Montmoreau, frères du futur époux (13 juillet). — Vente du lieu de La Madeleine, moyennant 13.160 livres, par Suzanne Yver, veuve de Daniel David, sieur dudit lieu, demeurant à Montpaple, paroisse de Mansle, à Jean-Louis Fé, écuyer, seigneur de Fontdenis (13 septembre). — Testament de Jeanne Arnauld, femme de Jacques Arnauld, avocat en parlement, par lequel elle institue Pierre, leur fils, son héritier universel, et, au cas où il viendrait à décéder, donne tout ce dont elle peut disposer à Pierre Arnauld, conseiller au présidial (11 octobre). — Vente d'une maison dans la rue qui va de la place à Mouchard à la Halle, à main gauche, tenant d'un côté au logis des Trois-Rois, et relevant du Roi, moyennant 2.100 livres, à Pierre Boutin, maître pâtissier et Marie Cipierre, sa femme, par Jeanne Cazot, veuve de Mathieu Galliot, commissaire aux saisies réelles (2 novembre 1720).

E. 2005. (Liasse.) — 49 pièces, papier.

1721-1725. — Pierre Audouin, notaire royal à Angoulême. — Actes reçus par ce notaire du 20 janvier 1721 au 13 septembre 1725. — Contrat de mariage entre Pierre Tronchère, sieur de Beaumont, fils de défunts Jean, sieur dudit lieu, et de Marie Bigot, et Marguerite Jeudy fille d'Antoine, marchand, qui reçoit 1.000 livres de dot (12 février 1721). — Quittance de 253 livres donnée par Michel Albert, marchand chapelier, demeurant au faubourg St-Pierre, à Anne Garraud, veuve de Jean Desbrandes, maître ès-arts, qui reconnait avoir reçu ladite somme de François Desbrandes, curé de St-Michel (9 juillet 1721). — Contrat de mariage entre Clément Fougerat, sieur de La Ville, procureur d'office de Manot, Chantrezac, et Ambernac, fils de François, aussi procureur desdits

seigneuries et de celle de Champagne-Mouton, demeurant à La Ville, paroisse de Chantrezac, et Jeanne
Dusouchet, fille de Pierre, avocat au parlement et de
feue Françoise Martin, qui reçoit une dot de 2.000
livres (7 avril 1722). — Constitution de 300 livres de
pension viagère au profit de Catherine Dutiers, veuve
de François Duclaud, écuyer, sieur de Fanoulac, et de
François Dutiers, écuyer, son frère, par François
Arnauld, chevalier, seigneur de Champniers (1er août).
—Vente du tiers et des trois-quarts d'un autre tiers
d'une maison sise rue de la Cloche-Verte, paroisse de
St-André, relevant à droit de rente seigneuriale de
l'abbaye de Bournet, moyennant 1.100 livres, à André
Aymard, ancien pair de l'Hôtel-de-ville et Catherine
Renodon, sa femme, par Pierre Bouhier, sieur du Sablon, Pierre Dupuy et Jean Combret, maîtres sarge-
tiers, tant pour eux que pour Marguerite et Françoise
Bouhier, leurs femmes, demeurant à Bouteville (8 septembre). — Procès-verbal des dégâts commis sur les
arbres du domaine de Robert Guillaume, écuyer, seigneur du Maine-Giraud, demeurant au village de La
Groue, paroisse de Marsac (7 décembre). — Constitution de rente, à titre clérical, au profit de Jean Audouin,
par Julienne Thuet, sa mère, veuve de Pierre Audouin,
marchand (12 décembre 1722). — Sommation par
Pierre Nadaud, notaire royal, demeurant aux Bouf-
fards, paroisse de St-Aulais, à Pierre Nadaud, huissier,
son père, de laisser faire l'inventaire des meubles
qu'il avait en commun avec Marguerite Boutin, sa
femme, ce que ledit huissier refuse en se plaignant
vivement des mauvais traitements de son fils (16
mars 1723). — Donation par Madeleine de Lestoille,
veuve de Jean Fé, écuyer, seigneur de Boisragon,
demeurant à Berqueville, paroisse de Châteauneuf, à
Jean-Louis Fé, écuyer, seigneur de Fondenis, leur
fils, de tout ce qu'elle peut prétendre dans les meubles
et acquêts immeubles provenant de sa communauté
avec ledit seigneur de Boisragon : outre ce, son fils
lui rembourse les 17.000 livres de sa dot, et lui sert
50 livres de rente pour gain de noces, et 200 livres
pour douaire (27 mai). — Constitution de rente à titre
clérical à François Audouin, par Pierre, marchand,
son père, veuf de Jeanne-Françoise Payen (17 mai
1723). — Prise de possession de la cure de Touvre
dont était précédemment pourvu Jean Yver, curé de
St-Antonin et de St-Vincent, par Jean Audouin
(3 mars 1724). — Quittance de 4.000 livres en amortissement de la rente de 200 livres constituée en dotation
à Madeleine Duchazaud, lors de son entrée à l'abbaye
de St-Ausone, le 5 janvier 1716, par Madeleine de
Lageard, sa mère, veuve de Gabriel Sicaire Duchazaud, chevalier, seigneur de la Resnerie ; ladite
quittance donnée à Marie-Brigitte de La Cropte, veuve
de Raymond Duchazaud, chevalier, seigneur de La
Resnerie, frère de Madeleine, demeurant au lieu
noble de La Resnerie, paroisse d'Auriac, en Périgord, par Françoise-Gabrielle d'Orléans de Rothelin,
abbesse, et les dignitaires de St-Ausonne (6 juillet). —
Bail à ferme de la métairie de Lunesse, paroisse de
St-Saturnin, pour 9 années, moyennant 700 livres chaque, consenti par Anne Regnaud, veuve de Jacques
Guyot, écuyer, seigneur de Lunesse, demeurant au
Moland, paroisse d'Alloue (1er novembre). — Contrat
de mariage entre François Gireaud, marchand, fils
de Jean, aussi marchand, et Marthe Corrion, fille de
défunts Jacques, lieutenant aux eaux-et-forêts d'Angoumois, et Agathe Rousseau (14 novembre 1724). —
Contrat de mariage entre Guillaume de Guytard, chevalier, seigneur de Beaumont, fils de feu François,
chevalier, seigneur du Querroy et de Beaumont,
et de Anne Pasquet, demeurant au lieu noble de
St-Constant, duché de La Rochefoucauld, et Andrée
Fé, fille de feu Jean, chevalier, seigneur de Boisragon, et de Madeleine de Lestoille, veuve de François
de Livron, chevalier, seigneur de Puyvidal, demeurant au lieu de Puyvidal, paroisse de St-Constant ; le
futur époux déclare que ses droits consistent dans la
somme de 10.000 livres qui lui a été constituée en dot
par contrat de mariage du 23 février 1721, reçu Peyraud ; et la future épouse dans celle de 12.000 livres
qui lui a été aussi constituée en dot par contrat de
mariage du 26 février 1720, reçu Audouin (27 janvier
1725). — Cession d'une créance de 4.470 livres sur
Anne-Marie de la Rochefoucauld, femme de François-Isaac de la Cropte, marquis de St-Abre ; ladite
cession faite à François Duverdier, écuyer, seigneur
de Narmond et des Couradés, premier avocat du Roi
au présidial de Limoges, par Pierre Arnauld, écuyer,
ancien conseiller au présidial (23 avril 1725).

E. 2006. (Liasse.) — 28 pièces, papier.

1641-1646. — AMELIN, notaire royal à Angoulême. — Actes reçus par ce notaire du 20 mai
1641 au 18 décembre 1646. — Vente de rentes seigneuriales sur deux mas de terre sis près du village
du Quéroy, paroisse de Mornac, moyennant 400 livres,
à François Normand, écuyer, sieur de Puygrelier,
conseiller du Roi, receveur du domaine d'Angou-

lème, par Jean de Chergé, écuyer, sieur dudit lieu, et Gabrielle Tizon, sa femme, demeurant au bourg de Mornac (8 décembre 1644). — Vente de 2 lopins de vignes, au plantier de Gâtine, moyennant 90 livres et 1 boisseau de froment, à Jean David, notaire royal, par Alain Lizée, sergent royal (13 février 1645). — Vente de 2 autres lopins de vignes, au même, par Louis Gandobert, marchand, et Hélie Veau, sa femme, demeurant au village des Campagnards, paroisse de St-Yrieix (13 février). — Partage entre Pierre Bouillaud, avocat au présidial, Françoise Boudin, sa femme, Isaac Aigron, sieur de La Motte et Fleurique Boudin, sa femme, des biens entre eux indivis provenant des successions de Jacques Boudin, leur père et beau-père, et d'autre Jacques Boudin, leur frère et beau-frère, entre autres des métairies de La Berlerie, paroisse de Dignac, et de Puymerle, paroisse de Torsac (15 avril). — Sommation par René Festiveau, curé de St-Martial, aux chanoines de l'église cathédrale, de donner à François de la Rochefoucauld, prieur commandataire de Cressé, la prébende demeurée vacante en leur chapitre par la mort de Charles Raoul, sieur de Fressange (12 mai). — Bail à ferme des revenus de la cure de Ste-Colombe, pour une année, moyennant 600 livres, dont 150 destinées au vicaire, à Charles Peronnin, marchand, par Philippe Boissard, bachelier en théologie, curé de ladite paroisse (26 mai). — Prise de possession de l' « archypréveré » de Rouillac par Pierre Arnauld, procureur au présidial, au nom de noble homme Pierre Le Camu, écuyer, sieur de Groussy, pourvu par lettres du grand-vicaire du 9 de ce mois (31 mai). — Transaction mettant fin aux procès intentés par Guillaume Nadault et François Horson contre les maire, échevins et pairs d'Angoulême, et réciproquement. Deux arrêts successifs des requêtes de l'Hôtel et du Conseil du Roi des 2 juin 1643 et 31 mai 1644 avaient réduit de 4.050 à 2.100 livres la taxe imposée sur Horson et Nadault pour les « ayzes », et condamné le corps de ville à rembourser la différence, à solder les frais de procédure et les dommages et intérêts : la transaction fixe à 6.000 livres le montant des obligations résultant de ces sentences (9 juin). — Quittance donnée par Hélie de la Touche, veuve d'Hélie Nijolet, comme tutrice de Louise et Françoise Boisseau, filles de son premier mariage avec Louis Boisseau, notaire royal, à Jean Horric, écuyer, sieur de La Barre d'Andonne et du Châtelard, autorisé par Jean de Merge, écuyer, sieur de Beaulieu et de Chantrezac, son curateur, de 1.277 livres à elle due en raison du prêt de 300 livres consenti par

Nicolas Moussier, avocat, à Jean Germat et Catherine Châlain, sa femme, le 24 mai 1620, et des procédures auxquels il donna lieu jusque devant le parlement : Louis Boisseau était caution, et Jean Horric créancier de Germat et de sa femme (25 septembre). — Ratification par François David, marchand de St-Simeux, Raymond Pelgeay, notaire royal et Madeleine David, sa femme, demeurant à St-Saturnin, René Virol, procureur au présidial et Lucrèce David, sa femme, François Filhon, marchand de Jurignac et Catherine David, sa femme, en l'absence de Valentin David, du contrat de partage conclu entre eux le 13 janvier 1626 ; et partage de la métairie de La Grange, paroisse d'Aussac, restée jusqu'alors indivise : la part de chacune des parties est estimée 1.200 livres. A François David revient le moulin à blé de l'écluse du Corbeau, sur la Charente, paroisse de St-Simeux, en raison duquel il est redevable d'une rente de 6 boisseaux de froment et 24 boisseaux de méture envers Augustin Chaput, comme curé de Ronsenac et chapelain de la chapelle de St-Bénigne-du-Fa (23 octobre). — Bail à ferme des cens et rentes des fiefs de La Tour et seigneurie de Birac, pour 3 années, moyennant 30 livres chaque, à Jean Raillard, marchand de Birac, par François Normand, écuyer, sieur des Bournis, conseiller au présidial, demeurant audit village de Birac, paroisse de St-Germain (4 novembre 1645). — Transaction au sujet des arrérages d'une rente de 131 livres due par Pierre de Villemandy, sieur de Lespinasse, demeurant au Maine-Charnier, paroisse de Leyrat, à Jean Mayou, procureur postulant à La Rochefoucauld, et Etienne Robin, maître apothicaire (25 avril 1646). — Cession de 3 lopins de pré dans la rivière de Villemon, paroisse de Ruelle, moyennant 7 livres de rente annuelle, consentie par Augustin de la Douaire, écuyer, sieur de Puyfort, demeurant au Mas, paroisse de Verteillac (26 mai). — Cession d'une pièce de pré de 10 journaux, paroisse de La Couronne, moyennant 30 livres de rente annuelle, consentie à Jean Yrvoix, fils de Pierre, boucher, par Jean Roullet, maître papetier du moulin des Pères Jésuites, à La Couronne (22 juillet). — Bail à ferme de ses revenus, paroisse de St-Méard d'Auge, consenti moyennant 10 livres chaque année par Etienne Guillebaud, chanoine de l'église cathédrale (17 octobre). — Contrat de mariage entre Pierre de la Treille, greffier de la juridiction de Montencès, paroisse de Montren, demeurant à Dirac, et Marie Séguin, fille de feu Gilles, notaire royal, et de Marguerite

Ythier qui reçoit en dot la moitié d'une maison à Angoulême et quelques meubles et effets (7 décembre 1646).

E. 2007 (Liasse.) — 64 pièces, papier.

1647-1650. — Amelin, notaire royal à Angoulême. — Actes reçus par ce notaire du 30 janvier 1647 au 21 décembre 1650. — Quittance de 300 livres donnée à Pierre Rathier, maître papetier du moulin de Colas, paroisse de La Couronne, en déduction de 6.000 livres à quoi monte l'amortissement de la rente qu'il doit à Toussaint Petit, greffier de la maréchaussée, et à Catherine Ythier, sa femme, en raison de la cession du moulin à papier de Poulet (30 janvier 1647). — Sommation de Philippe Boissard, bachelier en théologie, curé du Petit-St-Cybard, syndic et promoteur du clergé, à Marc Guillaumeau, chanoine de la cathédrale, l'un des 4 prétendus vicaires-généraux du diocèse constitués par le chapitre, qui le poursuivaient sous le prétexte calomnieux d'avoir composé « une farce en forme de prétendu libelle », de déclarer qui a porté plainte contre lui et de présenter le permis d'informer en conséquence ; protestant être contraint, faute de ce, à en appeler par devant les juges supérieurs afin de prouver son innocence, obtenir réparation de l'injure qu'ils lui font, et protection pour son honneur et sa personne qu'ils menacent d'interdit « en qualité de juges et parties ». Philippe Boissard prétend que les soi-disant vicaires-généraux se sont servis dans la citation qu'ils lui ont adressée du nom de Louis Bonnet, soi-disant promoteur de la cour commune ecclésiastique du diocèse, à l'insu de celui-ci, et que leurs vexations ont pour cause les poursuites par lui intentées en la cour de la chambre ecclésiastique, à Bordeaux, contre François Guy, soi-disant syndic du clergé, et Jean Moussier, un des receveurs des décimes du diocèse, en raison du compte rendu devant eux, alors que Jean Mesneau, doyen, seul vicaire-général de l'évêque, était aussi seul compétent pour l'entendre (3 avril). — Compte d'arrérages de rente dûs par Pierre Coq, maître sargetier de Chasseneuil, à Mathurine Desruaux, veuve de François de la Rochefoucauld, écuyer, sieur d'Orbé (5 avril). — Bail à ferme des dîmes et agriers qui lui appartiennent dans les paroisses de Lhoumeau et de St-Martial, pour 5 années, moyennant 30 livres chaque, consenti par Guilleraut, curé de St-Antonin et de St-Vincent

(19 juin). — Contrat de mariage entre François de la Porte, praticien, et Marguerite Landry, fille de Jean, marchand de Fléac (31 octobre 1647). — Sous-ferme de la rente de 36 boisseaux de froment due à Augustin Chapus, curé de Ronsenac, en raison du moulin de l'écluse de Corbeau, paroisse de St-Simeux, consenti par Jean Floranceau, notaire royal demeurant à Nersac, à Jean Huguet, notaire royal, qui devra payer audit Chapus, chaque année, les 40 livres de la ferme, et audit Floranceau, 4 livres, 17 sols (8 mars 1648). — Testament de Marie de la Boissière, femme de Philippe Pigornet, procureur au présidial, par lequel elle lègue le tiers de son patrimoine à François Saulnier, sieur de Francillac, avocat au présidial (2 avril). — Vente par Jean Malat l'aîné, marchand boucher, à Pierre Yrvoix et Jean dit Lunesse, aussi marchand, des peaux des animaux qu'il tuera pendant l'année, moyennant 12 livres par peau de bœuf, et 7 livres 5 sols par peau de vache ou de porc (6 avril). — Remise de 272 livres en paiement d'arrérages de rente, à François Vachier, notaire royal, commis à la recette de la seigneurie de La Tranchade, par René Festiveau, docteur en théologie, curé de de St-Martial (27 avril). — Transaction entre Jeanne Vaslet, veuve de Robert de Chambes, écuyer, sieur de Lunesse, demeurant audit lieu de Lunesse, paroisse de St-Martial, et François Duport, écuyer, sieur du Petit-Clos et Perrette de Chambes, sa femme, demeurant au village de Sallebourdin, paroisse de Dirac, au sujet des successions dudit sieur de Lunesse et de Perrine de Chambes, femme de Jacques Vaslet, sieur de La Champagne, sa sœur (9 mai). — Donation par Marthe Frotier, veuve de Gabriel de la Charlonnie, écuyer, seigneur de Nouère et de La Vergne, demeurant paroisse de Reignac, en Saintonge, à Charlotte de Villoutreys, fille de feu Jacques, écuyer, sieur de Rochecoral, et de Jollan Frotier, des deux tiers de ses droits dans la communauté de biens qu'elle avait avec ledit feu seigneur de Nouère (16 mai). — Sommation par Jean Corrion et Etienne Filhon, maîtres orfèvres jurés et syndics des autres maîtres, à Jean de Labaurie, orfèvre, Olivier Mathias, orfèvre et graveur, Pierre Catillon, orfèvre et peintre, d'avoir à fermer leurs boutiques, « pour n'estre maîtres, et n'avoir les capacités et choses nécessaires suivant les ordonnances » (19 juin). — Délibération de l'assemblée des habitants de la paroisse de Lhoumeau qui affirment n'avoir jamais vu ou ouï dire que Philippe Arnauld, écuyer, sieur de Chalonne, aient eu aucun droit honorifique dans la

chapelle de Notre-Dame de l'église de Lhoumeau, comme il le prétend, réclamant des fabriqueurs et de Jean Jouvé, curé, le rétablissement d'armoiries et de litres funèbres qu'ils auraient effacées quand ils avaient fait blanchir l'église (22 novembre 1648). — Vente par Jean Marseille, meunier, demeurant au moulin de Foulpougne, paroisse de St-Jacques de Lhoumeau, à Pierre de Lavaure, dit Cathelon, aussi meunier, d'un quart d'une roue dudit moulin, avec le quart des essarts, auguillards, écluses et outils, moyennant 40 livres (4 juin 1649). — Bail à ferme des revenus de l'archiprêtré de St-Saturnin de Chasseneuil, pour 5 années, moyennant 1.200 livres chaque, dont 135 livres payables à Jacques Laurent, premier vicaire, pour sa pension, et 120 livres au sieur Chafaud, second vicaire, ledit bail consenti à Étienne Fayou, procureur fiscal, Etienne Mesnier, notaire, et Roch Malo, marchands, demeurant, audit lieu, par Jean Gandobert, archiprêtre, demeurant à Bordeaux, paroisse de Ste-Eulalie, que représente Jacques Gandobert, sieur de Chénaud, son frère (5 juin). — Partage entre Élisabeth Naud, veuve d'Antoine Varache, François et Etienne Rousseau, Jeanne et Françoise Varache (23 août). — Vente d'un lopin de terre, moyennant 12 livres, par Pierre Martin, notaire royal (19 septembre). — Acquisition par le Révérend Père Bertrand Vallade, syndic du collège St-Louis, des fourrages que Philippe Yrvoix, marchand boucher, n'avait pas voulu enlever du lieu de Berthon, malgré plusieurs sommations (23 décembre). — Engagement pris par Charles Vergereau envers Jean Lebreton, docteur en théologie, prédicateur ordinaire du roi, grand vicaire de l'évêque d'Angoulême, et curé de St-Christophe de Clain, de remplir les fonctions curiales de ladite paroisse, moyennant une pension de 120 livres (31 décembre 1649). — Contrat de mariage entre André Valleteau, sieur de Bouville, marchand, fils de feu Benoît, marchand bourgeois, et de Louise Lambert, et Marie Arnauld, fille de Pierre, procureur au présidial et « greffier ancien propriétaire du greffe des présentations dudit siège » et de feue Romaine Dussieux ; en faveur duquel mariage la future épouse reçoit une dot de 1.500 livres dans laquelle sont compris ses droits à la succession de Marguerite, religieuse Ursuline, et d'autre Marie, ses sœurs, moyennant qu'elle renonce à la succession de ses parents ; Claude Dussieux, marchand bourgeois, son aïeul maternel, lui promet en outre 1.500 livres payables à sa majorité. François de Péricard, évêque

d'Angoulême et Jean-Louis de Bremond signent le contrat (23 janvier 1650). — Sommation par Jean Lebreton, docteur en théologie, aux chanoines de la cathédrale, de lui laisser prendre possession de la prébende théologale laissée vacante par la mort de Thomas Petit, et dont il est pourvu par lettres de Rome, à quoi les chanoines répondent que Hugues Moricet a déjà pris possession de ladite prébende (28 janvier) ; ce qui n'empêche pas Lebreton d'en prendre possession à son tour (29 janvier), et de parler devant l'évêque et une nombreuse assistance en qualité de théologal, malgré le refus du chapitre de lui laisser porter l'aumusse (2 février). — Bail à ferme des revenus de la cure de St-Pierre d'Angeac, pour 5 années, moyennant 750 livres chaque, dont 150 livres payables au vicaire pour sa pension ; ledit bail consenti à Jacquette Desforges, veuve de Daniel Lurat, marchand, et Pierre Dexmier, sieur de La Gallocherie, son gendre (30 janvier). — Reconnaissance de rentes sur la paroisse St-Michel donnée à Jean Arnauld, aumônier de l'hôpital St-Pierre (30 janvier). — Sommation par Pierre Arnauld, au nom de François de Péricard, évêque d'Angoulême, à Jean Mesneau, comme possédant la première dignité du chapitre, lequel « par une entreprise extraordinaire » s'était saisi des clefs des portes de la cathédrale, et avait empêché qu'on ne sonnât le sermon à midi, suivant la coutume, de faire ouvrir les portes, et de laisser parler Jean Lebreton, docteur en théologie, prédicateur désigné par l'évêque : Jean Mesneau renvoie Pierre Arnauld à Marc Guillaumeau, clavier, qui déclare ne pouvoir personnellement rien faire, la décision ayant été prise par le chapitre parce que « cette entreprise chochoit leurs privillèges et leurs droits » (2 février). — Contrat de mariage entre Guillaume de Lamare, maître d'hôtel de l'évêque, né à Condé, diocèse d'Evreux, et Catherine Yrvoix, fille de Jean, marchand : en faveur duquel mariage François de Péricard, conseiller du Roi en ses conseils évêque d'Angoulême, prieur de St-Philibert, St-Hilaire, Léry, baron des Botereaux, promet 1.800 livres au futur époux ; la future épouse reçoit 2.000 livres de dot en outre des 2.000 livres promises par son premier contrat de mariage avec Noël Bareau (16 février). — Bail à ferme des revenus de la seigneurie de Marsac, de son four banal et de ses pêcheries, pour 5 années, moyennant 2.600 livres chaque, à Michel Blanchard, sieur de Lestang, demeurant à St-Genis-Les-Meulières, par l'évêque d'Angoulême (10 mars). — Bail à ferme de ses revenus dans la paroisse de

Jurignac consenti à François Filhon, marchand dudit
lieu, par François de Péricard, évêque d'Angoulême
pour 5 années, moyennant 1.200 livres chaque, dont
200 payables au vicaire perpétuel pour sa pension
(30 mars). — Sous-ferme par François Filhon, à Jean
Gandobert, sieur de La Sonnerie, demeurant à Jurignac, du quartier appelé L'Enclave, moyennant
615 livres chaque année (30 mars). — Transaction
modifiant les dispositions du partage de la succession de Jean Gandobert, sieur de Chenaud, et de
Jeanne Aymard, sa femme, entre Jacques Gandobert,
sieur de Chenaud, Jean Gandobert, archiprêtre de
Chasseneuil, et Marie Gandobert, leurs enfants ; à
cette transaction interviennent Pierre Arnauld, procureur et greffier du présidial, et Françoise Gandobert,
sa femme, pour le paiement de la dot de celle-ci
(7 septembre). — Transaction entre Daniel Rizard,
bourgeois, et Barbe Verdeau, sa femme, d'une part,
Pierre Bareau, écuyer, sieur de L'Age, et Philippe
Boissard, curé du Petit-St-Cybard, au sujet de l'exécution du contrat de mariage de Pierre Bareau
écuyer, sieur de Beauregard, fils dudit sieur de L'Age,
et de Marguerite Houlier, avec Anne Rizard, fille dudit
Daniel (17 novembre). — Quittance donnée à François
Gervais, maître particulier des eaux-et-forêts, et
Marguerite Arnauld, sa femme, par Jean Mourrier,
sieur du Perchet, veuf de Jeanne Molle, du final
paiement de l'office de maître des eaux-et-forêts
acquis par ledit Gervais après le décès de Pierre
Molle, frère de ladite Jeanne, précédent titulaire,
moyennant 3.000 livres (7 décembre). — Prise de
possession de la cure de St Aignan de Torsac
par Pierre Arnauld, procureur au présidial, au nom
de Jean Lebreton, docteur en théologie, pourvu par
lettres épiscopales du 5 du même mois, en remplacement de Jean Joubert, décédé la veille (21 décembre 1650).

E. 2008. (Liasse.) — 43 pièces, papier.

1651-1654. — Amelin, notaire royal à Angoulême. — Actes reçus par ce notaire du 30 janvier 1651
au 17 novembre 1654. — Bail à ferme consenti par
Pierre Bareau, écuyer, sieur de L'Age et de Denat, à
Tullier, maître tailleur d'habits, de la seigneurie de
Denat, pour 5 années, moyennant 450 livres chaque,
et un habit de drap de hollande neuf, garni de boutons d'or, doublé de taffetas (30 janvier 1651). — Prise
de possession de la cure de St-Pierre de Garat et de

St-Catherine de Ladoux, son annexe, par Pierre
Arnauld, procureur au présidial, au nom de Pierre
de Cez, clerc, pourvu par lettres épiscopales du
4 février, en vertu de la résignation de Raymond et
Bernard de Cez, clercs, en présence de Jean Thou-
louse, vicaire (5 mars). — Amortissement d'une rente
seconde de 75 sols due à Bernard de Forgues, chevalier, seigneur de Neuillac, par Jean Garaud et Marguerite Berjasson, sa femme, en raison de la cession
faite le 21 juin 1573 par Micheau Genest et Philippe
Petitbois, sa femme, à Antoine Berjasson, de « certaines vieilles murailles quy ci-devant avoient esté en
maisons et bastimans, et quy, par les gueres passées,
avoient esté desmolyes et ruynées, avecq le jardin y
attenant » sises au faubourg St-Pierre, paroisse de
St-Ausone (8 avril). — Cession par Jean Touret, maître
« paulmier » et Jeanne Fourêt, sa femme, à Guillaume
Touret, aussi maître « paulmier », leur fils, du jeu de
paume qui leur avait été cédé le 24 juillet 1644 par
Jeanne Aymard, veuve de Jean Gandobert, sieur de
Chenaud, moyennant la rente annuelle de 187 livres
amortissable par 3.750 livres (23 avril). — Transaction
par laquelle Jean Raymond, étudiant en philosophie,
au nom de Pierre Raymond, son frère, docteur en
théologie, demeurant à Bordeaux, fait cession, moyennant 250 livres, des droits prétendus par son dit frère
sur le bénéfice du prieuré de Suris, diocèse de Limoges, dépendant de l'abbaye des Salles ; cette transaction met fin au procès engagé entre eux dès février
1648 (27 avril). — Arrentement de pièces de pré au
village de Coursac, paroisse de Balzac, consenti par
Hélie Du Breuil, sieur de Bardonneau (23 mai). —
Reconnaissance par Guillaume Amelin, sergent, et
Marie Tardat, sa femme, d'une rente due sur une
maison et une « ouche », paroisse de St-Jacques-de-
Lhoumeau, à Jean et Pierre Sauterre, frères, comme
seigneurs en partie de Foulpougne (2 juin). — Echange
de rentes entre François Desruaux, écuyer, sieur de
Moussac, conseiller au présidial, Etienne de Laigle,
écuyer, sieur de Lestang et de La Fouillouse et Lucrèce
de Veyret, sa femme, demeurant au lieu de La Fouillouse, paroisse de La Couronne (9 juin). — Engagement pris par Guillemine de la Grézille, veuve
d'Étienne Martin, sieur de Fontgibaud, comme aïeule
et tutrice de Guillemine et Marguerite Martin, de
fournir à Jeanne Boudin, leur mère, veuve de François Martin, aussi sieur de Fontgibaud, une pension
de 240 livres, pendant 5 ans, pour subvenir à leur
entretien et à leur éducation ; de l'avis de Jean James,
écuyer, oncle des mineures du côté paternel, de

Pierre de Moron, bourgeois, leur oncle du côté maternel, de Jacques Boudin, sieur de Puymerle, leur grand-père (15 juillet). — Prise de possession de l'aumônerie de St-Pierre d'Angoulême par Léonard Arnauld, clerc tonsuré, pourvu par lettres épiscopales du 12 mai : le logis de l'Aumônerie est occupé par Pierre Garnier, maître cordonnier, qui sert d'hospitalier quand il y a des pauvres (17 juillet 1651). — Vente par François de Péricard, évêque d'Angoulême, à Jean Thoumie, marchand boucher, de la coupe qui doit être faite de 24 journaux de ses bois de Dirac, à la charge de laisser 16 baliveaux dans chaque journal, de donner 5 cents de fagots aux Pères Capucins, et de réserver pour l'évêque tout le gros bois à raison de 11 livres le « habost » livré au palais épiscopal, de 6 livres celui pris sur place ; ladite vente consentie moyennant 500 livres (5 mars 1652). — Bail à ferme de la métairie de La Vergne, paroisse de Fléac, consenti par Pierre Lurat, sieur de Boisrenaud, conseiller en l'élection, pour 5 années, moyennant 190 livres chaque : le bailleur fournira les bœufs ; le preneur prendra pour son chauffage le bois de serpe des arbres et palisses qu'il coupera une fois seulement pendant la durée de la ferme ; les pailles seront consommées dans le domaine, et le « fiant » ne pourra être vendu ; le preneur fera la moitié des charrois nécessaires pour le transport des vendanges et du bois dans les métairies de La Vergne et de La Vallade ; il paiera les tailles et les rentes seigneuriales (9 mai). — Procuration donnée par Philippe Bouchier, vicaire perpétuel de St-Pierre-de-Mérignac, et Jacques Morpain, chanoine de St-Cybard de Pranzac, pour obtenir en cour de Rome la permutation de leurs bénéfices (12 septembre). — Bail à ferme par François de Péricard, évêque d'Angoulême, des revenus de la seigneurie de Touvre, pour 7 années, moyennant 640 livres chaque, dont 200 payables au vicaire perpétuel (19 novembre). — Quittance donnée par François Bardonnin, écuyer, seigneur de Sonneville, demeurant audit lieu, faisant pour Jean Bardonnin, chevalier, lieutenant pour le Roi aux gouvernements de La Rochelle et pays d'Aunis, à Jean-Louis Le Musnier, conseiller au parlement, seigneur de Moulidars, de 3.000 livres dont il lui était redevable par obligation du 20 mai 1650 (7 décembre 1652). — Contrat de mariage de Louis Chérade, soldat de la garnison, avec Ozanne Papin (9 février 1653) ; et résiliement dudit contrat (14 mai 1653). — Vente par Jean Baiol, écuyer, sieur du Breuil-Bernard, y demeurant, paroisse de Bernac, tant en son nom que pour Louise, Charlotte et Catherine Baiol, ses sœurs, à François Desruaux, écuyer, sieur de Moussac, conseiller au présidial, de rentes seigneuriales, moyennant 4.636 livres payables pour la plus grosse part à Pierre Raymbault, sieur de Thorigné, procureur fiscal de la baronnie de Verteuil, et Renée Enguesne, sa femme, demeurant à Verteuil, en raison de la vente d'une partie de la seigneurie du Breuil-Bernac à autre Jean Baiol, père de Jean susdit, par Anne de la Maisonneuve, mère de François Vivatier, premier mari de Renée Enguesne, par contrat du 25 mai 1623, reçu Mauvillain, notaire à Ruffec (5 août 1653). — Reconnaissance d'une rente seigneuriale de 5 boisseaux de froment, 2 boisseaux d'avoine, 3 poules et 9 sols 6 deniers, due à Daniel Paulte, écuyer, sieur des Riffauds, par Alexandre Dusouchet, écuyer, sieur des Gentils. Marie Guy, veuve de Simon Dusouchet, écuyer, sieur de La Plante, tant pour elle que comme tutrice d'Alexandre, leur fils, comme possesseurs des prise et village des Arnauds, paroisse de Ruelle, d'une contenance de 28 journaux 24 carreaux, confrontée de toutes parts par les rentes et agriers du Roi (29 février 1654). — Reconnaissance de rente donnée au même par les Brebineau sur les prise et village de Jean Brebineau compris dans le village des Riffauds, paroisse de Ruelle (17 mars). — Choix d'arbitre par Louis Fumé, écuyer, sieur de La Bazinière, et Émerye Mouret, sa femme, demeurant au lieu noble de Fontenille, d'une part, Louis de Barbezière, écuyer, sieur de Villesion et de Montigné, Marguerite Corgnol, sa femme, demeurant au lieu noble de Montigné, paroisse dudit lieu, en Poitou, Jean Baiol, écuyer, sieur du Breuil-Bernac, et Suzanne Corgnol, sa femme, demeurant au lieu noble du Breuil-Bernac, paroisse de Bernac, d'autre part, pour terminer leurs différends au sujet de l'administration des biens des dites demoiselles de Corgnol par ledit Funré (26 avril). — Hommage rendu à Jean Baiol, écuyer, sieur du Breuil-Bernac, par François Desruaux, écuyer, sieur de Moussac, conseiller au présidial, à cause de 2 maisons tenues de lui au devoir chacune d'une paire de gants blancs appréciée 12 deniers, et sises entre la rue qui va de la place du Mûrier aux douves du château, à main droite, et celle qui va de ladite place du Mûrier à la porte de St-Martial, à main gauche (1er juillet). — Convention entre les Broux et autres tenanciers de la prise des « Rouzes », paroisse d'Asnières, pour le paiement de la rente au chapitre St-Pierre (28 septembre 1654).

E. 2009. (Liasse.) — 64 pièces, papier.

1655-1658. — Amelin, notaire royal à Angoulême. — Actes reçus par ce notaire du 13 janvier 1655 au 15 février 1659. — Bail à métairie du lieu des Mérigots, paroisse de L'Isle-d'Espagnac, consenti par Jean Moulin, écuyer, sieur des Mérigots, pour 5 années : la semence sera fournie par le bailleur qui pourra la prendre en partie « au son et haire », les grains et fruits seront partagés par moitié, le preneur fournira 3 paires de bœufs estimés 485 livres, une charrette, 2 charrues, des « joucs, juilles » et autres instruments, des moutons et pourceaux; 8 boisseaux de froment et 8 boisseaux d'avoine de rentes seront prélevés sur le tas commun, et 40 sols en argent fournis par le preneur; le « mestivier » sera fourni par le bailleur qui donnera 3 boisseaux de méture au métayer pour sa nourriture; celui-ci donnera en outre chaque année 4 douzaines de fromages, 12 douzaines d'œufs, 2 douzaines de poulets et 4 chapons, plantera des rosiers et arbres fruitiers, charroiera le foin et la vendange à Angoulême, payera les tailles, cultivera à moitié un quartier de vigne : le bailleur lui avance 40 livres en argent et 60 livres de grain pour sa nourriture (21 juin 1655). — Échange de pièces de terre dans la paroisse de Dignac entre Étienne Viollet, laboureur, y demeurant, et François Vachier, notaire royal (11 octobre 1655). — Contrat de mariage entre Guillaume Vincent, procureur au présidial, et Françoise Landais, fille de René, sieur du Poirier, et d'Anne Faligon (5 janvier 1656). — Procès-verbal de la maison noble de Rochefort et de ses dépendances, ce requérant Anne Desaulière, femme séparée de biens d'Isaac Micheau de Montgeon, écuyer, sieur de Rochefort, et Jean Garaud, marchand, fermier judiciaire des biens ayant appartenu à celui-ci (29 mai). — Cession d'un chenebaud près de la porte du Palet, moyennant 4 livres de rente, consentie par Daniel Dugas, sieur du Puy-du-Maine (5 juin). — Bail à ferme des droits d'apetissement sur le vin vendu en détail dans sa maison, consenti pour 6 mois, moyennant 25 livres, à Jacques Amelin, demeurant au faubourg Sᵗ-Pierre, par Jean Prévéraud, écuyer, sieur des Ménardières, président en l'élection, maire et capitaine de la ville, en conséquence des lettres patentes et arrêt du Conseil obtenus de Sa Majesté par le corps-de-ville pour le paiement de ses dettes (26 octobre). — Procès-verbal de l'assemblée des habitants de la paroisse de Fléac réunie à la requête de Jacques Boilevin l'aîné et de Jean Boilevin, dit Bouhier, syndics. Pierre Faucher, vicaire perpétuel de la paroisse, avait demandé la construction d'un presbytère autre que celui déjà existant, contigu à l'église, et occupé par le doyen de l'église cathédrale d'Angoulême, comme curé primitif : les habitants déclarent laisser à celui-ci le soin de loger le vicaire perpétuel (21 novembre). — Bail à ferme des revenus de la cure de Vouzan, consenti pour 5 années, moyennant 700 livres chaque, à François Brun, marchand, et Marie Prévost, sa femme, demeurant au faubourg de La Bussatte, à Angoulême, par Marc Guillaumeau, chanoine de l'église cathédrale, et curé dudit Vouzan (30 décembre 1656). — Échange de pièces de terre entre Jean Boutillier, notaire royal, demeurant à Lhoumeau, et Robert Roy, sergent (17 mars 1658). — Bail à ferme d'une ouche entourée de murailles et de palisses sise à Lhoumeau, tenant, d'une part, à la grand'rue qui va d'Angoulême au Pontouvre, à main gauche, d'autre, à une ruette qui va de ladite rue au couvent des Carmes, à main gauche, consenti pour 3 années, moyennant 40 livres chaque, à Paul Vandeveld, marchand, demeurant audit Lhoumeau, par Émery Girault, sieur de La Sablière, au nom de Philippe Girault, son frère, gentilhomme servant du Roi, demeurant à Paris (25 mars). — Autre bail consenti par le même à Pierre Amadieu, marchand de Lhoumeau, pour 2 années, moyennant 200 livres chaque, d'un grand corps de logis avec 2 jardins sis audit Lhoumeau proche et vis-à-vis le couvent des Pères Carmes (25 mars). — Procès-verbal des biens à lui délaissés par Louis Brunelière, garde des eaux-et-forêts d'Angoumois, son père, ce requérant Arnaud Brunelière, sieur de Beaupré, demeurant à Touvre, appelé Pierre Brunelière, sieur de La Combenoire, frère dudit Arnaud (16 avril). — Vente d'une pièce de pré de 117 carreaux, paroisse de Lhoumeau, moyennant 120 livres, à Pierre Desbrandes, écuyer, sieur du Petit-Vouillac, par Charles Aubouin, notaire de la baronnie de Gourville, demeurant à Ferrières, paroisse de Gourville (17 avril). — Convention de voisinage entre Jean Boutillier, notaire royal, comme tuteur de ses enfants et de feue Marie Moreau, et Jean Bourguet, laboureur, demeurant les parties au village des Gots, paroisse de Lhoumeau (10 mai). — Contrat d'apprentissage de Jean Faubert, fils de Jean, maître poêlier, chez René Téterel, aussi maître poêlier au faubourg de Lhoumeau, qui s'engage à lui enseigner son métier pendant 2 ans, et à lui donner, en outre, 15 livres, un habit complet de serge rasée, des souliers, un chapeau et deux chemises de chanvre (13 mai). — Cession d'une gabare, moyennant une rente annuelle « seconde, utile et foncière » de 17 livres 10 sols obligatoirement amortissable après 8 ans par une somme de 350 livres, avec obligation pour le preneur d'aller charger du sel pour le bailleur à Tonnay-Charente, Taillebourg et autres lieux; ladite cession consentie à Louis Combret, gabarier, demeurant à La Tilerie, paroisse de Lhoumeau, par Jean Bonnin, procureur au présidial (27 juin). — Contrat d'apprentissage de Blaise Ardaine chez Mérigon Roche, maître « drogaire », qui s'engage, moyennant 45 livres, à lui apprendre « le métier à faire drogrie » (15 août). — Procès-verbal de la non comparution de tenanciers du fief de Lunesse, dans la paroisse de Lhoumeau, appelés, pour la vérification des déclarations qu'ils avaient faites à Jeanne Vaslet, veuve de Robert de Chambes, écuyer, seigneur de Lunesse, par François Duport, écuyer, sieur du Petit-Clos, tuteur de ses enfants et de Perrette de Chambes, nièce et héritière pour un tiers dudit feu Robert, et, comme tel, part-prenant dans le fief de Lunesse (14 août 1658). — Don de 950 livres par Jeanne Aymard, veuve de Jean Gandobert, sieur de Chénaud, à Françoise Gandobert, sa fille, épouse de Pierre Arnauld, procureur au présidial, en considération de la « multitude » de ses enfants, et en augmentation de la dot de 2.000 livres à elle promise par contrat de mariage du 7 janvier 1649, dont 1.200 seulement lui ont été versées (15 février 1659).

E. 2010. (Liasse.) — 3 pièces, papier.

1645-1662. — AUGIER (Hélie), notaire apostolique à Angoulême. — Actes reçus par ce notaire du 11 décembre 1645 au 6 octobre 1662. — Prise de possession de la cure de St-Cybard de Magnac et de St-Médard de Ruelle, son annexe, par Pierre Chassaing, nommé en remplacement de François Chassaing (11 décembre 1645). — Résignation de la cure de St-Laurent-de-Céris en faveur de Jean Delamotte, prêtre du diocèse de Rodez, par Étienne Delamotte, prêtre du même diocèse, qui se réserve sur les revenus de ladite cure 150 livres de rente (9 février 1651). — Procès-verbal de l'opposition faite avec grande colère par Charlotte Chesne, veuve de Jean de Montalembert, écuyer, sieur de Sers, et Jean de Montalembert, écuyer, sieur

de Moussac, leur fils, à la prise de possession de l'église de St-Pierre de Sers, par Guillaume Jabouin, curé (6 octobre 1662).

E. 2011. (Liasse.) — 1 pièce, papier.

1620. — BAREAU (D.), notaire royal à Angoulême. — Obligation de 16 livres reconnue au profit de M. Durand, femme de Pierre Chabot (?), maître savetier, par Étienne Mathieu, maître cordonnier (9 février 1620).

E. 2012. (Registre.) — 2 feuillets papier.

1737-1783. — BERNARD (Jean), notaire royal à Angoulême. — Répertoire du 1 juin 1737 au 15 décembre 1783, et répertoire des testaments du 7 juin 1736 au 17 novembre 1783.

E. 2013. (Liasse.) — 19 pièces, papier.

1734-1735. — Jean Bernard, notaire royal à Angoulême. — Actes reçus par ce notaire du 7 mai 1734 au 20 décembre 1735. — Vente par Jean-Nicolas Resnier, greffier en chef civil et criminel de la sénéchaussée et siège présidial d'Angoumois, à Nicolas Deroullède, notaire royal, et Catherine Serpaud, sa femme, Henri Tigrand, notaire royal, et Mathurine Roux, sa femme, et à Jean Poitevin, notaire royal, et Marie-Rose Lescallier, sa femme, de son office de greffier tel qu'il en a été pourvu le 24 décembre 1728, moyennant 20.000 livres; le vendeur se réservant de continuer les fonctions de greffier jusqu'au premier janvier suivant où Nicolas Deroullède lui succèdera, après s'être fait recevoir en titre auparavant, si bon lui semble. Les papiers seront remis aux acquéreurs et resteront « au dépôt ordinaire », après inventaire (24 mai 1734). — Procès-verbal du prélèvement par les directeurs du séminaire, comme curés de St-Martial, des dîmes de diverses pièces de terre qu'ils disent dépendre de ladite paroisse de St-Martial, alors que les chanoines de St Pierre représentés par Jean Gourdin, chanoine et aumônier, prétend qu'elles ont toujours fait partie de la paroisse de Soyaux dépendant de leur chapitre (29 juillet). — Prise de possession de la cure de Notre-Dame de Plassac par Jean-Louis Bareau (31 juillet 1734). — Contrat de mariage entre Pierre de Bussac, sieur du Maine, fils de Daniel, conseiller du Roi, commissaire receveur général des saisies réelles d'Angoumois, et de feue Marguerite Pittre ; et Marie Deroullède, fille de Nicolas, greffier en chef de la maréchaussée, et de Catherine Serpaud : en faveur duquel mariage les futurs époux reçoivent chacun en dot la somme de 4,000 livres (8 février 1735). — Vente d'une pièce de terre en chaume d'un journal et demi, près du village d'Antournat, moyennan 20 livres, à Jean Rabotteau, billardier, par Jean de Brienne, écuyer, sieur de Sᵗ-Léger, demeurant audit Antournat, paroisse de Soyaux (16 mai). — Sommation au directeur de la marque des fers par Laurent Clavaud, marchand de fer, d'avoir à lui restituer 540 livres d'objets en fer provenant de la forge de Pierre-Panssus, paroisse de Montbron, confisqués aux voituriers qui les portaient à Jonzac (16 juillet). — Procès-verbal de la démolition de l'ancien clocher de l'église de Mézières qui s'élevait au-dessus du chœur, et de la construction d'un mur au-dessus de la porte d'entrée pour servir de clocher ; ce requérant le procureur du Roi au présidial (18 juillet). — Transaction entre Daniel de Bussac, tant pour lui que comme légal administrateur des biens de Rémy de Bussac, sieur de Beaupré, et de Marie-Anne de Bussac, ses enfants, et Jean Braud, maître chirurgien, Madeleine de Bussac, sa femme, et Pierre de Bussac, sieur du Maine, ses enfants et gendre, qui fixe à 1.000 livres la part revenant à chacun desdits enfants dans la succession de Gabriel de Bussac, leur frère ainé, époux de Jeanne Galliot (30 juillet). — Procès-verbal du moulin à carton appelé le Moulin-Neuf, paroisse de Magnac, ce requérant Léonard Bargeas, marchand (18 août). — Reconnaissance d'une rente d'un denier due à Annet Joumard Tizon d'Argence, chevalier, seigneur d'Argence, Dirac, Les Courrières, La Monette et autres places, par Henri Tigrand, notaire royal et autres, comme propriétaires de bâtiments et jardins sis à l'opposé de L'Éperon et au-dessous de lui, près de la fontaine de Chande, paroisse de Sᵗ-Martial, confrontant par devant au chemin qui va de la porte de Chande, à présent murée, à la Maladrerie, sur main gauche, d'autres côtés à divers particuliers (27 septembre). — Apprentissage de Pierre Ramberge, fils de feu Jean, billardier, et de Marie Trotée, remariée à Jean Raboteau, aussi billardier, chez François Authier, maître tailleur d'habits, demeurant à Jarsac, paroisse de Mouthiers (10 octobre). — Consentement donné par Catherine Braud, veuve de Pierre Porcheron, notaire royal, à ce que Pierre

Girard, praticien, demeurant à Sᵗ-Genis, « lève aux parties casuelles l'office » de son feu mari, sans abandonner par ailleurs les droits qu'elle a sur lui (22 novembre 1735).

E. 2014. (Liasse.) — 73 pièces, papier.

1736. — Jean Bernard, notaire royal à Angoulême. — Actes reçus par ce notaire du 15 janvier au 27 décembre. — Contrat de mariage entre Étienne-Gabriel Reusseau, chevalier de Magnac, fils d'Étienne, écuyer et seigneur de La Mercerie, Magnac en partie, et Le Buisson, et de Suzanne Cadiot, demeurant en la maison noble de La Mercerie, paroisse de Magnac de La Vallette ; et Madeleine Dutillet, fille mineure de défunts Gabriel, sieur de Grangemont, et d'Esmée Robinet, demeurant au Terme, paroisse de Fouquebrune : en faveur duquel mariage le futur époux reçoit une dot de 6.000 livres tant de ses père et mère que de Étienne Rousseau, écuyer, seigneur de La Mercerie, et de Jeanne-Esther Marchand, ses frère ainé et belle-sœur, moyennant qu'il renonce à l'héritage de ses parents ; et la future épouse se constitue en dot les biens lui appartenant, après partage avec son frère et ses sœurs Geneviève et Anne, estimés 5.000 livres (15 janvier). — Transaction concernant le paiement de la dot de 3.650 livres promise à Léonarde de Morilheras par Jean et Marguerite Mandal, ses père et mère, par son contrat de mariage avec Clément Aymerie, reçu Deschamps, notaire à Aixe, le 5 septembre 1674. Par cette transaction Gaucher de Lavergne, écuyer, représentant Marguerite Gérald, sa mère, elle-même représentant Jean de Morilheras, son aïeul maternel, et Xavier de Morilheras, son oncle, donne une maison à Sᵗ-Junien et s'engage à verser 3.000 livres, pour tous les droits qu'ils peuvent prétendre, à François Gauvry, sieur de La Bergerie, garde-général-receveur des amendes de la maîtrise particulière des eaux-et-forêts d'Angoumois, à Joseph Gauvry, sieur des Combes, demeurant tous deux aux lieux du Maine-Quéraud, paroisse de Mornac, et à Jean Gauvry, sieur des Vallons, bourgeois, demeurant au lieu des Prats, paroisse de La Chapelle, tant en leur nom que pour Pierre, Catherine et Marguerite Gauvry, leurs frère et sœurs, comme héritiers de Marie Aymerie, leur mère, héritière pour moitié de Léonarde de Morilheras, sa mère ; et aussi à Jean de Sousdanes, notaire à Cognac, tant en son nom que pour Étienne, Marie, autre Marie et Anne de Sous-

dânes, ses frère et sœurs, comme héritiers de Suzanne Aymerie, leur mère, elle-même héritière pour
moitié de ladite Léonarde de Morilheras, sa mère.
Acte passé par Cheyron, notaire à S¹-Priest-sous-
Aixe (5 mai). — Compte des arrérages d'une rente
viagère de 600 livres due à Marie-Edmée Carouge,
veuve de René Durand, employé dans les affaires du
Roi, par Jean Gervais, seigneur de S¹-Ciers, lieutenant-criminel d'Angoumois (19 mai). — Procès-verbal
des biens ayant appartenu à feu Alexandre Jonchon,
ce requérant Jeanne Jonchon, sa sœur, veuve de
Annet Fray de Fournier, demeurant à Carcassonne,
que représente Jean Fray de Fournier, chirurgien,
leur fils (17-18 septembre). — Réception de Jacques
Parent dans la communauté des maîtres savetiers
d'Angoulême, après examen de son chef-d'œuvre, et
à charge de fournir deux écussons en bois « peints
des figures de S¹ Crespin et de la Trinité », avant la
prochaine fête de Noël, conjointement avec deux autres savetiers, de donner une livre de cire à la Fête-
Dieu, et d'offrir un pain bénit de 32 sols à la fête de
S¹ Crépin (22 octobre). — Réception à des conditions analogues dans la même communauté de
4 autres garçons cordonniers (22 octobre). — Quittance de 378 livres faisant final paiement de 1.078 livres, montant de l'acquisition du lieu du Marquisat
faite par Louis Fé, écuyer, seigneur de Fontdenis,
lieutenant particulier au présidial, le 17 mai 1735 ;
ladite quittance donnée à l'acquéreur par Jean-Henri
Aigron, écuyer, seigneur de S¹-Simon, demeurant à
Châteauneuf, Jean de Jullien, écuyer, seigneur de La
Peyrelle et Catherine Aigron, sa femme, demeurant
au logis de La Peyrelle, paroisse de Nieuil, en Poitou,
et Marie Aigron de la Liège, fille majeure, demeurant à Châteauneuf (11 décembre 1736).

E. 2015. (Liasse.) — 76 pièces, papier.

1737. — Jean Bernard, notaire royal à Angoulême.
— Actes reçus par ce notaire du 9 janvier au 31 décembre. — Vente de l'office de sergent royal en Angoumois, moyennant 150 livres, à Jean Longat,
praticien, et Marie Mosquet, sa femme, par Paul
Bouhier, commissaire de police, comme procureur
d'Arnaud Deschamps, fourrier de la compagnie du
marquis d'Ouhel, capitaine aux gardes, fils du précédent détenteur dudit office (18 janvier). — Procès-
verbal des biens des enfants mineurs de défunts Jean
Desbrandes, maître ès arts, et Anne Garraud, ce re-

quérant Léonard Desbrandes, marchand, leur tuteur
(19 janvier-21 mai). — Sommation par Philippe Audouin, Jean Berthoumé, Jean Mallagoux, marchands,
et Philippe Coustre, menuisier, collecteurs de la ville
et des franchises d'Angoulême, au sieur Chaigneau,
nommé aussi collecteur d'office, d'examiner avec
eux leurs « brouillards » des rôles d'impositions dans
le bureau de M. Cosson, receveur des tailles, et de
les aider à lever lesdites impositions ; ce qu'il refuse
de faire, s'étant pourvu, dit-il, afin d'obtenir décharge
de ses fonctions (18 février). — Transaction par laquelle Jacques Mancié, notaire royal, abandonne les
poursuites criminelles intentées contre Guillaume
Rabot, dit Latreille, cabaretier de la paroisse S¹-
André, moyennant que celui-ci verse 4 livres pour
tous frais, et déclare fausses les « injures graves et
atroces par lui impropérées » (31 mars). — Sommation par les collecteurs de la ville d'Angoulême au
sieur Chaigneau, nommé aussi collecteur, d'avoir à
délibérer « à qui de l'un d'eux demeurera chargé des
rolles et impositions, et duquel des autres se chargera et portera la bourse des deniers et recouvre-
mens, comme aussy de travailler au recouvrement et
de les suivres en corvées à l'effet dudit recouvrement
tres pressé à commencer, les rolles estant faits et
mis es mains des susnommés vivement menassés
des contraintes du sieur receveur des tailles » (26
avril). — Concession d'un droit de banc et de sépulture dans l'église de Fouquebrune ayant précédemment appartenu à Pierre Joubert, écuyer, sieur des
Vallons, par Pierre Vincent, curé, et les syndic et
fabriqueurs de la paroisse, à Léonard Dutillet d'Aubevie, lieutenant en la maîtrise des eaux-et-forêts
d'Angoumois, moyennant une rente de 30 sols, dont
moitié pour la fabrique et moitié pour le curé et ses
successeurs à charge de dire le premier lundi d'octobre une messe du S¹-Esprit qu'ils feront suivre du
psaume *Cœli enarrant gloriam Dei* (27 avril). —
Bail à moitié, pour 5 ans, de la métairie de La Ménar-
derie, paroisse de Nonaville, consenti à Jean Leffet,
laboureur, et Jean, son fils, par Léonard Dutillet,
seigneur d'Aubevie, comme légal administrateur de
Jeanne-Élisabeth, sa fille, et de feue Élisabeth Maignen : « le neuf un » de tous les fruits sera prélevé
par le bailleur qui s'oblige à payer les rentes ; le surplus sera partagé par moitié ; il y aura un « métivier »
nourri à frais communs de la S¹-Barnabé à la S¹-
Michel ; tous les « fians » et engrais seront utilisés
sur les terres de la métairie ; le bailleur a fourni une
paire de bœufs de 170 livres, 36 livres de brebis et

moutons, 12 livres de cochons, dont le profit ou la perte seront partagés par moitié ; les volailles seront partagées par moitié ; le « charruage » estimé 8 livres sera entretenu par le preneur ; il sera donné annuellement 50 œufs au bailleur qui fournira lui même un sac de son pour la nourriture des bestiaux : le revenu de la métairie est évalué pour la facilité du contrôle à 130 livres (15 novembre). — Sommation par Étienne Forgeot, tisserand, demeurant au village des Rigaloux, paroisse de Brie, et collecteur de cette paroisse pour l'année 1736, à Jean Daneuse, du village de Tartassonne, Pierre Blanchard, du lieu des Roulis, Étienne Decoux, du village de Chez-Garonne, et Charles Charles, du village des Chirons, aussi collecteurs de la même paroisse, d'avoir à lui reconnaître le versement d'une somme de 180 livres. « Les collecteurs de la paroisse étants de tout tems dans l'usage, après avoir fait le rolle, de faire des *cartipots* (à cause de l'impossibilité qu'il y aurait de s'assembler à l'effet de passer dans la paroisse), et de partager les tailles et autres impositions par cinquième partie, en divisant les bourg et village, qu'après le partage ainsy fait, le collecteur destiné pour le quartier du bourg se charge du grand roolle, que les autres prennent les cartipots qui sont aussy destinés pour chacun qui se trouve demeurant dans le département marqué par les cartipots, et ensuitent amassent séparément les sommes pour lesquelles ils se sont chargés à proportion qu'ils les reçoivent, et après en avoir une raisonnable, tous lesd. collecteurs en chargent un seul, pour éviter plus grande dépense, affin de porter au bureau de recette, qui en retire quittance, au nom de tous, de M. le receveur ; après quoy ils ont coutume de faire mettre exactement au dos desdites quittances ce que chacun a donné » : ledit Forgeot ne sachant ni lire ni écrire prétend avoir versé 180 livres que les autres collecteurs auraient marqué sur les quittances comme venant d'eux (12 décembre 1737).

E. 2016. (Liasse.) — 76 pièces, papier.

1738. — Jean Bernard, notaire royal à Angoulême. — Actes reçus par ce notaire du 9 janvier au 11 décembre. — Cession par licitation, après enchères de 5.000 livres, de la partie des métairie, fief et seigneurie d'Aulagne leur revenant, à Jean Vidaud, chevalier, seigneur du Dognon, et Marguerite Salmon, son épouse, demeurant audit lieu noble d'Aulagne, pa-

roisse de Bessac, par Pierre Bouchier, sieur de Bois-Bernard, et Jeanne Salmon, son épouse, demeurant à Arthenac, en Saintonge ; lesdits biens représentant leurs droits dans la succession d'Andrée de Lestoille, mère desdites demoiselles et première épouse de Jacques Salmon, sieur des Moulins, à l'héritage duquel elles avaient renoncé après qu'il se fut marié en secondes noces à Jacquette Dumas, et en troisièmes noces à Anne Tarnaud, laissant de cette troisième union, lors de son décès en mai 1735, plusieurs enfants mineurs placés sous la tutelle de François Salmon, sieur de La Blancherie, leur oncle (22 janvier). — Réception de Bernard Gruaud dans la communauté des maîtres tailleurs d'habits de la ville réunie au lieu ordinaire de ses séances, dans une chambre du couvent des Pères Jacobins, après qu'il eut déclaré avoir épousé la fille d'un maître tailleur et qu'il eut exécuté, comme chef-d'œuvre, une robe de palais, une soutane et une robe de chambre, et moyennant le versement de 33 livres à la communauté et de 40 sols aux Pères Jacobins (5 février). — Transaction entre les collecteurs de la paroisse de Brie : Blanchard ayant versé 69 livres de plus qu'il ne doit, Daneuse, 72 livres, et Charles, 47 livres, il est entendu que Decoux paiera 69 livres à Blanchard, 72 livres à Daneuse et six livres à Charles, et que Forgeot versera audit Charles 33 livres seulement, au lieu de 40 livres, moyennant quoi ledit Forgeot abandonnera l'action par lui intentée contre les autres collecteurs devant l'élection d'Angoulême (6 mars). — Déclaration d'Emmanuel Grignard, ancien garde d'artillerie du château royal, demeurant au faubourg St-Pierre, qu'il entend exécuter les conditions d'un contrat d'obligation de 500 livres par lui cousenti en faveur de Luce Jussé, veuve de Simon Rezé, imprimeur, le 29 avril 1735 (10 avril). — Prise de possession du prieuré simple de St-Hilaire de Mouthiers par Nicolas Chambaud, curé dudit lieu, comme fondé de pouvoirs de Louis Lemoyne, clerc tonsuré du diocèse de Châlons, clerc en la grand'chambre du Parlement, nommé par le Roi et « tenant son indult sur l'abbaye séculière de St-Martial de Limoges », et en cette qualité pourvu par Nicolas Thierry, prêtre, docteur en Sorbonne, chancelier de l'Université de Paris, un des exécuteurs de l'indult après le refus de l'abbé de St-Martial, dudit prieuré de Mouthiers (15 avril). — Élection par la communauté des maîtres savetiers, pour un an, de deux syndics et de deux jurés qui seront « tenus de porter leurs soins et de veiller, autant qu'il sera possible en eux, aux affaires de la communauté, et de faire payer les devoirs aux anciens maîtres » : ils prennent en charge la somme de 60 livres avec 5 obligations consenties par des maîtres, le drap mortuaire, 4 torches garnies de leurs « ouillettes et bâtons », dont deux portent des tableaux et deux autres des écussons très mauvais et usés (2 juin). — Déclaration de la communauté des habitants de la paroisse de Brie que Louis Dumousseau, voiturier, détenu dans les prisons royales de Montmorillon, est « un homme de bonnes vie, mœurs, relligion cathollique, apostollique et romaine, l'ayant veu fréquenter très souvent les sacremens et assister aux services divins, le reconnoissant pour homme de bonne foy » et qu'il n'est sorti de la paroisse à diverses époques que pour voiturer du sel, de l'huile et les autres marchandises portées d'une ville à une autre par les voituriers de profession (11 juin). — Contrat de mariage entre Jacques Constantin, sieur de Villars, fils de feu Pierre, notaire royal, et de Jeanne Godet, demeurant à Beauregard, paroisse de Puyréal ; et Marie Morineau, fille de feu Jean, marchand, et de Marie Avezou, demeurant au Pouyaud, paroisse de Dirac : en faveur duquel mariage la future épouse reçoit 300 livres de dot (28 juillet). — Contrat de mariage entre Jean Mallagoux, journalier, demeurant au faubourg de La Bussatte, et Jeanne Lacroix, fille de feu Pierre, épinglier : les futurs époux contractent communauté en tous meubles et acquêts à venir, et y confèrent chacun la somme de 50 livres ; leurs autres biens seront censés biens propres ; le gain nuptial du survivant sera de 50 livres ; la future épouse pourra renoncer à la communauté (3 août). — Élection d'un syndic de la communauté des maîtres savetiers en remplacement de Jean Barrière, démissionnaire (22 septembre). — Procuration donnée par Jean-Baptiste d'Entreygas, demeurant à Limoges, sous-fermier des droits de marque et de contrôle d'or et d'argent dans la généralité de Limoges, à Michel Callaud, marchand, demeurant rue de la Souche, paroisse St-André, pour exercer la régie et le recouvrement des droits de marque et de contrôle sur tous les ouvrages d'or, d'argent et de vermeil qui se vendront et se fabriqueront chez les orfèvres, jouailliers, merciers, « orlogeurs », fourbisseurs et autres commerçants de la généralité de Limoges à raison de 4 livres 4 sols par once d'or, et de 56 sols par marc d'argent : il devra tenir 2 registres pour les soumissions faites par les orfèvres et l'enregistrement des ouvrages d'or et d'argent avec les droits perçus (21 octobre 1738).

E. 2017. (Liasse.) — 58 pièces, papier.

1739. — Jean Bernard, notaire royal à Angoulême. — Actes reçus par ce notaire du 2 janvier au 29 décembre. — Cheptel à moitié croît, pour un an, de 2 vaches de six ans estimées 120 livres, et de 2 bœufs de tire estimés 160 livres, consenti à un laboureur de la paroisse de Brie et à sa femme par Jean Boissier, sieur des Combes, garde en la maîtrise des eaux-et-forêts d'Angoumois (21-25 janvier). — Inventaire des meubles et effets de défunts François Pittre et Marie Audouin, ce requérant Clément Pittre, notaire royal réservé, demeurant paroisse St-Paul (17 février). — Procuration donnée par la communauté des habitants de la paroisse de Brie à Jean Machenaud, sieur de Bauchamp, garde en la maîtrise des eaux-et-forêts d'Angoumois, demeurant chez Couprie, en ladite paroisse, à Léonard et autre Léonard Machenaud, pour demander en leur nom à l'abbesse de St-Ausone un vicaire et les ornements qui font défaut pour la célébration des offices. « Y ayant dans la paroisse plus de 1.500 communiants, laquelle est d'ailleurs très estendue,... un prêtre seul ne peut pas servir lad. paroisse de la manière requise, ny confesser tout le peuple d'ycelle, ny mesme administrer les secours nécessaires aux différents mallades qui se rencontrent dans le mesme temps ;... il est absolument utile qu'il soit dit et célébré deux messes tous les jours de festes et de dimanches afin d'esviter que la moitié desd. parroissiens ne soient privés d'entendre la messe, les fruits décimaux qui se perçoivent estant très considérables et sont de valeur de la somme de plus de 2.000 livres ». Guillaume-Joseph Leclerc, curé, déclare qu'il manque un dais pour le St-Sacrement, une lampe avec sa garniture, deux chapes, une blanche et une noire, une écharpe pour donner la bénédiction dans l'octave et tous les premiers dimanches du mois, deux croix pour les processions et pour les morts, une bannière, un surplis, et un bénitier pour l'aspersion (10 mai). — Échange de pièces de terre entre Philippe Constantin, sieur de Beauregard, notaire royal, demeurant au village de La Motte, paroisse de Jauldes, et Jean Deserces (18 mai). — Procès-verbal de la seigneurie de Fayolle, paroisse de Jauldes, ce requérant François Lédoux, marchand, nommé fermier judiciaire de ladite seigneurie, pour 3 ans : elle comprend le logis noble, avec un donjon, précédé de 3 cours dont l'une entourée de balustres, la métairie du

logis, la métairie de Chez-Guillet, la métairie de Puy-
guichard, un moulin dans la paroisse d'Anais (24 mars,
1 août). — Bail à ferme du moulin de Rabion, paroisse
St-Martin d'Angoulême, consenti à François Lab-
baye par Rose Bouchet, veuve de Jean Augeraud,
marchand cartier, pour 9 années, moyennant 150 livres chaque (15 juin). — Élection par l'assemblée des
habitants de la paroisse de Brie de 2 fabriciens avec
charge de poursuivre par tous moyens la rentrée des
sommes considérables dues à la fabrique (5 juillet). —
Procès-verbal de diverses récoltes de la paroisse de
Coulgens, ce requérant Roch Fureau, sieur de Ville-
malet, y demeurant, fermier des dîmes de ladite
paroisse appartenant au chapitre d'Angoulême.
Il se plaint que « quoyque le dixme de ladite paroisse soit payable au onze dans le deçà de la Tardoire, et au-delà de lad. rivière au dix un de touts
fruits qui viennent en mathuritté, néantmoins la plupart des particuliers ne laissent la dixme qu'au quatorze, treize et douze, et qu'ils ne laissent point le droit
de dixme des saintre et coursillon (sic) » ; que divers
propriétaires de « vignes à rente affectent de vandan-
ger sans avertir, et que de plus l'un vendange dans
un plantier et l'autre dans l'autre » : il demande à être
payé du droit de dîme intégralement, à être averti
par les propriétaires de vignes à rente 24 heures avant
les vendanges, et que ceux-ci s'entendent, s'ils sont
plus de trois, afin de commencer lesdites vendanges
tous ensemble, à peine de 30 livres d'amende (23 juillet 1739).

E. 2.018 (Liasse.) — 80 pièces, papier.

1740. — Jean Bernard, notaire royal à Angoulême. — Actes reçus par ce notaire du 10 janvier au
29 décembre. — Rétractation par Jeanne Peyrat de sa
déclaration au greffe de la police qu'elle était enceinte
des œuvres de Dupuy, maître apothicaire ; en réalité,
elle ne l'a jamais connu, et si elle l'a accusé, c'est
pour être déchargée des frais de « gézine » (13 février). — Engagement pris par Jean Chabot de servir en qualité de milicien pour la paroisse de Bris,
au lieu et place de Jean Dumousseau, désigné par le
sort, et moyennant la somme de 80 livres (19 mars).
— Transaction qui fixe à 890 livres la somme due à
Jean Faunié, sieur du Plessis, demeurant au lieu
noble du Plessis, paroisse de Vœuil, par Jacques de
la Brousse, marchand, Pierre Bazagier, aussi marchand, et Marie de la Brousse, sa femme, fille dudit

Jacques, demeurant au village de Charsey, paroisse
de Puymoyen ; et constitution de 60 livres de rente
au capital de 1.200 livres consentie par ceux-ci en
faveur de Jacques Sauvo, curé de Puymoyen (20
mai). — Autorisation donnée par François Raymond,
chevalier, seigneur de Villognon, gouverneur des
ville et château d'Angoulême, à Jean Poitevin, notaire royal réservé de la dite ville, de bâtir une écurie de 8 toises de long sur 4 de large entre le bastion
et le pont d'entrée du château, en face des maisons
de M. Des Ruaux et dudit Poitevin, le chemin qui va
de la place du Mûrier à la porte St-Martial entre
deux ; à la charge de payer une rente de 10 sols, de
faire faire un acqueduc pour recevoir les eaux qui
sont retenues en cet endroit dans le milieu de la rue,
de niveler le terrain de la place au dessous du bastion de la place des Canons, en face de la maison dudit Poitevin, et d'y planter des ormes (13 juin). —
Vente par un marchand d'Hiersac de 2 barriques de
vin rosé et d'une demie de vin blanc livrables à la St-
Martin, à domicile, moyennant 28 livres (15 juin). —
Engagement pris par Pierre Chénevière, sieur de
Bardonneau, demeurant au lieu de Bardonneau, paroisse de Balzas, de laisser Louise Raimbaud, sa
femme, toucher les revenus de ses biens, de la nourrir convenablement, et de lui donner 30 livres tous
les ans, moyennant qu'elle voudra bien, malgré la
séparation de corps et de biens prononcée entre eux
le 3 février 1720, venir loger sous son toit, sans toutefois faire aucune communauté avec lui, afin de
lui épargner les tracas qu'ajoute à ses infirmités l'infidélité de ses domestiques (28 juin). — Procès-verbal des dégâts causés par l'entrée du sieur
Gauvry des Vallons et de plusieurs inconnus dans un
pré contigu au Bandiat où ils venaient pêcher, ledit
pré appartenant à François Deviaud, écuyer, sieur de
La Charbonnière, y demeurant, paroisse de Chazelles
(5 juillet). — Procès-verbal de l'enlèvement par
Étienne Petit, potier d'étain, et Étienne Courlie, marchand de Soyaux, du foin d'une pièce de pré que Jean
Robin, écuyer, sieur de L'Ardillier et du Plessac,
demeurant dite paroisse de Soyaux, prétend lui appartenir (15 juillet). — Sommation par deux garçons
boulangers aux syndics et jurés de la communauté
des maîtres boulangers d'avoir à leur indiquer le
chef-d'œuvre qu'ils devront exécuter pour être reçus
à la maîtrise (13 septembre). — Contrat de mariage
entre Pierre Bouhier, bourgeois, fils de Paul, commissaire de police de la ville, et de Marguerite Audouin ; et Anne Prévost, fille majeure de défunts

François, sieur des Vallins et Françoise Vallette, demeurant au village de Salzine, paroisse d'Asnières : en faveur duquel mariage le futur époux reçoit en dot 4.300 livres, en outre de ce qui lui revient en vertu de la donation testamentaire de Pierre Audouin, notaire royal, son grand-père (15 septembre). —Autre mariage entre Jean-Joseph Faveraud, marchand de La Rochefoucauld, et Catherine Bouhier, fils de Paul, commissaire de police susdit, qui reçoit une dot de valeur égale à celle de son frère (15 septembre). — Procès-verbal de la maison de la chantrerie de l'église cathédrale, ce requérant Pierre-Ange-Louis Martin, clerc tonsuré du diocèse de Paris, y demeurant, pourvu de ladite chantrerie ; appelés Auguste Prévost de Touchimbert, chevalier, seigneur de Londigny, et Jeanne de Bussy-Lameth, à qui il a loué ladite maison, François-Louis de Lubersac, chevalier, précédent locataire, Catherine Du Reclus, seule héritière de feu François Du Reclus, écuyer, seigneur du Breuil, précédent chantre, et Philippe de La Martinière, marchand, donataire dudit Du Reclus (23 septembre). — Vente de diverses pièces de terre, moyennant 497 livres, à Pierre Tournier, notaire royal, demeurant paroisse St-Jean d'Angoulême, par Étienne Gélinard, maître chirurgien, et Marguerite Gauvry, sa femme, demeurant aux Mornats, paroisse de Fléac (13 décembre 1740).

E. 2918. (Liasse.) — 80 pièces, papier.

. **1741.** — Jean Bernard, notaire royal à Angoulême. — Actes reçus par ce notaire du 1er janvier au 5 décembre. — Constitution de 30 livres de rente, au capital de 600 livres, au profit de François Clergeon, procureur au présidial, par Anne Janssen, fille majeure, demeurant paroisse St-André (12 janvier). — Procès-verbal des dégâts causés à deux bateaux dont on avait brisé le cadenas, qu'on avait ensuite abîmés à coups de haches, percés de trous et envoyés au fil de l'eau, ce requérant Jean Civadier, procureur au présidial, et Jean Babot, ancien juge consul, qui comptaient s'en servir pour faire conduire du vin vendu par eux au magasin des vivres de Rochefort (30 janvier). — Règlement de la succession de feu François-Gaston Houlier, écuyer, seigneur de Plassac, et de celle à venir de Jeanne Vigier, sa veuve, entre Raphael Houlier, chevalier, seigneur de Plassac, demeurant au lieu noble de Forge, paroisse de Mouthiers, François Guiton, bourgeois, Renée Houlier, sa femme, et Marie Houlier, leurs enfants et gendre.

Le fils gardera tous les biens moyennant le paiement de 3.000 livres à chacune de ses sœurs (9 février). — Transaction par laquelle Jean Decoux, notaire à Champniers, s'engage à abandonner le procès criminel intenté contre Jacques Foucaud, serrurier audit lieu, qui l'avait accusé de prévariquer, moyennant qu'il lui donnera 65 livres de dommages et intérêts et laissera afficher la transaction à la porte de l'église (17 février). — Transaction entre Civadier et Babot et les dégradateurs de leurs bateaux contre qui ils abandonnent toute poursuite criminelle moyennant le paiement de 239 livres pour raccommodages et frais de procédure, et de 30 livres en sus (21 février). — Élection par la communauté des maîtres tailleurs d'habits réunis au nombre de 20 au couvent des Jacobins de 2 syndics, d'un « controlle », de 2 bacheliers ; et confirmation de l'accord conclu entre eux le 4 avril 1707 devant Cladier, notaire royal, par lequel ils s'engagent à ne prendre chez eux aucune couturière ni aucun apprenti si ce n'est des filles ou des fils de maîtres, sous peine de 50 livres d'amende, à ne faire aucune association avec une couturière, sous peine de 60 livres d'amende, à ne recevoir à la maîtrise que des fils ou des gendres de maîtres (27 avril). — Concession de bancs et de sépultures, dans l'église paroissiale de Brie, à Paul Mesnard et Jean Brebion, laboureurs à bœufs, et à Antoine Machenaud, voiturier, moyennant le paiement par chacun de 10 livres et d'une rente de 10 sols (14 mars). — Cession par Philippe de Nesmond, chevalier, seigneur de Brie, La Sauvagière, et autres places, demeurant au château de Brie, à Pierre Blanchard, marchand de Brie, de 2 journaux de terre, moyennant une rente de 30 sols et d'une géline (14 juin). — Nomination de syndics et de collecteurs et modifications apportées à la liste de roulement de ceux-ci par l'assemblée des habitants de la paroisse St-Jacques de Lhoumeau (23 juillet). — Reconnaissance donnée à François Arnauld, chevalier, seigneur de Champniers, Puydenelle et autres places, par Jean-Baptiste Audry, marchand orfèvre et ancien juge consul, d'une rente à lui due à cause d'une maison relevant de la seigneurie de Puydenelle sise dans la rue qui va de l'église St-André aux halles du Palet, sur main droite, confrontant à la maison de M. Arnauld, garde-minutes du présidial (12 septembre). — Procès-verbal des modifications apportées au tableau de roulement des collecteurs de la paroisse de L'Isle-d'Espagnac (24 septembre). — Vente de l'office de sergent royal réservé pour le faubourg St-Pierre, moyennant 400 livres (5 décembre 1714).

E. 2020. (Liasse.) — 70 pièces, papier.

1742. — Jean Bernard, notaire royal à Angoulême. — Actes reçus par ce notaire du 3 janvier au 19 décembre. — Contrat de mariage entre Jacques Ganivet, procureur au présidial, fils d'Antoine, sieur de L'Isle, et de défunte Suzanne Desages ; et Françoise Chastenet, fille de Jean, sieur de Bellefont, et de défunte Marguerite Méturas : en faveur duquel mariage le futur époux reçoit en dot 6.100 livres représentant l'acquisition de sa charge et les frais qu'elle a nécessités, et la future épouse 6.000 livres provenant de la succession de sa mère, de son aïeul et de sa tante, et 100 livres données par son père (3 mars). — Reconnaissance d'une rente de 7 livres donnée à Jean Decoux le jeune, notaire à Champniers, et Élisabeth de Ligoure, sa femme, par François de Ligoure, curé d'Aussac (29 mars). — Vente par Léonard Dereix, sieur du Temple, Luce Delagarde, sa femme, et Laurent Dereix, étudiant en théologie, leur fils, à Jean Mallagoux, marchand, et Catherine Aubin, sa femme, demeurant au faubourg de La Bussatte, d'une pièce de chénevière large de 52 pieds et longue de 72 sise dans la rivière d'Anguienne, au-dessus du moulin de La Pallue, moyennant 70 livres (13 juin). — Bail à ferme des dîmes de la cure de Lhoumeau consenti pour 9 années, moyennant 505 livres chaque, à Antoinette Voyer, femme séparée de biens d'Antoine Ébrard, conducteur de gabarre, par Jean-Louis Thinon, prieur de La Terne et curé de Lhoumeau (15 juillet). — Cession par Jacques Arnauld, garde-minutes en la chancellerie présidiale d'Angoumois, à Joseph Le Roy, écuyer, brigadier des gardes-du-corps de Sa Majesté, chevalier de St-Louis, et Catherine Du Restier, sa femme, moyennant 2.000 livres, de tous ses droits sur les héritiers de défunts Jean Lambert, sieur de Brouillac, Marie Dangibaud, sa femme, et Claude Lambert, leur fils, et sur Marie Bourdier, veuve dudit Claude, et Marguerite Lambert, sa fille, qui se montent avec les frais à 2.079 livres (16 juillet). — Procès verbal à la requête de Jean Fruchet, employé dans les affaires du Roi, constatant que les Jésuites ont tiré de la terre dans une pièce de chaume et installé un lavoir à une fontaine dépendant du domaine de Peusec par lui acquis en 1734 de la veuve de François Nadaud, écuyer, seigneur de Nouhère et de Neuillac (19 décembre 1742-15 février 1743).

E. 2021. (Liasse.) — 71 pièces, papier.

1743. — Jean Bernard, notaire royal à Angoulême. — Actes reçus par ce notaire du 8 janvier au 28 décembre. — Quittance de la somme de 1.000 livres faisant final paiement de la dot à elle promise par contrat du 17 janvier 1735, donnée par Catherine Rondeau et Martial Dutillet, premier conseiller honoraire au présidial, son époux, à Jeanne Navarre, veuve de Gabriel Rondeau, lieutenant-général de police de Châteauneuf, leur mère et belle-mère (8 janvier). — Résignation de la cure de St-Pierre-ès-liens de Feuillade, en Périgord, du diocèse d'Angoulême, par Pierre de Vassougnes, écuyer, avec réserve d'une pension de 450 livres (9 janvier). — Procuration donnée par 9 marchands de sel du faubourg Lhoumeau à Claude Voyer, notaire royal, et à l'un desdits marchands de sel pour s'opposer à l'arrêt du conseil du 18 mars 1710 rendu au profit du fermier des aides ; « et pour moyens dire : qu'attendu que lesdits marchands de sel n'entendent vendre ny donner directement ou indirectement aucuns vins aux voituriers qui viennent acheter du sel chez eux..., de conclure à ce que lesdits marchands de sel soient déchargés du payement du droit de détail, ou du moins, s'il ne pouvoit estre décidé pour le tout, pour ce qui sera jugé nécessaire à leur provision, eu égard à leur famille, avec permission de recevoir comme par le passé dans leurs écuries les voituriers et leurs voitures » (23 janvier). — Déclaration des aubergistes et cabaretiers du faubourg Lhoumeau au nombre de 9, entre autres de Léonard Bargeas et de Geneviève Roy, sa femme, « que les voituriers des provinces du Limousin, Angoumois, Périgord, et autres circonvoisines, lorsqu'ils viennent chez les marchands de sel dudit faubourg, avec leurs bœufs et bêtes de voitures pour prendre du sel chez lesdits marchands pour le voiturer dans les dittes provinces, vont chez lesdits aubergistes et cabaretiers boire, manger, et faire la dépence qui leur est nécessaire, et qu'en partant dudit fauxbourg lesdits cabaretiers remplissent les barils desdites voitures de vin à ceux qui en demandent, et qu'ils le payent ainsy que leurs dépences.., en second lieu que lesdits marchands de sel ne leur donnent à boire ny à manger ; en troisième lieu que lesdits cabaretiers et aubergistes (sauf deux d'entre eux) n'ont point d'escurie pour recevoir les montures des voituriers, que les marchands de sel sont obligés de donner le giste et retraitte aux montures des voituriers, et que les voituriers couchent dans les écuries des marchands » (23 janvier). — Bail à loyer d'une maison au Pontouvre consistant en une chambre basse, une petite boutique ou buanderie, une cave voûtée, une chambre haute, un cabinet, un grenier, et un petit pigeonnier, moyennant 20 livres par an, à Chauveau dit Biais et Rivaud, poissonniers, par Jean Begué, marchand (20 février). — Procès-verbal des contraventions apportées par Jean Civadier, procureur au présidial, aux conditions de l'adjudication à lui faite de partie des bois des Pinotières, paroisse de La Couronne, ce requérant Pierre Maulde, sieur de Valence, tant en son nom que comme tuteur des enfants de feu M. Maulde de l'Oisellerie, conseiller au présidial (26 mars). — Résignation de son office claustral de sacristain de l'abbaye de Notre-Dame de Bournet, en faveur de Jean-François Serpaud, clerc tonsuré, par Louis Rullier Dupuy, prieur claustral et pénitencier de ladite abbaye (8 avril). — Réitération des grades de Jacques-Antoine Chaussé de la Morandière, chanoine régulier de St-Jean de Prémontré, maître ès arts, bachelier de Sorbonne, demeurant à Paris, aux abbé et religieux de l'abbaye de La Couronne (12 avril). — Prise de possession de l'office de doyen du chapitre cathédral par Pierre de la Confrette de Villamont, curé de St-Simeux, y demeurant, au nom et comme fondé de procuration de Pierre-Joseph Barreau de Girac, prêtre du diocèse d'Angoulême, bachelier en théologie, licencié en droit canon et civil, demeurant au séminaire de St-Nicolas du Chardonnet, à Paris, pourvu par bulle du 3 des nones de mars 1742 sur la résignation faite en sa faveur par l'évêque d'Angoulême. Le sieur Thinon chanoine et baile du chapitre s'oppose à cette prise de possession en vertu des pouvoirs que lui a donnés le chapitre par la conclusion du 6 avril précédent : le chapitre a élu comme doyen Jacques Martin de Bourgon le 16 mars, « ledit sieur Bareau ne devant pas ignorer l'exercice que le chapittre a fait de son droit ny la quallité du bénéfice qui est éllectif, confirmatif et nullement sujet à la prévention de cour de Rome et provision sur résignation ». A la « prétendue conclusion capitullaire faite par 8 capitullants », Mrs Lambert, Dumay, Mercier, de Trion, Bouniton, Rullier et Chausse, chanoines, font à leur tour opposition, comme contraire aux statuts du chapitre « qui portent que le doyenné est résignable, et s'est toujours résigné, aux usages inviolablement observés de tous les tems dans ladite église, à la jurisprudence de parlement, et à l'arrêt contradictoire rendu en ladite cour en 1660, que ledit seigneur évêque et ses prédécesseurs ont possédé le doyenné en vertu des résignations qui leurs en ont été faittes, et ont été receus par ledit chapitre sans aucune opposition, et que celle qui est formée aujourd'huy par lesdits 8 capitullants est une suitte de leur inquiétude et un esprit de caballe qui les fait mouvoir ». En fin de compte M. de la Confrette. au nom de M. Bareau, reçoit les habits canoniaux des mains de Mgr François Duverdier qui signe, avec plusieurs chanoines, la prise de possession (17 mai). — Procuration donnée par 4 chanoines de la cathédrale, à 3 de leurs confrères, pour s'opposer à la prise de possession du décanat que pourrait tenter de faire M. Martin de Bourgon (31 mai). — Procès-verbal de l'état des biens saisis sur Gabriel Sardin, sieur de La Pouyade, à la poursuite de Mme Green de St-Marsault, marquise de Montmoreau ; ce requérant Jean Maury, menuisier, fermier judiciaire desdits biens (9-10 juin). — Opposition faite par 7 chanoines à la conclusion prise par les autres membres du chapitre le 14 de ce mois, contrôlée à leur insu, et dont ils ne peuvent obtenir communication, qui décide de se servir des 200 livres provenant des droits d'entrée de M. Thinon, chantre, et d'emprunter 3.000 livres, pour procéder contre M. Bareau de Girac comme ayant usurpé le décanat (18 juin). — Protestation, par les mêmes, contre l'emploi de leurs noms, malgré leur opposition, dans une nouvelle conclusion approuvant celle du 14 (22 juin). — Partage des successions de Pierre Bernard, sieur de La Chapelle, et Louise Boullet sa femme, et de Françoise Bernard de Roumaillac, entre leurs enfants et neveux, savoir : Pierre Bernard de Pellegrin, demeurant au logis de Pellegrin, paroisse d'Houme, Marie-Rose Bernard, épouse de Jean Joubert, sieur des Rides, demeurant au lieu des Rides, paroisse de Montignac-le-Coq, Marie Bernard, épouse de Léonard Guitard, marchand, demeurant à Chez-Beleix, paroisse de Chavenac, François Bernard, sieur de Marneuf, demeurant à Pellegrin. A chacun d'eux revient environ 1.200 livres (28 juin). — Cession par Pierre Dereix, sieur de La Berche, et Anne de Maillard, son épouse, demeurant au lieu de La Berche, paroisse de Gardes, à Léonard Dutillet, seigneur d'Aubevie, procureur du Roi en la maîtrise des eaux-et-forêts d'Angoumois, d'une rente foncière de 30 livres à eux comme héritiers de Pierre Dereix, sénéchal de La Rochebeaucourt (20 juillet). — Bail à ferme des logis et métairie du Mas, de la métairie de La Salle, de la borderie du

Breuil, de la métairie de Chaignemond, paroisse de Fouquebrune, moyennant 400 livres par an pour la métairie du Mas et la borderie du Breuil, 400 livres pour la métairie de La Salle, et 500 livres pour celle de Chaignemond; ladite ferme consentie à Jean Massacré, marchand, et Anne Devige, sa femme, demeurant à Magnac, par Jacques Arnauld, garde-minutes du présidial (30 juillet). — Afin d'éviter la vente publique à laquelle allait recourir un des fermiers judiciaires des revenus de Jean de Brienne, écuyer, sieur de St-Léger, demeurant au logis noble de Rochefort, paroisse de Soyaux, saisis à la requête de Pierre-Paul de la Forestie, écuyer, sieur de L'Isle, demeurant en son logis noble de L'Isle, paroisse dudit nom, en raison d'une créance de 94 livres ; il est procédé à l'estimation des récoltes et entendu que le fermier paiera au sieur de L'Isle 20 livres sur les grains et 21 livres sur le blé d'Espagne et la vendange (19 août). — Compte qui règle le paiement à Jean Praud, laboureur de Dirac, par Christophe Sirier, maître chirurgien, Geneviève Sirier, veuve de Jean Mérillon, notaire royal, demeurant à Dirac, Félix Mérillon, maître chirurgien et Geneviève Sirier, sa femme, de 882 livres à lui dues comme co-fermier de la terre de Dirac avec Jean Sirier maître chirurgien et Marie Desbordes, sa femme, parents des susdits (14 septembre). — Partage de la succession de Jean Vergeraud, sieur du Ranclaud, entre Catherine de Livron, sa veuve, agissant tant pour elle que pour Jean et Marie, leurs enfants mineurs, Jean Vergeraud, et Jeanne Vergeraud, épouse d'Henri de Berbiget, écuyer, sieur de La Grange leurs autres enfants, demeurant tous au lieu du Maine-Faure, paroisse de Chavenac (29 novembre 1743).

E. 2022. (Liasse.) — 57 pièces, papier.

1744. — Jean Bernard, notaire royal à Angoulême. — Actes reçus par ce notaire du 16 janvier au 28 décembre. — Cession par Jean Babin, sieur des Maroux, demeurant au village des Maroux, paroisse de Bonneuil, actuellement détenu aux prisons d'Angoulême, à François Guillaumeau, écuyer, seigneur de Flaville, demeurant au logis de Flaville, même paroisse de Bonneuil, de diverses pièces de terre en paiement de 600 livres dont 240 dues en raison d'arrérages de rente, et le reste pour frais de procédures (3 mars). — Inventaires des meubles et effets de la succession d'Étienne Corlieu, ce requérant André de la Tasche,

colonel de la milice bourgeoise d'Angoulême, et Marie Corlieu, sa femme, gendre et fille dudit défunt, appelée Anne Sauvo, sa veuve (26 mars-10 avril). — Reconnaissance donnée par Jean Collain-Lassurance, architecte et marchand, demeurant au faubourg L'Houmeau, et autres, d'une rente de 77 sols et 2 chapons due à Pierre Martin, grand chantre de l'église cathédrale, à cause des prises dites la grande et la petite prise de la Chantrerie, sises au dessus du faubourg (19 avril). — Procès-verbal à la requête de Louis de Lhuillier, écuyer, seigneur des Ballans et de Laquais, demeurant au lieu noble de Ballans, paroisse de Mornac, des entreprises faites dans son fief du Laquais par Mr Gauvry de la Bergère, garde-marteau de la maîtrise des eaux-et-forêts d'Angoumois (21 avril). — Bail à loyer d'une maison sise paroisse de Beaulieu, dans la rue qui va du Minage à la maison des héritiers du sr de Boismorand, à main gauche, ledit bail consenti à Pierre Courry, billardier, pour 8 années, moyennant 70 livres chaque (4 mai). — Cession de 237 livres de rente contre pareille somme payée comptant à Marie-Thérèse Sauvo, veuve de Jean Resnier, sieur de La Chadrie, par Anne David d'Auteroche, héritière de Jean David, curé de St-Angeau, et de Marguerite David, sa sœur (12 mai). — Constitution d'une rente de 80 livres, au capital de 1.600 livres, au profit d'Anne Sauvo, veuve d'Étienne Corlieu, marchand bourgeois et pair du corps-de-ville, demeurant au Chaumontet, paroisse de L'Isle d'Espaignac, par Jérôme Sardin de St-Michel, seigneur de Beauregard, Chez-Groleau et autres lieux, et Anne-Françoise de la Salmonie, sa femme (27 juillet). — Convention entre Antoine Labonne, tisserand, demeurant paroisse de La Valette, Louis Vallade, aussi tisserand, demeurant paroisse de Gardes, d'une part, et Léonard Dutillet, seigneur d'Aubevie, concernant une rente de 6 livres constituée au profit d'Abraham Magnen, ministre de la religion prétendue réformée, par Jean Alabonne, le 2 juillet 1692. D'Abraham Magnen cette rente était venue par héritage à autre Abraham Magnen, sieur du Buguet, dont la fille du premier lit, Jeanne-Élisabeth, avait été la première femme dudit Dutillet; mais la rente était demeurée, après partages, à Jeanne Rodier, seconde femme du sieur du Buguet, qui avait elle-même épousé en secondes noces Gabriel Dutillet, sieur de Grangemont (29 juillet). — Constitution par Anne Sauvo, veuve d'Étienne Corlieu, d'une rente viagère de 400 livres au profit de Jacques Corlieu, religieux cordelier, son fils : « sachant la faiblesse et délicatesse du tempérament dudit qui la touche d'autant plus sensiblement que, par le même déffaut, elle a eu le malheur de perdre deux autres de ses enfans » ; ladite rente payable après la mort de la donatrice et moyennant la célébration de 200 messes pour le repos de son âme ; et donation de 1.000 livres par la même au même, pour les frais de ses études ; présents Pierre Mesnard, gardien des Cordeliers, Louis Poirier, docteur en Sorbonne, ancien provincial, Jean Ducluseau, docteur en Sorbonne et définiteur, Pierre Martin de Guissalle, ancien définiteur, Gabriel Dusouchet, vicaire, Pierre Boisseau, procureur, Noël Fillon, Pierre Coursel discrets, tous cordeliers du couvent d'Angoulême (18 août). — Constitution d'une rente de 75 livres au profit de Joseph Sauvo, chanoine, par Jacques Arnauld, sieur du Mas, garde-minutes du présidial, et Élisabeth Fauconnier, sa femme (28 septembre 1744).

E. 2023. (Liasse.) — 68 pièces, papier.

1745. — Jean Bernard, notaire royal à Angoulême. — Actes reçus par ce notaire du 3 janvier au 27 décembre. — Constitution de 60 livres de rente au capital de 1.200 livres, au profit de Joseph Sauvo, chanoine, par Jacques David, sieur de Neuillac, et Rose Seudre, son épouse, demeurant paroisse St-Paul (28 janvier). — Inventaire des meubles et effets de Marie-Thérèse Sauvo, veuve de Jean Resnier, sieur de La Chadrie, ce requérant Jean-Baptiste Duvoisin, sieur de Soumaniac, demeurant au château de Brie, paroisse de Champagnac, comme tuteur de Jean-Baptiste, son fils, et de Marguerite Sauvo, sa première femme, sœur de ladite Marie-Thérèse, appelés Joseph Sauvo, curé de Marillac, Jacques Sauvo, curé de Puymoyen, et Rose Sauvo, autres frères et sœur (18 février-3 novembre). — Constitution de 50 livres de rentes, au capital de 1.000 livres, au profit de Jean Sauvo, chanoine, par Jean de Trion, chevalier, seigneur de Salles, et Radégonde de la Ramière, sa femme, demeurant au logis de Salles, paroisse de Chassenon (31 mars). — Compte qui fixe à 1.136 livres ce qui reste dû, sur les 7.119 livres auxquelles ils avaient droit, à Marie et Madeleine Gilbert, filles majeures, à Jean et Léonard Chastel, écuyers, sieurs de La Berthe, à Louis Chastel, écuyer, et à Catherine Chastel, comme héritiers de Louis Gilbert, sieur de Vallernes, par Alexis Suraud, procureur au présidial, et Marie Boutillier, son épouse, en raison d'un prêt de 1.040 livres consenti le 30 septembre

1619 à Marie Rouhier, veuve de Jean Boutillier, par Christophe Gilbert, notaire royal, aïeul et père des susdits (2 avril). — Cession d'une pièce de terre de 2 journaux joignant au chemin par lequel on va du pont de Touvre à Angoulême, moyennant 10 sols tournois et 2 chapons de rente, à Guillaume Joubert, demeurant paroisse de L'Houmeau, par Dauphine de Maumont, dame de Puyrobert, veuve de Jean Bompart, écuyer, seigneur de Puyrobert, comme ayant le bail de Jean Bompart, leur fils ; à la condition, pour le preneur, de bâtir sur cette terre « une maison de bonne massonne jusqu'à 2 travées couverte de tibles » dans les 3 ans, sans qu'il puisse déguerpir auparavant (5 novembre 1488). Sentence du présidial condamnant Louis Maurice, procureur au présidial, de payer ladite rente à Godefroy Guy, écuyer, sieur du Breuil-Guy et de Puyrobert (26 octobre 1697). Vidimus donnés à la requête de Jean Longat, procureur de la juridiction de Champniers (20 mai). — Inventaire des meubles et effets de Joseph-Alexis-François-Jérôme Robuste, écuyer, seigneur de Frétilly, chevalier de Saint-Louis, ancien capitaine du détachement de la marine à St Domingue, et de Catherine-Rose Thomin de Villelaroche, sa femme, tous deux décédés dans la maison de la demoiselle Robuste, leur sœur et belle-sœur, le 27 octobre 1744 et le 4 mars 1745, ce requérant Jean-Louis et Jean-Baptiste, écuyers, leurs fils, et Catherine-Rose-Élisabeth, leur fille. A signaler audit inventaire : un petit collier de négresse où il y a quelques perles d'or, estimé 6 livres (24 mai). — Sommation de Michelle Duclou à Claude Fauconnier, son mari, de l'autoriser à poursuivre la femme du sieur Erclos à cause des propos qu'elle a tenus, attentatoires à son honneur, ce que le mari refuse de faire (3 juillet). — Inventaire des meubles et effets de Pierre Levast, archiprêtre de Grassac, décédé le 18 avril, ce requérant Marguerite Levast, sa sœur (15 juillet). — Délibération de l'assemblée des habitants de la paroisse de Champniers qui donne pouvoir à ses syndics pour persister dans leur opposition contre la radiation du rôle des tailles prononcée en faveur de Jean-Léonard, Louis et Catherine Chastel de la Berthe ; disant entre autres choses que ceux-ci « ne font qu'une tierce partie dans la succession du sieur Gillibert des Vallernes, et que le prétendu acte entr'eux et les damoizelles Gillibert, leur tente, est feint et simulé, pour mettre lesdittes damoizelles Gillibert à couvert des deux tierces parties des impozitions qu'elles doivent supporter pour raison de ladite héréditté, quoy qu'elles demeurent dans les bastiments de laditte hérédité et disposent des fruits et revenuts, et employent à la culture et moisson indistinctement toutes sortes de personnes taillables que bon leur semble ; que, quoyque lesdits sieurs et damoiselle de la Berthe eussent été fondés à pouvoir vallablement faire ordonner lad. radiation dans le cas que les dhomenes de lad. hérédité leurs eussent appartenu en entier, …ils auroient dérogé à leurdit jugement de radiation et l'auroient annéanty pour y être contrevenutz ainsy que lesd. damoizelles leurs tentes, de roture condition, parce qu'au lieu de s'y conformer, et à l'intantion des règlements des tailles, on a employé pour la culture, labours, emblavements des terres, même donné à faire valloir à moytié une partye desdits dhommennes par personnes taillables et prohibées, ainsy qu'à moissonner et autres ouvrages » (15 août). — Procuration donnée par les enfants de Jérôme Robuste, capitaine du détachement de la marine à St Domingue, et de Catherine Rose Thomin de Villelaroche, à Jean Thomas Siguret, bourgeois de Paris, afin de recevoir tout ce qui peut leur appartenir dans la succession de Louise Carré ; Catherine Rose étant l'unique héritière de Louis Thomin de Villelaroche, chevalier de St Louis, commandant au quartier de « L'Artibonite » et de Rose Lefébure, ses père et mère, et ledit Louis Thomin fils et héritier de Louise Carré, veuve de Jean Thomin, demeurant à Paris (20 septembre). — Contrat de mariage entre Joseph Le Conte, sieur de Monteroche, fils de défunts Pierre, greffier en chef de l'élection, et Marie Robuste ; et Catherine-Rose-Élisabeth Robuste : chacun des futurs fait entrer 1.000 livres dans la communauté établie entre eux (4 octobre).—Constitution d'une rente de 10 livres, au capital de 100 livres, au profit de Joseph Sauvo, chanoine, par Jean Croiseur, traitant et aubergiste « aux Sirennes », paroisse St Paul (12 décembre 1745).

E. 2021. (Liasse.) — 78 pièces, papier.

1746. — Jean Bernard, notaire royal à Angoulême. — Actes reçus par ce notaire du 7 janvier au 31 décembre. — Contrat de mariage entre Jacques Nadaud, marchand, fils de Jacques, commissaire ambulant du diocèse de Limoges ; et Marguerite Croiset, fille de Jean, maître pâtissier, qui lui donne en dot une pension annuelle de 50 livres (20 janvier). — Sommation par 3 laboureurs de Champniers au sieur Penot fils, marchand orfèvre, demeurant près

de l'église St-André, d'avoir à enlever les 7 tonneaux de vin acquis par lui moyennant 77 livres par tonneau rendu au chai, qu'il a fait « frelatter » par des « frelatteurs qui laissèrent led. vin sur la terre, après avoir rasé les bondes des barriques d'ycelluy au niveau des doilles » (1er avril). — Inventaire des meubles et effets d'Hélène de Tourneporte, décédée le 4 mars, ce requérant Christophe Sirier, chirurgien juré, son mari, comme tuteur d'Hélène, leur fille unique (4 avril). — Procès-verbal vérifiant les dires de Jean-François Guiton, écuyer, seigneur du Tranchard, demeurant au logis noble du Tranchard, paroisse de Fléac, lequel fait remarquer « qu'en quallité d'engagiste des droits de bacs, batteaux et passage au port de Basseau, il a intérêt qu'il ne soit étably aucuns aultres bacs ny batteaux sur la rivière royalle et navigable de Charente dans les endroits supérieurs et inférieurs dud. port ; que néantmoins Jean et autre Jean Maubert, père et fils, se sont avisés depuis quelques mois de passer plusieurs personnes soit à pied et à cheval au lieu du moulin de Fleurac, inférieur aud. bac de Basseau, et à la distance seullement de deux portées de fusil, de prendre et exiger des droits de passage,… qu'ils ont fait construire un batteau qu'ils destinent pour led. passage », long de 28 pieds, large de 5 pieds aux 2 bouts et de 6 pieds au milieu (9 mars). — Sommation par Clément Augeraud, maître cartier, au greffier de la subdélégation de l'intendance, d'avoir à lui fournir l'expédition de l'acte de dépôt audit greffe de 2 feuilles de moulage de cartes par les directeur, inspecteur, contrôleur ou commis à la régie des droits sur les cartes, dépôt fait conformément à l'édit de retablissement dudit droit, et aussi les expéditions, si toutefois ils ont été remis au greffe, du prétendu procès-verbal établi le 6 du même mois, contre le requérant, par Charles Mallafaire, Joseph Briaud, et Pierre Naudon commis à la perception des droits sur les cartes et cuivres de cette ville, et de l'acte de dépôt par les mêmes de 15 sixains et d'un paquet de cartes saisis chez lui. Le greffier assure n'avoir pas eu connaissance de ces deux derniers actes (17 juin). — Bail à ferme par les chanoines réguliers de St-Augustin composant le chapitre de l'abbaye de La Couronne à Jean Meslier, notaire royal, substitut du procureur de la juridiction de La Couronne, demeurant à Fléac, des revenus du fief et enclave de Moulède, pour 9 années, moyennant 220 livres chaque (17 juin). — Sommation de Jacques Martinaud et de ses compagnons, gabariers de la paroisse de St-Simon, à Laurent Clavaud, marchand qui, le 12 de ce mois, avait fait marché avec eux pour conduire 32 canons, appartenant au sieur de la Pouge du port de Lhoumeau à Rochefort. Pendant qu'on les embarquait ils avaient été saisis par les commis à la marque des fers, à qui les droits n'avaient pas été payés : Martinaud demande que Clavaud fasse lever la saisie immédiatement, ayant à conduire d'autres marchandises à Rochefort (16 octobre). — Procès-verbal de la charpente des moulins contigus de Charles et Louis Gallopin, d'une part, de Marie-Rose Courly, veuve de Richard David et de Jean David, d'autre part, tous « foulliniers » au Pontouvre (10 octobre-12 novembre). — Contrat de mariage entre Renée Geneseve, sieur de La Galandrie, marchand de Champniers, originaire de Loches, en Touraine, fils de Jean Christophe, bourgeois de Beaulieu, près de Loches, et Françoise Decoux, veuve de Jean Thinon, procureur au présidial, et fille d'Étienne, notaire royal, et de Jeanne de Ribière, demeurant même paroisse de Champniers (13 novembre). — Procès-verbal de l'écroulement du colombier et de la rupture de l'écluse du moulin de la seigneurie de Vilhonneur, ce requérant Jean Blanchard, fermier judiciaire de ladite seigneurie (24 novembre). — Inventaire des meubles et effets de Jean Boutillier, greffier de l'élection, décédé depuis peu, ce requérant Marie Boutillier, sa fille, épouse d'Alexis Suraud, procureur au présidial, appelée demoiselle Gibaud, sa veuve (29 novembre 1746-29 mars 1747).

E. 2025. (Liasse.) — 50 pièces, papier.

1747. — Jean Bernard, notaire royal à Angoulême. — Actes reçus par ce notaire du 1ᵉʳ janvier au 24 juin. — Vente d'une pièce de terre en chaume au lieu de chez Boutin, paroisse de L'Isle, consentie, moyennant 800 livres, à Guy Debest, sieur du Châtelard, demeurant au bourg de L'Isle, par Léonard de la Forestie, écuyer, seigneur de L'Isle, Pierre-Paul de la Forestie, aussi écuyer, seigneur de L'Isle et Léonarde de Pindray, son épouse, Marie-Rose, Anne, autre Marie-Rose de la Forestie, demeurant au logis de L'Isle, même paroisse (3 janvier). — Déclaration d'Étienne Corlieu, marchand de Soyaux et de Marie Jourdain, sa femme, demeurant au lieu de Recoux, paroisse de Soyaux, qu'ils entendent ne pas contracter de communauté avec autre Étienne Corlieu, leur père et beau-père, en l'hébergeant et le nourrissant (12 février). — Engagement pris par Jean Veau, habitant le village

de Lhoume, paroisse d'Asnières, de partir pour la milice, comme y étant contraint parce qu'il s'était absenté uniquement pour éviter le tirage au sort, moyennant toutefois le paiement de 120 livres par les frères de François Brangier, sur qui le sort était tombé (23 février). — Vente par Jean-François Birot, écuyer, seigneur de Ruelle et de Brouzède, à Joseph Sauvo, chanoine, d'un taillis de chêne de 2 journaux 184 carreaux sis paroisse de L'Isle d'Espaignac, moyennant 262 livres (24 avril). — Cession par François Normand, chevalier, seigneur de Garat, et Anne Guyonnet de St-Germain, sa femme, demeurant au faubourg St-Pierre, à Nicolas Deroullède, notaire royal, de rentes seigneuriales dans la paroisse de Dirac relevant à hommage de l'évêché d'Angoulême moyennant 1.032 livres (28 avril). — Procès-verbal d'une maison, rue des Trois-Fours, ce requérant Madeleine Augeraud, épouse en secondes noces de Jean Morellet, sieur de La Barrière, employé pour le recouvrement des droits du Roi, et veuve de Louis Cognasse, demeurant à Bergerac, ladite maison provenant de la succession d'Arnaud Augeraud et de Catherine de Livenne, ses père et mère (2 mai). — Vente par Léonard Bargeas, marchand, et Geneviève Roy, sa femme, demeurant au faubourg de Lhoumeau, à Jacques Paingaud, meunier, demeurant au moulin neuf du Pontouvre, d'une maison du faubourg de Lhoumeau confrontant à la rue qui va de la porte du Palet au faubourg, à main gauche, relevant du seigneur de Maumont, moyennant 2.700 livres (6 mai). — Quittance donnée par Jean Blanchard, curé d'Aunac, comme curateur des enfants d'Étienne Blanchard, cabaretier d'Angoulême, son frère, et de Marguerite Rossignol, à Mathieu Renaud, sieur de La Motte, chevalier de St-Louis, ancien brigadier des armées du Roi, son lieutenant et commandant les ville, château et citadelle de Blaye, de 1.187 livres à la décharge de Daniel Bernard, écuyer, seigneur du Luchet, demeurant à Criteuil (7 mai). — Délibération de la communauté des habitants de la paroisse de St-Jacques de Lhoumeau ; ils déclarent : « qu'après avoir longtemps gémy de l'injustice qu'il y a toujours eu dans la distribution des impozitions tant qu'elle a été livrée au caprice des collecteurs, ils voyent avec une satisfaction infinie que, par le tarifement que le conseil a eu la bonté d'ordonner, les principaux abus ce trouvent corrigés, et que la répartition commance à aprocher de cette égallité sy nécessaire pour leur soulagement ainsy que pour le bien du recouvrement ; que mesme elle seroit dans une perfection à ne laisser rien à désirer de plus, sy chacun d'entre eux étoit porté à accuser avec franchise la quantité, quallité et produit de ses fonds en propriété, ou en exploitation, mais que, y ayant plusieurs particulliers qui ont fait des obmissions ou déguisements considérables par mauvaise foy ou ignorance, ils en profiteroient aux dépens des autres s'il n'y estoit remédié, pour à quoy parvenir il ne leur paroit pas de meilleur et plus sollide moyen que de demander à Monseigneur l'intendant d'ordonner dans leur parroisse la mesme opération qu'il a déjà faitte dans plusieurs autres, et avec un entier succès, laquelle conciste : 1° à faire faire par un arpenteur habille et honnête homme, après serment par luy prêté, un mesurage exact de tous les fonds de la parroisse, pièce par pièce, sans en excepter aucune, avec les noms des propriétaires et exploitants, lequel arpenteur aura soin en même tems de prendre le nombre et quallité des bestiaux étant, ou ayant coutume d'être dans les domaines ou habitations pour servir à l'exploitation ou pour y être engraissés ; 2° à charger deux experts abonnateurs, ayant les mêmes quallités que ledit arpenteur, de repasser avec luy, après aussy serment par eux prêté, sur tous lesdits fonds mesurés, d'aprétier ensemble en leur âme et conscience, sans acception de personne, le revenu net de chaque pièce, année commune, de porter à côté d'ycelle l'aprétiation sur le procès-verbal d'arpentage, autrement dit état des fonds de la paroisse, et de faire la vérification de la quantité et quallité desdits bestiaux ; 3° à dépouiller ce procès-verbal d'arpentage et d'estimation, pour en composer un registre, dans lequel tous les propriétaires seront rangés sur autant de feuilles, par ordre alphabétique de leurs noms propres, et leurs fonds rassemblés à leurs articles, d'après quoy sera faite au rolle des tailles la fixation tant de leurs cottes personnelles, s'ils sont taillables. que de celles de leurs colons, métayers ou fermiers à proportion de leurs possessions ou exploitations ». La communauté donne pouvoir aux syndics en charge de requérir près de l'intendant l'exécution de ses vœux « en conformité des instructions déjà données par lui pour d'autres paroisses, sous l'offre qu'il font de faire toujours accompaigner l'arpenteur et les experts abbonnateurs par quelques-uns des plus intelligents d'entr'eux qui leur montreront les possessions de chaque propriétaire et leur en indiqueront les exploitans, ensemble de payer chacun en droit soy, même sollidairement les uns pour les autres, les frais desdits arpenteurs et abbonnateurs, en

exécution des conventions qu'ils feront avec eux, ou sur le pied qu'ils seront reiglés par mondit seigneur l'intendant ». Le seul des membres présents nommés ayant une certaine notoriété parait être Jean Roullet, notaire royal (23 mai). — Sommation par François Sibillotte, cordonnier, Christophe Sibillotte, prêtre, son frère, et Jean Labrue leur beau-frère, au sieur de La Boissière, marchand, d'avoir à montrer les rôles de l'année 1741 pendant laquelle il avait été collecteur à St-Cybard avec Pierre Sibillotte, leur père et beau-père, afin d'établir le procès-verbal des cottes non payées pour lesquels les collecteurs avaient été obligés de faire des avances personnelles (27 mai). — Inventaire des meubles et effets de Jean Morineau, décédé au Pouyaud, paroisse de Dirac, le 10 de ce mois, ce requérant Jacques Constantin, sieur de Villars, et Marie Morineau, ses beau-frère et sœur, demeurant au lieu de Beauregard, paroisse de Puyréaux (21 juin 1747).

E. 2026. (Liasse.) — 70 pièces, papier.

1747. — Jean Bernard, notaire royal à Angoulême. — Actes reçus par ce notaire du 1 juillet au 3 décembre. — Vente par Jean Meslier, notaire royal, et Françoise Brun, sa femme, demeurant à Fléac, à Philippe « Fœlix », marchand tonnelier du faubourg de St-Cybard, d'une borderie sise audit faubourg relevant de l'aumônier de l'abbaye du même nom, moyennant 3.048 livres (2 juillet). — Prise de possession du prieuré de Ste-Marie-Madeleine de L'Epinassouse, paroisse de Nieuil, par Claude Boisvin, curé de St-Hilaire d'Orche, diocèse de Poitiers, pourvu le 3 des nones de janvier de cette même année en remplacement de Simon Fricq, décédé (22 juillet). — Cession d'une obligation de 162 livres à Alexis Suraud, procureur au présidial, par Thérèse Boilevin, fille de feu Jean, notaire royal, demeurant à Xambes (5 août). — Procès-verbal des objets laissés chez Étienne Blanchard par Georges Morlègue, auvergnat, parti depuis plus de 4 ans, après avoir vécu quelque temps chez eux moyennant une pension annuelle de 216 livres (11 août). — Nomination de Philippe Augeraud, curé d'Expiremont, en Saintonge, comme tuteur des enfants de Rose Bouchet, veuve de Jean Augeraud, marchand cartier, à la requête entre autres de Clément Augéraud, aussi marchand cartier (24 août). — Inventaire des meubles et effets de ladite Rose Augeraud. A signaler : un morceau de marbre de forme ovale, un autre de *forme* carrée estimés 6 livres ; — 3 paires de ciseaux et divers autres instruments du métier de cartier estimés 12 livres ; — une épée à poignée d'argent ; — 6 petits outils d'acier servant au métier de cartier, estimés 3 livres ; — une « paire d'heures garny d'agraphes et ayant un tour, c'est-à-dire bordées d'argent », estimée 5 livres ; — 5 bagues dont l'une avec diamant et l'autre « façon d'émeraude », et deux « joues » d'or, estimées 40 livres ; — un mémoire de fourniture de carte au sieur Gratras ; — une liasse de reconnaissances données par ladite défunte au fermier des droits établis sur les cartes, contenant le nombre de celles qu'elle a fait cacheter ; au bas se trouvent les acquits du sieur Puinesge, receveur desdits droits, le dernier daté du 5 novembre 1746 ; — la signification d'une contrainte décernée par le sieur Dupommeau, directeur de la régie sur les cartes, contre la défunte, qu'il somme de payer 180 livres, le 7 août 1747 ; — un livre journal détaillant les marchandises fournies par le sieur Augeraud et sa femme de 1733 à 1743 ; — un autre livre des comptes avec les garçons cartiers ; — la somme de 22 livres provenant du paiement des cartes fournies à Mᵐᵉ Lavarenne, à La Rochefoucauld ; — dans l'appartement servant pour le collage des cartes, une chaudière et un chaudron de cuivre jaune pour faire la colle, estimés 24 livres ; — le bail à ferme du moulin de Chaumontet par ledit sieur Augeraud ; — la réclamation par Emmanuel Sazerac du final paiement de 180 livres pour le papier qu'il a fourni le 14 mai 1745 ; — les cartes tant françaises qu'étrangères cachetées par les commis de la régie sur les cartes, les sieurs Despost et Naudon, comprenant : 3 grosses et demie et 3 sixains de cartes françaises entières « du piquet » cachetées sixain par sixain et estimées 18 livres la grosse ; 1 grosse 1 quart de cartes « trialles » pliées en papier blanc estimées 11 livres 5 sols ; 9 grosses et 2 sixains de cartes à « portraits étrangers » estimées 9 livres la grosse. Les cartes en feuilles où ne se trouvait que l'empreinte des têtes ont été coupées. Le compte fait avec Dupommeau, directeur du droit sur les cartes, du 4 septembre, signé par Puinesge, receveur, fixe à 283 livres les sommes encore dues pour cartes vendues et fabriquées (28 août-5 septembre). — Transaction concernant l'exécution du testament de Marguerite Boissau, veuve de Jean Barraud, entre ses neveux et héritiers, entre autres : Marguerite Ithier, veuve de Jean Thévenot, sieur de La Rente, demeurant au village de Viville, paroisse de Champniers, Léonard Lenchère, cartier, et Marguerite Boissau, son épouse (29 août). — Inventaire des meubles et effets d'Étienne Corlieu, décédé depuis peu, ce requérant autre Étienne Corlieu, son fils, demeurant au Recoux, paroisse de Soyaux (2 septembre-27 mai 1748). — Obligations de 106 et de 37 livres consenties par Jean Mallat, écuyer, sieur de Létanche, lieutenant de la maréchaussée du Limousin, et Philippe Mallat, aussi écuyer, sieur de Létanche, son fils aîné, garde du Roi, en faveur de Pierre Fauconnier, chanoine, pour le montant de la bulle de dispense qu'ils lui ont demandé d'obtenir pour François Cathelineau, laboureur, et les frais qu'il a dû faire à cette occasion (2 septembre). — Procès-verbal de collation de pièces de la procédure intentée par Jacques Bareau, chevalier, seigneur de Girac, La Prévôterie, Les Giraudières et autres lieux, et Élisabeth-Sylvie de Devezeau de Chasseneuil, son épouse, contre Pierre-Hubert de Devezeau, chevalier, seigneur de Chasseneuil, capitaine au régiment du Roi-Cavalerie, Damien-Benjamin de Mazières, chevalier, seigneur du Passage, et Françoise de Devezeau, son épouse, Jean-Charles de la Place, chevalier, seigneur de Torsac, et Julie de Devezeau, son épouse, au sujet de la donation entre vifs faite à ladite Élisabeth par autre Élisabeth de Devezeau de Chasseneuil, sa tante, de ses meubles, acquêts et du tiers de ses propres (9 septembre). — Procuration donnée par les héritiers d'Ollivier de Robuste, chevalier, seigneur de Frédilly, ancien capitaine du détachement de la marine aux Iles d'Amérique, à M. Guyon de la Rente, habitant le quartier de « L'Arthibonite », côtes de Sᵗ-Domingue, pour faire rendre compte à Jacques Lefébure, autre habitant du même quartier, de la gestion qu'il a faite de leurs biens (16-27 septembre). — Procuration donnée par la communauté des habitants de la paroisse de Puymoyen à leur syndic pour faire appel du jugement de l'élection d'Angoulême qui raye Jean Naud du rôle des tailles de leur paroisse (15 octobre). — Autre décision de même nature prise par la communauté des habitants de Fléac, contre François Dexmier, seigneur des Coudraies, pour les exploitants du domaine des Mornats (22 octobre). — Cession par Marguerite Braud à Jean Braud, notaire à Dirac, moyennant 150 livres, de tous ses droits sur les successions d'autre Jean Braud, notaire et procureur de Dirac, et d'Élisabeth Desbordes, leur père et mère, et de Marguerite Braud, leur tante (25 octobre). — Vente des meubles des enfants mineurs de défunt Jean Augeraud, marchand cartier (16 novembre 1747-13 janvier 1748). — Délibération de la communauté des habitants des paroisses de Pranzac, de Fléac et de L'Isle d'Espaignac, identiques à celle prise à Lhoumeau le 23 mai 1746 (13, 16 et 28 décembre). — Sommation par Thérèse Maulde de l'Oisellerie à M. Maulde de Valence, son frère, d'avoir à lui remettre un « cabinet » qui lui appartient. M. de Valence répond que sa sœur devrait être « assez instruite qu'il y avoit assez d'étrangers qui travailloient à envahir le bien de la famille sans qu'elle-même dût travailler à la troubler »; qu'au surplus il maintenait la saisie dudit « cabinet » (23 décembre 1747).

E. 2.027. (Liasse.)— 72 pièces, papier.

1748. — Jean Bernard, notaire royal à Angoulême. — Actes reçus par ce notaire du 1 janvier au 29 juin. — Délibération de la communauté des habitants de St-Michel d'Entraigues qui demande l'arpentage des terres de la paroisse afin d'obtenir une répartition plus équitable de l'impôt (6 janvier). — Prise de possession par Pierre Bourdage, curé de Genac, de la cure de St-Martin de Balzac (31 janvier). — Inventaire des meubles et effets de Pierre de Bussac, sieur des Marais, ce requérant Thérèse Jourdain, sa veuve, demeurant au village de Roullette, paroisse de Magnac-sur-Touvre (28 février). — Vente d'une pièce de pré, paroisse de Champniers, consentie moyennant 1.000 livres par Étienne Bonvallet, maître menuisier, Françoise Goumard, sa femme, et Jeanne Goumard leur belle-sœur et sœur, demeurant dite paroisse de Champniers (2 mars). — Délibération de la communauté des maîtres savetiers qui donne pouvoir à ses syndics pour faire un emprunt de 66 livres afin de payer les nouveaux droits imposés sur les arts et métiers (4 mars). — Requête présentée par Jacques Bareau, chevalier, seigneur de Girac, pour faire faire une nouvelle estimation de la seigneurie de Fayolle, paroisse de Jauldes, saisie dès l'année 1689 sur Henri Duvignaud, écuyer, seigneur dudit Fayolle, Marie de Guitard, sa femme, François Duvignaud, écuyer, seigneur de Vaucarte, et Louis de Guitard, sa femme, et qu'il avait acquise de leurs héritiers, Henri Duvignaud et son frère, fils et neveux d'Henri et de François, le 4 juillet 1745, moyennant 28.500 livres montant d'une première estimation faite entre lui et les autres principaux créanciers, maintenant contestée par l'un d'eux, François Bourgeois de Léguisé (1 avril). — Inventaire des meubles et effets de Jérôme Gouzy, marchand peignier, décédé depuis peu étant « en campagne » à St-Jean d'Angély. A signaler : 4

outils servant au métier de peignier, « estadon, bastard, scie-gresle et feuillet », estimés 30 sols ; — au grenier, 400 copeaux pour peignes de différents bois estimés 4 livres 10 sols ; — « 3 arsons de scie, 1 cartet » et 4 petites limes ; — 10 livres de boucles de fonte; — 1.100 grands « écoupeaux de bois » pour peignes, estimés 30 livres; — 33 douzaines de peignes de buis, non achevés, estimés 24 livres 15 sols ; — 24 douzaines de râpes, estimées 12 livres ; — 60 douzaines de peignes, estimées 18 livres ; — 3 douzaines de chapelets ;— 4 douzaines et demie de jouets d'os, estimés 45 sols ; — 3.000 aiguilles, estimées 6 livres ;— 65 cordes de violon, estimées 4 livres 5 sols ; — 50 paquets de plumes à écrire, estimés 3 livres ; — 2 livres de « pierre de bleu », estimées 30 sols ;—58 petites flûtes de bois, estimées 58 sols ;— 3 douzaines de jarretières de laine, estimées 36 sols ; — 30 cœurs, estimés 20 sols ; — 140 petits a.b.c , estimés 10 sols ; — 3 petits livres ou « heures plattes », estimés 3 sols ; — 1 douzaine de couteaux à petits manches, estimés 6 sols ; — 800 fuseaux, estimés 3 livres ; — une balle de colporteur où s'est trouvé « 6 pellotons de poil de chèvre » ; — 7 aunes et demie de toile de Cholet, estimées 6 livres ; — 18 aunes de toile de St-Jean, estimées 15 sols l'aune ; — une balle d'osier ; — « 3 vallets et 2 perceoires pour la corne », estimés 15 sols ; — la grosse du contrat d'acquisition d'un banc à la halle de Montignac-Charente, le 24 août 1736 (15 avril-6 mai). — Testament d'Étienne Decoux, notaire royal à Champniers (29 mars). — Prise de possession du prieuré de St-Mary par Dom Charles-Jean Sardin, religieux de St-Cybard (22 avril). — Inventaire des meubles et effets d'Étienne Decoux, notaire royal à Champniers, décédé le 19 avril, ce requérant Françoise Decoux, sa fille, épouse de René Genesve de la Salandrie (23 avril, 18 mai). — Bail à loyer d'une maison sise paroisse St-Antonin confrontant par devant à la rue qui longe le parc et par laquelle on va du château à la porte de St-Pierre, et par un côté à la rue de la Bûche ; ledit bail consenti pour 9 années, moyennant 150 livres chaque, à Jacques Arnauld, sieur du Mas, par Barthélemy Jayet, sieur de Beaupré (3 mai). — Procès verbal du logis de La Clavière et de ses dépendances, ce requérant Jacques Bareau, chevalier, seigneur de Girac, leur acquéreur par acte du 2 février précédent reçu Deroullède (13 mai). — Procès-verbal du dépôt fait à l'étude par le seigneur de Girac du procès-verbal d'estimation de la seigneurie de Fayolle daté des 1 avril-4 mai (13 mai). — Délibération de la communauté [des habitants de la paroisse de Fléac qui décide de poursuivre en appel le procès engagé contre François Dexmier, seigneur des Coudrais, afin de le maintenir sur le rôle des tailles (24 juin). — Présentation par Jean de Barbezière, écuyer, chanoine honoraire de l'église cathédrale, curé de St-Hilaire de Juillaguet, demeurant au logis de La Fenêtre, paroisse de Juillaguet, au nom de Louis-Jacques Chapt de Rastignac, archevêque de Tours et abbé de La Couronne, de Louis Salvin au prieuré de Notre-Dame de Lagord, diocèse de La Rochelle, en remplacement de Louis Micheau (29 juin 1748).

E. 2.028. (Liasse.) — 29 pièces, papier.

1748.—Jean Bernard, notaire royal à Angoulême. — Actes reçus par ce notaire du 14 juillet au 28 décembre. — Partage du fief de Léas, paroisse de Grenord, entre Annet de Chilloux, écuyer, seigneur des Fontenelles, demeurant au logis des Fontenelles, paroisse de Champniers, Ollivier de Chilloux, écuyer, seigneur en partie de Léas, et François de Julien, écuyer, seigneur de La Gagnarderie, comme protecteur des enfants d'Anne de Barbarin, sa femme, veuve en premières noces de Pierre de Chilloux, écuyer, seigneur de Churet; conformément au jugement de l'intendant de la généralité de Limoges (4-25 juillet). — Aveu et dénombrement du fief de La Motte de Léas relevant du prince de Chabanais à hommage lige et au devoir de 6 sols d' « achaptement » par mutation de seigneur et d'homme, rendu à haut et puissant seigneur monseigneur messire Adrien de Montluc, prince de Chabanais, comte de Carmain, baron de Montesquiou, de St-Félix et autres lieux, conseiller du Roi en ses conseils d'état et privé, capitaine de 100 hommes d'armes, gouverneur et lieutenant-général au pays de Foix, par Jean de la Charlonnie, licencié en droit, ancien juge sénéchal de la principauté de Chabanais, comme ayant droit de Charles Gaubert, écuyer, sieur du Poirier. Le fief de La Motte de Léas transféré de la ville de Chabanais en la paroisse de Grenord comprend entre autres : le mas de Léas contenant 75 seterées, le village de Borderie, une maison et grange « où souloit estre anciennement l'hôtel noble et ebergement de La Motte de Chabanais, scize du costé St-Pierre St-Michel, tenant d'une part aux fossez du présent lieu, d'autre à la petite rue tendant de la hasle du dit lieu à la porte du Paud », une vigne au terroir de « las vieillas Fourchas »; Jean de la Charlonnie demande d'y ajouter plusieurs articles non compris dans aucun dénombrement précédent, entre autres : la dixième partie des dîmes de tous les blés, grains et légumes de la paroisse d'Étagnac dont lui et ses auteurs ont joui de temps immémorial (1 octobre 1621). Vidimus collationné sur l'original conservé au trésor de la principauté de Chabanais (20 juillet 1748).

E. 2.029. (Liasse.) — 74 pièces, papier.

1749. — Jean Bernard, notaire royal à Angoulême. — Actes reçus par ce notaire du 2 janvier au 29 juin. — Inventaire des meubles et effets de Gaston Leroy, écuyer, seigneur de Lenchère, décédé le 5 de ce mois, ce requérant François Leroy, écuyer, seigneur de La Baurie, gendarme du Roi, demeurant au lieu de La Baurie, paroisse de Dignac, et Madeleine Leroy, fille majeure, demeurant paroisse de Parzac, ses enfants. A signaler : un dossier contenant les titres et confirmation de noblesse du défunt (11-14 février). — Prise de possession de la cure de St-Mary par François-Michel Lhoumeau, après résignation de M. Roussaud, curé de Nanclars. A cet acte sont jointes les lettres de provision signées de l'évêque et portant son sceau (13 février). — Résignation de la cure de Notre-Dame de Peyroux par François-Michel Lhoumeau (14 février). — Partage entre Phillippe Augeraud, ancien curé d'Expiremont, curé de Graves, en Saintonge, et Catherine Augeraud, veuve de Michel Callaud, marchand poêlier, demeurant à Angoulême, de ce qui leur appartient au village de Chaumontet, paroisse de L'Isle d'Espaignac, comme héritiers d'Antoine Augeraud, marchand, et de Catherine Guimard, leurs père et mère (20 février). — Contrat de partage entre Gaston Leroy, écuyer, seigneur de La Loubrie et de Lenchère, Charles Leroy, écuyer, sieur de La Forêt, demeurant paroisse de Parzac, François Leroy, écuyer, sieur de La Baurie, aide-major des gendarmes du Roi, demeurant au lieu de La Baurie, paroisse de Dignac, Madeleine Leroy de Lenchère, demeurant paroisse de Parzac, et Marie Leroy, veuve de Jean Dulaud, écuyer, sieur de La Vérine, y demeurant, paroisse de Mansle, de la succession mobilière de Gaston Leroy, écuyer, seigneur de Lenchère, leur père (6 mars). — Marché par lequel Phillippe Roux, maître menuisier du lieu du Buguet, paroisse de Rougnac, s'engage à faire en 4 mois, pour Jean François Duhaumont, écuyer, seigneur de La Garde, à son logis de La Garde, paroisse de Beaussac, en Périgord, un « degré » identique à celui de l'abbaye de Grosbot, à condition que les bois lui seront fournis, et moyennant 48 livres (26 mars). — Sommation par François Houmeau de Beauregard, teinturier, demeurant au faubourg de S¹-Cybard, à un charpentier, d'avoir à lui fournir un « souffroir » en bois de peuplier, bien fait et ne laissant perdre aucun parfum, conformément aux conventions arrêtées entre eux (16 avril). — Procès-verbal, à la requête de Jean Chausse, sieur de Lunesse, constatant le mauvais état du jardin de son logis de Lunesse, paroisse de S¹-Martial, malgré l'engagement pris par deux laboureurs de l'entretenir moyennant 24 livres, 3 boisseaux de méture, 1 quart de froment, 2 barriques de vin par an (17 avril). — Paiement d'une créance de 820 livres par Pierre Gaudon, notaire royal, et Pétronille Dallière, sa femme, comme débiteurs du sieur Marinaud, aussi notaire, à Alexis Suraud, procureur au présidial (6 mai). — Sommation à Jacques Seigneuret, notaire royal, et Jacques Rodier, son beau-frère, de recevoir de Marguerite Geoffroy, veuve de Pierre Maignan, 200 livres à quoi elle était condamnée pour les avoir accusés de faux (31 mai). — Constitution de 50 livres de rente au capital de 1.000 livres consentie au profit des dames Carmélites par Guillaume Durand, maître boulanger, et autres (21 juin 1749).

E. 2.030. (Liasse.) — 62 pièces, papier.

1749. — Jean Bernard, notaire royal à Angoulême. — Actes reçus par ce notaire du 12 juillet au 22 décembre. — Transaction qui fixe à 76 livres pour les frais de procédure et 6 cierges de cire blanche d'une livre à donner en aumône à l'église des Cordeliers, les dommages et intérêts dus à Louis-Marie de Pérusse, comte Des Cars, marquis de Pranzac, lieutenant général au gouvernement du Limousin, maréchal de camp, demeurant au château de Pranzac, que représente Pierre Mesnard, définiteur des Cordeliers, par Jean et Raymond David, laboureurs de Puymoyen, qui avaient coupé du bois et des « riortes » dans sa garenne d'Hurtebise (20 juillet). — Bail à loyer d'un appent, au faubourg de Lhoumeau. consenti par Philippe Augeraud, curé de Graves et prieur de Logerie, à Guillaume Coursier, directeur de la messagerie d'Angoulême, au nom des fermiers des messageries royales d'Orléans à Bordeaux (2 août). — Procès-verbal des biens saisis sur Mathieu Sardin, sieur de La

Pouyade, au village de L'Age, paroisse de Maisonnais, ce requérant Jean Garrigou, sieur de La Négrerie, bourgeois, demeurant au Mas-Veyraud, même paroisse, fermier judiciaire desdits biens (4-10 août). — Délibération de la communauté des habitants de la paroisse de S¹-Saturnin qui donne pouvoir à ses syndics de s'opposer au jugement de l'élection rayant des rôles François Demay, curé de ladite paroisse. F. Demay avait affermé de l'archidiacre les deux tiers des dîmes de S¹-Saturnin moyennant 1.250 livres et un tonneau de vin rosé ; mais, tandis que les précédents fermiers étaient taxés pour 88 livres de grande taille, et compris sur les rôles de la capitation, du fourrage et autres impositions, il s'était prétendu exempt d'imposition, comme privilégié, « quoique les nobles et privilégiés soient tenus à toutes sortes d'impozitions lors qu'ils se font fermiers, estant certain de droit et d'usage », et confirmé par les ordonnances et réglements (2 novembre). — Cession d'une pièce de terre inculte remplie de rochers contenant 1 journal 1/2, située au lieu de Beauregard, près des Boissières, paroisse de S¹-Martial, consentie moyennant une rente de 7 sols 6 deniers à Pierre Bertrand, maître tailleur de pierres, par Jean de la Rochefoucauld, chevalier, seigneur de Maumont, y demeurant paroisse de Magnac-sur-Touvre (21 novembre 1749).

E. 2.031. (Liasse.) — 64 pièces, papier.

1750. — Jean Bernard, notaire royal à Angoulême. — Actes reçus par ce notaire du 1 janvier au 29 juin. — Constitution de 80 livres de rente au capital de 1.600 livres consentie au profit de Jacques Sauvo, curé de Puymoyen, par Léonard de la Roche, sieur de Girac, et Marie-Anne Valleteau, son épouse (8 février). — Reconnaissance d'une rente seigneuriale de 18 deniers due à Charles Dusouchet, écuyer, seigneur de Macqueville, de Villars et du Tillet, par Pierre Fauconnier de Fontgrave, négociant, conseiller du corps-de-ville, ancien juge consul, à cause d'une maison, paroisse S¹-Antonin, confrontant à la rue qui va du château à la place du Mûrier, sur main gauche (13 février). — Bail à ferme par Marc Gourdin, écuyer, seigneur de La Fuye, grand archidiacre, comme procureur de frère Philippe-Joseph de Lesmerie d'Échoisy, chevalier, bailli de l'ordre de S¹-Jean-de-Jérusalem, grand prieur d'Aquitaine, commandeur des commanderies du Blizon et de Fretay, demeurant en son hôtel prieural, paroisse S¹-Savin de Poitiers, à Jacques Joubert, procureur au présidial, des revenus des commanderies du Temple d'Angoulême et Du Doignon de Blanzac, dépendant de la commanderie et chambre prieurale de Beauvais-sur-Matha, pour 9 années, moyennant 860 livres chaque, à charge aussi pour le preneur d'entretenir la chapelle du Temple du Doignon, de fournir le pain et le luminaire nécessaires pour dire 8 messes tous les ans, de donner 8 livres au prêtre qui les dira, et de dresser un terrier des droits dûs aux commanderies (15 février). — Reconnaissance de 2 sols de rente seigneuriale due par divers à Marie Barbot, veuve de Jean Chausse, conseiller d'honneur au présidial, demeurant au logis noble de Lunesse, paroisse de St-Martial, comme étant aux droits d'Annet et de Bernard de la Charlonnie, écuyers, seigneur du Maine-Gaignaud, à cause d'une prise de 5 journaux appelée du Maine-Gaignaud, sise même paroisse St-Martial (27 février). — Bail à ferme par Marie de Traspond, veuve de Jean Respinger, sieur du Ponty, négociant, demeurant au faubourg de La Bussatte, à Étienne et Pierre Chaigneau, père et fils, de la métairie de Pierredure, paroisse de Puymoyen, pour 9 années, moyennant 100 livres chaque (30 mars). — Reconnaissances de rentes seigneuriales dues à Charles Dusouchet, écuyer, seigneur de Villars, comme seigneur du Tillet, à cause de maisons sises paroisse St-Antonin (15 avril). — Réception par la communauté des maîtres serruriers de François Bertrand, demeurant paroisse de Magnac-sur-Touvre, comme maître serrurier ayant la faculté de travailler à la campagne dans un rayon de 2 lieues autour des franchises de la ville (20 avril). — Cession de marchandises et de la moitié d'une maison par Jean de la Grange, marchand, à Anne Brunet, son épouse, de lui séparée de biens, en paiement des créances pour lesquelles ils étaient solidaires, et en remboursement des 2.000 livres de sa dot (11 mai). — Constitution de 120 livres de pension viagère, à titre clérical, au profit d'Antoine Verrier, leur fils, par Nicolas Verrier et Marie Faure (14 mai). — Reconnaissance d'une rente de 16 livres due aux Jacobins par Luce Jussé, marchande, veuve de Simon Rezé, aussi marchand et imprimeur, à cause de la boutique située à côté de la principale porte du Palais royal, conformément à l'acte d'arrentement du 6 novembre 1703 reçu Seudre et Filon (16 mai). — Sommation par 2 cordonniers, fils de maîtres, aux syndics de la communauté des maîtres cordonniers, d'avoir à les recevoir dans cette communauté réduite depuis quelque temps à moins de 50

membres (15 juin). — Dépôt par Marc Gourdin de la Fuye, archidiacre, du testament de M. Gourdin de la Barre en faveur de Louis-Robert Bourée, son petit-neveu, fils de Robert et de Marie Babaud, en date du 8 novembre 1745 (16 juin). — Procès-verbal du lieu de Rochefort, paroisse de Soyaux, et des biens formant l'héritage de Jean de Brienne, écuyer, sieur de St-Léger, ce requérant le fermier judiciaire, appelée Jeanne de la Pisse, veuve de Jean de Limaigne, héritière sous bénéfice d'inventaire dudit de Brienne (27 juin). — Procuration donnée par la communauté des habitants de Fléac pour poursuivre devant la cour des aides le procès intenté par elle contre M. Dexmier des Coudraies (28 juin). — Vente par Jean Hay, laboureur de la paroisse de Linars, à Jean Meslier, notaire royal, demeurant à Fléac, d'un bois taillis d'1 journal 114 carreaux, moyennant 123 livres (28 juin 1750).

E. 2.032. (Liasse) — 85 pièces, papier.

1750. — Jean Bernard, notaire royal à Angoulême. — Actes reçus par ce notaire du 5 juillet au 28 décembre. — Constitution de 16 livres 10 sols de rente, au capital de 300 livres, consentie au profit de Jacques Sauvo, curé de Puymoyen, par Pierre Thoumie, sieur de Charsais et Marie-Philippe Mioulle, son épouse, demeurant au lieu de Charsais, paroisse de Puymoyen (21 juillet). — Reconnaissance d'un prêt de 5.400 livres remboursable à Noël, consenti à Louis de la Breuille, chevalier, baron des Étangs, seigneur de Chantresac, Vieux-Negré et autres lieux, demeurant au château des Étangs, paroisse de Massignac, par Nicolas Payen, sous-brigadier de la maréchaussée de Chabanais (25 juillet). — Tableau des collecteurs de la paroisse de Puymoyen dressé par la communauté des habitants conformément aux déclarations du Roi des 1 août 1716, 24 mai 1717, et 9 août 1723, et à l'ordonnance de l'intendant du 31 janvier précédent. Ce tableau comprend 3 colonnes : la première, contenant les noms des habitants de la paroisse exempts de passer par la collecte ; la seconde, les noms des premiers collecteurs ; la troisième, les noms des seconds collecteurs, pour une période de 12 années (30 août). — Tableau des collecteurs de la paroisse de Ruelle de 1751 à 1765 ; des paroisses de Soyaux de 1751 à 1764, de L'Isle d'Espaignac de 1751 à 1762 (6, 8 et 29 septembre). — Donation par Suzanne de Nesmond, demeurant à La Rochefoucauld, à Philippe de Nesmond, chevalier, seigneur de Brie, son frère, demeurant à Brie, de tous ses droits dans les successions de Martial de Nesmond, aussi chevalier, seigneur de Brie, leur père, de Suzanne Cadiot de Pontenier, leur mère, et de Claude de Nesmond, écuyer, chevalier de Brie, leur oncle, moyennant 150 livres de pension viagère (10 octobre). — Pouvoir donné par la communauté des habitants de la paroisse de St-Saturnin à ses syndics pour procéder contre Jean-Élie de Nesmond, abbé de Blanzac (8 novembre). — Sommation par Guillaume Turcat, solliciteur en la juridiction consulaire, à Jean David de Boismorand, procureur au présidial, d'avoir à lui remettre les titres des créances dépendant de la succession de François-Renard Cambois, conformément à la requête d'André - Renard Cambois, sieur de Cheneusac, avocat à la Cour, demeurant au lieu de Cheneusac, paroisse de Linars (18 novembre). — Convention par laquelle deux des collecteurs de la paroisse de L'Isle d'Espaignac se chargent de tous les frais du recouvrement des impositions moyennant le paiement de 24 livres par le troisième collecteur (6 décembre 1750).

E. 2.033. (Liasse.) — 93 pièces, papier.

1751. — Jean Bernard, notaire royal à Angoulême. — Actes reçus par ce notaire du 2 janvier au 30 juin. — Cautionnement par François Constantin, sieur de La Breuille, d'Étienne Constantin, son frère, comme contrôleur des actes et autres droits y joints au bureau de Chasseneuil, pour la somme de 1.000 livres (14 janvier). — Sommation par Pierre Vinson, marchand chapelier, et Élie Vinson, son fils, à Christophe Sirier, maître chirurgien du Petit-St-Cybard, d'avoir à reprendre comme apprenti ledit Élie qu'il avait mis à la porte de chez lui sans motif (26 janvier). — Christophe Sirier consent à reprendre son apprenti (28 janvier). — Bail à ferme des dîmes de la paroisse St-Antonin, pour 9 années, moyennant 70 livres chaque, et 80 livres si le propriétaire du domaine du Petit-Ardillier met ses terres en cultures ; ledit bail consenti par Jean Yver, curé de St-Antonin et de St-Vincent son annexe (9 février). — Sommation par Jean et Claude Courtaud, bouchers, fils de Jacques, reçu maître boucher par lettres du 10 août 1723, aux syndics de la communauté des maîtres bouchers, d'avoir, conformément aux édits, à les laisser jouir de privilèges semblables à ceux des « maîtres de let-

tre » ; et, en particulier, de ne pas s'opposer à ce qu'ils se joignent aux maîtres qui, suivant l'usage, en ce jour du jeudi gras, amènent chacun un bœuf à la halle du Palet, les conduisent chez « Mrs les chefs de la justice et les personnes de considération », et procédent au choix des plus beaux. Afin d'éviter le scandale le lieutenant-général de police demande aux requérants de ne pas persister dans leurs prétentions, ce qu'ils acceptent (18 février). — Sommation par les mêmes aux mêmes de les recevoir parmi les adjudicataires de la boucherie de carême à l'hôtel du lieutenant-général de police, ce qu'ils refusent de faire, quittant l'hôtel pour ne pas s'y retrouver avec les requérants (21 février). — Prise de possession de la cure de St-Saturnin par François Ledoux, prêtre, demeurant à Gurat (3 avril). — Déclaration de 11 maîtres bouchers « qu'il est de mémoire d'homme que lorsque quelques bouchiers ont voullu mettre des étauds et avoir une boucherie en laditte ville, ils n'ont point fait de chef d'œuvre ny n'ont été approuvés par les anciens maîtres bouchiers de laditte ville ny par qui que ce soit ; que lorsqu'un fils de maître veut se mettre bouchier, il afferme ou achepte un étauds, et ensuitte il étalle la viande qu'il a sans qu'il soit fait ny dressé aucuns actes de réception ny autrement... y ayant même des anciens maîtres qui ont eu jusqu'à cinq de leurs enfans maîtres bouchiers qui n'ont fait aucun chefs d'œuvres énoncés dans les statuts,... et qu'il y a plus de 60 ans qu'il n'a été fait de chef d'œuvre, et aucuns des maîtres bouchiers qui sont actuellement en exercisse ne l'ont point fait non plus qu'eux » (11 mai). — Bail à ferme par Marc Gourdin, écuyer, archidiacre, à François Jolly, marchand, et Marie Daniaud, sa femme, demeurant à Châteauneuf, de ses revenus dans la paroisse de Roullet, pour 7 années, moyennant 700 livres chaque (27 mai). — Sommation par les inspecteurs et contrôleurs de la communauté des maîtres cordonniers aux syndics de ladite communauté d'avoir à réunir les maîtres pour faire l'élection de nouveaux syndics. L'élection qui, d'après les statuts, devait se faire le lundi de la Pentecôte, avait été rendue impossible par les discussions et des disputes (2 juin). — Protestation des syndics à la réunion du même jour dans une des salles des Jacobins contre la prétention des inspecteurs et contrôleurs de procéder à des élections dans une réunion extraordinaire, contrairement aux statuts. Les élections n'en ont pas moins lieu (2 juin). — Bail à ferme par l'archidiacre à Élie Clergeon, marchand, Marie Demay, sa femme, demeurant paroisse de St-Martial, Jacques de Labaurie, marchand, et Jeanne Thomas, sa femme, demeurant à St-Saturnin, du logis de l'archidiaconné à St-Saturnin et de partie de ses revenus dans cette paroisse, pour 7 années, moyennant 1.250 livres chaque, 3 barriques de vin, et 2 charretées de paille (12 juin). — Compte qui fixe à 1.128 livres la somme due par André Serpaud, sieur de Combe-de-Loup, demeurant audit lieu de Combe-de-Loup, paroisse de Dirac, à François Serpaud, son fils, confiseur à Bordeaux, après règlement de la gestion de sa tutelle (20 juin). — Procès-verbal de l'état du presbytère, de l'église et des ornements de St-Saturnin, ce requérant François Ledoux, curé, appelés les héritiers de M. Demay, son prédécesseur (2 juin). — Transaction par laquelle Marc Gourdin, archidiacre, abandonne la prétention qu'il avait, comme seigneur de Voulgézac, de reprendre 60 journaux de terre plus ou moins incultes possédés par Pierre Benoist, sieur de Beaupré, au lieu de Geoffroy-Roux, paroisse de Voulgézac, et dont il ne payait pas l'agrier ; moyennant que celui-ci s'engage à payer annuellement 2 sols de rente par journal (30 juin 1751).

E. 2.034. (Liasse.) — 98 pièces, papier.

1751. — Jean Bernard, notaire royal à Angoulême. — Actes reçus par ce notaire du 4 juillet au 31 décembre. — Cession, en vertu du retrait lignager et moyennant le paiement de 2.312 livres, à Jean Faunié, sieur du Maine-Dely, demeurant au Moulin-Neuf, paroisse de La Couronne, des rentes acquises par Martial Dutillet, sieur de Mézière, conseiller honoraire au présidial, sur Étienne Faunié, sieur du Plessis, frère dudit Jean (12 juillet). — Procuration donnée par la communauté des habitants de Fléac pour prouver devant la Cour des aides, dans le procès qu'ils ont avec M. Dexmier des Coudrais, que celui-ci est marchand, ayant acheté et revendu du vin et même fabriqué de l'eau de vie (22 août). — Partage de la succession de François Jussé, décédé au bourg de Chazelles le 8 de ce mois, entre Angélique Montboucher, sa veuve, Luce Jussé, veuve de Simon Rézé, marchand imprimeur, et autres (23 août). — Bail à ferme par Jean Robert, meunier du moulin de L'Isle d'Espagnac, à Jean Brun, farinier du moulin de L'Isle d'Espagnac avec jardin, pré et un journal et demi de vigne y attenant, pour 5 années, moyennant 36 livres, 12 boisseaux de froment, et 18 boisseaux de méture qui seront intégralement employés chaque année à

solder les impôts du bailleur et les rentes seigneuriales et secondes qu'il doit à Pierre-Paul de la Forestie, écuyer, seigneur de L'Isle, et au sieur de Bresme (3 septembre). — Bail à ferme par Philippe Augeraud, curé de Graves, à François Bodet, meunier, demeurant au moulin du Roi, paroisse de Touvre, du moulin de Chaumontet, paroisse de L'Isle d'Espagnac, à 2 roues et meules, avec pré, terre et vigne y joignant, pour 5 années, moyennant 7 boisseaux de froment, et 20 boisseaux de méture (18 septembre). — Procès-verbal constatant la rupture par deux individus sortant du cabaret du montant d'une croix en pierre de taille que Jacques et Jean Besson, aubergistes au lieu du Pont-de-Ruelle, avaient fait préparer afin de remplacer l'ancienne « croix de Lhoume », tombée de vétusté, située à la rencontre des chemins qui conduisent l'un à l'église de Ruelle, l'autre au Maine-Charny, « pour inspirer aux fidelles le ressouvenir du maître des hommes » (23 septembre). — Procès-verbal des dégâts causés au moulin de Vilhonneur par le débordement de la Tardoire, ce requérant Jean Marchasson, fermier judiciaire de la seigneurie dudit lieu (8 octobre). — Délibération de la communauté des habitants de Soyaux qui décide de faire appel de la sentence de l'élection exemptant Pierre Bourdin d'impôts en raison de sa charge de conseiller honoraire au présidial (17 octobre). — Vente de l'office d'inspecteur et contrôleur des cordonniers d'Angoulême créé par l'édit de février 1745, moyennant 300 livres, par Jacques Lascumère, maître cordonnier, à François Marchadier, aussi cordonnier (19 octobre). — Vente par Jean François Birot, écuyer, seigneur de Ruelle, Mornac et Le Maine-Gaignaud, et Marie de la Charlonnie, son épouse, à Jean Decoux, notaire royal, et Élisabeth de Ligoure, son épouse, des droits d'agriers de vin, de blé et d'autres fruits, au dixième, relevant de la seigneurie du Maine-Gaignaud, qui leur appartiennent dans les paroisses de Champniers et de Brie, moyennant 5.000 livres et 150 livres de pot-de-vin (2 novembre). — Sommation par Jean Ducluseau, procureur de Philippe de Nesmond, chevalier, seigneur de Brie, à Charles de la Place, chevalier, seigneur d'Horte, de déclarer s'il a été formé des oppositions au paiement des sommes qu'il doit audit Philippe comme héritier pour un quart de Joseph de Nesmond, chef d'escadre, lequel était légataire pour un tiers d'autre Joseph de Nesmond, son oncle (2 décembre). — Transaction qui fixe à 2.856 livres la somme due à Marie Clément par Martial Clément, notaire royal et procureur à Montberon, pour sa part dans l'héritage de leurs parents (31 décembre). — Bail à ferme par Jean de la Rochefoucauld, chevalier, seigneur de Maumont, Magnac, Barro, Le Vivier et autres places, chevalier dès ordres de S¹-Lazare de Jérusalem et de Notre-Dame de Mont-Carmel, demeurant au château de Maumont, paroisse de Magnac-sur-Touvre, à Jean et Étienne Biget, poissonniers du village des Séguins, paroisse de Ruelle, et à Michel Taffet et Pierre Biget, poissonniers de Magnac, de son droit de pêche sur la moitié des eaux de la Touvre, dans sa largeur, et de 2 essacs, pour 9 années, moyennant 100 livres, 400 écrevisses et 2 douzaines d'anguilles chaque. Le bailleur se réserve la « courtine » de son moulin de Rigollaud, celle du moulin de Méré, le droit de faire pêcher partout des écrevisses, le droit de faire pêcher les preneurs dans ses courtines, de leur faire faire une course tous les ans dans toute l'étendue des eaux, les eaux qui lui appartiennent depuis le moulin des Rigauds jusqu'à la gueule de l'essac de Puydenelle, et celles qui vont du pont de Ruelle, en remontant, jusqu'à l'écluse du moulin à papier du Maine-Gaignaud (31 décembre).

E. 2.033. (Liasse.) — 110 pièces, papier.

1752. — Jean Bernard, notaire royal à Angoulême. — Actes reçus par ce notaire du 2 janvier au 30 juin. — Inventaire des meubles et effets de François Gourdin, écuyer, seigneur de Fenestre, ancien lieutenant-colonel du régiment de Bourgogne, chevalier de S¹-Louis, brigadier des armées du Roi, décédé depuis peu, au logis noble de La Barre, paroisse de Villejoubert, en présence de Robert d'Asnières, écuyer, seigneur de Nitrat, demeurant au lieu noble de Nitrat, paroisse de S¹-Amant-de-Boixe, exécuteur testamentaire du défunt, Marie-Thérèse Bourée, faisant tant pour elle que pour Robert, son frère, enfants de M. Bourée, receveur des tailles de l'élection d'Angoulême et d'Anne Babaud, petits-neveux du défunt, et bénéficiaires de son testament en date du 27 mars 1751 ; appelés Marc Gourdin de la Fuye, écuyer, grand archidiacre, Madeleine Gourdin de la Fuye, hospitalière à l'Hôtel-Dieu S¹-Louis de Lusignan, Marguerite Gourdin de la Fuye, religieuse de l'Union-Chrétienne d'Angoulême, Jean-François Gourdin de la Fuye, chanoine de l'église cathédrale, Anne Gourdin de la Fuye, veuve de Jean Babaud, officier de la vénerie du Roi, Anne Gourdin de Chazelles demeurant à Tourriers (11-12 janvier). — Pro-

cès-verbal de l'assemblée de la communauté des habitants de la paroisse de Soyaux, ce requérant les syndics et collecteurs de ladite paroisse qui exposent : « que, dans tous les temps, les particuliers et habitants des paroisses et lieux circonvoisins de leur paroisse, propriétaires de fonds et domaines situés dans celle de L'Isle d'Espaignac, ont nomément été compris et taxés dans les rôlles des impositions royalles de ladite paroisse de L'Isle à raison des fonds et domaines qu'ils se sont trouvés y posséder, et qui sont, pour ceux avoisinants et limitrophes de la paroisse de Ruelle, les meilleurs et plus revenants qu'il y ait, que la taxe faitte sur lesd. particulliers étrangers propriétaires de fonds dans L'Isle ce trouvoit estre de près de 900 livres, que néanmoins, depuis peu d'années, on auroit, par des raisons que l'on ne peut pas prévoir, totalement suprimé la taxe faitte sur lesd. particulliers étrangers... et mise sur les habitants de lad. paroisse de L'Isle qui, au moyen de ce, ont été exhorbitamment surchargés, de manière que quelques-uns d'eux, ne possédant tout au plus que 6 à 7 journaux de terrain, et d'autres moins, avec les bâtimens servant à leur ébergement, ont plus de 50 livres de taille, entr'autres Pierre Séguin, de ce bourg, qui est extrêmement pauvre. Les habitants de cette paroisse auroient fait diverses remontrances soutenues de la vérité, et demandé qu'il plut de leur rendre justice, en faisant rétablir les cottes des particulliers étrangers, sans quoy qu'il s'en trouveroit d'eux, habitants de L'Isle, tellement écrasés, qu'ils seroient obligés de quitter leurs demeures naturelles et d'abandonner le peu de bien qui leur appartenoit ; on leur auroit fait espérer de satisfaire à leur demande, ils s'en étoient flatés, mais en vain l'auroient-ils espéré, puisqu'on avoit continué, ainsi qu'il est cy dessus expliqué, en sorte qu'ils se seroient trouvés dans l'obligation de se pourvoir par devers Monseigneur l'Intendant de la généralité, et auroient très humblement supplié sa Grandeur d'ordonner la cotte des particulliers étrangers sur les rolles de lad. paroisse de L'Isle ; ... que Monseigneur l'Intendant les auroit assurés qu'il ordonneroit lad. cotte ; ... qu'ayant eu l'occasion de voir M. Bouillet, son secrétaire, il auroit eu la bonté de leur dire que l'Intendant avoit fait droit à leur demande ; ... sur quoy lesd. habittans se seroient tranquillisez, mais la tristesse a suivi de bien près cette tranquillité, puisqu'ils ont veu par les rolles de la presente année qu'on leur a envoyé dimanche dernier, qu'on y a seullement employé quelques particulliers étrangers possédant très peu de domaines dans cette paroisse, et que le grand nombre très aisés et possédant considérablement de fonds et domaines n'y sont que pour mémoire, au moyen de quoy ils sont, à bien dire, autant surchargés qu'ils l'étoient auparavant. Les habitants donnent procuration à l'un d'eux pour aller à Limoges supplier l'Intendant « qu'il aye la bonté de leur accorder la grâce d'ordonner expressément que lesd. particuliers étrangers possédants des fonds et domaines dans lad. paroisse soient employés et imposés sur les rôlles, à raison de ce que chacun d'eux y a ; en conséquence que les rôlles de la présente année soient refaits,... et de faire toutes les prières et suplications nécessaires pour parvenir à la bonne justice qu'ils attendent de l'Intendant, et à ce que son intention soit exécutée, et qu'on ne puisse point du tout s'en soustraire ny la détourner ;... et qu'il luy plaise leur accorder M. Jean Pinot de Moissac pour commissaire et abbonateur, qui étoit leur commissaire lors de l'établissement du tarifement et a continué quelques années, lequel est au fait des revenus de la parroisse,... le cognoissans de commissaire plus intègre,... à cet effet qu'il soit enjoint à celui qui a l'arpentement de lad. parroisse de le remettre ainsi que toutes confrontations de chaque pièce aud. sieur Pinot pour, conformément à chaque article d'icelluy, abonner les biens de chaque particullier, sur lesquels il se transportera en présence desdits habitants » (30 janvier). — Quittance de 1.125 livres montant de 3 lettres de change donnée à Marguerite-Claude Garnier, épouse séparée de biens de Henri-Joseph de la Cropte, écuyer, seigneur de St-Abre, demeurant à St-Surin, par Pierre Fauconnier de Fontgrave, négociant (16 février). — Constitution d'une rente de 100 livres, au capital de 2.000 livres, au profit de Pierre Bareau, doyen du chapitre, par Jean de la Rochefoucauld, chevalier, seigneur de Maumont, et François-Jean-Charles de la Rochefoucauld, écuyer, chevalier de Maumont, son fils aîné, capitaine au régiment de Provence-Infanterie (25 février). — Procès-verbal de la délibération de la communauté des habitants de la paroisse de St-Yrieix qui donne pouvoir à ses syndics d'aller à Limoges présenter des « remontrances » à l'Intendant et faire opposition à ses ordonnances prescrivant, sur la requête de Laurent Thuet, curé de ladite paroisse, de lui bâtir un presbytère ; ils protestent que le curé est logé aux frais de la paroisse, comme tous ces prédécesseurs, par une somme imposée chaque année sur les rôles ; et qu' « ils ne sont pas en état à cause de la

misère actuelle, la disette des grains et autres denrées qui en occasionnent la chéreté exhorbitante et en met beaucoup d'entr'eux, qui sont très pauvres, presque dans l'impossibilité de pouvoir subsister et faire vivre leur famille » (27 février). — Obligation de 1.900 livres reconnue au profit de Jean de la Rochefoucauld, chevalier, seigneur de Maumont, par Gabriel Decescaud, chevalier, seigneur du Vivier, pensionnaire du Roi, et Françoise Meurin, son épouse, demeurant paroisse de Lisant, en Poitou (1 mars). — Inventaire des meubles et effets de Jeanne de la Forestie, épouse du sieur Gendron de Beaupuy, décédée le 1er septembre à Soyaux, ce requérant Léonard de la Forestie, écuyer, seigneur de L'Isle d'Espagnac, son frère (2 mars). — Procès-verbaux de l'estimation de la seigneurie de Fayolle, paroisse de Jauldes, à la requête de Jacques Bareau, chevalier, seigneur de Girac (10-25 avril). — Bail à loyer par Barthélémy Jayet, sieur de Beaupré, à Anne de St-Germain, veuve de François Normand, écuyer, seigneur de Garat, La Tranchade, Ste-Catherine et autres lieux, d'une maison sise paroisse St-Antonin, dans la rue qui longe le parc, pour 9 années, moyennant 160 livres chaque (13 avril). — Quittance de 400 livres donnée à Chéraud, maître coutelier, par Nicolas Lebout, « maître en fait d'armes », et Marguerite Chéraud, son épouse (13 avril). — Inventaire des meubles et effets de Jean Perrin, maître menuisier, décédé le 5 février (27 avril). — Sommation par Jacques Joubert, comme procureur de Jeanne Valette, veuve du sieur Bassoulet, marchand, à Rose Rezé comme créancière de Marie Jussé, fille et héritière d'Angélique Montboucher, veuve de François Jussé, de qui ladite Valette avait acquis des bâtiments et demaines le 23 août précédent, de recevoir 77 livres pour paiment en partie de ces biens (13 mai). — Partage de la succession immobilière de François Gourdin, écuyer, sieur de La Fenêtre, brigadier des armées du Roi, consistant dans le logis de La Barre et ses dépendances, estimés 6.000 livres, sur lesquels 2.000 reviennent à Louis-Robert Bourée, écuyer, étudiant à l'Université de Poitiers, et à Thérèse Bourée, petits-neveux du defunt, ses héritiers bénéficiaires, acquéreurs par licitation dudit logis ; le reste est partagé entre les frères et sœurs dudit défunt qui reçoivent chacun 666 livres (20 mai). — Cession par Catherine Dufresse, veuve de Pierre Jeheu, notaire royal, Guillaume Jeheu, aussi notaire royal, et Pierre Jeheu, sieur de Cursac, ses enfants, à Jean Longeau, surnommé Laroche, maître serrurier, et Jeanne Giraud, sa femme, d'une maison sise rue de Genève, tenant par un côté à la maison desdits Jeheu, moyennant 78 livres de rente foncière, et à charge de payer la rente seigneuriale à la cure de St-Paul (25 mai 1752).

E. 2036. (Liasse.) — 144 pièces, papier.

1752. — Jean Bernard, notaire royal à Angoulème. — Actes reçus par ce notaire du 1er juillet au 31 décembre. — Convention entre Jacques Sauvo, curé de Puymoyen, et le chapitre d'Angoulême qui s'engage à lui donner chaque année 1 pipe de froment garnie pour les novales de sa paroisse, au lieu des 40 livres qu'il recevait jusqu'alors (9 juillet). — Résignation de la cure de St-Vincent de Puymoyen par Jacques Sauvo, au profit de Jean Maunaud, curé de Torsac, à la réserve d'une pension de 12 boisseaux 1/2 de froment (9 juillet). — Bail à ferme par Marc Gourdin, archidiacre, à Jean de la Gravelle, curé de Voulgézac, et Jean Menaud, sieur de Puyférand, demeurant à La Croix-Maigrin, paroisse dudit Voulgézac, de ses revenus dans cette paroisse, pour 9 années, moyennant 1.200 livres chaque. Le bailleur se réserve les lots et ventes des biens nobles, la moitié de ceux des biens roturiers, la prise de La Forêt ; les preneurs devront donner 6 boisseaux de froment au juge de Voulgézac et 6 autres au procureur fiscal (14 juillet). — Bail à ferme par Jean de la Rochefoucauld, chevalier, seigneur de Maumont, à Jean Giboin et Antoine Devaire, marchands de Blanzaguet, de la métairie de Chaumont, paroisse du Petit-Champagne, pour 9 années, moyennant 400 livres chaque (16 juillet). — Vente par Louise-Marguerite de la Rochefoucauld de Cursac, fille du seigneur de Maumont, à Jean Giboin, marchand de Blanzaguet, d'une vigne sise dans la paroisse du Petit-Champagne, moyennant 50 livres (16 juillet). — Cession par Martial Clément, notaire royal, demeurant à Chez-Marvaud, paroisse de Montbron, Laurent Barraud, sieur de La Pêcherie, demeurant à La Borderie, même paroisse, Pierre Vidaud, bourgeois, demeurant à La Pommeroulie, paroisse d'Oradour-sur-Vayres, comme maris de Suzanne, Louise et Marguerite Sauvo, filles et héritières de Jean et de Marie Jaboin, à Jean Chazeaud, marchand, demeurant à Roche, paroisse de Sers, d'une rente au capital de 2.000 livres due par les héritiers d'André Gignac et de Jacques David de Boismorand, avec les arrérages de cette rente depuis sa constitution, le 25 juin 1714, ladite cession faite moyennant 6.200 livres (6 août). — Délibération de la communauté des habitants de la paroisse de L'Isle d'Espaignac qui déclarent ne s'être réunis « que pour supplier Mgr l'Intendant de vouloir bien faire procéder à un abonnement de la valleur réelle du produit de chaque nature de ladite parroisse, affin que la répartition des impositions puisse désormais estre faitte dans une intégralité qui réponde exactement au produit annuel de chaque espèce desd. fonds, en égard à sa situation, qualité de souterrain, fertilité ou infertillité de son raport, et aux droits seigneuriaux dont ils peuvent estre également chargés, et par là laisser plus ou moins de produit à leur propriétaire » et de nommer des « abbonnateurs » (10 août). — Convention par laquelle Pierre Darnat, salpêtrier, demeurant au village de Chez-Pichon, paroisse de Rivières, pourvu des provisions de Louis-Charles de Bourbon, comte d'Eu, duc d'Aumale, grand-maître et capitaine général de l'artillerie, du 15 de ce mois, signées du commissaire général des poudres et salpêtres, s'engage envers Clément Dulac, commissaire des poudres et salpêtres à Angoulême, y demeurant paroisse St-Martial, de « lever » un atelier et de fournir tous les ans au bureau des poudres d'Angoulême, tant que durera son privilège, 1.000 livres de salpêtre, moyennant 7 sols par livre (28 août). — Prise de possession de la cure de St-Vincent de Puymoyen par Jean Maunaud, curé de Torsac (12 septembre). — Délibération de la communauté des habitants de la paroisse de Puymoyen qui déclarent que les revenus du curé dudit lieu consistent en 300 livres de portion congrue et une pipe de froment garnie donnée par le chapitre d'Angoulême, et dans la dîme des agneaux (12 septembre). — Vente du quart de la borderie de La Blanche, paroisse de Pommiers, moyennant 500 livres, à Guillaume Gardrat, notaire et procureur fiscal du marquisat de Montendre, demeurant paroisse de Pommiers, par Joseph Dalesme, sieur de Chaban, docteur en médecine de St-Léonard, que représente Catherine de Guillaume de Marçay (18 septembre). — Vente par Marie Vergeraud, épouse de Pierre Malifaud, marchand, veuve en premières noces de Jean Mérilhon, notaire royal, demeurant à Touvre, à Nicolas Desrive, greffier en chef du duché pairie de La Valette, et à Pierre Desrive, [praticien, son fils aîné, demeurant à La Valette, de l'office de notaire royal à la résidence de Dirac dudit Mérilhon ayant appartenu précédemment à son père, à Pierre Peynaud, à Jacques Peynaud, père dudit Pierre, et à Cybard Thuet, et de 2.848 minutes, moyennant 400 livres (20 septembre). — Obligation de 223 livres reconnue au profit de Pierre Dereix, sieur des Fossés, adjudicataire pour le Roi pour la construction des canons, demeurant au lieu noble de Planche-Meinier, paroisse de Sers, par Guillaume Janet, huissier (13 octobre). — Cession par Philippe Augeraud, curé de Graves, à Martin, Michel et François Mercier, laboureurs à bras, demeurant au village de Chaumontet, paroisse de L'Isle d'Espaignac, d'un moulin à blé sis audit lieu, à 2 rouos et 2 meules, avec un jardin et une pièce de terre, moyennant une rente de 80 livres, de 4 pintes d'huile, 1 paire de canards, et une paire de chapons, et à charge expresse pour les preneurs de payer toutes les impositions (27 octobre). — Renonciation par Salomon Chapiteau, écuyer, seigneur de Rémondias, au bénéfice du testament de Raymond de Maumont, sieur de Grosgil qui aurait été fait en sa faveur et en celle de Jeanne, Françoise et autre Jeanne de Maumont (31 octobre). — Procuration donnée par Pierre Desforges, écuyer, seigneur du Châtelard, demeurant paroisse St-Antonin, à Nicolas Desforges, écuyer, capitaine d'une compagnie d'invalides, en garnison au château d'Angoulême, pour administrer le fief du Châtelard sis dans les paroisses de Dirac et de Garat (21 novembre). — Dissolution de communauté entre Marie-Thérèse Desages, veuve d'Etienne Hérier, sieur de Fontclaire, et Marie Hérier de Fontclaire, sa fille, demeurant à Aubeterre, qui fixe à 8.714 livres la somme revenant à la première, et à 5.192 livres celle revenant à la seconde (6 décembre). — Transaction par laquelle Jean Biais, marchand, et Pierre Biais, sergent au prieuré royal de Gourville, demeurant paroisse de Bonneville, que représente Jérôme Guillemeteau, chevalier, huissier ordinaire du Roi au Châtelet, abandonnent l'instance criminelle qu'ils avaient intentée contre François-Hyacinthe Hauteclaire de Gourville, officier de cavalerie, fils aîné de François-Philippe Hauteclaire, chevalier, baron de Gourville, demeurant au château dudit lieu, moyennant 190 livres de dommages-et-intérêts (20 décembre 1752).

E. 2037. (Liasse.) — 116 pièces, papier.

1753. — Jean Bernard, notaire royal à Angoulême. — Actes reçus par ce notaire du 7 janvier au 30 juin. — Ratification par Marie Hérier de Fontclaire, demeurant à Aubeterre, de la procuration donnée par Marie-Thérèse Desages, veuve d'Étienne Hérier, sieur de Fontclaire, sa mère et tutrice, conjointement avec Guillaume Hérier, sieur de Fontvergne, Louis Hérier, sieur du Roudier, Nicolas Dumont, sieur des Groix et Marie Hérier, son épouse, le 7 juillet 1751, pour vendre la maison dépendant de la succession d'Étienne de Lavergne, écuyer, chevalier d'honneur au bureau des finances d'Alençon (11 janvier). — Procuration donnée par Jean-Pierre Meslier, sieur du Bois, maître chirurgien de Sanxay, en Poitou, pour recueillir la succession de Philippe Meslier, son père, ancien notaire royal du bourg de La Couronne, et celle à venir de Marie Guillat, sa mère, conjointement avec Jean et Jean-Baptiste Meslier, notaires royaux, ses frères (16 mars). — Vente par Marc Gourdin, écuyer, seigneur de La Fuye, grand archidiacre, à Jean Fé, écuyer, seigneur de La Font-de-Richemont, président, lieutenant-général, commissaire enquêteur et examinateur, et premier conseiller au siège royal de Cognac, juge prévôt des eaux-et-forêts de ladite ville, d'une rente seigneuriale de 26 sols et 2 gélines au village de Puypéroux, paroisse de Villejoubert, mouvant de la baronnie de Montignac, moyennant 63 livres (10 mars). — Quittance donnée par Anne Ballet, veuve en dernières noces de Michel Lescallier, maître chirurgien, demeurant à Montignac-Charente, et Marie-Françoise Braud, veuve de François Lescallier, procureur au présidial, agissant en vertu de la délégation de Jean Barraud, huissier aux tailles, Marie Bertrand, sa femme, Pierre Barraud, sieur du Chiron, et Jean-Baptiste Barraud, son fils, ladite quittance donnée à Pierre Legendre, bas-officier de l'Hôtel royal des Invalides, de 254 livres faisant final paiement d'une maison acquise par celui-ci (24 mars). — Abandon de tous ses biens par Françoise Bessé, veuve de Gabriel Merceron, marchand boucher, à François Merceron, Jean, Louis et Michel Merceron, marchands bouchers, Françoise Merceron, veuve de Louis Dusouchet, Marie Merceron, épouse de Charles Dusouchet dit Bonvivant, et Françoise Merceron, épouse de Jean Mallat, dit « Binbaud », ses enfants et gendres, à la réserve de quelques meubles, et moyennant une pension viagère de 250 livres. Il revient à chacun des 7 enfants, après partage, la somme de 1.188 livres (27 mars). — Procès-verbal de la mauvaise taille d'une vigne sise paroisse de Balzac, où les journaliers chargés de la faire « auroient laissé presque tous les ceps bourrus, auxquels ils n'auroient pas ôté les petits bois qu'on nomme œil de gardon, et affecté de laisser autant de poulées que chaque cep avoit de branches, et lesd. poulées d'une longueur extraordinaire, desquels poulées il y en a qui ont jusqu'à 6 nœuds, au moyen de quoi cette façon de tailler se trouve tandre à la mort de cette vigne » (29 mars). — Bail à loyer par les Pères Jacobins à André Resnier, greffier en chef du présidial, et Marie-Jeanne Suraud, sa femme, d'une maison sise dans la rue qui va de la place du Mûrier au canton des 6 voies, sur main droite, et confrontant de toutes autres parts aux bâtiments et à la cour desdits Jacobins, pour 5 années, moyennant 120 livres chaque (14 avril). — Constitution de 250 livres de rente, au capital de 5.000 livres, au profit de Anne Carmagnac, veuve de Jean Mesnier, maître chirurgien juré, et de François Maulde des Blancheteaux, conseiller à l'élection de Cognac, demeurant à Anais, par Élisabeth Joubert (19 avril). — Bail à loyer de la maison curiale de St-Antonin, joignant à l'église, consenti par Jean Yver, curé dudit St-Antonin, au profit de Salomon Hastenait, chevalier, seigneur de Claix, et d'Émery Hastenait, chevalier, seigneur de Joumellière, pour 5 années, moyennant 70 livres chaque (24 avril). — Bail à loyer par Jean François Couturier, sieur du Châtelard, greffier des insinuations ecclésiastiques du diocèse d'Angoulême, licencié en droit, et Anne Couturier, comme héritiers de Jean, sieur du Châtelard, avocat au parlement, leur père, à Barthélémy Lafont, maître cabaretier, et Anne Roche, sa femme, d'une grande maison avec jardin sise au faubourg de La Bussatte, pour 5 années, moyennant 150 livres chaque (7 mai). — Bail à loyer de la maison appartenant aux enfants mineurs de défunt Jean Augeraud, marchand cartier, sise à la Halle du Palet, paroisse St-André (10 mai). — Reconnaissance d'une rente seigneuriale de 6 deniers due à Jean de la Rochefoucauld, chevalier, comme seigneur de Maumont, par Nicolas Buchet, marchand orfèvre, à cause de la maison qu'il occupe au canton des six voies confrontant, par devant, à la rue qui va dudit canton à la rue Froide, à main droite, et d'un côté à la maison de Charles Dupuy, droguiste et apothicaire (21 mai). — Convention par laquelle Étienne-Jean-Charles Lecoq, chevalier, seigneur de Boisbaudran, demeurant au logis de Boisbaudran, paroisse de St-Fraigne, et Marie-Anne Lecoq, veuve de Jean de la Porte, chevalier, seigneur de Moullins, demeurant à St-Jean-d'Angély, comme héritiers de Charles Lecoq, chevalier, seigneur de Boisbaudran, leur père, abandonnent leurs droits sur la rente de 200 livres que leur devait Nicolas Deroullède, notaire royal, greffier de la maréchaussée d'Angoumois, moyennant l'aban-

don par celui-ci de la créance de 4.000 livres qu'il possédait sur eux (29 mai). — Procuration donnée par Marguerite Boutin, fille de Jean, marchand, et de Marguerite Sartre, demeurant à St-Genis, pour recueillir la succession de la fille d'Arnaud Boutin, maître chirurgien, et de Louise Jehan, décédée depuis peu à Tours (9 juin 1753).

E. 2038. (Liasse.) — 68 pièces, papier.

1753. — Jean Bernard, notaire royal à Angoulême. — Actes reçus par ce notaire du 1 juillet au 31 décembre. — Règlement de la succession de Jeanne Gourdin du Châtelard, hospitalière de Confolens, décédée le 8 octobre 1751, et de celle de Jean-François Gourdin de la Fuye, chanoine, décédé le 6 juin de cette année (19 juillet). — Cession par Marie-Rose Sauvo, au profit de Jean-Baptiste Duvoisin, sieur de Soumagnac, son neveu, des droits qui lui appartiennent sur le domaine de Chez Rousseau, paroisse de St-Maurice de Montbron, moyennant une pension viagère de 60 livres (4 septembre). — Contrat de mariage du domestique du Père Poirier, provincial des Cordeliers, demeurant alors à Angoulême (30 septembre). — Contrat d'apprentissage de Vincent Texier, fils de Jean, tisserand, chez Pierre Longeville, architecte, demeurant au lieu de L'Éperon, paroisse de St-Martial, qui « fera tout ce qu'il pourra pour rendre ledit Vincent aussy habile que luy tant pour tailler la pierre que pour l'architecture » et l'hébergera pendant 3 ans (19 novembre). — Sommation respectueuse de Anne Desforges, fille majeure de 37 ans, à Pierre Desforges, écuyer, seigneur du Châtelard, veuf de Catherine Resnier, de consentir à son mariage avec Jean-Thomas Jousselin, bourgeois de Paris (26 novembre). — Vente par Marie de la Grézille, veuve de Michel Lhoumeau, avocat, demeurant paroisse St-Antonin, à Anne Maignen, d'une maison sise à La Rochefoucauld, moyennant 800 livres et 60 livres de pot-de-vin (29 décembre).

E. 2039. (Liasse.) — 109 pièces, papier.

1754. — Jean Bernard, notaire royal à Angoulême. — Actes reçus par ce notaire du 3 janvier au 29 juin. — Quittance donnée par Jean-François Poirier, comme procureur de Catherine Dexmier, sa) mère, veuve de Jean-Louis Poirier, maîtresse de la poste de Châteauneuf, à M. Gralhat, directeur des postes d'Angoulême, y demeurant, paroisse Notre-Dame de la Paine, de 300 livres données à ladite Déxmier par ordre du comte d'Argenson, surintendant général des courriers, postes et relais de France, pour l'aider « à rétablir les pertes qu'elle a faites et à continuer le service tant à l'égard des ordinaires conduisant les malles des lettres, que les courriers extraordinaires, moyennant les gages qui leur sont attribués » (3 janvier). — Sommation par Jean Deroullède, cocassier du village de Chez-Lhoumeau, paroisse de St-Romain, à M. Sainson, vicaire de St-Martial, de reconnaître qu'il lui avait demandé de noter dans l'acte de baptême de l'enfant de Marguerite Deroullède, sa fille, le 19 décembre précédent, qu'elle était fille naturelle de ladite Marguerite et du sieur Dumontet, juge de La Valette (3 janvier). — Constitution de 100 livres de rente, au capital de 2.000 livres, consentie par François Desbordes, écuyer, seigneur de Gensac, et Marie-Anne de Montalembert, sa femme, au profit de Marc Gourdin de la Fuye, écuyer, archidiacre (14 janvier). — Bail à loyer consenti par Jacques Rezé, marchand-imprimeur, ancien consul, et Marguerite Desbœufs, sa femme, à Catherine Second, femme de Nicolas Courrivaud, « maître en fait d'armes », et de lui séparée de biens, d'une maison sise paroisse St-André, dans la rue qui va de la place du Mûrier aux halles du Palet, confrontant par derrière au cimetière de St-André ; ledit bail fait pour 5 années, moyennant 90 livres chaque (18 janvier). — Reconnaissance donnée à Marguerite Dulaud, fille majeure, demeurant depuis quelques jours au château de Maumont, par François Deviaud, écuyer, seigneur de La Charbonnière, demeurant à Chazelles, de l'apport d'une somme de 600 livres non mentionnée dans leur contrat de mariage passé le 20 janvier devant Jeheu (1 février) ; et confirmation de cet apport donnée par Jacques-Joseph Deviaud, écuyer, curé de Sigogne, Louise et autre Louise Deviaud de la Charbonnière, demeurant paroisse St-Martial, frère et sœurs dudit François (16 février). — Reconnaissance d'une rente seigneuriale d'1 sol due au seigneur de Maumont par Étienne Penot, horloger, à cause de la maison qu'il occupe dans la rue qui va du canton des 6 voies à la halle du Minage (9 mars). — Contrat de mariage entre André Petit, maître chirurgien juré, fils de Jean, marchand, et de Jeanne Fromantin ; et Marie Texier, fille de Pierre, bourgeois, et de Marie-Rose Yver : en faveur duquel mariage le futur époux reçoit de ses parents une dot de 1.600 livres, et de Christophe Fromantin, curé d'Éraville, son oncle, 400 livres ; et la future épouse, une dot de 3.000 livres payable par ses parents seulement si le futur ménage ne peut garder la communauté avec eux par suite d'incompatibilité d'humeur (22 mars). — Bail à ferme par Gabriel Decescaud, chevalier, seigneur du Vivier, pensionnaire du Roi, demeurant paroisse de Lisant, en Poitou, et Jean de la Rochefoucauld, chevalier, seigneur de Maumont, son neveu, à Jacques Devezeau, notaire et procureur de la châtellenie de St-Fraigne, du logis noble de St-Fraigne, avec les prés, rentes agrières, droits de lods-et-ventes en dépendant, pour 5 années, moyennant 450 livres chaque (26 avril). — Ratification par Antoine de Corlieu, écuyer, capitaine au régiment Dauphin-Infanterie, chevalier de St-Louis, demeurant au logis de Labaudie, paroisse de Salles, du contrat de vente de rentes seigneuriales, moyennant 4.500 livres et 240 livres de pot-de-vin, consenti le 11 décembre 1753 par Joseph de Corlieu, chevalier, seigneur de Loches, Louise Babinet son épouse, Jacques de Corlieu et Marie de Pindray, son épouse, ses frères et belles-sœurs, à François de Bareau, écuyer, seigneur de Girac, chanoine (30 avril). — Bail à loyer, par François Bareau, écuyer, seigneur de Girac, chanoine et prieur de St-Denis de Montmoreau, à Pierre Duplessis de la Merlière, écuyer, chanoine et prieur de St-Nazaire de Bernay, de sa maison canoniale sise dans la rue qui conduit de Beaulieu à St-Pierre, confrontant d'un côté à la maison de M. Martin, de Bourgon, trésorier (2 mai). — Convention entre Pierre Longeville, architecte, demeurant au lieu de L'Éperon, paroisse St-Martial, et Jean Dumazeau, tailleur de pierres, demeurant ordinairement à Château-Ponsac, en Basse-Marche. Celui-ci s'engage à reconstruire l'église des Capucins de Ruffec ; les murs mesureront 2 pieds 6 pouces d'épaisseur dans toute leur hauteur ; il y aura 2 arceaux pour les chapelles, une porte communiquant à la chaire, 4 vitraux ; les travaux devront commencer incessamment et être terminés à la fin de septembre, les matériaux seront fournis prêts à employer audit Dumazeau qui recevra 3 livres 10 sols par toise (2 juin). — Sous-ferme par Jean-François Couturier, sieur du Châtelard, à François Barangier, laboureur du village de Boussandreau, paroisse d'Asnières, des agriers de vin et de blé du quartier de Boussandreau dus à la seigneurie de Brinat, pour 9 années, moyennant 180 livres chaque (13 juin). — Brevet d'apprentissage, pour 8 mois, de Jean André, journalier, chez Jean Félix, tonnelier du faubourg St-Pierre (23 juin 1754).

E. 2040. (Liasse.) — 89 pièces, papier.

1754. — Jean Bernard, notaire royal à Angoulême. — Actes reçus par ce notaire du 2 juillet au 31 décembre. — Inventaire des meubles et effets de Jean de la Rochefoucauld, chevalier, seigneur de Maumont, décédé le 21 juin, commencé sans attendre l'arrivée de M. Du Vivier, chevalier de Magnac, fils puîné du défunt, en mer ; ce requérant François-Jean-Charles de la Rochefoucauld, chevalier, seigneur de Maumont, Magnac, Le Vivier et autres places, capitaine au régiment de Provence-Infanterie, Louise, Catherine-Hippolyte et Marguerite de la Rochefoucauld, ses enfants majeurs, demeurant au château de Maumont, paroisse de Magnac-sur-Touvre, Marie de la Rochefoucauld de Magnac, Louise-Anne de la Rochefoucauld de Chaumont, François-Alexandre, chevalier de la Rochefoucauld, François-Joseph et Pierre-Louis de la Rochefoucauld, étudiants au collège d'Harcourt, Marie-Charlotte de la Rochefoucauld du Vivier, pensionnaire à l'abbaye de S¹-Ausone, ses enfants mineurs émancipés, agissant sous l'autorité de Jacques Descordes, leur curateur, intervenant le 18 janvier 1757 ; et en présence de François Victorien de la Rochefoucauld, chevalier, seigneur de Magnac, oncle paternel desdits enfants, et de Gabriel Decescaud, chevalier, seigneur du Vivier, leur grand-oncle maternel. A signaler : 2 chauffe-lits de cuivre jaune ; — un fusil avec les armes de la Rochefoucauld gravées sur argent ; — un habit de drap avec une veste et une culotte de velours noir, à boutons d'or, l'habit doublé de gros de Naple cramoisi et la veste de serge blanche, estimés 72 livres ; — une robe et une jupe de damas des Indes couleur bleue avec une bavaroise à dentelle d'or et chenilles, estimées 72 livres ; — 7 pièces de tapisserie de Flandre, avec verdures et représentations d'animaux, « faisant 18 aulnes 3/4 de tour sur 2 aulnes 1/4 de hauteur », estimées 468 livres ; — une garniture de lit à bandes de velours violet, avec points de tapisserie, doublée de satin jonquille, garnie de chenilles en bordure « daussiel, impérialle, bonnes grâces, courte-pointe, pantés du haut et du bas, sa housse d'une serge d'Aumale couleur bleue bordée d'un ruban blanc, et les petits bras de satin lesquels sont pour tenir la housse », le tout estimé, avec le lit de noyer, 500 livres ; — dans la salle : 6 tableaux dont un représentant la descente de croix, un autre S¹-Jérôme, estimés 70 livres ; —

une pendule et son boîtier avec son pied de bois doré estimée 100 livres ; — 2 cachets d'argent aux armes de M. Decescaud de Cursac ; — un chapeau de castor bordé en or, avec bouton et ganse d'or, estimé 15 livres ; — la garniture de 11 fauteuils, d'un écran, et d'un tabouret de point à l'aiguille estimée 300 livres ; — un diamant avec 6 pierres, et un petit jonc d'or ; — un tableau donnant le plan du château ; — dans la brûlerie : une chaudière à eaux-de-vie maçonnée, non estimée comme étant attachée au fonds ; — dans la bibliothèque : Le testament politique de Richelieu, Mémoire de deux des campagnes de M. de Turenne, Arioste, Les amours de Psyché, Les amours de Molière, Les religieuses esclaves, Don Quichotte, La pierre philosophale des Dames, Les contes et fables de la Fontaine, Les essais de Montaigne, Les délices de la poésie galante, Rousseau, Le cuisinier bourgeois, etc. ; — le contrat de mariage du défunt avec Mᵐᵉ Decescaud, reçu par Ladeil le 27 juin 1722 ; — le congé donné par le Roi au défunt comme garde de la marine, le 1ᵉʳ mai 1705 ; — les lettres de réception du même dans les ordres du Mont-Carmel et de S¹-Lazare, le 6 février 1705 ; — l'acte de profession de Marie-Rose-Charlotte de la Rochefoucauld, fille du même, chez les Ursulines de La Valette, le 3 septembre 1741 ; — les vidimus de contrats de mariage de François de la Rochefoucauld, baron des Baux, seigneur de Bayers, avec Isabeau « Delane », du 22 avril 1543 ; et de Louis de la Rochefoucauld, chevalier, seigneur de Bayers, avec Angélique Gillier, du 30 novembre 1572 ; — l'inventaire des meubles de François de la Rochefoucauld, père du défunt, du 30 juin 1716 ; — le contrat de partage entre François de la Rochefoucauld et ses frères cadets, du 17 novembre 1687 ; — une liasse de contrats de mariage parmi lesquels est une transaction passée entre MM. Des Ages et S¹-Gelais, le 10 août 1471, à l'occasion de la dot de la dame de S¹-Gelais ; — 14 hommages et dénombrements des seigneurs de Maumont aux comtes d'Angoulême ; — les reconnaissances des rentes seigneuriales dues à François Des Ages, écuyer, seigneur de Macqueville, comme seigneur de Maumont, la plus ancienne datée du 7 janvier 1593 ; — autres reconnaissances données à Arthur Des Ages, écuyer, seigneur de Maumont et de Magnac, du 2 octobre 1536 au 6 avril 1538 ; — autres reconnaissances données à François de la Rochefoucauld, écuyer, seigneur d'Orbé, du Châtenet, de Maumont et de Magnac, reçues Tallut, notaire royal, du 8 avril 1609 au 12 novembre 1616 ; — autres reconnaissances données à Pierre de la Rochefoucauld, chevalier, seigneur de Maumont, Magnac et Barro, du 1 avril au 29 mai 1648 ; — l'aliénation faite par les commissaires généraux députés par le Roi pour la vente de ses domaines, le 28 mars 1657, au profit de François-Joseph de la Rochefoucauld, de la justice haute, moyenne et basse de la paroisse de Magnac, et de la rivière de Touvre le long de cette paroisse ; — l'hommage et dénombrement de La Védellerie fourni au roi le 10 novembre 1606 par François Des Ages, écuyer, seigneur de Macqueville, de Maumont et de Magnac, tant pour lui que pour Bertrande, sa fille ; ledit acte passé devant Tallut ; — le dénombrement rendu le 1 août 1553 par Arthur et Antoine Des Ages, frères, seigneurs de Maumont et de Magnac, entre les mains du maire d'Angoulême, au nom du Roi ; — une liasse de reconnaissances fournies à Geoffroy Des Ages, écuyer, seigneur de Maumont et Magnac, la plus ancienne datée du 12 mars 1580 ; — 2 pièces concernant les dîmes inféodées dépendant de la seigneurie de Maumont dans la rivière d'Anguienne ; — 2 partages entre François-Pierre et François-Joseph de la Rochefoucauld des 4 avril 1668 et 10 septembre 1687 ; — la reconnaissance donnée à Jean Des Ages, seigneur de Maumont, par Girard Bodin, marchand, du 14 avril 1581 ; — le testament de Louis de la Rochefoucauld, religieux de Grandmont, du 23 février 1697 ; — un partage entre François Joubert, écuyer, seigneur de « Chaptermat », et Louis Joubert, écuyer, seigneur de Puyrambaud, du 3 décembre 1588 ; — le dénombrement fourni par Hélie de la Croix à Itier de Chaumont, seigneur de Chaumont, le 1 février 1478, de 2 pièces de bois et une pièce de terre ; — la suppression de l'hommage de l'arrière fief de La Faye, relevant de Chaumont ; il est remplacé par une rente d'un boisseau d'avoine et de 2 chapons, le 6 octobre 1676 ; — l'échange des terres et seigneuries de Château-Gaillard, Couture et autres entre Jean de Pesnel, écuyer, seigneur de Barro, et Jean Pascaud, sieur de Villars, juge-sénéchal du comté de La Rochefoucauld, du 23 juin 1603 ; — diverses pièces concernant les seigneuries du Vivier, de Chaumont, de «Chaptermat » ; — des hommages et dénombrements rendus à l'abbaye de Charroux, par les seigneurs de Barro, en raison du fief des Limouzines ; — des hommages du fief de Barro relevant du château de Verteuil ; — l'arrêt du parlement qui confirme au seigneur de Barro le droit de pêche en ce lieu prétendu par le commandeur de Villegats, du 21 mai 1729 ; — l'adjudication du fief de Barro à Pierre Prévéraud, sieur de La Chaluzière, moyennant

24.000 livres, le 9 septembre 1623. — L'inventaire se clôt, le 9 septembre 1774, en présence de Louise de la Rochefoucauld de Maumont, religieuse de l'Union-Chrétienne, agissant tant pour elle que pour Catherine-Hippolyte de la Rochefoucauld, sa sœur, épouse de M. de Corlieu ; et de Pierre Roche, comme procureur de François-Jean-Charles de la Rochefoucauld, marquis de la Rochefoucauld-Bayers, de François-Joseph de la Rochefoucauld de Maumont, docteur en Sorbonne, prieur commandataire de Lanville, vicaire général et grand archidiacre de l'archevêque de Rouen, de Pierre-Louis de la Rochefoucauld-Bayers, bachelier en théologie, prieur commandataire de Notre-Dame de Nanteuil-le-Houdouire, de Marie de la Rochefoucauld de Magnac, et de François-Alexandre, comte de la Rochefoucauld (18 juillet 1754 — 9 septembre 1774). — Reconnaissance d'une rente de 2 deniers chaque mercredi et de 3 deniers chaque samedi due au roi par Jean Cabrit, comme propriétaire d'un banc de mercerie, de 3 pieds de large, sis à la halle du Palet, près des « gallochers », confrontant par derrière à l'allée du milieu de ladite halle (9 juillet). — Procès-verbaux de la seigneurie du Cousset, paroisse de Varaigne, destinés à établir les comptes que doit rendre François de la Brousse, écuyer, chevalier de Saint-Louis, ancien brigadier des gendarmes de la garde, à Jean-Baptiste de Marandat, écuyer, seigneur du Cousset, chevalier de St-Louis, ancien maréchal-de-logis des gendarmes de la garde, tant pour lui que pour Jean de Marandat, écuyer, seigneur de Bellevue, son fils. Marie Des Ruaux était demeurée veuve d'Étienne de Marandat, avec deux enfants, ledit Jean-Baptiste et Marie-Bertrande ; elle se remaria, après la mort de son beau-père, Jacques de Marandat, avec Élie de la Brousse, sieur de Chaban, lui-même veuf en premières noces d'Élisabeth Giraudon, mère dudit François ; celui-ci se déclare prêt à donner des comptes depuis le second mariage de son père, le 30 novembre 1693, (contrat passé le 19 août), jusqu'à la majorité dudit seigneur du Cousset. Le même acte nous apprend que François Giraudon, docteur en médecine, décéda en 1685, laissant 3 enfants : Joseph, archiprêtre du Vieux-Mareuil, Élisabeth, épouse de Élie de la Brousse, sieur de Chaban, Anne, qui épousa Antoine de Gorce (4-15 août 1754). — Bail à loyer par Jeanne Béchade, hospitalière de l'Hôtel-Dieu de La Rochefoucauld, à François Valladon, menuisier, d'une maison au faubourg St-Jacques de Lhoumeau, pour 9 années, moyennant 55 livres chaque (8 septembre). — Démission de sa « chanoinie » par Jean-Bernard de S¹-Michel, écuyer, chanoine de l'église cathédrale (19 octobre). — Reconnaissance d'une rente seigneuriale de 20 sols due à Pierre de Labatud, seigneur de Valette, conseiller au présidial, par Marguerite Mallat, veuve de François Kolme, commissaire au greffe du présidial, à cause d'une maison sise rue de la Cloche-Verte relevant du fief de Valette (26 octobre). — Reconnaissance d'une rente de 3 boisseaux de froment, 6 boisseaux d'avoine, 27 sols 6 deniers tournois et 2 gelines due à François de la Garde, écuyer, sieur de Nanteuil, La Tour de Birac et Renouardie, demeurant au logis noble de Nanteuil, paroisse de Sers, par les tenanciers du village et prise de La Bourrélie, même paroisse (4 juin 1566). Vidimus (3 décembre 1754).

E. 2041. (Liasse.) — 132 pièces, papier.

1755. — Jean Bernard, notaire royal à Angoulême. — Actes reçus par ce notaire du 1 janvier au 26 juin. — Engagement pris par divers cultivateurs du village de Chaumontet, paroisse de Soyaux, de planter en vigne 4 journaux et demi de terre et, « à cet effet de trier les plans et visans nécessaires et suffisants à laditte plantation, en quantité et quallité qu'ils choisiront dans les vignes du bailleur, et, en cas d'insufisance, dans les autres endroits qu'il leur indiquera.... de barroyer et faire les trous de la distance de 5 pieds, une rege entre deux, ce qui forme une réduction à 2 pieds 1/2, et ce, d'une profondeur convenable à la plantation et aud. terrain, planter les broches et les pauficher, labourer, rompre et abattre lesdites terres, faire les entreplantures, avalits et ponces nécessaires, le tout en temps, saison, et d'une manière convenable suivant l'art de la plantation pendant l'espace de 3 années » ; moyennant qu'ils auront tout le blé d'espagne semé dans lesdites terres pendant 2 ans, la moitié des « mongettes » qui y poussera la troisième année, une barrique de vin, 2 de second revin, le tout estimé 148 livres, et en outre 7 livres par journal (11 janvier). — Procès-verbal d'une maison, rue des dames de l'Union-Chrétienne, louée par Robert-Xavier Ansart, écuyer, seigneur du Petit-Vendin, ancien capitaine d'infanterie, correspondant de l'Académie royale des sciences, à M. Barthélémy Jayet de Beaupré (27 janvier). — Dénombrement du fief de La Buzinie rendu par Pierre Mangin, capitaine d'infanterie et chevalier de S¹-Louis, demeurant au logis noble de La Buzinie, paroisse de Champ-

niers, à Simon Du Teil, chevalier, seigneur de Fissac, Ville-Champagne, et autres places. Le fief comprend la prise de La Buzinie appelée aussi du Maine-Gaignaud acquise de François de Hauteclaire, écuyer, seigneur de Fissac, par Daniel Mallat, avocat au présidial, moyennant qu'elle relève de la seigneurie de Fissac au devoir d'une paire d'éperons (1 février). — Hommage rendu par Roger Bareau, avocat, au nom de Marie-Anne Bouillon, sa femme, héritière en partie de Christophe Bouillon, sieur de Fondeuil, à Simon Du Teil, chevalier, seigneur de Fissac, du mas et prise de Sallebranche, paroisse de L'Isle d'Espagnac, relevant de la seigneurie de Fissac au devoir d'une paire de gants blancs et d'une rente de 12 boisseaux de froment (25 février). — Hommage rendu au même par Noël-Bertrand de la Laurencie, chevalier, seigneur marquis de Neuvicq, seigneur des Riffauds et du Bourg-Clavaud, lieutenant des maréchaux de France en Angoumois, comme exerçant les droits de N. Paulte, son épouse, fille de Jean, écuyer, seigneur des Riffauds et Le Bourg-Claveau, de diverses rentes nobles cédées le 24 avril 1620 à Daniel Paulte, écuyer, sieur des Picards, maître des eaux-et-forêts d'Angoumois, par François de Hauteclaire, chevalier, seigneur du Maine-Gaignaud, Fissac et Luxé, et Suzanne de S¹-Gelais et de S¹-Séverin, son épouse (20 février). — Rétractation par Anne Duvard, veuve de Boissard, domestique chez Rezé, imprimeur, de sa déclaration au greffe de la police qu'elle était enceinte des œuvres de Nicolas Marquis, sieur de Verdin, « homme de chambre » du marquis de Montalembert ; celui-ci lui donne 12 livres par pure charité (24 février). — Transaction entre Élisabeth de Boiscuvier, veuve de Pierre Raymond, sieur de La Croix, demeurant au bourg de Brie, et Léonard Fromentin, chirurgien, fils de Gabriel, aussi chirurgien, réglant la succession dudit Raymond (27 février). — Hommage par Marc Barbot, écuyer, seigneur de La Trésorière, Peudry et autres places, fils de Marc, écuyer, seigneur de La Trésorière, et d'Agathe Vauvert, à Simon Du Teil, chevalier, seigneur de Fissac, de rentes nobles acquises de René de Hauteclaire, écuyer, seigneur de Fissac, et de Anne de Lecours, le 3 janvier 1650, par Pierre Desbrandes, sieur du Petit-Vouillac, dans les paroisses de Ruelle et de Mornac (29 mars). — Constitution de 60 livres de rente, au capital de 1.200 livres, consentie au profit de Pierre Vincent, curé de Fouquebrune, par Pierre Dubois, négociant, ancien consul, et Marie Durand, sa femme (7 avril). — Contrat de mariage de

Jacques Daviaud, maître serrurier (8 avril). — Hommage de Jean Navarre, sieur de Mornac, faisant tant pour lui que pour Marguerite, sa sœur, épouse de Noël Pichon, sieur du Gravier, à Simon Du Teil, chevalier, seigneur de Fissac, de diverses rentes nobles, dans la paroisse de Mornac, relevant en arrière-fief de la seigneurie de Fissac, au devoir d'un gant d'oiseau (11 avril). — Engagement pris par Breton, dit le Blondin, laboureur, de conduire à la maison de campagne de Philippe Augeraud, curé de Graves, sise à Chaumontet, paroisse de L'Isle d'Espagnac, 20 charetées de pierres de taille provenant des carrières de L'Isle, moyennant 12 livres ; et de conduire pendant 5 ans, ses récoltes de vin, de javelles et de foin dans les bâtiments et chais, moyennant 30 sols par jour et la nourriture pour lui et ses bœufs (19 avril). — Quittance de 90 livres donnée par Marie-Thérèse-Charlotte Silénie-Alexandrine de Hautefoy, chanoinesse de Cologne, demeurant à Paris, comme héritière de Mme de Raymond, sa mère, à Jacques de Cazemajour, sieur de La Prise, Jeanne de Cazemajour, veuve de Louis Roy, marchand, Antoine Pantet, bourgeois, Jeanne de Cazemajour, son épouse, et Jeanne de Cazemajour, veuve de Pierre Baudoin, maître chirurgien (30 avril). — Hommage par Jacques Deval, avocat en parlement, seigneur de Touvre, faisant pour Jacques Bernard, écuyer, seigneur de Luchet, héritier de Jean Barraud, à Simon Du Teil, seigneur de Fissac, de diverses rentes nobles dans la paroisse de Mornac (4 mai). — Délibération de la communauté des habitants de la paroisse de L'Isle d'Espagnac qui supplient l'intendant de faire faire l'abonnement de leur paroisse (8 mai). — Aveu et dénombrement rendu au Roi par Simon Du Teil, chevalier, seigneur de Fissac, Bussière, Ville-Champagne et autres lieux, demeurant en son hôtel noble de Fissac, paroisse de Ruelle, du fief de Fissac dans les paroisses de Ruelle, Mornac, Champniers, L'Isle d'Espagnac et Brie, qui comprend : l'hôtel noble de Fissac avec droit de fuie, garenne, et chapelle dans l'église de Ruelle au collatéral droit joignant le sanctuaire ; des moulins à blé et à papier et le droit de pêche sur la Touvre ; la rente noble de 66 anguilles et 2/3 d'une, 13 sols, et 2/3 d'un chapon pour 2 essacs de la Touvre, etc. Le seigneur a la liberté de percevoir les lods et ventes au denier 6, conformément à la coutume d'Angoumois, mais est dans l'usage de ne les prendre quelquefois qu'au denier 20, 12 ou 15. (26 mai). — Inventaire des meubles et effets de Jean-Robert de Montargis, sieur de L'Ajasson, décédé le 7 de ce mois, ce requérant Catherine

Bouillaud, sa veuve, demeurant audit lieu de L'Ajasson, paroisse de Trois-Palis (10 juin 1755).

E. 2042. (Liasse.) — 105 pièces, papier.

1755. — Jean Bernard, notaire royal à Angoulême. — Actes reçus par ce notaire du 3 juillet au 30 décembre. — Sentence des commissaires de la Réformation des eaux-et-forêts d'Angoumois qui maintient à François de Hauteclaire, écuyer, sieur de Fissac, les moulins à blé et à papier de La Terrière ou de Fissac, et les essacs en dépendant sous la censive du seigneur de Sigogne (3 juillet 1674). Dépôt de cet acte (12 juillet). — Inventaire des meubles et effets de la succession de Jean Barbot, écuyer, sieur de Hauteclaire, et de Catherine Sauvo, ce requérant Jean Chausse, sieur de Lunesse, nommé tuteur de leurs enfants mineurs (31 juillet-6 août). — Reconnaissance de 20 sols de rentes dûs au seigneur de Maumont par Jean Caillaud, notaire royal, et Catherine Collain, sa femme, demeurant paroisse de St-Paul, Jacques Soulas, maître arquebusier, Jean Gay, maître serrurier et autres, demeurant paroisse St-Jacques de Lhoumeau, à cause des maisons et jardins contigus sis en ladite paroisse, confrontant d'un côté à la rue qui va de la porte du Palet au faubourg dudit Lhoumeau, par devant à la rue appelée la Grande Montée, et aussi la rue de la Croix du Châtelet, le tout ayant formé autrefois la borderie de Jeanne Faye (17 août). — Arrentement de 3 journaux 1/2 de vigne dans le « renfermé » du lieu de La Trésorière, paroisse de St-Martin-d'Angoulême, moyennant 21 livres (24 août). — Partage entre Jean Chausse, sieur de Lunesse, comme tuteur de Germain Barbot, fils de Jean, écuyer, sieur de Hauteclaire et de Catherine Sauvo ; et Marie-Anne Barbot de Hauteclaire, fille dudit Jean et de Marie Barraud, sa première femme, demeurant au lieu de Bourny, paroisse de Rouzède (17-30 septembre). — Procès-verbal constatant l'impossibilité de dresser l'inventaire des meubles et effets dépendant de la succession de Louis Maurice, sieur de Bretonchamp, et conservés au lieu des Tessonnières, paroisse de Marsac, comme le demandait Jeanne de Nesmond, sa veuve ; Pierre Pintaud, fermier des droits d'entrée de La Rochefoucauld, et Louise Maurice, sa femme, héritière dudit sieur de Bretonchamp, son père, ayant fermé à clef toutes les portes du logis des Tessonnières (8 octobre). — Élection par la communauté des habitants de la paroisse de Soyaux de 2 fabriqueurs qu'ils chargent de s'occuper activement des réparations à faire à l'église (3 novembre). — Sommation par Pierre de Bussac, procureur au présidial, au nom de Jean Merlet, sieur des Fougères, ci-devant notaire royal, à Gabriel Dutartre, sieur de Boisjolly et Anne Audebert, sa femme, demeurant à Rouillac, de faire immédiatement sortir des prisons royales ledit Merlet dont ils n'avaient pas le droit de demander l'incarcération pour causes civiles, attendu qu'il est âgé de plus de 70 ans (24 décembre 1755).

E. 2042. (Liasse.) — 151 pièces, papier.

1756. — Jean Bernard, notaire royal à Angoulême. — Actes reçus par ce notaire du 1 janvier au 30 juin. — Bail à ferme par Jean-Gabriel Martin du Chemin, chantre du chapitre, à Pierre Séguin, et Hugues Testaud, marchands, demeurant aux villages des Séguins et de Vaugeline, paroisse de Ruelle, de ses dîmes et agriers dans ladite paroisse de Ruelle, pour 7 années, moyennant 45 livres chaque (28 janvier). — Vente par Pierre Fouchier, avocat du Roi au présidial, à Mathieu Lanchère, marchand cartier, et Jeanne Dorbe, sa femme, d'une maison sise paroisse St-André, rue de la Souche, confrontant par derrière aux remparts, moyennant 3.000 livres (30 janvier). — Procuration donnée par Guillaume Resnier de Goué, capitaine au régiment de Vermandois, à Jean Thevet, sieur de Lessert, pour recevoir le compte que lui doit Marguerite Thevet, veuve de Nicolas Resnier, greffier en chef du présidial, son père, en raison de la succession de celui-ci (29 février). — Bail à loyer par Marc Barbot, écuyer, seigneur de La Trésorière, faisant pour Marc Barbot, écuyer, seigneur de Peudry et de La Trésorière, son père, à Bertrand Lessat, garçon cordonnier, d'une maison sise dans la rue appelée la petite rue de Mme de Balzac, pour 5 années, moyennant 55 livres chaque (13 mars). — Cession par Jacques Mesturas, notaire royal, et Anne Liard, son épouse, demeurant au village des Cloux, paroisse de Champniers, à Claude Marchat, « blanconnier », d'une petite maison avec « chérier » sise au faubourg St-Pierre, sur le bord de la rivière qui conduit du moulin de Pinasseau à celui des Trois-Roues, moyennant une rente de 30 livres (21 mars). — Procès-verbal des réparations qu'il serait urgent de faire à l'église de Soyaux, dressé à la requête des « fabriqueurs », et en présence des habitants. Le mur de la nef du côté

droit surplombe de 14 pouces, est lézardé en plusieurs endroits, se sépare du mur de façade, et doit être refait sur une longueur de 42 pieds et une hauteur de 21 ; le mur de la nef du côté gauche doit être refait sur une étendue de 2 toises ; les charpentes et couvertures doivent être entièrement refaites : le coût des réfections est évalué à 465 livres pour le mur de droite, 30 livres pour le mur de gauche, 426 livres pour les charpentes et couvertures, 100 livres pour le paiement des ouvriers (25 mars), — Renonciation à la succession de Marie-Anne de la Rochefoucauld, veuve de Jean de Ravard, chevalier, seigneur de St-Amant, décédée audit lieu de St-Amant, en novembre 1754, par François-Victorin de la Rochefoucauld, chevalier, seigneur des Bretonnières, demeurant audit lieu, paroisse de Roullet, Louise, Catherine-Hippolyte, Louise-Marguerite, Marie-Charlotte, autre Marie et Louise-Anne de la Rochefoucauld, demeurant au château de Maumont, paroisse de Maignac, tant pour elles que pour François-Alexandre, enseigne de vaisseaux, François-Joseph, clerc tonsuré, et Pierre-Louis, leurs frères, frère, nièces et neveux de ladite défunte (30 mars). — Quittance donnée par Jean Yrvoix, au nom de Jean-Joseph de Montardy, écuyer, sieur de La Palurie, y demeurant, paroisse de Gouts, en Périgord, comme exerçant les droits de Thérèse Bareau de Girac, sa femme, héritière en partie de Marie Bareau de Girac, sa tante, à Roger Bareau l'aîné, avocat en la cour, de 58 livres montant d'une obligation consentie par des journaliers de L'Isle d'Espagnac (17 avril). — Sommation par Jean Lacour, maître ès-arts, à Jean Lacour, son père, de consentir à son mariage avec Françoise Longat (21 avril). — Vente par Marie Croizet, veuve de Blaise Bourrut de Létang, maître perruquier, et Antoinette, leur fille majeure, demeurant au village de Tête-Noire, paroisse de Ronsenac, à Charles Maingaud, de la lettre de maîtrise de barbier-perruquier-baigneur et étuviste dudit Bourrut, moyennant 450 livres (23 avril). — Procès-verbal des rentes, moulin et étang composant le fief de Genouillac, ce requérant Jean-Armand Dassier, chevalier, seigneur des Brosses, comme exerçant les droits de Françoise de la Breuille, son épouse, demeurant au château des Brosses, paroisse de St-Maurice-des-Lions, en vertu du jugement qu'il a obtenu contre Louis de la Breuille, chevalier, seigneur de Chantrezac, en raison de la succession de M. de la Breuille, beau-père et père des parties ; nonobstant l'opposition de Thibaud de Marsillac, écuyer, seigneur d'Oradour et de Marsillac, se disant propriétaire du fief de Genouillac en vertu de l'acquisition qu'il en aurait faite, le 3 mai 1751, de Louis de la Breuille, chevalier, seigneur de Chantrezac, et Anne Barbarin, son épouse (3 mai). — Contrat d'apprentissage de Jean Getreau chez Jacques Daviaud, maître serrurier, demeurant paroisse St-André, pour 4 années (17 mai). — Inventaire des meubles et effets dépendant de la communauté de Jean Gimon, marchand poêlier, et de Catherine Augeraud, décédée le jour même, ce requérant Marguerite Combret, veuve en premières noces de Jacques Callaud, marchand poêlier, et en secondes noces de Pierre Chenut, aussi marchand poêlier, comme aïeule et tutrice des enfants mineurs de Michel Callaud et de ladite Catherine Augeraud. A signaler : 325 livres de plomb « qui servoit en acqueducs », estimé 158 livres ; — une bigorne de fer battu pour forges, pesant 60 livres, estimée 24 livres ; 2 grosses enclumes de fer battu à forger, l'une pesant 320 livres et l'autre 310 livres estimées 262 livres ; — 7 « ballons » de pierre de Toulouse servant à aiguiser les faux, estimés 10 livres 10 sols ; — des chaudrons rouges en feuille pesant 414 livres, estimés 724 livres ; — des poêlonnes de Hollande en cuivre jaune, pesant 289 livres, estimées 462 livres ; — une fourrure de chaudrons de cuivre jaune, ouvrage noir, en feuilles, pesant 627 livres, estimées 1.003 livres ; — 1.112 livres pesant en chaudrons bordés, porte-dîners, poêlons et chaudrons garnis, estimés, à raison de 26 sols la livre, la somme de 1.445 livres ; — 29 livres pesant d'arrosoirs et alambics à chapelles de cuivre jaune et rouge ; — des fonds et dessus de chaudières à eaux-de-vie, planches, tuyaux, serpentins et 2 petites coupes de cuivre rouge, pesant 198 livres estimés à raison de 23 sols la livre ; — dans la forge, une roue et un tour servant à blanchir les chaudrons ; — 10 cuillers, 12 fourchettes, et une tasse à gondole d'argent (25 mai 1756-18 juillet 1757). — Constitution de 100 livres de rente, au capital de 2.000 livres, au profit de Catherine Thevet, veuve de Nicolas Bernier, greffier du présidial, par Jean Thevet, sieur de Lessert, et Catherine Renaudière, sa femme (4 juin). — Obligation consentie par les héritiers du feu seigneur de Maumont à Pierre Demay, maître chirurgien, pour une somme de 1.000 livres destinée à équiper Jean-Charles de la Rochefoucauld, chevalier, seigneur de Maumont, capitaine au régiment de Provence, pour son entrée en campagne ; ladite somme remboursable dans les 8 jours (12 juin). — Comptes de la succession de Jean Delhuille, procureur au présidial, entre Jean Del-

huille, ancien gendarme de la garde, demeurant au lieu de Balzac, paroisse de Nonaville, et Anne de Lhuille, épouse de Guillaume Filhon, notaire royal, ses enfants (30 juin 1756).

E. 2044. (Liasse.) — 117 pièces, papier.

1756. — Jean Bernard, notaire royal à Angoulême. — Actes reçus par ce notaire du 3 juillet au 30 décembre. — Bail à ferme par les héritiers de Jean de la Rochefoucauld, chevalier, seigneur de Maumont, à Jean Deroullède, marchand boucher de La Vallette, des métairies de Cursac et de La Dénerie, pour 7 années, moyennant 150 livres chaque (7 juillet). — Obligation de 40 livres de rente reconnue au profit de Jean Mesnard, écuyer, Marie-Françoise et Catherine Mesnard, enfants de Michel, président en l'élection, par Jean Bareau, laboureur de Soyaux (11 juillet). — Constitution de 150 livres de rente, au capital de 3.000 livres, au profit de Marguerite Thevet, veuve de Nicolas Resnier, greffier en chef du présidial, par Thomas Dumontet, écuyer, contrôleur ordinaire des guerres, sénéchal du duché de La Vallette, subdélégué de l'Intendant de Limoges, et Catherine Dexmier, son épouse, demeurant à La Vallette (17 juillet). — Procès-verbal des biens saisis sur Pierre Terrasson, seigneur de La Motte, Françoise de Pontbriant, son épouse, et Anne de Pontbriant, fille majeure, à la requête de Charles-César Dexmier, chevalier, seigneur de Chenon ; lesdits biens consistant dans le logis des Roulles, paroisse de St-Sulpice, et dans le fief de Pignard (26 juillet-3 août). — Constitution de 50 livres de rente au profit de Marguerite Thevet, par Jacques Horric, écuyer, seigneur du Raby et du Burguet, et Marie Dubois, son épouse, demeurant au logis noble du Raby, paroisse de Bouteville, François Bourdages, seigneur de Sigogne, conseiller au présidial, et Anne Jacquette de Bonnetie, son épouse (6 août). — Procès-verbal du mauvais état dans lequel se trouvent 1 barrique et 4 caisses de vin de Bordeaux qui viennent d'être apportées au logis de M. Demaris, chevalier des ordres du Roi, inspecteur général des fontes de France (19 août). — Procès-verbal de la gabarre appartenant à Jean Ébrard, marchand et maître de gabarre, qui accuse Louis Souchet, conducteur de ladite gabarre d'avoir enlevé une partie de ses apparaux ; celui-ci proteste qu'il n'est point d'usage de faire procès-verbal lors de la remise d'une gabarre ; le propriétaire, en effet, est tenu à entretenir la gabarre avec la somme que lui verse le marchand de sel ; il doit remplacer les cordages au fur et à mesure qu'ils s'usent ; enfin, le « greslein » qui manque « est à Saintonge où tous les gabarriers ont coutume de les laisser » (1 septembre). — Vente par Guillaume Filhon, notaire royal, et Anne Delhuille, son épouse, à Pierre Robert, dit Saintonge, marchand, et Marie Maquet, son épouse, d'une maison, paroisse St-Jean, comprenant étude, salon, cuisine, cave, 4 chambres hautes, et 2 greniers, sise dans la rue Froide qui va de la Halle du Minage à l'église de St-André, sur main droite ; ladite vente faite moyennant 3.000 livres, dont 1.000 payables comptant avec 100 livres de pot-de-vin, 1.000 dans 5 ans, et 1.000 dans 8 ans (20 septembre). — Reconnaissance de l'agrier au dixième dû à Jean François Birot, écuyer, seigneur de Ruelle, Brouzède, Mornac et Le Maine-Gaignaud en partie, du mas de Puyguilhem, Sur Puyguilhem, Tras Puyguilhem et Puydenelle, planté presque tout entier en vignes, dans la paroisse de Ruelle (23 septembre). — Procès-verbal du lieu de Séchelle, paroisse de Chazelles, et des biens saisis sur N. Poitevin, N. de Villeneuve, sa femme, N. Jourdain comme tuteur de ses enfants et de Julie de Villeneuve, et les enfants de Jean Héraud, procureur au présidial, ce requérant le fermier judiciaire que représente Guillaume Thevet, écuyer, sieur de La Bourgade, ancien capitaine au régiment de Joyeuse, chevalier de St-Louis (6-7 octobre). — Vente par Jean Vignaud à Jean Cabrit, tous deux marchands d'Angoulême, d'un banc à la halle de Châteauneuf, sur le second rang, du côté du canton de Monconseil, de 6 pieds de long et de 5 pieds de large, chargé d'une rente de 50 sols au profit du seigneur de Châteauneuf, moyennant 90 livres (10 octobre).—Protestation par un grand nombre des paroissiens de St-Jacques de Lhoumeau contre l'élection subreptice de 2 fabriciens faite le même jour à la demande de M. Gilbert, curé, dans sa sacristie (17 octobre). — Bail à ferme par François Decescaud, chambrier de l'abbaye de St-Cybard, à Jean Huet, marchand, et Catherine Amelin, son épouse, demeurant à Tourriers, des agriers qui lui appartiennent dans les paroisses de Tourriers, Anais, Jauldes et autres, pour 9 années, moyennant 300 livres chaque (17 novembre). — Constitution de 100 livres de rente consentie au profit de Louis Rambaud, écuyer, seigneur de Maillou, Torsac, St-Saturnin et autres lieux, demeurant au château de Maillou, en sa qualité de tuteur de la fille mineure de Henri Rambaud, écuyer, sei-

gueur de Bourg-Charente, son frère aîné, par Louis de Luillier de Bellefosse, écuyer, seigneur des Balans, et Antoinette Dumas, son épouse, demeurant au logis noble des Balans, paroisse de Mornac (1 décembre). — Quittance de 40 livres de pension alimentaire données par Antoinette Mallet, veuve de Pierre Gaudon, marchand, demeurant au village de Fleurac, paroisse de Mérignac, à Pierre Gaudon, notaire royal (18 décembre). — Vente d'une pièce de terre dans la paroisse de Soyaux par Madeleine de Fontenaille, veuve de Sicaire Bourrut, procureur au présidial, demeurant paroisse de Soyaux (30 décembre 1756).

E. 2045. (Liasse.) — 103 pièces, papier.

1757. — Jean Bernard, notaire royal à Angoulême. — Actes reçus par ce notaire du 2 janvier au 30 juin. — Vente par la communauté des maîtres cordonniers à Sicaire Brun, garçon cordonnier, d'un office d'inspecteur et contrôleur des cordonniers de la ville, créé par l'édit de février 1745 moyennant 260 livres (3 janvier). — Réception comme maître cordonnier dudit Sicaire Brun qui abandonne, en conséquence, son office d'inspecteur, au profit de la communauté des maîtres cordonniers (3 janvier) —Vente par Jean-Charles de la Rochefoucauld, chevalier, seigneur de Maumont, Magnac, Barro, Le Vivier et autres places, capitaine au régiment de Provence-Infanterie, à Bernard Sazerac, « manufacturier en fayence », demeurant au faubourg de Lhoumeau, de rentes seigneuriales, moyennant 3.057 livres, avec faculté de rachat, et moyennant que, s'il n'est pas exercé, elles relèveront en arrière-fief du logis de Maumont, à hommage d'une paire de gants blancs (14 janvier). — Constitution de 50 livres de rente, au capital de 1.000 livres, au profit de Marguerite Gourdin de la Fuye, religieuse de l'Union-Chrétienne, par François de Chevreux, écuyer, seigneur de Lacaud, demeurant au logis noble de Lacaud, paroisse de Vitrac (20 janvier). — Constitution de 100 livres de rente, au capital de 2.000 livres, au profit de Jeanne Navarre, veuve de Gabriel Rondeau, lieutenant-général de police de Châteauneuf, par J. C. de la Rochefoucauld, seigneur de Maumont (5 février). — Remise par Joseph Sauvo, chanoine, à François Davelu, supérieur, et Jacques-Antoine Devillers, procureur-syndic du séminaire, des titres d'une rente de 45 livres à eux léguée par Joseph Sauvo, curé de Marillac, pour faire une mission dans ladite paroisse de

Marillac (26 février). — Abandon par Henri de Guillaume, chevalier, seigneur de La Salle, demeurant au logis de La Salle, paroisse de Roffignac, Marie-Barnabé de Guillaume, demeurant à Angoulême, Catherine de Guillaume de Cormainville, demeurant à La Vergne, en Saintonge, Julie, Louise et Henriette de Guillaume de Cormainville, demeurant paroisse de Fontaines, Victoire de Cormainville, demeurant audit logis de La Salle, de l'action qu'ils avaient intentée pour obtenir la rescision de l'acte reçu par Caillaud, notaire royal, le 12 février 1746, par lequel ils abandonnaient, moyennant 12.000 livres, leurs droits dans la succession de Mme de Moret, au profit de Robert de Guillaume, chevalier, seigneur de Marçay, époux de Louise-Antoinette de Brossard de Brosson et du Puget, dame de Vié, remariée depuis à Just de Calignon, chevalier, seigneur de La Frée et autres lieux, ancien major au régiment de la Couronne, chevalier de St-Louis (23 mars). — Contrat d'apprentissage chez Dominique Delavergne, négociant, pour 2 années, de Jacques Robert, né à Riom, en Auvergne: celui-ci s'engage à se tenir assidument dans la boutique dudit Delavergne, de veiller aux marchandises, de remettre immédiatement le prix de celles qu'il vendra, de faire tous les voyages nécessaires en s'efforçant de débiter les marchandises le mieux possible et de défendre les intérêts de son patron, comme un bon « facteur » (11 avril). — Délibération de la communauté des habitants de la paroisse de Magnac qui demandent d'être « abonnés » (24 avril). — Délibérations de la communauté des habitants des paroisses de Bunzac et de St-Jacques de Lhoumeau prises pour le même objet (25 avril ; 1 mai). — Procès-verbal d'une maison, ce requérant François Bussac, maître menuisier, fermier judiciaire (23 mai). — Bail à ferme par François Birot, écuyer, seigneur de Ruelle, des dîmes qui lui appartiennent dans la paroisse de Ruelle, pour 8 années, moyennant 420 livres chaque (4 juin 1757).

E. 2046. (Liasse.) — 93 pièces, papier.

1757. — Jean Bernard, notaire royal à Angoulême. — Actes reçus par ce notaire du 1 juillet au 31 décembre. — Bail à ferme des revenus de Maumont et de Magnac consenti pour 9 années, moyennant 2.200 livres chaque, par François-Jean de la Rochefoucauld, chevalier, seigneur desdits lieux, à Barthélemy Jayet, sieur de Beaupré, Jeanne Yver, sa femme, Pierre Doussain, marchand, et Marguerite Paponnet, sa femme (1 juillet). — Convention par laquelle Jean-Baptiste Blanchon, sieur de Varennes, tuteur des enfants mineurs de Louis Blanchon, sieur des Brousses et de Marthe Barillaud, demeurant au lieu de Germanas, paroisse d'Écuras, s'engage à faire valoir les biens provenant de la succession dudit Louis Blanchon et de sa femme, en payant 540 livres par an ; du consentement de Jean-Baptiste Duvoisin, sieur de Soumagnac, demeurant à Soumagnac, paroisse de Cussac, en Poitou, ayant une part de ces biens (8 juillet). — Procuration donnée par Michel Pelluchon, bourgeois, détenu aux prisons royales, à Guillaume Turcat, procureur au présidial, pour intervenir dans l'action criminelle intentée contre lui par Jean et Louis Pelluchon, son père et son frère puiné, demeurant au lieu noble de La Brée, paroisse de Segonzac, et accepter le règlement de la succession de ses parents, s'ils veulent bien le proposer,« afin d'empêcher à l'avenir des accidents semblables à celui qui fait le motif de l'accusation... et de prévenir toutes contestations et démêlés de famille » (19 juillet). — Procès-verbal du château et de la seigneurie de Maumont, paroisse de Magnac-sur-Touvre (26 juillet 1757-14 avril 1758). — Acte de notoriété attestant que Pierre Arnaud, fils aîné d'Élie, avocat du Roi au présidial, et de Jeanne Bareau, est décédé le 4 mai 1721 laissant pour unique héritier Jacques Arnaud, sieur du Mas, garde-minutes du présidial et échevin du corps-de-ville, son fils, décédé lui-même le 9 décembre 1756 n'ayant pour héritiers que Pierre et André Arnaud, ses fils, mineurs émancipés (26 juillet). — Inventaire des titres de Charles-César Dexmier, chevalier, seigneur de Chenon, Domezac, Couture, Le Maine-Léonard, et autres lieux, lieutenant-général d'épée au présidial, décédé à Paris au mois d'avril, ce requérant Charles-César Dexmier, écuyer, seigneur de Chenon, La Bauminière, Domezac et autres lieux, demeurant au château de Domezac, paroisse de St-Gourson, héritier bénéficiaire dudit défunt en conséquence du testament du 25 avril 1757 ; en présence d'Étienne-Jacques Du Marchy, Anne-Charlotte de Messignac, François Renaud, écuyer, seigneur de La Tourette, héritiers maternels du défunt, ou de leurs représentants (12 août-3 septembre). — Demande d' « abonnement » par la communauté des habitants de la paroisse d'Asnières (14 août). — Procuration donnée par Sébastien Coussolle, marchand forain d'Auvergne, demeurant alors à Salles-la-Vallette (11 octobre). — Procuration donnée par haute et puissante dame Gabrielle de Viaud, veuve de haut et puissant seigneur Philippe-Auguste, comte de Mastin, comme héritière de Gaston de Viaud, chevalier, seigneur d'Aignes, son père, lui-même héritier de Marguerite de Viaud, sa tante, demeurant en son hôtel, rue du Cherche-Midi, à Paris, à François de Viaud, chevalier, seigneur de La Charbonnière, demeurant au lieu de La Charbonnière, paroisse de Chazelles, pour obtenir le paiement de 250 livres en principal à elle adjugées par sentence rendue contre Pierre-Philippe de Mergey, écuyer, sieur de Rochépine, tant pour lui que comme tuteur de Jean-Charles et de Pierre de Mergey, ses frères, et contre autre Jean-Charles de Mergey, aussi son frère (16 septembre). Dépôt (21 octobre). — Contrat de mariage entre Pierre Négré, horloger, fils d'Antoine, marchand confiseur de Montauban, et Louise Serpaud, fille de défunt André, bourgeois (24 octobre). — Contrat de mariage entre François-Xavier Ris, fils de François-Xavier, né à « Enfisheim », en Alsace, demeurant depuis 2 ans à la forge de Ruelle, et Antoinette Herbaud, fille de Pierre, laboureur à bras (6 novembre). — Contrat de mariage entre Étienne Corlieu, fils d'Étienne, bourgeois, et de Jeanne Jourdain, demeurant à Recoux, paroisse de Soyaux, et Marie Tronchère, fille d'Étienne, sieur de Beaumont, et d'Anne Audoin, demeurant à Magnac (7 novembre). — Reconnaissance d'une rente de 11 livres due à Antoine Civadier, curé de St-Paul, par Hélie Pasquet, chevalier, seigneur de St-Mémy, Balzac, Vouillac, et autres lieux, comme acquéreur de la terre de Balzac ; ladite rente consentie par M. de Guez de Balzac, le 11 juin 1611 (contrat reçu Rouhier), en raison de leur chapelle de l'église St-Paul et à condition qu'une messe chantée y fût célébrée pour la fête de la Ste-Trinité (20 décembre). — Contrat de mariage de Pierre Tampe, laboureur du bourg de La Chapelle, en Périgord, demeurant depuis 2 ans à la forge de Ruelle (26 décembre 1757).

E. 2047. (Liasse.) — 130 pièces, papier.

1758. — Jean Bernard, notaire royal à Angoulême. — Actes reçus par ce notaire du 1 janvier au 30 juin. — Reconnaissance d'une rente de 23 livres 3 sols donnée à Pierre de Sarlandie, écuyer, demeurant à Bois-Massiaud, paroisse de Balzac, comme héritier de M. Bobat, son aïeul maternel (2 janvier). — Bail à loyer par Léonard Lanchère, marchand cartier, à Louis Bonnetête, tailleur de pierres, d'une maison sise faubourg Lhoumeau, pour 5 années, moyennant 33 livres chaque (17 janvier). — Contrat de mariage entre Claude Mallat, marchand boucher, fils de Jean, marchand boucher, et de Madeleine Berger ; et Louise Merceron, fille de Jean, marchand boucher, et de feue Catherine Mallat : en faveur duquel mariage la future épouse reçoit 300 livres de dot ; le nouveau ménage sera associé pour moitié dans le commerce de Jean Mallat et de sa femme ; en cas de dissolution de cette société Claude Mallat recevra une dot de 1.000 livres (19 janvier). — Vente par Jeanne de Pindray, veuve de Louis Ducluzeau, greffier des eaux-et-forêts d'Angoumois, tant pour elle que comme tutrice de Marie, autre Marie, et Catherine, leurs filles mineures, Charles-Joseph Ducluzeau, greffier des eaux-et-forêts, Jean-Antoine Ducluzeau, praticien, et Catherine Ducluzeau, leurs enfants majeurs, à Pierre Dubois, négociant, d'une maison sise paroisse St-André, moyennant 6.500 livres et 100 livres de pot-de-vin (23 janvier). — Quittance de rentes seigneuriales donnée par Pascal Birot, écuyer, sourd-muet de naissance, demeurant à Garat, procédant sous l'autorité de Jacques Joubert, son curateur (29 janvier). — Procuration donnée à Pierre Fauconnier, chanoine, par Pierre Arnaud, officier au régiment de Vaubécourt-Infanterie, sur le point de partir pour le service du Roi (4 mars). — Vente par Jean Ducluzeau, sieur du Taillis, demeurant au lieu de La Chaume de Vouillac, paroisse St-Martin d'Angoulême, à Jean Sazerac, fils aîné d'Emmanuel, receveur particulier des bois de la maîtrise des eaux-et-forêts d'Angoumois, de la charge de capitaine de la compagnie de St-Jean de la milice bourgeoise d'Angoulême, qui lui avait été accordée par provisions du duc d'Uzès du 14 août 1744, ladite vente consentie moyennant 284 livres (15 mars). — Bail à ferme par Pierre-François Davelu, prêtre de la Mission, supérieur du séminaire, curé de St-Martial, et Jacques-Antoine Devillers, procureur dudit séminaire, à Jean Mallagoux, marchand, Catherine Aubin, sa femme, François Magnan, tisserand, et Catherine Dussagne, sa femme, demeurant au faubourg de La Bussatte, des dîmes de la paroisse de St-Martial, pour 7 années, moyennant 436 livres chaque (1 avril). — Délibération de la communauté des habitants de la paroisse de Soyaux qui donnent pouvoir à leur syndic pour s'opposer à la prétention de M. Bourdin, conseiller d'honneur au présidial, de s'approprier une partie de la grande pièce de terre appelée les Brandes, laquelle relève du chapitre d'Angoulême et appartient « au général des habitants » de la paroisse (14 mai). — Opposition des inspecteurs et contrôleurs des maîtres cordonniers et de quelques-uns de ceux-ci à l'élection des syndics et jurés de la communauté faite ce jour, attendu que les anciens syndics ont empêché lesdits inspecteurs et contrôleurs de présider (15 mai). — Procès-verbal des biens provenant de la succession de Jean Vaux, ce requérant Clément Augeraud, marchand cartier, mari de Jeanne Vaux (24 mai). — Contrat d'association entre Léonard Bargeas, marchand, demeurant au moulin des Brandes, paroisse de St-Michel d'Entraigues, et Jean Cabrit, aussi marchand, demeurant à Lhoumeau, qui s'engagent à partager par moitié les profits et les pertes de la fabrication des cartons au moulin des Brandes, affermé, moyennant 72 livres par an, de Anne Valleteau, veuve de M. de Girac (6 juin). — Cession par François-Simon Dutheil, chevalier, seigneur de Fissac, demeurant au château de Fissac, paroisse de Ruelle, à François Biget, meunier, et sa femme, demeurant au village de La Terrière, paroisse de Ruelle, des moulins à blé dudit lieu de La Terrière, moyennant une rente de 24 boisseaux de froment, une paire de chapons, 2 paires de « canets », et 150 livres en argent (12 juin). — Sommation par Jean Trousset, « tamisier », demeurant à St-Cybard, pour obtenir le retrait lignager d'une pièce de chénevière (16 juin 1758).

E. 2048 (Liasse.) — 125 pièces, papier.

1758. — Jean Bernard, notaire royal à Angoulême. — Actes reçus par ce notaire du 1 juillet au 31 décembre. — Prorogation du bail à loyer d'une maison consenti le 14 avril 1753 au profit d'André Resnier, greffier en chef du présidial, et de Marie-Jeanne Suraud, sa femme, par les Pères Jacobins (3 juillet). — Contrat de mariage entre Jérome Yrvoix-Chauvin, fils de feu Philippe et de Françoise Durant ; et Marie Marin, fille de défunts Jacques et Anne Noël : les époux confèrent chacun dans la communauté la somme de 100 livres (5 juillet). — Transaction entre les enfants de Jean de la Rochefoucauld, chevalier, seigneur de Maumont, et de Marguerite Decescaud, d'une part, et Gabriel Decescaud, chevalier, seigneur du Vivier, et Jeanne-Françoise Maurin, son épouse, d'autre part, concernant l'exécution du testament de Catherine Castin, veuve de Pierre Decescaud, chevalier, seigneur de Chaumont, du 6 octobre 1701, par lequel elle instituait son héritier universel Gabriel-

François Decescaud, père de ladite Marguerite, son fils aîné, moyennant qu'il donnât 4.000 livres audit seigneur du Vivier pour sa légitime (6 juillet). — Convention entre Pierre Longeville, maître architecte et entrepreneur, adjudicataire, par bail passé devant l'Intendant, des travaux à faire à l'Église de Hiersac, et Félix et Gabriel Desrosiers, couvreurs, demeurant à St-Genis-des-Meulières : ceux-ci s'engagent à faire la couverture de la nef et du clocher de l'église d'Hiersac, à crépir l'église et le clocher, fournissant les matériaux nécessaires, et ce, moyennant la somme de 120 livres dont 40 payées comptant (23 juillet). — Bail à ferme par Marc Gourdin de la Fuye, écuyer, archidiacre, comme procureur des religieuses hospitalières de Lusignan, à François David, laboureur de Puypéroux, paroisse de Villejoubert, d'un pré de 5 journaux sis en la prairie de Prénoir, paroisse de Vouharte, pour 9 années, moyennant 60 livres chaque (19 août). — Cession par Jean Jolain, notaire royal, demeurant au Grand-Buguet, paroisse de Fouquebrune, à Jacques Bourbon, journalier de la même paroisse, de 108 journaux 49 carreaux de terres labourables, prés, vignes et chaumes sis auprès dudit village du Grand-Buguet, relevant de la seigneurie du Groc, moyennant que le preneur sera tenu d'acquitter tous les droits et devoirs royaux et seigneuriaux et de garantir le bailleur des arrérages qu'il pourrait devoir. Les domaines sont évalués 200 livres pour le contrôle et l'insinuation seulement, car « ils ne sont, à bien dire, que suffisants pour porter les droits royaux et seigneuriaux » (23 septembre). — Convention entre Mathieu Courly et ses créanciers qui, en considération du « malheur des temps » et de sa probité, lui remettent la moitié de ses dettes et lui accordent 3 ans pour le paiement de l'autre moitié (30 septembre). — Procès-verbal des biens provenant de la succession de Jean de Pontbriand, écuyer, seigneur de Pignoux, Le Roule, La Courade et autres lieux, saisis sur Pierre Terrasson, sieur de La Motte, Anne Françoise de Pontbriand, sa femme, Mlle de Pontbriand et autres ses héritiers à la requête de César Dexmier, chevalier, seigneur de Chenon (8 octobre). — Bail à ferme par François Cazaud, conseiller au présidial et curé de Notre-Dame de Beaulieu, à Angoulême, à François Chérade, laboureur, et Antoine, son fils, demeurant à Montlogis, paroisse de St-Martial, des dîmes de la paroisse de St-Martial, dépendant de ladite paroisse de Beaulieu, et du droit qui lui appartient, le jour de la foire de St-Martial, pour 9 années, moyennant 50 livres, 2 paires de poulets, et 2 paires de « canets » chaque (22 octobre). — Partage de la succession de leur père entre 4 laboureurs de la paroisse de Soyaux qui divisent la plupart des pièces de terre en 4 parcelles (12 novembre). — Vente par André Resnier, greffier en chef du présidial, au nom d'André Thevet des Roches, chevalier de St-Louis, commandant pour le Roi le château de Lichtemberg, en Alsace, à François Thevet du Chatelard, avocat, d'une petite maison sise rue Criminelle, paroisse de St-Paul, mouvant du fief de Valette, moyennant 1.200 livres (20 novembre). — Vente par Pierre-Paul de la Forestie, écuyer, seigneur de L'Isle, Léonarde de Pindray, son épouse, Marie-Rose, Anne, et Marie de la Forestie, leurs sœurs et belles-sœurs, demeurant au logis noble de L'Isle, paroisse dudit lieu, à Pierre Sibillotte, marchand vitrier, d'un bois taillis près du village des Mérigots, moyennant 500 livres, dont 100 livres payées comptant, et 20 livres de rente (28 novembre). — Renonciation par Jeanne Petit, fille de Jean, marchand, et de feue Marguerite Corlieu, à la succession d'Étienne Corlieu, bourgeois, son aïeul, au profit d'autre Étienne Corlieu, aussi bourgeois, son oncle, demeurant au village des Recoux, paroisse de Soyaux (9 décembre). — Reddition du compte des réparations faites à l'église de Soyaux devant la communauté des habitants de la paroisse de Soyaux, par Jean Bareau, laboureur à bras, « fabriqueur ». Les contributions volontaires des habitants ont fourni 230 livres 8 sols qui ont été employées par le curé, sauf 5 livres 8 sols, à faire reconstruire en entier la charpente, à abattre un mur « qui était supérieur à ladite charpente », et faire un entablement : restent à payer 130 livres pour les bois et leur transport que ledit Bareau propose de faire lever au moyen d'un rôle dressé par l'intendant. L'assemblée, sans se prononcer, demande qu'auparavant il lui soit rendu compte des revenus de la fabrique (25 décembre 1758).

E. 2049. (Liasse.) — 145 pièces, papier.

1759. — Jean Bernard, notaire royal à Angoulême. — Actes reçus par ce notaire du 1 janvier au 29 juin. — Procuration donnée par la communauté des habitants de la paroisse de L'Isle d'Espaignac pour les représenter devant la cour des aides dans le procès qu'ils ont contre Philippe Augeraud, curé de Graves (7 janvier). — Contrat de mariage de Charles Goujon, garçon coutelier, originaire de St-Étienne, demeurant depuis 3 ans paroisse St-André (25 janvier). — Constitution de 10 livres de rente par Anne de St-Germain, veuve de François Normand, écuyer, seigneur de Garat, demeurant paroisse St-Antonin, au profit de Jacques Mioulle, curé de St-Martin (16 février). — Constitution de 67 livres 13 sols de rente par Élisabeth Le Musnier de Triac, au profit de Marie-Anne Birot de Brouzède, religieuse de l'Union-Chrétienne (8 mars). — Transaction par laquelle Nicole Mietton, épouse de Nicolas Marcoux, et matrone de la ville de Paris, demeurant depuis un an dans la maison du sieur Lanchère, marchand cartier, abandonne les poursuites criminelles qu'elle a intentées contre Philippe Després, marchand potier d'étain, en raison de ses graves injures et de ses menaces, moyennant qu'il la déclarera personne de bien et d'honneur, qu'il fera afficher le présent acte au poteau de la halle du Palet, et lui donnera 139 livres de dommages-et-intérêts (10 mars). — Procès-verbal des biens provenant de la succession de Jean de Pontbriant, écuyer, seigneur de Pignoux, saisis à la requête de César Dexmier, chevalier, seigneur de Chenon (11 mars-26 septembre). — Vente par François-Jean-Charles de la Rochefoucauld, chevalier, seigneur de Maumont, capitaine aux grenadiers de France, chevalier de St-Louis, à Antoine Calluaud, procureur au présidial, de rentes seigneuriales consistant en 28 boisseaux 16 mesures de froment, 10 boisseaux d'avoine, 22 livres en argent et 2 chapons ; ladite vente consentie moyennant 1.560 livres et que les rentes seront tenues à hommage du seigneur de Maumont au devoir d'un bouton de rose évalué 1 denier (31 mars). — Transaction entre Jean Mesnier, architecte et entrepreneur, et Augustin Guyonnet, sieur du Peyrat, au sujet des dommages-et-intérêts dus en raison de l'écroulement d'une partie du mur du jardin de Mesnier causé par les travaux dudit Guyonnet (6 avril). — Procès-verbal de l'état du presbytère d'Hiersac, ce requérant Louis Penot, curé, et estimation des réparations nécessaires pour le rendre habitable (10 avril). — Inventaire des meubles et effets de Jean Bonvalet, ancien curé de Hiersac, ce requérant le tuteur des enfants de Jean Feniou, boulanger, et de Catherine Bonvalet, neveux dudit curé (10 avril). — Sommation par les « fabriqueurs » de la paroisse de Soyaux à la communauté des habitants d'approuver les comptes fixant à 108 livres la somme à eux due en raison des avances qu'ils ont faites pour les réparations de l'église (22 avril). — Démission de sa chanoinie par Pierre Birot de Brouzède, écuyer,

(23 avril). — Ratification de la vente de divers biens consentie par Pierre Birot, écuyer, seigneur de Brouzède, chanoine, tant pour lui que pour ses enfants mineurs et de feue Anne-Rose de Guimard, son épouse ; ladite ratification donnée par Annet Birot de Brouzède, écuyer, capitaine au régiment de Bourgogne, Bernard Birot de Brouzède, aussi écuyer et capitaine au même régiment, Marie-Jeanne Birot de Brouzède, et Marie-Anne Birot de Brouzède, religieuse de l'Union-Chrétienne, enfants majeurs desdits Pierre et Rose de Guimard (13 mai). — Élection de syndics par les créanciers de Blaise Bourrut, marchand du village de Chez-Ravaud, paroisse de Ronsenac (24 mai). — Acte de notoriété justifiant que Clément Navarre du Cluzeau, président trésorier de France au bureau des finances de La Rochelle, est décédé à Moulidars le 5 septembre, laissant pour seuls héritiers Pierre, André, Jean-Jacques, Jeanne et Anne Navarre, ses enfants mineurs et de Thérèse Bergerat (28 mai). — Choix d'arbitres pour terminer leur différend par Pierre Bareau, maître mouleur et fondeur de canons, demeurant au village de Charbontière, un tisserand de Sers, un voiturier de Dignac, et Pierre Cheminade, mouleur de canons (1 juin 1759).

E. 2050. (Liasse.) — 128 pièces, papier.

1759.—Jean Bernard, notaire royal à Angoulême. — Actes reçus par ce notaire du 2 juillet au 31 décembre. — Contrat de mariage entre Jean de Verneuil, sieur de Bellefond, bourgeois de Périgueux, demeurant au Fayard, paroisse de Varaignes, en Périgord ; et Marie-Rose Mancié, veuve d'Antoine Fuzelle, bourgeois (3 juillet). — Opposition de 19 maîtres-cordonniers à la prétendue délibération de la communauté des cordonniers par laquelle les nouveaux syndics prétendaient établir un droit de cote de 6 livres par an sur chacun des maîtres (4 juillet). — Marché par lequel deux maçons de St-Genis-des-Meulières et de St-Amand-de-Nouhère s'engagent envers Jean Bourdeix, maçon, demeurant au village de Chez-Labbé, paroisse de Balzac, adjudicataire des réparations à faire à l'église de Douzat, à démolir et refaire les murs du sanctuaire de ladite église, moyennant que les matériaux et les bois d'échaffaudage leur seront fournis, et le paiement d'une somme de 3 livres 10 sols par toise (6 juillet). — Cession par Jean Bourdeix, maçon, à Louis Guimard, « conducteur des ouvrages des grands chemins », des baux par les-

quels il s'était engagé à exécuter les réparations de l'église et du presbytère de Douzat, moyennant 1.400 livres.Louis Guimard devra remplir les clauses de ces baux et payer en outre 20 livres à Bourdeix (8 juillet). — Tableau des collecteurs de la paroisse de Soyaux dressé par la communauté des habitants pour les années 1760 à 1776 (29 juillet). — Convention par laquelle Clément, laboureur, et sa femme, demeurant à Cherves, paroisse de Jauldes, donnent à 2 vignerons du village des Marquants, paroisse de Brie, une pièce de terre tenue à droit d'agrier au dixième de M. Bareau de Girac : ils devront la planter en vignes, la cultiver et en partager les fruits avec les bailleurs pendant 5 ans ; après quoi il leur en reviendra la moitié en toute propriété (26 août). — Transaction entre Philippe Fougère l'aîné, marchand, et Léonard Bressodier, marchand voiturier d'Excideuil, au sujet des 115 livres dues par celui-ci audit Fougère pour achat de sel (3 septembre). — Cession par Jean Sallat, maître de gabarre, et Anne Chollet, sa femme, à Pierre Dupuy, négociant, moyennant 1.340 livres, d'un galion du port de Lhoumeau, d'une contenance de 38 à 40 tonneaux, avec tous ses « apparaux » ; ce galion avait été vendu le 22 juin 1757 par Dupuy à Sallat, moyennant 1.950 livres dont Sallat n'avait pu payer qu'une petite partie (22 septembre). — Sommation par Pierre Arnauld de Ronsenac, conseiller au présidial, à Jeanne Navarre, veuve de Gabriel Rondeau, lieutenant de police de Châteauneuf, de dire si le sieur Demessière ne l'a pas induite en erreur en lui faisant signer un acte reçu Pittre, notaire royal, qui constitue un véritable libellé diffamatoire contre la famille des Arnauld (8 octobre). — Procuration donnée par Pinet, marchand de Craponne, en Velay, pour faire payer à Coffre, épinglier de Barbezieux, les 152 livres qu'il lui doit (24 octobre).—Reconnaissance de 20 sols de rente dus à Jean de la Rochefoucauld, chevalier, seigneur de Maumont, comme engagiste du domaine du Roi, par Anne Rezé, veuve de Pierre Merceron, marchand (6 novembre). — Contrat de mariage entre François Laroche, praticien, fils de Léonard, marchand, et de Marguerite Paulet ; et Catherine Turcart, fille de Jacques, substitut du procureur du Roi en l'élection, et de Anne Augeraud : en faveur duquel mariage le futur époux reçoit une dot de 3.000 livres et la future épouse 1.500 livres, en avancement d'hoirie (23 novembre). — Convention par laquelle Jean et autre Jean Mazet, frères, originaires de Tulle, s'engagent envers Pierre Callaud, marchand chaudronnier, demeurant au faubourg de

Lhoumeau, à le servir comme garçons « martinaires », pendant 7 ans, pour la fabrication des cuivres au moulin à martinet qu'il possède au lieu du Gond. Ils recevront 4 livres 10 sols de façon par 100 pesant de cuivre rouge fabriqué ; la fabrication annuelle ne devra pas être inférieure à 10 milliers; Pierre Callaud leur fournira les « rozettes » et autres cuivres et les charbons nécessaires ; si dans les cuivres fournis il se trouve du cuivre jaune, du fer, de l'étain ou du plomb, ces matières devront être rapportées audit Callaud pour être remplacées contre un poids semblable de cuivre rouge (9 décembre). — Ratification par Élisabeth Le Musnier, épouse de Adrien-Étienne Chérade, chevalier, comte de Montbron, demeurant au château de La Forêt d'Horte, paroisse de Grassac, du partage conclu le 27 février 1750 devant Grelon, notaire royal, entre elle, sa mère, Mᵐᵉ de Triac, sa sœur, et Louis Le Musnier, chevalier, seigneur de Raix, Rouffignac, Triac et Lartige, lieutenant-général, commissaire examinateur et enquêteur du présidial, son frère (24 décembre). — Délibération de la communauté des habitants de la paroisse de Soyaux qui donnent pouvoir à l'un d'eux afin de poursuivre M. Bourdin, conseiller d'honneur au présidial, lequel s'était approprié, sans aucun droit, 200 journaux de brandes faisant parties d'un domaine appelé les Grandes-Brandes, de la contenance de 1.600 journaux environ, appartenant à la communauté, dans lequel chacun des habitants a le droit de prendre du brande et de faire pacager ses bestiaux, et paie à raison de ce 1/2 boisseau d'avoine de rente noble au chapitre d'Angoulême (25 décembre 1759).

E. 2031. (Liasse.) — 148 pièces, papier.

1760. — Jean Bernard, notaire royal à Angoulême. — Actes reçus par ce notaire du 2 janvier au 30 juin. — Cession par Jean Chausse, seigneur de Lunesse, demeurant au logis noble de Lunesse, paroisse de Sᵗ-Martial, à Charles Placeraud, laboureur à bœufs, et sa femme, demeurant au lieu de La Trésorière, paroisse de Sᵗ-Martin, d'une pièce de terre de 4 journaux partie labourable, partie en chaume, à La Meullière, paroisse de Puymoyen, et d'1 journal de terre en chaume, même paroisse, moyennant une rente de 13 livres et d'une paire de poules, bien entendu quitte de tous impôts et devoirs seigneuriaux (6 janvier). — Procuration donnée par Gabriel Mathias Jaudonnet, écuyer, mineur émancipé, demeurant au château d'Angoulême, procédant sous l'autorité de Joseph Jouhault, écuyer, seigneur des Touches, président trésorier de France au bureau des finances de Poitiers, à François Cosneau des Fontaines, procureur au présidial de Poitiers, pour obtenir des letttres de rescision exposant que son éducation a été négligée, que depuis son émancipation lui sont échues les successions de Marie-Madeleine Jouhault, veuve de Jean Jaudonnet, écuyer, seigneur de La Guefferie, son aïeule, et d'Augustin-Jean Donnet, écuyer, seigneur de La Guefferie, son oncle, « dont il n'a point touché de mobilier, ne s'étant pas trouvé suffisant non plus que celuy de son père pour acquitter les dettes, qu'il a toujours été obligé de vivre des revenus de ses immeubles, que des marchands cabaretiers et autres personnes luy ont fait contracter des dettes qui absorbent la valleur de ses biens fonds sans qu'elles ayent en rien tourné à son proffit, qu'il ne connoit même pas tous ses créanciers, qu'ils ont tellement abusé de sa facilité, de son peu d'expérience, et de la faiblesse de son âge qu'ils se sont contentés de sa signature sans l'autorité de son curateur, que ces engagements sont nuls de plein droit par la loy qui ne permet pas de prester ny faire de fournitures aux mineurs à moins qu'elles ne tournent à leur proffit, que son émancipation lui deffendoit d'hypothèquer ses biens, que les différents créanciers avec lesquels il a eu affaire ne pouvoient pas l'ignorer..., que si ces sortes d'engagements étoient authorisés, les mineurs seroient ruinés avant leur majorité » (11 janvier). — Prise de possession par Antoine Civadier, curé de Sᵗ-Paul, l'un des 4 semi-prébendés du chapitre, de la prébende dont était pourvu Pierre de Chièvres, malgré l'opposition des membres présents du chapitre (11 janvier). — Acte de notoriété justifiant que Charles de Terrasson, chevalier, seigneur de Verneuil et de La Pétillerie, est fils d'Élisabeth de la Place de Torsac et de feu Achille de Terrasson, chevalier, seigneur de Verneuil, qu'il est né au logis noble de La Pétillerie, paroisse de Roullet, le 12 décembre 1710, et qu'il a eu pour parrain Charles de la Place, chevalier, seigneur de Torsac, son aïeul maternel, et pour marraine Silénie-Éléonore de Terrasson, sa sœur aînée (18 janvier). — Constitution de 35 livres de rente au profit de Pierre Demay, maître chirurgien, par Charles de Terrason, chevalier, seigneur de Verneuil et Marie-Marguerite Thénaud, son épouse (21 janvier). — Acte de notoriété justifiant que Catherine de Sᵗ-Mesmy demeure depuis 1750 au château de Balzac, et qu'elle est âgée d'environ 27 ans (24 janvier). — Convention entre les 5 collecteurs de la paroisse de Balzac : l'un d'eux nommé David se charge, moyennant 50 livres, de tous les rôles, à condition d'être accompagné quand il ira se faire payer, s'il est utile ; les frais faits par le receveur et les charges provenant de l'insolvabilité des imposés seront supportés par chacun pour un cinquième ; quand David ira faire ses versements au receveur, à Angoulême, il sera accompagné, à tour de rôle, par chacun de ses collègues, et 10 sols seront prélevés sur les deniers reçus des imposables pour couvrir les « frais de la dépense de bouche » : chacun conservera ses « droits de lève » sur les impositions (28 janvier). — Procuration donnée par les anciens maîtres perruquiers de la ville d'Angoulême afin d'obtenir du premier chirurgien de Sa Majesté que la charge de lieutenant des maîtres perruquiers ne soit pas transmise à un garçon comme le voudrait Gille Duhamel Lalande, le lieutenant actuel, mais à un des maîtres qui ont exercé les charges, conformément aux statuts du 26 avril 1718 (12 février). — Procuration donnée par Pierre Bareau, maître mouleur et fondeur de canons, demeurant à Charbontière, paroisse de Sers (15 mars). — Procès-verbal du lieu de Séchelle, paroisse de Chazelles, saisi sur Jean Poitevin, bourgeois, Anne de Villeneuve, son épouse, Joseph Arondeau, sieur de Chabrignac et de La Rigaudie, Suzanne Sardain, son épouse, et Jean Sardain, à la requête de Simon Héraud, sieur du Coudour, Jean-François Héraud, aumônier des dames de la Visitation de La Rochefoucauld, Jean-Simon Héraud, desservant la paroisse de Touvre, Jean-François Héraud, diacre théologal du chapitre de Blanzac, Moïse-François Magnan, avocat, Élisabeth-Françoise Héraud, son épouse, Pierre Guimberteau, procureur au présidial, Marguerite Héraud, son épouse, Pierre Duvergier de la Fouillouse, et Marie-Anne Héraud, son épouse, héritiers de Jean Héraud, leur père et beau-père (17 mars-2 avril). — Convention par laquelle Charles Ruhet, laboureur à bras, s'engage envers Léonard Fromentin, chirurgien, demeurant au pont de Churet, paroisse d'Anais, à planter en vignes une pièce de terre de 2 journaux située au plantier de Buffevent, paroisse d'Anais, relevant à droit d'agrier du seigneur de Couziers, moyennant 80 livres, et que la récolte du blé d'Espagne semé la première année et les vendanges des cinq années suivantes lui appartiendront (19 mars). — Déclaration de plusieurs laboureurs de la paroisse de L'Isle d'Espagnac

précisant dans quelles conditions ils ont travaillé pour le compte de Philippe Augeraud, curé de Graves, dans son domaine de Chaumontet (3 avril). — Quittance de 249 livres d'arrérages de rente donnée à Marc Bourrut, sieur de La Foresterie, demeurant à La Rochebeaucourt, par Jeanne Birot de Brouzède (18 avril). — Partage de la succession de Jean Malo entre Marie Viaud, veuve dudit Malo en secondes noces, et de Pierre Longeville, en premières noces, et Pierre Longeville, maître architecte, fils dudit Pierre, comme étant aux droits de Louise Malo, sœur dudit Jean (11 mai). — Quittance de 40 livres montant des dommages-et-intérêts adjugés à Françoise Barret, veuve d'Aunet de Chilloux, écuyer, sieur des Fontenelles, demeurant audit lieu, paroisse de Champniers, sur divers qui avaient commis des dégâts dans une vigne et une haie vive lui appartenant (18 juin 1760).

E. 2052. (Liasse.) — 109 pièces, papier.

1760. — Jean Bernard, notaire royal à Angoulême. — Actes reçus par ce notaire du 1er juillet au 31 décembre. — Protestation d'Antoine Civadier, curé de St-Paul, chanoine, contre Jean-François Gilbert, archiprêtre de St-Jean, qui se prétend pourvu de la prébende dont ledit Civadier a pris possession dès le mois de janvier (1 juillet). — Constitution de 100 livres de rente au profit de Marie-Jeanne Birot de Brouzède, et de Bernard Birot de Brouzède, son frère, écuyer, capitaine au régiment de Bourgogne-Infanterie, par Alexandre de Chérade, chevalier, seigneur comte de Montbron (5 juillet). — Bail à ferme par Jean Yver, curé de St-Antoine et de St-Vincent, son annexe, à François Roche, jardinier, et Jeanne Jobit, sa femme, demeurant au lieu de Chez Clairac, paroisse de St-Martin, des dîmes dues à la cure de St-Antonin, pour 9 années, moyennant 67 livres chaque (22 juillet). — Cession par André Arnauld, écuyer, seigneur de Ronsenac, Malberchie et autres lieux, conseiller au présidial, comme héritier de Pierre Arnauld, écuyer, conseiller au présidial, son père, lequel l'était de Jacques Arnauld, son père, à Martial Clément, notaire royal, demeurant au village de Chez Marvaud, paroisse de St-Maurice de Montbron, et à Louise Sauvo, veuve de Laurent Barraud, sieur de La Pêcherie, demeurant au lieu de La Borderie, même paroisse, d'une créance de 300 livres en principal et de 25 livres d'intérêts due par les héritiers de Jean Gilbert, docteur en médecine, et recon-

nûe par lui le 1ᵉʳ février 1691, des intérêts desdites 300
livres pendant 69 ans s'élevant à 1.042 livres, et aussi
du montant des frais et dépenses des procédures
engagées pour recouvrer ces sommes ; ladite cession
faite moyennant 1.300 livres (2 août). — Transaction
entre Françoise Martin, veuve de Jean Couturier, sieur
du Châtelard, avocat en parlement, et Jean-François
Couturier, sieur du Châtelard, greffier des insinuations ecclésiastiques du diocèse, d'une part, Guillaume Jeheu, notaire royal, et Jeanne Couturier, son
épouse, d'autre part, qui fixe à 4.000 livres la part
revenant à ceux-ci dans la succession d'Anne Couturier, leur belle-sœur et sœur (21 août). — Résignation
de la cure de St-Paul par Antoine Civadier, chanoine,
au profit de Jacques-François Thénevot, curé de
Vars (27 août), — Vente par Pierre Longeville, maître architecte, et Jeanne Porcheron, sa femme, à
Antoine Massé, huissier aux tailles, de deux maisons
sises à l'Éperon, paroisse de St-Martial, avec 2 jardins,
moyennant 1.500 livres (1 septembre). — Cession par
Charles de Terrasson, chevalier, seigneur de Verneuil
et Marguerite Thenaud, son épouse, à Louis-René de
Terrasson, écuyer, ancien lieutenant de vaisseau,
chevalier de St-Louis, demeurant à Verteuil, de 50 livres de rente (5 septembre). — Acte de notoriété justifiant que Jean Couturier, sieur du Châtelard, avocat
en parlement, greffier des insinuations ecclésiastiques
du diocèse, est décédé le 2 avril 1752, laissant pour
héritier Jean-François Couturier, aussi greffier des
insinuations ecclésiastiques, Michelle-Jeanne Couturier, épouse de Guillaume, notaire royal, et Anne
Couturier, ses enfants ; et que ladite Anne est décédée
le 26 janvier 1754 (12 septembre). — Bail à loyer
d'une maison, à Roffit, consenti par Jean Pigoizard,
marchand papetier, demeurant au moulin de Cottiez,
paroisse de La Couronne (17 septembre). — Inventaire des papiers et effets de commerce de Pierre
Fauconnier de Fontgrave, échevin du corps-de-ville
et ancien juge consulaire, décédé le 10 de ce mois, ce
requérant Marie-Thérèse Benoist, sa veuve, Pierre
Fauconnier de Fontgrave, bourgeois, André Benoist
de Bresme, avocat, Thérèse Fauconnier, son épouse,
Augustin Civadier, greffier en chef au siège de police
d'Angoulême, Marguerite Fauconnier, son épouse,
Pierre Fauconnier, prieur du Châtelard, chanoine de
l'église cathédrale, faisant pour André Arnaud, bourgeois, mineur émancipé, héritiers dudit défunt (17
octobre). — Procuration donnée par Pierre-Dominique Le Vachier Desmoulins, chanoine régulier de la
congrégation de France, prieur curé de St-Maurice

d'Échallat, pour reprendre en son nom la poursuite
intentée pour crime de faux par feu Alexandre-Char-
les Le Vachier, ancien prieur, curé dudit Échallat,
contre le sieur Vinson, son vicaire, en raison de la
prétendue résignation qu'il aurait faite en sa faveur
(21 octobre). — Bail à loyer d'un appartement consenti, moyennant 100 livres par an, par Claude Coulon, maître ès arts, et Marie Jallet, sa femme (29 octobre). — Bail à loyer par François Maulde, sieur des
Blancheteaux, conseiller en l'élection de Cognac, à
Nicolas Marcou, maître boisselier de Paris, et Nicole
Miéton, sa femme, d'une maison sise paroisse St-André, pour 6 années, moyennant 85 livres chaque (18
novembre). — Bail à loyer par François Vallet, procureur au présidial et syndic des pauvres de l'Hôtel-
Dieu, à Philippe Bastier, étudiant en droit, demeurant
au château de Peyrat, paroisse de Roumazières, faisant tant pour lui que pour Pierre Bastier, sieur de
Bachaloux, son père, d'une maison sise paroisse de
St-André, dans la rue qui conduit de l'église au canton de St-François (23 novembre). — Cession par
Louise Rossignol et Pierre Dupuy, marchands, à
Pierre Longeville, aussi marchand, de la jouissance
d'un jardin pendant 18 ans moyennant qu'il y cons-
truira un chais (2 décembre). — Contrat de mariage
entre Jean-Christophe Delpeux, garçon chirurgien,
fils de Jean, maître chirurgien, et de Jeanne Thomas ;
et Jeanne Galliot, fille majeure de défunts François,
sieur des Roix, bourgeois, et Madeleine Lévêquot (28
décembre 1760).

E. 2053. (Liasse.) — 129 pièces, papier.

1761. — Jean Bernard, notaire royal à Angoulême.
— Actes reçus par ce notaire du 3 janvier au 30 juin.
— Acte de notoriété justifiant que Pierre Fouchier,
avocat du Roi au présidial, est décédé le 26 novembre
1760 laissant pour unique héritière Catherine Fouchier,
sa sœur, épouse de Marc Barbot, écuyer, seigneur de
La Trésorière (10 janvier). — Contrat de mariage
entre Jean Espagnon, sieur des Iles, fils de Jean, aussi
sieur des Iles, bourgeois, et d'Élisabeth Rousseau, demeurant à Réparsac ; et Marie Yrvoix-Chauvin, fille de
feu Philippe et de François Durand : en faveur duquel
mariage le futur époux reçoit 1.000 livres de dot (12
janvier). — Procuration donnée par Catherine Rateau
à Charles Dexmier, écuyer, sieur dudit nom, demeurant
au lieu de Menot, paroisse de St-Léger (22 janvier). —
Démission de la cure de St-Paul d'Angoulême par

Antoine Civadier, chanoine (5 février). — Procès-verbal d'un banc à boucher de la halle du Palet dépendant de la cure de St-Paul (24 février). — Cession d'une rente de 30 livres à François Leclerc, « blanconnier », par Jacques Mesturas, notaire royal, demeurant au village de Cloux, paroisse de Champniers (6 mars). — Prise de possession de la prébende ayant appartenu à Mr Martin de Bourgon de Lavigerie par Jean-François Gilbert, archiprêtre de St-Jean, malgré le refus du chapitre d'y concourir (30 mars).— Partage entre Pierre Callaud, l'aîné, marchand poêlier, Jean Dubois, comme tuteur de sa fille et de feue Marguerite Callaud, Jacques Callaud, sieur de Bellisle, autre Jacques Callaud et Jeanne Callaud, enfants et gendre de Michel Callaud, marchand poêlier et de Catherine Augeraud, de la succession de Marguerite Combret, veuve en premières noces de Jacques Callaud et en secondes noces de Pierre Chenut, décédée le 8 avril ; ladite succession s'élevant à la somme de 68.114 livres qui se décompose ainsi : 1° rapport de Pierre Callaud, 4.754 livres ; 2° rapport de Jean Dubois, 1.369 livres ; 3° précompte de Jeanne Callaud, mineure, 171 livres ; 4° immeubles, 8.350 liv. ; 5° rentes foncières, 4.090 livres ; 6° rentes « volantes », 3.040 livres ; 7° bons effets exigibles, 15.121 livres ; 8° effets douteux, 1.875 livres ; 9° effets véreux autres que ceux d'Auvergne, 2.972 livres ; 10° effets d'Auvergne autres que ceux cotés bons, 15.672 livres ; 11° résidu des livres de boutique, 4.799 livres ; 12° meubles, outils et marchandises qui restent à vendre 633 livres; 13° l'argenterie, 257 livres ; 14° 2 mouchoirs portés dans l'addition de l'inventaire, 5 livres (9 avril 1761-13 janvier 1762). — Déclaration de François Chénaud, maître couvreur et entrepreneur, à la communauté des habitants de la paroisse de Jurignac, par laquelle il expose qu'il a exécuté les réparations de l'église de Jurignac dont François Chénaud, son père, s'était rendu adjudicataire : qu'il a reçu les 1.014 livres imposées sur les habitants, mais que l'évêque, gros décimateur, avait refusé de payer les 400 livres sur lui imposées par arrêt du conseil du Roi, ayant fait faire à ses frais les réparations du chœur, du sanctuaire et du clocher; qu'il demande, en conséquence, à l'Intendant, de vouloir bien aviser aux moyens de le faire payer (12 avril). — Adjudication par François-Abraham Moreau, sieur de Bois-Cluzeau, juge-sénéchal de la baronnie de Montmoreau, subdélégué de l'Intendant de la généralité de Limoges au département de Montmoreau et de Blanzac, à François Chénaud, couvreur,

après rabais et moyennant 2.090 livres, des travaux de réparation à exécuter à l'église de Jurignac : il devra refaire le pavé en carreaux de pierre de taille dure ; faire une balustrade et une porte à deux battants en chêne; faire un bénitier à piédestal ; « ouvrir en plein et vitrer à neuf 3 petits vitraux actuelement murailhés à la neffe, de 5 pieds de hauteur sur un pieds de largeur, les deux plus proche du pillier quy sépare la neffe d'aveq le clocher dans le mur du costé nord et le 3e dans le mur du midy ; rouvrir aussy en plein et rétablir en pierre de tailles le glacis d'un autre grand vitrail actuelement en partie murailhés quy est de la hauteur de 9 pieds sur 2 de largeur, dans le mur du pignon de l'église ver soleil couchant, le vitrer en partie » ; refaire en entier la voûte de la nef et les 3 arceaux qui la supportent « en augive et dans la mesme forme qu'elle a été cy-devant construite » ; refaire le glacis du « pillier buttant » à main gauche de la porte, en sortant ; fermer en moellons les 3 ouvertures du mur de façade, au-dessous de l'entablement , refaire le bas des « pilliers buttans du coin du mur où est le pignon de la neffe » ; refaire le pignon ; refaire le 2e et le 3e « pilliers buttans » de la nef, au midi ; refaire toutes les charpentes de la nef et de la cloche (2 août 1752). — Dépôt dudit acte chez le notaire (13 avril). — Vente d'une maîtrise de barbier-perruquier, baigneur et étuviste par Jean Vallade à Jean Gimon, garçon perruquier, moyennant 700 livres (14 avril). — Bail à loyer par Jean Yver, curé de St-Antonin, à Jean Jan, soldat invalide de la compagnie de Lostende en garnison au Château, et à Suzanne Drouet, sa femme, d'une maison dépendant de la cure de St-Antonin, dans la rue qui va de la place du Château au Parc, à main droite, confrontant d'un côté à l'église ; ledit bail consenti pour 3 années moyennant 80 livres chaque (1er mai). — Vente par la communauté des maîtres cordonniers à Nicolas Gin, garçon cordonnier, d'un office d'inspecteur et contrôleur des cordonniers d'Angoulême, moyennant 260 livres (4 mars). — Réception de Nicolas Gin dans la communauté des maîtres cordonniers ; il se démet en sa faveur de son office d'inspecteur et promet en outre de verser 40 livres à la « boite » (4 mars).— Vente par Pierre Jeheu à Jean-Antoine Ducluzeau, praticien, et Marie-Lambert, sa femme, de son office de procureur en la sénéchaussée et siège présidial dont il a été pourvu le 2 juillet 1718, moyennant 6.000 livres (13 mai). — Cession par Jean Jallet, marchand, à Jean Cabrit, aussi marchand, d'un banc à mercerie sous la halle du Palet, dans la partie appelée halle des merciers, qui est l'allée faisant face à la porte du Palet, relevant du seigneur de Maumont comme acquéreur du domaine du Roi ; ladite cession faite moyennant une rente de 15 livres (2 juin). — Procès-verbal du fief noble de Chément et de ses dépendances, paroisse de Garat, appartenant en commun à Jacques Dubois, officier du Roi, aux enfants mineurs de Mathurin Dubois, et aux héritiers de Nicolas Dubois, prieur de St-Étienne, comme donataire de Louis Dubois ; ce requérant François Tronchère, bourgeois, et Clémence Delpeux, sa femme, fermier judiciaire dudit fief pour 5 années (8 juin). — Procès-verbal d'une maison du faubourg Lhoumeau louée par François Chatton, cartier (23 juin). — Transaction entre Jean Brebion, curé de Marillac, Étienne Lériget, avocat en parlement, procureur d'office de la comté de Montbron, nommé administrateur des pauvres de la paroisse de Marillac, par ordonnance du lieutenant-général d'Angoumois du 17 janvier 1755, les fabriciens et le syndic de la même paroisse, d'une part ; Jean Duvoisin, sieur de Soumagnac, pair du corps-de-ville, d'autre part ; concernant l'exécution du testament de Joseph Sauvo, curé de Marillac, du 6 août 1737, par lequel il léguait une partie de ses biens pour être employée à la constitution de rentes dont les arrérages seraient annuellement distribués aux pauvres de Marillac : la somme ainsi due par Jean Duvoisin comme héritier dudit Sauvo et de Rose, sa sœur, est fixée à 2.292 livres (30 juin). — Obligation de 1.292 livres reconnue par Jean Lériget, ancien procureur fiscal du comté de Montbron, et Anne Lériget, sa femme, demeurant à Orgedeuil, au profit des pauvres de la paroisse de Marillac (30 juin). — Obligation de 1.000 livres reconnue par Pierre de Bologne, écuyer, secrétaire du roi, audiencier près du parlement de Metz, et Bénédictine Husson, son épouse, au profit des pauvres de la paroisse de Marillac (30 juin 1761).

E. 2054. (Liasse.) — 96 pièces, papier.

1761. — Jean Bernard, notaire royal à Angoulême. — Actes reçus par ce notaire du 1 juillet au 29 décembre. — Notification au chapitre par François Meslier, procureur au présidial, des raisons qui obligent Antoine Civadier, un de ses membres, de ne pas assister aux chapitres généraux qui se tiennent les premiers jours de juillet (1 juillet). — Procès-verbal du fief et seigneurie de La Chaise et du lieu de Chez-

Lainiaud saisis sur Jean-François de la Croix, écuyer, seigneur de La Chaise (8-11 juillet). — Délibération de la communauté des habitants de la paroisse de Soyaux qui décident de poursuivre M. Bourdin, conseiller d'honneur au présidial, lequel s'était approprié une partie des communaux de la paroisse (12 juillet). — Contrat de mariage de Jean Mathias, garçon serrurier, originaire du diocèse de Sarlat (26 juillet). — Procuration donnée par Marie-Anne-Charlotte-Adélaïde d'Exea de St-Clément, veuve de Charles-Auguste de Condé, chevalier, seigneur de La Cour en Villefolet, pour s'entremettre avec les créanciers de celui-ci (13 septembre). — Inventaire des meubles et effets de la succession de David Lambert, négociant, ce requérant Jeanne Dulord, sa veuve, Guillaume Lambert, négociant, syndic du bureau des classes de la marine, Jeanne et François Lambert, Jean-Antoine Ducluzeau et Marie Lambert, sa femme, enfants et gendre dudit défunt et de Madeleine Vergnaud, sa première femme (24 septembre-7 décembre). — Procès-verbal de malfaçons dans la culture du lieu d'Antreroche, paroisse de Magnac-sur-Touvre, ce requérant Jean Poirier, sieur d'Antreroche, bourgeois (26 septembre). — Procuration de Paul Raimbaud, sieur de Bussac, demeurant au lieu du Fouilloux, paroisse de La Chapelle, en Poitou, à Jean Raimbaud, sieur de Marcan, son frère aîné (5 octobre). — Ratification par Guy Debect, sieur du Châtelard, garde général et receveur collecteur des amendes de la maîtrise particulière des eaux-et-forêts d'Angoumois, et Marie-Marthe Resnier, son épouse, demeurant à L'Isle-d'Espaignac, de l'acte de vente d'une métairie consenti par Joseph Resnier, sieur du Courret, bourgeois, leur frère et beau-frère, à Sébastien Billaud, sieur de Rouyer, marchand (21 novembre). — Cession par Louis Favreau, maître cordonnier, et sa femme, à Élie Nadaud, écuyer, seigneur en partie de Nouhère, et Rose de Lavergne, son épouse, demeurant au lieu de Mauraze, paroisse d'Asnières, d'une maison sise paroisse St-Jean, ladite cession faite moyennant 50 livres de rente (16 décembre). — Bail à ferme par Jean Ordonovant, professeur de belles-lettres, d'une pièce de terre, paroisse de Soyaux, moyennant 10 sols par an (20 décembre 1761).

E. 2055. (Liasse.) — 160 pièces, papier.

1762. — Jean Bernard, notaire royal à Angoulême. — Actes reçus par ce notaire du 3 janvier au 30 juin.

Contrat d'apprentissage pour 8 mois de Pierre Priollaud chez Jean Garnier, maître tisserand, qui recevra 40 livres (6 janvier). — Procès-verbal des dégâts survenus à une brûlerie du village de Marteau, paroisse de St-Saturnin, ce requérant Louis Péchillon, sieur de La Borderie, qui l'avait louée du sieur Geoffroy de la Thibaudière (14 janvier). — Constitution de 30 livres de rente au profit de Pierre Gillibert, notaire royal, demeurant au bourg de Ronsenac, par Pierre Gillibert, marchand, demeurant au village de Vaisne, paroisse de Voulgézac (21 janvier). — Bail à ferme par Jean Chaignaud de Fontchaudière, docteur en théologie, curé du Petit St-Cybard, à Joseph Grelier, tailleur de pierres, d'une chénevière dépendant de sa cure, pouvant contenir un boisseau de semence, pour 5 années, moyennant 10 livres chaque (2 février). — Résignation de la cure de St-Médard de Mainfonds par François Yver, au profit d'autre François Yver, vicaire de Marennes, au diocèse de Saintes, moyennant une pension viagère de 300 livres (21 février). — Quittance de 500 livres, pour amortissement de rente, donnée à Jean Thinon, bourgeois, par Jean Yver, curé de St-Antonin, Moïse Dumas, écuyer, seigneur de Chebrac, lieutenant criminel, et premier conseiller au présidial, et Mathieu Thibaud, commis au greffe du présidial, fabriciens de ladite paroisse (26 mars). — Quittance donnée par le curé et les fabriciens de St-Antonin à Jean-François Birot, écuyer, seigneur de Ruelle, Brouzède et Le Maine-Gaignaud en partie, et à Anne Mesturas, veuve de M. de la Charlonnie, écuyer, seigneur du Maine-Gaignaud, de 180 livres léguées par Jacques Salmon, conseiller au présidial, pour faire dire chaque année et le premier vendredi de chaque mois 12 messes à son intention à l'église de St-Antonin (16 avril). — Vente d'une maison sise dans la rue qui va de la place du château à la porte St-Martial, moyennant 800 livres, par Jean Mesnard, écuyer, seigneur de Laumont, au nom des enfants mineurs de Michel Mesnard, écuyer, président de l'élection, à Nicolas Chauvet, domestique de M. de Guimps, grand maître des eaux-et-forêts, et Marie Bourinet, sa femme (26 avril). — Inventaire des meubles et effets de Marc Gourdin de la Fuye, écuyer, archidiacre de l'église d'Angoulême, ce requérant Pierre Naud, chanoine, son exécuteur testamentaire, en présence de ses héritiers (28 avril-3 mai). — Réception d'Antoine Clochard, fils aîné d'autre Antoine, maître tisserand, dans la communauté des maîtres tisserands d'Angoulême (10 mai). — Contrat de mariage entre Jean Augeraud, fils de Jean, marchand, et de Marie de Voyon, demeurant au village de Chaumontet, paroisse de L'Isle d'Espagnac ; et Anne Augeraud, fille de Jean, aussi marchand, et d'Élisabeth Marsat, demeurant au lieu des Gibauds, paroisse de St-Martin d'Angoulême ; la future épouse reçoit 800 livres de dot (23 mai). — Compte de la tutelle de Pierre-Clément et de Anne Augeraud présenté par Philippe Augeraud, curé de Graves, leur oncle, il fixe la part de Pierre-Clément à 1.304 livres, et celle d'Anne à 790 livres (25 mai). — Prise de possession de la cure de St-Médard de Mainfonds par François Yver, prêtre, vicaire de Marennes, diocèse de Saintes (8 juin). — Constitution de 10 livres de rente par Marie Roche, veuve de Philippe Boussiron, procureur au présidial, au profit de Jean Odonovan, maître ès arts (11 juin). — Procès-verbal du lieu de Denat, paroisse de Dignac, et de ses dépendances, saisis sur Marie-Thérèse et Marie Normand (14 juin). — Contrat d'apprentissage de Pierre Allard chez Nicolas Ruetard, maître menuisier (2 juin). — Procès-verbal d'une maison saisie sur Marie Saoûl, veuve de Guy de Villemandy, à la requête du procureur-syndic des Pères Jacobins (21 juin). — Partage de la succession de Marc Gourdin de la Fuye, archidiacre, entre Marguerite Gourdin de la Fuye, religieuse de l'Union chrétienne, Anne Gourdin de Chazelles, demeurant à Tourriers, Louis-Robert Bourée, écuyer, ancien receveur des tailles de l'élection d'Angoulême, Marie Babaud, son épouse, demeurant au logis noble de La Barre, paroisse de Villejoubert, Louis-Robert Bourée, écuyer, demeurant au logis noble de Villement, paroisse de Ruelle, et Marie-Thérèse Bourée, demeurant au logis noble de La Barre, sœurs, neveux et petits-neveux du défunt (23 juin). — Convention par laquelle Antoine Limousin, tonnelier, fils de Pierre, enfourneur de faïencerie, s'engage à fabriquer pour François Laforêt, marchand, et sous la direction de Michel Allard, maître de chais, de la futaille en tierçons et barriques pendant un an, moyennant 25 sols par tierçon et 18 sols par barrique : les « écoupeaux » lui demeureront à la condition de payer audit Allard 1 sol par pièce fabriquée (27 juin 1761).

E. 2056. (Liasse.) — 1322 pièces, papier.

1762. — Jean Bernard, notaire royal à Angoulême. — Actes reçus par ce notaire du 1ᵉʳ juillet au 31 décembre. — Sommation par Pierre Longueville, maître architecte, entrepreneur et marchand, demeurant près du couvent des Capucins, au sieur Decoux, maître architecte, d'avoir à terminer les travaux de réparation de l'église d'Hiersac, conformément aux conventions verbales entre eux conclues le 26 mars 1758 (12 juillet). — Procuration donnée par la communauté des habitants de la paroisse de Soyaux à Etienne Corlieu, bourgeois, afin d'obtenir du contrôleur général des finances et de l'Intendant de Limoges l'autorisation de partager entre eux les seize ou dix-huit cents journaux de brandes et de bruyères qui leur appartiennent en commun ; attendu que « la jouissance commune de ce terrain qui sert en pacage, et pour y prendre de la brande et bruyère qui servent en litière, cause beaucoup de querelles, batailles et procès, y ayant actuellement deux instances, l'une pendante en la sénéchaussée, et l'autre en la maîtrise particulière des eaux-et-forêts, le tout quoi a été occasionné par la plupart des habitants qui n'ont que très peu de bien et d'autres qui ne sont que bordiers en ce qu'ils sont dans l'usage, contre le droit, d'aller dans tous les tems couper desd. brandes et bruyères qu'ils vendent et dont ils en font enlever nuitamment la majeure partie, les autres habitants qui sont chargés de beaucoup d'impositions royales, étant occupés à la culture de leurs domaines, ne pouvant pas toujours et de continuité couper desd. brandes et bruyères, et sont privés de la portion qui leur en doit revenir, par la raison que ceux qui n'ont, à bien dire, que des habitations, et ne contribuent presque point auxd. impositions, enlèvent lesd. brandes et bruyères » (18 juillet). — Déclaration par la communauté des habitants de la paroisse de Mainfonds de la valeur des dîmes de cette paroisse qui est habituellement supérieure à 900 livres (29 août). — Vérification par Jean Rocher, éperonnier, demeurant près de la prison de Cognac, expert nommé par le présidial, du mémoire présenté par Nicolas Lenoble, éperonnier d'Angoulême, au sieur Auriche, anglais, au mois de mai précédent (10 septembre). — Inventaire des meubles et effets de Nicolas Deroullède, notaire royal, décédé le 11, ce requérant Catherine Serpaud, sa veuve, appelés Pierre de Bussac, procureur au présidial, comme exerçant les droits de Marie Deroullède, son épouse, et Jean Couturier, sieur du Châtelard, greffier des insinuations ecclésiastiques du diocèse, comme exerçant les droits d'autre Marie Deroullède, son épouse, celles-ci filles dudit Nicolas. A signaler : dans le domaine du Maine Neuf, paroisse de Dirac, une chaudière à eau-de-vie

« murée et garnie de ses aparaux » (14 septembre-1er décembre). — Inventaire des meubles et effets de la communauté de feu Laurent Barraud et de Louise Sauvo, ce requérant François Gillibert et Suzanne Barraud, leurs gendre et fille (15 septembre-11 décembre). — Obligation de 167 livres reconnue au profit de Pierre Renoux de St-Junien, pour fourniture de marchandises, par Jean Lallemand, marchand chamoiseur du faubourg St-Cybard (13 novembre). — Association entre Gabriel Latreille, maître cordonnier, et Antoine Bribe, garçon cordonnier, pour 9 années, ils paieront chacun la moitié du loyer de la maison qu'ils occupent, et partageront les charges et les bénéfices de leur travail (15 novembre). — Procuration donnée par Mlle Lemaugin, épouse non commune en bien de Marc Frary, musicien, à Cécile Lemaugin, sa sœur, pour interjeter appel d'une sentence du présidial d'Angers (16 novembre). — Cession par Anne David, fille de défunts Nicolas et Claude Authier, demeurant au lieu d'Antreroche, paroisse de Magnac-sur-Touvre, à Roger Bareau, avocat, et Marie-Anne Bouillon, sa femme, de la moitié dudit lieu d'Antreroche et de ses dépendances, moyennant la rente de 100 livres (1 septembre 1761). Dépôt de cet acte par Jean Garrigou, sieur de La Négrerie, demeurant au lieu du Maine-Yraud, paroisse de Maisonnais, en Poitou, à qui ladite Anne David a fait cession de sa rente (22 novembre). — Convention entre Jean Dousset, marchand, demeurant au village de La Faye, paroisse de Torsac, et Jean Chaigneau, charpentier de la paroisse d'Houme, détenu aux prisons d'Angoulême ; le 20 mai 1761 Dousset avait vendu 2 bœufs et 1 charette, moyennant 270 livres, à Chaigneau ; celui-ci n'ayant pu les payer le rend au bailleur moyennant qu'il déduira 200 livres de sa créance (13 décembre). — Cession de 18 carreaux de terre labourable au lieu appelé Sur le Peu St-Amant, paroisse de Balzac, moyennant une rente de 41 sols 4 deniers (19 décembre 1762).

E. 2057. (Liasse.) — 91 pièces, papier.

1763. — Jean Bernard, notaire royal à Angoulême. — Actes reçus par ce notaire du 2 janvier au 8 mars. — Obligation de 500 livres consentie par Jean Guyonnet l'aîné, autre Jean Guyonnet et Pierre Félinaud, marchands, demeurant au village d'Antournat, paroisse de Soyaux, au profit de Jean de Livron, écuyer, seigneur de Puyvidal, demeurant au logis noble de Puyvidal, paroisse de St-Constant, pour vente d'une coupe de bois de 18 à 19 ans (17 janvier). — Cession par Louis Catineau, maître de gabarre, et sa femme, à Jean Vaslin jeune, négociant, d'une gabarre que celui-ci leur avait vendue 2.100 livres le 24 juillet 1758, mais qu'ils n'avaient pu payer (22 janvier). — Délibération de la communauté des habitants de Soyaux qui donnent pouvoir à deux d'entre eux pour faire faire l'arpentement des brandes qui leur appartiennent en commun « afin d'en faire tout de suite un partage réel, et en faire dresser acte authentique par lequel chaque habitant aura sa portion égale du terrain dont la fixation et la division seront faites par gens à ce connoissans afin de donner à chacun des habitans ce qui doit luy en revenir en égard à ce qui sera plus et moins bon, à la charge toujours de payer solidairement la redevance due à messieurs du Chapitre », observant « que cet arpentement et partage sont d'un grand avantage en ce que chaque habitant cultivera sa portion de manière que, infailliblement, il en retirera un revenu qui luy aidera pour le payement des impositions et charges dont il est tenu et luy procurera d'autres secours très essentiels, au lieu que, maintenant, le susdit terrain est sy abandonné et il y a tant de contestations, qu'il n'en est retiré que très peu de choses » (28 janvier). — Procès-verbal des déchirures faites aux vêtements de Paul Vieilleville, conducteur des travaux sur les grands chemins de la généralité de Limoges, demeurant au faubourg de St-Cybard, par 6 ou 7 jeunes gens qui l'ont maltraité la veille au soir (28 janvier). — Quittances des sommes qui leur étaient dues pour réparations à la maison des sieurs Dubois données par Christophe Vinet, maître architecte, Jean Vignaud, maître menuisier, Jacques Bertrand et Jean Joret, maîtres serruriers (10 février). — Contrat de mariage entre Guy de Borie, chevalier, seigneur du Repaire, fils de feu Louis, aussi chevalier et seigneur du Repaire, et de Marie-Anne de la Roussie, demeurant en la ville de Brantôme ; et Louise-Anne de la Rochefoucauld, fille mineure de défunts Jean, chevalier, seigneur de Magnac, et Marie Decescaud (12 février). — Désistement de son opposition à ce mariage par François-Victorin de la Rochefoucauld de Magnac, chevalier, seigneur des Bretonnières, demeurant au logis noble des Bretonnières, paroisse de Roullet, oncle de la future épouse (15 février). — Inventaire des meubles et effets de Marguerite-Esther Desmazières du Passage, veuve de François de la Pisse,

chevalier, seigneur de Langlardie, ce requérant François de Lambertie, chevalier, seigneur de Rochefort, La Chapelle-Montmoreau, Chevaroche et autres lieux, comme tuteur de ses enfants et de Marie de la Pisse, demeurant au logis noble de Chevaroche, paroisse du Vieux-Mareuil, en Périgord, tant pour lui que comme procureur de François de Lageard, chevalier, seigneur de Grézignac, Beauregard et autres lieux, et de Madeleine de la Pisse, son épouse, demeurant au château de Beauregard, paroisse de St-Pardoux de Mareuil, gendres et filles de la défunte (17-18 février). — Convention entre les 4 collecteurs de la paroisse de Brie : l'un d'eux se charge du rôle des vingtièmes et gardera le droit de collecte s'élevant environ à 25 livres ; un autre se charge de toutes les autres impositions moyennant que le droit de collecte s'élevant environ à 40 livres lui sera réservé (2 mars). — Convention entre Philippe Augeraud, curé de Graves et chapelain de Laugerie, et 3 laboureurs des paroisses de Soyaux et de L'Isle d'Espagnac : ceux ci s'engagent à labourer une pièce de terre de 3 journaux près du moulin de Chaumontet, paroisse de L'Isle, de trois façons, la première « à petite reige de l'oreille au tallon, la seconde sera d'encrester, et la troisième sera de fermer les sillons », moyennant 32 livres et 2 bouteilles de vin à chacun par jour de travail ; à la semer en blé d'Espagne et à faire la récolte de celui-ci dont il leur sera laissé la moitié, une fois le droit d'agrier prélevé ; à aider pour le planter en vigne, moyennant 12 sols par journée d'homme et le vin (19 mars 1763).

E. 2058. (Liasse.) — 62 pièces, papier.

1763. — Jean Bernard, notaire royal à Angoulême. — Actes reçus par ce notaire du 1 avril au 30 juin. — Transaction qui fixe à 70 livres les dommages-et-intérêts dûs à Madeleine Dupont, épouse de Jean Clavaud, marchand, par François Deviaud, écuyer, seigneur de La Charbonnière, demeurant au lieu de La Charbonnière, paroisse de Chazelles, en raison des injures qu'il avait proférées contre elle (17 avril). — Reconnaissance d'une rente de 22 livres 17 sols due à Antoine Civadier, ancien curé de St-Paul, par Philippe Bastier, licencié en droit, François Bastier, notaire royal, Élisabeth, Marie, Éléonore Bastier, et leurs frères et sœurs comme héritiers de Pierre, leur père (28 avril). — Sommation par Pierre Cossard, maître orfèvre, à Antoine Roy et à Buchey, maîtres orfèvres et gardes-jurés de l'orfèvrerie d'Angoulême, d'avoir à marquer du poinçon de jurande 4 pieds de flambeaux, 4 plaques pour faire les cloches desdits pieds, et une grande cuillère : il observe « que depuis le mois de décembre ils ont marqué dudit poinçon de jurande tous les ouvrages marqués du poinçon dudit sieur Cossard toutes les fois qu'il s'est présenté chez Roy à cet effet, en présence du sieur Audry, marchand orfèvre, et fermier du droit de marque d'or et d'argent, ou de ses commis, qui étoient munis d'une des clefs du coffre où est renfermé le poinçon de jurande, ce qui s'est pratiqué de la sorte jusqu'aux environs du mois de mars, à laquelle dernière époque lesdits sieurs Roy et Bouchey ont marqué les ouvrages qui leur ont été présentés par ledit sieur Cossard, avec ledit poinçon de jurande, hors la présence dudit sieur fermier et de ses commis, jusqu'à aujourd'hui où ils en auroient été refusans,... qu'ils doivent d'autant moins refuser que depuis quelques tems ils ont jugé à propos de ne voulloir plus marquer du poinçon de jurande tous les jours indistinctement, et qu'ils ont indiqué pour ladite marque les jours de mardy et de vendredy ». Sur le refus des jurés d'appliquer la marque hors de la présence d'Audry, Cossard réplique « qu'ils ne peuvent pas disconvenir que le coffre qui sert de dépôt au poinçon de jurande est en la possession dudit Roy, et qu'ils en ont toutes les clefs, qu'ils ont privé ledit sieur fermier, par un changement d'une des serrures, de la clef qu'il avoit à l'usage de la dite serrure, pour raison de quoi il y a entr'eux une contestation ». Les jurés persistent dans leur refus pour la même raison, ajoutant « qu'ils n'ont point remis à Audry la clef dont il est question, et que c'est lui tout au contraire qui, lorsque il a cessé d'être juré-garde pour prendre la place du prétendu fermier, au lieu de remettre ladite clef au sieur Roy qui l'a remplacé, il l'a au contraire retenue sans avoir jamais voulu la remettre, en sorte que Roy a été obligé d'en faire faire une autre, parce qu'il étoit nécessaire que les deux gardes-jurés eussent chacun la leur, et en cela ilz n'ont fait qu'uzer de leur droit ; Audry ayant la faculté de faire mettre à ses dépens une troisième serrure de laquelle il aura la clef ». En conséquence Cossard somme Audry d'avoir à se rendre chez les jurés afin d'assister à l'application du poinçon de jurande. Audry répond que le refus des jurés est « un piège par le moyen duquel ils voudroient mettre à couvert la mauvaise manœuvre qu'ils ont tenue, la voye de fait qu'ils ont mis en usage, et les fraudes qui en ont été la suitte », qu'ils se sont mis à même

« de marquer, comme ils le font, à catiminye, quand il leur plait, toutes sortes d'ouvrages, mais essentiellement les leurs particuliers,... qu'ils scavent qu'ils ont refusé de marquer à lui-même des ouvrages qu'il leur a présentés », qu'au surplus il est prêt à se rendre chez eux s'ils veulent lui laisser une des clefs du coffre où est conservé le poinçon. Cette réponse ayant été transmise aux jurés ils protestent « que depuis la ferme que le sieur Audry prétend avoir faite des droits de marque d'or et d'argent, il n'y a que lui et le sieur Cossard qui ayent travaillé à l'orphévrie dans cette ville d'Angoulême, eux-mêmes ayant cessé de travailler et faire travailler depuis ce tems là,... par conséquent il n'i a donc eu qu'eux qui ayent eu des ouvrages sujets à la marque, le dit sieur Cossard travaillant même journellement pour Audry » : ils renouvellent leurs déclarations précédentes (11 mai). — Vente par Anne Guyonnet de St-Germain, veuve de François Normand, chevalier, seigneur de Garat, à Jean Guérin, sieur de La Bletterie, maître apothicaire, et Marguerite Delafont, sa femme, d'une borderie sise paroisse St-Martin d'Angoulême, moyennant 5.000 livres et 500 livres de pot-de-vin (12 mai). — Contrat de mariage entre Jean Brou, sieur de Chasseignac, garçon apothicaire, fils de défunt Bertrand, sieur Duclaud, et Marie de Bussac, fille de Marie David, épouse de Rémy de Bussac, droguiste, absent depuis 12 ans : le futur époux reçoit 1.000 livres de dot ; la future épouse 300 livres, et 600 livres en fonds de droguerie dont l'intérêt sera payé à sa mère. Suit l'inventaire du fonds de droguerie (13 mai). — Inventaire après levée de scellés, des meubles de Catherine Claizaud, veuve de Léonard Cristophle, marchand orfèvre et horloger de la ville de Guéret, et de Sylvie Cristophle, sa fille, épouse de Jean Bellet, aussi horloger et miroitier. Par contrat de mariage passé à Guéret en novembre 1758, Sylvie Christophle avait reçu 600 livres de dot ; elle était venue s'établir avec son mari et sa mère à Limoges où ils demeurèrent 18 mois sans trouver de travail. Ils apprirent alors qu'il n'y avait point de miroitier à Angoulême ; et s'y installèrent le 1er novembre 1760, dans la grand'rue St-Pierre. « Ils ouvrirent une boutique et travaillèrent, car la femme dudit Bellet sçait comme luy étamer les glaces et racomoder les miroirs. Tellement que dans peu le public ayant été instruit de leur savoir-faire et que ledit Bellet sçavoit aussi très bien vernir les appartements et les meubles, ils eurent bientost autant et plus d'ouvrages qu'ils en pouvoient faire ». Une dizaine de mois après leur arrivée, Beauclerc, « doreur de profession et d'une physionomie revenante, mais trompeuse... assurant qu'il étoit un des plus habiles doreurs du royaume, qu'il venoit de Périgueux où il avoit travaillé quatre années à l'évêché et qu'il y avoit gaigné quelque chose », s'associa avec eux. Pendant un an ils travaillèrent dans les meilleures maisons de la ville et des environs sans encourir le moindre reproche. En août 1762 Bellet se brouilla avec Beauclerc ; celui-ci annonça son intention de quitter Angoulême aussitôt que l'ouvrage qu'ils avaient entrepris ensemble à l'abbaye de La Couronne serait terminé. En octobre, deux vols furent commis chez M. de St-Mémy et M. Bareau de Girac, chanoine et prieur de Montmoreau : Beauclerc fut reconnu coupable et pendu avec deux de ses complices ; deux autres furent pendus en effigie. Des objets volés ayant été mis à l'insu de Bellet dans une malle lui appartenant, il fut impliqué dans l'affaire et condamné aux galères à perpétuité. Sa femme et sa belle-mère furent emprisonnées et relâchées après avoir été reconnues innocentes. A signaler dans l'inventaire : un cadre pour dessus de cheminée contenant une peinture sur toile commencée ; — 6 chandeliers de bois pour église, non achevés ; — une niche dans laquelle il y a la figure de la Vierge, garnie d'une vitre, avec cadre peint ; — 50 livrets de feuilles d'or ; — des fils d'argent pour faire des aigrettes (17 juin). — Procuration donnée par Gédéon de Roffignac, chevalier, seigneur de Sauvat, St-Junien, Les Combes, Belledent et autres lieux, demeurant au château de Sauvat, en Basse-Marche (20 juin 1763).

E. 2059. (Liasse.) — 59 pièces, papier.

1763. — Jean Bernard, notaire royal à Angoulême. — Actes reçus par ce notaire du 1 juillet au 30 septembre. — Transaction qui fixe à 12 livres les dommages-et-intérêts dûs à la communauté des maîtres savetiers par Roch Cheminaud, cordonnier, pour avoir exécuté des travaux de savetier (7 juillet). — Bail à ferme d'une pièce de pré, moyennant 50 livres par an, consenti par Siméon Mathé, notaire royal (7 juillet). — Contrat d'apprentissage pour 21 mois chez un maître boulanger (5 août). — Procès-verbal de la maison saisie sur Augustin Guyonnet, sieur du Peyrat, et Marie Arnauld, sa femme, ce requérant Bernard Sazerac, « manufacturier en fayance », bailliste judiciaire (24 août). — Sommation par Pierre Regnauld,

chevalier, seigneur de La Soudière, demeurant au logis noble de Goué, paroisse de St-Groux, à Marie-Thérèse Vachier, supérieure, et Marie Valleteau, maîtresse du pensionnat des Ursulines, de lui remettre ses deux filles âgées de 8 et 7 ans, malgré l'opposition faite par Anne-Françoise-Catherine-Marie Arnauld, son épouse (19 septembre 1763).

E. 2060. (Liasse.) — 83 pièces, papier.

1763. — Jean Bernard, notaire royal à Angoulême. — Actes reçus par ce notaire du 2 octobre au 31 décembre. — Contrat de mariage entre Jacques Callaud, sieur de Bellisle, garçon cirier, fils de feu Michel, marchand, et de Catherine Augeraud ; et Jeanne Machenaud, fille de François, marchand aubergiste (11 octobre). — Bail à loyer par Léonard Lanchère, marchand cartier, à Jean Chebrou, jardinier, d'une maison sise à La Madeleine, faubourg de Lhoumeau, moyennant 36 livres par an (23 octobre). — Convention par laquelle François Aubin, voiturier de la paroisse de Brie, s'engage envers Jean Besson, aussi voiturier de la même paroisse, à transporter chaque jour, pendant 2 mois, du charbon de la forêt de Bellair, paroisse de St-Mary, au faubourg de Lhoumeau et à Champniers, moyennant 6 livres par millier : la quantité transportée au total ne devra pas être inférieure à 6 milliers (26 octobre). — Procuration donnée par François-Jean-Charles, marquis de la Rochefoucauld de Bayers, colonel du régiment de grenadiers royaux de son nom, chevalier de St-Louis, demeurant en son hôtel, rue St-Dominique, à Paris, à Pierre Roche, procureur au présidial (12 novembre): — Réduction de la vente seigneuriale de 11 mesures de froment, 12 boisseaux d'avoine, 1 livre 9 sols, et 2 chapons due au marquis de Bayers par Pierre Demay, maître chirurgien et pensionnaire du Roi, à cause du lieu de Beaumont, paroisse St-Martial ; il ne paiera plus désormais que 5 sols (12 novembre). — Partage de la succession de Marie Rigaud, leur mère et belle-mère, s'élevant à 700 livres pour les meubles et 1.750 livres pour les immeubles, entre Pierre Longueville, marchand et maître architecte, Pierre Grelier, tailleur de pierres, et Marie Longueville, son épouse (14 novembre). — Bail à ferme des dîmes et agriers dûs au chantre du chapitre dans les paroisses de Ruelle et de Magnac, pour 7 années, moyennant 45 livres chaque (3 décembre). — Marché par lequel Louis Paponnet et Jean Gallocher, charpentiers de la paroisse St-Martial, s'engagent envers Guillaume Cougnet, aussi charpentier, à faire les cintres nécessaires pour la construction du pont du Pontouvre, paroisse de Lhoumeaù, conformément aux devis et plans du sieur Barbier, ingénieur, moyennant 31 livres pour chaque ferme, les matériaux leur étant fournis : ils s'engagent aussi à faire divers travaux à l'église de Bunzac, entre autres à raccommoder la balustrade (6 décembre 1763).

E. 2061. (Liasse.) — 189 pièces, papier.

. **1764.** — Jean Bernard, notaire royal à Angoulême. — Actes reçus par ce notaire du 6 janvier au 25 juin. — Vente de divers meubles, moyennant 170 livres, par Marie Aymard, veuve de Louis Ferrand, menuisier, à Gabriel Ferrand, maître écrivain, son fils (10 janvier). — Bail à ferme par Jean Couturier, sieur du Châtelard, greffier des insinuations ecclésiastiques du diocèse, à Jean Collain, laboureur du village de Chapelot, paroisse de Vindelle, de sa métairie de Chapelot, pour 6 ans, moyennant 180 livres, 2 douzaines de fromages de lait de brebis et 2 livres de laine blanche par an (10 février). — Procès-verbal à la requête de François Boucherie, foulinier, du « moulin à foulon » de Chez-Colas, paroisse de Touvre, hors d'état depuis 4 ans, et qu'il se propose de faire réparer (18 février). — Contrat de mariage entre François Lhoumeau, sieur de La Fenêtre, veuf de demoiselle Françoise Lebègue, fils de défunts François, aussi sieur de La Fenêtre, et Louise Trouillier, demeurant à Vouharte ; et Jeanne Mancié, fille de défunts Jacques, notaire royal, et Charlotte-Julie Verrier : les futurs époux confèrent chacun dans la communauté la somme de 500 livres (4 mars). — Inventaire des meubles et effets de Michel Sartre, marchand, décédé le 8 mars 1763, ce requérant Mauricette Pelard, sa veuve, et Jean Sartre, leur fils. A signaler : 4 aunes de dentelle de Flandre estimée 3 livres 12 sols l'aune ; — 9 aunes de dentelle de rentoilage estimée 6 livres 10 sols l'aune ; — une garniture de robe en chenille et en blonde avec l'assortiment en rose et blanc estimée 96 livres ; — 5 douzaines de gants de femme de diverses couleurs estimées 15 livres ; — 135 aunes de « popeline » en Batavia de diverses couleurs estimée 58 sols l'aune ; — 15 aunes de « perpétuelle » estimées 27 livres ; — 6 éventails à la capucine estimés 14 sols pièce ; — 3 éventails de bois d'ébène estimés 3 livres (5 mars-2 avril). — Cession par Jean Sartre,

fourrier dans la compagnie de M. de Châtelier, en garnison à Angers, à Marie, Anne, et Marie-Anne Sartre, ses sœurs, de ses droits dans la succession de Michel, leur père, moyennant 4.375 livres (4 avril). — Procès-verbal de la mauvaise qualité du bois merrain pour barrique livré par le sieur Melleraud à François Laforêt, négociant du faubourg Lhoumeau, qui lui en avait acheté 50 quarts (21 avril). — Bail à ferme par Marguerite Gourdin de la Fuye, religieuse de l'Union chrétienne, à Pierre Amiaud, notaire et greffier de la baronnie de Montignac-Charente, des agriers qui lui appartiennent à cause de son fief du Châtelard dans les paroisses de St-Amant-de-Boixe, de Tourriers, de Villejoubert et de Montignac, pour 9 années, moyennant 300 livres chaque (6 mai). — Contrat de mariage entre Jacques Thinon, mendiant du bourg de Coulonges, et Marie Léger, fille de Jean, aussi mendiant du faubourg de St-Cybard : les futurs époux confèrent chacun dans la communauté la somme de 5 livres (21 mai). — Procuration donnée par Renée de David de Lavaud, demeurant au couvent de l'Union chrétienne, à Charles de David, son frère aîné, demeurant à Ajat, en Périgord, pour recevoir les 100 livres qui lui reviennent en raison de la vente du domaine de Maruteau, paroisse de La Roche-l'Abeille, ayant appartenu à Jean de David, chevalier, seigneur de Lavaud, et à Françoise Bordier, sa seconde femme, leurs père et mère (30 mai). — Bail à ferme par François Lhoumeau, sieur de La Fenêtre, et Jeanne Mancié, son épouse, à Noël Petiot, tisserand, d'une chénevière sise au lieu appelé Les grands quartiers de l'Anguienne, paroisse de St-Martial, pouvant contenir 8 mesures de semence, pour 5 années, moyennant 4 livres 10 sols chaque (1er juin). — Convention par laquelle Jean Martin, voiturier de St-Genis, s'engage à cultiver des vignes sises dans cette paroisse, moyennant qu'il aura la moitié de la récolte faite à ses frais (4 juin). — Donation entre vifs à Louis-Robert Bourée, écuyer, demeurant au logis noble de Villement, paroisse de Ruelle, et Marie-Thérèse Bourée, demeurant au logis noble de La Barre, paroisse de Villejoubert, par Marguerite Gourdin de la Fuye, religieuse de l'Union chrétienne, de tous ses acquêts immeubles, et du tiers de ses propres, sous réserve d'une pension viagère de 394 livres (13 juin). — Partage de succession entre Pierre Petit, garde des eaux-et-forêts, Pierre Brun, maître architecte et entrepreneur, Madeleine Petit, sa femme, et autres (16 juin 1764).

E. 2062. (Liasse.) — 119 pièces, papier.

1764. — Jean Bernard, notaire royal à Angoulême. — Actes reçus par ce notaire du 8 juillet au 31 décembre. — Cession par François et Joseph Fonchin, bourgeois, et Marie Fonchin, leur sœur, demeurant paroisse de St-Maurice de Montbron, de leurs droits comme héritiers de Pierre Fonchin et de Marie Gilbert, leurs parents, sur Jean Gilbert, sieur de Plaisir, bourgeois de Montbron, fils de N. Gilbert, sieur de Fontverte, lui-même fils de Jean et de Marie Guerry; ladite cession faite moyennant 3.800 livres (13 juillet). — Nomination par Antoine Bribes, cordonnier, fils de Jean, maître cordonnier de Montauban, de Benoît Valleteau, curé de St-Michel d'Entraigues, comme patron de la chapellenie de la maison de David Bribes fondée en l'église paroissiale de Puycasquier (23 juillet). — Procès-verbal du lieu du Maine-Neuf, paroisse de Dirac, dépendant de la succession de Nicolas Deroullède, notaire royal, à la requête du bailliste judiciaire dudit domaine (9 août). — Procès-verbal du mauvais état d'entretien du domaine de Magnac-sur-Touvre, par la faute des fermiers (1 septembre). — Reconnaissance d'une rente d'un sol due à Jean de Montalembert de Vaux, chevalier, seigneur de Villars et du Tillet, demeurant au logis noble de Villars, paroisse de Garat, par Jean-Baptiste Brillet, receveur général des aides de l'élection, et Élisabeth Yver, son épouse, à cause d'une maison relevant du fief du Tillet acquis par ledit Montalembert de Charles Dusóuchet (5 septembre). — Vente par Jean Augeraud, prêtre, demeurant à Cellefrouin, Pierre-Clément Augeraud, procureur au présidial, Marie-Jeanne Bourboulon, son épouse, et Anne Augeraud, à Nicolas Deloume, marchand, et Andrée Courty, sa femme, d'une maison sur la place de la halle du Palet moyennant 7.000 livres et 216 livres de pot-de-vin (5 septembre). — Résignation par Antoine Civadier, ancien curé de St-Paul, au profit de François Chauvineau, curé de N. D. de La Paine, d'une semi-prébende du chapitre (16 septembre). — Bail à ferme par Jean Robert, meunier, autre Jean Robert, pierrier, et Marie, leur sœur, demeurant à L'Isle d'Espagnac, à Nicolas Braud, meunier, et Marie Blanlœil, sa femme, du moulin « à cassettes » dudit bourg de L'Isle avec partie de ses dépendances, pour 5 années, moyennant 160 livres chaque (24 septembre). — Contrat d'apprentissage, pour 3 ans, de Pierre Saulnier chez Nicolas Ruetard, dit Laroche, maître menuisier (2 octobre). — Procuration donnée par Marie Aymard, veuve de Louis Ferrand, surnommé Tourangeau, maître menuisier, comme tutrice de Françoise, Marguerite, François, Mathurin, et Jean, leurs enfants, à Paschal Chauvin, sous-lieutenant dans la marine marchande, pour recevoir la succession dudit Louis Ferrand. Il était allé avec M. Cazaud à La Martinique en 1753 puis se rendit à La Grenade où il fit connaissance de M. de Flavigné : il acheta des nègres et quelques mulets ; il gagnait personnellement 24 livres et ses nègres lui procuraient 14 livres par jour. Après avoir gagné une petite fortune, au bout de 4 ou 5 ans, il revint à La Martinique où il mourut chez les Pères de la Charité ayant remis son avoir à M. Vandax, armateur et négociant (16 octobre). — Quittance de 30 livres d'intérêts donnée à Barthélémy Joutau, maître ès-arts, demeurant au village des Souchets, paroisse de Balzac (26 octobre). — Contrat d'apprentissage, pour 5 ans, de Pierre Baud, fils de Pierre, sieur de Bellisle, marchand, demeurant au village de Saintonge, paroisse de St-Même, chez Jean Guesnier, sieur de La Bletterie, maître apothicaire, qui logera, nourrira, blanchira ledit Baud, et lui apprendra sa profession moyennant 300 livres (27 novembre). — Procès-verbal de la maison presbytérale de la paroisse St-Paul, ce requérant Sébastien Delavergne, docteur en théologie, ayant pris possession de la cure de cette paroisse en septembre ; ledit procès-verbal en présence d'Antoine Civadier, précédent curé (3 décembre). — Vente des meubles de défunt Nicolas Deroullède, notaire royal (4-11 décembre). — Contrat de mariage entre Étienne Allemand, maître ès-arts, fils de Marc, maître tailleur d'habits, et Françoise Ferrand, fille de Marie Aymard, veuve de Louis, maître menuisier : la future épouse se constitue en dot la somme de 1.000 livres que lui doit Gabriel Ferrand, maître écrivain, son frère (9 décembre). — Bail à ferme par Antoine Civadier, chanoine, à Jean Seguin, tailleur de pierres, des revenus dépendant de sa prébende dans la paroisse de L'Isle d'Espagnac, pour 9 années, moyennant 600 livres chaque (19 décembre). — Vente d'une pièce de terre par Bonaventure Corlieu, laboureur à bras, et Anne Collain, sa femme, demeurant au village des Courlis, paroisse de Balzac (22 décembre 1764).

E. 2063. (Liasse.) — 140 pièces, papier.

1763. — Jean Bernard, notaire royal à Angoulême. — Actes reçus par ce notaire du 1 janvier au 30 juin. — Convention entre les 5 collecteurs de la paroisse de Balzac : l'un d'eux se charge de tous les rôles moyennant que les 4 autres lui paieront chacun 10 livres, l'accompagneront à tour de rôle quand il passera chez les contribuables les dimanches et jours de fêtes, se joindront tous à lui quand il s'agira de conduire les fusiliers et les huissiers de contrainte, supporteront avec lui le paiement des frais, des faux-taux et des faux-frais : les droits de « lève » seront partagés entre eux tous (2 janvier). — Bail à loyer par Jean Yver, curé de St-Antonin et de St-Vincent, à Pierre Turrault de la Cossonnière, pair de la maison commune, et Marguerite Lavialle, son épouse, de la maison de la cure de St-Antonin, près de l'église, pour 5 années, moyennant 80 livres chaque (11 janvier) — Procès-verbal de l' « état de démeublement » de la maison d'Anne-Françoise-Catherine-Marie Arnauld, ce requérant Pierre Regnauld, chevalier de la Soudière, son mari, ancien brigadier des gardes-du-corps du Roi, chevalier de St-Louis, seigneur de Goué, demeurant au logis dudit lieu, paroisse de Mansle ; conformément à l'ordonnance obtenue en raison de la plainte qu'il a formée contre les violences de sadite femme et de certains cuidams, ses « complices ». Mme Arnauld expose qu'elle a épousé le chevalier de la Soudière à 25 ans, étant veuve depuis 7 ans de M. Arnaud de Viville : elle avait vécu pendant son veuvage à Paris où l'attiraient ses parents dont quelques-uns ont l'honneur d'être parmi les premiers membres du Parlement. Sa fortune était de 10.000 livres de rente provenant de M. et Mme Guiot de Chêne, ses aïeuls maternels, et de M. et Mme Arnauld de Bouex, ses parents. M. de la Soudière âgé de 48 ou 49 ans au moment de son mariage « n'avoit pour touts biens et pour toutte ressource qu'une bandoullière de garde du Roy » ; sa femme, cependant, ne stipula point de propres dans leur contrat, et lui fit même donation de tout ce dont elle pouvait disposer. M. de la Soudière la détermina à habiter l'Angoumois, se fit donner procuration par elle, et dans trois voyages à Paris réalisa près de 150.000 livres dont il n'employa que 26.000 ou 27.000 à payer une partie du fief de Goué acquis moyennant 54.000 livres : le surplus fut dissipé au jeu, « au plaisir de table », etc. Il fut

établi, à la fin de 1762, qu'il avait, en neuf ans, dépensé 14.900 livres de rente, 154.000 livres de principal, et fait plus de 60.000 livres de dettes : une séparation de biens à l'amiable fut alors décidée. Mais M. de la Soudière changea bientôt d'avis ; il alla jusqu'à vendre les meubles, vêtements et bijoux de sa femme aux fripiers d'Angoulême et de Bordeaux. Celle-ci, était réduite à demander au parlement, au mois d'avril 1764, une provision pour la faire vivre avec les deux enfants de son premier mariage ; M. de La Soudière avait gardé ses deux filles. Un arrêt de septembre 1764 condamnait son mari à lui payer 6.000 livres et à lui rendre ses vêtements et ses bijoux : il « répandit partout qu'on ne lui ôteroit les meubles et la jouissance du fief de Goué qu'après qu'il auroit arraché la vie à son épouse, à ceux qui seroient chargés de le contraindre, ou qu'il l'auroit perdue lui-même ». Maintenant, elle était accusée de vol pour avoir transporté de Goué à Angoulême, au moment où devait se faire leur séparation à l'amiable, quelques meubles et de l'argenterie ! « La dame de la Soudière auroit peut-être soutenu jusqu'à la fin le sacrifice de sa fortune entière, même de sa vie ; mais une foulle des créanciers qu'il faut satisfaire, une diffamation publique, ne lui permettent plus de ménagements. Ce qui auroit été auparavant prudence et générozité lui dégénéroit actuellement en crime : elle aura la satisfaction de n'avoir publié elle-même la conduitte de son mary que parce qu'il l'y a forcée, et que les sentiments d'honneur l'ont absolument exigé d'elle » (19-21 janvier). — Procès-verbal à la requête de Jacques Callaud Bellisle, marchand épicier, du mauvais état de 6 barils de harengs-saurs qui lui ont été envoyés de La Rochelle (21 février). — Bail à ferme du logis du Grand-Maine, paroisse de Fléac, et de ses dépendances, consenti par Marie Texier, épouse de Louis-Alexandre de Couvidou, écuyer, seigneur du Grand-Maine, pour 9 années, moyennant 476 livres chaque (21 mars). — Procès-verbal du lieu du Grand-Maine, paroisse de Fléac (11-12 avril). — Cession d'une créance de 88 livres à Jean-Adam Reix « machiniste du Roi », demeurant depuis quelque temps à la forge de Ruelle (1 mai). — Transaction entre Louise Sauvo, veuve de Laurent Barraud, sieur de La Pêcherie, demeurant au lieu de La Borderie, paroisse de Montbron, Jean-Joseph Barraud, sieur de La Pêcherie, et Jean Barraud, clerc minoré, demeurant au même lieu, Jean-Baptiste Tabuteau, sieur des Barrauds, Jeanne-Renée Barraud, sa femme, demeurant au village des Barrauds, paroisse d'Angeac-Charente,

Élie-François Gilbert, sieur de Fontverte, et Suzanne Barraud, sa femme, demeurant à Courrieras, paroisse de Montbron ; ladite transaction au sujet de la succession de Marie Barraud et de Laurent Barraud de la Pêcherie, fille et sœur, époux et père desdites parties (15 mai). — Notification de grades à l'évêque d'Angoulême par Pierre Dubois, vicaire de Ruelle, maître ès-arts, gradué de l'Université de Poitiers (14 juin). —Procuration donnée par Charles-Joseph Ducluzeau, greffier en chef des experts du présidial, à Jean Baptiste Binet, notaire royal, demeurant à Mouchedune, paroisse de Parzac, pour remplir ses fonctions de greffier des experts dans la comté de Confolens, la baronnie de La Villatte, la châtellenie de Loubert, les juridictions de Laplaud, de Chantrezac, d'Ambernac, de l'abbaye de Cellefrouin : il percevra 10 livres par jour, et 5 sols par rôle des expéditions qu'il délivrera des rapports et avis des experts, outre ses déboursés ; il devra remettre la moitié des droits et honoraires et les minutes des actes audit Ducluzeau (20 juin). — Procuration du même à Jean Guillard, notaire royal de Mouton, pour exercer les mêmes fonctions dans les châtellenies de Nanteuil, de Mansle, de Verteuil, d'Aunac et de St-Claud, les juridictions de Châteaurenaud, de Bayers et de Ligné (22 juin 1765).

E. 2064. (Liasse.) — 138 pièces, papier.

1765. — Jean Bernard, notaire royal à Angoulême. — Actes reçus par ce notaire du 1er juillet au 31 décembre. — Constitution de 150 livres de rente par Jean de Montalembert de Vaux, marquis chevalier seigneur de Villars, Auchez, Le Tillet et autres lieux, et Jeanne de Montalembert, son épouse, demeurant au logis noble de Villars, paroisse de Garat, au profit d'Anne de Montalembert de la Chaudronne, fille majeure, demeurant avec eux depuis deux ans (7 juillet). — Cession par les la Rochefoucauld à François Bourbonaud, tailleur d'habits du village de Boisbaudran, paroisse de St-Fraigne, de 5 journaux de terre dans ladite paroisse, moyennant qu'il s'acquittera des impôts royaux et paiera un droit d'agrier au neuvième des fruits (13 juillet). — Procès-verbal des bâtiments dépendant de la succession de Louis Lhomme, sieur du Boucheron, notaire royal, saisis à la requête de François Desbordes, écuyer, seigneur de Gensac, ce requérant Jacques Lhomme, sieur des Penauds, demeurant au village des Penauds, paroisse de Grassac (29 juillet). — Con-

trat d'apprentissage de Jayet chez Jean Maintenon, marchand cordier du faubourg Lhoumeau (1er août). — Reconnaissance d'une obligation de 4.200 livres donnée à Pierre Lambert, chevalier, seigneur des Andreaux, Fontfroide et Denat, par Michel Roullet, bourgeois, et Jeanne Dexmier, son épouse, demeurant au logis de Fayolle, paroisse de Mosnac (16 août). — Résignation par François Mallat, de la cure de St-Jacques de Chassiecq au profit de Jean Augeraud, vicaire de Cellefrouin (18 août). — Cession par Pierre Rizat, notaire au Grand Masdieu, et Marie-Anne Col, sa femme, à Pierre de Boiscuvier, sieur du Plessac, demeurant à Brie, de leurs parts dans la succession de Marie Rizat, sœur consanguine dudit notaire, et sœur utérine de ladite Col ; ladite cession faite moyennant 50 livres (11 septembre.) — Bail à ferme du moulin des Fadours, paroisse de Magnac-sur-Touvre, consenti par Pierre Roche, comme procureur du seigneur de Maumont, pour une année, moyennant 165 livres (18 septembre). — Quittance de 2.000 livres faisant final paiement des 10.000 livres dues à Marie-Jeanne Birot de Brouzède, et à Bernard Birot de Brouzède, capitaine au régiment de Bourgogne, pour la légitime de feu Pierre, écuyer, sieur de Brouzède, leur père, par François Birot, écuyer, seigneur de Ruelle, Brouzède et Le Maine-Gaignaud, en partie, que représente Jean Birot de Ruelle, son fils aîné (5 octobre). — Bail à loyer de sa maison canoniale consenti pour 5 années, moyennant 180 livres chaque, par Clément-Louis de Lhuillier, écuyer, chanoine, à Antoine Civadier, aussi chanoine (29 octobre). — Bail à ferme par Jean de Lesmerie à Louis Lassort, laboureur, demeurant tous deux au village des Ribondaines, paroisse de Dirac, de deux pièces de vignes depuis longtemps en friche et dont l'une est plantée « en allées » ; ledit bail consenti pour 19 ans. Lassort devra les cultiver « ainsy que bons vignerons sont tenus de le faire » ; il prendra, la première année, les deux tiers de la vendange, les années suivantes, la moitié, gardera les javelles et le blé qu'il pourra ensemencer dans les allées, sera déchargé des impôts royaux et des rentes nobles. Le revenu annuel de ces vignes est évalué à 12 livres (17 novembre). — Dénombrement rendu au Roi par Philippe de Nesmond, écuyer, chevalier seigneur de Brie et de La Jauvigière, demeurant en son hôtel noble de Brie, paroisse du même nom, pour sa terre et seigneurie de Brie nommée autrefois La Michenie, et pour celles de La Jauvigière, unies par lettres patentes du mois de juin 1659 enregistrées au Parlement le

26 août 1667. Lesdites seigneuries comprennent l'hôtel noble de Brie, avec droit de fuie et de garenne ; une chapelle dans l'église paroissiale de Brie, au collatéral droit, joignant le chœur, les droits honorifiques dans l'église ; des moulins, un étang, des fours banaux ; la haute, moyenne et basse justice sur toute la paroisse de Brie, excepté le fief de La Prévôterie, et ce qui est du domaine du Roi ; le droit de pacage, glandage, chasse et gruerie au dedans et au dehors de la forêt de Braconne. Le fief de La Prévôterie, possédé par M. Bareau de Girac, bien que compris dans les confrontations du fief de Brie, relève directement du Roi, conformément à la transaction du 11 janvier 1763, reçue par Sicard, notaire royal. Philippe de Nesmond avoue encore tenir du Roi le fief et prise de Verrière, primitivement appelé Vergaud ou La Vauguyon, paroisse de Brie, le village de Binoble, sur lequel le quint lui est dû, le mainement du Cloux, paroisse de Champniers, et diverses pièces de terre. De la seigneurie de Brie relèvent en arrière-fiefs les fiefs des Frauds, des Grimardières, et de Jardrenat, au devoir d'une feuille de laurier ; et divers droits d'agriers et de rentes nobles appartenant à Jean Garnier de la Davinière et Suzanne Thomas, son épouse, au devoir d'un bouton de soie verte. Le seigneur de Brie « a la liberté de percevoir les lods et ventes au denier six, relativement à la coutume d'Angoumois, mais, par sa grâce, il est dans l'usage de ne les prendre quelques fois que au denier vingt, et en quelques circonstances au denier douze et quinze ». (22 novembre). — Entente entre les habitants de la paroisse de Vaux. Ayant appris que Jean de Montalembert, seigneur de Vaux, voulait les contraindre à lui porter son droit d'agrier, ce qui est contraire à leur droit, (comme le reconnaît une sentence de la sénéchaussée du 22 juin 1705), ils conviennent de se transporter à son domicile, pour le sommer de faire prendre son droit d'agrier, « sur le lieu, dans les champs et aux pas de chaque recette », et, s'il n'y consent pas, de s'opposer à ses prétentions. Ils font aussi opposition à l'ordonnance du maitre particulier des eaux-et-forêts qui leur défend de faire pacager leurs bestiaux dans sa prairie et dans ses bois, et de faire rouir leur chanvre dans le ruisseau qui traverse la prairie (19 juillet 1751). Cet acte est joint à une quittance donnée par les représentants des habitants de Vaux à Jean de Montalembert, seigneur de Villars, de 1.086 livres faisant final paiement de 2.286 livres pour les dépens auxquels il a été condamné par arrêt du parlement du 31 mars 1759 (26 novembre).— Sommation par Jean de Montalembert de Vaux, marquis chevalier seigneur de Villars, aux religieuses Ursulines, de laisser sortir de leur couvent sa fille Marie qui s'y est rendue à son insu : les religieuses lui ouvrent la porte et la prient de sortir, mais elle s'y refuse (4 décembre 1765).

E. 2065. (Liasse.) — 72 pièces, papier.

1765. — Jean Bernard, notaire royal à Angoulême. Actes reçus par ce notaire du 2 janvier au 29 mars. —Bail à ferme par André Thevet, écuyer, sieur de La Bourgade, chevalier de St-Louis, comme procureur de François Thevet, ancien prieur-curé de Vitrac, son frère, à Hugues et autre Hugues Têtaut, laboureurs de Ruelle, du domaine de La Combe-Dieu, paroisse de Ruelle, pour 9 années, moyennant 250 livres chaque (4 janvier). — Notification de grades à l'évêque d'Angoulême par Jean Moisan, vicaire de Brie, maitre ès-arts, gradué de l'Université de Bordeaux (10 janvier). — Constitution de 350 livres de rente au profit de Jean-François Birot, écuyer, seigneur de Ruelle, et Marie de la Charlonnie, son épouse, par Pierre de Labatud, écuyer, seigneur du Maine-Gaigneau, des Limbaudières, de Valette, des Pascauds et autres lieux, et Marie de la Charlonnie du Maine-Gaigneau, son épouse (25 février). — Inventaire des meubles et effets de Jean Caillaud, chapelier (28 février). —Inventaire des meubles et effets de Marie-Thérèse Benoist, veuve de Pierre Fauconnier, sieur de Fontgrave, négociant et bourgeois, juge consul, décédée la nuit précédente, ce requérant André Benoist de Bresme, avocat, et Élisabeth-Thérèse Fauconnier, son épouse, Pierre Fauconnier de Fontgrave, bourgeois, ses enfants et gendre, Pierre Arnauld, sieur du Mas, officier au régiment d'Aunis-Infanterie, André Arnauld, sieur du Mas, bourgeois, et le tuteur de Marie-Jeanne Civadier, fille de défunts Augustin, greffier en chef de la police d'Angoulême, et Marguerite Fauconnier, ses petits-enfants (1 mars-12 septembre). — Contrat d'apprentissage, pour deux ans, de Guillaume Jouanet, fils de Jérôme, huissier aux tailles, chez Jérôme Chapon, maitre menuisier (16 mars). — Renonciation de Jeanne Porcheron à la communauté qu'elle avait contractée avec Pierre Longeville, architecte, son mari (29 mars 1766).

E. 2066. (Liasse.) — 103 pièces, papier.

1766. — Jean Bernard, notaire royal à Angoulême. — Actes reçus par ce notaire du 1er avril au 30 juin. — Donation entre vifs de ses meubles et acquêts, et du tiers de ses propres, par Anne Gourdin de Chazelles, demeurant à Tourriers, à Louis-Robert Bourée, écuyer, demeurant au logis noble de Villement, paroisse de Ruelle (2 avril). — Renonciation par Marie-Anne Normand de Denat, demeurant à Denat, paroisse de Garat, à la succession de François Normand, écuyer, sieur de Chement, son père, et de Marie-Anne Normand, sa sœur, décédés depuis longtemps déjà (6 avril). — Donations diverses par Marie Faure, à Philippe Sicard le jeune, notaire royal, et Marguerite Sicard, sa femme (8 avril). — Cession par Pierre Jautard le jeune, bourgeois et ancien capitaine de dragons, demeurant à Castelnau de Médoc, à Jean Fèvre, marchand sergier, d'une obligation de 1.494 livres consentie par Jean Albert, marchand sergier, le 8 juin 1732, avec ses arrérages, moyennant 1.580 livres (9 avril). — Bail à ferme par Jean Pineau, notaire royal, comme procureur de Jean Caminade, engagiste des domaines et droits seigneuriaux appartenant au Roi dans la paroisse de Mornac, à François Biget, meunier du village de La Terrière, paroisse de Ruelle, des droits d'agriers dûs au Roi dans la paroisse de Mornac sur le vin, les grains, les bois et les foins, non compris les droits de lods et ventes ; ledit bail consenti pour une année, moyennant 732 livres (21 avril). — Bail à ferme par le même, au même nom, à Salomon Deval, bourgeois, des droits de pêche du Roi dans la paroisse de Touvre, pour une année, moyennant 43 livres et 100 livres de poissons (21 avril). — Bail à ferme par le même à François Geoffroy, sergent royal de Champniers, à Léonard Machenaud, demeurant au logis de La Prévôterie, et à François Machenaud, marchand, demeurant au village des Chirons, paroisse de Brie, des droits d'agriers et terrages dûs au Roi, dans la paroisse de Champniers, pour une année, moyennant 1.700 livres (21 avril). — Déclarations de rentes seigneuriales fournies au seigneur de Maumont (10 avril-6 juin). — Procès-verbal des biens dépendant de la succession du sieur Mesnard des Morissets, ce requérant François Mesnard, docteur en médecine, bailliste judiciaire (25 avril). — Reconnaissance d'un sol de rente dû à François de la Rochefoucauld, marquis de Bayers, comme seigneur de Maumont, par Jean Mal-lat, notaire royal, à cause d'une maison sise dans la rue des Trois-Notre-Dame (30 avril). — Reconnaissance d'une rente de 3 livres 6 sols et 1 panier de raisin évalué 6 sols due à François Argoulon, notaire royal, demeurant au Pont, paroisse de St-Laurent-de-Belzagot (8 mai) — Transaction entre André Saunier, écuyer, seigneur de Puymartin, demeurant au logis noble de Puymartin, paroisse de St-Martial de Cogulet, d'une part, Jean-Louis-Claude Landry, notaire royal et juge de La Faye, Mathurin Landry, chirurgien, Jean Landry, étudiant, tant pour eux que pour Marguerite, leur sœur, d'autre part, concernant le paiement des 3.000 livres de dot dues à Marie-Anne Saulnier, conformément à son contrat de mariage du 28 mai 1730, reçu par Roux. Marie-Anne Saulnier avait épousé le sieur de St-Gresse de Séridos dont elle n'avait point eu d'enfants, puis Mathurin Landry, notaire royal, père des susdits, par contrat de mariage du 27 juin 1749 passé par Moreau (12 mai). — Reconnaissance de 3 deniers de rente dûs à François de la Rochefoucauld, marquis de Bayers, comme engagiste du domaine du Roi, par Jean-Joseph Pineau, notaire royal, subdélégué du bureau des finances de la généralité de Limoges et commissaire des tailles, à cause d'une maison reconstruite par lui depuis 10 ans, sise rue de Genève (19 mai). — Cession par Charles Placeraud, laboureur de la paroisse St-Martin, et sa femme, à Jean Gaborit, négociant, et Guillaume Turcat, procureur au présidial, d'une pièce de terre labourable appelée La Meulière, dont dépend une carrière contenant 4 journaux environ, dans la paroisse de Puymoyen, par eux acquise le 6 janvier 1760, moyennant une rente foncière de 13 livres et une paire de poulets ; ladite cession faite moyennant le paiement d'une rente seigneuriale de 6 deniers par journal au chapitre d'Angoulême, de ladite rente de 13 livres et une paire de poulets, d'une rente foncière de 98 livres audit Placeraud, et d'un devoir dû au chapitre en raison de la carrière (7 juin). — Vente par Vincent Patureau, poissonnier, demeurant au Pontouvre, à Jean Gaborit, négociant, des « vimes » de sa « vimière » du Pontouvre, au prix de 6 livres les 100 paquets (15 juin). — Convention par laquelle 3 « pierriers » s'engagent envers Jean Gaborit, négociant, et Guillaume Turcat, procureur, à extraire des meules de moulins à blé, pendant 7 ans, de la carrière que ceux-ci ont acquise le 7 de ce mois, paroisse de Puymoyen, moyennant que les moellons leur appartiendront et qu'ils auront la moitié du bénéfice de la vente des meules, une fois déduits les frais de transport. Le prix de vente ne

sera jamais inférieur à 60 livres pour la meule
entière, 40 livres pour la meule de deux tiers, et 30
livres pour la demi-meule, alors que le charroi ne
s'élèvera pas à plus de 6 livres, sans le consentement
par écrit de l'un des bailleurs aux preneurs, ou de
l'un des preneurs aux bailleurs ; quand le prix du
charroi sera supérieur à 6 livres, il ne pourra y avoir
vente, sans entente préalable des parties ; il sera
tenu un livre journal par chacune des parties ; le
revenu annuel est évalué à 120 livres (15 juin). —
Nomination par Pierre Roche, procureur au présidial,
au nom de François de la Rochefoucauld, marquis de
Bayers, de Jean, Étienne et Pierre Biget, et de Michel
Tasset, comme poissonniers ayant le droit de pêcher
dans les eaux de La Touvre appartenant audit marquis, à la réserve des « courtines » des moulins des
Fadours et de Méré ; ils remettront tout le poisson et
les écrevisses qu'ils prendront à Jean Jarry, dit Petit-
Jean, domestique du château de Maumont (28 juin). —
Constitution d'une pension viagère de 200 livres au
profit d'Antoine Civadier, chanoine, par Marie-
Jeanne Chauvineau, veuve de Jean Civadier, procureur au présidial, comme tutrice de Louis-Michel
Civadier, leur fils, Anne Civadier, Antoine Pissier,
bourgeois, et Rose Civadier, sa femme, Jean Civadier,
praticien (28 juin 1766).

E. 2067 (Liasse.) — 60 pièces, papier.

1766. — Jean Bernard, notaire royal à Angoulême. — Actes reçus par ce notaire du 2 juillet au 30
septembre. — Bail à ferme par le procureur du marquis de Bayers, seigneur de Maumont, à Robert Lassort, meunier, et sa femme, du moulin des Fadours,
paroisse de Magnac, ayant 2 « moulanges », avec le
moulin à huile, les terres et la « courtine » en dépendant, pour 5 années, moyennant 255 livres chaque
(9 juillet). — Procès-verbal de deux cabriolets, loués
moyennant 4 livres par jour par Jean Dumergue
l'aîné, maître sellier et carrossier, au commissaire
inspecteur de la marine, pour le mener à Nantes, et qui
étaient revenus endommagés (22 juillet). — Acte de
notoriété justifiant que François Joubert, sieur de
Pralin, juge de Rochefort, fils de Jean Joubert, avocat, et de Marie Bourdier, est décédé le 2 avril 1765
au lieu des Chartiers, paroisse de Courgeac, laissant
Marie Gilbert, sa veuve, et comme héritiers, François,
Jacques, Marie, Thérèse, et autre Marie, leurs enfants (25 septembre). — Acte de notoriété justifiant

que Élie Pasquet, chevalier, seigneur de St-Mesmy,
Balzac, Vouillac et autres lieux, est décédé à Paris en
octobre 1765, laissant pour seuls héritiers Pierre Pasquet, chevalier, seigneur de Brissy (?), et Pierre Pasquet, chevalier, seigneur de Leyrat, ancien capitaine
de vaisseau, ses frères (27 septembre 1766).

E. 2068. (Liasse.) — 88 pièces, papier.

1766. — Jean Bernard, notaire royal à Angoulême. — Actes reçus par ce notaire du 1er octobre au 31
décembre. — Vente par François Guillaumeau, écuyer, seigneur de Flaville, et Suzanne-Henriette Morineau, à Jean Birot, écuyer, sieur de Brouzède et Anne
Raymbault, sa femme, du fief et seigneurie de Ruelle,
moyennant 12.000 livres de pot-de-vin, le dit fief
relevant du fief de Sigogne (15 juillet 1694). Dépôt de
cet acte par Jean Birot de Ruelle, écuyer (6 octobre).
— Délibération de la communauté des habitants du
quartier de Viville, paroisse de Champniers, réunis
devant la chapelle dudit lieu. Ils décident de sommer
M. Godin, curé de Champniers, de leur remettre le
calice d'argent spécialement affecté à leur chapelle
conformément au testament du donateur, Jean Bois-
nard l'aîné, laboureur de Viville, reçu le 28 septembre 1701 par Decoux, notaire royal, ils décident aussi
de faire un tabernacle en bois (23 novembre). —
Vente par Marguerite Thomas, veuve de Pierre
Audoyer, sieur du Chêne, demeurant au lieu de
Beauregard, paroisse St-Martial, à Louis Roux, marchand aubergiste du faubourg Lhoumeau, d'une
pièce de vigne d'un peu plus d'un journal, sise au
lieu de Létang, paroisse de L'Isle-d'Espagnac, à la
charge de payer les impositions royales et 7 livres
10 sols de rente faisant le tiers de la rente seconde
due en raison de la dite vigne (9 décembre). — Procès-verbal des fruits conservés dans les bâtiments
du prieuré de Vindelle, ce requérant Joseph Ducluzeau, greffier de la maîtrise des eaux-et-forêts, comme procureur de Gabriel Clesle de Lapine, chanoine
de la Sainte-Chapelle du Roi, à Dijon, prieur de Vindelle, demeurant à Dijon, appelé M. Dusouchet, curé
de Vindelle et fermier des revenus dudit prieuré
pour les années 1765 et 1766, qui n'avait pas encore
voulu rendre ses comptes (20 décembre). — Procès-
verbal du lieu de Fontgrave, paroisse St-Martial, saisi
sur André Benoist de Bresme, avocat, Élisabeth Fauconnier, sa femme, et Pierre Fauconnier, sieur de
Fontgrave, bourgeois, ce requérant Pierrre Arnauld,

sieur du Mas, lieutenant au régiment de Vaubécourt, bailliste judiciaire (30 décembre).

E. 2069. (Liasse.) — 108 pièces, papier.

1767. — Jean Bernard, notaire royal à Angoulême. — Actes reçus par ce notaire du 1er janvier au 30 mars. — Vente d'un office d'huissier audiencier en la maîtrise des eaux-et-forêts d'Angoumois, moyennant 1.000 livres (31 janvier). — Convention entre les 3 collecteurs de la paroisse de Magnac-sur-Touvre : l'un d'eux se charge de la levée de toutes les impositions, et même de garantir ses collègues des « faux taux », moyennant qu'ils lui paieront 42 livres 10 sols, qu'ils lui abandonneront le droit de « lève » s'élevant à 6 et à 4 deniers pour livre, et qu'ils solderont le montant de leurs impositions (2 février). — Reddition de ses comptes de tutelle par François Thamain, sacristain de l'église de Garat, à autre François Thamain, laboureur, son neveu (7 février). — Cession par Léonard Bargeas, marchand cartonnier, à Léonard Bargeas, marchand, Jean Cabrit, marchand, et Marie Bargeas, sa femme, ses enfants et gendre, demeurant tous au faubourg Lhoumeau, de divers objets mobiliers à déduire sur ce qui leur revient de sa communauté avec Thérèse Dupéret, sa première femme. A signaler parmi les objets cédés : 212 cartons pesant 400 estimés 15 livres 10 sols le cent ; — 1.200 de grosse peille au pourissoir estimés 40 livres ; — des créances de 32 livres sur le sieur Machenaud, des Frauds ; de 52 livres sur le sieur Taboussaud, marchand libraire de La Rochelle (15 février). — Cession par Gabriel Filhon, marchand orfèvre, et Marie Bargeas, sa femme, demeurant paroisse St-André, à Jean Cabrit, marchand, et autre Marie Bargeas, sa femme, demeurant faubourg de Lhoumeau, de la moitié de bail à ferme du moulin à cartons appelé le Moulin-Neuf, paroisse de La Couronne, à 3 piles et 4 maillets : ledit bail consenti par Jean Faunié, sieur du Plessis, bourgeois, à Marie Bargeas et à Noël Bargeas, son frère, le 15 décembre 1765, moyennant 110 livres par an (10 février). — Sommation par les habitants du quartier de Viville à M. Godin, curé de Champniers, de leur remettre le calice d'argent spécialement affecté à la chapelle de Viville (2 mars). — Sommation par Madeleine Chérade, épouse de Jean Mesnard de Laumont, à Pierre Noël, négociant de la grand' rue du Minage, de lui remettre une chaise roulante qu'elle lui avait prêtée (12 mars). — Cession par Jean Chaignaud de Fontchaudière, docteur en théologie, curé de St-Cybard, comme héritier de Philippe Aymard, curé de la paroisse de St-Léger de St-Maixent, à François Malbert, marchand, et Marguerite Balotte, sa femme, d'une borderie avec ses dépendances sise près de La chapelle Notre-Dame « des Bezines », mouvant de la cure de St-Jacques de Lhoumeau, confrontant à l'est au chemin qui conduit de la porte St-Martial au moulin de La Pallu et au lieu de Fontgrave, d'autre coté au chemin qui va de La Tour-Garnier à La Chapelle, au nord au chemin qui conduit de la Chapelle à la porte St-Martial ; la dite cession faite moyennant 28 livres de rente foncière amortissable au denier vingt-cinq, et à charge de payer les impositions royales (12 mars). — Procès-verbal des bâtiments du prieuré de Vindelle, ce requérant Charles-Joseph Ducluzeau, greffier de la maîtrise des eaux-et-forêts, fermier dudit prieuré par acte reçu Delâge, notaire au Châtelet de Paris (20 mars). — Contrat de société pour le commerce des bœufs entre François Lhoumeau, sieur de La Fenêtre, bourgeois, et Henri Trouiller, marchand d'Asnières : le premier donne 100 livres, le second 150 livres ; les bénéfices appartiendront pour 2 tiers à Trouiller qui se charge de faire les achats et les ventes (25 mars). — Constitution de 192 livres de rente, au capital de 4.800 livres, au profit de Marie-Jeanne et de Bernard Birot de Brouzède, par Élie-Jean Des Ruaux, chevalier, seigneur comte de Rouffiac, maréchal de camp, demeurant paroisse Notre-Dame de Beaulieu (27 mars 1767).

E. 2070. (Liasse.) — 90 pièces, papier.

1767. — Jean Bernard, notaire royal à Angoulême. — Actes reçus par ce notaire du 2 avril au 29 juin. — Vente par la communauté des maîtres cordonniers d'Angoulême, à Jean Ringuet, garçon cordonnier, moyennant 260 livres, des lettres de maîtrise accordées par le Roi à ladite communauté, moyennant finances (23 avril). — Réception de Jean Ringuet dans la communauté des maîtres cordonniers à qui il remet les lettres de maîtrise qu'elle lui avait vendues (23 avril). — Transaction concernant le règlement de la succession de Michel Mesnard, écuyer, président en l'élection, entre Françoise Saulnier de Pierre-Levée, sa veuve, Jean Mesnard, écuyer, enseigne de vaisseau, Marie, Françoise et Catherine Mesnard, leurs enfants (26 avril). — Délibération de la communauté des maîtres tailleurs d'habits qui décident de ne recevoir comme maître Martin Cire, se qualifiant de couturier, que s'il prouve avoir fait son apprentissage dans une ville en jurande (28 avril). — Vente par André Thevet, écuyer, sieur de La Bourgade, chevalier de St-Louis, Marie Thevet, veuve de François Dussieux, sieur de La Moradie, conseiller en l'élection, Marguerite Thevet, veuve de Nicolas Resnier, greffier du présidial, André Thevet, sieur des Roches, chevalier de St-Louis, commandant pour le Roi au château de Lichtenberg, que représente André Resnier, greffier du présidial, Jacquette Thevet, veuve de M. de Veyret, écuyer, seigneur de Lacaux, Marie-Thérèse Thevet, André Thevet, chevalier de St-Louis, capitaine d'infanterie, Pierre-François Thevet, sieur de Léchelle, conseiller au présidial, tant pour lui que pour André Thevet, sieur de Lessert, et pour André, Pierre et Jean-Philippe Thevet, curés de Dignac, de Cherves et de Vitrac, et encore pour Jean et Julie Thevet, ses frères et sœurs, comme héritiers de François Thevet, ancien prieur de Vitrac, leur frère et oncle; à François Biget, meunier, demeurant au lieu de La Terrière, paroisse de Ruelle, de la métairie de La Combe-Dieu sise même paroisse, moyennant 7.000 livres dont 3.000 payées comptant et 4.000 payables à la St-Martin 1768 (30 avril). — Convention entre les nouveaux possesseurs de la pièce de terre appelée La Meulière, paroisse de Puymoyen, d'une contenance de 4 journaux, et les membres du Chapitre, dont elle relève : les possesseurs continueront à payer le devoir originaire de 6 deniers par journal, stipulé par l'arrentement de 1593, et s'obligent à payer en outre d'une rente de 15 livres pour avoir le droit d'extraire des pierres à meules (10 mai). — Transaction en vertu de laquelle Antoine Civadier, chanoine, ancien curé de St-Paul, remet à Sébastien Delavergne, son successeur à la cure de St-Paul, et aux marguilliers et habitants de cette paroisse, la somme de 150 livres, divers ornements parmi lesquels 2 burettes d'argent, 7 reliquaires, un Enfant-Jésus en cire habillé de damas bleu à fleurs d'or, une paire de fers à hostie, et 60 livres pour les frais de la poursuite intentée contre lui afin d'obtenir la reddition des comptes de la fabrique de St Paul ; moyennant quoi il se trouve déchargé de cette reddition de comptes (28 mai). — Contrat d'apprentissage pour 3 ans de Jean Babaud, fils de Jacques, dit la Treille, cantinier du château, chez Jean Dumergue, maître sellier et carrossier, demeurant paroisse St-André (29 juin 1767).

E. 2071. (Liasse.) — 100 pièces, papier.

1767. — Jean Bernard, notaire royal à Angoulême. — Actes reçus par ce notaire du 1er juillet au 27 septembre. — Bail à ferme, par Robert Thoyon, curé de L'Isle d'Espagnac, à Étienne Guiot, charpentier, des dîmes novales de sa paroisse, pour cette année, et moyennant 80 livres (8 juillet). — Bail à ferme d'une partie de la pêche appartenant au seigneur de Maumont, sur la Touvre, consenti à Antoine Gibaud, chanoine, moyennant 40 livres par an (15 juillet). — Vente d'une partie de leurs meubles par Jean Odonoran, maître ès-arts, et Catherine Jonquet, sa femme (18-25 juillet). — Inventaire des meubles et effets de Léonard Bargeas, marchand cartonnier, décédé le 26 juin (28 juillet). — Procuration donnée par Alexandre Mallat de la Guillauderie, écuyer, sieur de Létenche, capitaine de cavalerie, Chevalier de St-Louis, lieutenant de la maréchaussée du Limousin et Marguerite Mallat de Létenche, sa sœur, comme héritiers de Jean Mallat, écuyer, sieur de Létenche, aussi lieutenant de la maréchaussée d'Angoulême, et de Jeanne Nadaud, leurs parents (31 juillet). — Procès-verbal à la requête de Mathurin Rivaud, procureur fiscal de la juridiction de Magnac-sur-Touvre, des dégâts causés aux courtines des moulins du seigneur dudit lieu par des individus qui viennent pêcher son poisson (4 août). — Sommation par Claude Rezé, âgé de 40 ans, à Jacques Rezé, marchand imprimeur, et Marguerite Desbœufs, ses parents, demeurant paroisse de La Paine, de consentir à son mariage avec Rose Marin, fille de François, marchand ; ce à quoi ils se refusent (6 août). — Résignation de sa prébende par Joseph Sauvo du Sablon, vicaire de St-Maurice de Montbron, à la charge de lui servir une pension viagère de 300 livres (7 août). — Bail à ferme par François Béchade, poissonnier du village de Fissac, paroisse de Ruelle, à Genis Riffaud, laboureur, d'une portion de l'île de La Vallade, même paroisse, pour 5 années, moyennant 30 livres chaque (8 août). — Contrat de mariage entre Claude Rezé et Rose Marin, fille de François Marin, marchand, et de Rose Rezé ; celle-ci reçoit 2.000 livres de dot dont 1.000 payées comptant, et les 1.000 autres payables après la mort d'Élisabeth Marin, veuve du sieur Puinesge (9 août). — Sommation par Louis Péchillon, sieur de La Borderie, négociant, à Antoine Marchais, aussi négociant, de venir dans ses chais

déguster et recevoir partie des 100 barriques d'eau-de-
vie à 4 degrés qu'il lui a vendues le 25 juillet dernier,
sur le marché de Cognac, moyennant 132 livres la
barrique de 27 veltes (11 août). — Procuration
donnée par la communauté des habitants de la
paroisse de Soyaux pour donner une nouvelle déclaration de la prise de La Venage, contenant 1.600
journaux, composée de brandes et de chaumes « vulgairement appelés de Soyaux », située en ladite
paroisse dans la mouvance du Chapitre d'Angoulême,
au devoir de 2 pipes d'avoine mesure d'Angoulême
et de 10 gélines, et aussi à la charge par les habitants de Soyaux de balayer l'église cathédrale les
veilles de quatre fêtes annuelles et de porter des
fleurs pour l'orner le jour de la Pentecôte (30 août).
— Sommation par Jean Carrière, teinturier, demeurant au faubourg St-Cybard, à Michel Faveret du
Pommeau, directeur du bureau des aides de l'élection, « intéressé et caissier de la manufacture de
papier à l'imitation d'Hollande » établie au lieu de
Montbron, paroisse St-Martin d'Angoulême, de fournir un logement dans les bâtiments de cette manufacture pour lui et sa famille, et de reconnaître les
faits suivants. Il est entré au service de M. Faveret
du Pommeau et de ses associés pour 12 ans, à commencer au 1er mai 1766, « pour tindre des papiers en
couleurs de toutes espèces, soit en gros, soit en fin
pour envelopper le sucre, les mousselines, baptistes,
cartons, petits gris et toutes sortes de teintures telles
qu'elles luy seroient indiquées » ; on devait lui fournir « toutes les drogues nécessaires, le bois pour les
chaudières, les ustensiles nécessaires, dix livres
d'huiles de noix annuellement », 600 livres d'appointements, et 200 livres de gratifications chaque
année, enfin le logement pour lui et sa famille : or,
il n'a pas été logé, et depuis un mois est entré à la
manufacture un nouveau teinturier que M. Faveret
du Pommeau a dit avoir été envoyé par le marquis de
Montalembert pour faire seulement un essai. M. Faveret du Pommeau répond que ces allégations sont en
partie inexactes, et que « suivant l'acte qui lui a été
fait le 3 août dernier, le sieur Carrière ne peut ignorer que sa compagnie n'entendoit plus se servir de
lui par les raisons qui y sont détaillées » (1er septembre 1767).

E. 2072. (Liasse.) — 96 pièces, papier.

1767. — Jean Bernard, notaire royal à Angoulême. — Actes reçus par ce notaire du 4 octobre au
30 décembre. — Vente d'un « rutoir, autrement
appellé un aiguedon dans le vulgaire, ou ruisson » ;
de 15 pieds de long sur 11 de large, à La Terrière,
paroisse de Ruelle, moyennant 10 livres (11 octobre).
— Résignation de sa prébende de chanoine théologal en l'église collégiale de St-Arthémy-de-Blanzac,
par Jean Moisan, vicaire de Garat, au profit de
François Planty, diacre (6 novembre). — Procès-
verbal constatant que les 74 pains de sucre achetés
par François Laforêt, négociant, à la foire de Bordeaux, ont été brisés et mouillés par la faute du roulier chargé de les lui apporter (17 novembre). —
Inventaire des meubles et effets de la communauté
contractée entre Marie Deroullède et Pierre de
Bussac, son mari, décédé la veille (19 novembre
1767 — 17 février 1768). — Contrat de mariage entre
Jean Dubois, fils de Pierre, ancien juge-consul d'Angoulême, et de Marie Durand ; et Marie-Anne Sartre,
fille de feu Michel, marchand, et de Mauricette
Pélard (20 novembre). — Convention entre les 5 collecteurs de la paroisse de La Couronne : aucun
ne se reconnaissant capable de faire le recouvrement des impositions, ils en chargent Jean Bois-
derot, laboureur, à qui l'un d'eux s'engage à payer
100 livres, et 3 autres à payer chacun 15 livres ;
tous lui abandonnant leurs droits de « lève » (25 novembre). — Marché entre Jean de Montalembert,
marquis de Vaux, seigneur de Villars, demeurant au
logis noble de Villars, paroisse de Garat, et 4 laboureurs de Soyaux qui s'engagent à creuser un fossé
profond de 3 pieds, large de 3 pieds à l'ouverture et
de 2 pieds au fond, le long d'une pièce de terre en
brandes appartenant audit seigneur, moyennant
qu'il leur laissera couper la brande, la bruyère et les
herbes sur une étendue de 10 journaux (25 novembre).
— Partage entre Louis Achard Joumard Tizon, chevalier, marquis d'Argence, seigneur de Dirac et des
Courrières, chevalier de St-Louis, et François-Jean-
Charles marquis de La Rochefoucauld-Bayers, seigneur de Maumont, Magnac et autres places, colonel
du régiment de grenadiers royaux du Poitou, chevalier de St-Louis, demeurant ordinairement en son hôtel
à Paris, des rentes nobles dues au Roi dans les ville, faubourg et banlieue d'Angoulême, acquises conjointe-

ment par François Joumard Tizon, chevalier, seigneur d'Argence, Dirac, Les Courrières, La Monette et autres lieux, François-Joseph de la Rochefoucauld, chevalier, seigneur de Maumont, Magnac, Barro et autres lieux, aïeuls desdites parties; et Claude de Guez, chevalier, seigneur de Balzac et de Puy-de-Neuville, moyennant 3.120 livres de principal et 312 livres pour les 2 sols par livre, par adjudication du 10 novembre 1703 ; le seigneur de Balzac ayant depuis cédé sa part audit seigneur de Maumont (20 novembre). — Cession de 29 livres de rente par François Benoist des Essards, seigneur de L'Épineuil, changeur pour le Roi, à Jean-Baptiste Duvoisin, sieur de Soumagnac (15 décembre 1767).

E. 2073. (Liasse.) — 81 pièces, papier.

1768. — Jean Bernard, notaire royal à Angoulême. — Actes reçus par ce notaire du 3 janvier au 27 mars. — Inventaire des meubles et effets dépendant de la communauté contractée entre Jean-François Birot, écuyer, seigneur de Ruelle, Brouzède et Le Maine-Gaignaud en partie, décédé au logis noble de Ruelle le 4 de ce mois, et Marie de la Charlonnie, sa femme, à la requête de celle-ci et de Jean Birot, écuyer, seigneur de Ruelle, et Madeleine Birot de Puyguilhem, leurs enfants (5 janvier). — Inventaire des meubles et effets de la communauté contractée entre Pierre Fauconnier, sieur de Fontgrave, bourgeois, et Suzanne Rousseau, sa seconde femme, décédée le 23 octobre précédent et dont il n'a pas eu d'enfants (8 janvier). — Procès-verbal des travaux de menuiserie exécutés par Jean Descordes, maître menuisier, dans la maison de M. Regnauld de la Soudière, et de Mme Arnauld de Viville, sa femme, paroisse Notre-Dame de La Paine (9 janvier). — Contrat de mariage entre Jean-Pierre Guyon, négociant, demeurant paroisse St-Maixent, à Bordeaux, veuf de Gabrielle Ménétrier, et fils de défunt Jean-François, de Besançon ; et Marie de Laverne, fille de Dominique, aussi négociant, et de Marie Guillaume : la future épouse reçoit une dot de 6.000 livres (9 février). — Réglement de comptes du bail judiciaire des revenus du logis noble de Chément, paroisse de Garat, entre Jean-Mathurin et Nicolas Dubois, mineurs, François Tronchère, sieur de Beaumont et Clémence Delpeux, son épouse ; ceux-ci s'étaient rendus adjudicataires desdits revenus le 15 mai 1761, pour 5 années, moyennant 805 livres chaque, et à

nouveau, le 12 juillet 1766, pour 5 années, moyennant 400 livres chaque (13 février). — Résignation par Louis-Henri de Maubué, écuyer, diacre, chanoine d'Angoulême, de la chapellenie fondée dans l'église paroissiale de Puycasquier, diocèse d'Auch (23 février). — Nomination à cette même chapellenie par Antoine Debresme, cordonnier, de Pierre Ravon, prêtre du diocèse (23 février). — Convention par laquelle Pierre Michelot, journalier du village d'Antournat, paroisse de Soyaux, s'engage envers Joseph Pochet et Charles Charretier, négociants de Rochefort, à surveiller pendant un an l'exploitation des bois achetés par eux dans la paroisse de Soyaux : il veillera à ce que la coupe soit faite soigneusement, à ce qu'il n'y ait pas de bois de volé ; cherchera des bouviers pour le charrier, relevant soigneusement le nombre des bûches, « gobbes, » fagots, qui seront fournis à chacun d'eux ; moyennant ce, il recevra 100 livres et les « écoupeaux » provenant de l'équarissage après que les scieurs de long auront prélevé, suivant l'usage, ce qui est nécessaire pour leur chauffage (6 mars). — Transaction entre Mathurin Rivaud, procureur d'office de la seigneurie de Magnac-sur-Touvre, Marguerite Brunelière, sa femme, et Léonard Machenaud, marchand, veuf de Marguerite Rivaud, au sujet de l'exécution du contrat de mariage de ceux-ci (24 mars 1768).

E. 2074. (Liasse.) — 104 pièces, papier.

1768. — Jean Bernard, notaire royal à Angoulême. — Actes reçus par ce notaire du 4 avril au 27 juin. — Inventaire des meubles et effets de Catherine Serpaud, veuve de Nicolas Deroullède, notaire royal, ce requérant Jean-François Couturier, sieur du Chatelard, et Marie Deroullède, sa femme, gendre et fille du défunt (6 avril). — Constitution de 60 livres de rente au profit de Jeanne Rullier, fille de M. Rullier de Boisnoir, par François Mesnard, docteur en médecine de Montmoreau, et Jeanne Lambert, sa femme (8 avril). — Convention par laquelle Vachier, tailleur de pierres, et sa femme s'engagent, « par charité seulement », à loger Élie Ramberge, ancien tailleur de pierres, vieux, infirme et incapable de travailler, et à le nourrir « comme ils se nourissent et leur famille », moyennant que ses meubles et hardes leur appartiendront après sa mort (10 avril). — Réglement de compte fixant à 750 livres le montant de la créance de Guillaume Turcat, procureur au présidial, sur Jacques . Moineau, curé de Conzac, tant pour lui que pour Pierre Moineau, juge de Nonac et ancien notaire royal, et Angélique Brisson, ses parents, et Marie Moineau, sa sœur, demeurant ensemble à Blanzac (11 avril). — Reconnaissance de 5 sols de rente due au seigneur de Maumont par Madeleine Des Ruaux de Rouffiac, veuve de Jean-Louis Rambaud, écuyer, seigneur de Maillou, St-Saturnin, Torsac et autres lieux, à cause de partie d'une maison sise paroisse St-Antonin, confrontant vers le nord à la rue de la Cloche-Verte, acquise de M. Ponthieu du Magnou et de Louise de la Grézille (28 avril). — Inventaire des meubles et effets de la communauté de François Tronchère, sieur de Beaumont, décédé le 22 février, avec Clémence Delpeux, à la requête de celle-ci, demeurant au logis noble de Chément, paroisse de Garat (4 mai). — Convention par laquelle 8 laboureurs de la paroisse de Magnac-sur-Touvre s'engagent envers Pierre Roche, procureur, représentant François de la Rochefoucauld, marquis de Bayers, seigneur de Maumont, à planter 3 journaux de vigne au lieu de La Baronnie, même paroisse, et à les entourer de fossés garnis de « buisson blanc et de pommerasses » : la vendange leur appartiendra ainsi que le blé d'Espagne semé dans les allées pendant les deux premières années, et ils recevront 48 livres par journal (12 mai). — Bail à ferme par Robert Thoron, curé de L'Isle-d'Espagnac, à Jean Fèvre, marchand, Mathurin Gindraud, aussi marchand, et Jean Séguin, maître architecte demeurant au faubourg de La Bussatte, des dîmes novales de sa paroisse, pour 6 années, moyennant 100 livres chaque (16 mai). — Bail à ferme par Pierre Roche, procureur, au nom du marquis de la Roche-foucauld-Bayers, seigneur de Maumont, à Pierre Vessier, dit Dauphinet, marchand, de la métairie du logis noble de Maumont avec ses dépendances, pour 9 années, moyennant 350 livres chaque : les preneurs auront une fois, pendant le cours de leur bail, la coupe des branches des arbres qui entourent les pièces du domaine ; ils cureront les fossés, mettront de la terre dans les prés et, en particulier, dans les endroits marécageux, jusqu'à concurrence de 15 charretées, entretiendront les couvertures de bâtiments, donneront la moitié de la laine provenant de leurs brebis, planteront chaque année une douzaine d'arbres fruitiers et une douzaine de peupliers et « d'aubiers » ; ils reçoivent 35 brebis dont 5 moutons, 6 agneaux de l'année, 2 cochons nourris estimés 21 francs, une charrette usée estimée 26 livres,

un « charretis » estimé 10 livres, 600 livres pour acheter des bœufs et autres bestiaux, 2 « joucs », 4 « juilles », 2 « chambiges » (26 mai). — Bail à ferme par le même à Pierre Foing, huissier, demeurant à Aigre, des fief et seigneurie de St-Fraigne pour 9 années, moyennant 450 livres chaque et 50 livres au curé de St-Fraigne (28 mai). — Vente par Cosme de la Brosse, marchand, demeurant au village de Vadalle, paroisse d'Aussac, comme héritier de Marguerite Joubert, veuve d'autre Cosme de la Brosse, sieur de La Croix, sa mère, à Cosme Joubert, laboureur de Treillies, paroisse de Jauldes, d'une portion de grange, moyennant 60 livres (13 juin). — Main-levée par Marie-Julie de Vassoigne, douairière de François de St-Hermine chevalier, seigneur dudit nom, capitaine de vaisseau, chevalier de St Louis, tant pour elle que comme héritière de Julie de Vassoigne, veuve d'Élie-François de St-Hermine, marquis de St-Hermine, chef d'escadre, chevalier de St-Louis, et pour ses héritiers, Marie-Élisabeth de Chesnel, douairière de Alexandre de Galard de Béarn, comte de Galard, chevalier, seigneur de St-Hermine, du Repaire et autres places, Paul Boisson, chevalier, seigneur de Rochemont, colonel de dragons, chevalier de St-Louis, et Michelle Petit du Petit-Val, son épouse, veuve d'Élie Pasquet, chevalier, seigneur de St-Mesmy et de Balzac ; ladite main-levée donnée par les susdits des « oppositions au décret volontaire de la terre de Sireuil et de St-Hermine poursuivi sur la tête de M. Trémeau, conseiller au présidial, à la requête de M. Dumas de Sillac » ; et consentement donné par les mêmes à la marquise d'Alègre, ayant pris possession de ladite seigneurie en vertu du retrait lignager, pour qu'elle fasse rayer des registres lesdites oppositions (14 juin). — Procuration donnée par Madeleine Basset, veuve de Pierre Sartre, sieur du Moulin, bourgeois, demeurant au village de Fissac, paroisse de Ruelle, à Pierre Sartre, sieur du Moulin, aussi bourgeois, leur fils (27 juin). — Vente par Marie-Anne Joubert, veuve de Jean Birot, écuyer, sieur de Launoy, à Marie-Jeanne Birot de Brouzède, agissant tant pour elle que pour Bernard Birot de Brouzède, écuyer, chevalier de St-Louis, capitaine au régiment de Bourgogne-Infanterie, son frère, des fief et seigneurie de La Foucaudie, relevant de l'abbaye de St-Cybard, avec les terres roturières en dépendant au moment de la vente faite par M. de Lubersac le 26 mars 1743, quelques acquisitions postérieures, et divers meubles, entre autres une chaudière à eau-de-vie ; ladite vente consentie moyennant 37.000 livres (27 juin 1768).

E 2075. (Liasse.) — 99 pièces, papier.

1768. — Jean Bernard, notaire royal à Angoulême. — Actes reçus par ce notaire du 2 juillet au 30 septembre. — Reconnaissance de 2 sols 6 deniers de rente dus au marquis de la Rochefoucauld-Bayers, seigneur de Maumont, par Pierre Bourdin, conseiller au présidial, Jean Bourdin, conseiller à l'élection, son frère, Jean Boitaud, architecte, et Jean Yrvoix, marchand chandelier, les deux premiers comme fils de Louis, bourgeois, et de Anne Yrvoix, leurs parents, ladite Anne représentant Jean Yrvoix, sieur des Hameaux et Marie Tousselet, ses père et mère , à cause de 5 maisons, dont 2 grandes dans la rue des Cordonniers et sur le rempart, et 3 petites dans la rue des Cordonniers (6 juillet). — Procès-verbal des fief et seigneurie de La Foucaudie, paroisse de Nersac (11 juillet). — Inventaire des meubles et effets de la communauté de Marie de Lafaux de Chabrignac, décédée depuis 18 ans, avec Jean Chausse, sieur de Lunesse, son mari, à la requête de celui-ci demeurant au logis noble de Lunesse, paroisse de St-Martial, appelés Jean Chausse, écuyer, seigneur de Lunesse, conseiller au présidial, Nicolas Labouret, avocat en parlement, receveur des fermes du Roi, Marie Chausse de Lunesse, son épouse, Marie et Henriette Chausse de Lunesse (21 juillet). — Déclaration de la prise du Geai, paroisse de Magnac-sur-Touvre (28 juillet). — Bail à ferme par Jean Yver, curé de St Antonin, à François Roche, jardinier de la paroisse St-Martin, des dîmes qui lui appartiennent dans les paroisses St-Antonin, St-Martial et St-Jacques-de-Lhoumeau, pour 7 années, moyennant 64 livres chaque (13 août). — Cession d'une pièce de terre de 116 carreaux, paroisse de Soyaux, consentie, moyennant une rente de 20 sols, par Catherine Guillaume de Marçay, dame de Frégeneuil, Nicolas Desforges, chevalier, seigneur du Châtelard, et Louise Guillaume, sa femme (17 août). — Sommation respectueuse par Jean de Montalembert, écuyer, âgé environ de 38 ans, demeurant au logis noble de Villars, paroisse de Garat, à Jean de Montalembert de Vaux, chevalier, seigneur de Villars, et à Jeanne de Montalembert de Vaux, ses parents, demeurant au même lieu, de donner leur consentement à son ma-

riage avec Marie Chausse de Lunesse, fille de Jean, seigneur de Lunesse ; ce à quoi ils se refusent en raison du peu de fortune de leur fils (14 septembre). — Contrat de mariage entre Jean de Montalembert, écuyer, et Marie Chausse de Lunesse (17 septembre). — Vente par Emmanuel-Frédéric, marquis de Tanne, comte du St-Empire, noble gênois, baron de Monton, seigneur des Martres, Tallende le Majeur, Tallende le Mineur, et autres lieux, co-seigneur de Fissac, et Marie-Henriette Duteil, son épouse, demeurant au château de Chadieu, paroisse d'Authezat, en Auvergne, à Étienne Pasquier, bourgeois, et Catherine Desvergnes, sa femme, de la métairie des Faverauds, village du même nom, paroisse de Mornac, moyennant 9.000 livres (20 septembre). — Convention par laquelle François Guyonnet, laboureur, s'engage envers un des collecteurs de la paroisse de Soyaux, à faire la levée des impôts qui lui incombe, moyennant 30 livres, les droits de lève de 6 deniers par livre de la taille, et ceux de la capitation, des vingtièmes et autres (21 septembre). — Procès-verbal des obstacles apportés à la jouissance du privilège possédé par Simon Héraud, sieur du Condour, bourgeois, demeurant en la maison du Condour, paroisse de Vouzan, de faire « tirer des mines ». Il dit « qu'il a présenté requête à M. le juge de la juridiction royale de la marque des fers d'Angoumois et du Haut-Poitou expositive entr'autres choses qu'il auroit été chargé par le sieur Beinaud, qui fait fabriquer des canons à la forge de Ruelle pour le service de Sa Majesté, de faire tirer des mines pendant 2 années à raison de 120 livres pour chacune fondue dans les domaines dud. sieur Héraud et dans ceux de son voisinage, relativement au double passé à ce sujet le 20 mars de la présente année duement en forme, par lequel led. sieur Héraud est autorisé à jouir ainsi que led. sieur Beinaud du privilège qui lui est accordé par les traités qu'il a passés pour raison des fournitures qui y sont énoncées ; qu'en conséquence, il avoit fait ouvrir la terre tant dans ses domaines particuliers que dans d'autres dépendants des villages de La Rochette et de Jard, en la paroisse de Vouzan, qui avoisinent les siens, qu'il y a établi plusieurs ateliers auxquels des ouvriers travaillent depuis plus de 3 mois, au veu et seu des propriétaires des fonds qui, non seullement ne peuvent l'empêcher, mais qui ont été préalablement avertis et prévenus, qu'ils y ont consenti expressément et formellement ; qu'au préjudice du tout, le sieur Durand, du village des Pendants, même paroisse de Vouzan, sans aucun droit et de sa propre autorité, s'est ingéré depuis quelques jours de troubler les ouvriers employés par led. sieur Héraud en leur déffendant avec menaces de continuer, et en employant au même travail d'autres ouvriers qu'il avoit lui-même conduit sur les endroits auxquels il avoit fait placer des ateliers auprès de ceux dud. sieur Héraud ». Durand répond que Héraud a fait creuser des trous dans des terres sur lesquels il a droit de rente, sans le consentement des propriétaires, et sans le sien qui est nécessaire en ce que les trous de mines diminuent la valeur de ces terres et, par suite, la facilité pour les tenanciers de payer leurs rentes ; il a, il est vrai, creusé plusieurs trous lui-même, mais dans des terrains qui lui appartiennent, et il se réserve d'en vendre la mine à qui bon lui semblera. Le procès-verbal constate l'existence de nombreux trous avec ateliers en bois de chêne et tous garnis de cordes : l'un d'eux a 3 pieds de largeur, 7 pieds 2 pouces de profondeur : il a été pratiqué « au rez ou sol de sa profondeur une ouverture en forme de cave, ce que l'on nomme communément *chambrer*, cette ouverture a 4 pieds d'hauteur sur 9 de circonférence en largeur et longueur » (28-29 septembre 1768).

E. 2076. (Liasse.) — 66 pièces, papier.

1768. — Jean Bernard, notaire royal à Angoulême. — Actes reçus par ce notaire du 2 octobre au 31 décembre. — Procès-verbal à la requête de Louis Bernard, curé de Ruelle, du refus que font certains vignerons de la paroisse de payer la dîme aux « pas » habituels et de transporter la vendange, suivant l'usage constamment observé, dans des « basses » dont on peut facilement constater la contenance, plutôt que dans des cuvasses (4-8 octobre). — Autre procès-verbal de même nature à la requête du même (7 octobre). — Délibération de la communauté des habitants de la paroisse de Soyaux ; ils déclarent que le grand autel, le sanctuaire, le chœur, la sacristie doivent être réparés aux frais du Chapitre d'Angoulême, seigneur et décimateur de la paroisse ; que les travaux de pavage de la nef, de blanchissage de l'intérieur de l'église, de clôture du cimetière, plutôt que d'être mis en adjudication seront faits après entente à l'amiable entre eux et les ouvriers, mais postérieurement à l'année prochaine, la grêle ayant ravagé cette année-là toutes leurs récoltes

(30 octobre). — Procuration donnée par la communauté des habitants de la paroisse de St-Jacques-de-Lhoumeau pour s'opposer aux prétentions de François Noël, régisseur des droits réservés ordonnés par l'édit d'avril 1768. Il avait fait connaître, par voie d'affichage à la porte de l'église, qu'il procéderait à l'inventaire de la récolte du vin de l'année, en présence du syndic et des marguilliers, ce qui, « outre le désagrément pour chaque citoyen d'ouvrir sa maison à des étrangers, et d'être assujettis à leur caprice, pourroit faire naître une infinité d'inconvénients encore plus préjudiciables » (30 novembre). — Abandon des dîmes novales de la paroisse de St-Michel de L'Isle-d'Espagnac par Robert Thoyon, curé, au profit du chapitre d'Angoulême, moyennant le paiement de la portion congrue de 500 livres (10 décembre). — Procès-verbal de marchandises avariées, ce requérant Jean Brou de Chasseignac, marchand apothicaire (16 décembre). — Option de la portion congrue de 500 livres par Jean Guimard, curé de Touvre (28 décembre). — Procès-verbal du mauvais état du bateau dépendant de son martinet à cuivre du Gond, ce requérant Pierre Callaud l'aîné, négociant (31 décembre 1768).

E. 20.7. (Liasse.) — 109 pièces, papier.

1769. — Jean Bernard, notaire royal à Angoulême. — Actes reçus par ce notaire du 1 janvier au 31 mars. — Vente par Pierre Joubert à Antoine Vergeraud du Ranclaud, praticien, de son office de procureur au présidial, moyennant 8.072 livres (21 janvier). — Renonciation à la succession de Gabriel Decescaud, écuyer, sieur du Vivier, décédé au château d'Échoisy, paroisse de Cellettes, par le marquis de la Rochefoucauld-Bayers, Pierre-Louis de la Rochefoucauld-Bayers, bachelier en théologie, prieur commandataire de Notre-Dame de « Léhoudoin », François-Joseph de la Rochefoucauld de Maumont, prêtre licencié en théologie de la maison et société royale de Navarre, archidiacre du Vexin, vicaire général de Rouen, et Marie de la Rochefoucauld de Magnac, frères et sœur, que représente Pierre Roche, procureur au présidial, juge des juridictions de Magnac, Dirac et Les Courrières (23 janvier). — Reddition des comptes de la tutelle de Jean Augeraud, ancien curé de Cellefrouin et curé de St-Laurent, par Philippe Augeraud, curé de Graves, son oncle (27 janvier). — Transaction entre Louis

Bernard, curé de Ruelle, et Pierre Sartre, sieur du Moulin, bourgeois, demeurant au village de Fissac, dite paroisse de Ruelle, au sujet des dîmes de la vendange et du safran. Une sentence de la sénéchaussée du 20 février 1685 condamnait le curé à prendre la dîme de la vendange au pied des ceps, et les habitants à payer la dîme du safran ; mais elle ne fut jamais signifiée, en tout cas jamais exécutée, comme le constatent les procès-verbaux des délibérations de la communauté des habitants des 18 et 28 juin 1767 où ils déclarent avoir l'habitude de porter le droit de dîme aux « pas » dans des vaisseaux que le curé y faisait conduire. Cependant un procès était engagé entre le curé, le sieur Joubert, Pierre Sartre, et autres : le parlement, par arrêt du 11 mai 1768 ordonna de se conformer à l'usage tel qu'il était établi par les délibérations ci-dessus. Le présent acte détermine les « pas » où devra être porté la dîme de la vendange récoltée par ledit sieur du Moulin (9 février). — Notification de grades à l'évêque d'Angoulême par François Planty, chanoine théologal de St-Arthémy de Blanzac (11 février). — Renonciation à la succession de Mlle de St-Gelais de Lusignan décédée à Paris depuis environ un an, par Jean, marquis de Montalembert de Vaux, et Jeanne de Montalembert, sa femme (8 mars). — « Bail d'industrie » par lequel Guillaume Jouanet, maître tonnelier, s'engage à travailler pour le compte de Jean Bouhier, tonnelier, et de Marguerite Séguin, sa femme, moyennant qu'ils lui paieront 25 sols par « tierçon », et 17 sols par barrique, au fur et à mesure de la livraison (12 mars). — Procès-verbal des fief et seigneurie de Goué dont le revenu a été saisi par Jeanne Roche, veuve de Jean Serpaud, procureur, sur Pierre Regnaud, chevalier de la Soudière, et Françoise-Marie Arnauld, son épouse ; ce requérant François Flageolle, greffier de la juridiction de Champniers, bailliste judiciaire (15-17 mars). — Bail à colonage des terres de la seigneurie de Goué consenti à François Corgnol, laboureur, et sa femme, demeurant au village de Villeneuve, paroisse de Goué : les preneurs feront valoir toutes les terres, y compris celles du parc ; comme elles sont toutes nobles, le droit d'agrier sera pris par le bailleur sur le monceau des grains avant partage ainsi que le droit de dîme sur les récoltes du parc et du jardin ; ils reçoivent 6 boisseaux de baillarge pour les semences, 2 bœufs de tire estimés 263 livres, une charrue, une charrette, des brebis, des cochons, 2 vaches, avec promesse de semences de toutes

sortes pour l'année suivante ; le bailleur fournira chaque année un métivier ; les bestiaux seront à moitié croît et décroît ; les impositions royales et devoirs nobles seront supportés par moitié ; le revenu annuel de la métairie est évalué à 150 livres (19 mars). — Renonciation à la succession de Gabriel Decescaud, écuyer, seigneur du Vivier, par Antoine de Corlieu, écuyer, ancien capitaine d'infanterie, chevalier de St-Louis, Catherine-Hippolyte de la Rochefoucauld, son épouse, et Louise de la Rochefoucauld de Maumont, demeurant au logis du Vivier, paroisse de St-Cybard-le-Peyrat (23 mars). — Cession par Jean de Bussac, maître ès-arts, à Jean Brou, sieur de Chasseignac, marchand apothicaire, et Marie de Bussac, son épouse, de ses droits dans la succession de Rémy de Bussac, marchand droguiste, et de Marie David, leurs parents et beauxparents, moyennant 600 livres (30 mars 1769).

E. 2078. (Liasse.) — 89 pièces, papier.

1769. — Jean Bernard, notaire royal à Angoulême. — Actes reçus par ce notaire du 1 avril au 30 juin. — Notification de grades au chapitre par François Faunié-Duplessis, clerc minoré, demeurant à La Rochefoucauld, gradué nommé de l'Université de Bordeaux (7 avril). — Inventaire des meubles et effets de la communauté de feu Jean Guesnier, sieur de La Bletterie, maître apothicaire, avec Marguerite-Hippolyte Delafont, sa femme (17 avril-5 mai). — Apprentissage pour 2 ans 1/2 de François Roubier, fils de Léonard, couvreur, chez Germain Legrand, maître architecte et entrepreneur, demeurant au faubourg St-Jacques de Lhoumeau (23 avril). — Bail à ferme par Catherine de Guillaume de Marçay de Frégeneuil, Nicolas Desforges, écuyer, seigneur du Chatelard, ancien capitaine d'infanterie, et Jeanne-Louise-Élisabeth de Guillaume de Marçay, son épouse, demeurant paroisse St-Martial, de la métairie d'Espagnac, paroisse de Soyaux, pour 9 années, moyennant 110 livres chaque, à charge aussi pour les preneurs de payer tous les droits royaux et les rentes seigneuriales, de donner, chaque année, 4 paires de poulettes, 4 douzaines d'œufs, de fournir 2 journées de labourage avec leurs bœufs, et 8 charrois (23 avril). — Bail à ferme par le prieur et les religieux de l'abbaye de St-Cybard, à M. Fauconnier de Fontgrave, des rentes seigneuriales dues à l'abbaye de La Greuse, dépendant de celle de St-Cybard, pour

9 années, moyennant 800 livres chaque (28 avril).
— Transaction au sujet de l'exécution du testament
de Louis de Beaufort, juge du Lindois, du 12 septembre 1767, entre Antoine de Beaufort, sieur de
La Grange, notaire royal, demeurant à Roussines,
Jean de Beaufort, sieur de La Brousse, bourgeois
d'Angoulême, ses fils, et les créanciers dudit sieur
de La Brousse (29 avril). — Résignation de son
canonicat au Chapitre d'Angoulême par Antoine
Civadier, en faveur de François Chauvineau, curé
de Notre-Dame de La Paine (16 mai). — Nomination par la communauté des habitants de la paroisse de Lhoumeau de Jean Thinon comme syndic chargé de reprendre l'action qu'ils ont intentée
contre François Nouël, régisseur des droits réservés ordonnés par l'édit d'avril 1768 (28 mai). —
Vente par Pierre Birot de Ruelle, écuyer, que représente Antoine Gibaud, chanoine, à Jean Birot,
écuyer, seigneur de Ruelle, de l'usufruit des agriers,
rentes nobles et rentes secondes qui peuvent lui
appartenir en raison de la succession de Jean-
François Birot, écuyer, seigneur de Ruelle et de
Brouzède, son père, dans la paroisse de Ruelle et
les paroisses voisines, ladite vente faite moyennant
1.233 livres (6 juin). — Transaction entre Antoine
de Beaufort, juge du Lindois et notaire royal, demeurant à Roussines, Jean de Beaufort, prêtre, gradué de l'Université de Poitiers, Jean de Beaufort,
sieur de La Brousse, Pierre Vallade, sieur du Fossé,
Renée de Beaufort, son épouse, demeurant au lieu
de Chez-Manot, paroisse de Pranzac, enfants et gendre de Louis de Beaufort, juge du Lindois et notaire
royal, et les métayers de celui-ci dans le domaine de
La Sudrie, paroisse du Lindois (7 juin). — Transaction entre le procureur des habitants et les fabriciens de la paroisse de Sers, et Jean Vigneron,
curé de cette paroisse, au sujet des comptes de la
fabrique présentés par celui-ci : seront ajoutées aux
recettes les sommes de 20 livres léguées par Marguerite Dussagne pour réparer l'autel de la Vierge, et
celle de 15 livres provenant de la vente d'une robe
donnée par Mme de Montalembert ; seront retranchées
des dépenses la somme de 50 livres employée aux
réparations du clocher, attendu que ces réparations
sont à la charge du curé comme décimateur, le
clocher étant situé sur le sanctuaire de l'église ; celle
de 75 livres donnée par le sieur Lavoix pour le tillage de l'église et qui n'a pu, par conséquent, être
employé à l'entretien et aux fournitures ordinaires
de celle-ci (19 juin 1769).

E. 2079. (Liasse.) — 81 pièces, papiers.

1769. — Jean Bernard, notaire royal à Angoulême.
— Actes reçus par ce notaire du 1er juillet au 30 septembre. — Dépôt de la procuration donnée par Marie
Jousset de Fougère, sœur de la Charité, gouvernante
des pauvres de l'Hôtel-Dieu et Hôpital-Général de
Saint-Lô, à Sébastien de Lavergne, docteur en théologie, curé de Saint-Paul (3 juillet). — Sommation par
Jean Ordonoran, maître ès-arts, à un sergent, de dire
en vertu de quels ordres Catherine Jonquet, sa femme,
vient d'être constituée prisonnière (8 juillet). — Quittance donnée par Jean Fellinaud, vidangeur, des 40
livres qui lui étaient dues pour avoir nettoyé les latrines de la maison du comte de Saint-Simon, occupée
par Jean Brignon, maître ès-arts (8 juillet). — Sommation par François Hospitel de Lhomandie, à Jean
de Roquart, écuyer, demeurant aux Essarts, paroisse
de Loubert, d'avoir à lui remettre les pièces de procédure qu'il a soustraites de son étude sans vouloir
lui en donner décharge (12 juillet). — Ingression
dans la communauté des Ursulines de Jeanne-Anne
de Montalembert, fille de Jean, marquis de Montalembert de Vaux, chevalier, seigneur de Villars, et de
Jeanne de Montalembert, qui lui donnent 2.000 livres
« d'aumône dotale » payables après leur mort et d'ici
là une pension de 50 livres ; en présence de Marie Mesnard de la Trinité, supérieure, de Jeanne de la Porteaux-Loups, sous-prieure, de Marie Marchadier, dépositaire, et de Marie de Montalembert, religieuse
(7 septembre). — Cession par Jean Chevraud, écuyer,
seigneur des Montagnes, et Marie Raoul, son épouse,
demeurant à Marsac, à André Thevet de la Combe-
Dieu, curé de Dignac, de 95 livres de rente seconde
au denier vingt (9 septembre). — Bail à ferme par
Bernard Birot, écuyer, seigneur de Brouzède et de La
Foucaudie, capitaine au régiment de Bourgogne-Infanterie, chevalier de Saint-Louis, et Marie Birot de
Brouzède, sa sœur, à Jean Pelletier, foulinier de la
paroisse de Nersac, du moulin à foulon sis près du
logis de La Foucaudie, même paroisse, sur la Boëme,
pour 9 années, moyennant 120 livres et 2 paires de
chapons chaque (21 septembre). — Vente par Louis
Bernard, curé de Ruelle, à Jacques Besson et Pierre
Dumousseau, marchands, demeurant au lieu du Pont,
même paroisse, de son droit de dîme sur les vignes
du quartier des Séguins et du Maine Gaignaud, pour
une année, moyennant 500 livres (22 septembre 1796),

E. 2080. (Liasse.) — 74 pièces, papier.

1769.— Jean Bernard, notaire royal à Angoulême.
— Actes reçus par ce notaire du 1er octobre au 28 décembre. — Reconnaissance par la communauté des habitants de la paroisse de Nersac du droit de Bernard Birot, écuyer, seigneur de Brouzède, et de Marie Birot de Brouzède, sa sœur, d'avoir banc et sépulture dans l'Église de Nersac comme seigneurs de La Foucaudie, conformément à la concession qui en a été faite par les prieur et religieux de St-Cybard, seigneurs de Nersac, dans le dénombrement à eux rendu par Étienne de Lubersac, écuyer, seigneur de La Foucaudie, le 19 septembre 1658 : ils renoncent aussi à l'obligation où étaient les seigneurs de La Foucaudie d'entretenir l'autel de la Vierge où se dit chaque année une messe à leur intention le jour de l'Invention de Saint-Étienne, moyennant qu'ils seront autorisés à déplacer ledit autel pour élever la chaire au lieu qu'il occupe actuellement (1er octobre) — Autorisation donnée par Pierre Ducher, maître serger, pourvu de l'office d'inspecteur et contrôleur des marchands sergers d'Angoulême, à Jean Leclerc, serger, de travailler pendant 3 ans à la profession de serger, sans être obligé de tenir boutique ouverte, moyennant qu'il lui paiera 10 livres par an (8 octobre). — Contrat de mariage entre Pierre Durand, négociant, et Anne Benet, fille de Pierre, aussi négociant ; la future épouse reçoit une dot de 3.000 livres (15 octobre). — Prise de possession de l'archiprêtré de Saint-Gervais et Saint-Protais de Pérignac, par Jean Moisan, vicaire de Garat, pourvu le 19 de ce mois (23 octobre).— Vente d'un office de barbier-perruquier-étuviste moyennant 120 livres (30 octobre). — Renonciation par Jeanne de Montalembert de Vaux, à la communauté qu'elle avait contractée avec Jean de Montalembert de Vaux, chevalier, seigneur de Villars, son mari, décédé la veille (3 novembre). — Inventaire des meubles et effets dudit Jean de Montalembert, ce requérant Pierre, marquis de Montalembert de Vaux, chevalier, seigneur de Villars, lieutenant de vaisseau, demeurant au logis noble de Villars, appelés Jean, chevalier de Montalembert, et Mlle de Vaux, enfants du défunt. A signaler : le contrat passé par Gaudon, notaire royal, de l'acquisition des fiefs de Villars et d'Auchez et de divers domaines sur Charles Dusouchet, chevalier, seigneur de Macqueville, Villars, Auchez, Le Tillet et Saint-Christophe, Marie-Angélique Joubert, son épouse

Jacques-Élie de Beaucorps, chevalier, seigneur de La Grange et autres lieux, François de Beaucorps, chevalier, seigneur de La Bastière, écuyer ordinaire du Roi, l'un des chevaux-légers de sa garde, Marthe-Madeleine-Élisabeth Victoire Dusouchet, son épouse, la dite acquisition faite, moyennant 45.000 livres payées comptant avec l'argent provenant de la vente de la terre de Vaux et du fief de Plaizac consentie en juin 1756, devant Gaudon, au sieur Vantongeren ; — les actes d'ingression aux Ursulines de Marie et de Jeanne-Anne de Montalembert, filles du défunt, les 24 mai 1767 et 7 septembre 1769 (4-14 novembre). — Procès-verbal de la maison presbytérale de Pérignac (7 novembre). — Transaction réglant la succession de feu Jean de Montalembert de Vaux, chevalier de Villars, et, par anticipation, de celle de Jeanne de Montalembert, sa femme. De leur mariage sont nés, Pierre, marquis de Montalembert de Vaux, chevalier, seigneur de Villars, dont le contrat de mariage avec Jeanne Gayol a été reçu le 18 septembre 1762, Jean, chevalier de Montalembert de Vaux, demeurant au lieu des Riffauds, paroisse de Nonac, Françoise de Montalembert de Vaux, Jeanne de Montalembert de Plaizac, Catherine, religieuse hospitalière à Chizé, Marie et Anne, religieuses des Ursulines à Angoulême. Tous abandonnent leurs droits en faveur de Pierre ; celui-ci s'engage à payer une pension viagère de 1.200 livres à sa mère, avec 4 barriques de vin rosé, 300 bûches et 300 fagots, chaque année, ladite Jeanne de Montalembert se réservant en outre la libre disposition de 5.000 livres ; à servir 300 livres de pension à son frère jusqu'à la troisième année qui suivra la mort de sa mère, après quoi il lui paiera 8.000 livres ; à servir 500 livres de pension à sa sœur Françoise dans les mêmes conditions que la pension précédente, après quoi, il lui paiera aussi 8.000 livres (14 novembre). — Renonciation par Françoise Barret, veuve d'Annet de Chilloux, écuyer, sieur des Fontenelles, demeurant au lieu des Fontenelles, paroisse de Champniers, à la succession de Françoise Chapiteau, son aïeule maternelle, veuve en premières noces de Geoffroy de Chilloux, écuyer, et en secondes noces de Antoine de Rouvillois, décédée depuis plus de 30 ans (15 novembre). — Contrat d'apprentissage de Christophe Rouhier chez Damien Texier, maître architecte et entrepreneur, demeurant près du couvent des Capucins (20 novembre). — Expertise de travaux de maçonnerie et de charpente par Jean Blanchon et Charles Recoquillé, maîtres architectes et entrepreneurs, demeurant paroisse Saint-André et faubourg Saint-Cybard (7 décembre). —

Convention entre les 7 collecteurs de la paroisse de Saint-Yrieix en vertu de laquelle l'un d'eux se charge de recouvrer les impositions, moyennant qu'il percevra seul les droits de lève et de quittances et que les « faux taux » seront supportés par tous (8 décembre 1769).

E. 2081. (Liasse.) — 102 pièces, papier.

1770. — Jean Bernard, notaire royal à Angoulême. — Actes reçus par ce notaire du 3 janvier au 31 mars. — Sommation par Jean Chauveau, marchand de Champniers, à Barthélémy Arondeau, notaire royal, demeurant au village des Bouillons, même paroisse, d'avoir à céder son office de notaire royal avec ses minutes, moyennant paiement de 1.000 livres, à Claude Chauveau, praticien, fils dudit Jean, conformément à la promesse qu'il lui a faite par acte du 28 janvier (1er février). — Procès-verbal des dégâts causés par les charretiers dans ses bois de Dirac, ce requérant Guillaume Cougnet, entrepreneur des travaux du Roi pour l'artillerie de la marine (15 février). — Convention entre les 3 collecteurs de la paroisse de Magnac-sur-Touvre en vertu de laquelle l'un d'eux se charge de faire seul le recouvrement des impositions, moyennant qu'il profitera aussi seul des droits de « lève » qui s'élèveront environ à 75 livres : l'un de ses collègues l'accompagnera une fois par mois dans ses tournées ; ils se joindront tous deux à lui, toutes les fois que l'huissier ou le sergent des tailles feront des contraintes, et chacun d'eux, à tour de rôle, quand il ira faire ses paiements au receveur des tailles (1er mars). — Vente par André Juillard, sieur des Plaines, avocat au parlement, demeurant à Bordeaux aux allées de Tourny, comme héritier de Catherine Payen, veuve d'Antoine Juillard, sieur des Plaines, conseiller à l'élection d'Angoulême, à Marguerite Vivien, d'une maison sise dans la rue des Trois-Notre-Dame, moyennant 5.700 livres (9 mars). — Procès-verbal des dégâts causés aux couvertures du château de Balzac par le grand orage du 7 février, ce requérant Antoine Gouguet, capitaine des volontaires de l'état-major, chevalier de Saint-Louis, demeurant au faubourg de Lhoumeau, faisant pour Charles-François, comte de Broglie, chevalier des ordres du Roi, lieutenant-général, ancien ambassadeur en Pologne, seigneur de Balzac (10 mars 1770).

E. 2082. (Liasse). — 97 pièces, papier.

1770. — Jean Bernard, notaire royal à Angoulême. — Actes reçus par ce notaire du premier avril au 27 juillet. — Bail à ferme par Mignot, laboureur à bras du village de La Vallade, paroisse de Magnac-sur-Touvre, à François Prévôt, aussi laboureur du même village, pour 29 ans, d'une pièce de terre au lieu appelé Trop-Vendu ; le premier plantera en vignes la portion non cultivée, et après 5 ans, le produit en sera partagé entre les parties ; la portion cultivée le demeurera, la semence étant fournie par moitié par chacune des parties, et la récolte battue par le preneur, puis partagée aussi par moitié ; le preneur portera à domicile la part du bailleur qui acquittera les impositions (1er avril). — Procuration donnée par Pierre-Auguste-Anne de César, comte de Mastin, seigneur d'Aignes, Le Coursault, Les Essarts et autre lieux, ancien capitaine de cavalerie au régiment du Roi, chevalier de Saint-Louis, chambellan et fauconnier du duc d'Orléans, à M. Blard de Charlemont, directeur des aides, à Bayeux, afin d'affermer la terre des Essards au sieur Planchon, négociant, pour neuf années, moyennant 6.600 livres les deux premières et 6.000 livres les autres (13 avril). — Cession par Guillemine, Marie-Anne, Rose, et Françoise Galliot, à Louis Galliot, contrôleur des saisies réelles, leur frère, de 1.713 livres, moyennant une pension viagère de 216 livres (1er mai). — Contrat de mariage entre François Dufresse, sieur de Chassagne, avocat, fils de Léonard, seigneur de Chassagne et du Maine-Roux, et de Marie Vallier ; et Marie Civadier, fille de défunts Antonin-Augustin, greffier en chef de police, et de Marguerite Fauconnier : le futur époux se constitue en dot la charge de conseiller au présidial et reçoit le fief du Maine-Roux ; la future épouse se constitue en dot le domaine de Fontgrave, plusieurs maisons, la charge de greffier de police, 15.945 livres d'effets et arrérages de rentes (7 mai). — Cession par Simon Vigier, écuyer, seigneur de Planson, demeurant au logis de Planson, paroisse de Saint-Simeux, au nom de François Dassier, chevalier, seigneur de Charzac, et par Marguerite Dassier, fille dudit François, à Jean Delâge, maître tailleur, d'une maison, paroisse Saint-André, dans la mouvance de l'abbaye de La Couronne, ladite cession faite moyennant 80 livres de rente (12 mai). — Vente d'une maison, paroisse Saint-André, à Nicolas Lenoble, maître éperonnier, moyennant 2.400 livres (27 mai). — Bail à ferme par Pierre-Joseph Bareau, marquis de Bourg-Charente, seigneur de Girac, La Prévôterie, Jauldes, Fayolle et autres places, maître-de-camp de cavalerie, chevalier de St-Louis, à François Mesnard, marchand du village de Villeneuve, paroisse de Champniers, du logis de La Prévôterie, paroisse de Brie, avec ses dépendances, pour sept années, moyennant 1.600 livres chaque (19 juin 1770).

E. 2083. (Liasse.) — 69 pièces, papier.

1770. — Jean Bernard, notaire royal à Angoulême. — Actes reçus par ce notaire du 1 juillet au 30 septembre. — Donation par Jean Chausse, seigneur de Lunesse, demeurant au logis de Lunesse, paroisse de Champniers, à Moïse Chausse de Lunesse, son fils, conseiller au présidial. De son mariage avec mademoiselle de Lafaux de Chabrignac, décédée en 1750, Jean Chausse eut quatre enfants : Marie épousant M. Labouret reçut en dot 3.000 livres du chef de sa mère, 6.000 du chef de son père ; par un contrat de mariage du 19 novembre 1761, Moïse reçut en dot 3.000 livres du chef de sa mère, et une pension de 350 livres ; Marie se constitua en dot 2.000 livres du chef de sa mère lors de son mariage avec M. de Montalembert. « L'attention que donna Jean Chausse à l'éducation de ses enfants ne lui permit pas de veiller avec autant d'exactitude aux affaires du dehors et du gouvernement de ses fonds » c'est ainsi qu'il se trouva redevable de 14.511 livres à son fils, tant pour retards dans le paiement de sa pension que pour diverses avances. Chargé de dettes par ailleurs, il reconnaît ne pouvoir se libérer qu'en abandonnant tous ses biens à son fils à la charge de payer 679 livres à chacune de ses sœurs pour leur part dans la succession de leur sœur Henriette, 3.000 livres à madame Labouret et 5.320 livres à Mme de Montalembert pour complément de leur dot, 10.532 livres à divers créanciers, et de lui servir une pension viagère de 2.300 livres (1er juillet). — Sommation respectueuse d'Antoine Brunelière à Jean Brunelière, marchand, et Marie Machenaud, ses parents, demeurant au village des Gibauds, paroisse de Mornac, de consentir à son mariage avec Anne-Marie Gauthier, fille de François et de Marie Machenaud (18 juillet). — Compte qui fixe à 2.268 livres la somme due à Joseph Gillibert, sieur de Fontverte, que représente Jean Gillibert, sieur de Plaisir, bourgeois,

demeurant au lieu de Courrieras, paroisse de Montbron, par Catherine Guiton de la Malinia, veuve de Élie de la Brousse, écuyer, seigneur de Belleville, gendarme de la garde du Roi, demeurant à Bussière-Badil, en Périgord (9 septembre). — Procès-verbal du vol de fruits fait dans la borderie de Simon Benoist, sieur de La Boissière, ancien garde du Roi, sise près de l'Hôpital-Général (13 septembre 1770).

E. 2084. (Liasse.) — 66 pièces, papier.

1770. — Jean Bernard, notaire royal à Angoulême. — Actes reçus par ce notaire du 2 octobre au 31 décembre. — Bail à ferme par Louis Bernard, curé de Ruelle, à Jean de Vantenat et Hugues Têtaud, marchands de Ruelle, de la dîme de la vendange dans la paroisse, pour une année, moyennant 600 livres (4 octobre). — Convention par laquelle Pierre Réveillaud, originaire d'Airvaud, en Poitou, Joseph Peyrat, venant de Vienne, en Dauphiné, Joseph la Pérouse, de Lyon, François Verdun, d'Abbeville, tous tanneurs et corroyeurs, s'engagent envers Jean Gaborit, négociant de Lhoumeau, à « apprêter à la tannerie que ledit sieur Laborit a établi au village de Chaumontet, paroisse de L'Isle d'Espagnac, tous les cuirs de bœufs, vaches, veaux et de toutes autres espèces et de les rendre parfaits chacun dans leurs genres et suivant l'uzage auxquels ils seront destinés par l'apprêt qu'ils recevront ». Ils « seront tenus de suivre exactement, dans l'espèce de l'apprêt et dans la destination aux uzages des cuirs, ce qui leur sera prescrit par ledit sieur Gaborit, soit en forme de vache licée (sic), ou veaux noir ou gris, et ne pourront mettre lesdits cuirs dans une autre qualité qu'en vertu d'une convention particulière qui déroge à celle-cy, expressément stipulée ». Il devront au besoin s'adjoindre des aides ; mettre en état de vente « la bourre et colle qui proviendroit des peaux en poil ». Le sieur Gaborit leur fournira toutes les peaux en poil ; lors de la remise des cuirs « il leur en sera accordé décharge qui sera inscripte ainsi que la charge sur un double livre dont l'un sera entre les mains dudit sieur Gaborit, et l'autre entre celles desdits Réveillaud et consorts, laquelle charge les obligera tous solidairement quand elle n'auroit été inscripte qu'en présence de l'un d'eux, suivant l'uzage. Ils seront également responsables solidairement de la mauvaise fabrication, de la moindre perfection des cuirs de toutes espèces et des deffauds qui pourroient ce trouver dans l'après »; et en cas de discussion, Guion, marchand tanneur de Jarnac, ou Marchadier, cordonnier d'Angoulême, serviront d'arbitres. Ils seront logés, fournis de linge, de lit et de table, de meubles, d'outils, pourront prendre les mottes nécessaires à leur chauffage, et recevront « 2 sols par livre de veau, et 1 sol 6 deniers par livre de vache » (18 novembre). — Convention par laquelle Marguerite Labonne, veuve de Léonard Bruchier, maître tisserand, demeurant faubourg Sᵗ-Martin, s'engage envers François Laforêt, marchand, à garder une « bête azine de valleur de 40 livres à titre de chetel à moitié croit et décroit », et à conduire avec cette bête une charge d'eau chez ledit Laforêt toutes les semaines, les charges supplémentaires lui seront payées à raison de 2 sols la charge de 2 barils (9 décembre). — Procès-verbal d'un pré récemment acquis par François Boucherie, foulinier, demeurant au moulin à foulon et à drap de Chez-Nicolas, paroisse de Touvre (11 décembre). — Convention entre les collecteurs de la paroisse de Ruelle pour 1771 ; deux d'entre eux se chargent du recouvrement des impositions ; les droits de « lève » du « grand rôle » s'élevant à 78 livres 7 sols 6 deniers, et ceux des vingtièmes évalués à 20 francs leur appartiendront ; leurs collègues leur paieront 80 livres, et seront déchargés de toutes sortes de frais ; l'un se charge du rôle des impositions ordinaires, l'autre de celui des vingtièmes. Trois des collecteurs seulement savent signer (29 décembre 1770).

E. 2055. (Liasse. — 99 pièces, papier.

1771. — Jean Bernard, notaire royal à Angoulême. — Actes reçus par ce notaire du 1 janvier au 29 mars. — Vente par André-Phraramond Green de Saint-Marsault, chevalier, seigneur de Parcou, demeurant au château de Parcou, paroisse dudit lieu, tant pour lui que pour Jean-Hector de Saint-Légier, chevalier, ancien capitaine au régiment de Beauvaisis, Marie-Marthe Green de Saint-Marsault, son épouse, demeurant paroisse Sᵗ-George-de-Didonne Auguste Green de Saint-Marsault, ancien lieutenant-colonel de cavalerie, comme héritiers de M. Green de Saint-Marsault, ancien capitaine de cavalerie, leur cousin-germain, à Jean Biget, meunier, et autre Jean Biget, poissonnier, demeurant au village des Séguins, paroisse de Ruelle, d'une pièce de pré de 4 journaux, sise près dudit village, moyennant 2.000 livres et 120 livres de pot-de-vin (6 janvier). — Acte de notoriété justifiant que Jean de la Rochefoucauld, chevalier, seigneur de Maumont, Magnac, Le Vivier, Chaumont et autres lieux, et Marguerite Decescaud, sa femme, décédés au château de Maumont, paroisse de Magnac-sur-Touvre, ont laissé comme seuls héritiers : François-Jean-Charles, marquis de la Rochefoucauld-Bayers, brigadier des armées du roi ; Alexandre-François, comte de la Rochefoucauld, lieutenant de vaisseau ; François Joseph de la Rochefoucauld, docteur en Sorbonne, prieur commandataire de Lanville, vicaire général et grand-archidiacre de Rouen ; Pierre-Louis de la Rochefoucauld-Bayers, docteur en Sorbonne, prieur commandataire de Notre-Dame de Nanteuil ; demoiselle Louise de la Rochefoucauld de Maumont ; dame Catherine-Hippolyte de la Rochefoucauld de Corlieu ; dame Marguerite de la Rochefoucauld de Cursac ; dame Marie Charlotte de la Rochefoucauld du Vivier, abbesse du Paraclet ; demoiselle Marie de la Rochefoucauld de Magnac ; demoiselle Louise-Anne de la Rochefoucauld de Chaumont, leurs enfants ; attestant aussi que Marguerite et Louise Anne sont décédées les 11 août 1757 et 14 octobre 1764, sans enfants (6 février). — Vente par la veuve d'un cloutier de Charbontière, paroisse de Sers, de deux soufflets avec une enclume de fonte « 2 places garnies à faire des clous, un mail, un marteaux d'étrieux », 3 paires de tenailles, une lime, « 2 clavières à faire des clous », moyennant 45 livres (20 février). — Procès-verbal de 25 barils de beurre pesant entre 135 et 200 livres envoyés de Rochefort à Jean Gaborit, négociant de Lhoumeau (28 février). — Contrat de mariage entre Jean Robert, mouleur de canons, demeurant depuis 15 ans à La Forge, paroisse de Ruelle, fils de feu Jean, aussi mouleur de la paroisse de Saint Baudelle, diocèse de Bourges, et Marie Veillon, demeurant au lieu du Pont, même paroisse de Ruelle (28 février). — Vente par Pierre Braud, notaire et procureur, demeurant au village du Pouyaud, paroisse de Dirac, au nom de Colette Lemercier, sa mère, de la coupe d'une pièce de bois sise au lieu du Pouyaud, paroisse de Dirac, moyennant 750 livres et 6 livres de pot-de-vin : la coupe devra être faite conformément à l'ordonnance des eaux-et-forêts (9 mars). — Vente par Jean François Couturier, sieur du Châtelard, greffier en chef des insinuations ecclésiastiques, et Marie Deroullède, sa femme, à Jean Geoffroy, sieur de La Thibaudière, bourgeois, de tout ce qui leur appartient dans la paroisse de Fléac, moyennant 4.400 livres (25 mars 1771).

E. 2086. (Liasse.) — 75 pièces, papier.

1771. — Jean Bernard, notaire royal à Angoulême. — Actes reçus par ce notaire du 1 avril au 30 juin. — Contrat d'apprentissage, pour 5 ans, de Jean Guyonnet de Beaupré, originaire de Saintes, chez Pierre Beau de Bellisle, maître apothicaire (25 avril). — Reconnaissance d'une rente de 15 livres et de 4 chapons due par plusieurs habitants du village des Brandes, paroisse de Vaux, à Louis Dumas, écuyer, seigneur de Chebrac, Salvert, Laprade, Puymartin et autres lieux, lieutenant-particulier criminel et premier conseiller au présidial (19 mai). — Cession par Jacques Constantin, seigneur de Villars, lieutenant-général de police de la ville d'Angoulême, à un laboureur du villlage de Treillis, paroisse de Jauldes, de 2 journaux de terres dans la paroisse de Coulgens, moyennant qu'il les plantera en vignes et qu'il lui en donnera l'agrier au dixième (21 mai). — Cession par François Basque, maître ès-arts, à Pierre Basque, maître cordonnier, son fils, d'une boutique et d'une chambre dans sa maison (8 juin). — Résignation, par Jean Yver, des cures de Saint-Antonin et de Saint-Vincent, son annexe, en faveur de François Delavialle, chanoine semi-prébendé de la cathédrale (16 juin). — Quittance donnée par Marie de Nesmond, veuve de Philippe de Pipéroux, bourgeois, comme héritière de Jeanne-Rose de Nesmond, sa sœur (23 juin). — Bail à ferme, à Jean Guillebaud, laboureur de Magnac-sur-Touvre, par le procureur du seigneur de Maumont, des droits d'agriers sur le vin, le blé, le foin et le bois des plantiers de Bussac et de La Vallade, paroisse de Magnac, de la brûlerie et du cellier du château de Maumont avec une cuve et 18 barriques, pour 5 années, moyennant 180 livres chaque et 30 livres de pot-de-vin (25 juin). — Bail à ferme par le même à Pierre Biget et Michel Taffet, poissonniers de Magnac, du droit de pêche du seigneur de Maumont sur la Touvre, dans la moitié de sa largeur : sont réservés la courtine du moulin des Fadours, celle qui est au dessous, jusqu'au Moulin de Méré, le droit pour le bailleur de pêcher des écrevisses ; les preneurs seront tenus de pêcher pour le bailleur, quand il leur demandera, dans les courtines qu'il se réserve ; il devront faire une course tous les ans. La ferme est consentie pour 5 années, moyennant 163 livres chaque, 400 écrevisses, 2 douzaines d'anguilles ou 10 livres pesant, en anguilles ou truites,

au choix du bailleur, et 30 livres de pot-de-vin (25 juin). — Acte de notoriété justifiant que Jean Baptiste Marchais de La Chapelle n'a laissé pour héritiers que Pierre Marchais, sieur de La Berge, Jean-Baptiste Marchais, sieur de La Chapelle, Marie, épouse de Jean Mignot, Rose, épouse de M. Forges, Anne, épouse de M. Duclos, Marthe, épouse de M. Péchillon de la Borderie, ses enfants (26 juin 1771).

E. 2087. (Liasse). — 61 pièces, papier.

1771. — Jean Bernard, notaire royal à Angoulême. — Actes reçus par ce notaire du 1 juillet au 30 septembre. — Vente par Simon Piveteau-Fleury, négociant-manufacturier, et Marie Colin, son épouse, demeurant près de la fontaine de Chandes, paroisse Saint-Martial, à Barthélémy Chavigny, négociant, d'une maison sise dans la rue qui va du carrefour des Six-Voies à la rue Froide, sur main gauche, confrontant à la maison du notaire Mallat, moyennant 4.100 livres à divers qui sont créanciers du vendeur pour 49.382 livres, à proportion de leurs créances (13 juillet). — Délibération de la communauté des habitants de la paroisse de Soyaux qui décident de s'imposer pour 400 livres en 1772 et 1773, malgré leur « gêne considérable », afin de parer aux réparations les plus urgentes de leur église qui menace de s'écrouler (21 juillet). — Contrat d'apprentissage, pour 2 ans, de François Ordonnaud, journalier, chez Jean Séguin, maître architecte, demeurant au faubourg de La Bussatte, qui s'engage à lui apprendre le métier de tailleur de pierres (28 juillet). — Convention entre les 3 collecteurs de la paroisse de L'Isle d'Espagnac : l'un d'eux se charge de recouvrer les impositions moyennant que les droits de « lève » évalués à 60 livres lui seront réservés (28 juillet). — Vente par François Poussard, dit la Grandeur, maître de gabarre, demeurant au lieu de Cheyrier, paroisse de St-Yrieix, à François Rouhier, curé de Voulgézac, d'une gabarre nommée l'Espérance, avec tous ses « apparaux », moyennant 1.800 livres à déduire des 2.800 livres dues par le vendeur et Françoise Rouhier, sa femme, audit curé (1 août). — Vente aux enchères des meubles et des marchandises de toutes sortes de Marie Regnaud, veuve de Guillaume Viollet, marchand de St-Cybard (3 août 1771-27 juillet 1772). — Bail à ferme par Pierre Roche, procureur au présidial, au nom du seigneur de Maumont, du moulin à blé de Méré, paroisse de Magnac-sur-Touvre, pour 7 années, moyennant 153 livres chaque, et à charge de payer les impôts royaux (31 août). — « Bail de colonnage » par lequel Joseph Ribondais, laboureur à bœufs de Touvre, se loue pour un an comme domestique chez Gabriel Braud, marchand : il travaillera au domaine de chez Draud, même paroisse de Touvre, prendra soin du bétail ; ses gages seront de 60 livres, payables en 4 quartiers par avance ; ne recevant pas de nourriture, il sera, en compensation, logé dans la maison des métayers ; de plus il cultivera à moitié diverses pièces de terre, une chènevière, un jardin (1 septembre). — Procès-verbal fait à la requête à Louis Bernard, curé de Ruelle, contre un vigneron qui n'aurait pas payé la dîme : celui-ci assure qu'il a prévenu le curé et son « complanteur » du jour où il devait faire la vendange, et que, n'ayant pas trouvé le « complanteur » au « pas » habituel, il a plusieurs fois crié : « à la dixme » (30 septembre 1771).

E. 2068. (Liasse.) — 58 pièces, papier.

1771. — Jean Bernard, notaire royal à Angoulême. — Actes reçus par ce notaire du 1 octobre au 31 décembre. — Procès-verbal constatant la mauvaise culture du fief de Chément, paroisse de Garat, par les baillistes judiciaires, ce requérant Nicolas Dubois, propriétaire dudit fief, conjointement avec Jean-Mathurin Dubois, son frère, et le sieur Dubois de Versailles (8 octobre). — Inventaire des meubles du logis noble de La Barre, paroisse de Villejoubert, ce requérant Louis-Robert Bourée, écuyer, ancien receveur des tailles de l'élection d'Angoulême, Marie Babaud, sa femme, Marie-Thérèse, leur fille ; et partage desdits immeubles dont partie revient audit Louis, comme héritier de son fils, décédé au mois d'août. A signaler : 6 sacs de toile et une grande boîte contenant la majeure partie des titres de La Barre (11 octobre). — Contrat d'association pour 9 ans, entre Félinaud, vendangeur, et Desveaux, journalier, qui s'est engagé à enlever les pierres et décombres de la ville (9 octobre). — Déclaration de la communauté des habitants des paroisses St-Antonin et St-Vincent, son annexe, qui évaluent à plus de 450 livres, non compris le casuel, le revenu de la cure desdites paroisses (10 novembre). — Contrat de mariage entre un marchand forain, originaire du diocèse d'Albi, et la fille d'un autre marchand forain, originaire du diocèse de Cahors, les parties fréquen-

tant depuis plus de deux ans le cabaret de Pierre Devaure, faubourg de La Bussatte (19 novembre). — Constitution de 30 livres de rente par Louis Laforêt, curé de St-Cybardeaux, au profit de Antoine Gibaud, chanoine (20 novembre). — Déclaration de François Vignaud, premier huissier audiencier à l'Hôtel-de-Ville, fixant le prix de son office à 1.200 livres, pour satisfaire à l'édit de février (20 novembre). — Fixation du prix de l'office d'huissier audiencier à la juridiction consulaire à 1.500 livres (23 novembre). — Déclaration de François Guilhot, notaire royal, demeurant à St-Amand-de-Nouère, fixant le prix de son office de notaire royal à la résidence de Montignac à 400 livres (23 novembre). — Bail à ferme par le représentant du seigneur de Maumont à Lassort, meunier, du moulin des Fadours, paroisse de Magnac-sur-Touvre, avec ses appartenances, et le droit de pêche dans la courtine qui est au-dessus, pour 7 années, moyennant 370 livres chaque (29 novembre). — Fixation du prix de l'office de greffier en chef des insinuations ecclésiastiques du diocèse à 6.000 livres (3 décembre). — Contrat de mariage entre Jean-Élie Duboys de la Bernarde, écuyer, chevalier de St-Louis, lieutenant-colonel de dragons, ancien aide-maréchal-général des logis en Allemagne, fils de François et de Jeanne Hériard, demeurant au lieu de La Bernarde, paroisse de St-Amant-de-Boixe, et Marie-Thérèse Bourée, fille majeure de Louis-Robert, écuyer, ancien receveur des tailles de l'élection d'Angoulême, et de Marie Babaud, demeurant au logis noble de La Barre, paroisse de Villejoubert (10 décembre). — Contrat d'apprentissage pour 3 mois, de Boumard, journalier de Soyaux, chez Robert, « pierrier » demeurant au moulin de L'Isle, paroisse de L'Isle d'Espagnac : Boumard paiera 30 livres pour son apprentissage, et comme il se nourrira et que la pierre de taille et le moëllon à extraire appartiennent audit Robert, celui-ci déduira sur les 30 livres 12 sols par journée de travail fournie. Boumard devra être à la carrière au soleil levant et ne la quitter que le soleil couché (15 décembre 1771).

E. 2069. (Liasse.) — 127 pièces, papier.

1772. — Jean Bernard, notaire royal à Angoulême. — Actes reçus par ce notaire du 1 janvier au 31 mars. — Prise de possession de la cure de St-Vincent et de celle de St-Antonin, son annexe, par François de Lavialle, chanoine (8 janvier). — Vente par Pierre Des Rivauds et Anne Blanchier, sa femme, demeurant au lieu d' « Anterroche », paroisse de Magnac, à Jean Garrigou, sieur de La Négrerie, demeurant au lieu de Mavéraud, paroisse de Maisonnais, en Poitou, de la part leur revenant dans le domaine du Vieux-Château, paroisse de Maisonnais, comme héritiers pour un cinquième de Jean Poirrier, sieur du Vieux-Château, leur oncle ; ladite vente faite moyennant 1.500 livres (10 janvier). — Convention entre les 5 collecteurs de la paroisse de Balzac ; l'un d'eux se charge du recouvrement des impositions diverses et de celui des vingtièmes moyennant que les droits de « lève » évalués à 80 livres pour les impositions diverses, et à 15 francs pour les vingtièmes, lui seront réservés (18 janvier). — Contrat d'apprentissage pour 3 ans de François Chabaribère, fils de feu Barthélémy, maître chirurgien, et de Marie Clauseire, demeurant à Vars, chez Jean Sayoux, maître chirurgien (27 janvier). — Cession par Jean Birot, écuyer, seigneur de Ruelle, à Jacques Seguin, laboureur à bras, et sa femme, d'une maison au bourg de Ruelle consistant en 2 chambres basses et un grenier au-dessus, sise sur le chemin qui va de l'église au canton de chez Pinasseau, avec un petit jardin et une petite chénevière, moyennant que le tout demeurera chargé de 16 livres de rente seconde au capital de 320 livres (7 février). — Transaction qui fixe à 6 livres 7 sols et 7 deniers, le montant des dommages-intérêts réclamés par Guillaume Annequin, commis à la recette des tailles de M. de Chabrefy, en raison des « injures graves et atroces » proférées contre lui par un journalier de la paroisse de Balzac (8 février). — Contrat d'apprentissage, pour 3 ans, de Léonard Cabrit, fils de Jean, marchand, chez Charles Terrade, maître coutelier : le père de l'apprenti paiera 150 livres pour son logement et sa nourriture (12 février). — Procuration donnée par Pierre, marquis de Montalembert, seigneur de Villars, Aucher et autres lieux, lieutenant de vaisseau au département de Rochefort, chevalier de St-Louis, à Jeanne Gayot, sa femme, pour acquérir les terre et seigneurie de Saint-Amant-de-Bonnieure de M. de Maillou, moyennant 63.000 livres ; et pour vendre les fiefs de Villars, Aucher et Le Tillet (26 février). — Délibération de la communauté des maîtres savetiers d'Angoulême qui décident de présenter au Conseil d'État « une requête expositive qu'ils sont érigés en corps de communauté par lettres patentes, de toute ancienneté, que leurs statuts et celles des cordonniers de la présente ville, de la manière qu'ils ont été rédigés, ont donné lieu à des contestations sans nombre, même multipliées par la jallouzie de ces deux états dont la main-d'œuvre s'entretouche, que les saisies continuelles et réciproques que ces deux communautés ont fait l'une sur l'autre, ont produit plusieurs condamnations de dépens, pour le payement desquelles elles ont chacune de leur côté été obligées de faire différents emprunts, ce qui occasionne une charge considérable et très préjudiciable, que la jallouzie et l'esprit d'intérêt ont prévallu sy fortement que les procès se succèdent et multiplient, et cauzeroient la ruine de ces deux corps, s'il n'y étoit remédié », rappelant enfin « les mêmes raisons et motifs qui ont été employés dans la requête des maîtres de communauté des savetiers de Douai » qui leur a fait obtenir un arrêt de réunion à la communauté des cordonniers de cette ville (5 mars 1772).

E. 2090. (Liasse.) — 95 pièces, papier.

1772. — Jean Bernard, notaire royal à Angoulême. — Actes reçus par ce notaire du 1 avril au 30 juin. — Vente par Anne Touchard, veuve de Jacques Rioux, notaire royal, demeurant au château de St-Amant-de-Bonnieure, et François Rioux de Maillou, bourgeois, a Pierre, marquis de Montalembert, seigneur de Villars, Aucher, Le Tillet et autres lieux, lieutenant de vaisseau au département de Rochefort, chevalier de St-Louis, et Jeanne-Marie Gayot, son épouse, des terre et seigneurie de St-Amant-sur-Bonnieure, St-Angeau, St-Mary en partie, des fiefs de Franc Chêne et de La Côte de l'Oiseau, dans les paroisses de St-Amant, St-Angeau, St-Mary, dans la ville de La Rochefoucauld et aux environs, acquis par lesdits Touchard et Rioux des sieurs Tranchand de Chaix, de Varennes, de Clairvaux, et autres, ladite vente faite moyennant 63.000 livres (23 avril). — Procès-verbal de la seigneurie de St-Amant-de-Bonnieure comprenant le château, le moulin du Pont, etc. (23-24 avril). — Bail à ferme par la marquise de Montalembert du moulin de Bacherat, pour 7 années, moyennant 180 livres chaque (26 avril) ; du moulin du Pont, pour 9 années moyennant 160 boisseaux de blé à la mesure de La Rochefoucauld livrables à la St-Jean-Baptiste, le 24 septembre, le 24 décembre et le 24 mars et en outre 3 paires de canets (27 avril). — Déclaration de Berthomé Maignan qu'il entend ne plus exercer son métier de tisserand (9 mai). — Procuration donnée par un grand nombre des habitants de la paroisse de St-André pour s'opposer à l'adjudication des travaux à faire à l'église de cette paroisse ; les marguilliers ayant obtenu par surprise un arrêt du conseil et une ordonnance de l'intendant autorisant à exécuter des réparations pour le chiffre exorbitant de 14.000 ou 15.000 livres. Cette opposition est faite « considérant, d'un côté, qu'il ne paroist pas avoir été rendu de compte par les anciens marguilliers des revenus de ladite fabrique dans une forme légalle qui puisse faire connoître l'employ qui en a été fait et la nécessité d'une imposition sur les habitans de ladite paroisse, d'un autre côté, que partie de ces mêmes réparations sont à la charge du curé primitif, et que l'autre partie ne peut faire un objet à beaucoup près aussi intéressant qu'on le présente, que les circonstances des différentes taxes et impositions ordinaires et extraordinaires qu'exigent le besoin de l'état est et doit être un motif puissant, non seullement pour différer la confection des réparations en question, et déterminer les habitans à les faire faire peu à peu et progressivement par œconomie, mais encore pour supprimer la somptuosité et le faste que l'on veut porter jusque dans le sanctuaire par des embellissements et des augmentations quy n'ont pour principe qu'un zèle indiscret, qu'il est donc intéressant de prévenir un pareil abus qui ne tendroit qu'à surcharger lesdits habitans et les mettre dans l'impuissance de s'acquiter envers Sa Majesté des charges qu'il lui a plu leur imposer ; considérant en outre que l'extrême chèreté de tout ce quy est nécessaire à la vie animalle est un autre obstacle à subvenir à une nouvelle charge aussi considérable ». Ont entre autres signé : Joubert, la supérieure des religieuses du Tiers-Ordre, le prieur des Dominicains, Dubois de Bellegarde, Benoist des Essarts, Fonchaudière, Laîné, Thomas, « la Puinege » Rose Marchais de Forges, Kelme (24 avril). Dépôt de cet acte par Jean-Baptiste Chaigneau de Fontchaudière, avocat au parlement, et Gilles Clergeon, procureur au présidial (16 mai). — Vente par Jean-Élie Dubois de la Bernarde, écuyer, lieutenant-colonel de dragons, chevalier de St-Louis, et Marie-Thérèse Bourée, son épouse, à Emmanuel Sazerac, conseiller du Roi, receveur de la maîtrise des eaux-et-forêts d'Angoumois, ancien juge-consul et échevin, du lieu du Maine-Blanc, paroisse de St-Martin d'Angoulême, et d'une borderie voisine, relevant du fief de Valette et de diverses seigneuries ; ladite vente faite moyennant 11.000 livres et 240 livres de pot-de-vin (27 mai). — Procuration donnée par Pierre de Sarlandie, écuyer, demeurant au lieu de Boismassiaud, paroisse de Balzac,

pour toucher en son nom 6.000 livres sur les biens provenant de la succession de Pierre, son père, autoriser Pierre Arnauld de Ronsenac, procureur du Roi au présidial, comme exerçant les droits de Anne de Sarlandie, sa femme, à toucher pareille somme, autoriser aussi M. Gervais à toucher 12.000 livres, sur les mêmes biens (11 juin). — Bail à ferme par Louis Bernard, curé de Ruelle, à deux laboureur du Pontouvre, d'une partie des dîmes de sa paroisse, qu'il délimite, pour 7 années, moyennant 240 livres chaque. Sur quelques pièces, le curé n'a que la moitié de la dime, l'autre moitié appartenant à l'abbesse de St-Ausone ; dans d'autres, les trois quarts, le seigneur de Ruèlle prélevant la dime tous les 4 ans (11 juin). — Lettres de maîtrise du métier de tisserand accordées par les jurés de la communauté au fils d'un maître (19 juin). — Vente par Louis Sazerac, négociant et ancien juge consul, et Marguerite Clavaud, son épouse, à Marguerite Mallat, veuve de François Kelme, commis au greffe du présidial, d'une maison sise au lieu de La Palud, près du moulin de ce nom, paroisse St-Martial, moyennant 900 livres (23 juin 1772).

E. 2091. (Liasse.) — 76 pièces, papier.

1772. — Jean Bernard, notaire royal à Angoulême. — Actes reçus par ce notaire du 2 juillet au 30 septembre. — Modifications diverses apportées par Jeanne de Montalembert, veuve de Jean, marquis de Montalembert de Vaux, aux charges qu'elle avait imposées à Pierre, son fils aîné, en lui faisant abandon de ses biens (9 juillet). — Contrat de mariage entre Élie Mesnard, demeurant paroisse St-Cybard de La Rochefoucauld, fils de François, sieur du Taillis, bourgeois-négociant, et de Jeanne Albert, et Jeanne Couturier, fille de Jean-François, sieur du Châtelard, et de Marie Deroullède. Le futur époux reçoit 8.000 livres en avancement d'hoirie ; et la future épouse 2.500 livres (24 juillet). — Vente par Jean Vaslin, marchand, à Jean Chauvin, cordonnier, et Jean, son fils, matelot et charpentier de gabarre, d'une gabarre prête à remonter la Charente, moyennant 3.000 livres, dont une moitié payable après deux ans, et l'autre moitié après trois ans (24 juillet). — Obligation de 1.094 livres consentie au profit de Guillaume Turcat, procureur au présidial, par Jacques Épaillard, sieur de Faugallière, notaire et procureur de la baronnie et châtellenie de St-Médard d'Auge, tant pour lui que pour Jean, son père, aussi procureur en ladite baronnie, Jean et Louise-Élisabeth, ses frère et sœur (15 août). — Obligation de 99 livres, pour prêt de pareille somme, consentie par Léonard Bargeas, marchand, et Marie Yrvoix, sa femme (2 septembre). — Constitution de 50 livres de rente consentie par Marie de la Charlonnie, veuve de Jean-François Birot, écuyer, seigneur de Ruelle, au profit de Louis-Armand de Guimard, chevalier, seigneur de Fontgibaud, ancien lieutenant-colonel du régiment de Vaubécourt, chevalier de St-Louis, demeurant au lieu noble de Puyfrançais, paroisse d'Anaïs (14 septembre).—Bail à ferme par Marie-Anne Thibaud, veuve de Guillaume Magnant, avocat, demeurant au Maine-Brie paroisse de St-Yrieix, Charles Clément, notaire royal, demeurant au Pouyaud, paroisse de Dirac, Martial Clément, archiprêtre de Vars, Daniel Clément, prieur-curé de Villars de La Valette, et autres membres de la famille Clément, du moulin de Nanteuillet, pour 9 années, moyennant 195 livres chaque (19 septembre). — Bail à ferme par François Biget, meunier, demeurant au lieu de La Combe-Dieu, paroisse de Ruelle, à François Caillaud, aussi meunier, demeurant au lieu de Chez-Colas, paroisse de Touvre, de la moitié du moulin noir du village de La Terrière, paroisse de Ruelle, pour 5 années, moyennant 180 livres chaque, et à charge de payer 10 boisseaux de froment de rente au seigneur de Fissac : le preneur ne paiera pas les impositions et pourra faire moudre au moulin blanc de La Terrière tout le froment qu'il lui plaira (30 septembre 1772).

E. 2092. (Liasse.) — 79 pièces, papier.

1772. — Jean Bernard, notaire royal à Angoulême. — Actes reçus par ce notaire du 2 octobre au 31 décembre. — Procès-verbal du domaine de La Côte, paroisses de Fouquebrune et de Torsac (2 octobre).— Cession par François Boucherie, maître foulinier du moulin de Chez-Nicolas, paroisse de Touvre, à Jean-Pierre-Alexandre Navarre de Chergé et de Mornac, garde-marteau en la maîtrise des eaux-et-forêts, d'une créance de 299 livres sur François Penot, maître chirurgien de Ruelle (25 octobre). — Notification de grades au chapitre d'Angoulême par Mathurin-Henri Rambaud de Maillou, écuyer, sous-diacre du diocèse, gradué de l'Université de Poitiers (27 octobre).— Procuration donnée à sa femme par Pierre Legendre, « bas-officier des invalides de l'Hôtel », avant d'aller audit hôtel (5 novembre). — Reconnaissance d'une obligation de 5.000 livres au profit de Jean Jabouin du

Ranseuil, conseiller honoraire au présidial, par Luce Texier, veuve de Louis Héraud, bourgeois, demeurant paroisse de St Angeau, Philippe Héraud, conseiller à l'élection, et Louise Boissier, sa femme, fils et brue de ladite Luce (17 novembre). — Contrat d'apprentissage d'Étienne Boiteau, journalier, chez Jacques Pouteau, maître architecte, qui s'engage à lui apprendre en deux ans le métier de tailleur de pierres : l'apprenti devra se nourrir et se loger ; le logement lui sera fourni seulement « en campagne » ; chaque jour de travail lui sera payé 10 sols la première année, 12 sols la seconde (6 décembre 1772).

E. 2093. (Liasse.) — 127 pièces, papier.

1773. — Jean Bernard, notaire royal à Angoulême. — Actes reçus par ce notaire du 1 janvier au 29 mars. — Procurations données par Jeanne-Marie Gayot, demeurant au château de Villars, paroisse de Garat, à Pierre, marquis de Montalembert, chevalier, seigneur de Villars, son mari, pour recouvrer la succession de Jean-Baptiste Gayot de La Bussière, chevalier de St-Louis, ancien major de la Rochelle, son père (12 et 15 janvier). — Constitution de 80 livres de rente au profit de Pierre Vincent, aumônier de l'Hôpital-Général, par Marie, autre Marie, et Catherine Penot, demeurant paroisse de Lhoumeau (18 janvier). — Marché par lequel trois tailleurs de pierres s'engagent envers les marguilliers de la paroisse de St-Martial à carreler la chapelle d'Aubezine « en carraux de briques ; et, à cet effet, ils ôteront le pavé qui y est en pierre de taille et les terres qu'ils porteront dehors et le mettront au même niveau qu'elle est actuellement, ils démolliront les deux petits autels et les repozeront dans le sanctuaire, auprès des murs, tels qu'ils sont présentement, ou dans le fonds de ladite chapelle, à l'option desdits sieurs fabriqueurs ; ils démolliront la ballustrade et son marchepied et la reculleront dans l'endroit le plus convenable affin d'agrandir le sanctuaire ; ils construiront un escalier en pierre au devant la plus grande porte de ladite chapelle, pour l'entrée en icelle... lequel sera formé dans toutte la largeur de ladite chapelle, construit en plain saintre ou surbaissé, en forme de perron, les marches de 5 à 6 pouces de haut, de 14 pouces de service ou profondeur, avec un plafond de 12 pieds de longueur et de 6 pieds de large ; ils démolliront le mur séparatif de ladite chapelle et de la maison du sacristain, et le renfonceront à l'alignement du coin du mur de ladite chapelle » : ils fourniront les matériaux et recevront pour tout paiement la somme de 1.000 livres (18 janvier). — Cession d'une rente de 7 livres à deux laboureurs de la paroisse de Bécheresse par Marie de la Charlonnie, veuve de Jean-François Birot, écuyer, seigneur de Ruelle et de Brouzède, François Le Roy, chevalier, seigneur de Lenchère, demeurant au château du Breuil, paroisse de Bonneuil, Suzanne-Angélique Le Roy, sa sœur, demeurant à l'abbaye de St-Ausone, Jean Le Roy, chevalier de Lenchère, leur frère, Anne Mesturas, veuve de Jean de la Charlonnie, écuyer, seigneur du Maine-Gagnaud et de Bourlion, Bernard de la Charlonnie, écuyer, son fils, demeurant à Nantes, comme héritier de Marie Salmon, veuve d'Élie de la Charlonnie, écuyer, seigneur du Maine-Gagnaud, leur mère et aïeule, elle-même héritière de Jacques Salmon, sieur du Maine-Blanc, conseiller au présidial, son frère (21 janvier). — Prise de possession de la cure de St-Cybard de Porcheresse par Jean Roy, curé de St-Martial de Dirac, nommé par lettres épiscopales du 6 janvier, après démission de Jean-Élie de Nesmond ; et ce, malgré l'opposition faite par François Deroullède, chanoine de Blanzac, au nom de chapitre dudit lieu (28 janvier). — Sous-ferme des agriers et autres revenus du grand prieur d'Aquitaine dans la paroisse de L'Isle d'Espagnac, pour 9 années, moyennant 150 livres et une charretée de paille chaque (29 janvier). — Contrat de mariage entre Pierre Priollaud, fils de Pierre, arpenteur juré, demeurant au Grand-Vénat, paroisse de Saint-Yrieix, et Marie David, fille de Jean et de Michelle Priollaud, demeurant paroisse de Linars : les futurs époux reçoivent chacun une dot de 1.500 livres (9 février). — Renonciation par Jean de Bussac, maître ès-arts, demeurant à Nontron, absent d'Angoulême depuis plus de 20 ans, à la succession de Rémy de Bussac, marchand droguiste-apothicaire, son père, qu'il présume être mort, et à celle de Daniel de Bussac, conseiller du Roi, commissaire-receveur des saisies réelles d'Angoumois, décédé à Jerzey depuis plusieurs années (23 février). — Réitération de grades à l'évêque d'Angoulême par François Planty, chanoine théologal de St-Arthémy de Blanzac, y demeurant (6 mars). — Compte qui fixe à 7.352 livres la somme due par Jean Gimon, marchand, à Pierre Callaud, négociant, et à Jeanne Gimon, sa femme, fille dudit Jean et de Anne Bochet, sa première femme, après règlement de communauté assez délicat, Jean Gimon ayant épousé en secondes noces, le 13 janvier 1750, Catherine Augeraud, veuve de Michel Callaud,

et mère dudit Pierre (18 mars). — Notification de grades au chapitre cathédral par François Faunié-Duplessis, vicaire de St-Maurice de Montbron (20 mars). — Marché par lequel François Jourde, maître architecte, et Jean Tullier, tailleur de pierres, s'engagent envers Jean Seguin, maître architecte, et Jean Ruet, charpentier, à refaire le pavé de l'église de Chazelles, moyennant 5 livres 10 sols par toise (28 mars 1773.)

E. 2094. (Liasse.) — 85 pièces, papier.

1773. — Jean Bernard, notaire royal à Angoulême. — Actes reçus par ce notaire du 1 avril au 30 juin. — Procuration donnée par Roch Constantin, sieur des Brangeries, demeurant au village de Beauregard, paroisse de Puyréaux, pour présenter à Charles Clément, notaire royal, et Marguerite Lemercier, son épouse, demeurant au village du Pouyaud, paroisse de Dirac, des offres de retrait lignager de divers biens à eux vendus par Jacques Constantin, sieur de Villars, et Marie Morineau, sa femme, parents dudit Roch (9 avril). — Vente d'une maison sise paroisse St-Jean, confrontant « du côté de l'orient à la rue qui va de la porte St-Pierre à la halle du Minage, sur main gauche, du côté du midi, à la rue qui va de la place du Mûrier à la place de Beaulieu, sur main droite, du côté du couchant à la maison de M. de Galard », et d'une autre petite maison ; ladite vente consentie, moyennant 7.886 livres, à Jean Brou de Chasseignac, maître apothicaire, et Marie de Bussac, sa femme, par Joseph Audouin du Pontil, clerc tonsuré, Philippe-Anne Barraud, religieuse hospitalière à l'Hôtel-Dieu des Anges de Ruffec, que représente Charles Brumaud des Houllières, avocat au Conseil supérieur de Poitiers, juge assesseur des ville et marquisat de Ruffec, François Barraud, écuyer, contrôleur du payement des gages de MM. de la Chambre des comptes de Paris, François Jude, maître orfèvre des Sables d'Olonne, et Anne Barraud, sa femme, Madeleine Barraud, et Marie Barraud, veuve de Nicolas Lorillard, maître orfèvre, demeurant aux Sables d'Olonne (29 avril). — Vente d'un banc de la halle du Palet, confrontant par devant à l'allée du milieu, et par derrière à l'allée traversant les trois halles qui conduit de la porte du grenier du Roi à la rue menant à l'Hôtel-de-ville, ladite vente consentie, moyennant 194 livres, à Pierre Marchat, peignaire, par François Aigre, marchand, et Catherine Piveteau-

Fleury, sa femme (15 mai). — Cession par Antoine Civadier, chanoine, à François Thevet, sieur de Léchelle, conseiller au présidial, et Mathurine Suraud, sa femme, d'une maison sise paroisse St-Paul, moyennant une rente annuelle de 60 livres (20 mai). — Procuration donnée par Pierre, marquis de Montalembert, chevalier, seigneur de Villars, Aucher, Le Tillet, St-Amant et autres lieux, lieutenant de vaisseau au département de Rochefort, chevalier de St-Louis, demeurant au logis de Villars, paroisse de Garat, à Pierre Suraud des Broues, juge-sénéchal de Couture et de Château-Gaillard, demeurant au lieu du Coq, paroisse de St-Front, pour administrer les terre et seigneurie de St-Amant (16 juin 1773).

E. 2095. (Liasse.) — 77 pièces, papier

1773. — Jean Bernard, notaire royal à Angoulême. — Actes reçus par ce notaire du 1 juillet au 27 septembre. — Procuration donnée par Guillaume Resnier de Goué, capitaine de grenadiers au régiment de Vermandois-Infanterie, à André Resnier, greffier en chef du présidial, son frère, pour recevoir les comptes que doit lui rendre Marguerite Thevet, aussi greffier en chef du présidial, de ses droits paternels (23 juillet). — Renonciation par Anne Pouyaud, femme de Pierre Pipaud, sieur des Granges, contrôleur des actes de notaires et droits y joints, à la succession de Jacques Pouyaud, seigneur de Nanclars, secrétaire du Roi, son père, décédé au logis noble de Nanclars, paroisse St-Pierre de Jarnac (27 juillet). — Partage de la succession de Jean-François Rullier des Fontaines, sieur de Boisnoir, décédé en mars 1771, entre Marie Tallon, sa veuve, demeurant au logis du Maine-Joliet, paroisse de Mosnac, Louis Rullier, sieur de Blanchefleur, demeurant audit lieu, paroisse de Mosnac, et Pierre Rullier, sieur de Boisnoir, demeurant au Maine-Joliet. Les immeubles sont estimés 45.435 livres ; les rentes et effets divers, 17.813 livres ; les effets douteux, 2.526 livres : le tout est partagé par moitié entre la mère et les enfants ; le contrat de mariage du défunt reçu Filhon, le 5 novembre 1725, établissant entière communauté entre les conjoints (28 juillet 1773). — Vente du quart du moulin à blé de Balzac, près du village de La Chapelle, paroisse de Balzac, consentie, moyennant 600 livres, par Barthélémy Joutaud, maitre ès arts et sergent royal, demeurant au village des Souchets, même paroisse (7 août). — Vente de 10 boisseaux de froment, moyen-

nant 8 livres le boisseau, et de 16 boisseaux de méture, moyennant 5 livres le boisseau, à Roger Bareau, avocat, par Jean de Laurière, laboureur à bœufs, qui a récolté ce grain dans les terres qu'il fait valoir à moitié pour ledit Bareau, paroisse de L'Isle-d'Espagnac (9 août). — Obligation de 5.500 livres reconnue au profit de Philippe et d'Étienne Auger, négociants de Cognac, par le marquis de Montalembert et Jeanne-Marie Gayot, sa femme, demeurant au château de Villars, paroisse de Garat (17 août). — Cession de la moitié des dîmes et des agriers appartenant au curé de Magnac-sur-Touvre dans sa paroisse, à l'exception des agriers sur les bois et des profits-féodaux, ladite cession consentie pour deux années et moyennant 600 livres à Pierre Dereix, sieur des Roches, bourgeois, demeurant au lieu de La Brousse, paroisse de Garat, et à René Lurat, sieur de Villars, bourgeois, demeurant à Magnac, par Pierre Vessière, marchand, fermier de M. Thuet, curé (27 août). — Constitution de 50 livres de rente au profit de Pierre Vincent, ancien curé de Fouquebrune et Houme, aumônier de l'Hôpital-Général, par Pierre-Placide de la Place, chevalier, seigneur de La Tour-Garnier, ancien capitaine au régiment de Bourbonnais-Infanterie, chevalier de St-Louis, et Marie-Madeleine de Montalembert de Sers, son épouse, demeurant en leur hôtel noble de La Tour-Garnier, paroisse de St-Martial (7 septembre). — Transaction par laquelle François Coullaud, tonnelier de Ruelle, s'engage envers Louis Bernard, curé de Ruelle, à porter son droit de dîme du plantier de Puy-Varant au carrefour et à la croix du bourg, comme c'est l'usage pour plusieurs plantiers (13 septembre). — Contrat de mariage entre Bernard Birot de Brouzède, écuyer, seigneur de Brouzède, La Foucaudie et autres places, ancien capitaine au régiment de Bourgogne-Infanterie, chevalier de St-Louis, fils de defunts Pierre, écuyer, seigneur de Brouzède, et Anne-Rose de Guimard ; et Marguerite Dumas, fille de feu Moïse, écuyer, seigneur du Peytouret, Chebrac, Salvert, La Prade, Puymartin et autres lieux, assesseur civil, lieutenant particulier criminel et premier conseiller au présidial, et de Marie-Thérèse Rambaud, La future épouse reçoit une dot de 26.500 livres représentant toute sa part dans l'héritage de ses parents. L'évêque d'Angoulême signe au contrat (16 septembre). — Procuration donnée par la communauté des habitants de la paroisse de Balzac pour s'opposer à la prétention de Pierre Prémont, sieur de Coursac, de se faire rayer des rôles de la paroisse. En effet « sa maison, autres bâtiments et son domicile du village de Coursac ne sont point situés en la parroisse de Vars, comme il l'a allégué, au contraire, ils sont assis en la présente parroisse de Balzac, et dans touts les temps ceux qui y ont fait leur demeure ont toujours fait leur devoir pascal à l'église de lad. parroisse, y ont été mariés, baptisés et enterrés ; les curés y ont toujours exercé les fonctions de leur ministère par l'administration des sacrements aux mallades » (19 septembre 1773).

E. 2096. (Liasse.) — 87 pièces, papier.

1773. — Jean Bernard, notaire royal à Angoulême. — Actes reçus par ce notaire du 3 octobre au 31 décembre. — Procès-verbal dressé à la requête de Jean Rullier, sieur de Boisnoir, seigneur en partie de la seigneurie d'Orlut, demeurant au village d'Orlut, paroisse de Mérignac, afin de constater que le droit d'agrier au neuvième qui lui est dû sur certains plantiers ne lui a pas été entièrement versé (28 octobre). — Bail à loyer de la maison presbytérale de St-Antonin, contiguë à l'église, consentie pour 7 années, moyennant 90 livres chaque, à Marguerite Rezé, fille majeure, demeurant au faubourg Lhoumeau, par François de Lavialle, curé (8 novembre). — Acte de notoriété justifiant que Pierre de Montalembert, chevalier, seigneur de Villars, lieutenant de vaisseaux, est le seul héritier de Jean de Montalembert de Vaux, chevalier, seigneur de Villars, Aucher, Le Peury et autres lieux, décédé le 2 novembre 1769 (2 novembre 1773).

E. 2097. (Liasse.) — 120 pièces, papier.

1774. — Jean Bernard, notaire royal à Angoulême. — Actes reçus par ce notaire du premier janver au 30 mars. — Résignation de sa prébende par François-Mathieu Bourée, écuyer, maître-école et chanoine de l'église cathédrale, en faveur de François de Lavialle, curé de St-Antonin et de St-Vincent, sous la réserve d'une pension viagère de 600 livres (13 janvier). — Reconnaissance d'une rente de 3 livres due au curé de St-Paul et d'une rente de 20 sols due à la fabrique, par François-Dominique Rondeau, sieur de La Coudraie, demeurant à Chateauneuf, Pierre-Alexandre et autre Pierre Rondeau, ses frères, comme héritiers de Jean, leur père, conseiller au présidial, en raison d'un droit de chapelle et de banc

dans l'église de St-Paul. Ce droit avait été acquis le 17 juin 1630 par Paul Thomas, écuyer, sieur des Maisonnettes, conseiller au présidial, Marie Giraud, sa femme, et reconnu ensuite, le 3 novembre 1710, à Marie Desforges, veuve de Paul Thomas, écuyer, sieur de Girac, et à Marie Thomas, veuve d'André de Guez, chevalier, seigneur de Balzac, puis le 21 avril 1750 par Jeanne Navarre, veuve de Gabriel Rondeau, lieutenant général de police de Chateauneuf (9 février). — Bail à moitié de la métairie du château de La Tranchade consenti par Louis Normand, chevalier, seigneur de La Tranchade (17 février). — Notification de grades à l'évêque par Jacques Jolin, vicaire de St-Maurice de Montbron, gradué de l'Université de Poitiers (1 mars). — Contrat d'apprentissage de Louis-Charles Charretier chez Jean Seguin et Charles Texier, maitres architectes, qui s'engagent à lui apprendre le métier de tailleur de pierres, pendant 2 ans, et à lui donner, au bout de ce temps, 33 livres et un tablier de peau (6 mars). — Bail à ferme des dimes et agriers dépendant de la paroisse de St-Antonin, St-Martial et St-Jacques de Lhoumeau consenti pour 9 années, moyennant 70 livres chaque, au profit de Roche, jardinier de la paroisse St-Martin, par François de Lavialle, curé (9 mars). — Procès-verbal des réparations faites aux bâtiments du fief de Fleurac, par Nicolas Balotte, entrepreneur ; Joseph Renard, dit La Franchise, maitre architecte, étant expert (12 mars). — Procès-verbal constatant le vol des galons d'or d'une chasuble de damas bleu à fleurs d'or appartenant a la fabrique de Saint-Paul (24 mars 1774).

E. 2098. (Liasse.) — 109 pièces, papier.

1774. — Jean Bernard, notaire royal à Angoulême. — Actes reçus par ce notaire du 1 avril au 30 juin. — Procuration donnée par Pierre-Guillaume Guenier de Labletterie pour faire rendre compte à Marguerite-Hippolyte Delafont, sa mère, des biens qui doivent lui revenir de la succession de son père (9 avril). — Inventaire des meubles et effets de Anne Gourdin de Chazelle, décédée le 12 de ce mois au logis de Tourriers, ce requérant, Jean-Élie Dubois de la Bernarde, écuyer, lieutenant-colonel de dragons, maréchal-des-logis, général des armées du Roi en Allemagne, chevalier de St-Louis, demeurant au logis de La Barre, comme tuteur de son fils et de défunte Marie-Thérèse Bourée, petite nièce de ladite Anne Gourdin (14 avril). — Contrat de mariage entre Pierre Genat, peintre, fils de feu François et de Jeanne Micheau, demeurant au village de La Grelière, paroisse de Linars ; et Marie Giboin, fille de feu Jean, boucher, et de Marie Ducloux, que représente Roch Létourneau, maître ès-arts, professeur au collège de la ville (16 avril). — Cession par Julien-René de la Grève, écuyer, seigneur de Lhoumeau, Le Pontouvre et autres lieux, et Marie-Anne de Chalvière, son épouse, aux Vincent Rivaud, père et fils, poissonniers du Pontouvre, d'une pièce de terre contenant environ 1 journal 1/4 sise dans la paroisse de Champniers ; ladite cession faite moyennant une rente 15 livres et d'une paire de poulets (24 avril). — Élection de Pierre Lareau, avocat, et de Alexis Lavialle, bourgeois, comme marguilliers de St-Paul, en remplacement de François Thinon, avocat, et de Pierre Rivaud, avocat et substitut du procureur du Roi au présidial (15 mai). — Contrat d'apprentissage de Jean de Bonnetête chez Jean Chebrou, maître architecte, demeurant au faubourg Lhoumeau, qui s'engage à le garder pendant 5 ans et à lui apprendre le métier de tailleur de pierres (23 mai). — Délibération de la communauté des habitants de la paroisse de Balzac Jean Brébion, syndic, leur rappelle la requête qu'il ont adressée à l'intendant de Limoges dans laquelle ils exposent « que les chemins qui conduisent du faubourg de Lhoumeau à prendre au dessous de la croix de Chez-Gibaud, limite des franchises d'Angoulême vont en ladite paroisse de Balzac jusque à la croix du Merle en passant par Le Gond et suivant le long des différents villages de Roffi, ... jusqu'au village de Chalonne, de là continuant le long du plantier de Gravillon, situé paroisse de Lhoumeau, jusqu'à ladite Croix du Merle, sont impraticables en différents endroits, que le pont du Gond qui donne la communication à la susdite route a aussi besoin de réparations,... que ce chemin et ledit pont sont d'une nécessité indispensable tant à ladite paroisse de Lhoumeau qu'à celle de Balzac » ; et demandent les réparations nécessaires, soit par adjudication, soit par corvée. Par ordonnance du 25 avril M. Turgot, l'intendant, a prescrit de convoquer l'assemblée des habitants pour qu'elle délibérât à ce sujet, ils consentent unanimement à participer aux charges des réparations , concurremment avec les taillables de la paroisse de Lhoumeau, « après qu'il sera fait un devis et détail estimatif par tel ingénieur qu'il plaira à monseigneur l'intendant de nommer, d'après lequel il sera procédé à une adjudication et au bail au rabais desdites réparations dont le montant sera imposé

ainsy que les frais du présent acte en proportion des biens de chacune desdites deux paroisses,et par moitié, d'après l'adjudication, par un seul particulier à chacune d'elles, en deux années, dans lequel seront compris tant les personnes exemptes, privilégiées et non privilégiées, pour tous les biens fonds, rentes et agriers qu'ils y possèdent, avec rézerve néanmoins auxdits habitants de présenter telle personne qu'ils jugeront à propos pour faire les susdittes réparations de préférence à celui qui s'en rendra adjudicataire à un moindre prix, dans la quinzaine du jour de l'adjudication et bail au rabais, et de distraire du devis et détail estimatif tout ce qui leur paraîtra susceptible de fortes dépenses et qui pourroient être diminué sans que cette diminution puisse néanmoins empescher que ledit chemin soit rendu praticable »: pour les représenter devant le subdélégué de l'intendant, au moment de l'adjudication, ils donnent procuration à deux d'entre eux. Enfin « ils supplient monseigneur l'intendant d'avoir égard lors du département aux impositions dont la paroisse est chargée, et de les soulager à raison des despens desdittes réparations » (5 juin). — Acte de notoriété justifiant que Françoise Martin, veuve de Jean-François Couturier, sieur du Châtelard, avocat en parlement, greffier en chef des insinuations ecclésiastiques du diocèse, est décédée le 8 décembre 1769, laissant comme seul héritier, Jean-François Couturier, sieur du Châtelard, aussi greffier des insinuations ecclésiastiques (6 juin). — Procuration donnée par Pierre-Constant Bertin Moinard, caporal d'invalides de la compagnie de Bourges, en garnison au château d'Angoulême (27 juin 1774).

E. 2099. (Liasse.) — 97 pièces, papier.

1774. — Jean Bernard, notaire royal à Angoulême. — Actes reçus par ce notaire du 1 juillet au 28 septembre. — Contrat de mariage entre Jean-Antoine Mesnard, solliciteur en la juridiction consulaire, fils de Clément, aussi solliciteur en la même juridiction ; avec Marie-Madeleine de Labatud, fille de défunt Jean et de Marguerite Gilbert, avec le consentement de Jean Dusouchet, prieur de Montignac-Charente, son oncle breton, et de Laurent-Charles Chancel, avocat du Roi au présidial, son cousin (24 juillet). — Contrat d'association entre Marc Debresme, sieur des Gagniers, et François Viaud, marchand : celui-ci reçoit 294 livres du sieur des Gagniers pour acheter

« 28 cochons nourrins » et en faire commerce dont le profit et la perte seront partagés entre les deux associés (7 août). — Contrat de mariage de Christophe Corlieu, journalier, fils de Jean, demeurant au Péturaud, paroisse de Soyaux (3 août). — Cession par Jean David, régisseur de la seigneurie de Neuvic, y demeurant, Antoine David, homme de chambre de M. le chevalier de Charras, capitaine aide-major au régiment du Roi-Infanterie, Marie David, épouse de Pierre Denchère, Marguerite David, épouse de Jean Courjaud, Marie David, épouse de Jacques Ribère, voiturier, demeurant au village de la Grois, paroisse de Ruelle, Jeanne David, épouse de Pierre Dumas, journalier, demeurant au village des Riffauds, même paroisse de Ruelle, à Pierre David, régisseur de la seigneurie des Riffauds, de leurs droits sur la succession de Marie Texier, leur mère, s'élevant à 180 livres pour chacun des fils, et à 80 livres pour chacune des filles, celles-ci ayant reçu une dot de 100 livres (9 septembre). — Vente par Marthe Audouin à Pierre Vincent, ancien curé de Fouquebrune et de Houme, aumônier de l'Hôpital-Général, moyennant 600 livres, d'une borderie sise paroisse St-Martin, consistant en deux maisons et un jardin ; et constitution par ledit Vincent, en faveur de ladite Audouin, d'une pension viagère de 100 livres (27 septembre 1774).

E. 3000. (Liasse.) — 93 pièces, papier.

1774. — Jean Bernard, notaire royal à Angoulême. — Actes reçus par ce notaire du 1 octobre au 31 décembre. — Cession par Placeraud, journalier de la paroisse du Breuil, près de Rochefort, à François Bouchet, marchand de la paroisse St-Martin, du droit de cultiver une pièce de terre de 4 journaux au lieu appelé La Meulière, paroisse de Puymoyen, droit qu'il s'est réservé, sa vie durant, quand il en a effectué la vente; ladite cession consentie moyennant 123 livres : le revenu annuel de la pièce de terre est évalué 10 livres (2 octobre). — Procès-verbal des effets ayant appartenu à Suzanne Robert, fille de Marc et de Marie Delage, ce requérant Jean Mathurin Dubois, sieur de Chément, son mari, demeurant au logis noble de Chément, paroisse de Garat (15 octobre). — Vente par Pierre Vincent, aumônier de l'Hôpital-Général, à François Leclerc, marchand mégissier, et Françoise Glaumont, sa femme, d'une borderie sise paroisse

St-Martin, moyennant 1.552 livres (1) (31 octobre). — Constitution de 150 livres de rente au profit de Jeanne Vincent, demeurant à l'Hôpital-Général, par Pierre-Placide de la Place, écuyer, seigneur de La Tour-Garnier, ancien capitaine au régiment de Bourbonnais-Infanterie, chevalier de St-Louis, et Marie-Madeleine de Montalembert, son épouse (16 novembre). — Reconnaissance de cens dûs à Jean-Gabriel Martin, demeurant à Paris, paroisse St-André-des-Arts, en raison de sa dignité de grand chantre de l'église cathédrale, sur plusieurs maisons sises au canton de Navarre ou près de là (24 novembre). — Délibération de la communauté des habitants de la paroisse de Soyaux qui donnent pouvoir à leurs syndics de prendre les mesures nécessaires afin d'aboutir au partage des terres en chaume, brandes et bruyères qui leur appartiennent en commun,« sur lesquelles des personnes mal intentionnées font journellement des entreprises » (27 novembre). — Transaction qui met fin au procès pendant entre Clémence Delpeux, veuve en premières noces de Mathurin Dubois, et Jean-Mathurin Dubois, sieur de Chément, leur fils aîné, relatif à une donation de 2.000 livres faite par ledit Mathurin à sa femme, et à l'administration de la terre de Chément par ladite Clémence durant la minorité de son fils (1 décembre). — Vente par Jean Périssat-Chemeraud, marchand, à Jean Séguin, maître de gabarre, demeurant paroisse de St-Simon, d'une gabarre appelée Marie-Julie la Victoire, moyennant 3.300 livres, dont 1.000 livres payables le mardi-gras prochain, sans intérêts, 1.150 livres au bout de 3 ans, et le surplus dans 6 ans, avec intérêts : les profits du voyage entrepris au moment de la vente doivent demeurer au vendeur (1 décembre). — Entérinement du testament d'Antoine Civadier, licencié en droit, chanoine de l'église cathédrale, du 7 mars 1770, consenti par Antoine Pissier, bourgeois, Rose Civadier, son épouse, Louis-Michel Civadier, habitant de St-Domingue, Anne Civadier, François Dufresse de Chasseigne, avocat, et Marie-Jeanne Civadier, son épouse, neveux et nièces du testateur (19 décembre). — Contrat de mariage entre Antoine Cacaud, sacristain de St-Martial, et Françoise Fougère, de la paroisse de Garat, qui reçoit 50 livres de dot (27 décembre 1774).

(1) Cf. plus haut le contrat d'acquisition de cette borderie du 27 septembre 1774.

E. 3001. (Liasse.) — 150 pièces, papier.

1775. — Jean Bernard, notaire royal à Angoulême. — Actes reçus par ce notaire du 1 janvier au 31 mars. — Procuration donnée par la communauté des habitants de la paroisse St-Antonin pour recevoir des receveurs généraux du clergé de France la somme de 1.000 livres comme amortissement de la rente de 50 livres constituée par les commissaires du clergé au profit des cure et fabrique de St-Antonin, le 1 juillet 1762 (15 janvier). — Cession d'une rente de 3 livres 10 sols consentie par Henri Lanchère, marchand de la paroisse St-Martin de Cognac, et Louise Nicaise, sa femme (18 janvier). — Résignation des cures de St-Antonin et St-Vincent par François de Lavialle, chanoine de l'église cathédrale, en faveur de François Guillaume Bediou, aumônier de la confrérie St-Jacques, paroisse St-André (30 janvier). — Constitution de 120 livres de rente viagère, à titre clérical, par Pierre-Claude Coulon, maître es-arts, demeurant paroisse St-André, au profit de Jean-Jacques de Bousquet, clerc-minoré, fils de feu Jacques de Bousquet, écuyer, ancien garde du corps de Sa Majesté, lieutenant d'invalides, et de Marie-Apolline de Goursac (3 février). — Procuration donnée par André Resnier, greffier en chef du présidial, pour accepter le bail du greffe du présidial pour la portion appartenant au comte d'Artois, aux conditions qu'il lui plaira (7 février). — Contrat de mariage entre Jacques Limousin, sieur du Marchais, fils de Louis, sieur de L'Isle, bourgeois, et de Marie-Julie Faure, demeurant au Grand-Marchais, paroisse de St-Séverin ; et Mathurine Serpaud, fille de feu Jean Serpaud de Combe-Loup, procureur au présidial, et de Anne Tigrand : le futur époux reçoit 12.000 livres en avancement d'hoirie dont 2.000 payables le lendemain de la bénédiction nuptiale, 4.000 quatre ans plus tard, 6.000 après le décès des parents, sans qu'il y ait jusque là d'intérêts (9 février). — Contrat de mariage entre Paul Faveraud, maître apothicaire, fils de feu Joseph, marchand, et de Catherine Bouhier, demeurant paroisse Notre-Dame de la Paine ; et Marguerite-Hippolyte Delafont, veuve en premières noces de Jean Guesnier, sieur de La Bletterie, maître apothicaire, et en secondes noces de Pierre Baud, aussi maître apothicaire, demeurant même paroisse (28 février). — Contrat de mariage de Dauphin « Dunemene » chez Urbain Dupré, maître sellier ; celui-ci hébergera et

nourrira pendant 3 ans son apprenti qui lui donnera 200 livres (5 mars). — Vente par Pierre, marquis de Montalembert, chevalier, seigneur de Villars, chevalier de St-Louis, et Jeanne-Marie Gayot, son épouse, demeurant au logis de Villars, paroisse de Garat, à Michel Benoist, sieur de Beaupré, et Françoise Gilbert, son épouse, du fief et métairie d'Aubier, paroisse de Garat, relevant de la seigneurie de La Tranchade, au devoir de 2 perdrix à muance de seigneur et de vassal, et de 8 journaux de brandes et de bruyères, moyennant 19.200 livres, dont 3.000 livres pour le mobilier, et 600 livres de pot-de-vin (9 mars). — Procuration donnée à Louis-René de Pindray, chevalier, seigneur de La Vallade, demeurant au lieu de Barbaioux, paroisse de Rougnac, par Henry de Pindray, chevalier d'Ambelle, demeurant au château dudit lieu, paroisse de Ste-Croix, en Périgord, sur le point de s'embarquer pour les Indes orientales, afin de faire rendre compte à Marthe de Maillard, sa mère, veuve de Jean-René de Pindray, de tous les revenus des biens qui lui sont échus par le décès dudit Jean-René (11 mars). — Inventaire des meubles, effets et marchandises d'Hippolyte Delafont, épouse de Paul Faveraud, maître apothicaire (20 mars-7 octobre). — Transaction entre les chanoines du bas-chœur de la cathédrale et Jean-Baptiste Hériard, sieur de La Ronde, sénéchal de Vouharte, demeurant au Breuil, paroisse de Vouharte, qui reconnaît à celui-ci la propriété de l'essac sis dans le bras de la Charente, appelé rivière du Breuil, et limite le droit d'exploit et de pêche des chanoines à la partie de cette rivière comprise entre le moulin de Brechignac, en remontant jusqu'à la Fontaine de Touzone, non loin du moulin de ce nom, sans y comprendre les deux « échappées » du canal dont l'une renferme l'île de Bréchignac, et l'autre les îles ou mottes de Vouillac et du Frizac (27 mars). — Cession d'une créance de 600 livres par Élisabeth de la Roche, épouse de François de Lavergne, écuyer, sieur de Tamarot, demeurant au logis de Tamarot, paroisse de St-Michel de l'Écluse, en Angoumois, et Jeanne Bourrut, veuve de Georges de la Roche, sieur de La Motte, demeurant à Chez-Tonnet, paroisse de Vaux (30 mars 1775).

E. 3002. (Liasse.) — 106 pièces, papier.

1775. — Jean Bernard, notaire royal à Angoulême. — Actes reçus par ce notaire du 2 avril au 30 juin. — Procuration donnée par Louis de Lavergne de la

Baronnie, lieutenant au régiment de Rouergue-Infanterie, à Sébastien de Lavergne, curé de St-Paul, pour emprunter 4.000 livres sous le cautionnement de Marie Rougier, sa mère (11 avril). — Bail à ferme par Jean Braud, notaire royal et procureur, demeurant au Pouyaud, paroisse de Dirac, de sa métairie du Pouyaud, pour 9 années, moyennant 80 livres chaque (6 mai). — Acte de notoriété justifiant que Jean-François Birot, écuyer, seigneur de Ruelle, décédé le 4 janvier 1768, a laissé pour uniques héritiers Jean Birot, écuyer, seigneur de Ruelle, Pierre Birot, chevalier de Ruelle, Charles Birot de Ruelle, brigadier des gardes-du-corps du Roi, compagnie de Noailles, Anne et Madeleine Birot, religieuses de l'Union-Chrétienne, et Angélique Birot, ses enfants ; que Pierre Birot demeure depuis plusieurs années dans la Flandre allemande, et que ses sœurs religieuses, dotées par lui, ont renoncé à sa succession (11 mai). — Bail à ferme des dîmes du quartier des Riffauds, paroisse de Ruelle, consenti à Béchade, poissonnier, Gibaud et Rouhier, laboureurs à bœufs, par Louis Bernard, curé de ladite paroisse, pour 9 années, moyennant 90 livres chaque (26 mai). — Contrat de mariage entre Jean-Jacques de Louche, sieur de La Cantaud, bourgeois, demeurant à Cellettes, fils de feu Jacques de Louche, bourgeois, et de Marguerite Faure, remariée avec Jacques Guiton, cavalier de la maréchaussée ; et Jeane Bazinet, fille de Jean, aussi cavalier de la maréchaussée (28 mai). — Acte de notoriété justifiant qu'Alexandre-Charles-Gabriel de la Place, chevalier, seigneur de Torsac, était fils unique de René-Gabriel de la Place, aussi chevalier, seigneur de Torsac (28 mai). — Bail à ferme par Louis Bernard, curé de Ruelle, à Laboisne, laboureur à bras, et Pierre Dumousseau, des dîmes du quartier des Seguins, sauf quelques réserves, pour 9 années, moyennant 750 livres chaque (1er juin). — Prise de possession de la cure de St-Vincent et St-Antonin, son annexe, par Guillaume Bediou, aumônier de la confrérie de St-Jacques dans l'église St-André (8 juin). — Consentement au mariage de Jean-Charles, baron de Montalembert, cornette des Chevau-légers de la garde du Roi, fils de défunts Pierre, chevalier, capitaine d'une compagnie détachée à Louisbourg, et de Marie Chassaing de Thierry, avec Mlle de Comarieu, fille de M. de Comarieu, écuyer, inspecteur général des domaines de la Couronne, demeurant place Vendôme ; ledit consentement donné par Jean-Charles de Montalembert de Sers, chevalier, seigneur du Groc, Fouquebrune et Houme, chevalier de St-Louis, major et

commandant des ville et château d'Angoulème, oncle paternel du futur époux ; Jean-Baptiste-François Desbordes, chevalier, seigneur de Tellier, chevalier de St-Louis, ancien major de la 1re compagnie des mousquetaires, et maître-de-camp de cavalerie ; Pierre, marquis de Montalembert, chevalier, seigneur de Villars, Peury, Le Tillet, St-Amand-de-Bonnieure, et autres lieux, ancien lieutenant de vaisseau, chevalier de St-Louis ; Jean, vicomte de Montalembert ; Jean-Élie Desruaux, chevalier, seigneur de Plassac, La Groux, et autres places, ancien capitaine d'infanterie au régiment de Rouergue ; Bernard Birot, écuyer, seigneur de Brouzède, La Foucaudie et autres places, ancien capitaine au régiment de Bourgogne-Infanterie, chevalier de St-Louis (9 juin). — Hommage rendu à Jean-Charles de Montalembert, chevalier, seigneur haut justicier du Groc, Fouquebrune, Houme et autres places, par Jacques Joubert des Fossés, avocat, à cause de la seigneurie de La Boussardie, qu'il a acquise le 16 août 1750 de M. Normand de Garat et de dame Martin de Bourgon, son épouse, ladite seigneurie relevant de celle du Groc au devoir d'une paire de gants ou de 5 sols à nuance de seigneur et de vassal (22 juin 1775).

E. 3003. (Liasse.) — 120 pièces, papier.

1775. — Jean Bernard, notaire royal à Angoulème. — Actes reçus par ce notaire du 1 juillet au 30 septembre. — Vente par François Bouhier, coutelier, demeurant au faubourg Lhoumeau, à Louis Maret, aussi coutelier, des outils de son métier et de divers meubles (1er juillet). — Contrat de mariage entre Pierre Benoist, sacristain de l'église St-Martial, et Marie Guérin (8 juillet). — Acte de notoriété justifiant que Jean de Montalembert, écuyer, chevalier seigneur de Vaux, était connu antérieurement à son mariage sous le nom de Jean de Montalembert l'aîné, qu'au moment de son mariage il était connu sous le nom de Jean de Montalembert du Breuil, et que postérieurement il a pris la qualité de seigneur de Vaux ; justifiant aussi que Pierre de Montalembert, écuyer, ancien lieutenant de vaisseau est son fils aîné (25 juillet). — Procès-verbal dressé à la requête de Priollaud, laboureur à bœufs, demeurant au Gond : en 1773 il avait cultivé une pièce de terre en chaume d'un demi-journal sur laquelle les fermiers du curé de la paroisse avaient prélevé la dîme au onzième : en 1774 la dîme avait été prélevée au huitième par les fermiers du chapitre St-Pierre ; en 1775 la dîme venait d'être prélevée en même temps au onzième par les fermiers du curé et au huitième par ceux du chapitre (29 juillet). — Constitution d'une rente de 500 livres, au profit de Catherine de Guillaume de Marçay, par André Resnier, greffier en chef du présidial (31 juillet). — Quittance de 100 livres donnée par Richard Demay, maître chirurgien, comme héritier de Pierre Demay, aussi maître chirurgien et pensionnaire du Roi, son père, à haut et puissant seigneur François-Jean-Charles, marquis de la Rochefoucauld-Bayers, seigneur de St-Fraigne, Le Vivier et autres lieux, brigadier des armées du Roi, lieutenant-colonel des grenadiers du Poitou, demeurant à Paris (14 août). — Protestation de plusieurs paroissiens de St-Jacques de Lhoumeau contre les sieurs Thinon et Delalande, leurs « fabriqueurs » qui les ont convoqués en assemblée paroissiale, contre l'usage et les règlements, un jour ouvrable et après une seule annonce : ceux-ci répondent qu'ils n'ont agi que sur l'ordre de M. Le Musnier. — Requête adressée à l'Intendant par la communauté des habitants de la paroisse de Ruelle, pour faire faire les réparations nécessaires à leur église que l'évêque a menacée d'interdire si elles n'étaient promptement exécutées (20 août). — Contrat de mariage entre André Debresme, bachelier en droit, fils de Marc, sieur des Lagniers, bourgeois, et de Marie-Angélique Turaud de La Cossonnière ; et Anne Marchais, fille d'Antoine, sieur des Gentis, négociant, et de feue Marguerite Ribéron ; le futur époux est institué héritier universel de ses parents à la charge de constituer une dot de 10.000 livres à Marguerite, sa sœur, lors de son mariage, et sous réserve de 4.000 livres ; la future épouse reçoit une dot de 10.000 livres dont 1.500 payées comptant, et 8.500 payables moitié au bout d'un an, moitié au bout de deux ans, moyennant quoi elle renonce à la succession de son père (24 août). — Cession de 1.000 livres à Catherine de Verneuil, épouse de Denis-Léonard Ducluzeau, bourgeois, demeurant au lieu du Fayard, paroisse de Varaignes, par Marguerite Boisseau, veuve de Jacques Gendron, ancien capitaine de dragons, chevalier de St-Louis, et Thérèse Boisseau, veuve de Robert Gauvry, sieur des Plantes, comme représentant Madeleine Boisseau, leur sœur, légataire universelle de François Mesnard, sieur de Giget (14 septembre). — Vente par Jean Delaunay, demeurant au village de La Flichère, paroisse de St-Amant-de-Boixe, à André Martonneau, sergent de la juridic-

tion de Brie, y demeurant, de la charge d'huissier-sergent-royal des traites foraines de Civray, moyennant 300 livres (18 septembre). — Inventaire des meubles et effets de Françoise Leclerc, décédée le jour même, ce requérant François Corlieu, chirurgien, son époux, demeurant au faubourg de La Bussatte (29 septembre - 16 octobre 1775).

E. 3004. (Liasse.) — 119 pièces, papier.

1775. — Jean Bernard, notaire royal à Angoulême. — Actes reçus par ce notaire du 2 octobre au 31 décembre. — Procès-verbal dressé à la requête de Maurice Delautrait, curé de Balzac, et constatant que plusieurs de ses paroissiens ne lui ont point laissé la dîme sur le blé d'Espagne (12 octobre). — Cession par Charles de Terrasson, chevalier, seigneur de Verneuil, La Pétillerie et autres places, chevalier de St-Louis, Marie-Marguerite Thenault, son épouse, et Jean de Terrasson, chevalier, seigneur de Montlau, à François Monand, tailleur d'habits, de 80 livres de rente, moyennant 1.600 livres (14 octobre). — Inventaire des meubles et effets de Louis Favraud, maître cordonnier, ce requérant Antoine Constantin, notaire royal, demeurant au village du Petit-Moulin, paroisse de Mainfonds, Cécile Joret, sa femme, et François Sibillotte, maître cordonnier, neveu et nièce du défunt (3 novembre). — Délibération des habitants de la partie de la paroisse de Dirac qui dépend de l'élection de St-Jean d'Angély ; ils nomment Pierre Fontchain comme syndic (12 novembre). — Procuration générale donnée par Charles Birot de Puyguilhem de Ruelle, écuyer, brigadier des gardes-du-corps du Roi, chevalier de St-Louis, à Jean Birot, écuyer, seigneur de Ruelle, son frère aîné (2 décembre 1775).

E. 3005. (Liasse.) — 146 pièces, papier.

1776. — Jean Bernard, notaire royal à Angoulême. — Actes reçus par ce notaire du 1 janvier au 31 mars. — Cession d'une rente seconde de 5 livres par Catherine Fouchier, épouse de Marc Barbot, écuyer, seigneur de La Trésorière, Peudry, Champerose et autres lieux, du consentement de Jean Barbot, écuyer, seigneur de Sillac, chevalier de St-Louis, demeurant au logis de Beaulieu, paroisse de St-Laurent de Belzagot, et de Marc Barbot, écuyer, seigneur de St-Marc, leurs enfants, à Germain Barbot, écuyer, seigneur de Hauteclaire, La Buzinie et autres lieux, demeurant au logis de La Buzinie, paroisse de Champniers (4 janvier).— Quittance de 52 livres en amortissement de rente donnée aux frères Torin, laboureurs de Torsac, par Félix de Lavergne, écuyer, seigneur de Champlaurier, capitaine au régiment de Rouergue-Infanterie, demeurant au logis de Champlaurier, paroisse de St-Claud, comme héritier de Louis de Lavergne, seigneur de La Baronnie, conseiller au présidial, son père (6 janvier). — Reconnaissance d'une rente de 64 livres due à Pierre-François Ayrole des Angles, lieutenant-colonel de cavalerie, prévôt-général de la maréchaussée au département de Montauban, que représente Alexandre Mallat de Létanche, chevalier de St-Louis, capitaine de cavalerie, lieutenant de maréchaussée à la résidence d'Angoulême, par François Achard Joumard Tizon d'Argence, chevalier de St-Louis, seigneur de Dirac, Les Courrières et autres lieux (26 janvier). — Acte de notoriété justifiant que Philippe-Léon Mallat, écuyer, sieur de Létanche, lieutenant de la maréchaussée du Limousin à la résidence d'Angoulême, chevalier de St-Louis, et Anne Magnan, sa femme, n'ont eu pour héritière que Marguerite Mallat, leur fille, laquelle est décédée le 7 octobre 1775 laissant pour unique héritier Alexandre Mallat de la Guillaudrie, lieutenant de la maréchaussée, capitaine de cavalerie, son oncle paternel (12 février). — Vente à Jean-Élie Desruaux, chevalier, seigneur de Plassac, par Pierre-François de Pindray, chevalier, seigneur d'Ambelle et de Ste-Croix, demeurant au château d'Ambelle, paroisse de Ste-Croix, en Périgord, tant pour lui que comme procureur d'Henri, autre Henri, François-Hubert, Marie-Marthe et Marie-Anne-Reine de Pindray, comme héritiers de Jean-René, leur père, de tous les biens qui leur appartiennent au Couradeau, paroisse de Courcôme; ladite vente consentie moyennant 2.620 livres (12 février). — Inventaire des meubles et effets de Jean Delpeux, maître chirurgien, ce requérant Christophe Delpeux, jeune, aussi maître chirurgien, son fils (9 mars-mai). — Inventaire des meubles et effets de la communauté de Charles Lemaître l'aîné, peintre, décédé le matin même, avec Marie Villain, son épouse, décédée depuis de longues années ; ce requérant Françoise Lemaître, leur fille légitime. A signaler : dans la chambre haute, un tabernacle peint, estimé 48 livres — un chevalet en peuplier, estimé 6 livres ; — 7 tableaux sans cadre représentant diverses figures estimés 4 livres; — dans un placard, plusieurs pièces de papier « nommé ponsif pour l'uzage de la peinture », plusieurs morceaux et pièces de sculptures, des pièces de bois servant à sa profession ; — 10 moules de marques et plusieurs têtes et bras en plâtre ; — 5 tableaux représentant des paysages, estimés 5 livres ; — 2 marottes de carton et 3 de plâtre ; — 8 tableaux de peinture ; — 1 jeu de « poulette », estimé 40 sols ; — des estampes estimées 12 livres ; — un mauvais habit de drap bleu doublé de ras rouge, garni de boutons jaunes, estimé 1 livre 4 sols. « Il a été déclaré qu'il n'a laissé aucune chemise ni autres linges, que les bas de laine, chapeaux, culottes et gillets qu'il avait ne valaient absolument rien,... qu'il n'avait point de mouchoirs et n'a laissé aucun draps de lit que celluy qui luy sert de suaire ; qu'il n'avait aucune nappe ni serviette » (16 mars). — Procès-verbal de la maison presbytérale de la paroisse St-Antonin, ce requérant Guillaume Bediou, curé, qui en a pris possession le 8 juin précédent (21 mars). — Réitération de grades à l'évêque par François Faunié-Duplessis, curé de St-Martin (23 mars 1776).

E. 3006. (Liasse.) — 134 pièces, papier.

1776. — Jean Bernard, notaire royal à Angoulême. — Actes reçus par ce notaire du 1 avril au 30 juin. — Acte de notoriété justifiant que François-Jean-Charles de Mergey, chevalier, capitaine aux carabiniers du comte de Provence, chevalier de St-Louis, actuellement établi à Angers en raison de son mariage avec Marie-Anne Berteaux de la Contrée, est né à Marthon de Jean-Élie de Mergey, chevalier, seigneur de Rochépine, et de Marie-Madeleine de Montalembert, que sa famille est établie en Angoumois de temps immémorial, qu'elle y a vécu noblement et est réputée une des meilleures de la province (9 avril). — Constitution de 200 livres de rente au profit de Bernard Birot, écuyer, seigneur de Brouzède, La Foucaudie et autres lieux, ancien capitaine au régiment de Bourgogne, chevalier de St-Louis, et Jeanne Birot de Brouzède, sa sœur aînée, par Joseph Souc, chevalier, seigneur de La Garélie, des chevau-légers de la garde du Roi, demeurant au château de Beauvais, paroisse de Lussas, en Périgord, au nom de Madeleine Chérade de Montbron, sa mère, veuve de Arnaud Souc de Planche, chevalier, seigneur de La Garélie, Beauvais, Lussas, Fontourbade, La Rochette, La Rousselière et autres places (15 avril). — Bail à ferme du moulin à foulon sis près du logis noble de La Foucaudie, paroisse de Nersac, sur la Boëme, consenti pour 9 années, moyennant 135 livres chaque, à Jean Matard, marchand foulinier du bourg de Nersac, par Bernard Birot, écuyer, seigneur de Brouzède et La Foucaudie (20 avril). — Délibération de la communauté des habitants de la paroisse St-Paul d'Angoulême. Sébastien Delavergne, curé, et les fabriciens exposent « qu'ils ont cru qu'on pourroit, à l'instar de l'église cathédrale et autres de la présente ville, placer des chaizes dans leur église, à raison desquelles ceux qui y viendroient payeroient comme ils payent pour chaque chaise dans les églises cy-dessus énoncées, qu'il convenait de faire bail de ces payements aux plus offrants et derniers enchérisseurs, et d'en donner chaque année 15 livres au sacristain, pour les soins et travaux qu'il fait à l'église et à la sacristie, et de prendre 6 francs pour la rétribution des sermons de chacun jour et feste de S-Paul ». L'assemblée décide que les dimanches et jours de fête où il y aura bénédiction il sera payé 1 sol par chaise le soir, et 6 deniers le matin ; que le jour de St-Paul il sera payé 1 sol et 6 deniers le soir, et 6 deniers le matin ; que les autres jours le prix de la chaise sera de 6 deniers, matin et soir. Les fabriciens auront le libre usage de 4 chaises ; les paroissiens pourront apporter des chaises, moyennant qu'ils paieront 10 sols lorsqu'il n'y aura qu'une chaise par famille, et 15 sols quand il y en aura plusieurs. Les fermiers seront tenus de faire balayer l'église le lendemain des jours où il y aura eu bénédiction. Les enchères sont portées à 60 livres par Jean Vergnaud, sacristain de Notre-Dame de la Paine (22 avril). — Bail à ferme des dîmes et agriers dépendant des paroisses de St-Antonin et St-Vincent, consenti pour 9 années, moyennant 255 livres chaque, par Guillaume Bediou, curé (28 avril). — Procuration donnée par Jacques Gayot de Mascrany des Hayets, écuyer, ancien capitaine au régiment de Piémont-Infanterie, chevalier de St-Louis, demeurant au logis de Villars, paroisse de Garat, afin de poursuivre la succession de Jacques-Guillaume Gayot, sieur de Seaux, doyen de la Cour des Aides (4 mai). — Quittance de 1.300 livres faisant final paiement d'une maison, donnée à Philippe Sicard le jeune, notaire royal, par Catherine Rondeau, veuve de Martial Dutillet de Mézières, secrétaire-interprète de la Reine pour les langues étrangères, demeurant à l'abbaye de St-Ausone (9 mai). — Délibération de la communauté des habitants de la paroisse St-Jacques de Lhoumeau qui approuvent le devis des réparations à faire à leur église dressé le 28 mars par le sieur Fournier, architecte, et consen-

tent à ce que les dépenses en soient couvertes avec les revenus de la fabrique, sans recourir aux impositions (19 mai). — Reconnaissance de 12 sols de rente due à Guillaume Bediou, licencié en droit canon et civil, comme curé de St-Antonin et St-Vincent, par Jean Yver, ancien curé de la même paroisse, François Dubois, marchand libraire, François Lhoumeau, sieur de La Fenêtre, bourgeois, et Jeanne Mancier, sa femme, en raison de 3 maisons sises même paroisse et confrontant, au nord, à la rue qui va du château à la place du Mûrier, au midi, à la rue qui va du château au parc (4 juin). — Bail à ferme, moyennant 60 livres par an, d'un banc de boucher, sous la halle du Palet, appartenant à Sébastien de Lavergne, comme curé de St-Paul (10 juin). — Reconnaissance d'une rente de 5 sols due à la cure de St-Paul par Guillaume-Roch Létourneau, « enseignant la jeunesse », et Françoise Klotz, veuve de Roch Létourneau, maître ès-arts et régent professeur de troisième au collège royal, sa belle-sœur, comme héritiers de Jean Létourneau et Françoise Jonquet, leurs parents, en raison d'une maison sise rue de Genève (12 juin 1776).

E. 3007. (Liasse.) — 138 pièces, papier.

1776. — Jean Bernard, notaire royal à Angoulême. — Actes reçus par ce notaire du 3 juillet au 30 septembre. — Résignation de la cure de St-Martin de Cousserac, diocèse de Saintes, par Marc-Antoine de la Martinière, au profit de Pierre Annequin, vicaire de St-Martin d'Asnières (11 juillet). — Réquisition de Jacques Guillemeteau, vicaire perpétuel de St-Jean-de-Biarge, à l'évêque, de le nommer à la cure de St-Jacques de Chassiecq vacante par le décès de Lucas de la Brousse survenu le 8 de ce mois (23 juillet). — Sommations diverses faites à la requête de Jeanne Douard, veuve de Pierre Mallat, à François Durousseau de Coulgens qui, après avoir épousé sa fille Marie, l'a violemment maltraitée ainsi qu'elle-même (23 juillet). — Bail à ferme de la borderie de Beaumont, paroisse St-Martial, pour 9 années, moyennant 69 livres chaque, consenti par Marie-Anne Bouillon, veuve de Roger Bareau l'aîné, avocat (28 août). — Délibération de la communauté des habitants de la paroisse de Magnac-sur-Touvre qui donnent pouvoir à leurs syndics de s'opposer à la prétention qu'a Jean de Lesmerie, sieur du Breuil, comme exerçant les droits d'Anne de Bussac, son épouse, de ne pas payer d'impositions pour le domaine qu'il possède dans la paroisse, sous le prétexte qu'il le fera valoir lui-même (29 septembre 1776).

E. 3008. (Liasse.) — 132 pièces, papier.

1776. — Jean Bernard, notaire royal à Angoulême. —Actes reçus par ce notaire du 1 octobre au 31 décembre. — Procès-verbal de la seigneurie de Tranchard, paroisse de Fléac, à la requête de Pierre Meslier, fermier judiciaire (2-8 octobre). — Procès-verbal du logis des Mornats et des biens saisis sur M. Dexmier des Coudrais, ce requérant Pierre Boilevin, laboureur, fermier judiciaire (23 octobre). — Reconnaissance de 9 sols 6 deniers de rente dûs à la cure de St-Martin par Jacques Bernard, écuyer, seigneur de Luchet, demeurant au logis noble de Luchet, paroisse de Criteuil, à cause d'une maison sise dans la rue du Petit-Maure qui va de la porte du Palet à la rue des Boucheries (2 novembre). — Procès-verbal dressé à la requête de Louis Bernard, curé de Ruelle, et destiné à constater que M. Trémeau, écuyer, seigneur de Fissac, conseiller honoraire au présidial, a vendangé ses vignes sans payer le droit de dîmes (26 novembre). — Vente par Jean-Charles de Montalembert de Sers, écuyer, chevalier seigneur du Groc, Fouquebrune et Houme, chevalier de St-Louis, major des ville et château d'Angoulême, demeurant audit château, tant en son nom que comme représentant haut et puissant seigneur Marc-René, marquis de Montalembert, maréchal des camps et armées du Roi, lieutenant-général en Saintonge et Angoumois, gouverneur de Villeneuve-d'Avignon, « lieutenant de Roy » de Cognac, ancien sous-lieutenant des Chevau-Légers de la garde du Roi, de l'Académie royale des sciences de Paris, et de l'Académie de St-Pétersbourg, et aussi Michel Favret du Pommeau, directeur des fermes d'Angoulême, et Michel Favret du Pommeau, ci-devant directeur de la manufacture de papiers de Montbron, tous « intéressés » à ladite manufacture, à Mauricette Pélard, veuve de Michel Sartre, marchand, des manufacture et ancien moulin à papier de Montbron, aussi appelés de Brémond, et de tout ce que lesdits intéressés ont acquis de M. et Mme de Girac, par l'intermédiaire de Charles-Jean Respinger du Ponty, administrateur de leur entreprise de papier « à l'imitation de celluy de Hollande » par contrat du 18 novembre 1772 reçu Caillaud ; ladite vente consentie moyennant 30.000 livres (24 décembre). — A cet acte est joint un réglement de comptes détaillé fait entre Marc-René, marquis de Montalembert, Jean-Charles de Montalembert de Sers, Michel Favret du Pommeau, directeur des fermes à Angoulême, Philippe-Michel Favret du Pommeau, son fils, « intéressés en la manufacture de papiers de Montbron ». La société pour l'établissement de la manufacture avait été formée le 27 septembre 1762 entre le comte de Montalembert, M. de Montalembert de Sers, M. Favret du Pommeau, M. de Girac, le comte de Raymond et M. Du Ponty : l'entreprise n'eut pas de succès et le travail cessa en septembre 1771. Les recettes, de 1764 à 1773, s'élevèrent à 220.128 livres ; les dépenses, à 260.803 livres : elles sont, dans l'acte, détaillées par mois (20 mars 1773). — Vente par Jean-Joseph Dutillet de Villars, écuyer, valet de chambre du Roi et gouverneur de ses pages, et Anne Catherine Tourette de Flamenat, son épouse, demeurant hôtel des Ambassadeurs, paroisse St-Louis de Versailles, à Jeanne-Marie Gayot, épouse de Pierre, marquis de Montalembert, chevalier, seigneur de Villars, d'une maison sise paroisse St-Antonin, dans la rue qui va du château à la place du Parc, sur main droite, confrontant au midi au jardin de M. Dumas de Chebrac, lieutenant-criminel, et au nord à la maison de M. de Terrasson ; ladite vente consentie moyennant 10.000 livres (31 décembre 1776).

E. 3009. (Liasse.) — 138 pièces, papier.

1777. — Jean Bernard, notaire royal à Angoulême. — Actes reçus par ce notaire du 1 janvier au 25 mars. — Contrat de mariage entre Jean Lhomme, sieur du Boucheron de Vérac, bourgeois, fils de défunts Louis, sieur du Boucheron, notaire royal, juge de Bouex et de Vouzan, et Françoise de Berthe, demeurant ordinairement au lieu du Picard, paroisse de Garat, et depuis peu au lieu du Boucheron, paroisse de Charras ; et Antoinette-Rose Turcat, fille de défunts Jacques, substitut du procureur du Roi en l'élection, et Anne Augeraud (29 janvier). — Délibération de la communauté des habitants de la paroisse St-Paul. Ils constatent que « depuis qu'il n'est plus permis d'ouvrir des fosses ny d'enterrer en leur églize, la fabrique se trouve presque sans revenu, ce qui les met hors d'état de faire faire à ladite églize les réparations les plus urgentes, et les entretiens nécessaires ; qu'ils ne peuvent point avoir les ornements dont ils auroient besoin, cierges, et autres objets qui conviendroient ». En conséquence, afin de « remédier au tout par d'autres moyens légitimes et peu gênants aux habitants,... ils sont unanimement convenus et ont arrêté que, pour tenir lieu à ladite fabrique du droit desdittes ouvertures de fosses, et pour la rétribution du sacristain, il sera à l'avenir perpétuellement payé par chacun desdits habitants ce qui est fixé par les articles » suivants : « article I : les magistrats, nobles, avocats, médecins, touts autres vivant noblement, et leurs enfants, payeront pour la sonnerie lors de la mort et des enterrements 8 livres à la fabrique et 3 livres au sacristain ; art. II : les notaires, procureurs, greffiers, bourgeois, notables, marchands, chirurgiens, apothicaires, 6 livres à la fabrique et 50 sols au sacristain ; art. III : les huissiers, petits marchands, hôteliers, cabaretiers, artizants commodes, laboureurs aizés payeront 5 livres à la fabrique et 40 sols au sacristain ; art. IV : les laboureurs et journalliers vivant principalement de leur travail, artizants, métayers, manœuvres, valets et servantes payeront 40 sols à la fabrique et 12 sols au sacristain. Outre lesquels droits pour ledit sacristain il luy sera payé ce qui lui est accordé par l'ordonnance de Mgr l'évêque pour les ouvertures de fosses au cimetière. Il sera payé moitié des droits ci-dessus pour l'enterrement des enfants au-dessous de 10 ans. Il sera de plus payé audit sacristain pour les mariages céllébrés la nuit la somme de 4 livres pour ceux de la 1re classe, et 50 sols pour les autres indistinctement. Pour les mariages qui seront faits de jour, il sera payé par ceux de la 1re classe, 3 livres ; par ceux de la 2e classe, 40 sols ; par ceux de la 3e, 30 sols ; et par ceux de la 4e, 15 sols » (2 février). — Délibération des habitants de la paroisse de St-Martin prise dans le même sens que la précédente avec quelques différences de chiffres (2 février). — Procès-verbal des bâtiments et du moulin de la manufacture de papiers de Montbron, près d'Angoulême (8 février- 25 juin). — Vente par haut et puissant seigneur François-Jean-Charles de la Rochefoucauld, marquis de Bayers, brigadier des armées du Roi, ancien colonel des grenadiers royaux du Poitou, chevalier de St-Louis ; haut et puissant seigneur illustrissime et révérendissime François-Joseph de la Rochefoucauld, évêque comte de Beauvais, vidame de Gerberoy, pair de France ; haut et puissant seigneur Pierre de la Rochefoucauld, prieur commandataire de Nanteuil et Houdoin, vicaire-général du diocèse de Beauvais, agent général du clergé, demeurant à Paris, rue de la Chaise ; haut et puissant seigneur Alexandre-François de la Rochefoucauld de Bayers, comte de

la Rochefoucauld, ancien lieutenant de vaisseau, chevalier de St-Louis, demeurant à Paris, rue du Paradis ; Marie de la Rochefoucauld de Magnac, demeurant à l'abbaye royale du Paraclet ; Antoine de Corlieu, chevalier, seigneur de Corlieu, chevalier de St-Louis, capitaine au régiment de Limoges, Catherine-Hippolyte de la Rochefoucauld, sa femme, demeurant au logis noble du Vivier, paroisse de St-Cybard du Peyrat ; et Louise de la Rochefoucauld, demeurant au couvent de l'Union-Chrétienne, à François de Pandin, chevalier, seigneur de Biarge et Ferret, capitaine au régiment de Guyenne, chevalier de St-Louis, et Henriette « Pynyot », son épouse, demeurant au logis noble de Biarge, paroisse de St-Fraigne, des fief et seigneurie du Vivier, même paroisse de St-Fraigne, qui comprennent le logis, 7 journaux de pré, les dîmes et terrages aux 8, 9 et 12 des fruits sur 800 journaux à la mesure de St-Fraigne, 100 et quelques boisseaux de rente noble, et quelques rentes secondes ; le tout relevant soit à hommage, soit à cens du prieur de St-Fraigne, conformément à une sentence arbitrale du 26 octobre 1735 : les seigneurs du Vivier ont en outre contracté au profit du curé de St-Fraigne un abonnement de 50 livres en remplacement de la dîme. Ladite vente est consentie moyennant 15.000 livres, dont 9.000 payées comptant et 6.000 payables dans 4 ans (22 février 1777).

E. 3010. (Liasse.) — 117 pièces, papier.

1777. — Jean Bernard, notaire royal à Angoulême. — Actes reçus par ce notaire du 1er avril au 30 juin. — Convention entre les 5 collecteurs de la paroisse de Linars. Un d'eux se charge de tous les recouvrements moyennant qu'il touchera les droits de « lève » s'élevant environ à 60 livres, et 9 livres en plus : ses collègues s'obligent à passer avec lui dans la paroisse, quand il en sera besoin ; à l' « avertir du temps nécessaire pour qu'il fasse saisir les fruits des redevables qui seront dans le voisinage de chacun d'eux, pour qu'ils n'enlèvent pas lesdits fruits et qu'ils ne se dispensent point de payer leurs cottes, ce qu'ils pourroient faire, s'ils enlevoient leursdits fruits, auquel cas de non payement, tous les collecteurs en supporteront également la perte » (7 avril). — Bail à ferme du moulin de La Pallud, autrement dit des Quatre-Mailles, paroisse Saint-Martial, pour 7 années, moyennant 20 boisseaux de froment et 10 boisseaux de méture chaque (9 avril). — Vente par Pierre-François de Pindray, chevalier, seigneur d'Ambelle, Sainte-Croix et autres lieux, demeurant au château d'Ambelle, paroisse de Sainte-Croix, en Périgord, à Jean-Élie Desruaux, chevalier, seigneur de Plassac, du fief des Delimeures, paroisse de Courcôme, consistant en cens, rentes, agriers, garenne, droit de chasse et autres droits, et aussi de diverses rentes ; ladite vente consentie moyennant 8.000 livres, dont 200 payables au sieur Vallade, maître ès-arts de la ville de Montbron (10 avril). — Inventaire des meubles et effets de la communauté de Marc Barbot, écuyer, seigneur de La Trésorière, Saint-Laurent, Peudry, Courgeac et autres lieux, décédé le 24 février, avec Catherine Fouchier, à la requête de celle-ci, en présence de Marc Barbot, écuyer, seigneur de La Trésorière, Saint-Laurent, Peudry, Courgeac et autres lieux, de François Manès, bourgeois, comme exerçant les droits de Catherine Barbot, son épouse, de Marie Barbot de la Trésorière, de Marc Barbot de la Trésorière, écuyer, capitaine aide-major au régiment d'Aquitaine, de Marc Barbot de la Trésorière, écuyer, chevalier de St-Louis, capitaine au régiment de l'Ile de France, ou de leurs représentants. A signaler au dit inventaire : les titres de noblesse de MM. Barbot de la Trésorière, auteurs du défunt ; — le contrat de mariage de Léonard Barbot, écuyer, avec Catherine Guillaumeau, reçu Micheau, le 18 juin 1591 ;— le contrat de mariage de Marc Barbot, écuyer, seigneur de La Trésorière, avec Agathe Vauvert, reçu Gillibert le 13 mars 1678 ; — le contrat de mariage de Marc Barbot, écuyer, sieur de Tudebeuf, prévôt royal de la châtellenie d'Angoulême, avec Marguerite Moulin, reçu Vachier le 7 juillet 1655 ; — le contrat de mariage de David Barbot, écuyer, lieutenant particulier en l'élection d'Angoulême, avec Jeanne Lévêquot, reçu Martin le 7 juillet 1635 ; — le contrat de mariage dudit feu prévôt royal de la châtellenie d'Angoulême, reçu Jeheu le 9 juin 1719 ; — le contrat de mariage de Jean de la Confrette, sieur de Villamont, avocat en parlement, avec Catherine Moussier, reçu Micheau le 24 août 1693 ; — le contrat de mariage de François Moussier, avocat du Roi au présidial, avec Anne Barreau, reçu Micheau le 29 décembre 1665 ; — le contrat de l'acquisition des terre et châtellenie de Peudry, faite par le défunt, d'Emmanuel de Cugnac, chevalier, comte de Giverzac, vicomte de Puycalvet et autres lieux, et d'Hélène de Beaupoil, sa femme, reçu Lanave, notaire à Périgueux, le 18 octobre 1732 ; — l'acte d'ingression de

Louise Barbot au couvent de l'Union-Chrétienne, reçu Caillaud le 27 septembre 1725 ; — l'acte d'ingression de Catherine Barbot de Peudry, au même couvent, reçu Caillaud le 27 mars 1770 ; — l'acte d'ingression de Marie-Gabrielle Barbot aux Franciscaines de Poitiers reçu Chatenier le 8 février 1765 ; — des comptes faits entre le défunt, Joseph de Jambes, écuyer, seigneur de La Foix, Marguerite Barbot, son épouse, et Gabriel de la Croix du Repaire, fille et gendres dudit défunt ; — un acte de cession du défunt et de sa femme à Jean Barbot de Sillac, leur fils puiné ; — dans le domaine de Champrose, paroisse de Saint-Laurent-de-Belzagot, une chaudière à eau-de-vie, avec ses « apparaux » ; — le contrat d'ingression d'Anne Barbot à l'Hôpital Notre-Dame des Anges, reçu Mancié le 20 septembre 1716 — le contrat de vente par le défunt à Martial Dutillet de son office de prévôt royal de la châtellenie d'Angoulême, le 6 février 1732 (12 avril 1777, 18 mai 1778). — Bail à ferme par François Legoux, inspecteur des droits réservés, comme procureur de Pierre Perreau, bourgeois de Paris, chargé de la régie des droits attribués aux offices supprimés par l'édit d'avril 1768, à Guillaume Lusseau, marchand, des droits attribués à l'office de visiteur et réformateur des poids et mesures créé par édit de l'année 1.600, pour la Saintonge, non comprises les paroisses de la direction de Baigne, nommée le Petit-Angoumois, et dont fait partie le marquisat d'Aubeterre. Ledit bail est consenti pour 4 années aux conditions suivantes : le fermier sera tenu de se conformer aux édits et règlement rappelés dans l'arrêt du Conseil du 13 septembre 1776 ; il tiendra une comptabilité quotidienne très précise ; il poursuivra les procès qui pourront se produire à ses risques et périls ; il fournira les locaux et les « ustensiles » nécessaires ; il paiera chaque année 2.400 livres au directeur des aides, à Saintes (16 avril). — Bail à ferme par Jean Peynet, prieur seigneur de la paroisse de Chavenat, et infirmier de l'abbaye de Saint-Cybard, à François Delimagne, bourgeois, des revenus de son prieuré, ledit bail consenti pour 9 années, moyennant 1.200 livres chaque (14 mai). — Bail à ferme par Jean-Maurice de Lantrèle, curé de Balzac, des dîmes et novales qui lui appartiennent dans sa paroisse, pour 9 années, moyennant 840 livres chaque (2 juin). — Inventaire des meubles et effets de Pierre Vincent, ancien curé de Fouquebrune, aumônier de l'hôpital, décédé le 7 de ce mois, ce requérant Pierre François Dubois, marchand libraire, demeurant paroisse de Saint-Cybard, son exécuteur testamentaire. A signaler audit inventaire : une pendule avec son boîtier peint, estimée 150 livres ; — un baromètre « avec son thermomètre », estimé 18 livres ; — 2 portraits du défunt ; — une serinette à 3 cylindres (14-17 juin 1776).

1777. — Jean Bernard, notaire royal à Angoulême. — Actes reçus par ce notaire du 1 juillet au 30 septembre. — Quittance de 1.000 livres pour amortissement de rente donnée à François-Hector de Pressac de Lioncel, écuyer, demeurant à Claix, par Catherine-Anne de Guillaume de Marçay, tant pour elle que comme héritière de Louise de Guillaume, sa sœur (5 juillet). — Bail à ferme par Alexandre-Melchior de Chaylan de Moriès, prévôt de l'église cathédrale de Glandène, abbé commandataire de Bournet, que représente Pierre Perrier, procureur au présidial, à Gabriel Gardrat, procureur de la châtellenie du Châtelard, demeurant au lieu de Peuchaud, paroisse de Passirac, des revenus de la pitancerie de ladite abbaye vacante par le décès de dom Élie Galliot, et réunie à la mense abbatiale ; ladite ferme consentie pour 3 années, moyennant 800 livres chaque (22 juillet). — Acte de notoriété justifiant que Pierre Turrault de la Cossonnière, employé dans les affaires du Roi, est fils unique d'Étienne-Jude Turrault de la Cossonnière et d'Anne Aymard (20 août). — Contrat de mariage entre François Dubois, marchand libraire, juge consul, fils de défunts Philippe, marchand, et Élisabeth Yver ; et Jeanne Vincent, fille de défunt Jean, marchand : ils confèrent chacun dans la communauté une somme de 200 livres (21 août). — Bail à colonage de sa métairie de Girac consenti par André Resnier, seigneur de Girac, greffier en chef du présidial (27 août 1777).

1777. — Jean Bernard, notaire royal à Angoulême. — Actes reçus par ce notaire du 2 octobre au 31 décembre. — Quittance donnée par François-Daniel de Clairvaux, écuyer, seigneur de La Chandelerie, demeurant au logis noble dudit lieu, paroisse de St-Amant-de-Bonnieure, à Jean de Bussac, commissaire-receveur général des saisies réelles d'Angoumois, de 300 livres représentant le tiers du prix du bail des biens sur lui saisis à la requête de Mme de Clairvaux (19 octobre). — Délibération des habitants de la paroisse de Ruelle qui donnent pouvoir à leur syndic pour faire faire l'expertise des réparations exécutées à l'église de Ruelle (2 novembre). — — Sommation par François Leroy, chevalier, seigneur de Lenchère, La Baurie et autres lieux, demeurant au logis de La Baurie, paroisse de Dignac, à Louis Neuville, secrétaire de la subdélégation d'Angoulême, de recevoir le tiers des 1.449 livres à quoi il a été condamné par arrêt du parlement, envers lui, autre Louis Neuville, Jean Caillaud et Rose Neuville, sa femme (6 novembre). — Bail à ferme des biens de la succession de Marguerite Renaud, ce requérant Jean-François Dassier, chevalier, seigneur des Brosses, Charzac, Le Mas-Marteau et autres lieux, demeurant à Confolens, que représente Joachim-Jacques Dassier, chevalier, seigneur des Brosses, son fils aîné, et Jean-Armand Dassier, fils de ladite Marguerite. Les biens consistent dans le fief de St-Hermine appelé aussi de Tourtoiron, paroisse de St-Simeux, et dans plusieurs domaines voisins en dépendant : ils sont affermés pour 7 années à Edme Labonne, boulanger, moyennant 1.650 livres (12-13 novembre). — Bail à loyer par François Faunié-Duplessis, curé de St-Martin, à Jean Barbot de la Trésorière, écuyer, seigneur de Sillac, chevalier de St-Louis, demeurant au logis de Beaulieu, paroisse de St-Laurent-de-Belzagot, de la maison presbytérale de sadite paroisse, pour 3 années, moyennant 100 livres chaque (17 novembre). — Don par Jacques Gayot de Mascrany des Hayets, chevalier, ancien capitaine au régiment de Piémont-Infanterie, à Jeanne-Marie Gayot, sa nièce, épouse de Pierre, marquis de Montalembert, chevalier, seigneur de Villars, des 24.000 livres qu'il lui a fournies pour l'acquisition, les réparations et l'ameublement de l'hôtel par elle acquis de M. Dutillet de Villars, paroisse de St-Antonin, par contrat du 31 décembre 1776, reçu même notaire (9 décembre 1777).

1778. — Jean Bernard, notaire royal à Angoulême. — Actes reçus par ce notaire du 1 janvier au 30 mars. — Convention entre les 3 collecteurs de la paroisse de Ruelle : l'un d'eux se charge de tous les recouvrements, même des frais et « faux-taux » moyennant que les autres lui donneront chacun 6 livres, qu'ils lui paieront leurs impositions, et qu'il jouira seul du droit de « lève » s'élevant environ à 60 livres (11 janvier). — Prise de possession de la cure de Mornac par François Faunié-Duplessis, curé de St-Martin (19 janvier). — Testament de Marc Barbot de la Trésorière, écuyer, seigneur de Peudry, Courgeac et St-Laurent en partie : il demande de faire dire 100 messes à son intention après sa mort ; de l'enterrer sans aucun faste ; il lègue à Marc, seigneur de Peudry, son fils aîné, 12.000 livres ; le surplus de ses biens tant meubles qu'immeubles sera partagé entre tous ses fils ; le chevalier de St-Marc, cependant, ne prendra point part au partage des meubles, ayant reçu 4.000 livres pour l'achat d'une compagnie dans le régiment de l'Ile-de-France ; la légitimaire de Catherine, épouse de M. Manès, qui n'a pas été dotée, est fixée à 4.000 livres en plus des 800 livres qu'elle a déjà reçues, et elle ne pourra disposer de cette somme « qu'en faveur de ses héritiers, n'étant pas juste, qu'après le don universel qui luy a été fait par le testament de son oncle, elle puisse enlever à ses héritiers les biens de sa famille » ; Mlles de Jambes et Du Repaire ne recevront rien en outre de ce qui leur a été donné ; la dot de Marie Barbot, non encore mariée, sera de 4.500 livres (25 décembre 1770). Dépôt de ce testament (31 janvier). — Sommation par Jean Reynard, prêtre du diocèse de Poitiers, pourvu en cour de Rome du prieuré de St-Saturnin, à l'évêque d'Angoulême, de donner son visa à cette nomination ; ce que celui-ci refuse (16 février). — Protestation de Jean Démanny, écuyer, l'un des chevau-léger de la garde du Roi, demeurant à Marsac, contre Jean-Baptiste Boucheron de Marsac et Marie de la Charlonnie, son épouse, qui auraient refusé, après s'y être d'abord engagé, de détruire un acte sous seing privé (23 février). — Procès-verbal à la requête de François Faunié-Duplessis, curé de Mornac et de St-Martin, de l'état de l'église, du presbytère, des vases sacrés et des ornements de la paroisse de Mornac. Dans l'église : le tabernacle est doré, garni de 6 grands chandeliers de cuivre doré, avec une croix aussi de cuivre doré, haute de 3 pieds ; 9 figures accompagnent le tabernacle, représentant 6 anges, la Vierge, St Jean-Baptiste et un martyr ; le dôme dudit tabernacle est en forme de niche avec les représentations du Père éternel et de chérubins ; le devant d'autel est en argent et soie garni d'une frange d'or fin ; le sanctuaire est boisé jusqu'à la naissance de la voûte de différents bois, la boiserie est peinte en gris, les moulures sont en partie dorées, en partie de diverses couleurs ; en outre deux tableaux sont peints sur cette boiserie

représentant : l'un les tables de la loi, l'autre le sacrifice d'Abraham. Parmi les nombreux ornements : 4 pièces servant pour la garniture du dais, l'étoffe en est partie en or, partie en damas rouge garni de grandes franges en or fin, avec 4 glands couverts de damas rouges frangés d'or. A signaler enfin un rituel de Périgueux, une bannière représentant St-Martin et l'Assomption de la Vierge, une croix d'argent (24-25 février). — Transaction par laquelle Honoré de la Grézille, écuyer, sieur du Rocher, chevalier de St-Louis, demeurant au logis noble de Puygrelier, paroisse de Puyréaux, Marguerite de la Grézille, veuve de Michel Lhoumeau, avocat en parlement, N. Fouchier de St-Michel et Anne Françoise de la Grézille, comme héritiers de M. de la Grézille, leur frère, curé de Mornac, décédé le 11 janvier, délivrent divers objets mobiliers à François Faunié-Duplessis, son successeur, en compensation des réparations à faire à l'église et au presbytère dudit Mornac (26 février). — Prise de possession par Jean Reynard, prieur-curé de N.-D. de Montournais, diocèse de Luçon, du prieuré-cure de St-Saturnin, « vulgairement » St-Sornin, dont il a été pourvu en commande en cour de Rome, le 21 février (3 mars). — Bail à ferme des dimes de la paroisse de Mornac, consenti pour 9 années, moyennant 1.350 livres et 2 « abauds » de bon bois de chêne chaque (9 mars). — Vente par Michel Benoist, sieur de Beaupré, bourgeois, et Françoise Gillibert, son épouse, à Guillaume Guesnier, sieur de La Bletterie, maître apothicaire, et Madeleine Tesnière, sa femme, d'une maison, paroisse St-Paul, moyennant 6.500 livres et 288 livres de pot-de-vin (25 mars). — Entente entre Jean-Baptiste Mioulle, avocat, comme procureur de Msr Charles de Broglie, comte de Broglie, marquis de Ruffec, baron d'Aizie, Martreuil et Empuré, seigneur de Cauchy, Les Aises, Charmé et autres lieux, chevalier des ordres du Roi, lieutenant-général de ses armées, ancien ambassadeur en Pologne, et de Louise-Auguste de Montmorency, son épouse ; et Jean-Charles Ossin Lafaye, avocat, comme procureur de Jean d'Escravayat de Bellac, chevalier, seigneur de Bellac, Balzac et autres lieux, chevalier de St-Louis, ancien lieutenant de vaisseau, demeurant au château de Bellac, paroisse de Roussines. Les deux avocats arrêtent les conditions dans lesquelles se fera l'expertise de la seigneurie de Balzac. Cette terre avait été vendue, le 16 décembre 1768, par Pierre Pasquet, chevalier, seigneur de St-Mesmy, et Marie Pasquet, son épouse, par acte reçu Blanchet, notaire à Ruffec, au comte et à la comtesse de Broglie : Jean d'Escravayat exerça le retrait lignager qui fut accepté par les acquéreurs le 3 décembre 1777 par acte reçu Jourdeau et Arnaud, notaires au Châtelet. Il convenait dès lors de dresser un état des lieux pour le comparer avec celui fait après l'acquisition de 1768, et déterminer les indemnités dues au seigneur de Bellac (27 mars). — A la convention est joint un procès-verbal de remise des très nombreux titres relatifs à la seigneurie de Balzac (4-8 avril). — Récolement de l'inventaire du mobilier du château de Balzac dressé par Caillaud, notaire, le 20 janvier 1769 ; et estimation détaillée des revenus annuels de la seigneurie dudit lieu. Les 80 journaux de prés rapportent 2.186 livres. La métairie du château comprend 57 journaux de terre labourable rapportant 400 livres, et 14 journaux de prés rapportant 100 livres. 72 journaux de vigne, de 30 ans environ, rapportent en moyenne 80 barriques de vin à 27 livres la barrique, soit 2.160 livres , il faut défalquer de ce chiffre : la façon des vignes à 7 livres par journal, soit 504 livres ; les frais de la vendange, 200 livres ; les journées des hommes du treuil, à 20 sols chaque, soit 16 livres ; l'ouillage du vin à 20 sols par barrique, soit 80 livres ; le « rabatage » des 80 fûts , 12 livres ; les cercles et l'osier, 18 livres ; ce qui ramène le revenu net des 72 journaux de vigne à 1.330 livres : les vignes fournissent cependant en outre 16 milliers de javelles estimés 160 livres dont il faut déduire 80 livres pour la façon ; enfin, en plus de la boisson des vignerons, 8 barriques de revin estimées nettes de tous frais 8 livres la barrique. Les agriers au dix-un des fruits, la vendange portable au château, s'étendent sur 908 journaux 48 carreaux divisés en 19 reaux ; ils produisent en moyenne 25 boisseaux 1/2 de froment estimés 8 livres le boisseau ; soit 192 livres 72 boisseaux de méture estimés 6 livres le boisseau, soit 432 livres ; 12 boisseaux d'avoine estimés 3 livres 10 sols le boisseau, soit 40 livres ; 23 boisseaux de blé d'Espagne estimés 5 livres le boisseau, soit 115 livres ; 4 boisseaux de légumes estimés 8 livres le boisseau, soit 31 livres ; pour les pois vendus en vert, le safran et le sainfoin, 20 livres ; 20 pintes d'huiles, à 20 sols la pinte, dont il faut déduire 3 livres pour la noizelure, soit 17 livres ; 25 barriques de vin rosé à 27 livres la barrique, dont il faut déduire 20 sols par barrique pour l'ouillage du vin, 8 journées de 2 hommes pour le treuil, soit 16 livres, 30 sols par jour pour les complanteurs, soit 27 livres, 12 « meulles » de cercles à 16 sols la « meulle », 18 sols pour 12 paquets d'osier,

3 livres pour les journées des tonneliers, 6 livres pour la recette de la vendange au treuil ; il faut aussi déduire sur l'ensemble des recettes 90 livres pour les gages et la nourriture de celui qui lève les agriers et les conduits au château ; la paille est censée payer les frais des batteurs : le revenu net des agriers se monte à 1. 351 livres. Les rentes seigneuriales rapportent 121 boisseaux 8 mesures 1/3 de mesure de froment ; les « garnitures » déduites suivant la coutume du pays qui est d'un demi-boisseau par 12, il reste payable 116 boisseaux 10 mesures 1/3, soit à raison de 10 livres 4 sols le boisseau, 1.189 livres 11 sols 6 deniers ; 39 boisseaux 10 mesures d'avoine estimés 3 livres 17 sols le boisseau, soit 142 livres 12 sols ; 1 boisseau 6 mesures de seigle, soit 9 livres 5 sols ; 137 livres 4 sols en argent ; 65 gélines estimées 10 sols pièce, soit 32 livres 10 sols ; 21 chapons estimés 15 sols pièce, soit 15 livres 15 sols ; 300 anguilles estimées 25 livres les 100, soit 75 livres ; 3 pintes d'huile estimées 3 livres ; les rentes seigneuriales produisent net 1.604 livres 18 sols. Les arbres de « cerpe » sont estimés rapporter 62 livres. La seigneurie est estimée rapporter, en moyenne, 7.178 livres 8 sols 10 deniers dont il convient de déduire les gages du régisseur et du garde et les charges réelles (28 mars-2 septembre 1778).

E. 3014. (Liasse.) — 128 pièces, papier.

1778. — Jean Bernard, notaire royal à Angoulême. — Actes reçus par ce notaire du 1 avril au 30 juin. — Transaction qui fixe à 1.531 livres et aux dépends des procédures la somme due à Jacques Barret, sieur de Pralut, bourgeois, et Anne de Plas, son épouse, que représente Jacques Barret, sieur de Lafont, aussi bourgeois, demeurant au village de L'Empayrat, paroisse de Mouthiers-Ferrier, par Hilaire Goursaud, sieur de Bonnefond, avocat, demeurant à Rochechouart, et Jean-Baptiste Goursaud, sieur de Limond, procureur du Roi en l'élection de Confolens, demeurant à Confolens (23 avril). — Procuration donnée par Pierre Calluaud, capitaine-commandant au régiment de Dauphin-Infanterie, à Marie-Thérèse Resnier, son épouse (25 avril). — Acte de notoriété justifiant que Pierre, marquis de Montalembert, chevalier, seigneur de Villars, Le Tillet, Saint-Amant-de-Bonnieure et autres lieux, ancien lieutenant de vaisseau, chevalier de St-Louis, est décédé le 16 mars, laissant comme uniques héritiers Jacques et Jeanne de Montalembert, ses enfants et de Jeanne-Marie Gayot(27 avril).— Procès-verbal constatant le mauvais état de la maison presbytérale de St-Paul et du jardin y attenant ce requérant Pierre de Larue, curé (30 avril). — Inventaire des meubles et effets de la communauté de Pierre, marquis de Montalembert, chevalier, seigneur de Villars, avec Jeanne-Marie Gayot, à la requête de celle-ci. A signaler : au grenier, 76 bouteilles de vin de malaga estimées 152 livres ; — une épée à poignée d'argent, estimée 50 livres ; — un jonc à pomme d'or estimé 200 livres ; — 12 boutons d'or pour manches de chemises estimés 18 livres ; — le contrat de vente d'une maison, paroisse St-Antonin, par Jacques et Pierre Du Souchet, écuyers, seigneurs de Villars, père et fils, à François de la Charlonnie, conseillers en l'élection, du 27 janvier 1641 ; — de nombreuses pièces concernant les Du Souchet ; — les dispenses accordées pour le mariage de Jean de Montalembert, chevalier, seigneur du Breuil, avec Jeanne de Montalembert du Breuil, du 12 août 1724 ; — le partage de la succession de leur mère entre Jean de Montalembert, chevalier, seigneur de Vaux, et Pierre de Montalembert, chevalier, seigneur du Breuil, du 10 avril 1734 ; — « un dossier contenant plusieurs sentences et commissions de la sénéchaussée du Poitou, en la cour ordinaire de Niort, entre les seigneurs de Jarnac et de Vaux et différents particuliers habitants de Jarnac, avec des compromis passés par les seigneurs de Jarnac et de Vaux par devant les notaires royaux à Saint-Jean d'Angély pour terminer les procès qui etaient pendants entr'eux en ladite cour ordinaire de Niort et au parlement de Paris. Touttes ces pièces sont des années depuis et compris 1463 jusques et compris 1516 pour établir que la châtellenie de Jarnac, et la terre de Vaux qui en dépend, est un démembrement de celle de Jarnac, dépendoit autrefois de la sénéchaussée de Poitou et en faisoit partie » ; — un brevet d'enseigne de vaisseau accordé à M. de Montalembert, du premier janvier 1693 ; un autre de lieutenant de vaisseau, du premier janvier 1696 ; son brevet de chevalier de St-Louis, du 19 juin 1731 ; — l'expédition du contrat de mariage du défunt passé devant Roy et Fleury, notaires royaux à La Rochelle, le premier août 1762 ; — la transaction conclue entre Jacques Gayot, conseiller à la Cour des aides, comme procureur de Paul Gayot Mascrany de la Bussière, héritier principal de Mathieu Gayot Mascrany, chevalier, seigneur de La Bussière, ancien président au Bureau des finances de la généralité de Lyon, son père, d'une part, Laurent Gayot Mascrany du Crozet,

écuyer, major du régiment du Roi-dragons, tant pour lui, que comme procureur de Jacques Gayot Mascrany des Hayets, écuyer, capitaine au régiment de Piémont-infanterie, de Marcelin Gayot Mascrany, écuyer, de Jean François Gayot Mascrany d'Aussaire, écuyer, et de Jean-Baptiste Gayot de Mascrany de Beaurepaire, écuyer, chevalier de St-Louis, major des île, ville et citadelle d'Oléron, héritiers légitimaires dudit Mathieu, leur père ; ladite transaction reçue Bellanger et Monette, notaires à Paris, le 27 juillet 1737 ; — le partage de la succession de Jean-Baptiste Gayot Mascrany de Beaurepaire de la Bussière, chevalier de Saint-Louis, ancien major de La Rochelle, et de Jeanne-Marie Gayot, son épouse, entre Joachim-François-Bernard-Paul Gayot Mascrany, chevalier, seigneur de Cramahé et de L'Isleau, lieutenant de vaisseau, Pierre-Joachim Gayot Mascrany de l'Isleau, chevalier, enseigne de vaisseau, Pierre, marquis de Montalembert, et Bernard-Paul Gayot, lieutenant de vaisseau, Jeanne-Marie Gayot, son épouse, Marie-Elisabeth Gayot Mascrany de la Bussière, leurs enfants, reçu de la Fresnaye, notaire à Paris, le 11 février 1773 ; — des reconnaissances fournies pour le fief du Tillet, sis à Angoulême, paroisse de Saint-Antonin, comprenant 6 maisons devant le Palais-Royal et dans la rue de la Bûche ; — le contrat de vente des fief et seigneurie de Villars et Aucher par Jacques-Élie de Beaucorps, chevalier, seigneur de La Grange et autres lieux, Charles Du Souchet, chevalier, seigneur de Macqueville, Villars, Aucher, Le Tillet et St-Christophe, Marie-Angélique Joubert, son épouse, François de Beaucorps, chevalier, seigneur de La Bastière, écuyer ordinaire du Roi, un des chevau-léger de la garde, Marie-Madeleine-Élisabeth-Valérie-Charlotte Dusouchet, son épouse, ledit seigneur de La Bastière et sa femme gendre et fille du seigneur de Macqueville, et neveux du seigneur de La Grange ; ladite vente consentie à Jean de Montalembert, seigneur de Vaux, devant Gaudon, notaire royal, le 19 juin 1767 (6 mai-20 juillet). — Résignation de la cure de St-Martin-de-Graves par Philippe Augeraud, au profit de Jean Béchade, vicaire de St-Martin-de-Mornac (6 mai). — Contrat de mariage entre Nicolas Dubois, seigneur de Chément, maître en chirurgie, fils de défunts Mathurin, bourgeois, et Clémence Delpeux, demeurant au logis noble de Chément, paroisse de Garat, et Marie-Anne Valère, fille de Marguerite Rezé (15 mai). — Résignation de la cure de Balzac par Jean-Marie de Lantroète, au profit de Jean Guyonnet, curé de St-Jacques de Chassiecq (28 mai). — Consentement donné par François Limousin d'Hauteville, écuyer, seigneur de Maillou, ancien garde-du-corps, demeurant au logis de Maillou, paroisse de St-Étienne de Montignac, Pierre Limousin, écuyer, sieur du Maine-Blanc, demeurant au logis du Maine-Blanc, paroisse de Bouex, héritiers de feu Noël Limousin d'Hauteville, écuyer, sieur du Maine-Blanc, conseiller au présidial, leur père, à ce que Jean-Dominique Sazerac, avocat, fils puîné d'Emmanuel, receveur de la vente des bois du comte d'Artois, « lève en son nom, aux parties casuelles de Monseigneur le comte, le titre et office de conseiller en lad. sénéchaussée et siège présidial » (2 juin). — Délibération des habitants de la paroisse de Soyaux qui donnent pouvoir à leurs fabriciens de poursuivre ceux qui retirent à leur profit de la pierre et du sable de deux terrains appartenant à la fabrique, le premier sis auprès des carrières de L'Isle d'Espagnac, entre le chemin qui va de Bois-Menu au Pontil, celui qui va de Soyaux au moulin de Recoux, et la terre de Combesure ; le second près des chaumes de Grapillet (21 juin). — Engagement pris envers Jean Brun, subdélégué de l'intendant de Limoges à Angoulême, chargé pour le compte du Roi de l'administration du Bureau des enfants trouvés établi à Angoulême, par Ribaud, tailleur de pierres, et sa femme, de « garder, soigner et entretenir jusqu'à l'âge de 15 ans révolus, une fille exposée le 24 mai 1772, à 4 heures du matin, nommée Catherine, fille de père et mère inconnus, et baptisée à Champniers, le 23 mai, suivant le billet qu'elle avoit sur elle, laquelle est établie sur le registre au n° 1090 », et ce moyennant 60 livres (29 juin 1778).

E. 3015. (Liasse.) — 102 pièces, papier.

1778. — Jean Bernard, notaire royal à Angoulême. — Actes reçus par ce notaire du 3 juillet au 30 septembre. — Bail à moitié du domaine de Villars, paroisse de Garat, consenti à Jean et autre Jean Dulac, laboureurs à bœufs, par Jeanne-Marie Gayot, veuve de Pierre, marquis de Montalembert. Le bailleur se réserve les fruits à noyaux des arbres de la métairie, même de ceux du jardin, les autres fruits seront partagés par moitié : les noix seront portées au logis avant d'être partagées sans que les cerneaux pris auparavant par le bailleur puissent être comptés dans ce partage ; le bailleur se réserve toutes les terres plantées en sainfoin jusqu'à ce que elles ne soient plus en état d'en produire ; elles seront alors cultivées par les preneurs qui sèmeront en sainfoin, pour le compte du bailleur, une quantité égale des terres mises d'abord à moitié ; le bailleur prendra tous les ans, au moment des battages, 200 fagots de paille de froment ; les preneurs prendront toute la litière qui leur sera utile et conduiront celle coupée pour le compte du bailleur ; ils jouiront des branches des arbres qu'on a l'habitude de couper, sans les « déshonorer » ; ils feront tous les charrois utiles pour le logis de Villars, et 12 chaque année à Angoulême ; ils pourront, chaque année, se faire rétribuer pour 6 « journées de bœufs » faites en dehors de leur métairie, et « en cette considération », entretiendront les « chambiges » ; toutes les pailles et le fumier en provenant ne sortiront pas de la métairie, sauf deux charretées de fumier que se réserve le bailleur ; les preneurs fourniront une femme au bailleur toutes les fois qu'il fera faire la lessive ; la volaille sera partagée par moitié, le chanvre sera récolté broyé, et « chevalté » par les preneurs avant partage ; le bailleur fournira comme semences 14 boisseaux de froment, 12 boisseaux de baillarge, 4 boisseaux d'avoine, le tout pris sur le monceau avant partage ; il prendra également sur le monceau, avant partage, 12 boisseaux de froment pour lui tenir lieu de rentes seigneuriales et d'agrier ; il donne aux preneurs 2 cochons nourris valant 27 livres à titre de cheptel à moitié croît ou décroît, leur donnera dans les mêmes conditions d'autres animaux ; ils sèmeront chaque année pour lui 3 planches de raves : le bail est fait pour 5 ans et le revenu annuel des terres données estimé 95 livres (21 juillet). — Prise de possession de la cure de St-Martin-de-Graves par Jean Béchade, desservant la même paroisse (30 juillet). — Procuration donnée à l'un de ses syndics par la communauté des habitants de la paroisse de Soyaux afin de poursuivre le sieur Tournier, marchand, qui enlève de la terre des communaux de la paroisse, sans autorisation (2 août). — Prise de possession de la cure de St-Martin de Balzac par Jean Guionnet, curé de St-Jacques-de-Chassiecq (17 août). — Inventaire des meubles et effets de la communauté de Marie-Madeleine de Montalembert, décédée en juin, avec Pierre-Placide de la Place, écuyer, chevalier de St-Louis, demeurant au logis de La Tour-Garnier, à la requête de celui-ci, appelés Jean-Charles de Montalembert de Sers, chevalier, seigneur du Groc et de Fouquebrune, major des ville et château d'Angoulême, et Jean-Charles de Montalembert, son fils, chevalier, baron de Montalembert, guidon de la compagnie des Chevau-Léger de la Garde frère et neveu de la défunte. A signaler le contrat de mariage de Mʳ et Mᵐᵉ de la Place, reçu Charles, le 5 février 1751 (4-7 septembre). — Testament d'Anne Guionnet, veuve de Jean Normand, écuyer, seigneur de La Tranchade, Garat et Sᵗᵉ-Catherine. Elle a institué son fils aîné son héritier universel lors de son mariage avec Mˡˡᵉ de Lartige, à la réserve de 6.000 livres : sur cette somme elle donne 2.000 livres à son fils aîné, 1.000 à M. de Garat, et 1.500 à M. de Morogues, ses autres fils (6 avril 1773). Dépôt de cet acte (17 septembre). — Inventaire des meubles et effets de ladite Anne Guionnet, décédée le 15, ce requérant Nicolas Desforges, écuyer, seigneur du Châtelard, son exécuteur testamentaire (17 septembre 1778).

E. 3016. (Liasse.) — 110 pièces, papier.

1778. — Jean Bernard, notaire royal à Angoulême. — Actes reçus par ce notaire du 1 octobre au 31 décembre. — Inventaire des meubles et effets de la communauté de Gabriel de la Croix, écuyer, seigneur du Repaire, avec Marie-Anne de la Confrette, son épouse, décédée en octobre laissant pour héritiers ses arrière-neveux, enfants mineurs de Jean Barterou, écuyer, seigneur de La Caillière, conseiller à la Cour des aides de Guyenne, et de Marie Faure, demeurant à La Rochefoucauld. A signaler : le contrat de mariage de M. et Mᵐᵉ du Repaire, reçu Caillaud, le 11 janvier 1753 (24 novembre-6 décembre). — Testament de Pierre de la Confrette de Villamont, curé de Sᵗ-Simeux, : il lègue 20.000 livres de rente aux enfants de Jean Barreron et l'usufruit du domaine de L'Age à Gabriel de la Croix, son beau-frère (25 mars 1773). Dépôt de cet acte (3 décembre). — Testament de Marguerite Boisseau, veuve de Jacques Gendron, ancien capitaine de dragons, chevalier de Sᵗ-Louis (30 juin 1760) ; avec plusieurs codicilles jusqu'au 1ᵉʳ mars 1774. Dépôt par André Benoist de Bresme, avocat au parlement (19 décembre). — Vente de l'office de conseiller du Roi, commissaire-receveur général des saisies réelles d'Angoumois, y compris tous les droits exigibles en raison dudit office depuis la Sᵗ-Michel 1777, moyennant 26.200 livres, à Guillaume Turcat, procureur au présidial, et Louise de Bussac, sa femme, par Jean de Brassac, que représente Geneviève Charrault, sa femme (26 décembre 1778).

E. 3017. (Liasse.) — 145 pièces, papier.

1779. — Jean Bernard notaire royal à Angoulême. — Actes reçus par ce notaire du 1 janvier au 31 mars. — Vente par Pierre Séjourné, relieur, venu depuis peu de Bordeaux, demeurant faubourg de La Bussatte, à Joseph Rouhier, aussi relieur, demeurant même faubourg, des outils de sa profession, moyennant 90 livres, et avec la faculté de s'en servir encore pendant deux mois (11 février). — Vente par Pierre d'Aguindeau, maître perruquier, à Jean Michel Aubin, notaire royal, demeurant paroisse Sᵗ-André, d'une maison sise rue de Genève, moyennant 5.450 livres (22 février). — Réitération de grades aux religieux de Sᵗ-Cybard par Pierre Mesnard, curé de Notre-Dame de Peyroux et de Sᵗ-Florent de La Rochefoucauld (26 février). — Ferme d'une maîtrise de barbier et de perruquier par Philippe Auguste à Pierre Vaslet, garçon perruquier, pour 5 années, et moyennant 100 livres chaque (14 mars). — Contrat de mariage entre Jean Naud, avocat, fils de Jean, sieur de Chamoulard, bourgeois, et d'Antoinette Moisan, demeurant à Puymoyen, et Marie Clément, fille de Martial, notaire royal et de Suzanne Sauvo. Le futur époux reçoit 21.000 livres de dot, dont 6.000 payables dans 6 mois, 6.000 aussitôt après le décès de ses parents qui n'en serviront pas l'intérêt, 9.000 au même moment mais avec service d'intérêts jusque-là ; Pierre Naud, chanoine de l'église cathédrale, Pierre Naud, curé de Mouthiers, ses oncles, lui promettent le premier 3.000, le second 6.000 livres après leur décès ; Pierre Naud, curé de Vouzan, et Pierre Naud, curé de Bouex et de Touvre, ses frères, lui promettent chacun 3.000 livres (25 mars 1779).

E. 3018. (Liasse.) — 136 pièces, papier.

1779. — Jean Bernard, notaire royal à Angoulême. — Actes reçus par ce notaire du 1 avril au 30 juin. — Ratification par Louise Michelet, épouse séparée de biens de Jean de Bussac, avocat au présidial de La Rochelle, Charles-Louis Gabet, avocat au même siège, et Louise de Bussac, son épouse, de la vente de plusieurs domaines dans la paroisse de Ruelle consentie par Jean de Bussac, ancien commissaire aux saisies réelles, moyennant 18.009 livres, le 23 décembre (4 mars). Dépôt de cet acte (23 avril). —

Prise de possession de la cure de St-Maurice de Mainzac par Robert Thoyon, curé de St-Michel de L'Isle-d'Espagnac, pourvu par lettres épiscopales du 15 avril (27 avril). — Vente par Marie Rougier de la Baronnie, Félix de Lavergne, écuyer, capitaine au régiment de Rouergue-Infanterie, demeurant à l'auberge du Grand-Cerf, paroisse St-André, et Louis de Lavergne, lieutenant au même régiment, fils de ladite dame de la Baronnie, à Jean Daniel Binot, écuyer, sieur de Launoy, et Marie-Julie Roy, son épouse, du domaine de La Baronnie, paroisse de Torsac, ladite vente consentie moyennant 48.000 liv. (7 mai). — Vente par Gabrielle d'Abzac, épouse séparée de biens de François de Lestrade de Fleurac, chevalier, seigneur de Conty et autres places, demeurant au logis du Portail, paroisse de Vouthon, à Jean Naud, avocat, et Marie Clément, son épouse, du domaine des Chaises, sis au village des Chaises, paroisse de Montbron, moyennant 25.000 livres et 1.200 livres de pot-de-vin (8 mai). — Démission de la cure de Notre-Dame de Peyroux par Pierre Mesnard, curé de St-Florent de La Rochefoucauld (25 mai). — Procuration donnée par la communauté des habitants de la paroisse de Balzac, à Jean Guionnet, leur curé, pour toucher les arrérages de la rente annuelle de 80 livres due à la paroisse par le clergé d'Angoumois, et de celle de 48 livres due par le « clergé général » (30 mai). — Procès-verbal de l'église et du presbytère de la paroisse de Mainzac, ce requérant Robert Thoyon, employé dans les fermes du Roi, comme procureur d'autre Robert Thoyon, curé de ladite paroisse (16-17 juin). — Déclaration de Marie-Madeleine de Vaveray, veuve de Charles de Champville de Boisjolly, écuyer, garde du corps du Roi ; elle ne prétend aucun droit sur les rentes constituées sur les aides et gabelles au profit de feue Marie Jacquart de Montplaisir, sa mère, veuve d'Antoine de Vaveray, receveur des aides de la ville de Troyes, qui appartient à Marie-Louise-Antoinette de Vaveray, sa sœur, épouse de Charles-François de Colonne, chevalier de St-Louis, demeurant à Troyes (22 juin). — Bail à ferme du droit de louer les chaises de l'église St-Paul consenti par les fabriciens de la paroisse pour 5 années, moyennant 60 livres chaque (23 juin 1779).

E. 3019. (Liasse.) — 121 pièces, papier.

1779. — Jean Bernard, notaire royal à Angoulême. — Actes reçus par ce notaire du 1 juillet au 29 septem-bre. — Bail à ferme des dîmes de la paroisse consenti par Robert Thoyon, curé de Mainzac, à Jean Sauvo, sieur du Maine-Bourgeois, et Jean Paulier, marchand, y demeurant, moyennant 900 livres et 12 livres de pot-de-vin (11 juillet). — Procès-verbal dressé à la requête de Françoise Dusouchet, veuve de Guillaume Rousseau, marchand miroitier, et constatant le mauvais état des meubles qui lui ont été expédiés de Paris par le commissionnaire des rouliers et emballeurs (12 juillet). — Prise de possession par Jacques Jolain, vicaire de St-Maurice de Montbron, gradué de l'Université de Poitiers, du canonicat du chapitre cathédral laissé vacant par le décès de M. Mioulle, du 19 juillet (28 juillet). — Bail à ferme de la buvette du Palais-Royal consenti par Marc Debresme, sieur des Gagniers, bourgeois, à Guillaume Duret, pour 9 années, moyennant 120 livres chaque (29 juillet). — Procuration donnée par Jacques Gayot des Hayets, chevalier, chevalier de St-Louis, comme héritier de Jacques-Guillaume Gayot, doyen des conseillers de la Cour des aides de Paris, son cousin issu de germain, conjointement avec Étienne-Hyacinthe Gayot de Mascrany, Jean Jacques Desbrosses, Catherine Gayot, son épouse, Joseph-François de la Barre de Tireuil, et Geneviève-Thérèse Gayot, son épouse ; ladite procuration donnée pour recevoir partie du montant de la vente d'un office de conseiller à la Cour des aides (27 août). — Contrat de mariage entre Jacques Tourette, docteur en médecine, fils d'Henri, bourgeois de Pranzac, et de feue Anne Tourette, demeurant paroisse St-Cybard, et Marie Guesnier de la Bletterie, fille de feu Jean, maître apothicaire, et de Marguerite Hippolyte Delafont remariée à Paul Favereau, aussi maître apothicaire (29 août). — Inventaire des meubles et effets de Marguerite Rezé, décédée le 18, ce requérant Simon Rezé, marchand, demeurant paroisse St-Cybard, tant pour lui que pour Claude Rezé, marchand imprimeur, Claude Rezé le jeune et Rose Rezé frères et sœur de la défunte (22 septembre 31 octobre 1779).

E. 3020. (Liasse.) — 115 pièces, papier.

1779. — Jean Bernard, notaire royal à Angoulême. — Actes reçus par ce notaire du 3 octobre au 31 décembre. — Convention entre les 4 collecteurs de la paroisse de Linars : deux d'entre eux se chargent des recouvrements et des frais qu'ils pourront occasionner, moyennant les droits de « lève » s'élevant environ à

50 livres, et 6 livres en sus (2 novembre). — Procès-verbal d'expertise des dégradations faites aux bâtiments de la seigneurie de Balzac depuis l'état dressé lors de la prise de possession du comte et de la comtesse de Broglie : elles sont évaluées à 205 livres (15 novembre). — Contrat de mariage entre André de Pindray, écuyer, fils de Jean, écuyer, seigneur de Roumilly, et de Marie Briand, demeurant au bourg de Marcillac, quartier de Pont-Roux, paroisse de Lanville, et Anne de la Forestie, fille de feu Pierre-Paul, écuyer, seigneur de L'Isle, et de Léonarde de Pindray, demeurant au logis noble de L'Isle d'Espagnac : ils confèrent dans la communauté chacun la somme de 2.000 livres. A cet acte sont jointes deux lettres de M. Deval, prieur-curé de La Chapelle, adressées à Mr de Pindray, à Courcôme, et à Mme de Pindray, au Pontouvre, pour demander leur consentement au mariage de leur fils, ce qu'ils font au bas de chacune de ces lettres portant un cachet avec ces armoiries : d'azur à 3 poissons la tête tournée à dextre surmontés d'un croissant (16 novembre). — Transaction entre Jean-Mathurin Dubois et Nicolas Dubois, sieur de Chément, au sujet de leurs droits comme héritiers de Jacques Dubois leur aïeul et de Louise Bertrand, sa femme, et comme donataires de Guillaume Dubois, leur oncle (6 juin 1779). Dépôt de cet acte (4 décembre 1779).

E. 3021. (Liasse.) — 127 pièces, papier.

1780. — Jean Bernard, notaire royal à Angoulême. — Actes reçus par ce notaire du 1 janvier au 30 mars. — Bail à ferme par Jean-Joseph Pineau, directeur des domaines du comte d'Artois et son receveur à Angoulême, à Jean Delouche le jeune, marchand, des droits de minage perçus sous la halle du minage et autres lieux ; ladite ferme consentie pour 3 années, moyennant 1.510 livres chaque, et à la charge « d'entretenir les rases et boisseaux qui lui ont été mis entre mains lors du premier bail » (2 janvier). — Bail à ferme des dîmes et novales des paroisses de St-Martin et St-Eloi, son annexe, consenti par Mathieu Joubert, curé, pour 9 années, moyennant 160 livres chaque (3 janvier). — Bail à ferme par Jean-Joseph Pineau, directeur des domaines du comte d'Artois, à Jean Delouche, marchand, des droits d'agriers appartenant au comte dans la paroisse de Touvre ; ladite ferme consentie pour 3 années, moyennant 160 livres chaque (9 janvier). — Contrat de mariage de Léonard

Cabrit, maître coutelier, demeurant au faubourg Lhoumeau, qui reçoit en dot les outils nécessaires à sa profession estimés 375 livres (20 janvier). — Inventaire des meubles de la communauté de défunt Adam « Reiis », machiniste demeurant à Ruelle, avec Marguerite Nadaud (26-28 février). — Inventaire des meubles et effets de la communauté de Roger Bareau l'aîné, avocat, décédé le 1er août 1776, avec Anne Bouillon, sa femme, et continuée depuis lors entre celle-ci, Christophe Bareau l'aîné, aussi avocat, Pierre-Michel Bareau, sieur de Belair, bourgeois, et André Bareau, clerc tonsuré. A signaler : le contrat de mariage de Pierre Bouillon, marchand, avec Mauricette Bareau, reçu Pesnaud le 22 janvier 1670 ; — celui de Jean Bareau avec Marie Thinon, reçu même notaire le 7 février 1672 ; — celui de Christophe Bouillon, sieur de Fondeville, avec Marie-Anne Bareau, reçu Aigre le 31 janvier 1717 ; — celui de Philippe Bareau, sieur de Boislevé, avec Marguerite Jargillon, reçu Mérillot le 22 juillet 1722 ; — celui du défunt, reçu Poussard, le 14 janvier 1744 ; — de très nombreux actes relatifs aux familles Bareau et Bouillon (3 mars 1780-1er mai 1781). — Cession par Charles Deschamps, écuyer, seigneur de Romefort, demeurant au château de Romefort, paroisse de St-Front, à Jean-Raymond de Salignac, écuyer, seigneur du Mainadeau, un des Chevau-Léger de la garde du Roi ; comme tuteur d'Antoine-Alexandre-Auguste, son fils, et de Anne Suzanne-Catherine-Léontine de Salignac, sa première femme, de tous les droits seigneuriaux qu'il peut prétendre sur deux pièces de terre de la paroisse de Ventouse, ladite cession faite moyennant 174 livres (4 mars). — Convention entre Antoine Couvillet, musicien, Rose Guitard, sa femme, Pierre Moreau, maître-tailleur d'habits, et Jeanne Millaceau, sa femme. Ceux-ci consentent à ce que Cauvillet se fasse adjuger la ferme des chaises de l'église cathédrale, pour 9 années, pourvu que les enchères ne s'élèvent pas au-dessus de 800 livres par an, et ils s'engagent à remplir les conditions de ladite ferme en donnant en outre 120 livres de bénéfice annuel audit Cauvillet (7 mars 1780).

E. 3022. (Liasse.) — 117 pièces, papier.

1780. — Jean Bernard, notaire royal à Angoulême. — Actes reçus par ce notaire du 1 avril au 30 juin. — Bail à ferme consenti par Jean Paquin, ingénieur des ponts-et-chaussées, de la borderie sise au-dessus de la fontaine d'Aubezine, moyennant 90 livres par an (3 avril). — Résignation par Robert Thoyon, curé de St-Michel de L'Isle d'Espagnac et de St-Maurice de Mainzac, de la cure dudit Mainzac, au profit de François Fauconnier, curé de St-Maurice de Soyaux (12 avril). — Vente des meubles de la communauté de feu Marc Barbot, écuyer, sieur de La Trésorière, seigneur de Peudry, Champrose et autres lieux, avec Catherine Fouchier (24 avril-2 mai). — Procès-verbal de la maison du sacristain de St-André, autrefois chapelle Notre-Dame. La chapelle ayant été abandonnée sert depuis un temps immémorial au logement du sacristain ; le bâtiment est en très mauvais état, trop petit, et gêne pour entrer et sortir dans l'église ; on a décidé sa démolition et d'en construire un autre sur partie de l'emplacement qui joint, par derrière, la salle du dépôt des notaires. Il confronte du côté de l'orient à la rue Taillefer, à droite en allant de la place du Palet à la place du Mûrier, du côté du Midi au jardin qui dépend de l'église, du côté du couchant et du nord à la maison de M. Bourée. « Il reigne sur lad. rue de Taillefer, par laquelle il est séparé de l'église et du cimetière de la susd. parroisse, et n'en est éloigné que de 12 pieds par le bout au nord, et de 9 pieds par le bout au midy. Il contient une maison entre deux pilliers butants : celuy au nord a 3 pieds 5 pouces 6 lignes d'épaisseur et 7 pieds de saillie, et celluy au midy a trois pieds de face ; par la coupure faitte au dessus des plaintes de ces pielliers, on s'aperçoit qu'ils portoient autrefois des arsauds qui les lioyent à lad. église, et qui formoient vraysemblablement un avant pour garantir la grande porte de la susditte églize des eaues pluvialles ; le premier pillier n'a aucune liaison au mur de la maison dud. sieur Bourée, et le second a été démolly jusqu'au parement intérieur du mur de façade ; le surplus de ladite maison est construit contre un vieux mur qui lui sert de façade dans lequel il existe encore trois renfoncements de 18 pouces de profondeur formant des portiques et décorés en forme de mauzollée » (12 mai). — Prise de possession de la cure de St-Maurice de Mainzac par François Fauconnier, curé de Soyaux (26 juin 1780).

E. 3023. (Liasse.) — 146 pièces, papier.

1780. — Jean Bernard, notaire royal à Angoulême. — Actes reçus par ce notaire du 2 juillet au 29 septembre. — Inventaire des meubles et effets de la communauté de Jeanne Vaslet avec Jean-Baptiste Guyon

net, syndic des classes de la marine, décédé le 14 avril. A signaler : un livre-journal mentionnant les pièces de toile données à blanchir à la « blanchirie » de la fontaine de Chandes (4 juillet). — Transaction entre Catherine Fouchier, veuve de Marc Barbot de la Trésorière, écuyer, chevalier seigneur de Peudry, Champrose et autres lieux, et Marc Barbot, aussi écuyer, chevalier seigneur de Peudry, son fils. Marc Barbot et Catherine avaient eu 9 enfants : ledit chevalier de Peudry, Jean Barbot de Sillac, Marc Barbot de St-Marc, capitaine-commandant au régiment de l'Ile de France, Jacques, capitaine-commandant au régiment d'Aquitaine, Marguerite, épouse de Joseph de Chambes, chevalier, seigneur de La Foix, Catherine, épouse de François Manès, Jeanne, veuve de M. de Lacroix du Repaire, Catherine, religieuse au couvent de l'Union-Chrétienne, et Marie. Ils acquirent pendant leur mariage la seigneurie de Peudry et le fief de Champrose, ne constituèrent aucune dot à leur fils et ne payèrent qu'en partie celle de 9,000 livres promise à Mme de Chambes et du Repaire. Catherine Fouchier abandonne tous ses droits dans la communauté entre elle et son mari en faveur du seigneur de Peudry, leur fils, aux conditions suivantes : il lui servira 1.200 livres de pension viagère ; il paiera 9.000 livres à ses sœurs de Chambes, Manès et Marie pour leur légitime ; il paiera 5.000 livres à chacun de ses frères pour compléter leur légitime qui s'élèvera ainsi à 10.000 livres ; il paiera 89 livres de pension viagère à sa sœur Catherine, religieuse de l'Union-Chrétienne (8 juillet). — Bail à ferme par François Fauconnier, curé de Soyaux et de Mainzac, des dîmes de cette dernière paroisse pour une année, moyennant 750 livres et 12 livres de pot-de-vin (5 août). — Inventaire des meubles appartenant à Jacques Peynet, ancien infirmier de l'abbaye St-Cybard, et laissés par lui dans l'appartement de cette abbaye dont il abandonne la jouissance à Pierre-Jean Peynet, infirmier (30 août). — Inventaire des meubles et effets de la communauté de Simon Rezé, sieur de Villars, décédé le 10 mai, avec Élisabeth Marquet, sa femme, à la requête de celle-ci, marchande de modes. A signaler : 2 poupées estimées 6 sols (11 septembre 1780).

E. 3024. (Liasse.) — 84 pièces, papier ; 1 pièce, parchemin.

1780. — Jean Bernard, notaire royal à Angoulême. — Actes reçus par ce notaire du 1 octobre au 31 décembre. — Vente des meubles de la succession d'Adam « Reiis », machiniste, mort à Ruelle au]mois de février (22 octobre-19 novembre). — Obligation de 70.000 livres reconnue par Marie-Madeleine Veyrier de Montaugé, veuve de Josué-Aimé Loiseau de Montaugé, chevalier de St-Louis, demeurant ordinairement au Quartier-Dauphin à St-Domingue, pour le moment en résidence à Angoulême, au profit d'Émery Chaloupin, bourgeois, demeurant ordinairement à St-Domingue, né à St-Sulpice-de-Guilleragues en Bazadais, et logé pour le moment à l'auberge de la Croix-d'Or, faubourg de Lhoumeau (4 novembre). — Procuration donnée par Christophe Meynard, sieur de Gaverdat, ancien garde-du-corps, capitaine d'invalides, demeurant à Vanxains, en Périgord, pour recueillir la succession d'Anne Deschamps, sa tante (9 novembre). — Déclaration de Jeanne Dubois qu'elle entend ne point contracter communauté avec François Dubois, marchand libraire, ancien juge-consul, et Jeanne Vincent, sa femme, en demeurant avec eux (27 novembre). — Donation par Jacques Gayot de Mascrany des Hayets, chevalier, ancien capitaine au régiment de Piémont-Infanterie, chevalier de St-Louis, demeurant paroisse St-Antonin, à Marie-Jeanne Gayot, sa nièce, veuve de Pierre, marquis de Montalembert, chevalier, seigneur de Villars, de trois titres de rentes sur le Roi produisant respectivement 233, 466 et 33 livres (2 décembre). — Vente par Pierre Sartre, sieur du Moulin, bourgeois, à François-Jacques Salomon, écuyer, sieur de Veillard, de 4 carreaux de pré dans la prairie de la rivière Sauvage, paroisse de Ruelle, moyennant 24 livres (30 décembre). — Constitution d'une rente de 25 livres au profit de Bernard Birot, écuyer, seigneur de Brouzède, ancien capitaine au régiment de Bourgogne-infanterie, par Louise de Guillaume de Châteaubrun, religieuse au couvent de l'Union-Chrétienne (31 décembre 1780).

E. 3025 (Liasse.) — 162 pièces, papier.

1781. — Jean Bernard, notaire royal à Angoulême. —Actes reçus par ce notaire du 2 janvier au 31 mars. — Vente par Françoise-Sylvie Prévéraud, veuve de Noël Limouzin, écuyer, seigneur d'Auteville, conseiller au présidial, et François Limouzin d'Auteville, écuyer, ancien garde-du-corps, demeurant paroisse de St-Etienne « lez » Montignac-Charente, à Gilles Clergeon, procureur au présidial, d'une pièce de terre d'un demi-journal sise paroisse de Vars, moyennant 300 livres (3 janvier). —Résignation de la cure de St-Ma-

thieu de Soyaux par François Fauconnier, curé de Soyaux et de Mainzac, en faveur de Pierre Fauconnier, aumônier de la confrérie St-Jacques de la paroisse St-André d'Angoulême (8 janvier). —Inventaire des meubles et effets de la communauté de Jean Fontréau de la Breuille, avocat en parlement, décédé le 3 janvier, avec Angélique de Ferrière, sa femme, à la requête de celle-ci (15-31 janvier). — Procès-verbal constatant l'état des meubles qu'il vient d'acquérir après licitation, ce requérant Pierre Barjollin « artiste vétérinaire » (25 janvier). —Transaction entre Charles de Broglie, comte de Broglie, lieutenant-général des armées du Roi, marquis de Ruffec, baron d'Aizie, Martreuil et Empuré, seigneur châtelain de Nanteuil-en-Vallée, et Louise-Auguste de Montmorency, son épouse, que représente François Achard Joumard Tizon d'Argence, chevalier, marquis d'Argence, seigneur de Dirac, d'une part, et Jean d'Escravayat chevalier, seigneur de Bellac, Balzac et autres lieux, que représente Jean Valleteau de Chabrefy, écuyer, receveur des impositions de l'élection d'Angoulême, d'autre part, ladite transaction mettant fin aux contestations élevées entre les parties au sujet du retrait exercé par le seigneur de Bellac de la terre de Balzac acquise par le comte et la comtesse de Broglie. Ceux-ci se reconnaissent débiteurs de 56.776 livres (30 janvier). — Présentation à l'évêque d'Angoulême par les héritiers de Jacques Dupuy et d'Antoinette Bourigeau de Jean Orsin pour remplir les fonctions de chapelain de la chapelle de la bienheureuse Marie Duportal, près de l'église paroissiale de St-Pierre de Châteauneuf, fondée par Philippe Gratereau (5 février). — Prise de possession de la chapelle par François Clément, procureur, au nom de Jean Orsin (21 février). —Donation de 900 livres par Nicolas Lhoumeau, sieur de Vieillevigne, et Marthe Frotier-Tizon, sa femme, demeurant au village d'Argence, paroisse de Champniers, à Jean Lhoumeau, praticien, leur troisième fils (22 février). — Vente par Dominique Lescallier, ingénieur, et Anne Poitevin, sa femme, à Pierre Péchillon, procureur au présidial, de partie d'une maison sise rue Criminelle, moyennant 872 livres (22 février). — Bail à ferme par Alexandre de Vantongeren, seigneur de Plassac, Vaux et autres lieux, à François de Limagne, bourgeois, de pièces de terre, rentes et droits seigneuriaux dépendant de la terre de Vaux, ladite ferme consentie pour 7 années, moyennant 3.000 livres chaque (19 juin 1780). Dépôt de cet acte (15 mars). — Prise de possession de la cure de Soyaux par Pierre Fauconnier (26 mars). — Vente par André de

Pindray, écuyer, seigneur de L'Isle, et Anne de la Forestie, son épouse, demeurant au logis noble de L'Isle, paroisse de ce nom, de 2 pièces de pré, moyennant 52 livres (28 mars). — Procès-verbal de la mise à exécution du second article de la convention passée devant Crassac, notaire, entre les religieuses de St-Cybard et Jean Martin de Guissalle, curé de Nersac. Par cet article « il a été reconnu que le cœur de l'église de Nersac ne devoit pas s'étendre au delà de l'arceau qui soutient la voûte de la partie de cette église où est placé l'autel, que, comme tout ce qui a été fait par ledit curé pour former un nouveau cœur se trouve placé dans la nef, il a été convenu que tout ce qu'il a fait à cet égard demeure pour son compte, et à sa charge, et que pour que cela ne puisse estre tiré à conséquence à l'avenir, affin d'étendre les obligations desd. religieux, led. sieur curé s'obligeroit à faire enlever dans un mois la cloison en bois qui sépare le nouveau cœur du reste de la nef, que faute de le faire, lesd. religieux seroient autorisés à le faire faire aux frais et dépens dud. sieur curé » (31 mars 1781).

E. 3026. (Liasse.) — 100 pièces, papier.

1781. — Jean Bernard, notaire royal à Angoulême. — Actes reçus par ce notaire du 1 avril au 30 juin. — Réitération de grades à l'évêque et au chapitre cathédral par Jean Beyraud, chanoine de l'église collégiale de La Rochefoucauld (7 avril). — Dépôt par Nicolas Dubois, maître chirurgien, seigneur de Chément, demeurant au logis noble de Chément, paroisse de Garat, de divers actes intéressant l'état-civil de sa famille. Un des plus anciens est un extrait des registres paroissiaux de la paroisse St-Paul d'Angoulême relatif au mariage d'Antoine-Alexandre Tioullet, seigneur de Bois-Charente, avec Rose-Charlotte Dubois, fille de Jacques, « officier chez le Roi », du 19 mars 1745 (19 avril). — Transaction par laquelle Marie-Anne Françoise de Pindray, épouse séparée de biens de Jean-François de la Croix, chevalier, abandonne les droits auxquels elle pourrait encore prétendre sur l'héritage de ses parents en faveur de Louis de Pindray, chevalier, seigneur de Barbayou, son frère, demeurant à Barbayou, paroisse de Rougnac, moyennant 3.700 livres (31 mai). — Inventaire des vêtements et du linge de Christophe Bareau, avocat, décédé le 18 ou 19 mars, fils aîné de Marie Bouillon, veuve de Roger Bareau, aussi avocat (18

juin). — Bail à ferme par Jeanne-Marie Gayot, veuve de Pierre, marquis de Montalembert, seigneur de St-Amant-de-Bonnieure, à Jean Bouchaud, meunier du moulin à blé à deux roues du pont de St-Amant, ladite ferme consentie pour 9 années, moyennant 40 boisseaux de froment et 120 de méture chaque. (23 juin 1781).

E. 3027. (Liasse.) — 94 pièces, papier.

1781. — Jean Bernard, notaire royal à Angoulême. — Actes reçus par ce notaire du 1 juillet au 30 septembre. — Procès-verbal du chœur et du sanctuaire, des ornements, vases sacrés et livres de l'église de Mainzac, et de la maison presbytérale de cette paroisse, ce requérant François Fauconnier, curé, appelé Robert Thoyon, son prédécesseur, actuellement curé de L'Isle d'Espagnac (4-6 juillet). — Procès-verbal des meubles apportés par Anne Siret, veuve de François Foucaud, serrurier, chez Marie Martin, sa mère, épouse de Pierre Kessler, aussi serrurier, demeurant au lieu du Pont, paroisse de Ruelle, avec qui elle vient habiter (16 juillet). — Contrat de mariage entre Achille-Nicolas-Toussaint Delaire, procureur au présidial, fils de Jean, maître écrivain, et Marguerite-Justine de Liverton, fille de Jean, bourgeois, et de Marie Vivien, demeurant au lieu de La Terne, paroisse de Luxé ; la future épouse reçoit de Marguerite Vivien, sa tante, 10.000 livres de dot (16 juillet). — Résignation de l'archiprêtré de St-Aignan de Torsac par Jean Rullier au profit d'autre Jean Rullier, curé de St-Saturnin (30 juillet). — Procès-verbal des fief et seigneurie de Villement, paroisse de Ruelle, saisis à la requête de Louis-Alexandre de Colla de Pradines, abbé de St-Cybard, seigneur dominant dudit fief, pour faute d'homme et d'hommage, le 28 juillet : le dit procès-verbal dressé à la demande de Jean Barraud, marchand du Ponfouvre, établi commissaire à la régie et gouvernement des fruits et revenus (6-13 août). — Transaction determinant les conditions du retrait de la métairie du Ménieux exercé par Jean Gillibert, sieur du Plaisir, bourgeois, et Françoise Fonchain, son épouse, sur Léonard Callandreau, notaire royal à Angoulême, autre Léonard Callandreau, bourgeois, Pierre Callandreau, aussi bourgeois, demeurant tous deux à Vouthon, Léonard Delage et Catherine Callandreau, sa femme, demeurant à La Rochefoucauld, comme exerçant les droits de Marc Guerry, leur mère, veuve de Pierre

Callandreau (28 août). — Contrat de mariage entre Jean Corlieu, bourgeois, fils d'Étienne, aussi bourgeois, et de Marie Tronchère, demeurant au village de Recoux, paroisse de Soyaux, et Marie Vallade fille de Robert, sieur de Charnière, bourgeois, et de Marie Saulnière, demeurant au village de Flamenac, paroisse de Pranzac, qui reçoit une dot de 850 livres (6 septembre 1781).

E. 3028. (Liasse.) — 105 pièces, papier.

1781. — Jean Bernard, notaire royal à Angoulême. — Actes reçus par ce notaire du 1ᵉʳ octobre au 31 décembre. — Vente par Jean Réau, marchand du village des Maurices, paroisse de Bécheresse, à Guillaume Bediou, curé de Sᵗ-Antonin et Sᵗ-Vincent, d'une maison sise faubourg Sᵗ-Pierre, d'une pièce de pré et d'une pièce de terre, moyennant 200 livres une fois payées, et 50 livres de rente annuelle (2 octobre). — Contrat de mariage entre Pierre Lafont, trésorier des ponts-et-chaussées de la généralité de Limoges, demeurant à Limoges, et Marie-Madeleine Deloume, fille de Nicolas, sieur de La Groix, négociant, et d'Andrée Courlit, qui reçoit 6.000 livres en avancement d'hoirie dont 1.000 payées comptant, 1.000 payables dans 2 ans, 2.000 dans 4 ans, et 1.000 dans 6 ans (4 novembre). — Bail à ferme des terre et seigneurie de Moutonneau et des fief noble, métairies et borderie de Bourdelais, paroisse de Sᵗ Front, par Joseph Delage, notaire et procureur du marquisat d'Aubeterre et receveur de ladite terre comme procureur de très haut et très puissant seigneur Joseph d'Esparbès de Lussan-Bouchard, marquis d'Aubeterre, baron de Sᵗ Quentin et Puygayon, seigneur des chatellenies de Sᵗ-Martin de La Coudre, Ligneuil et Bernay, seigneur de Terry, Moutonneau, Bourdelais, Puypatrop, Grand et Petit-Valette, chevalier des ordres du Roi, lieutenant général de ses armées, son conseiller d'état d'épée, commandant en chef de Bretagne, demeurant à Paris, en son hôtel, rue d'Artois ; ledit bail consenti au profit de Jacques Coudero, marchand, demeurant au lieu noble du logis de Moutonneau, pour 9 années moyennant 6.000 livres chaque à charge, en outre, de payer aux Cordeliers de Verteuil une rente obituaire de 40 livres, au château de Ruffec, pour le droit de chasse des moulins de Moutonneau, sis sur la terre de Ruffec, une rente de 18 livres, à la cure de Sᵗ-Front la rente de 6 boisseaux de froment et de 3 livres 5 sols en raison du fief de Bourdelais, les tailles et charges royales, enfin de nourrir et héberger convenablement les agents et intendants du marquis d'Aubeterre et leurs chevaux toutes les fois qu'ils se transporteront sur la terre de Moutonneau (8 décembre). — Vente par Jean-Louis-Marie de Ruffray, écuyer, seigneur de la Baronnie de Manteresse et de Rouzède, officier de la connétablie, et Françoise-Élisabeth de Livron, sa femme, demeurant à Paris, quai des orfèvres, à Jacques Texier, marchand du Pontouvre, d'une pièce de terre en chaume sise au lieu des Terres-Blanches, paroisse de Sᵗ-Jacques de Lhoumeau, moyennant 45 livres (23 décembre). — Inventaire des meubles et effets de la communauté de Jean de Jambes, écuyer, seigneur du Breuil et autres lieux, avec Thérèse Lhoumeau, sa femme, décédée en août 1772, lui laissant 2 fils (2 décembre 1781-17 avril 1782).

E. 3029 (Liasse). — 131 pièces, papier.

1782. — Jean Bernard, notaire royal à Angoulême. — Actes reçus par ce notaire du 1 janvier au 30 mars. — Procès-verbal d'une maison, faubourg de la Bussatte, acquise de Marie Bassoulet, veuve de Paschal Bassoulet, par Pierre de Labatud, écuyer, seigneur du Maine-Gagnaud, Valette, Les Pascauds et autres lieux (1 janvier). — Quittance de 15.000 livres donnée par Madeleine Le Musnier, épouse de Claude de Balatier, marquis de Lantage, à Jean-Charles Orsin de la Faye, avocat, ladite somme représentant partie du montant de l'acquisition des terres et seigneuries de Vaux et Plaizac par M. et Mᵐᵉ de Lenchère (24 janvier). — Acte de notoriété justifiant que Thérèse Lhoumeau, fille unique de Michel, avocat, et de Marie de la Grézille, est décédée, laissant de son mariage avec Jean de Jambes, écuyer, seigneur du Breuil, deux fils, René et François (30 janvier). — Cession par Jean-Baptiste Marchais, sieur de La Chapelle, négociant, et Marie Durand, sa femme, demeurant au village de Juac, paroisse de Sᵗ-Simon, à Jean-Baptiste Marchais de la Chapelle, leur fils aîné, prieur de Sᵗ Robert, diocèse de Périgueux, en remboursement des 10.238 livres qu'il leur a prêtées, du montant de la sous-ferme des revenus décimaux du prieuré d'Échallat, sous-ferme qu'ils ont consentie au profit de Nicolas Guiot, notaire Royal (30 janvier). — Contrat d'apprentissage de Pierre Tournier, fils de défunt Louis, négociant, et de Léonarde Piveteau-Fleury, chez Jean-Baptiste Audry, marchand-orfèvre, Pierre

Tournier, âgé de 22 ans, travaillait chez Audry depuis le 13 mars 1774 en qualité d'obligé ; l'article 1ᵉʳ de la déclaration du Roi du 25 février 1781 l'autorisait à demander nn contrat d'apprentissage à son patron qui consent à le lui accorder « dans la seulle idée que nos seigneurs de la cour des monnoyes ou quoi qu'il en soit messieurs les juges de la monnoye à Limoges voudront, sous leur bon plaisir, enregistrer led. acte d'apprentissage ». Pierre Tournier s'engage à demeurer 8 ans en qualité d'apprenti chez Audry qui « le perfectionnera de plus en plus » ; et si la cour des monnaies voulait prendre en considération le temps qu'il a déjà passé à travailler pour diminuer ou même supprimer ses années d'apprentissage, Audry ne fera pas de difficulté pour lui « donner quittance dud. apprentissage » (4 février). — Vente d'une maison sise paroisse St-Antonin, moyennant 7.000 livres, par Jean Yver, ancien curé de St-Antonin, à Pierre Dubois, curé de Fouquebrune (6 mars). — Bail à ferme par Marguerite Lemercier, veuve de Charles Clément, notaire royal, de la métairie de Pouyaud, paroisse de Dirac (19 mars). — Réitération de grades à l'évêque d'Angoulême de Pierre Mesnard, curé de St-Florent de La Rochefoucauld (23 mars 1782).

E. 3030. (Liasse.) — 113 pièces, papier.

1777. — Jean Bernard, notaire royal à Angoulême. — Actes reçus par ce notaire du 2 avril au 30 juin. — Bail à ferme par Pierre Séguin, notaire royal et procureur du marquisat d'Aubeterre, demeurant à Bélair, paroisse de Courlac, au nom de Marguerite Ganivet, sa mère, veuve de Claude Séguin, aussi notaire, de 3 journaux de terre sis au lieu de Terre-Neuve, paroisse de Soyaux, ledit bail consenti pour 9 années, moyennant 24 livres chaque (7 avril). — Procès-verbal constatant la coupe de haies vives appartenant à Jean-François Geoffroy, sieur de La Thibaudière, bourgeois, demeurant à Fléac (30 avril). — Prise de possession de la cure de Dirac par Pierre Nalbert, vicaire de Magnac (2 mai). — Cession de 1.200 livres, moyennant 120 livres de pension viagère consentie par Marie de Livron, veuve de Jean-Pierre Coyteux, sieur de Lordaget, bourgeois, à Joseph Coyteux, sieur de La Bartrie, aussi bourgeois, demeurant à Ruffec (4 mai). — Vente par Pierre de Chancel, écuyer, avocat en parlement, et Jeanne Leblanc, sa femme, à Bernard Birot, écuyer, seigneur de Brouzède, La Foucaudie et autres lieux, ancien capitaine

au régiment de Bourgogne-infanterie, chevalier de St-Louis, et Marguerite Dumas, sa femme, des fiefs et seigneurie de Breuil, baronnie de Blanzac, et de quelques articles de rentes seigneuriales ; ladite vente consentie moyennant 30.000 livres, dont 24.000 payées comptant, et 20 louis de pot-de-vin (20 mai). — Contrat d'apprentissage, pour 3 années, de Michel Fèvre chez Pierre Duroux, maître arquebusier, demeurant paroisse St-Paul (21 mai). — Bail à ferme par Marie-Geneviève de Chaumont, veuve de M. Gauthier de la Vallade, au nom de leur fils, de la métairie de L'Ermitage, paroisse de Pranzac, pour 7 années, moyennant 150 livres chaque (16 juin). — Convention entre Jean Maygrier, curé de Sers, ayant précédemment succédé à M. Lagrange à la cure de Mainzac où il demeura plus de 20 ans, Robert Thoyon, curé de L'Isle, ayant succédé en 1799, comme curé de Mainzac, à Jean Maygrier, François Fauconnier, curé de Mainzac depuis juin 1780, et Jean Sauvo, sieur du Maine, bourgeois, demeurant à Sers. J. Sauvo vend à F. Fauconnier, pour servir de presbytère à lui et à ses successeurs, une maison attenante à l'ancien presbytère, moyennant 1.040 livres ; F. Fauconnier s'accorde avec ses prédécesseurs pour fixer le montant des dommages-intérêts qui lui sont dus (19 juin). — Délibération de la communauté des habitants de la paroisse de Notre-Dame de LaPaine réunis « en l'église du collège royal en laquelle on fait maintenant l'office divin et autres cérémonies pour la paroisse ». Une déclaration royale du 10 mars 1776 interdisait d'enterrer à l'intérieur des églises ; un arrêt du parlement du 25 novembre 1776 ordonnait une visite des cimetières en présence du lieutenant-général, à la suite de laquelle celui-ci convoquerait les principaux habitants pour faire choix d'un terrain pour servir de nouveau cimetière. Par cette visite faite le 22 février 1777 il avait été constaté que la paroisse de La Paine n'avait pas de cimetière. L'évêque ordonna le 30 septembre 1777 que l'ensevelissement des paroissiens de la Paine aurait lieu dans le cimetière de la paroisse St-Antoine, en attendant la cession d'une partie du terrain de la paroisse St-Jean. Mais les officiers municipaux, par une délibération du 21 juillet 1781, avaient décidé l'acquisition, pour en faire un cimetière, d'un terrain hors des murs de la ville, et un arrêt de la cour du 25 avril 1782 homologuait cette délibération ; les paroissiens de La Paine protestent contre cet arrêt en raison des dépenses qui résulteraient de son exécution (30 juin 1782).

E. 3031. (Liasse.) — 94 pièces, papier.

1782. — Jean Bernard, notaire royal à Angoulême. — Actes reçus par ce notaire du 1 juillet au 30 septembre. — Délibération de la communauté des habitants de la paroisse St-Martial qui protestent contre la décision prise par le corps de ville de transporter le cimetière hors des murs de la ville. Ils s'appuient sur les considérations suivantes : « 1° L'étendue et la situation du cimetière de St-Martial le rendent conforme à l'esprit et au vœu de la déclaration de 1776 en ce qu'il se trouve contenir trois quarts de journal et conséquemment est plus que suffisant pour l'inhumation de la paroisse, sans aucun danger pour la salubrité de l'air, puisqu'il a suppléé depuis plusieurs années à l'inhumation des décédés des habitants de la paroisse St-Antonin ; 2° la délibération de la communauté de St-Martial en 1777 portant que le cimetière répondant au vœu de la loi, il ne doit être transporté ailleurs, délibération conforme à celle des autres communautés d'habitants de la ville opposées à la translation de leurs cimetières hors de la ville ; 3° la propre teneur de la délibération des officiers municipaux arrêtés en 1777, le 10 janvier, où l'on trouve une critique solide des raisons physiques contre la crainte de l'insalubrité de l'air, fondée sur ce que l'on n'avait pas observé la situation élevée de la ville ; on y lit aussi la suffisance des cimetières de la ville, en ce que les plus grands peuvent suppléer aux plus petits, et celui de St-Martial ayant plus du double à triple d'étendue que le plus grand des autres, il doit par conséquent subsister ; 4° un nouveau projet de construire un hôtel-de-ville sur le cimetière de St-Antonin a fait perdre de vue aux officiers municipaux la délibération de 1777 : aussitôt ce projet formé, tous les cimetières de la ville et des faubourgs d'Angoulême ont paru insuffisants et très dangereusement situés... ; l'achat d'un nouveau terrain est devenu dès lors d'une nécessité absolue sans égard aux coûts immenses de ce terrain et de sa clôture... ; en 1779 il mourut dans toute l'année 5 personnes dans la paroisse du Petit Saint-Cybard, et le nombre annuel d'inhumations allait ordinairement de 3 à 4 ; le cinquième de plus parut une épidémie aux officiers municipaux ; 5° la misère extrême des habitants de la paroisse St-Martial capable de faire tableau, soit par la situation du sol hors la ville, son extrême étendue, sa stérilité, les rochers et cavernes qui s'y trouvent et servent de retraites à plusieurs mendiants de différentes provinces ; enfin l'impossibilité de ces misérables habitants de concourir à la taxe des dépenses nécessaires pour l'exécution du nouveau projet qui s'élèverait à des sommes excessives, tandis que leurs travaux peuvent à peine leur procurer les aliments de première nécessité... ; 6° le nouveau cimetière proposé est situé par un côté sous la place publique qui est à l'entrée de la porte de la ville appelée du Palet, et par l'autre extrémité aux murs de la ville, n'en étant divisé que par la grande rue qui conduit de la porte du Palet au faubourg de Lhoumeau, ce qui occasionnera manifestement un danger pour la salubrité de l'air aux habitants qui ont leurs maisons dans cette ville et à ceux qui iraient respirer l'air sur ladite place et sur les remparts de la ville » (7 juillet). — Délibération de la communauté des habitants de la paroisse St-Paul prise dans le même sens. « Le cimetière de la paroisse est situé de manière à ne pouvoir préjudicier à la salubrité de l'air, ni incommoder qui que ce soit, l'étant derrière l'église, sans aucune ouverture de maison sur icelluy, que se trouvant 45 toises ou plus de superficie et pouvant, en cas de nécessité, être agrandi, que vérification faite de toutes les inhumations dans les dernières dix années les fosses n'auraient pas besoin d'être rouvertes qu'à peu près tous les dix ans, que le temps peut en être reculé en donnant un cimetière particulier pour les prisonniers auxquels la paroisse n'est pas obligée d'en fournir, et qui augmentent considérablement les inhumations depuis qu'en exécution de l'édit de 1771 tous ceux de la province ont été réunis dans les prisons anciennes qui, déjà resserrées, se sont trouvées beaucoup moins salubres... Si on jugeait à propos de faire usage de certaine déclaration faite par M. Lavergne, ancien curé, et les fabriciens de la paroisse, le 10 avril 1777, il faudrait répondre que l'intérêt de la paroisse ne réside point dans les personnes des trois comparants..., que d'ailleurs les inhumations pouvaient être alors plus considérables, la boîte des enfants trouvés se trouvant établie sur cette paroisse ainsi que le dépôt des mendiants valides, qui ne peuvent plus être d'aucune considération, le premier desdits dépôts étant actuellement sur une autre paroisse, et l'autre ayant été transféré à Limoges ; d'ailleurs devant y avoir un cimetière particulier pour tous ces établissements, d'autant plus facile que Monseigneur a au bas des prisons et au-dessous de la ville des terrains immenses dont on peut en détacher un plus que suffisant à cet usage, sans perte pour lui ou sans incommodité, ce que la paroisse a droit d'attendre de sa justice et de sa prudence ainsi que de son conseil ». La délibération porte aussi sur la question de la taxe pour le guet : « à la condition des habitans ayant été nouvellement aggravée par l'établissement d'une imposition fondée uniquement sur un arrêt du conseil surpris par le corps municipal qui double à très peu de choses près les taxes anciennes de la ville, et qui peut devenir infiniment plus onéreuse par l'augmentation des personnes qui pourraient être jugées arbitrairement nécessaires pour la garde de la ville pendant la nuit, les susdits habitans ont été unanimement d'avis que la ville est trop petite, les habitans en trop petit nombre, et les fortunes trop bornées pour supporter la charge du guet, qui, tel qu'il est, ne remédie à aucun inconvénient, et, plus nombreux, formerait une surcharge insupportable, les taxes anciennes n'étant déjà que trop considérables, n'y ayant que le cas où le revenu public serait suffisant, mais étant jugé ne pas l'être, il est impossible que les particuliers puissent subvenir à cette dépense qu'en sacrifiant leurs besoins » (7 juillet). — Bail de « colonnage » au tiers des fruits de la moitié des terres de la seigneurie de Fleurac, consenti par Pierre Meslier, marchand, demeurant au logis noble du Tranchard, paroisse de Fléac, bailliste judiciaire de ladite seigneurie (28 juillet). — Inventaire des meubles et effets de la communauté de feu Jean Delaire, maître écrivain, avec Jeanne Deloume (30 juillet). — Testament de Marie de la Grézille, veuve de Michel Lhoumeau, en faveur de Jean-René de Jambes, son petit-fils (29 septembre 1781). — Délibération de la communauté des habitants de la paroisse St-Martial qui décident de s'associer à l'opposition formée par les communautés des autres paroisses de la ville contre la taxe pour le guet. Ils font valoir, entre autres, ces considérations : « Le défaut de convocation du clergé, de la noblesse et autres corps des habitants de la ville, pour savoir si leur sûreté demandait l'établissement d'un guet et garde ; .... la voie irrégulière de la taxe personnelle de chaque citoyen pour contribuer à un paiement dont l'acquit aurait dû être pris sur les deniers communs de la ville ; le défaut de preuve de l'insuffisance de ces derniers résultant du défaut de reddition de comptes de la part de ceux qui les administrent ;... la misère extrême des habitants de la paroisse à l'égard desquels l'établissement d'un guet et garde devient absolument inutile, puisque la majeure par-

tie de cette paroisse est hors la ville, et les extrémités à environ 3/4 de lieue, habitées par de simples manœuvres « carreyeurs », maçons, paveurs, le reste journaliers, mendiants, habitants des cavernes situées dans la campagne, rendez-vous de toutes les victimes de la misère et de l'indigence, non seulement de la province d'Angoumois, mais encore des provinces circonvoisines, trop heureux de trouver dans cet endroit un asile pour se mettre à l'abri des intempéries de l'air pour éviter le payement d'un coucher ou d'un hébergement qu'ils ne pourraient acquitter, endroits ou le guet ne s'étend n'y ne peut s'étendre que fort inutilement, de manière qu'on doit être surpris de voir les habitants de ces lieux compris dans la taxe d'une imposition de guet et garde, tandis qu'ils ne devraient être établis que sur un rôle de charité » (1er septembre). — Vente par Julie-Anne du Chazeau, épouse de Jean d'Escravayat, chevalier, sieur Desterces, demeurant au lieu du Peyrat, paroisse de St-Cybard, à François de Juglard, chevalier, seigneur de La Grange du Tillet, demeurant au lieu noble de La Grange, paroisse de Blanzaguet, des domaines de La Malsaisie et de La Quina, paroisse de Gardes, ladite vente consentie moyennant 18.000 livres et 300 livres de pot-de-vin (10 septembre 1782)

E. 3032. (Liasse.) — 109 pièces, papier.

1782. — Jean Bernard, notaire royal à Angoulême. — Actes reçus par ce notaire du 1er octobre au 31 décembre. — Sommation par François Ledoux, curé de St-Saturnin, à Athanase Paris, archidiacre, d'avoir à lui remettre le double du traité conclu entre eux au sujet des dîmes de la paroisse de St-Saturnin ; l'archidiacre une fois la transaction signée, mais avant qu'elle ne fût contrôlée, avait trouvé le moyen de soustraire le double que possédait le curé, et l'avait détruit (9 octobre). — Procès-verbal des fief et seigneurie de Fleurac, paroisse de Nersac, dont les revenus ont été saisis judiciairement à la requête de M. de Salomon (16-19 octobre). — Procès verbal des fief et seigneurie du Tranchard, paroisse de Fléac, dont les revenus ont été saisis et adjugés judiciairement (19 novembre 1782-4 avril 1783). — Inventaire des meubles et effets de Marie-Madeleine Des Ruaux, dressé à la requête de ses fils : Jean-Louis Rambaud, écuyer, seigneur de Maillou, chevalier de St-Louis, major de Beauce-Infanterie ;

François Rambaud, écuyer, seigneur de Torsac, chevalier de St-Louis, capitaine au régiment Marine-Infanterie ; Mathurin-Henri Rambaud, écuyer, chanoine de la cathédrale ; Mathurin Rambaud de Brunellère, écuyer, lieutenant de chasseurs au régiment de Rouergue-Infanterie ; Jean-Louis Rambaud de St-Saturnin, écuyer, sous-diacre (11-17 décembre). — Prise de possession de la cure de St-Martin d'Asnières par François Maingaud (23 décembre 1782).

E. 3033. (Liasse.) — 152 pièces, papier.

1783. — Jean Bernard, notaire royal à Angoulême. — Actes reçus par ce notaire du 1er janvier au 31 mars. — Sous-ferme des droits d'entrée de la porte St-Pierre consentie pour 8 années, moyennant 50 livres chaque (1er janvier) — Procès-verbal dressé à la requête de Pierre de Labatud, écuyer, seigneur du Maine-Gagnaud, Valette, Vilhonneur et autres lieux, et constatant les entreprises d'un tonnelier sur l'avenue qui conduit du chemin d'Angoulême à Ruelle au logis du Maine-Gagnaud (9 janvier). — Transaction entre Athanase Paris, grand archidiacre d'Angoulême, et François Ledoux, vicaire perpétuel de St-Saturnin, au sujet des dîmes de cette paroisse. Au mois de juin 1768, François Ledoux avait requis de l'abbé Coiffet, gros décimateur, le « piétement » et la remise des dîmes novales, anciennes et nouvelles, la remise des menues et vertes dîmes, un « gros » de deux pipes de froment, une pipe de méture, 2 barriques de vin rosé chaque année, prouvant que les curés avaient joui du tout jusqu'en 1707 ; une sentence du 4 juillet 1781 ordonna le « piétement » qui fut en effet commencé le 13 août 1781. L'abbé Coiffet étant mort, la procédure continua avec Alexandre Paris, son successeur. En fin de compte, les droits du curé ayant été reconnus, il est décidé qu'il recevra chaque année le froment, la méture et le vin rosé ; que pour tenir lieu des menues et vertes dîmes et des dîmes novales, dont la perception entraînerait trop de contestations, l'archidiacre lui abandonnera dorénavant la moitié de tous les fruits décimables ; qu'il lui donnera en outre tous les ans 200 fagots de bon bois et 4 milliers de foin (19 février). — Contrat d'apprentissage de Jean Nadaud, sieur de Beaupuy, fils de Jacques-Louis, bourgeois, chez Blaise Cabrit, marchand orfèvre, pour 4 ans (27 février). — Inventaire des meubles et effets de Jacques Gayot de Mascrany des Hayets, ancien capitaine au régiment

de Piémont-Infanterie, chevalier de St-Louis, décédé le 27 février, ce requérant Jeanne-Marie Gayot, veuve de Pierre, marquis de Montalembert, et Marie-Élisabeth Gayot, ses nièces (5-15 mars 1783).

E. 3034. (Liasse.) — 115 pièces, papier.

1783. — Jean Bernard, notaire royal à Angoulême. — Actes reçus par ce notaire du 1er avril au 30 juin. — Vente par Augustin Jolain, notaire et procureur du duché de La Valette, et Marie-Jeanne Charles, son épouse, à Paul Favereau, maître apothicaire, et Marguerite-Hippolyte de Lafont, son épouse, d'une pièce de pré, appelée le pré de Toile, paroisse de Fouquebrune, moyennant 2.096 livres (14 avril). — Compte entre Jean-Pierre Guimberteau, curé de Chadurie, et Pierre Chevalier, tonnelier, demeurant au village des Balatrier, paroisse de Chadurie, fermier des dîmes du quartier des Balatrier, depuis 1777, moyennant 1.200 livres par an (14 mai 1783). — Cession par Jean-Joseph Pinaud, directeur des domaines du comte d'Artois, et au nom dudit comte, à Arnaud-Auguste-Sicaire de Chapt de Rastignac, vicomte de Chapt, maître-de-camp de dragons, demeurant à Laxion, en Périgord, d'une maison où se trouvait l'infirmerie des Minimes, avec le jardin en dépendant et le quart du puits du couvent, le tout confrontant au nord, à la place de Beaulieu, la rue entre deux, au levant, à la cour du couvent, au midi et au couchant à un terrain ayant appartenu aux Minimes ; ladite cession faite moyennant une rente seigneuriale annuelle de 30 sous (15 mai 1783).

E. 3035. (Liasse.) — 101 pièces, papier.

1783. — Jean Bernard, notaire royal à Angoulême. — Actes reçus par ce notaire du 1er juillet au 30 septembre. — Transaction par laquelle Germain Barbot d'Hauteclaire, écuyer, seigneur de La Buzinie, demeurant au logis noble de La Buzinie, paroisse de Champniers, tant pour lui que pour Henri, son fils, d'une part, André de Pindray, écuyer, seigneur de L'Isle, Anne de la Forestie, son épouse, demeurant au logis noble de L'Isle, paroisse de L'Isle d'Espaignac, d'autre part, règlent l'exécution du contrat de mariage du sieur d'Hauteclaire avec Marie-Rose de la Forestie, du 3 novembre 1768, et du testament de ladite Marie-Rose, du 8 janvier 1781 (25 juillet). — Bail à ferme par Michel

Thomas, bachelier en théologie, prieur de Châtelard, à Labetoulle, maçon, du moulin du Châtelard; ledit bail consenti pour 9 années, à la charge de faire toutes les réparations nécessaires, et de payer les droits royaux et seigneuriaux (1er septembre). — Transaction entre Jean-Joseph de Maubué, écuyer, seigneur de Boiscoutaud, demeurant au logis du Tranchard, paroisse de Fléac, comme étant aux droits du bailliste judiciaire de ladite seigneurie du Tranchard, et Marc Raffet, auquel il avait affermé une pièce de terre, moyennant que le produit en serait partagé entre eux par moitié (1 septembre). — Procuration donnée par Gabriel Lescallier, notaire royal, comme « tuteur à la substitution établie au contrat de mariage d'entre Jean de Terrasson, écuyer, seigneur de Montleau et dame Julie-Françoise de Terrasson de Verneuil », ladite procuration donnée audit seigneur de Montleau pour recevoir de l'exécuteur testamentaire d'Élie-René-Alexandre Viaud des Rouziers, conseiller en la cour des monnaies de Paris, les 30.000 livres léguées par celui-ci à Julie de Terrasson à condition que, si elle avait des enfants, ils bénéficieraient, en son lieu et place, de cette donation (20 septembre 1783).

E. 3036. (Liasse.) — 75 pièces, papier.

1783. — Jean Bernard, notaire royal à Angoulême. — Actes reçus par ce notaire du 1 octobre au 15 décembre. — Contrat d'apprentissage de Jean Chauny chez Charles Texier, maître architecte, qui s'engage à lui apprendre, pendant deux ans, le métier de tailleur de pierres : l'apprenti recevra par journée de travail 8 sols la première année, 10 sols les 6 mois suivants, et 12 sols les 6 derniers mois (14 octobre). — Convention par laquelle un des collecteurs de la paroisse de St-Yrieix s'engage à recouvrer les impositions royales moyennant que les 4 autres lui paieront le montant de leur cote et lui abandonneront les droits de lève s'élevant environ à 48 livres (2 novembre). — Prise de possession de la cure de St-Vincent de Puymoyen par Jean Daguindeau nommé par le chapitre cathédral le 11 du même mois (15 novembre). — Inventaire des meubles et effets de la succession de Rose Jabouin du Ranseuil (3 décembre). — Partage de la succession de Christophe Tournier et de Marguerite Séguin, leurs parents, entre Antoine Tournier, sieur des Granges, marchand, Élie Tournier, aussi marchand, et Marguerite Tournier ; il revient 16.745 livres d'immeubles à chacun d'eux (15 décembre 1783).

E. 3037. (Liasse.) — 119 pièces, papier.

1734-1759. — Jean Bernard, notaire royal à Angoulême. — Testaments reçus par ce notaire du 7 juin 1734 au 16 décembre 1759. — Jeanne de Cursay, veuve de Nicolas Du Repaire, chevalier, seigneur de Massignac, ancien colonel du régiment de Beauce-Infanterie, demeurant à Ambernac, partage inégalement les biens à provenir de sa succession entre leurs enfants : Renaud Du Repaire, chevalier, seigneur de Massignac, lieutenant d'infanterie, Jeanne Renaud Du Repaire, épouse de M. de la Vergne, Élisabeth Renaud, pensionnaire au couvent des dames de Ste-Claire de Confolens, Marie Renaud (28 février 1737). — Étienne Decoux, notaire royal à Champniers, demande à être enterré près de Marie Goumard, sa femme, lègue 100 livres aux « fabriqueurs » pour faire faire sa fosse et les réparations les plus urgentes de l'église, et 100 livres pour les pauvres de la paroisse; institue Jean Decoux, son fils, aussi notaire royal, son héritier universel, à la réserve de divers lots de terre et meubles qui demeureront à Françoise Decoux, épouse du sieur Thinon, fille du premier mariage du testateur avec Jeanne de Ribier (9 avril 1740). — Marie-Thérèse Sauvo, veuve de Jean Resnier, sieur de La Chadrie, lègue 2.000 livres à l'hôpital de La Rochefoucauld destinées à l'entretien d'un lit pour un pauvre malade des paroisses de Marillac ou de St-Saturnin de préférence; 2.000 livres à l'hôpital de Montbron destinées à l'entretien d'un lit pour un malade de ses parents ou du lieu de Chez-Rousseau, paroisse de Montbron, de préférence ; institue ses légataires universels Joseph Corlieu, étudiant en droit, fils d'Étienne, marchand, et d'Anne Sauvo, et Jean Duvoisin, fils du sieur Duvoisin de Soumagnac et de Marguerite Sauvo, ses neveux (22 mai 1753). — Anne Sauvo, veuve d'Étienne Corlieu, marchand, lègue à Jacques, leur fils, religieux cordelier, 270 livres de pension viagère, et 1.000 livres pour se faire recevoir docteur ; à chacun des couvents des Cordeliers, Minimes, Capucins et Carmes, 300 livres (13 avril 1744). — La même lègue tous ses biens meubles et acquêts à Joseph Sauvo, chanoine de l'église cathédrale, son frère, ou, en cas de prédécès, à autre Joseph Sauvo, curé de Marillac, ou à Jacques Sauvo, curé de Puymoyen (23 août 1744). — Marie Hérier de Fontclaire, fille de feu Étienne, bourgeois, demeurant à Aubeterre, lègue à Marie

Desange, sa mère, ses meubles et acquêts et le tiers de ses propres, avant d'entrer au couvent du tiers-ordre de Saint-François, à Angoulême (12 janvier 1753). — Marie Billocque, veuve d'Antoine Nadaud, écuyer, seigneur de Nouhère, demeurant au logis noble de Nouhère, paroisse d'Asnières, nomme son légataire universel Élie Nadaud, chevalier de Nouhère, leur fils, à la charge de donner à Mlle de Nouhère, fille aînée du fils aîné de la testatrice, 100 livres, et divers vêtements (22 septembre 1754). — La même lègue à Charles Nadaud, écuyer, seigneur de Nouhère, tout ce dont la loi lui permet de disposer à la condition, entre autres choses, qu'il donne à la chapelle d'Aubezine la plus belle de ses coiffes, qui est en dentelle, ses manchettes doubles, sa coiffe de velours à chenilles (23 décembre 1758). — Jeanne de Châteauneuf, demeurant au lieu de Chez-Janvigier, paroisse de Cherves, lègue à Léonard Sardin, son domestique, tout ce dont elle peut disposer (18 mai 1759). — Jean Brumaud, sieur de La Goupillière, procureur en la baronnie de Verteuil, lègue à Françoise Fortin, sa femme, tout ce dont il peut disposer (24 septembre 1759).

E. 3038. (Liasse.) — 145 pièces, papier.

1760-1769. — Jean Bernard, notaire royal à Angoulême. — Testaments reçus par ce notaire du 8 mars 1760 au 15 décembre 1769. — Marc Gourdin, écuyer, ancien archidiacre, lègue à Robert et Marie Bourée, enfants de Louis, écuyer, et de Marie Babaud, tout ce dont il peut disposer d'après la coutume d'Angoumois, à la charge de faire dire 200 messes, et de distribuer tous les ans, en mai, 20 livres aux pauvres de la paroisse de Fontclaireau (12 avril 1761). — Charles Lemaître, peintre, demeurant paroisse Notre-Dame de Beaulieu, déclare s'en rapporter pour ses funérailles à Jean-Baptiste et Françoise Lemaître, enfants de son second mariage avec Marie Villain, qui demeurent avec lui, et leur lègue tout ce dont il peut disposer en dehors de ses propres (21 septembre 1766). — Marie-Thérèse Fauconnier de Fontgrave, fille aînée de Pierre Fauconnier, sieur de Fontgrave, bourgeois, et de Marguerite Delavergne, avant d'entrer en religion, lègue à Pierre Fauconnier de Fontgrave, son frère, tout ce dont elle peut disposer, à la condition de lui servir une pension, et en donne l'usufruit à son père (25 avril 1767). — Suzanne Rousseau, épouse de Pierre Fauconnier de Fontgrave,

bourgeois, lui lègue l'usufruit de tout ce dont elle peut disposer (3 juin 1767). — Marthe Marchais, épouse de François-Louis Péchillon, sieur de La Borderie, négociant, lui lègue l'usufruit de tout ce dont elle peut disposer (23 juin 1767). — Jean Yver, horloger, lègue à Marie Glace, sa femme, l'usufruit de ses biens meubles, acquêts, conquêts, et tiers des propres (2 octobre 1767). — Bernard, curé de Ruelle, reçoit le testament de la femme d'un laboureur de sa paroisse (16 novembre 1767). — Jeanne de Montalembert, épouse de Jean de Montalembert de Vaux, chevalier, seigneur de Villars, demeurant au logis noble de Villars, paroisse de Garat, voulant prévenir les contestations qui auraient pu s'élever entre leurs enfants, institue son légataire universel Pierre, son fils aîné, lieutenant de vaisseau, à la charge de donner 6.000 livres à son frère cadet, pareille somme à sa sœur Françoise, et 350 livres de pension viagère à Jeanne, son autre sœur, paralysée depuis plusieurs années (2 septembre 1768). — Jean de Montalembert de Vaux, chevalier, seigneur de Villars, institue, lui aussi, son légataire universel, Pierre, son fils aîné, à la charge de donner 2.000 livres à son frère cadet, pareille somme à sa sœur Françoise, et 150 livres de pension viagère à sa sœur Jeanne (2 septembre 1768). — Marie Bourrut, fille de Marguerite Jourdain et de feu Jean Bourrut, dit Lacouture, journalier, son premier mari, demeurant au faubourg de Lhoumeau, lègue à Christophe Paponnet, second mari de sa mère, tout ce dont elle peut disposer (19 janvier 1769). — Jeanne Faure, veuve de François Delafont, maître chirurgien, demeurant à Montmoreau, lègue 1.200 livres à sa fille Marguerite-Hippolyte, veuve de Jean Guesnier, sieur de La Bletterie, maître apothicaire, et 300 livres au fils aîné de François Argoulon et de feue Marie Delafont, son autre fille ; lesdites sommes à prélever sur ce qu'elle s'est réservé par le contrat de mariage d'Antoine, maître chirurgien, son fils, avec Marie Moreau (13 février 1769). — Marie de la Charlounie, veuve de Jean-François Birot, écuyer, seigneur de Ruelle et de Brouzède, lègue à Jean Birot, écuyer, seigneur de Ruelle, tous ses meubles, à la charge de donner à Madeleine, fille de la testatrice, un lit à tombeau, un « écran à poing » etc. (9 mars 1769).

E. 3039. (Liasse.) — 159 pièces, papier.

1770-1777. — Jean Bernard, notaire royal à Angoulême. — Testaments reçus par ce notaire du 7 mars 1770 au 31 décembre 1777. — Antoine Civadier, chanoine de l'église cathédrale, lègue à l'Hôtel-Dieu 2.000 livres pour l'entretien d'un lit auprès duquel mention de la fondation sera gravée sur la pierre ou sur une plaque d'airain, et 400 livres ; à l'Hôpital-Général, pareilles sommes ; à la cure de Sᵗ-Paul, 60 livres de rente, à la charge de dire chaque année une messe de requiem, cette rente payable seulement après le décès de ses deux sœurs carmélites, à qui il l'attribue tout d'abord ; à l'abbaye de Sᵗ-Ausone, pareille rente de 60 livres, payable seulement après le décès de sa sœur religieuse de ladite abbaye, à qui il l'attribue tout d'abord ; à Jean Civadier, prêtre, son frère, 100 livres de pension viagère ; à Anne Civadier, sa nièce et filleule, par préciput, 4.000 livres ; nomme son exécuteur testamentaire François Meslier, procureur au présidial (7 mars 1770). — Marie Tallon, veuve de Jean-François Rullier, sieur des Fontaines, demeurant au logis du Maine-Joliet, paroisse de Mosnac, s'efforce d'établir égalité de biens entre Louis Rullier de Blanchefleur et Pierre Rullier de Boisnoir, leurs enfants (23 juillet 1773). — Marie de la Charlonnie, veuve de Jean-François Birot, écuyer, seigneur de Ruelle et de Brouzède, lègue par préciput à Jean Birot, écuyer, seigneur de Ruelle, son fils aîné, 50 livres de rente, ses meubles et son argenterie, l'or et l'argent monnayés qu'elle aura lors de son décès, à la charge de donner divers meubles à Charles Birot de Puyguilhem, écuyer, son troisième fils, et à sa fille Madeleine-Angélique (11 août 1774). — Pierre Vincent, ancien curé de Fouquebrune et Houme, aumônier de l'Hôpital-Général, lègue par préciput à Jeanne Vincent, sa cousine-germaine, tous ses biens meubles et le tiers de ses acquêts ; à l'Hôpital-Général 4.000 livres payables à la mort de ladite Jeanne, pour entretenir un pauvre, et à la condition de faire dire une messe chaque semaine ; aux pauvres de Fouquebrune et Houme 109 livres de rentes, et « pour la sûreté convenable ainsy que pour le service qui sera fait auxd. pauvres, l'intention dud. testateur est qu'il soit étably un bureau de charité qui sera tenu par le seigneur et deux des plus notables bourgeois de ladite paroisse lesquels il prie de faire la distribution de lad. somme auxdits pauvres mallades les plus nécessiteux en aliments et les remèdes les plus nécessaires suivant le certificat de M. le curé ou de son vicaire ; il veut aussi que sy la somme de 109 livres n'est pas entièrement employée au soulagement des pauvres mallades, lesd. sieurs administrateurs dud. bureau de charité fassent

l'employ de ce qui restera à former des constitutions dotales à de pauvres filles de la paroisse de Fouquebrune qui voudront s'établir par mariage » ; les pauvres devront dire tous les dimanches, à la messe, immédiatement après la communion, chacun un *pater* et un *ave*, tandis qu'il sera donné 6 coups de cloches. François Civadier fait en outre divers legs à Marguerite, Pierre, autre Pierre, Thérèse et Jean Vincent, fils d'Étienne et de N. Lépine, et à François Dubois, marchand libraire d'Angoulême, qu'il nomme son exécuteur testamentaire (3 octobre 1774). — Marguerite Boisseau, veuve de Jacques Gendron, ancien capitaine de dragons, chevalier de Sᵗ-Louis, lègue 250 livres au sieur Fournier, entrepreneur des ponts-et-chaussées (16 septembre 1775).

E. 3040. (Liasse.) — 153 pièces, papier.

1778-1783. — Jean Bernard, notaire royal à Angoulême. — Testaments reçus par ce notaire du 19 janvier 1778 au 17 novembre 1783. — François Maulde, sieur des Blancheteaux, conseiller en l'élection de Cognac, veut que ses filles non mariées se contentent d'une dot égale à celle qu'il a léguée à celle qui a épousé M. Thinon, tout le reste de ses biens devant revenir à Pierre, son fils (22 mars 1778). — Jeanne Vincent, épouse de François Dubois, marchand libraire et juge consul de la juridiction consulaire, demeurant paroisse Sᵗ-Cybard, lui lègue l'usufruit de ses meubles, acquêts et conquêts, et du tiers de ses propres (15 janvier 1779). — Pierre de Sarlandye, seigneur de « Mitognac », y demeurant, paroisse de Gouts, époux de Marie de Pindray, constitue leur fils Jean-Pierre son héritier universel à la réserve d'une dot de 30.000 livres pour Marie-Anne sa sœur (10 mars 1779). — François Chauvineau, curé de Notre-Dame de la Paine, chanoine de l'église cathédrale, lègue 35 livres de pension viagère à Louise Chauvineau, religieuse converse de l'Union-Chrétienne (14 décembre). — Marthe Frotier-Tizon, épouse de Nicolas Lhoumeau, sieur de Vieille-Vigne, bourgeois, demeurant au village d'Argence, paroisse de Champniers, fait don de 300 livres à Louise, sa fille aînée, épouse du sieur Duret des Essards, et de 400 livres à Pierre, son plus jeune fils, à prendre sur les 1.500 livres dont elle s'est réservé la disposition par le contrat de mariage de René, son fils aîné, archer-garde de la connétablie, avec Marie Ganivet, le 2 janvier 1768 (22 février 1781). — Jean Yver, ancien curé de St-Antonin et St-Vincent, lègue à Jacquette Dubois, sa nièce, tout ce dont il peut disposer (13 mai 1781). — Jeanne Guignard, veuve de Pierre Rullier, sieur des Fontaines, bourgeois, lègue à l'Hôtel-Dieu 4.000 livres à charge de faire dire une messe de requiem chaque semaine, et pour acheter les rideaux et le linge utiles aux malades ; à Marie-Victoire, sa fille, religieuse du tiers-ordre de St-François, 120 livres de pension viagère ; aux prisonniers de la ville, 60 livres ; demande qu'on fasse brûler 100 livres de cire devant le Saint-Sacrement ; institue ses légataires universels François Guignard, notaire royal, son frère aîné, et Marie Guignard, épouse de François Dusouchet, à la charge de donner 15.000 livres à Jean Guignard, bourgeois (18 mai 1781). — Louise de la Rochefoucauld, demeurant au couvent de l'Union-Chrétienne, lègue 2.000 livres à Thérèse Deviaud de la Charbonnière (30 juillet 1781). — Rose Jaboin du Ranseuil lègue sa canne à pomme d'or au sieur Poutier, père (11 novembre 1781).